| 개정증보판 |

Special Lectures on Legal Issues
related to Korean Unification

통일법제 특강

統一法制 特講

한명섭 지음

한울
아카데미

일러두기

1. 남한과 북한의 정식 명칭은 대한민국과 조선민주주의인민공화국이나 이 책에서는 편의상 '남북교류협력에 관한 법률'과 '남북관계 발전에 관한 법률'에서 사용하는 용어인 남한과 북한을 혼용하기로 하고, 경우에 따라서는 남측과 북측으로 표기하였다.

2. 남북한의 한글 맞춤법이 서로 다르므로 북한 문헌을 직접 인용할 경우에는 문헌대로 표기하였으며, 간접 인용이라도 법률명, 지명, 인명 등을 비롯한 고유명사는 북한의 표기를 따랐다.

3. 북한의 모든 법은 '조선민주주의인민공화국 개성공업지구법'과 같이 앞에 국호를 붙이고 있으나, 이 책에서는 이를 기재하지 않았다.

4. 중국 지명 등은 우리 식 한자음으로 표기하였으며, 중국 인명은 외래어표기법에 따랐다.

이 도서의 국립중앙도서관 출판예정도서목록(CIP)은 서지정보유통지원시스템 홈페이지(http://seoji.nl.go.kr)와 국가자료공동목록
시스템(http://www.nl.go.kr/kolisnet)에서 이용하실 수 있습니다. CIP제어번호 : CIP2019029169 (양장), CIP2019029054 (무선)

개정증보판을 내며

2016년 4월 초판 발행 후 남북한 관계에 많은 변화가 일어났습니다. 2016년 2월 개성공단 폐쇄 이후 군사적 충돌이 우려될 만큼 경색 국면을 치닫던 남북 관계에 우리 정부의 끈질긴 노력으로 2018년 2월 북한이 평창 동계올림픽에 참가하면서 남북 화해의 돌파구가 마련되었습니다. 2018년 4월 27일 판문점에서 개최된 남북정상회담에서는 「한반도의 평화와 번영, 통일을 위한 판문점선언」이 채택되었습니다. 이후 북핵 문제 해결을 위한 6·12 북미 정상회담과 남북 정상회담이 추가로 성사되면서 한반도 평화체제 구축을 위한 노력이 계속되고 있습니다.

북한 법제에도 많은 변화가 있었습니다. 북한은 2012년 법전(2판) 발간 후 약 4년 만에 2016년 『조선민주주의인민공화국 법전(증보판)』을 발간하였습니다. 2016년 법전(증보판)을 보면 2012년 7월부터 2015년 12월까지 31개의 법률이 새로 채택되었고, 106개의 법률이 개정되었습니다. 물론 이 제·개정 법률들 중 일부는 다른 경로로 파악이 되어 이 책 초판에 반영이 되기도 하였으나, 새롭게 확인된 법률도 적지 않습니다. 일부 내용만 알려졌던 '법제정법'의 전체 조문도 확인되었습니다. '사회주의헌법'도 2016년 6월 29일과 2019년 4월 11일 두 차례나 개정되었습니다. 여전히 2016년 법전(증보판)에도 수록이 되어 있지는 않으나 북한의 특별형사법인 '형법부칙'이 2010년 10월에 개정된 사실도 뒤늦게 확인되었습니다. 이와 같은 변화를 계기로 초판 발행 이후 추가로 확인된 북한 법률들을 반영한 개정증보판을 발행하게 된 것입니다.

개정증보판 발행을 기회로 초판 발행 시 미처 정리하지 못했던 몇 가지 분야를 정리하여 5개의 장을 새롭게 추가하였습니다.

제9장 「북한 저작권법과 남북한 저작 분야 교류협력」에서 북한의 저작권법에 대한 소개와 남북한 저작권법의 비교 및 저작권 분야의 남북한 교류협력에 대한 내용을 소개하였습니다.

제10장 「남북교류협력 법제 개관 및 개선 과제」에서 남북한 교류협력에 적용되는 남한법과 북한법 및 남북합의서의 주요 내용과 개선 과제, 교류협력 과정에서 발생하는 국제법적 쟁점에 대한 내용을 다루었습니다. 국제법적 쟁점과 관련해서는 유엔과 미국 등 국제사회의 북

한에 대한 경제제재, 전략물자 수출통제 문제, WTO 협정과 민족내부거래 문제 등에 대한 내용과 문제점을 소개하고 해결 방향을 제시하였습니다.

제16장 「남북한 민사사법공조와 법률 분야 교류협력 방안」에서 남북한 간의 민사사법공조의 필요성과 범위에 대한 검토 및 법률 분야의 교류협력을 추진할 방안을 제시하였습니다.

제18장 「한반도 평화협정 체결에 대한 법적 검토」에서 「판문점선언」을 통해 남북이 현재의 정전협정을 평화협정으로 전환하기로 합의한 것을 계기로 평화협정 체결에 따른 여러 가지 법적 쟁점을 정리하였습니다.

제22장 「남북 키프로스의 교류협력과 통일 방안」에서 냉전이데올로기에 의한 분단이 아니어서 강학상 분단국가로 분류하지는 않지만, 그 밖의 분단국가의 모든 특징을 지니고 있는 남북 키프로스의 분단 과정과 법적 관계, 교류협력 및 통일협상 과정과 코피 아난 전 유엔사무총장이 주도한 통일방안에 대한 내용을 소개하였습니다. 이는 초판의 '쉬어가기 7: 키프로스의 분단과 통일 노력'에서 간단하게 소개한 내용을 상세하게 별개의 장으로 재정리한 것입니다.

기존의 내용에도 초판 발행 이후 추가로 확보된 자료와 상황 변화를 반영하여 적지 않은 수정과 보완을 하였습니다. 그중 중요한 내용을 간단히 소개하면 다음과 같습니다.

제4장 「북한법 일반론」에 '법제정법'과 2016년 법전(증보판)의 제·개정 법률 현황 등을 반영하였습니다.

제6장 「북한 형사법의 특징과 문제점」에 2015년 개정 '형법'과 2010년 개정 '형법부칙'을 반영하여 수정·보완하였습니다.

제8장 「북한 산업재산권 법제」는 2014년 개정된 북한의 '발명법' 전문이 입수되어 이를 반영하였습니다. 또한 그동안 국내 산업재산권 관련 법률들도 개정이 이루어져 이를 반영하여 대부분 내용을 새로 작성하였습니다.

제11장 「남북합의서의 법적 쟁점과 과제」에 조약이 국가 간에만 체결되는 것이 아니라는 점을 설명하기 위해 국가가 아니라 중국의 지방정부에 불과한 홍콩 및 마카오와 우리 정부가 체결한 조약을 소개하였습니다. 그리고 '남북관계발전법'에서 규정한 남북합의서 개념과 '남북관계발전법' 제21조의 법적 성격에 대한 부분을 좀 더 구체적으로 설명하였습니다.

제14장 「금강산관광사업 재개를 위한 법적 과제」에서는 체계를 재구성하고 '벌금규정' 등 초판 발행 이후 채택된 '금강산국제관광특구법'의 하위 규정에 대한 소개와 유엔 안전보장이사회의 추가 대북 제재에 대한 내용을 보완하였습니다.

제15장 「북한 체류 남한 주민의 신변안전보장 방안」에 남북한 형사사법공조에 관한 내용을 추가하였습니다.

제19장 「남북한 법제 통합의 기본 방향과 분야별 통합 방안」에 통일독일의 법제 통합에 관한 내용을 추가하였습니다.

제20장 「과거청산과 북한인권기록보존소」에 과거청산과 체제불법의 관계, 통일독일의 국가안전부 문서 처리 및 사회문화적 청산, 남아프리카공화국의 과거청산 사례와 시사점, 통일 이후 북한에 대한 구체적인 과거청산 방안에 대한 내용 등을 추가하였습니다.

제26장 「남북통일과 북한의 국제기구 회원국 지위 승계」에 양허계약 등 북한의 경제 관련 계약에 대한 처리 방안을 추가하였습니다.

제27장 「남북통일과 북한 주민의 국적 승계」에 북한 국적법상의 이중 국적자 문제에 대한 내용을 보완하고, 특히 북한이 1957년 구소련과 체결한 이중 국적자 문제에 관한 협약의 내용을 추가로 소개하였습니다.

이 책의 많은 부분은 선행 연구를 바탕으로 하고 있습니다. 이 기회에 귀한 연구 성과를 이루어놓으신 모든 선행 연구자께 진심으로 감사드립니다. 아울러 또다시 개정 또는 증보판을 출간할 기회가 주어진다면 그때는 그동안 통일법과 북한법에 관심을 두고 열심히 공부해 오고 있는 후배들과 함께 공동 집필을 해보고 싶다는 생각을 해봅니다.

필자가 통일법제 연구를 계속해 나갈 수 있도록 겸임교수라는 환경을 마련해 주신 북한대학원대학교와 국민대학교, 독자층이 많지 않은 이 책의 개정판 발행을 흔쾌히 허락해 준 한울엠플러스(주)의 관계자 여러분께도 진심으로 감사드립니다. 특히 초판에 이어 이번에도 편집 과정에서 오류를 바로잡고 좀 더 명확하게 내용이 전달되도록 도와준 한울엠플러스(주) 편집부에 감사드립니다. 또한 통일법제 관련 각종 위원회 활동과 연구 및 집필에 많은 시간을 할애할 수 있도록 묵묵히 법무법인 운영과 사건 처리에 늘 수고하고 있는 후배 변우섭 변호사에게도 진심으로 고마움을 전합니다.

그동안 이 책의 초판에 관심을 두고 여러 가지 의견을 주신 선후배 및 동료 법조인들과 법학도들께 고맙다는 말씀을 드립니다. 앞으로도 통일법제에 대해 함께 고민하면서 연구를 계속해 나갈 것을 약속드립니다.

2019년 7월

한명섭

요즘은 본업인 변호사 업무에 할애하는 시간보다 통일법제 연구로 보내는 시간이 훨씬 더 많아졌습니다. 통일 관련 각종 단체와 인연을 맺게 되면서 각종 모임에 참석도 하고, 대학원 강의나 세미나 준비, 통일법제 관련 연구 용역 업무 등을 수행하다 보니 그렇게 되었습니다.

저는 북위 38도선 이북에 위치한 수복지구 강원도 철원에서 태어났습니다. 초등학교와 중·고등학교 시절 역시 철원과 인접한 경기도 포천시 최북단에 있는 관인면이라는 작은 동네에서 보냈는데, 그곳 역시 수복지구입니다. 서울에서 출발하여 43번국도를 따라 고향에 가다 보면 북위 38도선상에 위치해 있다는 삼팔선휴게소를 지나게 됩니다. 그리고 잠시 후 오른쪽 길가에 '북진통일로'라는 글귀가 새겨진 커다란 바위가 나타납니다. 자료를 검색해 보니 그 바위는 모 야전공병단에서 1960년도에 그곳 도로명을 새겨 설치해 놓은 것이라고 합니다. 북진통일로를 통하여 고향에 가는 것입니다. '남북교류협력법'이 제정된 지도 벌써 25년이나 되었고 남북한 관계에도 많은 변화가 있었습니다만, 북진통일로 표석은 오늘도 그 자리에 서 있으면서 많은 생각을 하게 해줍니다.

대학 졸업 후 1990년 제32회 사법시험에 합격하여 사법연수원을 수료한 뒤, 1993년부터 검사로 10여 년을 근무하였습니다. 검사로서 마지막 근무지가 법무부 법무실 특수법령과(현 통일법무과)였습니다. 일선에서 수사만 하다가 법무부에 가서 남북교류와 북한 법제 및 통일 관련 법제도 연구 업무를 담당하다 보니 당시에는 큰 흥미를 느끼지 못하였습니다.

2003년 퇴직을 하고 변호사가 되었습니다. 변호사로서 제일 먼저 접한 사건이 이른바 대북송금 사건이었습니다. 그 후 우연한 계기로 경남대학교 북한대학원(현재 북한대학원대학교) 민족공동체지도자과정에 입학하여 류길재 교수님을 주임교수로 모시면서 다양한 분야에서 활동하는 원우들과 즐겁고 유익한 6개월간의 과정을 마쳤습니다.

민족공동체지도자과정을 마치고, 법조인으로서 북한에 대하여 좀 더 공부를 해보자는 생각에 북한대학원대학교 석사 과정에 입학하였습니다. 윤대규 교수님으로부터 남북교류와 통일 관련 법제에 대하여 많은 것을 배웠습니다. 그리고 정치·경제·사회학 등 다른 분야를 전공하신 여러 교수님의 강의를 들으면서 북한 문제나 통일 문제에 대하여 좀 더 진지한 고민을 하게 되었습니다.

2007년에 평소 관심이 많던 주제를 가지고 「북한에서 발생한 남한 주민의 형사사건 처리에 대한 연구」로 북한학 석사 학위를 받았습니다. 그 무렵 통일부 개성공단법률자문위원회 위원으로 활동하면서 국제법을 제대로 공부할 필요가 있겠다는 생각이 들어 다소 늦은 나이에 모교인 경희대학교 대학원 박사 과정에 입학을 하였습니다. 최승환 교수님의 국제경제법 관련 강의 등은 매우 유익하였습니다. 대학교 은사님이신 김찬규 교수님께서도 뒤늦은 공부를 하고 있는 제자에게 수시로 관련 자료를 보내주시고 격려해 주셨습니다. 그리고 역시 대학교 은사님이신 이영준 교수님께 「조중국경조약」을 주제로 박사 학위논문을 준비해 보라는 말씀을 들었습니다. 사실 그때 처음으로 1962년에 「조중국경조약」이 체결된 사실을 알게 되었고, 국가승계 문제에 대하여 본격적인 공부를 시작하였습니다. 이영준 교수님으로부터 장기간 논문 지도를 받으면서 2011년 「조중국경조약 승계에 대한 연구」로 박사 학위를 받았습니다. 그 무렵 북한대학원대학교에 법·행정 전공이 개설되고, 윤대규 부총장님께 강의 제안을 받았습니다. 강의 경험도 없었고, 구체적 쟁점에 대한 연구도 부족한 상태에서 남북 관계와 국제법, 통일법제특수연구, 북한법 세미나 등의 강의를 하게 되었습니다. 국민대학교 박정원 교수님 덕분에 유일하게 북한법 석·박사 과정이 개설된 국민대학교 대학원에서도 남북교류협력 법제, 북한 토지 연구 등을 강의하게 되었습니다. 다양한 경험을 가진 학생들과 수업을 진행하면서 오히려 이들로부터 더 많은 것을 배울 수 있었습니다.

김영윤 회장님이 이끌고 계신 (사)남북물류포럼을 비롯하여 (사)동북아공동체연구재단, (사)북한인권정보센터, (사)북한개발연구소 등과의 인연도 저로서는 대단한 행운이었습니다. 머리가 아닌 가슴으로, 책상 앞이 아닌 현장에서 직접 통일의 열정을 뿜어내고 계신 많은 분들을 만나면서 그동안 제가 책을 통하여 알게 된 것보다 더 많은 것을 깨닫고 배울 수 있었습니다. (사)북한인권정보센터가 주도하여 통일 이후 과거청산에 대비한 연구를 목적으로 2013년 3월 1일 다양한 분야의 전문가들이 모여 '북한과거청산연구회'를 결성하였습니다. 매월 열리는 월례발표회를 통하여 약 2년간 통일 이후 북한의 과거청산에 대비하여 세계 각국의 과거청산 사례에 대한 연구를 진행하였습니다. 2015년 9월에는 기존의 연구진들이 주축이 되어 좀 더 전문적이고 책임 있는 연구를 통하여 통일한국의 사회통합 모델을 제시할 목적으로 (사)과거청산통합연구원을 설립하게 되었습니다.

대통령직속 통일준비위원회 정치·법제도 분과위원회 전문위원, 민주평화통일자문회의 상임위원, 통일부·법무부·법제처·대한변호사협회의 각종 통일법제 관련 위원회 위원으로 활동하면서 다른 위원들로부터도 많은 것을 배웠습니다. 이처럼 우연인지 필연인지 모를 인연을 통하여 직·간접적으로 많은 것을 깨닫게 해주신 모든 분들께 감사를 드립니다.

그동안 짧은 지식으로 대학원에서 강의를 하면서 통일법제 전반을 다룬 개설서가 있었으면 좋겠다는 생각을 늘 해왔습니다. 이 책은 장명봉 교수님이 이끌고 계신 북한법연구회를 비롯하여 여러 학술회나 세미나에서 발표한 자료, 학술지 등에 기고한 논문, 북한대학원대학교와 국민대학교 대학원 강의에서 사용하였던 자료들을 재정리하고 편집한 것입니다. 그러다 보니 실무·정책적으로 접근을 한 글도 있고, 때로는 학술적으로 접근한 글도 있어 각 장별로 일관성이 다소 부족합니다. 또한 제1장에서 소개한 통일법제의 모든 내용을 다루지도 못하였습니다. 북방한계선(NLL)이나 평화협정, 북한 핵 문제, 통일헌법 등에 대해서는 원고 정리를 하다가 마무리 짓지 못하고 다음 기회로 미루었습니다. 막상 자료 정리를 마치고 보니 다른 우수한 통일법제 관련 연구 자료가 적지 않은 상황에서 이 책이 통일법제에 관심을 갖는 분들에게 얼마나 도움이 될 수 있을지 걱정도 됩니다.

처음에는 법학을 전공하지 않은 분들도 가볍게 읽을 수 있도록 써보려고 하였는데, 쉽게 쓰는 것이 더 어려워 포기하였습니다. 그 대신 책 중간중간에 '쉬어가기' 코너를 마련하여 관련 자료를 소개하거나 평소 나름대로 생각하던 것들을 간단하게 정리해 보았습니다.

그런데 이 책의 발간을 목전에 두고 남북 관계에 중대한 변화가 발생하였습니다. 북한이 2016년 1월 6일 제4차 핵실험을 한 데 이어 2월 7일 장거리 미사일까지 발사한 것입니다. 이에 대응하여 우리 정부는 2월 10일, 그동안 개성공단을 통하여 총 6160억 원(5억 6000만 달러)의 현금이 북한에 유입되었고 2015년만 해도 1320억 원(1억 2000만 달러)이 유입되었으며 정부와 민간에서 총 1조 190억 원의 투자가 이루어졌는데, 그것이 결국 국제사회가 원하는 평화의 길이 아니라 핵무기와 장거리미사일을 고도화하는 데 사용된 것으로 보인다며 개성공단 자금이 북한의 핵과 미사일 개발에 이용되는 것을 막고, 우리 기업들이 희생되지 않도록 하기 위하여 개성공단 가동을 전면 중단하기로 결정하였다는 내용의 성명을 발표하였습니다. 이러한 조치에 대하여 북한도 2월 11일 조국평화통일위원회를 통하여 ① 2016년 2월 11일 10시부터 개성공업지구와 인접한 군사분계선을 전면 봉쇄하고 남북관리구역 서해선 육로를 차단하며, 개성공업지구를 폐쇄하고 군사통제구역으로 선포한다, ② 개성공업지구에 들어와 있는 모든 남측 인원들을 2016년 2월 11일 17시까지 전원 추방한다, ③ 개성공업지구에 있는 남측 기업과 관계 기관의 설비, 물자, 제품을 비롯한 모든 자산들을 전면 동결한다. 추방되는 인원들은 사품 외에 다른 물건들은 일절 가지고 나갈 수 없으며 동결된 설비, 물자, 제품 들은 개성시인민위원회가 관리하게 될 것이다, ④ 남측 인원 추방과 동시에 남북 사이의 군통신과 판문점 연락통로를 폐쇄한다, ⑤ 2016년 2월 11일 북한 근로자들은 개성공업지구에서 전부 철수한다는 내용의 성명을 발표하였습니다. 이로써 2010년 5·24 조치 이후에도 유일하게 유지되어 오던 남북 교류협력 사업의 상징인 개성공단 사업마저 완전히 중단되어 버렸습니다.

이와 같은 남북한의 상황 변화로 이 책 제3부의 '남북한 교류협력 법제와 법적 과제'가 현실 상황과 달라져 내용을 삭제 또는 전면 수정하여야 할 것인지에 대하여 고민을 하지 않을 수 없었습니다. 하지만 고심 끝에 '책머리에'를 통하여 이러한 상황을 설명하고 그 내용을 유지하기로 하였습니다. 이처럼 결정한 가장 큰 이유는 현재의 남북한 대치 국면이 오래 지속되지 않고 핵 문제 해결의 진전을 포함해 남북 관계가 개선되어 개성공단 사업 재개는 물론, 남북한 간의 교류협력이 더욱 활성화되었으면 하는 기대와 희망이 있기 때문입니다. 남북 교류협력이 재개되면 이 책에서 다루고 있는 남북 교류협력 과정에서 발생한 기존의 여러 가지 법적 쟁점들에 대한 검토가 다시 필요하게 될 것입니다. 개성공단 가동 중단으로 발생한 입주기업들의 투자 보장 내지 피해 보상에 대한 법적 문제도 제10장에서 대부분 다루고 있습니다.

2016년 3월 3일에는 '북한인권법'이 제정되었습니다. 2005년에 처음으로 북한인권법안이 발의된 지 약 11년 만입니다. 여야 합의로 법 제정이 이루어진 것은 참으로 잘된 일입니다. 다만 통일부에 북한인권기록센터를 설치·운영하도록 한 부분은 북한인권법 제정의 의미를 반감시켰다고 봅니다. '북한인권법'과 북한인권기록보존소에 대해서는 16장에서 상세히 다루었습니다.

이 책의 출간 과정에서 초고의 교정은 '통일한국을 준비하는 법학전문대학원생들의 모임'(약칭 통한법전) 청년법조인회 회장인 차현일 변호사와 회원들, 그리고 전에 같은 사무실에 근무하였던 문선혜 변호사가 수고해 주었습니다. 교정을 도와준 후배들에게 고마움을 전합니다. 이제는 동료 법조인으로서 저와 같은 길을 가고 있는 통한법전 청년법조인회 회원 모두의 건승을 기원합니다.

2015년 2월 서울에 있던 변호사 사무실을 고향 지역을 관할하는 의정부지방법원 근처로 이전하면서 사무실 이름을 '통인법률사무소'라고 지었습니다. '통인'의 의미는 소통을 잘 하는 사람, 업무에 통달한 사람이 되어보자는 의미도 있지만, 통일을 준비하는 사람이 되어보자는 것입니다. 본업인 변호사 업무보다 통일법제 공부로 훨씬 더 많은 시간을 보내고 있는 저를 변함없이 응원해 주고 있는 가족들에게 고맙다는 말을 전합니다. 마지막으로 2008년에 발행한

『남북 교류와 형사법상의 제 문제』에 이어 독자층이 많지 않을 이 책의 출간을 흔쾌히 허락해 준 한울엠플러스(주)의 관계자 여러분께도 감사드립니다. 특히 편집 과정에서 오류를 바로 잡고 내용을 좀 더 명확하게 전달할 수 있도록 도와준 최진희 님에게 감사드립니다.

부족하나마 이 책의 발행이 더 많은 법학도와 법조인이 통일법제에 관심을 갖는 계기가 되기를 바라며, 앞으로도 통일법제에 대한 끊임없는 연구를 통하여 이 책을 계속 수정·보완해 나갈 것을 약속드립니다.

2016년 3월
한명섭

차례

제2부 북한 법제에 대한 이해

제4장 북한법 일반론

제7장 북한 특수경제지대 법제의 비교와 평가

제8장 북한 산업재산권 법제

제3부 남북한 교류협력 법제와 법적 과제

제10장 남북교류협력 법제 개관 및 개선 과제

제25장 북한의 국경하천 경계 획정 및 이용 관련 조약의 승계 문제

제1부

통일법제 개관 및
남북한의 법적 지위

제1장

통일법제 개관

1. 통일법제의 개념 정리

통일법제는 통일과 관련된 법과 제도를 말한다. 현재 남북한의 법 중에 '통일법'이라는 개별 법이 있는 것이 아니기 때문에 여기서 말하는 통일법제는 남북한의 통일에 관련된 제반 법규범을 의미하는 것이고, 통일과 관련된 여러 가지 법제도까지 포함해 '통일법제'라는 용어를 사용하고자 한다.

통일법제를 논의하기 위해서는 통일과 관련된 법과 제도에는 구체적으로 어떤 내용이 포함되는지 생각해 볼 필요가 있다. 우선 통일법제의 핵심 내용은 남북통일 시 남한과 북한의 법제 통합에 관한 것이라 할 수 있다. 남북통일은 종국적으로는 법과 제도의 통합을 통하여 남북한이 대내적으로나 대외적으로 진정한 하나의 국가가 되는 것을 말한다. 한편 남북한의 법제 통합은 국내법의 통합뿐 아니라 조약의 승계 문제 등과 같이 국제법 영역에서도 발생한다. 이는 남북한뿐만 아니라 모든 국가의 법제가 국내법과 국제법으로 이루어져 있기 때문이다. 하지만 통일법제를 좀 더 넓게 본다면 남북한의 교류협력과 관련된 법제를 포함한다. 남북한의 교류와 협력은 통일로 가는 과정이기 때문이다. 통일법제의 내용을 이처럼 본다면 통일법제는 남북한의 교류협력 및 통일 이후의 남북한 법제 통합에 관한 법제도를 의미한다고 할 수 있다.

한편 통일 이후의 법제 통합이나 남북한의 교류와 협력에 관한 법을 논하려면 필연적으로 다른 분단국가의 교류와 협력 및 법제 통합에 대하여 살펴보지 않을 수 없다. 또한 통일법제에 대한 논의의 출발은 기본적으로 분단국가로서의 남북한의 법적 지위 및 법적 관계에 대한 이해에서 출발하여야 하며, 현재의 북한법 자체에 대한 연구도 이에 포함하지 않을 수 없다.

따라서 넓은 의미의 통일법제에서 논의할 수 있는 연구 범위에는 ㉠ 분단국가인 남북한의 법적 지위 내지 관계에 대한 연구, ㉡ 북한법 자체에 대한 연구 및 남북한 법제의 비교 연구, ㉢ 남북 교류협력 관련 법제에 대한 연구, ㉣ 통일 과정 또는 통일 이후의 법제 통합에 대한 연구, ㉤ 다른 분단국가나 체제전환국가에 대한 연구, ㉥ 기타 북한이탈주민 문제와 북한 인권에 대한 연구 등이 포함된다고 할 수 있다.

참고로 통일부, 법무부, 법제처가 공동으로 통합하여 운영하는 통일법제 통합DB시스템인 통일법제데이터베이스(www.unilaw.go.kr)에서는 선행 통일법제 연구 자료를 〈표 1-1〉과 같이 분류하고 있다. 이를 보면 통일법제에서 다루는 내용을 전반적으로 파악할 수 있다.

이와 같은 분류는 '통일법제 통합DB시스템'을 구축하기 이전에 법무부가 2012년에 시작해 2013년 8월 구축 완료한 통일법무자료 검색 시스템의 분류를 거의 그대로 따른 것이다. 법무부의 통일법무자료 검색 시스템에서는 약 2600여 개의 논문을 〈표 1-1〉과 같이 4개로 대분

표1-1	통일법제 연구 자료 분류표		
북한법제	북한법제 일반	사회주의법이론과 체계, 북한법이론과 체계, 북한법제의 동향
	공법	헌법, 행정관계법, 형사법
	민사법	민법, 민사소송법, 상사법, 가족·상속법, 지적재산권 관련 법
	개혁개방법제	대외경제법제, 경제특구 법제, 체제전환법제
남북 관계 법제	남북한 관계	남북한특수관계론
	국가안보법제	국가보안법, 북핵·미사일, 동북아평화체제
	남북교류협력법제	남북교류협력 일반, 경제협력법제, 사회문화협력법제, 인도적 대북지원, 이산가족
	남북합의서	남북기본합의서, 경제협력합의서, 정치·군사 합의서, 기타합의서
	북한인권법제	북한 주민의 인권, 북한이탈주민의 인권, 국제적 지원
통일대비 법제	통일방안	분단국가의 통일방안, 남북한의 통일 방안
	통일헌법	통일합의서, 통일헌법의 제정·개정
	통일 대비 법제정비	남한의 법제정비, 북한의 체제전환과 법정비, 평화협정, 급변사태 위기관리
	통일 이후 법제 통합	공법통합, 민사법통합, 경제법통합, 사회법통합, 국제법통합
외국법제	독일	독일통일 일반, 동서독 교류협력법제, 통일독일의 법제 통합
	예멘	예멘통일 일반, 통일예멘의 법제 통합
	베트남	베트남통일 일반, 개혁개방법제
	중국·대만	양안관계 일반, 교류협력법제, 개혁개방법제, 홍콩·마카오 경제특구 법제
	키프로스	키프로스 일반, 교류협력법제
	체제전환국가	러시아, 중동부, 유럽 국가, 기타 국가

류하고, 키프로스를 제외한 나머지 18개로 중분류하였으며, 이를 다시 54개로 소분류하고 있었다.

2. 통일법제 연구의 필요성

2010년 2월 한국을 방문한 독일의 쾰러(Horst Köhler) 대통령은 "통일이 이뤄질 것이라는 가능성을 절대 포기하지 마라. 또 생각보다 빨리 통일이 올 수 있다는 사실을 염두에 둬야 한다. 그래서 미리 계획을 세우고 준비하는 게 필요하다"라고 강조한 바 있다. 굳이 우리와 같은 분단국으로서 통일을 먼저 이룬 독일 대통령의 이러한 조언을 인용하지 않더라도 통일에 대한 대비의 중요성과 필요성에 대하여는 이론의 여지가 없다 할 것이다.

통일에 대한 대비는 당연히 정치·외교·군사·경제·사회·문화 등 모든 분야에서 이루어져야 한다. 이러한 각 분야의 통일에 대한 연구와 준비는 종국적으로 그 내용을 반영한 새로운 법제도의 구축을 통하여 실현되는 것이다. 다시 말해 통일은 이질적인 남북한의 법제도를 하나로 통합하는 데에서 출발하는 것이고, 통일의 완성 역시 남북한 법제도의 완전한 통합을 통하여 이루어진다.

통일 대비 법제도적 과제는 크게 두 가지 분야로 구별할 수 있다. 하나는 점진적 평화통일을 추진하는 과정에서 남북한 교류와 협력을 활성화하기 위한 법제도를 구축해 나가는 것이다. 남북한 교류협력은 남북한의 평화와 상생을 통하여 궁극적 목적인 평화통일의 기반을 구축해 나가기 위한 것이다. 이에 대한 법제도 연구는 교류와 협력 자체를 실효성 있게 발전적으로 추진해 나갈 수 있는 기반이 된다. 이는 장기적으로 남북한 법제의 이질성을 극복해 나갈 기회를 제공함으로써 통일 이전에 부분적으로나마 남북한 합의에 의한 법제 통합의 구체적인 방안을 모색해 볼 기회의 장이기도 하다.

다른 하나는 통일 이후 통일한국의 법제도 구축을 위한 남북한의 기존 법제도 통합에 관한 것이다. 남북한의 교류협력 법제가 발달할수록 남북한 법제의 이질성이 줄어들 것이고, 결과적으로 통일 이후의 법제 통합 과정이 훨씬 수월해질 것이다. 그렇지만 통일 이전에 남북한의 합의에 따라 충분한 법제 통합 방안이 마련되지 못할 경우도 대비하여야만 한다. 통일 이후의 법제 통합에 대한 사전 연구는 통일 과정에서의 혼란과 갈등을 최소화하기 위하여 필요하면서도 매우 복잡하고 어려운 과제이다.

3. 통일법제 연구 현황

그동안 남북 관계, 북한, 통일에 대하여는 주로 정치·경제적 측면에서의 논의와 사회·문화적 교류에 대한 관심이 주류를 이루었다. 특히 법조계에서는 북한법을 규범력이 없는 장식적인 또는 형식적인 것으로 보는 부정적 시각 등 때문에 다른 분야에 비해 상대적으로 연구가 미진한 편이다. 이런 사회적 분위기 때문인지 통일법제에 대한 강의를 하다 보면 아직도 북한에도 법이 있느냐는 기초적인 질문부터 정부 차원에서의 통일 대비 법제도에 대한 연구가 얼마나 축적되었는지에 대해 질문을 받곤 한다. 정부 차원의 연구나 대비가 얼마나 되어 있는지는 그 기준을 어디에 두느냐에 따라 답변이 달라질 수밖에 없을 것이다. 우리 정부의 통일법제에 대한 연구나 준비는 주로 독일 통일 이후 통일부와 법무부, 법제처, 대법원 등 유관 부처를 중심으로 이루어져 오고 있다.

이 중 법제도적으로 가장 많은 연구를 축적해 온 곳은 법무부이다. 법무부는 독일 통일 이후 통일법제에 대한 연구의 필요성을 인식하고 1991년 6월 27일 법무실 산하에 '통일법연구단'을 발족시켜 독일의 법률과 사법 통합, 북한법, 체제전환국의 법제 정비 등에 대한 연구를 시작하였다. 이 연구단은 1992년 2월 15일 직제 개편을 통하여 법무실 산하 특수법령과로 발전하였고, 2008년 3월 3일 통일법무과로 개칭해 현재에 이르고 있다. 통일법무과는 검사들이 중심이 되어 지금까지 동서독 교류 협력 및 법제 통합, 과거 사회주의 체제였던 동유럽 국가를 비롯한 체제전환국의 법제 정비, 북한법에 대한 연구와 남북한 법 비교 연구, 중국과 대만의 관계(양안 관계) 및 교류협력 법제에 대한 연구, 남북한 교류협력 법제 연구, 통일 이후 남북한 법제 통합에 대한 연구 등을 통하여 많은 단행본과 학술회의 자료 등을 발간해 왔다. 그뿐만 아니라 학계 등 통일법 분야의 전문가들로 구성된 '법무자문위원회 남북법령연구특별분과위원회'를 통하여서도 통일법제 분야에 대한 심도 있는 연구를 진행해 오고 있다. 2010년 2월에는 통일법 분야의 연구와 저변 확대를 위해 전문 학술지 ≪통일과 법률≫을 창간해 매년 네 차례씩 발간하고 있다.

통일부는 '통일법제추진위원회 설치 및 운영에 관한 규정'에 따라 관계부처 공무원과 민간 전문위원으로 구성된 '통일법제추진위원회'를 설치하여 운영하고 있다. 이 위원회는 통일법제 연구 및 정비에 관한 사항 및 이에 대한 유관부처 간 협조 방안, 외국의 체제전환 또는 통일 과정에서의 법제에 관한 사항, 그 밖에 위원장인 통일정책실장이 통일법제와 관련하여 회의에 부치는 사항을 심의하는 기능을 한다. 또한 통일법제에 대한 기존의 연구 자료를 데이터베이스화해 이 분야 연구에 많은 도움을 주고 있다.

　법제처는 2011년에 민간위원으로 구성된 '남북법제 자문위원회'를 구성하고 운영하는 한편 부처 간 통합연구 체제를 갖추는 등 그 활동을 해오다가 2015년 2월 '남북법제연구위원회'로 개칭을 하면서 위원회 자체 연구 기능을 강화하여 운영해 오고 있다. 특히 1991년 「남북사이의 화해와 불가침 및 교류협력에 관한 합의서」(이하 「남북기본합의서」) 체결을 계기로 대북정책에 대한 법제적 지원과 더불어 남북 법제에 대한 연구를 본격화하였고, 2000년부터 남북법제 관련 전문가들로부터 원고를 받아 매년 『남북법제 연구보고서』를 발간해 오고 있다. 2011년에는 남북한 법제 통합에 대한 외부 연구 용역사업을 시작해 통일 이후 법제 통합의 구체적인 방안에 대하여 연구하였으며, 그 이후 매년 4~5개 정도씩 각 행정 분야별 남북한 관련 법률의 구체적 통합 방안에 대한 연구 용역 사업을 추진해 상당한 연구 성과를 축적해 오고 있다. 특히 이러한 연구 용역들은 단순히 법제 통합의 기본 방향을 제시하는 수준을 벗어나 각 관련 법률의 구체적인 통합법률안의 제시를 요구함으로써 좀 더 구체적이고 실무적인 차원에서 깊이 있는 연구가 진행되고 있다.

　이처럼 그동안은 통일법제의 주무 부처라 할 수 있는 법무부와 통일부 및 법제처가 각자 통일법제에 대한 연구를 진행해 왔으나, 부처별 업무의 연계성과 효율성을 강화하기 위하여 이 3개 부처가 2014년 9월 「통일법제 관련 사업 협력을 위한 업무협약」을 체결하고 '통일법제 통합DB시스템'을 개설하였다. 이로써 통일법제와 관련된 선행 연구 자료들은 통합DB시스템 인터넷 홈페이지(www.unilaw.go.kr)에서 쉽게 찾아볼 수 있게 되었다.

　대법원도 1990년대에 들어서면서 북한 법제 및 통일법제에 대한 연구의 필요성을 인식하고 1991년부터 북한법 연구 업무에 착수하였다. 1994년 7월부터는 사법정책연구실 관장 업무에 '북한사법제도 및 통일대비 사법정책에 대한 조사연구'를 포함시키고, 이에 대한 업무를 본격적으로 시작하였다. 1995년 7월부터는 법원행정처장 자문위원회에 각계의 북한법 전문가로 특수사법제도연구위원회(2017년 1월 '통일사법연구위원회'로 변경)를 구성하여 운영하고 있다. 이 위원회의 연구 성과는 ≪남북교류와 관련한 법적 문제점≫이라는 간행물로 발간되고 있다. 2006년 2월에는 통일법제에 관심이 있는 법관들을 중심으로 통일사법정책연구반이 결성되어 활동해 오고 있으며, 연구반의 연구 성과물은 ≪통일사법정책연구≫라는 자료로 발간되고 있다. 2014년 3월 출범한 사법정책연구원은 통일에 대비하여 사법부를 지원하기 위한 사법 연구 및 북한 사법제도 연구를 위한 통일사법센터를 설치하여 운영하고 있다. 그동안의 연구 성과를 내용별로 보면 북한의 사법제도, 부동산제도, 가족제도를 비롯하여 북한 헌법·민사법·형사법에 대한 연구, 이산가족 재결합에 따른 법적 문제 연구, 남북한 사법 통합에 관한 연구, 통일 이후 부동산 제도 등이 대표적이다.

대한변호사협회는 북한의 사회·법률제도의 조사·연구와 통일 헌법안 및 통일기본법안 등의 조사·연구와 입법에 관한 사항을 연구하기 위하여 1985년 6월 10일 대한변호사협회 규정 제10호 '통일문제연구위원회규정'에 따라 통일문제연구위원회를 설치하여 운영해 오고 있다. 2004년부터는 국민대학교 법과대학의 북한법제연구센터 및 북한법연구회와 공동으로 매월 '통일법 조찬포럼'을 시작하였다. 2006년부터는 '통일정책 세미나'를 시작하여 포럼과 세미나를 격월로 개최해 왔다. 2016년부터는 조찬포럼과 정책세미나를 협회가 독자적으로 운영하기 시작하였으며, 2018년 기준으로 총 69회의 '통일법 조찬포럼'과 총 42회의 '통일정책세미나'를 개최하였다. 조찬포럼이나 정책세미나에서 발표된 자료들을 모아 2005년과 2007년 두 번에 걸쳐 자료집을 발간하였고, 2014년 12월에는 ≪통일법 조찬포럼 자료집≫ 제3집과 제4집 및 ≪통일정책세미나 자료집≫ 제2집을 동시에 발간하였다. 2018년 6월에는 ≪통일법 조찬포럼 자료집≫ 제5집 및 ≪통일정책세미나 자료집≫ 제3집을 통합본으로 발간하였다. 2018년 9월부터는 기존의 '통일법 조찬포럼'과 북한 정세 및 통일정책을 연구하는 '통일정책세미나'를 '통일법제포럼'으로 개칭하여 통합 운영해 오고 있다.

또한 2012년부터는 통일법 연구의 저변 확대 및 통일 시대에 대비한 법조 인력 양성을 목표로 법조인이나 법학전문대학원생 등 예비 법조인을 대상으로 한 '통일법제 사이버 아카데미'를 개설해 운영하였다. 2014년부터는 법무부와 공동으로 통일을 위한 실질적 준비를 위해 통일 관련 법률문제를 담당할 수 있는 전문가 양성을 목표로 법학전문대학원생, 사법연수원생 등 예비 법조인과 법조인 및 공무원을 대상으로 매년 1월과 9월에 통일법제 전문가 양성 프로그램인 '통일과 법률 아카데미'를 개설하여 운영해 오고 있다.

남북교류협력이나 법제 통합 분야 외에도 상당수 법학자와 법조인들이 북한 인권 법제와 실태에 관심을 두고, 북한 인권 개선을 위해 노력하고 있다. 특히 북한의 인권 법제와 실태에 대하여는 통일연구원, 대한변호사협회, 북한인권정보센터(NKDB)가 『북한인권백서』를 발간해 오고 있으며, 특히 대한변호사협회는 북한 인권 문제에 대한 국제사회의 관심을 높이고 정확한 정보 제공을 위해 『북한인권백서』의 영문판도 함께 발간하고 있다.

민간 부분에서는 '북한법연구회'의 활약이 돋보인다. 북한법연구회는 1993년에 북한법에 관한 정보와 자료의 교환 및 공동 이용을 통하여 북한법에 대한 공동 연구를 목적으로 법학자와 법조인 등이 중심이 되어 결성된 모임이다. 이 연구회는 1994년 6월 경희대학교 김찬규 교수의 '북한벌목공의 국제법상 지위'에 대한 발표를 시작으로 월례발표회를 시작해 2018년 12월까지 246회의 월례발표회를 개최하였다. 월례발표회의 주제도 북한법뿐 아니라 남북 관계의 변화에 따라 남북 교류협력 법제, 통일 이후 법제 통합, 교류 협력 및 통일 관련 외국의 사례 등 광범위한 주제를 다루고 있다. 또한 1997년 12월 그동안의 월례발표회 자료를 모아 ≪북한법연구≫ 창간호를 발간한 이래 2018년에 제19호까지 발간하였다. 그뿐만 아니라 2005년 처음으로 북한의 법령을 모은 『북한법령집』을 발간한 이래 2018년까지 6회에 걸쳐 개정판을 발간해 오고 있다. 북한 당국에서도 2004년과 2012년 법령집을 발간하기는 하였으나 이 법령집에는 기존 법령이 게재되어 있지 않고, 개정된 법률도 어느 조문이 개정된 것인지 표시가 되어 있지 않으며, '행정처벌법'이나 '형법부칙'같이 대외적으로 공개하기 불편한 법령이 수록되어 있지 않다. 이에 반해 북한법연구회가 발간한 『북한법령집』은 헌법과 같이 개정 전의 법도 중요한 법은 북한법 연구에 도움이 되도록 수록하였고, 법률이 개정된 경우 구법의 내용도 해당 조문 밑에 함께 수록하였으며, 북한이 공개하지 않은 법률도 여러 경로를 통하여 입수하여 소개하고 있기 때문에 북한법 연구를 위해서는 꼭 필요한 자료로 자리 잡고 있다. 북한법연구회는 연구 범위의 저변 확대를 통한 새로운 도약을 위해 2018년 4월 '통일과 북한법학회'로 명칭을 변경하였다.

그 밖에도 한국법제연구원, 통일연구원 등 국책연구기관에서도 북한 법제와 남북한 교류협력 법제 및 통일법제에 대한 연구를 통하여 많은 연구 자료를 발간해 오고 있다.

한편 박근혜 대통령은 2014년 2월 25일 경제혁신 3개년 계획 담화를 통하여 한반도 평화통일을 체계적으로 준비하기 위해 대통령 소속 통일준비위원회를 발족시킬 것임을 발표하였다. 같은 해 3월 21일에는 통일 준비를 위한 근거 법령으로 대통령령인 '통일준비위원회 설치 및 운영에 관한 규정'을 제정하고, 같은 해 7월 통일준비위원회 위원 인선을 발표함으로써 통일준비위원회를 출범시켰다. '통일준비위원회 설치 및 운영에 관한 규정'에 따르면 통일준비위원회는 한반도 평화통일에 대한 국민적 공감대를 확산하고, 통일 추진의 구체적 방향을 제시하며, 민관 협력을 통하여 한반도 통일을 체계적으로 준비하기 위하여 설치한 기구이다. 제2조에서는 통일준비위원회의 기능을 ① 통일 준비를 위한 기본 방향에 관한 사항, ② 통일 준비 관련 제반 분야의 과제 발굴·연구에 관한 사항, ③ 통일에 대한 세대 간 인식 통합 등 사회적 합의 촉진에 관한 사항, ④ 통일 준비를 위한 정부 기관·민간단체·연구기관 간 협력 등에 관한 사항, ⑤ 그 밖에 통일 준비에 관하여 대통령이 위원회에 자문할 필요가 있다고 인정하는 사항을 심의하는 것으로 하고 있다.

출범 당시 인선 내용을 보면 위원장인 대통령을 포함, 민간위원 30명, 국회의원 2명, 정부위원 11명, 국책연구기관장 6명 등 총 50명으로 구성되었다. 통일부 장관과 민간위원 중 인천대학교 정종욱 석좌교수가 공동으로 부위원장직을 맡았다. 부위원장을 제외한 29명의 민간위원은 각자의 전공 분야에 따라 외교안보, 경제, 사회문화, 정치법제도 등 4개의 분과위원회에서 활동하도록 하였고, 효율적 업무 수행을 위해 분과위원회별로 총 30여 명의 전문위원을 별도로 위촉하였다. 분과위원회 성격상 통일 대비 법제 준비는 주로 정치·법제도 분과위원회에서 담당하였다. 하지만 통일준비위원회는 출범 당시부터 법률이 아닌 대통령령에 근거하여 설치된 조직으로 정권 교체에 따른 폐지가 우려되었었다. 이에 정부는 통일준비위원회 설립의 법적 근거를 마련하고, 중앙부처 및 지방자치단체에 통일 전담 조직을 신설하며, 통일 공감대 확산과 관련 기록물 수집·보존 및 관리·활용, 그리고 통일 관련 문화 행사, 통일 교육 관련 사업 등을 민간 차원에서 지원할 수 있도록 하는 '평화통일재단' 설립 등의 내용을 담은 '평화통일기반구축법' 제정을 추진하였으나 입법에 이르지는 못하였다. 그 이후 문재인 정부로 정권이 교체되면서 출범 당시부터 우려한 바대로 2017년 7월 11일 자로 통일준비위원회의 설치 근거인 '통일준비위원회 설치 및 운영에 관한 규정'이 폐지되면서 역사 속으로 사라지고 말았다.

4. 남북 교류협력 법제 개요와 활성화를 위한 법제도적 과제

남북 분단 이후 적대적 대결 구도를 유지하던 남북한은 1980년대 중·후반 구소련과 동유럽 붕괴라는 국제적 환경 변화와 더불어 본격적으로 변화하기 시작하였다. 우리 정부는 1988년 7월 7일 노태우 대통령이 「민족자존과 통일번영을 위한 대통령 특별선언」(7·7선언)을 통하여 교류협력의 발판을 마련하였다. 이 선언의 주요 골자는 ㉠ 남북한 동포 간의 상호 교류 및 해외동포들의 자유로운 남북 왕래, ㉡ 이산가족 교신, 상호방문 주선, ㉢ 남북한 간 물자거래, 문호개방, ㉣ 비군사물자에 대한 우방국과 북한과의 교역 동의, ㉤ 남북 간 대결외교 지양 및 국제무대 협력, ㉥ 북한은 미국·일본, 한국은 중국·소련과의 관계 개선 등 6개 항이다. 이를 토대로 같은 해 10월에는 '남북경제개방조치'를 통하여 남북한 간 교역을 인정하고, 1989년 6월에는 '남북교류협력에 관한 지침'을 제정하여 북한과의 교역에 대한 법적 기반을 제공해 북한 주민과의 접촉이 성사되기 시작하였다.

하지만 법적으로는 '국가보안법'이 유지되는 가운데 이와 같은 행정지침에 의한 남북한의 교류는 법적으로 문제의 소지가 있었다. 이에 정부는 1990년 8월 1일 '남북교류협력에 관한 법률'(이하 '남북교류협력법')과 '남북협력기금법' 등 관련 법 제정으로 남북 교류와 협력의 법적 기반을 마련하게 된 것이다. 이후 남북 관계가 급속하게 발전함에 따라 대북 정책의 법적 기초를 마련할 필요성이 증대되고, 특히 남북 간 합의서에 법적 실효성 부여 및 남북 관계의 안정성과 일관성 확보 등을 위해 2005년 12월 29일 '남북관계발전법'을 제정하였다. 2007년 5월 25일에는 남북경제협력의 대표적 모델인 개성공업지구의 발전에 따라 개성공업지구의 개발·운영을 지원하고, 개성공업지구에 투자하거나 출입·체류하는 남한 주민을 보호·지원하기 위하여 '개성공업지구 지원에 관한 법률'(이하 '개성공업지구지원법')을 제정함으로써 남북 교류협력의 법제도적 기틀을 마련하였다.

이처럼 남북한 간의 교류와 협력을 위해 별도의 법 제정이 필요한 것은 북한의 법적 지위 때문이다. 분단국인 남북한은 서로 상대방의 국가성을 부인하고 있다. 이는 남북한이 유엔에 동시 가입을 한 현 상황에서도 마찬가지이다. 즉, 우리 법제상 북한은 외국이 아니다. 따라서 외국과의 교류를 위해 제정한 모든 법이 남북한 간에는 적용될 수 없다. 정상국가 간의 교류와 협력에 관한 법제를 살펴보면 무역에 관해서는 '대외무역법', '무역보험법', '무역거래기반 조성에 관한 법률' 등이 있고, 관세에 대하여는 '관세법'이, 출입국에 대하여는 '출입국관리법'이, 검역에 대하여는 '검역법'이 있다. 이 법제들은 오랜 기간 운영되어 오면서 미비점을 보완하기 위해 제·개정 작업이 이루어져 왔고, 각 법률의 하위법규를 통하여 법체계를 완비하고 있다.

하지만 북한은 앞의 각 법에서 말하는 외국이 아니다 보니 외국과의 교류와 협력을 위해 필요한 앞의 법에 상응하는 별도의 법이 필요한 것이다. 이러한 문제 때문에 정부는 '남북교류협력법'을 제정하면서, 이 법에서 특별히 규정되지 아니한 사항에 대하여는 대통령령으로 정하는 바에 따라 '대외무역법' 등 무역에 관한 법률을 준용하도록 하였고, 이후 앞에서 언급한 몇몇 법률을 제정한 것이다. 이는 북한도 마찬가지이다. 따라서 북한도 '북남경제협력법'을 비롯하여 '개성공업지구법'과 '금강산관광지구법' 등을 제정하였다.

한편 남북한의 교류와 협력은 남북한 각자의 법 제정만으로 모든 문제를 해결할 수 있는 것이 아니라 상호 합의가 필요한 부분들이 있다. 이를 위해 남북한은 이른바 4개 경협합의서(투자보장, 이중과세방지, 상사분쟁 해결, 청산결제), 개성공업지구 및 금강산관광지구와 관련된 각종 합의서(통관, 검역, 통신, 출입체류), 「차량의 도로운행에 관한 합의서」, 「남북상사중재위원회 구성 운영에 관한 합의서」, 「열차운행 합의서」, 「해운합의서」, 「원산지확인절차 합의서」 등 수많은 남북합의서를 체결하였다. 이처럼 남북한 간의 교류와 협력은 남한법과 북한법 및 남북합의서에 의한 별도의 법체계하에서 이루어지고 있다.

특히 남북 경제협력의 상징으로 자리 잡고 있는 개성공업지구에 적용되는 '개성공업지구법'과 하위법규들은 형식은 북한법이지만 사실상 대부분 남북한 합의에 의하여 제정되었다. 그 결과 개성공업지구는 남한과 북한의 일반법이 적용되지 않는 제3의 새로운 법역(法域)으로 발전해 가고 있다. 그렇지만 현재까지의 남북한 교류협력 법제는 많은 부분에서 개선과 보완이 필요하다. 남북 교류와 협력의 활성화를 위한 대표적인 법제도적 과제로는 남한 주민의 신변안전보장, 투자보장, 분쟁해결제도, 3통(통행, 통신, 통관) 문제 등이 있다.

신변안전보장과 관련해서는 남북한 간에 「개성공업지구와 금강산관광지구의 출입 및 체류에 관한 합의서」가 체결되어 북한이 개성공업지구와 금강산관광지구에서는 남한 주민에 대하여 원칙적으로 형사사법권을 포기하였다. 즉, 남한 주민이 범죄를 저질러도 북한은 원칙적으로 경고, 범칙금 부과, 추방만 할 수 있을 뿐 수사나 재판을 할 수 없도록 하였다. 그렇지만 2008년 개성공업지구에서 발생한 현대아산 근로자 유 모 씨 사건의 경우에 북한이 수사가 아닌 행정적 조사를 목적으로 136일간이나 억류하는 사태를 막지 못하였다. 더군다나 개성공업지구와 금강산관광지구 이외의 지역에는 이 합의서가 적용되지 않는다. 따라서 향후 이 출입 및 체류에 관한 합의서에 대한 보완을 통하여 우리 주민에 대한 신변안전이 더욱 확실하게 보장받을 수 있도록 하는 한편, 그 적용범위도 교류 협력을 목적으로 북한을 방문하는 남한 주민 모두에게 적용되도록 확대할 필요가 있다.

분쟁해결과 관련해서는 남북한 간에 남북상사중재위원회를 구성하여 해결하도록 합의를 하였음에도 불구하고 중재규정 마련 등의 후속 조치가 없어 실제로 이 위원회가 전혀 가동되지 못하고 있었다. 투자보장 문제 역시 금강산관광지구 내 자산 동결 및 몰수 조치에서 본 바와 같이 현재의 남북한 합의서만으로는 실질적인 보장이 어려운 상태이다. 3통 문제도 더 간편하고 신속한 통행 및 통관 절차 마련, 인터넷과 이동전화 등 통신수단 이용의 확보 등을 통하여 개선하여야 한다.

국제법적으로도 남북한 간의 교역이 더욱 활성화되려면 WTO 체제하에서 다른 국가로부터 최혜국대우 원칙에 근거해 문제가 제기될 수 있는 무관세 문제, 개성공업지구 등 북한 지역에서 우리 기업이 생산한 제품의 원산지표시 문제, 전략물자 수출통제 문제 등 앞으로 슬기롭게 해결해 나가야 할 법제도적 과제들이 산적해 있다.

5. 통일 이후의 남북한 법제 통합 과제

통일은 종국적으로 법과 제도의 통합으로 완성된다. 남북한 법제의 통합은 두 가지 관점에서 접근할 수 있다. 하나는 정치와 경제 체제를 전혀 달리하고, 그에 따라 그 내용이 서로 다른 남북한 법제의 통합에 관한 절차와 과정에 대한 것이다. 다른 하나는 통합된 법률을 어떤 내용으로 할 것인지의 문제이다. 이에 대한 기존의 연구는 대체로 남북 법제 통합이라는 큰 범주 내에서 이루어졌다. 남북 법제 통합 문제는 앞에서 언급한 두 가지 관점이 모두 검토되어야 한다. 이와 관련하여 그동안 학계에서는 물론이고, 법무부·법제처·통일부 등 관계 부처와 정책연구기관에서 적지 않은 연구를 해오고 있으나 아직 갈 길이 먼 상황이다.

물론 독일의 헬무트 콜(Helmut Kohl) 총리가 독일 통일 6주년 기념 회고록『나는 조국의 통일을 원했다(Ich wollte Deutschlands einheit)』에서 자신이 너무 동독을 몰랐고, 그동안의 동독 연구가 전혀 도움이 되지 않았다고 고백한 것처럼 실제로 이와 같은 사전 준비가 막상 통일이 되었을 경우에 얼마나 활용될 수 있을지는 미지수이다. 또한 통일 이전까지의 남북한 관계의 발전 정도나 북한의 체제전환 가능성 유무까지 고려한다면 현 단계에서 미리 법제 통합에 관한 연구를 한다는 것이 얼마나 도움이 될 것인지에 대하여 의문이 제기될 수도 있다. 그러나 예상 가능한 다양한 통일 모델을 전제로 준비를 하면 할수록 통일 시점에서의 오류는 줄어들 것이고, 일각에서 우려하는 통일 비용의 부담을 줄이는 방안도 마련할 수 있을 것이다.

남북한의 법제 통합은 통일이 남한 주도의 일방적 통일이냐, 아니면 남북 합의에 의한 통일이냐에 따라 절차나 진행 상황이 달라질 수 있다. 하지만 궁극적으로 통일한국의 헌법질서는 자유민주적 기본질서에 입각하여야만 한다. 우리 '헌법' 제4조도 "대한민국은 통일을 지향하며, 자유민주적 기본질서에 입각한 평화적 통일 정책을 수립하고 이를 추진한다"라고 규정하여 이 점을 명확하게 밝히고 있다. 헌법재판소는 '자유민주적 기본질서'를 "모든 폭력적 지배와 자의적 지배 즉 반국가단체의 일인독재 내지 일당독재를 배제하고 다수의 의사에 의한 국민의 자치, 자유·평등의 기본 원칙에 의한 법치주의적 통치질서"를 의미한다고 하면서 그 구체적인 내용으로 "기본적 인권의 존중, 권력분립, 의회제도, 복수정당제도, 선거제도, 사유재산과 시장경제를 골간으로 한 경제질서 및 사법권의 독립" 등을 들고 있다.

통일국가는 인간의 존엄과 가치의 존중을 최고의 이념으로 하면서, 자유와 평등이 보장되는 선진 민주복지국가이어야 한다. 이러한 국가를 구현하기 위해서는 정치적으로는 자유민주주의 체제, 경제적으로는 사회적 시장경제 체제를 기본으로 하여야 한다. 우리 헌법은 이미 자유민주주의 국가의 기본원리인 국민주권주의, 기본권존중주의, 권력분립주의, 법치주의, 복지국가주의, 문화국가주의, 국제평화주의, 사회적 시장경제주의를 채택하고 있다. 통일헌법의 기본원리 역시 현재 우리 헌법의 기본원리 또는 헌법 그 자체가 북한 지역까지 확대·적용되도록 하는 것이라 할 수 있다. 따라서 남북한의 법제 통합은 북한이 통일 이전에 체제 전환을 하지 않는 한 동서독의 법제 통합 과정과 마찬가지로 이미 자유민주적 기본질서에 입각한 남한의 법제도가 북한 지역으로 확대·적용되는 방식이 될 수밖에 없다.

다만 현재의 남한법은 자유민주주의 체제 및 사회적 시장경제 체제에 기반을 두고 있고 현재의 경제 발전 수준에 맞춰 제정된 것이기 때문에, 이질적인 정치·경제 체제에 기반을 두고 있고 경제적으로도 많은 격차가 벌어져 있는 북한 지역에 그대로 적용할 경우에는 많은 문제점이 발생할 수 있다. 그러므로 현재의 남한법이 북한 지역으로 확대·적용되는 것을 원칙으로 하면서 어떤 법은 일부 조항의 적용을 유보하는 조치를 취하여야 하며, 어떤 법은 개정이 필요하기도 하고, 경우에 따라서는 새로운 입법이 필요한 경우도 있으며, 한시적으로 북한법을 계속 적용하여야 할 경우도 있을 수 있다. 이 때문에 남북한 법제 통합에 대한 준비는 통일 당시의 상황을 염두에 두고 현재의 남북한 법 전체를 하나하나 검토하고 통일한국에 적용될 수 있는 내용으로 미리 구체적인 법률안을 마련해 두어야 하는 방대한 작업이다. 이와 같은 작업은 지금까지와 같이 법무부나 통일부, 법제처와 같은 일부 부처가 준비할 수 있는 일이 아니다. 결국은 모든 정부부처가 각 부처의 소관 법령을 각자 검토하고 통합안을 준비하여야만 가능할 일이다.

이와 같은 법제 통합의 기본 방향을 전제로 통일에 대비하여 사전에 구체적인 연구가 필요한 대표적인 과제 몇 가지를 살펴보면 다음과 같다. 안정적인 통일국가 건설을 위해서는 행정 공백이 발생되어서는 안 된다. 이를 위해서는 북한 지역에 신속한 민주적 직업공무원제도가 구축되어야 한다. 그 과정에서 기존의 북한 관료에 대한 활용 방안과 재교육 방안이 마련되어야 한다. 통일 이후 북한 지역의 가장 큰 변화는 시장경제질서로의 체제전환 과정이 될 것이다. 이와 관련해 1946년에 실시된 북한의 토지개혁에 의한 몰수토지의 원소유자 반환 여부, 현재 국가 또는 사회협동단체 소유로 되어 있는 토지의 사유화 방안이 매우 중요하면서도 어려운 과제가 될 것이다. 또한 인도적 범죄를 저지른 자들에 대한 과거청산의 문제도 제기된다. 분단에 의한 이산가족의 신분과 재산에 대한 정리도 문제이며, 국제법적으로는 북한이 다른 나라와 체결한 조약이나 대외채무를 승계할 것인지에 대해서도 구체적인 연구와 사전 대비가 필요하다.

6. 통일법제 공부 방법

통일법제에 관심을 갖고 본격적으로 공부를 하고자 하는 사람들에게서 통일법제에 대한 접근 방법 내지 공부 방법에 대한 질문을 자주 받는다.

모든 학문에는 왕도가 없는 것처럼 통일법제 공부 역시 이 분야에 대한 관심을 두고 많은 자료를 접하면서 연구하는 외에는 특별한 방법이 있는 것은 아니다. 하지만 〈표 1-1〉 통일법제 연구 자료 분류표에서 본 바와 같이 통일법제의 연구 대상도 광범위하고, 그동안 발표된 통일법제 관련 단행본이나 논문, 정책연구보고서, 학술회의나 세미나 자료만 해도 그 분량이 매우 방대한 상황이다. 따라서 과거에 통일법제 관련 연구가 별로 없던 시절과 같이 이 분야들을 모두 공부하겠다는 생각은 과욕일 수 있다. 이제는 선행 연구만으로도 어느 정도는 분야별로 연구가 되어 있는 상황이므로 각자의 관심 분야에 따라 공부를 하고, 그 분야에 대하여 더 구체적으로 연구해 나가는 것이 바람직한 방향이라고 본다. 다만 통일법제 공부에 대한 일반적인 접근 방법을 간단히 소개해 보고자 한다.

첫째, 관심 분야를 정하고 그 분야에 대한 선행 연구 자료를 찾아 공부하는 것이다. 선행 연구 자료를 가장 손쉽게 접하는 방법은 통일부·법무부·법제처의 '통일법제 통합DB시스템'의 인터넷 홈페이지를 이용하는 것이다. 선행 자료를 공부할 때는 북한 역시 수시로 법이 개정되기 때문에 될 수 있으면 최근 자료를 이용하는 것이 좋다. 북한의 법률에 대하여는 각종 인터넷 홈페이지에 북한 법률이 소개되어 있으나 개정 이전의 법률이 소개된 경우가 많기 때문에 주의를 필요로 한다. 북한에서 직접 편찬한 법전으로는 2004년에 발간된『법전(대중용)』과 2012년에 발간된 법전이 있지만 일부 법률은 게재가 되어 있지 않고, 2012년 이후에도 적지 않은 법률이 개정되었다. 따라서 이 책들은 북한 원전으로서의 소장 가치가 있을지는 몰라도 가장 최근의 개정 법률을 파악하려면 약 2년마다 발간되는 북한법연구회의『북한법령집』을 참고하는 것이 가장 좋다.

둘째, 세미나와 학술회의를 이용하는 방법이다. 북한법연구회의 월례발표회나 대한변호사협회의 통일법 조찬포럼과 같이 정기적으로 개최되는 세미나를 비롯하여 법무부·통일부·법제처 등 유관 부처에서 개최하는 각종 학술회의나 세미나에 참석하면 다른 사람의 연구 내용을 손쉽게 접할 수 있을 뿐만 아니라 통일법제에 관심 있는 사람들과의 교류를 통하여 더 정확하고 많은 자료를 접할 수 있게 되며, 토론이나 질의 등을 통하여 궁금한 사항을 해결할 수도 있다.

셋째, 법무부와 대한변호사협회가 공동 주최하는 '통일과 법률 아카데미' 같은 단기 과정을 이용하는 방법이다. 이 방법은 짧은 기간에 통일법제 전반에 대한 기초적인 정보를 습득할 수 있다는 장점이 있다. 남북 경제협력 분야에 관심이 있는 사람들은 북한대학원대학교를 비롯하여 여러 단체에서 운영하는 남북 경협 관련 단기 교육 과정을 이용하는 것도 권하고 싶다.

넷째, 전문적인 연구를 하려면 대학원 학위 과정을 이용하는 것도 방법이다. 석·박사 학위 과정으로 추천할 만한 대표적인 곳으로는 국민대학교의 북한법 석·박사 과정과 북한대학원대학교의 북한학(법·행정 전공) 석·박사 과정이 있다. 국민대학교는 북한법 관련 과목이 많다는 장점이 있고, 북한대학원대학교는 법학 과목은 다소 부족하지만 북한 정치·경제·사회·문화·군사·국제외교 등 법학 이외의 다양한 과목을 접할 수 있는 장점이 있다.

다섯째, 북한법 또는 통일법제는 굳이 학문적으로 분류한다면 법학에 속하기는 하지만, 북한의 폐쇄성이라는 특성상 남북한 관계나 북한에 대한 일반적인 이해가 수반되어야만 한다. 따라서 통일법을 제대로 공부하고자 한다면 북한의 정치·경제·사회·문화 등 북한 전반에 대한 관심과 이해가 필요하다. 이를 위해서는 법학과는 학문적 관련성이 다소 떨어지더라도 북한 정치·외교 또는 남북한 교류협력 관련 세미나, 북한이탈주민 지원이나 북한 인권 등 다양한 분야에 관심을 두는 것도 한 방법이다.

여섯째, 북한에서 발간된 자료를 최대한 활용할 필요가 있다. 특히 북한법에 대한 연구를 위해서는 북한에서 발간된 『법학사전』, 『민사법사전』, 『국제법사전』은 기본자료로 활용할 필요가 있다. 그 밖에도 북한에서 발간한 법학 관련 단행본이나 학술지 ≪김일성종합대학학보≫, ≪정치법률연구≫는 매우 중요한 자료이다.

마지막으로 법학 공부의 일반적인 방법론과 마찬가지로 관련 책자나 학술 논문을 볼 때 늘 관련 법조문이나 합의서를 반드시 재확인해 달라고 당부하고 싶다. 사실 학술 논문에서 다루는 내용의 상당 부분은 관련 법규나 합의서의 조문에 대한 해석들인데 의외로 부정확한 인용들이 적지 않게 발견된다. 따라서 해당 법규나 합의서를 제대로 살펴보지 않으면 잘못된 인용문을 다시 인용하게 되는 경우가 있다. 또한 어느 정도 법학 공부를 한 사람이라면 관련 법률이나 합의서만으로도 그 내용을 충분히, 그리고 정확하게 파악할 수가 있다. 학술 논문은 해당 법규나 합의서의 일부 조문을 다루고 있기 때문에 관련 법규나 합의서 전체를 일독하는 것이 전체 내용을 파악하는 데 오히려 더 많은 도움이 되기도 한다.

제2장

대한제국과 남북한의 동일성에 대한 검토

1. 머리말

남북한 사이에 발생하는 모든 법적인 문제는 상대방의 국가성을 부인하는 분단국의 특성에서 출발한다. 따라서 남북한의 법적 지위 또는 법적 관계는 물론 남북한의 교류 협력 과정에서 발생하는 문제나 통일과 관련된 법제 통합 문제도 분단국이 무엇인지에 대한 논의로부터 출발할 수밖에 없다. 남북한 사이에 체결된 각종 합의서의 법적 성격이 조약인지, 서해 북방한계선의 법적 성격, '대외무역법' 등 외국과의 교류 관계에 관한 법률과 별도로 남북교류협력 관련 법제가 필요한 이유 등 대부분의 법적 쟁점이 모두 남북한이 분단국이기 때문에 발생하는 문제이다.

분단국이라는 용어 자체에서 알 수 있듯이 분단국은 분단 이전의 하나의 국가를 전제로 하는 것이다. 그런데 남북한이 분단되기 이전의 국가 상황이 단순하지만은 않았다.

남북한의 법적 지위를 논의하기 위한 분단 이전의 국가 상황은 적어도 1897년 10월 12일 수립된 단일국가 형태의 대한제국에서 출발하여야 한다. 그런데 대한제국과 현재의 남북한 사이에는 시기적으로 미소 군정기를 제외하더라도 일본 제국의 강점기가 존재한다. 대한제국은 1910년 8월 29일 일본에 의하여 강제로 체결된 「한일병합조약」에 의하여 국권을 강탈당하였다. 그 이후 1945년 8월 15일 독립이 되었고, 독립 이전에 1919년 상해임시정부가 수립되었다. 독립 직후에는 남북이 분단된 상태에서 각각 미국과 소련에 의한 군정기를 거쳐 1948년 대한민국과 북한이라는 2개의 정부가 수립된 것이다.[1]

이러한 과정 때문에 국제법적으로 대한제국과 대한민국의 동일성과 계속성이 인정되는지, 아니면 대한제국은 일본에 의하여 소멸하고 그 후 한반도 내에 대한민국 또는 대한민국과 북한이라는 새로운 국가가 탄생한 것인지, 대한제국과 현재의 대한민국 중간에 있는 상해임시정부는 법적으로 어떻게 평가하여야 하는지와 같은 문제가 발생하게 되는 것이다.

대한제국과 대한민국의 동일성과 계속성이 인정된다면 대한제국이 가지고 있던 모든 권리와 의무가 대한민국에 그대로 존속하게 된다. 하지만 만일 동일성이 인정되지 않고, 일제 식민지 국가의 지위에서 분리·독립해 새로운 국가로 탄생한 것이라고 본다면 일제 식민지 국가와 대한민국 사이에 국가승계의 문제가 발생하게 된다.

이 점에 대하여 남북한의 입장에도 차이가 있으며, 연합국을 비롯한 다른 국제법 주체들의 입장과 우리 정부의 입장이 일치하는 것도 아니다.

2. 국가의 동일성과 국가승계의 관계

전통적으로 국가의 성립과 소멸은 국가승인과 국가승계의 문제로 다루어져 왔으며 그와 별도로 국가의 동일성이나 계속성이 논의되는 경우는 드물었다. 그러나 이는 국가의 동일성과 계속성의 문제를 제기하지 않더라도 국가의 성립요건 충족 여부 또는 그러한 요건의 상실에 관한 판단만으로 국가의 성립과 소멸 및 그에 따르는 국가승계의 문제를 처리할 수 있었기 때문이며, 국가의 성립과 소멸에 국가의 동일성과 계속성의 문제가 관련되어 있지 않다는 것을 의미하는 것은 아니었다.[2]

국가의 동일성과 계속성은 사전적 의미로 보면 동일한 개념은 아니다. 계속성은 동일성을 포함하는 개념이지만 동일성이 있다고 해서 반드시 계속성이 유지되는 것은 아니다. 이 때문에 양자를 엄격히 구별하는 견해도 있다.[3] 하지만 국내 국제법 학자들은 대체로 양자를 엄

---

1   분단과 더불어 북한 지역은 사실상 소련 군정에 의하여 통치되었지만, 형식적으로는 북조선임시인민위원회에 의하여 통치되었기 때문에 형식적 측면이나 법적인 측면에서는 소련 군정기로 분류할 것인지를 놓고 논란이 있을 수 있다. 이 문제는 통일 이후 북한의 토지개혁에 의한 몰수토지 처리 문제와 관련하여 통일독일의 경우와 같이 점령고권이론을 적용할 수 있는지와도 밀접한 관련이 있다.

2   박배근, 「국제법상 국가의 동일성과 계속성」, ≪저스티스≫, 통권 제90호(한국법학원, 2006), 250~251쪽.

3   J. Crawford, *The Creation of States in International Law*(Oxford, 1979), pp.407~408. 나인균, 「大韓民國과 大韓帝國은 法的으로 同一한가?: 國家의 同一性 내지 繼續性에 관한 國際法的 고찰」, ≪국제법학회논총≫,

격히 구별하여 사용하지는 않고 있고, 국가승계 문제에서는 양자의 구별이 큰 의미가 없으므로 여기서는 동일한 개념으로 사용하고자 한다.[4]

국가의 동일성 여부에 대한 판단은 그러한 판단을 위하여 비교되어야 하는 두 개의 국가가 존재하고, 또 실제로 비교가 이루어짐으로써 획득되는 것을 의미한다. 왜냐하면 국가 요소에 발생한 변경에 의하여 국가의 동일성에 관한 의문이 제기되었다는 것은, 구체적으로는 그러한 변경이 발생하기 전의 상태의 국가(이하, 변경 전 국가)와 그러한 변경이 발생한 이후의 상태의 국가(이하, 변경 후 국가) 사이의 동일성 또는 계속성이 문제가 된다는 것이기 때문이다.[5]

국가승계의 문제는 한 국가의 영토의 일부 또는 전부가 다른 국가로 이전될 때, 그 영토를 상실하는 국가인 선행국이 그 영토와 관련하여 가지고 있던 제반 권리와 의무가 당해 영토를 새로 취득하는 국가인 승계국으로 이전되는 것을 말한다. 따라서 국가승계의 문제는 국가의 소멸을 전제로 하는 것이며, 국제법적으로 최소한 선행국과 승계국이라는 둘 이상의 국제법 주체 사이에 발생하는 문제이다. 국제법상 이와 같은 국가승계의 개념과 대립하는 개념으로 논의되고 있는 것이 바로 국가의 동일성 또는 계속성의 문제이다.[6]

국가의 구성요소 일부나 전부에 변화가 발생한 경우 이를 대체한 국가가 기존의 국가와 동일성 또는 계속성을 유지한다면, 이는 기존의 국가가 소멸하지 않고 그대로 존속하게 되는 것이므로 국가승계의 문제가 발생하지 않는다. 따라서 국가승계의 문제와 국가의 동일성 문제는 양립할 수 없는 것이다.[7] 다시 말해 어느 국가가 국가 구성요소의 변경에도 불구하고 동일성이 유지된다면 당연히 존속하는 국가는 기존 국가의 모든 권리와 의무의 주체가 된다. 하지만 기존 국가가 소멸한다면 그 국가의 모든 권리와 의무도 소멸하는 것이고, 다만 이를 승계하는 국가에서 그 권리와 의무를 어느 범위에서 승계할 것인지에 관한 국가승계의 문제가 발생하는 것이다.[8]

통권 제85호(대한국제법학회, 1999), 129쪽, 각주 6)에서 재인용.

4 나인균, 같은 글, 129쪽; 박배근, 「국제법상 국가의 동일성과 계속성」, 254쪽 참고.

5 박배근, 같은 글, 256쪽.

6 한명섭, 『남북통일과 북한이 체결한 국경조약의 승계: 조중국경조약의 승계 문제를 중심으로』(한국학술정보, 2011), 186~187쪽.

7 다만 개별 법률관계를 고립적으로 관찰하면 국가의 존속과 국가승계의 일시적인 공존을 확인할 수 있으므로 일정한 조건하에서 양 개념이 병존하는 일정한 체계를 말할 수도 있고, 영토의 일부만이 변경되는 경우에도 동일성과 승계가 동시에 일어날 수 있다. 나인균, 「大韓民國과 大韓帝國은 法的으로 同一한가?: 國家의 同一性 내지 繼續性에 관한 國際法的 고찰」, 129~130쪽.

8 한명섭, 『남북통일과 북한이 체결한 국경조약의 승계: 조중국경조약의 승계 문제를 중심으로』, 187~188쪽.

국가의 구성요소에 대하여는 통상 「몬테비데오협약」으로 불리는 1933년의 「국가의 권리·의무에 관한 협약(Convention on the Rights and Duties of States)」에서 처음으로 조약의 형태로 국가의 요건에 대한 규정을 두었다. 이 협약 제1조는 국가의 요건으로 영구적 주민, 일정한 영토, 정부, 다른 국가와의 외교 능력 네 가지를 들고 있다.[9] 그러나 상당수 국제법 학자는 외교 능력을 독자적인 국가요건으로 보지 않기 때문에 현실적으로 문제가 되는 요건은 주민, 영토, 정부이며, 이 세 가지 요소에 중대한 변경이 초래될 경우 국가의 동일성 여부가 문제된다.[10]

그러나 현실에 있어서 이러한 국가의 동일성에 대한 판단 문제는 간단한 문제가 아니다. 국가 동일성 내지 계속성의 개념은 국제법에서 여전히 중요하나 불분명한 역할을 하고 있다. 이 불확실성은 용어상의 분류뿐만 아니라 특히 체계적 및 내용상의 분류에서도 그러하다.[11]

3. 국가의 동일성에 대한 판단 지표

1) 주관적 지표

국가의 동일성에 대한 판단의 기준이 되는 지표는 주관적인 지표와 객관적인 지표로 구분해 볼 수 있다. 주관적인 지표는 다시 동일성이 문제가 된 관련 국가의 동일성에 대한 인식과 제3국이나 국제사회의 인식으로 구분된다. 즉 해당 국가나 국제사회가 변경 전의 국가와 변경 후의 국가를 동일한 국가로 인식하느냐는 것이다.

문제는 현실에 있어서 관련 국가의 주관적인 주장과 그에 대한 제3국 또는 국제사회의 태도가 언제나 일치하는 것은 아니라는 점이다. 예를 들어 소련 정부는 1917년 10월에 일어난 혁명과 새로운 소비에트 정권의 수립에 의하여 제정러시아의 계속성이 중단되었으므로 제정러시아와 소련은 동일하지 않다는 견해를 보였다. 그러나 학설은 대체로 이를 인정하지 않고 있으며,[12] 미국연방지방법원은 제정러시아가 소련과 법적 동일성이 있다고 판시한 바 있다.[13]

---

9 "The state as a person of international law should possess the following qualifications: (a) a permanent population; (b) a defined territory; (c) government; and (d) capacity to enter into relations with the other states."

10 한명섭, 『남북통일과 북한이 체결한 국경조약의 승계: 조중국경조약의 승계 문제를 중심으로』, 188쪽.

11 나인균, 「大韓民國과 大韓帝國은 法的으로 同一한가?: 國家의 同一性 내지 繼續性에 관한 國際法的 고찰」, 127쪽.

1918년 수립된 오스트리아공화국에 대하여 전승국은 1919년 9월 10일 「생제르맹(St. Germain)의 국가 및 평화조약」에 의거하여 오스트리아공화국과 오스트리아-헝가리제국의 동일성에서 출발한 반면, 오스트리아는 배상 문제를 회피하기 위하여 전 국가와 법적 동일성이 없는 새로운 국가 창설이라는 입장을 취하였다.[14]

또 다른 문제는 주관적 지표와 객관적 지표의 관계에 관한 것이다. 이에 대하여 박배근 교수는 다음과 같이 말한다.

국가의 동일성에 관한 판단은 변경 후 국가가 변경 전 국가와 동일성을 주장하는지의 여부, 또 어느 정도 강하게 동일성을 주장하는지에 의하여 영향을 받지 않을 수 없다는 것은 당연한 일이다. 예컨대 변경 후 국가가 변경 전 국가와의 동일성을 주장하지 않음에도 불구하고 그들 사이의 동일성을 인정하기 위해서는, 객관적 지표에 의한 엄격한 동일성 증명이 필요하게 될 것이다. 반면에, 변경 전 국가나 변경 후 국가가 양자의 동일성을 강하게 주장하는 경우에는 그렇지 않은 경우에 비하여 객관적 지표에 의한 동일성 증명의 요구가 훨씬 완화될 수 있을 것이다. 마찬가지로, 제3국이나 국제사회가 변경 전 국가와 변경 후 국가 사이의 동일성을 인정하는 태도를 취하는가 아니면 부정하는 태도를 취하는가에 따라, 객관적 지표에 의한 동일성 증명의 요구의 정도가 달라진다는 것도 당연하다.[15]

2) 객관적 지표

동일성 판단의 객관적 지표로는 국가 성립의 기준 내지 요건인 영토의 크기, 주민의 구성과 범위, 주요한 경제적 자원의 내용과 양, 군대의 인원과 장비, 중앙정부의 소재지와 가장 중심적인 정부기관에 대한 통제 등을 들 수 있다.[16] 예를 들어 변경 전 국가와 변경 후 국가의 영토에 큰 변경이 없는 경우나, 변경 전 국가의 주민 대부분이 변경 후 국가의 주민이 된 경우 등

---

12 나인균, 같은 글, 130쪽.

13 "United States v. National City Bank of New York, 5. 5. 1950," *AJIL*, Vol.45(1951), pp.196~197. 나인균, 「大韓民國과 大韓帝國은 法的으로 同一한가?: 國家의 同一性 내지 繼續性에 관한 國際法的 고찰」, 131쪽, 각주 20)에서 재인용.

14 나인균, 같은 글, 130쪽, 각주 12).

15 박배근, 「국제법상 국가의 동일성과 계속성」, 256쪽.

16 박배근, 같은 글, 256~257쪽 참고.

에는 동일성이 강하게 추정될 것이다.[17]

　　국가의 동일성과 관련한 쟁점 사항 중 하나는 재수립된 국가 또는 부활된 국가의 문제이다. 재수립된 국가란 한 국가가 법적으로 일단 소멸하였으나 일정한 기간이 경과한 후 국가 소멸의 원인이 되었던 법률행위가 무효가 됨에 따라 재차 성립한 국가가 소멸 이전에 존재하였던 국가와 동일성이 인정되는 경우를 말한다.[18]

　　재수립된 국가에서는 그러한 계속성의 단절이 합법적인 방법에 의하여 초래되었는지 아니면 불법적인 강압에 의하여 초래되었는지가 가장 큰 문제가 된다. 국가의 계속성이 자결권을 부정하는 방식으로 무력적 강박을 동원한 불법적인 방식으로 초래된 것이라면 변경 전 국가와 변경 후 국가 사이의 동일성을 인정하기 쉬울 것이다. 또 계속성이 단절된 기간 역시 문제가 될 수 있는데, 계속성의 단절 기간이 짧으면 짧을수록 동일성의 인정이 더 쉬워진다는 것은 말할 것도 없다.[19]

　　국제사회에서 재수립된 국가로 인정되는 국가로는 오스트리아, 체코슬로바키아, 에티오피아 등이 있으나, 이에 대하여 의견을 달리하는 학자들도 있다.[20]

　　대한제국과 대한민국 역시 일제강점기라는 계속성의 단절이 있었다. 따라서 대한제국과 대한민국의 동일성 문제는 대한민국이 재수립된 국가로 인정받느냐의 문제라고 할 수 있다.

4. 국가의 동일성 판단에 대한 국제법적 규칙

　　국가의 동일성 판단과 관련해 국제법적으로 확립된 명확한 형식적인 기준은 없다. 결국 앞에서 거론된 동일성 판단을 위한 여러 가지 지표를 종합적으로 고려하여 판단할 수밖에 없다. 이에 대하여 박배근 교수의 설명대로 국가 동일성의 구체적인 문제 사례들은 외교와 그때마다의 사정에 맞춘 개별적인 방법(case-by-case method)을 사용하여 실제적으로 해결하여야 할 문제이지, 이 지표들을 구체적으로 적용할 수 있도록 조문화한 조약이 존재하는 것도, 국가 동

17　한명섭, 『남북통일과 북한이 체결한 국경조약의 승계: 조중국경조약의 승계 문제를 중심으로』, 190쪽.

18　나인균, 「大韓民國과 大韓帝國은 法的으로 同一한가?: 國家의 同一性 내지 繼續性에 관한 國際法的 고찰」, 132쪽.

19　박배근, 「국제법상 국가의 동일성과 계속성」, 257쪽.

20　구체적인 내용은 나인균, 「大韓民國과 大韓帝國은 法的으로 同一한가?: 國家의 同一性 내지 繼續性에 관한 國際法的 고찰」, 132~133쪽 참고.

일성의 판단에 적용할 관습국제법이 충분히 발달되어 있는 것도 아니다.[21]

다만 동일성에 대한 판단 기준으로 국제법 학자들 간에는 대체로 다음과 같은 소극적인 규칙들이 존재한다.[22]

첫째, 일반적으로 영토의 변경은 국가의 동일성에 영향을 미치지 않는다고 본다. 다만 영토의 완전한 상실은 국가의 소멸로 본다는 데도 이견이 없으며, 영토의 대부분을 상실한 경우에도 동일성에 영향을 받을 수밖에 없다고 본다. 다만 어느 정도의 영토의 상실이나 또는 증대가 국가의 동일성에 영향을 주느냐는 것인데, 이에 대하여 명확한 기준을 제시하기는 어렵다는 것이다. 이와 관련하여 구겐하임(Guggenheim)은 "양적으로 대단히 의미 있는" 영토의 변경이 발생하면 국가의 계속성에 문제가 발생한다고 하고, 한스 켈젠(Hans Kelsen)은 국제법상 영토와 주민이 '대체적으로(by and large)' 동일한 경우에는 (정부의 혁명적 변경에도 불구하고) 국가의 동일성이 유지된다고 한다.[23]

영토의 변경과 관련된 국가 관행을 보면, 우선 1807년 나폴레옹이 프러시아 및 러시아와 체결한 「틸지트(Tilsit) 조약」에 의하여 프러시아가 현저하게 영토를 상실한 일, 나폴레옹 전쟁 및 프랑스-프러시아 전쟁의 결과로 프랑스가 1815년과 1871년에 영토를 상실한 일, 1829년의 「아드리아노플(Adrianople)조약」, 1878년의 「산스테파노(San Stefano)조약」과 「베를린조약」 등에 의하여 터키가 영토를 상실한 일 등은 프러시아, 프랑스 및 터키의 국가적 동일성에 영향을 미치지 않았다. 오스트리아의 롬바르디아(1859)와 베네치아(1866) 상실, 그리고 사르데냐가 이탈리아왕국으로 확장된 것 등에 관해서도 국가 동일성의 문제는 제기되지 않았다. 제1차 세계대전 이후에는 오스트리아-헝가리제국의 해체 이후 오스트리아공화국과 도나우왕국의 동일성이 「생제르맹조약」에 의하여 확인되었으며, 1925년에는 터키와 오토만제국의 동일성을 인정한 중재판결이 내려진 바 있다.[24]

둘째, 정부의 변경은 국가의 동일성에 영향을 미치지 않는다는 원칙으로, 이 원칙은 그로티우스(Grotius)에 의하여 확립된 국제법 원칙으로 인정받고 있다. 정부의 변경은 합법적으로 이루어질 수도 있고, 혁명이나 쿠데타와 같은 비합법적인 방법에 의해서도 이루어질 수 있는

---

21 박배근, 「국제법상 국가의 동일성과 계속성」, 258쪽.

22 이후의 내용은 한명섭, 『남북통일과 북한이 체결한 국경조약의 승계: 조중국경조약의 승계 문제를 중심으로』, 191~192쪽.

23 박배근, 「국제법상 국가의 동일성과 계속성」, 258~259쪽 참고.

24 박배근, 같은 글, 259~260쪽.

데, 비합법적인 방법으로 정부나 국내법 질서가 변경되더라도 국가의 동일성 인정에는 문제가 없다는 것이다.

이 점에 대한 국가실행을 살펴보면, 1831년 벨기에의 독립 문제를 논의하기 위하여 개최된 런던회의에서는 이 원칙을 국제법의 중요한 기본 원칙으로 인정하는 의정서가 채택된 바 있으며, 영국과 코스타리카 사이의 티노코(Tinoco) 중재재판 사건에서 윌리엄 태프트(William Taft) 중재재판관이 여러 국제법 학자의 저작을 인용하면서 정부의 변경은 국가의 동일성 및 국가의 국제적 의무에 아무런 영향을 미치지 않는다고 한 바도 있다.

셋째, 국가의 통치권이 단지 일시적으로 중단되거나 제한되는 점시점령 중 취하여진 점령국의 조치는 국가의 법적 동일성과 관계가 없다.[25] 군사점령은 한 국가가 외국의 영토를 장악하고 통제하는 것이지만, 무력충돌의 최종적인 결과가 나올 때까지 국제법은 군사점령에 의한 영토의 병합을 인정하지 않는다. 그 결과 국가는 영토 전체가 점령당한 경우라 하더라도 군사점령에 의하여 소멸하는 일은 없고 당연히 국가의 동일성에 군사점령의 영향이 미치는 일도 없다.[26]

이처럼 국가의 동일성 문제는 국제법적인 관점에서의 논의와 해당 국가의 현실적 실행에서도 차이가 발생하고 있지만, 해당 국가의 자결권에 의한 입장과 판단을 고려하지 않을 수 없다. 그 반면에 국가의 동일성이 인정되느냐의 문제는 해당 국가의 권리뿐 아니라 의무의 존속 여부와도 직접 관련이 있으므로, 이는 결국 다른 국가와의 이해관계와도 밀접한 관련이 있는 문제이다. 따라서 국가의 동일성에 대한 판단을 해당 국가의 자의적인 판단이나 일방적 선언에 맡길 수도 없다. 여기에서 해당 국가와 다른 국가와의 동일성 여부 판단에 차이가 발생할 경우도 있게 되는 어려움이 발생하는 것이다.

5. 대한제국과 대한민국의 동일성

1) 동일성 인정설

우리 '헌법'은 전문에서 대한민국이 3·1운동과 그 결과로서 임시정부를 정부로 하여 1919

---

25 나인균, 「大韓民國과 大韓帝國은 法的으로 同一한가?: 國家의 同一性 내지 繼續性에 관한 國際法的 고찰」, 131쪽.
26 박배근, 「국제법상 국가의 동일성과 계속성」, 261~262쪽.

년에 수립된 대한민국과 계속성을 가진다는 것을 천명하고 있다. 또한 우리 정부는 일본과의 국교수립 과정에서도 대한제국과 대한민국 사이의 법적 동일성을 주장하는 입장을 취하였다.[27] 국내 학계에서도 극히 일부 견해를 제외하고는 대한제국과 대한민국과의 동일성을 인정하고 있고, 우리 정부의 입장도 같다. 각 견해를 소개하면 다음과 같다.[28]

첫 번째는 1943년 12월 1일 「카이로선언」을 통하여 강대국(중국, 미국, 영국)이 국제법 위반적으로 의도된 일본의 한반도의 병합을 승인하지 않는다는 그들의 의사를 아주 분명하게 전 세계에 공표하였다는 견해이다. 따라서 이와 같은 병합 승인에 대한 명백한 부인을 통해 무력에 의하여 행하여진 한반도 병합은 처음부터, 즉 병합 선언의 시점부터 국제법적 관점에서 무효라는 결과가 된다는 주장이다.[29]

두 번째는 1910년 「한일병합조약」을 포함해 1910년 8월 22일 이전에 한일 양국 간에 체결된 모든 조약은 시제법적 원리를 적용해도 국제법상 무효이고, 1919년 1월 21일 대한제국의 실체가 소멸된 때로부터 시작해서 2차 대전 종결 시까지 한국을 26년간 무력적으로 강점한 일본의 통치와 지배는 국제법적으로 군사적 점령(belligerent occupation)에 불과하여 그 기간 중 일본이 한반도에서 시행한 모든 법률적 행위는 원천적으로 무효이고, 대한제국이 국가의 소멸(state extinction, debellatio)에 이르지 않았으므로 1948년에 수립된 대한민국은 대한제국과 국가적 동일성을 유지하여 재수립된 국가이며, 이와 같은 입장이 우리 헌법의 일관된 태도라는 견해이다.[30]

우리 정부가 대한제국과 대한민국 사이의 동일성을 인정한 국제사회의 관행으로 들고 있는 것으로는 다음과 같은 것들이 있다.

우선 대한제국이 1900년 1월 1일에 가입한 만국우편연합(Universal Postal Union) 및 「만국

---

27 박배근, 「大韓民國臨時政府의 國際法的 地位와 大韓民國의 國家的 同一性(하)」, ≪법학연구≫, 제14권 1호(연세대학교 법학연구소, 2004.3), 62~63쪽.

28 이후의 내용은 한명섭, 『남북통일과 북한이 체결한 국경조약의 승계: 조중국경조약의 승계 문제를 중심으로』, 194~197쪽 참고.

29 K. W. Nam, *Völkerrechtliche und staatsrechtliche Probleme des zwigeteiten Korea und die Frage der Vereinigung der koreanischen Nation*, jur. Diss. Mainz 1975(Bern, Frankfurt/M, 1975), pp.87~90.

30 김영구, 『잘 몰랐던 韓日 過去史 문제: 한일 과거사에 대한 국제법적 조명』(다솜출판사, 2010), 53~56쪽 참고. 참고로 김영구 박사는 대한제국의 국권이 일제에 의해서 완전히 침탈된 시기를 「한일병합조약」이 체결된 1910년 8월 22일로 보는 우리 한국 사회의 일반적인 인식은 일제 말기의 이른바 식민사관에 입각한 역사서들의 무비판적인 교육만을 받았던 우리 근대사 교육의 부끄러운 결과라고 보고, 엄밀한 국제법적 관점에서 볼 때, 대한제국의 국가적 실체가 소멸한 날은 고종이 일제에 의한 독살로 붕어하신 1919년 1월 21일로 보아야 한다고 주장한다. 김영구, 같은 책, 19~20쪽.

우편협약」의 경우에 우리나라는 1922년 1월 1일부터 '조선(Chosen)'이라는 이름으로 남아 있었으나, 만국우편연합 사무국은 1949년 12월 17일 자로 'Republic of Korea'라는 국호를 사용하여 대한민국의 만국우편연합 회원 자격의 회복을 통보하였으며, 반면에 북한은 1974년 6월 6일 제17차 총회에서 새로 가입하였는데, 이는 대한민국과 대한제국의 동일성을 인정한 국제사회의 한 사례로 평가되고 있다.[31]

1864년 8월 22일에 채택된 제1회 적십자협약에 대한제국은 1903년 1월 8일 자로 가입한 바 있다. 이 조약을 대체하는 1906년의 제2회 「적십자협약」에는 일본이 외교권을 상실한 대한제국을 대리하여 서명·비준하였으며, 이 협약은 1929년의 제3회 적십자협약 및 1949년의 전쟁희생자 보호에 관한 4개의 제네바협약 중 제1협약인 「육전에 있어서의 군대의 부상자 및 병자의 상태 개선에 관한 1949년 8월 12일자 제네바협약」으로 대체되었다. 우리나라는 1929년의 협약에는 가입하지 못하였으나 1949년의 제네바 4개 협약에는 1966년 8월 16일 자로 가입하였다. 협약의 수탁국인 스위스는 우리나라가 1966년에 1949년 제네바 4개 협약에 가입할 때까지 우리나라와 동 협약 당사국 사이에는 1986년의 협약이 적용되어 왔으나, 우리나라가 제네바 4개 협약에 가입한 1966년 이후에 1864년 협약의 효력이 종료되었다고 하였다.[32] 그 반면에 북한은 우리나라보다 빠른 1957년 8월 27일 자로 1949년 제네바 4개 협약에 가입하였는데, 북한의 가입에도 불구하고 1966년 우리나라의 제네바 4개 협약 가입 후에야 비로소 1864년 협약의 효력이 종료되었다고 하는 수탁국의 태도는 국제사회가 대한제국과 대한민국의 법적 동일성을 인정하는 사례 중 하나로 간주된다.[33]

또한 대한제국이 당시 체결 또는 가입한 국제조약의 남북한에의 효력 여부에 대하여 국내 학자들은 대체로 1965년 「한일기본협약」에 의하여 1905년과 1910년 조약은 이미 무효로 되었을 뿐만 아니라 한일병합이 불법적인 병합이었으므로 대한제국이 체결하거나 가입한 조약은 당연히 그 동일성과 계속성을 유지하는 대한민국에 그 효력이 있다고 본다. 대한민국 정부도 1986년 8월 4일 과거 대한제국이 1910년 이전에 체결하였던 3개의 다자조약이 대한민국에 대하여 계속 효력이 있음을 공포한 바 있다. 이 3개의 다자조약은 「전시 병원선에 대한 국

31 徐現燮, 『近代朝鮮の外交と國際法受容』(東京: 明石書店, 2001), 2쪽. 박배근, 「국제법상 국가의 동일성과 계속성」, 270~271쪽에서 재인용; 이순천, 「條約에 對한 國家承繼: 最近의 國際實行과 南北統一時 適用問題를 中心으로」(고려대학교 박사 학위논문, 1996), 160~161쪽.

32 Dietrich Schindler and Jiri Toman, *The Laws of Armed Conflicts*, 3rd ed.(Leiden: Martinus Nijhoff Publishers, 1988), p.279.

33 이순천, 「條約에 對한 國家承繼: 最近의 國際實行과 南北統一時 適用問題를 中心으로」, 161쪽.

가이익을 위하여 부과되는 각종의 부과금 및 조세의 지불면제에 관한 협약」(1881),[34] 「육전의 법 및 관습에 관한 협약」(헤이그 제2협약),[35] 1864년 8월 22일 자 「제네바협약의 제 원칙을 해전에 적용하기 위한 협약」(헤이그 제3협약)[36]이다. 이 세 조약과 관련해서는 독일 등으로부터 한국에 대한 이 조약들의 효력에 관한 문의가 있는 등, 한국의 당사국 지위에 불명확한 점이 있어 당시 한국 외무부가 그 효력을 확인하는 조치를 취하였던 것이다. 또 이 조약들에 관해서는 영국, 네덜란드 등으로부터 발간된 조약집과 조약 목록에 대한민국이 당사국으로 등재되어 있을 뿐만 아니라, 네덜란드 정부는 조약의 「전시 병원선에 대한 국가이익을 위하여 부과되는 각종의 부과금 및 조세의 지불면제에 관한 협약」(1881) 및 「육전의 법 및 관습에 관한 협약」(헤이그 제2협약)의 수탁국으로 1986년 2월 6일에 한국에 대하여 조약 내용의 변경을 통지하는 등, 한국을 당사자로 취급해 왔다.[37] 우리나라가 뒤늦게 대한제국이 체결한 다자조약의 효력을 확인한 것은 당시까지 유효한 상기 2개 협약에 관하여 협약 수탁국인 네덜란드 정부가 우리나라를 당사국으로 인정하고 있었으나, 우리나라는 대한민국 정부 수립 이후 이 조약들의 효력에 관하여 명확한 입장을 취하지 않았기 때문에 우리와 비슷한 입장에 있는 독일이 우리나라가 이와 같은 조약들의 당사국인지를 문의해 오는 등 법적 불확실성이 상존하고 있었으므로 이에 관한 우리 정부의 입장을 정립하기 위한 것이었다.[38]

이와 같은 효력 확인 조치는 국가승계의 관점에서보다는 국가의 동일성 및 계속성의 관점에서 취하여진 것으로서 국제사회가 대한제국이 체결한 다자조약의 효력과 관련하여 다수의 관행으로 대한민국과 대한제국의 법적 동일성 및 계속성을 인정하고 있음에 비추어 법적 안정성 확보 및 대한제국의 정통성을 선언하기 위한 바람직한 조치라고 사료된다.[39]

한편 이러한 정부 조치의 성격에 대해서는 대한제국과 대한민국 간에 법적으로 동일성과

---

34 Convention for the Exemption of Hospital Ships, in Time of War, From The Payment of all Dues and Taxes Imposed for the Benefit of State. 1904년 12월 21일 헤이그에서 채택되었으며, 같은 날 대한제국이 서명하였고, 1907년 3월 26일 일본 정부가 대한제국을 대리하여 비준서를 기탁하였다.

35 Convention with Respect to the Laws and Customs of War on Land(Hague II). 1899년 7월 29일 헤이그에서 채택되었고, 1903년 3월 17일 대한제국이 가입서를 기탁하였다.

36 Convention for the Adaptation to Maritime Warfare of the Principles of the Geneva Convention of August 22, 1864(Hague III). 1899년 7월 29일 헤이그에서 채택되었으며, 1903년 2월 7일 대한제국이 가입서를 기탁하였다. 이 협약은 1907년 협약 및 1949년 「제네바협약」으로 대체되면서 효력이 상실되었다.

37 박배근, 「국제법상 국가의 동일성과 계속성」, 271~272쪽.

38 이순천, 「條約에 對한 國家承繼: 最近의 國際實行과 南北統一時 適用問題를 中心으로」, 154쪽.

39 이순천, 같은 글, 191.쪽.

계속성이 인정되어 온 것이 명백한 이상 국가상속에서 말하는 조약의 승계 문제는 일어나지 않는다고 하면서, 대한제국이 체결한 조약은 그동안에도 당연히 대한민국에 대하여 계속 유효한 것이므로 그 효력을 확인하는 별도의 조치가 필요한 것은 아니며 더구나 이번 조치를 두고 대한제국과 대한민국의 동일성을 법적으로 확인한 최초의 조치라고 보는 데까지 비약해 버린다면 정말 터무니없는 오해라고 하는 견해가 있다. 즉, 대한제국과 상해임시정부 및 대한민국 간에는 앞의 정부 조치와 무관하게 이미 동일성과 계속성이 있다는 것이다.[40]

박배근 교수는 동일성 문제에 대하여 발트삼국과의 비교·분석을 통하여 동일성의 추정을 허용하는 방향으로 해석하고 있다. 먼저 주관적인 지표에 관해서 보면 대한민국 정부는 동일성을 주장하고 있으나, 그에 대한 근거로는 일본의 한반도 지배의 불법성을 거론할 뿐이며, 1910년의 대한제국이 1919년의 대한민국으로 변경된 법적 근거에 관한 인식이나 설명은 충분하지 못한 것으로 보고 있다. 또한 일본은 이 점에 대하여 명시적인 반대 입장을 취하고 있고, 그 외의 다른 국가들도 대개는 대한민국의 국가적 동일성을 인정하지 않는 것으로 보고 있다는 점을 지적하고 있다. 다음으로 객관적 지표에 대하여는 대한제국의 영토를 모두 회복한 점, 발트삼국에 비해 주민 구성에도 거의 변화가 없는 점, 외국의 지배 기간도 발트삼국에 비하여 더 짧은 점, 발트삼국과 마찬가지로 인민의 자결권이 부정되는 방식으로 강압에 의하여 불법적으로 병합되어 그 병합 자체가 무효로 주장되는 점, 동일성을 인정하더라도 국제사회의 법적 안정성에 거의 아무런 영향이 없는 점 등을 제시하며, 결론적으로 일본과의 사이에 제기될 수 있는 약간의 법적 문제만 원만히 해결될 수 있다면 대한민국의 국가적 동일성에 관한 지표는 동일성의 추정을 허용하는 방향으로 해석되고 적용되어도 무방하며 또 그렇게 해석·적용되어야 할 것으로 생각한다고 한다.[41]

2) 동일성 부인설

정부와 다수설의 입장과는 달리 동일성을 부인하는 견해도 있다. 이 견해의 요지는 "대한제국은 국가의 동일성 내지 계속성에 관한 국제법적 원칙과 국가실행에 의하여 형성된 재수립

40　장효상, 「통일과 국가상속」, 『韓國國際法學의 諸問題: 箕堂李漢基博士古稀紀念』(박영사, 1987), 109쪽; 장효상, 『現代國際法: 理論과 實際』(박영사, 1987), 516쪽.

41　박배근, 「국제법상 국가의 동일성과 계속성」, 272~273쪽.

된 국가로서의 요건을 충족시키지 못하였고 따라서 한국은 원상회복하여 재수립된 국가에 속하지 않는다. 또한 연합국은 소멸한 구국(舊國)인 대한제국과 동일성이 있는 국가를 재수립하려는 필요성을 갖지 않았다. 그러므로 제2차 세계대전 후 한국의 국가수립은 북한의 그것과 마찬가지로 대한제국과 법적 동일성이 없는 일본으로부터 분리된 형태에 의한 국가승계로 간주되어야" 한다는 것이다.[42] 이 주장의 근거는 다음과 같이 요약할 수 있다.

첫째, 일본에 의한 대한제국의 병합은 1910년에 실행되었고, 시제법(時際法)의 원칙에 의하면 이 경우 오늘날의 법이 아니라 당시의 법이 근거로 이용되어야 하는데, 당시에는 모든 전쟁은 적법한 것으로서 원칙적으로 제한 없이 허용되었고, 영토 취득에 있어서도 무력의 행사 또는 무력의 위협에 의한 병합도 정당화되었다는 것이다. 또한 한반도에 대한 일본의 이익은 이미 병합 이전에 국제사회의 다수 국가에 의해서도 승인되었고, 일본이 사전에 표시한 병합 의사에 대해서도 어느 국가도 이의를 제기하지 않았다. 결국 이러한 무력에 의한 정복과 병합의 의사표시는 일반적으로 유효한 영토 취득의 권원을 설정하기에 충분하므로 1910년의 한일합방은 국제법 위반이라 하기 어렵다는 것이다.[43]

둘째, 연합국에 의한 「카이로선언」이 병합의 무효 선언으로 해석될 수 있는지의 문제가 제기되는데, 이 선언의 자구(字句) 내용에 의하면 병합의 무효 또는 위법에 관하여 아무런 언급도 찾을 수 없고 대한제국의 병합이 일부 주장과 같이 위법한 것이었다고 하더라도 일본에 의하여 한반도에 도입된 '신질서(neue Ordnung)'가 확고부동한 것이 아니라고 간주하는 것은 극히 의심스러워 보이므로 결국 대한제국에 대하여 불법으로부터는 아무런 권리도 생길 수 없다는 'ex iniuria ius non oritur' 원칙은 적용될 수 없었고, 따라서 대한제국의 계속성은 이러한 관점에서 정당화될 수 없다는 것이다.[44]

셋째, 연합국의 의사도 한반도를 탈식민지화의 과정에서 종래의 일본의 영토로부터 분리하여 국가를 수립하려는 것이었고, 탈식민지화를 통하여 형성된 국가는 일반적으로 이전 국가와 법적 동일성이 없는 신국가로 간주된다는 것이다.[45]

넷째, 재수립된 국가로 인정되는 경우는 그 국가의 독립이 한정된 기간 동안 배제되었다는 것이 중요한 역할을 하는데, 대한제국의 지속적인 병합은 장기간 어느 국가에 의하여서도

---

42 나인균, 「大韓民國과 大韓帝國은 法的으로 同一한가?: 國家의 同一性 내지 繼續性에 관한 國際法的 고찰」, 140쪽.

43 나인균, 같은 글, 135~136쪽.

44 나인균, 같은 글, 136~137쪽.

45 나인균, 같은 글, 138쪽.

부인되지 않았다는 것이다.[46]

다섯째, 국가실행에서 한국과 관계를 갖는 국제법 주체가 한국을 대한제국과 법적으로 동일한 것으로 간주하고 조약에서도 그렇게 취급하였다는 것을 확인할 수 없다고 한다.[47]

3) 소결

동일성 부정론의 근거 중 가장 중요한 것은 시제법에 근거한 한일병합의 유효성에 대한 주장이다. 동일성 부정론자가 설명하고 있는 바와 같이 시제법의 개념이 처음 국제법에 명시적으로 수용된 것은 1928년 4월 4일 팔마스(Palmas) 섬 사건에서 막스 후버(Max Huber) 재판관의 중재 판결이었다.[48] 따라서 한일병합 당시를 기준으로 한다면 이 시제법 역시 당시의 법이라 할 수 있는지 의문이다.

또한 시제법의 원칙을 적용한다 하더라도, 1910년 당시에는 무력에 의한 정복과 병합의 의사표시는 일반적으로 유효한 영토 취득의 권원이라는 동일성 부정론자의 논리는 당시의 열강인 일부 서유럽 제국주의 국가들이 자신들의 식민지 정책 등을 정당화하기 위한 논리에 불과한 것이다.[49] 만일 시제법의 원칙에 따라 한일병합을 유효하다고 본다면 일제강점기에 독립을 위한 애국지사와 열사들의 모든 활동은 불법이고 범죄가 된다는 결론에 이르게 된다.

김영구 박사 역시 이와 같은 동일성 부인론에 대하여 다음과 같이 반박한다.

19세기 서구 국제법 규범은 전체적으로 그리고 처음부터 서방 국가들의 제국주의와 탐욕적인 식민정책을 합리화하기 위해서 형성되었거나 고안된 것은 아니다. 근대국제법 자체는 국민국가 사이의 세력균형질서를 담보하기 위하여 고안된 장치이며 유럽의 제국주의 국가들이 국제법을 식민지 쟁탈전에 교묘하게 왜곡해서 이용하였을 뿐이다. 서방 유럽 국가들의 아시아·아프리카에 대한 침략행위와 탐욕적인 식민통치 행위들이 모두 그리고 언제나 19세기 서방 국제법 규범에 의해서 합법화(合法化)·정당화(正當化)될 수 있는 것은 아니다. 국제법은 한 번도 일국이 타국을 무력으로 식민지화하는 것을 합법화한 적이 없다. 단지 제국주의적 확정정책을 수행하는 과정에

---

46 나인균, 같은 글, 138쪽.

47 나인균, 같은 글, 138~139쪽.

48 나인균, 같은 글, 135쪽, 각주 48).

49 한명섭, 『남북통일과 북한이 체결한 국경조약의 승계: 조중국경조약의 승계 문제를 중심으로』, 198쪽.

서 법실증주의적 법리를 이들이 왜곡(歪曲)하여 이용하였을 뿐이다. 이는 사회 현상으로서의 법의 한계(限界)이다. 따라서 이러한 제국주의와 식민주의가 범하게 되는 모든 불법행위를 법실증주의적 법리를 적용하면 일괄적으로 합리화할 수 있다고 보는 것은 근대국제법과 법실증주의에 대한 근원적인 몰이해(沒理解)에서 비롯된 오해라고 볼 수밖에 없다. 19세기 한반도에서 일본이 자행한 제국주의·식민주의 정책들이 적어도 (즉 시제법적인 원칙을 적용해서) 19세기 당시의 서방 국가들의 규범인 국제법에 의해서 완전히 합리화·정당화될 수 있다고 하는 주장이나 판단은 법적으로 정확하지도 않고 그렇기 때문에 타당하다고 인정될 수도 없다. 1910년 당시의 국제법에 의해서도 「한일병합조약」은 명백히 무효(無效)이고 일본의 한반도 지배는 국제법상 합법적인 근거가 없는 것이었다. 따라서 대한제국은 소멸(消滅)된 것이 아니다.[50]

또한 동일성 부정론의 입장에서는 한일병합을 무력에 의한 정복으로 보고 있으나 당시 한일 간에는 전면적인 전쟁이 있었던 것이 아니며, 한일병합 역시 조약이라는 외교적 방법을 통하여 이루어진 것이라는 점을 경시함으로써, 이 조약 자체의 효력에 대한 검토를 경시한 측면이 있다.[51]

한일병합 당시를 기준으로 하더라도 그 무렵 가장 권위 있는 국제법 학자인 오펜하임(L. Oppenheim)은 이미 1905년에 그의 국제법 저서에서 "조약은 정당하게 권리를 부여받은 대표의 행위에 의해 상호합의가 명백해지는 순간에 체결되지만 그 구속력은 비준이 될 때까지 규칙상 연기된다. 그러므로 비준의 기능은 조약을 구속적으로 만드는 것이며 비준이 거부되면 조약은 붕괴되고 만다"라고 하였다.[52] 오펜하임에 의하면 비준은 조약의 구속력의 필수적 요건이며, 조약이 비준되어야 한다는 원칙은 보편적으로 승인된 관습국제법의 규칙인 것이다. 시제법 원칙에 따라 당시의 조약법에 관한 국제규칙을 적용하더라도 「한일병합조약」은 전권을 위임받지 않은 자가 국가원수의 비준을 받지 않은 것이므로 체결 자체가 되지 않은 것이거나 무효인 것이라고 보아야 할 것이다.[53]

이처럼 한일병합이 무효라는 입장에서 대한제국과 대한민국의 동일성에 대하여 구체적으로 살펴보고자 한다. 이미 앞에서 살펴본 바와 같이 국가의 동일성에 대한 명확한 형식적인 기

---

50 김영구, 『잘 몰랐던 韓日 過去史 문제: 한일 과거사에 대한 국제법적 조명』, 153~154쪽.

51 한명섭, 『남북통일과 북한이 체결한 국경조약의 승계: 조중국경조약의 승계 문제를 중심으로』, 199쪽.

52 "'한일병합'은 반인도적 범죄", ≪연합뉴스≫, 2009년 6월 22일 자.

53 한명섭, 『남북통일과 북한이 체결한 국경조약의 승계: 조중국경조약의 승계 문제를 중심으로』, 199쪽.

준이 존재하지 않고, 이에 관한 관습국제법도 충분하지 못하다. 따라서 현재 상태에서는 법적으로 모순이 없는 일관된 논리 전개와 결론을 내리기에는 많은 어려움이 있으나 앞에서 살펴본 주관적 지표와 객관적 지표를 종합적으로 고찰하여 나름대로 판단을 제시해 보고자 한다.

먼저 주관적 지표를 살펴보면 연합국이나 제3국의 입장은 대체로 대한제국과 대한민국의 동일성을 부인하는 전제 위에 대한민국의 수립을 일본으로부터의 분리독립(secession)으로 파악하는 입장이 주류인 것은 사실이다.[54] 그러나 긍정론에서 살펴본 바와 같이 다자조약과 관련된 국제사회의 실행 중에는 양자의 동일성을 인정하는 것으로 볼 수 있는 사실들도 엄연히 존재하고 있다. 한편 주관적 지표로는 제3국의 입장도 중요하지만, 무엇보다도 해당 국가의 의사가 중요하다는 점은 앞에서 살펴본 바와 같다. 이런 점에서 동일성을 부정하는 견해는 주관적 지표 중 제3국가의 입장에 무게를 둔 반면, 해당 국가인 대한민국의 주관적 지표는 고려하지 않은 문제점이 있다. 더군다나 주관적 지표 중 당시의 제3국의 입장은 한일병합의 국제법적 의미를 평가한 것이 아니라, 단지 같은 제국주의적 입장에서 자신들의 이해관계를 우선시한 평가였다는 점을 간과해서도 안 될 것이다.

김영구 박사의 주장과 같이 국가의 동일성과 계속성을 인정함에 있어서 "공적으로 표명된 국가의 의지"라는 주관적 요소는 다른 무엇보다도 결정적이고 중요한 것이며, 이러한 주관적 요소가 결여된 경우에는 일단 소멸된 국가는 절대로 다시 부활하거나 재수립될 수 없다고 본다.[55]

우리 정부의 입장은 동일성을 확실하게 주장하고 있고, 이는 우리 '헌법'에서도 명시하고 있는 내용이다. 따라서 주관적 지표, 특히 해당 국가인 대한민국의 입장을 중시해서 보면 오히려 동일성을 인정하는 것이 정당한 것이다. 무엇보다도 우리 정부의 입장뿐만이 아니라 우리 국민들의 인식 또한 대한제국과 대한민국의 동일성을 받아들이고 있다는 점을 잊지 말아야 할 것이다.

다음으로 객관적 지표를 살펴보면 대한민국은 일본으로부터의 독립에 의하여 대한제국의 영토를 모두 회복하였으며, 주민에 있어서도 거의 변동이 없는 상황이다.[56] 국가의 단절 기

---

54 이근관, 「1948년 이후 남북한 국가승계의 법적 검토」, 《서울국제법연구》, 제16권 1호(서울국제법연구원, 2009), 150쪽.

55 김영구, 『잘 몰랐던 韓日 過去史 문제: 한일 과거사에 대한 국제법적 조명』, 185쪽.

56 1910년부터 1940년 사이의 기간 동안에 한반도의 민족별 인구 구성비는 97퍼센트가 한국인이며, 일본과 외국인을 합하여 3퍼센트를 넘는 일이 거의 없었다. 김운태, 『日本帝國主義의 韓國統治』(개정판)(박영사, 1998), 646쪽.

간 역시 일본의 통치하에 있던 기간이 35년인데, 이 기간이 동일성을 인정하기에 너무 긴 기간인지 아닌지에 대한 기준도 없다.

한편 국제적으로 대체로 동일성을 인정받는 것으로 평가되고 있는 발트삼국의 경우에는 1991년 독립을 회복할 때까지 그 단절 기간이 50년이나 되어 우리보다 훨씬 길었고, 독립 당시에는 소련의 의도적인 주민 이주 정책에 의하여 리투아니아는 20퍼센트, 에스토니아는 39퍼센트, 라트비아는 48퍼센트의 주민이 다수 국민과 다른 민족으로 되어 있었다는 점을 참고할 필요가 있다.[57]

또한 발트삼국의 경우 3국 모두가 1940년 소련에 점령되기 이전에 존재하였던 3국과 동일한 국가임을 주장하였다는 점에서 우리와 유사하다. 또한 유럽공동체를 비롯한 대부분의 국가가 국가의 계속성을 인정하였지만, 스웨덴은 이 3국을 신국가로 승인하였고, 구소련 분열 후의 러시아도 이 국가들의 계속성을 부인하고 신국가로 취급하고 있어 국제사회의 실행에도 각 나라별로 그 이해관계에 따라 입장 차이가 있음을 유념해 볼 필요가 있다.[58]

국제사회에서 대체로 국가의 동일성이 인정되는 발트삼국과 주관적 지표나 객관적 지표를 비교해 보면 오히려 대한제국과 대한민국의 동일성을 인정할 근거가 더 많아 보인다. 무엇보다도 동일성이 인정되지 않는다면 결국 대한제국은 소멸한 것이고, 현재의 대한민국은 일본으로부터 독립한 신생독립국이라고 보아야 하는데, 이는 우리의 주관적 인식과도 전혀 일치하지 않는다.

6. 대한제국과의 동일성에 대한 북한의 입장

대한제국과 북한의 동일성에 대한 북한 스스로의 입장이 어떤지는 명확하지 않고, 이에 대한 국내 연구도 별로 없는 가운데 의견이 나뉜다.

먼저 북한이 영토와 주민의 측면에서 대한제국 또는 조선과 동일성 및 계속성을 주장하고 있음을 추론할 수 있다는 주장이 있다. 즉 북한은 독도를 "우리의 고유의 섬"이라고 주장하고 있으며, 북한 '국적법'이 북한 창건 이전에 조선의 국적을 소유하였던 조선 사람과 그의 자녀로

---

57 박배근, 「국제법상 국가의 동일성과 계속성」, 269쪽 참고.
58 발트삼국의 동일성에 대한 구체적인 내용은 박배근, 같은 글, 263~269쪽 참고.

서 그 국적을 포기하지 않은 자에게 북한 국적을 부여하고 있는데,[59] 이는 국가의 가장 기본적인 구성요소인 주민과 관련하여 북한은 자신과 일제 식민지 통치 이전 조선 정부, 즉 대한제국 정부와의 계속성을 인정하고 있다는 주장이다.[60] 북한 '국적법'(1999) 제2조는 "조선민주주의인민공화국 공민은 다음과 같다. 1. 공화국창건 이전에 조선의 국적을 소유하였던 조선사람과 그의 자녀로서 그 국적을 포기하지 않은 자. 2. 다른 나라 공민 또는 무국적자로 있다가 합법적인 절차로 공화국국적을 취득한 자"라고 규정하고 있다.[61]

이 견해와는 반대로 대한제국과의 계속성에 대한 북한의 입장은 봉건국가인 조선과는 구별되는 새로운 국가의 탄생으로 보고 있는 것으로 보이며, 이에 대한 입장은 북한이 기존의 태극기를 폐지하고 새로운 국기(인민공화국기)를 채택한 점에서도 찾아볼 수 있다는 견해가 있다.[62]

북한의 공식적인 입장을 확인할 수 없는 상태에서 이 문제에 대해 북한의 여러 문헌을 통하여 북한의 입장을 추론해 볼 수는 있을 것이다.[63]

북한 사회과학원 법학연구소에서 발간한 『법학사전』을 보면 1965년에 체결된 「한일기본조약」에 대하여 "과거 일제가 조선에 강용한 ≪조약≫(1905년 ≪을사보호조약≫, 1910년 ≪한일합병조약≫ 등)이 비법적이며 침략적인 것으로서 본래부터 그것이 무효라는 것을 선포하지 않음으로써 과거 일제의 조선침략을 ≪합법화≫하고" 있다고 한다.[64] 따라서 북한 역시 한일병합을 무효라고 주장하고 있음은 우리 정부의 입장 및 학계의 다수설과 같은 입장을 취하고 있다.

그렇다고 해서 북한이 대한제국과의 동일성을 주장하고 있는 것으로는 보이지 않는다.

---

59 북한은 1963년 10월 9일 최고인민회의 상임위원회 정령 제242호로 '국적법'을 채택하였으며, 이 법은 1995년 3월 23일 최고인민회의 살성회의 결정 제57호로 수정·보충되었고, 1999년 2월 26일 최고인민회의 상임위원회 정령 제483호로 수정되었다.

60 이근관, 「1948년 이후 남북한 국가승계의 법적 검토」, 156~157쪽.

61 1963년 제정 '국적법' 제1조의 규정은 "조선민주주의인민공화국 공민은 다음과 같다. 1. 조선민주주의인민공화국 창건 이전에 조선의 국적을 소유하였던 조선인과 그의 자녀로서 본 법 공포일까지 그 국적을 포기하지 않은 자, 2. 외국인으로서 합법적 절차에 의하여 조선민주주의인민공화국 국적을 취득한자"로 되어 있다.

62 태극기의 폐지와 국가의 불계속성에 대하여는 최창동, 『법학자가 본 통일문제 I』(푸른세상, 2002), 259~264쪽 참고.

63 이후의 내용은 한명섭, 『남북통일과 북한이 체결한 국경조약의 승계: 조중국경조약의 승계 문제를 중심으로』, 202~204쪽 참고.

64 사회과학원 법학연구소, 『법학사전』(평양: 사회과학출판사, 1971), 669쪽.

오히려 김일성종합대학출판사에서 발간한 『국제법학(법학부용)』을 보면 "종전국가의 권리의무를 어느 정도 어떻게 계승하는가 하는 것은 새로 출현한 국가가 자주적으로 결정할 수 있다는 원칙"을 국가승계 논의의 출발점으로 하면서 "국가의 권리의무계승과 관련된 모든 내용은 새로 출현한 국가의 존재와 발전, 민족의 존망과 관련된 문제이다. 따라서 종전국가의 권리의무는 반드시 거기에 새로 세워진 합법적인 국가에 의해서만 계승되어야 한다"라고 주장한다. 그리고 "조선반도에서 조선민주주의인민공화국만이 우리 인민의 민족적 이익과 관계되는 모든 국제법상 권리와 의무를 계승할 권리를 가진다"라고 하고 있다.[65] 이런 점에 비추어볼 때 북한은 자신을 조선 또는 대한제국과는 구별되는 '새로 세워진 합법적인 국가'라고 정의하고 있음을 알 수 있다. 따라서 국제법적인 측면에서 본다면 북한은 대한제국과의 동일성을 부정하고 있는 것으로 보아야 할 것이다.

다만 『국제법학(법학부용)』의 내용은 국가의 동일성이나 계속성 문제를 직접 다룬 것이 아니라 국가승계에 대한 설명이라는 점을 고려하지 않을 수 없다. 즉 이는 북한 문헌에 나타난 북한의 입장을 추론해 본 것에 불과하고, 이런 입장이 과연 북한이 대한제국과 북한의 동일성이라는 국제법적 문제를 깊이 검토를 한 결과인지는 의문이다.

오히려 북한 정부 수립 당시에는 이 점에 대한 구체적인 인식이 없었던 것으로 보인다. 이 점에서는 우리 정부의 태도도 크게 다르지 않다. 앞에서 우리 정부의 태도는 대한제국과의 동일성을 주장하는 입장이라고 정리하기는 하였으나 이는 정부 수립 이후 우리 정부가 취한 여러 가지 사실관계에 기초한 것이다. 정부 수립 당시에는 국제법적인 측면에서 대한민국을 대한제국과 동일한 국가로 출범시킬 것이라는 점을 명백히 밝힌 바도 없고, 그 이후에도 이 점에 대한 정부의 공식적인 입장 표명이 없었다고 보는 것이 솔직한 분석일 것이다. 즉 남북한이 모두 1948년 정부 수립 당시에는 이러한 국제법적인 문제에 대하여 구체적인 인식이 없었던 것이 아닌가 생각된다. 만일 그 당시 이 문제에 대한 구체적인 인식과 검토가 있었다면 응당 기존에 대한제국이 가입한 다자조약 등에 대한 입장 표명이 있었어야 할 것이다.

---

[65] 김일성종합대학 엮음, 『국제법학(법학부용)』(평양: 김일성종합대학출판사, 1992), 52쪽.

1987년 제정된 현행 '헌법'은 전문에서 대한민국이 상해임시정부의 법통을 계승하였다고 선언하고 있다. 1948년 '제헌헌법' 전문도 상해임시정부라는 단어를 직접 사용하지 않았지만, "대한국민은 기미 삼일운동으로 대한민국을 건립하여 세계에 선포한 위대한 독립정신을 계승하여"라고 하고 있었다. 이 전문의 내용은 5차 '헌법' 개정 시에도 그대로 유지되다가 1962년 6차 개정 '헌법'에서는 "3·1운동의 숭고한 독립정신을 계승하고"라는 문구만 남고 "대한민국을 건립하여 세계에 선포한"이라는 문구가 빠졌다. 하지만 '제헌헌법'부터 5차 개정 '헌법'까지 이어진 "기미 삼일운동으로 대한민국을 건립하여"라는 문구의 대한민국은 문맥상 1919년 건립된 상해임시정부의 대한민국을 의미하는 것으로 보아야 한다.

여기서 상해임시정부의 법적 지위와 대한민국은 언제 건국된 것인지에 대한 의문이 제기된다. 대한제국 수립 이후의 우리 역사를 시간적 순서에 따라 보면 ㉠ 1897년 10월 12일 대한제국 수립, ㉡ 1910년 8월 22일 「한일합방조약」 체결 및 같은 달 29일 공포, ㉢ 1919년 1월 21일 고종 서거, ㉣ 1919년 4월 13일 대한민국임시정부 수립 및 선포, ㉤ 1948년 8월 15일 대한민국(정부) 수립의 순서가 된다.

이러한 역사적 사실에 기초하여 대한민국의 건국일을 언제로 볼 것인지에 대하여 많은 의견이 제시되었는데, 그중 대표적인 입장을 정리해 보면 다음과 같다.

제1설은 1910년 한일합방은 원천적으로 무효이고, 대한제국이 일제강점기 내내 계속 존재하다가 대한민국으로 변경되었다는 견해이다.

제2설은 1919년 1월 고종 사망으로 대한제국은 소멸하고 1919년 4월 13일 상해임시정부가 성립됨으로써 대한제국이 대한민국으로 대체되었으므로 1919년 4월 13일이 대한민국 건국일이라는 견해이다.

제3설은 한일합방으로 대한제국이 소멸하고, 이후 1948년 8월 15일에 대한민국이 건국되었다는 견해이다.

이러한 각 학설의 이면에는 상해임시정부의 법적 지위에 대한 평가를 어떻게 할 것인지에 대한 각자의 입장이 내재하여 있다. 이 문제에 대하여 다시 논란을 촉발한 계기 중 하나가 '대한민국건국 60년 기념사업위원회'였다. 이명박 정부는 2008년 4월 16일 '대한민국건국60년기념사업위원회의 설치 및 운영에 관한 규정'을 제정하여, 같은 해 5월 20일 국무총리 산하의 '대한민국건국60년기념사업위원회'를 출범시켰고, 60개 주요 사업에 대한 예산 약 279억 원을 확보하였다. 이 기념사업회 출범은 결국 1948년 8월 15일을 건국일로 본 것이다.

'대한민국건국 60년 기념사업위원회' 설치 사업은 상해임시정부의 법적 지위와 대한민국의 건국일을 언제로 볼 것인지에 대하여 헌법재판소의 입장을 확인할 수 있는 계기가 되었다. 즉, 이 사업을 추진하는 정부의 입장에 대하여 승복할 수 없었던 역사학자, 국회의원, 독립운동 관련 단체, 민족운동단체 및 시민사회단체의 구성원들이 모여 정부가 건국 60년 기념사업위원회를 설치하여 2008년 8월 15일 행사를 '광복절'보다는 '건국절'이 더욱 강조되도록 건국 60주년 기념행사를 준비하는 것이 청구인들의 명예권, 행복추구권, 납세자로서의 권리, 재산권, 영토권 등 기본권을 침해하는 동시에 '헌법' 전문, 국민주권 원리, 영토 조항 및 통일정신, '헌법' 개정절차 등에 위배된다며 헌법소원심판을 청구하였다(사건번호 2008헌마517).

특히 소송을 제기한 청구인들의 주장 중 하나가 정부의 이 사업 추진은 1948년 8월 15일에야 비로소 대한민국이 건국된 것으로 보므로, 대한민국 정부와 대한민국임시정부가 단절되어 '헌법' 전문이 규정한 대한민국임시정부의 법통을 계승하지 못함으로써 대한민국의 정통성을 부정하고, 대한민국에 대한 자긍심, 대한민국임시정부와 독립운동가에 대한 존경심·애국심 등을 훼손하는바, 이는 대한민국임시정부의 법통을 승계하는 '헌법' 전문에 위반될 뿐만 아니라 청구인들과 같은 일반 국민을 비롯하여 독립운동가 및 그 유족의 명예권과 행복추구권을 침해한다는 것이다.

하지만 헌법재판소는 2008년 11월 27일 각하 결정을 하였다. '헌법' 전문에 기재된 대한민국임시정부의 법통을 계승하는 부분이 침해되었다는 부분은 청구인들의 법적 지위에 현실적이고 구체적인 영향을 미친다고 볼 수 없으므로 기본권 침해의 가능성이 인정되지 않고, 이 위원회의 설치 및 운영, 기념사업 추진 행위가 역사정신을 왜곡해 '헌법' 전문 및 '헌법'에 규정된 헌법 정신을 훼손한다는 점만으로는 청구인들의 기본권이 현실적으로 침해된 것이라고 할 수 없어, 결국 청구인들의 헌법소원심판청구는 기본권 침해 가능성 내지 법적 관련성이 인정되지 아니하므로 부적법하다는 것이 이유였다.

결과적으로 상해임시정부의 법적 지위 내지 대한민국의 건국일을 언제로 볼 것인지에 대한 헌법적 판단이 이루어지지 않은 아쉬움이 남는 결정이었다.

제3장

남북한의 법적 지위와 관계

1. 머리말

남북한 간에 발생하는 대부분의 법적 쟁점은 남북한이 상대방의 국가성을 부인하는 데에서 출발한다. 즉 남한의 입장에서 북한은 국가가 아니며, 북한의 입장에서도 마찬가지로 남한은 국가가 아니다.

국가란 일정한 영토를 차지하고 조직된 정치 형태, 즉 정부가 있으며 대내 및 대외적 자주권을 행사하는 정치적 실체라고 정의할 수 있다. 국가의 성립요건 내지 구성요소에 대하여 「국가의 권리·의무에 관한 협약(Convention on Rights and Duties of States)」(1933) 제1조는 항구적 주민(permanent population), 일정한 영토(defined territory), 정부(government), 독립 내지 타국과 관계를 맺을 수 있는 외교 능력(ability for diplomatic acts)이라고 규정하고 있으나, 통상은 국민·영토·주권(정부)의 세 가지를 요건으로 한다고 보고 있다. 그렇다면 객관적으로 볼 때 북한 역시 이 세 가지 또는 네 가지 요건을 모두 갖추었고, 국가만이 회원국이 될 수 있는 유엔의 규정을 볼 때 분명한 국가인데, 그 국가성을 부인할 수 있는 근거가 무엇인지가 문제시된다.

이 문제는 국제법상 '국가승인'의 문제로 다루어진다. 국가승인이란 국제사회에 새로운 국가가 탄생한 경우에, 기존의 국가가 새로 탄생한 국가의 국제법적 주체성을 승인하는 것을 말한다. 하지만 국제적으로 국가를 승인해 주는 별도의 기구가 있는 것은 아니므로 이는 기존 국가들의 일방적·재량적 행위에 해당한다.

국가승인의 법적 성격에 대해서는 창설적 효과설과 선언적 효과설이 있다. 창설적 효과설은 국가승인을 국가의 자격을 부여하는 행위로 본다. 즉, 기존 국가의 국가승인에 의하여 새로운 국가가 비로소 국제법상의 국가의 법인격을 갖게 된다는 것이다. 선언적 효과설은 국가는 국가승인 여부와 관계없이 국가로서의 법인격을 갖는 것이며, 국가승인은 단지 해당 국가가 법적으로 존재한다는 것을 확인하고 선언하는 행위에 불과하다는 것이다. 오늘날에는 선언적 효과설이 통설의 입장이다.

북한 역시 국가승인의 법적 성격과 관련하여 제국주의 국가들이 식민지에서 독립한 국가들, 특히 민족해방 투쟁에 의하여 독립을 쟁취한 신생독립국가들의 승인을 거부하면서 자신들이 승인하는 국가만 국제법의 당사자가 된다고 주장하는 창설적 효과설은 부르주아 이론이며, 제국주의자들이 국제무대에서 주인 행세를 하던 낡은 시대의 그릇된 사고방식에 기초한 궤변이라고 비판하고 있다.[1] 따라서 북한도 선언적 효과설의 입장을 취하고 있다고 보아야 한다. 참고로 북한은 미국이 자신들과 정전협정 체결을 통하여 자신들을 인정하였으며, 푸에블로호 (USS Pueblo) 사건과 관련하여 1968년 사죄문을 제출함으로써 자신들을 국가로 승인하였다고 주장해 왔다.[2]

국가승인에는 특별한 방식이 요구되지 않기 때문에 명시적 또는 묵시적으로도 할 수 있으며, 법률상 승인과 사실상 승인으로 구분하기도 한다. 묵시적 승인과 관련하여 남북한의 유엔 동시 가입이 남북 상호 간 상대방을 국가승인한 것으로 해석할 수 있는 것이 아니냐는 의문이 제기될 수 있다. 이에 대하여 헌법재판소는 "남·북한이 1991. 9. 17. 동시에 유엔에 가입하고 또 남·북한의 정부 당국자가 같은 해 12. 13. 소위 남북합의서에 서명하여 이것이 발효되었는 바 이러한 사실들이 앞의 결정내용에 어떠한 영향을 미치는가에 관하여 보건대, 남·북한의 유엔동시가입이 곧 남·북한 상호 간에 국가승인의 효력을 발생시켰다고는 볼 수 없고"라고 하여 이를 부인하였다.[3] 우리 정부의 공식적인 입장도 동일하다.

한편 국가승인의 효과는 상대적이다. 즉, 국가승인을 하게 되면 승인을 한 국가와 승인을

---

1   김영철·서원철, 『현대국제법연구』(평양: 과학백과사전종합출판사, 1988), 69~70쪽 참고.

2   푸에블로호 사건은 1968년 1월 23일 미 해군 소속 정찰함 푸에블로호가 북한 원산 앞 해상에서 북한 해군에 의해 나포된 사건이다. 나포 과정에서 1명이 사망하고 82명의 미 해군 인원이 북한에 11개월이나 억류되어 있다가 1968년 12월 23일 북미 간 합의가 이루어져 82명의 생존 승무원과 시체 1구가 판문점을 통해 돌아왔다. 선체와 장비는 북한에 몰수되었다. 선체는 장기간 원산항에 있었으나 1999년 1월경 대동강 변으로 옮겨 전시해 오다가 2013년에 개건된 조국해방전쟁승리기념관 보통강 변 전시구역으로 다시 옮겨 전시하고 있다.

3   헌법재판소 1996.10.4. 선고, 95헌가2 결정.

받은 국가와의 관계에서만 서로 국제법상의 주체임을 인정하고 일반 국제법상의 권리와 의무 관계가 발생하는 것이다. 바로 이와 같은 국가승인의 상대적 효과 때문에 남북한 모두가 유엔의 회원국이면서도 여전히 상대방의 국가성을 부인할 수 있고, 아직도 그와 같은 입장을 고수하고 있다. 그렇다면 우리가 국가승인을 하지 않은 북한은 우리 입장에서 볼 때 어떤 법적 지위를 갖는 것이며, 남북한의 법적인 관계는 무엇인지가 문제 된다. 나아가 이 문제는 남북한 간에 체결한 합의서가 조약인지, 북한이탈주민을 포함한 북한 주민의 법적 지위, '대외무역법'을 비롯한 외국과의 교류에 적용되는 법률이 남북한 간에도 적용될 수 있는지 등 여러 가지 법적 쟁점을 일으킨다.

2. 상대방의 법적 지위에 대한 남북한의 입장

남북한은 각자의 정부 수립 이후 상당히 오랫동안 '정통성 투쟁'이라는 체제 경쟁을 해왔으며, 그중 상대방의 법적 지위에 대한 인식이 명백히 드러난다. 즉, 남북한은 서로 자신만이 한반도에 존재하는 '하나의 한국(one Korea)'을 합법적으로 대표할 수 있는 정통 정부라고 주장해 왔다. 남한 정부의 정통성과 한반도 유일합법정부론에 대한 주된 근거는 대한제국의 법통 계승 및 국가의 계속성에 대한 우리 정부의 일관된 입장과 더불어 헌법의 영토 조항 및 유엔 총회 결의 제195호에서 찾을 수 있다.[4]

우리 '헌법'은 제헌 '헌법' 이래 북한 지역을 대한민국의 영토로 규정한 영토 조항을 유지해 오고 있으며, 현행 '헌법'은 제3조에서 "대한민국의 영토는 한반도와 그 부속도서로 한다"라고 규정하고 있다. 이 조항에 의하여 북한 지역 역시 대한민국의 영토에 해당하므로 대한민국의 주권은 북한 지역에도 미치며, 따라서 북한 정권은 반국가단체이고 사실상 지방적 정권에 불과한 것으로 해석되는 것이다.[5]

남한 정부는 1948년 12월 파리에서 개최된 유엔 특별 총회 결의 제195호가 이러한 내용을 담고 있다고 강조하면서 상당 기간 이 결의를 '법적 정통성'의 근거로 삼았다.[6]

---

4 한명섭, 『남북통일과 북한이 체결한 국경조약의 승계: 조중국경조약의 승계 문제를 중심으로』(한국학술정보, 2011), 204~205쪽.

5 한명섭, 같은 책, 205쪽.

6 이근관, 「1948년 이후 남북한 국가승계의 법적 검토」, ≪서울국제법연구≫, 제16권 1호(서울국제법연구원,

1967년 대한민국 외무부 외교연구원이 간행한 『한국외교의 이십년』이라는 책자에서는 유엔 특별 총회 결의 제195호에 대하여 "동년 12월 12일 국련 총회는 총회결의 제195(III)로서 유엔 한국임시위원단의 보고서를 승인하고 또한 대한민국 정부를 한국 내의 유일한 합법적 정부로서 승인한다는 결정을 선언"하였다고 해석하고 있으며,[7] 이러한 해석이 대한민국의 한반도 유일합법정부론의 가장 중요한 법적 근거로 제시되어왔다.

하지만 이와 같은 해석은 결의문을 왜곡한 것이라는 주장이 있다. 즉, 결의문 내용은 대한민국 정부가 '유엔 한국감시위원단의 선거감시가 가능하였던 38선 이남 지역에서 합법적으로 수립된 정부'라는 것이지, '한반도 전체에 걸쳐 관할권을 행사할 수 있는 유일한 합법정부'라는 의미는 결코 아니라는 것이다.[8] 그러나 유엔 총회 결의문을 보면 전체로서의 한국을 표현할 때는 "Korea"라는 단어를 사용하였고, 남한만을 의미할 때는 "(that) part of Korea"라는 표현을 사용하고 있다. 또한 결의문의 세 가지 선언 내용을 종합해 보면 남한 지역 내에서 정당한 선거에 의한 합법적인 정부 즉 대한민국 정부가 수립되었는데, 그 정부가 한국(Korea)의 유일한 정부라는 의미이며, 세 번째 선언 내용에서 일컫는 "Korea"는 첫 번째 선언 내용이나 두 번째 선언 내용에서의 "(that) part of Korea"와는 달리 전체 한국을 의미하는 것이라고 본다. 만일 이처럼 해석하지 않는다면 '유일한(the only)'이라는 단어를 사용할 아무런 이유가 없을 것이다.[9]

한편 북한은 1948년 9월 2일 조선최고인민회의 제1기 1차 회의를 개최하고, 같은 달 9일 '조선민주주의인민공화국헌법'을 채택하여 사회주의 정부를 수립하였다. 정부 수립 시 북한의 공식 입장은 자신들이 남북한의 모든 정당, 사회단체가 참석한 연석회의와 지도자협의회의 결의에 따라 한반도 전역에서 선거가 실시되어 전체 인민의 의사를 대표하는 합법적 통일 정부

2009.6), 144쪽; *Yearbook of the United Nations(1948~49)*, UN Department of Public Information, Nov. 1950, p.290에 수록된 결의문 원문은 다음과 같다. "Declares that there has been established a lawful government(the Government of the Republic of Korea) having effective control and jurisdiction over that part of Korea where the Temporary Commission was able to observe and consult and in which the great majority of the people of all Korea reside; that this Government is based on elections which were a valid expression of the free will of the electorate of that part of Korea and which were observed by the Temporary Commission; and that this is the only such Government in Korea."

7 외무부 외교연구원, 『韓國外交의 二十年』(외무부 외교연구원, 1967), 24쪽.

8 이근관, 「1948년 이후 남북한 국가승계의 법적 검토」, 146쪽; 김일영, 『건국과 부국: 현대한국정치사 강의』(나무, 2004), 74~77쪽; 최창동, 『법학자가 본 통일문제 I』(푸른세상, 2002), 180~182쪽 참고.

9 한명섭, 『남북통일과 북한이 체결한 국경조약의 승계: 조중국경조약의 승계 문제를 중심으로』, 205쪽.

를 수립하였다는 것이었다.[10]

　이와 같은 상대방의 법적 지위에 대한 남북한의 입장은 바로 분단국가의 특성 중 하나이다. 따라서 남북한의 법적 지위에 대한 검토는 분단국의 개념과 특성에 대한 이해를 전제로 한다.

3. 분단국의 개념과 특성

　남북한을 분단국으로 인식하는 데에는 이견이 없지만, 법적으로 분단국을 어떻게 정의할 것인지에 대해서는 학자마다 용어 사용에 차이가 있고, 분단국가의 사례에 대한 견해가 다르다 보니 분단국가의 개념 정의 자체에도 차이가 발생하게 된다.[11]

　분단국의 개념에 대해서는 먼저 "기본적으로 전후 미·소 양 대국의 이해관계가 상충하여 어느 한쪽에도 넘길 수 없는 지역을 미·소가 점령하여 오늘날 별개의 정부를 구성하고 있는 국가" 또는 "한 국가로서의 전통과 역사를 가진 나라가 전후 자국민의 의사에 반해 강대국정책에 의하여 분단된 국가"라는 견해가 있다.[12] 이 견해는 분단이 미국과 소련 또는 강대국의 강제에 의하여 이루어진 과정에 중점을 둔 것이라고 할 수 있다.

　다음으로는 프랑스와 독일의 국제법 학계에서 논의되는 전체국가와 부분국가의 도구 개념을 통한 개념 정의를 들 수 있는데, 이에 따르면 분단국가(Divided Nation)는 "법적으로 지속되는 하나의 전체국가(Gesamt Staat)를 잠재화시킨 가운데 이 분단국가의 대표권을 가질 것을 경쟁하지만 제3국으로부터 전체국가로서의 단독대표권을 인정받지 못하는 2개의 부분국가로 분단되어 있는 국가"이고, 분단국가(Partitioned-Countries)는 "법적으로 지속된 전체국가의 존재는 소멸하고 2개의 부분국가가 각기 독립하는 경우"를 말한다고 한다.[13] 이 견해는 분단 과정을 중시한 앞의 견해와는 달리 분단의 상태나 결과에 중점을 둔 견해라 할 수 있다.

10　한명섭, 같은 책, 206쪽.

11　이후의 내용은 한명섭, 『남북통일과 북한이 체결한 국경조약의 승계: 조중국경조약의 승계 문제를 중심으로』, 207~208쪽.

12　정득규·박하일, 「분단국의 통일정책과 공존정책의 균형유지방안」, ≪통일연구문제≫, 제1호(전남대학교 통일문제연구소, 1974.10), 129쪽.

13　Gilbert Caty, *Le statut juridique des E tats divisés, Editions A*(Paris: Pédone, 1969), p.5; 홍성필·최태현·노영돈, 「南北聯合의 法的 地位에 관한 硏究」, 『統一에 따른 法的 問題硏究』(국토통일원 조사연구실, 1989), 19~20쪽.

유병화는 일반적으로 분단국이란 국제사회에서 하나의 국가로 존재하여야 하지만, 현실적으로 2개의 대립적 정치 체제가 존재하면서 적어도 2개 체제 중 하나는 자신의 주도하에 하나로 통일되어야 한다고 주장하는 국가라고 한다.[14]

고타니 쓰루지(小谷鶴次)는 분단국을 "제2차 세계대전 후에 종래의 국가 또는 독립한 국가의 내부에 2개의 정부가 대립하고 각각 그 정부를 기간으로 하는 국가를 유지 또는 수립하여 비교적 장기에 걸쳐 분열 상태를 계속하고 있는 것"이라고 정의한다.[15] 이 견해는 분단 과정 및 그 결과적 현상을 모두 고려한 견해로 다음에서 설명할 분단국의 특성을 비교적 잘 나타내고 있다고 본다.

분단국이 국제법상 문제가 되는 것은 분단국의 구성체가 일반적으로 국가의 성립요건을 갖추고 있으나, 각 구성체가 상대 구성체의 국가 자격을 부인하고 자신이 법률상 정부임을 주장함으로써 객관적 현실과 분단국의 주관적 인식 간에 격차가 존재하는 데 기인한다.[16]

이러한 분단국의 일반적 특성으로는 동일 영역 내에 2개의 대립하는 정치조직의 확립, 제3국과의 독자적 외교 관계의 설정, 각자의 통일 노선의 추구와 전체국가의 존재의 상정, 대립 관계의 안정 유지, 외관상 별개의 국가 자격 보유, 국제기구 또는 개별 국가의 승인에 의한 정통성 판단, 일방의 분리 독립 가능성과 통합 가능성의 병존 등을 들 수 있다.[17]

분단국가의 대표적인 사례로 거론되는 남북한의 경우에는 비교적 이와 같은 특성을 모두 갖추고 있다고 볼 수 있다. 그러나 또 다른 분단국가로 거론된 독일의 경우를 보면 동독은 처음에는 서독과 마찬가지로 자신들도 독일제국의 후계국임을 주장하다가 이후 공산국가성을 표방하면서 이를 부인하고 서독과는 별개의 국가임을 강조하였고, 중국과 대만의 경우를 보면 대만은 국제사회로부터 별개의 독립된 국가로 인정받지 못하고 있다.[18] 따라서 모든 분단국가

---

14 유병화, 「南北韓 UN加入과 韓國統一의 法的 問題」, ≪통일문제연구≫, 통권 제11호(통일원, 1991.9), 48쪽.

15 小谷鶴次, 「分斷國と國際法の適用」, 『國際法外交雜誌』, 第72卷 第2號(東京: 國際法學會, 1972), 이 글의 번역문인 김병욱, 「分斷國과 國際法의 適用」, ≪立法調査月報≫, 통권 제66호(국회도서관 입법조사국, 1973), 3쪽에서 인용.

16 신각수, 「國境紛爭의 國際法的 解決에 관한 硏究」(서울대학교 박사 학위논문, 1991), 202쪽.

17 배재식, 「南北韓의 法的 關係」, ≪대한국제법학회논총≫, 제21호 제1·2호(1976), 234~235쪽; 홍성필·최태현·노영돈, 「南北聯合의 法的 地位에 관한 硏究」, 22~23쪽.

18 냉전 이데올로기에 의하여 분단된 것은 아니어서 통상 분단국으로 분류되지 않으면서도 남북으로 분단되어 있는 키프로스의 경우에도 국제사회에서 남키프로스만이 국가로 승인받고 있다. 유엔 안전보장이사회가 북키프로스의 국가 수립 선포가 무효임을 선언하여 유일하게 터키만이 북키프로스를 국가로 승인하고 있다. 남북 키프로스의 법적 지위에 대해서는 법무부, 『남북 키프로스의 교류협력 법제 연구』(법무부, 2009),

가 앞에서 설명한 분단국가의 특성을 모두 가지고 있는 것은 아니다. 이런 점에서 그 역사적 배경과 분단 이후의 현상이 다른 분단국가의 특성을 모두 고려해 분단국가의 개념을 정형화하는 데에는 그 한계를 일정 정도 인정할 수밖에 없다.

4. 독일의 분단국가 이론

1) 개요

분단국의 법적 지위에 관한 이론적 발전은 주로 독일에서 이루어졌다. 독일제국이 제2차 세계대전에서 패배, 전승국들의 점령, 동서독 정부의 수립이 이루어지는 과정에서 서독의 학자들과 정치인들 사이에서 독일제국과의 계속성, 독일제국과 서독 또는 동독의 관계, 서독과 동독의 국가성 또는 국제법 주체로서의 지위 인정 여부 등을 중심으로 서독과 동독의 법적 지위에 대한 논의가 이루어진 것이다. 이에 대한 학자들의 다양한 견해를 분류하는 데도 학자들 간에 차이가 있다.

이 책에서는 독일 학자들의 견해를 크게 독일제국과의 계속성을 중심으로 이를 인정하는 입장과 부인하는 입장 및 국제법적인 측면에서 동서독을 몇 개의 국가로 볼 것인지에 관한 이론으로 분류해 보고자 한다.[19]

2) 국가의 계속성을 중심으로 한 이론

독일제국과 서독 또는 동독의 계속성 여부에 중점을 둔 이론들로 크게는 이를 인정하는 계속설과 이를 부인하는 국가분리설로 분류된다.

먼저 국가계속성 긍정설 혹은 계속설은 분단국체제하에서 분단 이전에 존립하였던 단일 국가의 '동일성'을 유지한다고 보는 견해로, 다시 부분국가설, 동일성설, 국가분리설로 나뉜다.

부분국가설은 분단 이전에 존속하였던 단일 영토 위에 정치적·법적 공동체인 2개의 분단

205~243쪽 참고.

19 이러한 분류는 최창동의 분류 방법이다. 이후의 내용은 한명섭, 『남북통일과 북한이 체결한 국경조약의 승계: 조중국경조약의 승계 문제를 중심으로』, 208~213쪽 참고.

국가가 분단 이전의 단일국가에 해당하는 하나의 지붕 밑에 서로 공존하는 부분 체제라고 보는 것이다. 여기에는 계속적인 '전체 독일국가'의 지붕 아래 2개의 사실상의 국가가 존재한다고 보는 '일반적 부분국가설'과 하나의 부분국가인 서독이 다른 부분국가인 동독에 대하여 특권적 지위를 보유한다고 보는 '특수적 부분국가설'이 있다.[20] 이 이론은 지붕이론(Dachtheorie) 또는 부분질서이론(Teilortnungslehre)으로도 불리는데, 2개의 부분질서는 국제법상의 주체성을 가지며 독일제국의 권리를 주장하고 의무를 인정할 수는 있으나, 독일제국을 위한 새로운 권리를 설정하거나 그의 권리를 포기할 수 없다고 본다.[21]

동일성설은 분단 이전의 영토 위에 수립되어 있는 국가(분단체제)는 이전의 단일국가와 정치적·법적 공동체로서 동일하다는 것이다.[22] 이 이론은 동독 또는 서독 중 일방이 독일제국과 동일하다고 볼 것인지 아니면 동서독 모두가 독일제국과 동일한 것으로 볼 것인지에 따라 다시 여러 가지 견해로 나뉜다.

일치설(Kongruenytheorie)은 서독이 전체 영토에서 지배력을 보유하며 동독의 영역 내에서도 통치권을 행사할 수 있다고 본다. 국가핵설(Staatskerntheorie)은 서독이 1945년 이전의 독일과 일치하는 법 주체이지만, 단지 서독의 통치권력이 동독의 영역에까지는 미치지 못하고 있을 뿐이라고 본다. 핵심국가설(Kernstaatstheorie)은 분단 이전에 존립하였던 '전체로서의 독일'은 서독 영역 내로 축소되었지만, 서독이 과거 '독일제국'의 동일성을 계승하는 핵심국가로서 분단 이전의 국가와 일치한다는 것이다. 축소국가설(Schrumpfstaatstheorie)은 '핵심국가설'과 비슷한 맥락으로 분단 이전의 국가가 서독 지역으로 축소된 것이며, 따라서 독일제국의 동일성을 서독이 보유하고 있다는 것이다. 내전설(Bürgerkriegstheorie)은 서독은 분단 이후 동독과 냉전적인 내전 상태에 있으며, 서독만이 '독일제국'과 일치한다고 보는 것이다. 내전설에 의하면 서독만이 법적 정부(*de-jure-Regierung*)이고, 동독은 사실적인 정부(*de-facto-Regierung*)에 불과한 것이다.[23]

국가분리설(Seprationstheorie, 동체설)은 국가의 분단 때문에 기존 국가의 법주체성은 소멸하지 않으며, 독일은 패전 이후에도 독일제국의 법 주체로서는 존립하였지만 영토의 통합성을

---

20 김철수, 『法과 政治』(교육과학사, 1995), 735쪽.

21 임복규, 「통일이전의 서독과 동독의 법적 지위: 독일의 법적 개념과 관련하여」, 『남북 교류와 관련한 법적 문제점(2)』(법원행정처, 2003), 17쪽.

22 최창동, 『법학자가 본 통일문제 I』, 222쪽.

23 최창동, 같은 책, 222~223쪽.

보전하지 못하여 동체(胴體, Rumpf)의 형태로만 존재하고 있다는 것이다.

다음으로 국가계속성 부정설 혹은 불계속설에는 분단국체제의 탄생과 함께 기존의 단일국가는 소멸함과 동시에 국가의 동일성도 없어진다고 보는 몰락설과 독일은 패전과 동시에 구독일제국의 법주체성은 완전히 소멸하였고, 동서독은 새롭고 평등한 국제법 주체로 생성된 것으로 구독일제국의 권리와 의무도 당연히 소멸한다고 보는 해체분해설이 있다. 해체분해설은 구소련과 동독이 주장하였던 이론이다.[24]

3) 국제법 주체의 측면에서 본 학설

이 이론은 동서독과 독일제국의 동일성 내지 계속성 여부보다는 독일 내에 국제법적 주체가 몇 개인지를 중심으로 한 이론으로, 독일의 경우 제2차 세계대전 이전의 독일 영토 내에는 오직 하나의 국가만이 성립하였다고 보는 1국가설, 1945년 패전으로 독일제국의 영토에는 2개의 국가가 탄생하였다고 보는 2국가설, 분단국체제에서 분단 이전의 기존의 단일국가와 2개의 분단국가가 병존한다고 보는 3국가설이 있다.

4) 서독 정부와 연방헌법재판소의 입장

1949년 9월 20일에 수립된 서독연방정부의 '기본법(Grundgesetz)'은 동독의 편입을 염두에 두고 동독의 사실적 존재를 인정하고 있었지만, 현실적으로는 1967년 1월 '할슈타인 원칙'[25]을 수정하기 전까지는 동독의 법적 지위를 인정하지 않았다. 즉 분단 이전의 독일제국은 계속 존재하며 서독만이 전체 독일을 대표한다고 보았으며, 이는 국가의 계속성과 관련하여 동일성설 중에서도 핵심국가설을 취한 것으로 해석되며, 다수의 학자들도 이 이론을 지지하였다.

그러나 1967년 1월 31일 브란트 외상은 서독 정부의 단독대표권설을 포기하고 루마니아와 수교를 함으로써 '할슈타인 원칙'을 수정하였다. 그로부터 2년 후 브란트 수상은 1969년

---

24 최창동, 같은 책, 224~225쪽.

25 '할슈타인 원칙'은 1955년에 서독 외무차관 할슈타인(W. Hallstein)이 기초한 것으로 서독만이 독일의 유일한 합법적 정부이며, 동독 정부를 승인하는 나라와는 외교 관계를 맺지 않는다는 서독 정부의 외교정책을 말한다.

10월 28일의 시정 연설에서 "서독과 동독이 성립한 뒤 20년이 지난 지금, 우리들은 독일민족의 계속적인 분리생활을 예방하고 정서된 병존에서 공존으로 나아가도록 노력하여야 한다"라고 주장하여 동독이 서독 내의 또 다른 하나의 사실적인 국가임을 인정하였다. 브란트 수상은 다만 동독에 대한 국제법적인 승인은 배제하면서 현실적으로 독일 내에 2개의 국가가 존재한다고 해도 상호관계는 외국이 아니기 때문에 상호 간의 관계는 독자적인 성격을 갖는 것일 뿐이라는 점을 분명히 하였다.[26] 브란트 수상의 주장은 '국가의 계속성' 이론에 의하면 '3개국가설'이나 '지붕설'과도 비슷하다는 평가를 받는다.[27]

서독연방의회는 1954년 4월 7일 "독일 국민은 결코 분단을 감수하지 않을 것이며 2개의 독일국가의 존재를 승인할 수 없다. 서독 연방정부만이 유일하게 민주적이고 자유롭게 선출된 독일정부로서 전체 독일인을 위하여 발언할 권한을 단독으로 보유한다"라고 결의하였다.[28] 서독연방의회의 입장은 동일성설의 입장이라 할 수 있다.

그러나 이처럼 동독의 법적 지위를 부인하는 견해는 1972년 12월 21일 「독일연방공화국과 독일민주공화국의 상호관계에 대한 기본조약(Vertrag über die Grundlagen Beziehungen zwischen der Bundesrepublik Deutschland und der Deutschen Demokratischen Republik)」(이하 「동서독 기본조약」)에 의하여 변화를 맞이할 수밖에 없게 되었다. 「동서독 기본조약」에서는 서독과 동독이 동일한 권리에 기초하여 상호 간에 정상적인 우호 관계를 발전시켜 나가며(제1조), 양독은 국제사회에서 상대방을 대표할 수 없으며(제4조), 국내 문제와 국제 문제에서 상대국의 독립성과 자주성을 존중한다(제6조)라고 규정하고 있었다. 따라서 동서독은 서로 대등한 입장이 되었다고 할 수 있게 된 것이고, 기존의 핵심국가이론은 법 논리적으로 계속 유지하기가 어렵게 된 것이다.

「동서독 기본조약」 체결 이후 독일의 법적 지위에 대해서는 연방헌법재판소의 판결이 중요한 의미를 갖는다. 바이에른(Bayern)주 정부는 「동서독 기본조약」이 체결되고 후속 입법인 '동서독 기본조약의 비준 동의 법률'이 제정되자 이 법이 서독 '기본법'에 위반되어 무효라고 주장하며 규범통제소송에 따라 1973년 5월 29일 연방헌법재판소에 위헌심판을 제청하였다.

이에 대하여 연방헌법재판소는 사건 접수 2개월 만인 1973년 7월 31일 「동서독 기본조약」에 관한 1973년 6월 6일 자 비준 동의 법률은 기본법에 합치한다고 판결하였다. 또한 동서

---

26 최창동, 『법학자가 본 통일문제 I』, 232~233쪽.

27 최창동, 같은 책, 233쪽; 김철수, 『法과 政治』, 746쪽.

28 김철수, 같은 책, 741쪽.

독의 법적 지위와 관련해서는 독일제국의 '국가의 계속성'을 인정하면서 동독의 국제법 주체성까지도 인정하였다.[29] 판결에 따르면 서독 연방헌법재판소는 전체로서의 독일의 동일성이 동서독 분단체제에도 계속되며, 동서독은 독일제국의 동일성을 각각 부분적으로 갖고 있다고 판시하여 '부분적 동일성설' 내지 '지붕설'에 입각한 것으로 평가받는다.[30] 동서독 간의 특수관계에 따라 국제법의 개념에서 동독이 하나의 국가이고 국제법적 주체이기는 하지만 이러한 사실은 서독이 동독을 국제법적으로 국가로 인정한다는 의미는 아니다.[31] 오히려 동독은 독일의 한 부분으로 서독과의 관계에 있어서 외국으로 간주할 수 없다는 점을 분명히 하고 있다. 이러한 이유 때문에 예전의 지역 간의 교역은 물론 대등한 독일 내부의 교역도 외국 간의 무역이 아니라고 본다.[32] 기본조약의 성격에 대해서는 동서독 양국 간의 쌍무조약이고 국제법 원칙들이 적용되는 것이기는 하지만 이는 독일제국이라는 기존의 단일국가의 일부분을 형성하는 두 국가 간의 조약이며, 조약의 종류에 따른다면 국제법상의 조약이지만 그의 특수한 내용에 따른다면 독일의 내부 관계를 규율하는 조약이라는 이중적인 특징을 가진다고 판시하였다.[33] 같은 논리에 기초하여 기본법은 서독 주민이나 동독 주민 모두를 포괄하는 단일의 독일 국적을 토대로 하고 있으므로 원칙적으로 동독 시민권의 취득은 독일 국적 취득의 효과가 있는 것으로 보았으며, 기본법의 적용범위 내로 들어온 동독주민은 기본법상의 모든 기본권의 보장을 받는다고 판시하고 있다.[34]

　　이처럼 연방헌법재판소는 독일제국이 소멸한 것이 아니라 서독과 동독이라는 2개의 국가로 계속되고 있다고 본다. 이는 동독의 국가성을 부인하면서 단지 하나의 지역으로만 취급하던 기존의 입장과는 다른 입장을 취하였다. 하지만 동독의 국가성을 인정한다고 해서 서독이 동독을 별개의 국가인 외국으로 본다는 의미는 아니다. 단지 국제법 주체로서의 국가성만을 인정하는 것이다. 하지만 이처럼 동독의 국가성을 인정함으로써 법적인 측면에서는 큰 변화가

29 판결문 전문은 *Entscheidungen des Bundesverfassungsgerichts*, 36 Band[Tübingen: J.C.B. Mohr(Paul Siebeck), 1974], pp.1~37. 전문에 대한 번역문은 디터 블루멘비츠(Dieter Blumenwitz), 『분단국가의 법적 지위』, 최창동 편저(법률행정연구원, 1996), 141~168쪽와 법무부, 『동서독 교류협력 관련 판례집』(과천: 법무부 법무실 통일법무과, 2008), 3~45쪽 참고.

30 디터 블루멘비츠, 같은 책, 236쪽; 임복규, 「통일이전의 서독과 동독의 법적 지위: 독일의 법적 개념과 관련하여」, 42쪽.

31 디터 블루멘비츠, 같은 책, 155쪽; 법무부, 『동서독 교류협력 관련 판례집』, 29쪽 참고.

32 디터 블루멘비츠, 같은 책, 151쪽; 법무부, 같은 책, 22~23쪽 참고.

33 디터 블루멘비츠, 같은 책, 156쪽; 법무부, 같은 책, 29~30쪽 참고.

34 디터 블루멘비츠, 같은 책, 162쪽; 법무부, 같은 책, 38쪽 참고.

발생한다. 즉 동독의 법률도 외국법과 같은 지위를 갖게 되었다. 이는 법률의 충돌을 비롯하여 법률 적용 문제에 있어서 동독은 사실상 외국에 준하는 것으로 보고 처리할 수 있는 법적 근거가 마련된 것이다.

연방헌법재판소의 판결에 대하여는 일관성도 없고 불분명한 점이 많다는 논란이 제기되었다. 대표적으로 울리히 쇼이너(Ulrich Scheuner)는 이 판결을 "소화가 안 되는 개념적 죽(unbekömmlichen begriffen Brei)"이라고 표현하였다. [35]

5) 동독 정부의 입장

동독 정부는 초기에는 전체로서의 독일(독일제국)과 동독 간의 관계는 '동일성설'이나 '일치설'에 입각한 것으로 '국가의 계속성'을 인정하며, 1945년 패전으로 인하여 독일제국이 소멸한 것이 아니고 동독은 국제법적으로 분단 이전에 존속하였던 '독일제국'과 동일하다고 보았다. 그러나 이러한 주장은 1950년부터 1955년 사이에 점차적으로 변질되다가 1953년 이후부터는 '2개의 국가론'을 주장하게 되었다. 즉 '국가의 계속성'을 포기한 것이다. [36]

동독 정부의 이러한 '2개 국가론'은 그 후 1968년 4월 6일 제정된 신헌법에서 확립되었다. 동독의 신헌법은 전문에서 헌법제정자로서 '독일민주공화국의 국민'을 내세우고 있고, 제8조 제2항에서는 2개의 독일국가와 동등권을 명백히 하고 있다. 이 제8조 제2항은 특히 독일 통일을 헌법적 명제로 내걸고 있지만 "통일은 민주적이고 사회주의국가로 되어야만 한다"라고 주장함으로써 독일 통일은 공산주의국가로의 통일(적화통일)만이 가능한 것으로 규정하였다. [37]

이 헌법은 비록 '2개 국가론'을 주장하면서도 민족의 단일성은 부인하지 않았으나, 서독에서 브란트 수상이 동방정책을 추진할 무렵인 1971년 집권한 동독의 에리히 호네커(Erich Honecker) 정부 이후에는 '2개 국가론'에서 '2개 민족론'으로 변천하면서 서독은 시민적 민족국가이며 동독은 사회주의적 민족국가라고 주장하며 민족 개념에서의 계급적 대립을 내세웠고, 수시로 동독은 신생국가로서 국제법상의 주체임을 강조하였다.

---

35 김철수, 『法과 政治』, 759~760쪽; 임복규, 「통일이전의 서독과 동독의 법적 지위: 독일의 법적 개념과 관련하여」, 42쪽.

36 최창동, 『법학자가 본 통일문제 I』, 237쪽.

37 최창동, 같은 책, 237~238쪽.

6) 소결

결론적으로 동서독의 법적 지위 및 관계에 대해 서독은 독일제국의 계속성에 근거한 1국가론을 기초로 하고 있고, 동독은 2국가론에 기초하고 있다. 이러한 견해 차이가 현실에 반영된 대표적인 사례 중 하나가 동서독 상주대표부의 법적 성격이다. 「동서독 기본조약」 제8조는 "독일민주공화국과 독일연방공화국은 상주대표부를 설치한다. 대표부는 각기 상대방의 정부 소재지에 설치한다. 대표부 설치에 관계되는 실제적인 문제들은 따로 정한다"고 규정하고 있다. 이에 따라 양 독 대표는 1974년 3월 14일 「상주대표부 설치에 관한 의정서(Protokoll über die Errichtung ständiger Vertretungen beider deutscher Staaten)」를 체결하였고, 같은 해 6월 10일 장관 명의로 동 의정서의 발효가 공표되었다. 이에 동서독은 각각의 수도인 본과 동베를린에 자신들의 상주대표부를 설치하였다. 의정서 체결 및 상주대표부 설치 과정에서 상주대표부의 법적 지위를 둘러싼 논란이 제기되었다. 결론적으로 동서독 관계를 하나의 특수관계로 파악하는 서독은 의정서 협상과 체결을 독일 내부 문제로 규정하여 총리실이 주도했다. 하지만 동독은 동서독 관계를 국가 간의 관계로 보고 외무성이 업무를 주관했다. 서독 상주대표부는 서독의 총리실 소속이고, 동독 상주대표부는 동독 외무성 소속이었으며, 이들 정부 기관이 상대측 상주대표부를 각각 상대한 것이다.[38]

한편 서독은 「상주대표부 설치에 관한 의정서」 체결에 앞서 1973년 11월 16일 '동독 상주대표부에 대한 편의, 특권, 면제 부여에 관한 법률(Gesetz über die Gewährung von Erleichterung, Vorrechten und Befreiungen an die Ständige Vertretung der Deutschen Demokratischen Republik)'을 제정하였다. 이 법률을 제정한 이유도 동서독의 법적 지위에 관한 문제 때문이다. 동독의 국가성을 부인하는 서독 입장에서는 상주대표부를 외국 대사관과 달리 국내 기관으로 인식하였지만 현실적으로는 대사관과 마찬가지로 신변보장과 특권을 인정하기 위한 별도의 입법 조치가 필요하였다.

---

[38] 의정서 제2조는 "서독 상주대표부 및 동독 상주대표부라는 공식 명칭을 갖는다", 제4조는 "상주대표와 그 직원 및 가족, 개인 고용원에게는 1961년 4월 18일 자 비엔나 협약이 적용된다", 제5조는 "상주대표부는 무엇보다도 본국의 이익을 대변하고, 그들의 주민에 대한 지원과 보호를 하며, 정치 경제 문화 및 기타 분야에 있어 서독과 동독 간의 정상적인 선린관계를 촉진하고 확대하는 업무를 갖는다", 제6조는 "서독 상주대표부에 관한 문제는 동독 외무성에서 관장한다. 동독 상주대표부에 관한 문제는 서독 연방수상실에서 관장한다"고 규정하고 있다.

5. 남북한의 법적 지위에 대한 견해

남북한 역시 이러한 분단국의 국제법상의 문제점과 특성을 그대로 보유하고 있다. 특히 독일과 비교해 보면 대한제국에서 남북한으로의 분단 역사는 독일제국에서 동서독으로의 분단과 유사한 과정을 거쳤다. 분단 초기 상호 정통성을 놓고 경쟁을 하며 상대방의 국가성을 부인한 점도 유사하고, 「남북기본합의서」의 체결 역시 「동서독 기본조약」 체결과 유사하다.

다만 후에 동독이 동서독 2개 국가론을 주장한 점과 서독은 「동서독 기본조약」을 법적 규범력이 있는 조약으로 보았지만, 우리 정부와 대법원 및 헌법재판소는 「남북기본합의서」의 법적 구속력을 부인하면서 이를 조약으로 보지 않고 신사협정으로 본 점에 큰 차이가 있다. 그러나 큰 틀에서의 유사점 때문에 많은 학자가 동서독의 법적 지위에 관한 이론을 참고하여 남북한의 법적 지위를 논하고 있다.[39]

헌법상의 영토 조항을 근거로 한 대한민국의 정통성 및 한반도 유일합법정부론은 1972년 헌법 개정 시 남북 분단의 현실에 기초한 평화통일 조항의 신설과 7·4 남북공동성명, 「남북기본합의서」 체결, 남북한 유엔 동시 가입, 남북한 교류협력의 확대 등 현실적인 여건의 변화 때문에 재검토를 필요로 하게 되었다. 즉, 이러한 현실 여건의 변화와 더불어 북한의 법적 지위에 대하여 다양한 의견이 전개되어 오고 있다.[40]

이를 살펴보면 북한을 종래 대법원 판례와 같이 반국가단체로 보는 견해, 국내법상으로는 반국가단체이나 국제법상으로는 사실상의 정부로 보는 견해,[41] 북한을 국가로 승인하지 않은 남한의 입장에서는 국내법상 반국가단체이고 국제법상으로는 교전단체로 보는 견해,[42] 국제법적으로는 독립국가, 남북한 간에는 상호 외국이 아니라는 견해,[43] 국제적으로는 독립국가, 남북한 간에는 국가가 아닌 국제법 실체 또는 국내법상의 공법단체(예컨대 지방자치단체)와 유사한 것으로 보는 견해,[44] 대한제국에서 떨어져 나간 하나의 부분적 통치체로 사실상의 정부로 보는 견해,[45] 국제법적으로 북한의 독립국가성을 인정하되 남북 간 대화·교류협력 관계 등

---

39 한명섭, 『남북통일과 북한이 체결한 국경조약의 승계: 조중국경조약의 승계 문제를 중심으로』, 213쪽.

40 한명섭, 같은 책.

41 김철수, 『憲法學槪論』(박영사, 1998), 104쪽.

42 김명기, 「南北基本合意書의 法的 性質」, ≪法學論叢≫, 제6집(숭실대학교 법학연구소, 1993.3), 193쪽.

43 허전, 「남북기본합의서와 헌법」, ≪法學硏究≫, 제5권(충북대학교 법학연구소, 1993.12), 189쪽.

44 최대권, 「韓國憲法의 座標: '領土條項'과 '平和統一條項'」, ≪법제연구≫, 제2권 1호(한국법제연구원, 1992), 11~12쪽.

한정된 범위에서만 국가 간의 관계가 아닌 특수관계로 보는 견해[46] 등이 있다.

1987년 '헌법'에 의하여 신설된 헌법재판소는 "현 단계에 있어서의 북한은 조국의 평화적 통일을 위한 대화와 협력의 동반자임과 동시에 대남적화노선을 고수하면서 우리 자유민주체제의 전복을 획책하고 있는 반국가단체라는 성격도 함께 갖고 있음이 엄연한 현실"이라고 이른바 '이중적 성격론'을 유지해 오고 있다.[47] 그러나 반국가단체는 북한의 법적 지위를 나타내는 표현임이 분명하지만, '평화적 통일을 위한 대화와 협력의 동반자'라는 것은 사실적 지위를 표현할 것일 뿐 이를 법적 지위에 대한 적극적인 설명으로 보기는 어렵다고 본다.[48]

6. 맺음말

북한의 법적 지위는 우리 '헌법'을 중심으로 하면서 남북한 간의 각종 합의서와 기타 우리 법체계를 전반적으로 고려하여 검토하는 것이 바람직하다고 본다. 현재의 법제를 살펴보면 제헌 '헌법' 당시의 영토 조항이 현행 '헌법'에 이르기까지 계속 유지되어 오는 가운데, 1972년 개정 '헌법'에서 분단 현실을 인정하고 '헌법' 제4조에서 평화통일 조항을 신설하였으며, 그 후 평화통일 조항 역시 현행 헌법에 이르기까지 존속되고 있다. 한편 그 법적 성격에 대하여는 논란이 있으나 「남북기본합의서」는 서문에서 남북한의 관계를 "나라와 나라 사이의 관계가 아닌 통일을 지향하는 과정에서 잠정적으로 형성되는 특수관계"라고 규정하고 있다.

국내법 체계를 보면 북한을 반국가단체로 보고 있는 '국가보안법'을 여전히 유지하면서도, 남북한 간의 교류와 협력의 법적 기초가 되는 '남북교류협력법'과 '남북관계발전법' 등을 제정하여 시행하고 있다. 특히 '남북관계발전법' 제3조는 「남북기본합의서」 서문과 마찬가지로 "남한과 북한의 관계는 국가 간의 관계가 아닌 통일을 지향하는 과정에서 잠정적으로 형성되는 특수관계이다"라고 규정하고 있다. 이러한 여러 가지 법제를 종합해 볼 때 국내법적으로는 북한의 기본적인 법적 지위는 여전히 반국가단체이며, 국가성이 부인된다. 다만 북한이 대한민국과 무관하게 활동하는 국제법적 영역에서는 하나의 독립된 주권국가로서의 지위를 확

---

45 李聖煥, 「大韓民國 國民의 範圍」, 《法學論叢》, 제9집(국민대학교 법학연구소, 1997.11), 274쪽.

46 도회근, 『남북한관계와 헌법』(울산대학교출판부, 2009), 52쪽.

47 헌법재판소 1993.7.29. 선고 92헌바48 결정.

48 도회근, 『남북한관계와 헌법』, 48쪽, 주 78).

보하고 있음을 부인할 수 없다.

문제는 교류와 협력의 범위 내에서 그 상대방인 북한의 지위가 무엇인지에 달려 있는바, 현재 남북한 간의 교류와 협력은 서로 대등한 지위에서 상대방의 정치적 실체를 인정하는 전제하에 이루어지고 있다. 물론 반국가단체도 경우에 따라서는 대화와 협력의 상대방이 될 수 있다고 한다면 특별히 그 법적 지위를 논할 필요가 없겠으나, 그렇지 않다면 이 경우의 남한과 북한은 각자 분단국의 한 구성체로서의 성격을 갖는다고 보아야 한다. 이처럼 북한의 법적 지위는 그 관점에 따라 달라질 수밖에 없고, 이것이 바로 분단국의 특성이다. 결국 남북한은 각기 분단국의 한 구성체이며, 남북한의 관계는 분단국의 관계인 것이다.[49]

---

49 한명섭, 『남북통일과 북한이 체결한 국경조약의 승계: 조중국경조약의 승계 문제를 중심으로』, 214~215쪽.

분단국인 남북한의 특성은 '부러진 막대자석'에 비유하면 쉽게 이해할 수 있다. 막대자석을 보면 반을 나누어 빨간색으로 칠해져 있는 부분은 'N'극으로 표시되어 있고, 파란색으로 칠해져 있는 부분은 'S'극으로 표시되어 있다. 어린 시절 반공포스터를 그릴 때 한반도 지도를 그린 다음 북한은 빨간색으로, 남한은 파란색으로 칠하는 것이 당연시되었는데, 막대자석 역시 북극은 빨간색으로 남극은 파란색으로 표시되어 있다.

이 막대자석을 반으로 부러뜨리면 어떻게 될까? 초등학교 시절 누구나 한 번쯤은 실험을 해보았겠지만 막대자석을 반으로 부러뜨리면 각각 N극과 S극을 가진 완전한 자석 2개가 된다. 하지만 그 색깔은 하나는 전부 빨간색이고, 다른 하나는 전부 파란색이다. 결국 빨간색과 파란색으로 나뉘어 칠해져 있는 정상적인 하나의 막대자석의 모습은 아니다. 남북한의 모습을 보면 이 막대자석과 매우 유사하다. 해방 이후에는 북위 38도선을 중심으로 북쪽은 사회주의 체제의 빨간 북한이, 남쪽은 자유민주주의 체제의 파란 남한이 자리 잡고 있었다. 이렇게 자리 잡고 있던 남북한이 1950년 전쟁을 겪으면서 완전히 분리되었다. 하나의 자석이 두 동강이 난 것처럼 현재의 휴전선을 중심으로 서쪽의 파란색 일부는 북쪽으로 넘어가 실지(失地)가 되었고, 동쪽의 빨간색 일부는 남쪽으로 넘어와 수복지구가 되었다.

그러나 이처럼 남북한이 완전히 분리되었어도 부러진 막대자석 각각이 여전히 하나의 자석인 것처럼 분단된 남북한 역시 각각 국가로서의 구성요소를 모두 갖추고 있고, 대외적으로는 2개의 국가로 인정받고 있다. 하지만 한 가지 색깔만 칠해져 있는 부러진 막대자석이 정상이 아닌 것처럼 분단된 남북한은 정상적인 국가의 모습은 아니다. 남북통일은 이와 같은 비정상의 분단국가를 정상적인 통일국가로 만드는 일이다.

2개로 분리된 막대자석은 가까이 있으면 서로 붙으려는 속성이 있다. 하지만 서로 자력이 미치지 않을 정도로 떨어져 있게 되면 아무런 영향도 미치지 못하고, 각자 별개의 자석으로 존재하게 된다. 이는 마치 분단국가가 통일의 가능성과 영구 분단의 가능성이라는 상반된 속성을 가지고 있는 것과 같다. 부러진 2개의 막대자석이 서로 가까이 다가갈수록 다른 쪽 자석에 미치는 자력이 커져 하나로 합쳐질 가능성이 커지는 것처럼 남과 북이 영원히 분단된 비정상의 국가로 남지 않으려면 끊임없는 교류와 협력을 통하여 상대방에게 다가가야만 한다. 서로 다툴 일이 있어도 만나서 얼굴을 맞대고 다퉈야만 해결책을 찾아갈 수 있다.

부러진 막대자석은 다시 붙여놓아도 부러졌던 부분의 흔적은 그대로 남게 된다. 부러지기 전과 달리 다시 붙은 자리에는 많은 틈새가 생기기 마련이다. 자력이 약하면 또다시 2개로 분리될 수도 있다. 마찬가지로 남북한이 통일이 되어도 분단이라는 역사적 흔적은 영원히 지울 수 없다. 이질적인 남북한의 법과 제도를 통합해 가는 과정 역시 부러졌다가 다시 붙은 자석의 틈새를 메우는 일과 같이 쉬운 일만은 아니다. 재분단의 위험을 방지하기 위해서는 남북한 주민이 서로 상대방의 입장을 이해하고 협력하면서 한마음으로 분단의 상처를 치유하고 동질성 회복을 위하여 부단한 노력을 하여야만 한다. 그러다 보면 부러졌다가 이어진 막대자석의 자력이 강화되면서 다시 분리가 되지 않듯이, 어느새 통일한국의 국력이 신장되고 세계의 모범적인 중심 국가로 우뚝 설 날이

올 것이다.

통일법제에 대한 연구, 특히 통일 이후의 남북한 법제의 통합은 남과 북이 정상적인 하나의 국가가 되도록 하는 작업이다. 무엇보다도 또 다른 반목과 분열로 재분단의 위험이 초래되지 않도록 상대방에 대한 이해를 촉진하며, 동질성 회복에 실질적인 기여를 할 수 있는 방향으로 진행되어야 한다.

제2부

북한 법제에 대한 이해

제4장

북한법 일반론

1. 남북한 법체계 분화의 역사

대한제국 이후 일제강점기를 거치는 동안 우리나라 법의 역사는 대한제국법령기, 통감부 법령기, 조선총독부법령기를 거치게 되며, 이 시기까지 한반도는 통일된 단일법 체제였다. 그러나 1945년 해방기를 거치면서 남한은 미군정법령기를 거쳐 현재의 대한민국 법체계로 발전을 하게 되고, 북한에서는 마르크스-레닌의 영향을 받은 소련식 사회주의 법체계의 모방기를 거쳐 오늘날의 북한식 사회주의 법체계를 갖추게 되었다. 이로써 한반도에는 이질적인 2개의 법체계가 공존하게 된 것이다.

우리나라에서 '법률'이라는 명칭을 처음 사용한 근대적 의미의 최초 입법은 1895년 3월 25일 제정된 '재판소구성법'(법률 제1호)이다.[1] 1905년(광무 9년) 4월 29일 법률 2호로 공포·실시된 대한제국의 『형법대전(刑法大全)』은 근대적 형식을 갖춘 최초의 형법전이다. 『형법대전』은 이전의 『대전회통』, 『대명률』과 갑오개혁 이후의 형사 법령을 참고한 것으로 동양의 형법 사상에 기초한 것이었다. 이처럼 대한제국은 나름대로 근대 국가로서의 법체계를 갖추어가고 있었으나 1910년 강제병합으로 한반도 전역에 일본법이 들어오게 된다. 대표적으로 형법에서는 1912년 제령(制令) 11호로 '조선형사령(朝鮮刑事令)'이 공포·실시되었다. 이 법령은 10

---

[1] '재판소구성법'은 조선 말기의 사법제도에 관한 법률로 전문 61개조로 구성되었다. 1심 재판소로는 지방재판소와 개항장재판소를 두었다. 2심 재판소로는 순회재판소와 고등재판소를 두었고, 특별법원은 왕족의 범죄에 관한 형사사건을 재판하도록 했다. 당시 재판제도는 2심제였다.

여 차례의 개정을 거쳐 해방 후에도 '군정법령 제21호'에 의하여 효력이 유지되었다.

　1945년 8월 15일 해방 이후 북위 38도선 이남 지역인 남한에서는 미군정이 개시되었고, 1945년 9월 7일 태평양미국육군총사령부포고 제1호 '조선주민에 포고함' 제6조에 의하여 남한 지역은 군정장관이 공포하는 포고·법령·규약·고시 및 조례의 적용을 받게 되었다. 1945년 10월 9일 '재조선미국육군사령부군정청법령 제11호'에 의하여 일제강점기의 법령 중 조선 인민을 차별하거나 압박을 가하는 내용을 담고 있던 특별법인 '정치범죄처벌법', '예비검속법', '치안유지법', '출판법', '정치범보호관찰령', '신사법(神社法)', 경찰의 사법권이 폐지되었고, 일반 법령 중에서도 종족, 국적, 신조 또는 정치적 사상을 이유로 차별을 하는 것은 모두 폐지되었다. 하지만 그 밖에 일제강점기의 대부분의 법령은 1945년 11월 2일 자 '군정법령 제21호'에 의거하여 그대로 효력이 유지되었다.

　'조선형사령'은 미군정하에서도 대부분 효력이 유지되던 조선총독부의 다른 법령들과 함께 1948년 대한민국 정부 수립 후에도 제헌 '헌법' 제100조의 "현행법령은 이 헌법에 저촉되지 아니하는 한 효력을 가진다"는 규정에 따라 그 효력이 지속되다가 1953년에 현행 '형법'의 제정·실시에 따라 효력을 상실하였다.

　민사법 분야도 일본은 1912년 3월 18일 조선통감부제령 제7호로 '조선민사령'을 제정하고 1912년 4월 1일부터 이를 통하여 일본 민법을 의용(依用)하였다('조선민사령' 제1조). 또한 '조선민사령'에 의하여 일본 '민법', '상법', '민사소송법'을 비롯한 각종 민사 관계 법령이 조선에서 시행되었다. 시행 초기에는 조선인 상호 간의 법률행위에 대해서 공공의 질서에 관한 것이 아닌 관습이 있는 경우에는 그 관습에 의하도록 하고 있었다('조선민사령' 제10조). 특히 조선인의 친족·상속에 관해서는 원칙적으로 조선의 관습을 따르도록 하였다('조선민사령' 제11조). 하지만 이후 열일곱 차례에 걸친 개정을 거듭하면서 점진적으로 일본 '민법'의 친족·상속편이 조선의 관습을 대신하여 적용되었다.

　'조선민사령' 역시 1945년 광복 이후 '군정법령 제21호'에 따라 효력이 유지되었고, 1948년 대한민국 정부가 수립된 후에도 제헌 '헌법' 제100조에 따라 헌법에 저촉되지 않는 한 효력이 유지되었다. 1960년 1월 1일 대한민국 '민법'과 '호적법'의 제정·시행 등으로 대부분의 내용이 사문화되었고, 나머지 규정도 '구법령 정리에 관한 특별조치법'에 따라 1962년 1월 20일에 완전히 효력을 상실하게 되었다.

　이처럼 남한의 법제는 일제강점기를 거치면서 대륙법계의 대표적 법제인 독일 법제와 프랑스 법제의 영향을 받은 일본 법제가 이식되어 적용되었고, 해방 이후에도 일정 기간 효력이 유지되다가 점진적으로 현재의 법체계를 구축하기에 이른 것이어서 대륙법계의 체제에 기반을 두게 되었다고 볼 수 있다.

하지만 북한의 경우에는 남한과는 다른 역사적 과정을 거치게 된다. 북한은 분단 초기에 일제강점기의 법령을 모두 폐지하였다. 1945년 8월 15일 해방 및 분단과 더불어 북위 38도선 이북의 북한에서는 그다음 날 이북5도 인민위원회가 결성되고, 10월 28일에는 북조선5도 행정국이 발족되었다. 각 행정국은 결정·포고·지시·지령·규칙 및 규정의 형식으로 법령을 발표하였는데, 이것이 북한법의 출발이다. 1945년 11월 16일 북조선 사법국은 포고 제2호 '북조선에서 시행할 법령에 관한 건'을 통하여 1945년 8월 15일 조선에서 효력을 상실할 법령 중 성질상 조선신국가건설 및 조선고유의 민정과 조리에 부합하지 않는 법령 및 조항을 제외한 나머지 법령은 신법령을 발표할 때까지 효력을 존속한다는 것을 선포하였다.[2] 이로써 북한 지역에서는 원칙적으로 일제강점기에 적용되었던 법령이 폐지되고, 사회주의 체제인 북한의 정치적 이념에 부합하는 법체계를 구축하면서 오늘에 이르고 있다.

2. 사회주의사회의 법

1) 법의 개념과 기능

북한에서 '법'과 '사회주의사회의 법'은 다른 개념이다. 즉, 북한에서는 우리가 말하는 '법'을 "지배계급에게 유리한 생산관계와 사회질서를 유지공고화하기 위하여 국가가 제정공포하고 국가의 강제력에 의하여 그의 준수가 담보되는 행위준칙의 총체"라고 부정적으로 보고 있다.[3] 반면 북한의 법은 앞에서 말한 '법'과는 달리 "사회주의사회의 법이며 프로레타리아독재의 기능을 수행하는 우리 국가주권의 법"이라고 정의한다.[4] 법의 개념에 대하여 북한 『법학사전』에서는 다음과 같이 설명하고 있다.

≪법은 사회경제제도의 반영이며 정치의 한 표현형식입니다.≫ (<김일성저작선집> 제2권,

---

2   정경모·최달곤 공편, 『북한법령집』 제1권(서울: 대륙연구소, 1990), 171쪽.
3   사회과학원 법학연구소, 『법학사전』(평양: 사회과학출판사, 1971), 276쪽.
4   김일성, 『김일성저작선집』, 제2권(평양: 노동당출판사, 1980), 142쪽.

141페지). 법은 일정한 사회경제제도를 반영한다. 법은 토대우에 선 상부구조적요소의 하나로서 지배계급이 옹호하는 사회경제제도를 유지공고화하는데 복무하는 만큼 그가 기초로 삼고있으며 옹호하는 사회경제제도를 반영하지 않을수 없다. 법은 또한 정치의 한 표현형식이다. 정치는 이여의 상부구조들 중에서 가장 집중적으로 경제를 반영하며 그에 대하여 가장 힘있게 반작용하며 상부구조의 다른 제 현상들에 대하여 결정적 작용을 주며 그들 중에서 지도적지위를 차지한다. 법 역시 사회경제제도를 반영함에 있어서 정치를 론하여 간접적으로 반영하며 또 정치에 복무하는 것을 통하여 경제에 반작용한다. 법은 정치 및 경제와의 이러한 호상관계에 있는 것만큼 그의 계급적 본질은 정치 및 경제와의 통일적인 련관속에서 연구되여야 옳게 밝혀질수 있다. 일정한 사회경제제도가 변하고 계급들의 정치투쟁의 내용이 변하면 법도 변하며 또한 법의 계급적 성격과 사명은 법이 기초하고 있는 사회경제제도와 주권을 틀어쥔 계급의 성격에 의하여 규정된다. 법의 특징은 우선 그것이 행위준칙이라는데 있다.[5]

법의 기능에 대한 북한 『법학사전』의 설명은 다음과 같다.

우리나라의 법은 경애하는 수령 김일성동지에 의하여 이룩된 영광스러운 혁명전통을 계승하였으며 그이의 위대한 혁명사상과 그를 구현한 우리 당의 로선과 정책을 반영하고 있으며 그것을 실현하는데 복무하는 프로레타리아독재의 강력한 무기이다. 우리나라의 법은 로동계급을 비롯한 근로인민의 의사와 리익을 옹호하며 생산수단에 대한 사회주의적 소유와 사회주의제도를 보호하며 전복된 착취계급의 반항을 진압하고 사회주의 전취물을 수호하며 모든 근로자들을 교양 개조하여 혁명화, 로동계급화하며 온갖 계급적 차이를 점차적으로 없애며 사회주의, 공산주의를 건설하는데 복무한다. 사회주의법은 로동계급이 자기의 력사적사명을 완수할때까지 반드시 필요하며 프로레타리아독재의 무기로 복무한다.[6]

북한법의 기능을 정리하면 첫째, 반혁명세력에 대한 억압과 체제 방어 기능, 둘째, 경제활동에 대한 통제의 수단, 셋째, 모든 인민을 공산주의적 인간으로 개조하는 방편으로서의 기능으로 요약할 수 있다.[7]

---

5   사회과학원 법학연구소, 『법학사전』, 276~277쪽.
6   사회과학원 법학연구소, 같은 책, 278쪽.
7   법무부, 『통일법무 기본자료 2003』(과천: 법무부, 2002), 347쪽 참고.

2) 북한 사회주의법무생활론과 법제사업 및 법치국가론

(1) 사회주의법무생활론

북한은 '준법기풍' 또는 '사회주의법무생활' 등을 통하여 법에 대한 존중과 준수를 강조한다. 사회주의법무생활이란 "사회주의사회에 사는 모든 사회성원들이 법규범과 규정을 철저히 지키고 그 요구대로 활동하는 사회생활"이다.[8]

사회주의법무생활이라는 용어의 등장 시기는 불명확하다. 다만 1977년 2월 김일성이 중앙주권기관으로부터 각급 도·시 지역에 이르기까지 사회주의법무생활지도위원회를 설립하도록 지시한 바 있고, 1977년 12월 15일 최고인민회의 제6기 제1차 회의에서 김일성이 "인민정권을 더욱 강화하자"라는 연설을 통하여 제기되었다고 알려져 있다.

김일성에 의하여 처음 제기된 사회주의법무생활론은 김정일에 의하여 집대성되는데, 김정일은 1982년 12월 15일 「사회주의법무생활을 강화할데 대하여」라는 논문을 통하여 사회주의법무생활에 관한 이론 및 사회주의법무생활지도위원회의 임무와 기능을 체계화하였다. 이 논문에 따르면 사회주의법무생활은 "국가의 법질서에 따르는 근로인민대중의 자각적인 규율생활이며 공동행동을 실현해 나가는 국가적인 조직생활"이다.[9] 이처럼 김일성에 의하여 창시되고, 김정일에 의하여 집대성된 사회주의법무생활론은 1992년 '헌법' 제18조의 "조선민주주의인민공화국의 법은 근로인민의 의사와 이익의 반영이며, 국가관리의 기본무기이다. 법에 대한 존중과 엄격한 준수집행은 모든 기관, 기업소, 단체와 공민에게 있어서 의무적이다. 국가는 사회주의법률제도를 완비하고 사회주의법무생활을 강화한다"라는 규정을 통하여 처음으로 헌법에 수용되었다. 이 규정은 이후의 헌법 개정 시에도 그대로 유지되어 현행 헌법에 이르고 있다.

사회주의법무생활론은 김정일의 선군정치에서 더욱 강조되어 왔다. 즉, 사회주의법무 생활을 더욱 강화하는 것은 인민대중 중심의 우리식 사회주의 제도를 철저히 옹호·고수하고 국가·사회 생활의 모든 분야에 혁명적 제도와 질서를 세우며 당면한 경제강국 건설을 최대한으로 다그쳐 나가기 위한 선군시대의 중요한 요구이다.[10]

---

8   김일성, 『김일성저작선집』, 제2권, 219쪽.

9   김정일, 「사회주의법무생활을 강화할데 대하여」, 『조선중앙년감 1983』(평양: 조선노동당출판사, 1984), 174~183쪽 참고.

10 구체적 내용은 김경현, 「사회주의법무생활을 강화하는 것은 선군시대 혁명과 건설의 중요한 요구」, ≪김일

(2) 사회주의법제사업

사회주의법무생활론이 북한 사회구성원들에게 법의 준수를 강조하는 이론이라면, 사회주의법제사업은 북한의 법인 사회주의법의 제정과 관련한 기본 원칙을 밝혀주는 용어이다. 북한은 사회주의법제사업의 의미를 국가가 인민대중의 의사를 행위준칙으로 규범화하는 것이라면서 이는 인민대중의 의사와 요구를 국가적인 의사로 전환하여 전 사회적인 생활규범, 행위규범으로 만드는 사업이라고 설명한다.[11] 사회주의법제사업의 본질은 사회주의국가가 사회의 주인으로서의 인민대중의 지위와 역할을 제도적으로 고착시키고 공고화하며 보호하기 위한 사람들의 행위규범, 활동준칙을 제정하는 활동이라는 데 있다.[12]

사회주의법제사업의 범위는 다음의 두 가지로 설명된다. 첫째, 인민대중의 의사와 요구를 국가적인 의사로 표현하는 방식으로 규범적 문건과 비규범적 문건을 들고 있는데, 그 형식상 확정적이며 명확한 행동규범으로 표현되는 규범적 문건을 제정하는 사업을 법제사업으로 규정하고 있다. 따라서 국가의 정책, 국가의 보고문, 호소문 등의 비규범적 문건의 발행은 법제사업에 포함되지 않는다. 둘째, 사회주의법제사업은 인민대중의 의사와 요구에 국가권력에 의하여 담보되는 전반적인 의무성을 부여하는 것이다. 즉, 사회주의국가는 법제사업을 통하여 그 준수를 국가권력적으로 보장하는 권력적 성격을 갖게 된다. 이에 따라 국가의 법 규범과 규정들은 사회 성원들이 지켜야 하는 국가의무력을 가진 규범이 되며, 이 점에서 정당이나 사회단체조직들의 규약이나 활동 규범을 만드는 사업과 구별된다.[13]

(3) 사회주의법치국가론

북한 문헌에 따르면 김정일이 주체사상에 기초하여 역사상 최초로 당의 영도 밑에 법치국가 건설을 하여야 한다는 독창적인 사회주의법치국가건설사상을 새롭게 제시하였다고 한다. 사회주의법치국가건설사상은 사회주의국가는 왜 법치국가로 되어야 하며 사회주의법치국가는 어떤 국가이고 어떻게 건설하여야 하는지에 대한 법치국가건설의 기본 문제들에 대하여 해답을 주고 있다고 한다.[14]

성종합대학학보: 력사·법학≫, 제55권 2호(평양: 김일성종합대학출판사, 2009), 104~106쪽 참고.

[11] 진유현, 「사회주의법제사업의 본질과 기본내용」, ≪김일성종합대학학보: 력사·법학≫, 제43권 3호(평양: 김일성종합대학출판사, 1997), 49쪽.

[12] 진유현, 같은 글, 50쪽.

[13] 진유현, 같은 글, 49쪽.

사회주의법치국가 건설의 방도는 법제사업의 강화로 사회주의 법체계 완비, 준법교양 강화와 온 사회의 혁명적 준법 기풍 수립, 법적 통제 강화와 법질서 수립으로 요약된다. 또한 북한이 사회주의 법치국가로 되어야 강성대국 건설도 성과적으로 수행해 나갈 수 있다고 한다. 강성대국 건설은 치밀하게 짜인 법률 제도와 질서를 전제로 하며 그에 의하여 담보된다. 법을 중시하고 법치를 하여야 온갖 적대분자들과 불순분자들의 침해로부터 당과 국가, 사회주의 제도의 안전을 지킬 수 있고 일꾼들의 세도와 관료주의, 월권행위와 직권남용을 방지하고 사회에 일심단결을 이룩할 수 있으며, 정치강국으로서 위용을 떨칠 수 있다는 것이다.[15]

3. 북한법의 법원

1) 북한에서의 법원의 개념에 대한 이해

북한에서는 '법원(法源)'이라는 표현 대신 '법의 원천' 또는 '법의 존재형식'이라고 표현을 사용한다.

북한 『법학사전』에 의하면 김일성의 교시와 그 구현인 당의 노선과 정책을 옹호·관철하기 위해 채택된 법령, 정령, 내각 결정, 명령지시 등 법규범을 통틀어 '법 문건'이라고 한다. 법 문건은 모든 공민이 반드시 집행하여야 할 행위준칙이며 김일성의 혁명사상을 구현한 당의 노선과 정책을 표현한 것이며, 그것을 관철하기 위한 유력한 수단이다.[16] 법 문건은 그것을 채택하는 국가정책기관이 위치와 권한에 따라 법령, 정령, 결정, 명령, 지시 등으로 나뉜다. 또한 법 문건은 일반적 행위준칙을 설정하는 규범적 문건과 법을 개별적·구체적인 경우에 적용하는 비규범적 문건으로 나뉘며, 이 중 규범적 문건을 법의 원천이라고 설명한다.

이와 관련하여 북한 '헌법'(2019) 규정을 살펴보면 입법기관인 최고인민회의는 법령과 결정을 낸다고 규정하고 있다. 그 밖에도 국무위원회 위원장은 명령을, 국무위원회는 결정과 지시를, 최고인민회의 상임위원회는 정령·결정·지시를, 내각은 규정·결정·지시를, 지방인민회의는 결

---

14 구체적 내용은 진유현, 「사회주의법치국가건설에 대한 주체의 이론」, ≪김일성종합대학학보: 력사·법학≫, 제 51권 1호(평양: 김일성종합대학출판사, 2005), 45~49쪽 참고.

15 진유현, 같은 글.

16 사회과학원 법학연구소, 『법학사전』, 281쪽.

정을, 지방인민위원회는 결정과 지시를 낸다고 규정하고 있다. 종전에는 이처럼 각 국가기관이 내는 법령·정령·명령·결정·지시를 법원(法源), 즉 법의 존재형식으로 보았다.

북한『법학사전』의 '행정법'에 대한 설명을 보면 "헌법, 법령, 정령, 내각결정, 명령 및 지시, 성령 및 규칙, 지방주권기관 및 지방관리기관들의 결정·지시들이 행정법의 존재형식"이라고 설명하고 있다.

결국 이상의 설명에 의하면 북한 '헌법'상 최고인민회의나 최고인민회의 상임위원회를 비롯한 각 국가기관에서 내오는 법령·정령·결정·명령·지시 중에서 규범적 법 문건이 모두 우리의 법원(法源)에 해당한다고 볼 수 있다. 국내 대부분의 학자들도 이처럼 설명하고 있다. 하지만 북한헌법은 성문법에 대하여 법의 존재형식과 채택방식을 구분하고 있다. 즉, 성문법의 존재형식으로는 헌법, 부문법과 중요부문법, 규정, 세칙이 있으며, 이러한 성문법을 채택하는 방식으로는 법령, 정령, 명령, 결정, 지시 등이 있다.[17] 특히 최고인민회의의 '법령'이 법의 형식으로 존재하는지 살펴보면 과거 북한 '헌법'이 법령을 법의 존재형식뿐만 아니라 법의 채택 방식으로 인정하고 있었지만, 1998년 헌법부터는 법의 존재형식으로는 부문법과 규정만 인정하고 법령을 인정하지 않는 것으로 보아 법령은 북한법의 존재형식이 아니라 채택 방식으로 판단된다.[18] 이는『법학사전』의 내용과 상충되는 것이지만,『법학사전』이 1971년에 발행된 것이라는 점을 고려할 필요가 있다.

이에 대한 검토를 하려면 먼저 1992년 북한 '헌법'과 1998년 북한 '헌법'의 관련 규정을 비교해 볼 필요가 있는데, 그 내용은 〈표 4-1〉과 같다.

이 헌법 개정 사항을 살펴보면 1992년 개정 '헌법'까지는 법령은 법의 존재형식이면서 동시에 법령을 채택하는 형식이기도 하였다. 하지만 1998년 '헌법' 개정을 통하여 우리의 법률에 해당하는 법의 존재형식은 부문법이라고 하며, 구체적인 법의 명칭은 '국적법', '출입국법' 등과 같이 '법'이라는 용어를 사용하고 있는 것으로 해석된다. 또한 기존의 법의 존재형식이기도 하였던 '법령'은 최고인민회의 상임위원회의 정령과 같이 법을 채택하는 형식의 하나로 그 의미가 변경된 것으로 해석된다.

북한의 2004년 법전이나 2012년 법전 또는『조선민주주의인민공화국 법규집(대외경제부문)』을 살펴보면 최고인민회의 법령으로 채택된 법이 일부 있고, 대부분은 1998년 '헌법' 개정

---

17 송진호, 「북한법 이해의 새로운 모델: 분류와 체계」,『남북법제 분과: 한중수교 20주년 기념 특별세미나』, 제2회 아시아법제포럼 특별세미나 자료집(2012.6.27), 106쪽 참고.

18 송진호, 같은 글, 105~106쪽 참고.

| 표 4-1 | 최고인민회의와 최고인민회의 상임위원회 입법 관련 조항 비교

구분	1992년 헌법	1998년 헌법
최고인민회의 권한	• 법령을 제정 또는 수정한다(제91조 제2호). • 최고인민회의 휴회중에 최고인민회의 상설회의가 채택한 법을 승인한다(제91조 제3호).	• 부문법을 제정 또는 수정, 보충한다(제91조 제2호). • 최고인민회의 휴회중에 최고인민회의 상임위원회가 채택한 중요부문법을 승인한다(제91조 제3호).
최고인민회의 권한	• 최고인민회의는 법령과 결정을 낸다(제97조).	• 최고인민회의는 법령과 결정을 낸다(제97조).
최고인민회의 상설회의(1992) 및 상임위원회(1998)	• 최고인민회의 휴회중에 제기된 법안과 현행법령의 수정안을 심의 채택하고 다음번 최고인민회의 승인을 받는다(제101조 제1호).	• 최고인민회의 휴회중에 제기된 새로운 부문법안과 규정안, 현행 부문법과 규정의 수정, 보충안을 심의 채택하며 채택실시하는 중요부문법을 다음번 최고인민회의 승인을 받는다(제110조 제2호).
최고인민회의 상설회의(1992) 및 상임위원회(1998)	• 최고인민회의 상설회의는 결정과 지시를 낸다(제102조).	• 최고인민회의 상임위원회는 정령과 결정, 지시를 낸다(제114조).

이전에는 최고인민회의 상설회의 결정으로, 그 이후에는 최고인민회의 상임위원회 정령으로 채택 또는 수정·보충되었다. 법의 하위 규범인 규정을 보면 '라선경제무역지대법'의 경우에 종전에는 내각의 결정으로 채택하였다. 그러나 라선경제무역지대의 일부를 중국과 공동개발하기로 하고, 2011년 12월 3일 이 법을 개정한 이후에 채택된 하위 규정을 보면 최고인민회의 상임위원회 결정으로 채택하고 있으며, 세칙은 라선시인민위원회의 결정으로 채택하고 있다.[19] 이와 같은 내용을 종합해 보면 1998년 '헌법' 개정 이후에는 법의 존재형식은 헌법·부문법·규정·세칙을 의미하는 것이며, 각 국가기관의 법령·정령·결정·명령·지시 등은 법의 제정이나 수정·보충을 포함하여 해당 국가기관의 규범적 문건의 채택 방식 내지 채택 형식을 의미하는 것으로 보인다. 2010년에 발간된 북한의 『사회주의법제정리론』 등 최근의 자료와 '법제정법'의 내용을 종합해 보면 북한의 법원은 헌법과 (중요)부문법, (시행)규정, 시행세칙, 준칙으로 보는 것이 타당하다.

'법제정법'에 따르면 법제정은 권한 있는 국가기관이 부문법과 규정, 세칙을 비롯한 일반의무적인 법문건을 만들거나 수정, 보충하는 활동을 말한다. 부문법은 최고주권기관이 헌법에 기초하여 일정한 부문의 사회관계를 일반적으로 규제하는 기본적인 법형식이다. 규정은 부

---

19 예를 들어 2014년 12월 24일 제정된 '라선경제무역지대 부동산규정'은 최고인민회의 상임위원회 결정 제44호로 채택되었고, 2014년 12월 29일 제정된 '라선경제무역지대 세금규정 시행세칙'은 라선시인민위원회 결정 제166호로 채택되었다.

문법을 전국적 범위에서 집행하기 위하여 그 내용을 더 구체화하거나 부문법을 제정할 조건이 아직 성숙되지 않은 부문에서 법적통제를 보장하기 위하여 실무적인 내용들을 구체적으로 규제하는 법형식이다. 세칙은 부문법이나 규정을 일정한 부문이나 지역의 특성에 맞게 집행하기 위하여 그 내용을 보다 상세하게 규제하는 법형식이다(제2조).

2) 국내법의 법원

(1) 성문법

북한법의 법원을 앞에서 본 바와 같이 이해한다면 북한 국내법의 법원인 성문법은 헌법과 부문법, 규정, 세칙이 있다. 부문법은 다시 중요부문법과 일반적인 부문법으로 구별된다. 최고인민회의 휴회 중에 최고인민회의 상임위원회가 채택한 중요부문법은 최고인민회의 승인을 받아야 한다는 점에서 부문법과 차이가 있다. 그 밖에 경제특구 관련 법제인 '개성공업지구법', '라선경제무역지대법', '황금평·위화도경제무역지대법'에서 규정하고 있는 '준칙'도 법원에 해당한다.

최고주권기관과 그 상설기관이 제정한 법규범들은 국가기관, 기업소, 단체와 공민 들이 지켜야 할 행위의 일반적인 기준만을 제시한다. 행위의 일반적 기준만을 제시해 주는 법을 서로 다른 환경과 조건에서 정확히 집행되도록 하기 위해서는 그에 필요한 실무적이며 구체적인 사항과 문제들을 구제하는 규범적 문건이 더 필요하다. 이러한 규범적 법 문건을 일반적으로 '시행규정'이라고 하며, 이는 정부가 채택한다.[20]

한편 최고주권기관이 아직 법을 제정할 수 있을 정도로 제반 조건이 성숙되지 못하였지만 해당 부문에서 법적 통제가 반드시 있어야 하는 경우에는 최고주권기관이 법을 제정하기에 앞서 정부가 먼저 규정을 제정한다. 다시 말해 정부가 규정을 먼저 만들어 시험적으로 적용해 보고 제반 조건이 성숙된 다음에 최고주권기관이 법을 제정하도록 한다. 이러한 규정은 법을 시행하기 위하여 제정하는 것이 아니기 때문에 '시행규정'이라 하지 않고 그냥 '규정'이라고 한다. 이러한 규정의 실례로는 '무역항관리운영규정'(1992년 4월 3일 정무원 결정 제62호), '대형수입짐검사규정'(2000년 11월 27일 내각결정 제64호) 등을 들 수 있다.[21] 북한의 종합시장도 부문

---

20 리경철, 『사회주의법제정리론』(평양: 사회과학출판사, 2010), 57쪽.
21 리경철, 같은 책, 58쪽.

법이 아니라 2003년 5월 5일 내각 결정 제27호로 채택된 '시장관리운영규정(잠정)'에 근거하여 설치·운영되고 있다.[22]

헌법과 최고주권기관의 규범적 법 문건에 기초하여 법체계의 통일성을 보장하는 것은 사회주의법 제정의 기본 원칙의 하나이다. 이 원칙에 따라 정부가 내는 국가관리와 관련한 규정은 헌법과 최고주권기관이 채택한 법에 저촉되지 말아야 한다.[23]

시행세칙은 부문별 집행기관에서 제정하는데 부문별 집행기관은 정부의 위원회와 성을 말한다. 이러한 부문별 집행기관은 정부의 규정을 해당 부문의 실정에 맞게 정확히 집행하기 위하여 세칙을 제정한다. 세칙은 상위 규범인 헌법과 법, 규정에 기초하여야 하며 이에 위반되면 무효가 된다.

(2) 불문법

북한은 불문법인 관습법, 판례, 조리(법의식)의 법원성을 부인한다. 북한『법학사전』에 따르면 관습법은 국가에서 법적 효과를 인정한 관습규범으로서 착취자 국가의 법의 한 형식이다. 판례 역시 근로대중에 대한 착취계급의 전횡과 탄압을 합법화하기 위하여 재판소의 판결, 판정을 법의 원천으로 삼는 착취자 국가의 반동적인 법형식이며, 관습법이 나온 다음에 생긴 착취자 국가의 법형식이라고 설명하고 있다.[24] 조리에 대해서는 이를 "사회주의의 의식", "혁명적 법의식" 또는 "공화국 법의 요구" 등으로 표현하며 법원성을 인정한다고 보는 견해와[25] 이 견해의 근거는 1946년에 나온 '북조선임시위원회 사법국·재판소·검찰소의 구성과 직무에 관한 기본원칙' 제20조 단서[26], 북한 '민사소송법초안' 제2조,[27] 1950년 '형사소송법' 제3조[28]

---

22 '변호사법'의 경우에도 1993년 12월 23일 최고인민회의 상설회의 결정 제43호로 처음 부문법 형태로 채택되었다. 그러나 이 법 제정 이전에 이미 1947년 2월 7일 임시인민위원회 결정 제179호로 제정된 '변호사에 관한 규정' 및 1948년 11월 1일 내각 결정 제59호로 제정된 '변호사에 관한 규정'이 제정되어 시행되고 있었다.

23 리경철,『사회주의법제정리론』, 59쪽.

24 사회과학원 법학연구소,『법학사전』, 126쪽.

25 법무부,『統一法務 基本資料 2003』(법무부, 2003), 348쪽.

26 "민사 또는 형사상 잠정적으로 일본 법률을 참고하는 때 판사는 그 민주주의적 법의식과 조선인민의 이익에 입각하여 판단하여야 한다."

27 "재판을 할 때에 있어서 성문법이 없거나 불분명한 때에는 재판소는 인민의 이익과 민주주의 법의식에 의하여야 한다."

28 "재판소는 법령의 규정이 없다거나 또는 법령이 불비·불명하다는 것을 리유로 재판을 거부할 수 없다."

등에 두고 있으나 앞의 기본 원칙은 이미 60년 전에 채택된 것이고 북한의 현행 '민사소송법'
이나 '형사소송법'에 법의식에 관한 규정이 없는 점으로 미루어볼 때 법의식이 현재도 북한에
서 법원으로 인정되고 있는지는 의문이라는 견해가 있다.[29]

3) 국제법의 법원

북한의 국내법이 국내에 있는 공민, 기관, 기업소, 사회협동단체들이 지켜야 할 행동 규범
이며 준칙이라면, 국제법은 국제관계에서 국가들이 지켜야 할 행동규범이며 행동준칙이다.[30]
국제법의 존재형식은 국제조약과 국제관습이다. 국제법은 국내법과 달리 국가들 간의 합의에
의하여 제정된다. 그런데 국가들 간의 합의에서 가장 합리적이고 전형적인 것이 국제조약이며
국제관습이다. 따라서 국제조약과 국제관습은 국제법의 존재형식이 된다는 것이다. 국제관습
은 오랜 역사적 기간 동안 국제관계에서 국가들이 반복·적용한 결과 오늘날 모든 국가에 의무
적인 것으로 된 규범이라고 보며, 국제관습이 국제법의 존재형식이 되는 것은 국제관습에 국
제관계에서 지켜야 할 국가들의 행위의 표준들이 설정되어 있고, 국가들에 의무성을 부여하고
있기 때문이라고 한다.[31] 국내법에서 관습을 법원으로 보지 않는 것과는 대조적이다.

참고로 국제법과 국내법의 효력 관계에 관한 북한의 법적 태도는 명확하지 않다. 북한은
국제법은 규제 대상과 제정형식 그리고 국가 의사의 반영과 준수를 보장하는 강제에서 국내법
과 다른 일련의 고유한 특징을 가지고 있지만 서로 밀접히 연관되고 의존하는 관계에 있다고
설명한다.[32] 그러면서 이원론과 국제법 우위설, 국내법 우위설을 모두 "부르조아 반동학자들
의 그릇된 견해"라고 비판하고 있다.[33] 그렇다고 헌법에 우리 '헌법' 제6조 제1항과 같이 국제
법규의 효력에 관한 규정을 두고 있지도 않다. 다만 북한은 일부 법률에서 해당 법규와 국제법
의 관계에 관한 개별 규정을 두고 있을 뿐이다. 그 내용을 보면 첫째, '국적법'(1999),[34] '국경위
생검역법'(2007),[35] '국경동식물검역법'(2007),[36] '외국투자기업 및 외국인세금법'(2015),[37] 등

---

29 법원행정처 엮음, 『북한의 형사법』(법원행정처, 2006), 21~22쪽.

30 김일성종합대학 엮음, 『국제법학(법학부용)』(평양: 김일성종합대학출판사, 1992), 11쪽.

31 김일성종합대학 엮음, 같은 책, 20~21쪽 참고.

32 김일성종합대학 엮음, 같은 책, 16쪽.

33 김일성종합대학 엮음, 같은 책, 18~19쪽.

34 제16조(국적관련 조약의 효력) 조선민주주의인민공화국이 국적과 관련하여 다른 나라와 맺은 조약에서 이
    법의 내용과 다르게 정할 경우에는 그 조약에 따른다.

과 같이 조약 등 국제법이 우선한다고 규정한 경우, 둘째, '해운법'(2013),[38] '수출품원산지법'(2009),[39] '해상짐운송법'(2006)[40] 등과 같이 국내법과 국제법이 동일한 효력이 있는 것으로 규정한 경우, 셋째, '유전자전이생물안전법'(2011),[41] '전파관리법'(2015)[42]와 같이 국제법규의 국내법에 대한 보충적 효력만을 인정한 경우가 있다.

4) 교시 및 로동당규약 등

국내에서는 대체로 북한의 법체계를 최고위층의 교시 또는 말씀, 로동당규약, 헌법, 법령의 순서로 이루어져 있다고 설명한다.

'로동당규약'의 초헌법적 지위는 '헌법' 제11조의 "조선민주주의인민공화국은 조선노동당의 령도밑에 모든 활동을 진행한다"라는 규정에서 찾아볼 수 있다. 김일성 교시가 '로동당규약'에 우선한다는 근거는 2010년 개정 전 '로동당규약' 전문의 "조선로동당은 오직 위대한 수령 김일성 동지의 주체사상, 혁명사상에 의해 지도된다"라는 내용 등에서 찾아볼 수 있다.

이 때문에 우리와 같은 법치주의 국가에서는 최고의 법규범인 헌법이나 헌법의 위임에 따라 제정된 법령도 북한에서는 최고위층의 교시나 말씀에 의해 언제든지 무시될 수 있다는 측면을 강조하면서 하나의 장식에 불과하다고 보는 견해가 있다. 그러나 최고위층의 교시나 말씀 또는 '로동당규약' 등이 실질적으로 헌법보다 상위 규범의 지위에 있다는 것은 북한식 사회

---

35 제2조(국경위생검역법의 적용대상) (제2항) 우리나라가 국경위생검역과 관련하여 다른 나라와 맺은 조약이 있을 경우에는 그에 따른다.

36 제3조(국경동식물검역법의 적용대상) (제2항) 우리나라가 국경동식물검역과 관련하여 다른 나라와 맺은 조약이 있는 경우에는 그에 따른다.

37 제7조(해당 조약의 적용) 외국투자기업 및 외국인세금과 관련하여 우리나라와 해당 나라 사이에 체결한 조약에서 이 법과 다르게 정한 사항이 있을 경우에는 그에 따른다.

38 제10조(해운관계 국제협약의 효력) 조선민주주의인민공화국이 승인한 해운 관계의 국제협약은 이 법과 같은 효력을 가진다.

39 제4조(협약의 효력) 수출품의 원산지와 관련하여 조선민주주의인민공화국 정부와 다른 나라 정부, 국제기구 사이에 맺은 협약은 이 법과 같은 효력을 가진다.

40 제6조(다른 법과의 관계) 해상짐운송과 관련하여 이 법에서 규제하지 않은 사항은 해당 법규에 따른다. 우리나라가 승인한 해운분야의 국제협약과 관례는 이 법과 같은 효력을 가진다.

41 제8조(국제조약과의 관계) 유전자전이생물안전사업과 관련하여 이 법에서 규제하지 않은 사항이 우리나라가 승인한 국제조약에 있을 경우에는 그에 따른다.

42 제7조(국제협약과의 관계) 전파관리와 관련하여 이 법에서 규정하지 않은 사항이 우리나라가 승인한 국제조약에 있을 경우에는 그에 따른다.

주의 체제의 특성일 뿐이며, 이를 근거로 헌법이나 법규가 장식에 불과하다고 보는 것은 북한의 성문법을 지나치게 폄하하는 견해라고 생각한다.

4. 북한법 제정 현황

북한은 2004년 이전까지만 해도 '외국인투자법' 등 대외관계 법령을 제외하고는 대부분의 법령을 외부에 알리지 않아 국내에서는 북한의 법 제정 현황을 파악하기 어려웠다. 그러다가 2004년 6월 처음으로 헌법을 포함하여 112개의 법률이 수록된 『조선민주주의인민공화국 법전(대중용)』(이하 2004년 법전)을 발행하였다. 북한이 갑자기 이 법전을 발행하게 된 정확한 이유는 알 수 없다. 다만 이 법전에서 공민들이 법을 알고 스스로 지키는 데 도움을 주기 위해 '사회주의헌법'과 현행 부문법들을 편찬하여 발행하는 것이라고 법전의 발행 이유를 밝히고 있다. 2004년 법전 발행 이후 2006년과 2008년에 각각 그동안 새로 제정되거나 개정된 법률만 수록된 증보판을 발행하다가 2012년 7월 '헌법'을 포함해 187개의 법률이 수록된 『조선민주주의인민공화국 법전(제2판)』(이하 2012년 법전)을 발행하였다. 8년 사이에 제정 법률의 수가 75개나 늘어나 2004년 대비 67퍼센트나 증가한 것이다. 한때 2004년 법전에 '대중용'이라고 기재가 되어 있어 법률 전문가용 등 더 상세한 다른 용도의 법전이 별도로 있는 것 아니냐는 추측도 있었다. 하지만 2012년 법전을 2판으로 발행하면서 '대중용'이라는 표시를 하지 않았고, 아직까지 다른 법령집이 발견되지 않는 것으로 보아 이러한 추측은 사실이 아닌 것으로 보인다.

한편 2004년 법전만 해도 북한은 법을 내용에 따라 체계화하지 않고, 단지 자모음 순서에 따라 배열하고 있었다. 오히려 북한법연구회 등 국내에서 편찬한 『북한법령집』이 국내 법 체계를 참고하여 북한법을 내용에 따라 분류하여 체계화하고 있었다. 그런데 이를 참고한 것인지는 분명하지 않으나, 2012년 법전을 보면 〈표 4-2〉와 같이 '헌법'을 제외한 전체 186개 법률을 내용에 따라 18개 부문으로 구별하여 체계화하였다.

주의할 것은 앞의 법전에 북한의 현행 법령이 모두 수록되어 있는 것은 아니라는 점이다. 북한법연구회가 편찬한 『2013 최신 북한법령집』과 비교해 보면 2007년 12월 채택된 '형법부칙', 1992년 12월 채택된 '사회안전단속법'을 대체한 '인민보안단속법',[43] 2004년 7월 채택된

---

[43] '사회안전단속법'은 1992년 12월 28일 채택되어 1999년 3월 24일 개정된 바 있으며, 이후 '인민보안단속

| 표 4-2 | 2012년 법전의 체계와 내용

순번	분류	해당 법규
1	주권 부문	국장법, 국기법, 각급 인민회의 대의원선거법, 지방주권기관법, 국적법
2	행정 부문	평양시관리법, 공무원자격판정법, 행정구역법, 신소청원법
3	형·민사 부문	형법, 형사소송법, 민법, 민사소송법, 해사소송관계법, 가족법, 상속법, 손해보상법, 대외민사관계법
4	재판·인민보안 부문	재판소구성법, 공증법, 변호사법, 공민등록법, 도로교통법, 총기류관리법, 화약류취급법, 폭발물처리법, 소방법
5	계획·로동·재산관리 부문	인민경제계획법, 국토계획법, 도시계획법, 사회주의로동법, 로동정량법, 로동보호법, 기업소법, 자재관리법, 설비관리법, 물자소비기준법, 부동산관리법
6	에네르기·금속·지하 자원 부문	에네르기관리법, 전력법, 원자력법, 중소형발전소법, 연유법, 흑색금속법, 유색금속법, 주물품협동생산법, 지하자원법, 석탄법
7	교통·운수 부문	철도법, 철도차량법, 자동차운수법, 지하철도법, 민용항공법, 해운법, 해상짐수송법, 배길표식법, 수로법, 항만법, 배등록법, 배안전법, 선원법, 해사감독법
8	농업·수산 부문	농업법, 농작물종자관리법, 농장법, 축산법, 수의방역법, 수의약품관리법, 과수법, 농약법, 수산법, 양어법
9	계량·규격·품질감독 부문	계량법, 규격법, 품질감독법, 제품생산허가법, 상품식별부호법, 열 및 내압설비감독법, 수출입상품검사법, 국경동식물검역법, 국경위생검역법
10	인민봉사·건설·도시 경영 부문	사회주의상업법, 량정법, 주민연료법, 건설법, 도시경영법, 살림집법, 상수도법, 하수도법, 원림법, 화장법
11	국토·환경보호 부문	토지법, 산림법, 간석지법, 하천법, 갑문법, 물자원법, 도로법, 환경보호법, 환경영향평가법, 바다오염방지법, 대동강오염방지법, 방사성오염방지법, 지진, 화산피해방지 및 구조법, 페기페설물취급법, 자연보호구법, 유용동물보호법, 국토환경보호단속법
12	재정·금융·보험 부문	재정법, 국가예산수입법, 회계법, 회계검증법, 중앙은행법, 화폐류동법, 상업은행법, 외화관리법, 자금세척방지법, 보험법
13	과학기술·지적소유권·체신 부문	과학기술법, 유전자전이생물안전법, 쏘프트웨어산업법, 유기산업법, 기상법, 저작권법, 발명법, 상표법, 공업도안법, 원산지명법, 콤퓨터쏘프트웨어보호법, 체신법, 전기통신법, 콤퓨터망관리법, 전자인증법, 전파관리법
14	교육·문화·체육 부문	교육법, 고등교육법, 보통교육법, 어린이보육교양법, 도서관법, 문화유물보호법, 명승지, 천연기념물보호법, 체육법
15	보건 부문	인민보건법, 의료법, 전염병예방법, 의약품관리법, 약초법, 마약관리법, 식료품위생법, 공중위생법, 담배통제법
16	사회복리 부문	적십자회법, 사회보장법, 년로자보호법, 장애자보호법, 아동권리보장법, 녀성권리보장법
17	북남경제협력 부문	북남경제협력법, 개성공업지구법
18	외교·대외경제 부문	조약법, 출입국법, 무역법, 대외경제계약법, 가공무역법, 기술수출입법, 종합설비수입법, 수출품원산지법, 상업회의소법, 국제철도화물소송법, 외국인투자법, 합영법, 합작법, 외국인기업법, 외국투자은행법, 외국투자기업등록법, 외국투자기업 및 외국인세금법, 외국인투자기업재정관리법, 외국투자기업회계법, 외국인투자기업로동법, 외국인투자기업파산법, 대외경제중재법, 토지임대법, 세관법, 금강산국제관광특구법, 라선경제무역지대법, 황금평·위화도경제지대법

'행정처벌법'을 비롯하여 '판결·판정집행법', '검찰감시법', '형민사감정법', '중재법', '기밀법', '발권법', '통계법', '사회주의재산관리법', '귀금속관리법', '문헌법', '출판법' 등이 수록되어 있지 않은데, 이는 대체로 대외 공개를 하지 않기 위한 것으로 보인다.

이처럼 수록을 하지 않은 법 중 일부는 사실상 폐지되었을 가능성도 배제할 수 없다. 하지만 이 법들 가운데 '판결·판정집행법'의 경우는 2011년 발간된 북한 논문[44]에서 언급하고 있고, '통계법'·'출판법' 등도 2014년 발간된 논문[45]에서 언급하고 있기 때문에 시행되고 있는 법규범이 확실한 것으로 보인다.[46]

북한은 2012년 법전(2판) 발간 후 약 4년 만인 2016년 『조선민주주의인민공화국 법전(증보판)』을 발간하였다. 2016년 법전(증보판)에는 2016년 6월 29일 수정·보충된 '사회주의헌법'을 비롯하여 2012년 7월부터 2015년 12월까지 기간 동안 제·개정된 부문법들을 수록하고 있다. 구체적인 구성을 보면 우선 독립된 목차에서 사회주의헌법을 시작으로 2012년부터 연도별로 총 4편으로 구분하고, 이 각 편을 '새로 채택된 법'과 '수정보충된 법'으로 나누어 분류하고 있다. 각 연도별 제·개정 법률의 구체적인 내용을 보면 〈표 4-3〉과 같다.

북한은 이와 같은 일반 법전 외에 외국투자법제 등 대외경제 부문에 대한 법규집을 별도로 발행하고 있다. 북한법률출판사는 2006년 3월 처음으로 『조선민주주의인민공화국 법규집(외국투자부문)』을 출판하였다.

북한은 이 법규집 발행 이후 '외국투자기업회계법', '황금평·위화도경제지대법', '라선경제무역지대법', '대외경제중재법' 등 대외경제 사업과 관련한 부문법들과 규정들이 새로 채택되거나 수정·보충된 현실을 반영해 2012년 8월 『조선민주주의인민공화국 법규집(대외경제부문)』을 발행하였다. 동 법규집은 한글 원문과 더불어 영문 번역본을 함께 수록하고 있는 것이 특징이다. 2012년 발행 법규집은 3편으로 구분하여 편집하였는데, 제1편에는 외국투자 부문에 직접 적용되는 법규, 제2편에는 대외경제사업과 연관되어 있는 법, 제3편에는 금강산국제관광특구에 적용하는 법과 규정이 수록되어 있다. 이후 북한은 2014년 7월 『조선민주주의인

법'으로 대체되었다. 2015년 현재 시행 중인 '인민보안단속법'은 2005년 7월 26일 최고인민회의 상임위원회 정령 1226호로 수정·보충된 법으로 알려지고 있다.

44 조용봉, 「민사판결, 판정집행에서 견지하여야 할 원칙」, ≪김일성종합대학학보: 력사 법률≫ 제2호(김일성종합대학출판사, 2011), 116쪽.

45 김경현, 「공화국 행정법률제도의 본질과 내용」, ≪김일성종합대학학보: 력사 법률≫ 제1호(김일성종합대학출판사, 2014), 105~107쪽.

46 손희두, 『북한 법이념의 변화와 남북한 법제협력』(한국법제연구원, 2014), 96~97쪽.

| 표 4-3 | 2016년 법전(수정증보판)의 연도별 제·개정법률 |

제·개정 연도	제정법령	개정 법령	
2012년	1. 광천법 2. 내화물관리법 3. 도시미화법 4. 대기오염방지법 5. 무역화물검수법 6. 문화유산보호법 7. 방송시설법 8. 법제정법 9. 지방예산법	1. 농장법 2. 담배통제법 3. 도서관법 4. 살림집법 5. 상표법 6. 저작권법 7. 축산법 8. 형사소송법 9. 의료법	
2013년	1. 금수산태양궁전법 2. 경제개발구법 3. 공원, 유원지관리법 4. 작물유전자원관리법 5. 잠업법 6. 재생에네르기법 7. 항무감독법 8. 우주개발법	1. 교육법 2. 국장법 3. 과학기술법 4. 농장법 5. 도로교통법 6. 도로법 7. 도시경영법 8. 대기오염방지법 9. 대동강오염방지법 10. 무역화물검수법 11. 보통교육법 12. 산림법 13. 상품식별부호법 14. 수산법 15. 수출입상품검사법 16. 식료품위생법	17. 수의방역법 18. 자연보호구법 19. 장애자보호법 20. 지하자원법 21. 출입국법 22. 하천법 23. 항만법 24. 형법 25. 해사감독법 26. 해상짐수송법 27. 해운법 28. 화약류취급법 29. 환경보호법 30. 쏘프트웨어산업법 31. 어린이보육교양법 32. 원림법
2014년	1. 건설감독법 2. 국경통과지점관리법 3. 무역짐배용선중개법 4. 소금법 5. 종합무역장관리법 6. 중소탄광법 7. 재해방지 및 구조, 복구법 8. 편의봉사법	1. 건설법 2. 공중위생법 3. 공원, 유원지관리법 4. 기업소법 5. 과수법 6. 농장법 7. 도시경영법 8. 대동강오염방지법 9. 대외경제중재법 10. 로동보호법 11. 바다오염방지법 12. 발명법	13. 산림법 14. 살림집법 15. 수산법 16. 자금세척방지법 17. 전염병예방법 18. 평양시관리법 19. 합작법 20. 합영법 21. 형법 22. 환경보호법 23. 아동권리보장법 24. 양어법
2015년	1. 교원법 2. 다른 나라 배대리업무법 3. 독성물질취급법 4. 민족문화유산보호법 5. 방송법 6. 외국투자기업회계검증법	1. 고등교육법 2. 공민등록법 3. 교육법 4. 규격법 5. 기업소법 6. 녀성권리보장법 7. 농장법 8. 도로교통법 9. 도로법	10. 도시경영법 11. 도시미화법 12. 량정법 13. 로동정량법 14. 무역법 15. 민사소송법 16. 보통교육법 17. 보험법 18. 배안전법

		19. 사회주의로동법	31. 철도법
		20. 산림법	32. 축산법
		21. 상업은행법	33. 폭발물처리법
		22. 선원법	34. 품질감독법
		23. 설비관리법	35. 항무감독법
		24. 수산법	36. 형법
		25. 자재관리법	37. 회계검증법
		26. 전력법	38. 회계법
		27. 전파관리법	39. 인민경제계획법
		28. 전염병예방법	40. 외국인투자기업 및 외국인 세금법
		29. 중앙은행법	41. 외국인투자기업로동법
		30. 재정법	

민공화국 법규집(대외경제부문)』을 다시 발행하였다. 이번에는 기존의 영문 번역본을 중국어 번역본으로 대체하였다. 2014년 법규집도 3편으로 구분하여 편집하고 있다. 제1편과 제2편은 2012년 법규집과 같고, 제3편은 라선경제무역지대, 금강산국제관광특구를 비롯한 특수경제지대에 적용하는 법규들을 수록하였다. 2014년 법규집에는 2006년 4월부터 2014년 7월까지의 기간에 새로 채택되거나 수정·보충된 법규들을 포함한 부문법과 규정 64건이 들어 있다.

5. 북한의 법제사업

1) 사회주의법제사업

북한의 법제사업은 한마디로 '사회주의법제사업'으로 표현된다. 사회주의법제사업이란 국가가 인민대중의 의사를 행위준칙으로 규범화하는 것으로 인민대중의 의사와 요구를 국가적인 의사로 전환하여 전 사회적인 생활규범, 행위규범으로 만드는 사업을 말한다.[47] 인민대중의 의사와 요구를 국가적인 의사로 표현하는 방식으로 규범적 문건과 비규범적 문건을 들고 있는데, 그 형식상 확정적이며 명확한 행동규범으로 표현되는 규범적 문건을 제정하는 것이 법제사업이고, 국가의 정책이나 국가의 보고문·호소문 등 비규범적 문건의 발행은 인민대중의 의

---

[47] 진유현, 「사회주의법제사업의 본질과 기본내용」, 49쪽.

사와 요구를 국가적인 의사로 전환시키는 사업의 하나이지만, 법제사업은 아니라고 본다.[48]

사회주의법제사업의 본질은 사회주의국가가 사회의 주인으로서의 인민대중의 지위와 역할을 제도적으로 고착시키고 공고화하며 보호하기 위한 사람들의 행위규범, 활동준칙을 제정하는 활동이라는 데 있다고 설명한다.[49]

사회주의법제사업의 기본 내용을 살펴보면, 법은 사회경제제도 내지 정치제도와의 관계 속에서 설명되며, 따라서 사회제도 및 정치제도의 변화에 의하여 법의 변화도 이루어지게 되고, 이에 따라 법제사업이 뒤따르게 된다고 한다. 결국 사회주의법제사업이란 새로운 법규범을 창설하고, 변화된 현실에 적응하여 수정·보충되거나 개정 또는 폐정되는 것을 기본 내용으로 한다. 또한 인민적이고 혁명적인 성격을 가진 사회주의법이 정한 바에 따른 인민대중의 사상의식과 법의식은 끊임없이 변화·발전한다고 한다.[50]

입법과 관련된 북한의 용어를 보면 다음과 같이 우리의 법률용어와 다소 차이가 있다.

㉠ 법규범 개정: 해당 법규범의 전반 내용을 변경하는 것으로, 그 범위에서 종래 법전의 편·장·절 체계를 벗어나게 되어 종래의 법규범을 확대 또는 축소하는 방법으로 이루어진다. 1987년 '형법' 개정과 1992년 '형사소송법' 개정이 이에 속한다.[51]

㉡ 법규범 수정보충: 수정은 개별 법규범이나 법 문구를 삭제 또는 변경하는 것을 말하고, 보충은 새로운 법조문이나 법 문구를 첨부하는 것을 말한다. 수정·보충은 동시에 또는 별도로 진행되어 본래의 법전의 구성 내용에 포함된다.[52]

㉢ 법규범의 폐정(廢定): 법규범의 폐정은 법규범의 폐지와 그에 대응하는 새로운 법규범의 제정으로 나뉜다. 폐지는 시대에 뒤떨어지거나 낙후된 사회관계나 법률관계, 위헌적인 법규범, 상급 기관이 낸 법규범에 저촉되는 하급 기관의 법규범적 문건을 법적으로 무효화하는 것을 말한다. 법규범의 폐지는 국가기관의 일반이 아니라 입법권을 부여받은 특정한 국가기관의 권력행사에 의하여 실현되는 것이다. 폐지에 대응한 새로운 법규범의 제정은 법규범의 폐지에 따른 법적 규제의 공백을 방지하기 위하여 필요에 따라 동일한 규제 대상에 대하여 새로운 법규범을 만드는 것을 말한다.[53]

---

48 진유현, 같은 글.

49 진유현, 같은 글, 50쪽.

50 진유현, 같은 글, 49~50쪽.

51 진유현, 같은 글, 51~52쪽.

52 진유현, 같은 글, 51쪽.

ⓔ 법규범의 규범적 해석: 규범적 해석이란 법규범의 기본정신을 규범적 형식으로 해설한 것으로 법조문 자체에 해석을 붙이거나 별도로 법전 형식의 유권적 해석을 하는 방식으로 진행되기 때문에 본래 법규범의 부속법적 의의를 가지며 본래의 법규범과 같은 효력을 가진다.[54]

2) 입법권과 법제정권

북한은 정권을 장악한 계급이나 사회적 집단의 의사를 규범적 문건 형식으로 법화할 수 있는 권한을 '법제정권한'이라고 한다. 법제정권한은 법 제정의 내용에 따라 법제정권, 법수정·보충권, 법폐지권으로 구성된다. 법의 제정 단계에 따라서는 법안제출권, 법안심의권, 법채택권, 법공포권으로 이루어져 있으며, 이 중에서 기본은 법안심의권과 법채택권이다. 법의 내용에 따라서는 헌법제정권, 행정법제정권, 형사법제정권, 민사법제정권 등으로 구성된다. 규범적 문건의 형식에 따라서는 법제정권, 규정제정권, 세칙제정권으로 구분된다. 또한 법 제정 권한에는 법의 규제 내용에 따라 입법권과 입법권 이외의 법제정권한이 있다. 법규범 가운데에는 해당 법 부문에서 지도적이고 원칙적이며 기본적인 의의를 가지는 법규범과 실무적이고 파생적인 법규범이 있다. 이 모든 법규범을 하나의 법 문건에서 모두 규정한다면 원칙적인 문제가 살아나지 못하고 법 문건이 번잡해지고 필요한 법을 제때에 제정하기 어렵다. 이로부터 입법 실천에서는 일정한 부문에서 원칙적이며 기본적인 의의를 가지는 법규범은 최고주권기관이 제정하고, 실무적이며 세부적이고 파생적인 법규범은 중앙행정적 집행기관이나 지방국가기관이 제정하도록 분담한다. 최고주권기관이 원칙적이며, 기본적인 법규범을 제정하는 권한을 입법권이라고 한다. 기타 권한을 입법권 이외의 법제정권한이라고 할 수 있다.[55] 즉 광의의 법제정권한에는 입법권과 협의의 법제정권한(입법권 이외의 법제정권한)이 있는 것이다.

결론적으로 북한에서 입법권은 일정한 부문의 사회관계와 원칙적 문제들을 규제하는 '법'이라는 명칭의 규범적 법 문건을 제정하거나 수정·보충하는 권한을 의미한다.[56] 현행 '헌법'상 입법권은 최고인민회의가 가지고 있고, 최고인민회의 휴회 중에는 최고인민회의 상임위원회

---

53 진유현, 같은 글, 52쪽.

54 진유현, 같은 글, 52쪽.

55 리경철, 『사회주의법제정리론』, 35~36쪽.

56 리경철, 「사회주의국가에서 최고주권기관과 그 상설기관의 법제정 권한에 대한 리해」, ≪김일성종합대학학보: 력사·법학≫, 제4호(평양: 김일성종합대학출판사, 2005), 53쪽.

도 입법권을 행사할 수 있다(제88조). 따라서 입법기관은 입법권을 가지고 있는 최고인민회의와 최고인민회의 상임위원회이다. 나머지 중앙행정적 집행기관이나 지방국가기관은 입법권 이외의 법 제정기관인 것이다.

법제정권한이 있는 국가기관은 법 제정과 관련된 임무를 원만히 수행하기 위하여 내부에 법 제정 부서를 두는데, 최고인민회의, 국방위원회(현 국무위원회), 최고인민회의 상임위원회는 법제정권한을 가지고 있으므로 법 제정 부서를 두고 있다.[57] 또한 부문별 관리기관인 위원회나 내각의 각 성에도 법 제정 부서가 설치될 수 있으며, 법 제정 관련 업무량이 많지 않을 경우에는 법 제정 기구가 독립적으로 조직되지 않고 이미 있는 부서에 법 제정 사업을 함께 맡아 하는 경우도 있다.[58]

한편 입법권은 최고주권이 행사하여야 하며 다른 기관에 위임하지 말아야 한다. 필요한 법들을 제때에 제정하고 법 제정 속도를 높인다고 하면서 행정기관이나 지방국가기관에 일정한 사항과 관련한 입법권을 위임하고 그들을 통하여 법을 제정하는 위임입법 방식으로는 법에 인민대중의 의사와 요구를 정확히 반영할 수 없고 법 제정에서 민주주의를 철저히 보장할 수 없으며, 최고주권기관의 높은 권위를 보장할 수 없다. 더욱이 사회주의국가의 최고주권기관에는 최고주권기관의 휴회 중에 입법권을 일상적으로 행사하는 상설 기관이 있으므로 위임입법을 할 필요가 없다. 그러므로 사회주의국가는 원칙적으로 위임입법을 인정하지 않는다.[59]

3) 법 제정기관의 변천

(1) 헌법 제정 전의 법 제정기관

북한은 1946년 2월 8일 각 정당, 사회단체, 행정기관, 각 도·시 인민위원회 대표들이 모여 '북조선임시인민위원회 구성에 관한 규정'을 채택하였다. 다음 날인 9일 위원장 김일성 이하 위원 23명이 선출되면서 북조선임시인민위원회가 정식으로 출범하였다. 북조선임시인민위원회는 10국 3부로 구성되어 있으며 행정권과 입법권 및 사법권까지 행사하는 북한 최고기

---

57 송승일, 「법제정기구에 대한 일반적 이해」, ≪정치법률연구≫, 제4호(평양: 과학백과사전출판사, 2010), 33쪽.

58 송승일, 「법제정기구조직에서 나서는 중요한 요구」, ≪사회과학원학보≫, 제1호(평양: 사회과학출판사, 2010), 27쪽.

59 리경철, 『사회주의법제정리론』, 49쪽.

관이었다.[60] 동 위원회는 북조선에 있어서의 중앙행정주권기관으로서 북조선의 인민·사회단체·국가기관이 실행할 임시법령을 제정·발포할 권한을 가지며(제3조), 그 자체의 발의에 의하여 북조선임시인민위원회 각 국과 각 도인민위원회 등의 옳지 못한 결정을 시정하며 도는 정지할 수 있다(제4조). 폐회 중에는 상무위원회가 최고행정주권기관으로서 임시 법령을 제정·공포할 권한을 갖는다(제7조 제2항). 임시인민위원회 각 국은 임시인민위원회와 소련군사령부에 제출할 법령과 결정의 초안을 작성하며, 임시인민위원회와 소련군사령부에서 발포한 모든 법령과 결정을 실시하여야 했다(제10조).[61]

1947년 2월 4일 북조선임시인민위원회는 '도·시·군 인민위원회 대회 대표선거에 대한 규정'을 제정하고, 이 규정에 따라 대표들을 선출하였다. 이에 따라 선출된 대표들이 참석한 대회에서 다시 '북조선인민회의 대의원 선거에 관한 규정'을 채택한 후 북조선인민회의 대의원 선거를 실시하여 북조선인민회의를 구성하였다. 북조선인민회의는 '북조선인민회의에 관한 규정'을 제정하는데, 이 규정에 의하면 북조선인민회의는 조선에 민주주의 임시정부 수립 시까지 북조선 인민정권의 최고기관으로(제1조), 입법권을 가지고 있었고(제3조), 북조선인민회의 상임위원회는 외국과의 조약을 비준할 권한을 가지고 있었다(제9조 제4호). 북조선인민회의가 휴회 중인 때는 집행기관인 북조선인민위원회가 각 국가기관·사회단체 및 공민에 적용될 제반 법률을 제정할 권한을 가지고 있었다(제4조 제1항). 또한 이 위원회 내의 각 국장과 부장은 각자의 권한 내에서 법률에 의거하여 또는 그 법률을 집행하기 위하여 필요한 명령 또는 규칙을 발포할 수 있도록 하였다(제10조).

북조선인민회의는 3개월에 한 차례씩 개최되었으며, 휴회 기간에는 북조선인민회의 상임위원회가 대신하였다. 북조선인민회의는 1947년 11월 제3차 회의를 열어 전체 조선에 적용

---

[60] 사법기관과 관련하여 살펴보면 '북조선임시인민위원회 구성에 관한 규정' 제9조는 "북조선에 있어서의 민주주의적 재판제도를 실시하기 위하여 북조선최고재판소와 북조선최고검찰소를 조직한다. 북조선최고재판소장과 그 판사는 사법국장의 추천에 의하여 북조선임시인민위원회에서 다수결로 선임한다. 북조선최고검찰소장은 사법국장의 추천에 의하여 북조선임시인민위원회에서 임명한다"고 규정하고 있다. 한편 1946년 3월 6일 임시인민위원회 결정 제3호의 2호로 채택된 '임시인민위원회사법국·재판소·검찰소의 구성과 직무에 관한 기본원칙'을 보면 사법국은 재판과 검찰기관을 지휘감독하며, 사법국장은 도인민위원회의 추천에 의하여 도재판소, 인민재판소와 철도재판소의 판사를 임명하고, 북조선검찰소장의 추천에 의하여 각 검찰소의 검사를 임명하며, 사법국은 북조선의 재판소·검찰소의 조직과 직무에 관한 지시, 재판소·검찰소의 실무에 관한 연구, 법령안의 작성, 변호사와 공증인의 지휘감독, 사법기관 간부의 양성과 재교육을 하도록 하고 있다(제1조).

[61] '북조선임시인민위원회 구성에 관한 규정' 전문은 정경모·최달곤 공편, 『북한법령집』 제1권, 238~240쪽 참고

할 헌법 제정을 위하여 김두봉을 위원장으로 하여 조선임시헌법제정위원회를 구성하였다. 1947년 12월 20일에 임시 헌법 초안이 제출되었고, 북조선인민회의는 1948년 7월 9일 제5차 회의에서 이 헌법 초안을 전 조선이 통일될 때까지 임시적으로 북한 지역에 실시하기로 하였는데, 이를 '임시헌법'이라 한다. 북조선인민회의는 1948년 8월 25일 북한 최고인민회의가 성립되면서 그 임무를 마쳤다.

(2) 1948년 인민민주주의 헌법

북한은 1948년 9월 8일 최고인민회의 제1기 제1차 회의에서 이 '임시헌법'을 기초로 한 헌법을 정식으로 채택하였다. 이 헌법은 1972년 '사회주의헌법' 제정 전까지 5차에 걸쳐 수정되는데, '임시헌법'과 더불어 인민민주주의를 가장 중요한 구성 원리를 하고 있기 때문에 통상 '인민민주주의 헌법'이라고 한다. 1948년 '헌법'에 의하면 입법권은 오직 최고인민회의만이 행사한다고 규정하고 있다(제33조).

최고인민회의 상임위원회는 현행 법령의 해석 및 법령의 공포, 외국과의 조약의 비준 및 폐기에 대한 권한만 가지고 있었다(제49조 제2호, 제8호). 내각은 국가주권의 최고집행기관으로(제52조), 헌법 및 법령에 의거하여 결정 및 지시를 공포할 수 있고(제53조), 외국과의 조약체결권을 가지고 있었다(제55조 제1호). 주권의 부문적 집행기관인 성의 수위인 상은 자기 권한 안에서 의무적으로 실행되어야 할 성령 또는 규칙을 공포할 수 있었다(제66조). 1948년 '헌법' 제정 당시에는 각 지방의 지방인민위원회가 결정과 지시 공포권을 가지고 있었으나(제72조), 1954년 10월 30일 2차 수정 '헌법'에서는 지방인민회의가 주권기관이 되어 결정을 채택할 수 있도록 하고, 지방인민위원회는 집행기관으로 변경되었다.

(3) 1972년 사회주의헌법

북한은 1972년 12월 27일 최고인민회의 제5기 제1차 회의에서 '사회주의헌법'을 제정하였다. '사회주의헌법'에 의하면 최고인민회의만이 입법권을 행사하며(제73조), 헌법 및 법령의 채택 또는 수정에 대한 권한을 가진다(제76조). 최고인민회의 휴회 중에는 최고인민회의 상설회의가 제기된 법령의 심의 결정 및 현행 법령의 수정 권한을 갖지만, 다음번 최고인민회의 승인을 받도록 하였다(제87조 제1호, 제2호). 현행 법령의 해석 권한은 최고인민회의 상설회의에 부여하고 있다(제87조 제3호). 주석은 명령제정권(제94조), 조약의 비준 및 폐기권(제96조)을 가졌는데, 주석의 명령제정권은 위임적 성격이 아니라 헌법에 의해 수권된 독자적인 입법권이다.

그 밖에 주석, 부주석, 중앙인민위원회 서기장, 위원으로 구성되는 중앙인민위원회는 국가주권의 최고지도기관으로(제100조), 정령과 결정을 채택하며 지시를 낸다(제104조). 정무원은 최고주권기관인 최고인민회의의 행정적 집행기관으로(제107조) 결정을 채택하며 지시를 내고(제112조), 외국과의 조약체결권을 가지며(제109조 제7호), 정무원의 부문별 집행기관인 각 부는 지시를 낸다(제114조).

지방입법기관으로는 지방인민회의, 인민위원회 및 행정위원회가 있으며, 지방인민회의는 결정을 채택하고(제122조), 지방인민위원회는 결정을 채택하며 지시를 내고(제126조), 지방행정위원회는 지방주권기관의 행정적 집행기관으로 결정을 채택하며 지시를 낼 수 있다(제131조).

(4) 1992년 개정 헌법

북한은 1992년 4월 9일 최고인민회의 제9기 제3차 회의에서 1972년 '사회주의헌법'을 20년 만에 대폭 수정·보충하였다. 1992년 '헌법'은 김정일에 의하여 체계화된 주체사상을 구현한 북한식 '사회주의헌법'이라는 것이 가장 큰 특징이다. 입법권에 대하여 처음으로 입법권은 최고인민회의와 최고인민회의 상설회의가 행사한다고 개정하여 입법권을 최고인민회의 외에 최고인민회의 상설회의에도 부여하였다(제88조). 또한 국가주권의 최고군사지도기관인 국방위원회에 관한 규정을 두면서 결정과 명령을 낼 수 있도록 하였다(제115조).

(5) 1998년 개정 헌법

북한은 1994년 7월 8일 김일성 사망에도 불구하고 4년 이상 '헌법'을 개정하지 않다가 1998년 9월 5일 최고인민회의 제10기 제1차 회의에서 헌법을 수정·보충하였다. 이 '헌법' 개정을 통하여 처음으로 헌법에 서문을 두면서 개정 '헌법'을 김일성의 주체적인 국가건설 사상과 국가건설 업적을 법화한 '김일성 헌법'이라고 선언하였다. 이 '헌법' 개정을 통하여 김일성을 영원한 주석으로 규정하면서 주석제를 폐지하는 등 국가기관 체계를 개정하면서 입법기관의 기능도 변하게 되었다.

입법권에 대해서는 우선 "최고인민회의는 입법권을 행사한다. 최고인민회의 휴회 중에는 최고인민회의 상임위원회도 입법권을 행사할 수 있다"라고 개정하였다(제88조). 최고인민회의는 헌법의 수정·보충, 부문법의 제정 또는 수정·보충(제2호), 최고인민회의 휴회 중에 최고인민회의 상임위원회가 채택한 중요부문법 승인의 권한을 가지도록 하였다(제91조 제1호, 제2호, 제3호). 1992년 '헌법'에 비교하면 헌법의 보충이 추가되고, 기존의 '법령'이라는 용어를 '부문법'으로 변경하였으며, 최고인민회의 상임위원회가 채택한 부문법 중 '중요' 부문법만 최고인민회의 승인을 받도록 한 것이다. 국방위원회의 결정과 명령권은 그대로 유지되었다(제104조).

1992년 '헌법'의 최고인민회의 상설회의와 중앙인민위원회의 기능은 이를 대체한 최고인민회의 상임위원회로 이전되어 최고인민회의 상임위원회가 최고인민회의 휴회 중에 제기되는 새로운 부문 법안과 규정안, 현행 부문법과 규정의 수정·보충안을 심의·채택하며(제110조 제2호), 헌법과 현행 부문법, 규정에 대한 해석권을 가지도록 하였다(제110조 제4호). 기존의 최고인민회의 상설회의의 법령에 대한 해석권을 헌법, 현행 부문법, 규정에 대한 해석권으로 구체화한 것이다.

기존의 중앙인민위원회가 가지고 있던 최고인민회의 법령과 결정, 국방위원회 결정과 명령, 최고인민회의 상임위원회 정령, 결정 및 지시에 위배되는 국가기관의 결정과 지시의 폐지 및 지방인민회의의 그릇된 결정 집행을 정지하는 권한(제110조 제6호) 및 조약의 비준과 폐기권(제110조 제14호)도 최고인민회의 상임위원회의 권한이 되었다. 기존의 최고인민회의 상설회의가 가지고 있던 결정과 지시를 낼 수 있는 권한과 중앙인민위원회의 정령을 낼 수 있는 권한도 모두 최고인민회의 상임위원회의 권한이 되었다(제114조).

1992년 개정 '헌법'의 정무원이 내각으로 변경되면서 내각에 '헌법'과 부문법에 기초하여 국가 관리와 관련된 규정의 제정 또는 수정, 보충권(제119조 제2호) 및 내각의 결정과 지시에 어긋나는 행정경제 기관의 결정, 지시를 폐지하는 권한(제119조 제12호)이 부여되었다. 내각은 별도로 결정과 지시를 내며(제123조), 내각위원회와 성은 지시를 내도록 하였다(제130조). 지방인민회의, 지방인민위원회의 입법권은 1992년 '헌법'과 동일하다.

(6) 2009년 개정 헌법

북한은 2009년 4월 9일 최고인민회의 제12기 제1차 회의에서 1998년 '헌법'을 개정하였다. 2009년의 개정 '헌법' 중 입법권에 대한 내용을 살펴보면 최고인민회의, 최고인민회의 상임위원회, 내각, 지방인민회의, 지방인민위원회의 입법권 관련 규정은 변화가 없다. 다만 국가기구에 기존의 '국방위원회'와는 별도로 '국방위원회 위원장'을 신설하면서 국방위원회 위원장을 최고 영도자로 하고 다른 나라와 맺은 중요조약의 비준, 폐기권(제103조 제4호) 및 명령을 내는 권한(제104조)을 부여하였다.

(7) 2010년 개정 헌법

북한은 2010년 4월 9일 최고인민회의 제12기 제2차 회의에서 '헌법'을 수정하였다. 수정·보충이 아니라 '수정'이라고 한 것은 내용의 변경은 없고, 단지 기존 '헌법'의 중앙검찰소와 중앙재판소 명칭을 최고검찰소와 최고재판소로 변경한 것에 불과하기 때문이다. 1948년 '헌법' 제정 당시에도 최상급 검찰소와 재판소의 명칭이 최고검찰소와 최고재판소였다가 1972년 '사회주의헌법' 제정 당시 중앙검찰소와 중앙재판소로 변경하였던 것인데, 이를 다시 최고검찰소와 최고재판소로 변경한 것이다. 따라서 입법권에 관해서는 변경된 것이 없다.

(8) 2012년 이후 개정 헌법

2011년 12월 17일 김정일이 사망하자 북한은 2012년 4월 3일 최고인민회의 제12기 제5차 회의에서 '헌법'을 수정·보충하였다. 주된 내용은 사망한 김정일을 영원한 국방위원장으로 하고, 기존의 '김일성 헌법'을 '김일성·김정일 헌법'으로 변경하면서 새로 신설된 국방위원회 제1위원장에게 기존의 국방위원장의 권한을 그대로 이전한 것이다. 따라서 입법권에 관한 규정도 국방위원장을 국방위원회 제1위원장으로 대체한 것 외에는 변경된 것이 없다. 2013년 4월 1일 최고인민회의 제12기 제7차 회의 및 2016년 6월 29일 최고인민회의 제13기 제4차 회의에서 헌법을 개정하였으나 입법권과 관련된 개정은 없다. 2019년 4월 11일 최고인민회의 제14기 1차 회의에서 개정된 현행 '헌법'에도 입법권과 관련된 개정 사항은 없다.

다만 최고인민회의 상임위원회의 임무와 권한중 상급 헌법기관의 결정 등에 어긋나는 국가기관의 결정이나 지시를 폐지할 임무와 권한에 관한 규정이 개정되었다. 즉 2016년 개정 '헌법' 제116조 제6호는 "헌법, 최고인민회의 법령, 결정, 조선민주주의인민공화국 국무위원회 위원장 명령, 국무위원회 결정, 지시, 최고인민회의 상임위원회 정령, 결정, 지시에 어긋나는 국가기관의 결정, 지시를 폐지하며 지방인민회의의 그릇된 결정집행을 정지시킨다"고 규정하고 있었다. 이 조문에 의해 기존에는 '헌법' 다음으로 최고인민회의 법령이나 결정이 국무위원회 위원장의 명령보다도 앞서는 최상위의 규범으로 해석되었다. 그런데 이 조문이 2019년 개정 '헌법' 제115조 제6호에서는 "헌법, 조선민주주의인민공화국 국무위원회 위원장 명령, 최고인민회의 법령, 결정, 국무위원회 결정, 지시, 최고인민회의 상임위원회 정령, 결정, 지시에 어긋나는 국가기관의 결정, 지시를 폐지하며 지방인민회의의 그릇된 결정집행을 정지시킨다"로 개정되었다. 국무위위원회 위원장의 명령이 최고인민회의 법령이나 결정보다 상위의 규범이 된 것으로 해석된다.[62] 이는 2016년 개정 헌법 제100조의 "조선민주주의인민공화국 국무위원회 위원장은 조선민주주의인민공화국의 최고령도자이다"라는 규정을 2019년 개정 '헌법'에서는 "조선민주주의인민공화국 국무위원회 위원장은 국가를 대표하는 조선민주주의인민공화국의 최고령도자이다"라고 개정하여 국무위원회 위원장이 북한 최고의 수반임을 강조한 것과 맥을 같이하는 것으로 보인다.

(9) 법제정법의 입법권에 관한 규정

2012년 제정된 '법제정법'에서는 입법기관인 최고인민회의와 최고인민회의 상임위원회의 입법권에 대하여 다음과 같이 규정하고 있다

제9조(최고인민회의의 립법권)

최고인민회의는 헌법을 수정, 보충하거나 부문법을 제정 또는 수정, 보충하며 최고인민회의 휴회중에 최고인민회의 상임위원회가 채택한 중요 부문법을 승인한다.

제10조(최고인민회의 상임위원회의 립법권)

최고인민회의 상임위원회는 최고인민회의 휴회중에 부문법을 제정하거나 수정, 보충하며 주권부문, 인민보안부문, 사법검찰부문, 그밖에 필요한 부문과 관련한 규정을 제정하거나 수정, 보충한다.

'법제정법' 제11조에서는 법령과 정령으로 정해야 할 전속적 관할 사항에 대해서도 다음과 같이 구체적으로 열거하고 있다.

제11조(법령과 정령의 전속적관할 사항)

다음의 사항은 법령이나 정령으로만 규정할 수 있다.

1. 국가형태, 국적, 국가령역, 국가상징 같은 국가주권의 사항

2. 각급 주권기관, 행정적집행기관, 사법검찰기관의 조직과 권한

3. 범죄와 형벌

---

[62] 2016년 개정 '헌법' 제116조가 2019년 개정 '헌법' 제115조로 변경된 것은 최고인민회의 상임위원회 명예부위원장에 관한 제114조의 규정이 삭제되었기 때문이다.

4. 공민에 대한 정치적권리의 박탈, 인신의 자유를 제한하는 강제조치와 처벌

5. 민사기본제도

6. 소송과 중재제도

7. 경제관리 및 특수경제지대의 기본제도

8. 교육, 보건 등 문화의 기본제도

9. 국방, 국가안전 및 외교의 기본제도

10. 조국통일 및 북남관계

11. 그밖에 반드시 최고인민회의 및 최고인민회의 상임위원회가 법령이나 정령으로 규정하여야
    할 사항

4) 사회주의법 제정의 기본원칙

북한은 사회주의법을 제정하는 전 행정에서 시종일관 견지하여야 할 원칙으로 다음의 네 가지 원칙을 기본원칙으로 채택하고 있다.

(1) 주체를 철저히 세울 데 대한 원칙

사회주의법 제정이 인민의 의사를 법화하는 인민 자신의 사업이 되게 하기 위해서는 무엇보다 먼저 법제정 사업에서 주체를 철저히 세워야 하며, 주체 확립은 법제정 사업에서 견지하여야 할 근본 입장이라는 원칙이다.[63]

(2) 수령의 사상과 당 정책을 철저히 구현할 데 대한 원칙

사회주의법 제정이 인민의 의사를 법화하는 인민 자신의 사업이 되게 하기 위해서는 수령의 사상과 당 정책을 지도적 지침으로 하여 모든 법규범과 규정을 제정하여야 하며, 수령의 사상과 당 정책은 법제정 사업의 지도적 지침이라는 원칙이다.[64]

---

[63] 리경철, 같은 책, 21쪽 참고.

[64] 리경철, 같은 책, 25쪽 참고.

(3) 혁명적 군중노선을 철저히 관철할 데 대한 원칙

사회주의법 제정이 인민의 의사를 법화하는 인민 자신의 사업이 되게 하기 위해서는 법제정 사업에서 혁명적 군중노선을 철저히 관철하여야 한다는 원칙이다. 혁명적 군중노선은 인민대중이 국가와 사회의 주인의 지위를 차지하고 주인으로서의 책임과 역할을 다하도록 하는 노선을 의미하며 당과 국가 활동의 최고 원칙이기도 한다.[65]

(4) 헌법에 기초하여 모든 법들을 제정할 데 대한 원칙

사회주의 헌법은 정치, 경제, 문화생활을 비롯한 국가사회생활의 원칙들을 전면적으로 규제하고 다른 모든 법규범과 규정 작성의 방향과 기준을 주는 국가의 기본법이므로 국가기관들은 헌법의 원칙과 요구에 엄격히 의거하여 법규범과 규정들을 만들어야 한다는 원칙이다.[66]

(5) 법제정법상의 원칙

'법제정법'에서는 종래의 앞서 언급한 기본원칙을 반영하여 다음과 같이 네 가지 원칙을 규정하고 있다. 종래의 기본원칙과 비교하면 현실성과 과학성 보장 원칙이 추가되었다.

제3조(당의 로선과 정책을 구현할데 대한 원칙)
국가는 법제정사업에서 조선로동당의 로선과 정책을 정확히 구현하도록 한다.

제4조(인민의 의사를 반영할데 대한 원칙)
국가는 광범한 군중을 법제정사업에 적극 참가시키며 법에 인민의 의사를 정확히 반영 하도록 한다.

제5조(현실성, 과학성보장원칙)
국가는 법을 현실의 요구에 맞게 과학적으로 제정하도록 한다.

제6조(준법성보장원칙)
국가는 정해진 권한과 절차에 따라 사회주의헌법의 요구에 맞게 법제정사업을 진행하며 법체계

---

65   리경철, 같은 책, 28쪽 참고.
66   리경철, 같은 책, 31~32쪽 참고.

의 통일을 보장하도록 한다.

5) 입법 절차

(1) 개요

북한은 2012년 12월 19일 '법제정법'을 채택하고 2013년 7월 1일부터 시행하고 있다.[67] 북한은 법 제정 절차와 입법 절차라는 용어를 구별하여 사용한다. 법 제정 절차는 입법기관이 '법'을 제정하는 절차와 행정기관이나 지방국가기관이 '규정'이나 '세칙'을 제정하는 절차도 포함된다. 이 중에서 입법기관이 '법'을 제정하는 절차가 입법 절차이다. 입법 절차는 크게 법안 제출, 법안 심의, 법 채택, 법 공포의 네 단계로 구분된다.[68]

(2) 법안 제출

법안 제출은 법 제정 절차의 첫 단계이다. 법안을 권한 있는 기관이나 일꾼이 입법기관에 법의 제정, 수정보충, 폐지와 관련한 의안과 법 초안을 제출하는 것을 말한다.[69] 북한 '헌법'(2016) 제95조에 의하면 최고인민회의에서 토의할 의안은 국무위원회 위원장, 국무위원회, 최고인민회의 상임위원회, 내각과 최고인민회의 부문위원회가 제출하며, 대의원들도 제출할 수 있다.

'법제정법'은 최고인민회의와 최고인민회의 상임위원회에 법안을 제출하는 기관을 구분하여 다음과 같이 규정하고 있다.[70]

제12조(최고인민회의에 법안을 제출하는 기관)

최고인민회의에서 토의할 법안은 조선민주주의인민공화국 국방위원회 제1위원장, 국방위원회,

최고인민회의 상임위원회, 내각과 최고인민회의 부문위원회가 제출한다.

---

67 리경철, 「법제정법을 제정하는 것은 현시기 법제정사업을 개선하기 위한 중요한 방도」, ≪정치법률연구≫, 제2호(평양: 과학백과사전출판사, 2013), 39쪽.

68 리경철, 『사회주의법제정리론』, 66쪽.

69 리경철, 같은 책.

70 '법제정법'은 2012년에 제정되었기 때문에 2016년 헌법개정시 국방위원회 제1위원장이 국무위원회 위원장으로, 국방위원회가 국무위원회로 변경된 사항을 반영하지 못하고 있다. 이러한 점이 북한 입법기술상의 법체계 정합성 원칙에 문제가 있음을 보여주는 대표적인 사례 중 하나라 할 수 있다.

최고인민회의 대의원들도 최고인민회의에 법안을 제출할 수 있다.

제18조(최고인민회의 상임위원회에 법안을 제출하는 기관)

최고인민회의 상임위원회에서 토의할 법안은 내각, 최고인민회의 부문위원회, 최고인민회의 상
임위원회 부문위원회, 최고인민회의 대의원이 제출한다.

최고인민회의 상임위원회에서 토의할 규정안은 최고인민회의 상임위원회 부문위원회 최고검찰
소, 최고재판소, 인민보안부, 도(직할시)인민위원회를 비롯한 해당 기관이 제출한다.

(3) 법안 심의

법안을 심의한다는 것은 회의의정에 든 법안(법 초안 포함)에 대하여 입법기관이 정식으로
토론하는 것을 말한다. 법안 심의의 담당자는 입법권을 가진 최고주권기관이다. 법 초안의 심
의권은 입법기관만이 행사하며, 제안권처럼 기타 국가기관이나 단체, 개인들과 공동으로 행사
하지 않는다. 심의되는 대상은 입법기관의 회의의정에 든 법 초안이다.[71]

법안 심의에서 중요한 것은 최고주권기관의 전원회의가 법안 심의의 기본 단위가 되게 하
는 것이며, 법제위원회는 법 초안을 심의하여 최고인민회의에 제기하는 임무를 수행한다. 법
초안 심의는 먼저, 법 초안과 관련 있는 부문위원회와 법제위원회에서 사전 심의를 하고, 최고
주권기관의 전원회의에서 최종적으로 심의되는데, 법 초안에 대한 발표, 기본 보고, 보충 보
고, 토론의 순서로 진행된다. 법 초안 심의에서 중요한 것은 공개심의를 원칙으로 하면서 필요
한 경우에 비공개심의를 배합하는 것이라고 한다.[72]

'법제정법'은 법안심의에 대해서도 최고인민회의에 제출할 법안과 최고인민회의 상임위
원회에 제출할 법안에 대한 심의를 구분하여 규정하고 있다. 먼저 최고인민회의에 제출할 법
안에 대한 심의에 대해서는 다음과 같이 규정하고 있다.

제13조(최고인민회의에 제출할 법안에 대한 법제위원회 심의)

최고인민회의에 제출할 법안은 최고인민회의 법제위원회에서 먼저 심의한다. 법제위원회는 법
안에 대한 심의를 한 다음 그것을 최고인민회의에 제출하겠는가를 결정하여야 한다.

---

[71] 리경철, 같은 책, 73쪽.

[72] 리경철, 「사회주의국가의 립법절차에 대한 일반적 리해」, ≪김일성종합대학학보: 력사·법학≫, 제2호(평양:
김일성종합대학출판사, 2005), 65~66쪽.

제14조(최고인민회의에서 법안심의방법)

최고인민회의에서 법안심의는 보고, 초안랑독, 토론의 방법으로 진행한다.

대의원들에게 법초안을 미리 배포한 경우에는 법초안을 랑독하지 않을 수 있다.

심의과정에 법초안에 대한 수정, 보충의견이 제기되면 그에 근거하여 정리한 다음 포결에 붙인다.

최고인민회의 상임위원회에 제출할 법안에 대한 심의에 대해서는 다음과 같이 규정하고 있다.

제19조(최고인민회의 상임위원회에 제출할 법안에 대한 법제위원회의 심의)

최고인민회의 상임위원회에 제출할 법안과 중요규정안은 최고인민회의의 법제위원회에서 먼저 심의한다.

법제위원회는 법안과 중요규정안에 대한 심의를 한 다음 그것을 최고인민회의 상임위원회에 제출하겠는가를 결정하여야 한다.

제20조(최고인민회의 상임위원회의 법안심의관할)

최고인민회의 상임위원회에 제출된 법안과 규정안은 전원회의 또는 상무회의에서 심의한다.

전원회의에서는 새로 채택하려고 하는 법안을, 상무회의에서는 법수정보충안과 규정안, 규정수정보충안을 심의한다.

제21조(최고인민회의 상임위원회의 법안심의방법)

최고인민회의 상임위원회 전원회의와 상무회의에서 법안, 규정안에 대한 심의는 초안을 랑독하고 토론하는 방법으로 진행한다. 위원들에게 초안을 미리 배포한 경우에는 초안랑독을 하지 않을 수 있다. 심의과정에 초안을 대한 수정, 보충의견이 제기되면 그에 근거하여 초안을 정리한 다음 표결에 붙인다.

(4) 법 채택

법의 채택은 대의원들이 법 초안에 대하여 표결을 진행하고 법이 정한 수 이상의 찬성표를 얻음으로써 법 초안이 정식 법으로 되는 것을 말한다. 법 초안이 최종적으로 법이 될지를 결정하는 권한이 법채택권이므로 국가는 법채택권을 그 어떤 분할도 없이 인민의 대표들로 구성된 최고주

권기관에 부여한다. 최고주권기관을 제외한 그 어떤 기관도 법채택권을 행사할 수 없다.[73]

북한 '헌법' 제97조에 의하면 최고인민회의가 내는 법령과 결정은 거수가결의 방법으로 그 회의에 참석한 대의원의 반수 이상이 참석하여야 채택이 된다. 헌법은 최고인민회의 대의원 전원의 3분의 2 이상이 찬성하여야 수정·보충된다. 최고인민회의 휴회 중에 입법권을 가진 최고인민회의 상임위원회의 가결 방법에 대해서는 '헌법'에 별도의 규정이 없다.

'법제정법'은 최고인민회의와 최고인민회의 상임위원회의 법의 채택에 대해 구분하여 규정하고 있다. 최고인민회의에서 법안은 거수가결의 방법으로 그 회의에 참석한 대의원의 반수 이상이 찬성하여야 채택된다(제15조 제1항). 헌법은 최고인민회의의 대의원전원의 3분의 2이상이 찬성하여야 수정보충된다(제15조 제2항). 최고인민회의 상임위원회 전원회의와 상무회의에서 법안과 규정안은 그 회의에 참석한 위원의 반수이상이 찬성하여야 채택된다(제22조). 규정안은 그 회의에 참석한 위원의 반수이상이 찬성하여야 채택된다(제22조).

(5) 법 공포

법의 공포는 입법 절차의 마지막 단계로 권한 있는 기관이 채택된 법을 정식으로 내외에 널리 알리는 것을 말한다. 법의 공포는 법의 효력발생과 밀접하게 연관되어 있다. 채택된 법을 널리 공포하여야 사람들은 새 법이 채택되었고 그 법의 내용이 무엇인지를 알게 되며, 법은 비로소 효력을 가지게 되는 것이다.[74]

1948년 헌법은 최고인민회의가 제정한 법령은 최고인민회의 상임위원회 위원장 및 서기장이 지명하여 5일 이내에 공포하도록 하고 있었다(제41조). 1972년 '사회주의헌법'에서는 주석이 최고인민회의 법령, 중앙인민위원회 정령, 최고인민회의 상설회의 결정을 공포한다고 규정하고 있었다(제94조). 1992년 개정 '헌법'에서는 주석이 최고인민회의 법령, 최고인민회의 상설회의 결정, 중앙인민위원회의 중요 정령과 결정을 공포한다고 개정하였다(제107조 제3호). 그러나 그 이후 개정 '헌법'에서는 법령의 공포에 대하여 규정을 두고 있지 않다.

법령 공포 방법은 1946년 9월 북조선임시인민위원회 결정인 '법령공포에 관한 건'에 의하면 ≪법령공보≫를 발행하도록 하고 있으며, 편집에 대한 책임은 사법국장에게 위임하고 있다. 그러나 그 이후 공포 방법에 관한 구체적인 법령은 확인되지 않고 있다.

---

73 리경철, 『사회주의법제정리론』, 83쪽.
74 리경철, 같은 책, 86쪽.

북한 문헌에 따르면 법공포권은 법제정권의 1개 구성 부분이기 때문에 그것을 제정한 기관이 공포하여야 하며, 국가수반이 공포할 수도 있다고 한다. 공포 방법은 신문, 방송 등 여러 가지 방법으로 진행할 수 있지만, 권위와 정확성을 보장하기 위해서는 법을 공포하는 간행물을 법적으로 규정하고 그를 통하여 법을 공포하는 것이 좋다고 설명하고 있다. 실례로 1970년대 초까지 최고인민회의와 최고인민회의 상임위원회가 제정하는 법을 ≪조선민주주의인민공화국 최고인민회의 공보≫에 실어 공포하곤 하였으며, 최고인민회의 상설회의 결정으로 '합영법'이 채택되었을 때는 1984년 9월 9일 중앙방송과 참고통신, 신문 ≪민주조선≫과 ≪평양신문≫을 통하여 전문을 보도하였으며, 550개 기관이 문건으로 내려보냈다고 한다.[75]

한편 '법제정법'은 법의 공포에 대하여 최고인민회의와 최고인민회의 상임위원회에서 채택한 법의 공포를 구분하여 규정하고 있다. 최고인민회의에서 채택된 헌법과 부문법은 최고인민회의 법령으로 공포한다(제16조). 최고인민회의 상임위원회에서 채택된 부문법은 최고인민회의 상임위원회 정령으로, 규정은 최고인민회의 상임위원회 결정으로 공포한다(제23조).

(6) 효력발생

초기에는 각각의 법규에서 부칙으로 효력발생 시기를 규정하기도 하였지만, 이에 관한 규정이 없는 경우에 대비하여 1947년 2월 3일 북조선임시인민위원회 결정 제172호로 '법령시행 기일에 관한 결정서'를 채택해 법령에 시행 기일이 없는 때는 공포일부터 시행하도록 하였다.

현행 '헌법'상 법령의 효력발생 시기나 효력에 관한 일반 원칙에 대한 규정이 없고, 이 결정서를 대신할 개별 법도 찾아볼 수 없다. 그렇다고 북한 정권 초기와 같이 개별 법에서 효력발생 시기에 대한 부칙 규정을 두고 있지도 않다. 다만 『법학사전』에서는 "법은 보통 발표된 때로부터 효력이 발생"한다고 설명하고 있으나, 발표 또는 공포 방식에 대한 구체적인 설명은 없다.

이에 대한 문제점을 인식하였기 때문인지 최근에 제·개정한 대외개방법제에서는 예전과 달리 부칙 규정을 두기 시작하였다.[76] 2011년 12월 3일 채택된 수정·보충된 '라선경제무역지대법'이나 '황금평·위화도경제지대법'은 각 부칙 규정을 두고 똑같이 부칙 제1조에서는 "이 법은 공포한 날로부터 시행한다", 부칙 제2조는 "이 법의 해석은 최고인민회의 상임위원회가 한

---

75   리경철, 같은 책, 87쪽.

76   북한은 '개혁'과 '개방'이란 용어 자체를 부정적으로 보기 때문에 북한 입장에서는 '외국(인)투자법제' 또는 '대외경제법제'라고 표현하는 것이 적절하겠으나 이 책에서는 편의상 국내에서 일반적으로 사용하고 있는 '대외개방법제'라는 용어를 함께 사용하기로 한다.

다"라고 규정하고 있다. 앞으로 최소한 대외개방법제에서는 이와 같은 내용의 부칙 규정을 둘 것으로 예상된다.

'법제정법' 제52조는 법문건에는 시행 날짜를 밝히도록 하면서, 만일 법 문건에 시행 날짜가 밝혀져 있지 않는 경우에는 공포 후 15일이 지난 다음 날부터 효력이 발생한다고 규정하고 있다.

(7) 법률안거부권

북한 '헌법'에는 법률안거부권에 관한 규정이 없는데, 『법학사전』을 보면 법률안거부권은 "부르죠아나라들에서 지주, 자본가들의 리익을 옹호하기 위하여 대통령 또는 군주가 국회에서 의결된 법률안의 승인을 결정적으로 또는 잠정적으로 거부함으로써 그것이 법률로서 성립되지 못하게 하는 반동적인 제도"라고 설명하고 있다.[77]

(8) 하위법규 입법 시안

'법제정법' 제28조에 의하면 내각은 부문법이 공포된 후 그 집행을 위하여 필요한 규정을 1년 안에, 부문법 집행을 위한 규정이 여러 개 필요에 경우에는 부문법이 공포된 후 2년 안에 제정하여야 한다. 또한 부문법이 수정·보충되었을 경우에는 관련 규정들을 6개월 안에 수정·보충하여야 한다.[78]

'법제정법' 제35조에 의하면 내각위원회, 성은 부문법이나 규정이 공포된 후 그 집행을 위하여 필요한 세칙을 6개월 안에 제정하여야 하며, 부문법이나 규정이 수정·보충되었을 경우에는 관련 세칙들을 3개월 안에 수정·보충하여야 한다.[79]

6) 법 문건의 효력 순위와 관계

(1) 효력 순위

법규범의 효력 순위에 대해서는 종전에는 최고인민회의 상임위원회의 임무와 권한에 관

---

77 사회과학원 법학연구소, 『법학사전』, 280쪽.
78 허경일, 「법을 규제력있게 만들기 위한 기술실무적요구」, ≪정치법률연구≫, 제1호(평양: 과학백과사전출판사, 2014), 32쪽.
79 허경일, 같은 글.

한 '헌법'(2016) 제116조 제6호의 "헌법, 최고인민회의 법령, 결정, 조선민주주의인민공화국 국무위원회 위원장 명령, 국무위원회 결정, 지시, 최고인민회의 상임위원회 정령, 결정, 지시에 어긋하는 국가기관의 결정과 지시를 폐지하며 지방인민회의의 그릇된 결정집행을 정지시킨다"라는 규정과 검찰소의 임무에 관한 제156조 제2호의 "국가기관의 결정, 지시가 헌법, 최고인민회의 법령, 결정, 조선민주주의인민공화국 국방위원회 제1위원장 명령, 국방위원회 결정, 지시, 최고인민회의 상임위원회 정령, 결정, 지시, 내각 결정, 지시에 어긋나지 않는가를 감시한다"라는 규정을 통하여 추론이 가능하였지만, 이에 대한 명확한 입장을 확인할 수 없었다.[80]

하지만 최근 제정된 '법제정법'에서는 이를 명확하게 규정하고 있는데, 내용을 살펴보면 헌법 규정과 마찬가지로 상위 기관이 제정한 법이 우선하도록 규정하고 있다. '법제정법'의 규정을 보면 다음과 같다.

첫째, 헌법은 최고의 법적 효력을 가지며 모든 법적 문건은 헌법과 저촉되지 말아야 한다 (제45조). 둘째, 부문법의 효력은 규정, 세칙보다 높다(제46조). 셋째, 최고인민회의 상임위원회가 낸 규정의 효력은 내각이 낸 규정보다 높다(제47조). 넷째, 내각이 낸 규정의 효력은 내각 위원회, 성과 도(직할시)인민회의 및 인민위원회가 낸 세칙보다 높다(제48조). 다섯째, 도(직할시)인민회의가 낸 세칙의 효력이 해당 인민위원회가 낸 세칙보다 높다(제50조).

(2) 효력 관계

상급 기관과 하급 기관의 법 문건 사이의 모순과 저촉은 앞에서와 같이 상위 기관 제정법 우선의 원칙에 따라 해결할 수 있지만, 동급의 법 문건들 사이의 모순과 저촉은 해결할 수 없기 때문에 이에 대하여서는 '법제정법' 제51조에서 규정하고 있다.

이를 해결하는 원칙은 우선 '후법 우월의 원리'가 적용된다. 이는 우리의 신법 우선의 원칙과 같은 의미로 후에 제정된 법이 전에 제정된 법보다 현행 당 정책과 현실의 요구를 더 잘 반영하기 때문이라고 한다. 다음은 '특별법 우선의 원리'인데 효력 등급이 같은 둘 이상의 법규범이 있으면 그것들이 특별법과 일반법의 관계에 있을 경우 특별법이 우선한다는 것이다. 이 원칙은 동일한 법 문건 안에 있는 법조문 사이에서도 적용된다고 한다.

후법 우월의 원리와 특별법 우선의 원리가 서로 저촉하는 경우, 즉 새로운 일반법과 낡은

---

[80] 2019년 개정 '헌법'에서는 이들 조문을 개정하여 최고인민회의 법령과 결정보다 국무위원회 위원장의 명령을 앞에 내세워 헌법 다음으로 규정하고 있다.

특별법이 서로 다르게 규정하는 경우에는 두 가지 원리로도 해결할 수 없기 때문에 권한 있는 국가기관이 어느 것을 적용할 것인지에 대하여 결정할 수밖에 없으며, 권한 있는 국가기관으로는 일반적으로 해당 법 문건을 낸 법 제정기관이 될 수 있다. 그리고 이 방법은 효력 순위가 같은 법 문건들 사이에 같은 사항에 대하여 규제 내용이 서로 다를 경우에도 적용할 수 있다.[81]

7) 법규집 편집과 법전 편찬

북한법제에서 법규집 편집과 법전 편찬은 법체계화 사업의 일환으로 이루어지고 있다. '법제정법' 제74조(법규정리)는 "법규정리는 해마다 진행한다"고 규정하고 있다. 제75조(법규집편집)는 "법제정기관은 정기적으로 법규집을 편집한다. 법규집에는 편집기준에 따라 편집당시 효력이 있는 법문건들을 수록한다"고 규정하고 있다.

법규집 편집이란 국가기관이나 기타 조직이 현행 규범적 법문건들과 법규범을 일정한 기준에 따라 체계적으로 배열하여 책으로 묶는 것을 말한다. 법규집은 국가의 규범적 법문건과 법규범들을 그 내용과 형식, 법적 효력을 변경시킴이 없이 그대로 묶은 책이라는 점에서 국가가 일정한 부문의 법규범들을 종합적으로 체계화하여 새로 제정한 법문건인 법전과 구별된다. 법규집 편집은 국가의 수많은 법규범을 체계화하는 사업의 일환으로서 법 제정과 법 집행에 유리한 조건을 제공하기는 하지만 그 자체가 법제정 활동으로 되는 것은 아니다. 그것은 법규집 편집이 법규범과 규정들을 수정·보충하거나 폐지하지 않고 그냥 일정한 기준에 따라 책으로 묶는 것이기 때문이다.[82]

법전 편찬은 입법기관이 일정한 부문의 사회관계를 규제하는 법규범과 규정들에 대하여 전면적으로 검토·정리하고 통일적인 원칙에 기초하여 삭제·수정·보충한 다음 내적으로 통일되고 체계적인 새로운 법, 즉 법전을 제정하는 것을 말한다. 일반적으로 법전은 국가가 일정한 부문의 사회관계를 규제하는 법규범과 규정들을 통일적으로 종합 체계화하여 제정한 법문건으로서 내적인 통일성과 체계성을 특징으로 한다. 법전 편찬은 법규범과 규정들을 체계화하는 하나의 입법 활동으로 법규집 편집과 다르다. 법규집 편집은 국가기관뿐 아니라 기타 기관, 기업소, 단체도 할 수 있다. 그러나 법전 편찬은 국가의 입법기관만이 할 수 있다.[83]

---

81 리경철, 「법제정법을 제정하는 것은 현시기 법제정사업을 개선하기 위한 중요한 방도」, 35쪽.

82 리경철, 『사회주의법제정리론』, 217~218쪽.

83 리경철, 같은 책, 228~229쪽.

6. 문제점과 개선 방안

북한은 사회주의법무생활론을 통하여 주민들을 상대로는 법을 준수할 것을 강조하고, 당국 차원에서는 법 제정 업무를 중시하면서 사회주의 법치국가 건설을 목표로 하고 있다. 특히 2012년 12월 '법제정법'을 제정해 입법 절차와 법규범 간의 효력 관계 등을 명확히 한 것은 바람직한 현상이라고 본다. 하지만 북한이 제대로 된 법치국가가 되기 위해서는 최소한 다음과 같은 문제점들이 개선될 필요가 있다.

1) 위임입법 이론의 문제와 개선 방안

북한의 법이론에 따르면 입법권은 최고주권이 행사하여야 하며 다른 기관에 위임하지 말아야 한다. 필요한 법들을 제때에 제정하고 법제정 속도를 높인다고 하면서 행정기관이나 지방 국가기관에 일정한 사항과 관련한 입법권을 위임하고 그들을 통하여 법을 제정하는 위임입법 방식으로는 법에 인민대중의 의사와 요구를 정확히 반영할 수 없고 법 제정에서 민주주의를 철저히 보장할 수 없으며 최고주권기관의 높은 권위를 보장할 수 없다. 더욱이 사회주의국가의 최고주권기관에는 최고주권기관의 휴회 중에 입법권을 일상적으로 행사하는 상설기관이 있으므로 위임입법을 할 필요가 없다. 그러므로 사회주의국가는 원칙적으로 위임입법을 인정하지 않는다.[84]

이와 같은 북한의 위임입법 방식에 대한 기본적인 체제 때문에 개성공업지구 법제도 구축 과정에서 적지 않은 문제점이 발생하였다. 개성공업지구는 남북법과 북한법 및 남북합의서가 중첩적으로 적용되는 지역이다. 그중 북한법은 북한 최고인민회의 상임위원회가 정령으로 채택한 '개성공업지구법'을 기본법으로 하여 그 하위 법령인 시행규정, 시행세칙, 사업준칙이 상하위법의 위계질서를 갖추면서 하나의 법체계를 이루고 있다. 이 중 특히 시행세칙을 제정하는 과정에서 대표적으로 제기된 법적인 문제점이 바로 상위법인 '개성공업지구법'이나 시행규정이 위임하지 않은 사항에 대해 지도기관인 지도총국이 시행세칙 형식으로 규율할 수 있느냐는 것이다. 이 문제에 대해 위임입법 이론을 부정하는 북한법 이론상으로는 위헌이나 위법 문제는 발생하지 않는다. 하지만 그 법의 적용을 받는 입주기업 등의 입장에서는 법의 주요 기능

---

84 리경철, 같은 책, 49쪽.

중 하나인 '예측성의 확보 기능'이라는 차원에서 적지 않은 문제점이 발생한다. 또한 법체계화 관점에서 보더라도 체계화의 주된 목적인 법체계 정합성 확보 차원에서도 많은 문제점이 발생하며, 법률 상호 간의 모순 충돌이 쉽게 발생할 여지가 있다.

이와 같은 문제점을 개선하기 위해서는 무엇보다도 북한의 위임입법 방식에 대한 기본적 법 이론의 변화가 있어야 한다. 그러나 북한 스스로 자신들의 기본적인 법 이론을 변경할 가능성이 크지 않다. 다만 남북 교류협력 과정에서 위임입법 부인에 따른 문제점을 계속 지적하여 최소한 남북교류협력 법제나 대외개방 법제와 관련해서라도 위임입법의 원칙을 받아들이도록 설득할 필요가 있다.[85]

2) 상하위법 효력 체계상의 문제점과 개선 방안

북한법도 이론상으로는 헌법, 부문법, 규정, 세칙과 같이 상하위법의 효력 체계를 갖추고 있고, 하위 법규가 상위 법규에 위반되어서는 안 된다는 원칙을 분명히 하고 있다. 하지만 현실적으로 이 원칙이 제대로 지켜지지 못하고 있다.

현재 북한의 개별 부문법 체계를 살펴보면 대외개방법제나 경제특구 법제를 제외하고는 부문법, 규정, 세칙, 준칙의 상하체계 전체를 살펴볼 수 있는 법제가 없다. 따라서 우리와 밀접한 관련이 있으면서도 상하위법 체계 전체를 구체적으로 살펴볼 수 있는 법제 중 대표적인 것이 개성공업지구 법제이다. 이 중 가장 간단한 법제 중 하나인 광고 관련 법규를 보더라도 북한 법제의 상하위법 체계 및 법체계 정합성의 문제점을 쉽게 찾아볼 수 있다.

개성공업지구 법제에서 광고 관련 규정의 법체계를 살펴보면 '개성공업지구법', '광고규정', '광고규정시행세칙', '광고준칙'의 순서로 체계를 갖추고 있다. '개성공업지구법' 제31조는 "공업지구에서 광고는 장소, 종류, 내용, 방법, 기간 같은 것을 제한받지 않고 할 수 있다. 그러나 야외에 광고물을 설치하려 할 경우에는 공업지구관리기관의 승인을 받는다"고 규정하여 개성공업지구 내에서 야외광고물을 제외하고는 광고를 제한 없이 할 수 있다고 명시하고 있다.

한편, 북한은 2004년 2월 25일 최고인민회의 상임위원회 결정 제17호로 '광고규정'을 채

---

85 다만 이 문제는 개성공업지구 법제로 한정하여 정책적 측면에서 검토해 본다면 신중을 기할 필요가 있다. 즉 정책적인 측면에서 보면 개성공업지구 관리위원회가 지금까지 제정해 온 사업준칙도 대부분 관련 규정이나 시행세칙 없이 선제적으로 제정되어 왔다. 따라서 남북한 당국 사이에 만일 위임입법 문제가 제기된다면 그동안 제정되어 온 사업준칙 대부분의 효력이 문제가 될 수 있는 심각한 상황이 발생할 수 있기 때문이다.

택하였다. '광고규정'은 '개성공업지구법' 제31조와 관련된 하위규범이므로 당연히 '개성공업지구법' 제31조의 내용을 위반해서는 안 된다. 그런데 '광고규정'의 내용을 보면 '개성공업지구법'에서 공업지구에서 광고는 장소, 종류, 내용, 방법, 기간 같은 것을 제한받지 않고 할 수 있다고 하였음에도 불구하고 광고의 수단(제7조), 광고금지대상(제9조), 광고내용의 정확성 담보, 광고물의 문자표기(제11조), 제3자의 명칭과 건물, 시설물, 부지의 이용동의(제12조) 등 일반 광고물에 대한 여러 가지 제한 규정을 두고 있다. 야외광고물의 경우에도 '개성공업지구법' 제31조는 단지 "야외에 광고물을 설치하려 할 경우에는 공업지구관리기관의 승인을 받는다"고만 규정하고 있다. 따라서 시행규정인 '광고규정'에서는 승인과 관련된 제반 사항만 규정하면 되는데도 불구하고 역시 설치 장소 등의 제한(제16조), 광고내용과 관련한 문화성보장(제18조) 규정 등을 두고 있다. 이와 같은 내용은 모두 상위법인 '개성공업지구법'에 위반되는 규정들이다. 만일 시행규정으로 광고와 관련된 제한을 하려고 하였다면 '개성공업지구법' 자체에서 광고에 관한 내용과 설치방법 등에 대해서는 시행규정이 정한 바에 따르도록 하는 위임규정을 두었거나, 아니면 '광고규정'의 광고 제한에 관한 기본적인 내용을 '개성공업지구법'에서 직접 규정하였어야 한다.

북한 '법제정법' 제62조(부문법, 규정집행을 위한 규정, 세칙의 작성에서 지켜야 할 요구)도 규정 또는 세칙을 작성하는 경우에 지켜야 할 사항으로 규정이나 세칙이 해당 부문법이나 규정에 저촉되지 말아야 하며, 해당 부문법이나 규정에서 이미 명확히 서술한 내용을 그대로 반복하지 말아야 한다는 점을 명확히 하고 있다. 그러나 현실에서 제·개정되는 규정이나 세칙은 '법제정법'의 규정이나 상하위법의 효력에 관한 일반원칙이 제대로 지켜지지 않고 있다.

이와 같은 문제점을 개선하려면 북한 스스로 문제점을 인식하도록 할 필요가 있다. 다행인 것은 개성공업지구 법제 중 시행세칙과 관리준칙은 남북이 협의하여 제정하도록 되어 있고, 실제로 협의 과정을 거치고 있다. 따라서 이 문제에 대한 해결을 위한 유일한 현실적인 방안은 시행세칙과 사업준칙 제·개정 과정에서 이루어지는 협의 과정을 최대한 활용하여야 한다. 이를 통해 지속해서 시행규정이나 세칙의 내용이 '개성공업지구법'이나 상위 시행규정에 위반되는 구체적인 조문을 적시하여 문제를 제기하고 이를 개선하도록 촉구해 나가는 수밖에 없다.

3) 법률 공포제도의 문제와 개선 방안

북한은 스스로 "법의 공포는 법의 효력발생과 밀접하게 연관되어 있다. 채택된 법을 널리 공포하여야 사람들은 새 법이 채택되었고 그 법의 내용이 무엇인가를 알게 되며 법은 비로소 효력을 가지게 되는 것이다"라고 법 공포의 중요성을 강조하고 있다.[86]

하지만 현실적으로 1998년 개정 헌법 이래 '헌법'에서는 법령의 공포에 관해 규정을 두고 있지 않다. 또한 1946년 9월 북조선임시인민위원회 결정인 '법령공포에 관한 건'에 의하면 '법령공보'를 발행하도록 하고 있으며, 편집에 대한 책임은 사법국장에게 위임하고 있다. 그러나 그 이후 공포 방법에 관한 구체적인 법령은 확인되지 않고 있다. 한편 '법제정법'은 법의 공포에 대한 규정이 있으나 최고인민회의와 최고인민회의 상임위원회가 각기 채택한 법을 공포한다고만 규정하고 있을 뿐이지 우리처럼 관보에 게재하는 등의 구체적인 공포 방법 없이 필요하면 내부 언론매체를 통해 내용의 중요 사항만 밝히고 있다. 그나마 2004년 법전 발간 이후에는 증보판을 통해 제·개정 법의 전문을 확인할 수 있기는 하지만, 실제 법제정 이후 법전 발간 시까지는 2~3년 정도의 시차가 있다.

북한법에 대해 많은 관심이 있는 국내에서조차 북한법 제·개정 정보를 입수하고도 법 전문을 확인하는 것은 쉬운 일이 아니다. 이와 같은 환경에서는 예를 들어 북한 지역에 진출하고자 하는 기업들 입장에서 북한의 관련 법령을 모두 확인하고 투자 여부를 결정해야 하는데 관련 법 검토 시점에서 자신들이 확보한 법령이 그 당시 적용되고 있는 법령인지 아니면 개정된 법령이 따로 있는지, 그 밖에 적용될 다른 법령이 더 있는 것은 아닌지에 대해 제대로 확인할 방법이 없다.

외부 투자의 적극적 유치를 희망하는 북한 입장에서는 물론이고, 북한에 투자하고자 하는 외국인이나 남한 주민 입장에서도 북한의 법령정보시스템 구축은 매우 중요한 일이다. 장차 국제금융기구의 지원을 받기 위해서도 현재와 같은 북한의 법령정보시스템은 반드시 개선되어야 한다.

이 문제에 대한 해결을 위해서는 남북 교류협력 과정을 통해 적어도 대외개방법제나 남북 교류협력 관련 법제만이라도 제·개정 시에는 우리의 관보와 같이 즉시 공포를 하는 구체적인 제도를 마련하도록 촉구할 필요가 있다. 나아가 이와 같은 공포 방식이 북한법 전반에 대한 제도로 확대·적용되도록 하는 방안도 마련해야 한다.

우리나라의 국가법령정보시스템은 인터넷을 통하여 2001년부터 법령, 행정규칙, 자치법규 등 총 362만 건에 달하는 법령정보를 제공함으로써 세계 최고 수준의 법령정보제공시스템

---

86 리경철, 『사회주의법제정리론』, 86쪽.

을 갖추고 있다. 이와 같은 시스템의 우수성으로 인해 2012년에는 미얀마 정부의 요청에 따라 공적 원조사업으로서 '미얀마 법령정보시스템 구축 사업'을 시작하여 2018년 5월 주요 사업을 완성한 바 있다. 향후 남북 관계 개선에 맞춰 북한에도 이와 같은 법령정보시스템 구축 지원 사업을 제안하고 추진하는 방안을 모색해 볼 필요가 있다.

4) 부칙 조항의 문제와 개선 방안

법률에서 '부칙'은 본칙에 부수하여 그 법령의 시행에 필요한 다른 법령의 개정 사항 등을 규정한 부분을 말한다.[87] 부칙에는 시행일, 유효기간, 기존 법령의 폐지, 법령 시행을 위한 준비 행위, 법령 시행에 따른 적용례, 법령시행에 따른 특례, 법령 시행에 따른 경과 조치, 법령과 관련된 다른 법령의 개정에 관한 사항, 다른 법령과의 관계 등을 담는다.[88]

그런데 북한의 경우에는 기존에 제정된 법률 대부분이 부칙에 관한 규정을 두고 있지 않다. 최근에는 대외개방법제와 관련된 일부 법률에서 부칙에 관한 규정을 두고 있기는 하지만 그 내용도 시행일에 관한 사항 정도이다. 남한의 부칙에서 규정하고 있는 사항들을 각 법률의 부칙을 통해 구체적으로 규율하지 않으면, 내용의 불명확성으로 인하여 결국 해당 법 전체의 효력과 관련한 해석상의 문제가 발생하게 된다.

이와 관련하여 북한 '법제정법' 제68조(부칙조문)에 "부칙은 해당 법문건의 시행을 위하여 첨부하는 내용들을 규정하는 법조문이다. 부칙에서는 해당 법문건의 시행날자, 폐지 또는 수정하여야 할 법규, 경과 조치, 효력이 끝나는 날자, 소급하는 범위 같은 것을 규정한다"고 규정하고 있다. 향후 제·개정되는 법률들이 얼마나 이 조문을 준수하는지 지켜볼 필요가 있다.

부칙과 관련해, 최소한 남북이 협상을 통해 제정하는 개성공업지구 시행세칙이나 관리준칙 제·개정 과정에서 북한 스스로 부칙의 기능과 필요성을 인식할 수 있도록 노력할 필요가 있다.

---

87   법제처, 『법령 입안·심사 기준』(서울: 법제처, 2012), 516쪽.
88   법제처, 같은 책, 517쪽.

7. 맺음말

북한법의 체계상 문제점을 해결하려면 북한 스스로 문제점을 인식하고 개선하는 것이 최우선이겠으나 북한도 나름의 입법 방식과 체계를 갖추고 있으므로 자체적인 개선 가능성은 기대하기 어렵다. 따라서 현실적으로는 교류협력 과정에서 북한의 법체계로 인해 직접 피해를 입고 있는 우리가 북한 당국에 북한의 입법체계와 관련된 문제점을 지적하고 개선하도록 촉구하는 수밖에 없다.

이를 위해서는 법제도 분야의 남북 교류와 협력이 필요하다. 하지만 현실적으로 그동안 진행되었던 남북 교류협력 과정에서 사실상 거의 교류협력이 이루어지지 않은 분야 중 하나가 법제도 분야이다. 물론 개성공업지구 법제도 구축 과정에서 남북한의 협의가 진행되고 개성공업지구 법제의 내용이 북한의 다른 경제특구 법제에 어느 정도 영향을 미친 것은 사실이다. 하지만 통상적인 법학자나 법조인들 간의 교류는 전혀 이루어진 바가 없다.

현재는 북핵 문제로 인해 남북한 간의 교류협력이 전면 중단된 상태이기는 하지만 남북한의 관계가 통일을 지향하는 과정에서 잠정적으로 형성된 특수관계라는 점에 변함이 없는 한 북핵이라는 현실적인 장애가 제거되면 교류협력이 재개되어야 할 것이다.

장차 교류협력이 재개될 경우 그동안 상대적으로 미흡했던 법제도 분야의 교류와 협력을 활성화하도록 노력할 필요가 있다. 그 과정에서 우선 남북한 양측의 법령 내용에 대한 정확한 정보의 교류가 선행되어야 하며, 이를 바탕으로 법령을 수집·입법·관리하는 데 대한 기술적인 지식과 시스템의 교류가 추진되어야 할 것이다.[89] 이를 위해서는 쌍방 각종 법령집의 정기적 교환과 법령관리시스템 및 관련 기술에 대한 정보의 교류가 일차적인 과제이다. 구체적으로는 북한 측의 입법 및 법령 정보와 우리나라 국회와 법제처가 수행하고 있는 법령 제정절차 및 입법기술, 법제처와 법령관리원의 법령집 발간시스템과 법령DB시스템, 법령입안시스템, 한국법제연구원의 법령영역, 영문법령집 발간 및 DB시스템, 법령용어 정비 및 법령정보시소러스 등에 대한 자료와 정보를 상호 간에 교류하는 작업이 필요하다.[90]

이러한 법령정보와 자료의 순차적이고 체계적인 교류가 선행된다면, 이차적으로 법령을 수집·입법·관리하는 데 대한 기술적인 지식과 시스템의 교류, 그리고 북한 측 입법 및 법령관

89　손희두, 『북한 법령의 국제화 추세에 관한 연구』(서울: 한국법제연구원, 2010), 122쪽.
90　손희두, 같은 책, 122쪽.

리시스템 개선을 직접 지원하는 사업을 추진해 볼 수 있다. 법제 기술적인 대북한 지원 방안으로는 법령집(가제식) 발간 지원, 북한 법령 DB 구축 지원, 법령입안시스템 구축 지원, 법령영역 및 영문법령집(가제식) 발간, 영문법령DB 구축지원, 법령정보시소러스 구축 지원 등이 시도될 수 있다.[91]

한편, 개성공단 사업은 남북한 관계 개선을 통한 교류협력 재개 시 가장 먼저 추진될 수 있는 사업이다. 현실적으로 북한 법제가 우리에게 가장 직접적으로 영향을 주었던 것도 개성공단법제이다. 또한 그 과정에서 법제도적으로 많은 문제점이 노출되었다. 특히 북한 당국이 일방적으로 제정하여 통보하였다는 이유로 우리 당국이 그 효력을 인정하지 않고 있는 '벌금규정'과 17개 시행세칙의 효력에 관한 문제도 반드시 해결해야만 한다.

이와 같은 문제점을 해결하기 위해서는 개성공업지구 법제를 포함하여 그동안 남북 교류협력 과정에서 제기된 여러 가지 법제도적 문제점들을 미리 점검하고 구체적인 개선방안을 마련하여 교류협력 재개를 위한 협상이 진행될 때 일괄하여 이 문제를 해결하도록 하는 전략을 수립할 필요가 있다.

이와 같은 전략이 필요한 이유는 대표적으로 2013년 8월 14일 「개성공단의 정상화를 위한 합의서」체결 이후에 보인 북한 당국의 태도에서 찾아볼 수 있다. 당시 개성공단 남북공동위원회 협상 과정에서 본 바와 같이 북한은 자신들이 일방적으로 중단한 개성공단 사업의 재개를 위해 자신들의 필요에 따라 우리 측 요구를 받아들여 통행·통신·통관 문제를 해결하기 위해 상시적 통행 보장, 인터넷 통신과 이동전화 통신 보장, 통관 절차 간소화와 통관 시간 단축 등의 조치를 취하기로 하고 이와 관련한 실무적 문제들은 개성공단 남북공동위원회에서 협의하기로 하였다. 그 이후 실제로 남북공동위원회 산하 분과위원회를 설치하여 몇 차례 협상을 진행하였으나 막상 개성공단 가동이 완전히 재개되자 소극적인 태도를 보이다가 더 이상의 협상을 진행하지 않았다. 이와 같은 북한의 협상 태도는 그동안 남북 교류협력 과정에서 수시로 있었다.

이처럼 사업 재개 후에 제도 개선을 추진할 경우에는 별로 아쉬울 것이 없는 북한을 상대로 개선책을 마련하는 것이 매우 어려울 것이다. 일시적인 사업 중단 상태라면 될 수 있는 대로 빨리 사업 재개를 하는 것이 입주기업에게도 유리할 것이다. 하지만 이미 상당 기간 사업이 중단된 경우는 사정이 다르다. 향후 개성공단 사업을 재개하게 될 경우에는 먼저 3통 문제를

---

91 손희두, 같은 책, 144쪽.

비롯하여 그동안 해결하지 못한 여러 가지 법제도적 과제부터 해결해야 한다. 시행세칙과 관련해서도 법이나 규정에 위반되는 내용은 모두 개정을 하여야 하고, 세칙에서 규정할 내용도 법과 규정에서 위임한 사항에 그치도록 하여 상하위법의 위계질서를 명확히 할 필요가 있다. 이와 같은 과정을 거치면서 북한 스스로 자신들의 입법체계상의 문제점을 제대로 인식하도록 하는 것이 북한 법체계 개선을 위한 첫걸음이 될 것이다. 북한 스스로 문제점을 인식하고 그 해결 방안을 찾을 때에야 비로소 우리의 선진 입법체계를 북한이 도입하도록 하는 구체적인 지원 방식이 추진될 수 있을 것이다.

제5장

김정은의 정권 세습과 북한법의 변화 동향

1. 머리말

김정은 정권 세습과 관련하여 북한법의 변화 동향을 살펴보면 2009년 '헌법' 개정을 전후하여 일련의 눈에 띄는 변화를 엿볼 수 있다. 이를 내용별로 구분해 보면 ㉠ 북한식 사회주의 체제와 김정은 정권 세습의 정당성을 확보하고, 이를 공고화하기 위한 '헌법'과 '로동당규약'의 개정, ㉡ 여성, 장애인 등과 같은 사회적 약자를 위한 인권 관련 법의 제·개정, ㉢ '형법', '행정처벌법' 등 주민들에 대한 통제와 관련된 법규 등의 제·개정, ㉣ 북한 소유권 관련 법제도의 유지, ㉤ 북한의 외국인 투자 및 경제특구 관련 법제를 비롯하여 대외경제 관련 법제의 제·개정 ㉥ 과학기술 관련 법제의 제·개정을 통한 보완 등을 들 수 있다.

2. 사회주의 체제 및 세습의 정당성 확보 노력

1) 헌법

(1) 헌법의 위상

북한의 『법학사전』을 보면 북한에서 '헌법'이란 "국가사회제도, 공민의 기본적 권리와 의무, 국가주권의 조직 및 실현과 관련된 사회관계를 규율하는 법. 헌법은 해당 국가의 기본법이다. …… 공화국헌법은 우리나라 사회주의법체계에서 주도적 부문을 이루고 있으며 공화국의 기본법으로 되고 있다. …… 헌법이 다른 법률과 구별되는 것은 그것이 국가사회제도의 기본 문제들을 확고화하며 모든 법령과 립법의 법률적기초로 되며 최고의 법률적 효력을 가지며 오직 최고주권기관에서 일정한 절차(대의원 3분의 2이상의 찬성)에 의해서만 채택, 수정·보충된다는데 있다"라고 설명하고 있다.[1] 결과적으로 북한에서도 성문법으로는 '헌법'이 기본법, 최고법, 전체법(부문법에 대한 개념)적 성격을 갖는다. 북한 현행 '헌법'은 1972년 제정된 '사회주의 헌법'을 한 차례 수정하고, 일곱 차례 수정·보충한 것으로 2019년 4월 11일 최고인민회의 제14기 제1차 회의에서 수정·보충된 헌법이다.

(2) 2009년 헌법 개정

북한은 1998년에 개정된 '헌법'을 약 11년 만인 2009년 4월 9일 최고인민회의 제12기 제1차 회의에서 수정·보충하였다. 외견상으로는 2009년 개정 '헌법'의 가장 큰 특징은 김정일 국방위원회 위원장의 유일적 영도체제 확립을 위한 것이라 할 수 있다. 즉, 국방위원회 위원장을 국방위원회와 별개의 헌법기관으로 독립시키면서 그 지위를 격상시켜 북한의 최고 영도자와 조선인민군의 최고 사령관으로 명문화하고 국방위원회 중심의 국정 운영 조직을 구축하였다(제6장 제2절, 제3절). 이와 같은 국방위원회 위원장의 권한 강화로 인하여 최고인민회의와 최고인민회의 상임위원회의 권한이 상대적으로 축소되었다.

그러나 이 '헌법' 개정의 이면을 살펴보면 개정의 가장 큰 의미는 선군사상에 의한 선군정치를 제도적으로 공고화하였다는 점이라고 볼 수 있다. '헌법' 서문은 개정되지 않아 선군사상에 대한 언급이 없으나 '헌법' 제3조는 "…… 주체사상, 선군사상을 자기 활동의 지도적 지침으로 삼는다"라고 개정하여 종전의 '주체사상'과 더불어 '선군사상'을 북한의 혁명사상으로 명시하면서, 이 2개의 사상을 북한의 통치 이념으로 천명하였다. 북한은 선군사상을 "선군시대의 요구에 맞게 역사상 처음으로 혁명군대를 주력군으로 하여 강력한 혁명 역량을 꾸리는 길을 새롭게 밝힌 위대한 혁명사상"이라고 한다.[2] 최근 문헌에 의하면 선군정치는 김일성과 김정일의 사상과 영도를 가장 충직하게 계승·발전시켜 나가고 있는 김정은에 의하여 조선로동당의 기본 정치 방식으로 변함없이 확고히 고수되고 전면적으로 구현되고 있다고 하며, 선군

---

1 사회과학원 법학연구소, 『법학사전』(평양: 사회과학출판사, 1971), 681쪽.
2 박철, 「선군사상은 혁명군대를 주력군으로 하여 강력한 혁명력량을 꾸리는 길을 밝혀준 혁명사상」, ≪정치법률연구≫, 제2호(평양: 과학백과사전출판사, 2006), 17쪽.

정치를 김정은의 기본 정치 방식으로 소개하고 있다.[3] 또한 사회주의와 계획경제 등 기본 노선은 유지하는 대신 '헌법'에서 '공산주의'라는 용어를 모두 삭제하였다(제29조, 제40조, 제43조).

이 '헌법' 개정에서 주목할 만한 또 다른 내용은 제8조를 개정하여 처음으로 국가에 모든 근로인민의 인권을 존중하고 보호한다는 규정을 두었다는 것이다. 이 인권보호 조항은 북한 '헌법'에 처음으로 명시된 것인데, 인권보호의 대상을 모든 공민이 아니라 '근로인민'으로 제한하고 있다.

(3) 2010년 헌법 수정

북한은 2010년 4월 9일 최고인민회의 제12기 제2차 회의에서 '헌법'을 수정하였는데, 그 내용은 종전의 중앙검찰소와 중앙재판소를 최고검찰소와 최고재판소로 명칭만 변경한 것이다. 원래 북한이 1948년에 처음으로 '헌법'을 제정할 당시에는 명칭이 최고검찰소, 최고재판소였다가 1972년 '헌법' 개정 시 중앙검찰소와 중앙재판소로 변경되었던 것을 다시 최고검찰소와 최고재판소로 변경한 것이다.[4] 한편 1992년 '헌법'까지는 규정 순서가 재판소, 검찰소 순서였으나 1998년부터는 검찰소, 재판소 순서로 구성되어 있다.

(4) 2012년 헌법 개정

북한은 2012년 4월 13일 최고인민회의 제12기 제5차 회의에서 '헌법'을 개정하였다. 이는 2011년 12월 17일 김정일 국방위원회 위원장의 사망에 따라 김정은을 최고지도자로 확고히 하기 위한 조치라고 할 수 있다. 2012년 개정 '헌법'의 개정 요지를 살펴보면 다음과 같다.

첫째, 서문에 김정일의 업적에 대한 설명을 추가하면서 종전의 '김일성 헌법'을 '김일성·김정일 헌법'으로 그 성격을 변화시켰다. 둘째, 서문에서 북한이 핵보유국임을 명시하면서 이를 김정일의 업적으로 소개하였다.[5] 셋째, 서문에서 김정일을 영원한 국방위원회 위원장으로

---

3   주창일, 「경애하는 김정은 동지의 선군정치는 지역의 평화와 안전, 협조실현의 현실적 담보」, 2013년도 연변대학교 주최 두만강포럼 발제문(2013.9.17), 1~2쪽.

4   최고검찰소와 최고재판소는 2016년 헌법 개정시 다시 중앙검찰소와 중앙재판소로 변경되었다.

5   북한은 2013년 4월 1일 최고인민회의 제12기 제7차 회의에서 최고인민회의 법령으로 「자위적핵보유국의 지위를 더욱 공고히 할데 대하여」를 채택하였다. 이 법령에서도 북한이 핵보유국가임을 명시하면서 이는 미국의 적대시 정책과 핵 위협에 대한 정당한 방위 수단이라고 밝히고 있다. 또한, 북한의 핵무력은 세계의 비핵화가 실현될 때까지 북한에 대한 침략과 공격을 억제·격퇴하고 침략의 본거지들에 대한 섬멸적인 보복타격을 가하는 데 복무한다고 명시하고 있다.

추대하면서 김일성·김정일 유훈통치를 강조하고, 김정일의 국방위원회 위원장 역할은 국방위원회 제1위원장을 신설하여 대체하면서 김정은을 국방위원회 제1위원장으로 추대하였다.

(5) 2013년 헌법 개정

북한은 헌법을 개정한 지 불과 1년 만인 2013년 4월 1일 최고인민회의 제12기 제7차 회의에서 '헌법'을 다시 수정·보충하였다. 개정 내용을 살펴보면 첫째, 서문에서 금수산태양궁전을 수령영생의 대기념비이며, 전체 조선 민족의 존엄의 상징이고 영원한 성지라고 천명하였다. 둘째, 기존 1년의 학교 전 의무교육을 포함한 전반적 11년제 의무교육을 1년 연장하여 12년제로 개정하였다(제45조).

북한은 '헌법' 개정 이전인 2012년 9월 25일 최고인민회의 제12기 제6차 회의에서 12년제 의무교육 추진에 대한 법령인 '전반적 12년제 의무교육을 실시함에 대하여'를 제정하여 1973년부터 실시해 오던 11년제 의무교육을 12년제로 연장하였다. 전반적 12년제 의무교육은 1년 학교전 교육, 5년 소학교, 3년 초급중학교, 3년 고급중학교를 말하며, 기존의 소학교 4년을 5년으로 연장하고, 중등학교는 6년 통합학교에서 초급중학교 3년과 고급중학교 3년으로 분리한 것이다.

(6) 2016년 헌법 개정

2016년 6월 29일 최고인민회의 제13기 제4차 회의에서 수정·보충된 2016년 '헌법'의 가장 큰 특징 중 하나는 김정일 사망에 따라 2013년 '헌법' 개정 시 김정일을 영원한 국방위원회 위원장으로 명시하면서 김정은 자신은 부득이하게 국방위원회 제1위원장이 될 수밖에 없었지만, 개정을 통해 김정일의 그늘로부터 벗어나 자신의 직책을 국무위원회 위원장으로 변경함으로써 김일성, 김정일에 이어 명목상으로도 최고의 통치자 지위에 오른 것이다. 또한 서문에서는 김일성과 김정일 이름 앞에 있던 '수령' 및 '령도자'라는 수식어가 삭제되었다. 종전에 "수령 김일성동지"를 "영원한 주석"으로, "위대한 령도자 김정일동지"를 "영원한 국방위원회 위원장"으로 표현하였던 것도 "주체조선의 영원한 수령"으로 간결하게 정리하였다. 그러면서 김정은이 차지한 국무위원회 위원장의 권한을 기존의 국방위원회 위원장이나 국방위원회 제1위원장보다 강화하였다. 국무위원회의 성격도 최고국방지도기관이었던 국방위원회와는 달리 '최고정책적지도기관'으로 변경하고 그 권한도 강화하였다.

(7) 2019년 헌법 개정

북한은 2016년에 헌법을 개정한 지 3년도 안 되어 2019년 4월 11일 최고인민회의 제14기 제1차 회의에서 또 다시 '헌법'을 개정하였다. 김정은 정권하에서 네 번째 헌법 개정이다. 형식 면에서 보면 총 171개조로 기존 보다 1개 조문이 줄었다. 이는 최고인민회의 상임위원회 명예부위원장에 관한 제114조를 삭제하였기 때문인데, 이 조문을 삭제한 것은 선대에 활동했던 원로들에 대한 예우를 더 이상 하지 않겠다는 의도로 보인다.

내용 면에서 가장 눈에 띄는 것은 국무위원회 위원장의 위상을 강화한 조치들이다. 제100조를 "조선민주주의인민공화국 국무위원회 위원장은 국가를 대표하는 조선민주주의인민공화국의 최고영도자이다"라고 개정하여 "국가를 대표하는"이라는 표현을 추가하였다. 국가의 대표와 관련하여 2016년 '헌법' 제116조 제2항의 "최고인민회의 상임위원회 위원장은 국가를 대표하며 다른 나라 사신의 신임장, 소환장을 접수한다"는 규정은 2019년 개정 '헌법 제115조 제2항에서 그대로 유지되고 있다. 하지만 이 각 조문의 내용이나 헌법 전체 체계를 보면 북한을 대표하는 최고 수반은 국무위원회 위원장이며, 최고인민회의 상임위원회 위원장의 국가 대표성은 신임장 및 소환장 접수라는 상징적인 외교 업무 수행 정도에 한정되는 것으로 해석된다. 국무위원회 위원장의 위상 강화 의지는 국가의 무력 지휘에 관한 제102조에서도 보이는데 개정 전의 "전반적 무력의 최고사령관"이라는 표현을 "무력총사령관"으로 개정하였다.[6]

'헌법' 서문에서는 2016년 개정시 삭제하였던 김일성에 대한 위대한 "수령"이라는 표현과 김정일에 대한 위대한 "령도자"라는 표현을 되살려 놓았다. "강성국가건설"은 "사회주의강국건설"로 표현을 변경하였다. "위대한 김일성동지와 김정일동지는 민족의 태양이시며 조국통일의 구성이시다"라는 문장을 삭제하고, 대신 "위대한 수령 김일성동지와 위대한 령도자 김정일동지는 민족통일위업실현에 불멸의 업적을 쌓으신 민족만대의 은인이시다"라는 문장을 추가하는 등 김일성과 김정은의 업적을 더 구체화하는 문장과 표현들이 추가되었다.

북한의 지도적 지침에 관한 헌법 제3조의 "조선민주주의인민공화국은 사람중심의 세계관이며 인민대중의 자주성을 실현하기 위한 혁명사상인 주체사상, 선군사상을 자기 활동의 지도적 지침으로 삼는다"는 규정을 "조선민주주의인민공화국은 위대한 김일성-김정일주의를 국가건설과 활동의 유일한 지도적지침으로 삼는다"로 개정하였다. 헌법 서문과 제3조에 있던 "선군사

---

6 그 밖에 국무위원장의 명령을 최고인민회의 법령이나 결정보다 우선하도록 개정한 점에 대해서는 이 책 116~117쪽 참고.

상"이란 표현은 모두 삭제되었지만 서문에 있던 "선군정치"라는 표현은 그대로 유지하고 있다.

경제관리체계와 관련해서는 김일성 시대에 도입된 청산리정신, 청산리방법을 삭제하고 (제13조), 사회주의경제에 대한 지도와 관리에서 "실리를 보장하는 원칙을 확고히 견지한다"는 문구를 추가하였다(제32조). 또한 "대안의 사업체계의 요구에 맞게 독립채산제를 실시하며 원가, 가격, 수익성 같은 경제적공간을 옳게 리용하도록 한다"를 "사회주의기업책임관리제를 실시하며 원가, 가격, 수익성 같은 경제적 공간을 옳게 리용하도록 한다"라고 개정하여 김일성에 의해 도입된 대안의 사업체계를 "사회주의기업책임관리제"로 대체하였다. 김정은의 과학기술 중시 정책을 헌법에 반영하여 전민과학기술인재화(제40조), 유능한 과학기술 인재 육성(제46조), 과학연구 부문에 대한 국가적 투자 증대(제50조) 등의 내용이 헌법에 도입되었다.

그 밖에 최고인민회의 부문위원회에 외교위원회를 신설하고(제98조), 보건부문에 대한 물질적보장사업 개선에 대한 국가의 책무 규정을 추가하였으며(제56조), "근로인테리"는 "지식인"으로(제4조), "불구"는 "신체장애"로(제72조) 표현을 변경하였다.

2) 로동당규약 개정

북한은 2010년 9월 28일 제3차 당대표자회에서 1980년 10월 13일 개정 이후 30년 만에 '헌법'보다 상위 규범인 '로동당규약'을 개정하였다. 개정의 주요 내용을 살펴보면 다음과 같다.

첫째, 서문 첫 문장에서 기존의 '맑스-레닌주의' 용어를 삭제하면서 조선로동당을 '김일성의 당'이라고 규정하여 당을 사당화(私黨化)하였다.

둘째, 서문에서 "당안에 사상과 영도의 유일성을 보장하고 당이 인민대중과 혼연일체를 이루어 당건설에서 계승성을 보장하는 것을 당건설의 기본 원칙"이라고 밝혀, 유일사상 영도 체계 확립과 계승성을 통하여 3대 세습의 정당성을 부여하고 있다. 유일사상 영도 체계의 확립에 관한 내용은 제2조의 당원 자격, 제7조의 당원에 대한 책벌, 제23조의 당중앙위원회 사업, 제48조의 조선인민군의 사업 등에서도 찾아볼 수 있다.

셋째, 규약 전반에 걸쳐 '공산주의' 용어를 삭제하였다. 이는 2009년 '헌법' 개정 시 '공산주의' 용어를 삭제한 것과 같은 맥락이다. 하지만 서문에서는 여전히 당의 최종 목적을 온 사회를 주체사상화하여 인민대중의 자주성을 완전히 실현하는 데 있다고 밝히고 있고, 이는 곧 공산주의 사회를 건설하겠다는 것과 같은 의미로 보아야 한다는 견해도 있다.

넷째, 서문에서 당은 "선군정치를 사회주의 기본정치방식으로 확립하고 선군의 가치 밑에 혁명과 건설을 영도한다"라고 하여 선군정치를 기본적인 정치 방식으로 밝히고 있다. 이는 2009년 '헌법' 개정 시 선군사상을 지도 지침으로 명시한 것과 같은 맥락이다.

다섯째, 총비서를 당중앙전원회의에서 선거하도록 하였던 기존의 제24조를 삭제하고 제21조 제4항에서 당의 수반인 총비서를 당대회에서 추대하도록 하였다.

여섯째, 제22조에서 당 총비서가 당중앙군사위원회 위원장을 겸임하도록 하여 총비서가 당권과 군권을 동시에 장악할 수 있도록 하였다. 또한 제46조에서는 조선인민군을 수령의 군대라고 새로 규정하면서 조선인민군의 모든 정치활동을 당의 영도 밑에 진행하도록 규정하여 당의 군에 대한 우위를 명확히 하였다.

이처럼 '로동당규약' 개정 내용을 보면 개정의 주된 목적은 혁명 전통의 계승을 내세워 김일성과 김정일에 이어 김정은으로 3대에 걸친 권력 세습의 당위성을 강조하고 이를 정당화하기 위한 것으로 분석된다.

3) 유일사상 10대원칙 개정

북한은 2013년 6월 39년 만에 '당의 유일사상체계 확립의 10대원칙'을 개정하였다. 이 원칙은 1974년 4월 김정일이 후계자로 내정된 이후 발표된 비공식적 규범으로 북한 주민들의 생활에 대해서는 '헌법'이나 '로동당규약'보다 상위에 있는 최고의 규범으로 평가되고 있다.[7]

개정 내용을 보면 우선 명칭을 '당의 유일적 영도 체계 확립의 10대원칙'으로 바뀌었고, 서문 및 10개조 65개 항에서 서문 및 10개조 60개 항으로 다소 축소되었다. 내용 면에서는 주민들의 구체적인 행동 지침의 변경보다는 서문을 비롯하여 각 조에서 종전의 김일성을 김일성과 김정일로 수정하여 김일성주의에서 김일성·김정일주의로 변경하고 김정은을 이들과 동격화하고 있다. 특히 제10조에서는 '백두혈통'이라는 표현을 추가하여 김정은의 3대 세습에 대한 정당성을 부여함으로써 김정은의 후계 체제를 공고화하기 위한 것이 주된 내용이다. 또한 2009년 '헌법' 개정 및 2011년의 '로동당규약' 개정에서와 마찬가지로 '공산주의'라는 용어를 모두 삭제하고, 서문에서는 "핵 무력"이라는 표현이 새로 들어갔다. 이로써 북한 주민들은 사상과 생활

---

7 이 원칙이 1974년에 제정되었다는 것과 관련하여 이미 1974년 이전인 1960년대 중반부터 이러한 원칙이 있었으며, 김정일이 후계자로 등장하면서 자신의 후계 체제 구축을 위하여 개작되었다는 주장도 있다. 현성일, 「北韓勞動黨의 組織構造와 社會統制體系에 關한 硏究: 당의 유일사상체계 확립의 10대 원칙을 中心으로」 (한국외국어대학교 정책과학대학원 석사 학위논문, 1999), 20쪽.

모든 면에서 김일성, 김정일에 이어 김정은에게 대를 이어 충성을 하도록 하고 있는 것이다.

3. 인권 관련 법제의 개선

1) 개요

북한 '헌법'상의 국민의 기본권에 관한 규정을 보면 1972년 '사회주의헌법' 제정 이래 1998년 '헌법' 개정 시 제75조에서 거주·여행의 자유에 관한 규정을 신설하였을 뿐이다. 이후 2009년 개정 '헌법' 제8조에서 "국가는 …… 근로인민의 리익을 옹호하며 인권을 존중하고 보호한다"라고 처음으로 국가의 인권존중과 보호에 관한 의무 규정을 두었다. 그 외에는 현행 '헌법'에 이르기까지 거의 변화가 없다.

부문법에 있어서는 국제사회의 북한 인권에 대한 비난과 문제 제기를 의식한 탓인지 나름대로 인권 관련 법제에도 개선의 노력을 보이고 있다. 2010년 7월 8일 '로동보호법', 2010년 12월 22일 '녀성권리보장법'과 '아동권리보장법'을 각각 제정하는 등 국내 법제 개선을 통하여 인권 존중 및 보호에 대한 의지를 표명하였다. 2012년에는 경제적 능력이 없는 자에게 연금을 지급하는 것을 내용으로 하는 '사회보장법'을 개정하기도 하였다. 이와 같은 국내적인 법제 개선 외에도 2013년 7월 3일 「장애인권리협약(Convention on the Right of Persons with Disabilities)」에 서명을 함으로써 인권에 관한 국제적 의지도 피력하는 등 가시적인 조치를 취하였다.

2) 로동보호법 제정

북한은 2010년 7월 8일 최고인민회의 상임위원회 정령 제945호로 '로동보호법'을 제정하였다. 이 법의 제정 이전에도 북한은 '사회주의로동법'[8]에서 노동 보호에 관한 각종 규정을 두고 있었다. '로동보호법'은 '사회주의로동법'에서 규정하고 있는 노동 보호에 관한 규정을 구체화한 것으로 '사회주의로동법'의 특별법에 해당한다고 볼 수 있다.

---

[8] '사회주의로동법'은 1978년 4월 18일 최고인민회의 법령 제2호로 채택되었고, 1986년 2월 20일 중앙인민위원회 정령 제2494호로 수정된 바 있으며, 현행법은 1999년 6월 16일 최고인민회의 상임위원회 정령 제803-1호로 수정된 것이다.

'로동보호법'은 총 8장 73개조로 구성되어 있으며, 장별로 살펴보면 제1장 로동보호법의 기본, 제2장 로동안전교양, 제3장 로동보호조건의 보장, 제4장 로동보호물자의 공급, 제5장 로동과 휴식, 제6장 로동안전규율의 확립, 제7장 로동재해의 구호와 사고심의, 제8장 로동보호사업에 대한 지도통제로 구성되어 있다.

'로동보호법'은 "로동보호사업에서 제도와 질서를 엄격히 세워 근로자들에게 안전하고 문화위생적인 로동조건을 보장하며 그들의 생명과 건강을 적극 보호증진시키는데 이바지"하는 것을 사명으로 하고 있다(제1조). '사회주의로동법'과 비교하여 '로동보호법'에 신설된 규정으로는 ㉠ 노동교양안전과 관련한 노동안전 재교양제도 및 노동안전교육제도의 명시(제14조, 제15조), ㉡ 직업성 질병으로 해당 직종에서 일을 할 수 없게 된 근로자들의 알맞은 직종으로의 재배치(제23조), ㉢ 탄광, 광산, 금속, 임업, 수산, 지질 탐사 부문 같은 어렵고 힘든 부분에서 일하는 근로자들에 대한 피복, 식료품, 기호품 등의 우대 물자 공급(제33조), ㉣ 철도운수, 탄광 부문과 별도로 정한 부문의 근로자들에 대한 제복 공급(제34조), ㉤ 노동재해 구호 절차에 관한 구체적인 절차 및 관련 기관에 관한 규정(제53~58조) 등이 있다. 그 반면에 '사회주의로동법'에서는 노동 보호 장구를 무상으로 공급하도록 하고 있는 데 반해(제60조), '로동보호법'에서는 이를 무상 또는 유상으로 공급한다고 규정하고 있다.

한편 대부분의 북한법들은 마지막 조항에 "이법을 어겨 ○○ 질서에서 엄중한 결과를 일으킨 기관, 기업소, 단체의 책임있는 일군과 개별적 공민에게는 정상에 따라 행정적 또는 형사적 책임을 지우다"라고 규정하여, 해당 법규의 어느 규정을 위반하였을 경우에 어떤 행정적 또는 형사적 책임을 지우는지에 대하여 구체적 내용은 규정하고 있지 않다. 구체적 위반행위의 유형과 처벌 규정은 형사처벌은 '형법'으로, 행정처벌은 '행정처벌법'으로 규율하고 있는 것이 특징이다.

그런데 '로동보호법'은 이와 같은 일반적인 법 제정 형식을 벗어나 제72조에서 행정처벌을 부과할 수 있는 구체적인 행위를 열거하고 있으며, 제73조에서는 제72조의 행정처벌 부과 대상 행위가 범죄에 이를 경우에는 이를 위반한 자에 대하여 형법의 해당 조문에 따라 형사적 책임을 지운다고 구체적으로 규정하여 지금까지 볼 수 없었던 새로운 형태의 규정을 두고 있는 것이 특징이다.[9]

---

9 2009년에 제정된 '상수도법'과 '하수도법', 2011년에 제정된 '살림집법' 등 최근에 제정되는 법들은 이와 같은 형식으로 행정적 책임 및 형사적 책임에 관한 규정을 별개의 조문으로 규정하고 있다. 반면 2009년에 제정된 '살림집법'이나 2010년에 제정된 '주민행정법'은 종전과 같이 행정적 책임과 형사적 책임에 관한

'노동보호법'은 2014년 3월 5일 최고인민회의 상임위원회 정령 제3292호로 제41조의 정양소, 휴양소의 조직과 물자 보장에 관한 규정과 제72조의 행정처벌 조항이 일부 수정·보충되었다.

3) 녀성권리보장법 제정

북한은 2010년 12월 22일 최고인민회의 상임위원회 정령 제1309호로 '녀성권리보장법'을 채택하였다. 이 법은 2011년 7월 5일 최고인민회의 상임위원회 정령 제1743호로 수정·보충되었다. 북한은 이 법 제정 이전인 2001년 2월 27일 유엔 「여성차별철폐협약(Convention on the Elimination of All Forms of Discrimination against Woman)」에 가입한 바 있다.[10] 유엔 「여성차별철폐협약」은 ㉠ 남녀평등과 여성의 발전을 확보할 국내 입법의 의무화, ㉡ 모성(母性) 보호를 위한 조치, ㉢ 인신매매·매음의 금지, ㉣ 투표권·공무담임권의 평등, ㉤ 국적취득권의 동등과 처의 국적독립권, ㉥ 교육과 노동의 기회, 임금 등의 평등, ㉦ 결혼 또는 해산에 따른 차별 해고 방지, ㉧ 사회·경제권의 평등, ㉨ 농촌 여성의 개발 이익 향유 보장과 평등 확보, ㉩ 재산 관리 및 사법(司法) 절차에서의 남녀평등, ㉪ 여성의 법적 능력을 제한하는 계약·문서의 무효, ㉫ 가사 책임에 관한 남녀 분담 등을 내용으로 하고 있다.

북한의 '녀성권리보장법'은 '헌법'과 남녀평등권에 관한 법령, '어린이보육교양법', '사회주의로동법', '민법', '형법', '가족법' 등 선행 법령에 산재되어 있던 여성 권리에 관한 규정들을 재확인하거나 좀 더 구체화하였고, 일부 내용은 유엔 여성차별철폐위원회의 권고 의견 등을 반영하여 관련 조항을 신설한 것으로 분석된다.

'녀성권리보장법'은 총 5장 55개조로 구성되어 있다. 제1장 '녀성권리보장법'의 기본에서는 이 법의 사명이 "사회생활의 모든 분야에서 여성의 권리를 철저히 보장하여 여성의 지위와 역할을 높이는데 이바지"하는 데 있음을 밝히고 있다(제1조). 국가는 여성에 대한 차별을 엄격히 금지하며(제2조), 여성에 대한 사회적 관심을 높이고 권리를 보장하여야 한다(제3조). 또한 여성권리보장을 위한 기본계획을 세워 실행하여야 하며(제4조), 기관, 기업소, 단체, 각급 지방인민위원회, 근로단체, 법기관 등도 여성 권리를 보장할 의무가 있다(제5~8조). 특히 눈에 띄는 것은

규정을 하나의 조문에서 포괄적으로 규정하는 형식을 취하고 있다.

10 이 협약의 정식 명칭은 「여성에 대한 모든 형태의 차별철폐에 관한 협약」으로 1979년 12월 18일 채택되어 1981년 9월 3일 발효, 우리나라는 1984년 12월 27일 비준하여 1985년 1월 26일 발효되었다.

여성 권리와 관련해 북한이 가입한 국제 협약은 이 법과 같은 효력을 갖도록 한 것이다(제10조).

제2장 여성의 사회정치적 권리에서는 여성도 사회정치 생활 분야에서 남성과 평등한 권리를 갖는다는 점을 명백히 밝히면서(제11조), 구체적으로 선거권과 피선거권에서의 남녀평등, 국적 취득·변경·보존의 권리, 국가기관에서 사업할 권리 및 여성 간부의 계획적 양성과 등용, 간부 선발에서의 차별 금지, 사법(司法) 분야에서의 여성 인격 존중 및 권리와 이익 보장, 여성의 신소와 청원에 관한 권리 등에 대하여 규정하고 있다(제12~17조).

제3장 교육, 문화, 보건의 권리에서는 입학·진학·졸업 후 배치에서의 남녀평등 보장, 여학생의 신체와 건강 보호 증진 및 의무교육에 대한 부모의 의무, 여성의 직업기술 교육 조건 보장, 문화생활 및 의료에서의 남녀평등, 농촌 여성들의 교육, 문화, 보건에 대한 조건 보장 등에 대하여 규정하고 있다(제18~25조).

제4장 노동의 권리에서는 노동 분야에서 남녀평등권 보장, 여성에 대한 노동 조건 보장 및 노력 배치에서의 차별 금지, 여성근로자에 대한 노동안전 배려 및 보호, 여성에게 금지된 노동 분야와 직종 구분, 노동보수와 기술·기능 자격 및 급수 판정에서의 남녀평등, 산전·산후 휴가 보장, 부당한 제적 금지, 사회보험제도 실시 등에 관하여 규정하고 있다(제26~35조).

제5장 인신 및 재산적 권리에서는 여성 인신 및 건강·생명의 불가침권, 유괴·매매·매음행위 금지, 여성의 인격과 명예 존중, 가정재산 및 상속에 대한 남녀평등에 대하여 규정하고 있다(제36~43조).

제6장 결혼, 가정의 권리에서는 결혼 및 가정의 권리에 대한 남녀평등, 결혼 자유권, 가정 폭행 금지, 임신 중인 아내를 상대로 한 이혼 제기 금지, 이혼 시 재산 분할, 미성년자에 대한 권리와 의무에서의 부부 평등, 출산의 자유 및 임산부에 대한 보호 등을 규정하고 있다(제44~51조). 이중 이혼 시 재산 분할에 대해서는 2011년 개정 전에는 "부부가 리혼하는 경우 주택과 가정재산분할문제는 쌍방이 협의하여 해결한다. 협의가 이루어지지 않을 경우에는 해당 재판소가 쌍방의 구체적실정에 근거하고 자녀와 려자측의 리익을 보호하는 원칙에서 해결한다"라고 규정하였었다. 그런데 2011년 개정법에서는 주택과 가정재산 문제를 구분하여 가정재산 문제의 경우에는 기존과 같이 처리하도록 하였으나, 주택의 경우에는 "국가소유의 살림집이용권과 관련한 분쟁은 민법과 민사소송법의 해당 조항에 따라 해결한다"라고 규정하고 있다. '민법' 제50조는 "인민정권기관은 리혼당사자들사이에 국가소유의 살림집이용권과 관련한 분쟁이 제기될 경우 해당 재판소의 판결서등본에 기초하여 살림집이용권자를 새로 정해주어야 한다"라고 규정하고 있다. 이 규정은 2007년 3월 20일 '민법' 개정 시 신설된 것이다.

제7장 여성권리보장사업에 대한 지도 통제에서는 여성권리보장사업에 대한 지도 담당 기관, 여성 단체의 임무, 감독 통제 및 법 위반자에 대한 행정적 또는 형사적 처벌에 관하여 규정하고 있다(제52~55조).

'녀성권리보장법'은 2015년 6월 30일 최고인민회의 상임위원회 정령 제566호로 제33조 제1항이 "국가적으로 녀성권리자에게는 정기 및 보충휴가외에 근속년한에 관계없이 산전 60일 산후 180일간의 산전산후휴가를 준다"고 수정되었다.

4) 아동권리보장법 제정

북한은 '녀성권리보장법' 채택일과 같은 날인 2010년 12월 22일 최고인민회의 상임위원회 정령 제1307호로 '아동권리보장법'을 채택하였다.

북한은 '아동권리보장법' 제정 이전인 1990년 8월 23일 유엔 「아동권리협약(Convention on the Rights of the Child)」에 서명하였다.[11] 이 협약은 같은 해 9월 21일 비준을 거쳐, 같은 해 10월 21일 자로 발효되었다. 협약 내용에는 18세 미만 아동의 생명권, 의사표시권, 고문 및 형벌 금지, 불법 해외 이송 및 성적 학대 금지 등 각종 아동기본권의 보장에 관한 규정들이 있으며 협약 가입국은 이를 위하여 최대한의 입법·사법·행정적 조치를 취하도록 의무화하고 있다. 또한 가입국은 가입을 한 뒤 2년 안에, 그 후로는 5년마다 아동 인권 상황에 대한 국가보고서를 제출하여야 한다.

북한의 '아동권리보장법'은 북한 '헌법'과 '형법', '교육법', '인민보건법', '어린이보육교양법', '사회주의로동법', '사회안전법', '가족법' 등 선행 법령에 산재되어 있던 아동 권리에 관한 규정들을 재확인하거나 좀 더 구체화하였고, 일부 내용은 유엔 아동권리위원회의 권고 의견 등을 반영한 것으로 보인다.

'아동권리보장법'은 총 6장 62개조로 구성되어 있다. 제1장 '아동권리보장법'의 기본에서는 이 법의 사명이 "아동권리보장제도를 더욱 공고발전시켜 사회생활, 교육, 보건, 가정, 사법 분야를 비롯한 모든 분야에서 아동의 권리와 이익을 최대로 보장하는데 이바지"하기 위한 것임을 밝히고 있다(제1조). '아동권리법'에서 규정하는 아동은 16세까지이며(제2조), 출신 성분,

---

[11] 「아동권리협약」은 1989년 11월 20일 채택되어 1990년 9월 2일 발효되었다. 우리는 1990년 10월 25일 서명을 하였으며, 1991년 11월 20일 비준하여 1991년 10월 20일 자로 발효되었다.

성별, 부모나 보호자의 지위, 재산소유 관계, 신체상 결함 등과 관계없이 모든 아동의 평등권 보장, 아동 중시 원칙, 교육·보건·가정·사법 분야에서의 아동권리 보장, 물질적 보장 원칙, 국제 교류와 협력의 원칙 및 북한이 가입한 아동권리 보장 관련 국제 협약과 '아동권리보장법'의 동일 원칙 등에 대하여 규정하고 있다(제3~10조).

제2장 사회생활 분야에서의 아동권리 보장에서는 아동의 생명권과 발전권, 이름을 가질 권리와 보살핌을 받을 권리, 출생에 의한 국적 취득 권리, 출생 등록 및 아동의 신원 보존, 단체 가입 및 견해 표시의 자유, 사생활과 가족, 서신, 명예, 인격의 법적 보호, 유괴나 매매 금지, 아동노동 금지, 신소 및 청원권, 망명 아동에 대한 보호에 대하여 규정하고 있다(제11~21조).

제3장 교육·보건 분야에서의 아동권리 보장에서는 교육·보건 분야의 혜택 보장, 무료 의무교육 권리, 입학 및 졸업 보장, 아동의 인격 존중, 희망과 재능을 발전시킬 권리, 휴식과 문화정서 생활의 권리, 출판물과 문예 작품의 창작 보급, 장애 아동의 보호, 돌볼 사람 없는 아동에 대한 보호, 외진 지역의 아동교육 조건 보장, 무상 치료를 받을 권리, 아동에 대한 의료봉사 아동병원과 병동의 배치, 요양 시설을 통한 아동의 건강 증진, 영양제와 영양식품 및 생활용품 보장에 대하여 규정하고 있다(제22~37조).

제4장 가정에서의 아동권리 보장에서는 아동에 대한 부모의 관심 의무, 부모의 양육 및 교양을 받을 권리, 장애 아동에 대한 부모 또는 후견인의 책임, 아동 양육과 교양에 대한 국가적 조건 보장, 가정에서의 아동 의사 존중, 보호자 없는 아동에 대한 후견인 선정, 아동의 수양과 입양, 아동의 상속권에 대하여 규정하고 있다(제38~46조).

제5장 사법 분야에서의 아동 권리 보장에서는 14세 미만 아동에 대한 형사책임 추궁 금지, 범행 당시 14세 이상 아동에 대한 사형 금지, 범죄를 저지른 14세 이상 아동에 대한 사회교양 처분 적용 원칙 및 변호인의 방호를 받을 권리, 사건 처리 취급에서의 아동의 인격 존중, 증인 심문에서의 아동에 대한 보호자 입회, 부모 체포 및 구속에 대한 아동에게 통지, 아동의 성장과 발전을 위한 이혼 금지, 이혼 시 아동 교육, 양육을 하지 않는 부모의 월수입의 10~30퍼센트 범위 내에서의 법원에 의한 아동양육비 결정 등에 대하여 규정하고 있다(제47~56조).

제6장 아동권리보장사업에 대한 지도 통제에서는 아동권리보장사업에 대한 지도 담당 기관, 아동보호와 관련한 과학연구사업, 국가의 아동보호사업에 필요한 자금·자재·설비·물자의 보장, 아동보호사업에 대한 사회적 지원, 감독 통제 및 법 위반자에 대한 행정적 또는 형사적 처벌에 관하여 규정하고 있다(제57~62조).

'아동권리보장법'은 2014년 3월 5일 최고인민회의 상임위원회 정령 제3601호로 제5조의

"11년제 무료의무교육제도"가 "12년제 무료의무교육제도"로, 제23조의 "11년제 의무교육"이 "12년제 의무교육"으로 각각 수정되었다.

5) 사회보장법 개정

북한은 2012년 4월 3일 최고인민회의 상임위원회 정령 제2303호로 '사회보장법'을 수정·보충하였다. 이 법은 2008년 1월 9일 최고인민회의 상임위원회 정령 제2513호로 채택되었고, 같은 해 10월 26일 1차 개정된 바 있다.

개정 '사회보장법'은 총 6장 49개조로 이루어져 있는데, 장별로 살펴보면 제1장 사회보장법의 기본, 제2장 사회보장수속, 제3장 사회보장금의 지출, 제4장 사회보장기관의 조직 운영, 제5장 보조기구의 생산과 공급, 제6장 사회보장사업에 대한 지도 통제로 구성되어 있다.

이 법은 사회보장사업에서 제도와 질서를 엄격히 세워 인민들의 건강을 보호하고 그들에게 안정되고 행복한 생활환경과 조건을 보장해 주는 데 이바지하는 것을 사명으로 하고 있다(제1조). 사회보장 대상에는 나이가 많거나 병 또는 신체장애로 노동 능력을 잃은 사람, 돌볼 사람이 없는 늙은이, 어린이가 속하며(제2조), 혁명투사, 혁명열사가족, 애국열사가족, 사회주의애국희생자 가족, 영웅, 전쟁노병, 영예군인은 사회적으로 우대를 하도록 하고 있다(제4조).

사회보장을 받기 위해서는 공민이 속한 기관, 기업소, 단체가 신청서를 작성하여 중앙노동행정기관 또는 인민위원회에 제출하여야 한다(제10조). 신청을 접수한 중앙노동행정기관 또는 인민위원회는 심의를 거쳐 승인 또는 부결 결정을 하며(제11조), 승인 시에는 사회보장자로 등록을 하고 사회보장금증서를 발급하고, 그 내용을 해당 공민이 거주하는 지역이 리, 읍, 노동자구, 동사무소에 알려주어야 한다(제13~14조). 사회보장금은 재정은행기관과 해당 인민위원회에서 지출하며(제17조), 사회보장자는 사회보장금증서에 따라 사회보장연금과 보조금을 받는다(제19조). 이 법에는 그 밖에도 사회보장금 지불 금지에 관한 규정, 사회보장기관의 조직 운영에 관한 규정, 장애인의 필수적인 생활 보조 수단인 보조 기구 생산과 공급에 관한 규정, 법 위반자에 대한 행정적 또는 형사적 책임에 대한 근거 규정 등을 두고 있다.

6) 장애인권리협약 서명

북한은 2013년 7월 3일 유엔 「장애인권리협약(Convention on the Rights of Persons with

Disabilities)」에 서명을 하였다. 「장애인권리협약」은 신체장애, 정신장애, 지적장애를 포함한 모든 장애가 있는 이들의 존엄성과 권리를 보장하기 위한 유엔 인권협약으로 2006년 12월 13일 제61차 유엔 총회에서 채택되어, 2008년 5월 3일 발효되었다.[12]

북한은 이 협약 서명 전인 2012년 8월 30일 개막한 장애인올림픽에 사상 최초로 24명의 선수단을 파견하여 국제사회의 주목을 받은 적이 있다. 북한이 이 협약에 서명한 것은 국제적 수준의 인권 기준에 관심을 표명한 것으로 분석된다.

한편 북한은 이 협약이 채택되기 이전인 2003년 6월 18일 최고인민회의 상임위원회 정령 제3835호로 '장애자보호법'을 채택한 바 있다. 이 법은 총 6장 54개조로 이루어져 있으며, 각 장별로 살펴보면 제1장 장애자보호법의 기본, 제2장 장애자의 회복, 제3장 장애자의 교육, 제4장 장애자의 문화생활, 제5장 장애자의 노동, 제6장 장애자보호사업에 대한 지도통제로 구성되어 있다. 이 법의 사명은 각 장별 내용에서도 알 수 있는 바와 같이 "장애자의 회복치료와 교육, 문화생활, 노동에서 제도와 질서를 엄격히 세워 장애자들에게 보다 유리한 생활환경과 조건을 마련하는데 이바지"하기 위한 것이다(제1조).

향후 북한이 「장애인권리협약」을 비준하여 발효되고 나면, '장애자보호법'에도 「장애인권리협약」을 반영하여 개정할 것인지에 귀추가 주목된다.

7) 인권 관련 법제에 대한 평가

사회주의국가의 특성상 북한은 국가가 국민의 생활을 보장할 의무가 있다. 이에 북한은 '헌법' 제25조에서 "조선민주주의인민공화국은 인민들의 물질문화생활을 끊임없이 높이는 것을 자기 활동의 최고원칙으로 삼는다. 세금이 없어진 우리나라에서 늘어나는 사회의 물질적 부는 전적으로 근로자들의 복리증진에 돌려진다. 국가는 모든 근로자들에게 먹고 입고 쓰고 살수 있는 온갖 조건을 마련하여 준다"라고 규정하고 있다. '헌법' 제72조도 "공민은 무상으로 치료받을 권리를 가지며 나이 많거나 병 또는 신체장애로 로동능력을 잃은 사람, 돌볼 사람이 없는 늙은이와 어린이는 물질적 방조를 받을 권리를 가진다. 이 권리는 무상치료제, 계속 늘어나는 병원, 료양소를 비롯한 의료시설, 국가사회보험과 사회보장에 의하여 보장된다"라고 규정하고

---

12 우리나라는 2007년 3월 30일 협약에 서명하고 2008년 12월 비준을 거처, 2009년 1월 10일 자로 이 협약이 발효되었다.

있다.

북한의 사회보장제도는 원래 모든 근로자들이 보험료를 균등하게 납부할 뿐 아니라 균등하게 보조금을 지불받을 수 있는 보편적 복지를 추구해 왔다.[13] 그러나 '사회보장법' 제4조는 "국가는 조국과 인민을 위하여 공로를 세운 혁명투사, 혁명렬사가족, 애국렬사가족, 사회주의 애국희생자가족, 영웅, 전쟁로병, 영예군인들을 사회적으로 우대하도록 한다"라는 특정계급에 대한 우대 원칙을 명시하고 있다. 즉 과거의 보편적 복지제도를 포기하고 특정 핵심 계층을 우대하도록 한 것이다.

'사회보장법'상의 핵심 계층 우대 정책은 다른 사회복지 관련 법률에서도 찾아볼 수 있다. '년로자보호법' 제5조는 "국가는 혁명투사와 혁명투쟁공로자, 영웅, 전쟁로병, 영예군인, 공로자 같은 조국수호와 사회주의건설에서 공로를 세운 년로자를 사회적으로 특별히 우대하며 그들의 생활을 따뜻이 보살펴 주도록 한다"라고 규정하고 있다. 심지어는 '장애자보호법' 제7조도 "국가는 조국과 인민을 위하여 헌신한 영예군인을 비롯한 장애자를 사회적으로 우대하도록 한다"라고 규정하고 있다.

또한 '사회보장법' 제정을 통하여 사회보장 대상자들에 대한 통제를 강화하였다는 점을 주목할 필요가 있다. '사회보장법' 제정 전에는 사회보장을 받으려면 사회보장을 받고자 하는 개인이 신청을 하면 되었는데, 이 법을 제정하면서 사회보장 신청을 공민이 속한 기관이나 기업소 또는 단체가 하도록 하여 신청 자체를 어렵게 하였다는 점이다(제10조). 그뿐만 아니라 병 또는 부상을 이유로 사회보장 신청을 하는 경우에는 해당 보건기관에서 발급한 의학 감정서를 첨부하도록 한 규정(제11조), 거주지 이전 시 사회보장 등록 자료를 해당 거주 지역 인민위원회에 보내도록 한 규정 등도 사회보장 대상자에 대한 통제를 강화하기 위한 수단으로 보인다.

결과적으로 최근 북한이 제정하거나 개정을 한 사회적 취약 계층을 위한 법률들은 외견상 북한 주민들의 사회복지 개선을 통하여 인권을 보장하기 위한 조치로 보이지만, 실상은 일부 핵심 계층을 우대함으로써 주민들의 정권에 대한 충성을 유도하는 한편, 일반 주민에 대한 복지제도를 제한함으로써 일반 주민들에게는 복지를 위한 법제 정비가 아니라 통제 강화를 위한 법제 정비가 되었다는 비난을 면하기 어렵다 할 것이다.[14]

---

13 김영희, 「북한의 사회보장제도 동향과 '사회보장법'의 제정」, 제199회 북한법연구회 월례발표회 발제문(2014.3.27), 11쪽.

14 대한변호사협회·대한변협인권재단, 『(2014)북한인권백서』(대한변호사협회·대한변협인권재단, 2014), 88~89쪽.

4. 주민들에 대한 사회통제 법제의 강화

1) 개요

최근 북한법 변화 동향 중 가장 눈에 띄는 분야 중 하나는 김정은 후계 구도와 맞물려 이루어진 주민 통제 관련 법률들의 제정 및 개정이라 할 수 있다.

북한의 주민 통제 내지는 사회통제 관련 법제 정비는 북한의 체제 유지와 밀접한 관련이 있다. 북한 '형법'과 '행정처벌법'의 개정 및 '주민행정법'의 제정은 김정은 후계 구축 과정에서 이루어졌다. 주민 통제 법제 정비의 내용을 보면 체제 유지를 위한 북한의 주민 통제 방향을 가늠해 볼 수 있다. 이는 젊은 나이의 김정은에게 권력을 세습하는 과정에서 발생하게 되는 주민들의 불만 내지 반발을 억제하고 세습을 공고화하기 위한 노력의 일환이라 할 것이다. 대북 매체에 따르면 북한은 2011년 '폭풍군단'이라는 조직을 동원해 군과 주민 통제에 나섰다고도 한다. 즉 2011년 군 검열단인 폭군군단 검열에 적발된 대부분의 군단(장교)들을 보위사령부 단련대로 보내고, 중국산 휴대전화를 사용하거나 마약 복용·판매, 한국 영화 DVD 시청, 중국과 밀무역, 탈북 주선 등의 혐의로 적발된 일부 주민과 가족들을 다른 지역으로 추방하기도 했다는 것이다.[15]

법제도적인 중요한 변화를 보면 북한 주민들의 사회생활 통제에 관한 가장 기본법이라 할 수 있는 '유일사상 10대원칙'을 개정하였고, 주민 통제에 직접적으로 적용되는 '형법'과 '행정처벌법'의 개정 및 '주민행정법', '살림집법' 등의 제정 등이 있었다.

반면 대표적인 주민 통제 수단으로 활용되던 '인민보안단속법'은 2005년 7월 26일 개정이후 변화가 없는 것으로 보인다. 그러나 북한이 공식적으로 이 법을 공개한 바가 없어 내부적으로 이 법의 개정이 있었음에도 불구하고 외부에 알려지지 않았을 가능성을 배제할 수 없다. 만일 개정이 없었다면 이 법의 제2장에 인민보안 단속 대상에 관한 실체적 규정을 두고 있기는 하지만 대부분 개정된 '행정처벌법'에 의하여 처분이 가능하고, 나머지 내용들은 '인민보안단속' 방법과 절차 및 단속한 자의 처리에 관한 절차적 규정이기 때문에 특별히 개정을 하여야만 할 이유가 없기 때문인 것으로 보인다.

---

15 "北, 폭풍군단 검열 적발 군관들 단련대 수용", 《노컷뉴스》, 2012년 7월 25일 자.

2) 유일사상 10대원칙의 개정

앞에서 살펴본 바와 같이 북한은 2013년 6월 북한 주민들의 생활에 대하여는 '헌법'이나 '로동당규약'보다 상위에 있는 최고의 규범으로 평가되고 있는 '당의 유일사상체계확립의 10대원칙'을 개정하였다.

개정 전의 이 원칙은 총 10개조 64개 항으로 구성되어 있으며, 김일성 개인의 신격화, 김일성 권위의 절대화, 김일성 교시의 신조화, 교시 집행의 무조건성이라는 4대 원칙과 함께 모든 당 간부들과 당원들, 주민들이 지켜야 할 사고방식, 활동방식, 생활방식에 대하여 구체적이고, 상세한 지침을 제시하고 있다. 활동방식과 생활방식 외에 사고방식에 대한 지침까지 제시하고 있다는 점에서 이 원칙이 주민들에게 미치는 영향이 얼마나 큰 것인지를 짐작하게 한다. 대표적으로 이 원칙 제5조 제1항은 "위대한 수령 김일성 동지의 교시를 곧 법으로, 지상의 명령으로 여기고 사소한 이유나 구실도 없이 무한한 헌신성과 희생성을 발휘하여 무조건 철저히 관철해야 한다"라고 규정하고 있다.

이번 개정 내용의 주된 내용은 김정은의 세습정당화를 위한 것으로 보아야 하겠지만, 이 원칙이 주민들의 실생활에 미치는 영향은 지대한 것이다. 이 원칙의 개정으로 북한 주민들은 사상과 생활 모든 면에서 김일성, 김정일에 이어 김정은에게 대를 이어 충성을 하여야 한다. 한편 개정된 원칙 제4조에서는 경계 대상의 사상에 부르주아 사상을 추가하였고, 제6조에서는 특정 간부에 대한 맹목적 추종 금지 조항을 신설하여 당 간부에 대한 견제 의지를 보이고 있다. 나아가 당 간부들의 책무로 '사업 실적'을 추가하여 당 간부들에게 사상적 측면에서의 충성 외에 실질적인 사업 실적을 요구하고 있다.

3) 형법부칙 제정 및 형법 개정

대부분의 북한법들은 마지막 조항에 "이법을 어겨 ○○질서에서 엄중한 결과를 일으킨 기관, 기업소, 단체의 책임있는 일군과 개별적 공민에게는 정상에 따라 행정적 또는 형사적 책임을 지운다"라고만 규정하고 있다. 즉, 해당 법규의 어느 규정을 위반하였을 경우에 어떤 행정적 또는 형사적 책임을 지우는지에 대한 구체적 내용이 없고, 구체적 위반행위의 유형과 처벌 규정은 형사처벌은 '형법'으로, 행정처벌은 '행정처벌법'으로 규율하고 있는 것이 특징이다. 따라서 북한의 형사처벌은 '형법'과 2007년에 제정된 특별 형법이라 할 수 있는 '형법부칙'을,

형사처벌은 '행정처벌법'을 살펴보면 된다.

현행 북한 '형법'의 기본은 2004년에 전면 개정된 '형법'이라 할 수 있다. 2004년 개정 전의 북한 '형법'은 형사법의 대원칙인 죄형법정주의를 채택하지 않았고, 심지어 유추해석까지 허용하고 있었다. 그러나 2004년에 전면 개정되면서 조문의 체계화, 죄형법정주의의 채택과 유추해석 허용 조문 삭제, 형벌 종류의 재정비 및 법정형의 완화, 구성요건의 구체화, 경제범죄 등 사회변화의 적극적 반영 등의 요소들이 포함되어 상대적으로 인권적 측면에서 상당한 개선이 이루어진 것으로 평가받았다. 그러나 그 이후의 개정 내용들을 보면 오히려 인권 보장적 측면에서 후퇴를 상당히 거듭하고 있다.

최악의 '형법' 변화는 2007년 12월 19일 최고인민회의 상임위원회 정령 제2483호로 '형법부칙(일반범죄)'의 채택이다. '형법부칙'은 총 23개 조문으로 구성되어 있으며, 형식 면에서 볼 때 비록 명칭은 '형법부칙'으로 되어 있으나 기존 '형법'의 수정이나 보충이 아닌 별개의 법 제정 형태를 취하고 있다. 즉, '형법부칙'은 특별 형법에 해당한다.

2007년 제정 '형법부칙'의 내용은 크게 두 가지로 분류되는데, 그중 한 가지는 이미 '형법'에서 규정하고 있는 일부 범죄에 대하여 그 정상이 '극히 무거운 경우' 등에 대한 가중처벌 조항을 둔 것이다. 원래 북한 '형법'은 대부분의 각 조문에서 기본형과 가중형을 같이 두고 있는 것이 특징이다. 이때 가중형의 구성요건은 보통 정상이 (특히) 무거운 경우를 말한다. 그런데 이 '형법부칙'에서는 정상이 극히 (일부는 특히) 무거운 경우에 대한 가중처벌이 가능하도록 하면서 이에 대한 법정형으로 사형을 선고할 수 있도록 하고 있다. 이에 해당하는 것으로는 극히 무거운 형태의 전투기술기재, 군사시설 고의적 파손죄(제1조), 극히 무거운 형태의 국가재산략취죄(제2조), 극히 무거운 형태의 국가재산강도죄(제3조), 극히 무거운 형태의 국가재산 고의적 파손죄(제4조), 극히 무거운 형태의 화폐위조죄(제5조), 극히 무거운 형태의 귀금속, 유색금속 밀수·밀매죄(제6조), 극히 무거운 형태의 마약 밀수·밀매죄(제11조), 특히 무거운 형태의 교화인 도주죄(제14조), 특히 무거운 형태의 불량자행위죄(제17조), 특히 무거운 형태의 고의적 중상해죄(제19조), 극히 무거운 형태의 유괴죄(제20조), 특히 무거운 형태의 강간죄(제21조), 극히 무거운 형태의 개인재산강도죄(제22조)가 있다.

다른 한 가지는 기존 '형법'에 없던 범죄를 신설한 것인데, 이에 해당하는 것으로는 전략예비물자를 비법적으로 판 죄(제7조), 국가자원밀수죄(제8조), 외화도피죄(제9조), 건설법규위반죄(제10조), 마약 및 마약원료의 보관, 공급질서위반죄(제12조), 다른 나라에서 사는 사람에 대한 비법협조죄(제13조), 범인묵인죄(제15조), 사건해결방해죄(제16조), 비법적인영업죄(제18조)

가 있다. 이 중 국가자원밀수죄의 정상이 특히 무거운 경우와 비법적인 영업죄 중 식당이나 여관을 운영하면서 성 봉사를 조직한 경우에는 사형에 처할 수 있도록 하고 있었다.

그나마 다행인 것은 '형법부칙'이 2010년 10월 26일 최고인민회의 상임위원회 정령 제1152호 및 지시 제44호로 개정되었다는 것이다.

개정된 내용을 살펴보면 기존의 23개 조문이 11개 조문으로 줄면서 제7조(전략예비물자를 비법적으로 판 죄), 제8조(국가자원밀수죄), 제9조(외화도피죄), 제10조(건설법규위반죄), 제11조(극히 무거운 형태의 마약 밀수, 밀매죄), 제12조(마약 및 마약원료의 보관, 공급질서위반죄), 제13조(다른 나라에서 사는 사람에 대한 비법협조죄), 제15조(범죄묵인죄), 제16조(사건해결방해죄), 제17조(특히 무거운 형태의 불량자행위죄), 제18조(비법적인 영업죄), 제19조(특히 무거운 형태의 고의적중상해죄) 등 12개가 삭제되었다. 또한 나머지 범죄의 경우에도 대부분 사형만을 법정형으로 규정하였던 것을 무기노동교화형 또는 사형에 처하도록 개정하였다. 인권보장 측면에서 본다면 여전히 문제의 소지가 있는 법률이지만 개정 전과 비교해서는 상당히 개선된 것이다. '형법부칙'을 개정하게 된 구체적인 이유는 알 수 없지만 국제사회의 비난도 상당한 영향을 미쳤을 것으로 보인다.[16]

한편, 북한은 2004년 전면 개정된 '형법'에 대해서도 개정 이후 2012년까지 무려 15차례나 개정하였고, 2012년 법전(제2판) 발간 이후 2016년 법전(증보판)을 비교해 보면 2013년에 2회, 2014년에 1회, 2015년에 2회나 개정이 되었다. 김정은 후계 체계가 본격화된 2009년 이후부터 2012년까지 불과 3년 사이에 7회나 '형법'이 개정되었고, 2012년 이후에도 5회나 개정이 된 것이다. 이처럼 수시로 '형법' 개정이 이루어지는 이유는 북한 내부에 형사처벌을 통하여 규제하여야 할 새로운 형태의 범죄 유형이 생겼거나 특정 범죄에 대하여 기존보다 법정형을 높여야 할 형사정책적 필요성이 생겼기 때문일 것이다. 인권 보장적 측면에서 법정형의 강화 등은 부정적으로 평가할 수 있지만, 수시로 '형법' 개정을 통하여 이를 규율한다는 점에서 보면 죄형법정주의 준수라는 긍정적 측면이 있다.

'형법' 개정 중 2009년 이후에 개정된 중요한 사항만 살펴보면 첫째, 반국가범죄 중 하나인 파괴암해죄 중 정상이 특히 무거운 경우의 법정형으로 사형을 추가하였고(제65조), 불신고죄의 처벌 대상으로 반국가범죄 외에 반민족범죄도 추가하였다(제72조). 둘째, 형벌의 종류에 벌금형을 추가하여 반국가 및 반민족범죄자에 대하여 부가형으로 벌금형을 부과할 수 있도록 하였다(제27조, 제28조). 셋째, 국방관리질서를 침해한 범죄의 조문들을 대폭 개정하면서 새로

---

16 한명섭, 「신체의 자유 및 형사절차법상의 권리」, 『2018 북한인권백서』(서울: 대한변호사협회, 2018), 73쪽.

운 처벌 유형을 신설하고 법정형을 강화하였다. 넷째, 자본주의 문화 유입을 차단하기 위하여 기존의 처벌 대상인 퇴폐물의 반입 및 유포 외에 보관 행위도 처벌하도록 하였다(제183조). 다섯째, 비법마약사용죄(제207조), 집단적 소동죄(제209조), 직무집행방해죄(제210조), 허위풍설날조·유포죄(제211조), 정상이 무거운 비법국경출입죄(제221조)에 대한 처벌을 강화하였다.

2015년 개정 시에는 제10장에 '자금세척 및 테로자금지원범죄'가 신설되면서 모두 10개의 조문이 추가되었다. 이 중 자금 세척과 관련해서는 비법적인 자금거래 및 소유이용죄(제291조), 비법적인 돈자리 개설 및 계약체결죄(제292조), 자금원천과 용도, 거래자의 신분을 확인하지 않은 죄(제293조), 거래자확인자료 같은 문건을 분실, 소각한 죄(제294조), 의심되는 자금거래를 보고하지 않은 죄(제295조)가 신설되었다.

이는 최근 수년간 진행된 북한의 시장화 현상에 따른 속칭 돈주들의 사적 자금거래에 대한 통제 차원에서 이루어진 조치로 보인다. 제296조의 테로자금보장 및 송달죄, 제297조의 조사에 협력가지 않은 죄, 제298조의 자금동결 및 압수, 몰수하지 않은 죄, 제299조의 자료누설죄, 제300조의 자금세척 및 테로자금지원범죄에 대한 은닉죄는 일견 테러방지를 위한 죄의 신설로 보이지만 구체적인 내용을 보면 핵심은 사적 자금거래에 대한 국가의 단속에 대한 방해 행위 등을 처벌하는 데 중점을 두고 있다.

4) 행정처벌법 개정

북한은 2011년 10월 16일에는 '행정처벌법'을 개정하였다. 2004년 7월 14일 제정 이후 7년 만에 여덟 차례나 개정을 한 것이다. '행정처벌법'은 "위법행위와 행정처벌에 대한 규제를 정확히 하고 그 적용에서 제도와 질서를 엄격히 세워 위법현상을 막고 온 사회에 준법기풍을 확립하는데 이바지"할 목적으로 채택된 것이다(제1조). 법 제정 당시에는 조문 수가 199개였고, 이후 수회에 걸친 수정·보충 시에도 조문 수의 증가는 없이 개별 조문의 내용을 구체화하거나 보충하는 정도였으나, 2011년 개정을 통하여 조문 수가 254개로 대폭 증가하였다.

행정처벌의 종류에는 경고, 엄중경고, 무보수로동, 로동교양, 강직, 해임, 철직, 벌금, 중지, 변상, 몰수, 자격정지, 강급, 자격박탈이 있다(제14조). 2011년 '행정처벌법'의 주된 개정 내용을 살펴보면 다음과 같다.

첫째, 제1장 '행정처벌법'의 기본에서는 위법행위를 한 자에 대해서는 위법행위 당시의 '행정처벌법'을 적용하도록 하되, 법 개정으로 위법행위로 보지 않거나 처벌이 가볍게 변경된 경우에는 개정법을 적용하도록 하여 행정처벌 불소급 원칙을 명시하였다(제6조).

둘째, 위법행위에 대한 정의규정(제8조), 행정처벌을 적용할 수 있는 위법행위에 대한 규정(제10조)을 신설하고, 행정처벌의 종류로 노동교양처벌을 추가하였으며(제14조), 서로 다른 종류의 행정처벌기간계산(제27조), 행정처벌적용에서 가볍게 보는 조건과 무겁게 보는 조건에 관한 규정(제28조, 제29조)을 두어 행정처벌의 일반 원칙에 관한 미비점을 보완하였다.

셋째, '형법' 제4장에 규정되어 있는 16개의 '국방관리질서를 침해한 범죄'와 유사한 내용에 대하여 제2장 제1절 '국방관리질서 위반행위'에서 15개의 처벌 조항을 신설하였다. 개정 전 '행정처벌법'에는 국방관리질서 위반행위에 대한 규정이 없었다.

넷째, 경제관리질서 위반행위에 계약규율위반행위(제52조), 양어질서위반행위(제56조), 생산수단관리질서위반행위(제59조), 비법적인 영업 및 법인행세 행위(제60조), 국가재산공동탐오행위(제69조), 국가재산을 개인에게 꾸어 주었거나 꾼 행위(제75조), 은행대부질서위반행위(제77조), 화폐위조 및 위조화폐사용행위(제78조), 증권위조 및 위조증권사용행위(제79조), 화폐교환질서위반행위(제80조), 무현금결제수단의 비법발급, 결제, 사용행위(제81조), 비법적인 작업 또는 수송행위(제88조), 밀수행위(제126조), 외화질서사용위반행위(제127조), 화폐매매행위(제130조)가 신설되었으며, 기존에 있던 위반행위의 상당수에 대한 처벌 유형도 다양화하였다.

다섯째, 문화관리질서 위반행위는 기존 19개 조항에서 26개 조항으로 증가하였다. 구체적으로는 컴퓨터보안 및 이용질서위반행위(제140조), 적대방송청취 및 적지물수집·보관·유포행위(제153조), 진정제 및 수면관리질서위반행위(제157조)가 신설되었다.

여섯째, 일반행정질서 위반행위는 국가기관 권위훼손행위(제162조), 인권유린행위(제165조), 결정·지시집행거부행위(제174조), 검열단속근무성원의 비법행사행위(제180조)가 신설되었다.

일곱째, 사회공동생활질서 위반행위는 국가적 명예나 칭호 참용행위(제188조), 거래과정에서 국가에 사례금을 바치지 않은 행위(제199조), 미성인을 추긴 행위(제201조), 패싸움행위(제203조), 정당방위초과중상해행위(제205조), 약취물건거래행위(제212조), 늙은이와 어린이보호책임 회피행위(제215조), 밀주행위(제227조) 등이 신설되었다.

아홉째, 검찰기관이 '검찰감시법'에 따라 행정처벌 적용과 집행에 대한 감시를 하도록 하는 규정을 신설하였다(제254조).

'행정처벌법'의 처벌 대상은 형사처벌의 대상이 되는 국방관리질서 위반행위를 비롯하여 경제관리질서, 문화관리질서, 일반행정질서, 공동생활질서 위반행위 등 거의 모든 행위를 망라하고 있다. 즉 행정처벌의 대상이 되는 위법행위나 형사처벌의 대상이 되는 범죄의 구성요건을 보면 큰 차이가 없음을 알 수 있다. 따라서 동일한 위법행위에 대해서도 당국의 편의에 따라 행정처벌을 할 수도 있고, 형사처벌을 할 수도 있는 자의적인 법집행이 가능하다는 것이다. 또한 행정처벌의 종류 중에는 1개월 이상 6개월 이하의 무보수노동처벌도 있는데 그 집행은 어렵고 힘든 부문에서 노동을 시키는 방법으로 하도록 하고 있다(제16조). 이는 사실상 복잡한 절차에 따른 형사처벌보다는 단순한 절차에 따라 신속하게 조치를 취할 수 있는 행정처벌을 통하여 주민들에 대한 통제를 강화하기 위하여 제정된 법이라 할 수 있다.

무엇보다도 형사처벌이 아닌 행정처벌로 무보수노동처벌을 할 수 있도록 한 것은 강제노동을 금지한 「시민적 및 정치적 권리에 관한 국제규약(International Covenant on Civil and Political Rights: ICCPR)」(이하 「자유권규약」)에 위반된다. 「자유권규약」 제8조 제3항 (a)호는 "어느 누구도 강제노동을 하도록 요구받지 않는다"라고 규정하고 있다. 다만 같은 항 (b)호에서 "범죄에 대한 형벌로 중노동을 수반한 구금형을 부과할 수 있는 국가에서, 권한 있는 법원에 의하여 그러한 형의 선고에 따른 중노동을 시키는 것을 금지하는 것으로 해석되지 아니한다"라고 예외규정을 두고 있다. 또한 같은 항 (c)호는 "(i) (b)에서 언급되지 아니한 작업 또는 역무로서 법원의 합법적 명령에 의하여 억류되어 있는 자 또는 그러한 억류로부터 조건부 석방 중에 있는 자에게 통상적으로 요구되는 것, (ii) 군사적 성격의 역무 및 양심적 병역거부가 인정되고 있는 국가에 있어서는 양심적 병역거부자에게 법률에 의하여 요구되는 국민적 역무, (iii) 공동사회의 존립 또는 복지를 위협하는 긴급사태 또는 재난 시에 요구되는 역무, (iv) 시민으로서 통상적인 의무를 구성하는 작업 또는 역무"를 강제노동에 포함되지 않는 것으로 규정하고 있을 뿐이다.

그러나 북한 '행정처벌법'상의 무보수노동처벌은 이 규정 어디에도 해당하지 않는다. 이러한 문제점을 인식하였기 때문인지 북한은 이 법 제정 이후인 2012년에 발간한 법전에도 이 법을 수록하고 있지 않고 대외비로 취급하고 있다.[17]

5) 주민행정법 제정

북한은 2010년 7월 8일에는 최고인민회의 상임위원회 정령 제944호로 '주민행정법'을 채

---

17 한명섭, 「북한의 인권 관련 법률과 그 적용 실태」, 『(2014)북한인권백서』(대한변호사협회·대한변협인권재단, 2014), 82~84쪽.

택하였다. 이 법은 총 4장 39개 조문으로 구성되어 있다.

이 법의 사명에 대해서는 "주민행정사업에서 제도와 질서를 엄격히 세워 인민들에게 자주적이고 창조적인 생활을 마련하여 주는데 이바지"하는 것이라고 밝히고 있다(제1조).

그러나 이 법의 주요 내용을 보면 주민들의 신분등록의무 규정(제12조), 인민반에 반장과 부반장을 두고 인민반장과 부반장을 인민반회의에서 선거하도록 한 규정(제10조), 인민위원회로 하여금 관할 지역 안의 기관, 기업소, 인민반들에 담당 구역을 정해주고 그 관리를 정상적으로 하도록 하여야 한다는 규정(제21조), 자기 집에 다른 사람을 숙박시키려고 할 경우 해당 기관의 승인을 받도록 한 규정(제32조), 위법행위를 비롯하여 비정상적인 현상을 발견한 경우 해당 기관에 신고를 하도록 한 규정(제33조) 등에 비추어보면 이 법은 주민들의 생활에 도움을 주기 위한 것이 아니라 주민들을 효율적으로 통제하기 위한 목적으로 제정된 법으로 보인다.

6) 살림집법 제정 및 개정

북한은 2009년 1월 21일 최고인민회의 상임위원회 정령 제3501호로 '살림집법'을 채택하였고, 2009년 8월 4일과 2011년 10월 25일 2회에 걸쳐 개정하였다.

총 6장 63개조로 구성되어 있으며, 장별로 살펴보면 제1장 살림집의 기본, 제2장 살림집의 건설, 제3장 살림집의 이관, 인수 및 등록, 제4장 살림집의 배정 및 이용, 제5장 살림집의 관리, 제6장 살림집 부분 사업에 대한 지도통제로 구성되어 있다.

이 법은 "살림집의 건설, 이관, 인수 및 등록, 배정, 이용, 관리에서 제도와 질서를 엄격히 세워 인민들에게 안정되고 문화적인 생활조건을 보장하는 데 이바지"하기 위해 제정된 것이라고 한다(제1조).

그러나 제43조에서 기관·단체·개인은 이기적 목적이나 부당한 목적으로 주택을 교환하는 행위, 돈·물건을 받거나 부당한 요구 조건으로 주택에 동거 또는 숙박시키는 행위, 국가 소유 주택을 거래하거나 불법적으로 다른 개인에게 빌려주거나 거간하는 행위, 승인 없이 주택을 증·개축, 확장하거나 구조를 변경하는 행위 등을 할 수 없다고 규정하고 있으며, 이를 위반하면 행정처벌을 하며(제62조 제8호), 그 행위가 범죄에 이른 경우에는 형사처벌을 하도록 하고 있다(제63조). 또한 국가소유 주택을 거래하거나 승인 없이 이용하는 경우에는 해당 주택을 회수할 수 있도록 규정하고 있다(제61조).

따라서 이 법의 주된 목적은 음성적으로 이뤄지는 살림집의 거래를 규제하는 데 있는 것으로 보인다.

2012년 11월 13일 개정 내용을 살펴보면 살림집 등록 시 살림집에 설치된 건구, 비품 등을 정확히 등록하도록 하고(제26조), 이사를 하는 경우에 기존의 설비를 원상대로 회복해서 넘겨주어야 하며(제39조), 살림집의 구조변경, 시설 훼손 등을 금지하는 내용이 추가되었다(제43조).

7) 철도차량법 제정

북한은 2010년 12월 22일 최고인민회의 상임위원회 정령 제1306호로 '철도차량법'을 제정하였다. 이 법은 "철도차량의 생산과 등록, 관리운영에서 제도와 질서를 엄격히 세워 늘어나는 인민경제의 수송수요를 원만히 보장하고 사회주의경제건설을 다그치는데 이바지"하기 위하여 제정된 것이라고 밝히고 있다(제1조).

북한에서는 도로가 발달하지 않아 상대적으로 철도운송이 차지하는 비중에 매우 크다. 특히 철도는 국가만이 소유할 수 있고('헌법' 제21조, '철도법' 제2조), 이미 1987년부터 '철도법'을 제정하여 시행하고 있다. '철도법'은 주로 철도의 운행 및 수송에 관해 규정하고 있는 것으로 철도 '차량'에 관하여 규정한 '철도차량법'과는 내용이 다르다.

한편 북한은 철도의 중요성 때문에 철도재판소라는 특별재판소를 두고 있다('재판소구성법' 제3조).

'철도차량법' 제41조에 의하면 철도차량 관리를 잘 하지 않아 파손시켰을 경우, 부당한 이유로 철도차량을 지체시켜 경제사업에 지장을 주었을 경우, 철도차량의 수리를 제때에 하지 않아 그 운영에 영향을 준 경우, 승인 없이 철도차량의 구조를 고쳤거나 철도차량을 다른 기관, 기업소에 넘겨주었거나 폐기시켰을 경우, 철도차량의 부분품이나 부속품을 훔쳤거나 파손시켰거나 그것을 가지고 장사를 하는 행위 등에 대하여 행정처벌을 하도록 하고, 제42조에서는 이 행위 등이 범죄에 이른 경우에는 형사처벌을 하도록 하여 철도차량 관련 종사자나 일반 주민들에 대한 통제를 강화하고 있다.

8) 자재관리법 제정

북한은 2010년 11월 25일 최고인민회의 상임위원회 정령 제1215호로 '자재관리법'을 제정하였다. 이 법은 "자재의 공급과 리용에서 제도와 질서를 엄격히 세워 생산과 건설을 다그치고 인민경제를 발전시키는데 이바지"하기 위해 제정된 것이라고 밝히고 있다(제1조). 이 법에서 말하는 자재는 생산과 건설에 쓰이는 설비, 원료, 연료, 반제품, 시약 같은 것을 말한다.

이 법 제36조는 자재공급계획을 바로 세우지 않아 생산과 건설에 지장을 준 경우, 자재 공급 계약 체결과 이행질서를 어겨 인민경제계획 수행에 지장을 주었을 경우, 자재공급계획이 없는 단위에 자재를 공급하여 경제사업에 혼란을 조성하였을 경우, 자재의 대금결제질서를 어긴 경우, 자재소비 기준을 어기고 자재를 낭비하여 손해를 주었을 경우, 자재 이용 과정에서 나오는 부산물, 폐기폐설물, 고자재 같은 것의 회수 이용 체계를 세우지 않아 자재를 낭비하였을 경우, 물자교류질서를 어기고 마음대로 자재를 주고받았을 경우, 자재보관질서를 어겨 자재를 부패·변질·도난·사장시켰을 경우, 자재를 비법적으로 개인들에게 넘겨주었거나 팔았을 경우 등의 행위에 대하여 행정처벌을 하도록 하고 있다. 제37조는 제36조의 행위가 범죄에 이른 경우에는 형사처벌을 하도록 하여 자재 관리 관련자들이나 일반인에 대한 통제를 강화하고 있다.

9) 설비관리법 제정

북한은 2008년 3월 19일 제정된 '설비관리법'을 2010년 11월 9일 최고인민회의 상임위원회 정령 제1184호로 개정하였다. 이 법은 "설비관리에서 제도와 질서를 엄격히 세워 설비의 리용률을 높이고 생산과 건설을 다그치는데 이바지"하기 위하여 제정된 것이라고 밝히고 있다(제1조). 이 법에서 말하는 설비는 "기계와 가구, 장치, 공업로, 생산용탑과 탱크 같은 것이 속한다"라고 한다(제2조).

이 법에서 규율하고 있는 내용은 주로 설비의 등록과 실사, 설비의 운전, 점검 보수, 설비의 조절과 폐기에 관한 것이지만, 설비를 파손시켰거나 분실하였을 경우에는 해당한 손해를 변상하도록 하고 있으며(제51조), 등록하지 않았거나 비법적으로 구입하여 이용하거나 팔고 산 설비, 사고를 일으킨 윤전 설비 같은 것을 몰수하도록 하고 있다(제52조). 또한 '설비관리법'을 위반한 자에 대하여는 행정적 또는 형사적 책임을 지우도록 하고 있다(제53조).

10) 기타

북한은 1998년 제정된 '수도평양시관리법'을 2010년 3월 30일 최고인민회의 상임위원회 정령 제743호로 개정하였다. 그러나 개정법에서도 여전히 "지방에서 평양시에, 주변지역에서 중심지역에 거주하려는 공민은 해당 기관의 거주승인을 받아야 한다"라고 규정하여(제31조) '헌법'에서 보장하고 있는 거주의 자유를 제한하고 있다.

이 외에도 2011년 발표된 북한학자의 논문을 보면 '행정검열법'이 북한 법규 가운데 하나로 언급되어 있다.[18] 북한 당국이나 언론매체가 '행정검열법'의 제정 시기나 내용을 일절 발표하지 않아 정확한 제정 시기와 구체적인 내용은 확인되지 않는다. 그러나 2011년 초에 발표된 논문이 '행정검열법'의 존재 사실을 언급하고 있는 점을 봤을 때 김정은이 후계자로 공식 등장한 2010년 9월 말을 전후하여 제정되었을 것으로 추측된다. 조금 더 범위를 확대하면 김정은이 후계자로 내정된 시점으로 알려진 2009년 1월부터 2010년 9월 사이에 제정되었을 가능성이 높다. '행정검열법'은 그 명칭을 보면 '행정'기관이나 '행정'일꾼(공무원)에 대한 검열을 다루고 있는 것처럼 이해될 수 있으나, 주민들에 대한 검열 및 단속 등에 대한 내용을 규정하고 있을 것으로 판단된다. '행정처벌법' 역시 명칭과는 달리 실제로는 북한 주민들에 대한 단속 및 처벌을 규율하고 있기 때문이다.[19]

5. 소유권 법제도의 유지

1) 소유권 관련 헌법 규정의 변화

1948년 북한 '헌법'에서는 생산수단의 소유 제도를 국가·협동단체·개인자연인·개인법인의 소유 등으로 규정하여 개인과 법인의 생산소유를 인정하고 있었으나, 점진적인 국유화 및 협동화 과정을 거쳐 현재의 사회주의적 국가 중심의 소유 제도를 확립하였다. 북한의 사회주의적 소유 제도는 크게 3단계를 거쳐 완성되었다. 즉, 북한은 다른 사회주의국가들과 마찬가지로 해방 직후 북한 내 주요 산업과 토지의 무상몰수를 통하여 생산수단의 국가소유제도의 기틀을 마련하였다. 이후 한국전쟁이 끝난 1953년부터 1958년 8월까지 점진적인 협동화 과정을 통하여 생산수단의 사적 소유를 철폐하고 농업에서의 집단화를 완성하였고, 1972년의

---

18 김경현, 「공화국행정법의 원천」, ≪김일성종합대학학보: 력사 법률≫, 제57권 1호(평양: 김일성종합대학출판사, 2001), 109쪽.

19 이규창, 「북한의 주민통제 법제 정비와 체제유지」, 3~4쪽.

'헌법'에 국가소유와 협동단체 소유 관련 규정을 두어 사회주의적 소유 제도를 확립하였다.

1972년 '헌법'의 소유권에 관한 규정은 약간의 문장 변경 외에는 별다른 내용적 변화 없이 1992년 '헌법'에 이르기까지 그대로 유지가 되다가 1998년 '헌법' 개정 시 소유권 주체 및 각 소유권의 대상 등에 대한 내용적 변화가 있었다. 1972년 '사회주의헌법' 제정 시부터 1998년 '헌법' 개정 전까지 북한의 소유권은 소유권의 주체가 누구인지에 따라 국가소유권, 협동단체 소유권, 개인소유권으로 구분되었으나 1998년 '헌법' 개정을 통하여 국가소유권, 사회협동단체소유권, 개인소유권으로 구분하여 사회단체가 소유권의 주체로 신설되었고, 각 소유권의 대상에도 일부 변화가 있으며, 특히 개인소유권의 범위도 확대되었다. 이와 같은 1998년 '헌법'의 소유권에 관한 규정은 2019년 개정된 현행 '헌법'에 이르기까지 그대로 유지되고 있다.

2) 국가 및 집단적 소유권의 조정

1998년 '헌법' 개정에 의하여 국가 및 집단적 소유권에 일부 조정이 있었다. 구체적인 내용을 1992년 '헌법'과 비교하여 살펴보면 다음과 같다.

첫째, 1992년 헌법에서는 생산수단은 "국가와 협동단체"만이 소유한다고 하였던 것을 1998년 헌법에서는 "국가와 사회협동단체"가 소유한다고 개정하여 사회단체도 생산수단을 소유할 수 있게 되었다. 북한은 사회단체를 "사회의 일정한 계급 및 계층들이 자기들의 공동의 리익에 옹호하고 공동의 목적을 실현하기 위하여 자원적원칙에서 조직한 단체"로 정의하면서 "우리나라 사회단체에는 조선로동당의 외곽단체이며 당과 대중을 련결시키는 인전대인 근로단체들과 당의 령도밑에 고유한 자기의 사명과 특성을 가지고 활동하는 사회적 조직들이 있다"라고 설명하고 있다.[20]

이처럼 사회단체를 집단적 소유권의 주체로 추가한 경위나 취지에 대한 북한의 공식적인 입장 확인은 안 되지만, "집단적 소유주체가 종래와 같이 협동단체에만 한정하게 되면, 이후 대내경제개혁과 대외경제개방에 따른 여러 상황변화에 능동적으로 대응할 수 없음을 염두에 둔 변화이다. 예컨대, 북한에서도 경제개혁의 성과로 기업형태를 지닌 사회단체가 설립되거나 또는 대외경제관계와 관련하여 유한책임회사로서의 합영기업 또는 합작기업 등 일련의 회사조직이 생겨나고 있음을 고려한 전향적인 반영으로 평가할 수 있다"라는 분석이 있다.[21]

---

[20] 『현대조선말사전』(평양: 과학백과사전출판사, 1981), 1353쪽.

둘째, 국가소유 대상이 축소되고 사회협동단체 소유 대상이 확대되었다. 1992년 '헌법' 제21조는 "나라의 모든 자연부원, 중요 공장과 기업소, 항만, 은행, 교통운수와 체신기관은 국가만이 소유한다"라고 하였으나, 1998년 개정 '헌법' 제21조는 "나라의 모든 자연부원, 철도, 항공, 운수, 체신 기관과 중요공장, 기업소, 항만, 은행은 국가만이 소유한다"라고 개정되었다. 따라서 운수기관 중 예를 들어 육상이나 해상운송기관은 전속적 국가 소유 대상에서 제외되어 사회협동단체도 소유할 수 있는 여지가 생겼다.

셋째, (사회)협동단체 소유 대상도 일부 변경되었다. 협동단체 또는 사회협동단체의 소유는 해당 단체에 들어 있는 근로자들의 집단소유라는 점에는 변화가 없다. 하지만 그 대상에 대하여 1992년 '헌법' 제22조는 "토지, 부림짐승, 농기구, 고기배, 건물 같은 것과 중소 공장, 기업소는 협동단체가 소유할 수 있다"라고 규정하고 있었는데, 1998년 개정 '헌법'에서는 "토지, 농기계, 배, 중소 공장, 기업소 같은 것은 사회협동단체가 소유할수 있다"라고 개정되었다. 이 규정을 문구 그대로 해석하면 기존의 단체는 농기구와 고깃배만 소유할 수 있었으나, '헌법' 개정으로 인하여 사회협동단체는 국가만이 소유할 수 있던 트랙터 같은 농기계나, 고깃배 외의 배인 화물선이나 여객선과 같은 것도 소유할 수 있게 된 것이다. 또한 협동단체가 소유할 수 있던 대상 중에 '부림짐승'과 '건물'이 삭제되어 이에 대한 개인 소유가 가능하게 되었다.

이와 같은 '헌법'의 개정 내용은 민법에서도 찾아볼 수 있다. 즉 북한은 이 '헌법' 개정 이후 1999년 3월 24일 '민법'을 개정하면서 제37조(소유권의 형태)에서 "재산에 대한 소유권은 그 소유형태에 따라 국가소유권, 사회협동단체소유권, 개인소유권으로 나누어진다"라고 개정하였다. 또한 제54조에서 개정 전의 "협동단체는 토지와 부림짐승, 농기구, 고기배, 건물 등과 중소공장, 기업소와 문화보건시설, 그 밖에 경영활동에 필요한 대상들을 소유할 수 있다"라고 되어 있던 것을 "사회협동단체는 토지와 농기계, 배, 중소공장, 기업소, 그 밖에 경영활동에 필요한 대상들을 소유할 수 있다"라고 개정하였다.

3) 개인소유권의 범위 확대

1998년 '헌법' 개정은 개인적 소유권이 다소 확대되었다는 점에 주목할 필요가 있다. 개

---

21 신영호, 「98년 헌법개정에 따른 북한소유권제도의 변화가능성」, 《북한법연구》, 제2호(북한법연구회, 1998), 63쪽.

인소유권과 관련해 변화된 내용을 보면 다음과 같다.

첫째, 개정 전에는 개인 소유의 주체를 '근로자'로 규정하고 있었으나, 개정을 통하여 '공민'으로 그 범위가 확대되었다('헌법' 제24조). 이 점에 대해서는 '헌법' 개정 전의 『민사법사전』에서 이미 개인소유권을 "공민들이 자기 소유의 재산을 점유, 이용, 처분할 수 있는 권리"라고 정의하고 있었으므로,[22] 이 '헌법' 개정 전의 '근로자'는 모든 '공민'을 의미하는 것이어서 단순 용어 정리에 불과하다는 의견도 있다. 1990년 제정된 '민법'[23] 제60조도 "개인 소유권의 담당자는 개별적 공민이다"라고 한 점에 비추어보면 이 의견과 같이 '근로자'를 '공민'으로 개정한 것이 큰 의미는 없을 수도 있다. 그러나 문구만을 두고 엄격하게 해석한다면 근로자는 공민의 일부로 보아야 할 것이고, '민법'보다 상위법인 '헌법'에서 이를 '근로자'를 더 넓은 개념인 '공민'으로 변경한 것을 전혀 무의미하다고 볼 수는 없다. 북한법의 일반적인 특성과 같이 부문법인 '민법'이나 제도를 통하여 이미 모든 공민이 개인적 소유권의 주체가 된 것을 '헌법'을 통하여 확인하는 정도의 의미는 있다고 볼 수 있을 것이다.[24]

둘째, 개인 소유의 범위가 개정 전에는 "협동농장원들의 터밭경리를 비롯한 주민의 개인부업경리에서 나오는 생산물"로 되어 있던 것을 "터밭경리를 비롯한 개인부업경리에서 나오는 생산물과 그 밖의 합법적인 경리활동을 통하여 얻은 수입"도 개인 소유에 속하는 것으로 개정하였다. 이 개정에 따라 묵인하에 이루어지던 북한 주민들의 상거래 등의 사적 경제활동을 통한 수입에 대해서도 개인적 소유권으로 합법화시킨 것이라고 해석된다.

한편 북한 '민법'을 보면 이미 1999년 3월 24일 '민법' 개정 시 가정재산에 대한 공동소유권 규정('민법' 제61조)을 개정한 것 외에는 제정 당시 개인소유권에 대한 규정은 개정된 것이 없다.[25] 1990년 제정 '민법' 제59조는 "공민은 살림집과 가정생활에 필요한 여러 가지 가정용

---

22 『민사법사전』(평양: 사회안전부출판사, 1997), 590쪽.

23 북한 '민법'은 1990년 9월 5일 최고인민회의 상설회의 결정 제4호로 처음 채택되었다. 제정 당시 '민법'은 총 4편(제1편 일반제도, 제2편 소유권제도, 제3편 채권채무제도, 제4편 민사책임과 민사시효제도) 271개조로 구성되었다. 이후 1993년 9월 23일 1차 개정, 1999년 3월 24일 2차 개정, 2007년 3월 20일 3차 개정을 통하여 현행 '민법'에 이르고 있다.

24 북한에서 '근로자'란 "로동자, 농민, 근로인테리와 같이 자기의 노력으로 육체로동이나 정신로동을 하는 사람"을 말한다. 『조선말대사전 I』(평양: 사회과학출판사, 1992), 379쪽.

25 1990년 제정 '민법' 제61조는 "공민이 가정성원으로 있으면서 살림살이에 공동으로 리용하기 위하여 번 재산은 가정재산으로 되며 가정성원으로 들어올 때에 가지고 왔거나 결혼하기 전부터 가지고 있는 재산, 상속 또는 증여받은 재산과 그 밖의 개인적 성격을 때는 재산은 개별재산으로 된다"라고 규정하고 있었으나, 1999년 개정 시 "가정성원으로 된 공민은 가정의 재산에 대한 소유권을 공동으로 가진다"라는 내용으로 개정되었다.

품, 문화용품, 그 밖의 생활용품과 승용차 같은 기재를 소유할 수 있다"라고 규정하고 있었으며, 현행 '민법'에서도 그대로 유지되고 있다.

한편 '헌법' 제24조 제4항은 "국가는 개인소유를 보호하며 그에 대한 상속권을 법적으로 보장한다"라고 규정하고 있고, '민법' 제63조도 국가는 개인소유재산에 대한 상속권을 보장하도록 하고 있다.

헌법과 부분법에서 개인 소유권에 관한 규정을 정리해 보면 〈표 5-1〉과 같다.

| 표 5-1 | 개인소유권 관련 규정 |

법령명	법조문 내용
사회주의헌법 (2019)	제24조 개인소유는 공민들의 개인적이며 소비적인 목적을 위한 소유이다. 개인소유는 로동에 의한 사회주의분배와 국가와 사회의 추가적혜택으로 이루어진다. 터밭경리를 비롯한 개인부업경리에서 나오는 생산물과 그밖의 합법적인 경리활동을 통하여 얻은 수입도 개인소유에 속한다. 국가는 개인소유를 보호하며 그에 대한 상속권을 법적으로 보장한다.
도시경영법 (2015)	제12조(건물의 보수형태) 건물보수는 대보수, 중보수, 소보수로 나누어 한다. 대보수와 중보수는 건물을 관리하는 기관, 기업소가 한다. 국가부담으로 협동농장에 지어준 건물의 대보수와 중보수는 해당 협동농장이 한다. 소보수는 건물을 리용하는 기관, 기업소, 단체와 공민이 한다. 협동단체소유와 개인소유의 건물을 위탁보수하였을 경우에는 그 보수비를 건물소유자가 부담한다. 제17조(개인살림집의 국가소유로 전환) 도시경영기관과 재정은행기관은 개인살림집을 소유자가 국가소유로 전환시켜줄것을 요구할 경우에는 그것을 넘겨받고 보상하여주어야 한다. 살림집소유권을 국가소유로 넘긴 공민은 그 살림집을 계속 리용할수 있다.
민법 (2007)	제37조(소유권의 형태) 조선민주주의인민공화국에서 재산에 대한 소유권은 그 소유형태에 따라 국가소유권, 사회협동단체소유권, 개인소유권으로 나누어진다. 제48조(국가소유권과 경영상관리권의 이전) 국가기관, 기업소의 재산이 사회협동단체나 공민에게 공급, 판매되는 경우 국가소유권은 그 사회협동단체나 공민에게 넘어간다. 그러나 국가기관, 기업소의 재산이 다른 국가기관, 기업소에 공급, 판매되는 경우에는 경영상 관리권만 넘어간다. 제56조(사회협동단체소유권의 이전) 사회협동단체가 생산한 제품이 국가기관, 기업소 또는 다른 사회협동단체나 공민에게 공급, 판매되는 경우에 그에 대한 소유권은 상대방에 넘어간다. 제58조(개인소유의 성격과 원천) 개인소유는 근로자들의 개인적이며 소비적인 목적을 위한 소유이다. 개인소유는 로동에 의한 사회주의분배, 국가 및 사회의 추가적혜택, 터밭경리를 비롯한 개인부업경리에서 나오는 생산물, 공민이 샀거나 상속, 증여받은 재산 그밖의 법적근거에 의하여 생겨난 재산으로 이루어진다.

	제59조(개인소유권의 대상) 공민은 살림집과 가정생활에 필요한 여러가지 가정용품, 문화용품, 그밖의 생활용품과 승용차 같은 기재를 소유할수 있다. 제60조(개인소유권의 담당자와 그 권한) 개인소유권의 담당자는 개별적공민이다. 공민은 자기 소유의 재산을 사회주의적생활규범과 소비적목적에 맞게 자유로이 점유하거나 리용, 처분할수 있다. 제61조(가정재산에 대한 공동소유권) 가정성원으로 된 공민은 가정의 재산에 대한 소유권을 공동으로 가진다. 제62조(개인소유재산의 반환청구) 공민은 자기 소유의 재산을 권한없는자에게서 넘겨받는다는것을 알면서 가진 공민을 상대로 그 반환을 요구할수 있다. 잃어버린 물건에 대하여서는 그 사실을 모르고 가진 경우에도 반환을 요구할수 있다. 제63조(상속권) 국가는 개인소유재산에 대한 상속권을 보장한다. 공민의 개인소유재산은 법에 따라 상속된다. 공민은 유언에 의하여서도 자기 소유의 재산을 가정성원이나 그밖의 공민 또는 기관, 기업소, 단체에 넘겨줄수 있다. 제240조(민사책임조건) 기관, 기업소, 단체와 공민은 남의 민사상 권리를 침해하였거나 자기의 민사상 의무를 위반하였을 경우 민사책임을 진다. 그러나 같은 소유의 기관, 기업소, 단체라 하더라도 그 소유에 속하는 다른 기관, 기업소, 단체의 허물에 대하여서는 민사책임을 지지 않는다.
민사소송법 (2016)	제319조(집행할수 없는 재산) 개인소유재산에 대하여 다음의 경우 집행을 할수 없다. 1. 당사자와 그 가족의 1개월분의 식량과 생활비, 사업과 생활에 없어서는 안될 도구, 의류, 부엌세간, 위생문화용품, 학용품, 어린이용품 2. 협동농장원인 경우에는 다음 분배때까지의 식량과 소농기구, 작은 집짐승 3. 장학금, 사회보험보조금, 년금
상속법 (2002)	제2조 개인소유재산을 보호하는것은 조선민주주의인민공화국의 일관한 정책이다. 국가는 개인소유재산에 대한 상속권을 보장한다. 제12조 상속받는자가 여럿인 경우 개인살림집같이 나눌수 없는 재산에 대하여서는 그들의 공동소유로 할수 있다.
살림집법 (2014)	제2조(살림집의 구분) 살림집은 소유형태에 따라 국가소유살림집, 협동단체소유살림집, 개인소유살림집으로 나눈다. 국가는 살림집소유권과 리용권을 법적으로 보호한다. 제24조(개인소유살림집의 이관, 인수) 개인소유살림집은 소유자의 요구에 따라 국가소유살림집으로 전환할수 있다. 이 경우 살림집관리기관은 살림집의 경력관계와 잔존가치 같은것을 구체적으로 확인하여야 한다. 개인소유로 되여있던 살림집이 국가소유로 전환되였다 하여도 해당 살림집은 그것을 소유하였던 공민이 계속 리용할수 있다.

민족유산보호법 (2015)	제3조(민족유산의 소유권) 민족유산은 국가만이 소유한다. 그러나 상속받았거나 전습받은 민족유산은 개별적공민도 소유할수 있다. 국가는 비법적으로 해외에 류출된 민족유산의 소유권이전을 인정하지않으며 그것을 돌려받도록 한다.
년로자보호법 (2012)	제16조(재산보호) 년로자는 개인재산소유 및 처분권에 대한 법적보호를 받는다. 부양의무자는 년로자가 리용하고있는 살림집과 그의 재산, 생활용품 같은것을 해당 년로자와의 합의없이 마음대로 처분할수 없다.
녀성권리보장법 (2015)	제42조(가정에서 녀성의 재산권) 결혼한 녀성은 가정재산의 소유권을 남편과 공동으로 가진다. 녀성은 수입에 관계없이 남편과 평등하게 가정재산을 점유, 리용, 처분할수 있다. 녀성은 남편과 리혼할 경우 자기의 개별재산권을 주장할수 있다.

4) 소유권 관련 법제도의 유지

1990년대 중반 이후, 북한에서는 사실상 배급제가 폐지되고 시장화 현상이 꾸준히 확대되고 있다. 소비재 시장은 물론이고 부분적으로 부동산, 노동, 금융 분야의 시장화 현상도 나타나고 있다. 하지만 앞서 살펴본 바와 같이 법제도 측면에서의 사회주의적 소유권제도는 1998년 '헌법' 개정 이후 별다른 변화가 없다.

6. 대외경제 관련 법제의 변화

1) 법규 제·개정 현황

김정일 사망을 전후하여 법제 분야에서 가장 눈에 띄는 변화는 대외경제 관련 법규의 제·개정이다. 대외경제 관련 법규를 크게 무역 및 외국인 투자 관련 법규와 경제특구 및 최근에

| 표 5-2 | 무역 및 외국인투자 관련 법규 제·개정 현황 |

순번	법령	제·개정 일자
1	대외경제계약법	1995년 2월 22일 제정, 2008년 8월 19일 2차 개정
2	대외경제중재법	1999년 7월 21일 제정, 2014년 7월 23일 2차 개정
3	상업회의소법	2010년 7월 8일 제정
4	무역법	1997년 12월 10일 제정, 2015년 12월 23일 7차 개정

5	세관법	1983년 10월 14일 제정, 2012년 4월 3일 11차 개정
6	외국인투자법	1992년 10월 5일 제정, 2011년 11월 29일 6차 개정
7	합작법	1992년 10월 5일 제정, 2014년 10월 8일 8차 개정
8	합영법	1984년 9월 8일 제정, 2014년 10월 8일 9차 개정
9	외국인기업법	1992년 10월 5일 제정, 2011년 11월 29일 6차 개정
10	토지임대법	1993년 10월 27일 제정, 2011년 11월 29일 3차 개정
11	외국인투자기업재정관리법	2008년 10월 2일 제정, 2011년 12월 21일 1차 개정
12	외국인투자기업회계법	2006년 10월 25일 제정, 2011년 12월 21일 2차 개정
13	외국인투자기업로동법	2009년 1월 21일 제정, 2015년 8월 26일 2차 개정
14	외국투자기업 및 외국인세금법	1993년 1월 31일 제정, 2015년 9월 9일 7차 개정
15	외국투자기업등록법	2006년 1월 25일 제정, 2011년 12월 21일 2차 개정
16	외국인투자기업파산법	2000년 4월 19일 제정, 2011년 12월 21일 1차 개정
17	외국투자은행법	1993년 11월 24일 제정, 2011년 12월 21일 3차 개정
18	수출입상품검사법	1996년 1월 10일 제정, 2011년 1월 25일 4차 개정
19	종합설비수입법	2009년 11월 11일 제정
20	수출품원산지법	2009년 11월 25일 제정
21	외국투자기업회계검증법	2015년 10월 8일 제정

|표 5-3| 경제특구 및 경제개발구 관련 법 제·개정 현황

순번	법령	제·개정 일자
1	라선경제무역지대법	1993년 1월 31일 제정, 2011년 12월 3일 6차 개정
2	금강산국제관광특구법	2011년 5월 31일 제정
3	개성공업지구법	2002년 11월 20일 제정, 2003년 4월 24일 개정
4	황금평·위화도경제지대법	2011년 12월 3일 제정
5	경제개발구법	2013년 5월 29일 제정

제정한 '경제개발구법'상의 경제개발구 관련 법제로 나누어 제·개정 현황을 살펴보면 〈표 5-2〉 및 〈표 5-3〉과 같다.

2) 무역 및 외국인투자 관련 법규의 주요 제·개정 내용

앞에서 보는 바와 같이 북한의 무역 및 외국인투자 관련 법규 중 최근에 개정된 법규로는 2009년에 제정된 '종합설비수입법'과 '수출품원산지법' 및 2010년에 제정된 '상업회의소법'이 있다. 그 외에는 모두 기존의 법규를 개정한 것인데, 1999년에 제정한 '기술수출입법'과 2000년에 제정한 '가공무역법'을 제외하고는 2008년 이후 모두 개정하였다. 개정된 시기를 보면

2008년에 개정된 '대외경제계약법'과 '대외경제중재법'을 제외하고는 대부분 2011년 11월 29일과 같은 해 12월 21일 사이에 개정된 것을 알 수 있다. 2011년 12월 17일 김정일 사망이라는 북한의 중대사가 발생하였음에도 불구하고 그 시기를 전후하여 집중적으로 외국인 투자 관련 법제의 개정이 이루어졌다는 것은 그만큼 북한이 외국인 투자 유치를 위하여 심혈을 기울이고 있다는 것을 의미한다.

김정일은 강성대국 원년인 2012년을 눈앞에 두고 건강이 좋지 않은 상황에서도 2010년 5월과 8월, 2011년 5월 세 차례나 중국을 방문하였고, 2011년 8월에는 러시아를 방문하였다. 이는 북한이 2012년 강성대국의 해와 관련하여 정치군사강국과 사상강국 건설은 성공을 하였다고 보고, 나머지 과제인 경제강국 건설을 위한 의지를 강하게 표현한 것으로 볼 수 있다.

특히 외국인 투자 관련 법제의 개정은 방문 직후인 2011년 11월부터 집중적으로 이루어지고 있고, 심지어 김정일이 사망한 직후에도 7개의 외국인 투자 관련 법규의 개정이 이루어졌다. 다만 김정일의 사망 일자가 2011년 12월 17일인데, 개정 일자가 2011년 12월 21일인 것을 보면 김정일 생전에 법 개정 작업이 진행된 것으로 보아야 할 것이다.

개정된 외국인투자법제를 살펴보면 전반적으로 외국인 투자를 더 적극적으로 유치하기 위한 노력이 엿보인다. 규제를 완화하고 외국인이 북한에 투자하여 발생하는 이익을 제도적으로 보장하는 조치를 강화하고 있으며, 조정제도를 도입하여 분쟁해결 수단을 확대하고 있다.

외국의 대북투자의 기본법인 '외국인투자법'의 경우에는 기존의 외국인투자기업 외에 외국투자은행도 창설하여 운영할 수 있도록 하였으며(제3조), 부득이하게 투자재산을 국유화하는 경우에도 종전에는 "해당한 보상을 한다"라는 규정만 있던 것을 "사전에 통지하며 법적절차를 거쳐 그 가치를 충분히 보상해준다"라고 개정하였다(제19조). 또한 종전에는 분쟁 발생 시 협의의 방법으로 해결을 할 수 없을 경우 북한이 정한 중재 또는 재판 절차로 해결하도록 하였던 것을 "협의의 방법으로 해결할 수 없을 경우에는 조정, 중재, 재판의 방법으로 해결한다"라고 개정하여 조정을 분쟁해결의 수단으로 추가하였다(제46조). 이와 같은 분쟁해결 방법의 법 개정은 '합영법', '합작법', '외국인기업법', '외국투자은행법' 등 다른 법규에서도 동일하게 개정하여 내용을 통일시켰다.

'외국인기업법'은 외국 기업 투자 유치를 위하여 "장려부분의 외국인기업은 일정한 기간 기업소득세를 감면받을 수 있다"라는 조항이 신설되었으며(제24조), 관련 기관이 외국인투자기업의 투자 및 세금납부정형을 검열할 수 있다는 종전의 규정을 개정하여 검열 대신 '료해'를 할 수 있도록 개정되었다(제26조).

'외국인투자은행법'의 경우에는 "합영은행과 외국인은행은 등록자본금을 조선원 22억 5000만 원 이상에 해당하는 전환성 외화로, 1차 불입자금을 등록자본금의 50퍼센트 이상 가져야 한다. 외국은행 지점은 운영자금을 조선원 6억 이상에 해당하는 전환성 외화로 보유하여야 한다"라는 규정을 "합영은행과 외국인 은행은 정해진 액수의 등록자본금을 해당 외화로 보유하며 1차 불입자본금은 등록자본금의 50퍼센트이상 되어야 한다. 외국은행지점은 정해진 액수의 운영자금을 해당 외화로 보유하여야 한다"로 개정하여 등록자본의 보유 한도에 대한 규제를 완화하였다(제18조).

입법체계 면에서도 예를 들면 기존에는 각 법률마다 분쟁해결 방법에 약간의 차이가 있던 것을 동일한 내용으로 통일시키는 등 법규 상호 간 정합성을 도모하면서 '공화국'이라는 용어 대신 '우리나라'라는 용어를 사용하고, 하위 규정으로 되어 있던 재정과 노동에 관한 법제를 법률 단계로 끌어올렸다. 이와 같은 북한의 입법 조치들은 특히 개성공단 관련 법제도 구축 과정에서 익힌 입법 기술이 상당한 영향을 주었을 것으로 보인다.

3) 경제특구 및 경제개발구 관련 법규의 주요 제·개정 내용

(1) 개요

북한은 이처럼 무역 및 외국인 투자 관련 법제의 제·개정뿐 아니라 경제특구를 통한 경제 활성화 조치에도 많은 노력을 기울였다.

언론 보도 등에 의하면 2009년 10월 중국 원자바오(溫家寶) 총리와 김정일 위원장 간의 신압록강대교 건설에 대한 합의 시 황금평 개발에 대한 논의가 있었던 것으로 추정된다. 이후 2010년 5월 김정일이 중국을 방문하여 후진타오(胡錦濤) 주석과 라선경제무역지대를 북중 두 나라가 공동으로 개발하고 관리하는 것에 대하여 합의하였고, 2010년 11월 19일 「라선경제무역지대와 황금평, 위화도 경제지대 공동개발 및 공동관리에 관한 협정」을 체결하였다. 또한 조선합영투자위원회 대표단은 중국 상무부와 라선경제무역지대 및 황금평 개발 등을 위한 양해각서(MOU)를 체결하였고, 중국 상지관군투자유한공사와 조선투자개발연합체 간에 황금평 330만 평에 대하여 50년간 토지사용권을 보장하였다.

이후 2010년 12월에 체결된 이 협정에 따라 두 경제지대 공동개발 및 공동관리를 위한 조중공동지도위원회 계획분과위원회가 작성한 「조중 라선경제무역지대와 황금평경제지대 공동개발총계획요강」(이하 「공동개발총계획요강」)이 2011년 5월 23일 공표되었다.

이 요강에서는 두 경제지대의 공동개발과 공동운영의 체계를 상세히 정하고 있는데, 특히 제33조에 의하면 두 경제지대의 개발 건설은 "조중 두 나라 중앙정부, 지방정부 및 각 기업들이 ≪신용, 실무, 효율≫의 원칙에 따라 전면적으로 참여할 것을 필요로 하고 있다. 이를 위하여 정부간 협조지도체계, 두 경제지대 공동관리체계, 개발경영체계의 세단계로 개발협조모델을 만들어야 한다"라고 규정하면서 정부 간 협조·지도 체계로는 조중공동지도위원회를(제34조), 공동관리체계를 위해서 라선경제무역지대 공동개발관리위원회와 황금평경제지대 공동개발관리위원회를(제35조) 각각 설립하도록 하고 있다. 또한 이 공동관리위원회는 조선 측이 두 경제지대 개발 협조를 위하여 전문적으로 제정한 법률을 예정하고 있었다.

이에 따라 '라선경제무역지대법'의 전면 개정과 '황금평·위화도경제지대법'의 제정이 이루어진 것이다. 한편 북한은 이 '황금평·위화도경제지대법' 제정 이전인 2011년 6월 6일 북한 최고인민회의 상임위원회 정령으로 '조선민주주의인민공화국 황금평과 위화도 경제지대를 내옴에 대하여'를 먼저 제정하여 발표한 바 있다.

북한은 2008년 7월 발생한 금강산관광객 피격 사망 사건으로 금강산관광이 중단되자 관광지구 내에 있던 남측의 자산을 몰수하고 현대아산의 사업독점권을 취소한 데 이어, 2011년 '금강산국제관광특구법'을 제정하였다. 2013년에는 북한 전 지역에 14개의 경제개발구를 개발한다는 내용을 골자로 하는 '경제개발구법'을 제정하였다. 각 관련 법규의 주요 제·개정 내용을 살펴보면 다음과 같다.

(2) 라선경제무역지대법 개정

북한은 2010년 1월 27일 '라선경제무역지대법'을 개정한 지 얼마 지나지 않아 2011년 12월 3일 최고인민회의 상임위원회 정령 제2007호로 이 법을 다시 개정하였다. 이 법의 개정은 앞에서 본 바와 같이 북중 간에 체결된 라선경제무역지대 공동개발 및 공동관리에 관한 사항을 북한 국내법에 의하여 실현하기 위한 조치이다.

개정법은 종전 법의 조문이 45개였던 것에 비하여 83개조로 늘어날 정도로 대폭 개정되었다. 주요 내용을 살펴보면 먼저 투자당사자에 대한 규정을 신설하여 세계 여러 나라의 법인이나 개인, 경제조직 및 조선동포까지 투자를 할 수 있다고 명시하였다(제4조). 법에 근거하지 않고는 체포·구속되지 않도록 투자자의 신변안전을 보장하는 규정을 신설하였고(제9조), 경제무역지대에서는 '라선경제무역지대법'과 관련 규정, 시행세칙, 준칙이 적용되며, 다른 나라와 체결한 조약이 있으면 우선 적용되도록 하였다(제10조).

해외 투자자의 안정적 투자 유치를 위해 토지 임대 기간을 50년으로 명시한 규정을 신설하였고(제16조), 건물소유권의 취득도 가능하도록 하였다(제17조). 외국인 투자 유지를 위하여 투자자의 재산 국유화 금지 규정을 신설하면서 부득이하게 국유화를 하는 경우에도 사전에 통지하고 법적 절차를 거쳐 차별 없이 그 가치를 제때에 충분하고 효과 있게 보장하도록 하였다(제7조). 또한 국제적 기준을 강조하여 관리 원칙에 있어서는 국제관례를 참고하도록 하고(제23조), 원산지 관리에서는 국제관례에 맞게 하여야 하며(제35조), 중재에 의한 분쟁해결 시 국제중재위원회의 중재규칙에 따른다고 규정하였다(제82조). 또한 개성공단과 마찬가지로 독자적인 관리위원회 제도를 도입하고(제24~28조). 또한 투자 장려를 위하여 개발기업에 대한 특혜(제70조), 지적재산권의 보호(제72조), 관광업(제74조), 자유로운 통신수단 및 교육·문화·의료·체육 분야의 편리 제공(제75조)에 대한 규정 등을 신설하였다. 분쟁해결 방법도 다양화하여 신소, 조정, 중재를 통하여 분쟁해결을 할 수 있도록 하여 신소와 조정에 의한 분쟁해결 방법을 추가하였다(제80~83조).

(3) 황금평·위화도경제지대법 제정

북한은 2011년 12월 3일 최고인민회의 상임위원회 정령 제2006호로 '황금평·위화도경제지대법'을 채택하였다. 이 법의 제정도 앞에서 본 바와 같이 북중 간에 체결된 합의 내용에 따른 황금평과 위화도의 공동개발 및 공동관리에 관한 북한 국내법에 의하여 실현하기 위한 조치이다.

이 법은 총 7장 74개조로 구성되어 있으며, 경제지대법의 기본, 경제지대의 개발, 경제지대의 관리, 기업의 창설과 등록, 운영 및 경영 활동의 보장, 신소 및 분쟁해결에 관하여 규정하고 있다.

북한은 이 지대의 개발과 외국 투자 기업들의 운영에 유리한 법률적 환경을 더 원만하게 마련해 주기 위하여 세계적으로 통용되는 관례와 관습을 충분히 참작하여 이 법의 하위 규정인 '개발규정', '세금규정', '부동산규정', '세관규정', '노동규정'을 비롯한 법과 규정을 제정하는 사업을 진행하고 있다고 한다.[26]

---

26 리명숙, 「조선민주주의인민공화국에서 특수경제지대의 창설경위와 그 전망에 대한 연구」, 2013년 연변대학교 주최 두만강포럼 발제문(2013.9.17), 11쪽.

(4) 금강산국제관광특구법 제정

금강산관광객 피격 사망 사건으로 남한의 금강산관광이 중단된 이후 2011년 4월 8일 북한의 조선아시아태평양평화위원회는 대변인 담화를 통하여 현대의 금강산관광에 대한 독점권을 취소함과 동시에 북측 해당 기관에서 법적 조치를 취할 것을 밝혔다. 그 뒤 2011년 5월 31일 최고인민회의 상임위원회 정령 제1673호로 '금강산국제관광특구법'을 채택하였다.

그 이후 2011년 9월 6일에는 '기업창설·운영규정'을, 같은 해 11월 29일에는 '세관규정', '출입·체류·거주규정', '환경보호규정'을, 2012년 6월 27일에는 '보험규정', '관광규정', '세금규정'을, 2012년 12월 3일에는 '노동규정'을, 2013년 4월 4일에는 '부동산규정'을, 2014년 11월 20일에는 '공인규정'을, 2014년 12월 10일 '검역규정'을, 2018년 9월 24일 '벌금규정'을 각 최고인민회의 상임위원회 결정으로 채택하였다. 이로써 기존의 금강산관광지구는 없어지고 대신 금강산국제관광특구가 창설되었으며, 기존의 '금강산관광지구법'과 10개의 하위 규정은 폐지되었다.

'금강산국제관광특구법'의 내용을 보면 특구의 운영 주체가 개발업자에서 북한 당국으로 바뀐 것이 가장 큰 특징이다. 이 법의 제정은 남한 주민들의 관광 중단으로 더는 수입을 올릴 수 없게 되자 중국 등 외국 관광객을 유치하고 새로 외국 투자를 받기 위한 것이었지만, 별다른 성과를 거두지는 못하고 있다.

(5) 경제개발구법 제정

북한은 2013년 5월 29일 최고인민회의 상임위원회 정령 제3192호로 '경제개발구법'을 채택하였다. 이 법은 총 7장 62개 및 부칙 2개조로 구성되어 있으며, '경제개발구법'의 기본, 경제개발구의 창설·개발·관리, 경제개발구에서의 경제활동, 장려 및 특혜, 신소 및 분쟁해결에 관한 규정을 두고 있다. 이 법의 시행을 위하여 최고인민위원회 상임위원회 결정으로 2013년 11월 6일 자로 '창설규정', '기업창설운영규정', '관리기관운영규정'을 각 채택하고, 2013년 12월 12일 자로 '노동규정'을 채택하였으며, 2014년 2월 19일 자로 '환경보호규정'을, 같은 해 3월 5일 자로 '개발규정'을 각 채택하였다.

이 법은 김정은의 지시로 라선경제무역지대와 황금평·위화도 경제지대들을 운영하고 개발하는 과정에서 얻은 경험을 토대로 각 도 자체의 실정에 맞는 경제개발구를 만들어 발전시키는 방법으로, 리명숙 논문의 표현대로 다른 나라와의 경제·기술적 협조와 교류를 확대·발전시키고 북한의 경제 발전과 주민들의 생활 향상에 도움을 주기 위한 조치라고 설명하고 있다.[27]

김일성종합대학 법대의 강정남 박사는 2013년 10월 16~17일 평양에서 개최된 경제특구

국제토론회에서 "라선경제무역지대와 황금평·위화도경제지대, 개성공업지구, 금강산국제관광특구와 같은 4개의 특수경제지대들이 이미 전에 나왔고 올해에는 곳곳에 14개의 경제개발구들이 생겨났다"라고 하며, "이에(경제개발구 지정) 맞게 특수경제지대들에 대한 개발과 관리 운영을 위한 법적 조치들이 새롭게 취해지고 기존 법규들을 수정보충하는 사업이 진행되고 있다"라고 밝혔다.[28]

'경제개발구법'의 내용을 살펴보면 투자가에 대한 특혜(제5조), 투자자의 권리와 이익보호(제7조), 신변안전보장(제8조), 결산이윤의 10~14퍼센트의 기업소득세율(제45조) 및 10년 이상 운영 기업에 대한 기업소득세 감면(제53조), 특혜관세(제56조) 등 각종 외국 투자 유치를 위한 규정들을 마련하고 있다. 하지만 "주민지역과 일정하게 떨어진 지역"을 경제개발구 지역 선정 원칙으로 내세우고 있는 점(제11조 제3호), 경제개발구종업원의 월 노임 최저 기준을 중앙특수경제지대지도기관이 정하도록 한 점(제42조) 등에 비추어볼 때 외국 자본 유치가 쉽지는 않을 것으로 보인다.

실제로 북한은 2013년 11월 21일 13개의 지방급 경제개발구를 발표한 데 이어 2014년 7월 23일 6개의 경제개발구를, 2015년 5월과 10월 및 2017년 12월 각 1개씩의 경제개발구를 지정하여 총 22개의 경제개발구를 지정하였다. 하지만 2018년 12월 현재까지도 각 경제개발구의 구체적인 개발은 내세울 만한 성과를 거두지 못하고 있다. 한편 제5조(투자가에 대한 특혜) 제1항에서는 "다른 나라의 법인, 개인과 경제조직, 해외동포는 경제개발구에 투자할 수 있으며 기업, 지사, 사무소 같은 것을 설립하고 경제활동을 자유롭게 할 수 있다"라고 규정하고 있고, 제20조(개발당사자)도 "다른 나라 투자가는 승인을 받아 경제개발구를 단독 또는 공동으로 개발할 수 있다. 우리 나라의 기관, 기업소도 승인을 받아 경제개발구를 개발할 수 있다"고 규정하여 남한 주민을 개발업자와 투자가의 범위에 포함시키고 있지 않다.

7. 과학기술 법제의 제·개정

북한 과학기술 정책은 해방 직후부터 시작되어 1960년대 초에 기본 틀을 형성하였다. '현

---

27 리명숙, 같은 글, 12~13쪽.

28 "北 경제변화: ③ 곳곳에 경제특구 …… 외자유치 '총력'", ≪연합뉴스≫, 2013년 10월 23일 자.

장 중심', '현장지향성'이라는 것이다. 생산 현장을 중심으로 과학기술 활동이 전개되면서, 생산 현장의 상황을 충분히 반영한 기술 발전을 추구하고 생산력 향상에 기여하는 것이 과학기술 정책의 최종 목표가 된다는 것이다. 북한식 과학기술의 특징이라고 할 수 있는 "자체 연료, 자체 원료, 자체 인력, 자체 기술 활용"이라는 내용이 이 당시에 갖추어졌다. 그리고 1960년대 후반 사회 전반에 대한 체제가 갖추어지면서 북한 과학기술은 '주체과학'으로 바뀌었다.[29] 과학기술 부문에서도 김일성의 영도가 강조되기 시작한 것이다.

북한의 과학기술 중시 정책은 '헌법'에서도 쉽게 찾아볼 수 있다. '헌법' 제9조에서는 기술혁명을 사상혁명, 문화혁명과 함께 3대혁명의 하나로 명시하고 있고, 제27조에서는 "기술혁명은 사회주의경제를 발전시키기 위한 기본고리이다"라고 규정하고 있다. 제23조는 국가는 농민들의 기술·문화 수준을 높이도록 하고 있다. 그 밖에도 과학기술 교육의 강화(제44조, 제46조), 과학기술 수준의 제고(제50조, 제51조) 등을 규정하고 있고, 국가의 발명가와 창의고안자에 대한 배려 및 저작권과 발명권, 특허권에 대한 법적 보호를 명시하고 있다(제74조).

외국인 투자 관련 법령에서도 과학기술과 첨단기술 부문의 투자를 장려하는 입장을 분명히 하고 있다. '외국인투자법'(2011년 수정보충)은 외국 투자 부문에 체신과 과학기술 부문을 포함시키고 있고(제6조), 첨단기술을 비롯한 현대적 기술과 국제시장에서 경쟁력이 높은 제품을 생산하는 부분, 과학연구 및 기술개발 부문에 대한 투자를 특별히 장려하고 있다(제7조). '합영법', '합작법', '외국인기업법' 등에서도 이와 유사한 규정을 찾아볼 수 있으며, 특히 기술적으로 뒤떨어진 부문의 투자나 기업 창설 등은 금지시키고 있다.

2012년 북한 법전의 분류 체계를 보면 과학기술과 지적소유권 및 체신 관련 법률을 하나의 부문으로 분류하고 있는데, 이 중 지적소유권 분야의 법률을 제외하면 해당 개별 법으로는 '과학기술법', '유전자전이생물안전법', '쏘프트웨어산업법', '유기산업법', '기상법', '콤퓨터쏘프트웨어보호법', '체신법', '전기통신법', '컴퓨터망관리법', '전자인증법', '전파관리법', '우주개발법'이 있다. 이 개별 법들의 제·개정 현황을 보면 〈표 5-4〉와 같다.

〈표 5-4〉에서 보는 바와 같이 과학기술 중시 정책과는 별개로 과학기술 분야의 법 제정은 늦은 편이다. 김일성 집권기에 제정된 법은 과학기술 분야의 기본법이라 할 수 있는 '과학기술법'뿐이다. 그다음으로 제정된 '체신법'조차도 '과학기술법'보다 무려 14년이나 뒤늦게 제정되었다. 과학기술 분야의 기본법인 '과학기술법'은 과학기술 발전 계획과 과학기술산업의 조직,

---

29 강호제, 「선군정치와 과학기술 중시정책」, ≪통일과 평화≫, 3집 제1호(2011), 177~178쪽.

과학기술 심의와 도입, 과학기술의 인재 양성과 장려, 과학기술사업 조건 보장에서 제도와 질서를 엄격히 세워 과학기술을 발전시키는 데 이바지하는 것을 사명으로 하고 있다(제1조). 이를 위해 과학기술 중시 원칙을 명시하고(제2조), 국가는 정보기술, 나노기술, 생물공학 같은 핵심 기초 기술의 발전을 우선시하며 기초과학과 중요 부문 기술공학을 적극 발전시키도록 규정하고 있다(제4조). '체신법'은 전기통신, 우편, 방송에 관한 법률로 전기통신(제2장), 우편통신(제3장), 방송시설 운영(제4장), 체신의 물질기술적 토대 강화(제5장), 체신사업에 대한 지도통제(제6장) 등에 관하여 규정하고 있다.

2003년부터 2006년 사이에 '유전자전이생물안전법'을 비롯하여 6개의 법률이 제정되었다. 특히 김정일 사망 직전인 2011년 12월 14일에 '전기통신법', '콤퓨터망관리법', '전자인증법'이 제정된 것은 강성대국 건설 원년인 2012년을 앞두고 정보와 통신 분야의 과학기술 발전에 관심이 커졌다는 것을 알 수 있다.

김정은 체제하에서도 경제강국 건설을 위하여 과학기술의 발전을 특히 강조하고 있다. 2015년 김정은의 신년사를 보면 과학기술이라는 단어가 무려 8번이나 등장한다. 신년사를 통하여 김정은은 "올해에 우리는 과학기술을 확고히 앞세우고 사회주의 경제강국, 문명국 건설에서 전환을 이룩하여야 합니다. 과학기술의 힘으로 모든 부문을 빨리 발전시키고 인민의 낙원을 일떠세우자는 것이 우리 당의 결심이고 의지입니다. 과학전선이 사회주의 강성국가 건설의 앞장에서 힘차게 내달려 높은 자주정신과 과학기술의 위력으로 적들의 악랄한 제재책동을

| 표 5-4 | 과학기술 분야 법 제·개정 현황

순번	법	제·개정 일자
1	과학기술법	1983년 12월 15일 제정, 2011년 4월 12일 4차 수정·보충 (2011년 12월 21일 수정)
2	유전자전이생물안전법	2004년 12월 22일 제정, 2011년 12월 21일 수정
3	쏘프트웨어산업법	2004년 12월 3일 제정
4	유기산업법	2005년 11월 23일 제정
5	기상법	2005년 11월 9일 제정
6	콤퓨터쏘프트웨어보호법	2003년 6월 11일 제정
7	체신법	1997년 2월 5일 제정, 2001년 9월 27일 수정·보충
8	전기통신법	2011년 12월 14일 제정
9	콤퓨터망관리법	2011년 12월 14일 제정
10	전자인증법	2011년 12월 14일 제정
11	전파관리법	2006년 8월 23일 제정, 2011년 12월 21일 수정
12	우주개발법	2013년 4월 1일 제정

짓뭉개버리며 모든 경제부문들이 빨리 전진하도록 하여야 합니다. 과학연구부문에서 최첨단 돌파전을 힘있게 벌여 경제 발전과 국방력 강화, 인민생활 향상에 이바지하는 가치 있는 연구 성과들을 많이 내놓아야 합니다. 모든 부문, 모든 단위들에서 과학기술을 생명으로 틀어쥐고 우리 식의 현대화, 정보화를 적극 다그치며 일꾼들과 근로자들의 과학기술 수준을 높이고 과학기술에 의거하여 모든 사업을 활력있게 밀고나가야 합니다"라고 과학기술을 통한 경제 발전을 강조하고 있다.

김정은의 과학기술 중시 정책은 2016년 5월 8일 제7차 조선로동당 대회에서 채택한 결정서인 "조선로동당 중앙위원회 사업총화에 대하여"에서 더욱 구체적으로 확인된다. 결정서에 따르면 북한이 추구하는 사회주의 강국은 정치군사·과학기술·경제·문명 강국을 말한다. 과학기술 강국은 나라의 전반적인 과학기술이 세계 첨단 수준에 올라선 나라이자 과학기술의 주도적인 역할에 의하여 경제와 국방, 문화를 비롯한 모든 부문이 급속히 발전하는 나라이다. 결정서에서는 특히 첨단기술산업을 강조하는데 첨단기술산업은 지식경제의 기둥이며, 첨단기술산업을 대대적으로 창설하여 나라의 경제발전에서 첨단기술산업이 차지하는 비중과 중추적 역할을 높여가야 한다고 밝히고 있다. 첨단기술산업에는 정보산업, 나노산업, 생물산업, 새 재료산업, 새 에네르기산업, 우주산업, 핵기술산업, 현대해양산업 등이 포함된다.

법 제정과 관련해서는 김정은 체제에 들어선 이후 2013년 4월 1일 '우주개발법'을 제정한 것이 눈에 띈다. 이 법은 인공지구위성과 같은 우주기구와 그 운반수단의 설계, 제작, 조립, 발사, 지상관제 및 운영질서에 관한 사항을 규제대상으로 하고 있다(제2조), 북한의 우주개발사업에 대한 통일적인 지도는 국가우주개발지도기관이 담당하도록 하고 있다(제4조). 국가우주개발지도기관의 임무로는 종합적인 우주개발 및 우주활동계획 작성, 북한 영역에서 진행되는 모든 우주활동의 감독과 통제, 우주개발기술 및 우주활동과 관련된 질서 수립과 하부구조건설 지도, 우주기구와 그 운반수단의 제적, 조립, 발사 지도, 우주기구로부터 받은 자료처리와 보급사업 등이다(제5조). 이는 북한의 핵무기 발사체인 미사일 기술 개발을 더 적극적으로 추진하기 위한 조치로 보인다.

8. 평가와 전망

김정일로부터 김정은으로 권력이 세습되는 과정에서 북한은 '헌법'과 '로동당규약', '유일사상 10대원칙'의 개정을 통하여 백두혈통을 강조하고 유일사상 영도 체계 확립과 계승성 등을 내세우는 등 권력세습의 정당성을 확보하기 위한 조치를 취하였다. 그 결과 김정일 사망 후 불과 4개월도 지나지 않은 상황에서 '헌법' 개정을 통하여 김정일을 영원한 국방위원회 위원장으로 추대하고, 김정은이 국방위원회 제1위원장이 되어 기존 국방위원회 위원장의 모든 권한을 승계하였다. 이는 김일성 사망 후 4년이 지나서야 '헌법'을 개정한 것과 비교하면 매우 신속한 조치이다. 따라서 김정일 사망 전후로 이루어진 '헌법'과 '로동당규약' 및 '유일사상 10대원칙'의 개정 등을 보면 적어도 외견상으로는 김정일 사망 이전에 일부에서 제기된 김정은의 권력 세습에 관한 부정적 분석들을 일축시키고 김정은의 권력세습이 매우 신속하고 확고하게 이루어졌다고 볼 수 있다. 하지만 과거 김정일의 경우에는 후계자론과 자질론을 내세우며 자신의 세습 이미지를 부정하려고 한 것과 달리 북한의 최고 규범인 '로동당규약'과 '유일사상 10대원칙' 및 '헌법' 개정을 통하여 제도적으로 뒷받침하는 조치들을 통하여 권력을 세습하였다는 측면에서 보면 그만큼 김정은의 정권 장악이 김정일에 미치지 못하고 있는 것을 보여준다고 할 수 있다.

북한은 '로동당규약'과 '헌법' 개정을 통하여 공산주의라는 용어를 삭제하고, 주체사상과 선군사상을 북한의 혁명적 이념이자 통치 이념으로 명시함으로써 과거 공산국가나 다른 사회주의국가들과는 다른 북한만의 독특한 북한식 사회주의국가를 표방하고, 특히 김정은 체제에서는 선군정치를 김정은의 기본정치 방식으로 내세우고 있다. 이러한 조치들은 세계사적 흐름과는 역행되는 현재의 북한 체제를 유지하기 위한 어쩔 수 없는 선택이자 노력이라고 보아야 할 것이다. 또한 2012년 4월의 '헌법' 개정을 통하여 북한이 정치사상강국이자 핵보유국, 무적의 군사강국임을 명시하였다. 이는 북한이 북한 주민들에게 강조해 오던 2012년 강성대국 원년의 목표 중 경제강국 건설을 제외한 나머지 2개의 목표를 달성하였음을 홍보하는 한편, 북한 주민들로 하여금 군사강국의 주민으로서의 자부심을 심어줌으로써 체제에 대한 충성을 유도하기 위한 측면도 있다고 본다. 2016년 헌법 개정을 통해 국방위원회 제1위원장의 직함을 국무위원회 위원장으로 바꾸고 일부 권한을 강화하여 김정일의 그늘을 완전히 벗어나 자신의 독자적인 체계를 구축하였다. 2019년 개정 헌법에서는 국무위원회 위원장이 국가를 대표한다고 명시하고, 국무위원회 위원장의 명령을 최고인민회의 법령이나 결정보다 상위 규범으로 규정하는 등 국무위원장의 위상을 더 강화하였다.

북한은 2009년 4월 '헌법' 개정 시 처음으로 국가의 근로인민의 인권 존중 및 보호 의무에 관한 조항을 신설하였다. 다만 이 개정에 따른 국가의 인권 존중 의무 대상을 전체 주민이 아니라 '근로인민'으로 제한하고 있다는 점에 주의할 필요가 있다. 그 밖에도 또한 '로동보호법', '녀성권리보장법', '아동권리보장법', '사회보장법' 등을 제정하는 등 사회적 약자의 인권을 보호하기 위한 법제 개선 노력을 보이고, 2013년에는 유엔의 「아동권리협약」에도 서명을 하였다. 앞의 각 법에서 규정하고 있는 내용들이 실제로 적용되고 있는지는 확실하지 않지만, 북한 스스로 이와 같은 조치를 취한 것은 나름대로 국제사회의 북한을 향한 계속된 인권 문제 제기를 완전히 무시하지 못한다는 측면에서는 긍정적인 평가를 할 수 있을 것이다.

하지만 북한은 다른 한편으로 북한 주민의 생활에 대한 최고의 통제 규범인 '유일사상 10대원칙'을 개정하고, 특히 형사특별법인 '형법부칙'의 제정, 2004년 개정을 통하여 인권 보장적 측면에서 어느 정도 긍정적 평가를 받았던 '형법'을 수차례 개정하여 법정형을 강화하였으며, '행정처벌법'의 개정, '주민행정법' 제정 등을 통하여 주민들의 통제를 더욱 강화하고 있어 앞의 인권 관련 법제 개선을 무색하게 하고 있다. '행정처벌법'에 국방관리질서 위반에 관한 내용을 추가한 점, '살림집법', '철도차량법', '자재관리법', '설비관리법'의 제정으로 미루어보면 북한에서 사실상 배급제가 폐지되고 주민들의 사경제 활동 영역이 확대되면서 군대 물자 또는 국가에서 관리하는 자재·설비 등에 대한 절취나 횡령 및 이러한 물건들의 매매가 성행하고 있는 것으로 추정되고, 이러한 위법행위들을 통제하기 위해 이와 같은 새로운 법들을 제정한 것으로 보인다.

북한도 서서히 사경제활동 영역이 확대되면서 소유권 제도에 있어서도 미미하기는 하지만 변화가 있었다. '헌법'과 '민법' 개정을 통하여 국가 소유와 집단적 소유에 대한 조정을 하여 기존의 집단적 소유 주체인 협동단체를 사회단체와 협동단체로 확대하면서 국가 전속 소유 대상을 축소하고, 사회협동단체 소유 대상을 확대하였다. 개인소유권에 있어서는 특히 합법적인 경리활동을 통하여 얻은 수입을 개인 소유로 하여 주민들의 합법적인 경리활동을 보장함으로써 사경제 영역이 더욱 확대될 여지가 생겼다. 앞으로도 주민들의 개인적인 사경제활동 영역은 더욱 확대될 것으로 보이며, 이와 관련하여 북한은 한편으로 합법적 활동에 대해서는 법제도적 보호를 하면서 다른 한편으로는 불법적인 사경제 활동에 대한 통제 조치를 강화해 나갈 것으로 보인다. '형법' 제10장에서 자금 세척과 관련된 행위들을 처벌하는 규정을 신설한 것도 금융시장화 현상에 대한 직접적인 통제 조치로 보인다.

최근 수년간의 법 개정 현황 중 가장 현저한 변화를 보인 것은 무역 및 외국인 투자 관련 법규와 경제특구 관련 법제의 제·개정이다. 북한이 주민들에게 늘 강조해 오던 2012년 강성대국 원년의 해와 관련하여 달성하지 못한 것은 경제강국 건설 목표이다. 2008년 금강산관광이 중단되고, 5·24 조치로 인하여 남북 경제협력이 축소되었을 뿐 아니라 핵 실험으로 유엔의 경제제재 조치가 취하여진 상태에서 북한은 경제 발전을 위하여 가까운 중국이나 러시아 쪽으로 눈을 돌릴 수밖에 없었을 것이다. 이 때문에 김정일이 건강 상태가 악화되었음에도 중국과 러시아를 방문하여, 특히 중국으로부터 황금평·위화도 및 라선경제무역지대에 대한 공동개발 약속을 얻어내는 성과를 이루어냈다. 이에 대한 국내법적 조치로 '라선경제무역지대법'을 대폭 개정하고 '황금평·위화도경제지대법'을 제정하는 한편, 일반적인 무역 및 외국인 투자 관련 법제도 거의 다 개정하였다. 제·개정된 대외경제 관련 법규들을 보면 국제적 기준을 참고한 노력이 엿보이고, 특히 외국 투자자들에 대한 여러 가지 특혜적 조치와 투자보호, 신변안전보장에 관한 규정 및 분쟁해결 수단 확대 등 법제도적인 면에서는 상당한 개선이 있었다. 김정은 체제에서는 라선경제무역지대와 황금평경제지대를 운영하고 개발하는 과정에서 얻은 경험을 바탕으로 북한 전역에 경제개발구를 건설하기 위한 '경제개발구법'까지 제정하였다.

하지만 유엔의 대북 제재 결의가 여전히 유효하고, 남북한의 관계도 원만하지 않은 상황에서 이와 같은 법규의 제·개정만으로 외국인 투자를 받는 것은 쉽지 않은 일이다. 특히 유엔의 대북 경제제재로 외국 기업 등이 북한의 값싼 노동력과 토지이용료, 관세나 소득세 등의 혜택에 매료되어 투자를 하더라도 북한에서 생산된 제품을 수출할 방법이 거의 없고, 그렇다고 북한 내수시장이 이를 소화할 수 있는 것도 아니다.

북한은 정권 초기부터 강조해 온 과학기술 중시 정책을 유지하고 있고, 김정은 체제를 전후해 관련 법을 추가로 제정하고, 신년사를 통하여 과학기술 발전을 통한 경제강국 건설을 강조한 바 있다. 김정은 체제하에서 제정된 '우주개발법'은 김정은의 핵무기 발사체 개발에 대한 강한 의지를 보여주는 것으로 평가할 수 있다. 하지만 과학기술 분야 역시 외부로부터의 적극적인 투자 없이는 발전에 한계가 있을 것이다.

북한이 현재의 경제난을 극복하는 유일한 길은 유엔 등 국제사회의 경제제재로부터 벗어나 남북한의 교류와 협력을 활성화하는 방법뿐이다. 북한이 국제사회의 제재로부터 벗어나는 길은 핵을 포기함으로써 국제사회의 정상적인 일원이 되는 것이 유일한 방법일 것이다.

북한 형사법의 특징과 문제점

1. 머리말

일반적으로 형사법이란 범죄 및 형벌과 관련된 법규범의 총체라고 정의할 수 있다. 형사법은 내용에 따라 범죄와 형벌의 관계를 규정한 형사실체법과 형사실체법에 정해진 형벌의 구체적 실현 절차를 규정한 형사절차법으로 구분된다.

북한에도 형사실체법으로 '형법'과 특별 형법으로 볼 수 있는 '형법부칙', '군사형법',[1] 특정 범죄를 가중처벌하기 위한 인민보안부(현 인민보안성)의 각종 포고 등이 있고, 형사절차법으로는 '형사소송법'이 있다. 그 밖에 '헌법', '인민보안단속법', '기밀법', '판결·판정집행법', '검찰감시법', '형민사감정법', '변호사법' 등도 광의의 형사법의 일부를 구성하고 있다. 또한 국가기관에서 제정한 정령·결정·명령·지시 등 다양한 형태의 규범적 문건들이 있는바, 이 중 형사법과 관련된 것들이 상당수 있을 것으로 추측된다. 북한이 다른 나라 또는 국제기구와 체결한 형사 분야의 양자조약 및 다자조약도 북한 형사법의 일부를 구성한다.[2]

북한은 대외경제와 관련된 법률들을 제외하고는 대부분의 법률을 공개하지 않다가 2004년 6월 처음으로 '형법'과 '형사소송법'을 비롯하여 모두 112개의 법률이 수록된 2004년 법전을 발행하였다. 2012년에는 2012년 법전을 발행하였다. 2004년 법전이 대중용으로 표시가

---

[1] '군사형법'의 적용 대상은 인민군군인, 인민경비대군인, 인민보안원이다. 박승렬, 『군사형법』(평양: 김일성정치대학출판사, 2001), 14쪽.

[2] 법원행정처 엮음, 『북한의 형사법』(법원행정처, 2006), 20쪽 참고.

되어 있어 법률전문가용이 별도로 있는 것 아니냐는 추측도 있었지만, 2012년도 법전을 2판으로 발행하면서 '대중용'이라는 표시를 하지 않은 것으로 보아 이 추측은 사실이 아닌 것으로 보인다.

하지만 2007년 12월 채택된 '형법부칙', 1992년 12월 채택된 '사회안전단속법'을 대체한 '인민보안단속법',[3] 2004년 7월 채택된 '행정처벌법' 등은 앞의 어느 법전에도 수록되어 있지 않다. 따라서 북한의 모든 법률이 앞의 법전에 수록된 것은 아닌 것이 분명해 보이고, 결과적으로 우리에게 알려지지 않은 다른 형사법규들이 존재할 가능성을 배제할 수 없다.[4]

이처럼 북한의 형사법에 대한 검토는 관련 법규를 모두 확인하기도 어렵고, 특히 실제 운용이 어떻게 되고 있는지에 대한 자료의 부족 등 여러 가지 한계가 있다. 이 때문에 북한 형사법에 대한 연구를 하면서 우리가 파악하고 있는 자료에만 근거하다 보면 사실과 다른 분석 결과를 내놓을 가능성도 배제할 수 없다.

이와 같은 현실적 한계를 전제로 북한 형사법의 제·개정에 따른 개별적 조문의 변화보다는 2018년 현재 시행 중인 '형법'과 '형사소송법'을 중심으로, 이 법들의 주요 내용과 인권 보장적 측면을 통하여 북한 형사법의 문제점을 살펴보고 앞으로의 변화를 간단히 전망해 보고자 한다.

2. 북한 형법의 주요 내용과 문제점

1) 형법 제·개정 경과

북한은 1950년 3월 3일 최고인민회의 상임위원회 정령으로 처음 '형법'을 제정하였다. 당시 '형법'의 제정에는 소련 '형법'의 영향이 적지 않았으며, 사회주의 형법의 특성을 두루 갖추고 있었다.[5]

---

3 '사회안전단속법'은 1992년 12월 28일 채택되어 1999년 3월 24일 개정된 바 있으며, 이후 '인민보안단속법'으로 대체되었다. 2015년 현재 시행 중인 '인민보안단속법'은 2005년 7월 26일 최고인민회의 상임위원회 정령 1226호로 수정·보충된 법으로 알려지고 있다.

4 한명섭, 『남북 교류와 형사법상의 제 문제』(한울, 2008), 14~15쪽 참고.

5 북한 제정 '형법'은 1950년 3월 3일 최고인민회의 제1기 제5차 회의에서 채택되었다. 이 법은 1950년 4월 1일부터 시행되었으며, 제1편의 총회(총칙)와 제2편의 각칙으로 구성되어 있고, 전문은 23장 301개 조문으로 구성되어 있다. 제정 형법의 구체적인 내용에 대하여는 법무부, 『북한법연구(II): 형법』(법무부, 1985) 참고

1950년 형법 제정 전에는 '농산물매상 불응 등 처벌에 관한 건'(1946년 1월 26일 사법국 포고 제9호), '결정·지령·명령 등 위반에 관한 건'(1946년 1월 26일 사법국 포고 제10호), '조세체납처벌에 관한 건'(1946년 2월 16일 사법국 포고 제11호), '축우절도범처벌에 관한 건'(1946년 3월 15일 임시인민위원회 결정 제5호), '국가·사회단체·소비조합재산보호에 관한 법령'(1946년 12월 16일 임시인민위원회 결정 제142호), '뇌물 및 기타 직무태만처벌에 관한 법령'(1946년 12월 26일 임시인민위원회 결정 제143호), '인민보건을 침해하는 죄에 관한 법령'(1947년 1월 24일 임시인민위원회 결정 제162호), '봉건유습잔재를 퇴치하는 법령'(1947년 1월 24일 임시인민위원회 결정 제163호), '생명·건강·자유·명예보호에 관한 법령'(1947년 1월 14일 임시인민위원회 결정 제164호), '개인재산보호에 관한 법령'(1947년 1월 14일 임시인민위원회 결정 제165호), '과실현물세체납 및 탈세자처벌에 관한 결정서'(1947년 1월 27일 임시인민위원회 결정 제166호), '중앙은행권을 위조 또는 그 위폐를 사용함에 대한 처벌에 관하여'(1949년 7월 9일 최고인민회의 상임위원회 정령) 등의 개별 포고나 결정 등에 의해 형사처벌이 이루어졌다.[6]

제정 '형법'은 1974년 1차 개정[7]이 있었는데 1차 개정 '형법'은 반혁명범죄에 대한 가혹한 형벌을 특징으로 하고 있으며, 많은 반혁명범죄에 대하여 사형 및 전 재산 몰수의 형을 부과하도록 하고 있었다. 1987년 2차 '형법' 개정[8]이 이루어졌는데 2차 개정 시에는 반혁명범죄를 반국가범죄로 용어를 수정하고, 형벌을 크게 완화한 것이 특징이었다.

북한이 2012년에 발행한 법전 및 2014년 9월 13일 북한 조선인권연구협회가 발간한 『인권보고서』(이하 『조선인권연구협회 인권보고서』)에 따르면 북한은 1990년 12월 15일 최고인민회의 상설회의 결정 제6호로 '형법'을 새로 제정하였다. 현재 국내에 소개된 자료로는 2015년 7월 22일 수정보충된 '형법'이 가장 최근에 개정된 형법이며, 1990년 '형법'을 새로 채택한 이후 개정 연혁을 보면 다음과 같다.[9]

---

6 1950년 제정 '형법'과 그 이전의 형사처벌에 관한 규정을 포함하고 있는 각종 사법국 포고, 임시인민위원회와 최고인민회의 상임위원회 정령 등의 구체적인 내용은 정경모·최달곤 공편, 『북한법령집』 제4권(서울: 대륙연구소, 1990), 722~775쪽 참고.

7 1974년 12월 19일 최고인민회의 상설회의 결정으로 수정·보충되었다.

8 1987년 2월 5일 최고인민회의 상설회의 결정 제2호로 채택되었다.

9 북한이 발간한 법전에 기재된 내용과 달리 국내 북한법연구회가 발행한 『북한법령집』에 따르면 2004년의 대대적인 '형법' 개정 이후 2012년까지 무려 15회나 개정이 이루어졌고, 김정은 후계 체계가 본격화된 2009년 이후 2012년까지 불과 3년 사이에 7회나 개정된 것으로 소개되고 있다. 장명봉 엮음, 『2013 최신 북한법령집』(북한법연구회, 2013) 참고.

주체79(1990)년 12월 15일	최고인민회의 상설회의 결정 제6호로 채택
주체93(2004)년 4월 29일	최고인민회의 상임위원회 정령 제432호로 수정보충
주체99(2010)년 10월 1일	최고인민회의 상임위원회 정령 제1105호로 수정보충
주체100(2011)년 6월 7일	최고인민회의 상임위원회 정령 제1694호로 수정보충
주체101(2012)년 4월 24일	최고인민회의 상임위원회 정령 제2346호로 수정보충
주체101(2012)년 5월 14일	최고인민회의 상임위원회 정령 제2387호로 수정보충
주체102(2013)년 6월 19일	최고인민회의 상임위원회 정령 제3232호로 수정보충
주체102(2013)년 9월 26일	최고인민회의 상임위원회 정령 제3376호로 수정보충
주체102(2013)년 11월 21일	최고인민회의 상임위원회 정령 제3449호로 수정보충
주체103(2014)년 4월 24일	최고인민회의 상임위원회 정령 제17호로 수정보충
주체104(2015)년 1월 21일	최고인민회의 상임위원회 정령 제324호로 수정보충
주체104(2015)년 7월 22일	최고인민회의 상임위원회 정령 제578호로 수정보충

이 제·개정 연혁에서 보는 바와 같은 김정은 체제에서는 '형법'이 예전보다 훨씬 더 자주 개정되고 있음을 알 수 있다. 참고로 북한은 법을 개정하면 법률명 밑에 이 인용문과 같이 제·개정 일자 등을 표시하지만, 각 조문별로는 어떤 조문이 개정된 것인지를 표시하지 않는다. 따라서 해당 법률의 어떤 조문이 개정되었는지를 보려면, 조문을 개정 전 법률과 일일이 대조하여야만 한다.

북한 '형법'을 내용적으로 보면 2004년 개정 시 기존의 유추해석 허용 조항을 삭제하고, 죄형법정주의를 명시적으로 채택한 것을 비롯하여 근본적인 변화가 있었다. 이후 각칙에서는 적지 않은 개정이 있었지만, 총칙 부분은 상대적으로 2004년 개정 '형법'의 큰 틀을 유지하며 현재에 이르고 있다.

2) 형법의 구성과 총칙

(1) 구성

2015년 개정 '형법'은 총 10개 장 300개 조문으로 구성되어 있으며, 내용은 우리 '형법'과 마찬가지로 총칙과 각칙으로 구분된다. 총칙에 해당하는 부분은 제1장 형법의 기본, 제2장 일반규정이며, 제2장은 다시 제1절 범죄, 제2절 형벌의 체제로 되어 있다. 각칙은 제3장 반국가 및 반민족범죄, 제4장 국방관리질서를 침해한 범죄, 제5장 사회주의경제를 침해한 범죄, 제6장 사회주의문화를 침해한 범죄, 제7장 일반행정관리질서를 침해한 범죄, 제8장 사회주의공동생활질서를 침해한 범죄, 제9장 공민의 인신과 재산을 침해한 범죄, 제10장 자금세척 및 테러자금지원범죄로 구성되어 있다. 제10장에 있는 10개의 조문은 2015년 개정 형법에서 추가된 것이다.

(2) 형법의 기본

북한 '형법'은 범죄 및 형벌제도를 바로 세워 국가주권과 사회주의를 보위하고 인민들의 자주적이며 창조적인 생활을 보장하는 데 그 사명을 두고 있다(제1조). 국가는 공민들의 범죄를 미리 막아야 한다는 범죄미연방지 원칙을 명시하고 있고(제2조), 범죄자 처리에서도 노동계급 원칙을 확고히 견지하도록 하는 한편, 사회적 교양을 위주로 하면서 이에 법적 제재를 배합하도록 하고 있다(제3조).

조국과 민족반역행위를 뉘우친 자에게는 형사책임을 추궁하지 않도록 하고(제4조), 자수자는 관대히 처벌하도록 하고 있다(제5조).

제6조는 2004년 개정의 핵심으로 기존의 유추해석 허용 규정을 삭제하고 죄형법정주의를 명시적으로 밝혀, '형법'에 규정된 범죄에 대해서만 형사책임을 지우도록 하고 있다. 제9조에서는 행위시법 원칙 및 불소급 원칙을 규정하고 있다. 적용범위에 대해서는 속인주의를 원칙으로 하면서 속지주의와 보호주의를 보충적으로 채택하고 있다(제8조).

(3) 범죄론

북한 '형법'은 범죄를 국가주권과 사회주의제도, 법질서를 고의 또는 과실로 침해한 형벌을 줄 정도의 위험한 행위라고 정의하고 있다(제10조). 제1조 '형법'의 사명이나 제10조 및 '형법' 각칙의 구성 순서를 보면 북한은 국가의 주권과 사회주의 제도의 보위를 최우선으로 하고 있음을 알 수 있다.

형사미성년자를 만 14세 미만으로 한 점(제11조), 심신상실이나 미약자에 대한 형의 감면 내지 감경(제12조, 제13조), 정당방위, 긴급피난과 같은 위법성조각사유(제15조, 제16조), 미수범(제17~20조), 공범(제21~26조) 등의 규정은 내용 면에서 우리 '형법' 규정과 유사하다. 다만 심신상실 및 미약자에 대한 형의 면제와 감경에 있어서 술에 취하여 범죄를 저지른 자에 대해서는 이 규정을 적용할 수 없도록 하고 있는 점이 특이한데, 이는 러시아나 중국, 베트남의 경우에도 같은 내용의 규정을 두고 있어 북한 '형법'만의 특별한 내용이 아니라 (구) 사회주의국가 형사법의 공통된 특징으로 보인다.

제14조 형사책임 성립조건에 대해서는 종전에는 "사회적 위험성이 없거나 작아 가벌성이 없을 경우 형사책임을 지우지 않는다"라고 하였던 것을 "가벌성이 작을 경우 형사책임을 지우지 않는다"라고 개정하였다. 가벌성이 없는 경우뿐 아니라 작은 경우에도 형사책임 대상에서 제외함으로써 형사처벌의 대상이 축소된 것이다. 이에 맞춰 제18조 피해자의 요구에 따른 인신 침해 규정도 가벌성이 작을 경우 형사책임을 면제하도록 개정하였다.

방조자의 경우 종전에는 실행자와 같게 또는 가볍게 처벌한다고 하였던 것을 실행자보다 가볍게 처벌하도록 개정하였다(제22조). 은닉범, 불신고범, 방임범의 경우도 처벌은 하지만 모든 범죄에 대하여 처벌하는 것이 아니라 각칙에서 별도의 처벌 규정이 있는 경우만 처벌을 하도록 하고 있다(제24~26조).

(4) 형벌론

형벌의 종류는 사형, 무기로동교화형, 유기로동교화형, 로동단련형, 선거권박탈형, 재산몰수형, 벌금형, 자격박탈형, 자격정지형의 아홉 가지가 있다(제27조). 이 중 벌금형은 선거권박탈형과 마찬가지로 반국가 및 반민족 범죄에 대하여 부과하는 부가 형벌 중 하나이다(제28조, 제33조). 반국가 및 반민족 범죄 사건을 심리할 경우에는 벌금 부과 문제를 함께 심리하여야 하고, 벌금형에 따르는 벌금 액수는 범죄행위의 엄중성 정도에 따라 재판소가 정하도록 하고 있다(제33조). 벌금형은 1950년 '형법'에서는 형벌로 되어 있다가 1974년 개정 시 폐지되었던 것인데, 2009년 개정 시 다시 형벌로 등장한 것이다.[10] 문제는 벌금형의 상한을 각 각칙의 규정에서 정하지 않고 재판소가 정하도록 한 것인데, 이는 북한 스스로 천명한 죄형법정주의에 반하는 입법 방식이다.

로동단련형의 경우는 종전에는 그 기간이 6개월부터 2년까지로 되어 있었는데, 2012년 개정 시 상한을 1년으로 줄였다. 이 때문에 각칙의 각 조문에 법정형으로 로동단련형이 포함

---

[10] 국내의 몇몇 자료에는 2012년 '형법' 개정 시 부가 형벌로 벌금형이 추가된 것으로 소개되고 있으나, 북한법연구회가 2013년 편찬한 『북한법령집』을 보면 이미 2009년 '형법' 개정 당시 벌금형이 추가된 것이 확인되고 있다. 이는 뒤에서 살펴보겠지만 2010년 4월 북한 최고재판소가 아이잘론 말리 곰스에 대하여 조선민족적대죄 등을 적용하면서 벌금형을 선고한 사례를 볼 때 북한법연구회에 소개된 개정 사항이 맞는 것으로 보인다.

된 조문들이 모두 개정이 되었다. 종전에 상한을 2년까지로 하였을 때는 그 기간이 1년 이상 15년 이하인 유기로동교화형과 일부 기간이 겹쳤지만 개정으로 인하여 이러한 문제는 해소가 되었다.

전에는 구속 기간 1일을 로동단련형 기간 2일로 계산하도록 규정하였던 것도 2012년 개정 시 구속 기간 1일을 로동단련형 기간 1일로 하도록 변경하였다. 다만 형벌량정에서는 로동 단련형 기간 2일을 유기로동교화형 기간 1일로 계산하도록 하고 있다(제46조).

'형법' 제40조 형벌량정에서 무겁게 보는 조건과 관련하여, 공모하여 범죄를 저지른 경우 나 자기의 보호 밑에 있거나 직무상 복종관계에 있는 자에 대하여 범죄를 저지른 경우를 삭제하였다(제40조). 이에 맞춰 각칙에서도 공모한 경우 가중처벌하도록 하였던 기존의 규정들이 대부분 삭제되었다. 제41조 형벌량정에서 가볍게 보는 조건에 대해서는 제2호의 국가에서 맡겨 준 일을 더 잘하려고 하다가 범죄를 저질렀을 경우와 제10호의 중한 범죄를 적발하는 데 협력한 경우가 추가되고, 종전 제2호에 있던 처음으로 한 범죄를 저질렀을 경우를 삭제하고 있다.

2014년 4월 24일 최고인민회의 상임위원회 정령 제17호로 수정·보충된 '형법'에서는 미성년자에 대한 배려 규정을 삭제한 것이 특징이다. 우선 제41조(형벌량정에서 가볍게 보는 조건) 제4호의 '미성인이 범죄를 저질렀을 경우'를 삭제하였다. 제50조(사회적 교양처분의 적용조건)도 개정 전에는 "미성인이 범죄를 저질렀거나 성인이 범죄를 저질렀다 하더라도 그의 개준성의 정도, 범죄의 위험성정도에 비추어 사회적 교양의 방법으로 고칠수 있다고 인정될 경우에는 사회적교양처분을 할수 있다"고 되어 있던 것을 "일반범죄를 저지른 자를 그의 개준성정도, 범죄의 위험성 정도에 비추어 사회적 교양의 방법으로 고칠수 있다고 인정될 경우에는 사회적 교양처분을 할수 있다"고 개정하였다.

집행유예의 경우 종전에는 로동교화형 5년까지 집행유예가 가능하였는데, 2012년 개정에서 로동교화형 3년까지 집행유예가 가능한 것으로 규정하고, 그 유예기간은 3년부터 5년까지로 규정하여 집행유예 선고가 가능한 범위를 축소하였다(제52조). 2013년 9월 개정 '형법'에서 가장 특이한 변화는 제52조를 개정하여 제2항에 "3년 이하의 로동교화형을 받은 자가 선고받은 형벌에 해당한 보상금을 내는 경우에도 3년부터 5년까지 집행을 유예하는 판결을 내릴 수 있다"라는 규정을 신설한 것이다. 이와 같은 보상금 조건부 집행유예제도는 국가 재정 확보 차원에서 도입한 제도로 추측되는데, 사회주의국가인 북한에서 재력이 있으면 형벌을 피할 수 있는 제도를 도입하는 기이한 현상이 발생한 것이다.

형사소추 시효기간에서 5년 이하 로동교화형에 대한 형사소추 시효기간이 8년인 것은 과거와 동일하나, 그 구체적 기간을 세분하여 1년까지 로동단련형은 3년, 3년까지 로동교화형은 5년, 3년 이상 5년까지 로동교화형은 8년으로 세분화하였다(제57조).

북한 문헌에 의하면 "공화국 형벌의 집행은 폭력적 성격을 띤다. 국가적 강제에는 형벌이외에도 강급, 강직, 무보수로동교양 등 여러 가지가 있지만 그러한 행정법적제재들은 형벌과 같은 강한 폭력적 성격을 띠지 않는다"라고 설명하고 형벌과 행정벌의 구별을 폭력적 성격 여부에 두고 있다.[11]

3) 형법 각칙

(1) 2009년 개정의 주요 내용

북한법연구회 편찬 『북한법령집』에 따르면 북한의 공식 입장과는 달리 2004년 이후 북한 '형법'이 더 잦게 변경되었으며, 2009년 한 해 동안 3회나 개정되었다. 각칙 부분의 변경은 대부분 이 시기에 많은 개정이 있었던 것으로 보이므로, 2009년에 개정된 중요한 사항만 간단히 살펴보고자 한다. 첫째, 반국가범죄 중 하나인 파괴암해죄의 법정형으로 사형을 추가하였다(제65조). 둘째, 불신고죄의 처벌 대상으로 반국가범죄 외에 반민족범죄도 추가하였다(제72조). 셋째, 국방관리질서를 침해한 범죄의 조문들을 대폭 개정하면서 새로운 처벌 유형을 신설하고 법정형을 강화하였다. 넷째, 자본주의 문화 유입을 차단하기 위하여 기존의 처벌 대상인 퇴폐물의 반입 및 유포 외에 보관 행위도 처벌하도록 하였다(제193조). 다섯째, 마약사용죄(제217조), 집단적 소동죄(제219조), 직무방해죄(제220조), 허위풍설 날조·유포죄(제222조), 정상이 무거운 비법국경출입죄(제233조)에 대한 처벌을 강화하였다.

(2) 2012년 개정의 주요 내용

㉠ 반국가 및 반민족범죄 중 제66조의 무장간섭 및 대외관계단절사촉죄에서 종전에는 다른 나라 또는 다른 나라에 있는 집단을 추기거나 자금을 대주어 무장 간섭 등을 하도록 한 경우 10년 이상의 로동교화형에 처하도록 하고 있었는데, 이를 개정하여 '북한에 대한 무장간섭 등을 하게 할 목적으로' 다른 나라 또는 다른 나라에 있는 집단을 추기거나 자금을 대준 행위를 처벌 대상으로 규정하고, 보통의 경우는 5년 이상 10년 이하의 로동교화형, 정상이 무거운 경

---

11 장성철, 「형벌집행에 대한 일반적리해」, ≪정치법률연구≫, 제1호(평양: 과학백과사전출판사, 2013), 38~39쪽.

우에는 10년 이상의 로동교화형에 처하도록 규정하고 있다. 범죄를 목적범으로 바꾸었고, 처벌도 완화한 것이다. 제68조의 민족반역죄에서 기본 법정형을 10년 이상의 로동교화형에서 5년 이상의 로동교화형으로 낮추었다. 다만 정상이 특히 무거운 경우 무기로동교화형 또는 사형에 처할 수 있는 것은 기존과 동일하다.

ⓛ 국방관리질서를 침해한 범죄에 대하여 특히 많은 개정이 있었고, 대부분 조문에서 법정형이 하향 조정되었다. 범죄 대상이 되는 행위를 축소하거나 법정형을 감경한 조문으로는 제74조의 명령, 결정, 지시집행태만죄, 제79조의 무기, 탄약, 전투기술기재, 군사시설과실파손죄, 제81조의 군사 임무수행방해죄, 제88조의 기피자, 탈영자은닉죄, 제89조의 군인으로 가장한 죄, 제90조의 국방비밀루설죄 등이 있다.

ⓒ 사회주의 경제를 침해한 범죄에서는 제1절 국가 및 사회협동단체 소유를 침해한 범죄, 제2절 경제관리질서를 침해한 범죄에서 특히 많은 개정이 있었는데, 대부분 법정형이 하향 조정되고 일부 조문이 신설되거나 삭제되었다. 제91조 국가재산훔친죄의 경우 법정형이 하향 조정되고 공모한 경우에 대한 가중처벌 규정이 삭제되었다. 제95조는 국가재산대량략취죄가 신설되었고, 제96조의 국가재산강도죄는 법정형이 완화되었으며, 특히 정상이 무거운 경우에 관한 무기로동교화형이 삭제되었다. 개정 전 '형법' 제91조의 국가재산공갈죄가 삭제되었으나 이는 제92조의 국가재산빼앗은죄로 처벌이 가능하다고 본다. 이와 같은 취지로 개정 전 '형법' 제298조에 있던 개인재산공갈죄도 삭제되었다.

ⓔ 경제관리질서를 침해한 범죄에서는 제101조 화폐위조 및 위조화폐사용죄의 법정형이 줄었다. 제103조 무현금결제수단의 비법발급, 결제, 사용죄는 구성요건을 대량의 재산적 손실이 발생한 경우로 제한하고 법정형도 줄었다. 제104조 대부질서위반죄, 제105조 화폐교환질서위반죄, 제111조 암거래죄가 신설되었다. 제108조 외화사용질서위반죄는 법정형이 줄고, 정상이 무거운 경우에 관한 가중처벌 규정도 삭제되었다. 제113조 고리대죄에서 처벌 대상을 '상습적으로' 고리대 행위를 한 경우만 처벌하도록 개정하였다. 제116조의 법인행세죄도 엄중한 결과를 일으킨 경우만 처벌하도록 처벌 범위를 축소하였다. 제115조 무역 및 외화벌이기관, 단체의 상적행위죄는 범죄 주체가 책임 일꾼에서 관리 일꾼으로 변경되고 법정형이 줄었다.

제132조 국가재산을 개인에게 비법적으로 꾸어 준 죄에서 꾸어 준 자만 처벌하고 꾼 자는 처벌하지 않는 것으로 개정되었다. 제139조의 생산수단수리질서위반죄는 신설된 것이다. 반면 개정 전 '형법' 제125조의 비법적으로 외화벌이를 한 죄, 제129조 인민경제계획을 미달한 죄, 제132조 계획에 없는 제품 생산, 건설죄, 제140조 부동산관리질서위반죄, 제151조 종자

의 생산, 공급, 리용질서위반죄, 제152조 농업생산과학기술적요구 위반죄, 제161조 생산물의 비법처분죄는 삭제되었다.

제154조 밀주죄는 개정 전 제159조 및 제160조에서 기관, 기업소, 단체의 책임 일꾼이 밀주한 경우와 개인이 밀주한 경우를 한 조문으로 합치면서 단순히 장사 또는 물물교환의 목적으로 밀주 행위를 한 자를 처벌하는 것으로 개정되었고, 법정형도 1년 이하의 로동단련형으로 줄었다. 제3절 및 제4절에서는 큰 개정 사항이 보이지 않고, 일부 법정형만 완화되었다. 제179조 교통사고죄에서 사고를 내고 도주한 경우에 대한 가중처벌 규정이 신설되었다.

ⓜ 사회주의 문화를 침해한 범죄에서는 제183조의 퇴폐적인 문화반입, 류포죄, 제184조 퇴폐적인 행위를 한 죄의 범행 대상에서 퇴폐물의 종류 중 음악과 춤이 삭제되었고, 성록화물의 반입, 보관, 류포에 대한 가중처벌 규정도 삭제되었다. 제189조 력사유물밀수, 밀매죄에서 국보력사유물 및 준국보력사유물에 대한 가중처벌 규정이 신설되었다. 개정 전 '형법' 제204조의 교육강령, 과정안을 무책임하게 집행한 죄는 삭제되었다. 제208조 마약밀수 밀매죄에서는 특히 대량의 마약을 밀수·밀매하고 그 정상이 특히 무거운 경우 무기로동교화형 또는 사형에 처할 수 있도록 규정하여 법정형에 사형이 규정된 죄명이 늘었다.

ⓗ 일반행정관리질서를 침해한 범죄에서는 제209조 집단적소동죄, 제242조 사건과장, 날조죄, 제244조의 부당한 판결, 판정죄의 법정형이 하향 조정되었다. 제210조 직무집행방해죄의 가중처벌 규정, 개정 전 '형법' 제221조의 법일군의 직무집행방해죄, 제225조의 증명서매매죄, 제234조의 비법국경출입협조죄, 제235조의 령공, 령해침입죄가 삭제되었다. 제218조의 독립임무수행태만죄, 제222조의 비법협조죄, 제232조의 담보처분한 재산 비법처분, 리용죄가 신설되었다. 제230조 뢰물죄는 처벌 대상을 대량의 뇌물을 받은 경우만 처벌하도록 개정되었다.

ⓢ 사회주의공동생활질서를 침해한 범죄에서는 제246조 불량자적행위죄에서 여러 번 또는 공모하여 한 경우에 대한 가중처벌 규정이 삭제되었다. 반면 제249조 매음죄는 매음행위를 여러 번 한 경우에만 처벌하던 것을 한 번만 하여도 처벌하도록 규정하여 처벌을 강화하고, 정상이 무거운 경우에 대한 법정형도 2년 이하의 로동교화형에서 5년 이하로 강화하였다. 제255조 도박죄는 법정형이 낮아졌고, 개정 전 '형법' 제268조 미신행위조장죄는 삭제되었다. 제259조의 양로사업질서위반죄는 새로 신설되었다.

ⓞ 공민의 인신과 재산을 침해한 범죄에서는 대부분 법정형이 낮아졌다. 개정 전 '형법' 제285조의 정당방위초과중상해죄, 제298조의 개인재산공갈죄가 각 삭제되었다. 제279조 강

간죄에서 강간치상 및 강간치사에 대한 가중처벌 규정이 신설되었다. 제288조 개인재산강도죄에서 정상이 특히 무거운 경우에 대한 무기로동교화형의 가중처벌 규정이 삭제되고, 정상이 무거운 경우에도 9년 이상의 로동교화형에 처하도록 처벌을 완화하였다.

(3) 2013년 개정의 주요 내용

2013년 6월 19일 최고인민회의 상임위원회 정령 제3232호로 수정·보충된 '형법'에서는 제19조(가족, 친척을 상대로 저지른 범죄에 대한 형사책임)가 개정되었다. 개정 전에는 가족이나 친척을 상대로 저지른 범죄에 대하여 피해자나 피해자 측의 요구가 있을 경우에는 형사책임을 지우지 않는 것을 원칙으로 하고(제1항), 예외적으로 고의적중살인죄, 고의적경살인죄, 발작적 격분에 의한 살인죄, 정당방위초과살인죄, 과실적살인죄, 고의적중상해죄, 강도죄, 강간죄의 경우에는 제1항을 적용하지 않도록 하였는데(제2항), 제2항의 예외에 해당하는 죄명에 늙은이, 어린이보호책임회피죄와 학대괄시죄를 추가하였다.

2013년 9월 26일 최고인민회의 상임위원회 정령 제3376호로 수정·보충된 '형법'에서는 제206조(비법아편재배, 마약제조죄)를 개정하여 대량의 아편을 재배하였거나 마약을 제조한 자의 법정형을 5년 이상 10년 이하의 로동교화형에 처하도록 강화하고, 정상이 무거운 경우에는 10년 이상의 로동교화형에, 정상이 특히 무거운 경우에는 무기로동교화형 또는 사형에 처하도록 하였다. 제256조(미신행위죄)의 경우에도 정상이 무거운 경우에는 3년 이하의 로동교화형에 처하도록 하였던 것을 3년 이상 7년 이하의 로동교화형에 처하도록 처벌을 강화하였다. 그 밖에 제183조(퇴페적인 문화반입, 류포죄)의 경우에도 대량 또는 여러 번 범죄를 저지른 자에 대한 처벌을 강화하고, 제184조(퇴페적인 행위를 한 죄)의 경우에도 상습범에 대한 처벌을 강화하였다.

2013년 11월 21일 최고인민회의 상임위원회 정령 제3449호로 수정·보충된 '형법'에서는 제154조(밀주죄)에 제2항을 신설하여 밀주죄의 정상이 무거운 경우에는 3년 이하의 로동교화형에 처하도록 하였다.

2013년도에 있었던 세 차례의 개정을 보면 어린이나 노인에 대한 학대, 아편과 마약 관련 사범, 퇴페적인 문화 반입, 미신, 밀주 등이 사회적으로 문제가 되고 있음을 추측해 볼 수 있다.

(4) 2015년 개정의 주요 내용

2015년 개정 형법의 각칙에서 가장 큰 변화는 제10장 "자금세척 및 테로자금지원범죄"에

10개의 죄명을 추가하여 신설한 것이다. 제10장의 신설은 외견상 자금 세탁을 방지하려는 국제적 추세에 부응하고, 테러 자금 지원을 방지하기 위한 것으로 보인다. 하지만 신설된 죄명 중 제291조(비법적인 자금거래 및 소유, 리용죄), 제292조(비법적인 돈자리개설 및 계약체결죄), 제293조(자금원천과 용도, 거래자의 신분을 확인하지 않은죄), 제294조(거래자확인자료 같은 문건을 분실, 소각한죄), 제295조(의심되는 자금거래를 보고하지 않은 죄) 등을 보면 2003년 종합시장 제도 도입 이래 형성되기 시작한 불법적인 금융거래를 규제하고 매출 규모에 따라 매달 납부해야 하는 국가납부금 징수와 같은 국가 재정 확보 업무를 방해하는 행위들을 처벌하기 위한 조치로 보인다.[12]

그 밖의 내용으로는 수해방지태만죄(제165조)[13]와 비법적인 국제통신죄(제222조)[14]가 신설되었다. 제74조(명령, 결정, 지시집행태만죄)에 범죄를 여러 번 저지르거나 정상이 무거운 경우에 대한 법정형을 강화하고, 집행을 전혀 하지 않았거나 엄중한 결과를 일으킨 경우에는 10년 이상의 로동교화형에 처하도록 하는 규정을 추가하였다. 제110조(국가납부질서위반죄)에 대량의 국가납부금을 바치지 않은 경우에는 3년 이하의 로동교화형에 처하도록 하는 규정을 추가하였다. 114조(개인의 기업 및 영업죄)의 경우 기존에는 개인이 '국가기관의 승인 없이' 영업 활동을 하여 대량의 이득을 얻은 경우에 1년 이하의 로동교화형에 처하도록 하였던 것을 "국가기관의 승인 없이"라는 요건을 삭제하였다. 제136조(재산을 략취하여 기관에 넘겨준 자)에 '특히' 대량의 재산을 약취하여 기관에 넘겨준 자에 대하여는 3년 이항의 로동교화형에 처하도록 하는 가중처벌 조항을 추가하였다. 제215조의 경우에는 기존의 죄명인 "폭발물비법제조, 휴

---

12 참고로 북한의 종합시장은 북한 2003년 5월 5일 내각결정 제27호로 채택된 '시장관리운영규정(잠정)'에 법적 근거를 두고 있다. 이 규정 제13조를 보면 "시장에서 상품을 전문적으로 파는 국영기업소, 협동단체와 개별적 주민들은 시, 군인민위원회 상업부서에 등록하고 등록증을 받은 다음 재정부서에 등록하여야 하며 시장사용료와 국가납부금을 내야 한다. 시장사용료는 매대 면적과 위치를 고려하여 정하고 시, 군인민위원회 상업부서가 발급한 전표에 따라 매일 시장관리소가 받아 붙인다. 국가납부금은 소득규모를 고려하여 소득의 일정한 비율로 월에 한번 씩 재정기관이 직접 받는다. 국영기업소, 협동단체, 개인들은 월마다 소득액을 시, 군인민위원회 재정부서에 신고하여야 한다"고 규정하고 있다. 따라서 북한 당국의 법규에 의해 제도적으로 탄생한 종합시장은 주민들에 의해 자연발생적으로 형성된 장마당과는 구분되어야 한다. 현재 북한의 종합시장은 약 500여개로 추정되는데, 이는 「시장관리운영규정(잠정)을 채택함에 대하여」라는 문건의 표지에 기재된 제정 부수 540부와 어느 정도 일치한다. 한편 이 표지를 보면 규정을 2003년 5월 8일 발송하고 2005년 12월 31일까지 회수한다고 하는 것이 특징이다.
13 형법 제165조(수해방지태만죄) 수해방지대책을 세우지 않아 엄중한 결과를 일으킨 자는 1년 이하의 로동단련형에 처한다.
14 형법 제22조(비법적인 국제통신죄) 비법적으로 국제통신을 한자는 1년이하의 로동교화형에 처한다. 앞항의 행위가 정상이 무거운 경우에는 5년이하의 로동교화형에 처한다.

대, 사용, 양도죄"를 "폭발물, 독성물질비법제조, 휴대, 사용, 양도죄"로 변경하여 폭발물 외에 독성물질에 대한 비법제조 등도 처벌하도록 하였다. 제230조(뢰물죄)의 경우 "특히 대량의 뢰물을 받은 자"에 대한 처벌 규정을 3년 이하의 로동교화형에서 5년 이하의 로동교화형으로 강화하고, 정상이 무거운 경우에는 5년 이상 10년 이하의 로동교화형에 처하도록 하였다. 제238조(물질적부담을 시킨 죄)에 '특히' 대량의 물질적 부담을 시킨 경우에는 5년 이하의 로동교화형에 처하고 정상이 무거운 경우에는 5년 이상 10년 이하 로동교화형에 처하도록 하는 가중처벌 조항을 신설하였다. 제246조(불량자적행위자)의 경우에는 기존에 "잔인한 방법으로 불량자적행위를 한 경우에는 5년 이하의 로동교화형에 처한다. 패를 지어 사회에 불안과 공포를 조성한 주동분자는 5년이상 10년이하의 로동교화형에 처한다"고 되어 있던 가중처벌 조항을 "여러번 또는 공모하여 불량자적행위를 한 경우에는 5년이하의 로동교화형에 처한다"고 개정하여 법정형을 완화하였다.

4) 평가와 문제점

북한 '형법'의 가장 큰 문제점은 범죄행위가 행위의 태양에 의해서가 아니라 같은 행위라 할지라도 그 위반 정도에 따라 '행정처벌법'상의 행정 처벌을 부과할 수도 있고, '형법'상의 형벌을 부과할 수도 있게 되어 있어 자의적인 법 적용이 가능하다는 데 있다. 이 부분에 대해서는 뒤에서 구체적으로 살펴보기로 한다.

'형법'만을 놓고 볼 때도 아직도 구성요건의 명확성 문제, 벌금형의 상하한선이 없다는 문제, 가중처벌 요건인 '정상이 중한 경우'의 자의적인 해석과 법 집행의 가능성, 생명 침해와 무관한 범죄에 대해서도 법정형으로 사형이 규정되어 있는 점 등이 문제가 된다.

2009년 인민보안성에서 발행한 『법투쟁 부문 일군들을 위한 참고서』를 보면 니켈정광을 훔쳐 밀매한 행위를 당시 '형법' 제115조의 귀금속, 유색금속 밀수, 밀매죄로 처벌할 수 있는가 하는 사례에서 니켈정광은 금속이 아니라 금속생산 원료이지만, 2006년 2월 1일 최고인민회의 상임위원회 지시 제90호에 따라 금속생산 원료를 밀매하였을 때도 '형법' 제115조를 적용하여 처벌하게 되어 있다고 설명하고 있는 점으로 보아 이와 같은 '지시'의 형태로도 '형법'의 내용을 보충하고 있음을 알 수 있다.[15] 이처럼 법률의 개정이 아닌 별도의 지시로 '형법'의 구

---

15 인민보안성, 『법투쟁부문 일군들을 위한 참고서』(평양: 인민보안성출판사, 2009), 194쪽.

성요건을 보충하거나 확대하는 것은 죄형법정주의에 반한다고 본다.

이처럼 북한의 형사법을 평가하고 분석함에 있어서 여전히 우리가 알지 못하는 자료들이 있다는 한계가 있다. 예를 들어 2010년 1월 25일 북한에 밀입국하였다는 이유로 체포된 아이잘론 말리 곰스(Aijalon Mahli Gomes)의 경우에는 같은 해 4월 7일 최고재판소에서 조선민족적대죄 등으로 8년의 로동교화형과 북한 원화로 7000만 원의 벌금형(한화 약 7억 8000만 원)을 선고받았다. 당시 국내에서는 선고를 앞두고 개정된 2009년 개정 '형법' 전을 알지 못한 상태였기 때문에 북한 '형법'상 형벌에 벌금형이 없는데도 거액의 벌금형을 선고한 것에 대하여 여러 가지 추측과 해석이 제시되었다. 당시 2009년 10월 19일 자 '형법' 개정을 통하여 반국가범죄나 반민족범죄에 대하여 벌금형이 부가형으로 신설되었다는 것을 알았다면 앞에서와 같은 추측성 분석은 없었을 것이다. 이는 장성택 처형과 관련해서도 시사점을 준다. 2016년 3월 현재까지 우리가 파악하고 있는 북한 형사법 관련 자료만으로는 장성택을 재판한 특별군사재판소의 성격이나 최고재판소의 상소심이 진행되지 않고 '형사소송법'상의 상소 기간이 남은 상태에서 형을 집행하는 등 절차상의 문제점 등이 명확하게 설명이 되지 않는다. 하지만 여기에도 우리에게는 알려지지 않은 별도의 법적 근거가 있을 가능성을 배제할 수 없다.

3. 북한 형사소송법의 주요 내용과 문제점

1) 형사소송법 제·개정 경과

'형사소송법'의 제·개정 경과도 '형법'과 마찬가지로 국내 자료와 북한 자료 간에 차이가 있다. 북한 2012년 '법전'과 『조선인권연구협회 인권보고서』에 따르면 북한의 현행 '형사소송법'은 1992년 1월 15일 최고인민회의 상설회의 결정 제12호로 채택되었고 그 후 3차에 걸쳐 수정·보충되었다고 소개하고 있다. 하지만 2013년 북한법연구회가 편찬한 『북한법령집』에 따르면 1992년 '형사소송법'을 새로 제정한 이래 2006년까지 7회나 개정이 된 것으로 되어 있고, 그 이후 북한의 2012년 법전을 통하여 밝혀진 2011년과 2012년 개정을 포함하면 모두 아홉 차례나 개정이 된 것이다. 따라서 '형사소송법'의 경우도 언제 어떤 조문이 개정되었는지를 비교하는 대신 '형사소송법'의 기본 구조 및 현행 '형사소송법'을 중심으로 주요 내용과 문제점을 살펴보고자 한다.

2) 형사소송법 기본

'형사소송법' 제6조는 "국가는 형사사건 취급처리에서 인권을 철저히 보장하도록 한다"라고 인권의 보장 원칙을 명시하고 있다. 하지만 북한 '형사소송법'은 여전히 프롤레타리아 독재를 실현하기 위한 중요한 수단으로서 사회주의 체제를 보호하는 것을 주된 목적으로 하고 있다. '형사소송법' 제2조는 "국가는 반국가 및 반민족범죄와의 투쟁에서 적아를 엄격히 가려 내여 극소수의 주동분자를 진압하고 다수의 피동분자를 포섭하며 일반범죄와의 투쟁에서 사회적 교양을 위주로 하면서 법적제재를 배합하도록 한다"라고 규정하여 계급노선 관철 원칙을 천명하고 있다. 제3조는 "국가는 형사사건의 취급처리에서 군중의 힘과 지혜에 의거하도록 한다"라고 규정하여 군중노선 관철 원칙을 견지하고 있다.

3) 형사소송 절차 개요

북한의 형사소송 절차는 수사와 예심, 검사의 기소, 제1심 재판, 제2심 재판, 판결과 판정의 집행 순서로 이루어지며, 비상상소와 재심제도를 두고 있다. 우리 형사소송 절차와 비교하면 예심제도가 있는 것이 특징이다. 하지만 북한의 예심제도는 예심제도의 원조라 할 수 있는 프랑스의 예심제도나, 일제강점기의 예심제도와는 다른 것으로 우리의 수사 절차에 해당하는 절차로 보면 된다. 재판은 우리는 3급 3심제를 채택하고 있는 데 반하여, 북한은 3급 2심제를 채택하고 있다. 1심 재판에서 인민참심원제를 두고 있는 것도 우리와 다른 점이다.

형사소송 절차와 관련하여 최근 연구 자료를 보면 수사와 예심 사이에 당 안전위원회의 개입이 있다고 한다. 즉, '형사소송법'상으로는 수사원이 수사 절차를 마치고 예심 회부 대상으로 판단하면 예심에 넘기는 결정을 하는데 이 과정에서 실제로는 시·군·구역 단위 수준의 당 안전위원회에서 구류 여부를 결정하고, 당 안전위원회의 구류 결정이 없이는 체포영장 발부는 물론 예심회부조차 되지 않는다는 것이다.[16]

---

[16] 손영조, 「북한 예심제도의 변화와 의미」, 《현대북한연구》, 제15권 3호(2012), 84~85쪽 참고.

4) 2004년 형사소송법 개정

내용 면에서 보면 북한 '형사소송법'도 2004년도 개정법이 인권 보장적 측면에서 가장 많은 변화가 있었고, 현재의 '형사소송법'의 기본이 되고 있다. 특히 2004년도 개정을 통하여 피심자·피소자를 구금할 수 있는 기간을 단축하고, 기소 및 재판을 위한 구류 기간을 명시하였다. 체포영장제도를 명확히 하였으며, 강압에 의한 진술뿐만 아니라 유도에 의한 진술도 증거로 쓸 수 없도록 하는 등 인권 보장을 강화하는 사항들도 다수 도입하였다. 수사기관이나 예심기관이 권한을 행사하는 구체적인 사유와 방법을 규정함으로써 법에 의한 사법권 통제를 도모하고, 야간심문의 원칙적 금지(제162조), 강제 심문 및 유도심문의 금지(제166조), 피심자에 대한 권리통고(제168조), 법정에서의 피소자 구속금지원칙(제282조) 등의 규정들도 모두 인권 보장과 관련된 조항이라고 할 수 있다.

5) 2012년 형사소송법 개정의 주요 내용

(1) 군수재판소 신설

현행 '형사소송법' 개정에 앞서 북한은 2011년 12월 21일 '재판소구성법'을 개정하면서 특별재판소의 종류로 기존의 군사재판소와 철도재판소 외에 군수재판소를 추가하였다. 이에 맞춰 현행 '형사소송법'은 제52조(특별재판소관할)에서 군수재판소에 관한 규정을 신설하면서 군수재판소는 군수공업 부문의 종업원이 저지른 범죄 사건과 군수공업 부문의 사업을 침해한 범죄 사건을 재판하도록 하고 있다. 이는 형법 개정 시 군수물자와 관련된 각종 범죄를 신설한 것과 관련이 있으며, 특별재판소를 신설할 만큼 최근 군수물자 관련 범죄가 증가하고 있는 것으로 보인다.

(2) 최고재판소 관할 변경

제53조 최고재판소의 관할을 "최고재판소는 도(직할시)재판소, 특별재판소의 1심 재판에 대한 상소, 항의사건을 제2심으로 재판한다"라고 개정하였다. 개정 전에는 최고재판소는 도(직할시)재판소와 특별재판소 중 철도재판소의 제1심 재판에 대한 상소·항의 사건을 2심으로 할 수 있도록 규정되어 있었다. 이 개정에 따라 기존과 달리 특별재판소인 군사재판소, 군수재판소의 1심에 대한 2심 재판을 모두 관할하게 된 것으로 해석된다. 이 개정 내용만 봐도 앞에

서 언급한 바와 같이 장성택을 재판한 '특별군사재판소'와 특별재판소의 일종인 '군사재판소'의 차이점, '특별군사재판소'에 1심에 대한 최고재판소의 상소심 가능 여부 등에 대한 의문이 제기된다.

(3) 변호인 사건기록 열람 가능 시기의 변경

변호인의 사건 기록 열람에 대하여 개정 전에는 변호인은 예심을 종결한 다음 언제든지 사건 기록을 열람할 수 있도록 하고 있었다(제118조). 하지만 개정 '형사소송법'에서는 "범죄사건이 기소된 다음에는 언제든지 사건기록을 열람할 수 있다"라고 규정하였다. 결과적으로 예심 종결 후 기소 전까지는 변호인의 사건 기록 열람이 불가능하게 되어 피심자나 피소자의 방어권 행사에 불리하게 되었다.

(4) 구속 기간 확장

구류 기간이 예심 단계에서 최장 4개월에서 5개월로 연장됐고, 검찰 구속 기간도 10일에서 15일로 늘어나 인권 보장적 측면에서 오히려 후퇴하였다(제187조, 제262조).

(5) 법정에서 피소자의 좌석 배치 변경

개정 전에는 법정에서 피소자는 재판소 성원과 마주한 자리에 앉고, 검사와 변호인이 서로 마주하도록 하였던 것을(제280조), 개정을 통하여 피소자의 위치를 검사의 맞은편으로 변경하였다(제279조).

(6) 사형집행 관련 규정의 변경

개정 전 '형사소송법' 제419조는 사형은 최고인민회의 상임위원회의 승인을 받아야 집행할 수 있다고 규정하고 있었는데, 개정 '형사소송법' 제418조는 사형은 해당 기관의 승인을 받아야 집행할 수 있다고 변경하여 해당 기관이 어느 기관을 말하는 것인지 명확하지가 않다. 사형집행 지휘 문건에 대해서는 개정 전에는 해당 재판소가 발급하도록 하고 있었으나(제422조), 개정법에서는 최고재판소가 발급하도록 하였다(제421조).

6) 형사소송법의 문제점

북한은 조선인권연구협회 인권보고서를 통하여 '형사소송법'의 내용을 소개하며 '형사소송법'이 사건 처리 취급에서 인권을 옹호하고 보장하는 데 큰 역할을 하고 있다면서 신체의 자유와 안전에 대한 권리, 공정한 재판을 받을 권리 등을 구체적으로 보장하고 있다는 점을 강조하고 있다. 앞에서 본 바와 같이 2012년 개정 시 일부 조문이 기존보다 인권 보장적 측면에서 후퇴한 것도 있지만, 대체적으로 2004년 개정 이후 인권 보장적 측면에서 많은 개선이 있었던 것이 사실이다. 하지만 아직도 구조적인 면에서 보면 다음과 같이 여러 가지 근본적인 문제점이 지적된다.

먼저 수사와 예심 절차에서는 여전히 수사기관 및 예심기관이 재판소의 사법적 심사를 받지 않고 체포·구속은 물론 압수·수색 등의 강제 처분을 검사의 지휘·감독만 받고 임의로 할 수 있도록 하고 있으며, 재판소의 통제를 받지 않는 수사와 예심 단계에서의 장기간 구금이 허용되고, 변호인의 실질적 조력을 받을 기회도 충분히 제공되지 않는다. 전체적으로 공개된 재판을 통하여 검사와 피소자의 공방을 통한 실체적 진실의 발견보다는 예심기관 및 검사의 처분이 형사 절차의 핵심이고, 재판은 형식적으로 진행될 수밖에 없는 구조이다.

재판의 독립성이라는 측면에서도 여전히 많은 문제점을 내포하고 있다. 「자유권규약」 제14조 제1항은 "모든 사람은 그에 대한 형사상의 죄의 결정 또는 민사상의 권리 및 의무의 다툼에 관한 결정을 위하여 법률에 의하여 설치된 권한 있는 독립적이고 공평한 법원에 의한 공정한 공개심리를 받을 권리를 가진다"라고 공정한 재판을 받을 권리에 대하여 규정하고 있다. 이 규정에서 말하는 '독립적인 법원'은 입법부와 행정부로부터의 사법부의 독립만을 의미하는 것이 아니라 재판을 담당하는 법관의 독립도 포함하는 내용이다.

이와 관련하여 북한 '형사소송법'은 제271조에서 "재판소는 재판에서 독자적이며 그것을 법에 의거하여 수행한다"라고 규정하여 재판의 독자성 보장을 선언하고 있다. 그러나 이는 개개 법관의 독립을 보장하는 내용이 아니라 재판소 단위의 조직체계로서의 독립만을 선언한 것에 불과하여 진정한 의미의 재판의 독립이라 할 수 없다. 또한 판사가 판결에 대하여 정치적 책임을 지고 있다. 또한 '재판소구성법' 제6조에 따르면 선거권을 가진 북한 주민은 누구나 판사가 될 수 있도록 하고 있는데, '헌법' 제66조에 의하면 재판소 판결에 의하여 선거권을 박탈당한 자와 정신병자를 제외한 17세 이상의 모든 공민에게 선거권과 피선거권이 주어지고 있으므로 법 규정에 따르면 전혀 법률적인 전문 지식이 없는 자도 판사가 될 수 있다. 다만 실제로는 북한의 판사는 주로 김일성종합대학 법학부 법학과 등에서 5년간의 정규 법학 교육을 받고 재판소에서 실습생 또는 직원, 보조판사 등의 업무를 5년 이상 수행하던 자 중에서 선출되는 것이 상례라고 한다.[17]

재판 절차에 있어서는 1심 재판은 인민참심원제를 채택하고 있다. '헌법' 제162조에 의하면 재판은 판사 1명과 인민참심원 2명으로 구성된 중앙재판소가 하는 것을 원칙으로 하되, 특별한 경우에는 판사 3명으로 구성하여 할 수 있도록 하고 있다. 최고재판소의 판사와 인민참심원은 최고인민회의 상임위원회에서 선고 또는 소환을 하며('헌법' 제115조 제13호), 도(직할시)재판소와 시(구역)·군인민재판소의 판사와 인민참심원은 해당 인민회의가 선거 또는 소환하도록 되어 있다('헌법' 제139조 제5호). 인민참심원은 판사와 동일한 지위와 권한을 가지고 있어, 사실상 노동당이 사법부를 통제하기 위한 수단으로 활용되어 사법부의 독립성을 침해할 수 있다.

재판의 공정성을 위한 공개재판 원칙과 관련하여 종전 '형사소송법'에서는 "재판은 공개한다"라고 규정하고 있었는데, 현행 '형사소송법'은 "제1심 재판은 공개한다"라고 규정하여 공개 재판 원칙을 1심 재판으로 제한하고 있다(제270조 제1항). 또한 "국가 또는 개인의 비밀을 지켜야 할 필요가 있거나 사회적으로 나쁜 영향을 줄 수 있을 경우에는 재판의 전부 또는 일부를 공개하지 않을 수 있다"라고 규정해 폭넓은 예외를 인정하고 있다(제270조 제2항).

가장 문제가 되는 것은 '형사소송법' 제53조에서 최고재판소는 "필요에 따라 어느 재판소의 관할에 속하는 제1심 사건이든지 직접 재판"을 할 수 있도록 규정하고 있고, 제358조에서는 최고재판소가 제1심 재판에서 채택한 판결과 판정은 상소나 항의를 할 수 없도록 하고 있다는 것이다. 결국 필요한 경우 최고재판소는 어떤 사건이든 1심으로 재판을 할 수 있고 이 경우에는 상소권이 보장되지 않는 것이다. 이는 형사소송의 기본 원칙 중 하나인 상급법원에 상소할 권리를 규정한 「자유권규약」 제14조 제3항의 "유죄판결을 받은 모든 사람은 법률에 따라 그 판결 및 형벌에 대하여 상급 법원에서 재심을 받을 권리를 가진다"라는 규정에 정면으로 위반되는 내용이다.

변호인의 역할에 대해서도 『조선인권연구협회 인권보고서』조차도 피소자의 법적 권리와 이익을 위한 것에 앞서 사건의 진상을 밝히고 옳게 분석·평가하여 재판소가 공정한 판결을 내릴 수 있게 협력하는 것을 우선으로 하고 있다고 소개하고 있어 피소자 입장에서는 실질적인

---

17 이승련, 「북한의 재판제도」, ≪북한법연구≫, 제7호(북한법연구회, 2004), 113쪽, 각주 12).

방어권 행사에 큰 도움이 될 것으로 기대하기 어렵다.[18]

4. 북한 형사법 체계의 특징 및 문제점

1) 위법행위에 대한 법적 제재

세계 각국의 법제는 어느 정도의 차이는 있으나 일반적으로 국가질서를 유지하기 위한 통치권 행사의 일환으로 법규 위반자에 대한 제재로 형벌과 행정벌에 대한 제도를 두고 있다.

우리나라의 법규 위반자에 대한 제재도 크게 형벌과 행정벌로 대별할 수 있다. 통상의 형사범에 대하여는 '형법'에서 규율하고 있는데, '형법'의 내용은 모든 형사범에 다 같이 적용되는 '형법총칙' 부분과 각 형사범의 구성요건 및 이에 대한 형벌의 내용을 정하고 있는 형법각칙 부분으로 나뉜다. 또한 형사범의 처벌에 관한 절차는 '형사소송법'에서 정하고 있다. 그리고 '형법' 각칙 부분에서 정하고 있는 각 범죄행위에 대하여는 다시 이를 강화하고자 하는 등의 목적으로 제정된 각종 형사특별법들이 있다.

한편 이와 같은 형사범을 규율하기 위한 '형법'과 형사특별법 외에 상당수의 행정법규에서도 법규 위반자에 대한 행정벌을 두고 있다. 행정벌에는 '형법'상의 형벌을 처벌 수단으로 하는 행정형벌과 과태료를 처벌 수단으로 하는 행정질서벌이 있다. 그중 행정형벌은 비록 행정법규 위반에 대한 제재라 할지라도 형벌을 제재 수단으로 하고 있기 때문에 형법총칙과 '형사소송법'의 적용을 받으므로 사실상 일반 형벌과 구별할 실익이 없다. 따라서 일반적으로 행정벌이라고 하면 과태료를 수단으로 하는 행정질서벌을 의미한다. 이러한 행정벌은 형벌이 아니므로 '형사소송법'의 적용을 받는 것이 아니라 일차적으로는 주무 행정관청이 과태료를 부과하고 이에 불복이 있을 때만 법원의 재판에 의하여 부과하고 있다.

---

[18] 1947년 2월 7일 임시인민위원회 결정 제179호로 제정된 '변호사에 관한 규정' 제1장은 변호사의 임무에 대해 "제1조 변호사는 아래와 같은 방법에 의하여 각급 재판기관에 법률적 원조와 협력을 다함으로써 공정한 재판의 실시에 기여함을 그 임무로 한다. 1. 재판수속에 있어서 객관적으로 정당한 법률상의 해석을 주장하여 위임받은 소송관계자 및 피소자의 리익을 옹호한다. 2. 국가기관, 기업소, 사회단체 및 인민위원회에 법률적 원조를 주며 그들의 대리로 재판기관, 그 밖의 기관에 대하여 정당한 권리를 표명·주장한다. 3. 인민의 문의 또는 요구에 응하여 문서 또는 구두로 법률적 원조를 준다"고 규정하고 있다. 정경모·최달곤 공편, 『북한법령집』 제1권, 213쪽.

2) 행정법규상 처벌규정 입법 방식의 특징과 문제점

북한의 경우도 법규 위반자에 대한 제재는 우리와 마찬가지로 크게 형벌과 행정처벌로 대별하고 있다. 다만 우리의 경우에는 개별 행정법규에서 해당 법률을 위반한 자에 대하여 형사처벌에 관한 규정과 행정처벌에 관한 규정을 두고 있다.

하지만 북한의 경우에는 우리 법체계상 행정법규에 해당하는 것으로 볼 수 있는 각 법률에는 대체로 마지막 조문에 "제○조(행정적 또는 형사적 책임) 이 법을 어겨 ○○사업에 엄중한 결과를 일으킨 기관, 기업소, 단체의 책임있는 일군과 개별적공민에게는 정상에 따라 행정적 또는 형사적책임을 지운다"라고 규정하고 있고, 구체적인 형사처벌은 '형법'에서, 행정처벌은 '행정처벌법'에서 규율하고 있다. 물론 형법이나 '행정처벌법'에서는 각기 법에서 정한 행위만을 처벌하도록 하고 있다. 따라서 개별 행정법규에서 규정하고 있는 이와 같은 포괄적 규정만으로는 형사처벌이나 행정처벌을 할 수 없다고 해석된다.

그런데 이와 같은 입법 방식은 여러 가지 문제가 있다. 첫째, 이와 같은 규정만으로는 해당 법률의 어느 규정을 위반한 경우에 행정처벌이나 형사처벌이 되는지를 알 수가 없다. 둘째, 행정처벌과 형사처벌이 해당 법률의 위반행위의 태양에 따라 구별되는 것이 아니라 '정상에 따라' 즉 위반의 정도에 따라 구별된다는 것이다. 이렇게 되면 같은 위반행위라도 이를 엄중하게 볼 것이냐 아니냐에 따라 행정처벌을 할 수도 있고 형사처벌을 할 수도 있게 되고, 결과적으로는 법집행 기관의 자의적인 해석과 법 적용이 가능하게 된다. 또한 행위자 입장에서는 자신이 위법행위를 한 경우 형사처벌을 받게 되는 것인지 아니면 행정처벌을 받게 되는 것인지에 대한 예견 가능성이 없게 된다. 셋째, 이와 같은 입법 방식을 채택하면 행정법규의 제·개정이 있을 때마다 '형법'과 '행정처벌법'을 개정하여야 하는데, 기본법적 성격을 갖는 '형법'과 '행정처벌법'을 수시로 개정하는 것도 불편한 일이고, 행정법규 제·개정 후 '형법'과 '행정처벌법'을 개정하여 실제로 처벌을 할 수 있게 되기까지 시차가 발생할 수 있다.

북한도 이러한 문제점을 인식하였기 때문인지는 모르지만 2008년 이후 일부 행정법규를 제·개정하면서 행정적 책임에 관한 규정과 형사적 책임에 관한 규정을 구분하기 시작하였다. 예를 들어 2009년 12월 10일 최고인민회의 상임위원회 정령 제484호로 채택된 '로동정량법'을 보면 다음과 같이 행정적 책임과 형사적 책임을 별개의 조문으로 규정하고 있다.

제32조(행정적책임) 다음이 경우에는 기관, 기업소, 단체의 책임있는 일군과 개별적공민에게 정

상에 따라 해당한 행정처벌을 준다.

1. 로동정량에 대한 심의승인을 바로하지 않아 손해를 주었을 경우

2. 로동정량을 망탕 제정, 적용하여 손해를 주었을 경우

3. 승인되지 않은 로동정량을 적용하여 손해를 주었을 경우

4. 승인없이 림시로동정량을 1개월이상 적용하였을 경우

5. 로동정량을 제때에 재사정하지 않아 손해를 주었을 경우

6. 로동결과에 대한 평가와 로동보수지불을 로동정량과 다르게 하였을 경우

7. 승인된 로동정량을 마음대로 고쳐 적용하였을 경우

8. 이밖에 로동정량제정 및 적용질서를 어겨 손해를 주었을 경우

제33조(형사적책임) 이 법 제32조의 행위로 엄중한 결과를 일으켰을 경우에는 기관, 기업소, 단체
의 책임있는 일군과 개별적공민에게 형법의 해당 조문에 따라 형사적책임을 지운다.

물론 이와 같은 입법 방식을 채택하였더라도 제32조 제8호와 같이 그 내용이 포괄적이어
서 명확성의 원칙에 반하는 것도 있고, 여전히 행정처벌과 형사처벌의 구별 기준이 그 결과가
엄중하냐 아니냐에 따라 달라지기 때문에 법집행기관의 자의적인 법해석과 적용이 가능하다
는 문제점이 있기는 하다. 하지만 적어도 해당 행정법규의 어떤 내용을 위반하였을 경우에 행
정처벌이나 형사처벌 대상이 되는지는 기본의 입법 방식보다 훨씬 구체화되었다는 점에서는
상당히 개선된 방식이라고 본다.

이와 같은 입법 방식을 채택한 법률로는 '로동보호법'(2010년 7월 8일 채택), '기업소
법'(2010년 11월 11일 채택), '자재관리법'(2010년 11월 25일 채택), '전력법'(2008년 9월 30일 수정·
보충), '철도차량법'(2010년 12월 22일 채택), '선원법'(2009년 12월 10일 채택), '계량법'(2010년 9월
1일 수정·보충), '원림법'(2010년 11월 25일 채택), '대동강오염방지법'(2008년 9월 23일 채택), '방
사성오염방지법'(2011년 8월 29일 채택), '지진, 화산피해방지 및 구조법'(2011년 8월 29일 채택),
'자연보호구법'(2009년 11월 25일 채택), '전기통신법'(2011년 12월 14일 채택), '문화유물보호
법'(2009년 3월 31일 수정·보충) 등이 있다.

3) 형법 이외의 형사실체법

(1) 형법부칙

북한은 2007년 12월 19일 최고인민회의 상임위원회 정령 제2483호로 '형법부칙(일반범죄)'을 채택하였다. 그러나 이 부칙을 정식으로 공개하고 있지 않다.[19] 2009년에 북한 인민보안성출판사에서 발행한 『법투쟁부문 일군들을 위한 참고서』에도 '형법부칙'에 대한 내용은 찾아볼 수 없다.

이 부칙은 총 23개 조문으로 구성되어 있으며, 비록 법률명은 '형법부칙'으로 되어 있으나 기존 '형법'의 수정이나 보충이 아닌 개별 법 제정 형태를 취하고 있으며 성격상 '형법부칙'은 특별 형법에 해당한다고 본다.

제정 '형법부칙'의 내용은 크게 두 가지로 분류되는데, 그중 한 가지는 이미 '형법'에서 규정하고 있는 일부 범죄에 대하여 그 정상이 '극히 무거운 경우' 등에 대한 가중처벌 조항을 둔 것이다. 원래 북한 '형법'은 대부분의 각 조문에서 기본형과 가중형을 같이 두고 있는 것이 특징이다. 이때 가중형의 구성요건은 보통 정상이 (특히) 무거운 경우를 말한다. 그런데 이 '형법부칙'에서는 정상이 극히(일부는 특히) 무거운 경우에 대한 가중처벌이 가능하도록 하면서 이에 대한 법정형으로 사형을 선고할 수 있도록 하고 있다. 이에 해당하는 것으로는 극히 무거운 형태의 전투기술기재, 군사시설 고의적 파손죄(제1조), 극히 무거운 형태의 국가재산략취죄(제2조), 극히 무거운 형태의 국가재산강도죄(제3조), 극히 무거운 형태의 국가재산 고의적파손죄(제4조), 극히 무거운 형태의 화폐위조죄(제5조), 극히 무거운 형태의 귀금속, 유색금속 밀수, 밀매죄(제6조), 극히 무거운 형태의 마약 밀수, 밀매죄(제11조), 특히 무거운 형태의 교화인 도주죄(제14조), 특히 무거운 형태의 불량자행위죄(제17조), 특히 무거운 형태의 고의적 중상해죄(제19조), 극히 무거운 형태의 유괴죄(제20조), 특히 무거운 형태의 강간죄(제21조), 극히 무거운 형태의 개인재산강도죄(제22조)가 있다.

다른 한 가지는 기존 '형법'에 없던 범죄를 신설한 것인데 이에 해당하는 것으로는 전략에 비물자를 비법적으로 판 죄(제7조), 국가자원밀수죄(제8조), 외화도피죄(제9조), 건설법규위반죄(제10조), 마약 및 마약원료의 보관, 공급질서위반죄(제12조), 다른 나라에서 사는 사람에 대

---

19 2010년도 대한변호사협회의 탈북자 면접조사에서는 응답자 200명 중 6명이 이 '형법부칙' 제정에 대하여 알고 있다고 응답하였고, 이 중 1명은 '형법부칙'의 적용에 의하여 사형이 집행된 사례를 알고 있다고 응답하였다. 한명섭, 「북한 형사법률의 적용실태」, 『(2010)북한인권백서』(대한변호사협회, 2010), 172쪽.

한 비법협조죄(제13조), 범인묵인죄(제15조), 사건해결방해죄(제16조), 비법적인영업죄(제18조)가 있다. 이 중 국가자원밀수죄의 정상이 특히 무거운 경우와 비법적인 영업죄 중 식당이나 려관을 운영하면서 성 봉사를 조직한 경우에는 사형에 처할 수 있도록 하고 있다.

다만, 이 '형법부칙'은 2010년 10월 26일 최고인민회의 상임위원회 정령 제1152호 및 지시 제44호로 개정되었다.

개정된 내용을 살펴보면 기존의 23개 조문이 11개 조문으로 줄면서 제7조(전략예비물자를 비법적으로 판 죄), 제8조(국가자원밀수죄), 제9조(외화도피죄), 제10조(건설법규위반죄), 제11조(극히 무거운 형태의 마약 밀수, 밀매죄), 제12조(마약 및 마약원료의 보관, 공급질서위반죄), 제13조(다른 나라에서 사는 사람에 대한 비법협조죄), 제15조(범죄묵인죄), 제16조(사건해결방해죄), 제17조(특히 무거운 형태의 불량자행위죄), 제18조(비법적인 영업죄), 제19조(특히 무거운 형태의 고의적 중상해죄) 등 12개가 삭제되었다. 또한 나머지 범죄의 경우에도 대부분 사형만을 법정형으로 규정하였던 것을 무기로동교화형 또는 사형에 처하도록 개정하여 법정형을 완화하였다. 인권보장 측면에서 본다면 여전히 문제의 소지가 있는 법률이지만 개정 전과 비교해서는 상당히 개선된 것이다. '형법부칙'을 개정하게 된 구체적인 이유는 알 수 없지만 국제사회의 비난이 상당한 영향을 미쳤을 것으로 보인다.[20]

(2) 인민보안성 포고

북한 형사실체법은 '형법'과 '형법부칙'이다. 그러나 현실에서는 인민보안성의 각종 포고도 북한 '형법'의 특별법 역할을 하고 있다.

비록 오래전 자료이기는 하나 북한 사회안전부가 공화국정부의 위임에 따라 1997년 8월 5일 발표한 포고령을 보면 낟알을 포전과 무지, 탈곡장, 창고에서 훔친 자 중 특히 엄중한 자는 총살한다고 기재되어 있다.[21] 대북인권단체인 '좋은벗들'의 소식에 의하면 2006년 3월 1일 자로 북한은 인민보안성 명의로 다음과 같이 「전력선, 통신선을 끊거나 마약거래 행위 하는 자들을 엄벌에 처함에 대하여」를 발표하였다.[22] 실제로 발표가 나온 이후 마약유통자들에 대한 공개처형이 이어졌다고 한다.[23]

---

20 대한변호사협회, 『2018 북한인권백서』(서울: 대한변호사협회, 2018), 73쪽

21 통일연구원, 『북한인권백서 2006』(통일연구원, 2006), 26쪽.

22 좋은벗들, ≪시선집중≫, 13호, 2006년 10월 13일 자.

23 "북한 마약중독자 확산 결코 방관해서는 안된다", ≪데일리 NK≫, 2007년 7월 26일 자.

2006년 11월 15일에는 인민보안성 명의로 「전력생산에 저해를 주거나 전력을 낭비하는 자들을 엄격히 처벌할 데 대하여」라는 포고문을 전국에 내리고 전력 낭비 현상을 막기 위하여 전력 생산에 필요한 원료를 빼돌리는 현상과 뇌물을 주고 불법적으로 전력을 사용하는 현상, 불법적으로 전기를 연결해 끌어 쓰는 현상 등에 대해서는 벌금 또는 노동교화형 등의 상응하는 처벌을 내릴 것을 경고한 바도 있다.[24]

2009년 12월 28일에도 역시 인민보안성 명의로 「조선민주주의인민공화국 령역에서 외화를 류통시키는 자들을 엄격히 처벌함에 대하여」를 발표하였다. 이 포고문을 보면 외화를 유통시키는 등 포고문에서 금지한 사항을 어긴 기관, 기업소, 사회협동단체는 경영활동과 영업을 중지시키거나 해산하고 거래한 돈과 물건을 몰수하며 외화로 물건을 팔고 사는 자, 외화암거래, 고리대, 거간, 뇌물 행위를 비롯하여 비법적으로 외화를 유통하거나 약취한 자, 그러한 행위를 조직하거나 묵인·조장시킨 자에 대해서는 거래한 돈과 물건을 몰수하고 엄중성 정도에 따라 사형에 이르기까지 법적으로 엄격히 처벌한다고 규정하고 있다. 포고문 전문을 소개하면 다음과 같다.

조선민주주의인민공화국 령역에서 외화를 류통시키는자들을 엄격히 처벌함에 대하여

국가의 유일적인 화폐류통질서를 철저히 지키는 것은 모든 공민들의 신성한 법적의무이며 민족의 자주권을 지키고 사회의 경제적 기초를 보호하기 위한 중요한 담보이다.

그러나 최근 일부 기관, 기업소, 사회협동단체와 공민들은 국가의 화폐류통질서를 란폭하게 위반하여 사람들의 사상정신생활에 커다란 후과를 미치게 하고 있으며 건전한 사회질서를 파괴하고 사회주의경제관리질서를 헝클어 놓고 있다.

이것은 국가와 인민의 리익을 침해하는 엄중한 범죄행위이며 강성대국건설을 저해하고 우리식 사회주의제도를 좀먹는 매우 위험한 해독행위이다.

인민보안성은 공화국정부의 위임에 따라 국가의 화폐류통질서를 엄격히 세우고 국내에서 외화를 류통시키는 범죄와 위법행위를 철저히 없애기 위하여 다음과 같이 포고한다.

1. 모든 기관, 기업소, 사회협동단체와 공민들은 국내에서 외화현금을 류통시키는 행위를 일체 하지 말라.

---

24 좋은벗들, 《오늘의 북한 소식》, 48호, 2007년 2월 5일 자.

1) 외화상점, 식당, 봉사소를 비롯한 모든 단위들에서 외화현금을 받고 진행하던 봉사를 일체 중지하고 우리돈으로 봉사하라. 비행장, 국제려관을 비롯한 전문대외봉사단위들은 외국인들이 외화를 화폐교환소에서 우리돈으로 바꾸어 쓸 때에만 봉사하라.

2) 국가기관들이 외화로 받아들이던 각종 수수료와 운임, 료금 등을 우리돈으로 받으라.

3) 모든 무역기관(합영, 합작단위 포함)들은 수입한 상품을 국가계획에 따라 공급하며 계획에 없는 기관, 기업소 사회협동단체와 공민들에게 수입상품을 넘겨주어 비법적인 외화류통을 조장시키는 모리간상행위를 일체 하지 말라.

4) 모든 공민들은 외화를 반드시 화폐교환소를 통하여 우리돈과 바꾸어 쓰는 질서를 철저히 지키며 외화를 가지고 암거래, 차판장사, 고리대, 사기협잡, 거간, 밀수, 뢰물, 략취 등의 범죄행위를 일체 하지 말라.

5) 모든 기관, 기업소, 사회협동단체들에서 필요한 외화는 국가계획에 맞물려 보장받으라.

2. 국가가 승인해준 단위들을 제외한 그밖의 모든 단위들의 국내수출지표를 모두 없애며 국내 기관, 기업소, 사회협동단체호상간 비법적인 외화무현금거래를 일체 하지 말라.

3. 해당은행기관들은 외화와 우리돈의 교환체계와 질서를 바로 세우고 교환사업을 책임적으로 하라.

4. 모든 기관, 기업소, 사회협동단체와 공민들은 비법적인 외화류통을 단속통제하는 감독통제기관과 일군들의 사업을 간섭하거나 방해하는 행위를 절대로 하지 말며 국내에서 비법적으로 외화를 거래하는 행위를 보면 즉시 법기관에 신고하라.

5. 이 포고를 어긴 기관, 기업소, 사회협동단체는 경영활동과 영업을 중지시키거나 해산하고 거래한 돈과 물건을 몰수하며 외화로 물건을 팔고 사는자, 외화암거래, 고리대, 거간, 뢰물행위를 비롯하여 비법적으로 외화를 류통하거나 략취한자, 그러한 행위를 조직하거나 묵인조장시킨 자에 대해서는 거래한 돈과 물건을 몰수 하고 엄중성 정도에 따라 사형에 이르기까지 법적으로 엄격히 처벌한다.

6. 이 포고는 국가의 모든 기관, 기업소, 사회협동단체(무력 및 특수기관 포함)와 공민들, 외국인들에게 2010년 1월 1일부터 적용한다.

조선민주주의인민공화국 인민보안성

주체 98(2009)년 12월 28일

(3) 행정처벌법

북한은 2004년 7월 14일 '행정처벌법'을 제정하였고, 2011년 10월 16일까지 7년 동안 여덟 차례나 개정하였다. '행정처벌법'은 "위법행위와 행정처벌에 대한 규제를 정확히 하고 그 적용에서 제도와 질서를 엄격히 세워 위법현상을 막고 온 사회에 준법기풍을 확립하는데 이바지"할 목적으로 채택된 것이다(제1조). 법 제정 당시에는 조문 수가 199개였고, 이후 수회에 걸친 수정·보충 시에도 조문 수의 증가는 없이 개별 조문의 내용을 구체화하거나 보충하는 정도였으나 2011년 개정을 통하여 조문 수가 254개로 대폭 증가하였다.

'행정처벌법'의 처벌 대상은 형사처벌의 대상이 되는 국방관리질서 위반행위를 비롯하여 경제관리질서, 문화관리질서, 일반행정질서, 공동생활질서 위반행위 등 거의 모든 행위를 망라하고 있다. 행정처벌의 대상이 되는 위법행위나 형사처벌의 대상이 되는 범죄의 구성요건을 보면 큰 차이가 없음을 알 수 있다. 따라서 동일한 위법행위에 대해서도 당국의 편의에 따라 행정처벌을 할 수도 있고 형사처벌을 할 수도 있는 자의적인 법집행이 가능하다. 또한 행정처벌의 종류 중에는 1개월 이상 6개월 이하의 무보수노동처벌도 있는데, 그 집행은 어렵고 힘든 부문에서 노동을 시키는 방법으로 하도록 하고 있다(제16조). 이는 사실상 복잡한 절차에 따른 형사처벌보다는 단순한 절차에 따라 신속하게 조치를 취할 수 있는 행정처벌을 통하여 주민들에 대한 통제를 강화하기 위하여 제정된 법이라 할 수 있다.[25]

북한은 행정처벌의 본질과 특성에 대하여 "행정처벌은 형사적처벌과는 달리 행정적성격을 떤다는 것은 법 위반자들이 인신상 자유를 구속하지 않고 사회정치생활은 그대로 하면서 행정적인 통제로 집행된다는 것을 의미한다"라고 설명한다.[26] 이러한 기준에 의하면 무보수노동처벌은 인신 구속을 하지 않는다는 점에서는 행정처벌에 속한다.

하지만 형사처벌이 아닌 행정처벌로 무보수노동처벌을 할 수 있도록 한 것은 강제노동을 금지한 「자유권규약」에 위반된다. 「자유권규약」 제8조 제3항 (a)호는 "어느 누구도 강제노동을 하도록 요구받지 않는다"라고 규정하고 있다. 다만 같은 항 (b)호에서 "범죄에 대한 형벌로 중노동을 수반한 구금형을 부과할 수 있는 국가에서, 권한 있는 법원에 의하여 그러한 형의 선고에 따른 중노동을 시키는 것을 금지하는 것으로 해석되지 아니한다"라고 예외 규정을 두고 있다. 또한 같은 항 (c)호는 ① (b)호에서 언급되지 아니한 작업 또는 역무로서 법원의 합법적

---

25   한명섭, 「북한의 인권 관련 법률과 그 적용 실태」, 『(2014)북한인권백서』(대한변호사협회·대한변협인권재단, 2014), 83쪽.

26   리철광, 「행정처벌의 본질과 특성」, 《정치법률연구》, 제3호(평양: 과학백과사전출판사, 2010), 40쪽.

명령에 의하여 억류되어 있는 자 또는 그러한 억류로부터 조건부 석방 중에 있는 자에게 통상적으로 요구되는 것, ② 군사적 성격의 역무 및 양심적 병역거부가 인정되고 있는 국가에서는 양심적 병역거부자에게 법률에 의하여 요구되는 국민적 역무, ③ 공동사회의 존립 또는 복지를 위협하는 긴급사태 또는 재난 시에 요구되는 역무, ④ 시민으로서 통상적인 의무를 구성하는 작업 또는 역무를 강제노동에 포함되지 않는 것으로 규정하고 있을 뿐이다. 그러나 북한 '행정처벌법'상의 무보수노동처벌은 앞의 규정 어디에도 해당하지 않는다. 이러한 문제점을 인식하였기 때문인지 북한은 이 법의 제정 이후인 2012년에 발간한 법전에도 이 법을 수록하고 있지 않고 대외비로 취급하고 있다.[27]

(4) 인민보안단속법

'인민보안단속법'은 1992년 12월 28일 채택된 '사회안전단속법'의 대체 법률로 가장 최근에 개정된 것은 2005년 7월 26일 최고인민회의 상임위원회 정령 제1226호로 수정·보충된 것으로 알려지고 있다.

이 법은 "인민보안단속에서 제도와 법질서를 엄격히 세워 법질서를 어기는 행위를 저지시키고 정확히 조사, 처리하는데 이바지"할 목적으로 제정된 법률로(제1조), "형사책임을 추궁할 정도에 이르지 못한 법질서를 어긴 자"에게 적용한다(제7조).

구체적인 단속 대상 행위는 제9조부터 제40조 사이에서 규정하고 있는데, 정치적 안전에 위험을 주는 행위, 기관·기업소·단체의 설비 또는 자재를 불법적으로 빼돌리는 행위, 승인을 받지 않고 매대에서 돈벌이를 하는 행위, 농기계나 소 관리를 제대로 하지 않는 행위, 전기를 낭비하는 행위, 미신행위, 밀수·밀매, 허가 없이 국경을 넘나드는 행위, 패싸움, 환경오염행위 등 북한 주민의 일상생활에 관한 광범위한 행위를 대상으로 하고 있다.

이 법에서 정한 법질서를 어긴 자를 단속하였을 경우에는 그의 거주지나 직장을 관할하는 인민보안기관에 넘겨주거나 교양 처리를 할 수 있도록 하고 있으며(제55조), 인민보안기관 책임 일군협의회는 법질서를 어긴 자를 심의하고 노동교양, 자격정지, 강급, 자격박탈, 중지, 몰수처벌을 주거나 교양 처리를 할 수 있다. 그 밖의 행정적 처벌을 하려면 사회주의법무생활지도위원회에 제기하고, 형사적 책임을 추궁하려면 '형사소송법'에 따르도록 하고 있다. 예외적으로 여행질서나 교통질서, 빈차운행질서를 어긴 자에 대하여는 직접 벌금을 물릴 수 있다(제57조).

---

[27] 한명섭, 「북한의 인권 관련 법률과 그 적용 실태」, 83~84쪽.

4) 형사실체법 입법체계와 방식의 문제점

앞에서 살펴본 바에 따르면 북한의 법체계상 법질서 위반행위자에 대한 처벌의 강도에 따라 법원(法源)을 분류해 보면 ㉠ 인민보안성 포고, ㉡ '형법부칙', ㉢ '형법', ㉣ '행정처벌법', ㉤ '인민보안단속법' 순서가 될 것이다. 이 중 인민보안성 포고와 '형법부칙', '형법'에 의한 처벌은 형벌에 해당하고, '행정처벌법'과 '인민보안단속법'에 의한 처벌은 행정벌이라 할 수 있다.

문제는 이러한 각 법규에서 정하고 있는 처벌 또는 단속 대상이 되는 행위의 구성요건에 관한 것이다. 즉 앞의 포고나 '형법부칙', '형법', '행정처벌법', '인민보안단속법'상의 처벌의 대상이 되는 행위의 구성요건이 상당수 중복된다는 것이다.

'행정처벌법'만 보더라도 그 처벌의 대상이 되는 각 위반행위의 내용이 '형법' 각칙에서 정하고 있는 각 죄의 구성요건과 대부분 중복된다. 심지어는 폭행(제173조), 절도, 공갈, 사기(제174조)와 같은 행위도 '형법'과 '행정처벌법' 모두 위반행위 유형으로 규정하고 있으며, 구성요건의 차이점도 발견하기 어렵다. 이는 앞에서 본 바와 같이 북한의 각종 행정법규가 해당 법규에서 정한 질서를 위반한 경우 "정상에 따라" 행정적 또는 형사적 책임을 지운다고 규정하여 형사처벌과 행정처벌을 정상에 따라 구별하고 있는 기본적 태도에서 비롯된 것이다.

남한을 비롯한 법치주의국가가 위법행위에 대한 법적 제재로 형벌과 행정벌을 채택하면서도 형벌의 대상과 행정벌의 대상 행위를 명백히 구별하고 있는 것과 뚜렷하게 구별되는 형식이다. 남한의 법률만 보더라도 각 행정법규상 형벌의 대상과 행정벌의 대상이 되는 행위의 태양이 명백히 구별되어 있다. 또한 '형법'에서 처벌 가능한 행위 중 죄질이 무거워 가중처벌을 할 수 있도록 한 각종 형사특별법, 예를 들어 '특정범죄 가중처벌 등에 관한 법률'이나 '특정경제범죄 가중처벌 등에 관한 법률' 등과 같이 가중처벌을 하는 범죄의 구성요건은 행위 태양이나 피해 정도 등에 의하여 '형법'에서 정한 구성요건과는 명백히 구별이 되므로, 해당 범죄를 어느 법을 적용하여 처벌을 할 것인지가 명확하다.

하지만 북한의 경우에는 같은 구성요건에 해당하는 동일한 행위를 놓고 '정상'이라는 불확정 개념에 따라 형벌과 행정벌을 선택할 수 있고, 형벌을 부과하기로 한 경우라도 그 정상이 보통인 경우, 무거운 경우, 특히 무거운 경우, 극히 무거운 경우 중 어느 경우에 해당하는 지에 따라 그 처벌을 달리할 수 있다.

예를 들어 여성을 희롱하는 불량자 행위를 한 경우 '인민보안단속법' 제23조[28]를 적용하면 이 법 제57조에 의해 단순 교양 처리도 가능하고, '행정처벌법' 제191조를 적용하면 벌금 또는 3개월 이하의 로동교양 처벌, 정상이 무거우면 3개월 이상의 로동교양 처벌을 부과할 수 있다. 하지만 '형법' 제246조를 적용하면 파렴치한 불량자적 행위는 1년 이하의 로동단련형에, 잔인한 방법으로 불량자적 행위를 하면 5년 이하의 로동교화형에 처할 수 있고, 패를 지어 사회에 불안과 공포를 조성한 주동분자는 5년 이상 10년 이하의 로동교화형에 처할 수 있다. 더 나아가 개정되기 전 '형법부칙' 제17조에 따르면 불량자 행위의 정상이 특히 무거운 경우에는 무기로동교화형이나 사형에 처하도록 하고 있었다.[29]

이처럼 북한의 형사처벌은 행정처벌과 명확하게 구별이 되지도 않고, 법 집행자의 정상의 정도에 대한 자의적인 판단에 따라 교양 처리도 가능하고 사형도 가능하다는 것이 되어 법체계 자체만으로도 법 집행자의 자의적인 판단이 얼마든지 이루어질 수 있다는 것이 된다.

다만 『법투쟁부문 일군들을 위한 참고서』를 살펴보면 정상이 무거운 경우가 어떤 경우인지를 명확하게 설명하고 있는 부분이 있어 주목을 끈다. 예를 들면 '형법' 제121조는 "철도, 수상, 항공운수부분 일군이 운수조직과 지휘를 무책임하게 하였거나 교통질서를 어겨 기차, 배, 비행기를 전복, 파손시켰거나 그 정상적 운행에 지장을 주었거나 인명피해를 준 경우에는 3년 이하의 로동교화형에 처한다. 앞항의 행위로 많은 인명피해를 준 경우에는 3년 이상 8년 이하의 로동교화형에 처한다. 정상이 무거운 경우에는 8년 이상의 로동교화형에 처한다. 정상이 특히 무거운 경우에는 무기로동교화형에 처한다"라고 규정하고 있다. 이 조문에서 말하는 "정상이 무거운 경우"란 20명 이상 30명까지의 인명 피해를 일으킨 경우를 의미하며 30명 이상의 인명 피해를 일으킨 경우에는 "정상이 특히 무거운 경우"에 해당된다고 설명하고 있다.[30] 이처럼 정상이 무거운 경우에 대한 구체적인 설명은 이 책의 여러 곳에서 찾아볼 수 있다. 다만 이러한 설명들에 대한 근거가 제시되어 있지 않아 이 책을 발간하면서 기준을 마련한 것인지, 아니면 우리가 모르는 다른 형태의 법규로 정해져 있는 것인지는 알 수 없다.

이와 같은 기본적 문제점은 북한이 2004년도 '형법' 개정 이후 죄형법정주의를 명문화하고, 각 범죄의 구성요건을 명확하게 하였다는 긍정적인 평가를 무의미하게 만든다.

북한이 아직까지도 공개를 하지 않고 있는 개정 전 '형법부칙'을 보면 '형법' 제258조의 가

---

28 "인민 보안기관은 패싸움을 하거나 또는 녀성을 희롱하거나 남의 옷에 더러운 것을 발라 놓는 것 같은 불량자적행위를 단속한다."

29 '형법부칙' 제17조는 2010년 10월 26일 최고인민회의 상임위원회 정령 제1152호 및 지시 제44호로 개정되면서 삭제되었다.

30 인민보안성, 『법투쟁부문 일군들을 위한 참고서』, 203쪽.

중 형벌 형태인 부칙 제17조에서 "불량자행위의 정상이 특히 무거운 경우에는 무기로동교화형 또는 사형에 처한다"라고 규정하고 있다. '형법부칙' 제23조에서는 "한 범죄자가 범한 여러 범죄행위의 정상이 특히 무겁거나 개준성이 전혀 없는 자는 무기로동교화형 또는 사형에 처한다"라고 규정하고 있다. 경우에 따라서는 이 2개의 조문만 활용해도 거의 모든 행위에 대하여 가중처벌이 가능해지므로, 이는 '형법'에서 천명한 죄형법정주의의 채택이 무의미하게 되어버린다.

대한변호사협회의 2010년도 탈북자 면접 조사에 의하면 인민보안성의 포고문이 몇 달에 한 번꼴로 발표되며, 강연회를 통하여 그 내용이 전달되고 포고문 내용을 위반하면 형벌을 받는다고 한다. 이 내용대로라면 북한은 2004년의 '형법' 개정을 통하여 죄형법정주의를 천명하고서도 여전히 당국의 포고에 의해 형법상 법정형으로 사형이 규정되어 있지 않은 범죄행위를 반국가범죄로 의제해 사형 선고가 가능하게 하여 결과적으로는 죄형법정주의 원칙을 지키고 있지 않다는 비난을 면할 수 없다. 심지어는 「전력선, 통신선을 끊거나 마약거래 행위 하는 자들을 엄벌에 처함에 대하여」라는 포고문을 보면 직접 이 포고를 어긴 자뿐만 아니라 그 가족까지 추방하도록 하고 있고, 단순히 이들에 대하여 신고하지 않은 자에 대해서도 무거운 형사처벌을 하고 있다. 더군다나 기존의 포고문을 보면 이와 같은 포고들이 한시법의 성격을 갖는다고 보기도 어려워, 탈북자들의 증언과 같이 이 같은 포고가 수시로 발령된다면 결국 형사실체법의 기본법인 '형법'은 사문화되고 있다고 볼 수도 있을 것이다.

다만 최근 몇 년 사이에 이와 같은 포고문이 발표되었다는 정보가 없다가 2015년 2월 4일 국방위원회 인민보안부 명의로 「교통사고를 내거나 교통질서와 바다출입질서를 어기는 자들을 엄격히 처벌함에 대하여」라는 포고문을 공포하였다.

북한 당국은 포고문에서 "최근 일부 기관, 기업소, 단체들과 법 치안 일군들은 운전수, 종업원, 주민들에 대한 장악 통제를 바로 하지 않아 나라의 교통질서와 바다 출입질서가 심히 문란해지고 나라와 인민재산에 피해를 주는 엄중한 사고까지 발생시키고 있다"라고 지적하였다. 이어 "이것은 사회주의 경제강국 건설을 방해하는 엄중한 해독행위며 인민대중 중심의 사회주의를 고립압살하기 위해 악랄하게 책동하는 적들을 도와주는 이적행위"라고 강조하였다. 포고문은 "운전자격이 없거나 면허운전자격급수를 소유하지 못한 자에게 운전기재를 몰게 하는 행위, 기술상태가 불비한 차를 운영하게 하는 행위 등 교통질서에 어긋나는 행위를 하지 말라"라고 지시하였다. 이어 "모든 운전자들은 평양시의 세거리 네거리에서 푸른 신호등이 꺼지고 붉은 신호등이 켜지면 저지선을 넘어서는 행위를 절대로 하지 말라"며 "규정을 어긴 자동차들은 어느 기관의 소속되어 있는 누구의 차든 관계없이 무조건 회수한다"라고 밝히고 있다. 또한 "음주 또는 고속운전행위, 승인 없이 차에 표식(바퀴 포함)을 붙이거나 창가림을 하는 행위, 가짜번호를 단 차를 몰고 다니는 행위 교통신호와 갈림길 질서를 어기는 행위 등 차 운행질서를 어기는 행위를 하지 말라"며 "이런 행위를 하였을 경우에는 소속에 관계없이 차를 무조건 회수하며 엄중한 결과를 발생시켰거나 차로 사람을 죽이고 도주한 자는 형사책임에 이르기까지 엄하게 처벌한다"라고 밝혔다. 해상질서와 관련해서는 "모든 기관, 기업소, 단체들은 경계해상과 어로금지계선에 비법적으로 침입해 물고기 잡이를 하는 행위를 하지 말라"며 "공해해상, 어로금지해상, 국경해상의 어로금지계선을 의도적으로 침입한 배들은 몰수하며 이런 행위를 여러번 했을 경우에는 기업소와 단체를 해산하고 당사자는 물론 비법행위를 조직하고 보장해 준 자도 법적으로 엄격히 처벌한다"라고 밝혔다.[31]

이 포고문을 보면 북한 내에서도 교통질서 위반이나 해상 출입 및 생산활동과 밀수입 등이 기존보다 심각한 사회 문제로 등장하고 있음을 알 수 있다. 다만 기존의 포고문들이 대체로 '형법' 규정과는 별도로 사형 등 극형에 처할 수 있도록 하고 있는 데 반해 새로운 포고문은 법의 집행을 엄하게 할 것임을 경고하는 한편, "교통사고를 발생시키고 도주하는 행위, 해상에서 폭행·강도행위를 해 인명피해를 발생시켰거나 생산물과 어구자재를 빼앗는 행위를 한 자들은 이 포고가 공개된 날부터 1개월 안으로 자백하라"라고 권하고 있는 것이 특징이다.

자유아시아방송(RFA)을 통해 소개된 2018년 3월 19일 자 북한 인민보안성 명의의 포고를 보면 2015년 포고문과 같이 포고문 자체에는 사형과 같은 법정형을 명시하지 않고 법적으로 엄격히 처벌한다는 내용만 명시되어 있음이 확인된다. 즉 「반사회주의·비사회주의적 행위를 하는 자들을 엄격히 처벌함에 대하여」라는 제목의 앞의 포고문에서는 사회주의 제도를 침해하는 행위, 사회주의 영상을 흐리는 행위, 사회주의 경제제도를 침해하는 행위를 절대로 하지 말라는 내용과 더불어 포고를 어긴 공민은 직위와 소속, 공로에 관계없이 단속 체포하여 법적으로 엄격히 처리하며 범죄 및 위법행위에 이용된 돈과 설비, 물자를 몰수하고 봉사기관은 영업을 중지한다고 되어 있다.[32]

김정은 체제 이전의 포고와 비교해 보면 죄형법정주의 차원에서 바람직한 개선이 이루어진 것으로 평가할 수 있다. 다만 이와 같은 분석과는 달리 통일연구원이 발간한 『북한인권백

---

31 "北, 교통·해양출입질서 포고문 하달 ······ 1개월내 자백하라", ≪뉴시스≫, 2015년 3월 12일 자.
32 "김정은 '포고문' 본 북한 주민들 "또 돈 뜯어가려고···", ≪뉴데일리≫, 2018년 4월 20일 자.

서 2018』에 의하면 2013년 9월에 한국 영화 시청 및 한국 음악 청취 시 발각되면 사형에 처한다는 포고문이 있었다는 증언에 이어, 한국 녹화물을 시청·유포한 자를 사형에 처한다는 포고문이 많이 게시되었다는 증언이 수집되었다고 한다.[33] 하지만 이러한 증언과 관련된 해당 포고문 자체가 알려진 바는 없다.[34]

5. 북한 형사법에 대한 향후 전망

북한의 형사법의 향후 변화를 전망해 보면 다음과 같이 몇 가지 가능성을 생각해 볼 수 있다.

첫째, 인권 보장을 강화하는 방향으로 변화할 가능성이 크다는 것이다. 최근 북한의 변화 중 그나마 다행스러운 것은 북한이 국제사회의 북한 인권 문제에 대한 지적에 적극적으로 대응을 하면서 자신들의 인권 관련 법제도에 대한 구체적인 설명을 하고 있다는 것이다. 그 대표적인 사례가 『조선인권연구협회 인권보고서』이다. 이 보고서에서 보는 바와 같이 겉으로는 국제사회의 북한 인권에 대한 문제 제기를 내정간섭이라고 강하게 반박하고는 있지만, 이를 전혀 외면하지는 못하고 있다. 이 인권보고서를 보면 '형법' 제241조에서 규정하고 있는 바와 같이 법에 근거하지 않고 함부로 사람을 체포·구금하는 행위를 철저히 금지하고 있으며, 비법적으로 사람을 체포·구속·구금하였거나 몸 또는 살림집을 수색하였거나 재산을 압수·몰수한 경우에는 형사책임을 진다는 점을 강조하고 있다. 물론 '형법' 제241조의 비법체포, 구속, 수색죄의 법정형은 1년 이하의 로동단련형에 불과하여 우리 '형법'상 불법 체포 감금죄의 법정형이 7년 이하의 징역형인 점에 비추어보면 터무니없이 법정형이 낮아 그 실효성이 의문이기는 하다.

한편 『조선인권연구협회 인권보고서』를 보면 범죄 혐의를 받고 있는 모든 사람은 법에 의하여 유죄가 확증되기 전까지 무죄로 추정된다고 밝히고 있다. 하지만 이 인권보고서에서 밝힌 무죄추정의 원칙에 대한 주장과 달리 '헌법'이나 '형사소송법'에는 이에 대한 명시적인 규정이 없다. 오히려 북한 『법학사전』을 보면 무죄추정은 "부르죠아지들이 부르죠아법의 반동적

---

33 통일연구원, 『북한인권백서 2018』(서울: 통일연구원, 2018), 171쪽.
34 한명섭, "신체의 자유 및 형사절차법상의 권리", 74쪽.

이며 침략적인 계급적 본질을 음폐하기 위하여 들고 나온 구호의 하나이다"라고 부정적으로 설명하고 있다.[35]

북한이 비록 '형사소송법'에는 명시하지 않았지만, 대외적으로 발표한 인권보고서를 통하여 무죄추정의 원칙을 채택하고 있다고 밝힌 것은 기존의 입장에 비하면 대단한 변화이다. 이 인권보고서에는 무죄추정 원칙을 채택하고 있다고 주장하면서 '헌법'이나 '형사소송법'에 이에 대한 직접적인 규정이 없다는 점에 대하여 계속 문제 제기를 하면 향후 '헌법' 또는 '형사소송법' 개정 시 무죄추정의 원칙을 명문화할 가능성도 있다고 본다. 이처럼 북한이 국제사회의 북한 인권에 대한 비난에 관심을 기울인다면 스스로 관련 법규들을 개정해 나갈 여지가 있다고 본다.

당 안전위원회의 개입을 비롯한 형사법 규정과 현실 법집행 사이의 괴리, 대외적으로 밝혀지지 않은 형사 관련 법규의 존재 가능성, 유사 재판제도의 존재, 공개 처형 등은 여전히 북한 형사법의 문제점으로 남아 있다. 이러한 문제점들은 국제사회의 끊임없는 관심과 문제 제기를 통하여 점차 개선되어질 가능성이 있다고 본다. 다만 국제사회의 북한 형사법에 대한 문제 제기가 힘을 발휘하려면 북한 형사법 실태에 대한 정확한 정보 수집과 분석에 근거하여야 한다. 이를 위해서도 북한 형사법에 대한 관심과 연구가 더욱 심도 있게 진행되어야 할 것이다.

둘째, 개인의 생명과 재산 침해 범죄에 대한 처벌을 강화해 나갈 가능성이 있다고 본다. 앞에서 살펴본 바와 같이 입법 체계상의 구조적인 문제가 있기는 하지만 북한은 '형법' 개정을 통하여 처벌 대상을 축소하고, 법정형을 완화하는 등의 모습을 보이고 있으며, 이는 인권 보장적 차원에서 긍정적인 평가를 받고 있다. 하지만 법익 침해별로 법정형을 살펴보면 반국가 및 반민족 범죄에 대한 법정형은 강화되고 있고, 개인의 생명이나 재산을 침해한 범죄의 법정형이 다른 질서위반죄에 비하여 상당히 경미한 것을 알 수 있다. 그러나 최근 진행 중인 사경제 영역의 확대 등 사회적 현상의 변화와 더불어 북한 주민들이 개인의 인권과 재산에 대한 권리의식이 강화되면 오히려 현재보다 법정형이 더 강화될 여지도 있다고 본다.

셋째, 행정책임과 형사책임을 분리하고, 행정법규 자체에서 행정처벌과 형사처벌을 직접 규정하는 입법 방식을 채택할 가능성이 있다고 본다. '형법'과 '형사소송법'의 잦은 개정은 그만큼 현실과 법규의 괴리를 없애기 위하여 노력하고 있다는 점을 반증한다는 점에서 나름대로 긍정적인 면도 있다. 또한 그만큼 북한 사회의 변화의 속도가 빠르다는 것을 보여주기도 한다.

---

[35] 사회과학원 법학연구소, 『법학사전』(평양: 사회과학출판사, 1971), 235쪽.

하지만 새로운 사회현상에 대처하기 위하여 매번 기본법인 '형법'을 개정하는 것은 비록 북한의 법 개정 절차가 우리에 비해 수월하다고 하더라도 여전히 번거롭고 불편할 일이다. 특히 행정법규 위반 사범에 대한 형사처벌과 관련해 보면, 그 수요가 증대하는 행정법규의 제·개정에 맞춰 수시로 '행정처벌법'과 '형법'을 개정하는 것도 간단한 업무는 아닐 것이다.

최근 행정법규 입법 방식이 기존과 달리 행정적 책임과 형사적 책임에 관한 조문을 분리하고, 행정처벌의 대상이 되는 행위를 구체적으로 특정하기 시작한 것도 바람직한 현상이라고 본다. 이런 추세를 본다면 향후 행정법규 자체에서 행정처벌과 형사처벌에 관한 구체적인 규정을 두고, '행정처벌법'은 행정처벌의 일반적인 내용과 절차만을 규정하는 방향으로 개정될 가능성도 예상해 볼 수 있다. '형법' 또한 행정법규에서 직접 형사처벌 규정을 두는 것이 가능한 범죄에 대해서는 각 행정법규에서 규정하고 그 밖의 일반 형사범에 대해서만 규정을 하는 방식으로 바뀔 가능성도 있다고 본다.

넷째, 벌금형의 확대 가능성이다. 사경제 영역이 확대되면 개인들에 대한 형사처벌에서 벌금형과 같은 경제적 제재가 미치는 위하력은 강화될 수밖에 없다. 최근 확대되고 있는 북한의 시장화 현상을 비롯한 사경제 영역의 확대 현상을 보면 반국가 및 반민족 범죄의 부가형으로만 되어 있는 벌금형을 다른 경제 관련 범죄로까지 확대하거나 아니면 더 나아가 기본 형벌로 그 성격을 변경할 가능성도 있다. 벌금형을 기본 형벌로 채택할 경우에는 행정처벌의 일종인 벌금과 형벌인 벌금형을 구별하는 기준과 각 죄명에 따라 벌금형의 상한선을 정하는 방식의 입법도 예상해 볼 수 있을 것이다. 이미 1950년에 제정된 북한 '형법'에서 '벌금'이 기본 형벌이었고, 예를 들어 '형법' 제199조를 보면 "정당한 허가없이 판매의 목적으로 주류를 양조한 자 또는 금지되어 있는 연료를 써서 주류를 양조한 자는 2년 이하의 징역 또는 1년 이하의 교화로동 또는 5,000원 이하의 벌금에 처한다"라고 벌금형의 상한선에 대한 규정을 두고 있었다.

|표| 북한 형법(2015)의 사형 대상 범죄 및 구성요건

구분	죄명(적용 법조)	구성요건
1	국가전복음모죄 (제60조)	반국가목적으로 정변, 폭동, 시위, 습격에 참가하였거나 음모에 가담한 자는 5년 이상의 로동교화형에 처한다. 정상이 특히 무거운 경우에는 무기로동교화형 또는 사형 및 재산몰수형에 처한다.
2	테로죄 (제61조)	반국가목적적으로 간부들과 인민들을 살인, 랍치하였거나 그들에게 상해를 입힌 자는 5년 이상의 로동교화형에 처한다. 정상이 특히 무거운 경우에는 무기로동교화형 또는 사형 및 재산몰수형에 처한다.
3	조국반역죄 (제63조)	공민이 조국을 배반하고 다른 나라로 도망쳤거나 투항, 변질하였거나 비밀을 넘겨준 것과 같은 조국반역행위를 한 경우에는 5년 이상의 로동교화형에 처한다. 정상이 특히 무거운 경우에는 무기로동교화형 또는 사형 및 재산몰수형에 처한다.
4	파괴암해죄 (제65조)	반국가목적으로 파괴, 암해행위를 한 자는 5년이상 10년 이하의 로동교화형에 처한다. 앞항의 행위를 여러번 또는 공모하여 한 경우에는 10년 이상의 로동교화형에 처한다. 정상이 특히 무거운 경우에는 무기로동교화형 또는 사형 및 재산몰수형에 처한다.
5	민족반역죄 (제68조)	조선민족으로서 제국주의의 지배 밑에서 우리 인민의 민족해방운동과 조국 통일을 위한 투쟁을 탄압하였거나 제국주의들에게 조선민족의 리익을 팔아먹은 민족반역행위를 한 자는 5년 이상의 로동교화형에 처한다. 정상이 특히 무거운 경우에는 무기로동교화형 또는 사형 및 재산몰수형에 처한다.
6	비법아편재배 마약제조죄 (제206조)	비법적으로 아편을 재배하였거나 마약을 제조한 자는 1년이하의 로동단련형에 처한다. 대량의 아편을 재배하였거나 마약을 제조한 경우에는 5년이하의 로동교화형에 처한다. 특히 대량의 아편을 재배하였거나 마약을 제조한 경우에는 5년이상 10년이하의 로동교화형에 처한다. 정상이 무거운 경우에는 10년이상의 로동교화형에 처한다. 제3항의 행위가 정상이 특히 무거운 경우에는 무기로동교화형 또는 사형에 처한다.
7	마약밀수, 거래죄 (제208조)	마약을 밀수, 거래한 자는 1년이하의 로동단련형에 처한다. 대량의 마약을 밀수, 거래한 경우에는 5년이하의 로동교화형에 처한다. 정상이 무거운 경우에는 5년이상 10년이하의 로동교화형에 처한다. 특히 대량의 마약을 밀수, 거래한 경우에는 10년이상의 로동교화형에 처한다. 제3항의 행위가 정상이 특히 무거운 경우에는 무기로동교화형 또는 사형에 처한다.
8	고의적중살인죄 (제266조)	탐욕, 질투, 그밖에 비열한 동기에서 사람을 고의적으로 죽인 자는 10년이상의 로동교화형에 처한다. 앞항의 행위가 정상이 특히 무거운 경우에는 무기로동교화형 또는 사형에 처한다.

|표| 북한 제정 '형법부칙(일반범죄)'과 개정 형법부칙 비교

구분	제정 형법부칙(2007)	개정 형법부칙(2010)
1	제1조(극히 무거운 형태의 전투기술기재, 군사시설 고의적 파손죄) 전투기술기재, 군사시설을 고의적으로 파손한 행위의 정상이 극히 무거운 경우에는 사형에 처한다.	제1조(극히 무거운 형태의 무기, 탄약, 전투기술기재, 군사시설고의적파손죄) 무기, 탄약, 전투기술기재, 군사시설을 고의적으로 파손시킨 행위의 정상이 극히 무거운 경우에는 무기로동교화형 또는 사형에 처한다.
2	제2조(극히 무거운 형태의 국가재산략취죄) 국가재산략취행위의 정상이 극히 무거운 경우에는 사형 및 재산몰수형에 처한다.	제2조(극히 무거운 형태의 국가재산략취죄) 국가재산략취행위의 정상이 극히 무거운 경우에는 무기로동교화형 또는 사형 및 재산몰수형에 처한다.

3	제3조(극히 무거운 형태의 국가재산강도죄) 국가재산강도행위의 정상이 극히 무거운 경우에는 사형 및 재산몰수형에 처한다.	제3조(극히 무거운 형태의 국가재산강도죄) 국가재산강도행위의 정상이 극히 무거운 경우에는 무기로동교화형 또는 사형 및 재산몰수형에 처한다.
4	제4조(극히 무거운 형태의 국가재산 고의적파손죄) 국가재산 고의적파손행위의 정상이 극히 무거운 경우에는 사형에 처한다.	제4조(극히 무거운 형태의 국가재산고의적파손죄) 국가재산고의적파손행위의 정상이 극히 무거운 경우에는 무기로동교화형 또는 사형에 처한다.
5	제5조(극히 무거운 형태의 화폐위조죄) 화폐위조행위의 정상이 극히 무거운 경우에는 사형에 처한다.	제5조(극히 무거운 형태의 화폐위조죄) 화폐위조행위의 정상이 극히 무거운 경우에는 무기로동교화형 또는 사형에 처한다.
6	제6조(극히 무거운 형태의 귀금속, 유색금속 밀수, 밀매죄) 귀금속, 유색금속 밀수, 밀매행위의 정상이 극히 무거운 경우에는 사형 및 재산몰수형에 처한다.	제6조(극히 무거운 형태의 귀금속, 유색금속밀수, 밀매죄) 귀금속, 유색금속밀수, 밀매행위의 정상이 극히 무거운 경우에는 무기로동교화형 또는 사형 및 재산물수형에 처한다.
7	제7조(전략예비물자를 비법적으로 판 죄) 전략예비물자를 비법적으로 판 자는 5년이하의 로동교화형에 처한다. 여러번 또는 특히 대량의 전략예비물자를 판 경우에는 5년이상 10년이하의 로동교화형에 처한다.	삭제
8	제8조(국가자원밀수죄) 국가의 지하자원, 산림자원, 수산자원 같은 나라의 자원을 비법적으로 다른 나라에 팔아 먹은 자는 5년이상 10년이하의 로동교화형에 처한다. 여러번 또는 많은 량의 자원을 다른 나라에 팔아먹은 자는 10년이상의 로동교화형에 처한다. 앞항의 행위의 정상이 특히 무거운 경우에는 무기로동교화형 또는 사형 및 재산몰수형에 처한다.	삭제
9	제9조(외화도피죄) 외화를 다른 나라 은행이나 회사 같은데 맡긴 자는 5년이하의 로동교화형에 처한다. 정상이 무거운 경우에는 5년이상 10년이하의 로동교화형에 처한다.	삭제
10	제10조(건설법규위반죄) 건설과 관련한 법규를 어기고 건설한 자는 2년이하의 로동단련형에 처한다. 정상이 무거운 경우에는 3년이하의 로동교화형에 처한다.	삭제
11	제11조(극히 무거운 형태의 마약 밀수, 밀매죄) 마약밀수, 밀매행위의 정상이 극히 무거운 경우에는 사형 및 재산몰수형에 처한다.	삭제
12	제12조(마약 및 마약원료의 보관, 공급질서위반죄) 마약 밀수, 밀매행위의 정상이 극히 무거운 경우에는 사형 및 재산몰수형에 처한다.	삭제
13	제13조(다른 나라에서 사는 사람에 대한 비법협조죄) 리기적목적으로 다른 나라에서 사는 사람을 비법적으로 협조한 자는 2년이하의 로동단련형에 처한다. 정상이 무거운 경우에는 3년이하의 로동교화형에 처한다.	삭제

14	제14조(특히 무거운 형태의 교화인 도주죄) 중형을 받고 형벌집행중에 있는 자가 도주한 경우에는 무기로동교화형 또는 사형에 처한다.	제7조(특히 무거운 형태의 교화인도주죄) 중형을 받고 형벌집행중에 있는자가 도주한 경우에는 무기로동교화형 또는 사형에 처한다.
15	제15조(범죄묵인죄) 법일군이 리기적목적밑에 범죄를 묵인하였거나 범죄자를 놓아 준 경우에는 2년이하의 로동단련형에 처한다. 정상이 무거운 경우에는 3년이하의 로동교화형에 처한다.	삭제
16	제16조(사건해결방해죄) 리기적목적 또는 비렬한 동기에서 자기의 직권 또는 직위나 직무를 리용하여 사건해결을 고의적으로 방해한 자는 2년이하의 로동단련형에 처한다. 정상이 무거운 경우에는 5년이하의 로동교화형에 처한다.	삭제
17	제17조(특히 무거운 형태의 불량자행위죄) 불량자행위의 정상이 특히 무거운 경우에는 무기로동교화형 또는 사형에 처한다.	삭제
18	제18조(비법적인 영업죄) 비법적으로 식당이나 려관, 상점 같은것을 운영한 자는 5년이하의 로동교화형에 처한다. 비법적인 영업행위로 특히 대량의 리득을 얻은 경우에는 5년이상 10년이하의 로동교화형에 처한다. 정상이 무거운 경우에는 10년이상의 로동교화형에 처한다. 식당이나 려관을 운영하면서 성봉사를 조직한 경우에는 무기로동교화형 또는 사형에 처한다.	삭제
19	제19조(극히 무거운 형태의 고의적 중상해죄) 고의적중상해행위의 정상이 특히 무거운 경우에는 무기로동교화형 또는 사형에 처한다.	삭제
20	제20조(극히 무거운 형태의 유괴죄) 사람을 유괴한 행위의 정상이 극히 무거운 경우에는 사형에 처한다.	제8조 극히 무거운 형태의 유괴죄 사람을 유괴한 행위의 정상이 극히 무거운 경우에는 무기로동교화형 또는 사형에 처한다.
21	제21조(특히 무거운 형태의 강간죄) 강간행위의 정상이 특히 무거운 경우에는 무기로동교화형 또는 사형에 처한다.	제9조 특히 무거운 형태의 강간죄 강간행위의 정상이 특히 무거운 경우에는 무기로동교화형 또는 사형에 처한다.
22	제22조(극히 무거운 형태의 개인재산 강도죄) 개인재산강도행위의 정상이 극히 무거운 경우에는 사형 및 재산몰수형에 처한다.	제10조 극히 무거운 형태의 개인재산강도죄 개인재산강도행위의 정상이 극히 무거운 경우에는 무기로동교화형 또는 사형 및 재산몰수형에 처한다.
23	제23조(례외적으로 무기로동교화형, 사형을 적용할 수 있는 범죄) 한 범죄자가 범한 여러 범죄행위의 정상이 특히 무겁거나 개준성이 전혀 없는 자는 무기로동교화형 또는 사형에 처한다.	제11조(례외적으로 무기로동교화형, 사형을 적용할 수 있는 범죄) 한 범죄자가 저지른 여러 범죄행위의 정상이 특히 무겁거나 개준성이 전혀 없는 자는 무기로동교화 형 또는 사형에 처한다.

북한 조선중앙통신에 따르면 북한 당국은 2013년 12월 8일 노동당 정치국 확대회의에서 장성택을 체포한 지 불과 나흘 만인 2013년 12월 12일 국가안전보위부 특별군사재판에서 북한 '형법' 제60조에 따라 사형에 처하기로 판결하였고, 판결은 즉시 집행되었다고 한다.

2012년 5월 14일 수정·보충된 북한 형법 제60조(국가전복음모죄)는 "반국가목적으로 정변, 폭동, 시위, 습격에 참가하였거나 음모에 가담한 자는 5년 이상의 로동교화형에 처한다. 정상이 특히 무거운 경우에는 무기로동교화형 또는 사형 및 재산몰수형에 처한다"라고 규정하고 있다. 북한 '형사소송법'에 따르면 북한의 형사사법 절차는 수사, 예심, 기소, 제1심 재판, 제2심 재판, 집행의 순서로 이루어져 있다.

장성택 사건의 경우 무엇보다도 국가안전보위부 특별군사재판소에서 단심으로 재판이 이루어지고, 즉시 사형이 집행되었다는 점에서 과연 이 사건이 북한 '형사소송법'상의 절차에 따라 이루어진 것인지 의문이 제기된다.

먼저 2011년 12월 21일 수정·보충된 '재판소구성법'의 관련 조문을 보면 다음과 같다.

제3조(재판소 조직)

조선민주주의인민공화국에는 최고재판소와 도(직할시)재판소, 시(구역), 군인민재판소를 둔다. 필요한 부분에는 군사재판소, 철도재판소, 군수재판소같은 특별재판소를 둔다.

제4조(판사, 인민참심원 선거)

판사와 인민참심원은 민주주의적원칙에서 선거한다. 최고재판소의 판사와 인민참심원은 최고인민회의 상임위원회에서, 도(직할시)재판소, 시(구역), 군인민재판소의 판사와 인민참신원은 해당 인민회의에서 선거한다.

제5조(특별재판소 판사, 인민참심원의 임명 및 선거)

특별재판소의 판사는 최고재판소에서 임명하고 인민참심원은 해당 군무자회의 또는 종업원회의에서 선거한다.

제9조(1심재판소 구성)

제1심재판소는 판사인 재판장과 인민참심원 2명으로 구성 한다. 특별한 경우에는 제1심재판소를 판사 3명으로 구성할 수 있다. 이 경우 어느 한 판사가 재판장으로 된다.

제14조(2심재판소 구성)

제2심재판소는 판사 3명으로 구성한다. 이 경우 어느 한 판사가 재판장으로 된다.

2012년 5월 15일 수정·보충된 '형사소송법'의 관련 규정을 보면 다음과 같다.

제48조(예심관할)

반국가 및 반민족범죄사건의 예심은 안전보위기관의 예심원이 한다.

제51조(도재판소관할)

도(직할시)재판소는 반국가 및 반민족범죄사건, 사형, 무기로동교화령을 규제하고 있는 법조항으로 기소된 일반범죄사건을 제1심으로 재판한다.

제52조(특별재판소관할)

군사재판소는 군사상범죄사건과 군사사업을 침해한 범죄사건, 군인, 인민보안원, 군사기관의 종업원이 저지른 범죄사건을 재판한다.

제53조(최고재판소 관할)

최고재판소는 도(직할시)재판소, 특별재판소의 1심재판에 대한 상소, 항의사건을 2심으로 재판한다. 필요에 따라 어느 재판소의 관할에 속하는 제1심사건이든지 직접 재판하거나 같은 급 또는 같은 종류의 다른 재판소에 보낼 수 있다.

'형사소송법'의 판결 확정 및 사형집행에 관한 규정을 보면 다음과 같다.

제362조(제1심판결, 판정의 확정)
제1심 판결, 판정은 다음과 같은 경우에 확정된다.
1. 상소, 항의기간이 지났을 경우
2. 제2심 재판소가 제1심재판소의 판결, 판정을 지지하였을 경우
3. 상소, 항의할 수 없는 판결, 판정을 내렸을 경우

제358조(상소, 항의할 수 없는 판결, 판정)
판결, 판정에 대하여 상소·항의할 수 없는 경우는 다음과 같다.
1. 최고재판소 제1심재판에서 채택한 판결, 판정
2. 제2심 재판, 비상상소심, 재심에서 채택한 판정

제418조(판결, 판정의 집행 시기)
판결, 판정은 확정된 다음에 집행한다. 사형은 해당 기관의 승인을 받아야 집행할 수 있다.

참고로 개정 전 '형사소송법' 제419조는 사형은 최고인민회의 상임위원회 승인을 받아야 집행할 수 있다고 규정하고 있었다. 북한에서 발행한 『형사소송법해석』(2004)에서는 군사재판소에서 내린 판결은 별도로 정한 절차에 따라 집행한다고 설명하고 있는데, 그 근거 규정이 무엇인지는 불분명하다. 사형판결의 집행에 대하여 '형사소송법'은 다음과 같이 규정하고 있다.

제421조(사형판결의 집행)
사형판결의 집행은 사형집행지휘문건과 판결서

등본을 받은 형벌집행기관이 한다. 사형집행지휘문건은 최고재판소가 발급한다.

이와 같은 규정들을 종합해 보면 장성택의 경우 국가안전보위부에서 예심을 담당하고, 반국가범죄에 해당하므로 1심 재판은 도(직할시)재판소에서 하거나 또는 군인 신분인 점을 고려하면 군사재판소에서 담당하고, 상소를 하면 최고재판소에서 최종 판결을 하여야 한다. 다만 최고재판소가 1심으로 재판을 하는 것은 가능하다. 하지만 장성택의 경우 국가안전보위부의 특별군사재판소에서 1심으로 재판을 하였는데, '특별군사재판소'가 '형사소송법'상의 특별재판소 종류의 하나인 군사재판소를 말하는 것인지, 아니면 군사재판소와는 별도로 설치된 '특별한' 군사재판소인지 불분명하다. 다만 용어의 차이나 군사재판소의 경우 최고재판소에 상소를 할 수 있는데, 이러한 절차가 지켜지지 않은 점을 보면 장성택을 재판한 특별군사재판소는 '형사소송법'상의 군사재판소는 아닌 것으로 보인다.
한편 즉시 집행을 한 점에 비추어보면 특별군사재판소 1심 판결이 그대로 확정이 되었다는 것인데, '형사소송법' 제362조(제1심판결, 판정의 확정)에 의할 경우 1심 판결이 확정되려면 상소기간이 지나거나 상소할 수 없는 판결이어야 한다. 장성택의 경우 상소 기간(10일)이 도과하지 않았으므로 결국 장성택에 대한 판결이 상소할 수 없는 판결이어야 하며, '형사소송법' 제358조(상소, 항의할 수 없는 판결, 판정)에 의하면 장성택에 대한 판결이 최고재판소가 1심 재판을 한 경우이어야 하는데, 최고재판소가 아닌 특별군사재판소를 최종심으로 한 것은 다른 법규정이 없는 한 '형사소송법' 규정에 위배된다는 결론에 이르게 된다.
이와 관련해 2005년에 실시한 몇몇 북한 보위

부 출신 탈북자들의 인터뷰 내용을 보면 정치범의 경우도 보위부 예심을 거쳐 사실이 정확하다고 판단하면 국가안전보위부 검찰국에 보고를 하고, 검찰국에서 범죄행위가 확실하다고 결정할 경우 예심기관이 있는 현지에서 재판을 실시하며, 보위부 검찰국 검사가 판사로서 중앙재판소 명의로 판결하는데, 재판은 비공개로 진행되고, 형법에 따라 형량을 정하는 과정을 거치며 가족 모두의 수용 여부와 평생 수감 여부도 보위부가 판단하는데 판단 기준으로 삼는 기준 문건은 없다고 한다[통일연구원, 『북한인권백서』(2009), 124~125쪽 참고]. 장성택의 경우가 이 사례에 해당한다고 보면, 결국 최고재판소에서 1심으로 판결한 경우와 마찬가지이므로 판결선고 즉시 확정 및 집행된 것으로 볼 수 있다.

그러나 이처럼 보더라도 '형사소송법'에 근거가 없는 재판소, 검사가 판사를 대신하는 문제 및 재판의 독립성 문제, 변호인 조력의 문제, 재판절차 준수의 문제(특히 '형사소송법' 제297조, 제298조에 의하면 재판심리 5일 전에 피의자에게 기소장 등본을 보내고 심리 일자를 알려주도록 되어 있음), 상소권 보장 문제, 형 집행상의 잔인성 등이 문제점으로 제기된다. 다만 장

성택 재판 절차에 관해서는 북한 '형사소송법' 이외에 다른 근거 규정이 있을 수 있으므로 북한 '형사소송법'에서 정한 규정 위반 여부의 문제점보다는 생명권과 피의자의 공정한 재판을 받을 권리 등 보편적 인권의 측면에서 접근할 필요가 있다.

이와 관련해 유엔의 「자유권규약」 제6조 제2항은 "사형을 폐지하지 아니하고 있는 국가에 있어서 사형은 범죄 당시의 현행법에 따라서 또한 이 규약의 규정과 집단살해죄의 방지 및 처벌에 관한 협약에 저촉되지 아니하는 법률에 의하여 가장 중한 범죄에 대해서만 선고될 수 있다. 이 형벌은 권한 있는 법원이 내린 최종판결에 의하여서만 집행될 수 있다"라고 규정하고 있다. 장성택의 경우 특별군사재판소의 판결이 과연 권한 있는 법원이 내린 최종 판결에 해당하는지 의문이다.

무엇보다도 「자유권규약」 제14조 제3항의 "유죄판결을 받은 모든 사람은 법률에 따라 그 판결 및 형벌에 대하여 상급 법원에서 재심을 받을 권리를 가진다"라는 규정에 정면으로 위반된다는 비난을 면하기 어렵다.

제7장

북한 특수경제지대 법제의 비교와 평가

1. 머리말

사전적 의미로 '개혁(改革)'은 기존의 제도나 기구 따위를 새롭게 뜯어고치는 것을 말하고, '개방(開放)'이란 금지되거나 제한되어 있는 것을 풀어 자유롭게 하는 것을 말하므로 서로 별개의 단어이다. 그럼에도 불구하고 '개혁개방'이 마치 하나의 단어인 것처럼 사용되기 시작한 것은 중국의 개혁개방 정책 때문인 것으로 보인다. 중국은 덩샤오핑(鄧小平)의 지도하에 1978년 12월에 개최된 중국공산당 제11기 중앙위원회 제3회 전체회의에서 개혁개방 정책이 처음 제안되면서 중국 국내 체제의 개혁 및 대외 개방 정책을 추진하게 되었다.

그 이후 1990년대 초부터 주로 구 동유럽의 많은 사회주의국가들이 체제 전환을 하는 과정에서 개혁과 개방을 동시에 추진하면서 '개혁·개방'이 마치 하나의 단어인 양 사용되기 시작하였다고 볼 수 있다. 이러한 연유로 많은 학자들이 북한의 경제와 관련하여 개혁·개방이라는 하나의 단어를 가지고 논하고 있다.

그러나 북한의 경우에는 개혁과 개방이 여전히 엄격히 구별되어 사용되고 있는 것으로 평가된다. 북한은 개혁에는 지대한 관심을 보이면서도 개방에 대해서는 여전히 부정적인 입장을 고수하고 있다. 그러나 역사적 경험상 개방 없는 개혁은 이루기 어렵고, 개혁 없는 개방도 무의미하다. 경제 발전을 이루기 위해서는 개혁과 개방은 떼어놓고 추진하기가 어려운 것이 현실인데도, 북한은 여전히 체제 유지를 위하여 개방에는 소극적인 모습을 보이고 있다.

오히려 2016년 5월 8일 제7차 조선로동당 대회에서 채택한 결정서 「조선로동당 중앙위원회 사업총화에 대하여」를 보면 "조선로동당은 선군정치의 전 행정에서 반제자주적립장과 사회주의원칙을 확고히 견지하였다. 반제자주적립장과 사회주의원칙은 혁명적당이 사회주의 위업수행에서 견지하여야 할 근본립장, 근본원칙이며 이것은 혁명과 반혁명, 사회주의와 기회주의를 가르는 시금석이다. 우리 당은 적들이 칼을 빼들면 장검을 휘두르고 총을 들이대면 대포를 내대는 초강경대응으로 제국주의자들의 횡포한 압력과 도전을 단호히 제압분쇄하였으며 우리 주변에서 어지럽게 불어오는 부르죠아 자유화바람과 《개혁》, 《개방》 바람도 선군총대의 기상으로 날려버리며 우리가 선택한 사회주의의 길을 따라 곧바로 전진하였다"라며 개혁과 개방의 바람을 타도의 대상으로 인식하고 있다.

이러한 가운데 북한은 2011년 11월부터 12월 사이에 12개의 외국(인) 투자 관련 법제를 개정하는 한편, 2011년 12월 3일 '라선경제무역지대법'을 전면 개정하고, '황금평·위화도경제지대법'을 제정하였다. 이로써 금강산관광지구를 제하면 북한의 특수경제지대는 2010년의 5·24 조치 이후에도 꾸준한 성장을 해오고 있는 개성공업지구와 라선경제무역지대 두 곳 외에 황금평지구와 위화도지구가 추가되었다.

북한의 대표적 특수경제지대법인 '개성공업지구법', '황금평·위화도경제지대법', '라선경제무역지대법'을 비교하면서 그 차이점과 유사점을 살펴보고, 아울러 향후 발전 가능성 등도 함께 검토해 보고자 한다.[1]

2. 각 특수경제지대법의 제정 배경 및 경과

1) 개성공업지구법

북한은 2002년 11월 27일 북한 최고인민회의 상임위원회가 2002년 11월 13일 자 정령으로 '조선민주주의인민공화국 개성지구를 내옴에 대하여'(이하 '개성공업지구 지정 정령')를 채택하고, 같은 달 20일 정령 제3430호로 '조선민주주의인민공화국 개성공업지구법'(이하 '개성공업지구법')을 채택하였다고 보도하였다.

---

1   2013년에 제정된 '경제개발구법'에 의해 지정된 각 경제개발구도 특수경제지대에 속하지만 편의상 본 장에서는 '경제개발구법'에 대한 비교는 생략하기로 한다.

개성공업지구 지정 정령은 개성공업지구의 지정, 관할구역, 행정구역 개편, 주권 존속 선언, 관광구역, 투자가 보호, 지구 확대, 실행 대책 등 8개 항으로 되어 있다. '개성공업지구법'은 '개성공업지구법'의 기본, 개성공업지구의 개발, 관리, 기업 창설 및 운영, 분쟁해결 등 본문 5장 46개조 및 부칙 3개조로 되어 있으며, 2003년 4월 24일 최고인민회의 상임위원회 정령 제3715호로 일부 조항만 수정·보충되어 현재에 이르고 있다.

이 법의 채택은 2000년 8월 22일 현대아산주식회사가 북한의 조선아시아태평양평화위원회 및 민족경제협력연합회와 「공업지구 건설운영에 관한 합의서」를 체결하였음에도 불구하고 여러 가지 사정으로 지지부진하던 개성공단 건설의 본격적인 추진이 가능하도록 법적 토대를 마련하였다는 데 그 의의가 있다.

2) 황금평·위화도경제지대법

언론 보도 등에 의하면 2009년 10월 중국 원자바오 총리와 김정일 위원장 간에 신압록강대교 건설에 대한 합의 시 황금평 개발에 대한 논의가 있었던 것으로 추정된다.

북한과 중국은 2010년 12월 「라선경제무역지대와 황금평, 위화도 경제지대 공동개발 및 공동관리에 관한 협정」을 체결하였다. 또한 조선합영투자위원회 대표단은 중국 상무부와 라선경제무역지대 및 황금평 개발 등을 위한 양해각서(MOU)를 체결하였고, 중국 상지관군투자유한공사와 조선투자개발연합체 간에 황금평 330만 평에 대하여 50년간 토지사용권을 보장하기로 하였다.

이후 2010년 12월에 체결된 이 협정에 따라 두 경제지대 공동개발 및 공동관리를 위하여 조중공동지도위원회 계획분과위원회가 작성한 「공동개발총계획요강」이 2011년 5월 23일에 공표되었다.

이 요강에서는 두 경제지대의 공동개발과 공동운영의 체계를 상세히 정하고 있는데, 특히 제33조에 의하면 두 경제지대의 개발 건설은 "조중 두 나라 중앙정부, 지방정부 및 각 기업들이 ≪신용, 실무, 효율≫의 원칙에 따라 전면적으로 참여할 것을 필요로 하고 있다. 이를 위하여 정부간 협조지도체계, 두 경제지대 공동관리체계, 개발경영체계의 세단계로 개발협조모델을 만들어야 한다"라고 규정하면서 정부 간 협조·지도 체계로는 조중공동지도위원회를(제34조), 공동관리체계로는 라선경제무역지대 공동개발관리위원회와 황금평경제지대 공동개발관리위원회를(제35조) 각각 설립하도록 하고 있다.

이에 따라 '라선경제무역지대법'의 전면 개정과 '황금평·위화도경제지대법'의 제정이 이루어진 것이라 할 수 있다. 한편 북한은 '황금평·위화도 경제지대법' 제정 이전인 2011년 6월 6일 북한 최고인민회의 상임위원회 정령 제1693호로 '조선민주주의인민공화국 황금평과 위화도 경제지대를 내옴에 대하여'를 먼저 제정하여 발표한 바 있다.

3) 라선경제무역지대법

'라선경제무역지대법'의 출발은 1991년 12월 정무원 결정 제74호이다. 이 정무원 결정의 요지는 나진시의 14개 동·리와 선봉군 10개 리를 포함하는 621제곱킬로미터의 지역을 자유경제무역지대로 하고, 모든 나라에 대하여 이 지대에서의 합영·합작 및 외국인 단독 기업의 설립을 허용하며, 투자자산과 소득을 법적으로 보장하고, 기업소득세 감면 등의 특혜 조치를 부여한다는 것이다. 1993년 1월 31일 최고인민회의 상설회의 결정 제28호로 '자유무역지대법'을 채택하고, 나진시와 선봉군을 합쳐 정무원 산하의 직할시로 승격시키는 한편, 이 지대의 면적을 746제곱킬로미터로 확대하였다.

1998년에는 김정일 국방위원회 위원장의 지시로 '자유경제무역지대'를 '라선경제무역지대'로 개칭하였다. 이에 따라 1999년 2월 26일 최고인민회의 상임위원회 정령 제484호로 '자유경제무역지대법'을 '라선경제무역지대법'으로 개정하였다. 이후 이 법은 2002년, 2005년, 2007년의 개정을 거쳐 2010년 1월 4일 라선시를 특별시로 지정하면서 같은 달 27일 이 법을 개정하였는데, 다시 2011년 12월 3일 전면 개정을 하게 된 것이다.

한편 북한은 이 지대의 개발을 위하여 1991년 12월 대외경제위원회 산하에 지대 개발 계획안 작성 등 정책 입안 및 대외경제 협력을 담당할 대외경제협력추진위원회를 설립하고, 외자 유치 관련 법령을 제정하였으며, 계획을 여러 차례 수정하는 등 나름대로 여러 가지 노력을 기울였으나 별다른 성과를 거두지 못하였다.

북한이 이처럼 2010년 1월 이 법을 전면 개정하였음에도 불구하고 채 2년도 되지 않아 2011년에 대대적으로 개정을 한 것은 이 지대와 더불어 황금평·위화도지구를 중국과 공동으로 개발하기로 한 데에서 그 이유를 찾아볼 수 있다.

3. 각 특수경제지대법의 내용 비교 분석

1) 각 특수경제지대법의 구성 및 체계

각 법의 구성 및 체계를 보면 〈표 7-1〉과 같다.

| 표 7-1 | 각 특수경제지대법의 구성 및 체계

분류	개성공업지구법	황금평·위화도경제지대법	라선경제무역지대법
구성	5장 46개조 및 부칙	7장 74개조 및 부칙	8장 83개조 및 부칙
내용	제1장 공업지구법의 기본 제2장 공업지구의 개발 제3장 공업지구의 관리 제4장 공업지구의 기업창설 운영 제5장 분쟁해결 부칙	제1장 지대법의 기본 제2장 경제지대의 개발 제3장 경제지대의 관리 제4장 기업의 창설 및 등록, 운영 제5장 경제활동조건의 보장 제6장 장려 및 특혜 제7장 신소 및 분쟁해결 부칙	제1장 지대법의 기본 제2장 무역지대의 개발 제3장 무역지대의 관리 제4장 기업창설 및 경제무역 활동 제5장 관세 제6장 통화 및 금융 제7장 장려 및 특혜 제8장 신소 및 분쟁해결 부칙

〈표 7-1〉에서 보는 바와 같이 먼저 제정된 '개성공업지구법'의 조문 수가 다른 2개의 지대법에 비해 적기는 하지만, 각 특수경제지대법의 구조는 유사한 형태로 되어 있으며, 특히 같은 날 제정된 '황금평·위화도경제지대법'과 전면 개정된 '라선경제무역지대법'의 체계는 매우 유사하며 상당수 조문이 동일한 내용으로 되어 있다.

2) 각 특수경제지대의 위치 및 규모

개성공업지구는 북한 개성시 봉동리 일원에 위치하고 있으며, 남한과 북한이 공동 조성하는 공업지구의 총면적은 65.7제곱킬로미터(2000만 평) 규모이다. 이 중 26제곱킬로미터(800만 평)는 공장 구역으로 40제곱킬로미터(1200만 평)는 생활·관광·상업 구역으로 개발되도록 계획되어 있다.

라선경제무역지대는 기존의 나진시와 선봉군 일대인 라선특별시에 위치하고 있다. 이 일대는 1993년에는 라진-선봉시로 개편되었다가, 라선직할시, 라선특급시로의 개명을 거쳐 2010년 1월 4일 최고인민회의 상임위원회 정령에 따라 라선특별시로 변경되었다가 다시 라선직할시로 승격되었다.[2] 라선직할시의 총면적은 746제곱킬로미터인데, 2011년에 공표된 「공동개발총계획요강」 제3조에서 규정하고 있는 라선경제무역지대로 지정된 면적은 470제곱킬로미터로 되어 있다.[3] 따라서 북한과 중국이 공동개발하기로 한 라선경제무역지대는 라선직할시의 일부 지역이다.

황금평과 위화도는 각각 압록강에 위치하고 있는 섬으로 행정구역상 황금평은 평안북도 신도군에, 위화도는 평안북도 의주군 위화면에 속하며, 최근 보도자료 등에 의하면 황금평의 면적은 11.45제곱킬로미터, 위화도는 12.2제곱킬로미터로 되어 있다. 하지만 황금평·위화도 경제지대는 이 섬들에만 한정된 것은 아니다. 2011년 6월 6일 북한 최고인민회의 상임위원회 정령 제1693호로 '조선민주주의인민공화국 황금평과 위화도 경제지대를 내옴에 대하여'를 보면 "황금평·위화도경제지대에는 평안북도 신도군 황금평리, 신의주시 상단리, 하단리, 다지리, 의주군 서호리가 속한다"고 명시하고 있다. 황금평경제지대는 14.49제곱킬로미터이고, 위화도경제지대는 38제곱킬로미터이다.[4]

3) 각 특수경제지대의 목적과 법적 지위

각 특수경제지대법의 목적을 보면 '개성공업지구법'은 민족경제의 발전을(제1조 제2항), '황금평·위화도경제지대법'은 대외경제협력과 교류의 확대 발전을(제1조), '라선경제무역지대법'은 국제적인 중계수송, 무역 및 투자, 금융, 관광, 봉사지역으로 발전을(제1조) 각 법의 목적 내지 사명으로 밝히고 있으며, 결국은 모두 북한의 경제 발전을 그 목적으로 하고 있다고 할 수 있다.

각 지구의 법적 지위에 대하여 살펴보면, '황금평·위화도경제지대법' 제2조와 '라선경제무역지대법' 제2조는 모두 "경제 분야에서 특혜정책이 실시되는 특수경제지대"로 명시하고 있

---

2   조선대외경제투자협력위원회 편찬, 『조선민주주의인민공화국 투자안내』(평양: 외국문출판사, 2016) 및 차명철, 『조선민주주의인민공화국 주요경제지대들』(평양: 외국문출판사, 2018)에 의하면 평양시과 남포시 및 라선시 3개가 북한의 직할시로 소개되어 있다.

3   차명철, 같은 책, 12쪽에도 라선경제무역지대의 면적이 470제곱킬로미터로 소개되어 있다. 또한 라진항을 연간 1억 톤의 통과 능력을 가진 종합적인 물류항으로, 선봉항을 연간 2000만 톤의 통과 능력을 가진 공업항으로, 웅상항을 연간 500만 톤의 통과 능력을 가진 목재와 석탄 등 산적짐 전형항으로 개건·확장해서 연간 중계화물수송량을 1억 2 500만 톤으로 장성시키려고 한다는 계획을 밝히고 있다.

4   차명철, 같은 책, 13쪽.

다. 이에 반해 '개성공업지구법'에서는 이와 유사한 규정을 두고 있지는 않지만, 이 법 제3조의 "공업지구에서는 노력채용, 토지이용, 세금납부 같은 분야에서 특혜적인 경제활동 조건을 보장한다"라는 규정과 개성공업지구의 전체적인 구조 등에 비추어 북한 '헌법' 제37조에서 말하는 특수경제지대에 해당한다고 할 것이다.[5] '외국인투자법'[6] 제2조 제10호는 특수경제지대를 "국가가 특별히 정한 법규에 따라 투자, 생산, 무역, 봉사와 같은 경제활동에 특혜가 보장되는 지역"으로 정의하고 있다. 이 3개의 특수경제지대는 모두 행정특구인 신의주행정특구와는 구별이 된다.[7]

4) 적용 법규

개성공업지구는 최고인민회의 상임위원회 정령으로 채택된 '개성공업지구법'을 기본법으로 하여 경제활동에 대해서는 이 법과 그 시행을 위한 규정에 따르도록 하고(제9조), 개성공업지구 내에서는 이 법과 규정이 북한의 다른 법에 우선하도록 하고 있다. 개성공업지구의 법체계는 '개성공업지구법'을 기본법으로 하여 북한 최고인민회의 상임위원회가 결정으로 채택한 규정(2012년 5월 현재 16개),[8] 중앙공업지구지도기관(중앙특구개발지도총국)이 제정한 세칙 및

---

5   북한은 1998년 9월 5일 최고인민회의 제10기 제1차 회의에서 헌법을 수정·보충하면서 기존에는 "국가는 우리나라 기관, 기업소, 단체와 다른 나라 법인 또는 개인들과의 기업 합영과 합작을 장려한다"라고 규정하였던 제37조를 "국가는 우리나라 기관, 기업소, 단체와 다른 나라 법인 또는 개인들과의 기업 합영과 합작, 특수경제지대에서의 여러 가지 기업창설운영을 장려한다"라고 개정하여 처음으로 특수경제지대에 대한 헌법적 근거를 마련하였다.

6   2011년 11월 29일 최고인민회의 상임위원회 정령 제1991호로 수정·보충하였다.

7   북한은 중국의 '홍콩특별행정구기본법'을 모방하여 2002년 9월 12일 최고인민회의 상임위원회 정령 제3303호로 '신의주특별행정구기본법'을 제정하고 독자적인 입법권, 행정권, 사법권이 부여된 신의주특별행정구를 설립하였다. 그러나 초대 행정장관으로 임명한 중국 어우야(歐亞) 그룹 회장인 양빈(楊斌)이 중국 당국에 의해 구속되면서 사업이 무산되었다. 이후 북한 법령집에 신의주특별행정구기본법이 소개되지 않는 것으로 보아 동법은 폐지된 것으로 보인다. 북한은 2013년 '경제개발구법' 제정 직후인 2013년 11월 21일 최고인민회의 상임위원회 정령 제3150호로 8개 도에 13개의 경제개발구들을 창설하는데 이 중에는 중앙급 경제개발구인 신의주특수경제지대가 포함되어 있다. 2018년 12월 현재 북한의 중앙급 경제개발구는 모두 8개로 원산-금강산국제관광지대, 라선경제무역지대, 황금평·위화도경제지대, 금강산국제관광특구, 신의주국제경제지대, 강령국제록색시범구, 은정첨단기술개발구, 진도수출가공구가 있다. 신의주특별행정구에 대해서는 관산(關山), 『김정일과 양빈』, 황의봉·정인갑 옮김(고양: 두우성, 2004)을 보면 '신의주특별행정구기본법'의 제정 과정을 포함하여 2001년 4월 양빈과 김정일이 처음 만나게 되었을 때부터 2003년 9월 양빈이 최종 18년의 징역형을 선고받을 때까지 신의주특별행정구에 관한 전체 진행 배경과 과정을 알 수 있다.

8   그 외에 북한이 2006년 10월 31일 최고인민회의 상임위원회 결정 제78호로 채택한 '개성공업지구 벌금규

공업지구관리기관(개성공업지구 관리위원회)이 제정하는 준칙(2015년 7월 현재 51개)의 체계로 되어 있다. 그 밖에도 사실상 이 지구의 개발 사업을 남측에서 담당하는 특성상 남북한 간에 체결된 각종 합의서와 남한 법규인 '개성공업지구지원법', '남북교류협력법', '남북협력기금법'과 각 법률의 하위 법령이 적용되고 있다. 법의 우선순위에 있어서 개성공업지구와 관련하여 남북 사이에 체결된 합의서는 '개성공업지구법'과 동일한 효력을 갖는다(부칙 제2조).

'황금평·위화도경제지대법'과 '라선경제무역지대법'의 경우에는 다음과 같이 내용상 동일한 규정을 두고 있다.

표 7-2	황금평 위화도경제지대법과 라선경제무역지대법의 적용 법규
황금평·위화도경제지대법 제10조(적용법규)	경제지대의 개발과 관리, 기업운영 같은 경제활동에는 이 법과 이 법시행을 위한 규정, 세칙, 준칙을 적용한다. 경제지대의 법규가 우리 나라와 다른 나라사이에 체결된 협정, 량해문, 합의서 같은 조약의 내용과 다를 경우에는 조약을 우선 적용하며 경제지대밖에 적용하는 법규의 내용과 다를 경우에는 경제지대법규를 우선 적용한다.
라선경제무역지대법 제10조(적용법규)	경제무역지대의 개발과 관리, 기업운영 같은 경제활동에는 이 법과 이 법시행을 위한 규정, 세칙, 준칙을 적용한다. 경제무역지대의 법규가 우리 나라와 다른 나라사이에 체결된 협정, 량해문, 합의서 같은 조약의 내용과 다를 경우에는 조약을 우선 적용하며 경제무역지대밖에 적용하는 법규의 내용과 다를 경우에는 경제무역지대법규를 우선 적용한다.

〈표 7-2〉에서 보는 바와 같이 우선 황금평·위화도경제지대나 라선경제무역지대의 법체계는 각 특구법과 규정·세칙·준칙으로 이루어져 있고, 이는 형식적으로 개성공업지구와 같은 체계이다. '라선경제무역지대법'의 경우 2011년 개정 전에는 제7조에서 "라선경제무역지대에서는 이 법과 이 법시행을 위한 규정, 세칙을 적용한다. '라선경제무역지대법'과 규정에 규제되어 있지 않은 사항은 공화국의 해당 법과 규정에 따른다"라고 되어 있던 것을 개정한 것이다.

한편 '황금평·위화도경제지대법'의 경우에는 시행세칙은 평안북도 인민위원회에(제29조), 준칙은 관리위원회에(제26조) 각 제정 권한을 부여하고 있고, '라선경제무역지대법'의 경우에는 시행세칙은 라선시인민위원회에(제30조, 개정 전 제13조와 동일), 준칙은 관리위원회에(제27조) 각 제정 권한을 부여하고 있다. 준칙의 제정 권한을 관리위원회에 부여한 것은 개성공업지구 법제와 동일하다.

북한은 2011년 '라선경제무역지대법' 개정 이후 중국과의 협의를 통하여 관련 하위 규정

정'이 있으나, 우리 측에서는 이 규정의 효력을 인정하고 있지 않다.

제정 작업을 해오고 있는데, 2013년 2월 '인민보안단속규정'을 제정한 이래 2016년 12월 현재까지 '도로교통규정', '기업창설·운영규정', '외국투자기업로동규정', '관리위원회 운영규정', '개발규정', '환경보호규정', '부동산규정', '관광규정' 등 8개의 하위 규정을 제정한 것으로 파악되고 있다. 라선시인민위원회도 '기업창설운영규정시행세칙', '외국투자기업로동규정시행세칙', '세금규정시행세칙' 등 3개의 시행세칙을 제정하였다. '세금규정시행세칙'이 제정된 것으로 보아 상위 규범인 세금규정이 제정되었을 것으로 보이지만, 2014년에 발간한 『조선민주주의인민공화국 법규집(대외경제부문)』에는 세금규정이 수록되어 있지 않다.

법의 효력에 대해서는 '황금평·위화도경제지대법'이나 '라선경제무역지대법' 모두가, 대내 관계에 있어서는 특구법이 우선하도록 한 점은 '개성공업지구법'과 같다. 하지만 대외관계에 있어서는 '개성공업지구법'의 경우 남북한 간에 체결된 합의서와 '개성공업지구법'이 동일한 효력을 갖는다고 규정하고 있는 데 반해, '황금평·위화도경제지대법'과 '라선경제무역지대법'은 다른 나라와 체결한 조약 등이 이 법에 우선하도록 하였다는 점에서 차이가 있다.

참고로 북한의 경우 국제법과 국내법의 효력 관계에 관하여 '헌법'에 우리 '헌법' 제6조 제1항과 같이 국제 법규의 효력에 관한 일반 규정을 두지 않고, 일부 법률에서 해당 법규와 국제법의 관계에 관한 개별 규정을 두고 있는데, 각 법률마다 그 내용이 다르다. 이를 살펴보면 ㉠ '국적법'(1999) 제16조[9]와 같이 조약이 우선한다고 규정한 경우, ㉡ '해운법'(2013) 제10조[10]와 같이 해운 관계 국제 협약은 이 법과 동일한 효력이 있다고 규정한 경우, ㉢ '유전자전이생물안전법'(2011) 제8조[11]와 같이 국제 법규의 국내법에 대한 보충적 효력만을 인정한 경우 등이 있다.

5) 개발 원칙과 방식

'개성공업지구법'은 별도의 개발 원칙에 대한 규정을 두고 있지 않다. 이에 반해 '황금평·위화도경제지대법'과 '라선경제무역지대법'은 각 제11조에 "① 경제(무역)지대와 그 주변의 자

---

9 "조선민주주의인민공화국이 국적과 관련하여 다른 나라와 맺은 조약에서 이 법의 내용과 다르게 정할 경우에는 그 조약에 따른다."

10 "조선민주주의인민공화국이 승인한 해운관계의 국제 협약은 이 법과 같은 효력을 가진다."

11 "유전자전이생물안전사업과 관련하여 이 법에서 규제하지 않은 사항이 우리나라가 승인한 국제조약에 있을 경우에는 그에 따른다."

연지리적조건과 자원, 생산요소의 비교우세보장, ② 토지, 자원의 절약과 합리적 리용, ③ 경제(무역)지대와 그 주변의 생태환경보호, ④ 생산과 봉사의 국제경쟁력 제고, ⑤ 무역, 투자 같은 경제활동의 편의보장, ⑥ 사회공공의 리익보장, ⑦ 지속적이고 균형적인 경제발전의 보장"의 일곱 가지를 개발 원칙으로 명시하고 있다.

개발 방식에 대하여 살펴보면 개성공업지구의 개발은 지구의 토지를 개발업자가 임대받아 부지 정리와 하부구조 건설을 하고 투자를 유치하는 개발 방식을 채택하였다(제2조).

'황금평·위화도특수경제지대법'도 제13조에서 개발 방식에 대한 규정을 두고 있는데, 황금평지구는 개발기업이 전체 면적의 토지를 임대받아 종합적으로 개발하고 경영하는 방식으로 개발하도록 한 반면에 위화도지구는 개발 당사자들 사이에 합의한 방식으로 개발하도록 규정하고 있다. 즉 황금평지구는 개성공업지구와 같이 개발업자가 전체 토지를 임대받아 개발하는 방식을 채택한 것이다. 따라서 법규정만을 놓고 보면 중국의 개발기업을 선정하여 그 기업이 개성공업지구의 현대아산 및 한국토지공사와 같은 역할을 하도록 하는 것을 전제로 추진하는 것으로 보인다. 2010년에 체결된 「투자의향서」에 따르면 중국의 상지관군투자유한공사가 개발을 담당할 것으로 예상되었으나, 2016년 3월 현재까지 별다른 진척이 없는 상황이다.

그 반면에 위화도의 경우는 일단 개발 방식을 유보한 것으로 보아 구체적으로 추진되고 있지 않는 것으로 보인다. 즉 황금평지구과 달리 위화도지구 개발은 별도의 위화도개발계획에 따라 하도록 하고 있는데, 이는 아직 위화도를 어떤 방식으로 개발할 것인지에 대하여 구체적 계획이 수립되지 않았기 때문인 것으로 판단된다. 따라서 위화도지구 개발은 황금평지구보다 상당히 지연될 것으로 예상된다.

이에 반해 2011년 개정된 '라선경제무역지대법'은 제13조를 신설하여 ㉠ 일정한 면적의 토지를 기업이 종합적으로 개발하고 경영하는 방식, ㉡ 기업에 하부구조 및 공공시설의 건설과 관리, 경영권을 특별히 허가해 주어 개발하는 방식, ㉢ 개발 당사자들 사이에 합의한 방식 등 여러 가지 방식을 예시적으로 규정하고 있으며, 또한 개발기업은 하부구조 및 공공시설 건설을 다른 기업을 인입하여 할 수도 있도록 하고 있다.

이처럼 라선경제무역지대의 개발 방식을 다양하게 한 데에는 여러 가지 이유가 있을 것으로 보인다. 우선 라선경제무역지대는 개성공업지구나 황금평 또는 위화도 지구와 비교해 보면 그 면적이 매우 넓기 때문에 다양한 형태의 개발과 투자 방식을 염두에 둔 것으로 추측된다. 라선경제무역지대를 무역과 물류 중심의 특구에서 산업단지로 성격 변화를 시도하고는 있으나, 전체 개발을 맡을 만한 개발업자 선정이 쉽지 않다는 현실적인 고려도 반영되었을 것이다.

한편 라선경제무역지대에서는 개성공업지구나 황금평·위화도경제지대에서와는 달리 법 제46조를 신설하여 하부구조 시설과 공공시설에 대하여 특별 허가 대상으로 경영할 수 있도록 하였는데, 이는 개성공업지구나 황금평경제지대와는 달리 라진경제무역지대의 개발 방식을 법적으로 다양화한 데 기인한 것으로 보이며, 향후 특히 항구 등과 같은 인프라 시설의 구축을 개발기업과는 별도의 특정 기업에 허가하여 경영할 수 있는 여지를 둔 것으로 보인다.

6) 산업구조

각 경제지대의 산업구조는 해당 지역의 성격에 따라 그 내용을 달리하고 있다. 먼저 개성공업지구는 국제적인 공업, 무역, 상업, 금융, 관광지역으로(제1조), 공업지구는 공장 구역, 상업구역, 생활구역, 관광구역 등으로 구별하고 있다(제2조).

이에 반해 '황금평·위화도경제지대법'은 제3조에서 경제지대의 개발은 지구별·단계별로 실시하도록 한다고 규정하면서 황금평지구에 대해서만 정보산업, 경공업, 농업, 상업, 관광업을 기본으로 개발하도록 하고 있고, 위화도지구는 위화도계발계획에 따라 개발하도록 하고 있다. 위화도의 구체적인 개발 방향이 유보되어 있음을 알 수 있다.

'라선경제무역지대법'은 국제적인 중계수송, 무역 및 투자, 금융, 관광, 봉사지역으로서(제1조), 국가는 경제무역지대에 첨단기술산업, 국제물류업, 장비제조업, 1차가공공업, 경공업, 봉사업, 현대농업을 기본으로 하는 산업구들을 계획적으로 건설하도록 하는 의무 규정을 신설하였다(제3조). 개정 전 '라선경제무역지대법'은 '무역'지대라는 명칭에서 볼 수 있는 바와 같이 무역, 물류를 중심으로 하는 특수경제지대였고, 각종 공업, 과학기술 산업 등은 투자 가능하거나 장려 부문에 불과(구법 제2조, 제3조)하던 것을 개정법에서는 국가의 의무 사항으로 강화한 것이다. 또한 면적이 넓은 라선경제무역지대를 개성공업지구나 황금평경제지대와 같은 단일 개발 방식으로 추진하기에는 적합하지 않으므로 전체 라선경제무역지대 내에 개성공업지구나 황금평경제지대와 같은 별도의 산업구를 건설하고자 하는 북한의 의지 표명으로 볼 수 있다.

7) 관리운영체계

개성공업지구에 대한 관리는 중앙공업지구지도기관(중앙특구개발지도총국)의 지도 밑에 공업지구관리기관(개성공업지구 관리위원회)이 하도록 되어 있다(제21조).

이에 반해 라선경제무역지대는 중앙특수경제지대지도기관과 라선시인민위원회의 지도와 방조 밑에 관리위원회가 하도록 하고 있고(제8조), 황금평·위화도경제지대의 경우도 중앙특수경제지대지도기관과 평안북도인민위원회의 지도와 방조 밑에 관리위원회가 맡아서 하도록 하면서 두 지구 모두 각 특구법에서 규정한 경우 외에 다른 기관은 관리위원회 사업에 관여할 수 없도록 한 것이 특징이다. 이처럼 실제 특구 운영을 관리위원회가 맡도록 한 것은 개성공업지구를 모방한 것으로 보인다. 또한 법에서 정한 외에는 다른 기관은 관리위원회 사업에 관여할 수 없도록 하여 관리위원회의 위상을 강화하는 규정을 두고 있는 점에 비추어보면 향후 관리위원회 구성은 개성공업지구와 마찬가지로 사실상 개발업자에게 위임될 가능성이 있다. 다만 개성공업지구의 중앙공업지구지도기관의 역할을 라선경제무역지대와 황금평·위화도경제지대에서는 중앙특수경제지대지도기관 외에 해당 인민위원회가 관여하도록 이원화한 것이 특징이다.

한편 2011년 「공동개발총계획요강」에 따르면 제9장 협조 체계에서 조중 두 나라 중앙정부, 지방정부 및 각 기업이 실용·실무·효율의 원칙에 따라 전면적으로 참여할 것으로 필요로 하고 있다면서 정부 간 협조·지도 체계, 공동관리체계, 개발경영 체계의 3단계로 개발협조 모델을 만들어야 한다고 하였고, ㉠ 지도체계: 조중공동지도위원회(중앙정부), ㉡ 관리체계: 공동개발관리위원회(지방정부), ㉢ 개발경영체계: 투자개발공사(기업)의 3단계로 제시하였다.

이 방식에 비추어보아 싱가포르와 중국의 중국 소주(蘇州)에 대한 공동개발 방식을 도입한 것으로 평가되기도 한다. 그러나 개정 '라선경제무역지대법'과 '황금평·위화도경제지대법'의 내용만으로는 이와 같은 공동 체계 구축이 안 된 것으로 보이고, 오히려 사실상 남측에 모든 것을 맡기다시피 한 개성공업지구 관리체계와 유사한 형태를 취하고 있다. 따라서 북한의 의도와는 달리 중국의 경우 정부의 적극적인 개입을 지양하고 경제 원리에 따라 민간 개발업자와 북한 간의 개발 구도로 방향을 설정하였을 가능성을 배제할 수 없다고 본다.

각 관리기구의 구체적인 담당 업무와 관련하여 살펴보면 개성공업지구의 경우에는 중앙공업지구지도기관이 시행세칙의 제정 권한을 갖고 있는 반면에, 황금평·위화도경제지대와 라선경제무역지대에서는 시행세칙의 작성 권한을 각 평안북도인민위원회(제29조)와 라선시인민위원회(제30조)에 부여하고 있는 것이 특징이다.

공업지구관리기관(관리위원회) 구성에 대해서는 개성공업지구의 경우 개발업자가 추천하는 성원들로 구성하며, 공업지구관리기관의 요구에 따라 중앙공업지구지도기관이 파견하는 성원들도 공업지구관리기관의 성원이 될 수 있다고 규정하고 있고(제24조), 관리기관의 설립을 개발업자에게 위임하여('개성공업지구 관리기관 설립운영규정' 제2조) 사실상 관리기관의 설립 및 운영에 대한 권한을 모두 개발업자에게 위임을 하고 있다.

이에 반하여 '황금평·위화도경제지대법' 제24조와 '라선경제무역지대법' 제25조에서는 단지 "관리위원회는 위원장, 부위원장, 서기장과 필요한 성원들로 구성한다. 관리위원회에는 경제(무역)지대의 개발과 관리에 필요한 부서를 둔다"라는 규정만 두고 있을 뿐이다. 이는 개성공업지구의 경우 법 제정 전에 이미 개발업자가 예정되어 있어 가능한 범위 내에서 개발업자에게 모든 것을 위임하여 개성공업지구를 성공적으로 개발할 수 있도록 많은 권한을 주었지만, 다른 두 경제지대에서는 아직 구체적인 개발업자 선정이 되어 있지 않기 때문인 것으로 보인다.

특히 「공동개발총계획요강」 제35조는 "공동관리체계: 쌍방의 해당 지방정부들로 구성되는 라선경제무역지대공동개발관리위원회와 황금평경제지대 공동개발관리위원회를 설립한다"라고 하여 라선경제무역지대와 황금평경제지대의 관리위원회는 해당 지방정부들이 공동으로 구성하는 것으로 예정하고 있었던 것으로 보이지만, 그 후에 수정 또는 제정된 법에서 이와 같은 규정을 두고 있지 않은 것은 아직 이 「공동개발총요강」상의 계획이 구체화되지 않았거나 어느 정도의 변경 가능성이 있기 때문인 것으로 보인다.

즉 법에서는 여러 가지 개발 방식의 경우를 예상하여 일반적인 내용만 규정을 하였고, 개발업자가 확정되면 '개성공업지구 관리기관 설립운영규정'과 같이 하위 규정에서 개발업자에게 관리위원회 구성에 관한 권한을 줄 가능성도 배제할 수 없다고 본다. 기타 각 관리기관의 구체적인 담당 업무는 〈표 7-3〉과 같다.

한편 '개성공업지구법'은 별도의 관리 원칙에 대한 규정을 두고 있지 않은 데 반하여, '황금평·위화도경제지대법' 제22조와 '라선경제무역지대법' 제23조는 "① 법규의 엄격한 준수와 집행, ② 관리위원회와 기업의 독자성보장, ③ 무역과 투자활동에 대한 특혜제공, ④ 경제발전의 객관적 법칙과 시장원리의 준수, ⑤ 국제관례의 참고" 등 다섯 가지를 각 경제지대의 관리 원칙으로 명시하고 있다.

| 표 7-3 | 각 특수경제지대법의 관리 기관

개성공업지구	황금평·위화도경제지대	라선경제무역지대
비교 대상 기관 없음	평안북도인민위원회(제29조) 1. 경제지대법과 규정의 시행세칙 작성 2. 경제지대개발과 관리, 기업운영에 필요한 로력보장 3. 이밖에 경제지대의 개발, 관리와 관련하여 중앙특수경제지대지도 기관이 위임한 사업	라선시인민위원회(제30조) 1. 경제무역지대법과 규정의 시행세칙 작성 2. 경제무역지대의 개발과 기업활동에 필요한 로력보장 3. 이밖에 경제무역지대의 개발, 관리와 관련하여 중앙특수경제지대지도 기관이 위임한 사업
중앙공업지구지도기관(제22조) 1. 개발업자의 지정 2. 공업지구관리기관의 사업에 대한 지도 3. 공업지구 법규의 시행세칙 작성 4. 기업이 요구하는 노력, 용수, 물자의 보장 5. 대상건설 설계문건의 접수, 보관 6. 공업지구에서 생산된 제품의 북측지역 판매 실현 7. 공업지구의 세무관리 8. 이밖에 국가로부터 위임 받은 사업	중앙특수경제지대지도기관(제30조) 1. 경제지대의 발전전략작성 2. 경제지대의 개발, 건설과 관련한 국내기관들과의 사업련계 3. 다른 나라 정부들과의 협조 및 련계 4. 기업창설심의기준의 승인 5. 경제지대에 투자할 국내기업의 선정 6. 경제지대생산품의 지대밖 국내판매 협조	중앙특수경제지대지도기관(제31조) 1. 경제무역지대의 발전전략작성 2. 경제무역지대의 개발, 건설과 관련한 국내기관들과의 사업련계 3. 다른 나라 정부들과의 협조 및 련계 4. 기업창설심의기준의 승인 5. 경제무역지대에 투자할 국내기업의 선정 6. 경제무역지대생산품의 지대밖 국내판매협조
공업지구관리기관(제25조) 1. 투자조건의 조성과 투자유치 2. 기업의 창설승인, 등록, 영업허가 3. 건설허가와 준공검사 4. 토지이용권, 건물, 윤전기재의 등록 5. 기업의 경영활동에 대한 지원 6. 하부구조 시설의 관리 7. 공업지구의 환경보호, 소방대책 8. 남측 지역에서 공업지구로 출입하는 인원과 수송수단의 출입증명서 발급 9. 공업지구관리기관의 사업준칙 작성 10. 이밖에 중앙공업지구지도기관이 위임하는 사업	관리위원회(제26조) 1. 경제지대의 개발과 관리에 필요한 준칙 작성 2. 투자환경의 조성과 투자유치 3. 기업의 창설승인과 등록, 영업허가 4. 투자장려, 제한, 금지목록의 공포 5. 대상건설허가와 준공검사 6. 대상건설설계문건의 보관 7. 경제지대의 독자적인 재정관리체계 수립 8. 토지리용권, 건물소유권의 등록 9. 위임받은 재산의 관리 10. 기업의 경영활동협조 11. 하부구조 및 공공시설의 건설, 경영에 대한 감독 및 협조 12. 경제지대의 환경보호와 소방대책 13. 인원, 운수수단의 출입과 물자의 반출입에 대한 협조 14. 관리위원회의 규약 작성 15. 이밖에 경제지대의 개발, 관리와 관련하여 중앙특수경제지대지도 기관과 평안북도인민위원회가 위임하는 사업	관리위원회(제27조) 1. 경제무역지대의 개발과 관리에 필요한 준칙작성 2. 투자환경의 조성과 투자유치 3. 기업의 창설승인과 등록, 영업허가 4. 투자장려, 제한, 금지목록의 공포 5. 대상건설허가와 준공검사 6. 대상설계문건의 보관 7. 독자적인 재정관리체계의 수립 8. 토지리용권, 건물소유권의 등록 9. 위임받은 재산의 관리 10. 기업의 경영활동협조 11. 하부구조 및 공공시설의 건설, 경영에 대한 감독 및 협조 12. 관할지역의 환경보호와 소방대책 13. 인원, 운수수단의 출입과 물자의 반출입에 대한 협조 14. 관리위원회의 규약작성 15. 이밖에 경제무역지대의 개발, 관리와 관련하여 중앙특수경제지대지도기관과 라선시인민위원회가 위임하는 사업

8) 개발업자

(1) 개발업자 지정 또는 승인

개성공업지구의 개발업자 지정은 중앙공업지구지도기관이 하도록 하고 있고(제10조, 제22조 제1호), 개발업자는 공업지구개발총계획에 대하여 중앙공업지구지도기관의 승인을 받아 사업을 시행하도록 하고 있다(제13조, 제14조).

황금평·위화도경제지대의 경우 개발업자의 승인은 중앙특수경제지대지도기관이 관리위원회를 통하여 개발사업권승인증서를 발급하는 방법으로 하며, 개발기업의 위임, 개발사업권 승인증서의 발급 신청은 관리위원회가 하도록 하고 있다(제14조).

라선경제무역지대의 경우 개발업자의 승인은 중앙특수경제지대지도기관이 관리위원회 또는 라선시인민위원회 통하여 승인증서 발급하는 방법으로 하도록 하고 있다(제14조). 라선 경제무역지대의 경우 다양한 개발 방식을 도입할 수 있으므로 승인증서 발급기관을 이원화한 것으로 보인다.

(2) 주요 업무

개성공업지구의 개발업자는 공업지구 개발을 담당하며 구체적으로는 하부구조를 건설하고, 필요에 따라 전력, 통신, 용수보장 시설 같은 하부구조 대상을 다른 투자가와 공동으로 건설하거나 양도·위탁할 수 있다(제17조). 하부구조 대상 건설이 끝나면 공업지구개발총계획에 따라 기업을 배치하며, 이 경우 공업지구의 토지이용권과 건물을 기업에 양도하거나 재임대할 수 있다(제18조).

황금평·위화도경제지대의 개발기업은 경제지대의 하부구조 및 공공시설 건설을 담당하며, 그에 대한 특별허가경영권을 가진다. 또한 하부구조 및 공공시설은 다른 기업을 인입하여 건설할 수 있다(제19조).

라선경제무역지대의 경우에는 여러 가지 개발 방식이 가능하여 개발 방식에 따라 개발기업의 구체적인 사업권의 내용이 달라지겠지만, 황금평·위화도경제지대와 마찬가지로 하부구조 및 공공시설은 다른 기업을 인입하여 건설할 수 있도록 하고 있다(제13조). 이는 개발업자를 더 쉽게 유치할 수 있게 하기 위한 규정이라 할 수 있다.

(3) 특혜

개성공업지구의 개발업자는 공업지구에서 살림집건설업, 관광오락업, 광고업 같은 영업
활동을 할 수 있도록 규정하고 있으나(제19조), 그 밖의 특혜와 관련한 별다른 규정이 없다.

이에 반하여 '황금평·위화도경제지대법'은 제65조에서 "개발기업은 관광업, 호텔업 같은
대상의 경영권취득에서 우선권을 가진다. 개발기업의 재산과 하부구조시설, 공공시설운영에
는 세금을 부과하지 않는다"라는 특혜 규정을 두고 있고, 2011년에 개정된 '라선경제무역지대
법'도 제70조를 신설하여 '황금평·위화도경제지대법' 제65조와 동일하게 규정하고 있다.

9) 투자당사자

'개성공업지구법' 제3조는 "공업지구에는 남측 및 해외동포, 다른 나라의 법인, 개인, 경제
조직들이 투자할 수 있다"라고 규정하고 있다.

이에 비하여 '황금평·위화도경제지대법' 제4조 및 '라선경제무역지대법' 제4조는 동일하
게 경제(무역)지대에는 "세계 여러 나라의 법인이나 개인, 경제조직이 투자할 수 있다. 우리나
라 령역밖에 거주하고 있는 조선동포도 이 법에 따라 경제지대에 투자할 수 있다"라고 규정하
고 있다.

문제는 황금평·위화도경제지대와 라선경제무역지대에 남한의 법인이나 개인도 투자를
할 수 있는가 하는 점이다. '개성공업지구법' 제3조에서는 남측 동포와 해외동포를 명확히 구
분하고 있지만, '황금평·위화도경제지대법' 제4조 및 '라선경제무역지대법' 제4조에서는 남측
동포나 해외동포라는 용어 대신 "우리나라 령역밖에 거주하고 있는 조선동포"라는 표현을 하
고 있어서 여기서 말하는 조선동포에 남측 동포도 포함되는지가 명확하지 않다. 오래전 자료
이기는 하나 북한 문헌을 보아도 남한 주민을 포함하는 것으로 해석한 경우도 있었다.[12] 하지
만 그 후에 발간된 북한 자료에 의하면 남한 기업가들의 투자관계는 외국인투자관계법에서 규
제하지 않고 북남경제협력 관련 법규들이 따로 규제한다고 소개하고 있다.[13] 결국 현재 북한
법체계를 종합적으로 살펴보면 북한은 남한 투자자와 외국인 투자자를 구별하고 있고, '황금.
평·위화도경제지대법', '라선경제무역지대법', '경제개발구법'은 남한주민과 기업을 개발업자

---

12 대외경제협력추진위원회, 『라진·선봉자유경제무역지대 투자문답집』(평양: 대외경제협력추진위원회, 1996),
45쪽.

13 정철원, 『조선투자법안내(310가지 물음과 답변)』, 60쪽.

나 투자자 범위에 포함시키지 않고 있는 것으로 해석된다. 만일 북한이 이 지역들에도 남한 투자자의 투자를 받을 의사가 있다면 해당 법부터 개정하여 개발업자나 투자자에 '남측 동포'를 명기하도록 할 필요가 있다. 또한 우리 정부도 국제사회의 제재가 해제되어 남북한 교류협력이 재개될 경우에 대비하여 사전에 북한을 상대로 외국 자본과 남한 자본을 차별하지 않도록 관련 부문법을 개정할 것을 촉구하거나 제안할 필요가 있다.

10) 토지이용 관계

개성공업지구는 개발업자가 중앙공업지구지도기관과 토지임대차계약을 체결하고(제11조), 임대 기간은 토지이용증을 발급한 날로부터 50년으로 하며, 임대 기간이 만료되면 기업의 신청에 따라 임대받은 토지를 계속 이용할 수 있도록 하고 있다(제12조). 공업지구의 토지이용권과 건물은 기업에 양도하거나 재임대할 수 있다(제18조).

황금평·위화도경제지대에서는 개발기업이 국토관리기관과 토지임대계약을 체결하여야 한다(제15조). 임대 기간은 토지이용증을 발급한 날로부터 50년으로 하고, 재계약이 가능하다(제16조). 토지이용권(건물소유권 포함)은 매매·교환·증여·상속 등 양도 및 임대나 저당이 가능하다(제21조).

라선경제무역지대에서도 토지종합개발 경영 방식으로 경영하는 경우의 토지 이용 관계는 황금평·위화도경제지대와 동일하게 규정하고 있다(제15조, 제16조).

11) 노동시장

근로자 채용과 관련하여 '개성공업지구법' 제37조는 "기업은 종업원을 공화국의 노력으로 채용하여야 한다. 관리 인원과 특수한 직종의 기술자, 기능공은 공업지구관리기관에 알리고 남측 또는 다른 나라 로력으로 채용할 수 있다. 이 경우 공업지구관리기관은 중앙공업지구지도기관에 보고하여야 한다"라고 규정하고 있다.

'황금평·위화도경제지대법' 역시 제36조에서 "기업은 우리나라의 로력을 우선적으로 채용하여야 한다. 필요에 따라 다른 나라 로력을 채용하려 할 경우에는 관리위원회에 통지하여야 한다"라고 규정하고 있고, '라선경제무역지대법' 제49조도 "기업은 우리나라의 로력을 우선적으로 채용하여야 한다. 필요에 따라 다른 나라 로력을 채용하려 할 경우에는 라선시인민위원회 또는 관리위원회에 통지하여야 한다"라고 하여 서로 유사한 규정을 두고 있다. '개성공업지구법'에 비하여 다른 나라 노력 채용 시 그 직종에 아무런 제한을 두지 않아 기업의 자율성을 더욱 보장하고 있다.

'라선경제무역지대법'의 경우 2011년 개정 전에는 일부 관리위원과 특수한 직종의 기술자, 기능공만 라선시인민위원회의 '승인'을 받아 다른 나라 근로자로 채용할 수 있도록 하던 것을 통지만 하면 되도록 완화한 것이다.

최저 임금에 대하여 '황금평·위화도경제지대법'은 평안북도 인민위원회가 관리위원회와 협의해 정하도록 하고 있고(제37조), '라선경제무역지대법' 역시 라선시인민위원회가 관리위원회와 협의하여 정하도록 하고 있다(제50조). 이에 반하여 '개성공업지구법'에서는 최저 임금에 관한 규정을 두고 있지 않다. 다만 2014년 11월 20일 북한의 일방적인 개정 전까지의 '개성공업지구 로동규정'에서 월 최저 임금을 미화 50달러로 정하였고, 이를 올리는 것은 전년도 최저 임금의 5퍼센트를 초과하지 않는 범위 내에서 공업지구관리기관과 중앙공업지구지도기관이 합의하도록 하고 있었다('개성공업지구 로동규정' 제25조).

'황금평·위화도경제지대법'이나 '라선경제무역지대법' 모두 최저 임금 결정에 개발기업이 관여할 수 없도록 한 것은 개발업자 유치에 어려움을 초래할 수도 있을 것이다. 2011년 9월 8일 자 ≪연합뉴스≫에 따르면 라선경제무역지대의 최저 임금은 80달러 수준으로 중국의 월 최저 임금 167달러의 절반 수준이라고 한다.

하지만 다른 한편으로는 '황금평·위화도경제지대법' 제34조는 기업이 "규약에 따라 …… 로력채용, 로임기준과 지불형식 …… 을 독자적으로 결정할 권리를 가진다"라고 규정하고 있고, '라선경제무역지대법' 제40조도 기업이 "로력채용, 로임기준과 지불형식 …… 을 독자적으로 결정할 권리를 가진다"라고 규정하여 기업의 자율성을 보장하고 있다.

양자의 차이점은 '황금평·위화도경제지대법'의 경우에는 이와 같은 권리를 '규약에 따라' 하여야 한다는 것이다. 여기서의 규약이란 '황금평·위화도경제지대법' 제26조 제14호의 관리위원회의 규약을 의미하는 것으로 해석되는데, 그렇다면 결국 관리위원회에서 근로자 채용과 임금 기준 및 지불 형식을 결정할 수 있다는 것이 된다. 따라서 이와 같은 기업의 자율성이라는 것도 결국은 관리위원회 구성을 어떻게 하느냐에 따라 그 보장 정도가 달리지게 될 것이다. 이와 달리 '라선경제무역지대법'에서는 "규약에 따라"라는 문구를 넣지 않은 이유가 무엇인지 의문이다.

또한 개성공업지구의 경우 하위 규정인 '로동규정' 제10조는 "기업은 선발된 로력자와 월

로임액, 채용기간, 로동시간 같은 것을 확정하고 로력채용계약을 맺어야 한다"라고 규정하고 있고, 제34조는 "기업은 로동보수를 화폐로 종업원에게 직접 주어야 한다"라고 규정하고 있음에도 불구하고 이러한 직접고용과 임금 직불 원칙이 지켜지지 않고 있다는 점에서 보면 다른 두 특수경제지대에서도 이와 같은 기업의 자율성이 얼마나 보장될지는 의문이다.

12) 투자 보호

투자자의 재산보호와 관련하여 '개성공업지구법' 제7조는 "공업지구에서는 투자가의 권리와 이익을 보호하며 투자재산에 대한 상속권을 보장한다. 투자가의 재산은 국유화하지 않는다. 사회공동의 이익과 관련하여 부득이하게 투자가의 재산을 거두어 들이려 할 경우에는 투자가와 사전협의를 하며 그 가치를 보상하여 준다"라고 규정하고 있다.

이에 반해 '황금평·위화도경제지대법' 제8조는 더 구체적으로 "경제지대에서 투자가의 재산과 합법적인 소득, 그에게 부여된 권리는 법에 따라 보호된다. 국가는 투자가의 재산을 국유화하거나 거두어들이지 않는다. 사회공공의 리익과 관련하여 부득이하게 투자가의 재산을 거두어 들이거나 일시 리용하려 할 경우에는 사전에 그에게 통지하고 해당한 법적절차를 거치며 차별없이 그 가치를 제때에 충분하고 효과있게 보상하여주도록 한다"라고 규정하고 있다. '라선경제무역지대법' 제7조도 2011년 개정을 통하여 이와 동일한 내용의 규정을 두어 투자자의 재산과 소득, 권리의 법에 따른 보호 원칙, 수용 불허 원칙, 수용 시 정당한 법적 절차와 충분하고 효과 있는 보상의 원칙을 채택하고 있다. 특히 수용 시의 보상에 관하여는 '개성공업지구법'의 경우보다 구체적인 보상 원칙을 밝히고 있는 것이 특징이다.

앞의 각 조문을 비교할 때 한 가지 주의 깊게 보아야 할 것은 '개성공업지구법'의 경우에는 '국유화'만 금지하고 있는 데 반하여, 다른 두 특수경제지대법의 경우에는 '국유화'는 물론 "거두어 들이지 않는다"라는 규정을 두었다는 것이다. 국유화 이외의 다른 방법을 통한 수용도 금지하고 있는 것이다.

향후 '개성공업지구법'도 다른 두 특수경제지대법의 경우와 같이 개정하거나 최소한 하위규정에서라도 동일 내용의 투자 보호 규정을 두도록 할 필요가 있다고 본다. 다만 남북한 간의 투자보장에 대해서는 북한의 개별 법에 의한 보호와는 별도로 4개 남북경협합의서 중 하나인 「남북사이의 투자보장에 관한 합의서」에 보장 방안이 마련되어 있다.

13) 신변안전보장

'개성공업지구법' 제8조는 "법에 근거하지 않고는 남측 및 해외동포, 외국인을 구속, 체포하거나 몸, 살림집을 수색하지 않는다. 신변안전 및 형사사건과 관련하여 북남 사이의 합의 또는 공화국과 다른 나라 사이에 맺은 조약이 있을 경우에는 그에 따른다"라고 규정하고 있으며, 실질적인 신변안전은 남북한 사이에 별도로 체결된 「개성공업지구와 금강산관광지구의 출입 및 체류에 관한 합의서」에 의하여 보장받고 있다.

'황금평·위화도경제지대법' 제9조 및 '라선경제무역지대법' 제9조 역시 "경제지대에서 공민의 신변안전과 인권은 법에 따라 보호된다. 법에 근거하지 않고는 구속, 체포하지 않으며 거주장소를 수색하지 않는다. 신변안전 및 형사사건과 관련하여 우리 나라와 해당 나라사이에 체결된 조약이 있을 경우에는 그에 따른다"라고 '개성공업지구법'과 유사한 규정을 두고 있다. '라선경제무역지대법' 제9조는 2011년 개정 시 신설된 조항이다. 향후 남한 기업이 진출할 경우에는 비록 더 많은 보완이 필요하기는 하지만, 최소한 이 「개성공업지구와 금강산관광지구의 출입 및 체류에 관한 합의서」의 적용을 받도록 이 합의서를 개정하거나 확대·적용하는 방안을 모색할 필요가 있다.

14) 투자활성화 등

특수경제지대의 가장 큰 특징 중 하나는 투자활성화를 위하여 여러 가지 경제적인 혜택을 주는 것이다.

'개성공업지구법' 제3조는 "투자가는 공업지구에 기업을 창설하거나 지사, 영업소, 사무소 같은 것을 설치하고 경제활동을 자유롭게 할 수 있다. 공업지구에서는 노력채용, 토지이용, 세금납부 같은 분야에서 특혜적인 경제활동 조건을 보장한다"라고 규정하고 있다.

이에 대비되는 '황금평·위화도경제지대법'의 규정은 제5조로 "투자가는 경제지대에서 회사, 지사, 사무소 같은 것을 설립하고 기업활동을 자유롭게 할 수 있다. 국가는 토지리용, 로력채용, 세금납부, 시장진출 같은 분야에서 투자가에게 특혜적인 경제활동조건을 보장하도록 한다"라고 규정하고 있고, '라선경제무역지대법' 제5조도 이와 동일하게 규정하고 있다.

'개성공업지구법'과 비교해 보면 다른 두 특수경제지대법의 경우에는 '시장진출'에서도 특혜를 보장한다는 것인데, 여기서 말하는 시장진출이라는 것이 구체적으로 무엇을 염두에 둔 것인지는 명확하지가 않다. 다만 각 법에서 '시장'이라는 용어와 '국제시장'이라는 용어를 구별하여 사용하고 있는 점에 비추어 여기서의 시장이란 북한의 내수시장을 의미하는 것으로 해석된다.

특수경제지대와 북한 내수시장과의 거래에 관하여 살펴보면 '개성공업지구법'은 제22조 제6호에서 중앙공업지구지도기관의 임무 중 하나로 "공업지구에서 생산된 제품의 북측지역 판매실현"을 명시하고 있다. 제39조에서는 "기업은 공업지구 밖의 공화국 영역에서 경영활동에 필요한 물자를 구입하거나 생산한 제품을 공화국 영역에 판매할 수 있다. 필요에 따라 공화국의 기관, 기업소, 단체에 원료, 자재, 부분품의 가공을 위탁할 수도 있다"라고 규정하고 있다. 법에서는 북한 기업소 등과의 위탁가공업이 가능하며, 생산된 제품을 북한 지역에도 판매할 수 있도록 한 것이다.

'황금평·위화도경제지대법' 제38조와 '라선경제무역지대법' 제43조는 "기업은 계약을 맺고 경제(무역)지대밖의 우리 나라 령역에서 경영활동에 필요한 원료, 자재, 물자를 구입하거나 생산한 제품을 판매할 수 있다. 우리 나라 기관, 기업소, 단체에 원료, 자재, 부분품의 가공을 위탁할 수도 있다"라고 규정하고 있다. 한편 각 제51조와 제48조에서는 "경제(무역)지대밖의 우리 나라 기관, 기업소, 단체는 계약을 맺고 경제지대의 기업이 생산하였거나 판매하는 상품을 구입할 수 있다"라고 규정하여 북한의 기관, 기업소, 단체가 더 조직적으로 경제지대와 거래를 할 수 있도록 하고 있다.

그 밖에 투자활성화 내지 기업의 편의를 위한 법 규정을 살펴보면 〈표 7-4〉와 같다.

| 표 7-4 | 각 특수경제지대 투자활성화 및 기업 편의 관련 규정 |

분류	개성공업지구법	황금평·위화도경제지대법	라선경제무역지대법
기업소득세율	제43조 결산이윤의 14%, 하부구조 건설, 경공업, 첨단과학기술부문은 10%	제43조 결산이윤의 14%, 특별히 장려하는 부문은 10%	제67조 '황금평·위화도경제지대법' 제43조와 동일
기업소득세의 감면	법 자체에는 기업소득세 감면 규정 없음 세금규정 제29조[1]에서 별도로 기업소득세 감면 규정을 둠	제62조 10년이상 운영기업은 소득세 면제 또는 감면 구체적인 내용은 해당 규정에서 정함	제68조 '황금평·위화도경제지대법' 제62조와 동일
관세	제33조 민족내부거래에 따른 무관세 원칙 규정	제68조 특혜관세제도 실시, 법에서 정한 일정 물자에는 무관세	제53조 특혜관세제도 실시 제54조 동조 규정 물자 무관세

외화, 이윤, 재산의 반출입 보장	제44조 외화 반출입 자유, 이윤과 소득 송금 보장	제47조 외화 반출입 자유, 합법적 이윤과 소득 송금 보장, 합법적 재산 반출 보장	제65조 합법적 이윤과 소득 송금 보장, 합법적 재산 반출 보장. ※ 외화 반출입 자유에 대한 규정은 없음
심의, 승인 절차 간소화	해당 규정 없음	제45조 각종 심의·승인절차 간소화 보장	제36조 각종 심의·승인절차 간소화 보장
기업 간섭 금지	해당 규정 없음	제34조 기업경영에 대한 비법적 간섭금지, 법에 정하지 않은 비용징수, 의무부과금지	제40조 기업경영에 대한 비법적 간섭금지, 법에 정하지 않은 비용징수, 의무부과금지
지재권 보호	해당 규정 없음	제48조 지적재산권 법적 보호 관리위원회 업무로 규정	제72조 지적재산권 법적 보호 인민위원회 업무로 규정
통신 자유 등	제28조 생활편의보장 및 통신수단의 자유로운 이용 보장	제57조 통신수단 자유로운 이용보장 제70조 생활편리 보장	제75조 통신수단 자유로운 이용보장, 생활 편리 제공

주: 1) 세금규정 제29조(기업소득세의 면제, 감면) 기업소득세를 면제하거나 덜어주는 경우는 다음과 같다.

    1. 장려 부문과 생산부문에 투자하여 15년이상 운영하는 기업에 대하여서는 리윤이 나는 해부터 5년간 면제하고 그다음 3년간 50%를 덜어준다.

    2. 봉사 부문에 투자하여 10년이상 운영하는 기업에 대하여서는 리윤이 나는 해부터 2년간 면제하고 그다음 1년간 50%를 덜어준다.

    3. 리윤을 재투자하여 3년이상 운영하는 기업에 대하여서는 재투자분에 해당한 기업소득세의 70%를 다음 연도에 바쳐야 할 세금에서 덜어준다.

15) 분쟁해결

'개성공업지구법' 제46조는 "공업지구의 개발과 관리운영, 기업활동과 관련한 의견상 이는 당사자들 사이의 협의의 방법으로 해결한다. 협의의 방법으로 해결할 수 없을 경우에는 북남 사이에 합의한 상사분쟁 해결절차 또는 중재, 재판절차로 해결한다"라고 단 1개의 분쟁해결 관련 규정만을 두고 있어서 현실적으로 분쟁이 발생한 경우 당사자 간의 협의를 통한 해결 외에는 마땅한 분쟁해결 방법이 없다는 지적을 받아오고 있다.

이에 반하여 '황금평·위화도경제지대법'은 신소권보장(제71조), 관리위원회나 해당 기관의 조정(제72조), 경제지대에 설립된 북한 또는 다른 나라 국제중재기관의 중재(제73조), 경제지대 관할 재판소나 경제지대에 설치한 재판소의 재판(제74조) 등 다양한 분쟁해결 방법에 대하여 규정하고 있고, 경제지대에서의 행정소송 절차는 따로 정하도록 하고 있다(제74조).

'라선경제무역지대법'은 2011년 개정을 통하여 '황금평·위화도경제지대법'과 거의 동일하게 신소권보장(제80조), 관리위원회나 해당 기관의 조정(제81조), 경제무역지대에 설립된 북한 또는 다른 나라 국제중재기관의 중재(제82조), 경제무역지대 관할 재판소의 재판(제83조)에 대한 규정을 두고 있으며, 경제무역지대에서의 행정소송 절차도 따로 정하도록 하고 있다(제83조).

'황금평·위화도경제지대법'과 '라선경제무역지대법'의 차이점은 전자의 경우 경제지대 내에 재판소 설치 가능성을 열어두었다는 점이다. 또한 양자 모두 경제(무역)지대 내에 중재기관의 설립 가능성이 있다는 점에서, 향후 개성공업지구 내에도 장기적으로는 남한 인원이 구성원으로 참여하는 중재기관이나 제한된 범위에서 재판기관 설립 등도 적극적으로 검토할 필요성이 있다고 본다.

4. 경제특구 법제 개선에 대한 평가

이상에서 살펴본 바와 같이 '황금평·위화도경제지대법'과 2011년 개정 '라선경제무역지대법'은 상당수의 조항이 같은 내용으로 되어 있고, 전체적으로는 유일하게 북한에서 성공적으로 진행되고 있는 '개성공업지구법'을 모델로 하고 있다. 무엇보다도 개성공업지구의 관리위원회 제도를 도입하였으며, 황금평경제지대의 개발 방식 역시 개발기업에 주도적인 역할을 맡기는 토지종합개발 경영 방식을 택하고 있다. 즉 북한으로서는 개성공업지구와 마찬가지로 개발기업에 많은 권한과 의무를 부여하여 이들로 하여금 황금평에 대한 개발을 맡기는 방식을 채택한 것이다. 그리고 이러한 방식은 라선경제무역지대에서도 여러 가지 개발 방식 중 하나의 방법으로 채택하였다. 향후 구체적인 하위 규정이나 시행세칙 등의 제정에 있어서도 개성공업지구 법제를 상당 부분 참고할 것으로 예상된다. 북한으로서는 개성공업지구처럼 토지와 노동력만을 제공하여, 토지임대료, 인건비, 세금 등의 수익을 얻겠다는 구상을 한 것으로 보인다.

이러한 북한의 의도는 2011년 12월 3일 '황금평·위화도경제지대법' 제정과 '라선경제무역지대법' 개정 전인 2011년 5월 23일 공표된 「공동개발총계획요강」에 상당 부분 드러나 있었다. 그러나 정작 이 2개의 특수경제지대법의 내용을 살펴보면 「공동개발총계획요강」의 내용이 그대로 추진될 만큼 확정적인 것은 아닌 것으로 보인다. 예를 들어 관리위원회 구성에 대한 내용만 보아도 「공동개발총계획요강」에서 밝힌 내용이 법에 그대로 규정된 것은 아니다.

문제는 과연 북한의 의도대로 황금평경제지대나 라선경제무역지대가 개성공업지구와 같이 발전할 수 있는가 하는 것인데, 이는 중국의 기업들 중에 남한의 현대아산이나 토지공사와 같이 황금평경제지대나 라선경제무역지대의 개발을 책임지고 할 만한 개발기업이 나설 것인지, 또한 중국 당국이 얼마나 적극적으로 이 일을 추진하려고 할 것인지에 달려 있다고 본다. 그러나 두 특수경제지대법의 내용만 가지고는 개발기업 선정은 물론 투자자들의 적극적인 관심이나 투자를 유발할 만한 획기적인 내용은 없는 것으로 보인다.

북한의 기대와는 달리 중국과 북한의 이해관계가 다르고 중국 입장에서는 라선경제무역지대의 경우 나진항을 이용한 물류기지로서의 활용 가치가 있어 관심도가 높은 것으로 알려져 있지만, 황금평의 경우 중국이 특별히 관심을 가질 만한 것이 없어 중국 정부도 소극적으로 임할 가능성을 배제할 수 없다고 본다.

북한에서도 이를 알고 나선과 황금평 개발을 연결시켜 공동으로 추진하면서 중국 당국으로 하여금 중개무역이나 물류기지로서 나진항의 이용이라는 혜택을 제공하면서 그에 대한 반대급부로 황금평 개발을 맡기려고 하는 것으로 보인다. 중국 입장에서는 나진항 이용을 포기할 수 없어 한편으로는 북한의 요구를 받아들이면서 라선경제무역지대를 무역이나 물류기지로 활용하는 것은 적극적으로 추진하되, 황금평 개발은 개발기업 선정 등을 빌미로 시간을 끌 가능성도 있다고 본다. 중국 입장에서는 설령 당국의 적극적인 개발의지가 있더라도 이미 인프라 구축이 다 되어 있어 황금평보다 입지적 조건이 좋은 단동에서도 투자자 모집이 쉽지 않다는 측면에서 보면 황금평 개발에 적극적으로 나설 기업을 찾기도 어려운 것으로 보이고, 중국 당국 스스로도 이런 이유를 내세우며 개발을 지연시킬 가능성도 배제할 수 없다.

물론 관련 법이 제정되거나 전면 개정된 지 얼마 지나지 않은 상태에서 황금평경제지대나 라선경제무역지대의 발전 가능성에 대하여 언급하는 것은 지나친 시기상조일 수도 있다. 또한 적어도 이 법의 제정이나 개정을 통하여 북한의 경제 발전에 대한 개혁 의지나, 제한적이기는 하지만 경제개방의 의지도 어느 정도 엿볼 수 있다. 이를 계기로 '개성공업지구법'의 경우 이 두 경제지대법과 비교해 내용이 불명확하거나 개발업자 또는 투자자에게 불리한 사항에 대해서는 두 경제지대법의 수준 정도로 '개성공업지구법' 자체의 개정이나 하위 규정의 개정 또는 추가 제정 등을 통하여 제도를 개선해 나갈 필요가 있다.

한편, 2018년 11월 북한이 발간한 『조선민주주의인민공화국 경제지대들』이라는 책자를 보면 북한은 특수경제지대의 개발 촉진을 위해 2013년 6월 8일 '조선경제개발협회'라는 민간단체를 설립하였다.[14] 이 협회는 북한 대외경제성 경제개발지도국의 후원을 받아 투자가, 민

---

14   이 책자에는 '조선경제개발협회'의 주소가 평양시 대동강구역 청류2동이며, 전화번호는 0085-02-381-

간단체, 비정부기구들 사이의 협조와 교류를 촉진하며 유리한 투자환경을 마련하고 다른 나라의 투자를 유치하는 것을 목적으로 한다. 구체적인 업무로는 경제지대개발전략에 대한 연구 진행 및 정부 건의, 경제지대발전정보 수집 및 정보의 소개·출판·보도, 다른 나라 경제지대 정보 수집 및 국내외 투자토론회와 상담회의 진행, 다른 나라 민간단체와 비정부기구와의 협조 및 각 경제지대 관리기구와 국내외 투자기업들과의 협조 진행, 자문 봉사와 대리 봉사, 투자 관련 합의서와 계약서 체결, 다른 나라에 대표부와 사무소 개설 및 관리 등의 업무를 담당한다. 향후 남북경협 추진 시 조선경제개발협회와의 협력 관계 구축에 대한 대비도 필요할 것으로 보인다.

5912, 팩스는 0085-02-381-5889, 전자우편은 sgbed@star-co.net.kp라고 구체적으로 소개되어 있다.

북한의 외국인투자법제나 경제특구 법제의 제·개정 조치들은 모두 북한의 경제 발전을 위한 노력의 일환이다. 특히 북한은 김일성 사후 3년여의 '고난의 행군'을 거친 후인 1998년 8월 22일 《노동신문》에 "강성대국"이라는 제목의 정론이 실리면서 공개적으로 강성대국론을 천명하였다. 북한이 말하는 강성대국은 정치사상의 강국, 군사의 강국, 경제의 강국을 말하며 2012년을 강성대국 원년의 해로 정하였다. 이와 관련해 북한은 2012년 개정 '헌법' 서문에서 "정치사상강국, 핵보유국, 무적의 군사강국으로 전변시키시였으며 강성국가건설의 휘황한 대통로를 열어놓으시였다"라며 정치사상, 군사강국임을 천명하면서도 경제강국임을 선언하지는 못하였다. 단지 강성국가 건설의 대통로를 열어놓았다고만 밝히고 있다. 앞으로도 북한은 자신들이 달성하였다고 자신하는 정치사상강국과 군사강국의 면모를 더욱 공고히 하면서 경제강국 건설에 중점을 둘 것이다.

2011년 말의 외국인투자법제와 '라선경제무역지대법'의 전면적 개정 및 '황금평·위화도경제지대법'의 제정도 이러한 북한의 경제강국 건설 의지의 한 단면을 보여주는 것이다. 또한 김정일 사망에도 불구하고 그 시기를 전후하여 외국인투자법제의 정비 작업이 이루어졌다는 점에서 경제강국 건설을 향한 북한의 의지와 다급함을 느낄 수 있다. 문제는 이러한 북한의 의지와 노력이 얼마나 성과를 거둘 수 있느냐는 점이다.

2012년 개정 '헌법' 서문에서 적시한 바와 같이 세계 사회주의 체제는 붕괴되었다. 그 대신 북한을 제외한 대부분의 사회주의국가들은 시장경제질서를 도입하여 세계경제 체제로 편입함으로써 그 정도에 있어서는 차이가 있지만 나름대로 경제적인 발전을 이루어나가고 있고, 적어도 북한과 같은 만성적인 기근 문제는 해결하였다고 볼 수 있다.

일반적으로 사회주의국가의 체제 전환은 구소련 및 동유럽 국가의 유형과 중국 및 베트남의 유형으로 대별한다. 전자는 정치 체제인 사회주의 체제와 경제 체제인 계획경제 체제가 모두 전환된 형태라면 후자는 사회주의 체제를 고수하면서 시장경제 체제만을 받아들였다는 데 가장 큰 차이점이 있다.

북한 내에서 민중봉기와 같은 급변적 상황을 통해 사회주의 체제가 붕괴되지 않는 한, 북한 당국은 사회주의 체제를 포기할 가능성이 없어 보인다. 결국 북한은 후자와 같이 사회주의 체제를 고수하면서 경제 분야에서만 시장경제적 요소를 도입하여 경제난을 극복하는 것이 유력한 방법일 것이다. 그렇다면 현재 북한은 중국이나 베트남과 같이 시장경제 체제로의 전환을 모색하거나, 아니면 이미 그 길에 접어들었다고 볼 것인지, 아니면 북한만의 다른 길을 모색하고 있는 것인지를 살펴볼 필요가 있다. 북한의 이에 대한 입장은 먼저 헌법의 변화에서 찾아보고자 한다.

북한 '헌법'의 경제 관련 조항은 1998년 '헌법' 개정 이후 2019년 현행 개정 '헌법'에 이르기까지 큰 변화 없이 유지되어 오고 있다. 다만 2012년 개정 시 제29조에서 '공산주의'라는 표현을 삭제하였을 뿐이다. 1998년 '헌법'에서 경제 조항의 변화는 생산수단 소유 주체에 사회단체 추가(제20조), 국가 소유 대상 축소(제21조), 사회협동단체 소유 대상 확대(제22조), 근로자에서 공민으로 개인 소유 주체 변경 및 개인 소유 대상 확대(제24조), 경제 관리 운용에 대한 부분적 자율성 인정(제33조), 대외무역 주체 확대(제37조) 등의 변화를 보였다. 하지만 이러한 내용만으로는 시장경제 체제의 부분적 도입이나 전환으로 평가할 정도는 아니라고 본다. 사회주의국가의 시장경제 체제로의 전환이나 도입에서 가장 중요한 요소 중 하나는 사회주의적 소유의 변화이다. 비록 개정 '헌법'이 생산수단 소유 주체에 사회단체를 추가하는 변화를 보이고는 있지만, 사회단체 역시 집단적 소유의 한 형태에 불과하다. 또한 '헌법' 제23조는 여전히 "협동단체에 들어 있는 전체 성원들의 자원적 의사에 따라 협동단체소유를 점차 전인민적소유로 전환시킨다"라고 규정하여 협동단체 소유도 국가 소유로 가는 과도기적 소유 형태로 보고 있다.

'헌법' 경제 조항의 변화를 총체적으로 살펴보아도 중국이나 베트남의 '헌법' 개정과는 현격한 차이가 있다. 중국은 1993년 개정 '헌법' 제15조 2항에서 "국가는 사회주의 공유제의 기초 위에서 계획경제를 실행한다"를 "국가는 사회주의 시장경제를 실행한다"라고 개정하여 공식적으로 계획경제를 시장경제로 전환하였다.

베트남 역시 1986년 12월 제6차 당 대회에서 도이머이(doimoi) 정책을 채택하고 그에 따라 국가의 관리하에 시장체제를 도입하였으며, 특히 1992년 '헌법' 개정 시 제15조에서 "국가는 끊임없이 사회주의 지향의 시장경제정책을 발전시킨다"라고 명시적으로 시장경제 체제로의 전환을 선언하였다.

이에 비추어보면 북한 '헌법'에 비록 일부 경제 관련 조항들이 개정되고, 원가, 가격, 수익성 등 시장경제적 요소가 내포된 용어가 등장하기는 하였지만, 그 체제의 근본은 여전히 계획경제이다. 헌법 제19조는 "조선민주주의인민공화국은 사회주의적생산관계와 자립적민족경제의 토대에 의거한다"고 규정하고 있고, 제34조는 "조선민주주의인민공화국의 인민경제는 계획경제이다"라고 규정하고 있다. 헌법상으로는 여전히 생산수단에 대한 국가와 사회협동단체 소유 원칙을 고수하고 있고, 생산과 분배에 대해서도 계획경제 원칙을 유지하고 있는 것이다. 물론 2003년의 '시장관리운영규정(잠정)' 채택을 통해 국가주도의 시장활성화 조치를 취하고, 2014년과 2015년 개정된 '기업소법'을 통해 기업소의 자율성을 강화한 측면은 있다. 하지만 이 정도의 변화는 체제의 전환에 대한 시도라기보다는 체제 내에서의 개혁에 대한 노력의 일환에 불과하다고 본다. 중국과 베트남은 물론이고, 러시아 및 동유럽 국가들의 변화는 바로 '개혁개방'을 통하여 이루어진 성과이다. 러시아 역시 1985년에 집권한 고르바초프에 의해 페레스트로이카(개혁) 정책과 글라스노스트(개방) 정책이 동시에 추진되었다. 1980년대 말부터 시작된 구 동유럽의 많은 사회주의국가들도 체제 전환을 하는 과정에서 개혁과 개방을 동시에 추진하였다.

그러나 북한의 경우에는 개혁과 개방을 함께 추진하지 못하고 있다. 북한은 자체 개혁에는 지대한 관심과 노력을 보이면서도 개방에 대하여는 여전히 소극적이다. 역사적 경험에 비추어보거나 국가 간의 상호 의존도가 더욱 커지는 오늘날의 세계경제 체제를 볼 때 개방 없는 개혁은 그 성과를 내기 어렵고, 개혁 없는 개방도 무의미하다 할 것이다. 경제발전을 이루기 위해서는 개혁과 개방은 떼어놓고 추진하기가 어려운 것이 현실임에도 북한은 여전히 체제 유지를 위하여 개방에는 부정적인 입장이다. 북한에서는 '개혁'이라는 용어를 본격적으로 사용하기 시작한 것도 2003년 이후로 보인다. 그 이전에는 '개혁'보다는 주로 '개선'이라는 용어를 사용하였다. 더군다나 개혁이라는 용어도 다른 사회주의 체제전환국가들과는 달리 체제 자체의 개혁이 아니라 기존의 체제를 그대로 유지하면서 추진하는 체제 내에서의 개혁을 의미하는 것에 불과하다. 오히려 2016년 제7차 노동당 대회 결정서를 보면 "우리 주변에서 어지럽게 불어오는 부르죠아 자유화바람과 《개혁》, 《개방》 바람도 선군총대의 기상으로 날려버리며 우리가 선택한 사회주의의 길을 따라 곧바로 전진하였다"며 개혁과 개방에 대한 부정적 인식을 드러내고 있다.

아직까지 북한 경제 부문에서의 변화는 동유럽의 체제전환국가나 중국, 베트남의 개혁과 개방과는 달리 개혁과 부분적 또는 제한적 개방이라고 표현하는 것이 적절할 것이다.

이처럼 북한이 중국 또는 베트남과 같이 적극적인 개혁·개방 정책이나 시장경제 체제로의 변화를 시도하지 못하는 이유가 어디에 있는지 살펴볼 필요가 있다. 가장 큰 이유는 현재의 독재 체제를 유지하여야 할 필요성 때문일 것이다. 이 때문에 북한은 중국이나 베트남이 간 길을 따라가는 것이 쉽지 않은 것이다. 즉 시장경제 체제로 전환되더라도 기존 체제의 유지에 대한 외부적 또는 내부적 위협 요소가 없었거나 미약하였던 중국이나 베트남과는 달리 북한의 경우에는 외부적으로나 내부적으로 모두 위험 발생의 요소가 존재하고 있다. 북한은 외부적으로는 여전히 전시체제하에 있다. 무엇보다도 남북한은 서로 자기 체제 중심의 통일을 하겠다는 분단국의 특성을 강력하게 드러내고 있는 체제이다. 남북한의 체제 경쟁이 지속되고 있는 상황에서 북한이 개혁과 개방을 통해 남한과 같은 자본주의 시장경제 체제로 전환을 할 가능성은 매우 희박하다. 북한 입장에서는 남한의 존재 자체가 베트남이나 중국과 같은 개혁과 개방 또는 더 나아가 시장경제 체제로 전환을 하는데 대한 장애 요소가 아닐 수 없다.

또한 내부적으로는 경제의 급격한 변화로 인한 주민들의 의식 변화와 국가 권력의 약화가 초래할 체제의 붕괴 가능성을 고려하지 않을 수 없다. 김정은 체제하에서 2013년 5월 29일 채택한 '경제개발구법' 제11조에서 경제개발구의 지역 선정 원칙 중 하나로 '주민지역과 일정하게 떨어진 지역'을 규정한 것도 체제에 대한 내부적 위험 요소를 차단하기 위한 것이라고 보아야 할 것이다. 외국투자 관련 법제에서 투자자를 외국인(다른 나라 법인과 개인 및 해외동포)으로 한정하고 남한 주민을 제외하고 있는 것도 외국 자본보다 남한 자본을 체제유지에 더 위험한 요소로 보기 때문일 것이다.

정치 이념적인 측면에서 보더라도 중국은 국가 발전 단계를 사회주의 초급 단계로 규정하고 있고, 베트남은 사회주의 건설의 과도기 단계로 규정하고 있다. 이와 같은 국가의 발전 단계에 대한 개념 정립은 시장경제 요소를 도입하는 이론적 기초가 되는 것이다. 아직은 시장경제 요소가 모두 제거되는 사회주의 완성 단계의 국가가 아니라는 것이고, 이러한 이론은 시장경제 요소 내지 자본주의 요소의 도입에 대한 합리적인 근거가 된다. 반면 북한은 1998년 도입한 '헌법' 서문 첫 문장에서 "김일성 동지의 사상과 령도를 구현한 주체의 사회주의조국이다"라고 밝힌 바와 같이 스스로를 사회주의 완성 단계로 보고 있다. 이 내용은 현행 '헌법'에서도 종전의 김일성의 사상과 영도를 김일성과 김정일의 사상과 영도로 바꾸었을 뿐 그대로 유지되고 있다.

이와 같은 체제에 대한 위협 및 정치 이념적 문제는 여전히 북한이 시장경제 요소를 적극적으로 도입하거나 시장경제 체제로 전환하는 데 있어서 방해 요소로 작동하는 것이다. 특히 시장경제 체제로의 전환을 체제에 대한 위협으로 인식하는 한 북한의 경제 체제 전환 가능성은 여전히 회의적으로 볼 수밖에 없다. 따라서 당분간은 현재와 같은 북한식 사회주의 체제하에서의 개혁 노력과 제한적 개방 정책 노선을 유지할 것으로 보인다.

현행 북한 '헌법'의 경제 조항이나 일련의 경제 개혁 조치들은 베트남이나 중국 모델의 모방이나 단계적 도입 단계에 접어들었다고 보기보다는 1960~1970년대에 동유럽 국가들이 이미 채택하였던 경제 개혁 조치와 유사하거나 그 정도의 수준에 머물고 있다고 보는 것이 적절할 것이다.

북한 스스로도 시장경제라는 용어 자체를 사용하지 않고 '실리 사회주의'로 자신들의 입장을 이론적으로 뒷받침하고 있다. 북한이 말하는 실리 사회주의는 사회주의 원칙을 지키면서 현대적 기술로 장비된, 실질적으로 인민들이 덕을 보는 경제를 건설하는 것을 의미한다. 이때의 실리는 개별적 단위가 아니라 집단주의 차원에서의 실리를 말한다.

하지만 이와 유사하였던 동유럽 국가들의 1960~1970년대의 초기 경제개혁 조치는 모두 실패하였고, 결과적으로는 사회주의 체제 자체의 붕괴를 가져왔다. 북한 당국이 이러한 부분적 경제 개혁 조치들의 한계나 그 결과를 얼마나 제대로 인식하고 있는지 의문이다. 자신들은 동유럽 체제전환국가들의 기존 개혁과는 달리 경제 발전의 성과를 거둘 수 있다고 보는 것인지, 아니면 알지만 달리 대안이 없는 것인지 알 수가 없다.

한편 북한의 경제개혁 조치들은 북한 주민들의 아래로부터의 요청에 의해서가 아니라 북한 당국의 주도하에 추진되고 있다. 그렇지만 향후 북한 '헌법'의 경제 조항의 변화 내지 북한의 경제 체제 전환 가능성에 대한 전망에 대하여는 북한 당국의 의도와는 별도로 북한 경제 현실의 변화가 당국의 개혁이나 개방 조치에 미치는 영향을 눈여겨보지 않을 수 없다. 북한 경제 현실의 변화는 사경제 영역의 확대 내지 시장화 현상을 말한다. 이러한 현상에 대하여 북한 당국은 통제와 부분적 허용 등의 반복 조치를 취해왔으나 최근에는 이를 이용하는 한편, 이를 제도적 통제권 내에 두려는 조치와 노력을 하고 있는 단계로 볼 수 있다.

이러한 시장화의 확대 현상은 단순히 경제적 영역만의 문제가 아니다. 시장화 현상의 확대는 불가피하게 소득의 불균등을 초래하게 되고, 소득의 불균형은 북한 주민들 간의 갈등과 정부에 대한 불만을 야기하게 된다. 또한 경제적 부를 추구하는 과정에서 거의 필연적으로 발생하는 시장과 관료의 유착으로 인한 관료의 부패와 같은 부정적인 사회현상으로 확대되어 나갈 것이다. 더 나아가 주민들의 사적 소유에 대한 권리의식도 발전하게 될 것이다. 이러한 권리의식의 발달은 자연스럽게 북한 당국의 변화를 요구하는 단계로까지 발전될 소지가 다분하다.

결론적으로 북한의 경제 체제는 여전히 북한식 사회주의 계획경제 체제이다. 북한이 다른 사회주의 국가들처럼 시장경제 체제로 전환 또는 이행할 것은 북한의 사회주의 완성론에 의한 이론적 한계와 대내외적인 체제 위협이라는 현실적 한계가 있기 때문에 기대하기 힘든 일이다. 결국 북한의 경제개혁 내지 개선의 노력은 이와 같은 한계 내에서만 추진될 것이다. 경제개혁도 지속적인 경제 발전이 아니라 체제 유지에 도움이 되고 체제 유지에 위협이 되지 않는 범위 내에서의 경제 발전을 목표로 할 것이다.

다만 이러한 방향은 북한 당국의 의도일 뿐이다. 당국의 의도와 무관하게 현재 진행 중인 시장화 확대 현상으로 사회적·경제적 변화가 발생하고, 주민들의 의식에 변화가 생기면 위로부터가 아니라 아래로부터의 변화 요구에 밀려 다른 사회주의국가들과 같은 체제 전환의 과정을 맞이하는 날이 올 가능성도 배제할 수 없다.

한 가지 간과하지 말아야 할 것은 북한이 중국이나 베트남처럼 개혁·개방 정책을 채택한다고 해서 바로 경제 발전 단계에 접어들 수 있는 것은 아니라는 것이다. 베트남의 도이머이 정책도 시작과 더불어 바로 성과를 낸 것이 아니다. 그 주된 이유 중 하나는 베트남이 이 정책을 채택하기 전인 1979년 캄보디아 침공으로 국제사회의 제재를 받고 있었기 때문이다. 결국 도이머이 정책이 성과를 보기 시작한 것은 1994년 국제금융기구의 자금 지원이 재개되고 1995년 미국과의 국교가 정상화된 이후라고 볼 수 있다. 따라서 북한이 바라는 경제 발전은 적극적인 개혁·개방 정책의 채택과 동시에 국제사회의 각종 경제제재 조치가 해제되고 정상적인 국제사회의 일원이 되어야 가능할 것이다. 하지만 국제사회의 제재는 북한의 핵 문제와 직접 관련되어 있어 결코 그 해결이 쉽지 않다는 데 문제가 있다

제8장

북한 산업재산권 법제

1. 머리말

통상 국내에서는 지식재산권을 산업재산권과 저작권으로 분류한다. 북한 『민사법사전』
을 보면 지식재산권을 지식소유권이라고 표현하고 이를 "인간에 의하여 사상과 문학, 예술 및
과학기술 분야에서 이루어진 지적창조물에 대한 소유권"이라고 정의하면서 지적소유권은 저
작소유권과 공업소유권을 포괄한다고 설명하고 있다. 우리의 산업재산권에 해당하는 북한의
용어는 공업소유권이다.

『민사법사전』에서는 공업소유권을 "인민경제 여러 부문과 과학기술분야에서 이루어진
인간의 지적창조물에 대한 소유권"이며, 여기에는 "발명권, 특허권, 발견권, 창의고안권, 공업
도안권, 상표권, 원산지명권(특정한 생산물의 원산지를 독점할 권리)과 같은 것들이 속한다"라고
설명한다. 또한 "공업소유권은 다른 소유권과는 달리 대상별로 일정한 법적 수속을 거쳐 국가
의 공업소유권 담당 행정기관에 신청하여 심의를 받고 등록하여야 효력을 가진다. 우리나라에
서는 발명권과 특허권, 공업도안권과 상표권 등이 다 해당한 법과 규정에 의하여 법적 보호를
받고 있다"라고 한다.[1]

공업소유권의 보호제도에 관해서는 "공업소유권 보호제도에는 국내법적 보호제도와 국
제법적 보호제도가 있다. 공업소유권의 국내법적 보호제도는 한 나라 안에서 공업소유권의 보

---

1   사회과학원 법학연구소, 『민사법사전』(평양: 사회안전부출판사, 1997), 58쪽.

호와 관련한 제도이다. 우리나라에서 공업소유권은 법적으로 보호되고 있다. 공업소유권의 국제법적 보호제도는 나라들 사이의 공업소유권보호와 관련한 제도이다. 나라들 사이에 공업소유권을 보호하도록 의무를 지우자면 보호를 받고자 하는 해당 나라들에서 새로운 특허권이나 상표권 등을 취득하거나 등록하여야 하며 한편 나라들 사이에 공업소유권을 보호할 데 대한 협정을 체결하여야 한다"라고 설명하고 있다.[2]

2. 북한의 산업재산권 관련 행정기구

북한의 산업재산권 관련 기구 전반에 대하여 체계적으로 설명하고 있는 북한 자료는 찾아보기 어렵다. 그렇다 보니 국내에 소개된 자료들은 북한의 단편적인 원전 등을 분석하여 그 내용을 소개할 수밖에 없는 형편이어서 내용이 일치하지 않는다. 지금까지 소개된 국내 및 북한 자료를 종합해 보면 남한의 특허청에 해당하는 북한의 산업재산권 관련 기구는 내각의 국가과학원 산하에 있는 발명총국(Invention Office of DPRK)이다.

평양에 'MSIP Pyongyang Center'를 운영하고 있는 중국의 '북경명석지식산권대리유한공사(北京铭硕知识产权代理有限公司)'를 통하여 확인한 바에 따르면, 우리의 특허청에 해당하는 기구는 내각 국가과학원 산하의 발명총국이 분명하며, 품질감독국 산하에 있던 상표 및 공업도안처는 품질감독국으로부터 독립하였고, 명칭도 '상표 및 공업도안, 원산지명사무소(Trademarks Industrial Designs and Geographical Office of the DPRK)'로 변경되었다. 그 밖의 내각 산하 기타 조직으로 소개된 산업재산권 관련 기구로 추정되는 조직으로는 조선과학발명위원회, 국가소프트웨어 산업총국, 평양국제새기술정보센터 등이 있다.

북한의 특허대리사무소 현황에 대하여는 공식자료가 없으므로 인터넷을 통하여 확인할 수밖에 없는 상황인데, 'www.iplawlink.com' 사이트를 검색해 보면 모두 17개의 산업재산권 관련 사무소가 소개되어 있다.[3] 이 17개 사무소 중 '대동강 특허상표대리소(Taedonggang

---

2 최정희, 「공업소유권과 공업소유권보호제도에 대한 일반적리해」, ≪김일성종합대학학보: 력사·법학≫, 제46권 2호(평양: 김일성종합대학출판사, 2002), 64~65쪽.

3 http://www.iplawlink.com/lawfirms/alphabet/Koreanorth.htm (검색일: 2016년 1월 24일). 사이트에 소개된 17개의 사무소는 Cholsan, Haekumgang Patent & Trademark Agency, Jansubong Patent & Trademark Law Office, Junma P&T Office of D.P.R Korea, Korea Munsubong Company, Korea Ryongsan Trademark Co., KoryoPat-Rainbow, KS-KP Law Office, Kumgangsan Patent & Trademark Agency, Moranbong

Patent and Trademark Office)'와 '오운 특허사무소(Oun Patent Office)'는 영문으로 된 사이트를 운영하고 있으며, 사이트에는 구성원에 대한 소개와 더불어 산업재산권 개요와 등록 절차, 수수료 등에 관한 내용이 게재되어 있다.

3. 북한의 산업재산권 관련 법제 개요

북한은 1948년 제정 '헌법' 제20조에서 "공민은 과학 또는 예술활동의 자유를 가진다. 저작권 및 발명권은 법적으로 보호한다"라고 저작권과 발명권에 대한 규정을 둔 이래, 1972년 개정 '헌법'은 제60조에서 "공민은 과학과 문학예술활동의 자유를 가진다. 국가는 창의고안자와 발명가들에게 배려를 돌린다. 저작권 및 발명권은 법적으로 보호한다"라고 개정하여 창의고안자와 발명가 개인들에 대한 배려의 헌법적 근거를 마련하였다.

1992년 개정 '헌법'에서는 제74조에서 "공민은 과학과 문학예술활동의 자유를 가진다. 국가는 발명가와 창의고안자에게 배려를 돌린다. 저작권 및 발명권은 법적으로 보호한다"라고 하여 발명가와 창의고안자의 언급 순서만 변경되었다. 1998년 개정 '헌법' 제74조는 "공민은 과학과 예술활동의 자유를 가진다. 국가는 발명가와 창의고안자에게 배려를 돌린다. 저작권과 발명권, 특허권은 법적으로 보호한다"라고 하여 처음으로 특허권에 대한 보호 의무를 규정하였다. 이후 2009년, 2010년, 2012년, 2013년, 2016년 및 2019년에 각각 '헌법' 개정이 있었으나 산업재산권과 관련해서는 1998년 개정 '헌법'의 내용을 그대로 유지해 오고 있다.

한편 북한은 외국인 투자 관련 법제와 같이 대외경제와 관련된 법률들을 제외하고는 대부분의 법률을 공개하지 않다가 2004년 6월 처음으로 헌법과 111개의 법률이 수록된 2004년 법전을 처음 발간하였고, 대체로 2년마다 증보판을 간행해 오다가 2012년 7월 헌법과 186개의 법률이 수록된 2012년 법전을 발간하였다.

북한이 발간하는 법전에 모든 법률이 수록된 것도 아니고 하위 규정이나 세칙 등도 수록되어 있지 않다는 한계가 있지만, 현재로서는 북한이 공표하는 법률들을 중심으로 검토하는 수밖에 없다. 각 법률의 구체적인 내용은 해당 부분에서 살펴보기로 하고, 북한의 법전에 소개된

Patent & Trade Mark Agency, Myohyangsan Attorneys, Oun Patent Office, Pyongyang Patent and Trademark Agency, Ryong-San & Co., Pyongyang Technical Trading Centre, Ryongsong Patent Office, Taedonggang Patent and Trademark Office이다.

| 표 8-1 | 남북한 산업재산권 법제 비교

대상 권리	사용 용어	북한 법령	남한 법령
발명	발명(북)	발명법[1]	특허법
	특허(남, 북)		
고안	실용신안(남) 창의고안(북)[2]	창의고안에 관한 규정[3] (2014년 발명법)	실용신안법
디자인	디자인(남) 공업도안(북)	공업도안법	디자인보호법(구 의장법)
상표	상표(남, 북)	상표법	상표법

주: 1) 남한의 실용신안에 해당하는 북한의 창의고안에 대해서는 기존의 '발명 및 창의고안에 관한 규정'이 여전히 적용되고 있거나 혹은 별도의 창의고안에 관한 개별 법이 있을 수 있다고 보는 견해가 있으나, 북한의 현행 법체계를 보면 이 '발명 및 창의고안에 관한 규정'은 '발명법'의 제정으로 폐지된 것으로 보이며, 창의고안에 관한 별도의 개별 법은 없는 것으로 보인다. 이 점에 대해서는 뒤에서 더 구체적으로 살펴보기로 한다.
2) 2014년 개정 '발명법'을 보면 '실용기술발명권'과 '실용기술특허권'이라는 개념을 새로 도입하였는데, 이것이 기존의 창의고안에 해당하는 개념으로 보인다.
3) 북한은 2001년에 '창의고안에 관한 규정'을 제정하였다는 ≪민주조선≫의 보도가 있었으나 규정 전문은 아직 입수되지 않은 상태이다.

내용을 중심으로 북한의 산업재산권 관련 법제를 남한 법제와 비교해 보면 〈표 8-1〉과 같다.

북한은 이와 같은 산업재산권 관련 법률을 제정한 외에도 WIPO 등 관련 국제기구에 가입하였을 뿐만 아니라 여러 가지 다자조약에도 가입해 있다. 남북한의 산업재산권 관련 국제기구 및 조약 가입 현황을 살펴보면 〈표 8-2〉와 같다.

세계지적재산권기구(WIPO)에 따르면 북한은 2017년 국제특허협력조약(Patent Cooperation Treaty)에 따라 3건의 국제 특허(Patents)와 5건의 국제 상표(Trademarks)를 출원했다. 출원한 특허는 전류 안정화 장치, 고성능 방수제, 바이오 나노 골드 다당류 콜로이드 용액의 제조 방법을 비롯한 3건이다. 북한은 1990년 탄화칼슘 및 고순도 합성 가스를 생산하기 위한 '낮은 타원형 가마'와 관련한 특허를 처음으로 출원한 이래, 한 해 평균 2~3건에 불과해 매월 평균 약 1200건의 국제 특허를 출원하는 남한과 격차가 크다. 북한이 2017년에 국제상표 출원 체계에 등록한 상표는 '류경김치공장'과 '갈마식료공장', 평양가방공장의 책가방 상표인 '소나무', 금강산국제관광특구개발총회사의 건강 상품인 '화원', 북한 삼천리총회사의 '버섯공장' 등 총 5건으로, '소나무'만 빼고 4건 모두가 식료품에 대한 상표이다.[4]

---

4   "북, 지난해 국제 특허 및 상표 출원 8건", ≪자유아시아방송≫, 2018년 1월 16일 자.

| 표 8-2 | 남북한 산업재산권 관련 국제기구 조약 가입 현황

국제기구·조약	가입 일자	
	남한(발효일)	북한(발효일)
WIPO 설립협약	1979년 3월 1일	1974년 8월 17일
산업재산권보호를 위한 파리협약[1] (1883년 3월 20일 채택/ 1984년 발효)	1980년 5월 4일	1980년 6월 10일
특허협력조약(PCT) (1970년 6월 19일 채택/ 1978년 1월 24일 발효)	1984년 8월 10일	1980년 7월 8일
표장의 국제등록에 관한 마드리드 협정 (1891년 4월 14일 채택/ 1892년 7월 15일 발효)		1980년 6월 10일
표장의 국제등록에 관한 마드리드 의정서 (1989년 6월 27일 채택/ 1995년 12월 1일 발효)	2003년 4월 10일	1996년 10월 3일
표장의 도형요소의 국제분류 제정을 위한 비엔나협정 (1973년 6월 12일 채택/ 1985년 8월 9일 발효)	2011년 4월 17일	
산업디자인의 국제등록에 관한 헤이그협정[2]	2014년 7월 1일	1992년 5월 27일
산업디자인의 국제분류 제정을 위한 로카르노협정 (1968년 10월 8일 채택/ 1971년 4월 27일 발효)	2011년 4월 17일	1997년 6월 6일
상품서비스의 국제분류에 관한 NICE협정 (1957년 6월 15일 채택/ 1961월 4월 8일 발효)	1999년 1월 8일	1997년 6월 6일
특허절차상 미생물 기탁의 국제적 승인에 관한 부다페스트 조약(1977년 4월 28일 채택/ 1980년 8월 19일 발효)	1988년 3월 28일	2002년 2월 21일
국제특허분류에 관한 스트라스부르 협정 (1971년 3월 24일 채택/ 1975년 10월 7일 발효)	1999년 10월 8일	2002년 11월 21일
무역관련 지적재산권에 관한 협정(WTO/ TRIPs) (1994년4월 15일 채택/ 1996년 1월 1일 발효)	1994년 12월 30일	
상표법조약(Trademark Law Treaty) (1994년 10월 27일 채택/ 1996년 8월 1일 발효)	2003년 2월 25일	2018년 8월 22일
상표법에 관한 싱가포르 조약 (2006년 3월 27일 채택/ 2009년 3월 16일 발효)	2016년 7월 1일	2016년 9월 13일

주: 1) 현행 조약은 1967년 7월 14일 채택되어 1970년 4월 26일 발효된 「1883년 산업재산권 보호를 위한 파리협약을 개정하는 스톡홀름협약(Convention revising the Paris Convention of 1883, as revised, for the Protection of Industrial Property)」이다.
2) 우리나라는 1999년 7월 2일 제네바에서 채택(2003년 12월 23일 발효)된 「산업디자인의 국제등록에 관한 헤이그 협정의 제네바 개정협정(Geneva Act of the Hague Agreement Concerning the International Registration of Industrial Designs)」에 가입하였다.

4. 발명 보호에 관한 법제

1) 개요

북한의 경우 현행 '발명법' 이전에는 1978년 12월 27일 정무원 결정 제279호로 개정된 '발명 및 창의고안에 관한 규정'이 있었다. 이 규정은 1986년 6월 28일 정무원 결정 제25호로 개정되어 1986년 11월 1일부터 개정 규정이 시행되었다. 이 규정은 법률보다 하위 규범으로서 당시에는 남한의 '특허법'과 '실용신안법'에 상응하는 것이었다. 이 규정의 시행세칙으로 역시 1986년에 개정된 '발명 및 창의고안에 관한 규정 시행세칙'이 있었다.

북한의 '발명법'은 1998년 5월 13일 최고인민회의 상설회의 결정 제112호로 채택되었다. 이후 1999년 3월 11일 최고인민회의 상임위원회 정령 제507호로 수정·보충되었고, 2011년 12월 21일 최고인민회의 상임위원회 정령 제2052호로 수정되었으나, 그 내용은 법 제17조와 제27조의 비상설 기구인 '국가발명심의위원회'의 명칭을 '비상설발명심의위원회'로 개칭한 것 뿐이다.

그 이후 북한은 2014년 12월 10일 최고인민회의 상임위원회 정령 제258호로 '발명법'을 수정·보충하였다. 이 개정에 대해 2015년 북한 조선중앙통신은 과학기술 발전의 새로운 전환을 위해 '발명법'을 현실적 요구에 맞게 수정·보충하였다고 발표한 바 있다. 법 개정 취지는 "정보산업시대의 요구에 맞게 발명을 장려하고 발명의 이용을 촉진하기 위한 국가정책을 더 잘 집행해 나갈 수 있는 튼튼한 법적 담보를 마련하는 데 있다"라고 한다. 5개 장 43개 조항으로 되어 있던 기존의 '발명법'이 2014년 개정으로 16년 만에 5개 장 64개 조항으로 늘어난 것이다.

북한 내각 기관지 ≪민주조선≫ 최근호(2015년 1월 20일 자와 28일 자)에 따르면 개정법에서는 기존에 '발명등록'으로 일원화하였던 특허신청 종류를 발명권, 특허권, 실용기술발명권, 실용기술특허권 등 네 가지로 세분하였다. 특히 특허 신청 양식에는 외국어 신청과 관련한 규정을 추가해 외국인의 발명·특허도 보호받을 수 있다는 점을 알렸다. 아울러 북한 주민이 다른 국가에 또는 외국인이 북한에 특허권을 낼 경우 편의를 도모하기 위해 특허신청대리기관을 이용하는 내용도 새로 포함되었다. 눈길을 끄는 대목 중 하나는 "아직 일할 나이에 이르지 않은" 미성년자도 발명·특허를 받을 수 있는 대상으로 추가한 점이다. 또 발명 수준이 낮아도 새로운 성격이거나 기술 도입 가능성이 있는 발명에 대해서는 실용기술발명권이나 실용기술특허권을 통하여 소유권 보호를 받을 수 있게 하였다. 개정법은 특허권을 등록·신청할 수 있는 권리를 기관, 기업, 단체에 양도할 수 있는 조항을 추가해 지적재산권의 활용 범위도 넓혔다. 직무를 수행하는 과정에서 나온 발명이나 소속 기관 및 단체의 시설을 이용한 발명, 공동 창작물의 소유권에 관한 문제도 기술됐다. 업무상 발명품은 해당 기관에, 공동 창작물은 합의 여부에 따라 공동에 소유권을 주는 식이다.[5]

이 밖에 북한의 원전이 확보되지는 않았으나 특허 관련 중국 대리인들의 진술과 WIPO가 제공하고 있는 북한 관련 가이드라인에 의하면 북한에는 이 '발명법' 외에 별도의 '발명법 시행규정(Regulation under the Law on Inventions: RLI)'이 있는 것으로 확인되고 있다.[6] 그러나 그 구체적인 내용은 확인되고 있지 않다.

1978년에 개정된 '발명 및 창의고안에 관한 규정'에서는 외국인에게는 특허권을 허용하고 북한 주민에게는 발명권과 창의고안권만 인정되다가 1986년 개정 시 북한 주민에게도 특허권이 인정되기 시작하였다.

2) 북한의 발명권과 특허권

(1) 발명권과 특허권의 이중화

북한의 발명보호에 관한 권리는 발명권과 특허권으로 나뉜다는 것이 가장 큰 특징이다. 발명권에 관한 제도는 북한만의 특수한 제도는 아니고 기존의 사회주의국가들의 산업재산권 제도에서 볼 수 있던 제도이다.

북한에서 발간한 『민사법사전』을 보면 발명권은 과학기술 분야에서 이미 알려진 기술에 비하여 본질적으로 새롭고 발전적이며 공업적으로 실현하여 더 높은 경제적 효과를 나타내는 기술을 발명한 자에게 부여되는 인격적 및 재산적 권리이다. 발명한 자는 발명의 창조자로서 발명의 과학적 기술 내용과 그에 대한 우선권과 일정한 국가적 및 사회적 대우를 받을 권리를 가지며, 발명권은 발명가가 마음대로 취소하거나 포기할 수 없으며 다른 사람에게 넘겨주지 못한다. 한편 발명권을 받은 발명기술의 이용권은 국가에 속하며, 기관·기업소·사회협동단체

---

5 "북한, 16년만에 발명법 대폭 개정 …… 인재발굴 총력", ≪연합뉴스≫, 2015년 2월 4일 자.

6 특허청, 『남북한 지식재산권 제도의 조화방안: 남북 경제공동체 형성을 위한 지식재산권 정책의 역할을 중심으로』(대전: 특허청, 2008), 12쪽 참고. 다만 이 자료에는 "Regulation under the Law on Inventions"을 "발명법 시행규칙"으로 번역하였으나 북한 법제상 'Regulation'은 규정에 해당하므로 '발명법 시행규정'으로 표기한다.

는 발명권으로 보호되는 발명을 승인받지 않고도 국가와 인민을 위하여 생산과 건설에 널리 도입하여 이용할 수 있다. 발명권에 대한 이용권을 다른 나라에 넘겨주려고 할 때는 국가의 승인을 받아야 한다.[7]

(2) 발명권과 특허권의 차이

발명권과 특허권은 다 같이 발명에 대한 법적 보호 형태로 발명의 창조자라는 데 대한 인정, 발명 내용과 발명의 우선권 및 발명에 대한 권리 보장 등 그 내용과 적용범위가 대체로 같을 뿐 아니라 국가에 등록 보호를 청원하는 신청 수속 절차와 방법, 문건 형식, 그에 대한 심의 절차와 기준도 거의 같다. 그러나 발명권과 특허권 사이에는 다음과 같이 그 성격상 본질적인 차이점들이 있다.[8]

발명권과 특허권의 차이점은 우선 발명에 대한 이용권의 소유자가 서로 다른 데 있다. 발명권은 발명자가 가지지만 그 이용권은 국가에 속한다. 그러므로 국가는 등록된 발명을 발명자의 승인·합의·계약 등이 없어도 마음대로 도입·이용하거나 다른 나라에 팔 수 있는 권리를 가진다. 발명권을 받은 발명을 국가기관, 기업소와 협동 단체들이 도입·이용할 수 있도록 적극 장려하고 보장하는 법 조항을 두고 있다. 반면 개인의 이익이나 순수한 영업적 목적으로 발명이용권을 행사하려고 할 때에는 국가발명기관의 승인을 받아야 한다는 것을 규제하고 있다. 발명권을 받은 사람은 발명권을 마음대로 취소하거나 포기할 수 없으며, 다른 사람에게 넘겨줄 수도 없다. 이와는 반대로 특허권의 경우에는 발명에 대한 이용권을 특허소유자가 독점한다. 특허권의 존속기간 동안에는 특허권 소유자의 승인이 없이 어느 개인이나 기관, 기업소는 물론이고 국가도 그것을 마음대로 이용할 수 없다. 그리고 특허권 소유자는 특허권을 포기할 수도 있고, 다른 사람이나 기관, 기업소 또는 다른 나라에 완전히 팔거나 그 이용권을 일정 기간 넘겨줄 수 있다.

발명권은 특허권으로 바꿀 수 없지만, 존속기간 안에 있는 특허권은 소유자의 신청에 따라 발명권으로 바꿀 수 있다.

발명권과 특허권의 차이점은 다음으로 그 권리의 존속기간이 다른 데 있다. 발명권의 존속기간은 일반적으로 무기한이다. 그러나 특허권의 존속기간은 나라마다 다른데, 대체로

---

7   『민사법사전』, 252~253쪽.

8   다음의 내용은 최정희, 「공업소유권과 공업소유권보호제도에 대한 일반적리해」를 정리·요약하였다.

15~20년이다. 북한에서는 존속기간을 15년으로 규정하고 있다.

발명권과 특허권은 발명 등록과 관련된 비용 부담도 다르다. 발명권을 등록할 때에는 신청료나 기타 요금을 무는 것이 없다. 오히려 발명권을 받을 때에는 국가로부터 정치적·도덕적 ·물질적 특전들이 부여된다. 발명권 제도에서 발명자에게 부여하는 정치적·도덕적 특전에는 대체로 국가 표창과 명예칭호 수여, 국가수훈, 기술자격급수 승급, 표창장 및 휘장 수여 등이 있다. 물질적 특전은 일반적으로 상품과 상금으로 실현된다. 상금의 액수는 발명에 의하여 얻어지는 기술·경제적 효과의 크기에 따라 결정된다. 그러나 특허권을 신청·등록할 때에는 여러 가지 수수료(신청료, 신소청원료, 변동통지수속료 등)를 내야 하며 일단 등록을 한 다음에는 특허보호 존속기간 내에 매년 적지 않은 연차료를 내야 한다.

3) 북한 발명법

(1) 제정의 의의와 배경

북한의 정부 기관지 ≪민주조선≫의 1998년 6월 11일 자 보도를 보면 '발명법'의 제정에 대하여 다음과 같이 설명하고 있다.

> 최근 조선민주주의공화국 발명법이 채택되었다. 발명법 채택은 기술혁명을 힘있게 벌려 나라의 과학기술을 발전시키고 사회주의 경제건설을 다그치는데서 중요한 의의를 갖는다. 과학기술을 발전시키지 않고서는 사회주의 경제건설을 힘있게 다그쳐 나갈 수 없으며 내나라, 내조국의 부강번영을 이룩할 수 없다. 발명등록의 신청과 발명의 심의등록, 발명권, 특허권의 보호 등 발명사업을 현실 발전의 요구에 맞게 진행해 나갈 수 있는 확고한 법적 담보가 마련되게 되었다.

(2) 발명법의 주요 내용
① 일반 규정

2014년 개정 '발명법'은 "발명권, 특허권등록의 신청과 심의, 발명권, 특허권의 보호에서 제도와 질서를 엄격히 세워 발명창조를 장려하고 발명의 리용을 촉진함으로써 과학기술과 인민경제를 발전을 다그치는데 이바지"하는 것을 법의 사명으로 한다(제1조). 발명은 "실천에서 제기되는 문제에 대한 새로운 기술적해결안"이다(제2조). 발명권과 특허권 등록의 신청은 발명권과 특허권 보호사업의 첫 공정으로 국가는 등록신청절차를 바로 정하고 엄격히 지키고(제

3조), 심의에서 과학성과 객관성을 보장하며(제4조), 발명권과 특허권의 보호는 국가의 일관된 정책임을 명시하고 있다(제5조). 국가는 발명창조사업을 적극 장려하고 필요한 투자를 늘려 나가야 하며(제4조), 세계 여러 나라 및 국제기구와의 교류와 협조를 발전시키며(제7조), 발명사업에서 나라의 안전 및 중요이익을 철저히 보장하도록 하고 있다(제8조).

② 등록 절차

발명권과 특허권의 등록 절차는 ㉠ 신청 → ㉡ 형식심의 → ㉢ 본질심의를 통한 부결 또는 등록결정(부결 시 이의신청) → ㉣ 등록결정 시 공개의 순서로 진행된다.

먼저 발명권이나 특허권을 받으려는 기관, 기업소, 단체와 공민(이하 신청자)은 발명행정기관이 정한 양식에 따라 등록신청문건을 발명행정기관에 내야 하며, 이 경우 하나의 발명에 대하여 발명권, 특허권, 실용기술발명권, 실용기술특허권 가운에 어느 하나로 신청하여야 한다. 법에서 따로 정하지 않은 한 발명권에는 실용기술발명권이, 특허권에는 실용기술특허권이 포함된다(제9조), 발명권등록의 신청은 발명을 창조한 공민이 한다(제11조). 직무상 임무수행과정에 창조하였거나 기관, 기업소, 단체의 물질기술적수단을 이용하여 창조한 발명에 대한 특허권등록신청은 해당 기관, 기업소, 단체의 이름으로 하며(제12조), 직무와는 관계없이 노동시간외에 자체의 물질기술적수단을 이용하여 창조하였거나 연로보장자, 노동할 나이에 이르지 않은 자가 창조한 발명에 대한 특허권등록신청은 그 발명가가 한다(제13조). 둘이상의 기관, 기업소, 단체 또는 공민이 공동으로 창조한 발명에 대한 발명권, 특허권등록의 신청은 따로 합의된 것이 없는 한 그것을 창조한 기관, 기업소, 단체나 공민들이 공동으로 하며 다른 기관, 기업소, 단체의 위탁을 실행하는 과정에 창조한 발명에 대한 발명권, 특허권등록의 신청은 그것을 창조한 기관, 기업소, 단체 또는 공민이 한다(제14조). 특허권등록신청권리는 기관, 기업소, 단체에 양도할 수 있다(제15조). 신청자는 발명권, 특허권등록의 신청을 발명대리기관에 위탁하여 할 수 있는데, 신청을 위탁받은 발명대리기관은 신청내용을 발명행정기관이 공개하기 전에 공개할 수 없다(제16조).

2014년 개정 '발명법'은 발명으로 될 수 없는 대상, 발명권과 특허권을 받을 수 없는 발명에 대한 규정을 신설했다. "1. 발견, 과학적리론, 수학적방법, 2. 미학적창조물, 3. 정신활동이나 유희, 경영활동을 위한 규칙과 방법, 4. 기술적해결이 없는 컴퓨터프로그람, 5. 정보의 표시방법"은 발명의 대상이 될 수 없다(제18조). 조선민족의 고상한 풍속과 사회주의생활양식에 맞지 않거나 사회공동의 리익에 저해를 주는 대상, 식물이나 동물변종 혹은 동식물의 순수 생물학적인 사육 및 재배방법, 사람이나 동물의 수술방법, 치료방법, 사람이나 동물을 대상으로 하는 진단방법과 관련한 발명에 대하여서는 발명권이나 특허권을 받을 수 없다. 원자핵변환의 방법으로 얻어진 물질에 대한 발명은 특허권을 받을 수 없다(제19조). 발명권과 특허권 및 실용기술발명권과 실용기술특허권을 받을 수 있는 조건에 대하여는 다음과 같이 규정하고 있다.

제20조(발명권, 특허권을 받을수 있는 조건)

발명권, 특허권을 받을수 있는 조건은 다음과 같다.

1. 신규성이 있어야 한다.

    신규성이 있다는 것은 신청된 발명이 선행기술에 비하여 새롭다는 것이다.

2. 발명수준이 있어야 한다.

    발명수준이 있다는 것은 그 기술에 숙련된 자가 선행기술에 기초하여 발명을 쉽게 예측할수 없다는 것이다.

3. 도입가능성이 있어야 한다.

    도입가능성이 있다는 것은 발명을 공업, 농업, 수산업, 림업을 비롯한 인민경제의 여러 부문에서 리용할수 있다는 것이다.

제21조(실용기술발명권, 실용기술특허권을 받을수 있는 조건)

발명수준은 없어도 신규성이 있고 도입가능성이 있는 발명에 대하여서는 실용기술발명권이나 실용기술특허권을 받을수 있다.

제22조(례외적인 신규성인정조건)

발명내용이 국가가 인정하는 학술토론회나 전시회에 처음으로 발표 또는 전시되였거나 신청자의 승인없이 제3자에 의하여 공개되였다 하더라도 신청자가 그 날자로부터 6개월안에 발명권이나 특허권등록신청을 하면서 그것을 확인하는 문건을 제출하였을 경우에는 신규성이 있는 것으로 본다.

2014년 개정 '발명법'의 특징 중 하나는 실용기술발명권과 실용기술특허권에 관한 규정이다. 제21조의 규정을 보면 실용기술발명권과 실용기술특허권은 발명권이나 특허권에 비하여 발명수준이 없지만 신규성과 도입가능성이 있는 발명을 의미한다. 이는 결국 우리의 실용신안과 북한의 창의고안에 해당하는 개념으로 볼 수 있다.

다른 나라의 신청자가 자기 나라 또는 다른 나라에 첫 특허권등록신청을 한 날자로부터 12개월 안에 북한에 같은 발명에 대하여 특허권등록신청을 하는 경우에는 그 발명에 대한 우선권을 주장할 수 있다. 이 경우 신청한 날부터 3개월 안에 첫 특허권등록신청문건사본과 우선권을 주장하는 문건을 제출하여야 한다(제23조).

북한의 신청자가 다른 나라에 특허권등록을 신청하거나 다른 나라의 신청자가 북한에 특허권등록을 신청하려 할 경우에는 발명대리기관에 위탁하여 하여야 하며, 북한의 신청자는 사전에 다른 나라에 신청하려는 특허권등록신청문건을 발명행정기관에 제출하여 심의를 받아야 한다(제26조). 특허권등록신청자는 신청, 심의, 등록과 관련한 해당한 요금을 발명행정기관에 내야하며, 요금은 국가가격기관이 정한다(제27조).

등록신청을 접수한 발명등록기관은 먼저 신청문건이 형식적 요구 조건을 갖추었는지에 대한 형식심의를 하여야 한다(제29조). 형식심의과정에서 형식적 요구사항을 갖추지 못한 경우에는 신청자에게 통지를 하고 신청자가 3개월 내에 보완을 하지 않으면 신청을 기각한다. 형식심의에 요건을 갖추었다고 인정되면 해당 신청문건을 공개한다(제30조). 공개한 발명권이나 특허권등록신청문건에 대하여 의견이 있는 기관, 기업소, 단체와 공민은 본질심의 전에 발명행정기관에 의견을 제기할 수 있다(제31조).

형식심의를 통과하여 공개한 등록신청문건에 대하여는 신청된 발명이 발명권이나 특허권을 받을 수 있는 조건을 갖추었는지에 대한 본질심의를 하여야 하며, 본질심의를 통과하면 신청자에게 발명권이나 특허권을 부여하는데 대한 결정을 하고 이를 등록하며, 그 내용을 공개한다. 발명권자나 특허권자에게는 해당 증서도 발급한다(제32조). 본질심사에서 조건을 갖추지 못하였다고 판단할 경우에는 신청자에게 심의의견통지서를 보내고 신청자가 3개월 내에 회답을 보내지 않으면 그 의견을 인정한 것으로 본다(제33조). 본질심사에서 등록을 부결하는 결정을 하면 신청자에게 그 이유를 밝힌 통지서를 보내야 하며, 신청자는 통지서를 발급한 날부터 3개월 내에 재심의를 요구할 수 있다(제37조). 발명권이나 특허권 등록에 대해 의견이 있는 기관, 기업소, 단체와 공민은 발명행정기관에 그것을 무효로 해달라는 의견을 제기할 수 있으며, 이에 따라 무효결정이 되면 해당 발명권이나 특허권은 처음부터 존재하지 않은 것으로 된다(제38조).

③ 실체적 권리 및 보호

발명권 또는 특허권의 보호대상은 신청자의 발명주장범위에 따라 결정된다(제39조). 발명권을 받은 기술의 이용은 기관, 기업소, 단체가 하지만(제40조), 특허권을 받은 기술의 이용은 그 소유자가 한다(제41조). 특허권의 보호기간은 특허권등록신청일부터 15년이며, 특허권 소유자의 신청에 따라 5년간 연장할 수 있다(제42조 제1항). 실용기술특허건의 보호기간은 실용기술특허권등록신청일부터 10년이다(제42조 제2항). 특허권자는 특허권을 받은 해부터 발명행정기관에 정해진 보호요금을 내야 한다(제43조).

직무상 임무수행과정에 또는 기관, 기업소, 단체의 물질기술적 수단을 이용하여 창조한 발명에 대하여 특허권을 받은 기관, 기업소, 단체는 그 발명가에게 해당한 보상을 하여야 한다(제44조). 특허권자는 소유자와 계약을 맺고 자기의 특허기술에 대한 이용을 허가하거나 권리를 양도할 수 있다. 이 경우 해당 계약은 발명행정기관에 등록하여야 효력을 가진다. 특허기술의 이용허가를 받은 기관, 기업소, 단체는 특허권자의 승인없이 제3자에게 그 기술의 이용을 허가할 수 없다(제45조). 공민의 특허권행사는 해당 기관, 기업소, 단체에 자기의 특허기술을 이용하도록 허가하거나 권리를 양도하는 방법으로 한다(제46조). 공동으로 특허권을 받은 기술은 그 특허권의 공동소유자들이 이용한다. 공동으로 받은 특허권을 제3자에게 양도하거나 이용허가를 하려 할 경우에는 서로 합의하여야 한다(제47조). 발명행정기관은 특허권자가 특허권을 받은 날부터 3년이 지나도록 정당한 이유 없이 자기의 특허기술을 이용하지 않거나 사회적 이익을 위하여 긴급히 필요한 경우 해당 기관, 기업소, 단체에 특허권자의 승인 없이 그 특허기술의 리용을 강제허가해 줄 수 있다. 이 경우 특허권자에게 그에 대하여 통지하며 공개하여야 한다. 강제이용허가는 그 이유가 없어졌다고 인정될 경우 해제한다(제48조). 발명행정기관으로부터 특허권자의 승인없이 특허기술의 이용허가를 받은 기관, 기업소, 단체는 특허권자에게 해당한 요금을 물어야 한다. 요금은 당사자들이 합의하여 정한다. 합의하지 못할 경우에는 발명행정기관이 정해줄 수 있다(제49조).

특허권소유자가 서면으로 특허권을 포기한다고 선언하였을 경우, 특허권보호요금을 정해진 대로 물지 않았을 경우, 발명행정기관이 특허권의 효력을 없앨 데 대한 결정을 하였을 경우, 특허권을 넘겨받을 권한 있는 기관, 기업소, 단체나 상속자가 없을 경우에는 특허권의 효력이 보호기간에 관계없이 소멸하며(제51조), 발명행정기관은 보호기간 안에 특허권의 효력이 소멸되는 경우 그것을 등록하고 공개하여야 한다(제52조).

④ 분쟁처리 등

특허권과 관련하여 발생한 분쟁은 당사자들 사이에 협의의 방법으로 해결하며, 협의의 방법으로 해결할 수 없을 경우에는 발명행정기관에 제기하여 해결할 수 있다(제53조). 발명행정기관은 특허권과 관련하여 발생한 분쟁을 해결하는 과정에 제기된 내용이 특허권 침해행위로 판단되는 경우 해당 당사자에게 그것을 중지할 것을 요구할 수 있다. 특허권침해행위를 한 당사자가 중지요구를 받은 때부터 30일 안으로 그 행위를 중지하지 않을 경우에는 해당 법기관에 특허권침해행위를 중지시켜줄데 대한 제기를 할 수 있다. 해당 법기관은 발명행정기관이 한 제기가 정당하다고 인정될 경우 즉시 해당한 조치를 취하여야 한다(제55조). 특허권을 침해하였을 경우에는 해당한 손해를 보상하며, 특허권을 침해한 당사자가 손해보상을 하지 않을 경우 특허권자는 발명행정기관에 제기하여 해결 받을 수 있다(제56조).

⑤ 지도통제

발명사업에 대한 지도는 내각의 통일적인 지도 밑에 발명행정기관이 하며(제59조), 감독통제는 발명행정기관과 해당 감독통제기관이 한다(제62조). '발명법'을 위반한 자에 대한 행정적 책임과 형사적 책임에 대해서는 개정 전에는 단순하게 "이 법을 어기고 발명사업에 엄중한 결과를 일으킨 기관, 기업소, 단체의 책임있는 일군과 개별적 공민에게는 정상에 따라 행정적 또는 형사적 책임을 지운다"고 규정하고 있었으나, 2014년 개정 시 다음과 같이 행정적 책임과 형사적 책임을 분리하여 구체적으로 규정하고 있다. 특히 형사적 책임에 대해서는 "형법의 해당 조문에 따라 형사적 책임을 지운다"라고 죄형법정주의 원칙에 부합하는 형태를 취하고 있다. 이와 같은 형태의 규정 방식은 최근에 개정되는 다른 부문법으로 계속 확대되고 있다.

제63조(행정적책임)

다음의 경우에는 기관, 기업소, 단체의 책임있는 일군과 개별적공민에게 정상에 따라 해당한 행정처벌을 준다.

1. 발명행정기관의 심의를 받지 않거나 발명대리기관을 거치지 않고 다른 나라에 특허권등록을 직접 신청하였을 경우

2. 발명행정기관이 공개하지 않은 발명권, 특허권등록신청내용을 공개하였을 경우

3. 형식심의에서 통과된 발명권, 특허권등록신청문건을 공개하지 않았을 경우

4. 본질심의과정에 신청자의 의견을 받는 절차를 거치지 않고 발명권, 특허권등록을 부결하였을 경우

5. 발명권이나 특허권을 받을수 있는 조건에 맞지 않는 발명에 대하여 발명권이나 특허권을 주었을 경우

6. 발명권, 특허권등록과 관련한 재심의요구를 접수하고 제때에 심의하지 않았을 경우

7. 발명권 및 특허권의 무효요구를 접수하고 심의를 제때에 하지 않았을 경우

8. 발명권, 특허권자의 권리를 침해하였을 경우

9. 특허기술을 리용하고 발명가에게 해당한 보상을 하지 않았을 경우

제64조(형사적책임)

이 법 제63조 행위가 범죄에 이를 경우에는 기관, 기업소, 단체의 책임있는 일군과 개별적 공민에게 형법의 해당 조문에 따라 형사적책임을 지운다.

4) 남한의 특허법과의 비교

우리나라의 특허에 관한 최초의 법령은 1908년 8월 12일 공포된 '특허령'(1908년 8월 16일 시행)인데 이는 일본의 특허 법령은 그대로 옮긴 것이었다. '특허법령'은 1910년 8월 29일 한일합방과 더불어 폐지되고 일본의 특허법이 그대로 적용되다가 1945년 해방이 되면서 1946년 10월 5일 미군정령 제91호로 '특허법'이 제정되었다. 1946년 '특허법'은 제헌 '헌법' 제100조의 규정에 의하여 유효한 구법령(軍政法令)으로 그대로 시행되었는데, 여기에는 특허국 설치에 관한 사항, 실용신안에 관한 사항 및 의장에 관한 사항이 혼합 규정되었다. 특허에 관한 사항만을 규정하여 산업재산권법 체계를 갖춘 최초의 '특허법'은 1961년 12월 31일 제정되었다. 가장 최근의 전부개정은 1990년 1월 13일 자 개정이며, 그 이후에도 수차례의 개정이 있었고, 2018년 4월 17일 일부 개정을 통해 현행 법률에 이르고 있다. 남한 '특허법'과 북한 '발명법'의 주요 내용을 비교해 보면 〈표 8-3〉과 같다.

| 표 8-3 | 남북한 발명법제의 비교 |

구분	내용	남한	북한
1	근거 법령	특허법(법률 제15582호, 2018년 4월 17일 일부 개정, 2018년 10월 18일 시행)	발명법(2014년 12월 10일 최고인민회의 상임위원회 정령 제258호로 수정)
2	법의 구성	총 12장(총칙, 특허요건 및 특허출원, 심사, 특허료 및 특허등록 등, 특허권, 특허권자의 보호, 특허취소신청, 심판, 재심, 소송, 특허협력조약에 따른 국제출원, 보칙, 벌칙)	총 5장(발명법의 기본, 발명권·특허권등록의 신청, 발명권·특허권등록의 심의, 발명권·특허권의 보호, 발명사업에 대한 지도통제)
3	담당 기관	특허청	발명총국
4	목적	발명을 보호·장려하고 이용을 도모함으로써 기술 발전을 촉진해 산업발전에 이바지	발명권과 특허권등록의 신청과 심의, 발명권, 특허권의 보호에서 제도와 질서를 세워 발명창조를 장려하고 발명의 이용을 촉진함으로써 과학기술과 인민경제의 발전에 이바지

5	보호 대상	발명(자연법칙을 이용한 기술적 사상의 창작으로서 고도한 것)	발명(실천에서 제기되는 문제에 대한 새로운 기술적 해결안)
6	권리 보호 형태	특허권(독점배타적 실시권)	특허권(독점배타적 권리), 발명권(실시권 국가 귀속), 실용기술발명권과 실용기술특허권(기존의 창의고안에 해당하는 것으로 보임)
7	권리 부여의 기본요건	산업상 이용할 수 있는 발명으로서 신규성, 진보성, 확대된 선원 규정 두고 있음	신규성, 선행기술에 기초하여 발명을 쉽게 예측할 수 없는 발명수준, 인민경제에서 이용할 수 있는 도입가능성 발명수준이 없어도 신규성, 도입가능성이 있으면 실용기술발명권이나 실용기술특허권 인정 가능
8	출원 서류	특허출원서, 필요도면, 명세서(발명의 명칭, 도면의 간단한 설명, 발명의 상세한 설명, 특허 청구 범위), 요약서	발명권·특허권등록신청서(발명권, 특허권, 실용기술발명권, 실용기술특허권 가운데서 어느 하나로 신청)
9	출원공개	특허출원인이 신청하거나, 특허출원일로부터 1년 6개월이 경과한 때 출원 공개 정보에 공개	형식심의에서 통과되면 신청문건의 접수날자를 신청날자로 하고 그 신청문건을 공개(법정경과기간 규정 없음)
10	심사청구 및 심사	특허원일로부터 3년 이내에 심사청구 심사청구는 취소할 수 없음	형식심의를 하고 공개한 발명권 또는 특허권 등록 신청문건에 대하여 본질심의 진행
11	이의신청(재심사)	특허거절결정처분에 대하여 불복 가능, 현행법은 등록결정에 대한 이의신청제도 폐지하고 대신 재심사청구 가능(출원보정 불필요)	부결통지서를 신청자에게 보내고, 심의결과에 의견이 있는 기관, 기업소, 공민 등은 부결통지서 받은 날부터 3개월 내에 재심의 요구
12	거절 불복	특허거절결정등본 또는 특허권의 존속기간 연장 등록거절결정등본을 송달받은 날부터 30일내에 불복심판 청구(출원보정 필요)	
13	해외 출원	국방상 필요한 경우를 제외하고 해외 출원 자유	특허권등록신청문건을 발명행정기관에 내여 심의를 받아야 하고, 발명대리기관에 위탁을 통해 출원해야 함
14	특허 요건	신규성, 진보성, 산업상 이용가능성, 선출원주의	신규성, 진보성, 도입가능성, 선출원주의
15	불특허 사유	공공의 질서 또는 선량한 풍속에 어긋나거나 공중의 위생을 해칠 우려가 있는 발명	조선민족의 고상한 풍속과 사회주의생활양식에 맞지 않거나 사회공동의 리익에 저해를 주는 대상, 식물이나 동물변종 혹은 동식물의 순수 생물학적인 사육 및 재배방법, 사람이나 동물의 수술방법, 치료방법, 사람이나 동물을 대상으로 하는 진단방법과 관련한 발명
16	권리의 존속기간	20년. 다른 법에 의해 허가나 등록 필요해 출시 지연된 경우 5년 범위 내에서 연장 가능	특허권 보호기간은 15년이며 5년간 연장 가능
17	권리의 양도	임의양도, 등록이 효력발생 요건, 공유자 동의 필요	특허권자는 당사자 간 계약에 의한 양도가능하나 발명행정기관에 등록하여야 효력 발생
18	권리 변경	특허권과 실용신안권 상호 간 변경 가능	등록심의 끝나기 전에 발명권을 실용기술발명권 또는 그 반대로, 특허권을 실용기술특허권 또는 그 반대로, 특허권을 발명권으로, 실용기술특허권을 실용기술발명권으로 변경 요구 가능

19	특허권 소멸	특허기간 종료, 특허료 미납, 포기, 상속인 없는 경우, 특허 이의신청에 의한 취소결정, 무효심결, 기타 재정의 실효 및 취소 등	특허권소유자가 서면으로 특허권을 포기한다고 선언하였을 경우, 특허권보호료금을 정해진대로 물지 않았을 경우, 발명행정기관이 특허권의 효력을 없앨데 대한 결정을 하였을 경우, 특허권을 넘겨받을 권한있는 기관, 기업소, 단체나 상속자가 없을 경우
20	특허권의 효력이 미치지 않는 범위	연구 또는 시험을 하기 위한 특허발명의 실시, 국내를 통과하는 데 불과한 선박·항공기·차량 또는 이에 사용되는 기계·기구·장치 기타의 물건, 특허출원 시부터 국내에 있는 물건, 2개 이상의 의약을 혼합 또는 조제하는 경우	1. 특허권을 받은 제품 또는 특허기술로 얻은 제품을 특허권자 또는 특허기술이용허가를 받은 자가 판매한 후 제3자가 그 제품을 이용, 판매, 수입하는 경우 2. 특허권등록을 신청하기 전에 그 기술을 이용하고 있었거나 이용하려고 필요한 준비를 갖춘 제3자가 그 범위에서만 해당 기술을 이용하는 경우 3. 특허기술을 북한에 일시적으로 머무르고 있는 다른 나라 운수수단의 수리정비에 이용하는 경우 4. 특허기술을 과학연구와 실험에 이용하는 경우 5. 특허기술을 의사의 처방에 따라 개별적인 환자치료에 필요한 의약품제조에만 이용하는 경우
21	국가에 의한 수용 및 강제실시권	전시, 사변 또는 이에 준하는 비상시 국방상 필요한 때 국가수용 가능, 공익, 재정(裁定), 심판에 의한 강제실시권 특허권자에게 정당한 보상금 지급함	특허권자가 특허권을 받은 날부터 3년이 지나도록 정당한 이유없이 특허기술을 이용하지 않거나 사회적이익을 위하여 긴급히 필요한 경우 해당 기관, 기업소, 단체에 특허권자의 승인없이 그 특허기술 이용 강제 허가 가능 이 경우 특허권자에게 통지 및 공개 강제리용허가는 사유 없어지면 해제 특허권자의 승인없이 특허기술의 이용허가를 받은 기관, 기업소, 단체는 특허권자에게 해당한 요금 지불
22	민사적 구제	침해금지청구권, 손해배상청구권, 신용회복청구권, 부당이득반환청구권	손해보상청구권, 손해보상법에도 별도 규정을 둠
23	행정벌, 형벌	침해죄, 위증죄, 허위표시의 죄, 사위(詐僞)행위의 죄, 비밀누설죄 등	형법에 특허권침해죄, 발명 묵살 및 도용죄 규정
24	유사 제도	선출원주의, 등록공고제도, 이의(의견)신청제도, 국가의 특허권 수용, 특허권 및 실시권의 양도 등	등록유지비납부의무, 공동발명 시 공동출원,
25	특유 규정 및 제도	특허관리인 제도, 전자서류에 의한 특허출원, 공지되지 않은 경우로 보는 경우, 무권리자출원과 정당권리자 보호, 식물발명특허·부성변종식물, 직무발명제도, 국방상 필요한 발명인 경우, 변경출원제도, 분할출원제도, 출원의 포기·취하, 심사청구제도, 우선심사청구제도, 법정실시권, 강제실시권, 특허권의 취소, 침해로 보는 행위, 손해액 추정, 각종 심판제도, 특허협력조약에 의한 국제출원	발명권제도(발명메달과 상금수여), 발명권과 특허권의 변경, 외국 법인이나 외국인은 특허대리기관을 통하여서만 출원가능, 발명사업에 대한 지도통제, 중앙가격제정기관에 의한 요금제정, 국제기관이나 외국과의 교류강조, 국가의 발명사업 적극 장려 및 투자지원

5. 창의고안에 관한 법제

1) 개요

북한은 1998년 5월 13일 최고인민회의 상설회의 결정 제112호로 '발명법'을 채택하면서 기존의 '발명 및 창의고안에 관한 규정' 중 발명에 관한 내용은 이 '발명법'을 적용하고 있다. 그러나 북한이 2012년에 발간한 『법전(제2판)』에도 창의고안에 관한 별도의 개별 법이 보이지 않는 점, 체제 유지와 무관한 경제 관련 법령을 특별히 대외비로 할 이유가 없는 점 등에 비추어보면 '발명법'과 같은 창의고안에 관한 별도의 개별 법은 존재하지 않는 것으로 보인다.[9]

다만 북한 정부기관지 ≪민주조선≫의 2001년 6월 12일 자 보도를 보면 북한이 2001년 6월 '창의고안에 관한 규정'을 제정하였음을 알리면서 그에 대한 법규 해설을 소개하고 있다. 하지만 아직 이 규정의 원문이 확인되지 않은 상태이므로 현재로서는 ≪민주조선≫에 보도된 내용과 기존의 '발명 및 창의고안에 관한 규정'의 내용을 토대로 추정을 해볼 수밖에 없는 형편이다. 그렇다고 '발명 및 창의고안에 관한 규정'이 현재도 효력이 있는 법령으로 존속하고 있다고 보아야 할 것인지는 단정하기가 어렵다.

참고로 다른 법령에서 창의고안에 관한 규정을 찾아보면 '행정처벌법'이나 '손해보상법'에서는 발명, 특허, 공업도안, 상표 등의 권리에 관한 규정은 있으나 창의고안에 대해서는 아무런 규정이 없다. 반면에 헌법에서는 여전히 '창의고안'이라는 용어를 사용하고 있다. 무엇보다도 '형법' 제199조와 제200조는 창의고안에 대한 묵살과 도용에 대하여 형사처벌을 하도록 규정하고 있다. 또한 2005년 12월 13일 최고인민회의 상임위원회 정령 1437호로 최종 수정·보충된 '과학기술법' 제25조(기술혁신운동)[10]와 제61조(학위, 급수박탈사유)[11]에서도 창의고안과 관련된 문구가 발견되고 있다.

---

9 특허청, 『남북한 지식재산권 제도의 조화방안: 남북 경제공동체 형성을 위한 지식재산권 정책의 역할을 중심으로』는 한국지식재산연구원 부연구위원인 신지연 등이 연구한 정책연구 보고서인데, 이 보고서에서도 연구자의 요청에 따라 중국 대리인이 북한 대리인으로부터 직접 확인한 바에 따르면 북한 대리인들은 '발명법' 하나만 운용하고 있다고 설명한 것으로 소개하고 있다. 특허청, 같은 책, 13쪽. 각주 20).

10 "과학기술행정지도기관과 해당 기관, 가업소, 단체는 과학자, 기술자와 생산자에게 기술혁신과제를 주고 발명, 창의고안, 합리화안이 많이 나오게 하며 그에 대한 평가를 바로하여야 한다."

11 "과학연구결과를 과장하였거나 다른 공민의 저작, 발명, 창의고안을 표절 또는 침해하여 학위나 급수를 사정받았을 경우에는 박탈한다."

한편, 북한은 2014년에 '발명법'을 개정하면서 '실용기술발명권'과 '실용기술특허권'이라는 개념을 도입하였다. '발명법' 제21조를 보면 '실용기술발명권'과 '실용기술특허권'은 "발명 수준은 없어도 신규성이 있고 도입가능성이 있는 발명"을 의미한다. 따라서 이는 기존의 창의고안(남한의 실용신안)을 대체하는 개념으로 보인다. 다만 개정 '발명법'에 '실용기술발명권'과 '실용기술특허권'에 관한 규정은 불과 3개조에 불과하므로 이해의 편의를 위해 기존의 창의고안에 관한 법제에 대해서도 함께 살펴보고자 한다.

2) 창의고안에 관한 규정

1986년의 '발명 및 창의고안에 관한 규정' 제6조는 "이미 알려진 기술에 기초하여 기관, 기업소 범위에서 지금 있는 기계설비, 장치, 기술공정, 생산방법의 일부를 보충 또는 개선함으로써 보다 높은 기술·경제적 효과를 주는 기술적 성과"라고 정의하여 발명과는 구별하고 있다.

2001년 6월 12일 자 ≪민주조선≫에 게재된 법규 '창의고안에 관한 규정'에 대한 법규 해설에서는 이 규정의 제정 목적에 대하여 "위대한 수령 김일성동지께서와 위대한 령도자 김정일 동지께서 대중적 기술혁신운동을 힘있게 벌릴데 대하여 주신 방침을 철저히 관철하여 창의고안을 더 많이 하며 그것을 정확히 평가하고 제때에 생산에 도입 일반화함으로써 근로자들의 창조적 열의를 적극 발양시키고 인민경제발전에 이바지 하는데 있다"라고 밝히고 있다. ≪민주조선≫에 보도된 '창의고안에 관한 규정'의 내용을 보면 규정은 모두 4개 장 23개 조로 되어 있다.[12]

제1장에는 우선 규정의 목적이 밝혀져 있다. 규정의 목적은 "위대한 수령 김일성동지께서와 위대한 령도자 김정일동지께서 대중적기술혁신운동을 힘 있게 벌릴데 대하여 주신 방침을 철저히 관철하여 창의고안을 더 많이 하며 그것을 정확히 평가하고 제때에 생산에 도입 일반화함으로써 근로자들의 창조적열의를 적극 발양시키고 인민경제발전에 이바지하는데" 있다. 이러한 목적에 맞게 규정은 제1장에서 창의고안의 개념과 창의고안 사업에 대한 지도단위, 이 규정의 적용 대상 등도 규제하고 있다. 규정에는 창의고안이란 이미 알려진 기술에 기초하여 기관, 기업소 범위에서 기계설비와 장치, 요소와 재료, 제품, 기술공정, 생산방법의 일부를 말

---

[12] ≪민주조선≫ 보도 내용 전문은 법무부, 『통일법무 기본자료(북한법제)』(과천: 법무부, 2012), 1153~1156쪽 참고.

한다고 밝혀져 있다. 여기에서 중요한 것은 새로운 기술이 아니라 이미 알려진 기술에 기초하여 주로 생산에서 더 높은 기술·경제적 효과를 거두도록 한다는 데 있다. 규정에 의하면 창의고안사업에 대한 통일적인 지도는 국가과학기술행정지도기관이 하며 그 실무 사업은 해당 기관, 기업소, 단체가 한다. 또한 규정은 기관, 기업소, 단체와 개별적 공민에게 적용하며 발명 및 발견을 비롯한 창의고안의 개념에 맞지 않는 대상에는 적용하지 않는다. 이러한 규제들은 당과 국가의 정책적 의도에 맞게 창의고안사업에 대한 평가와 도입에서 과학성과 객관성의 원칙을 지키고 이 사업을 현실 발전의 요구에 맞게 더욱 개선·강화해 나갈 수 있는 중요한 담보로 된다.

규정 제2장에는 창의고안의 신청과 심의, 등록에서 나서는 요구와 그 절차, 방법이 규제되어 있다. 여기에서 중요한 것은 창의고안등록을 위한 신청을 규정의 요구대로 정확히 하며 신청 문건을 받은 기관, 기업소는 1개월 안으로 제기된 창의고안의 기술적 내용과 그의 기술경제적 의의 및 도입 효과를 기본으로 과학기술심의도입위원회에서 심의·결정하는 것이다. 또한 등록하기로 결정된 창의고안을 창의고안등록대장에 제때에 등록하여야 한다. 창의고안의 신청과 심의, 등록에 대한 규제들은 창의고안사업을 제정된 질서와 절차에 따라 진행해 나갈 수 있는 담보가 된다.

규정 제3장에는 창의고안에 대한 평가에서 나서는 문제들이 밝혀져 있다. 창의고안에 대한 평가사업을 잘하는 것은 근로자들의 창조적 열의를 높여 더 많은 창의고안이 나오도록 하기 위한 중요한 조건이 된다. 규정에는 등록된 창의고안에 대하여 창의고안자들에게 창의고안 증서와 상금을 주며 기관, 기업소는 새로운 창의고안을 받아들여 얻은 이익금 또는 예산절약액의 일부를 과학기술발전기금과 기술혁신표창자금으로 쓰도록 규제되어 있다. 이와 함께 기관, 기업소가 창의고안사업에 적극 참가하여 국가에 많은 이익을 주었거나 특출한 공로를 세운 사람들에게 국가표창과 한 등급 이상의 기술자격급수 또는 인증기술자격을 주기 위한 사업을 밝히고 있다. 그리하여 규정은 기술혁신운동에 대한 근로자들의 열의를 더욱 높이고 더 많은 창의고안 명수들을 키워 인민경제 발전에 적극 이바지할 수 있는 실천적 담보를 마련하고 있다.

규정 제4장에는 창의고안사업에 대한 지도통제와 관련한 요구들이 규제되어 있다. 여기에는 성, 중앙기관 및 도인민위원회가 국가과학기술행정지도기관의 통일적인 지도 밑에 아래 기관, 기업소들에 창의고안목표를 주고 장악·지도할 데 대한 문제, 기관, 기업소가 창의고안의 장려, 심의등록 및 도입, 평가사업을 바로 하여 대중적 기술혁신을 위한 과학기술토론회,

기술혁신전시회, 경험교환회, 현상모집, 방식상학, 견학 같은 것을 계획적으로 조직·진행할 데 대한 문제를 비롯한 창의고안 사업에 대한 지도통제에서 나서는 원칙적 요구들이 밝혀져 있다.

3) 남한의 실용신안법과의 비교

남한의 '실용신안법'은 1961년 12월 31일 최초로 제정되었다. 가장 최근의 전부개정은 2006년 3월 3일에 이루어졌다. 당시 개정의 주요 내용은 특허출원에 대한 심사처리 기간이 대폭 단축됨에 따라 종전의 심사처리 적체 시에 도입하였던 실용신안 심사 전 등록제도를 심사 후 등록제도로 변경하여 그 절차를 간소화하고, 이중출원제도를 폐지하는 대신 변경출원제도를 도입하였으며, 실용신안등록이의신청제도를 실용신안등록무효심판제도로 통합하는 등 실용신안제도를 개선하였다. 이후 수차례의 개정이 있었고, 2017년 3월 21일 일부 개정을 통해 현행 법률에 이르고 있다. 남한 '실용신안법'에 대응하는 북한의 부문법은 없고, 그 대신 2001년 6월 제정된 '창의고안에 관한 규정'이 있다. 2014년 '발명법'의 개정을 통해 기존의 '창의고안'을 '실용기술'이라는 개념으로 대체한 것으로 보인다. 다만 이에 관한 내용은 좀 더 확인이 필요하므로 이해의 편의를 위해 남한 '실용신안법'과 북한 '창의고안에 관한 규정'의 주요 내용을 비교해 보면 〈표 8-4〉와 같다.

| 표 8-4 | 남북한 실용신안 법제의 비교

구분	내용	남한	북한*
1	근거법령	실용신안법(법률 제14690호, 2017년 3월 21일 일부개정, 2017년 9월 22일 시행)	창의고안에 관한 규정(2001년 6월 제정)
2	법의 구성	총 10장(총칙, 실용신안등록요건 및 실용신안등록출원, 심사, 등록료 및 실용신안등록 등, 실용신안권, 실용신안권자의 보호, 심판·재심 및 소송, 「특허협력조약」에 의한 국제출원, 보칙, 벌칙)	총 4장(창의고안의 개념·창의고안사업에 대한 지도단위·적용대상 등, 창의고안의 신청과 심의·등록 그 절차·방법, 창의고안에 대한 평가, 창의고안사업에 대한 지도통제)
3	담당 기관	특허청	발명위원회
4	목적	실용적인 고안을 보호·장려하고 그 이용을 도모함으로써 기술의 발전을 촉진하여 산업발전에 이바지함	창의고안을 더 많이 하며 그것을 정확히 평가하고 제때에 생산에 도입함으로써 근로자들의 창조적 열의를 적극 발양시키고 인민 경제 발전에 이바지함
5	보호 대상	고안: 자연법칙을 이용한 기술적 사상의 창작	기계설비, 장치 기술공정, 생산방법의 개선

6	권리	재산권	금전적 보상(창의고안증서와 창의고안상금)
7	권리 보호 형태	실용신안권(독점배타적 권리)	창의고안권
8	출원 서류	등록출원서(고안의 설명, 청구범위를 적은 명세서와 도면 및 요약서 첨부)	등록신청서, 창의고안 개요, 기술설명서, 주장범위, 그림
9	출원 공개	출원인의 신청이 있거나, 실용신안등록출원일로부터 1년 6개월이 경과한 때 출원공개공보에 공개	신청문건접수 시 발명등록신청공보에 공개(법정경과기간 규정 없음)
10	심사청구 및 심사	심사청구가 있을 때에만 심사 출원일부터 3년 이내에 심사청구	신청문건을 접수한 때로부터 1개월 안에 심의결정
11	이의신청	2007년 개정시 등록결정에 대한 이의신청제도 폐지하고 등록무효심판제도로 통합	기관, 기업소, 공민들은 발명공보에 게재된 날로부터 3개월 안에 의견 제기
12	거절불복	거절결정등본을 송달받은 날부터 30일 출원의 명세서 또는 도면을 보정하여 재심사 청구가능	발명위원회의 결정에 대하여 3개월 안에 의견 제기
13	보호기간	출원일로부터 10년	실질적으로 없음
14	부등록 대상	국기 또는 훈장과 동일하거나 유사한 고안, 공공의 질서 또는 선량한 풍속에 어긋나거나 공중의 위생을 해칠 우려가 있는 고안	발견과 사회과학 및 순수자연과학이론, 산업미술 및 공업도안, 시설물과 건설물 등의 설계, 계산도표·표식·부호·시간표·경기규정·운행규정·프로그람, 경제조직사업 및 기업관리방법, 사회도덕에 맞지 않는 제안
15	적용 예외	자연법칙을 이용하지 않는 고안, 방법특허, 물질특허	발견과 사회과학 및 순수자연 과학이론, 산업미술 및 공업도안, 시설물, 건설물 등의 설계, 계산도표, 표식, 부호, 시간표, 경기규정, 운행규정·프로그람, 경제조직사업 및 기업관리 방법, 사회도덕에 맞지 않는 제안 등
16	등록 요건	신규성, 진보성, 산업상이용성	규정되어 있지 않음
17	민사적 구제	손해배상청구권, 침해금지청구권, 신용회복청구권, 부당이득반환청구권	구체적 명문규정 없음(손해보상법에도 창의고안 관련 규정 없음)
18	기타 제재	침해죄, 위증죄, 허위표시의 죄, 사위 행위의 죄 등 구체적·형사적 제재 및 행정적 제재 규정	형법에 창의고안 묵살 및 도용죄 규정
19	유사 제도	발명에 고도성을 요하지 않음	
20	특유 규정 및 제도	공지되지 않는 발명으로 보는 경우, 기초적 요건의 심사 및 출원각하, 분할출원, 변경출원, 기술평가제도, 실용신안권의 효력이 미치지 않는 범위, 법정실시권, 심판제도, 국제협력조약에 의한 국제출원	기술공정이나 생산방법도 창의고안으로 등록받을 수 있음, 창의고안등록신청인은 자신의 소속기관이나 기업소 또는 그 창의고안을 최초로 도입한 기관이나 기업소에 등록 신청 **발명권과 차이**: 당해 소속기관이나 기업소의 기술심사위원회에서 등록여부 결정

주: *의 일부 내용은 기존의 '발명 및 창의고안에 관한 규정'에서 인용한 것이다.
자료: 박종배, 「남북한 산업재산권 법제의 비교에 관한 연구: 법제 통합을 위한 제언」(배재대학교 박사 학위논문, 2010),
66~67쪽과 69쪽의 표를 재구성하면서 최근 개정 법령을 반영하여 내용을 수정·보완한 것이다.

4) 실용기술발명과 실용기술특허제도의 도입

북한은 2014년에 '발명법'을 통해 '실용기술발명권'과 '실용기술특허권'이라는 개념을 새로 도입하였다. '발명법' 제21조의 내용을 보면 '실용기술발명권'과 '실용기술특허권'은 기존의 창의고안권을 대체하는 개념으로 보인다. 이 부분에 대해서는 다른 관련 법률의 개정이나 북한 내부의 추가 자료가 확보되어야 구체적인 분석이 가능할 것으로 보인다. 개정 '발명법'에 있는 '실용기술발명권'과 '실용기술특허권' 관련 조문은 〈표 8-5〉와 같다.

| 표 8-5 | '발명법'의 실용기술발명권과 실용기술특허권에 관한 규정

구분	해당 조문
1	제9조(발명권, 특허권등록신청문건의 제출) 발명권이나 특허권을 받으려는 기관, 기업소, 단체와 공민(이 아래부터 신청자라고 한다.)은 발명권 또는 특허권등록신청문건을 발명행정기관에 내야 한다. 이 경우 하나의 발명에 대하여 발명권, 특허권, 실용기술발명권, 실용기술특허권가운데서 어느 하나로 신청하여야 한다. 이 법에서 따로 정하지 않은 한 발명권에는 실용기술발명권이, 특허권에는 실용기술특허권이 포함된다. 발명권, 특허권등록신청문건양식은 발명행정기관이 정한데 따른다.
2	제21조(실용기술발명권, 실용기술특허권을 받을수 있는 조건) 발명수준은 없어도 신규성이 있고 도입가능성이 있는 발명에 대하여서는 실용기술발명권이나 실용기술특허권을 받을수 있다.
3	제25조(신청의 취소 및 변경) 신청자는 발명권 또는 특허권등록심의가 끝나기 전에 자기의 신청을 취소하거나 발명권을 실용기술발명권 또는 그 반대로, 특허권을 실용기술특허권 또는 그 반대로, 특허권을 발명권으로, 실용기술특허권을 실용기술발명권으로 변경해줄 것을 요구할수 있다. 이 경우 그와 관련한 문건을 제출하여야 한다.

6. 공업도안에 관한 법제

1) 개요

북한은 1998년 6월 3일 최고인민회의 상설회의 결정 제117호로 '공업도안법'을 채택하였다. 이후 1999년 1월 14일 최고인민회의 상임위원회 정령 제350호로 이 법을 수정하였고, 2005년 8월 2일 최고인민회의 상임위원회 정령 제1235호로 수정·보충한 뒤, 2011년 12월 21일 최고인민회의 상임위원회 정령 제2052호로 수정되어 현행법에 이르고 있다.[13] 현행 '공업도안법'은 총 5장 50조로 구성되어 있다.

2) 공업도안법

(1) 공업도안법의 제정 목적

북한 '공업도안법'은 공업도안등록의 신청과 심의, 공업도안권의 보호에서 제도와 질서를 엄격히 세워 제품의 질을 높이고, 사회주의경제를 발전시키는 데 이바지하는 것을 목적 내지 사명으로 하고 있다(제1조).

(2) 공업도안의 개념과 분류 및 기본 원칙

공업도안이란 "공업적 방법으로 생산하려는 제품의 형태와 색깔, 장식 같은 것을 그림이나 사진으로 새롭게 묘사한 것"을 의미한다. 공업도안은 기계설비와 운수수단, 방직제품, 생활 및 문화용품, 의상품, 가구류, 건구류, 포장용기 같은 제품도안과 장식도안으로 분류된다(제2조).

'공업도안법'은 제1장에서 공업도안등록의 신청원칙(제3조), 공업도안등록의 심의원칙(제4조), 공업도안권의 보호원칙(제5조), 공업도안의 갱신원칙(제6조)을 공업도안법의 기본 원칙으로 명시하고 있으며, 국가는 공업도안사업분야에서 국제기구 및 다른 나라들과의 교류와 협조를 발전시킬 의무가 있음을 밝히고 있다(제7조).

(3) 공업도안 등록 절차

'공업도안법'에 따르면 북한의 공업도안등록은 ㉠ 공업도안등록의 신청, ㉡ 심의, ㉢ 등록 여부 결정, ㉣ 등록 및 등록증 발급(부결 시에는 부결 통보), ㉤ 등록된 공업도안에 대한 의견제기(부결통보를 받은 때에는 재심의제기)의 순서로 진행된다.

먼저 공업도안등록을 신청하려는 기관, 기업소, 단체와 공민은 공업도안등록 신청문건을 공업도안 등록기관에 제출하여야 하며(제8조), 이 신청서에는 도안명, 도안의 분류, 신청자 및 창작자의 이름 같은 것을 밝히고 도안과 도안설명서, 평정서를 첨부하며(제10조), 직접 또는 우편으로 제출하여야 하지만 부득이한 경우에는 텔렉스나 팩스 같은 전기통신 수단도 이용할 수 있도록 하고 있다(제11조). 외국인은 특허와 마찬가지로 대리기관을 통하여서만 접수할 수 있

---

13 2011년 12월 21일 수정된 내용은 법 제26조와 제50조의 규정 중 기존의 '국가공업도안심의위원회'를 '비상설공업도안심의위원회'로 변경한 것뿐이다.

으며(제12조), 반대로 외국에 공업도안등록을 하려면 공업도안등록기관의 승인을 받아 국제기구나 대리기관을 통하여 하도록 하고 있다(제18조).

공업도안등록기관은 신청서를 접수하면 신청자에게 접수정형을 알려주어야 하고(제14조), 결함이 있는 경우에는 이를 반려하거나 3개월(부득이한 사유가 있는 경우 2개월 연장 가능) 내에 보정을 하도록 할 수도 있다(제13조). 공업도안등록의 신청날짜는 신청문건을 접수한 날로 하며(제15조), 전람회나 전시회에 공업도안이나 그 시제품을 출품한 자는 해당 공업도안의 등록신청에서 우선권을 가지며 우선권을 증명하는 문건은 출품된 날부터 3개월 내에 공업도안등록기관에 접수하여야 한다(제16조). 다만 외국인이 자기 나라에서 받은 공업도안의 등록신청에 대한 우선권은 그것을 받은 날부터 6개월 내에 북한 공업도안등록기관에 접수하여야 인정된다(제17조). 법 제21조는 등록을 할 수 없는 공업도안에 대하여 규정하고 있는데, 이에 해당하는 것으로는 ㉠ 이미 등록된 공업도안과 본질적으로 같거나 유사한 도안, ㉡ 이미 공개되어 사용하고 있는 제품과 같거나 유사한 도안, ㉢ 북한의 법과 공중도덕, 미풍양속에 맞지 않는 도안, ㉣ 설비 및 기술 공정도면이나 미술작품, 건축물 및 기념비 같은 것의 도안, ㉤ 등록된 상표와 같거나 유사한 도안, ㉥ 경제적 효과성과 실용예술성, 생산도입가능성이 없는 도안이 있다.

공업도안등록기관은 등록신청을 접수한 날부터 6개월 내에 심의를 하여(제19조), 등록 또는 부결하는 결정을 하여야 하며, 심의결과는 공업도안등록을 신청한 기관, 기업소, 단체와 공민에게 알려주어야 한다(제22조). 등록이 결정된 공업도안은 국가공업도안등록부에 등록하며 공업도안등록을 신청한 기관, 기업소, 단체와 공민에게는 공업도안등록증을 발급하며, 등록한 공업도안은 공업도안공보를 통하여 공개하도록 하고 있다(제23조).

등록된 공업도안에 대하여 의견이 있는 기관, 기업소, 단체와 공민은 그 등록이 공개된 날부터 6개월 안에 공업도안등록기관에 의견을 제기할 수 있으며(제24조), 공업도안등록의 부결통지를 받은 자도 그날부터 6개월 내에 다시 심의하여줄데 대한 의견을 제기할 수 있다(제25조). 이와 같은 의견이 접수되면 공업도안등록기관은 제기된 의견을 심의하고 그 결과를 해당 기관, 기업소, 단체와 공민에게 알려주어야 한다(제24조, 제25조). 공업도안등록의 재심의 결정에 대하여 의견이 있는 기관, 기업소, 단체와 공민은 재심의결과를 통지받은 날부터 2개월 안에 비상설공업도안심의위원회에 의견을 제기할 수 있다(제26조).

(4) 공업도안권의 효력 및 보호

공업도안권은 공업도안등록기관에 공업도안을 등록받은 기관, 기업소, 단체와 공민이 소유하며, 공동명의로 등록한 공업도안권은 공동으로 소유한다(제28조). 공업도안권소유자는 ㉠ 등록된 공업도안의 사용권, ㉡ 등록된 공업도안의 전부 또는 일부에 대한 양도 및 사용허가권, ㉢ 등록된 공업도안의 취소권과 같은 권리를 갖는다(제29조).

공업도안권을 양도하거나 양도받으려는 기관, 기업소, 단체와 공민은 공업도안권 양도신청문건을 만들어 공업도안등록기관에 제출하여야 하며, 공업도안권의 양도는 양도등록을 한 날부터 효력을 가진다(제30조).

공업도안권을 소유한 기관, 기업소, 단체와 공민은 등록된 공업도안을 다른 기관, 기업소, 단체와 공민이 사용하도록 허가할 수 있다(제31조).

공업도안권의 보호기간은 공업도안등록을 신청한 날부터 5년이며, 공업도안권을 소유한 기관, 기업소, 단체와 공민의 신청에 따라 공업도안권의 보호기간을 5년씩 두 번 연장할 수 있고, 공업도안권의 보호기간을 연장하려면 공업도안권보호기간 연장신청문건을 공업도안등록기관에 제출하여야 한다(제35조). 신청문건은 공업도안권의 보호기간이 끝나는 날부터 6개월 전에 내야 하지만 부득이한 경우에는 그 보호기간이 끝나는 날부터 6개월까지의 사이에 낼 수도 있도록 하고 있다(제36조). 공업도안권 소유자는 공업도안권의 보호기간에 이름, 주소 같은 것이 변경되면 공업도안등록변경신청문건을 공업도안등록기관에 내야 하고, 공업도안등록기관은 공업도안등록변경내용을 국가공업도안등록부에 등록하여야 한다(제37조).

공업도안권을 취소하려면 공업도안등록취소문건을 공업도안등록증과 함께 공업도안등록기관에 내야 한다(제38조). 공업도안등록이 취소되거나 공업도안을 등록한 날부터 2년간 사용하지 않았을 경우 공업도안권의 효력은 소멸된다(제39조).

공업도안사업에 대한 지도는 내각의 통일적인 지도 밑에 공업도안지도기관이 한다(제41조). 공업도안권 소유자는 공업도안사업과 관련하여 중앙가격제정기관이 정한 정해진 요금을 납부하여야 한다(제45조). 공업도안사업에 대한 감독통제는 공업도안등록기관과 해당 감독통제기관이 하며, 공업도안등록기관과 해당 감독통제기관은 기관, 기업소, 단체와 공민이 공업도안등록의 신청, 심의질서를 지키고 공업도안권을 침해하지 않도록 엄격히 감독통제하여야 한다(제46조).

공업도안과 관련한 분쟁은 협의의 방법으로 해결하며, 협의의 방법으로 해결할 수 없을 경우에는 공업도안등록기관, 비상설공업도안심의위원회에 제기하여 해결하고, 그래도 해결을 할 수 없을 경우에는 재판 또는 중재기관에 제기하여 해결할 수도 있다(제50조).

(5) 남한의 디자인보호법과의 비교

남한의 디자인 보호 관련 법제는 1961년 12월 31일 '의장법' 제정에서 시작된다. 2004년 12월 31일 '의장법'을 '디자인보호법'으로 개칭하면서 글자체를 디자인의 범위에 포함시켰다. 2013년 5월 28일 디자인 창작자의 권리 보호를 강화하기 위하여 디자인의 창작성 요건을 강화하고, 디자인등록출원인의 편의를 증진하기 위하여 복수디자인등록출원 제도 등을 개선하며, 「산업디자인의 국제등록에 관한 헤이그협정」의 국내 이행을 위한 절차와 특례를 정하는 한편, 복잡한 조문체계를 국민이 쉽게 이해할 수 있도록 법령체계를 전반적으로 개편하는 전면 개정을 하였다. 이후에도 수차례의 개정을 하였고, 2018년 4월 17일 일본식 표현인 "일부인"을 "날짜도장"으로 표현을 변경하는 등의 개정을 하여 현행 법률에 이르고 있다. 남한 '디자인보호법'과 북한 '공업도안법'의 주요 내용을 비교해 보면 〈표 8-6〉과 같다.

| 표8-6 | 남북한 디자인보호법제의 비교 |

구분	내용	남한	북한
1	근거 법령	디자인보호법(법률 제15579호, 2018년 4월 17일 일부개정, 2018년 10월 18일 시행)	공업도안법(2011년 12월 21일에 최고인민회의 상임위원회 정령 제12052호로 수정)
2	법의 구성	총 11장(총칙, 디자인등록요건 및 디자인등록출원, 심사, 등록료 및 디자인등록 등, 디자인권, 디자인권자의 보호, 심판, 재심 및 소송, 「산업디자인의 국제등록에 관한 헤이그협정」에 따른 국제출원, 보칙, 벌칙), 229개 조	총 5장(공업도안법의 기본, 공업도안등록의 신청, 공업도안등록의 심의, 공업도안권의 보호, 공업도안사업에 대한 지도통제)
3	담당 기관	특허청	상표 및 공업도안, 원산지명사무소
4	목적	디자인의 보호 및 이용을 도모함으로써 디자인의 창작을 장려하여 산업발전에 이바지함	공업도안등록의 신청과 심의, 공업도안권의 보호에서 제도와 질서를 엄격히 세워 제품의 질을 높이고 사회주의 경제를 발전시키는데 이바지함
5	개념 및 보호 대상	디자인: 물품의 형상·모양·색채 또는 이들을 결합한 것으로서 시각을 통하여 미감(美感)을 일으키게 하는 것	공업도안: 공업적 방법으로 생산하려는 제품의 형태와 색갈, 장식 같은 것을 그림이나 사진으로 새롭게 묘사한 것
6	권리 보호 형태	디자인권(독점배타적 실시권)	공업도안권(독점적 사용권)
7	등록 요건	신규성, 창작 비용이성(창작성), 공업상 이용 가능성	신규성, 유용성, 창작성
8	출원 서류	등록출원서(출원인과 대리인 성명과 주소, 디자인 대상 물품, 단독 또는 관련디자인 여부, 창작자 성명, 주소, 우선권 주장서류), 도면	등록신청문건(도안명, 도안분류, 신청자 및 창작가 이름, 도안과 도안설명서, 평정서)

9	출원 공개	자기의 디자인등록출원에 대한 신청이 있는 경우에 출원 공개	등록 후 공업도안공보를 통하여 공개
10	심사 절차	① 심사등록출원: 출원 → 방식심사 → 실체심사(심사물품) → 거절이유발견시(의견제출통지서·의견서/보정서) → 등록 ② 무심사등록출원: 출원 → 방식심사 →무심사(무심사물품) → 등록공고 → 이의신청 →등록	공업도안등록의 신청→심의→등록여부 결정→등록 및 등록증 발급(부결 시에는 부결 통보)→등록된 공업도안에 대한 의견제기(부결통보를 받은 때에는 재심의제기)
11	출원 시 우선권 특례 주장	우선권 주장의 기초가 되는 최초의 출원일부터 6개월 이내에 디자인등록출원하여 우선권 주장 가능, 등록출원서에 최초로 출원한 국가의 정부가 인증하는 서류로서 디자인등록출원의 연월일을 적은 서면 및 도면의 등본, 최초로 출원한 국가의 디자인등록출원의 출원번호 및 그 밖에 출원을 확인할 수 있는 정보 등 을 3개월 내에 제출	전람회, 전시회에 공업도안이나 그 시제품을 내놓았을 경우 해당 공업도안이나 그 시제품을 내놓은 날부터 3개월 안에 우선권 요구문건 제출 시 가능
12	이의신청	디자인무심사등록출원에 의한 디자인권의 설정등록이 있는 날부터 디자인무심사등록공고 후 3개월이 되는 날까지 이의신청	공업도안 등록이 공개된 날부터 6개월 안에 의견제기
13	거절불복	디자인등록거절결정 또는 디자인등록취소결정등본을 송달받은 날부터 30일 이내에 불복심판청구	재심의 결과를 통지받은 날부터 2개월 안에 비상설공업도안심의위원회에 의견 제시
14	부등록 대상	국기·국장 등과 동일 또는 유사한 디자인, 공공의 질서나 선량한 풍속을 문란하게 할 염려가 있는 디자인, 타인의 업무와 관련되는 물품과 혼동을 가져올 염려가 있는 디자인, 물품의 기능을 확보하는 데 불가결한 형상만으로 된 디자인	이미 등록된 공업도안과 본질적으로 같거나 유사한 도안, 이미 공개되어 사용하고 있는 제품과 같거나 유사한 도안, 북한의 법과 공중도덕, 미풍양속에 맞지 않는 도안, 설비 및 기술공정도면이나 미술작품, 건축물 및 기념비 같은 것의 도안, 등록된 상표와 같거나 유사한 도안, 경제적 효과성과 실용예술성, 생산도입 가능성이 없는 도안
15	권리 존속기간	디자인권의 설정등록이 있는 날부터 20년, 관련디자인으로 등록된 디자인권의 존속기간 만료일은 그 기본디자인의 디자인권 존속기간 만료일로 함	공업도안등록을 신청한 날부터 5년(5년씩 2회 연장 가능)
16	권리양도	임의양도, 다만 기본 디자인의 디자인권과 관련 디자인의 디자인권은 함께 양도	양도등록을 한 날부터 효력발생
17	민사적 구제	침해금지청구권, 손해배상청구권, 신용회복청구권, 부당이득반환청구권	손해보상 및 몰수
18	기타 제재	침해죄, 위증죄, 허위표시의 죄, 사위행위의 죄 등 구체적·형사적 제재 및 행정적 제재 규정	형법에 공업도안권침해죄 규정, 발명이나 창의고안의 경우와 달리 공업도안 묵살이나 도용에 관한 처벌규정은 없음
19	유사 제도	디자인의 성립요건(물품성, 형태성, 시각성, 심미성), 선출원주의, 1디자인1출원주의, 공동출원	
20	특유 규정 및 제도	유사디자인제도, 신규성 상실의 예외, 복수디자인등록출원, 한 벌의 물품디자인, 비밀디자인제도, 무권리자 디자인등록출원과 정당한 권리자의 보호, 디자인 무심사등록제도, 디자인권의 효력이 미치지 않는 범위, 법정실시권, 각종심판	존속기간 연장제도, 공업도안을 2년간 사용하지 않았을 경우 공업도안권의 효력 상실, 공업도안권자의 권한 규정, 공업도안사업에 대한 국가의 지도 통제, 공업도안권의 보호를 국가 정책화, 공업도안권의 신청과 심의에 있어 국가의 역할의 중요성 강조 등

자료: 박종배, 「남북한 산업재산권 법제의 비교에 관한 연구: 법제 통합을 위한 제언」, 88~90쪽과 92~93쪽의 표를 재구성하면서 최근 개정 법령에 맞춰 내용을 수정한 것이다.

7. 상표에 관한 법제

1) 개요

북한은 1998년 1월 14일 최고인민회의 상설회의 결정 제106호로 '상표법'을 채택하였다. 이후 1999년 2월 26일, 2005년 8월 2일, 2008년 3월 11일, 2011년 6월 13일, 2011년 12월 21일 수정·보충에 이어 2012년 11월 13일 최고인민회의 상임위원회 정령 제2803호로 최종 수정·보충되었다. 2012년 최종 수정·보충된 '상표법'은 총 5장 50조로 구성되어 있다. 북한이 이 '상표법'을 채택하기 전에는 남한의 '상표법'과 '디자인법'에 해당하는 '상표 및 공업도안에 관한 규정'이 1983년 6월 1일부터 시행되고 있었다. 한편 북한은 1980년 6월 10일 '상표의 국제등록에 관한 마드리드협정'에 가입하였다.

2) 북한 상표법

(1) 상표법의 제정 목적

북한의 상표법은 상표등록의 신청과 심의, 상표권의 보호에서 제도와 질서를 엄격히 세워 기관, 기업소, 단체와 공민의 이익을 보호하는 것을 목적으로 한다(제1조).

(2) 상표의 정의와 상표 도안 창작 시 요구되는 사항 및 기본 원칙

'상표법' 제2조에 의하면 상표는 "서로 다른 생산자 또는 봉사자의 같은 제품이나 봉사를 구별하기 위하여 글자, 그림, 수자, 기호, 색갈, 3차원적인 형태 또는 그것들의 결합체로 밝히는 표식"을 의미하며, "상표에는 제품상표, 봉사상표, 집단상표, 증명상표, 담보상표 같은 것이 속한다"라고 규정하고 있다.[14]

2012년 수정·보충 시 제2조에서 상표도안창작에서 요구되는 사항을 신설하였다. 그 내용을 보면 "1.상표도안을 보기가 좋으면서도 의미가 뚜렷하고 특성이 살아나게 형상하여야 한다. 2.상표도안을 인위적으로 과장하지 말고 문화적으로 볼맛이 있게 형성하여야 한다. 3. 필

---

[14] 2005년 '상표법'은 "상표는 한 생산자가 생산한 상품을 다른 생산자가 생산한 같은 상품과 구별하기 위하여 밝히는 표식이다. 상표에는 글자상표, 그림상표, 기호상표, 조각상표와 봉사표식 같은 것이 속한다"라고 규정하고 있었다.

요한 경우 만화적으로 생동하면서도 실감이 나게 형상하여 사람들의 눈길을 끌고 제품에 대한 호기심을 가지게 하여야 한다. 4.너무 원색만 써서 천한감이 나게 하지 말고 상표의 특성에 맞게 색을 조화롭게 잘 써야 한다. 5.규격을 비롯하여 세계적으로 공통된 내용들과 표기방법을 정확히 지켜야 한다"라고 규정되어 있다.

그 밖에 제1장 '상표법'의 기본에서는 상표등록의 신청원칙(제3조), 상표등록의 심의원칙(제4조), 상표권의 보호원칙(제5조),[15] 상표사업의 현대화, 과학화원칙(제6조)을 '상표법'의 기본원칙으로 명시하고 있으며, 국가는 상표분야에서 국제기구와 다른 나라들과의 교류와 협조를 발전시킬 의무가 있음을 밝히고 있다(제7조).

(3) 상표등록 절차

'상표법'에 따르면 북한의 상표등록은 ㉠ 상표등록의 신청, ㉡ 심의, ㉢ 등록여부 결정, ㉣ 등록 및 등록증 발급(부결 시에는 부결통보), ㉤ 등록 예정이거나 등록된 상표에 대한 의견제기(부결통보를 받은 때에는 재심의제기)의 순서로 진행된다.

먼저 상표등록을 신청하려는 기관, 기업소, 단체와 공민은 상표등록신청문건을 제출하여야 하며(제8조), 이 신청서에는 신청자의 이름, 주소, 상품 및 봉사분류 등을 밝히고, 상표견본, 영업허가와 관련된 공증문건을 첨부하며(제9조), 직접 또는 우편으로 하여야 하지만 부득이한 경우에는 전자우편, 팩스 같은 통신 수단도 이용할 수 있도록 하고 있다(제10조). 외국인은 특허와 마찬가지로 대리기관을 통하여 조선어로 된 신청 문건으로만 접수할 수 있으며(제11조), 반대로 외국에 상표등록을 하려면 상표등록기관의 승인을 받아 국제기구나 대리기관을 통하여 하도록 하고 있다(제12조).

상표등록기관은 신청서를 접수하면 신청자에게 접수증을 교부하고(제13조), 결함이 있는 경우에는 이를 반려할 수도 있지만 3개월(부득이한 사유가 있는 경우 2개월 연장 가능)내에 보정을 하도록 할 수도 있다(제14조). 상표등록의 신청날짜는 신청문건이 접수된 날로 하며(제15조), 전람회, 전시회에 상표를 출품한 자는 해당 상표의 등록신청에서 우선권을 가지며 우선권을 요구하는 문건은 출품된 날부터 3개월 내에 상표등록기관에 접수하여야 한다(제16조). 다만 외국인이 자기 나라 또는 임의의 나라에서 받은 상표의 등록신청에 대한 우선권은 그것을 받

---

[15] 2005년도 '상표법'에는 국가는 기관, 기업소, 단체와 공민이 소유한 상표권을 법적으로 보호한다는 내용만 있었으나 2011년 수정·보충 '상표법'에서는 국가가 "이름난 상표를 고착시키도록 한다"라는 내용을 추가하였다.

은 날부터 6개월 내에 북한 상표등록기관에 접수하여야 한다(제17조).¹⁶ 상표등록이 취소되었거나 보호기간이 지난 상표에 대하여는 재신청을 할 수 있다(제18조).¹⁷

'상표법' 제21조는 상표로 등록할 수 없는 표식과 표기에 대하여 규정하고 있는데, 이에 해당하는 것으로는 ㉠ 이미 등록된 상표와 같거나 유사한 표식, ㉡ 국호나 그 약자로 만들었거나 국장, 국기, 훈장, 메달과 같거나 유사한 모양으로 만든 표식, ㉢ 북한의 법과 공중도덕, 미풍양속에 맞지 않는 표식, ㉣ 상품 또는 봉사에 대한 허위적 내용을 담은 표식, ㉤ 상품이름, 조성, 특성 같은 것만의 표기, ㉥ 검사표식이나 단순한 수자, 기하학적표식, ㉦ 전람회, 전시회에 출품되었던 상표와 같거나 유사한 표식, ㉧ 북한이 가입한 국제기구의 표식으로 되었거나 국제법과 국제관례에 어긋나는 표식, ㉨ 널리 알려진 상표, 유명한 상표와 같거나 유사한 표식, ㉩ 북한을 비우호적으로 대하는 나라나 지역에서 등록을 신청한 표식 또는 표기가 있다. 이 중 ㉩의 내용은 2005년 '상표법'에는 없던 사항을 추가한 것이다.

상표등록기관은 등록신청을 접수한 날부터 6개월 내에 상표를 심의하여(제19조), 등록 또는 부결하는 결정을 하여야 하며, 심의결과는 상표등록을 신청한 기관, 기업소, 단체와 공민에게 알려주어야 한다(제22조). 등록이 결정된 상표는 국가상표등록부에 등록하며 상표등록을 신청한 기관, 기업소, 단체와 공민에게는 상표등록증을 발급하여 준다. 상표등록증을 분실하였거나 오손시켰을 경우에는 다시 발급받는다. 등록한 상표는 상표공보를 통하여 공개하도록 하고 있다(제23조).

등록하려는 상표 또는 등록된 상표에 대하여 의견이 있는 기관, 기업소, 단체와 공민은 상표등록을 신청한 날부터 1년 안에 상표등록기관에 의견을 제기할 수 있으며, 상표등록기관은 제기된 의견을 심의하고 그 결과를 의견을 제기하였거나 상표를 신청하였거나 상표를 등록받은 기관, 기업소, 단체와 공민에게 서면으로 알려주어야 한다(제24조).¹⁸ 상표등록의 부결통지를 받은 자는 그날부터 6개월 안에 다시 심의해줄데 대한 의견을 제기할 수 있다. 이 경우 상표등록기관은 제기된 의견을 심의하고 그 결과를 해당 기관, 기업소, 단체와 공민에게 알려주어

---

16 개정 전에는 자기 나라에서 받은 상표의 등록 신청에 대한 우선권에 대해서만 규정하고 있던 것을 '임의의 나라'에서 받은 상표에 대한 우선권까지 효력 범위를 확대하였다.

17 개정 전에는 등록이 취소되었거나 보호기간이 끝난 날부터 1년이 지나야 재신청을 할 수 있었다.

18 2005년 '상표법' 24조는 "등록된 상표에 대하여 의견이 있는 기관, 기업소, 단체와 공민은 그 등록이 공개된 날부터 6개월 안에 상표등록기관에 의견을 제기할 수 있다. 상표등록기관은 제기된 의견을 심의하고 그 결과를 의견을 제기하였거나 상표를 등록받은 기관, 기업소, 단체와 공민에게 서면으로 알려주어야 한다"라고 규정하고 있었다.

야 하며, 재심의 결정은 그것이 공개된 날부터 2개월 안에 다른 의견이 제기되지 않았을 경우 확정된다(제25조). 상표등록의 재심의 결정에 대하여 의견이 있는 기관, 기업소, 단체와 공민은 재심의결과를 통지받은 날부터 2개월 안에 비상설상표심의위원회에 제기할 수 있다. 비상설상표심의위원회는 제기된 의견을 심의하고 그 결과를 상표등록기관과 의견을 제기한 기관, 기업소, 단체와 공민에게 알려주어야 한다(제26조).[19]

(4) 상표권의 효력 및 보호

상표권은 상표등록기관에 상표를 등록한 기관, 기업소, 단체와 공민이 소유하며, 공동명의로 등록한 상표권은 공동으로 소유한다(제28조). 상표권소유자는 ㉠ 등록된 상표의 사용권, ㉡ 등록된 상표의 전부 또는 일부에 대한 양도 및 사용허가권, ㉢ 상표권침해행위를 중지시킬데 대한 권리와 손해보상청구권, ㉣ 등록된 상표의 취소권과 같은 권리를 갖는다(제29조).

상표권을 양도받으려는 기관, 기업소, 단체와 공민은 상표권양도문건을 만들어 상표등록기관에 제출하여야 하며, 이 경우 상표권을 양도하려는 기관, 기업소, 단체와 공민의 합의를 받으며 상표등록증을 첨부하여야 한다. 상표등록기관은 상표권양도내용을 국가상표등록부에 등록하고 상표권을 양도받은 기관, 기업소, 단체와 공민에게 상표등록증을 발급하여 주어야 한다. 상표권의 양도는 상표등록기관에 양도등록을 한 날부터 효력을 가진다(제30조).[20]

상표권을 소유한 기관, 기업소, 단체와 공민은 등록된 상표를 다른 기관, 기업소, 단체와 공민이 사용하도록 허가할 수 있다. 이 경우 상표사용허가계약을 맺으며 정해진 문건을 상표등록기관에 내야 한다. 상표등록기관은 상표사용허가내용을 상표등록부에 등록하고 허가받은 기관, 기업소, 단체와 공민에게 상표사용허가증을 발급하여 주어야 한다(제31조).[21]

상표권의 보호기간은 상표등록을 신청한 날부터 10년이며, 상표권을 소유한 기관, 기업소, 단체와 공민의 신청에 따라 상표권의 보호기간을 10년씩 연장할 수 있다(제34조). 상표권의 보호기간을 연장하려면 상표권보호기간연장신청문건을 상표등록기관에 제출하여야 하며(제35조), 신청문건은 상표권의 보호기간이 끝나는 날부터 6개월 전에 내야 하지만 부득이한

---

19 2005년 '상표법'에는 비상설상표심의위원회가 국가상표심의위원회로 되어 있었다.

20 2005년 '상표법'에는 상표등록증 첨부 요건 및 양도내용의 국가상표등록부에 등록, 상표등록증 발급에 관한 내용이 없었다.

21 2005년 '상표법'에는 상표사용허가계약이 상표허가계약으로 되어 있었고, 국가상표등록부 등록 및 상표사용허가증 발급에 관한 규정은 없었다.

경우에는 그 보호 기간이 끝나는 날부터 6개월까지의 사이에 낼 수도 있도록 하고 있다(제36조). 상표권 소유자는 상표권의 보호기간에 이름, 주소 같은 것이 변경되면 상표등록증과 함께 상표등록변경신청문건을 상표등록기관에 내야하고, 상표등록기관은 상표등록변경내용을 국가상표등록부에 등록하고 상표등록증을 다시 발급하여 주어야 한다(제37조).[22]

상표권을 취소하려면 상표등록취소문건을 상표등록증과 함께 상표등록기관에 내야 하며 (제38조), 상표등록이 취소되거나 상표를 등록한 날부터 5년 동안 사용하지 않았을 경우 상표권의 효력은 소멸된다(제39조).

상표사업에 대한 지도는 내각의 통일적인 지도 밑에 중앙상표지도기관이 하며, 중앙상표지도기관은 상표사업에 대한 지도와 상표의 심의, 등록과 관련하여 제기된 의견, 분쟁처리를 비상설상표심의위원회를 통하여 하도록 하고 있다(제41조).[23] 중앙상표지도기관은 상표사업 부문에 필요한 일군들을 체계적으로 양성하여야 한다(제43조). 상표권 소유자는 상표사업과 관련하여 중앙가격제정기관이 정한 정해진 요금을 납부하여야 한다(제45조). 상표사업에 대한 감독통제는 상표등록기관과 해당 감독통제기관이 하며, 상표등록기관과 해당 감독통제기관은 기관, 기업소, 단체와 공민이 상표등록의 신청, 심의질서를 지키고 상표권을 침해하지 않도록 엄격히 감독 통제하여야 한다(제46조).

상표와 관련한 분쟁은 협의의 방법으로 해결하며, 협의의 방법으로 해결할 수 없을 경우에는 상표등록기관, 비상설상표심의위원회에 제기하여 해결하고, 그래도 해결을 할 수 없을 경우에는 재판 또는 중재기관에 제기하여 해결할 수도 있다(제50조).

3) 남한의 상표법과의 비교

남한의 '상표법'은 1949년 11월 28일 최초로 제정되었다. 가장 최근의 전부개정은 2016년 2월 29일에 이루어졌다. 주요 개정 내용은 상표의 정의(定義) 규정을 상표의 핵심적 의미와 그 대표적인 표현방식 위주로 간결하게 정비하고, 지리적 표시를 부정한 목적으로 출원하거나 저명한 타인의 상표를 사용하는 경우에 대하여도 상표등록을 받을 수 없는 상표 여부의 판단시기를 출원 시로 하며, 상표의 불사용에 대한 사후관리를 강화하기 위하여 상표등록의 취소심

---

22 2005년 '상표법'에는 상표등록증 제출 요구 및 상표등록증 재발급에 관한 내용이 없었다.

23 2005년 '상표법'에서는 '중앙상표지도기관'이 '국가상표지도기관'으로, '비상설상표심의위원회'는 '국가상표심의위원회'로 되어 있었다.

판 제도를 정비하였으며, 국민이 법 문장을 이해하기 쉽게 정비하였다. 이후 수차례의 개정이 있었고, 최종적으로 2018년 4월 17일 일부 개정을 통해 현행 법률에 이르고 있다. 남한 '상표법'과 북한 '상표법'의 주요 내용을 비교해 보면 〈표 8-7〉과 같다.

| 표 8-7 | 남북한 상표법제의 비교

구분	내용	남한	북한
1	근거 법령	상표법(1949년 제정, 2018년 4월 17일 일부개정, 2018년 10월 18일 시행)	상표법(2012년 11월 13일. 최고인민회의 상임위원회 정령 제2803호로 수정·보충)
2	법의 구성	총 10장(총칙, 상표등록요건 및 상표등록출원, 심사, 상표등록료 및 상표등록 등, 상표권, 상표권자의 보호, 심판, 재심 및 소송, 「표장의 국제등록에 관한 마드리드협정에 대한 의정서」에 따른 국제출원, 상품분류전환의 등록, 보칙, 벌칙) 총 237개 조	총 5장(상표법의 기본, 상표등록의 신청, 상표등록의 심의, 상표권의 보호, 상표사업에 대한 지도통제) 총 50개조
3	담당 기관	특허청	상표 및 공업도안, 원산지명사무소
4	목적	상표를 보호함으로써 상표 사용자의 업무상 신용 유지를 도모하여 산업발전에 이바지하고 수요자의 이익을 보호함	상표등록의 신청과 심의, 상표권의 보호에 관한 제도와 질서를 세워 기관, 기업소, 단체와 공민의 이익을 보호하는 데 이바지함
5	보호 대상 상표	기호, 문자, 도형, 소리, 냄새, 입체적 형상, 홀로그램·동작 또는 색채 등으로서 그 구성이나 표현방식에 상관없이 상품의 출처(出處)를 나타내기 위하여 사용하는 모든 표시	글자, 그림, 수자, 기호, 색갈, 3차원적인 형태 또는 그것들의 결합체로 밝히는 표식
6	기능별 종류	상표, 단체표장, 지리적표시, 동음이의어 지리적 표시, 지리표시 단체표장, 증명표장, 지리적표시 증명표장, 업무표장	제품상표, 봉사상표, 집단상표, 증명상표, 담보상표
7	출원서류	상표등록출원서(출원인, 대리인의 성명과 주소, 상표, 지정상품 및 그 류(類)의 구분, 우선권주장서류 등)	상표등록신청문건(신청자 이름과 주소, 상품 및 봉사분류, 상표견본, 영업허가와 관련한 공증문건 첨부)
8	출원 형식	1상표 1출원 원칙, 다류 1출원	1상표 1출원 원칙, 다류 1출원
9	심사	출원순위에 따라 심사	상표등록신청문건을 접수한 날부터 6개월 안에 심사
10	출원 시 우선권 특례 주장	박람회에 출품한 날부터 6개월 이내에 그 상품을 지정상품으로 하여 상표등록출원을 하는 경우 가능(단, 출원일로부터 30일 아니 특례 증명서류 제출 시 적용)	전람회, 전시회에 상표를 출품하였을 경우 출품한 날부터 3개월 안에 우선권 요구 문건 제출 시 가능
11	외국에의 상표 출원	자유로이 출원 가능, 별도 승인 불요	상표등록기관의 승인 필요
12	출원 공고	거절이유를 발견할 수 없을 때 출원공고 결정	등록 후 상표공보를 통하여 공개
13	이의신청	출원공고일부터 2개월 이내에 이의신청	상표등록을 신청한 날부터 1년 내에 의견 제기
14	거절불복	상표등록거절 결정등본을 송달받은 날부터 30일 이내에 불복심판청구	부결 통지받은 날부터 6개월 이내에 의견제기, 재심의 결정에 대하여서는 부결통지일로부터 2개월 내에 의견 제기

15	부등록 대상	국가·국장 등과 유사한 상표, 국가·민족 등을 허위로 표시하는 등의 상표, 국가 또는 공공단체의 표장과 동일 또는 유사 상표, 공서양속 위반 상표, 박람회의 상패·상장 등과 동일 또는 유사표장이 있는 상표, 저명한 타인의 성명·명칭 등의 상표, 선출원에 의한 타인의 등록상표와 동일 또는 유사 상표, 선출원에 의한 타인의 지리적 표시등록단체표장과 동일 또는 유사 상표, 상표권이 소멸한 날부터 1년을 경과하지 아니한 타인의 등록상표와 유사상표, 주지상표, 저명상표, 상품의 품질을 오인하게 하거나 수요자를 기만할 염려가 있는 상표, 외국의 저명상표, 기능적 상표, WTO 가입국 내의 포도주·증류주의 지리적 표시로 된 상표 등	이미 등록된 상표와 같거나 유사한 표식, 국호나 그 약자로 만들었거나 국장, 국기, 훈장, 메달과 같거나 유사한 모양으로 만든 표식, 북한의 법과 공중도덕, 미풍양속에 맞지 않는 표식·상품 또는 봉사에 대한 허위적 내용을 담은 표식, 상품의 이름, 조성, 특성 같은 것만을 표기하였거나 해당규격을 밝히지않은 표식, 검사표식이나 단순한 숫자, 기하학적 표식, 전람회, 전시회에 출품되었던 상표와 같거나 유사한 표식, 북한이 가입한 국제기구의 표식으로 되었거나 국제법과 관계에 어긋나는 표식, 널리 알려진 상표와 같거나 유사한 표식, 북한을 비우호적으로 대하는 나라나 지역에서 신청한 표식 또는 표기
16	권리 보호	상표권(독점배타적 사용권), 전용사용권 설정시 일부 예외	상표권(독점적 사용권)
17	존속기간	상표권의 설정등록이 있는 날로부터 10년, 존속기간 갱신등록출원에 의한 10년씩 갱신	상표등록을 신청한 날로부터 10년(10년씩 연장 가능)
18	존속기간 갱신등록출원	존속기간만료 전 1년 이내 출원, 존속기간만료 후 6개월 이내까지 갱신출원 가능	보호기간이 끝나는 날부터 6개월 전에 신청, 이 기간 내에 신청을 못하였을 경우 다시 6개월 연장 가능
19	불사용상표의 취급	3년 이상 사용하지 않았을 시 취소사유에 해당, 상표등록취소심판에 의한 심결 확정시 상표권의 효력 상실	5년 동안 사용하지 않았을 경우 상표권 효력 상실
20	민사적 구제	침해금지청구권, 손해배상청구권, 신용회복청구권, 부당이득반환청구권	손해보상, 몰수, 영업중지, 손해보상법에도 별도 규정을 둠
21	형사처벌	침해죄, 위증죄, 허위표시의 죄, 사위행위의 죄 등 구체적인 형사적 제재와 행정적 제재 규정	형법에 상표권침해죄 규정, 행정처벌법에도 상표권침해에 대한 행정처벌 규정
22	유사제도	선출원주의, 1상표1출원주의, **상표권 보호기간:** 설정등록일로부터 10년 **보호기간 갱신 청구:** 보호기간 만료 시 6월 전에 신청 **상표권자의 통제권:** 상표권 사용자의 상품·서비스의 질에 대한 통제권, 상표등록이 취소되었거나 보호기간이 만료된 상표권의 출원은 취소되었거나 보호기간 만료 후 1년 경과 후 가능	
23	특유규정 및 제도	출원의 승계 및 분할이전, 출원공고 결정전의 보정, 출원의 분할, 출원의 변경(상표-서비스표), 출원공고제도, 상품분류전환등록신청제도, 지정상품 추가등록, 침해로 보는 행위, 손해액 추정, 고의 추정, 각종 심판제도 등	국가에 의한 상표보호의 의지 적극적으로 표명, 상표등록의 심사 관련 공정성과 객관성 확보 규정, 상표에 대한 국가의 지도통제 강화. **외국인 또는 외국 법인:** 대리기관을 통하는 경우에만 인정, 외국에의 상표등록 시 등록기관 승인 요함, 중앙가격제정기관에 의한 요금 책정 등

8. 산업재산권 침해에 대한 구제 방법

1) 개요

통상 권리가 침해되었을 경우의 구제 및 보호 방법은 원상회복이나 금전적 보상 등을 주 내용으로 하는 민사적 구제 방법과 행정처벌 또는 형사처벌을 통한 보호 방법으로 나누어볼 수 있다. 북한의 경우에도 앞에서 본 바와 같이 '헌법' 제74조는 "공민은 과학과 예술활동의 자유를 가진다. 국가는 창의고안자와 발명가들에게 배려를 돌린다. 저작권과 발명권, 특허권은 법적으로 보호한다"라고 하여 산업재산권에 대한 국가의 법적 보호 의무를 명시하고 있고, 각 산업재산권 관련 법률과 '손실보상법', '행정처벌법', '형법' 등에서 금전적 보상 등을 통한 민사적인 구제 방법과 행정처벌이나 형사처벌을 통한 구제 및 보호에 관한 여러 규정을 두고 있다.

2) 각 산업재산권 법제상의 불법행위

어떤 행위가 각 산업재산권을 침해하는 행위인지에 대하여 살펴보고자 한다. 먼저 '발명법'을 보면 이에 대한 별도의 규정이 없다. 반면 '공업도안법'은 제45조(공업도안소유권과 관련한 비법행위금지)에서 "기관, 기업소, 단체와 공민은 등록된 공업도안을 승인없이 사용하거나 공업도안권의 양도, 공업도안사용허가 질서를 어기는 것과 같은 행위를 하지 말아야 한다"라고 규정하고 있다. 그러나 이 규정에서 말하는 "공업도안사용허가 질서를 어기는 것과 같은 행위"가 구체적으로 무엇을 의미하는지는 명확하지 않다.

상표법의 경우에는 1999년 개정 '상표법'에서는 "기관, 기업소, 단체와 공민은 비법적으로 상표를 만들거나 출판, 인쇄, 매매하거나 또는 상표가 없는 상품을 판매, 수출입하는 것과 같은 행위를 하지 말아야 한다"라고 규정하였던 것을 2005년 개정을 통하여 제44조(상표와 관련한 비법행위금지)에서 "기관, 기업소, 단체와 공민은 비법적으로 상표를 만들거나 출판, 인쇄, 매매하거나 허위 및 위조상표를 붙인 상품, 상표가 없는 상품을 판매, 수출입하는 것과 같은 행위를 하지 말아야 한다"라고 규정하여 허위 및 위조 상표를 붙인 상품의 판매나 수출입까지 비법행위로 포함시켰다. 2011년 개정 '상표법'에서는 이를 다시 "기관, 기업소, 단체와 공민은 비법적으로 상표를 제작, 인쇄, 리용, 매매하거나 다른 나라에서 만들어 들여오거나 허위 및 위조상표를 붙인 상품, 상표가 없는 상품을 판매, 수출입하는 것과 같은 행위를 할수 없다"라고 개정하여 단순 이용 행위와 구입 행위까지 비법행위에 포함시켰다(제44조). 이 규정은 2012년 개정 '상표법'에서도 그대로 유지되고 있다.

3) 민사적 보호

산업재산권에 관한 각 개별 법의 민사적 보호에 관한 규정을 살펴보면 다음과 같다.

2011년 **발명법** 제41조
발명권, 특허권 소유자의 권리를 침해한 경우에는 그 손해를 보상시킨다.

2014년 **발명법** 제56조(특허권침해행위에 대한 손해배상)
특허권을 침해하였을 경우에는 해당한 손해를 보상한다.
특허권을 침해한 당사자가 손해보상을 하지 않을 경우 특허권자는 발명행정기관에 제기하여 해결받을수 있다.

공업도안법 제47조(손해보상, 몰수)
공업도안권을 소유한 기관, 기업소, 단체와 공민의 리익을 침해하였을 경우에는 해당한 손해를 보상시키거나 위법행위를 하여 생산한 제품을 몰수한다.

상표법 제47조(손해보상, 몰수, 영업중지)
상표권에 따르는 기관, 기업소, 단체와 공민의 리익을 침해하였거나 허위 및 위조상표를 제작, 인쇄, 리용, 매매하였을 경우에는 해당한 손해를 보상시키며 위법행위에 리용된 상표, 상품 같은 것은 몰수하거나 영업활동을 중지시킨다.[24]

'발명법'의 경우 2014년 개정 전에는 발명권과 특허권 소유자의 권리 침해 모두에 대한 손해보상을 하도록 하고 있었으나 2014년 개정법에서는 특허권에 대한 손해보상만을 하도록 하

---

24 2005년 개정 '상표법' 제47조는 "상표권에 따르는 기관, 기업소, 단체와 공민의 리익을 침해하였을 경우에는 해당한 손해를 보상시키며 위법행위에 리용된 상표, 상품같은 것은 몰수하거나 영업활동을 중지시킨다"라고 규정하고 있었다.

고 있다(제56조). 그러나 '손해보상법'의 발명권 침해에 대한 손해보상 규정은 아직 개정되지 않고 남아 있다. 한편, '발명법'의 경우에는 손해보상에 대한 규정만을 두고 있는 반면에 '공업 도안법'은 손해보상과 몰수를, '상표법'은 손해보상, 몰수뿐 아니라 영업 중지까지 할 수 있도록 하고 있다.

북한의 경우 구체적인 손해 보상에 관한 법률로는 '손해보상법'이 있다. '손해보상법'은 2001년 8월 22일 최고인민회의 상임위원회 정령 제2513호로 채택되었고, 2005년 4월 19일 최고인민회의 상임위원회 정령 제1083호로 수정·보충되어 현재에 이르고 있다. 이 법은 총 3장 56개 조문으로 구성되어 있다. 이 법은 재산이나 인신을 침해하여 발생한 손해의 보상에서 제도와 질서를 엄격히 세워 기관, 기업소, 단체와 공민의 민사상 권리와 이익을 보호하는 데 그 목적이 있으며(제1조), 제1장은 '손해보상법'의 기본, 제2장은 손해보상관계의 당사자, 제3장은 재산침해에 대한 보상책임, 제4장은 인신침해에 대한 보상책임, 제5장은 손해보상액의 확정과 보상방법에 대해서 규정하고 있다. 산업재산권의 침해와 관련하여 다음과 같이 규정하고 있다.

제37조(발명, 특허권침해의 보상)

발명, 특허권을 침해하여 재산상 손실을 준 자는 해당한 손해를 보상한다.

다른 사람의 과학기술적 발명자료를 도용하여 자기 이름으로 발표하였거나 제3자에게 넘겨주어 발명, 특허권을 받게 하였다는 것이 증명될 경우에도 그 손해를 보상한다.

제38조(상표권, 공업도안권침해의 보상)

상표, 공업도안, 기업이름 같은 것과 관련된 권리를 침해하여 손해를 준 자는 해당한 손해를 보상한다. 이 경우 상표나 공업도안, 기업이름 같은 것은 해당 기관에 등록된 것이여야 한다.

손해보상을 청구할 수 있는 자는 피해를 입은 기관, 기업소, 단체와 공민 또는 그 권리의 계승인이며, 손해보상 의무를 진 자는 피해를 끼친 기관, 기업소, 단체와 공민 또는 그 의무의 계승인이다(제9조 제2항). 손해보상청구권자는 대리인을 통하여서 청구권을 행사할 수도 있으며(제11조), 손해보상청구권자가 기관, 기업소, 단체가 아닌 경우에는 청구권을 포기·양도하거나 청구액을 줄이거나 자기의 채무와 상쇄할 수도 있다(제12조). 공민의 손해보상액은 당사자들이 합의하여 정하며, 합의가 되지 않을 경우에는 재판기관이 정하도록 하고 있으며(제48조), 금전보상이 원칙이나 해당 법이나 당사자들의 합의에 따라 원상복구 또는 같은 종류나 다른 종류의 재산으로 보상시킬 수도 있다(제55조).

4) 침해행위자에 대한 행정처벌 및 형사처벌

세계 각국의 법제는 어느 정도의 차이는 있으나 일반적으로 국가질서를 유지하기 위한 통치권 행사의 일환으로 법규 위반자에 대한 제재로 형벌과 행정벌에 대한 제도를 두고 있다.

우리나라의 법규 위반자에 대한 제재도 크게 형벌과 행정벌로 대별할 수 있다. 통상의 형사범에 대하여는 형법에서 규율하고 있는데, 형법의 내용은 모든 형사범에 다 같이 적용되는 형법총칙 부분과 각 형사범의 구성요건 및 이에 대한 형벌의 내용을 정하고 있는 형법각칙 부분으로 나뉜다. 또한 형사범의 처벌에 관한 절차는 형사소송법에서 정하고 있다. 그리고 형법각칙 부분에서 정하고 있는 각 범죄행위에 대하여는 다시 처벌을 강화하고자 하는 등의 목적으로 제정된 각종 형사특별법들이 있다.

한편, 이와 같은 형사범을 규율하기 위한 형법과 형사특별법외에 상당수의 행정법규에서도 법규 위반자에 대한 벌칙을 두고 있는데, 이 중 형법상의 형벌을 처벌 수단으로 하는 행정형벌과, 과태료를 처벌 수단으로 하는 행정질서벌이 있다. 행정형벌은 비록 행정법규위반에 대한 제재라 할지라고 형벌을 제재 수단으로 하고 있어 사실상 일반 형벌과 구별할 실익이 없다 할 것이다. 따라서 일반적으로 행정벌이라고 하면 과태료를 수단으로 하는 행정질서벌을 의미하는 것으로 보면 될 것이다. 이러한 행정벌은 형벌이 아니므로 형사소송법의 적용을 받는 것이 아니라 일차적으로는 주무 행정관청이 과태료를 부과하고, 이에 불복이 있을 경우에만 법원의 재판에 의해 부과하고 있다.

북한의 경우도 법규 위반자에 대한 제재는 우리와 마찬가지로 크게 형벌과 행정벌로 대별할 수 있다.

우리 형사법의 경우 '형법' 이외에도 많은 형사특별법이 있고, 상당히 많은 행정법규에서도 각 법률마다 형사처벌에 관한 규정과 행정처벌에 관한 규정을 두고 있다. 그러나 북한의 경우에는 우리 법체계상 행정법규에 해당하는 것으로 볼 수 있는 각 법률에는 단지 해당 법을 어긴 경우에는 정상에 따라 행정적 또는 형사적 책임을 지운다고만 규정하고 있고, 형사처벌에 관한 내용은 모두 형법에서 규정하고, 행정처벌에 관한 내용은 모두 행정처벌법에서 규정하고 있는 것이 특징이다.

2014년 개정 전인 2011년 '발명법' 제42조는 "이법을 어기고 발명사업에 엄중한 결과를 일으킨 기관, 기업소, 단체의 책임있는 일군과 개별적공민에게는 정상에 따라 행정적 또는 형사적 책임을 지운다"라고 규정하고 있었다. 그러나 2014년 개정 시 앞서 소개한 바와 같이 제63조에서는 구체적인 행정처벌 대상 행위를 열거하고 있고, 제64조에서는 "제63조 행위가 범죄에 이를 경우에는 기관, 기업소, 단체의 책임있는 일군과 개별적 공민에게 형법의 해당 조문에 따라 형사적책임을 지운다"고 규정하여 상당히 개선된 모습을 보이고 있다.

그러나 2011년에 개정된 '공업도안법' 제49조(행정적 또는 형사적 책임)는 2011년 개정 '발명법'의 경우와 같이 "이법을 어겨 공업도안사업에 엄중한 결과를 일으킨 기관, 기업소, 단체의 책임있는 일군과 개별적공민에게는 정상에 따라 행정적 또는 형사적 책임을 지운다"라고 규정하고 있다. 2012년 개정된 '상표법' 제49조(행정적 또는 형사적 책임) 역시 "이법을 어겨 상표사업에 엄중한 결과를 일으킨 기관, 기업소, 단체의 책임있는 일군과 개별적공민에게는 정상에 따라 행정적 또는 형사적 책임을 지운다"라고 규정하고 있다. 향후 '공업도안법'이나 '상표법'이 개정된다면 처벌규정은 2014년에 개정된 '발명법'의 경우와 같이 행정처벌의 대상이 되는 행위를 구체적으로 열거하고, 이 행위들이 범죄에 이른 경우에는 형법의 해당 조문에 따라 형사적 책임을 지운다는 형태로 개정이 될 것으로 예상된다.

결국 각 산업재산권 침해행위에 대한 행정처벌이나 형사처벌의 구체적인 내용은 행정처벌법과 형법 규정을 살펴보아야 알 수 있다.

2011년 10월 16일 최고인민회의 상임위원회 정령 제1902호로 수정·보충된 '행정처벌법'에서 산업재산권과 관련된 처벌 규정을 찾아보면 다음과 같다

제119조(상표리용질서위반행위)

상표리용질서를 어긴자에게는 경고, 엄중경고, 벌금, 몰수 또는 3개월 이하의 무보수로동, 로동교양처벌을 준다. 정상이 무거운 경우에는 3개월이상의 무보수로동, 로동교양 또는 강직, 해임, 철직처벌을 준다.

제142조(저작권보호질서위반행위)

저작, 발명을 그릇되게 평가하였거나 다른 사람의 저작, 발명, 창의고안을 자기 이름으로 발표한 자에게는 경고, 엄중경고, 벌금, 자격정지, 강급, 자격박탈 또는 3개월이하의 무보수로동, 로동교양처벌을 준다. 정상이 무거운 경우에는 3개월이상의 무보수로동, 로동교양 또는 강직, 해임, 철직처벌을 준다.

'행정처벌법'은 2015년 12월 23일 자로 개정이 되었는데, 개정된 '행정처벌법'에서도 제119조와 제142조는 그대로 유지되고 있다.

북한 '형법'의 경우에도 2004년 개정 '형법'에서 다음과 같이 처음으로 경제관리질서를 침해한 범죄 유형 중 하나로 '상표권 침해죄'에 대하여 규정하였다. 또한 사회주의 문화를 침해한 범죄의 유형으로 발명 및 창의고안에 대한 묵살죄와 도용죄에 대하여는 별도로 처벌규정을 두고 있었다. 각 관련 조문의 내용은 다음과 같다.

제113조(상표권 침해죄)

비법적으로 상표를 만들었거나 매매하였거나 상표없는 상품을 판매, 수출입하였거나 기관, 기업소, 단체의 상표권을 침해한 자는 2년이하의 로동교화형에 처한다.

제199조(저작, 발명, 창의고안 묵살죄)

탐욕, 질투, 그밖의 비열한 동기 밑에 저작, 발명, 창의고안을 그릇되게 평가하여 묵살시킨 자는 2년이하의 로동단련형에 처한다. 정상이 무거운 경우에는 3년 이하의 로동교화형에 처한다.

제200조(저작, 발명, 창의고안 도용죄)

리기적 목적에서 다른 사람의 저작, 발명, 창의고안을 자기 이름으로 발표한 자는 2년이하의 로동교화형에 처한다. 정상이 무거운 경우에는 3년이하의 로동교화형에 처한다.

2015년 7월 22일 최고인민회의 상임위원회 정령 제578호로 수정·보충된 현행 '형법'의 산업재산권 관련 범죄에 대한 규정은 다음과 같다.

제117조(특허권, 상표권, 공업도안권, 원산지명권 침해죄)

특허권, 상표권, 공업도안권, 원산지명권을 침해한자는 1년이하의 로동단련형에 처한다. 앞항의 행위가 정상이 무거운 경우에는 2년이하의 로동교화형에 처한다.

제190조(저작, 발명, 창의고안 묵살죄)

탐욕, 질투 그밖의 비렬한 동기밑에 저작, 발명, 창의고안을 그릇되게 평가하여 묵살시킨 자는 1년이하의 로동단련형에 처한다.

제191조(저작, 발명, 창의고안 도용죄)

리기적목적에서 다른 사람의 저작, 발명, 창의고안을 자기 이름으로 발표한자는 1년이하의 로동단련형에 처한다.

이는 북한이 산업재산권 보호의 관심을 상표권외에도 특허권과 공업도안권 등으로 확대함과 동시에 실제로도 이러한 특허권과 공업도안권에 대한 주민들의 침해행위가 발생하고 있음을 보여주는 것으로 해석할 수 있다.

한편 북한 인민보안성출판사가 2009년 6월 발간한『법투쟁부문 일군들을 위한 참고서』를 보면 다음과 같이 상표권 침해행위에 대한 법 적용 사례가 소개되어 있다.[25]

정황 118

처녀때 사이다 공장에서 일한 바 있는 부양가족 유미란은 자기 동무 정춘옥으로부터 성천사이다 공장의 사이다 상표를 개당 100원씩 넘겨받아 자기 집에서 만든 사이다에 붙여가지고 시장에 내다가 한병당 500원씩 팔아 원가를 제외하고 250만원의 폭리를 보았다. 이들의 행위가 어떤 범죄로 되는가.

해답

우선 유미란, 정춘옥의 행위를 형법 제113조 특허, 상표, 공업도안, 원산지명권 침해죄로 처벌하여야 한다. 공화국 형법 제113조에는 특허권, 상표권, 공업도안권, 원산지명을 침해한 자에 대하여 2년이하의 로동교화형에 처하며 정상이 무거운 경우 3년 이하의 로동교화형에 처하게 되어 있다. 이 범죄는 특허권소유자의 동의없이 특허제품을 생산, 리용, 판매, 수출하였거나 상표를 비법적으로 만들었거나 매매하였거나 판매, 수출입한 경우와 포장된 상품을 상표없이 판매, 수출입한 행위등과 비법적으로 공업도안을 사용하였거나 양도하였거나 원산지명을 비법적으로 등록된 원산지명과 같게 또는 류사하게 만들어 리용, 판매한 행위로 나타난다.

유미란, 정춘옥의 행위가 이 죄로 되는 것은 비법적으로 정춘옥이가 공장의 사이다 상표를 팔아먹었으며 유미란이 그것을 사다가 자기가 만든 사이다에 붙여 팔아먹었기 때문이다. 이 범죄는 상표를 비법적으로 매매하였거나 판매한 행위만 아니라 자기가 만든 상품에 공장의 상표를 만들

---

25 인민보안성,『법투쟁부문 일군들을 위한 참고서』(평양: 인민보안성출판사, 2009), 191~192쪽.

어 붙여 팔아먹은 경우에도 해당된다.

이 소개된 사례를 보면 실제로 일반 주민들이 기업소 등의 상표권을 침해하는 사례가 발생하고 있음을 짐작할 수 있다.

9. 남북통일과 산업재산권 법제 통합의 과제

독일 통일의 경우와 같이 통일한국이 남한의 자유민주주의 체제 및 사회적 시장경제 체제를 기본원리로 한다면 남북한의 법제 통합은 기본적으로 남한 법제의 북한 지역으로의 확대를 원칙으로 할 수밖에 없을 것이다. 이는 산업재산권 관련 법제 통합에서도 마찬가지이다. 다만 통상의 규제 행정 법제와는 달리 산업재산권 관련 법제는 기존의 북한 주민들의 권리 보호를 해주어야 한다는 특징이 있으므로 그 기초가 되는 북한의 관련 법제와 남한의 법제를 통합하려면 일정 범위 내에서 남한 법제의 확대·적용에 한계가 있을 수밖에 없으며, 이를 해결하기 위해서는 남북 양측의 권리관계가 정리하기 위한 별도의 법률을 제정하는 것이 가장 효율적인 방법이 될 것이다. 산업재산권 법제 통합에 있어서 구체적으로 검토하여야 할 사항으로는 권리 확장의 문제, 심사 및 등록 시의 적용 법률과 심사기준에 대한 검토, 중복 권리의 충돌에 관한 해결 방안, 산업재산권 분쟁의 조정절차 등이 될 것이다.

독일의 경우는 1990년 8월 31일 체결된 「통일독일 재건에 관한 독일연방공화국과 독일민주공화국 간의 조약(Vertrag zwischen der Bundesrepublik Deutschland und der Deutschen Demokratischen Republik über die Herstellung der Einheit Deutschlands)」(이하 「통일조약」)에 의하여 1990년 10월 3일 이후부터는 하나의 통일된 독일 내에서 산업재산권은 통일독일 전 지역에 대하여 효력이 인정되는 신권리와 통일 이전의 서독과 동독이라는 일정 지역에만 효력이 인정되는 구권리로 이원화되었고, 이에 따라 권리를 일원화하는 과제가 남게 되자 새로 제정된 법률이 '산업재산권 확장에 관한 법률'(이하 '확장법')이다.

'확장법'은 1990년 10월 3일 이전에 동서독 각각에 출원되어 심사계류 중인 출원 또는 등록된 산업재산권을 상대방 지역까지 그 효력을 확대·적용하기 위한 것으로 1992년 5월 1일 발효되었으며, 이 법의 발효에 따라 기존의 권리는 재심사 없이 법정기준일인 1990년 10월 3일 이후 자동적으로 타 지역으로 권리가 확장·적용되었다. '확장법'의 일반 원칙은 ㉠ '확장법'은 구(舊) 동서독 지역에서 발생한 모든 산업재산권에 대하여 어떠한 차별도 없이 적용된다. ⓛ '확장법'에 의한 권리의 확장은 내외국인을 불문하고 권리자의 신청절차 없이 이 법의 발효와 함께 모든 권리에 대하여 적용된다. ⓒ '확장법'의 확장으로 인하여 독일 전 지역에서 산업재산권이 이중으로 보호되어서는 안 된다. ⓔ 구 동독에서 발생된 모든 권리는 원칙적으로 구 서독의 관련 규정이 적용된다. 다만 등록 요건, 존속기간 등에 대해서는 원칙적으로 구 동독의 법을 적용한다. ⓜ 특허권, 실용신안권, 의장권과 같이 존속기간이 한정된 산업재산권에 대해서는 '공존에 의한 해결 원칙'을, 상표권과 같이 권리의 반영구성을 갖는 권리에 대해서는 '합의해결의 원칙'에 따라 해결한다. ⓗ 권리충돌의 문제를 해결하기 위해 독일 특허청에 중재소를 설치한다는 것이다.

독일 '확장법'에 대해서는 국내 학자들 간에도 상반된 평가가 존재한다. 우선 독일 '확장법'은 다양한 측면에서 여러 가지 분쟁과 혼란이 예상되었으나 '확장법'을 발효한 이후 2000년까지 불과 5건 정도의 분쟁이 발생하는 정도에 그쳐 산업재산권 통일 과정이 거의 성공적인 것으로 평가받고 있다는 견해가 있다.[26] 그러나 독일과 같은 급작스러운 통합 방식이 반드시 남북한에도 적용되어야 한다거나 바람직하다고 보기는 어렵다며, 독일 통일은 베를린 붕괴 이후 1년 만에 '갑작스럽게 닥쳐온 하나의 사건과도 같았다는 점'을 고려할 때 급작스러운 동서독 간의 지재권 통합은 상황에 밀린 불가피한 선택으로 보는 것이 자연스럽다는 견해도 있다.[27] 이와 같은 상반된 평가에도 불구하고 통일독일의 산업재산권 관련 법제의 통합 과정과 '확장법'의 내용은 남북통일 이후 남북한 산업재산권 법제 통합에 많은 참고가 될 것이다.

26 박정원, 『北韓의 工業所有權 保護制度에 관한 研究』(서울: 한국법제연구원, 2001), 112~113쪽.
27 이승룡, 「남북한 디자인법의 통합모델연구」, ≪법학논총≫, 제21권 1호(국민대법학연구소, 2008), 53쪽.

제9장

북한 저작권법과 남북한 저작 분야 교류협력*

1. 머리말

북한은 제정 '헌법' 이래 2019년 개정 '헌법'에 이르기까지 '헌법'에서 저작권을 법적으로 보호한다고 규정하고 있다. 저작권에 대해 직접 규정하고 있는 단행 법률로는 저작권 일반에 관해 규정하고 있는 '저작권법'(2001년 제정)이 있고, 저작물 중 하나인 컴퓨터 프로그램 저작물에 대해서는 2003년 6월 11일 '콤퓨터쏘프트웨어보호법'을 제정하여 시행하고 있다.

남한도 컴퓨터 프로그램 저작물에 대해서는 '컴퓨터프로그램보호법'을 별도로 제정하여 시행하여 오다가 저작권 보호 정책의 일관성 유지와 효율적인 집행을 도모하기 위하여 2009년 4월 22일 '저작권법'을 개정하면서 '저작권법'에 '컴퓨터프로그램보호법'의 내용을 통합하였다.

북한은 '형법'과 '행정처벌법'에 저작권을 침해한 자에 대한 형사처벌 및 행정처벌에 관한 규정을 두고 있다. 그 밖에도 '손해보상법', '대외민사관계법', '기술수출입법', '과학기술법', '라선경제무역지대법', '황금평·위화도경제지대법', '경제개발구법' 등에서도 저작권에 관한 규정을 찾아볼 수 있다.

한편, 북한은 2003년 1월 28일 저작권 관련 국제조약인 「문학·예술적 저작물의 보호를

---

* 이 장은 필자가 공동연구원으로 참여한 박영정 외 2, 『저작권 분야 남북 교류협력 현황 및 발전 방안 연구』(서울: 한국문화관광연구원, 2016)의 일부 내용을 재편집하고 수정·보완한 것이다.

위한 베른협약」(이하 「베른협약」)에 가입하였다. 그러나 「베른협약」 제33조 제1항(분쟁해결기관)에 대한 유보 및 부속서 제II, III조(번역·복제권의 제한)에 의한 권리제한을 선언한 것으로 알려져 있다. 「베른협약」 제33조 제1항은 당사국 간 분쟁해결 수단에 관한 합의가 이뤄지지 않으면 국제사법재판소가 분쟁해결을 담당하도록 규정하고 있다. 협약부속서 제II, III조는 체약국이 선언에 의해 저작권자에게 독점적인 번역·복제권을 부여하는 대신 일정한 조건에 따라 비독점적이고 양도 불가능한 사용권을 인정하고 일정한 보상을 지급하도록 하는 내용을 담고 있다. 북한 '저작권법'에는 동법과 국제조약과의 효력 관계에 대해서는 별도의 규정이 없다.

남북한의 저작권 관련 국제조약 가입 현황을 살펴보면 〈표 9-1〉과 같다.

| 표 9-1 | 남북한 저작권 관련 주요 국제조약 가입 현황

국제조약(채택/발효)	가입 일자	
	남한(발효일)	북한(발효일)
문학·예술적 저작물의 보호를 위한 베른협약(1986/1987)	1996년 8월 21일	2003년 8월 28일
세계저작권협약(1952/1955)	1987년 10월 1일	
무역관련 지적재산권에 관한 협정(WTO/TRIPs)(1994/1996)		
세계지적재산권기구 저작권 조약(1996/2002)	2004년 6월 24일	
세계지적재산권기구 실연 및 음반조약(1996/2002)	2009년 3월 18일	
실연자, 음반제작자 및 방송사업자의 보호를 위한 국제협약(1961/1964)	2009년 3월 18일	
맹인, 시각 손상인 또는 그 밖의 독서 장애인의 발행 저작물 접근 촉진을 위한 마라케시 조약(2013/2016)	2016년 9월 30일	2016년 9월 30일
음반의 무단 복제로부터 음반제작자를 보호하기 위한 협약(1971/1973)	1987년 10월 10일	
위성에 의하여 송신되는 프로그램 전달 신호의 배포에 관한 협약(1974/1979)	2012년 3월 19일	
시청각 실연에 관한 베이징 조약(2012/미발효)		2016년 2월 19일 (비준)

2. 북한 저작권법

1) 저작권법 제·개정

북한은 2001년 4월 5일 최고인민회의 상임위원회 정령 제2141호로 '저작권법'을 처음 제정하였다. 제정 '저작권법'은 전체 6개 장 48개 조문으로 되어 있는데 이후 두 차례의 개정에서도 일관되게 유지되고 있다. 북한 '저작권법'은 2006년 2월 1일 최고인민회의 상임위원회 정

| 표 9-2 | 남북한 '저작권법' 체계 비교

북한 '저작권법'(2012년 개정)	남한 '저작권법'(2018년 개정)
제1장 '저작권법'의 기본	제1장 총칙
제2장 저작권의 대상	제2장 저작권
제3장 저작권자	
제4장 저작물의 이용	
제5장 저작인접권자	제3장 저작인접권
	제4장 데이터베이스제작자의 보호
	제5장 영상저작물에 관한 특례
'콤퓨터쏘프트웨어보호법'(2003)	제5장의2 프로그램에 관한 특례
	제6장 온라인서비스제공자에 대한 책임 제한
	제6장의2 기술적 보호조치 무력화 금지 등
	제7장 저작권위탁관리업
	제8장 한국저작권위원회
제6장 저작권사업에 대한 지도통제	제9장 권리의 침해에 대한 구제
	제10장 보칙
	제11장 벌칙

령 제1532호로 수정·보충되었는데, 이때 모든 조에 제목을 붙여 내용을 명확히 하였다. 내용이 개정된 것은 제12조인데 개정 전에는 저작권의 제외 대상이었던 법령, 결정, 지시 같은 국가 관리 문건과 시사보도물, 홍보자료 같은 것도 상업적 목적으로 이용되는 경우에는 저작권의 대상이 되도록 하였다. 이후 2012년 11월 13일 최고인민회의 상임위원회 정령 제2803호로 다시 한번 수정·보충하였다. 개정 내용은 기존의 제30조 저작물이용권의 양도에 관한 규정을 제29조로 옮겨 함께 규정하고 제30조에 저작물의 출처 명시 의무 조항을 신설한 것이다.

현행 북한 '저작권법'은 〈표 9-2〉와 같이 총 6개 장 48개 조문으로 구성되어 있으며 대부분의 다른 북한법과 마찬가지로 남한 '저작권법'에 비하여 전체 내용이나 조문 수가 단순하다.

2) 제정 목적과 기본 원칙

(1) 법 제정 목적

'저작권법' 제1조(저작권법의 사명)는 "저작권법은 저작물의 리용에서 제도와 질서를 엄격히 세워 저작권자의 권리를 보호하고 문학예술과 과학기술발전에 이바지 한다"고 하여 '저작권법'의 제정 목적을 저작물의 이용에 대한 제도와 질서 확립, 저작자의 권리 보호, 문학예술과 과학기술의 발전이라는 세 가지로 명시하고 있다. 법 제2조(저작권의 보호원칙)는 이 목적 중

저작권 보호에 관한 사항을 좀 더 구체화하여 '저작권법'을 보호하는 것은 국가의 일관된 정책이며 국가는 창작자의 저작활동을 보장하고 저작권자의 권리를 보호하도록 하고 있다. 또한 제4조(저작린접권의 보호원칙)는 "국가는 저작물을 이용하여 공연, 록음, 록화, 방송을 한 자의 권리를 보호하도록 한다"고 규정하고 있다.

'저작권법' 제3조(저작물의 리용원칙)는 "저작물의 리용을 바로 하는 것은 문학예술과 과학기술발전의 중요조건이다. 국가는 저작물의 리용절차와 방법을 바로 정하고 그것을 엄격히 지키도록 한다"고 규정하고 있다. 이 조문은 제1조의 목적 중 저작물의 이용에 대한 제도와 질서 확립 및 문학예술과 과학기술의 발전을 더 구체화한 내용이다. '저작권법' 제26조 제2항은 이를 좀 더 명확하게 하여 "기관, 기업소, 단체와 공민은 정해진 절차와 방법의 요구대로 저작물을 리용하여야 한다"고 저작물 이용자의 의무규정 형태로 다시 한번 이용 절차 준수에 관한 원칙을 강조하고 있다.

(2) 외국인의 저작권 보호와 국제교류협력

'저작권법' 제5조(외국인의 저작권보호)는 "우리나라가 체결한 조약에 가입한 다른 나라의 법인 또는 개인의 저작권은 그 조약에 따라 보호한다. 그러나 체약국이 아닌 다른 나라의 법인 또는 개인이 우리나라에서 처음으로 저작물을 발표하였을 경우에는 이 법에 따라 보호한다"라고 규정하고 있다.

외국인의 저작물을 보호하기 위해서는 해당 조약에서 정한 수익자(beneficiaries)를 찾아야 한다. 제5조는 연결점(points of attachment)을 통해 수익자를 확정한다. 하나는 국적(nationality)이고, 다른 하나는 발표이다. 제5조상의 연결점은 「베른협약」에서 정한 것과 같거나 유사하다. 북한은 「베른협약」 당사국이므로 이 협약에 따라 다른 당사국 국민의 저작물과 협약 당사국 내에서 최초 발행한 저작물(수익자는 각기 해당 저작자)을 보호하고 있다.[1] '저작권법' 제5조는 국적 외에도 '발표'를 연결점으로 추가하고 있다. 조약 당사국이 아닌 국가의 법인이나 개인이 북한에서 저작물을 최초 발표한다면 북한 '저작권법'에 따라 보호를 한다. 이러한 내용은 조약에 가입하지 않은 국가들이 흔히 고려하는 입법 태도이다. '소련 민사법 기본 규정'이나 1986년 남한 '저작권법'에서도 발견된다. 북한 '저작권법'은 최초 발표 저작물에 국한하여 외

---

[1] 최경수, 『북한 '저작권법' 및 남북 간 저작권 분야 교류협력에 관한 연구』(진주: 한국저작권위원회, 2015), 29쪽.

국인의 저작물을 보호하고 있다.[2]

'저작권법' 제7조(저작권분야의 교류와 협조)는 "국가는 저작권분야에서 다른 나라, 국제기구들의 교류와 협조를 발전시킨다"고 규정하여 외국 및 국제기구와의 교류와 협력을 발전시키는 것을 국가의 의무로 규정하고 있다.

주의할 것은 '저작권법' 제5조나 제7조의 '다른 나라'는 남한이 포함되는 개념이 아니라는 것이다. 이는 남한이 북한을 외국으로 보지 않는 것과 마찬가지다. 따라서 법적 논리대로 한다면 북한에서의 남한 저작물은 북한 '저작권법'이 적용되어야 하겠지만 이에 대한 북한의 입장은 알 수 없는 상황이다. 결국, 북한에서 남한 저작물을 어떻게 보호할 것인지에 대한 법제도는 명확하지 않은 상황이다.

3) 저작권의 대상

(1) 저작물

저작권의 대상은 곧 저작물을 의미한다. 남한 '저작권법'에서는 저작물을 "인간의 사상 또는 감정을 표현한 창작물"로 정의하고 있는데, 북한 '저작권법'에서는 '저작물'에 대한 별도의 정의 규정이 없다. 다만, 사회과학원 법학연구소가 편찬한 『법학사전』에서는 "저작권의 대상은 외부적 형식으로 표현된 과학, 문학 및 예술의 창작품"이라고 설명하고 있다.[3] 또 다른 북한 문헌에 따르면 "저작권은 …… 저작자의 창조적 성과가 담긴 매개물을 인정하는 권리가 아니라 자기 작품에 반영된 저작자의 착상이나 창조적인 표현 수법과 같은 형태가 없는 지적재산을 보호받을 권리이다. 저작권은 무엇보다도 사상 또는 감정을 창작적으로 표현한 과학기술, 문학예술 분야에서 창조된 저작물에 대하여 가지는 권리이다. …… 저작권으로 보호되는 저작물은 우선 저작자의 전문적 수준을 필수적 조건으로 하지 않는다. 즉 사람의 사상과 감정을 표현한 저작물이면 그 질이나 해당 분야에서 전문가적인 자격이나 수준에는 관계없이 해당 작품에 대하여 저작자는 저작권을 가질 수 있다는 것을 의미한다"라고 한다.[4]

그러나 모든 저작물이 저작권의 대상이 되는 것은 아니다. 북한 '저작권법' 제6조(저작권 보호의 제외대상)는 "출판, 발행, 공연, 방송, 상영, 전시 같은 것이 금지된 저작물에 대한 저작

---

2   최경수, 같은 책, 30쪽.

3   사회과학원 법학연구소, 『법학사전』, 418쪽.

4   고명길, 「저작권에 대한 일반적리해」, ≪정치법률연구≫, 제2호(평양: 과학백과사전출판사, 2010), 39쪽.

권은 보호하지 않는다"라고 규정하고 있다. 이것은 북한의 사회주의 체제 유지를 위한 특수상황을 반영한 규정이라 할 수 있다. 남한 '저작권법'에서 저작물의 외설이나 불온한 내용으로 인해 출판, 공연 등 이용행위가 금지되더라도 저작권이 인정되는 것과 다른 면이다.

이런 엄격한 규율은 저작물 이용과 관련된 실태를 보더라도 수긍이 간다. 출판의 경우, 출판사가 손꼽을 수 있을 정도로 수가 제한되어 있고 출판사는 노동당이나 그 산하단체 혹은 내각 산하 기관에 소속되어 있어서 당과 정부의 통제를 벗어나 민간인에 의한 자유로운 출판은 상상할 수 없기 때문이다. 주요한 출판사로는 조선로동당출판사, 문학예술종합출판사, 금성청년출판사, 외국문출판사, 과학원출판사, 농업출판사, 국립출판사, 군중문화출판사, 과학백과사전출판사, 사회과학출판사, 과학기술출판사 등이 있다.[5]

북한 '저작권법'은 저작권 대상 선정에 대하여 "저작권의 대상을 바로 정하는 것은 저작권 보호의 선결조건이다. 해당 기관은 과학성, 객관성, 현실성의 원칙에서 저작권대상을 정하여야 한다"라고 규정하여(제8조), 저작권 대상을 국가기관이 정하도록 하고 있다.

저작권의 대상이 되는 저작물의 종류에 대해서는 "1. 과학논문, 소설, 시 같은 저작물, 2. 음악저작물, 3. 가극, 연극, 교예, 무용 같은 무대예술 저작물, 4. 영화, 텔레비죤 편집물 같은 영상 저작물, 5. 회화, 조각공예, 서예, 도안 같은 미술 저작물, 6. 사신저작물 7. 지도, 도표, 도면, 약도, 모형 같은 도형 저작물, 8. 컴퓨터 프로그램 저작물"이라고 제한적으로 열거하고 있다(제9조). 남한 '저작권법' 제4조가 저작물을 예시적으로 열거하고 있는 것과 비교가 되는데, 과연 북한 '저작권법'이 예시적 열거 규정 방식과 제한적 열거 규정 방식을 엄격하게 구분하여 입법한 것인지는 명확하지가 않다.

그 밖에도 남한 '저작권법'과 비교할 때 다음과 같은 차이점이 발견된다. 첫째, 과학 논문을 어문저작물의 예시로 넣고 있다. 과학기술의 중요성을 강조한 듯하다. 둘째, 교예를 무대예술저작물로서 예시하고 있다. 무대예술저작물은 연극저작물보다는 넓은 개념이다. 교예는 북한의 서커스가 세계적 수준이라는 사실을 반영한 듯한데, 저작물이라기보다는 저작인접권에 해당하는 실연에 가까운 것으로 보인다. 셋째, 건축물 등 건축저작물에 관해서는 예시하지 않고 있다. 건축저작물은 그 대상이 무엇이며 보호 범위는 어떠한지 각국에서 논란이 있는 분야이다. 그럼에도 「베른협약」이나 각국 '저작권법'은 일반적으로 건축저작물을 예시의 하나로 넣고 있다. 이 규정을 예시 규정으로 해석하면 여전히 보호 가능성은 열려 있으나 이 문제를

---

5   중앙일보사, 『북한소사전』(월간중앙, 1991년 신년 호 별책부록), 158쪽.

해석론에 맡기기보다는 입법적으로 해결하는 것이 바람직하다.[6]

(2) 2차적 저작물

북한 '저작권법' 제10조는 "원저작물을 편작, 편곡, 각색, 윤색, 번안, 번역 같은 방법으로 개작하여 만든 저작물은 독자적인 저작물로서 저작권의 대상으로 한다. 민족고전작품을 현대 말로 고쳐 만든 저작물도 저작권의 대상으로 된다"고 규정하여 2차적 저작물에 대한 저작권을 인정하고 있다.

남한 '저작권법' 제5조의 2차적 저작물과 같은 개념으로 볼 수 있다. 다만 개작의 방법으로 남한 '저작권법'에 있는 '영상제작'이 적시되어 있지 않다는 차이점이 있다. 북한은 2001년 '저작권법' 제정 당시 없던 각 조의 제목(조목)을 2006년 개정 시 붙이게 되는데 제10조의 조목이 "저작인접권의 대상"으로 되어 있는 것은 의문이다. 저작인접권에 대해서는 북한 '저작권법' 제33조에서 따로 규정하고 있고, 이는 남한의 저작인접권과 같은 개념이라 할 수 있기 때문이다. 이는 입법 과정에서의 오류로 보인다.

(3) 편집저작물

북한 '저작권법' 제11조는 "사전이나 선집 같은 편집저작물은 저작권의 대상으로 된다. 이 경우 편집저작물은 소재의 선택이나 배열에서 창조성이 있어야 한다"라고 규정하여 편집저작물도 저작권의 대상으로 규정하고 있다. 남한 '저작권법' 제6조의 편집저작물과 같다고 보면 될 것이다. 다만 남한 '저작권법'에는 편집저작물을 "편집물로서 그 소재의 선·배열 또는 구성에 창작성이 있는 것을 말한다"라고 명확하게 정의 규정을 두고 있는 데(제2조 제18호) 반하여 북한 '저작권법'은 이에 대한 별도의 정의 규정이 없다.

(4) 비보호저작물

북한에서도 공중의 이익을 위하여 특정한 저작물은 비보호저작물로서 정하고 있다. '저작권법' 제12조(저작권의 제외대상)는 "국가관리문건과 시사보도물, 홍보자료 같은 것은 상업적 목적이 없는 한 저작권의 대상으로 되지 않는다"라고 규정하고 있다. 이 규정은 2006년 개정 시 변경된 것이다. 2001년 제정 '저작권법'에서는 "법령, 결정, 지시 같은 국가관리문건과 시사보

---

6 최경수, 『북한 '저작권법' 및 남북 간 저작권 분야 교류협력에 관한 연구』, 34쪽.

도물, 홍보자료 같은 것은 저작권의 대상으로 되지 않는다"라고 규정하고 있었다. 2006년 개정을 통해 원래 저작권 대상이 아닌 국가관리문건 등도 상업적 목적으로 이용할 경우에는 저작권의 대상이 되도록 한 것이다. 제12조의 개정으로 인해 북한 입장에서 볼 때 남한에서 북한의 법령 등 국가관리문건을 상업적으로 이용한다고 판단할 경우 이로 인한 분쟁의 소지가 있다.

남한 '저작권법' 제7조(보호받지 못하는 저작물)는 "1. 헌법·법률·조약·명령·조례 및 규칙, 2. 국가 또는 지방자치단체의 고시·공고·훈령 그 밖에 이와 유사한 것, 3. 법원의 판결·결정·명령 및 심판이나 행정심판절차 그 밖에 이와 유사한 절차에 의한 의결·결정 등, 4. 국가 또는 지방자치단체가 작성한 것으로서 제1호 내지 제3호에 규정된 것의 편집물 또는 번역물, 5. 사실의 전달에 불과한 시사보도"는 '저작권법'의 보호를 받지 못하는 저작물이라고 명시하고 있다.

시사보도물의 경우 남한은 "사실의 전달에 불과한" 시사보도물만 보호 대상에서 제외하고 있어서 시사보도라도 창작성이 있는 경우에는 보호된다고 해석된다. 이에 반해 북한 '저작권법'은 이와 같은 제한이 없어 상업적으로만 이용하지 않으면 모든 시사보도물이 보호 대상에서 제외된다.

4) 저작권자

(1) 저작권자의 개념

북한 '저작권법' 제13조 제1항은 "저작권자는 문학예술과 과학기술분야의 저작물을 창작한 자 또는 그의 권리를 넘겨받은 자이다"라고 규정하고 있다. 남한 '저작권법'의 '저작자'라는 용어 대신 '저작권자'를 사용하면서 창작자와 창작자로부터 권리를 승계받은 자까지 포함하는 개념으로 사용하고 있다.[7]

문제는 "저작권자는 저작물에 대한 인격적권리와 재산적권리를 가진다"라고 규정한 '저작권법' 제13조 제2항이다. 이 규정을 문구대로 해석하면 저작권자의 권리를 넘겨받은 자, 즉 저작권 승계자는 인격적 권리도 양도할 수 있다고 해석할 수 있다. 이와 같은 해석은 '저작권법' 제20조에서 "저작권자의 인격적 권리는 저작물을 창작한 자만이 가진다. 인격적 권리는

---

7   북한 '저작권법' 제13조 "저작권자는 문학예술과 과학기술분야의 저작물을 창작한 자 또는 그의 권리는 넘겨받은 자이다".

양도, 상속할 수 없으며 무기한 보호된다"라는 것과 모순된다는 지적이 가능하다. 물론 제13조와 제20조를 조화롭게 해석하여 저작권자는 저작물 창작자와 그의 재산적 권리를 승계한 자를 말한다고 하면 되겠지만, 이러한 모순은 입법 과정에서 세밀히 검토하지 않았기 때문으로 추정된다.

북한이 창작자를 저작자로 인정하고 이들에게 저작권을 부여하는 대신 별도로 '저작권자'라는 개념을 도입한 것은 모든 창작물에 대해 '저작권법'에 따른 저작권을 부여하는 것이 아니라 창작물에 대한 심사 등을 통해 국가가 인정하는 창작물만 저작물로 인정하고 그 저작자에게만 저작권자의 지위를 인정함으로써 창작활동을 국가의 통제하에 두기 위한 것으로 추정된다.

(2) 개인 저작물과 법인 저작물의 저작권 귀속

북한 '저작권법' 제16조는 "개인의 이름으로 창작된 저작물에 대한 저작권은 그것을 창작한 자가 가진다. 기관, 기업소, 단체 등의 이름으로 발표된 창작물에 대해서는 그 기관, 기업소, 단체가 저작권을 가진다"라고 규정하고 있다. 저작권이 개인에게 귀속되는지 아니면 법인에 귀속되는지의 기준을 누구의 명의로 발표하였는지에 두고 있다.

남한 '저작권법' 제9조도 "법인등의 명의로 공표되는 업무상저작물의 저작자는 계약 또는 근무규칙 등에 다른 정함이 없는 때에는 그 법인 등이 된다"라고 규정하고 있어서 외견상 유사한 것으로 보인다. 다만 남한 '저작권법'에서는 저작자와 법인 등이 계약 등을 통해 저작권의 귀속을 달리 정할 여지가 있으나 북한 '저작권법'에서는 이와 같은 규정이 없다.

한편, 발표 명의를 기준으로 개인저작권자와 단체 등의 저작권자를 구분하는 북한 '저작권법' 제16조에 따르면 발표자의 명의가 무명 또는 익명일 경우에는 과연 저작권이 발생하는지, 이 경우 저작권자는 누구로 볼 것인지가 문제 된다.

이에 대하여 "원칙대로라면, 창작자는 자신의 이름을 밝히지 않고 얼마든지 저작물을 창작할 수 있다. 익명은 신분을 감추거나 드러내지 않기 위한 수단에 지나지 않는다. 자신의 존재를 드러내지 않는다고 해서 그 저작자의 지위에 영향을 줄 수는 없을 것이고, 저작권의 존재를 부정할 수는 없을 것이다. 다시 말해서 익명성이 저작물 성립요건에 장애가 될 수는 없는 것이다. '저작권법' 제13조에서 저작권자란 "저작물을 창작한 자 또는 그의 권리를 넘겨받은 자"라고 하고 있는 점도 이러한 해석을 뒷받침한다. 그 반대 해석도 가능하다. 이것은 제16조에서 굳이 '개인의 이름으로 창작된 것'이라고 표현하고 있는 점에 주목한 것이다. 북한은 창작물이 집체적으로 이뤄진다는 점, '저작권법'에 익명 저작물에 대한 별도의 보호기간을 두고 있지 않은 점도 이러한 해석에 무게를 싣게 한다. 그러나 여전히 저작권은 창작이라는 단순한 사실 행위로부터 발생하는 것이고, 게다가 누구든지 창작물을 만들 수 있다는 점에 비춰보면 비록 권리 행사에 제약이 있다손 치더라도 저작물성 그 자체는 긍정하는 것이 타당하지 않을까. 북한 '저작권법'이 '개인' 저작권을 긍정하고 있는 마당에 명의 여부가 저작물성 판단에 영향을 줄 수는 없는 것이다. 결론적으로, 명의 요건은 저작물성을 판단하는 근거는 아니지만, 명의가 개인 저작물과 법인 저작물을 구별하고자 하는 입법 의지가 담긴 것이라 봐야 할 것이다"라는 분석이 있다.[8]

그러나 북한 '저작권법' 제6장 지도와 통제의 각 규정을 통해 알 수 있는 바와 같이 저작활동 전반과 저작권 관련 이용 등을 국가의 지도와 통제하에 두고자 하는 북한 체제의 특성, 창작자를 바로 저작자로 보고 그에 따른 저작권을 부여하는 것이 아니라 저작자가 아닌 저작권자라는 별도의 개념을 도입한 취지, 발표 명의에 따라 저작권의 귀속을 정하는 제16조 규정의 취지 등을 종합적으로 고려하면 북한은 무명이나 익명의 저작활동을 금지하고 있다고 봐야 할 것이고, 무명이나 익명의 저작물은 '저작권법'상의 보호를 받지 못한다고 보아야 할 것이다.

북한의 '저작권법'은 개인 이름으로 창작된 저작물에 대한 저작권은 그것을 창작한 자가 가지도록 하고 있고(제16조), 저작권자의 재산적 권리의 전부 또는 일부를 양도, 상속할 수 있도록 하여(제21조), 저작권에서의 사유재산권리를 인정하였다. 2002년 3월 13일 제정된 상속법 제2조에서도 개인 소유재산에 대한 상속권을 보장하고 있다. 다만 상속할 수 있는 재산을 열거방식으로 규정한 상속법 제13조에서는 저작권을 별도로 명시하고 있지는 않다. 이는 중국 '상속법' 제3조(유산범위) 제6호가 "공민의 저작권 및 특허권 중의 재산상 권리"를 상속재산의 범위로 명시하고 있는 것과 비교된다. 다만 1991년 5월 23일 자 북한 ≪민주조선≫에서는 북한에서도 창의고안권, 특허권과 발명권, 저작권 등 무체재산물을 인정하고 보호하며, 이들 재산은 개인소유권의 대상이 되고 양도·증여가 가능하며 상속의 대상이 될 수 있다고 설명하고 있다.

문제는 개인이 저작물을 자유롭게 출판하지 못한다는 것이다. 북한은 1975년 8월 8일 '출판법'을 제정하였다.[9] 1999년에 수정된 '출판법' 제7조는 공민은 저작 또는 창작활동을 자유롭게 할 수 있다고 규정하고 있다. 하지만 출판법 제2조를 보면 북한에서의 출판 사업은 사회주의위업을 고수·발전시키기 위한 것이며, 출판물의 정치사상성, 대중성을 보장하도록 하고

---

8   최경수, 『북한 '저작권법' 및 남북 간 저작권 분야 교류협력에 관한 연구』, 44쪽.

9   '출판법'은 1995.9.13. 최고인민회의 상설회의 결정 제63호로 수정보충되고, 1999.1.21. 최고인민회의 상임위원회 정령 제372호로 수정되었다.

있다. 이를 위해 북한의 모든 출판은 국가의 지도 통제하에 이루어지며(제45조), 출판물을 인쇄하려는 자는 국가로부터 인쇄승인 및 발행허가를 받아야 한다(제30조). 또한, 기밀을 누설하거나 반동적인 사상과 문화, 생활풍조를 퍼뜨릴 수 있는 출판물은 생산, 발생, 보급과 반출입을 중지시키고 회수하도록 하고 있다(제48조).

이와 같은 규정들은 북한 '헌법' 제67조에서 규정하고 있는 출판의 자유를 지나치게 제한하는 것이다. 결국, 개인도 직접 저작활동을 할 수는 있는 것으로 보이지만 작품심의원의 심의를 받아야 한다는 것을 보면 모든 출판이 국가의 통제하에 이루어지고 있고, 집체창작을 권하고 있는 것을 보면 현실적으로 개인의 저작활동은 매우 제한적일 것으로 보인다.

(3) 공동저작물의 저작권자

북한 '저작권법' 제17조 제1항은 "두명 이상이 함께 창작한 저작물에 대한 저작권은 그것을 창작한 자들이 공동으로 가진다"라고 공동저작물의 귀속에 관하여 규정하고 있다.

남한 '저작권법' 제2조 제21호는 공동저작물을 "2인 이상이 공동으로 창작한 저작물로서 각자의 이바지한 부분을 분리하여 이용할 수 없는 것을 말한다"라고 규정하여 공동저작물과 기여 부분의 분리가 가능한 집합저작물을 구분하고 있는 데 반해 북한 '저작권법'상의 공동저작물은 이에 대한 입장이 명확하지가 않다.

남한 '저작권법'과 마찬가지로 각 기여 부분을 분리하여 이용할 수 없는 저작물만을 공동저작물로 해석할 여지도 있으나 구소련 '민법'의 저작권 규정 제99조(공동저작)에서는 각 기여 부분이 분리되지 않는 공동저작물과 분리되는 결합저작물을 모두 공동저작물로 보기 때문에 북한 '저작권법'의 공동저작물을 오히려 구소련 저작권 규정과 같이 이해할 여지도 있다. 이처럼 공동저작물을 넓게 이해하면 결합저작물의 경우도 공동저작물이 되는 것이며 그런 경우에 권리행사는 저작권자들의 합의에 의하여 행사해야지 개별적으로 행사할 수 없다.[10]

북한 '저작권법' 제17조 제2항도 "공동저작권은 저작권자들의 합의에 의하여 행사된다. 이 경우 대표를 선출하여 권리를 행사할 수도 있다"라고 규정하여 공동저작권은 합의에 의하여 행사하도록 하고 있다.

---

10 김상호, 「북한 '저작권법'의 내용과 특징」, 《법학연구》, 제11집(경상대학교 법학연구소, 2002), 91쪽.

(4) 영상저작물의 저작권자

북한 '저작권법' 제18조(영상저작물저작권의 소유) 제1항은 "영상저작물에 대한 저작권은 그것을 제작한자가 가진다"라고 규정하여 영상저작물은 제작자에게 저작권이 귀속되도록 하고 있다.

제18조 제2항은 영상저작물의 제작에 이용된 소설, 대본, 음악, 미술저작물 같은 것에 대한 저작권은 독립적으로 행사할 수 있다고 규정하고 있는데 이는 각 저작물의 저작권자가 별도로 있으므로 당연한 규정이라 할 것이다.

남한 '저작권법'은 영상제작자와 영상저작물의 제작에 협력할 것을 약정한 자가 그 영상저작물에 대하여 저작권을 취득한 경우 특약이 없는 한 그 영상저작물의 이용을 위하여 필요한 권리는 영상제작자가 이를 양도받은 것으로 추정하며(제100조 제1항), 영상저작물의 제작에 사용되는 소설·각본·미술저작물 또는 음악저작물 등의 저작재산권은 제1항의 규정으로 인하여 영향을 받지 아니한다고 규정하고 있다(제100조 제2항).

5) 저작권자의 인격적 권리와 재산적 권리

(1) 인격적 권리

북한 '저작권법' 제14조는 인격적 권리를 "1. 저작물 발표를 결정할 권리, 2. 저작물의 이름을 밝힐 권리, 3. 저작물의 제목, 내용, 형식 같은 것을 고치지 못하도록 할 권리"라고 명시하고 있다. 이는 남한 '저작권법'의 공표권, 성명표시권, 동일성 유지권에 해당한다.

저작권자의 인격적 권리는 저작물을 창작한 자만이 가진다. 인격적 권리는 양도, 상속할 수 없으며 무기한 보호된다(제20조). 즉 저작권자의 인격적 권리는 일신 전속성을 가진다. 문제는 무기한 보호된다는 것이 사망 시까지를 의미하는 것인지 아니면 사망 이후에도 기간의 제한 없이 보호한다는 것인지 명확하지 않다는 것이다. 남한 '저작권법'의 경우에는 저작인격권은 일신 전속권으로 창작자의 사망으로 그 권리는 소멸하는 것으로 본다. 만일 북한 '저작권법'의 인격적 권리가 창작자 사후에도 존속한다는 의미라면 그 권리는 상속권자에게 상속된다고 보아야 할 것이다.

(2) 재산적 권리

북한 '저작권법' 제15조는 저작권자의 재산적 권리를 "1. 저작물을 복제, 공연, 방송할 권리, 2. 저작물의 원작이나 복제물을 전시 또는 배포할 권리, 3. 저작물을 편작, 편곡, 각색, 윤색, 번안, 번역 같은 방법으로 개작하여 새로운 저작물을 만들 권리, 4. 저작물을 편집할 권리"라고 규정하고 있다. 이는 남한 '저작권법'에서 저작재산권으로서 복제권, 배포권, 공연권, 방송권, 전시권, 2차적 저작물 및 편집저작물 작성권을 인정하는 것과 동일하다

북한에서도 저작권자의 재산적 권리는 전부 또는 일부를 양도하거나 상속할 수 있다(제21조 제1항). 다만 다른 나라 법인이나 개인에게 양도하려 할 경우에는 해당기관의 승인을 받도록 하고 있다(제21조 제2항).

저작물에 대한 재산적 권리를 가진 기관, 기업소, 단체가 해산될 경우 그 권리는 계승하는 기관, 기업소, 단체 등이 권리를 가지도록 하고 있다(제22조).

저작물에 대한 재산적 권리는 저작물이 발표된 때부터 그것을 창작한 자가 사망한 후 50년까지 보호된다(제23조 제1항). 공동저작물에 대한 재산적 권리는 저작물이 발표된 때로부터 마지막으로 남은 창작자가 사망한 후 50년까지 보호한다(제23조 제2항). 법인 저작물, 즉 기관, 기업소, 단체의 이름으로 창작된 저작물이나 영상저작물에 대한 재산적 권리는 저작물이 발표된 때부터 50년까지 보호한다(제24조).

저작재산권의 보호를 창작 시점이 아닌 발표 시점으로부터 개시하는 것은 북한 사회주의 체제의 특성을 반영한 것으로 발표되지 못한 저작물은 저작재산권이 발생하지 않아 '저작권법'의 보호 대상이 아니라고 보아야 할 것으로 해석된다.

50년간의 저작재산권의 보호기간은 저작물이 발표되었거나 창작자가 사망한 다음 해 1월 1일부터 계산한다(제25조). 반면 남한 '저작권법'상 저작재산권은 특별한 규정이 있는 경우를 제외하고는 저작자가 생존하는 동안과 사망한 후 70년간 존속하며(제39조 제1항). 공동저작물의 저작재산권은 맨 마지막으로 사망한 저작자가 사망한 후 70년간 존속한다(제39조 제2항).

(3) 원저작권자의 보호

북한 '저작권법'도 개작물이나 편집저작물을 별도의 저작물로 인정하고 있으므로 이런 저작물에 사용된 원저작물의 권리 보호에 대한 문제가 제기된다. 이에 대하여 제19조는 "저작물을 개작, 편집한 자는 저작권행사에서 원저작권자의 권리를 침해하지 말아야 한다"라고 규정하여 원저작권자의 권리 침해를 금지하고 있다. 결국, 개작물이나 편집저작물 작성자는 원저작자의 허락을 받아 원저작물을 이용하여야 함을 뜻한다.

북한 '저작권법'에 별도의 규정은 없으나 2차 저작물을 이용하는 자는 원저작자와 2차 저

작물 저작자의 허가를 모두 받아야 한다고 해석된다. 이에 대하여 북한 문헌에서도 2차 저작물에 대한 원작의 창작적 표현과 2차 저작물 작성자의 창작적 표현이 공존하는 것만큼 2차 저작물을 이용하는 제3자의 행위는 원작도 함께 이용하는 것으로 된다. 따라서 2차 저작물을 이용하기 위하여서는 2차 저작물의 저작권자와 원작의 저작권자 양자의 허가를 함께 받아야 한다고 설명하고 있다.[11]

6) 저작물의 이용

저작물에 대한 재산적 권리는 저작물을 이용할 수 있는 권리와 저작물의 이용에 대하여 보수를 받을 수 있는 권리가 핵심이다. 북한 『법학사전』에서도 "창작자의 재산적 권리에는 작품을 복제하거나 보급할 수 있는 권리와 작품의 이용에 대하여 보수를 받을 수 있는 권리가 속한다"라고 설명하고 있다.[12]

북한 '저작권법' 제26조는 "저작물리용의 기본요구"라는 제목하에 "저작물의 리용은 복제, 공연, 방송, 전시, 배포, 개작, 편집 같은 방법으로 저작물을 보급하는 중요한 사안이다. 기관, 기업소, 단체와 공민은 정해진 절차와 방법의 요구대로 저작물을 리용하여야 한다"라고 규정하고 있다.

저작물의 이용은 저작권자 또는 저작권자의 허가를 받은 기관, 기업소, 단체와 공민이 할 수 있으며, 저작권자를 찾을 수 없을 경우에는 해당 기관의 승인을 받아 저작물을 이용할 수 있도록 하고 있다(제27조). 기관, 기업소, 단체에 소속된 공민이 직무수행으로 창작한 저작물은 그 기관, 기업소, 단체가 우선적으로 이용할 수 있다(제28조). 타인의 저작물을 이용하는 자는 허가 또는 승인받은 범위에서 저작물을 이용하여야 한다. 이용을 허가한 저작권자나 승인한 기관과의 합의하에 그 이용권을 제3자에게 양도할 수 있다(제29조).

타인의 저작물을 이용하는 자는 저작권자에게 해당한 요금을 지불하여야 하는데 요금은 당사자 간의 합의에 의해 정하는 것이 아니라 가격제정기관이 정한다(제31조).

2012년에 '저작권법' 개정 시 신설된 제30조에서는 저작물의 출처 명시에 관해 규정하고 있다. 이 규정에 따라 기관, 기업소, 단체와 공민은 저작물 창작에 이미 나간 사진이나 글 같은

---

11 박영일, 「2차저작물과 편집저작물에 대한 리해」, ≪정치법률연구≫, 제1호(평양: 과학백과사전출판사, 2015), 49쪽.

12 사회과학원 법학연구소, 『법학사전』, 276쪽.

저작물을 이용할 경우 그 출처를 밝혀야 한다. 이미 나간 저작물의 출처를 밝히지 않은 저작물은 발표할 수 없으며, 다만 부득이한 사유로 저작물의 출처를 밝힐 수 없을 경우에는 저작권자의 허가 또는 해당 기관의 승인을 받아야 한다.

7) 저작권자의 저작물에 대한 재산적 권리의 제한

저작권, 특히 재산적 권리의 독점·배타적인 성격이 저작권자에게는 강력한 무기가 되지만 저작물 이용자나 소비자는 그로 인해 충분한 정보를 얻지 못할 수도 있고, 국가기관의 임무가 제약을 받을 수도 있고, 학술·교육·연구 분야 활동이 억제될 수도 있다. 많은 이들이 '저작권보호와 표현의 자유 사이의 균형'을 '저작권법'이 안고 있는 아주 중요한 과제로 보고 있다. 양자 간의 지속적인 균형은 저작권 제도 내지 '저작권법'이 궁극적으로 추구하는 목표일 뿐만 아니라 이러한 균형을 통해서 문화예술이 한 단계 성숙해지고 정보사회가 성공적으로 착근할 수 있다는 데는 이론이 없다.[13]

북한 '저작권법' 역시 제32조에서 "저작물의 무허가리용"이라는 제목하에 저작권자의 허가를 받지 않고 저작물을 이용할 수 있는 경우를 "1. 개인 또는 가정적범위에서 쓰기 위하여 저작물을 복제, 번역할 경우, 2. 도서관, 문헌고, 박물관, 기념관 같은 곳에서 저작물을 보존, 진렬, 열람, 대출용으로 복제할 경우, 3. 학교교육을 위하여 저작물을 복제, 방송, 개작할 경우, 4. 국가관리에 필요한 저작물을 복제, 방송하거나 편집물작성에 리용할 경우, 5. 저작물을 소개하기 위하여 방송하거나 신문, 정기간행물에 내는 경우, 6. 저작물을 인용할 경우, 7. 저작물을 무료로 공연할 경우, 8. 공공장소에 설치된 저작물을 복제할 경우, 9. 맹인을 위하여 저작물을 록음하거나 점자로 복제할 경우"의 9가지로 열거하고 있다.

남한 '저작권법'은 제2장 저작권 중 제2절 "저작권의 제한"이라는 제목하에 제23조부터 제38조에 이르기까지 무허가 이용에 관해 상세히 규정하고 있는 데 반하여 무허가 이용에 관한 조문이 제32조 하나뿐이어서 구체적인 경우 여러 가지 분쟁이 발생할 소지가 크다. 특히 남한에서의 북한 저작물에 대한 무허가 이용과 관련하여 남한 '저작권법'과의 차이로 인한 문제가 발생할 수 있으므로 남한 '저작권법'과 비교하여 검토해 볼 필요가 있다.

---

13 최경수, 『북한 '저작권법' 및 남북 간 저작권 분야 교류협력에 관한 연구』, 64쪽.

(1) 사적복제

사적 복제와 관련하여 북한 '저작권법' 제32조 제1호는 "개인 또는 가정적 범위에서 쓰기 위하여 저작물을 복제, 번역할 경우"라고 규정하고 있다.

남한 '저작권법' 제30조(사적이용을 위한 복제)는 "공표된 저작물을 영리를 목적으로 하지 아니하고 개인적으로 이용하거나 가정 및 이에 준하는 한정된 범위 안에서 이용하는 경우에는 그 이용자는 이를 복제할 수 있다. 다만, 공중의 사용에 제공하기 위하여 설치된 복사기기에 의한 복제는 그러하지 아니하다"라고 규정하고 있고, 제30조에 따라 저작물을 이용하는 경우에는 그 저작물을 번역·편곡 또는 개작하여 이용할 수 있다(제36조).

(2) 도서관 등에서의 복사

도서관 등에서의 복사와 관련하여 북한 '저작권법' 제32조 제2호는 "도서관, 문헌고, 박물관, 기념관 같은 곳에서 저작물을 보존, 진열, 열람, 대출용으로 복제할 경우"라고 매우 간단하게 규정하고 있다.

이에 반해 남한 '저작권법' 제31조(도서관등에서의 복제 등)는 먼저 제1항에서 "「도서관법」에 따른 도서관과 도서·문서·기록 그 밖의 자료(이하 "도서등"이라 한다)를 공중의 이용에 제공하는 시설 중 대통령령이 정하는 시설(당해시설의 장을 포함한다. 이하 "도서관등"이라 한다)은 다음 각 호의 어느 하나에 해당하는 경우에는 그 도서관등에 보관된 도서등(제1호의 경우에는 제3항의 규정에 따라 당해 도서관등이 복제·전송받은 도서등을 포함한다)을 사용하여 저작물을 복제할 수 있다. 다만, 제1호 및 제3호의 경우에는 디지털 형태로 복제할 수 없다"라고 규정하면서 각 호를 "1. 조사·연구를 목적으로 하는 이용자의 요구에 따라 공표된 도서 등의 일부분의 복제물을 1인 1부에 한하여 제공하는 경우, 2. 도서 등의 자체보존을 위하여 필요한 경우, 3. 다른 도서관등의 요구에 따라 절판 그 밖에 이에 준하는 사유로 구하기 어려운 도서 등의 복제물을 보존용으로 제공하는 경우"로 제한하고 있다. 또한, 제31조 제2항 이하에서 컴퓨터를 이용하여 저작물을 열람할 수 있도록 보관된 도서나 디지털 형태의 도서 등의 복사나 전송 등에 대해 구체적으로 규정하고 있다.

(3) 학교 교육을 위한 이용

학교 교육을 위한 이용과 관련하여 북한 '저작권법' 제32조 제3호는 "학교 교육을 위하여 저작물을 복제, 방송, 개작할 경우"라고 간단하게 규정하고 있다. 이에 반하여 남한 '저작권법'

제25조는 "학교교육 목적 등에의 이용"이라는 제목하에 10개 항의 구체적인 규정을 두고 있다.

(4) 국가관리에 필요한 이용

국가 관리에 필요한 이용과 관련하여 북한 '저작권법' 제32조 제4호는 "국가관리에 필요한 저작물을 복제, 방송하거나, 편집물 작성에 이용할 경우"라고 규정하고 있다. 이에 상응하는 남한 '저작권법'의 규정은 제23조의 "재판 절차 등에서의 복제에 관한 규정"이라 할 수 있다.

북한 '저작권법'은 단순하게 국가 관리에 필요한 저작물이라면 복제 외에도 편집물 작성과 심지어 방송의 형태로도 광범위하게 저작권자의 허가 없이 이용할 수 있다. 반면 남한 '저작권법' 제23조(재판절차 등에서의 복제)는 "재판절차를 위하여 필요한 경우이거나 입법·행정의 목적을 위한 내부 자료로서 필요한 경우에는 그 한도 안에서 저작물을 복제할 수 있다. 다만, 그 저작물의 종류와 복제의 부수 및 형태 등에 비추어 당해 저작재산권자의 이익을 부당하게 침해하는 경우에는 그러하지 아니하다"라고 규정하여 그 대상과 범위를 제한하고 있다. 특히 방송과 관련하여서는 예를 들어 북한에서 남한의 저작물을 국가 관리에 필요하다는 이유로 허가 없이 사용할 경우 남북한 간의 '저작권법' 차이로 인한 분쟁이 발생할 소지가 매우 크다.

(5) 저작물 소개를 위한 방송

저작물 소개를 위한 방송과 관련하여 북한 '저작권법' 제32조 제5호는 "저작물을 소개하기 위하여 방송하거나 신문, 정기간행물에 내는 경우"라고 규정하고 있다.

남한 '저작권법' 제26조(시사보도를 위한 이용)는 "방송·신문 그 밖의 방법에 의하여 시사보도를 하는 경우에 그 과정에서 보이거나 들리는 저작물은 보도를 위한 정당한 범위 안에서 복제·배포·공연 또는 공중송신할 수 있다"라고 규정하고 있다.

양자를 비교해 보면 남한 '저작권법'은 '시사' 보도를 위한 정당한 범위로 무허가 이용의 범위를 제한하고 있는데, 이에 반하여 북한 '저작권법'은 '시사'와의 관련성 없이 저작물 소개에 해당하기만 하면 얼마든지 타인의 저작물을 방송·복제·배포·공연할 수 있도록 하고 있으며, 그 이용 범위에 대해서도 아무런 제한이 없다.

(6) 저작물 인용

저작물의 이용과 관련하여 북한 '저작권법' 제32조 제6호는 "저작물을 인용할 경우"로 규정하여 매우 폭넓게 인용을 허용하고 있다.

이에 반하여 남한 '저작권법' 제28조는 "공표된 저작물은 보도·비평·교육·연구 등을 위하여는 정당한 범위 안에서 공정한 관행에 합치되게 이를 인용할 수 있다"라고 규정하여 이용 목적을 저작물을 보도·비평·교육·연구 등으로 제한하고 있고, 그 범위도 목적을 위한 정당한 범위 내로 제한하고 있으며, 인용 방법도 공정한 관행에 합치되게 하도록 엄격하게 제한하고 있다.

(7) 무료 공연

무료 공연과 관련하여 북한 '저작권법' 제32조 제7호는 "저작물을 무료로 공연할 경우"라고 간단하게 규정하여 무허가 이용의 범위를 매우 광범위하게 인정하고 있다.

이에 반해 남한 '저작권법' 제29조(영리를 목적으로 하지 아니하는 공연·방송)는 "① 영리를 목적으로 하지 아니하고 청중이나 관중 또는 제3자로부터 어떤 명목으로든지 반대급부를 받지 아니하는 경우에는 공표된 저작물을 공연(상업용 음반 또는 상업적 목적으로 공표된 영상저작물을 재생하는 경우를 제외한다) 또는 방송할 수 있다. 다만, 실연자에게 통상의 보수를 지급하는 경우에는 그러하지 아니하다. ② 청중이나 관중으로부터 당해 공연에 대한 반대급부를 받지 아니하는 경우에는 상업용 음반 또는 상업적 목적으로 공표된 영상저작물을 재생하여 공중에게 공연할 수 있다. 다만, 대통령령이 정하는 경우에는 그러하지 아니하다"라고 규정하여 북한의 경우에 비하여 무허가 이용 범위가 제한되고 있다. 다만 북한 '저작권법'이 무료 '공연'만을 규정하고 있는 데 비하여 남한 '저작권법'은 공연 외에 '방송'도 포함하고 있다는 점이 다르다.

(8) 공공장소 저작물 복제

공공장소 저작물 복제와 관련하여 북한 '저작권법' 제32조 제8호는 "공공장소에 설치된 저작물을 복제할 경우"라고 규정하고 있다.

남한 '저작권법'상 이에 상응하는 조문은 없고, 제35조 미술저작물 등의 전시 또는 복제에 관한 규정이 가장 유사한 규정이라 볼 수 있다.

(9) 맹인을 위한 복제

맹인을 위한 복제와 관련하여 북한 '저작권법' 제32조 제9호는 "맹인을 위하여 저작물을 녹음하거나 점자로 복제할 경우"라고 규정하고 있다. 남한 '저작권법'은 제33조(시각장애인 등을 위한 복제 등)에서 "① 공표된 저작물은 시각장애인 등을 위하여 점자로 복제·배포할 수 있다. ② 시각장애인 등의 복리증진을 목적으로 하는 시설 중 대통령령이 정하는 시설(당해 시설의 장을 포함한다)은 영리를 목적으로 하지 아니하고 시각장애인 등의 이용에 제공하기 위하여 공표된 어문저작물을 녹음하거나 대통령령으로 정하는 시각장애인 등을 위한 전용 기록방식으로 복제·배포 또는 전송할 수 있다"라고 규정하고 있다.

양자를 비교해 보면 첫째, 북한 '저작권법' 맹인만을 대상으로 하고 있는 데 반하여 남한 '저작권법'은 '시각장애인 등'으로 규정하여 수혜 대상자를 더 폭넓게 인정하고 있다. 둘째, 북한 '저작권법'은 녹음과 복제 이용만을 허용하고 있는 데 반하여 남한 '저작권법'은 복제 외에 배포 이용도 허용하고 있다. 셋째, 남한 '저작권법'은 제33조 제2항에서 규정한 일정한 요건하에 시각장애인 등을 위한 전용 기록 방식으로 복제와 배포 또는 전송을 허용하고 있다.

(10) 남한 '저작권법'에서만 규정하고 있는 권리의 제한

남한 '저작권법'에서는 북한 '저작권법'에서 규정하고 있는 재산적 권리의 제한 외에도 정치적 연설 등의 이용(제24조), 시사적인 기사 및 논설의 복제 등(제27조), 시험문제로의 복제(제32조), 청각장애인 등을 위한 복제(제33조의 2), 방송사업자의 일시적 녹음·녹화(제34조), 저작물의 공정한 이용(제35조의 3) 등에 관한 규정도 두고 있다.

8) 저작인접권자

(1) 저작인접권의 보호와 저작인접권자

북한 '저작권법' 제4조는 "국가는 저작물을 리용하여 공연, 녹음, 녹화, 방송을 한 자의 권리를 보호하도록 한다"라고 규정하여 저작인접권을 보호하고 있다. 제33조는 저작인접권자를 "저작권을 리용하여 공연, 록음, 록화, 방송을 한 자 또는 그의 권리를 넘겨받은 자"로 규정하고 있다.

(2) 저작인접권의 내용

북한 '저작권법'은 제34조부터 제36조까지 저작인접권의 내용을 비교적 상세하게 규정하고 있다. 제34조는 "저작물을 이용하여 공연한 자는 이름을 밝히거나 공연을 복제, 방송할 수 있다. 필요에 따라 복제물을 배포할 수도 있다"라고 규정하여 공연한 자에 대해 성명표시권, 방송권, 복제권 외에 배포권을 인정하고 있다.

제35조는 "저작물을 이용하여 녹음 또는 녹화물을 제작한 자는 그것을 복제할 수 있다. 필요에 따라 녹음 또는 녹화물, 복제물을 배포할 수 있다"라고 저작인접권자의 녹음과 녹화물 제작에 관한 권리에 관해 규정하고 있다. 제36조는 "저작물을 리용하여 방송한자는 그 방송물을 록음, 록화, 사진촬영 같은 방법으로 복제할수 있다. 필요에 따라 중계방송 또는 재방송을 할 수도 있다"라고 하여 저작인접권자에게 방송 복제, 중계방송, 재방송할 권리를 인정하고 있다.

저작인접권보호기간은 공연, 녹음, 녹화, 방송을 한 때부터 50년까지이며, 보호기간의 계산은 공연, 녹음, 녹화, 방송을 한 다음 해 1월 1일부터 한다(제38조). 한편, 저작인접권자는 이용한 저작물에 대한 저작권자의 권리를 침해하지 말아야 할 의무가 있다(제33조 제2항).

(3) 저작인접권의 이용

공연물, 녹음 또는 녹화물, 방송물을 이용하려는 기관, 기업소, 단체와 공민은 저작인접권자의 허가를 받아야 한다. 이 경우 해당한 요금을 지불하여야 한다(제37조). 요금을 어떻게 정할 것인지에 대해서는 별도의 규정이 없으나 저작권 이용요금과 마찬가지로 가격제정기관에서 정할 것으로 보인다.

저작인접권도 양도 또는 상속할 수 있다(제39조). 저작자의 재산적 권리 양도의 경우에는 해당 기관의 승인을 받도록 하고 있는데(제21조 제2항) 저작인접권에는 이에 상응하는 규정이 없다. 저작인접권의 권리양도를 저작권의 권리양도와 달리 취급할 이유가 없다는 점에서 보면 입법 과정에서의 실수로 보인다.

저작인접권도 저작권의 무허가 이용에 관해 규정한 제32조 각호에서 규정한 경우에는 저작인접권자의 허가를 받지 않고 이용할 수 있다(제40조). 다만 저작인접물의 이용은 복제, 배포, 방송에 의한 방법뿐이므로 제32조 각호의 규정 중 이와 관련 없는 제1호의 사적 번역, 제3호의 학교 교육을 위한 개작, 제7호의 무료 공연은 저작인접권의 무허가 이용과 무관한 내용이다.

9) 저작권사업에 대한 지도통제

(1) 행정기관의 지도통제

북한 '저작권법' 제41조는 "저작권 사업에 대한 지도통제를 강화하는 것은 국가의 저작권 보호정책을 정확히 집행하기 위한 기본 담보이다. 국가는 저작권 사업에 대한 지도와 통제를 강화하도록 한다"라고 규정하여 저작권 사업이 국가의 지도와 통제하에 이루어져야 함을 명시하고 있다. 저작권 사업이라 함은 저작활동을 보장하는 사업과 저작물을 보급하는 사업을 뜻한다(제42조 및 제26조).

저작권 사업의 지도는 내각의 통일적인 지도 밑에 출판지도기관과 문화지도기관, 과학기술지도기관이 하며, 출판지도기관과 문화지도기관, 과학기술지도기관은 저작권 사업체제를 바로 세우고 저작권자와 저작인접권자의 권리를 보호하여야 한다(제42조). 출판지도기관과 문화지도기관, 과학기술지도기관은 저작권사업에 필요한 대리기관을 둘 수 있는데, 이 경우 내각의 승인을 받도록 하고 있다(제43조).

한편, 북한은 2004년 6월 저작권 사업을 총괄하는 기구로 내각 산하에 저작권사무국을 신설했다. 당시 보도로는 "저작권사무국은 저작권을 종합적으로 관리하는 국가기관"이라고 하면서 "저작권사무국은 앞으로 국내 저작권이 외국에서 침해, 훼손되는 사례를 감시·통제하고 이에 대한 법적인 대응책을 적극 강구해 나갈 것"이라고 하였다.[14]

'저작권법' 제44조는 제6장 저작권사업에 대한 지도통제와 관련하여 "기관, 기업소, 단체와 공민은 발표하기 위하여 제출된 남의 저작물을 모방하거나 표절하는 것 같은 행위를 하지 말아야 한다"라고 발표 전 저작물에 대한 모방 및 표절 금지 규정을 두고 있다. 그 내용에 비추어볼 때 제44조 규정을 저작권 사업의 지도 통제에 관해 규정한 제6장에 포함시킨 것은 체계상 어울리지 않는 것으로 보인다. 만일 이와 같은 내용의 규정을 제6장에 두고자 하였다면 입법체계상 '저작권법'상 금지되는 각종 침해 유형을 모두 규정하고 이와 같은 유형의 행위를 한 자에 대해서는 행정처벌과 형사처벌을 하도록 하는 방식으로 규정을 해야 했을 것으로 보인다.

(2) 저작권 침해에 대한 구제와 제재

저작권 또는 저작인접권을 침해한 경우에 대한 구제는 크게 민사상 구제와 행정벌과 형사처벌 수단이 있다. 북한 '저작권법' 제46조는 "저작권 또는 저작인접권을 침해할 경우에는 해당한 손해를 보상시킨다"라고 규정하고 있다. 이와 관련하여 북한 '민법' 제240조는 "기관, 기업소, 단체, 공민은 남의 민사상 권리를 침해하였거나 자기의 민사상 의무를 위반하였을 경우에 민사책임을 진다"라고 규정하였으며 '민법' 제242조에서는 민사책임의 형태로서 "1. 재산의 반환, 2. 원상복구, 3. 손해보상, 4. 위약금, 연체료 같은 제재금의 지불, 5. 청구권의 제한

---

14 "북 저작권 문제 강력대응 나선다", 《연합뉴스》, 2004.11.29.

또는 상실"을 규정하고 있다.

형사 및 행정 제재와 관련해서는 '저작권법' 제47조에서 "이 법을 어겨 저작권 사업에 엄중한 결과를 일으킨 기관, 기업소, 단체의 책임있는 일군과 개별적 공민에게는 정상에 따라 행정적 또는 형사적 책임을 지운다"라고 규정하고 있다.

(3) 분쟁해결 방식

저작권과 관련하여 생긴 분쟁은 협의의 방법으로 해결한다. 협의의 방법으로 해결할 수 없을 경우에는 중재 또는 재판기관에 제기하여 해결할 수 있다(제48조). 이처럼 분쟁해결 방법으로 협의의 방법을 우선시하고 협의가 안 될 경우 중재 또는 재판에 의해 해결하도록 하는 입법방식은 '개성공업지구법' 제46조에서도 찾아볼 수 있다.

3. 남북한 '저작권법' 주요 내용 비교

현재 시행 중인 남북한의 '저작권법'은 앞서 북한 '저작권법'에 대해 남한 '저작권법'과 비교 설명을 한 것과 같은 많은 차이점이 발견된다.

남한 '저작권법'이 2009년 4월 22일 '저작권법'을 개정하면서 기존의 컴퓨터 프로그램 저작물 보호 등에 관한 '컴퓨터프로그램 보호법'을 통합하여 '저작권법'에서 함께 규율하고 있는 반면에 북한은 '저작권법'과 별도로 2003년에 '콤퓨터쏘프트웨어보호법'을 따로 제정하여 시행하고 있는 점을 고려하더라도 북한의 '저작권법' 관련 조문 수는 남한에 비해 현저하게 적다. 또한, 남한 '저작권법'은 77개 조문으로 된 시행령과 33개 조문으로 된 시행규칙에 의해 내용이 더욱 구체화되어 있는 반면, 북한 '저작권법'은 이에 대한 하위규정이나 시행세칙 등이 없는 것으로 파악된다.

남한 '저작권법'은 저작권의 개념, 대상, 이용 절차, 구제방법 등 모든 사항이 상세하고 구체적이지만, 북한 '저작권법'은 상대적으로 포괄적이고 추상적이며, 내용이나 용어상의 모순점도 발견되고 있다. 따라서 실무적인 관점에서 남북한 '저작권법'의 조문을 일일이 비교·분석하는 것은 큰 의미가 없으므로 주요 내용만을 비교해 보면 〈표 9-3〉과 같다

| 표 9-3 | 남북한 '저작권법' 주요 내용 비교

북한 '저작권법'(해당조문)	남한 '저작권법'(해당조문)
(1) 법령 및 제·개정	
• 법률명: '저작권법' • 2001년 제정, 2012년 최종 수정보충	• 법률명: '저작권법' • 1957년 제정, 2018년 최종 개정
(2) 업무담당 기관	
• 내각 산하 저작권사무국	• 문화체육관광부(저작권정책과)
(3) 법 제정 목적	
• 저작자의 권리를 보호하고 문학예술과 과학기술발전에 이바지(1) ※ 과학기술발전을 명시하고 있는 것이 특징	• 저작자의 권리와 인접권 보호, 저작물의 공정한 이용을 도모함으로써 문화 및 관련 산업 향상 발전에 이바지(1)
(4) 저작권 발생 및 대상	
• 발생: 무방식 주의(등록 불요), 다만 공표시점부터 저작권 보호되므로 공표 필요 • 대상: 제한적 열거주의(4) ※ 남한 '저작권법'과 비교하면 첫째, 과학논문을 어문저작물의 예시로 넣고 있고 둘째, 교예를 무대예술저작물로서 예시하고 있으며, 셋째, 건축물 등 건축저작물에 관해서는 예시하지 않고 있음	• 발생: 무방식 주의(등록 불요) • 대상: 예시적 열거주의(9)
(5) 비보호 저작물	
• 출판, 발행, 공연, 방송, 상영, 전시 같은 것이 금지된 저작물 (6) 상업적 목적이 없는 국가관리문건과 시사보도물, 홍보자료 같은 것의 이용(12)	• 헌법·법률·조약·명령·조례 및 규칙, 국가 또는 지방자치단체의 고시·공고·훈령 그 밖에 이와 유사한 것, 법원의 판결·결정·명령 및 심판이나 행정심판절차 그 밖에 이와 유사한 절차에 의한 의결·결정 등, 국가 또는 지방자치단체가 작성한 것으로서 위에 열거된 것의 편집물 또는 번역물, 사실의 전달에 불과한 시사보도(7)
(6) 저작권자와 저작인접권자	
• 저작권자: 저작물을 창조한 자 또는 권리를 넘겨받은 자(13) • 단체명의 저작물: 단체 보유 확정 • 공동저작물: 공동보유, 합의에 의한 대표선출로 저작권행사 가능	• 저작자: 저작물을 창조한 자(2) • 단체명의 저작물: 단체 보유 추정 • 공동저작물: 공동보유, 인격권 행사시 전원합의 필요, 대표선출 가능하나 제한은 선의 제3자 대항 불가
(7) 저작권 내용	
• 인격권(14) • 재산권(15) • 인접권(33)	• 인격권(11~13) • 재산권(16~21) • 인접권(61)
(8) 저작재산권 내용(15)	
• 저작물을 복제, 공연, 방송할 권리 • 저작물의 원작이나 복제물을 전시 또는 배포할 권리 • 저작물을 편작, 편곡, 각색, 윤색, 번안, 번역 같은 방법으로 개작하여 새로운 저작물을 만들 권리 • 저작물을 편집할 권리	• 복제권(16) • 공연권(17) • 공중송신권(18) • 전시권(19) • 배포권(20) • 대여권(21) • 2차적 저작물 등의 작성권(22)
(9) 저작재산권 보호기간	
• (최후저작자)사망 후 50년(23) • 법인 저작물은 발표된 때부터 50년(24) • 저작물 발표됐거나 창작자 사망한 다음해 1월 1일부터 기산(24)	• (최후저작자)사망 후 70년(39) • 업무상저작물은 발표된 때부터 70년(41) • 저작자 사망했거나 저작물 창작 또는 공표한 다음해부터 기산(44)

(10) 저작권의 이용	
• 이용료: 가격제정기관이 결정(31) • 처분제한: 외국인에게 양도할 경우 해당 기관 승인 필요 (21)	• 이용료: 사적자치 원칙 • 처분제한 규정 없음

(11) 재산적 권리의 제한	
• 저작물의 무허가 이용(32): 1. 개인 또는 가정적범위에서 쓰기 위하여 저작물을 복제, 번역할 경우, 2. 도서관, 문헌고, 박물관, 기념관 같은 곳에서 저작물을 보존, 진렬, 열람, 대출용으로 복제할 경우, 3. 학교교육을 위하여 저작물을 복제, 방송, 개작할 경우, 4. 국가관리에 필요한 저작물을 복제, 방송하거나 편집물작성에 리용할 경우, 5. 저작물을 소개하기 위하여 방송하거나 신문, 정기간행물에 내는 경우, 6. 저작물을 인용할 경우, 7. 저작물을 무료로 공연할 경우, 8. 공공장소에 설치된 저작물을 복제할 경우, 9. 맹인을 위하여 저작물을 록음하거나 점자로 복제할 경우의 9가지 열거	• 저작권의 제한: '저작권법' 제2장 저작권중 제2절 저작권의 제한이란 제목 하에 제23조부터 제38조에 이르기까지 무허가 이용에 관해 상세하게 규정하고 있으며, 내용을 보면 남한 '저작권법'에서는 북한 '저작권법'에서 규정하고 있는 재산적 권리의 제한 외에도 정치적 연설 등의 이용(제24조), 시사적인 기사 및 논설의 복제 등(제27조), 시험문제로의 복제(제32조), 청각장애인 등을 위한 복제(제33조의 2), 방송사업자의 일시적 녹음·녹화(제34조), 저작물의 공정한 이용(제35조의 3) 등에 대한 규정도 두고 있음

(12) 저작인접권	
• 공연자, 녹음, 녹화자, 방송자로 분류(33) ※ 공연사업자에게 저작인접권 부여가 특정 • 보호기간: 50년	• 실연자, 음반제작자, 방송사업자 권리로 구분하고, 영상저작물 특례규정을 둠 • 보호기간: 50년

(13) 외국인 저작권 보호	
• 북한 체결 조약 가입국의 법인이나 개인은 조약에 따라 보호(5) • 체약국 아닌 국가의 법인이나 개인은 북한에서 처음으로 저작물 발표하였을 경우에 '저작권법'에 따라 보호(5)	• 남한 가입 또는 체결한 조약에 따라 보호(3) • 베른협약에 따른 내국인 대우 ※ 남북한은 모두 베른협약에 가입을 하였으나 남북한이 상호 상대방의 국가성을 부인하고 있어 각자의 법체계에서 상대방은 외국에 해당하지 아니하므로 우리 법원은 우리 '저작권법'이 북한에도 적용된다고 해석. 북한의 경우는 공식적인 입장은 확인할 수 없으나 법리상으로는 우리 법원의 입장과 마찬가지일 것으로 보임

(14) 지도와 감독통제	
• 저작권사업 지도는 내각의 통일적 지도하에 출판지도기관과 문화지도기관, 과학기술지도기관이 담당(42) • 위 지도기관들은 내각 승인하에 필요한 대리기관 설치 가능 (43) • 저작권사업 감독통제는 출판지도기관, 문화지도기관, 과학기술지도기관과 해당 감독통제기관이 담당(45)	• 관련 규정 없음

(15) 침해에 대한 제재	
• 저작권·저작인접권 침해할 경우 해당한 손해를 보상시킴 (46) • '저작권법'을 어겨 저작권사업에 엄중한 결과를 일으킨 기관, 기업소, 단체의 책임 있는 일군과 개별적 공민에게는 정상에 따라 행정적 또는 형사적 책임 부과(47)	• 침해금지청구권, 손해배상청구권, 명예회복청구권, 부당이득반환청구권 등 • '저작권법' 자체에 형사처벌 및 행정처벌 사항 구체적으로 규정 ※ 형사처벌의 경우 영리를 위해 상습적으로 저작권을 침해하는 행위 외에는 고소가 필요한 친고죄 형태임

(16) 분쟁해결(48)	
• 저작권 관련 분쟁은 협의 해결 원칙 • 협의로 해결할 수 없을 경우에는 중재, 재판기관에 제기하여 해결	• '저작권법' 자체에는 별도의 분쟁해결에 대한 규정이 없음

자료: 박영정 외 2, 『저작권 분야 남북 교류협력 현황 및 발전 방안 연구』(서울: 한국문화관광연구원, 2016), 58~61쪽의 표를 일부 수정한 것임.

4. 남북한 저작권 분야 교류협력의 문제점

1) 남한에서의 북한 저작물 이용 관련 법제

남한 주민이 북한 저작물을 이용하려면 당연히 북한을 방문하거나 북한 주민을 접촉하거나 북한 저작물 반입 등이 필요하다.

따라서 현행법 체계하에서 북한 저작물의 이용을 위한 북한 방문이나 북한 주민 접촉, 교류협력 사업의 시행, 북한 물품의 반입 등은 '남북교류협력법'의 규정에 따라 진행해야 한다.

한편, 북한 저작물 이용 관련 사업은 대체로 '남북교류협력에 관한 법률'에서 규정하고 있는 문화, 체육, 학술 등의 협력 사업 범주 내에서 이루어질 것이다. 이와 관련하여 통일부는 통일부 장관 고시로 '남북사회문화협력사업 처리에 관한 규정'을 제정하여 시행하고 있다. 이 규정에 따르면 '사회·문화분야 협력사업'이란 남한과 북한의 주민이 합의 또는 계약에 의하여 공동으로 행하는 문화, 체육, 학술 등에 관한 제반 활동으로서 민족의 동질성 회복과 사회·문화 공동체 형성을 위해 남한·북한 또는 제3국에서 ① 공동조사·연구·저작·편찬 및 그 보급에 관한 사항, ② 음악·무용·연극·영화·기타 예술적 또는 오락적 관람물의 공동제작·공연 및 상영에 관한 사항, ③ 음반·영상물 및 방송프로그램의 공동제작에 관한 사항, ④ 국내·외 체육 행사 단일팀 출전 및 공동개최에 관한 사항, ⑤ 문화·학술 연구단체 및 청소년 단체의 육성과 체육진흥을 위한 지원에 관한 사항, ⑥ 기타 사회·문화분야 협력사업의 특성을 고려하여 통일부 장관이 인정하는 사항을 기획·실시 및 사후처리하는 일련의 행위를 말한다고 규정하고 있다(제3조).

이와 같은 협력사업을 승인받기 위해서는 통일부 장관에게 협력사업 승인신청서를 제출해야 하며(제4조), 통일부 장관은 협력사업 승인신청서를 접수한 날로부터 20일 이내에 그 처리 결과를 신청인에게 통보하여야 한다. 다만, 부득이한 사유로 처리 기간 내 처리가 곤란한 경우 그 사유를 명시하여 신청인에게 통보하고 20일의 범위 내에서 1회에 한하여 처리 기간을 연장할 수 있다(제5조). 협력사업 신청서에 기재할 사항 등에 관하여 규정 제4조에서 구체적으로 규정하고 있다.

2) 남한에서의 북한 저작물 이용에 따른 문제점

(1) 남북한 법적 지위와 법체계에서 발생하는 문제점

남북한은 서로 상대방의 국가성을 인정하지 않고 있다. 따라서 남한법 체계상 각종 법률에서 규정하고 있는 '외국'은 북한이 포함되어 있지 않은 개념이다. 북한법상의 외국에도 남한이 포함되지 않는다. 저작권과 관련해서 남북한은 서로 상대방의 저작권과 관련된 사항에 관해 별도의 법률이나 '저작권법'에서 관련 규정을 두고 있지 않다. 그렇다고 남북한 각 '저작권법'에서 규정하고 외국 저작물 보호에 관한 규정을 적용할 수도 없다.

이 때문에 우리 법원은 '헌법' 제3조의 영토조항에 근거하여 북한 지역에도 남한 '저작권법'이 적용된다는 일관된 입장을 유지하고 있다. 대표적으로 소설 『두만강』 관련 저작권 침해금지 가처분 사건에서 법원은 "우리 헌법 제3조에 의하면 북한은 대한민국의 영토에 속하는 한반도의 일부이므로 이 지역에는 대한민국의 주권이 미칠 뿐 대한민국의 주권과 부딪치는 어떠한 주권의 정치도 법리상 인정될 수 없는 것이고(대법원 1961.9.28. 선고 4292행상48 판결 참조), 따라서 대한민국 헌법에 의거하여 제정, 시행되고 있는 '저작권법'이나 '민법' 등 모든 법령의 효력은 북한 지역에 미친다고 보아야 할 것"이라고 하였다. 또한 우리 '헌법' 제3조의 규정이 개정되거나 남북한이 서로 주권을 인정하고 국가로 승인하거나 또는 1개의 국가 내에서 서로 다른 법률 체계를 상호 인정하기로 하는 헌법적 효력을 가지는 협약이 체결된 바가 없는 이상, 북한 지역이 우리 주권의 범위 밖에 있다거나 우리 법령의 적용 밖에 있다고 볼 수 없다고 판시하고 있다.[15]

대법원도 "타인의 저작물을 복제, 배포, 발행함에 필요한 요건과 저작재산권의 존속기간을 규정한 '저작권법' 제36조 제1항, 제41조, 제42조, 제47조 제1항의 효력은 대한민국 '헌법' 제3조에 의하여 여전히 대한민국의 주권범위 내에 있는 북한지역에도 미치는 것"이라고 판시하고 있다.[16] 더 나아가 법원은 북한이 세계저작권조약(UCC)에 가입하지 아니하였으므로 북한의 저작물은 우리 '저작권법'에 의한 보호를 받을 수 없다는 주장에 대하여 "대한민국의 주권은 헌법상 북한 지역에까지 미치는 것이므로 북한의 위 조약에 가입하지 아니하였다 하더라도 북한 저작물은 상호주의에 관계없이 우리 '저작권법'상의 보호를 받는다"고 판시하고 있다.[17]

---

15 서울지방법원 1989.7.26. 선고 89카13962 결정.

16 대법원 1990.9.28. 선고 89누6396 판결.

17 서울지방법원 남부지원 1994.2.14. 선고 93카합2009 판결.

또한 같은 판결에서 사회과학원 민족고전연구소는 우리 법에 의하여 인정된 단체가 아니므로 보호받을 수 있는 저작권자가 될 수 없다는 주장에 대해서는 "위 단체가 권리의무의 주체가 될 수 있는지 여부는 오직 단체로서의 실체가 있는지 여부에 의하여 판가름되는 것이지 우리 법에 의한 설립절차 등을 필요로 하는 것은 아니라 할 것이므로 위 주장도 이유 없다"고 판시하고 있다.

상속의 경우에도 월북 작가가 북한 지역에 거주하면서 저작한 저작물에 대하여 그가 사망한 경우에는 남한에 있는 그의 상속인이 이를 상속한 것으로 보아야 하므로 저작권의 존속기간이 만료되지 아니하였음이 명백한 경우 그 상속인들로부터 저작권을 양수 또는 이용 허락을 받지 않고는 이를 사용할 수 없다고 판시하였다.[18]

그러나 이와 같은 입장은 남북한이 국제사회에서는 각자 국가로서의 지위를 보유하고, 각자의 '저작권법'을 가지고 저작권에 관한 사항을 규율하고 있는 상황에서 상호주의에 입각하지 않은 대법원의 태도가 적절한 것인지는 의문이다. 특히 서로 상대방의 실체를 인정하고 대등한 지위에서 추진해야 할 교류협력 분야에서 '헌법' 제3조의 일방적인 적용을 고집하고 상대방의 법체계를 전혀 인정하지 않는다면 과연 정상적인 교류와 협력을 할 수 있을지도 의문이다. 더 나아가 이와 같은 상황에서는 남북한 간에 저작권 관련 분쟁이 발생했을 때 원만한 분쟁 해결 원칙과 협조를 기대하기 어려운 측면이 있다.

(2) 남북한 '저작권법'의 차이에서 발생하는 문제점

남북한 '저작권법'은 여러 가지 차이점이 있다. 따라서 현실적으로 남북한이 상대방의 저작물을 이용하는 과정에서 여러 가지 법적인 충돌 문제가 발생할 수 있다.

첫째, 남북한 저작권 발생 시점의 차이로 인한 문제점이다. 보호 시점과 관련하여 북한 '저작권법'에 따르면 북한 저작물은 공표를 해야만 보호를 받을 수 있다. 따라서 우리와 마찬가지로 북한도 남한의 저작권에 대해 북한 '저작권법'을 적용한다고 보면, 공표하지 않은 남한 저작물은 남한 법에 따라서는 보호를 받지만 북한에서는 보호를 받지 못하는 문제가 발생한다.

둘째, 저작자 사망 후 저작권보호기간과 관련하여 보호기간의 기산점 및 그 기간의 차이로 인한 문제점이다. 남북한 '저작권법'의 차이로 인해 저작자 사후 50년에서 70년 사이의 저

---

18 서울민사지방법원 1989.7.26. 선고 89카13962 결정; 대법원 1990.9.28. 선고 89누6396 판결.

작물은 남한에서는 보호기간 내에 있는 저작물이지만 북한에서는 보호기간이 도과한 저작물이 되기 때문에 해당 저작물 이용 시 남북한 간에 분쟁이 발생할 수 있다.

셋째, 저작물의 대상과 관련하여서도 북한은 제한적 열거 방식을 취하고 있어, 예를 들어 남한에서의 건축저작물은 북한에서 저작권의 대상이 되지 않아 보호 대상이 되지 않는다는 문제가 발생한다. 또한, 예를 들어 남한 '저작권법' 제7조 제1호에 의하면 '헌법·법률·조약·명령·조례 및 규칙'은 저작권의 보호 대상이 아니다. 그러나 북한 '저작권법' 제12조에 의하면 이와 같은 국가관리문건도 상업적 목적이 있으면 저작권 보호 대상이 된다. 따라서 남한 주민이 북한의 법령 등을 상업적으로 이용할 경우 우리 법원의 태도와 같이 남한 '저작권법'을 적용한다면 저작권 침해 문제가 발생할 여지가 없겠지만, 북한으로서는 북한 '저작권법'에 따라 침해에 따른 손해배상 문제를 제기할 수 있다.

넷째, 저작권의 제한(북한 '저작권법'상의 무허가 이용)과 관련해서도 저작권자의 허락 없이 이용할 수 있는 범위에 차이가 있으므로 특히 남한 '저작권법'상 저작권자의 이용에 대한 허락 없이 이용할 수 있지만 북한 '저작권법'상 무허가 이용 대상에 포함되지 않는 저작물을 이용할 때는 북한에서 저작권 침해를 문제 삼을 수 있다. 예를 들어 남한 '저작권법'은 정치적 연설 등의 이용(제24조), 시사적인 기사 및 논설의 복제 등(제27조), 시험문제로의 복제(제32조), 청각장애인 등을 위한 복제(제33조의 2), 방송사업자의 일시적 녹음·녹화(제34조), 저작물의 공정한 이용(제35조의 3) 등에 대해서는 저작권자의 허락을 필요로 하지 않으나 북한 '저작권법'의 경우에는 이와 같은 이용에 대해서는 별도의 규정이 없으므로 저작권자의 허가가 필요하다고 해석된다. 그러므로 남한 주민이 이와 같은 목적으로 북한 저작권자의 허락 없이 북한 저작물을 이용한 경우 남한 '저작권법'을 적용하면 문제가 없으나 북한 '저작권법'을 적용하면 저작권 침해가 된다.

(3) 북한 저작물 이용에서 발생하는 현실적인 문제점

북한 저작물을 이용하기 위해서는 국내법적으로는 '남북교류협력에 관한 법률' 및 동법 시행령과 관련 규정 등을 준수하여 북한 저작물을 이용하면 된다. 하지만 이는 국내에서의 절차적인 사항에 불과하다.

북한 저작물 역시 우리 '저작권법'의 적용에 따라 보호를 받는다는 것이 우리 대법원의 확고한 입장이다. 남한의 '저작권법'상 저작물을 이용하려면 '저작권법' 제46조에 의해 저작재산권자로부터 이용 허락을 받아야 한다. 그러나 북한 저작물을 이용하려면 북한 저작자로부터 이용 허락을 받는다는 것이 현실적으로 어려운 상황이다. 북한 저작물과 관련하여 발생한 각종 분쟁 사례에서 알 수 있는 바와 같이 현재의 남북한 간의 교류협력 상황 및 북한체제 특성상 북한 저작물의 저작권자를 누구로 볼 것인지와 누구로부터 이용에 관한 허락을 받아야 정당한 이용 허락을 받은 것으로 볼 수 있는지에 대한 현실적인 어려움이 발생한다.

북한의 집체창작 특성상 실제로 개인의 창작물이라 하더라도 단체 명의로 공표되는 경우가 많은데 이 경우 그와 같은 단체에 저작권이 귀속된다고 볼 것인지, 아니면 우리 북한 주민의 저작물이나 북한 주민이 자발적으로 설립한 법인이나 단체에 국한하여 저작권을 보호할 것인지도 문제 된다. 이 점에 대하여는 적어도 남북 교류협력의 범위 내에서는 북한의 반국가단체로서의 법적 지위보다는 교류협력의 상대방으로서 지위에 초점을 맞춰 북한 '저작권법'에 따라 북한 당국이나 기관, 단체가 저작권자로 되어 있는 경우에는 이를 그대로 인정하는 것이 현실적인 방안이라고 본다.

우리 법원도 앞서 본 바와 같이 북한 사회과학원 민족고전연구소는 우리 법에 의하여 인정된 단체가 아니므로 보호받을 수 있는 저작권자가 될 수 없다는 주장에 대해서는 "위 단체가 권리의무의 주체가 될 수 있는지 여부는 오직 단체로서의 실체가 있는지 여부에 의하여 판가름되는 것이지 우리 법에 의한 설립절차 등을 필요로 하는 것은 아니라 할 것이므로 위 주장도 이유 없다"고 판시한 바 있다.[19]

북한의 저작물 관련 대외 창구는 크게 두 갈래로 나누어 볼 수 있다. 하나는 조선로동당 선전선동부 산하의 '조선목란비데오', '조선영화수출입사', '조선출판물수출입사' 등이고, 두 번째 별도의 대외 창구인 '조선아시아태평양평화위원회'다. 그러나 현실적으로 남한의 저작물 이용자가 북한의 이러한 기관들과 직접 계약을 체결할 수가 없는 상태이다. 따라서 남한 측 중개인들이 일본의 '서해무역'이나 중국 '심양고려민족문화연구원' 같은 제3국의 중개회사들을 통해 계약을 체결하는 경우가 많다. 즉, 북한기관, 제3국 중개회사, 남한 측 중개인, 저작물이용자 등 최소 4단계를 거치게 되는데, 이러한 경로를 통해 이용하는 경우 대부분 송사에 휘말리게 된다. 그 주된 이유는 어느 단계에서든 발생할 수 있는 이중계약서, 계약서 위조 등의 문제이다. 이는 남북 양측 모두에게 원인이 있다고 할 수 있다. 북한 측 사정을 보면 저작권에 대해 명확히 개념 정리가 안 된 상태에서 각 기관들이 외화벌이 사업을 놓고 경쟁을 벌이는 과정에서 이중계약이 발생하는 것 같다. 또한, 남한 측 중개인들은 북한 측 창구에 대한 정확한 정

---

19 서울지방법원 남부지원 1994.2.14. 선고 93카합2009 판결.

보도 없이 개인적인 친분을 통해 북한 저작물에 대한 독점권을 확보하려는 경쟁 과정에서 이 중계약을 부추기거나 심지어 인장 위조 등을 통한 사기 행위를 하는 경우도 있다. 현재까지 북한 저작물 이용과 관련하여 발생한 법적 분쟁은, 권리행사의 주체 문제보다는 계약서의 진위 문제에 관한 것이 압도적으로 많다. 즉, 북한의 저작권자와 남한의 이용 간의 분쟁이 아니라, 북한 저작물의 중개 역할을 하는 남한 측 중개인들끼리의 분쟁이거나 또는 중개인들의 싸움에 애꿎은 이용자가 휘말리는 경우가 대부분이다.[20]

현재와 같이 직접적인 남북 간의 접촉이 제한받고 있는 상황에서는 중간매개인을 거쳐 저작권 거래가 형성될 가능성이 큰데, 결국 저작권자와의 직접 거래가 아니라는 점에서 '중복허락'과 같은 위험이 따르게 된다. 그리고 북한 저작자는 우리의 저작권 계약 제도를 잘 알 수 없으므로 착오가 발생할 수 있다. 저작재산권의 양도와 배타적 허락, 단순허락에 대한 이해가 없을 수 있는 것이다. 당분간은 문서상의 의사표시에 기초하여 판단할 수밖에 없지만, 종국적으로는 남북한 간의 저작권 보호협정에 따라 표준계약서를 사용하도록 권고하는 것이 필요하다고 본다.[21]

한편, 국내 민간단체인 (사)남북경제문화협력재단(이하 경문협)은 2005년 북한 저작권사무국 및 민족화해협의회와 북한 저작물 사용에 대한 대리 및 중개 관련 계약을 체결하고, 2006년 3월 통일부로부터 협력 사업 승인을 받아 대리·중개업을 시작하였다. 이에 따라 경문협은 북한 저작권사무국과 저작권자를 대리해 국내 단체 또는 기업, 기관을 대상으로 북한 저작물 사용 계약을 체결하고 그에 따른 사용료를 징수하는 업무를 해오고 있다. 경문협은 북한에 저작권료 지불을 위해 통일부의 반출 승인을 받아 북한 또는 제3국에서 북한 저작권 사무국 또는 민화협 관계자를 직접 만나 징수한 저작권료를 전달하기도 한 것으로 알려져 있으나 2008년 10월 이후, 북측에 저작권료를 전달한 명세는 없으며 일부 사용료는 법원에 공탁해 놓은 것으로 알려져 있다.

경문협이 북측(저작권사무국 및 민족화해협의회)과 체결한 합의서는 2005년 12월 31일 자 「저작물 일반에 대한 합의서」와 2006년 5월 5일 자 「영상저작물 관련 합의서」 등이다.

2005년 12월 31일 자 합의서 내용은 저작물 일반에 관한 것으로 "(2) 저작권사무국과 민족화해협의회는 남북경제문화협력재단에 북측 저작물의 사용을 원하는 남측의 사용희망자와

---

20 이재완, 「남북문화교류와 저작권 문제」, ≪계간 저작권≫, 제51호(2000), 35~36쪽.

21 김상호, 「남북한 저작물의 보호방안에 관한 일고찰」, ≪계간 저작권≫, 제44호(1998), 37쪽.

민족화해협의회와 저작권사무국을 대리하여 포괄적인 사전협상을 할 수 있는 권한을 부여한다. (3) 남북경제문화협력재단은 남측에서 북측의 저작물이 정당한 권리를 가지고 사용될 수 있도록 신의와 성실의 원칙 밑에 최선의 노력을 다하고 사전협상의 결과를 저작권사무국과 민족화해협의회에 즉시 통보하여야 하며 그다음 북측 저작권자의 수표와 저작권사무국의 확인서를 접수하는 승인절차를 거쳐야 그 효력을 발휘할 수 있다"라고 되어 있다.

2006년 5월 5일 자 합의서 내용은 "(1) 남북경제문화협력재단은 남측 내에서 북측 영상저작물의 불법리용에 대한 조사 및 배상을 받아내는 사업을 맡아 진행한다. (2) 남북경제문화협력재단은 저작권사무국과 민족화해협의회를 대리하여 방송사 등 북측 영상저작물의 사용을 원하는 남측의 사용희망자와 협상을 할 수 있다. 남북경제문화협력재단은 협상내용을 저작권사무국과 민족화해협의회에 수시로 보고하여야 한다. (3) 남북경제문화협력재단은 저작권사무국, 민족화해협의회와 협의하여 북측 영상저작물의 사용을 허락하는 계약을 체결할 수 있다. 그러나 이 계약은 북측 저작권자의 수표와 저작권사무국의 확인서를 교부받는 등 저작권자와 저작권사무국이 승인하여야 효력을 발휘할 수 있다"라는 것이다.

이와 같은 계약은 역시 북한에도 적용되는 우리 '민법'상의 일반적인 위임계약 중 하나로 봐야 하므로 계약상의 효력 자체는 법률적으로 문제가 될 것이 없고, 남한의 민간단체와 북한 정부의 계약이라고 해서 달리 볼 것은 아니다. 대부분의 다른 경제협력 사업도 남한의 민간 기업과 북한 정부의 계약 형태로 이루어진다. 다만 저작권자가 아닌 저작물 업무 담당 기관인 북한 저작권사무국이 직접 경문협에 저작물 관리 업무를 위임할 수는 없으므로 사전 협상권만 부여하고, 영상저작물의 경우에는 불법 이용에 대한 조사와 배상에 대한 사업 권한을 부여한 것으로 보인다. 따라서 경문협이 남측의 사용자와 저작권 사용 등의 계약을 체결하려면 북한의 각 저작권자로부터 별도의 위임을 받아야 할 것으로 보인다.

경문협의 업무에 대해서는 한편으로는 북한 저작물을 합법적으로 이용할 수 있는 통로가 마련되었다는 점에서는 긍정적인 측면이 있다.

북한 저작물 이용은 상속 관계, 이중계약, 저작권자의 지위, 각종 사실 여부가 법적 분쟁을 일으킬 수 있으므로, 경문협을 통해 북한 저작권사무국과 협상하여 저작권료의 지불이나 합의를 한 후 이용을 허락받을 수 있으며, '저작권법'에 따른 법정허락제도를 신청하여 법원에 상당한 금액을 공탁함으로써 자유로이 이용 가능할 것이므로 북한 저작물을 이용하고자 할 때 이 두 가지 방안이 바람직할 것이다.[22]

남북한 교류협력의 제한으로 인해 발생하는 문제점 해결을 위해 북한 내 저작권자의 소재나 거소를 알지 못하는 경우 우리 '저작권법'상의 '법정허락'제도를 이용하는 방안을 모색해 볼 수 있다. 저작권자의 생사를 알 수 없을 경우에는 남한의 상속인들이 실종선고를 통해 저작재산권을 상속받아 권리를 행사하는 방안 등도 활용할 수 있을 것이다.

3) 북한에서의 남한 저작물 이용 및 보호 문제

(1) 남한 저작물 이용의 한계

남한의 '남북교류협력법'은 남한 주민과 북한 주민 간의 교류협력의 영역에 특별히 제한을 두고 있지 않다. 그러나 이에 상응하는 법률이라 할 수 있는 북한의 '북남경제협력법' 제2조는 남한과의 협력 사업의 범위를 "북과 남 사이에 진행되는 건설, 관광, 기업경영, 임가공, 기술교류와 은행, 보험, 통신, 수송, 봉사업무, 물자교류 같은 것이 속한다"라고 규정하여 경제 분야로 협력의 영역을 제한하고 있다. 오히려 '북남경제협력법' 제8조는 "사회의 안전과 민족경제의 건전한 발전, 주민들의 건강과 환경보호, 민족의 미풍량속에 저해를 줄 수 있는 대상의 북남경제협력은 금지한다"라고 규정하고 있다.

또한, '북한경제협력법' 제3조는 남한과 경제 협력 사업을 할 수 있는 주체를 북한의 기관, 기업소, 단체로 제한하고 있으므로 일반 주민이 남한의 저작물을 이용할 수 있는 법적 절차는 없다고 보아야 한다. 저작물 이용의 법적 절차만 없는 것이 아니라 무단으로 남한의 출판물이나 영상 등을 접할 경우에는 북한 '형법'(2015) 제183조의 퇴폐적인 문화반입·유포죄나 제184조의 퇴폐적인 행위를 한 죄로 형사처벌을 받을 수 있다.[23] 심한 경우에는 저작물의 내용에 따라서는 반국가범죄나 반민족범죄로 의율되어 사형에 처해질 수도 있을 것이다.

---

22 이재웅, 「북한 저작물 이용에 관한 법적 쟁점 연구」(고려대학교 법무대학원 지적재산권법학과 석사 학위논문, 2015), 108쪽.

23 제183조(퇴폐적인 문화반입, 류포죄)
    퇴폐적이고 색정적이며 추잡한 내용을 반영한 그림, 사진, 도서, 노래, 영화 같은 것을 허가없이 다른 나라에서 들여왔거나 만들었거나 류포하였거나 비법적으로 보관하고 있는 자는 1년이하의 로동단련형에 처한다. 여러번 또는 대량을 반입, 제작, 류포, 보관한 경우에는 5년이하의 로동교화형에 처한다.
    정상이 무거운 경우에는 5년이상 10년이하의 로동교화형에 처한다.
    제184조(퇴폐적인 행위를 한 죄)
    퇴폐적이고 색정적이며 추잡한 내용을 반영한 그림, 사진, 도서, 노래, 영화 같은 것을 보았거나 들었거나 재현한 자는 1년이하의 로동단련형에 처한다.
    앞항의 행위를 상습적으로 한자는 5년이하의 로동교화형에 처한다. 정상이 무거운 경우에는 5년이상 10년이하의 로동교화형에 처한다.

다만, 북한 체제의 특성상 북한 당국은 이와 같은 '북남경제협력법' 등의 규정과는 무관하게 남한의 저작물을 이용하는 경우가 있다.

일례로 1999년 민족 동질성 회복을 위해 개최된 남북통일농구대회, 남북 스포츠팀이 육로를 통해 이동한 뒤 2003년 10월 평양에서 열린 남북통일농구대회, 2005년 8월의 남한 인기가수 조용필의 평양 공연은 남한과 북한의 매스컴을 통해 동시에 방송이 중계되기도 하였다. 이런 행사와 관련하여 '저작권법'적인 측면에서 본다면 실연에 해당하고, 그에 따라 여러 가지 '저작권법'상 문제가 발생할 수 있는 상황이었다. 예를 들어 이날 공연이 판매용 음반으로 녹음 제작되어 남한에서 이를 사용하여 방송하는 경우 실연자인 조용필에게 상당한 보상을 하여야 한다.[24]

특히 남한에서의 북한 저작물 사용과 관련하여 경문협을 통한 저작권료 징수 및 전달이 이루어져 왔음에도 불구하고 북한에서는 남한 저작물 사용에 대해 아무런 대가를 지불하지 않는 것은 문제다. 앞서 본 바와 같이 남북한 모두가 가입한 「베른협약」의 경우 상호주의 원칙을 채택하고 있으나, 국가 간에 적용되는 「베른협약」이 국가성을 서로 부인하는 남북한 간에도 적용되는지에 대해서는 북한의 국가성 문제로 인하여 학설상 의견이 분분한 상황이다.

이와 같은 상황에서 우리 대법원 판례는 「베른협약」과는 무관하게 '헌법' 제3조의 영토조항에 근거하여 북한 지역에도 우리 '저작권법'이 적용된다는 것이 일관된 입장이다. 따라서 이 문제는 법적으로는 북한이 우리 저작물을 보호하는지와 상관없이 우리 주민이 북한 주민이 저작자인 북한 저작물을 무단으로 이용하며 저작권을 침해할 경우 우리 저작권법에 따라 북한 저작(권)자에 대한 손해배상 의무가 발생할 뿐 아니라 형사처벌의 대상이 된다. 이러한 불균형은 상호주의에 입각한 교류협력 실현이라는 정책적 차원에서 볼 때 바람직하지 않은 현상이므로 해결책을 마련할 필요가 있다.

참고로 일본의 경우에는 일본의 영상물 배급사인 유한회사 가나리오 기획이 북한 문화성 산하 조선영화수출입사와 일본 내에서 북한 저작권에 관한 권리를 위임받았고, 일본의 두 개 방송사가 2003년 북한 영화 〈일영 207〉의 영상 일부를 무단으로 뉴스 프로그램에 사용하자 이 방송사들을 상대로 방영 중단과 손해배상 청구소송을 제기한 바 있다. 이 사건에 대해 일본 최고재판소는 2011년 12월 8일 일본은 북한을 외교적으로 승인한 바 없고, 일본과 북한이 모

---

24 남형두, 「북한 '저작권법' 연구: 조용필의 평양공연은 북한에서도 '저작권법'상 보호를 받을 수 있는가」, ≪법조≫, 제607호(2007), 179~180쪽.

두 「베른조약」에 가입했다고 하더라도 미승인국이 일본보다 뒤에 조약에 가입한 경우 권리의 무 발생 여부는 원칙적으로 일본이 선택할 수 있다는 이유로 일본 정부가 북한 저작물을 보호할 의무가 없다고 판결한 바 있다.[25]

(2) 남한 저작권 보호 문제

남한의 저작물이 북한에 반입된 경우 북한 내부에서는 남한 '저작권법'이 적용될 수 없는 것이 현실이기 때문에 북한 '저작권법'에 의한 보호를 생각할 수밖에 없다.

이와 관련하여 북한도 저작권에 관한 조약인 「베른협약」의 가입국이기 때문에 "보호국법 주의와 내국민대우의 원칙"이라고 하는 기본원칙이 적용될 것인바, 저작물의 본국(남한)이 어디이든 관계없이 그 저작권의 보호가 요구된 국가(북한)의 '저작권법'이 적용될 것이고, 북한에 있어서 외국인에 해당되는 남한의 저작권자도 북한 주민과 동일한 대우를 받아야 한다(내국민대우의 원칙)는 견해가 있다.[26] 하지만 이 견해는 북한법 체제에서 남한 또는 남한 주민은 외국 또는 외국인에 해당하지 않는다는 기본 입장을 고려하지 않은 의견이다. 법리대로 한다면 북한으로서는 남한 주민도 북한 주민이기 때문에 남한 주민의 저작권에 대해서는 북한 '저작권법'이 적용된다고 보는 것이 논리적이겠지만 실제로 북한 당국의 입장이 어떤지는 알 수 없는 상태이다.

특히 저작권자의 동의 없는 저작권 사용의 범위와 관련해서 문제가 발생할 소지가 크다. 앞서 본 조용필의 공연이 녹음된 음반 방송과 관련하여 북한은 '저작권법' 제32조 제4호에서 규정한 "국가관리에 필요한 저작물을 복제, 방송하거나 편집물 작성에 이용할 경우"에 해당한다는 주장도 가능할 수 있다.[27]

5. 남북한 사이의 저작권 보호 방안[28]

남북한 간의 교류협력뿐 아니라 체제 경쟁이 계속되고 있는 상황에서는 남북한 간의 대등

---

25 "日 최고재판소, 北 영화 저작권 보호의무 없다", ≪연합뉴스≫, 2011년 12월 9일 자 참고.
26 오승종·이해완, 『저작권법』(서울: 박영사, 2004), 549~550쪽; 남형두, 같은 글, 179~180쪽.
27 남형두, 같은 글, 180쪽 참고.
28 박영정 외 2, 『저작권 분야 남북 교류협력 현황 및 발전 방안 연구』, 185~187쪽.

한 저작물의 교류협력은 기대하기 어려운 것이 사실이다. 특히 북한의 경우에는 남한 저작물의 유입에 대해서는 엄격히 제한하겠지만, 남한 내에서의 북한 저작물 이용행위는 그 제한에 한계가 있을 수밖에 없고, 남북 교류와 협력이 활성화되면 오히려 북한 저작물 이용에 대한 수요가 증가할 것이다.

이런 상황에서도 북한은 자신들의 저작물에 대한 남한 내에서의 권리 침해에 대해서는 민사상 손해배상 청구소송과 형사고발 등 여러 가지 대응을 할 것으로 보인다. 지금까지 남한 법원이 보여준 태도로 볼 때 북한의 남한 저작물에 대한 권리 보호 여부와 관계없이 계속하여 북한 저작물에 대한 남한 '저작권법'의 적용을 통해 북한 저작물에 대한 권리를 보호할 것이다.

그러나 이와 같은 현상은 특히 장기적인 관점에서 볼 때 남북한의 정상적인 교류와 협력 체제 구축에는 도움이 되지 않을 것이다. 특히 남북한의 체제 경쟁이 완전히 해소되지 않더라도 사회·문화 분야에서의 저작권 관련 교류와 협력은 얼마든지 가능하고, 이를 더욱 활성화하기 위해서는 상호주의 입장에서 문제 해결을 시도하는 것이 바람직하다. 물론 남북한은 각각 '저작권법'을 제정하여 시행하고 있고, 「베른협약」에도 가입하였기 때문에 상호 보호를 위한 기본적인 틀은 갖춘 셈이다. 하지만 '헌법' 제3조의 영토조항에 근거한 우리 '저작권법'의 북한 지역에 대한 일방적 적용이라는 법원의 입장은 변경되기 어려울 것으로 보인다.

상호주의 입장에서 문제를 해결할 방안은 기본적으로 세 가지 정도가 검토될 수 있다. 첫 번째는 남한과 북한이 각기 국내법에 따라 상대방의 저작권을 보호하는 방안이다. 두 번째는 다자조약의 당사국으로서 조약에서 예정한 보호 수준과 보호 방법에 따라 상호 보호하는 방안이다. 세 번째는 남북 간에 실체적·절차적 규정을 담은 특별협정을 체결하여 상호 보호하는 방안이다. 각 방안별 장단점이 적지 않다.[29]

첫 번째 방안은 남한과 북한의 국내법이 비슷한 수준으로 갖춰졌을 때 호혜적이고 타당성이 있다. 이 방안은 남한의 경우 북한 저작물을 보호하고 있으므로 기존 헌법·법률과 배치하지 않고 판례와도 양립할 수 있는 장점이 있으나, 북한에 더 높은 수준의 보호를 요구하고 이를 북한이 받아들이지 않는 한 '상호주의' 측면에서는 바람직하지 않다. 북한이 2001년 '저작권법'을 제정하여 적어도 형식적인 법률은 가지고 있지만, 보호 수준이 전반적으로 남한에 비해 매우 낮기 때문이다.[30]

---

29 최경수, 『북한 저작권법 및 남북 간 저작권 분야 교류협력에 관한 연구』, 121~122쪽.
30 최경수, 같은 책, 122쪽.

두 번째 방안은 남한과 북한이 각기 협약에서 요구하는 수준의 국내법을 마련할 것을 전제로 조약에 가입하고, 조약 당사국으로서 다른 당사국에 협약상의 권리를 주장하는 것이다. 남한과 북한은 각기 1996년과 2003년에 「베른협약」에 가입했으므로 현실적인 방안이다. 그러나 이 방안은 적지 않은 문제를 안고 있다. 우선 생각할 수 있는 것은 북한 '저작권법'의 규정 미비로 인한 상호 보호의 한계이다. 북한의 '저작권법'은 「베른협약」에서 정한 보호 수준에 미치지 못하여 남한 저작물을 충분한 수준으로 보호할 수 없을 것이다. 이 문제가 상호 보호를 불가능하게 하는 것은 아니다. 북한이 「베른협약」을 이행하기 위한 조치를 해가면서 실효적인 남북 간 상호 보호를 이룰 수 있기 때문이다. 더 큰 문제는 남북 간의 실체를 둘러싼 법적 문제로 인한 것이다. 남한에서 북한은 국내법상(국제법상 국제법 주체로는 인정하고 있지만) 반국가단체 등에 지나지 않는다. 북한도 한반도 내에 두 개의 국가를 용인하지 않고 있다. 이러한 각각의 태도로 인하여 서로 상대방을 국가로 승인하지도 않고 있다. 「베른협약」은 일반적인 국가 간의 관계를 염두에 두고 있는데, 남북한은 이러한 관계에 합당하지 않은 것이다. 또한 「베른협약」은 국적을 연결점으로 상대방 국가의 국민을 보호하도록 설계하고 있는데, 이러한 연결점이 남북 간에는 작동할 수도 없다. 더 나아가 「베른협약」은 각 당사국이 협약에서 정한 방법(내국민대우의 원칙 등)과 보호수준을 국제법상의 의무로 하고 있고, 그 의무는 국내법을 통해 이행해야 하므로, 다자조약에 의한 상호 보호는 순환 논리로 이어질 우려가 있다.[31]

세 번째 방안은 쌍방 간의 합의를 전제로, 각자의 사정을 반영할 수 있어서 실현 가능성이 크다. 아직 북한의 저작권 보호 수준이 낮으므로 단계적으로 추진하면서 합의 수준을 높일 수도 있다. 부속합의서에서 "남과 북은 쌍방이 합의하여 정한 데 따라 상대측의 각종 저작물에 대한 권리를 보호하기 위한 조치를 취한다"라고 규정하고 있는 것도 특별협정을 염두에 뒀다 할 수 있다. 쌍방의 합의, 상호 보호, 권리를 보호하기 위한 조치 등의 요소가 특별협정에 부합하는 것이다.[32]

이상의 세 가지 방안 중 세 번째 방안이 가장 바람직하다고 본다. 법원 판례도 북한 저작물에 대한 우리 '저작권법'의 일방적 적용을 배제하기 위해서는 "우리 헌법 제3조의 규정이 개정되거나 남북한이 서로 주권을 인정하고 국가로 승인하거나 또는 1개의 국가 내에서 서로 다른 법률 체계를 상호 인정하기로 하는 헌법적 효력을 가지는 협약이 체결"되어야 한다고 판시

---

31 최경수, 같은 책, 122~123쪽.
32 최경수, 같은 책, 123쪽.

한 바 있다.[33]

물론 이 판결은 하급심 판결에 불과하다. 또한 판결에서 적시한 바와 같이 이 문제 해결을 위해 헌법적 효력을 가지는 협약이 체결되어야 하는 것은 아니라고 본다. 더군다나 '헌법'이나 '남북관계발전법'에 비추어볼 때 헌법적 효력을 갖는 남북합의서의 체결 방법도 없는 상황이다. 따라서 남북한 간의 상호주의에 입각한 저작권 분야 교류와 협력 문제는 '남북관계발전법'에서 규정하고 있는 남북합의서 체결만으로도 충분하다고 본다.

세 번째 방안에서 말하는 특별협정도 남북합의서에 해당한다. 남북한 상호 간에 상대방 저작물에 대한 보호를 위해 별도의 합의서를 체결하지 않는다면 사실상 북한에서 남한 저작물을 무단으로 사용할 때 이에 대처할 방법이 전혀 없다. 적어도 현재와 같이 남한에서 북한 저작물 이용에 대한 대가를 지불하고 있다면 당연히 북한에서 이용하는 남한 저작물에 대해서도 그에 대한 대가를 받을 제도적 장치가 필요하다. 또한 기존 분쟁 사례에서 발생한 문제점 중 하나인 사실관계 확인을 위해 남북한 간에 별도의 민사사법공조에 관한 합의서를 체결할 필요가 있으나 이와 같은 전면적인 민사사법공조에 관한 합의서 체결이 곤란하다면 먼저 저작권 관련 합의서에 법원의 사실 조회 등에 관한 사법공조의 내용을 포함할 필요가 있다.

---

[33] 서울지방법원 1989.7.26. 선고 89카13962 결정.

제3부

남북한 교류협력 법제와
법적 과제

제10장

남북교류협력 법제 개관 및 개선 과제

1. 남북교류협력 법제 개요

1) 남북교역 연혁

1945년 8월 15일 해방 직후 하나의 경제권이던 우리나라는 북위 38도선을 경계로 남북 두 개의 경제권으로 분리되었다. 남북 간 철도는 1945년 8월 24일부터 같은 달 26일 사이에 소련군에 의해 경원선(京元線), 경의선(京義線), 토해선(土海線)과 사리원선(沙里院線)이 연이어 차단되었다. 1945년 9월 6일에는 남북한 간의 전화와 통신도 차단되었다. 북한은 1948년 5월 14일까지 남한으로 전력을 공급해 주었다.

소련군은 진주 이후 일반 교역을 금지했으나 38도선을 오가며 일반 밀무역이 성행하자 1947년 5월 22일 미군정과 합의하여 남북 간의 물자교류를 정식으로 승인하기에 이르렀다. 남한에서는 1947년 8월 25일 자 미군정법령 제149호인 '대외무역규칙'에서 남북한 간의 거래를 '남북한 간의 (육해공) 무역'으로 정의하면서 남조선과도정부 상무부의 규제하에 '지역 간 무역(Interzonal Commerce)'을 시행하였다. 이후 1948년 8월 15일 대한민국 정부가 수립되면서 남북한 지역 간 무역을 '남북교역'으로 개칭하였다.

당국의 허가를 조건으로 진행되던 남북교역은 무역선을 이용한 교역 형태로까지 진전되었으나 1949년 초에 발생한 '앵도환 사건'으로 중단되게 된다. '앵도환 사건'이란 남한의 화신무역(대표 박흥식)이 1948년 12월 '조선우선(郵船)'으로부터 2000톤급 선박인 앵도환호를 빌려

30여만 달러 상당의 광목 등을 실어 부산에서 북한 원산항으로 보냈는데 1949년 1월 반민족행위특별조사위원회가 박흥식을 친일파로 구속하자 북한이 반동분자의 재산이라는 이유로 원산항에 정박 중이던 선박과 화물을 압류하고, 같은 해 3월 승무원들만 돌려보낸 사건이다.

사건 직후인 1949년 4월 2일 남한 정부는 국무회의 의결을 통한 '남북교역정지에관한건'을 공포하였고, 이로써 공식적인 남북교역은 정지되었다. 1946년 3월 15일부터 약 4년 3개월간 1주일에 2~3차례씩 이루어져 오던 우편물 교환도 한국전쟁 직전인 1950년 6월 22일 중단되었다. 이후 한국전쟁을 겪으면서 남북한의 교류와 협력은 완전히 중단되었고, 이와 같은 상태가 1988년 7월 7일 「민족자존과 통일번영을 위한 대통령 특별선언」(7.7선언)을 통해 남북한 경제교류가 재개될 때까지 장기간 지속되었다.

2) 북한에 대한 남한의 법제

(1) 국가보안법과 남북교류협력에 관한 법률

분단 이후 적대적 관계를 유지해 오던 남북한 간의 관계는 오랜 기간 동안 '국가보안법'에 의하여 규율되어 오고 있다. '국가보안법'은 1948년 12월 1일 법률 제10호로 제정되었다. 제정 당시 국가보안법은 전문 6개 조와 부칙으로 구성되어 있었다. 주요 내용은 국헌을 위배하여 정부를 참칭하거나 그에 부응하여 국가를 변란할 목적으로 결사 또는 집단을 구성한 자(제1조), 살인, 방화 또는 운수, 통신기관건조물, 기타 중요시설의 파괴 등의 범죄행위를 목적으로 하는 결사나 집단을 조직한 자나 그 간부의 직에 있는 자(제2조), 위 제2조의 목적 또는 그 결사, 집단의 지령으로서 그 목적한 사항의 실행을 협의선동 또는 선전을 한 자(제3조), 동법의 죄를 범하게 하거나 그 정을 알고 총포, 탄약, 도검 또는 금품을 공급, 약속 기타의 방법으로 자진방조한 자(제4조) 및 타인을 모함할 목적으로 본법에 규정한 범죄에 관하여 허위의 고발 위증 또는 직권을 남용하여 범죄사실을 날조한 자(제6조)를 처벌하는 것이었다. 그런데 1960년 4·19 이후 사회 혼란을 틈탄 북한의 대남 공작 활동과 좌익 세력들의 활동이 강화되자 종전의 '국가보안법'만으로는 이를 대처하기에 미흡하다는 인식하에 5·16 군사정변 주도 세력들이 1961년 7월 3일 법률 제643호로 전문 11개 조와 부칙으로 된 '반공법'을 제정하였다.[1]

'반공법'은 제1조의 제정 목적에서 밝히고 있는 바와 같이 "국가재건과업의 제1목표인 반

---

[1] 한명섭, 『남북 교류와 형사법상의 제 문제』(파주: 한울, 2008), 114~115쪽.

공체제를 강화함으로써 국가의 안전을 위태롭게 하는 공산계열의 활동을 봉쇄하고 국가의 안전과 국민의 자유를 확보함을 목적"으로 하고 있다. 대부분의 규정은 '국가보안법'과 중복이 되는 것으로 '국가보안법'에 대한 특별법의 성격을 띠고 있었다. 1980년에 '반공법'을 폐지하면서 그 내용은 '국가보안법'으로 통합하여 '국가보안법'을 전면 개정하였고, 이후 여러 차례에 걸친 개정을 통해 현행 '국가보안법'에 이르고 있다.

　　'국가보안법'의 규율하에서는 민간인들의 방북이나 접촉은 물론이고 정부 차원에서의 북한 방문이나 접촉도 비록 통치행위로 볼 여지가 있다 하더라도 형식논리상 '국가보안법' 위반 논란에서 자유로울 수는 없었다. 이처럼 적대적 관계를 유지해 오던 남북한 간의 관계에 변화를 초래한 것은 1988년 7월 7일 우리 정부가 일방적으로 발표한 「민족자존과 통일번영을 위한 대통령 특별선언」이었다. 정부는 이 특별선언을 통해 "남북 간 교역의 문호를 개방하고 남북 간 교역을 민족내부 교역으로 간주한다"고 함으로써 대북 물자교역을 명시적으로 허용하였다. 또한 그 후속 조치로 같은 해 10월 7일 '남북물자교류지침'이 마련되었고, 이듬해인 1989년 6월에는 '남북교류 협력에 관한 지침'이 제정되어 북한과의 교역이 합법적으로 추진되고 북한 주민과의 접촉도 성사되기 시작하였다.[2]

　　이러한 일련의 조치에 남한 내부에서는 남북 교류 및 통일에 대한 열기가 고조되었고, 그 가운데 1990년 9월부터 1992년 9월까지 2년에 걸쳐 분단 이후 처음으로 남북 고위급회담 대표들이 서울과 평양을 왕래하며 여덟 차례에 걸쳐 회담하였다. 1990년에는 사상 최초로 통일축구대회와 범민족통일음악회가 서울과 평양을 오가면서 개최된 바 있다. 한편 민간 기업인으로는 현대그룹의 정주영 회장이 1989년 1월 북한을 방문하여 금강산 공동개발 사업에 대해 협의한 것과 같이 정부의 허용하에 이루어진 대북 접촉이 있는가 하면, 문익환 목사나 임수경 학생 등과 같이 일부 재야인사들의 무단 방북과 그에 따른 사법 처리 등의 문제가 발생하였다. 즉, 당시에는 같은 방북일지라도 정부의 허용하에 이루어진 방북은 사법 처리를 하지 않았다. 반면, 무단 방북 사례에 대하여는 '국가보안법'을 엄격히 적용해 구속수사 등이 이루어지자 그 처리 기준의 자의성을 둘러싸고 법리적인 논쟁이 발생하였다. 왜냐하면 당시 '국가보안법'의 규율체계하에서는 북한은 여전히 반국가단체이므로 비록 정주영 회장의 방북과 같이 정부의 허가나 사전 협의가 있었다 하더라도 법리적으로는 '국가보안법' 위반으로 볼 수밖에 없다. 이를 합법화할 수 있는 법도 없는 가운데 통치행위 이론만으로는 정부의 자의적 사법 처리에 대

2　　한명섭, 같은 책, 115쪽.

한 논쟁을 불식시키기 어려운 상황이 발생한 것이다. 이러한 상황에서 정부는 북한과의 인적·물적 교류에 대한 법적 근거와 절차 등을 마련할 필요성이 있음을 인식하고 임시방편으로 대통령의 특별지시에 의해 1989년 6월 12일 '남북교류협력에 관한 기본지침'을 마련하고 같은 해 7월 21일 그에 대한 후속 조치로 '남북교류협력세부시행지침'을 마련하였다.[3]

그러나 이러한 지침들은 단순 행정지침에 불과한 것이어서 법리적인 논쟁의 소지는 여전히 남아 있는 상태였다. 즉, 법률이 아닌 이러한 지침들이 과연 '국가보안법'의 적용을 배제할 수 있는 근거가 될 수 있느냐라는 문제가 제기된 것이다. 이에 따라 정부는 남북 교류의 합법적 근거 마련을 위해 1989년 2월 13일 '남북교류협력에 관한 특별법(안)'을 국회에 제출하였다. 한편, 당시 민주자유당은 이 정부안과는 별도로 '남북교류협력에 관한 특별법(안)'을, 평화민주당은 '남북교류촉진법(안)'을 각각 국회에 제출하였다. 그 후 약 1년 6개월에 걸친 공청회와 의견 수렴 등의 과정을 거쳐 결국 여야 합의에 의해 단일안이 마련된 후 1990년 7월 14일 국회에서 통과되어 1990년 8월 1일 법률 제4239호로 '남북교류협력법'이 제정·공포되기에 이른 것이다. 당시 정부의 제안 설명에 따르면 "남북 간 인적·물적 교류의 제반 분야의 협력이 통일을 추진하고 민족공동체를 형성하기 위한 기본요소라 인식하고 대결의 역사와 현실을 인정하면서도 관계개선을 통한 교류협력의 길을 트기 시작하는 것이 시대적 과업"이라며, 이를 추진하고 원활하게 할 수 있도록 일관된 절차를 정하고 현행 법규에 대한 각종 특례를 정하는 것이 이 법의 제정 이유라고 밝히고 있다.[4]

(2) 국가보안법과 남북교류협력법의 관계

'남북교류협력법'의 헌법적 제정 근거는 '헌법' 제4조의 평화통일조항에 있다는 데 이견이 없는 것으로 보인다. 이 평화통일조항은 제6공화국 헌법에서 처음 신설된 것으로 "대한민국은 통일을 지향하며 자유민주적 기본질서에 입각한 평화적 통일정책을 수립하고 추진한다"고 규정하고 있다.[5]

'국가보안법'과 '남북교류협력법'의 관계에 대해서는 '남북교류협력법'이 남북교류협력을 제도적으로 뒷받침하는 기본법인지, 아니면 남북교류행위에 대하여 일정한 경우 '국가보안법'에 우선적으로 적용될 수 있는 '국가보안법'에 대한 특별법인지에 대한 문제가 제기된다.

3   한명섭, 같은 책, 115~116쪽.
4   한명섭, 같은 책, 116쪽.
5   한명섭, 같은 책, 124쪽.

이에 대하여는 기본법으로 보는 견해와 '국가보안법'의 특별법으로 보는 견해가 있다. 기본법으로 보는 견해에 따르면 북한 주민과의 접촉, 북한 지역 방문, 협력 사업 추진 등 남북한 간 교류와 협력에 관련된 모든 활동에 대하여 기본적으로 '남북교류협력법'이 적용된다고 본다. 이와 반대로 특별법으로 보는 견해에 따르면 이와 같은 모든 행위가 원칙적으로는 '국가보안법'이 적용되는 것이나 '남북교류협력법'에 정한 일정한 요건을 갖춘 경우에 한하여 예외적으로 '국가보안법' 적용이 배제된다고 본다.[6]

기본법으로 보는 입장의 논거로는 이 법이 남북한 관계에 관한 기본용어를 정리하고 통신·왕래·교역·협력 사업 등에 관한 포괄적인 규정을 두고 있다는 점, 남북교류협력을 원칙적으로 불허하던 상황에서 정부기관과 민간의 대북 접촉 및 경제교류협력 등에 대해 합법적인 활동 근거를 처음으로 제공하기 위해 제정된 법이었다는 점, 남북한 주민과 재외국민의 남북한 지역으로의 왕래와 각종 물적 교류협력에 관한 기본원칙과 절차를 포괄적으로 규정하고 있는 점, 지금의 상황에 비추어볼 때 내용상 미흡한 점이 있고, 법의 장별 편제, 입법 기술이나 체계상으로 다소 문제점은 있을지라도 규율 사항의 일반성, 다른 법률과의 관계에서 '남북교류협력법'의 우선적 적용 외에도 기본법으로서의 역할을 할 수 있는 짜임새를 갖추고 있다는 점, 처음 국회에 제출된 법률안의 명칭이 '남북교류협력에 관한 특별법(안)'으로 되어 있던 것은 사실이나, 그 후 입법 과정에서 기본법으로서의 성격과 체제를 갖추게 되었고 또한 특별법이라는 명칭을 삭제하였음을 감안할 때 이를 특별법이라고 단정할 수는 없다는 점 등을 들고 있다.[7]

이에 반하여 특별법으로 보는 견해는 이 법이 남북 교류협력 분야에 관한 최초의 근거법에 불과하여 이 법이 앞으로 제정될 모든 남북 교류협력 관련 법령에 대해서까지 기본법의 지위를 갖는다고 볼 수 없다는 점, 동법 제3조의 규정 취지는 '국가보안법'에서 범죄로 규정하고 있는 남북한 간의 접촉 행위 중 '정당하다고 인정되는 범위'에 드는 행위에 대하여는 '국가보안법'에 우선하여 이 법을 적용한다는 데 있다는 것으로서 결국 이 법이 '국가보안법'에 대하여 특별법의 지위에 있다고 볼 수 있다는 점 등에 근거한다.[8]

'남북교류협력법'의 제정 동기와 과정이 종래에 '국가보안법'에 의하여 처벌되던 북한과의

---

6 한명섭, 같은 책, 124쪽.

7 제성호, 「남북교류협력법의 문제점과 보완방향」, ≪법조≫, 제490호(법조협회, 1977), 115~116쪽 참고.

8 박윤흔, 「남북기본합의서 이행에 따른 남북교류협력법령의 보완과 그 발전방향」, 서울대학교 법학연구소, 남북교류협력의 본격화과정에서 제기될 법적 문제점 및 대책, 동연구소 세미나 주제발표문(1992.9.25), 17쪽 참고.

접촉 행위에 대하여 일정한 경우에 한해 예외적으로 그 처벌을 면할 수 있는 법적 근거를 마련하고자 하였던 것임은 분명하다. 또한 제정 당시 법 제3조(다른 법률과의 관계)에 "남한과 북한과의 왕래·교역·협력 사업 및 통신역무의 제공 등 남북교류와 협력을 목적으로 하는 행위에 관하여는 정당하다고 인정되는 범위 안에서 다른 법률에 우선하여 이 법을 적용한다"고 규정하고 있는바, 여기서 말하는 '다른 법률'은 '국가보안법' 등을 염두에 둔 것이라는 점에 대하여는 이견이 없는 점 등에 비추어볼 때 이 법이 '국가보안법'에 대한 특별법으로 제정된 것임은 부인하기 어렵다. 다만 '남북교류협력법' 제정 이후 남북 관계는 많은 진전이 있었다. 무엇보다도 1991년 12월 13일 체결되어 1992년 2월 19일 발효된 「남북기본합의서」는 전문에서 남북 관계가 나라와 나라 사이의 관계가 아닌 통일을 지향하는 과정에서 잠정적으로 형성되는 특수관계임을 규정하여 남북 관계의 이원성을 명문으로 밝혔고, 「남북기본합의서」의 정신은 2005년 12월 29일 제정되어 2006년 6월 30일 발효된 '남북관계발전에 관한 법률'(이하 '남북관계발전법')에 의하여 법적으로 구현되기에 이르렀다. 특히 '남북관계발전법' 제3조(남한과 북한의 관계) 제1항은 "남한과 북한의 관계는 국가간의 관계가 아닌 통일을 지향하는 과정에서 잠정적으로 형성되는 특수관계이다"라고 남북한 간의 관계를 명확하게 규정하고 있다. 여기서 말하는 특수관계란 기본적으로 북한이 통일을 지향하는 과정에서 대화와 타협의 상대방으로서의 지위와 함께 대한민국 체제를 위협하는 적으로서의 지위를 동시에 가진다는 남북관계의 이원성을 의미하는 것이고, 이와 같은 이원성에 상응하는 것이 '남북교류협력법'과 '국가보안법'인 것이다.

즉 '남북교류협력법'이 평화통일의 상대방으로서의 지위를 규율하는 법이라면 '국가보안법'은 자유민주적 기본질서에 입각한 대한민국의 체제를 위협하는 적으로서의 지위를 규율하는 법이라 할 것이다. 따라서 두 법률의 관계는 기본적으로 남북 관계의 발전 정도에 따라 그 비중과 의미에 변화가 없을 수 없다. 따라서 향후 남북 관계의 진전에 따라서는 '남북교류협력법'을 남북 교류협력에 대한 기본법으로 적극적으로 해석하고, 입법체계상 기본법으로 보기에 다소 부족한 점들은 법 개정 등을 통해 명실상부한 기본법으로서의 체계를 갖추도록 보완해 나가는 것이 바람직하다고 본다.[9]

한편 '남북교류협력법' 제3조는 2005년 5월 31일 "남한과 북한과의 왕래·접촉·교역·협력사업 및 통신역무의 제공 등 남북교류와 협력을 목적으로 하는 행위에 관하여는 이 법률의

---

9 한명섭, 『남북 교류와 형사법상의 제 문제』, 125~126쪽 참고.

목적 범위 안에서 다른 법률에 우선하여 이 법을 적용한다"고 개정되었다. 즉 종전의 "정당하다고 인정되는 범위 안에서"를 "이 법의 목적 범위 안에서"로 변경한 것이다. 이 개정에 따라 '남북교류협력법'과 '국가보안법'과의 관계에 관한 논쟁은 사실상 의미가 없어졌다는 주장이 있다. 그러나 '남북교류협력법'의 목적 범위가 종전의 "정당하다고 인정되는 범위"와 다른 의미는 아니고 다소 모호하고 추상적이던 규정을 좀 더 구체적으로 표현한 것에 불과하다고 본다. 따라서 이 규정의 개정으로 인하여 '국가보안법'과의 관계에 대한 논의가 해결되었다거나 무의미하게 되었다고는 볼 수 없다 할 것이다. 대법원 1997년 10월 10일 선고 97도1910 판결이 "남북교류협력에관한법률 제3조는 '남한과 북한의 왕래, 교역, 협력사업 및 통신역무의 제공 등 남북교류와 협력을 목적으로 하는 행위에 관하여는 정당하다고 인정하는 범위 내에서 다른 법률에 우선하여 이 법을 적용한다'고 규정하고 있으므로, 남북한 간의 교역에 남북교류협력에관한법률이 우선 적용되기 위하여는 우선 위 교역행위가 남북교류와 협력을 목적으로 하는 것이라야 할 것인바"라고 판시한 것과 같이 개정 전의 "정당하다고 인정하는 범위 내에서"를 '남북교류와 협력을 목적으로 하는' 경우로 해석한 점도 이와 같은 취지라 할 수 있다.[10]

3) 남북교류협력에 적용되는 법제의 제정 주체별 구분

남북교류협력에 적용되는 모든 법을 제정 주체별로 구분해 보면 ① 남한법, ② 북한법, ③ 남북합의서, ④ 국제법, ⑤ 개별국가의 역외적용 법으로 구분해 볼 수 있다.

남한법으로는 ① 남북교류협력법, ② 남북협력기금법, ③ 남북관계발전법, ④ 개성공업지구지원에 관한 법률(이하 개성공업지구지원법)이 대표적이다. 그 밖에 '남북 이산가족 생사확인 및 교류촉진에 관한 법률'도 있다. 북한법으로는 기본법으로 '북남경제협력법'이 있고, 경제특구 및 관광특구에 관한 '개성공업지구법'과 '금강산관광지구법'이 있다. 「남북합의서」로는 대표적으로 2000년 12월 체결한 이른바 4개 경협합의서와 같이 남북한 교류협력 전반에 적용되는 합의서와 개성공업지구에 적용되는 합의서 등 다양한 합의서들이 있다.

국제법으로는 대표적으로 회원국인 남한에 적용되는 「WTO 협정」, 「핵비확산조약(NPT)」과 같은 각종 국제조약 등이 있다. 개별 국가의 역외 적용법으로는 대표적으로 미국의 '적성국교역법', '수출관리법' 등을 비롯한 구 공산권국가를 대상으로 한 법과 '북한 위협감소

---

10 한명섭, 같은 책, 126~127쪽.

법'과 같이 북한을 직접 대상으로 한 법들이 있다. 이 모든 법들은 남북교류협력에 직·간접적인 영향을 미치고 있다.

2. 남한 법제 개관 및 개선 과제

1) 남북교류협력법

(1) 법률의 제·개정

'남북교류협력법'은 1990년 8월 1일 법률 제4239호로 제정·시행되었다. 2005년 5월 31일 개정을 통해 남북 간의 교류와 협력에 대한 법적·제도적 지원을 강화하기 위하여 남·북한 왕래, 북한 주민 접촉, 교역 및 협력 사업 등의 절차를 간소화하고, 남한과 북한 간의 거래가 민족내부거래임을 명시하는 한편, 남·북한방문증명서 발급 결정의 취소 사유와 협력 사업의 승인 요건 등 국민의 권익을 제한하는 사항을 법률에서 규정하였다. 2009년 5월 28일 개정에서는 북한으로부터 남한으로 오는 자 중 전염병에 감염되었거나 감염이 의심되는 자와 전염병균의 병원체에 오염되었거나 오염이 의심되는 물건을 소지한 자는 국립검역소장 또는 보건소장에게 신고하도록 하는 규정을 삭제하였다. 현행 법률인 2014년 3월 11일 개정 법률에서는 벌금액을 징역 1년당 1000만 원의 비율로 개정함으로써 벌금형을 현실화하였다.

(2) 법적 성격과 주요 내용

'남북교류협력법'은 남북한 간의 교류와 협력에 대한 법적 근거를 제공한 점에서 실체법적 성격을 갖는다고 해야 할 것이나 주된 내용이 교류와 협력의 일정한 절차와 방법을 규정하고 있다는 점에서 절차법적 성격이 강하다. 법적 성격과 관련하여 또 다른 논란 중 하나가 이 법이 교류 촉진법인지 아니면 교류 규제법인지에 대한 것이다. 교류 촉진법이라고 보는 견해는 이 법의 제정 목적이 법 제1조(목적)에서 밝히고 있는 바와 같이 기본적으로 남북 교류협력을 촉진하기 위해 제정된 것이라는 점을 주된 근거로 들고 있다.

반면 교류 규제법적 성격을 갖는다고 보는 견해는 이 법의 상당 부분이 교류를 촉진하는 규정보다는 북한 주민 접촉, 협력 사업, 물자 반출입 등에 대한 신고나 승인 등과 같이 대부분 규제를 중심으로 하고 있다는 점을 들고 있다. 이 법이 남북한 간의 교류와 협력에 대한 법적 근거를 제공함과 동시에 이를 촉진하기 위해 제정된 것은 틀림없으나, 무제한의 교류와 협력을 인정할 수 없는 남북한 간의 현실적 필요성에 입각하여 일정 범위 내에서만 교류와 협력을 할 수 있도록 규제하고자 하는 데도 그 목적이 있음을 부인할 수 없다. 따라서 이 법은 남북 교류와 협력에 대한 촉진법으로서의 성격과 규제법으로서의 성격을 모두 지닌다고 보아야 할 것이다.[11]

법의 주요 내용을 보면 남북한의 왕래, 접촉, 교역, 협력사업 등의 남북교류 및 협력을 목적으로 하는 행위는 동 법률의 목적 범위에서 다른 법률에 우선해서 동법이 적용된다(제3조). 정부는 통일부 장관을 위원장으로 하는 남북교류협력추진협의회를 구성해 남북교류 및 협력에 관한 정책과 중요 사항을 심의, 의결한다(제4~6조). 남북한의 주민이 상대방 지역을 방문하려면 통일부 장관의 방문승인을 받아 발급받은 방문증명서가 있어야 하며, 만약 거짓으로 방문승인을 받거나 국가안전보장, 질서유지, 공공복리를 해칠 명백한 우려가 있을 경우에 방문승인을 취소할 수 있다(제9조). 남한의 주민이 북한의 주민과 회합·통신, 그 밖의 방법으로 접촉하려면 통일부 장관에게 미리 신고하여야 한다(제9조의 2).

남북 간의 거래는 기본적으로 국가 간의 거래가 아닌 민족내부의 거래로 보며(제12조), 물품의 반입·반출을 위해서는 물품의 품목, 거래형태, 대금결제 방법 등에 대해 통일부 장관의 승인을 받아야 한다(제13조). 남북 간의 협력사업을 하려는 자는 실현 가능하고, 남북 간의 분쟁 사유가 없으며, 이미 시행 중인 협력사업과 심각한 경쟁을 일으키지 않는 등의 요건을 갖추어 통일부 장관의 승인을 얻어야 한다(제17조). 남북 간에 선박·항공기·철도·자동차 등을 운행하려는 자 역시 통일부 장관의 승인을 얻어야 하며(제20조), 수송장비와 그 승무원은 '출입국관리법'의 관련 규정을 준용한다(제21조). 정부는 남북교류 및 협력 증진을 위해 교류 및 협력사업자에게 보조금을 지급할 수 있고(제24조), 해당 사업자·법인·단체에게 남북교류 및 협력 촉진에 필요한 업무를 위탁할 수 있다(제25조). 승인을 받지 않고 북한을 방문하거나 물품을 반출·반입하는 등 위법을 저지른 경우에는 3년 이하의 징역 또는 3,000만 원 이하의 벌금에 처하는 등의 처벌규정을 두고 있다(제27조).

한편 실제로 남북한 주민 간의 방문이나 교역 등의 모든 행위를 제대로 규율하기 위해서는 우리 국민의 해외 출입국이나 무역을 하는 행위 등 외국과 관련된 모든 법률이 적용되어야만 한다. 하지만 북한은 국내법 조문상의 '외국'에 포함되지 않는다.[12] 그렇다고 외국과 관련

---

11   한명섭, 같은 책, 144~145쪽.

된 법에서 규정하고 있는 모든 내용을 '남북교류협력법'에서 규정하는 것도 입법 기술적으로 적절하지 않다. 이러한 문제를 해결하기 위한 것이 '남북교류협력법' 제26조(다른 법률의 준용)이다. 동 조에서는 우선 교역에 관하여 이 법에 특별히 규정되지 아니한 사항에 대하여는 대통령령으로 정하는 바에 따라 '대외무역법' 등 무역에 관한 법률을 준용하도록 하고 있다(제1항). 물품 등의 반출이나 반입과 관련된 조세에 대하여는 대통령령으로 정하는 바에 따라 조세의 부과·징수·감면 및 환급 등에 관한 법률을 준용하되, 다만 원산지가 북한인 물품 등을 반입할 때에는 「관세법」에 따른 과세 규정과 다른 법률에 따른 수입부과금(輸入賦課金)에 관한 규정은 준용하지 않도록 하고 있다(제2항). 그 밖에 남한과 북한 간의 투자, 물품 등의 반출이나 반입, 그 밖에 경제에 관한 협력사업과 이에 따르는 거래에 대하여는 대통령령으로 정하는 바에 따라 '외국환거래법', '외국인투자 촉진법', '한국수출입은행법', '무역보험법', '대외경제협력기금법', '법인세법', '소득세법', '조세특례제한법', '수출용원재료에 대한 관세 등 환급에 관한 특례법', 그 밖에 대통령령으로 정하는 법률을 준용하도록 하고 있으며(제3항), 제1항부터 제3항까지의 규정에도 불구하고 관계 행정기관의 장은 협의회의 의결을 거쳐 그 특례를 정할 수 있도록 하고 있다(제4항).

(3) 개선 과제

'남북교류협력법'은 몇 차례의 개정은 있었으나 제정 이후의 남북한 교류협력의 변화를 제대로 반영하지 못하고 있으며, 지나치게 광범위한 위임 규정, 경제협력사업, 사회문화교류, 인도적 지원 등 다양한 형태의 협력사업을 구분 없이 일괄 규율하고 있는 점 등이 문제점으로 지적되고 있다. 향후 장과 절의 구분을 통한 편성을 통해 협력사업의 내용에 따라 각 협력사업의 성격에 맞게 절차를 세분화하고, 제26조에서 준용하고 있는 법률의 준용 범위 등도 명확하게 할 필요가 있다.

한편, 동법 제2조(정의) 제4호에 의하면, 남북한의 협력사업의 주체는 남북한의 주민, 법인, 단체만을 규정하여 법인·단체의 범위에 지방자치단체가 포함되는지 논란이 되고 있으며, 지방자치단체를 포함하는 개념으로 개정하자는 개정 법률안이 계속 발의되고 있다. 이에 대해 통일부는 현행 '지방자치법' 제3조 제1항에 "지방자치단체는 법인으로 한다"라고 규정하고 있

---

12 외국과의 관계에서 사용되는 '출입국'을 '출입경'이라고 하고, '무역'을 '교역'이라고 용어를 달리 사용하는 것도 북한은 외국이 아니기 때문이다.

기 때문에 남북협력사업의 주체 범위에 지방자치단체가 포함된다고 볼 수 있고, 실질적으로 지방자치단체가 그동안 협력 사업을 실시하여 왔으므로 지방자치단체를 남북협력사업의 주체로 별도 명시할 실익이 크지 않다는 입장이다. 법리적으로 통일부의 해석이 맞다 하더라도 남북교류협력에 대한 지방자치단체 역할의 중요성을 강조하고, 불필요한 해석상의 논란을 불식시키기 위해서는 지방자치단체를 협력사업의 주체로 명시하고 협력사업 승인 요건도 다소 완화할 필요성이 있어 보인다.

통치행위 또는 고도의 정치적 행위 차원에서 이루어진 5·24 조치나 개성공단 가동 중단 조치와 같은 경협 중단 조치로 인해 발생한 문제점을 해결하기 위해서는 법률 자체에 그와 같은 조치를 할 수 있는 요건과 절차를 규정하여 통제함과 동시에 그로 인한 손실을 보상하도록 하는 규정을 신설할 필요도 있다.

2) 남북협력기금법

(1) 법률의 제·개정

'남북협력기금법'은 '남북교류협력법'에 따라 이루어진 남북한 상호 간의 교류와 협력을 지원하기 위해 1990년 8월 1일 법률 제4240호로 제정되어 1990년 9월 1일 시행되었다. 제정 이후 두 차례의 개정이 있었으며, 장과 절의 구분 없이 14개 조문과 부칙으로 구성되어 있다. 2009년 5월 28일 개정에서는 법 문장을 이해하기 쉽게 정비하고, 기금사용의 투명성을 제고하기 위하여 남북협력기금의 지원 등을 받고자 하는 자 및 기금을 사용한 자는 기금사용 계획 및 기금사용 결과를 각각 통일부 장관에게 보고하도록 의무화하였다. 2010년 3월 26일 개정에서는 남북협력기금의 용도에 교역 및 경제 분야 협력사업 추진 중 남북 관계 경색 등 기업경영 외적인 문제로 인한 손실보조 또는 보험 항목을 추가하였다(제8조 제4호).

(2) 제정 취지 및 주요 내용

'남북협력기금법'은 남한 주민이 북한과의 교역 및 경제 분야 협력 사업 등을 수행하는 데 소요되는 자금을 지원하기 위하여 제정된 법이다.

기금은 정부 및 정부 외의 자의 출연금, 장기차입금, 공공자금 관리기금으로부터의 예수금, 남북협력기금의 운용 수익금 등으로 조성한다(제4조). 통일부 장관은 기금의 재원을 마련하기 위하여 필요하면 기금의 부담으로 다른 기금, 금융기관 등으로부터 자금을 장기 차입할 수 있다(제5조).

기금은 통일부 장관이 운용·관리하며, 대통령령으로 정하는 바에 따라 기금의 운용·관리에 관한 사무를 금융기관에 위탁할 수 있도록 하여 현재 한국수출입은행장에게 위탁하였으며, 기금의 운용·관리와 관련하여 중요사항(기금의 운용·관리에 관한 기본정책, 기금운용계획, 결산보고 사항, 그 밖에 통일부 장관이 필요하다고 인정하는 사항)은 남북교류협력 추진협의회의 심의를 거쳐야 한다(제7조). 기금은 남북한 주민의 왕래에 필요한 비용, 문화·학술·체육 분야 협력사업에 필요한 자금, 교역 및 경제 분야 협력사업을 촉진하기 위한 남한 주민에 대한 자금지원 또는 융자, 기금의 조성과 운용, 관리에 필요한 경비 등의 용도로 쓰인다(제8조).

기금을 사용하려는 자는 기금사용 계획을, 기금을 사용한 자는 기금사용 결과를 각각 대통령령으로 정하는 바에 따라 통일부 장관에게 보고하여야 하여야 하며, 통일부 장관은 기금을 사용하는 자가 해당 기금지출 목적 외의 용도에 사용하였을 때에는 지출된 기금의 전부를 환수할 수 있다(제11조).

(3) 개선 과제

'남북협력기금법'의 개선 과제는 개정 법률안을 보면 대강을 알 수 있는데, 제20대 국회에 발의된 개정 법률안의 내용을 보면 주로 기금의 용도 및 경협보험과 관련되어 있다. 이를 구체적으로 살펴보면 기금의 남북협력기금을 문화·학술·체육 분야 협력사업의 발굴 및 기반을 조성하기 위한 기초 연구·조사 및 교육사업에도 사용할 수 있도록 하자는 개정안(박미경 의원), 관광, 보건의료, 환경 및 자연재해 분야의 협력사업을 추가하자는 개정안(송갑석 의원), 환경 분야를 포함하자는 개정안(한정애 의원, 최경환 의원), 지방자치단체의 교류사업에 필요한 자금의 전부 또는 일부를 지원할 수 있도록 하자는 개정안(우상호 의원, 홍익표 의원), 평화통일 기반조성사업과 이산가족 교류사업 등도 포함하자는 개정안(김철민 의원) 등이 있다.

그 밖에 남북협력기금의 목적에 통일 이후 남북한 간의 안정적 통합 지원을 추가하고, 이에 따라 기금의 명칭도 '남북협력 및 통일기금'으로 변경하자는 개정안(최경환 의원), 통일부 장관은 기금의 운용·관리에 관한 사무를 금융기관 이외에 공공기관의 운영에 관한 법률에 따른 기금관리형 준정부기관에도 위탁할 수 있도록 하자는 개정안(박선숙 의원), 제8조의 경협보험과 관련하여 경영 외적인 사유로 인하여 사업이 중단된 경우 사업을 정상적으로 영위하였다면 얻을 수 있을 것으로 기대되는 이익에 대하여는 기금에서 바로 보상할 수 있도록 보상 범위를 확대하자는 개정안(이인영 의원), 보상 범위에 투자자산의 손실 외에 통상적인 영업이익도 포함하자는 개정안(추혜선 의원)이 있다.

3) 남북관계발전법

(1) 법률의 제·개정

'남북관계발전법'은 2005년 12월 29일 법률 제7763호로 제정되어 2006년 6월 30일부터 시행되고 있으며 4개 장, 23개 조문과 부칙으로 구성되어 있다. 2014년 5월 20일 개정 시 남북관계발전기본계획을 국무회의 심의사항으로 규정하였다(제13조). 현행 법률인 2018년 3월 13일 개정(2018년 9월 14일 시행)에서는 남북 관계 발전의 필요성에 대한 다양한 홍보 방안을 마련하고 남북 관계 발전에 대한 국민참여 사업을 개발·시행하도록 하는 한편(제12조의2), 남북관계발전 기본계획과 연도별 시행계획의 국회보고 시점을 정기국회 개회 전까지로 명확히 규정하고, 동 계획의 주요사항이 변경된 경우 변경 후 30일 이내 그 내용을 국회에 보고하도록 하였다(제13조 제5항).

(2) 제정 취지 및 주요 내용

'남북관계발전법'은 남북 관계가 급속히 발전함에 따라 대북정책의 법적 기초를 마련할 필요성이 증대되고 있으며 특히 남북 간 합의서에 법적 실효성을 부여함으로써 남북 관계의 안정성과 일관성을 확보하는 것이 중요한 과제가 되고 있어, 남한과 북한 간의 기본적인 관계, 국가의 책무, 남북회담 대표의 임명과 남북합의서의 체결·비준 등에 관한 사항을 규정함으로써 대북 정책이 법률적 기반과 국민적 합의 아래 투명하게 추진되도록 하기 위해 제정된 법률이다. '남북교류협력법'이 민간 차원의 교류협력에 관한 절차를 규정한 절차법이라면 '남북관계발전법'은 남북한의 기본적 관계와 당국 차원의 대북 협상 및 합의 등에 대해 규율한 법으로서 실체법적 성격이 강하다.

주요 내용을 살펴보면 우선 1992년 「남북기본합의서」 내용과 같이 남북 관계는 국가 간의 관계가 아닌 통일을 지향하는 과정에서 잠정적으로 형성되는 특수관계로, 남북 간 거래는 국가 간 거래가 아닌 민족내부의 거래임을 명시하고 있다(제3조). 남북 관계 발전을 위한 정부의 책무로 한반도 평화증진, 남북경제공동체 구현, 민족동질성 회복, 인도적 문제 해결, 북한에 대한 지원, 국제사회에서의 협력증진을 명시하고, 정부는 위 책무를 이행하기 위하여 필요한 재원을 안정적으로 확보하기 위하여 노력하도록 규정하고 있다(제6~12조). 통일부 장관은 남북 관계 발전의 중·장기적인 비전제시를 위해 5년마다 남북관계발전위원회 심의 및 국무회의 심의를 거쳐 남북관계발전기본계획을 수립하도록 하되, 특히 예산이 수반되는 기본계획은 국회의 동의를 얻어야 한다(제13조). 기본계획과 그 밖에 남북 관계 발전을 위한 중요사항을 심의하기 위하여 통일부에 통일부 장관을 위원장으로 하는 남북관계발전위원회를 설치하여 운영하도록 하고 있다(제14조).

법 제정 전에 명확한 법적 근거 없이 이루어지던 남북회담대표와 대북특별사절의 임명 절차에 관한 규정을 두고 있으며(제15조), 남북 관계의 발전을 위해 필요한 경우 공무원을 일정기간 북한에 파견하여 근무할 수 있도록 하고 있다(제16조).

제3장에서는 남북합의서에 관한 규정을 두고 있는데, 대통령은 남북합의서를 체결·비준하며, 통일부 장관은 이와 관련된 대통령의 업무를 보좌한다. 대통령은 남북합의서를 비준하기에 앞서 국무회의의 심의를 거쳐야 하며, 국가나 국민에게 중대한 재정적 부담을 지우는 남북합의서 또는 입법 사항에 관한 남북합의서의 체결·비준에 대해 국회 동의를 받아야 한다. 다만 대통령이 이미 체결·비준한 남북합의서의 이행에 관하여 단순한 기술적·절차적 사항만을 정하는 남북합의서는 남북회담대표 또는 대북특별사절의 서명만으로 발효시킬 수 있다(제21조). 국회의 동의 또는 국무회의의 심의를 거친 남북합의서는 '법령 등 공포에 관한 법률'의 규정에 따라 대통령이 공포한다(제22조). 남북합의서는 남한과 북한 사이에 한하여 적용하며, 대통령은 남북관계에 중대한 변화가 발생하거나 국가안전보장, 질서유지 또는 공공복리를 위하여 필요하다고 판단될 경우에는 기간을 정하여 남북합의서의 효력의 전부 또는 일부를 정지시킬 수 있으며, 이 경우 국회의 체결·비준 동의를 얻은 남북합의서에 대하여는 국회의 동의를 얻어야 한다(제23조). 한편, 부칙에서는 동법 시행 전에 국회의 동의를 받아 체결·비준한 남북합의서는 이 법에 의한 남북합의서로 보도록 규정함으로써 법 시행 전에 이미 국회 동의를 받은 13개 남북경협 관련 합의서도 동법의 남북합의서에 포함되도록 하였다.

(3) 개선 과제

동법의 제정 취지와는 달리 남북합의서의 정의에 대한 문제, 남북합의서 체결 절차와 관련된 헌법과의 문제, 국회 비준 동의 대상 합의서, 공포절차 등에 관한 문제 등 남북합의서와 관련된 여러 가지 법제 문제가 제기되어 오히려 혼란을 가중한 측면이 있다. 제20대 국회에 발의된 법률 개정안을 보면 남북합의서의 정의 규정을 개정하여 법적 구속력 있는 합의서로 제한하고, 체결·비준 및 공포의 절차적 근거를 「대한민국헌법」에 둠으로써 남북합의서의 국내법적 효력의 발생 근거를 명확히 하자는 개정안(임종성 의원), 남북합의서 효력 전부 또는 일부를 정지할 수 있는 요건을 강화하고, 국회 비준 동의 대상에 평화 정착 및 유지에 관한 남북합의서도 포함하자는 개정안(이인영 의원), 정부가 남북합의서의 체결·비준에 대하여 국회에 동의를 요청할 때, 관련 사업의 비용추계서 및 법률의 제·개정 사항 등을 함께 제출하도록 하며, 남북합의서 공포 후 6개월마다 관련 사업의 이행 상황을 평가하고 그 결과를 국회에 보고하도록 함으로써 국민의 합의를 바탕으로 민주적 통제 아래 남북합의서가 체결·비준될 수 있도록 하자는 개정안(김재경 의원) 등이 있다.

그 밖에 법률에 정경분리원칙을 명문화함으로써 안정적이고 공고한 남북경제협력의 틀을 구축하자는 개정안(송갑석 의원), 연도별 남북관계발전기본계획 수립 후 다시 기본계획 및 시행계획에 반영하도록 하는 규정 추가 및 기본계획 및 시행계획의 수립을 위한 실태조사 규정을 추가하여 기본계획 및 시행계획의 내실화를 제고하자는 개정안(설훈 의원), 기본계획 수립 단위를 10년으로 늘려 대북정책 일관성이 유지될 수 있도록 하고, 통일을 대비하기 위한 전문 인력은 비단 공무원의 전문성 배양만으로는 부족한 측면이 있기 때문에 정치, 법제, 사회, 문화 등 전 영역에 걸쳐 통일행정 전문 인력이 양성될 수 있도록 하자는 개정안(김철민 의원), 남북관계발전기본계획 수립 시 정부, 지방자치단체 및 민간 차원의 남북 교류협력에 관한 사항을 구분하여 작성하도록 하고, 통일부 장관이 연도별 시행계획을 수립할 때에 지방자치단체의 장과도 협의하도록 하며, 남북관계발전위원회의 구성에 있어 관계 특별시장, 광역시장, 특별자치시장·도지사 및 특별자치도지사를 위원으로 포함하도록 하자는 개정안(홍익표 의원), 제2장 '남북관계발전과 정부의 책무'에 빠져 있는 체육 및 학술 분야, 보건·의료 분야를 추가함으로써 남북관계 발전의 범위를 넓히자는 개정안(박선숙 의원), 정부의 책무에 평화통일에 대비한 전문가 양성 및 국민적 합의를 바탕으로 하는 통일 방안을 마련하며, 이에 필요한 대국민 홍보 및 교육사업을 개발·시행할 것을 규정하는 한편, 남북관계발전기본계획에 통일 기반 조성을 위한 부처 간 협의체 운영에 관한 사항을 포함하여, 평화통일에 대비한 기본법적 성격을 강화하자는 개정안(박정 의원) 등이 있다.

4) 개성공업지구지원법

(1) 법률의 제·개정

'개성공업지구지원법'은 2007년 5월 25일 법률 제8484호로 제정되어 2007년 8월 26일부터 시행되었다. 타 법 개정을 제외하면 현행 법률인 2014년 1월 21일 개정을 포함하여 총 3회 개정되었으나 5개 장, 20개 조문 및 부칙으로 구성되어 있다.

2010년 3월 26일 개정(2010년 9월 27일 시행)에서는 정부의 위원회 정비계획에 따라 남북교류협력추진협의회 등의 기능과 중복되는 개성공업지구개발지원대책협의회를 폐지하고, 남북 당국의 조치에 의하여 통행이 상당 기간 차단되거나 개성공단 사업이 상당 기간 중단되는 경우 대통령령으로 정하는 바에 따라 필요한 조치를 할 수 있도록 하였다. 또한 통일부 장관은 개성공업지구 현지 기업과 이에 고용된 남한 주민이 안전하게 출입·체류할 수 있도록 하기 위하여 필요한 교육을 실시하도록 하고, 안전에 직접적이고 심대한 영향을 미칠 수 있는 정보를 확인한 때에는 현지기업과 남한 근로자에게 이를 신속하게 통지하도록 하였으며, 개성공업지구의 개발 및 개성공업지구 현지기업의 안정적인 사업을 지원하기 위하여 통일부에 담당 기구를 두도록 하였다.

2013년 8월 13일 개정(시행 2013년 11월 14일)에서는 개성공단 사업 중단 등의 경우에 신속한 사업 정상화를 위하여 개성공업지구 투자기업에 대한 정부지원 시 투자기업의 의견을 청취하여 반영하도록 하고, 관련 실태조사를 실시하여 지체 없이 국회에 보고하도록 하였다.

2014년 1월 21일 개정(2014년 7월 22일 시행)에서는 순수한 국내 법인 외에 외국인이 출자하거나 출연한 법인이 개성공업지구 현지 기업을 설립하는 때에도 정부의 행정적·재정적 지원이 가능하도록 하고, 개성공단 투자기업이 생산시설을 국내로 이전하거나 대체 생산시설을 설치할 경우에 '중소기업진흥에 관한 법률'에 따른 중소기업 창업 및 진흥기금을 우선 지원하거나 '국가균형발전 특별법'에 따른 재정적 사항에 관한 지원을 우선적으로 실시할 수 있도록 하였다.

(2) 제정 취지 및 주요 내용

'개성공업지구지원법'은 남북경제협력의 대표적 모델이자 한반도 평화의 상징으로서 북한의 개혁과 개방을 이끌어내고 민족경제공동체 형성에 기여할 것으로 기대되는 개성공업지구의 개발과 운영을 지원하고, 개성공업지구에 투자하거나 출입·체류하는 남한 주민을 보호·지원하기 위해 제정된 법률이다.

주요 내용을 살펴보면 우선 개성공업지구에 대한 지원 및 왕래와 교역에 관하여는 동법을 우선 적용하도록 하고 있다(제5조). 정부는 개성공업지구를 국제적인 공업지구로 육성·발전시키기 위한 시책을 수립·시행하고, 필요한 지원방안을 강구하여야 하며, 개성공업지구의 개발과 기업의 경영활동이 경제 원리와 기업의 자율성을 바탕으로 일관되게 추진될 수 있도록 여건을 조성하고 이를 지원하기 위하여 노력하여야 한다. 또한 남북한 주민의 복리 증진과 산업안전을 위한 시책을 수립·시행하며, 환경친화적인 공업지구로 조성될 수 있도록 지원하고, 민족내부거래의 원칙과 관행에 맞게 정착·발전시키고 이를 국제사회로부터 인정받기 위하여 노력하여야 한다(제3조).

제2장 '개발과 투자의 지원'에서는 국내 산업과 기업에 대한 각종 지원 법률을 개성공업지구 및 현지기업에 대해 적용하도록 하고 있다. 개성공업지구를 '산업입지 및 개발에 관한 법률'에 따른 국가산업단지로 보며(제6조), 개성공업지구 현지기업에 대하여 '중소기업진흥에 관한 법률'에서 규정한 중소기업창업 및 진흥기금을 사용할 수 있도록 하고 있다(제7조). 그 밖에 현지기업 지원을 위해 '한국산업안전공단법', '환경정책기본법', '에너지이용 합리화법', '집단에너지사업법', '신에너지 및 재생에너지 개발·이용·보급촉진법', '남북협력기금법'을 적용할 수 있도록 하고 있다(제8~11조). '외국인투자 촉진법'상의 외국인투자기업이 개성공업지구 현지기업을 설립하는 경우에도 '남북협력기금법'에 의한 지원이 가능하며, 법 제7조부터 제11조까지에 따른 행정적·재정적 지원을 할 수 있다. 또한 이들 외국인투자기업에 대한 지원업무를 종합적으로 수행하기 위하여 개성공업지구지원재단에 개성공업지구 외국인투자지원센터를 두고, 센터의 조직·운영에 관하여는 '외국인투자 촉진법' 제15조를 준용하도록 하고 있다(제11조의2). 또한 기타 다른 법률이 정하고 있는 인력·기술개발, 교육훈련, 경영혁신 및 안정, 수출촉진 등을 위한 기업지원제도는 대통령령으로 정하는 바에 따라 개성공업지구에 적용할 수 있도록 하고 있다(제12조).

개성공업지구 투자기업에 대하여도 경영정상화 지원, 남북협력기금 지원 및 중소기업창업 및 진흥기금 지원, 투자기업의 이전 또는 대체시설 설치에 대한 지원 등을 할 수 있다(제12조의2~6). 개성공단 출입 체류자에 대하여도 사회보험에 관한 법률이 적용되며(제13조), 개성공업지구에 설립한 의료시설은 '의료법' 제3조의 의료기관 및 '국민건강보험법' 제40조의 요양기관으로 보고, 개성공업지구에 출입·체류하는 남한 주민이 위 의료시설에서 의료행위를 받은 때에는 '국민건강보험법'에 따른 요양급여를 실시하도록 하고 있다(제14조). 개성공업지구 현지기업과 남한 근로자에 대하여 근로조건에 관한 법률인 '근로기준법', '최저임금법', '근로자퇴직급여 보장법', '임금채권보장법', '노동조합 및 노동관계조정법'을 적용한다(제15조). 개성공업지구에 투자한 남한 주민에게 필요한 경우에는 '조세특례제한법'으로 정하는 바에 따라 조세를 감면할 수 있으며(제16조), 개성공업지구의 왕래 및 교역에 대하여 절차 간소화에 관한 특례를 정할 수 있다(제17조). 개성공업지구 관리기관은 개성공업지구의 관리·운영을 위하여 필요한 범위 내에서 법인으로서의 능력을 부여하고, 정부가 개성공업지구 관리기관에 자금, 인력, 물품 등의 지원을 할 수 있도록 하고 있다(제18조). 또한 정부는 개성공업지구의 개발 및 운영을 지원하기 위하여 개성공업지구지원재단을 설립·운영하며(제19조), 공무원 또는 공무원이 아닌 자를 일정 기간 북한에 파견하여 개성공업지구 관리기관 등에 근무하게 할 수 있다(제20조).

(3) 개선 과제

제20대 국회에 발의된 '개성공업지구지원법'에 대한 개정 법률안으로는 남북 당국의 조치에 의하여 통행이 상당 기간 차단되거나 개성공단 사업이 상당 기간 중단되는 등의 사유로 개성공업지구 투자기업이 생산시설을 국내로 이전하거나 대체 생산시설을 설치하려는 경우 '남북협력기금법'에 따른 남북협력기금도 우선 지원할 수 있도록 하자는 개정안(박정 의원)이 있다. 향후 남북관계 개선에 따라 북한 지역에 개성공업지구와 같은 남북경제협력지대가 추가로 설치될 경우에 대비해서는 개성공업지구만을 전제로 한 이 법을 남북경제협력지대 전반에 적용할 수 있도록 '남북경제협력지대 지원에 관한 법률'로 변경할 필요가 있다.

3. 북한 법제 개요 및 개선 과제

1) 북한의 외국인투자법제와 남북교류협력 법제의 구별

남북한 경제협력사업과 관련한 북한 법체계와 관련하여 국내에서 많은 오인을 하는 것 중 하나가 북한의 외국인투자법제에 관한 것이다. 국내법 체계에서 북한이 '외국'에 포함되지 않는 것과 마찬가지로 북한 법체계에서도 남한은 '외국'이 아니다. 그런데도 국내에서는 많은 사람이 남한 기업이나 주민이 북한의 외국인 투자법제에 따라 북한에 투자할 수 있는 것으로 오인하고 있다. 그러나 북한 법체계상 외국과 남한은 엄격히 구분된다. 현재 북한의 대외투자 관련 법제는 〈표 10-1〉과 같이 외국인을 대상으로 한 외국투자법제와 남한 기업과 주민을 대상으로 한 북남경제협력법제로 구분된다. 이러한 구분은 각 해당 법률의 투자가나 개발자에 관한 규정을 보면 알 수 있다. 북한이 발간한 투자 관련 자료에 의하더라도 남한 기업가들의 투

| 표 10-1 | 북한의 대외투자 관련 법체계

외국인(다른 나라 법인과 개인 및 해외동포)					남측동포(법인+개인)	
외국인투자법(기본법)					기본법	경제특구법
외국투자기업 창설운영제도	외국투자기업 외국인 세금제도	특수경제 지대관리 운영제도	부동산 임대제도	분쟁해결 기업해산 파산제도	북남경제 협력법	금강산 관광지구법 (폐지)
합영법 합작법 외국인 기업법	외국투자 기업법 외국인 세금법	라선경제 무역지대법 위화도·황금 평경제지대법 경제개발구법	토지임대법	대외경제 중재법 외국인투자 기업파산법		개성공업 지구법

금강산국제관광특구법(2011)

주: 개성공업지구와 금강산관광지구에도 외국인과 해외동포의 투자가 가능하지만 남북공동협력사업이라는 점을 고려하여 남한을 대상으로 한 경제특구 법제로 분류한 것이다.

자 관계는 '외국인투자관계법'에서 규제하지 않고 북남경제협력 관련 법규들이 따로 규제한다고 소개하고 있다.[13]

따라서 현재 남한 기업이나 주민이 북한 지역에 진출할 경우에 적용되는 북한 법으로는 기본법인 '북남경제협력법'과 경제특구인 '개성공업지구법' 및 현재는 폐지된 '금강산관광지구법'과 이를 대체한 '금강산국제관광특구법'뿐이다. 대표적인 북한의 경제특구인 나선경제무역지대와 황금평·위화도경제지대는 2010년에 중국과 공동개발 약정을 한 후 2011년에 '나선경제무역지대법'을 개정하고, '황금평·위화도경제지대법'을 제정하여 시행하고 있다. 이 각 경제특구법의 투자당사자에는 '남측 동포'를 포함하고 있지 않다. 김정은 체제에서 제정한 '경제개발구법'을 보아도 제5조(투자가에 대한 특혜) 제1항에서는 "다른 나라의 법인, 개인과 경제조직, 해외동포는 경제개발구에 투자할 수 있으며 기업, 지사, 사무소 같은 것을 설립하고 경제활동을 자유롭게 할 수 있다"라고 규정하고 있고, 제20조(개발당사자)도 "다른 나라 투자가는 승인을 받아 경제개발구를 단독 또는 공동으로 개발할 수 있다. 우리나라의 기관, 기업소도 승인을 받아 경제개발구를 개발할 수 있다"고 규정하고 있다. 남한 주민(남측동포)을 개발업자와 투자가의 범위에 포함시키고 있지 않은 것이다. 북한 조선대외경제투자협력위원회가 2016년에 발간한 『조선민주주의인민공화국 투자안내』에서도 '경제개발구법'을 북한의 주요 외국투자관계법 중 하나로 소개하고 있다.[14] 이는 북한의 입법기술상의 문제가 아니라 체제 유지를

---

13 정철원, 『조선투자법안내: 310가지 물음과 답변』(평양: 법률출판사, 2007), 60쪽.

위해 남한 자본을 경계하는 의도적인 입법으로 보아야 한다. 따라서 북핵 문제가 해결되어 국제사회의 제재가 상당한 수준으로 완화되거나 해제되더라도 남한 자본의 투자는 매우 제한적일 수 있다. 적어도 우리가 북한 경제개발구에 개발 당사자나 투자가로 진출하고자 한다면 북한 당국에 '경제개발구법' 개정에 대한 의사를 타진해 볼 필요가 있다.

2) 북남경제협력법 개관[15]

(1) 법 제정 및 목적

북한은 남한의 '남북교류협력법'과 같이 남북한 간의 교류협력에 관한 일반법의 제정 없이 2002년 '개성공업지구법'과 '금강산관광지구법'을 먼저 제정하여 시행하여 오다가 2005년 7월 6일 최고인민회의 상임위원회 정령 제1182호로 '북남경제협력법'을 제정하였다. 그러나 이 법은 '남북교류협력법'과 같이 남북 사이의 모든 교류와 협력을 규율하는 법이 아니라 '경제협력' 분야에만 적용되는 법이다. 하지만 개성공업지구와 금강산관광지구와 같이 한정된 지역과 협력 사업에만 적용되는 특별법이 아니라 남북한 경제협력 사업 전반에 적용되는 일반법 제정이라는 점에서 나름대로 상당한 의미가 있는 것으로 평가된다.

동법 제1조(북남경제협력법의 사명)에서는 제정 목적을 "남측과의 경제협력에서 제도와 질서를 엄격히 세워 민족경제를 발전시키는데 이바지한다"고 명시하고 있다.

(2) 주요 내용

북남경제협력에는 북과 남 사이에 진행되는 건설, 관광, 기업경영, 임가공, 기술교류와 은행, 보험, 통신, 수송, 봉사업무, 물자교류 같은 것이 속한다(제2조). "같은 것이"라는 표현으로 보면 제2조의 각종 경제협력 분야는 예시적인 것으로 해석된다. 다만 사회의 안전과 민족경제의 건전한 발전, 주민들의 건강과 환경보호, 민족의 미풍양속에 저해를 줄 수 있는 대상의 북남경제협력은 금지하고 있다(제8조).

동법은 남한과 경제협력을 하는 북한의 기관, 기업소, 단체에 적용되고, 북한과 경제협력을 하는 남한의 법인, 개인에게도 적용된다(제3조). 장소와 관련해서는 북측 또는 남측 지역에

---

14 조선대외경제투자협력회원회 편찬, 『조선민주주의인민공화국 투자안내』(평양: 외국문출판사, 2016), 23쪽.

15 북한 경제협력법의 구체적인 내용과 분석은 법무부, 『북남경제협력법 분석』(과천: 법무부, 2012) 참고.

서 하고 합의에 따라 제3국에서도 가능하다(제9조).

북남경제협력은 "전 민족의 리익을 앞세우고 민족경제의 균형적 발전을 보장하며 호상존중과 신뢰, 유무상통의 원칙"하에 진행하며(제4조), 당국사이의 합의와 해당 법규, 그에 따르는 북남당사자사이의 계약에 기초하여 직접거래의 방법으로 한다(제7조).

북남경제협력에 대한 통일적인 지도는 중앙민족경제협력지도기관이 담당한다. 동 지도기관의 임무로는 북남경제협력계획안의 작성, 북남경제협력신청서의 접수 및 승인, 북남경제협력과 관련한 합의서·계약서의 검토, 북남경제협력에 필요한 노력의 보장, 북측지역에 있는 남측당사자와의 사업, 남측당사자의 북측지역 출입방조, 북남경제협력물자의 반출입 승인, 북남당사자 사이의 연계보장, 북측지역에서 생산한 제품의 원산지증명서 발급, 이밖에 정부가 위임하는 사업이다(제6조). 북남경제협력을 하려는 북측 또는 남측 당사자는 중앙민족경제협력지도기관이 정한 양식에 따라 신청서를 접수하여 승인을 받아야 한다(제10조, 제11조).

북남경제협력의 당사자가 남측 또는 북측지역에 출입할 경우에는 북남당국사이의 합의에 따르는 증명서를 소지하여야 하며, 수송수단에도 정해진 증명서가 필요하다(제13조). 북남경제협력 당사자 또는 해당 수송수단은 출입지점이나 정해진 장소에서 통행검사, 세관검사, 위생검역 같은 검사와 검역을 받아야 하며(제14조), 남측당사자는 출입사업기관의 승인을 받고 북측지역에 체류가 가능하다(제15조). 다만 출입 및 체류, 검역 등에 관한 구체적인 하위규정이 제정되지 않은 상태이다. 따라서 만일 '북남경제협력법'에 따라 경제협력 사업이 구체적으로 추진된다면 북한으로서는 북한의 일반법인 '출입국법', '세관법', '국경위생검역법', '국경동식물검역법'에 규정된 절차를 적용하거나 준용할 것으로 보인다. 하지만 다른 경제특구법이 제·개정되었을 경우에는 그와 관련된 하위규정들을 제정해 온 점에 비추어보면 북한 내에서 '북남경제협력법'을 실제로 적용하여 남북 경제협력 사업을 추진하고자 하는 의지가 별로 없는 것은 아닌지 의심된다.

북남당사자는 경제협력에 화폐재산, 현물재산, 지적재산 같은 것을 이용할 수 있으며, 투자재산은 북남투자보호합의서에 따라 보호된다(제16조). 북남투자보호합의서는 2000년 12월 16일 체결한 '남북사이의 투자보장에 관한 합의서'를 의미한다.

북한 지역에서 기업을 경영하는 남측 당사자는 북한주민을 근로자로 채용하여야 하며, 남한 주민이나 외국인을 채용하려면 중앙민족경제협력지도기관의 승인을 받아야 한다(제17조). 물건의 반출입 승인에 대해서도 중앙민족경제협력지도기관의 승인을 받아야 하며(제18조), 북남경제협력물자에는 관세를 부과하지 않는다. 다만 다른 나라에서 개성공업지구와 금강산관광지구에 들어온 물자를 그대로 북측의 다른 지역에 판매할 경우에는 관세를 부과할 수 있다(제19조).

북측지역에서 남측당사자의 세금납부, 동산 및 부동산 이용, 보험가입은 해당 법규에 따르되, 남북 당국사이의 합의가 있을 경우에는 그에 따른다(제20조). 북남경제협력과 관련한 결제업무는 정해진 은행이 하며, 결제방식은 북남당국사이의 합의에 따른다(제21조). 결제 방식과 관련해서는 2000년 12월 16일 체결한 '남북사이의 청산결제에 관한 합의서'가 있으며, 2003년 7월 제2차 남북경협 제도실무협의회에서 청산결제은행으로 남한의 한국수출입은행과 북한의 조선무역은행을 지정하였으나 그 이후 후속 절차가 제대로 진행되지 않아 청산결제 방식을 운용하지 못하고 있다.

기관, 기업소, 단체와 공민은 북측지역에서 남측당사자 또는 그 수송수단에 사고가 발생하였을 경우 제때에 구조하고 해당 기관에 통보하여야 한다(제22조). 당사자들은 북남경제협력과 관련한 비밀을 준수하여야 하며, 사업내용은 상대측 당사자와 합의 없이 공개할 수 없다(제23조). 북남경제협력에 대한 감독통제는 중앙민족경제협력지도기관과 해당 감독통제기관이 담당하며(제25조), 이 법을 어겼을 경우에는 정상에 따라 사업중지, 벌금부과 같은 행정적 책임을 지우고, 정상이 엄중할 경우에는 형사책임을 지울 수도 있다(제26조). 북남경제협력사업과 관련한 분쟁은 협의의 방법으로 해결하며, 협의의 방법으로 해결할 수 없을 경우에는 남북 사이에 합의한 상사분쟁해결절차로 해결할 수도 있다(제27조).

(3) 평가

'북남경제협력법'은 그 조문 수만 보아도 알 수 있는 바와 같이 매우 단순하고 기본적인 사항만으로 구성되어 있다. 대부분 규정도 지나치게 선언적·추상적이어서 관련 조문만으로는 북남경제협력 사업이 구체적으로 어떤 절차에 따라 진행되는지 파악하기 어렵고, 북한의 다른 법률이 어느 정도 보충적으로 적용될지도 알 수 없다. 공증기관, 검사 및 검역 기관, 감독통제 기관과 관련하여 실제 담당 기관 및 각 기관의 기본적인 업무 처리 절차 등에 관한 구체적인 규정과 체류 및 거주, 세금납부, 동산 및 부동산 이용, 보험가입 등에 적용될 '해당 법규'가 무엇인지도 불명확하다. 법 위반자에 대한 행정 및 형사처벌 규정도 지나치게 추상적이다.

남한의 '남북교류협력법'이 시행령과 시행규칙 등에 의하여 내용이 구체화되고, 외국과의 교류 및 협력에 적용되는 각종 법률이 준용되도록 한 것에서 알 수 있는 바와 같이 북한의 '북남경제협력법'도 북한 지역에서 진행되는 남북경제협력 사업에 실제로 적용이 되려면 수많은 하위규정과 시행세칙 및 보충 법률들이 필요하다. 그런데도 북한 당국은 '라선경제무역지대법'이나 '경제개발구법' 등과 같이 이 법의 하위규정들을 제정하지 않고 있다. 그렇다고 현재 남북한 당국 사이에 체결한 남북합의서만으로는 '북남경제협력법'의 미흡한 점을 모두 보충하기에는 역부족이다. 이와 같은 법제도 상황만을 본다면 과연 북한이 남북한 간의 경제협력 사업에 대한 의지가 있는지도 의문이다. 향후 북한 지역에서 남북경제협력이 구체적으로 추진되려면 동법의 하위규정과 시행세칙 등 추가 입법이 상당한 수준으로 이루어져야 할 것이다.

4. 남북경협합의서

1) 남북경협합의서 체결 현황

남북한 경제협력과 관련하여 체결된 주요 남북경협합의서 현황을 보면 〈표10-2〉와 같다. 이 중 2000년 12월 16일 체결된 남북경협 4개 합의서는 6·15 남북공동선언에서 합의된 남북경협의 활성화를 위해 안정적인 추진 토대를 구축하기 위한 제도적 장치로 2013년 8월

| 표10-2 | 주요 남북경협합의서 |

구분	남북한 간 합의서(체결 일자)
남북경협 4개 합의서	남북사이의 투자보장에 관한 합의서(2000.12.16) 남북사이의 소득에 대한 이중과세 방지합의서(2000.12.16) 남북사이의 상사분쟁해결절차에 관한합의서(2000.12.16) 남북사이의 청산 결제에 관한 합의서(2000.12.16)
개성공업지구 ·금강산관광 지구 관련 합의서 (10개)	개성공업지구 통신에 관한 합의서(2002.12.8) 개성공업지구 통관에 관한 합의서(2002.12.8) 개성공업지구 검역에 관한 합의서(2002.12.8) 개성공업지구와 금강산관광지구의 출입 및 체류에 관한 합의서(2004.1.29) 금강산관광활성화를 위한 남북실무접촉합의서(2008.2.5) 개성공단의 정상화를 위한 합의서(2013.8.14) 개성공단 남북공동위원회 구성 및 운영에 관한 합의서(2013.8.28) 개성공단 남북공동위원회 제2차 회의 공동발표문(2013.9.11) 개성공단 남북공동위원회 사무처 구성 및 운영에 관한 합의서(2013.9.11) 개성공단에서의 "남북상사중재위원회 구성·운영에 관한 합의서"이행을 위한 부속합의서(2013.9.11)
기타 관련 합의서 (5개)	남북 사이에 거래되는 물품의 원산지 확인절차에 관한 합의서(2003.7.31) 남북 상사중재위원회 구성·운영에 관한 합의서(2003.10.12) 남북사이 차량의 도로운행에 관한 기본합의서(2002.12.6) 남북사이의 열차운행에 관한 기본합의서(2004.4.13) 동·서해지구 남북관라구역 임시도로 통행의 군사적 보장을 위한 잠정합의서(2007.5.11)

20일 남북한 간의 문본 교환에 따라 발효되었다.[16]

2) 투자보장합의서의 주요 내용 및 개선 방안

「남북사이의 투자보장에 관한 합의서」(이하 「투자보장합의서」)는 전문과 12개조 및 부록(용어 대비표)으로 구성되어 있다. 「투자보장합의서」에 의해 보호되는 투자는 투자자의 투자자산을 의미하므로 투자의 개념은 투자자와 투자자산의 개념에 의해 정해진다. '투자자'는 일방의 지역에 투자하는 상대방의 법인 또는 개인을 의미하며, '투자자산'은 남과 북의 투자자가 상대방의 법령에 따라 그 지역에 투자한 모든 종류의 자산을 말한다(제1조). 남과 북은 각자의 법령에 따라 투자를 허가하고, 투자자산을 보호하며, 출입, 체류, 이동 등과 관련한 문제를 호의적으로 처리하고 상대방 투자자의 자유로운 경영활동을 보장하도록 하고 있다(제2조). 상대방의 투자자와 그의 투자자산, 수익금, 기업활동에 대하여는 다른 나라 투자자에게 주는 것과 같거나 더 유리한 대우를 하도록 하여 최혜국 대우 원칙을 명시하고 있다(제3조). 통상의 투자보장합의서에 명시되어 있는 내국민대우 원칙은 남북한의 특수관계 등을 고려하여 포함하지 않았다. 상대방 투자자산에 대하여는 수용하거나 재산권을 제한하지 못하는 것을 원칙으로 하며, 예외적으로 공동의 목적을 위해 수용을 할 경우에는 자기 측 투자자나 다른 나라 투자자와 차별하지 않는 조건으로 합법적으로 신속하고 충분하며 효과적인 보상을 해주어야 한다(제4조). 투자와 관련된 모든 자금에 대해서 자유태환성통화로 지체없고 자유로운 송금을 보장하고 있다(제5조). 일방의 투자자와 타방 당국 간의 분쟁은 협의의 방법으로 해결하며, 협의에 의해 해결되지 않을 경우는 남북 합의에 의해 구성되는 남북상사중재위원회에 제기하여 해결하도록 하였다(제7조). 일방의 법률과 국제협정이나 계약에 따라 타방의 투자자에게 부여하는 대우가 이 합의서에 의하여 부여되는 대우보다 유리할 경우에는 그 유리한 대우 조항이 합의서보다 우선하도록 하였다(제8조). 남북은 상호 투자와 관련하여 제정 또는 수정·보충되는 법령 및 기타 상대방이 요청하는 투자자료를 제공하여야 한다(제9조). 합의서는 일방이 폐기 의사를 서면으로 통지하지 않는 한 계속 효력을 가지며, 폐기통지는 통지한 날부터 6개월 후에 효력이 발생하는데, 효력기간 안에 투자된 자산은 합의서의 효력이 없어진 날부터 10년간 합의서

---

16 나머지 경협합의서의 개선 방안에 대해서는 이 책 제12장 개성공업지구 법제 개요 및 법적 과제, 제14장 금강산관광사업 재개를 위한 법적 과제, 제15장 북한 체류 남한 주민의 신변안전보장 방안 등 참고.

제1조부터 8조에 규정된 보호와 대우를 받도록 하였다(제12조).

「투자보장합의서」는 일반 국가 간에 체결되는 양자 간 투자협정(Bilateral Investment Treaty: BIT)과 같은 것이다. 2018년 7월 현재 남한은 총 98개국과 투자협정을 체결하였고, 이 중 88개가 발효된 상태이다.[17] 협정 체결 건수로는 2015년 말 기준 세계 11위에 이른다. 2014년 말 기준으로 북한이 투자장려 및 보호협정을 체결한 국가는 27개국이다.[18] 「투자보장합의서」를 통상의 양자 간 투자협정, 특히 「한중투자보호협정」 및 「북중투자보호협정」과 비교해 볼 때 몇 가지 개선을 요하는 사항이 있다. 우선은 투자자의 개념에 법인과 자연인만이 해당되는데 최근 체결되는 통상의 투자협정과 같이 정부나 법인이 아닌 경제적 실체 모두가 포함되도록 할 필요가 있다. 또한 투자보호와 관련하여 공정하고 공평한 대우, 최소기준대우, 차별금지 규정 추가할 필요가 있으며, 대우에 관한 규정에 사후적으로 불리한 조치를 금지하는 규정도 추가할 필요가 있다. 분쟁 해결과 관련하여서는 아직도 남북상사중재위원회가 실제 가동을 못 하고 있는 상황이므로 남북상사중재위원회가 가동되기 전에 분쟁이 발생하는 경우에 대비하여 남북 합의에 의해 구성한 임시중재기관이나 국제 중재기관의 중재를 통한 분쟁해결 방안을 추가할 필요가 있다. 또한 최혜국 대우 원칙이 제대로 적용되게 하려면 정보 제공 범위에 국제협정을 추가하여 북한이 다른 나라와 체결한 투자보장합의서 등 투자 관련 국제협정을 제공받을 수 있도록 할 필요가 있다.

3) 분쟁해결절차합의서의 주요 내용 및 개선 방안

「남북사이의 상사분쟁 해결절차에 관한 합의서」(이하 분쟁해결절차합의서)는 전문과 19개조 및 부록(용어 대비표)으로 구성되어 있다. 남북 간 상사분쟁은 당사자 간 협의의 방법으로 해결하며, 협의의 방법으로 해결되지 않는 분쟁은 중재의 방법으로 해결하는 것을 원칙으로 한다(제1조). 남북은 상사분쟁 해결을 위해 각각 위원장 1명과 위원 4명으로 남북상사중재위원회를 구성한다(제2조). 남북상사중재위원회는 상사분쟁 및 투자보장합의서에 따라 투자자가 제기한 투자분쟁의 중재 또는 조정 및 그와 관련된 사무의 처리, 중재규정 제정, 중재인 선정 등의 기능을 담당한다(제3조). 중재인은 남북이 각각 법률과 국제무역실무에 정통한 자로

---

[17] http://down.mofa.go.kr/www/brd/m_4059/view.do?seq=365930 (검색일: 2018년 9월 8일).

[18] 조선대외경제투자협력회원회 편찬, 『조선민주주의인민공화국 투자안내』, 24쪽.

30명씩 선정하며(제5조, 제6조), 남북은 이들이 직무를 공정하게 수행할 수 있도록 활동을 보장해야 한다(제7조).

중재는 신청인이 자기 측 중재위원회 위원장에게 중재 신청서를 접수하면 해당 중재위원회 위원장이 상대방 중재위원회 위원장에게 이를 통보하고, 상대방 중재위원회 위원장은 피신청인에게 이를 통보한 후 당사자 합의에 따라 선정되는 중재인 3명으로 중재판정부를 구성하여 중재판정을 하게 된다(제9조). 중재판정부는 양 당사자가 각 1명씩 중재인을 선정하고 이들 중재인의 합의에 의해 의장중재인 선정하는데, 중재인이 합의하지 못하는 경우에는 쌍방 중재위원회 위원장이 합의에 의해 의장중재인 선정하며 이때 순차추첨방식으로도 할 수 있다. 만일 중재위원장이 의장중재인 선정을 합의하지 못하면 '국제투자분쟁해결기구(ICSID)'에 의장중재인의 선정을 의뢰할 수 있다(제10조). 중재판정은 당사자가 합의한 법령에 따라 하도록 하되 당사자가 합의한 법령이 없으면 남 또는 북의 관련 법령, 국제법의 일반원칙, 국제무역거래 관습에 따른다(제12조). 분쟁당사자는 중재판정을 준수하여야 할 의무가 있다. 이를 위반하면 상대방은 관할 지역의 재판기관에 집행을 신청할 수 있고, 남과 북은 특별한 사정이 없는 한 중재판정을 구속력이 있는 것으로 승인하고 확정판결과 동일하게 집행하여야 한다(제16조).

한편 중재신청이 접수된 후 당사자 쌍방으로부터 조정의 요청이 있으면 당사자 협의에 의해 1인 또는 3인의 조정인을 정하여 이들이 정한 조정절차로 분쟁을 해결할 수도 있다. 당사자가 합의한 조정결과는 중재판정의 방식으로 처리하며 중재판정과 같은 효력이 있다. 조정인이 선정된 날부터 30일 내 또는 당사자 합의에 의해 연장된 조정기간 내에 조정이 성립되지 않으면 조정절차는 종결되고 중재절차가 다시 진행된다(제17조).

남북은 「분쟁해결절차합의서」의 후속조치로 2003년 10월 12일 「남북상사중재위원회 구성·운영에 관한 합의서」를 체결하였다. 통일부는 2007년 4월 16일 대한상사중재원과 남북상사중재위원회 중재사무처리 업무위탁협약 체결하고, 중재규정 초안 마련 등 후속조치를 진행하였으나 이후 남북 당국 간 협상이 중단되어 아직도 남북상사중재위원회가 가동되지 못하고 있다.

실무적인 관점에서 보면 남북상사중재위원회 운영과 관련하여 가장 중요한 것은 의장중재인 1인과 중재인 2인으로 구성되는 중재판정부의 결정에 대한 객관성 보장이다. 그런데 남북 각 30명씩의 중재인 명부를 남한 또는 북한 주민으로만 구성할 경우 의장중재인도 남한 또는 북한 주민이 될 것이다. 이 경우 특히 북한 주민의 의장중재인이 되면 북한 체제의 특성상 사실상 분쟁의 당사자나 다름없는 북한중재인이 2인이 되는 것이어서 우리 기업이나 주민으로서는 중재판정에 대한 객관성을 신뢰하기 어려운 문제가 발생한다. 반대의 경우에는 북한이 중재판정부의 중립성이나 결과의 객관성을 문제 삼을 수 있다.

이 문제를 해결하기 위해서는 남북이 각자 선정하기로 되어 있는 30명의 중재인에 남북이 동시에 수교한 국가의 국적자인 해외동포 중 중재인의 일반 자격인 법률과 국제무역실무 외에 한국어가 능통한 자를 일정 수 포함시키도록 하여 개별 중재판정부의 의장 중재인을 이들이 담당하도록 하는 것도 생각해 볼 수 있을 것이다. 아니면 북한과 나선경제무역지대 및 황금평·위화도경제지대를 공동 개발하기로 한 중국을 참여시켜 남·북·중 3자 상사중재위원회를 설치·운영하는 방안을 생각해 볼 필요가 있다. 그 밖에 준거법이나 집행 보장 등에 대한 제도적 보완도 필요하다.[19]

한편 남북은 2013년 9월 11일 「개성공단에서의 "남북상사중재위원회 구성·운영에 관한 합의서"이행을 위한 부속합의서」를 체결하여 개성공단 사업과 관련해서라도 남북상사중재위원회를 운영해 보고자 하였으나 이마저도 후속조치가 제대로 진행되지 못한 가운데 2016년 2월 개성공단 가동이 중단되었다.

4) 청산결제합의서의 주요 내용 및 개선 방안

「남북사이의 청산결제에 관한 합의서」(이하 청산결제합의서)는 전문과 10개조 및 부록(용어 대비표)로 구성되어 있다. 청산결제는 남과 북이 합의하여 정하는 거래상품의 대금과 이에 동반하는 용역거래대금에 대해 적용한다(제1조). 남과 북은 청산결제방식으로 거래할 상품과 그 한도를 합의하여 정하며, 필요한 경우 합의로 한도를 변경할 수 있으며, 청산결제의 대상상품은 남과 북을 원산지로 하는 것에 한한다(제2조). 청산결제방식 이외의 대금결제와 자본의 이동은 국제관례에 따라 남과 북이 각각 지정하는 은행을 통하여 한다(제8조). 남과 북은 각기 청산은행을 선정하여 청산계정을 개설하며(제3조), 합의에 따라 청산계정의 신용한도를 설정하여 운영한다(제4조). 결제통화는 미 달러화로 하되, 남북이 합의하는 다른 화폐로 할 수도 있으며(제5조), 구체적인 결제절차와 방법에 대해서는 청산결제은행이 합의하여 정한다(제7조). 청산결제기간은 매해 1월 1일부터 12월 31일까지로 하며, 청산 계정의 차액 잔고는 해당결제기간 다음해 3월 31일까지 청산하도록 하고 있다(제6조). 남과 북은 합의서 서명일로부터 6개

---

19   참고로 북한은 외국중재판정에 관한 승인 및 집행에 관한 1958년 「뉴욕협약」에 가입을 하지 않았다.

월 이내에 청산결제방식으로 거래할 상품과 한도, 청산계정의 신용한도를 정하고 각기 청산결제은행을 지정하여 상대측에 통보하기로 하였다(제10조).

「청산결제합의서」 발효 이후 2003년 9월 8일 통일부는 한국수출입은행을 청산결제은행으로 공식 지정하였고, 2004년 4월 22일 남북청산결제 당국 간 실무협의를 통해 남북 당국 간 청산결제거래에 관한 2004년도 합의서에 가서명을 하였다. 2004년 6월 25일에는 남북청산결제 은행 간 실무접촉에서 「남북 청산결제은행간 청산결제업무에 관한 합의서」에 가서명을 하였으나 그 이후 후속조치가 제대로 이루어지지 못하였다. 그동안의 남북한 교역 형태에 비추어보면 현실적으로 청산결제 시스템의 필요성이 크지는 않으나 향후 남북관계 개선에 따라 쌍방 간 교역이 활성화될 경우에 대비하여 후속조치에 대한 대비를 할 필요는 있다.

5) 이중과세방지합의서의 주요 내용 및 개선 방안

자국 기업이 해외로 진출하여 소득이 발생할 경우 동일한 소득에 대해 자국과 투자진출국에서 모두가 자신들의 세법에 따라 과세하게 되면 투자진출 기업이 이중과세의 부담을 지게 된다. 이러한 이중과세를 방지하기 위해 해당국 간 과세권을 조정하기 위해 체결하는 조약이 이중과세방지협약이다. 우리나라는 2018년 9월 현재 총 95개국과 이중과세방지협약을 체결(발효 92, 미발효 2, 효력정지 1)하였다. 북한도 2014년 말 현재 14개국과 이중과세방지협정을 체결하였다.[20]

「남북사이의 소득에 대한 이중과세방지 합의서」(이하 이중과세방지합의서)도 이와 같은 이중과세방지협약의 하나로 전문과 28개조 및 부록(용어 대비표)으로 구성되어 있다.

「이중과세방지합의서」는 소득 발생지와 거주지의 이중과세를 방지하는 소득면제 방식을 채택하였다. 즉 현지에서 세금을 내면 본국에서 면세하도록 규정하는 소득면제 방식을 채택하였을 뿐 아니라, 상대 지역에 사무소 등 고정 사업장이 없으면 비과세하기로 하였다. 단 이자, 배당금, 사용료(로열티) 등은 국제적 관례에 의해 세액공제 방식을 적용하였다.[21]

먼저 사업소득에 대해서는 기업이 상대방 지역에 지점, 사무소등 고정된 사업장소를 가지고 있지 않는 한 상대방지역에서는 원칙적으로 그 기업의 사업소득을 과세하지 않도록 하였다

---

20 조선대외경제투자협력회원회 편찬, 같은 책, 25쪽.

21 소득면제 방식은 어느 한쪽에서 세금을 납부하면 다른 쪽에서는 세금을 면제해 주는 방식이며, 세액공제 방식은 한쪽에서 과세했어도 다른 쪽에서 세율 차액만큼을 추가로 과세하는 방식이다.

(제7조). 6개월 미만 진행되는 건축장소 또는 건설, 설치 또는 조립공사와 연관된 설계 및 감리 활동을 수행하는 장소도 고정사업장에 포함되지 않으므로 과세하지 않는다(제5조 제1항). 남북 사이에 운영하는 자동차, 열차, 배, 비행기 같은 수송수단을 이용하여 얻은 이윤에 대하여는 상대방도 세금을 부과하되, 원천지에서는 세액의 50%를 감면하도록 하였다(제8조 제2항).

배당금과 이자 및 사용료 같은 투자소득에 대한 소득발생지와 거주지 당국 모두 과세를 할 수 있으나, 소득발생지의 세금은 10퍼센트를 초과하지 못하도록 하였다(제10조, 제11조, 제12조). 참고로 합의 전에는 남측은 27.5퍼센트, 북측은 20퍼센트를 부과했었다. 일방에서 발생하여 상대방의 중앙 및 지방행정기관 또는 중앙은행에 지급하는 이자에 대한 세금은 일방에서 면제하도록 하였다(제11조 제7항).

독립적 인적 용역에 해당하는 과학, 교육, 문화, 예술분야의 전문가와 의사, 변호사, 기술사, 건축가, 회계사가 전문적인 인적용역을 제공하고 얻는 소득에 대하여는 용역수행지에 고정시설을 가지고 있지 않거나 한번 또는 여러 번에 걸쳐 12개월 중 183일 미만의 단기체류를 한 경우 하였을 경우에는 세금을 부과하지 않는다(제14조). 일방의 거주자가 상대방 지역에서 고용의 대가로 받은 급여나 보수도 한번 또는 여러 번에 걸쳐 상대방에 12개월 중 183일 이하 체류하는 경우에는 일방에서만 세금을 부과한다(제15조). 연예인 및 체육인의 활동이 쌍방 당국 간 합의 또는 승인에 따라 수행된 경우에는 활동 수행지에서 세금을 면제한다(제17조 제3항).

개인 또는 법인은 합의서와 어긋나게 세금을 부과하거나 부과할 것으로 예견되는 경우 거주한 지역의 권한 있는 당국에 의견을 제기할 수 있으며 의견의 제기는 해당 사실을 알게 된 때로부터 3년 안으로 하여야 한다(제24조 제1항). 합의서의 해석과 적용, 이중과세방지와 관련하여 제기되는 문제는 쌍방의 권한 있는 당국 또는 남북장관급회담과 그가 정한 기구가 협의하여 해결하도록 하고 있다(제24조 제3항).

「이중과세방지합의서」의 경우 상대적으로 문제 제기가 적은 편이다. 다만 그동안의 남북교류협력 형태가 주로 남한 기업이 북한에 진출하여 소득이 발생하는 형태로 이루어져 온 점을 고려하면 북한이 다른 나라와 체결한 이중과세방지협약을 면밀히 검토하여 진출 기업 등에게 유리한 조문들을 찾아, 이를 참고하여 개선안을 제시할 필요는 있어 보인다. 또한 과세와 관련하여 분쟁이 발생하는 경우 이를 해결하기 위한 구체적인 절차를 마련하기 위하여 '이중과세방지합의서' 제25조의 합의절차와 관련한 부속합의서 준비 등이 필요할 것으로 보인다.

5. 남북교류협력에서 발생하는 국제법적 쟁점과 해결 방안

남북한 간의 거래를 남북한 간에는 민족내부거래로 보더라도, 국제사회에서는 각자 별개의 국가이고, 별개의 관세 영역이어서 각종 국제법이 적용된다. 남북한 거래와 관련한 국제법적 문제로는 유엔 등 국제사회의 대북 제재 문제, 전략물자 수출통제 문제, 남북한의 민족내부거래에 근거한 무관세와 WTO 협정상 최혜국대우 의무 위반 문제, 개성공단 등 역외가공지역제품의 원산지 표시 문제 등이 있다.[22]

1) 국제사회의 대북 제재

(1) 유엔의 대북 제재

1993년 3월 12일 북한이 핵확산방지조약(Nuclear Non-Proliferation Treaty: NPT) 탈퇴를 선언하자 유엔 안전보장이사회는 같은 해 5월 11일 대북 제재 결의 제825호를 채택하여 북한의 핵확산금지조약 복귀 및 핵사찰 수용을 촉구한 바 있다. 그럼에도 불구하고 북한이 계속하여 장거리 미사일 발사 및 핵실험을 해오고 있고, 유엔 안전보장이사회 역시 그때마다 이에 대응하여 「유엔헌장」 제7장 제41조에 근거한 비군사적 제재 조치들을 취해오고 있다. 그동안의 유엔 안전보장이사회의 대북제재결의안을 보면 〈표 10-3〉과 같다.[23] 이 결의들은 새로운 결의에 의하여 대체되는 것이 아니라 계속해서 중첩적으로 적용되고 있다.

「유엔헌장」 제1조 제1호는 유엔의 목적으로 "국제평화와 안전을 유지하고, 이를 위하여 평화에 대한 위협의 방지·제거 그리고 침략행위 또는 기타 평화의 파괴를 진압하기 위한 유효한 집단적 조치를 취하고 평화의 파괴로 이를 우려가 있는 국제적 분쟁이나 사태의 조정·해결을 평화적 수단에 의하여 또는 정의와 국제법의 원칙에 따라 실현한다"고 명시하고 있다. 이러한 목적을 수행하기 위하여 유엔 안전보장이사회는 평화에 대한 위협, 평화의 파괴 또는 침략행위의 존재를 결정하고, 국제평화와 안전을 유지하거나 이를 회복하기 위하여 권고하거나 또는 제41조의 비군사적 조치 규정과 제42조의 군사적 조치 규정에 따라 어떠한 조치를 취할 것인지를 결정한다(「유엔헌장」 제39조). 지금까지의 대북 제재 결의는 「유엔헌장」 제41조의 비군

---

[22] 역외가공지역의 원산지 표시 문제에 대해서는 제13장 '개성공단 생산제품의 원산지 문제' 참고.

[23] 다만, 결의 제825호와 제1695호는 직접적인 제재 결의는 아니다.

| 표 10-3 | 유엔 안전보장이사회의 대북 제재 결의 개요

일자	결의안	배경	주요 조치사항
1993.5.11	825호	1993.3.12 NPT 탈퇴	• 핵확산금지조약 복귀 및 핵사찰 수용 요구
2006.7.15	1695호	2006.7.5 장거리 미사일 대포동2호 발사	• 미사일 관련 물자·상품·기술·재원의 북한 이전 금지
2006.10.14	1718호	2006.10.9 1차 핵실험	• 추가 핵실험 및 탄도미사일 발사 중지 요구 • 장거리 미사일 및 대량살상무기 무기 관련 품목 및 사치품 공급·판매 금지 • 핵, 미사일 및 대량살상무기 무기 관련 연루자 및 지원자 관련 금융 자산 및 경제 지원 즉각 동결 • 금지 품목 적재한 북한 화물 검색 • 제대 대상(단체 3개) 지정 • 제재위원회 구성 결정
2009.6.12	1874호	2009.5.25 2차 핵실험	• 추가 핵실험 및 탄도미사일 기술을 이용한 발사 중지 요구 • 모든 무기 및 관련 물자 수출금지 • 모든 대량살상무기 관련 금융제재 및 대북지원 금지 • 의심 화물·선박 검색 강화 • 제재 대상(단체 5개, 개인 5명) 추가
2013.1.22	2087호	2012.12.12 장거리 미사일 은하3호 발사	• 벌크 캐시(bulk cash) 규제 • catch-all 조항 등으로 대북 제재 확대 강화 • 북한 선박 검색 거부 상황 대비 이행안내서 발간 지시 • 자국 내 금융기관이나 개인이 북한 기관 대신 활동하는 것에 대한 감시 및 강화된 주의 촉구 • 추가 도발 시 중대 조치 표명 • 제재 대상(단체 6개, 개인 4명) 추가
2013.3.7	2094호	2013.2.12 3차 핵실험	• 금지 품목 적재 의심 항공기 이착륙 및 영공 통과 불허 촉구 • 결의에 반하는 북한 은행의 해외 신규 활동 및 회원국 금융기관의 북한 내 신규 활동 금지 촉구 • 북한 외교관 위법활동 주의 강화 • 북한 핵 탄도미사일 프로그램 또는 안전보장이사회 결의가 금지하고 있는 여타 활동에 기여할 수 있는 금융서비스 제공 및 대량 현금(bulk cash)을 포함한 금융 및 기타 자산 재원 이전 금지 의무화 • 무역과 연관된 자국 국민, 단체에 대한 수출 신용 및 보증 제공 금지 • 금수 대상 사치품 예시 목록 지정(보석류, 요트, 고급자동차 등) • 제재 대상(단체 2개, 개인 3명) 추가
2016.3.2	2270호	2016.1.6 4차 핵실험 2016.2.7 장거리 미사일 발사	• 금·바나듐·티타늄·희토류 수출금지 • 항공유 북한 판매 및 공급 금지(인도주의적 목적 등 예외) • 항공기·선박 대여 및 승무원 제공 금지 등 • 북한은행의 회원국 내 지점·사무소·신규 개설 등 활동 금지 및 90일 내 기존 지점 등 폐쇄 • 북한 내 회원국 금융기관 사무소·은행계좌 개설 금지 및 90일 내 관련 사무소 등 폐쇄 • 대량살상무기 활동 기여 가능한 대북 무역 관련 공적·사적 금융지원 금지 • 제재 회피 또는 위반에 연루된 북한 외교관, 정부 대표 추방(유엔 관련 업무 및 인도주의적 목적 등 예외) • 핵·미사일 관련 기술협력 금지 • 제재 대상(단체 12개, 개인 16명) 추가

2016.11.30	2321호	2016.9.9 5차 핵실험	• 은·동·아연·니켈 추가 수출금지 • 석탄수출 연간 4억 달러 또는 750톤 초과 금지 • 북한 조형물(statue)의 공급·판매·이전 금지 • 항공기·선박 대여·승무원 제공 금지 등 운송 관련 제재에 대한 민생 목적 예외 조건 삭제 • 대량살상무기 관련 금융제재에서 대량살상무기 연관 조건 삭제 • 북한 유엔 회원국 권리·특권 정지 가능성 언급 • 제재 대상 지정 개인 외국 입국 및 경유 거부 • 북한과의 과학·기술 협력금지(핵과학, 우주공학, 첨단제조공학은 제재위 사전 승인 시, 다른 분야는 제재위 사전통보 시 예외) • 회원국의 북한 공관 인력감축 촉구, 북한 공관원당 은행계좌 1개로 제한, 외교 업무 이외 활동 금지 • 제재 대상에 단체 10개, 개인 11명 추가 • 전문가 패널에게 보고서 연 2회 제출 요청
2017.6.2	2356호	2016.9.9 이후 탄도미사일 발사	• 북한 핵무기 및 탄도미사일 개발 활동과 이를 위한 자금원 확보 등에 관여해 온 단체 4개 및 개인 14명을 제재 대상으로 신규 지정
2017.8.5	2371호	2016.7.4 및 7.28 탄도미사일 발사	• 기존 결의상 예외가 인정되었던 북한의 석탄, 철, 철광석 수출 전면 금지 • 납, 납광석, 해산물 수출금지 • 북한 해외 노동자 고용 제한 조치 • 핵·미사일 개발 지원한 개인 9명 및 단체 4개 신규 제재 대상으로 지정 • 북한 WMD 및 재래식무기 개발에 전용될 수 있는 이중용도 통제 품목 추가 • 북한제재위에 금지활동과 연관된 선박 지정 권한 부여 및 동 지정 선박의 입항 불허 의무화 • 북한과의 신규 합작사업 및 신규 투자 확대 금지 • 인터폴에 제재 대상자 관련 특별공지 발부 요청 • 제재 대상에 단체 4개 개인 9명 추가
2017.9.11	2375호	2017.9.3 6차 핵실험	• 대북 정유제품 공급량에 연간 상한선(2017년 10월~12월간 50만 배럴/2018년부터 연간 200만 배럴) 부과 • 대북 원유 공급량을 현 수준으로 동결 • 콘덴세이트 및 액화천연가스 공급 전면 금지 • 북한의 섬유 수출금지 및 북한 해외 노동자에 대한 신규 노동허가 발급 금지 • 결의상 금지된 물품(석탄, 섬유, 해산물 등)의 공해상 밀수를 막기 위한 공해상 북한 선박과의 선박 간 이전 금지 • 기존 공공 인프라 사업(북중 간 수력발전 사업, 러시아산 석탄 수출을 위한 라진·하산 항만 및 철도 사업)을 제외한 북한과의 합작사업 및 협력체 전면 금지, 기존 합작사업 및 협력체도 120일 내에 폐쇄 • 북한의 주요 당·정 기관 3개 및 개인 1명을 제재 대상으로 추가 지정(단체) 노동당 중앙군사위원회, 조직지도부, 선전선동부, (개인) 박영식(노동당 중앙군사위 위원)
2017.12.22	2397호	2017.11.29 장거리 탄도미사일 발사	• 대북 정유제품 공급량 연간 상한선을 기존 200만 배럴에서 50만 배럴로 대폭 감축 • 대북 원유 공급량은 현 수준인 연간 400만 배럴로 제한 • 회원국의 유류 공급 내용 보고 의무화 • 추가 핵실험 또는 대륙 간 사거리 도달 능력을 갖춘 탄도미사일 발사 등 추가 도발 시에는 안전보장이사회가 대북 유류 공급을 제한하는 추가 조치를 취할 것임을 규정 • 유엔 회원국 내 소득이 있는 북한 노동자 전원을 24개월 내 북한으로 송환토록 의무화 • 북한의 수출금지 품목을 식용품 및 농산품, 기계류, 전자기기, 목재류, 선박 등으로 확대, 어업권 거래 금지

			• 산업용 기계, 운송 수단, 철강 및 여타 금속류 대북 수출 금지
			• 해상 차단 관련하여 회원국 항구에 입항한 금지행위 연루 의심 선박을 나포,
			  검색, 동결(억류)토록 의무화
			• 자국 영해상에서도 금지행위 연루 의심 선박을 나포·검색·동결(억류)할 수
			  있도록 권한을 부여
			• 회원국들 간 의심선박에 대한 신속한 정보 교류를 의무화
			• 핵·미사일 프로그램 개발 및 자금조달에 관여한 개인 16명(리병철 노동당 군
			  수공업부 제1부부장, 김정식 노동당 군수공업부 부부장 등) 및 기관 1개(인
			  민무력성)를 제재 대상으로 추가 지정

사적 강제조치에 해당한다. 제41조에 따르면 유엔 안전보장이사회는 그의 결정을 집행하기 위하여 병력의 사용을 수반하지 아니하는 어떠한 조치를 취할 것인지를 결정할 수 있으며, 회원국에 대하여 그러한 조치를 적용하도록 요청할 수 있다. 이와 같은 비군사적 조치는 경제 관계 및 철도·항해·항공·우편·전신·무선통신 및 다른 교통통신수단의 전부 또는 일부의 중단과 외교 관계의 단절을 포함할 수 있도록 하고 있다.

비군사적 조치의 주된 수단은 경제제재(economic sanction)이다. 경제제재는 국가나 국제기구가 국제법이나 국제 의무를 위반한 국가에 대하여 국제기구의 결의에 입각하여 행하는 징벌적인(punitive) 경제적 강제조치이다.[24]

일반적으로 경제제재는 경제적 고통을 부과하거나 위협함으로써 대상 국가의 행동과 정책결정을 변화시키거나 영향을 주기 위해 사용된다.[25] 경제제재는 무력에 의한 분쟁 해결이 금지되어 있는 현대 국제법 체계에서 국가의 대외 정책적 목적을 달성하는 데 있어 현실적인 수단이자, 가장 효용성이 높은 수단이다.[26]

만일 안전보장이사회가 제41조에 규정된 조치가 불충분할 것으로 인정하거나 또는 불충분할 것으로 판명되었다고 인정하는 경우에는 국제평화와 안전의 유지 또는 회복에 필요한 공군·해군 또는 육군에 의한 조치를 취할 수도 있다(「유엔헌장」 제42조). 결국 북한의 반발에도 불구하고 북한의 핵실험과 장거리 미사일 발사 시험이 국제평화에 대한 위협임이 명백한 만큼 유엔 안전보장이사회의 대북 제재 결의는 「유엔헌장」에 근거한 정당한 조치인 것이다.

유엔 안전보장이사회의 결정은 모든 회원국에 대해 구속력을 가지기 때문에 회원국은 그

---

24 최승환, 『국제경제법(제3판)』(서울: 법영사, 2006), 576쪽.

25 최승환, 같은 책, 577쪽.

26 김화진, 「국제법 집행수단으로서의 경제제재와 금융제재」, ≪저스티스≫, 통권 154호(한국법학원, 2016), 215쪽.

내용을 준수하고 이행할 의무가 있다(「유엔헌장」 제25조). 회원국의 헌장상의 의무와 다른 국제 협정상의 의무가 상충되는 경우에는 헌장상의 의무가 우선한다(「유엔헌장」 제103조). 유엔에서 채택된 경제제재 결의의 구체적인 조치는 각 회원국의 조치를 통해 이행된다(「유엔헌장」 제48조). 유엔 안전보장이사회의 대북 제재 결의문들도 각 회원국이 국내법적 조치를 통해 결의 내용을 이행할 것을 요구하고 있다. 만약 회원국이 자발적으로 이를 이행하지 않을 경우에는 헌장 제7장의 집단적 강제조치에 따라 이를 시행할 수 있다.

2019년 3월 4일 현재 각 결의안에 대한 이행보고서 제출 현황을 보면 70개 회원국이 결의안 제2397호(2017)에 대한 이행보고서를 제출하였다 결의안 제2375호(2017)에 대해서는 87개 회원국이, 결의안 제2371호(2017)에 대해서는 85개 회원국이, 결의안 제2321호(2016)에 대해서는 103개 회원국이, 결의안 제2270호(2016)에 대해서는 112개 회원국이 이행보고서를 제출했다.[27]

북한에 대한 유엔 안전보장이사회 제재 결의는 결의 제1695호와 제1718호를 통하여 구체화되기 시작하였고, 그 이후 결의를 통해 누적적으로 제재의 정도가 강화되고 있다. 제재 조치의 구체적인 내용은 결의 제1718호에 의해 구성된 제재위원회(Security Council Committee Pursuant to Resolution 1718)가 정할 수 있도록 위임하고 있으며, 결의 제1874호에 따라 설치된 전문가패널(Panel of Experts)이 제재위원회 사무를 보조하고 있다.

유엔 안전보장이사회 결의에 따른 조치 중 개성공단사업 재개나 금강산 관광사업 재개와 관련하여 가장 문제가 되는 것 중의 하나는 금융제재 조치이다. 금융제재 조치는 다시 대량 현금(bulk cash) 등 금융서비스 제공 금지, 금융기관의 은행계좌 개설 금지, 무역을 위한 금융서비스 제공 금지로 구분해 볼 수 있다.

먼저 대량 현금 등 금융서비스 제공과 관련해서 살펴보면 결의 제2087호는 북한으로 유입되는 대량 현금이 유엔 대북 제재 회피를 위한 수단으로 사용되는 것을 개탄한다(deplore)는 수준이었다(제12항). 그러나 제2094호에서는 회원국들은 북한의 핵 또는 탄도미사일 프로그램, 또는 결의 제1718호, 제1874호, 제2087호 및 제2094호 결의상 금지된 여타 활동이나 부과된 조치들을 회피하는 데 기여할 수 있는 금융 서비스 또는 자국 영토에 대해, 자국 영토를 통해 또는 자국 영토로부터 이루어지거나, 자국 국민, 자국법에 따라 조직된 단체(해외지부 포함), 자국 영토 내 개인 또는 금융기관에 대해 또는 이들에 의해 이루어지는 대량 현금(bulk

---

27 https://www.un.org/securitycouncil/sanctions/1718/implementation-reports (검색일: 2019년 3월 14일).

cash)을 포함한 어떠한 금융·여타 자산 또는 재원의 제공을 방지할 것을 결정한다(decide)고 결의하였다.

다음으로 금융기관 및 계좌개설 등과 관련해서 살펴보면 결의 제2270호는 회원국의 법을 적용받는 금융기관은 북한 내에 지점, 사무소, 은행계좌 개설 등을 하지 못하도록 결의하였다 (제34항). 또한 핵 또는 탄도 미사일 프로그램을 비롯한 유엔 대북 제재 조치의 대상이 되는 활동에 기여할 수 있다는 믿을 만한 근거가 있는 경우에는 90일 안에 기존 사무소·은행계좌를 폐쇄하기 위한 필요한 조치를 취하도록 하고 있다. 다만, 인도주의적 지원이나 외교적 업무 또는 유엔 특별 기구들의 활동과 관련된 경우에는 은행 개설이 허용된다(제35항). 결의 제2321호에서는 폐쇄와 관련된 단서 조항이 사라지고 제재위원회가 개별적으로 승인하지 않는 한 결의안 통과 후 90일 내에 북한에 존재하는 지점, 사무소, 계좌를 폐쇄하기 위한 조치를 취하도록 제재 수준을 강화하였다(제31항).

마지막으로 무역 관련 금융서비스 제공 금지와 관련하여 살펴보면 결의 제2094호는 북한의 대량살상무기 개발에 전용되거나 제재 조치가 무력화될 가능성이 있는 경우에 한하여 공적 금융지원만 제공하지 않도록 하고 있었다(제15항). 그러나 결의 제2321호에서는 제재위원회의 사전 승인 없이 북한을 상대로 한 교역에 수출보증이나 보험 등 공적 또는 사적 금융 지원을 제공하지 못하도록 제재를 강화하였다(제32항).

한편, 결의 제2375호는 " 특히 비상업적이고 이윤을 창출하지 않는 공공 인프라 사업 등 사전에 사안별로 위원회에 의해 승인받은 합작사업(joint venture) 또는 협력체(cooperative entity)가 아닌 한, 국가들이 자국 국민에 의한 또는 자국 영토 내에서 조선민주주의인민공화국 정부를 위해 행동하거나 대신하는지와 무관하게 조선민주주의인민공화국 단체 또는 개인과 신규 및 기존의 모든 합작사업 또는 협력체의 설립·유지·운영을 금지할 것을 결정하고 (decide), 또한 국가들이 사안별로 위원회에 의해 승인되지 않은 기존 합작사업 또는 협력체를 본 결의 채택 후 120일 이내 폐쇄하고, 위원회가 승인 요청을 거부한 경우 거부로부터 120일 이내 동 합작사업 또는 협력체를 폐쇄할 것을 결정하며(decide), 동 조항이 기존에 중국과 조선민주주의인민공화국 간 수력발전 인프라 사업 및 결의 제2371호(2017) 제8항에 따라 허용된 오로지 러시아를 원산지로 하는 석탄의 수출을 위한 러시아와 조선민주주의인민공화국 간 라진·하산 항만 및 철도 사업에는 적용되지 않음을 결정한다(decide)"고 되어 있다(제18항). 이상에서 살펴본 유엔 안전보장이사회의 제재가 해제되지 않은 상태에서는 남북한 간의 교류협력 사업 추진은 현실적으로 거의 불가능하다고 보아야 한다. 한편 각종 수출 및 수입 금지와 관련된 제재에서 수출과 수입은 직·간접적인 공급, 판매, 이전을 모두 포함하는 것임을 유념할 필요가 있다.

(2) 미국의 대북 제재

① 대북 제재 법규 개요

개별 국가 중 대북 제재를 가장 강력하게 취해오고 있는 국가는 미국이다. 미국의 대북 제재는 각종 국내법과 대통령의 행정명령 등에 의해 이루어지고 있다. 이 중 미국의 대북 제재 관련 주요 법규와 내용을 간략히 정리해 보면 〈표 10-4〉와 같다.

| 표10-4 | 미국의 대북경제제재 적용 법규와 주요 내용 |

적용법규	주요 내용
수출통제법 (Export Control Act of 1949)	• 미국과 소련 간의 긴장이 고조되자 대공산권 교역을 통제하기 위해 제정 • 1950년 6월 28일 대북한 금수조치를 실시 • 이 법은 1969년, 다시 1979년 '수출관리법'으로 변경
적성국 교역법 (Trading with the Enemy Act of 1917)	• 미 대통령에게 적성국과의 무역금지와 경제제재를 실시할 수 있는 권한 부여 • '해외자산통제규정'을 실시하기 위한 법적 근거 • 1950년 12월 이 법에 의거 '해외자산통제규정'을 발효 • 1977년 '대외경제비상조치법(International Emergency Economic Powers Act)'이 제정되어 국가비상사태 시의 경제제재를 규제하고, '적성국교역법'은 전시에 국한
해외자산통제규정 (Foreign Assets Control Regulations)	• 한국전쟁을 계기로 제정된 법으로 미국 내 북한(중국) 자산 동결 및 북한(중국)과의 무역과 금융거래를 사실상 전면 금지 • '적성국교역법'과 '대외경제비상조치법'에 근거
방위생산법 (Defense Production Act of 1950)	• 타국의 대미 투자가 국가안보에 위협을 가할 경우 그 투자를 차단할 권한을 대통령에게 부여
브레튼우즈협정법 (Bretton Woods Agreements of 1944)	• 미 의회는 이 협정을 승인하면서 공산국가에 대한 제재 조항 포함(Gramm Amendment로 칭함) • 이 조항은 공산국가에 대한 원조에 강력한 반대를 의무화함으로써 공산국가에 대한 IMF와 세계은행 지원을 차단
수출입은행법 (Export-Import Act of 1945)	• 수출입은행을 통한 공산국가와의 거래를 금지
무역협정연장법 (Trade Agreements Extension Act of 1951)	• 이 법은 '1962년 무역확대법(Trade Expansion Act of 1962)'로 흡수되었고 1974년에는 '무역법(Trade of Act of 1974)'으로 통합. 이후 1988년에는 '종합무역법(Omnibus Trade and Competitiveness Act of1988)'의 '통합품목관세(Harmonized Tariff Schedule of the U.S)'로 변경 • 이 법은 처음으로 공산국가에게 최혜국대우(MFN) 부여를 금지하였고 1974년의 무역법에서는 북한에 대해 일반특혜 관세(GSP) 공여를 금지

대외지원법 (Foreign Assistance Act of 1961)	• 공산국가, 테러지원국가, 인권침해국가 등에 대한 지원 및 원조 금지 • 이 법은 모든 공산국가에 대한 미국의 원조를 금지. 미 대통령은 원조금지 대상국 목록을 작성하는데 북한은 현재 이 목록에 포함 • 인권침해국가, 테러와 관련된 국가도 이 법을 적용 • '1979년 수출관리법'의 테러지원국 명단에 오른 국가(북한도 포함되어 있음) 역시 적용 대상
수출관리법 (Export Administration Act of 1979)	• 이 법은 북한에 대한 제재와 수출 통제를 정의 • 미 대통령은 이 법에 따라 통제국가 목록을 작성 * 이 때 1961년의 '대외지원법'의 공산국가 목록에 있는 나라들은 자동적으로 포함(북한은 1961년 이 법의 목록에 포함) * 국제테러를 지원하는 국가에도 제재(북한은 1988년 이후 테러지원국 명단에 포함)
수출관리규정 (Export Administration Regulation of 1996)	• 이 규정의 수출 통제 규정은 국가안보, 대외정책, 핵확산 금지 등을 목적으로 제정되며 특정한 수출, 재수출 및 특정 행위를 통제하기 위해 제정 • 이 규정의 742조는 교역통제물품목록(Commerce Control List)에 근거한 수출 통제를 규정. 따라서 대량살상무기의 통제와 북한 같은 국제테러국가에 대한 수출 통제의 근거를 제시 • 이 규정은 국제테러지원국가에 대해 규정된 품목의 수출, 재수출을 금지
무기수출통제법 (Arms Export Control Act of 1976)	• '1979년 수출관리법'의 테러지원국 명단에 있는 국가는 이 법의 통제 대상이 되는 무기를 판매, 구입할 수 없음. • 미국은 미사일과 그 기술을 수출하거나 제공하는 국가, 모든 핵무기, 핵 기술과 장비를 수출하는 국가들에 경제제재를 가한다고 규정 • 제재 내용으로는 '해외원조법'(1961)에 따른 원조 중단(인도적 원조는 제외), 미국의 군수품 수입 일절 금지, 미 정부의 금융 지원 금지(인도적 금융 지원 제외), 국제 금융기관 지원 반대, 미국 내 모든 은행의 해당 국가 차관 제공 금지 등임 • 국무부는 이 법에 근거해 국제무기거래규정(International Traffic in Arms Regulations)을 관리
국제금융기관법 (International Financial Institution Act of 1988)	• 국제적으로 인정된 인권에 대한 계속적인 명백한 위반행위와 관계되는 국가나 국제테러를 범하는 개인들에게 피난처를 제공하는 국가에 대해 국제금융기관의 미국 집행이사들은 어떠한 대출이나 금융 지원 및 기술 지원의 연장에 대해 반대
군수통제품목 (Munitions Control List)	• 북한의 대이란, 시리아 미사일 기술 확산에 대한 제재로서 군수 통제 품목에 있는 물품의 수출금지 및 2년간 미국 정부와의 계약금지 • 미사일, 전자, 우주항공, 군용기의 생산 제조와 관련된 북한의 제반 활동에 대해 금지를 적용
핵 확산방지법 (Nuclear Proliferation Prevention Act of 1994)	• '1978년의 핵 확산금지법(Nuclear Non-Proliferation Act of 1978)'을 수정한 것 • 미 정부는 '핵무기를 개발하거나 구매하려는 나라를 제재 할 것'을 의무화 • 이 법의 규정을 위반한 국가와는 조달 계약을 할 수 없고 어떠한 금융거래도 할 수 없음
북한위협감소법 (North Korea Threat Reduction Act of 1999)	• 이 법은 미국이 핵 원료를 제공하는 계약이나 협정을 맺을 수 없고 북한에 어떠한 핵 관련 물자나 시설, 서비스, 기술도 이전할 수 없도록 규정 • 만약 미국이 핵 관련 물자의 이전 또는 수출을 허용하기 위해서는 미 대통령은 북한이 정해진 일정 기준을 충족시켰다고 결정하고 이를 의회에 통보해야 할 의무가 있음
대외활동수권법 (Foreign Operations, Export Financing, and related Programs Appropriations act of 1991)	• 국제테러 행위자를 지원한 국가에 대해서 상호원조기금의 사용 금지 • 북한에 대한 직접적인 지원, 에너지 관련 프로그램을 위한 경제지원펀드, 직접 대출, 신용, 보험, 수출입은행 보증 등 금지
국제종교자유법 (International Religious Freedom Act of 1998)	• 북한을 2001년부터 '특별우려대상국(Country of Particular Concern)'으로 지정[1)] • 북한을 경제제재의 대상으로 지정

인신매매피해자보호법 (Trafficking Victims Protection Act of 2000)	• 해외지원(인도적 지원 제외), 문화 교류, 국제금융기구에 대한 지원 금지
대북 제재 및 정책 강화법 (North Korea Sanctions and Policy Enhancement Act of 2016)	• 북한의 핵무기나 탄도미사일 개발을 위한 자금의 원천 봉쇄를 위해 북한과 거래하는 국가, 단체, 개인을 제재하기 위한 법 • 북한의 자금세탁, 화폐위조, 대량 현금 밀반입, 마약 밀매에 관여하거나, 인권 유린 및 이를 용이하게 하거나 이에 대한 책임이 있는 자 등에 대한 제재
제재를 통한 미국의 적성국들에 대한 대응법 (Countering America's Adversaries Through Sanctions Act of 2017)	• '북한 차단 및 제재 현대화법(Korean Interdiction and Modernization of Sanctions Act of 2017)' 제정 과정에서 이란과 러시아에 대한 제재법안까지 통합한 법 • 인도적 목적의 중유를 제외한 북한으로의 모든 원유 수출을 금지 • 북한의 주요 외화 획득 원인 해외 인력 송출 차단, 북한 노동자를 고용하는 중국 및 러시아 등 제3국 기업을 제재 대상으로 지정해 미국과의 거래금지 • 임·가공업 관여, 온라인 상업 행위 지원, 식품·농산품·어업권·직물 거래, 전화·전신·통신 서비스, 교통·광산·에너지·금융 서비스 운영 등 북한의 주요 외화 획득 경로를 포괄적으로 차단할 수 있는 권한을 행정부에 부여 • 행정부의 대북 제재 이행에 대한 미 의회의 감독 기능을 강화, 안전보장이사회 결의 불이행 국가에 대한 감시 및 제재 강화 등
아시아 안심법 (Asia Reassurance Initiative Act of 2018)	• 인도·태평양 지역을 대상으로 한 장기 전략과 정책을 포괄적으로 규정한 법 • 대북 제재에 대한 미국의 정책은 북한이 불법 활동에 더 이상 관여하지 않을 때까지 대북 제재를 계속 부과하는 것임을 명시 • 대북 제재 해제가 이뤄질 경우 30일 이내에 국무장관은 재무장관과의 협의 하에 제재 해제를 정당화하고 제재 해제와 북한의 불법 활동 중단과의 상관관계를 설명하는 보고서를 의회에 제출 • 북한의 핵과 탄도미사일 프로그램 관련 협상에서 미국의 목적은 완전하고 검증 가능하며 되돌릴 수 없는 해당 프로그램들의 폐기임을 명시 • 법 제정 90일 이내에 국무장관이나 국무장관이 지정한 사람이 재무장관과의 협의하에 북한이 가하는 위협과 역량에 대한 미국의 대응을 소개하는 보고서를 제출, 이 보고서를 법 제정 이후 5년간 180일마다 제출하도록 함

주: 1) 미 국무부는 2017년 12월 22일 북한과 중국, 이란, 미얀마(버마) 등 10개국을 종교의 자유와 관련한 특별우려국으로 지정하였다.
자료: 김상기, 「미국의 대북경제제재의 주요 목표와 적용법규」, 48~51쪽; 김슬기, 「국제사회의 대북 제재」, ≪KDI 북한경제리뷰≫, 제18권 2호(2016), 58~60쪽의 내용에 '대북 제재 및 정책강화법' 등 최근 제정된 법을 추가한 것이다.

② 대북 제재 법규 연혁

미국의 대북 제재 기원은 거의 70년 전으로 거슬러 올라간다. 미국은 한국전쟁이 일어난 직후인 1950년 6월 28일 '수출통제법(Export Control Act)'을 발동해 북한에 대한 수출을 금지시켰다. 그리고 그해 12월 '적성국교역법(Trading with the Enemy Act)'에 의거해 해외자산통제규정(Foreign Assets Control Regulations)을 제정하여 미국 내 북한 자산을 동결하고 북한과의 무역과 금융거래를 사실상 전면 금지하였다. 이후 미국은 북한이 사회주의 국가이고 미 국가안보에 위협이 된다는 이유로 다양한 법적 근거를 통해 경제제재를 강화하여 왔다. 그리고 1987년 11월 대한항공기 폭파 사건 이후 북한은 1988년 1월 20일부로 테러지원국가 명단에 등재되어 추가적인 다양한 경제제재를 받게 되었다.[28]

그 이후 2007년 북핵 문제 해결을 위한 6자 회담에서 2·13 합의가 이루어지고 그에 대한 이행으로 북한이 핵 신고를 하자 미국의 조지 W. 부시 대통령은 2008년 6월 27일 자로 북한에 대한 '적성국교역법' 적용을 종료하는 조치를 취하고, 아울러 의회에 북한에 대한 테러지원국 해제 방침을 통보하였다. 이로써 북한은 테러지원국으로 지정된 지 20여 년 만인 2008년 10월 11일 미국의 테러지원국 지정에서 해제되었다. 하지만 북한이 또다시 핵무기 개발에 대한 약속을 제대로 이행하지 않은 가운데 천안함 사태, 연평도 포격 사건, 무기 판매 의혹, 김정남 암살 사건, 오토 웜비어 사망 사건 등의 영향으로 트럼프 대통령은 2017년 11월 20일 북한을 테러지원국으로 재지정하였다.

③ 대북 제재 및 정책 강화법(2016)

미국의 대북 제재 관련 법 중 직접적으로 북한에 대한 제재를 목적으로 제정된 최초의 법이 2016년 2월 18일 발효한 '대북 제재 및 정책 강화법(North Korea Sanctions and Policy Enhancement Act of 2016; H.R. 757)'이다.[29] 동법은 총 4개 장(Title)으로 구성되어 있다. 제1장에서는 대북 관련 제재를 받게 되는 일종의 금지행위를 명시하고, 금지행위자 지정 관련 조사와 그에 대한 '의무지정(mandatory designations)'과 '재량지정(discretionary designations)'을 하고 있다. 이중 의무지정의 '피지정인(designated person)'에 대해서는 자산동결 및 몰수와 같은 제재를 가할 수 있도록 하고 있다. 제2장은 북한 핵확산활동, 인권침해 및 불법 활동에 대한 제재사항에 대해 규정하고 있다. 제3장에서는 북한 인권의 개선 전략, 북한 정치범수용소에 관한 보고, 북한 내 심각한 인권침해 및 검열에 관한 보고 및 제재 이행, 북한의 검열 및 인권침해의 책임자와 관련자에 대한 의무 지정을 규정하고 있다. 제4장은 각종 제재 조치의 중지와 해제 및 관련 예산 지출, 효력 발생 등에 대해 규정하고 있다.

이 법은 입법 배경으로 북한 정부의 핵무기 프로그램 폐기 약속 및 유엔 안전보장이사회 결의 위반, 핵무기·대량살상무기 확산 및 미사일 기술의 위험성, 금지된 무기 판매와 마약거래 및 미국 화폐 위조, 미국의 지적재산권 침해 등의 불법행위, 천안함 피격, 연평도 폭격, 사이버 공격 등 남한에 대한 도발행위, 북한 내부에서의 고문과 처형, 정치범수용소 등의 인권침해 행위 등을 적시하고 있다. 또한 동법의 제정 목적이 위와 같은 위험에 대처하기 위해 비군사적인 수단을 사용하고, 북한 정부의 행위에 대한 필요한 변화를 협상하기 위한 외교적 영향

---

28 김상기, 「미국의 대북경제제재의 주요 목표와 적용법규」, 45쪽.

29 '대북 제재 및 정책 강화법'의 원문과 한국어 번역문은 국회도서관 엮음, 「미국의 2016년 "대북 제재 강화 및 정책강화법(안)"」, 《외국법률 이슈브리핑》, 제25호(국회도서관, 2016.2.14) 참고.

력을 행사하여 북한주민의 고통을 완화하고, 2004년 '북한인권법' 제4조(미국연방법전 제22편 제7802조)에서 정한 목적을 재확인한다고 명시하고 있다(제2조). 2004년 북한인권법 제4조에서 규정한 이 법안의 목적은 ① 북한에서 기본적 인권에 대한 존중과 보호 증진, ② 북한난민의 곤경에 대한 보다 지속적인 인도주의적 해결책 증진, ③ 북한 내의 인도주의적 원조 제공에 대한 모니터링, 접근성, 투명성 증진, ④ 북한 내외로의 자유로운 정보의 순환 증진, ⑤ 민주정부 체제의 한반도의 평화적 통일 과정 증진을 말한다.

제1장의 내용을 구체적으로 살펴보면 대북 제재가 가해지는 금지행위를 명시하고 있으며, 그 행위자에 대해서는 제재를 할 수 있도록 '피지정인'으로 의무 지정하도록 하고 있다. 금지행위에는 대량살상무기 및 운반시스템 관련 상품·서비스·기술의 대북 수출 등 거래행위, 무기관련 이용·개발·생산·소유·취득에 대한 주된 기여행위, 무기와 관련된 훈련·서비스 등의 북한제공행위 또는 주요 금융거래행위, 북한과의 사치품거래행위, 북한 정부의 검열 및 인권침해 관여 행위, 북한 관련 자금세탁·통화위조 등 관여행위, 북한을 위해 컴퓨터 네트워크를 이용한 사이버안보 저해행위, 대량살상무기 및 운반시스템과 관련되는 상당량의 귀금속·흑연·알루미늄·철강·석탄 등 광물의 북한과의 거래행위, 북한과의 군수품거래행위 등을 직·간접적이고 고의적으로 행하거나 고의로 시도한 경우가 해당된다[제104조(a)]. 미국 대통령은 미국 내에 있거나 들어오거나 미국인의 소유·통제에 속하는 북한 정부·노동당·피지정인의 자산 등에 대해서 해당 자산 등과 관련된 모든 거래를 차단·금지하기 위해 필요한 범위 내에서 '국제긴급경제권한법'에 따라 미국 대통령에게 부여된 모든 권한을 행사할 수 있으며, 이 법안에 따른 금지행위 및 위반행위와 관련된 자산을 미국 정부의 몰수 대상 자산에 포함시키고 있다[제104조(c), 제105조].

위반자에 대한 처벌에 대해서는 법 제104조(f)에서 규정하고 있는데 '국제긴급경제권한법' 제206조(미국연방법전 제50편 제1705조)의 하위조항 (b) 혹은 (c)에서 정한 처벌규정이 적용되며, 이 벌칙사항이 국제긴급경제권한법 제206(a)조(미국연방법전 제50편 제1705(a)조)에서 정한 불법적인 행위를 범한 사람에게 적용되는 한에서, 이 조항이나 이 조항에 따라 정한 명령이나 규칙의 위반을 범하거나, 시도하거나, 공모하거나, 혹은 이를 초래하는 사람에게도 적용된다. '국제긴급경제권법' 제206조에서 정한 처벌규정을 보면 25만 달러 또는 거래가의 두 배에 해당하는 민사책임을 지며, 고의적으로 위반한 경우에는 최대 벌금 100만 달러 또는 20년 이하의 징역형에 처하거나 동 벌금과 징역형을 병과할 수도 있다.

북한 정부에 살상용 군사장비(Lethal military equipment)를 제공한 국가에 대해서는 미국 대통령은 '1961년 외국지원법'에 따른 지원을 보류하도록 하고 있고[제203조 (b)], 국무장관은 피지정인 및 그 관련자인 외국인에 대하여 미국 비자 발급을 거부할 수 있으며, 국토안보부장관은 그의 입국을 거부할 수 있다(제206조). 한편, 의회 관련위원회에 서면(書面) 제출을 통해 인도주의적 지원, 국가안보상 필요한 경우 등에는 미국 대통령이 일정 기간 제재 부과를 유예할 수 있도록 허용하며, '1947년 국가안전보장법'의 보고 관련 정보행위 등에는 제재 예외를 규정하고 있다(제208조).

제3장의 북한 인권과 관련해서는 먼저 2004년 '북한인권법' 제104조 마지막 조문 뒤에 "정보기술연구. 2015년 '대북 제재 및 정책 강화법' 제정일 이후 180일 이내에, 북한 국민들이 제한 및 감시되지 않고 저렴한 전자대중매체를 사용할 수 있도록 하는 세부 계획을 정한 기밀 보고서를 대통령은 의회의 관련위원회에 제출해야 한다"는 내용을 추가하도록 하고 있다(제301조). 국무부장관은 법 제정일 이후 180일 이내에 다른 적합한 연방정부 부처와 협력하여 북한의 인권 상황에 대한 국제적 인식을 제고하기 위한 주도권 강화를 위하여 미국의 전략을 상세히 열거하는 보고서를 상원 외교관계위원회와 하원 외무위원회에 제출하여야 한다(제302조). 또한 북한 정치범수용소 및 북한 내부의 심각한 인권침해 및 검열에 관한 사항을 의회 관련위원회에 보고하여야 한다(제304조). 대통령은 고의적으로 북한 정부의 검열 활동에 관여하거나, 이에 대한 책임이 있거나, 이를 조장하거나, 혹은 고의적으로, 북한 정부의 심각한 인권침해활동에 관여하거나, 이에 대한 책임이 있거나, 이를 조장하는 자를 보고서에 지정하여야 한다. 의회는 대통령이 북한의 심각한 인권침해나 검열에 대한 모든 책임자의 자산 봉쇄를 요구하는 결의안을 유엔 안전보장이사회가 신속히 채택할 것을 촉구해야 하며, 북한의 심각한 인권침해나 검열에 대한 책임자들을 기소하기 위해 설치될 수 있는 국제재판소에 보고서에 열거된 자의 기소를 위해 완전한 협력을 제공해야 한다고 판단한다는 점을 명시하고 있다(제304조).

'대북 제재 및 정책 강화법' 제4장에서는 일정한 요건하에 대북 제재를 중지하거나 해제할 수 있는 권한을 대통령에게 부여하고 있다. 동법 제401조는 대통령은 북한 당국이 총 여섯 가지 조건과 관련해 진전(progress)을 보였음을 의회 관련위원회에 증명한 때에는 1년까지 제재를 중단할 수 있으며, 이 기간은 북한 정부가 직전 연도에 이 조건을 계속 준수한 사실을 대통령이 의회의 관련위원회에 증명한 이후 추가 180일의 연속된 기간 동안 갱신될 수 있다. 제재 중지를 위한 여섯 가지 조건은 ① 미국 화폐의 위조를 위해 사용되거나 특별히 적합한 특수 자재와 장비의 양도 혹은 파기를 비롯하여 미국 화폐의 위조행위를 확인 가능한 방법으로 정지한 사실, ② 자금세탁 중단과 예방을 위한 일반적으로 인정된 규약을 준수하기 위한 조치를 취한 사실, ③ 해당 유엔 안전보장이사회 결의안의 준수를 확인하는 조치를 취한 사실, ④ 북한에 의해 유괴되거나 불법적으로 포로로 잡히거나, 혹은 「1953년 정전협정」을 위반하여 구금된 다른 국가 시민들에 대해 책임을 지고 송환하기 위한 조치를 취한 사실, ⑤ 인도적 지원의 분배와 모니터링을 위한 국제적으로 인정된 기준을 수용하고, 이를 준수하기 시작한 사실, ⑥ 정치범수용소의 생활 조건을 개선하고 증명된 조치를 취한 사실을 말한다.

동법 제402조에 따르면 대통령은 북한이 앞의 여섯 가지 제재 유예 조건을 충족하고, 추가로 다섯 가지 조건에 관해서도 상당한 진전(significant progress)을 보였다고 판단할 경우 의회 관련위원회의 승인을 받아 제재 해제 조치를 취할 수 있다. 다섯 가지 추가 조건은 ① 관련 무기의 운반을 위해 전부나 일부 고안된 시스템 개발을 위한 모든 프로그램들을 비롯하여 모든 핵무기, 생화학무기, 방사선무기 프로그램을 완전하고, 검증 가능하며, 되돌릴 수 없는 형태로 폐기한 사실, ② 북한의 정치범수용소에 구금된 북한 주민을 비롯한 모든 수감자를 석방한 사실, ③ 평화적인 정치활동에 대한 검열조치를 중단한 사실, ④ 공개되고 투명하며 대표성 있는 사회를 정립한 사실, ⑤ 북한 당국에 의해 유괴되거나 불법적으로 포로로 잡히거나, 혹은 「1953년 정전협정」을 위반하여 구금된 미국 시민들(사망한 미국 시민들 포함)에 대해 책임을 지고 소환하기 위한 조치를 취한 사실을 말한다.

④ 제재를 통한 미국의 적성국들에 대한 대응법(2017)

미국 하원은 2017년 5월 4일 '대북 제재 및 정책 강화법(H.R. 757)'의 개정안인 '북한 차단 및 제재 현대화법(Korean Interdiction and Modernization of Sanctions Act of 2017: H.R. 1644)'을 통과시켰는데 2017년 8월 2일 동 개정법안이 상원에서 이란과 러시아에 대한 제재 법안을 포함한 '제재를 통한 미국의 적성국들에 대한 대응법(Countering Amaerica's Adversaries Through Sanctions Act of 2017: H.R. 3364)'이라는 통합법안으로 통과되어 대통령의 서명을 거쳐 발효되었다. '북한 차단 및 제재 현대화법' 안에 있던 대부분의 내용이 '제재를 통한 미국의 적성국들에 대한 대응법' 제3장에 포함되었다. 동법은 이란, 러시아, 북한에 대한 통합 제재법으로 '북한 제재 및 정책 강화법'의 내용을 수정·확대하고 있다. 동법 제311조 (a)항에서 제재 대상의 의무적 지정을 확대하고 있는데, 여기에는 ① 상당한 규모의 금, 티타늄, 바나듐, 구리, 은, 니켈, 아연 또는 희토류 광물의 수입행위, ② 상당량의 로켓 항공기 또는 제트 연료의 북한 판매 또는 이전 행위, ③ 상당한 양의 연료나 보급품을 제공하거나 벙커링(Bunkering) 서비스를 제공하거나 제재 대상자로 확인되거나 제재 대상자가 소유하거나 통제하는 선박이나 항공기를 운영 또는 유지하기 위해 중요한 거래 또는 거래를 용이하게 하는 행위, ④ 유엔 안전보장이사회가 특별히 승인하지 않는 한, 북한 정부가 소유 또는 관리하는 선박의 보험 가입 또는 등록을 용이하게 하거나 보험 가입 또는 등록을 유지하는 행위, ⑤ 북한 금융 기관과의 특송 계좌를 유지하는 행위 등이 포함된다.

동법 제311조 (b)항은 대통령에게 부여된 재량적 지정 권한의 종류와 대상을 추가 확대한 규정이다. 추가된 유형은 총 11가지로 모두 고의성이 요구되며 직·간접적 행위를 포함한다. 추가된 11가지 유형은 ① 해당 유엔 안전보장이사회 결의에서 정한 한도를 초과하여 북한 정부로부터 상당량의 석탄, 철, 철광을 구매·획득한 행위, ② 북한 정부로부터 상당한 품목·금액의 섬유를 구매·획득한 행위, ③ 해당 유엔 안전보장이사회 결의를 위반하는 데 중대한 기여를 하여, 북한 정부의 자금 및 재산의 중요한 이전에 편의를 제공한 행위, ④ 의무적 지정에 명시되지 않은 대량의 현금, 귀금속, 보석용 원석, 기타 값비싼 물품의 북한 정부 내외로의 중요한 반입·반출에 편의를 제공한 행위, ⑤ 상당량의 원유, 응축물, 정제 석유, 기타 형태의 석유나 그 부산물, 액화천연가스, 기타 천연 가스 자원을 북한 정부로 판매·이전·제공한 행위, ⑥ 온라인 도박 등 북한 정부의 온라인 상행위에 관여하거나 이에 대한 편의를 제공하거나 책임을 담당한 행위, ⑦ 북한 정부로부터 어업권을 구매·획득한 행위, ⑧ 북한 정부로부터 중대한 품목·금액의 식품·농산품을 구매·획득한 행위, ⑨ 북한 정부나 조선노동당의 사용을 위한 직·간접적인 수익을 발생시키는 방식으로 북한 근로자의 송출에 관여하거나 이에 대한 편의를 제공하거나 책임을 담당한 행위, ⑩ 북한의 운송·광업·에너지·금융서비스 산업에서 중대한 거래를 추진한 행위, ⑪ 북한 금융기관 지점·자회사·사무소의 운영에 편의를 제공한 행위이다. 추가 재량적 지정에 따른 제재 규정은 동법 제정일에 발효하며 제정일이나 그 이후 발생한 행위들에 대해 적용된다.[30]

제313조(제재 규정 미준수 정부에 대한 대외원조 제한)에서는 관련 국가가 중요한 품목·금액의 국방 장비나 용역을 북한 정부에 제공하거나 이를 북한 정부로부터 수취했다고 대통령이 판단하는 경우에 이 국가에 대한 대외 원조를 중단한다고 규정하고 있다. 제315조(UN 대북 선박 운항 금지 관련 제재의 준수)에서는 북한 선박 및 유엔의 대북 제재를 거부하는 국가 선박과 관련하여, 미국 가항수역(可航水域) 내 운항이나 미국 관할 내 항구나 지역 내 화물 운송을 금지하고 있다. 다만, 국무장관의 판단으로, 유엔 안전보장이사회 결의를 이행하기 위해 긴밀한 협

---

30 최창수, 「미국의 적국에 대한 제재법」, ≪외국법률 이슈브리핑≫, 제48호(국회도서관, 2017.8.3), 2쪽.

력국가가 소유·운행하는 선박인 경우, 국가 안보를 위한 경우, 혹은 해당 선박이 더 이상 이 규정에 따라 등록되지 않은 경우에는 이 규정이 적용되지 않도록 하고 있다. 제323조(북한의 테러지원국 지정에 관한 결정)에서는 동법이 발효된 후 180일 이내에, 국무장관은 북한이 테러지원국의 기준을 충족하는지를 결정하여 이를 해당 의회 위원회에 제출하도록 하였다.

제재 위반자에 대해서는 2016년 '대북 제재 및 정책 강화법'에서와 동일한 제재가 가해진다.

⑤ 아시아 안심법(2018)

'아시아 안심법(Asia Reassurance Initiative Act of 2018: ARIA)'은 코리 가드너(Cory Gardner) 공화당 상원의원과 에드워드 마키(Edward Markey) 민주당 상원의원이 공동 발의한 것으로 2018년 북미정상회담 이후인 2018년 12월 31일 자로 제정되었다. 동법은 북한을 포함한 인도·태평양 지역을 대상으로 민주주의와 인권 및 법치의 가치를 증진하고, 동맹국들을 안심시키며, 적성국을 제지하는 것을 목표로 한 장기 전략과 정책을 포괄적으로 규정한 법이다. 북한에 대한 전략은 제210조에서 규정하고 있다. 코리 가드너 공화당 상원의원과 에드워드 마키 민주당 상원의원이 공동 발의한 이 법안의 210조에는 대북 정책에 대한 내용이 상세하게 담겨 있다.

제210조 (a)항 '의회의 판단'에서는 북한이 유엔 안전보장이사회 결의 제1718호(2006)부터 제2397호(2017)까지를 위반하여 핵과 탄도미사일 프로그램 불법 개발을 통해 국제사회에 노골적으로 반항해 왔고, 자국민은 물론 미국과 한국 및 일본을 비롯한 다른 국가 국민에 대한 중대한 인권 유린에 가담하고 있음을 밝히면서 미국은 파트너 국가들과의 긴밀한 공조하에 최대한의 압박과 관여 정책을 통해 북한의 평화적 비핵화를 추구하는 데 전념할 것임을 명시하고 있다.

제210조 (b)항 '대북 제재 관련 미국의 정책'에서는 그동안의 각 행정명령(Executive Order)에 근거하여 북한 정부 및 북한 정부를 위해 혹은 대리해 일하는 사람들 등에 대해 계속해서 제재를 가하는 것이 미국의 정책이며, 그와 같은 제재는 북한이 유엔 안전보장이사회 결의와 행정명령에서 적시한 불법행위를 더 이상 하지 않을 때까지 지속된다는 점을 밝히고 있다. 대북 제재 해제가 이뤄질 경우에는 국무장관이 재무장관과 협의하여 제재 해제를 정당화하고 제재 해제와 북한의 불법 활동 중단과의 상관관계를 설명하는 내용의 보고서를 30일 내에 의회에 제출하여야 한다.

제210조 (c)항 '북한의 핵과 탄도미사일 프로그램 관련 협상에 대한 정책'에서는 북한의 핵과 탄도미사일 프로그램과 관련한 협상에서 미국의 목표는 완전하고 검증 가능하며 되돌릴

수 없는 해당 프로그램들의 폐기임을 명시하고 있다.

제210조 (d)항 '북한의 위협과 역량에 대한 대응 전략 보고'에서는 법 제정일로부터 90일 이내에 국무장관이나 국무장관이 지정한 사람이 재무장관과의 협의하에 북한이 가하는 위협과 역량에 대한 미국의 대응을 담은 보고서를 제출하여야 하며, 이 보고서를 법 제정 이후 5년간 180일마다 제출하도록 하고 있다. 보고서에는 북한의 평화적 비핵화를 달성하는 방안과 북한의 탄도미사일 프로그램에 의해 가해지는 위협을 제거하는 방안에 대한 장단점, 그러한 위협을 제거하기 위한 로드맵 및 해당 로드맵이 성공하기 위해 북한이 취해야 할 상세 조치, 국제사회와의 협력을 강화하는 전략, 유엔 안전보장이사회 결의에 의거해 대북 관련 제재를 이행하도록 하는 수출 통제 체계의 타당성 등에 대한 분석 및 수출 통제 체계를 전 세계 국가들이 이행하도록 지원하는 방안 등을 담도록 하고 있다.

제210조 (e)항 '의회의 인식'에서는 모든 국제기구의 미국 대표들이 미국의 영향력과 투표권을 활용해 북한이 유엔 안전보장이사회 결의에 따른 약속을 이행할 때까지 해당 기구들에서 퇴출되도록 노력해야 하며, 국무장관은 전 세계 국가들이 유엔 안전보장이사회 결의에 따른 약속을 이행하도록 유도해야 한다고 명시하고 있다. 한편, 대통령은 북한에 관한 정보 접근의 자유를 증진시키기 위한 노력을 계속하도록 장려된다고 규정하고 있다(제407조).

⑥ 행정명령

미국의 대북 제재는 위와 같은 여러 법률 등에 근거한 대통령의 행정명령(Executive Order) 이나 행정기관의 행정규칙(Code of Federal Regulations)등을 통해 더욱 구체화된다.

미국이 북한을 제재하기 위해 취한 최초의 행정명령은 2005년 6월 28일 자 행정명령 제13382호다. 이 행정명령은 해외자산통제국이 대량살상무기의 확산을 막기 위해 북한, 이란, 시리아의 8개 기관에 대한 조치를 취한 것으로 금융 거래금지 및 수입금지의 형태로 제재를 가하고 있다. 이에 따라 미국 시민권자, 영주권자, 미국 기업 혹은 미국에 거주하는 개인 및 기업은 이 행정명령에서 지정된 대상과 거래를 할 수 없으며, 제재 대상과 관계가 있으며 미국 시민권자 소유이거나 통제하에 있는 모든 자산을 동결하도록 하고 있다. 또한 제재 대상이 생산하고 제공하는 물자, 기술, 서비스의 직·간접적인 미국 수입을 금지하고 있다. 제3국을 통해서도 관련 대상들과 연관이 있다고 판단되는 원자재, 물자 및 기술의 미국 수입을 금지하고, 미국 시민권자들이 이러한 수입에 자금 지원을 하거나, 개입하는 것도 금지한다.

북한을 직접적인 대상으로 한 최초의 행정명령은 2008년 6월 26일 자 행정명령 제13466호이다. 동 행정명령은 북한을 '적성국교역법' 적용 대상에서 제외시키면서도 여전한 핵확산 위험을 '국가 긴급 상황'의 대상으로 규정하면서 취한 조치로 행정명령 제13382호의 대상을 확대하여 북한 정부의 자산을 동결하고, 미국 시민권자가 북한에서 항공기를 등록하거나 북한 국적기에 대한 소유, 임대, 운영 및 보험 등록을 금지하고 있다.

2010년 8월 30일 자 행정명령 제13551호는 북한의 2009년 핵실험 및 미사일 발사 시험, 2010년의 천안함 폭침 사건, 유엔 안전보장이사회 결의 위반 등을 이유로 채택된 것이다. 동 행정명령은 직전의 행정명령 제13466호의 적용을 확대하고, 미국 내 또는 미국 시민권자가 소유한 개인에 대한 자산이 동결되었다. 이에 해당하는 개인은 첫째, 직간접적으로 북한과 무기 관련 물품 및 사치품을 수출입하였거나, 이러한 행위와 관련한 훈련, 조언, 서비스 혹은 금융 거래 등에 개입한 개인, 둘째, 돈세탁, 위조지폐, 대량화폐 밀수, 마약밀수 등 불법적인 경제활동에 북한 정부와 개입했거나 지원한 개인을 말한다. 특히 북한 정찰총국과 북한 노동당 39호실, 청송연합 등을 제재 대상으로 지정하고 있다.

2011년 4월 18일 자 행정명령 제13570호는 북한과 관련된 특정 거래를 금지하기 위한 것으로 행정명령 제13551호의 적용을 확대하고, 유엔 안전보장이사회 결의 제1718호 및 제1874호와 관련한 수입금지를 내용으로 하고 있다. 또한 북한으로부터 물품, 서비스, 기술 등이 직간접적으로 미국으로 수입되는 것을 금지했다.

2015년 1월 2일 자 행정명령 제13687호는 북한의 2014년 미국 사이버 테러인 소니 픽처스 해킹 사건, 유엔 안전보장이사회 결의 위반, 인권침해 문제 등을 근거로 하고 있다. 미국 시민권자나 미국 영토 내의 자산에 대해서 북한 정부 및 노동당 관리와 산하 단체기관, 북한 정부 및 노동당 관리, 북한 정부를 재정적·물질적·기술적으로 지원한 개인, 북한 정부의 활동을 돕는 개인들의 자금을 동결하고 해당 인물들의 입국을 금지한 것이다.

2016년 3월 16일 유엔 안전보장이사회에서 채택된 대북 제재 결의 제2270호를 이행하기 위하여 대북 제재 행정명령(executive order) 제13722호를 발표하였다. 동 행정명령은 미국이 대북 제재와 관련해 발표한 여섯 번째 행정명령으로 '대북 제재 및 정책 강화법'의 시행령의 성격도 지니고 있다.

행정명령 제13722호는 북한 해외 근로자 송출을 금지하는 내용이 처음으로 포함됐으며 광물거래, 인권침해, 사이버안보, 검열, 대북한 수출 및 투자 분야에 대한 포괄적 금지 조항(sectoral ban)을 주된 내용으로 하고 있다. 또한 북한과 거래하는 제3국의 개인이나 기업, 은행을 제재할 수 있도록 하는 이른바 '세컨더리 보이콧(secondary boycott)' 조항도 포함되어 있다.

미 국무부는 2016년 2월 18일 발효한 '대북 제재 및 정책 강화법(North Korea Sanctions and Policy Enforcement Act of 2016: H.R. 757)' 이행을 위한 행정명령 제13722호와 기존의 제13687호에 의거하여 2016년 7월 6일 북한 정권의 인권침해 관련 제재 대상(개인 15명, 단체 8개)을 처음으로 지정한 바 있다.

트럼프 대통령이 서명한 2017년 9월 20일 자 행정명령 제13810호는 첫째, 북한 내 건설·에너지·금융서비스·정보서비스·의류·운송산업 등을 운영하거나 북한 내 항구 등을 운영하거나 또는 북한과 상품·서비스·기술의 중요 수출입에 관여하는 자의 미국 내 재산 등에 대해서 이를 차단하고 전송·지급·인출·거래 등을 금지할 수 있도록 하였다. 둘째, 북한에 착륙했거나 입항했던 항공기와 선박, 그리고 그러한 선박과 선박 간 운송에 관여했던 선박에 대해서 이후 180일 동안 미국 착륙·입항을 금지하였다. 셋째, 미국 내에 있는 자금으로서 외국은행 등을 거쳐 북한인에 의해 소유되거나 통제되는 것으로 파악되는 자금에 대해서도 이를 차단하고 전송·지급·인출·거래 등을 금지할 수 있도록 하였다. 넷째, 북한과 관련하여 차단된 재산의 소유자를 위해 중요 거래를 수행하는 외국금융기관에 대해서도 제재를 가할 수 있도록 규정하고 있다.

⑦ 기타 추진 법안

북핵 위기가 고조되는 가운데 북한을 국제 금융체제로부터 완전히 배제하는 것을 골자로 하는 초강력 대북 제재 법안인 '오토 웜비어 북핵제재법(H.R.3898)'이 2017년 10월 24일 미국 하원 본회의에서 처리됐다. 동법은 북한에 장기간 억류되었다가 본국 송환 후 사망한 오토 웜비어를 추모하는 차원에서 그의 이름을 딴 것으로, 해당 상임위원회인 금융위원회 통과 후 공화당 지도부 주도로 법안 명칭이 변경된 것으로 알려졌다. 주요 내용을 보면 북한과 거래하는 외국 금융기관 및 기업을 상대로 미국이 주도하는 국제금융 체제에 대한 접근을 봉쇄하고, '세컨더리 보이콧'을 가하도록 하고 있으며, 모든 규제를 행정부의 의무 사항으로 규정하는 등 제재 수위를 초강력 수준으로 높인 것이다. 또한 유엔 안전보장이사회가 채택한 제재 결의 등 국제사회의 대북 제재를 이행하지 않는 국가에 대한 세계은행 등 국제금융기구의 지원도 금지하고, 해외에 파견된 북한 노동자를 고용한 외국 기업도 미국의 금융제재 대상으로 명시하고 있다.[31]

미 상원에서도 민주당 소속 크리스 밴 홀런 상원의원이 '2017 오토 웜비어 대북 은행업무 제한법안(S.1591)'을 대표 발의하였다. 이 법안은 '2017 북한과 연관된 은행업무 제한법'의 수

---

31 "'오토 웜비어' 이름 딴 초강력대북제재법, 미 하원 통과", ≪한겨레≫, 2017년 10월 26일 자 참고.

정안 형식으로 역시 오토 웜비어를 추모하기 위하여 새로 명명된 것이다. 이 법안 역시 북한과 거래하는 제3국의 모든 개인과 기업에 세컨더리 보이콧을 강화하는 조치로 대북 금융거래 차단에 초점을 맞추고 있다. 2018년 11월 7일 상원 은행위원회를 만장일치로 통과했지만 상원 전체회의 표결에 부쳐지지 는 못하였다.[32]

2018년 6월 12일 북미 정상회담이 개최된 다음 날인 6월 13일 민주당 소속 브랜던 보일 하원 의원은 대통령이 북한 정권의 인권 개선 노력 없이 독자적으로 대북 제재를 완화할 수 없도록 하는 내용의 '대북 제재 해제 금지법안(H.R.6094)'을 상정하였다. 2018년 6월 28일에도 미국 하원은 '미국의 한반도 비핵화 전략에 북한의 완전하고 검증가능하며 비가역적인 인권개선을 포함하도록 하는 내용의 결의안(H.R.976)을 상정하였다.[33] 이처럼 미국 내에서의 대북 제재는 날로 그 강도를 더 강화해 가는 법안이 계속 발의되고 있는 상황이다.

⑧ 미국의 대북 제재의 특징

미국의 대북 제재 조치는 다음과 같은 여러 가지 특징이 있다.

첫째, 전 세계에서 가장 오래전부터 가장 광범위하고 강도 높게 추진되고 있다는 것이다. 단순히 유엔 회원국으로서 유엔 안전보장이사회의 결의를 이행하기 위한 조치만을 취하고 있는 것이 아니다. 미국의 대북 경제제재 조치는 핵 문제로 시작된 유엔 안전보장이사회 결의가 채택되기 이전부터 독자적인 제재를 시작했다.

둘째, 경제제재의 법적 근거가 의회에서 제정한 법률뿐 아니라 2005년부터는 법률에 따라 대통령에게 주어진 권한에 근거한 각종 행정명령을 통해 각종 제재가 더욱 구체적으로 추진되고 있다는 것이다. 대통령에게 광범위한 권한을 부여하는 것은 제재 상대방인 북한을 상대로 한 정책을 탄력적으로 추진할 수 있게 하는 효과가 있다.

셋째, 북한에 대한 제재 입법 방식을 보면 제재의 정당성 확보 차원에서 해당 입법이 유엔 안전보장이사회의 결의를 이행하려는 조치임을 명시하고 있다. 이는 국제사회로부터 제기되는 '역외적용법'에 대한 문제 제기를 차단하려는 조치로 보인다. 그동안 미국의 대북 경제제재의 효과와 관련하여 미국의 독자적인 제재만으로는 별다른 효과가 없다는 회의적인 시각이 적지 않았다. 하지만 유엔 안전보장이사회의 결의에 따라 대북 경제제재 조치가 강화됨에 따라

32 "밴 홀런 상원의원 "대북 제재 구멍 여전…'은행업무 제한법' 재상정 시도할 것", 《VOA》, 2018년 12월 18일 자 참고.

33 김종혁 외 4, 「미국의 경제제재(sanctions programs) 완화 사례 분석」, 《KIEP 기초자료》, 18-26(대외경제 정책연구원, 2018.10.24), 10쪽.

이와 같은 회의적인 시각은 설득력이 떨어지게 되었다.

넷째, 북한에 대한 경제제재 법률을 보면 제재를 법률에 의한 의무적 조치행위뿐 아니라 대통령의 재량적 조치행위로 구분하여 탄력적으로 운영하고 있으며, 대통령에게 상당한 재량권을 부여하고 있다. 이란을 대상으로 한 '경제제재법'에서는 재량적 조치 관련 규정 없었다는 점에서 비교가 된다. 다만 제재 중지 또는 해제에 대해서는 법정 요건을 구체화하거나 관련 사항의 의회 보고 의무를 부과하는 등 대통령에 대한 의회의 통제 권한도 강화하고 있다.

다섯째, 미국의 영토 외에 해외 지역에 거주하는 개인 및 기업 등의 행위자에게도 적용되는 '역외적용법'의 성격을 지닌다. 더 나아가 2016년 이후 세컨더리 보이콧의 적용 영역이 확대되고 있다. 미국이 전 세계 경제에서 차지하는 비중을 보면 세컨더리 보이콧은 다른 유엔 회원국들이 유엔 안전보장이사회 결의를 이행하도록 하는 데 강력한 무기가 된다.

여섯째, 유엔 안전보장이사회 결의안 채택의 원인인 핵과 미사일 문제뿐 아니라 테러와 인권 문제도 대북 경제제재 관련 법에서 함께 규율하고 있다. 물론 핵 문제를 원인으로 한 경제제재와 인권 문제를 원인으로 한 경제제재는 제재의 범위와 강도가 다르지만, 이는 북한이 핵 문제를 해결한다고 해서 미국의 모든 제재 조치가 해제되는 것은 아니라는 것을 의미한다. 인권 문제와의 연계 추진은 2018년 이후 의회를 중심으로 추진되고 있는 상황이다.

(3) 기타 국가의 대북 제재

개별 국가의 대북 제재는 미국만에 의한 것이 아니다. 유엔 회원국 모두에 이행조치 의무가 부과되어 있다. 우리의 경우 북한과의 경제교류와 협력이 자유로운 것이 아니라 '남북교류협력법'에 따라 당국의 승인을 받아야 할 수 있는 사업이다. 또한 유엔 안전보장이사회의 결의에 따른 이행조치뿐만 아니라 천안함 사건에 따른 독자적인 5·24 조치를 한 바 있고, 유엔 안전보장이사회 결의 제2270호가 채택되기 직전인 2016년 2월 10일 개성공단 전면 중단 조치를 하기도 하였다.

일본은 2016년 2월 10일 북한 국적자의 입국 원칙 금지, 북한 국적 선박과 북한에 기항한 선박의 입항 금지, 인도적 목적의 10만 엔 이하의 금액을 제외한 대북송금 금지 등의 독자 제재안을 발표했다. 5차 핵실험 이후인 2016년 12월 2일에는 북한을 방문한 재일본조선인총연합회 간부 및 재일 외국인 핵·미사일 개발자의 재입국 금지, 북한에 들렀던 모든 선박의 일본 입항 금지, 핵·미사일 개발에 관여한 단체·개인의 자산동결 대상 확대 등을 포함해서 헬기나 선박의 대북 수출, 니켈·동 등의 북한산 광물 수입을 금지하기로 했다.

2017년 6월 27일에는 '화물검사특별조치법'의 개정 시행령을 의결했다. 기존에는 일본의 해상보안청과 세관은 북한이 제3국에서 수출입하는 화물 가운데 핵연료와 무기 등 100여 개의 수출금지 품목을 조사·압수하고 있으나 시행령 개정으로 앞으로 핵·미사일 등 대량 파괴무기와 관련이 있어 보이면 모두 규제가 가능하게 되었다. 시행령은 아울러 수출금지 대상 품목에 북한의 외환 확보원이 되는 동과 니켈 등의 광물자원을 추가했다. 일본 정부는 북한이 수출금지 대상인 무기류를 분해해 원재료와 기기 부품으로 운송해 제재를 피하려 한다고 보고 캐치올(Catch All) 규제를 도입했다. 캐치올 규제는 수출금지 대상으로 지정되지 않는 품목이라 해도 대량살상무기 개발 등에 이용될 수 있다고 판단되면 이를 수출할 수 없도록 전면 통제하는 제도를 말한다.[34]

2017년 7월 28일 일본 정부는 자산동결 대상에 기존에 북한의 핵·미사일 계획에 관련된 단체와 개인 외에 금융 서비스, 사치품 수송, 석탄을 포함한 광물무역 관련자 등을 추가하기로 했다. 이에 따라 중국의 단둥(丹東)은행과 해운사인 다롄(大連)국제해운을 포함해 총 5개 단체와 개인 9명이 신규 제재 대상 명단에 오르게 됐다. 여기에 유엔 안전보장이사회 결의를 포함하면 전체 제재 대상은 총 63개 단체, 개인 79명으로 확대된다. 이번 조치로 이 중 중국 단체는 3개, 개인은 4명으로 각각 늘어나게 되었다.[35]

유럽연합(EU) 또한 유엔 안전보장이사회의 대북제재결의안을 이행하면서, 유럽연합 자체적인 제재를 단행했다. 유엔 안전보장이사회 결의안 제2270호에 담긴 모든 제재 내용에 추가로 유럽연합 자체의 제재 조치를 포함하고 있는 것이 특징이다. 먼저 안전보장이사회 결의안 채택 이틀 후인 2016년 3월 4일에는 북한 제재 대상 리스트에 유엔 제재명단에 새로 들어간 개인 16명과 단체 12개를 추가했으며, 3월 31일에는 추가 무역 및 금융 제재를 단행했다. 이어 5월 20일에는 제재 명단에 개인 18명과 북한의 미사일 개발 담당 부대를 명단에 추가했는데, 제재 대상자는 EU 역내 여행이 금지되고 자산이 동결된다. 5월 27일에는 광범위한 추가 제재를 발표했는데, 유럽연합 가입국뿐만 아니라 마케도니아, 노르웨이와 아이슬란드 등 9개 비(非)유럽연합 가입국 또한 유럽연합의 대북 제재 동참을 6월 16일 선언했다.[36]

그 외에 독자적 대북 제재를 가한 나라로는 스위스가 있다. 스위스 연방정부는 5월 18일

---

34 "日정부, '캐치올 규제' 도입…북한行 제3국 화물 모두 조사 가능", 《연합뉴스》, 2017년 6월 27일 자 참고.

35 "日도 中단둥은행·다롄국제해운 제재…자산동결 대상 확대", 《연합뉴스》, 2017년 7월 28일 자.

36 남진욱, 「국제사회의 대북제재와 추가 대북제재 관련 언론보도」, 《KDI북한경제리뷰》, 제18권 10호(한국개발연구원, 2016), 69쪽.

유엔 안전보장이사회 대북 제재 결의 2270호에 따른 조치로 대북 독자 제재를 단행했다. 북한 국적자에 대해 스위스에서의 고등 물리학, 컴퓨터, 핵공학 관련 과목 수강이 금지됐으며, 북한 관리에 대한 군사훈련도 이 대북 제재를 통해 전면 금지됐다.[37]

중국의 경우 한·미·일 등의 국가와는 달리 따로 독자 제재를 가하지는 않고 있으나, 유엔 안전보장이사회 대북 제재 결의를 찬성하고 이를 적극적으로 이행하겠다는 의지를 밝히고 있다. 이에 중국 상무부는 대북 제재 결의에 대한 구체적 이행 조치로 북한과의 수출입을 금지하는 품목 25종을 2016년 4월 5일에 발표했다. 이에 따르면 북한산 석탄, 철, 철광석, 금, 티타늄, 희토류 등은 수입금지 품목으로 지정되었으며, 항공연료, 로켓연료 등은 수출금지 품목으로 지정되었다. 다만 결의안이 북한 민생에 영향을 미쳐서는 안 된다는 입장을 고수하고 있어, 수출입 금지 품목 중에서도 석탄, 철, 철광석은 민생 목적으로 수입되는 경우 예외를 인정해 주고 있다. 또한 항공연료의 경우 인도주의 목적에서 유엔 안전보장이사회가 승인해 준다면, 북한 민항기가 해외에서 연료를 급유받을 때를 예외로 인정해 주고 있다.[38] 이와 같은 중국의 대북 제재에 대한 소극적인 태도로 인해 미중 간의 갈등이 제기되고 있다.

한편, 2017년 12월 12일 유엔 안전보장이사회 결의 제2375호에 대한 중국의 이행보고서에서는 중국이 더욱 구체적인 조치를 하였음을 알 수 있다. 중국은 2017년 9월 22일 '해외무역법'에 따라 공고문 52호를 내고 북한산 섬유제품의 전면 수입금지를 명령했다. 이 조치는 공고문 발표와 함께 즉시 발효됐지만, 이미 계약이 맺어진 경우에 한해 만료 시점을 12월 10일까지로 한다고 명시하고 있다. 이행보고서는 공고문에 액화천연가스(LNG)와 콘덴세이트(condensate)의 대북 수출을 전면 금지하고, 정제유도 2018년 10월 1일부로 제한된다는 사실도 담고 있으며, 특히 정제유는 연말까지 50만 배럴을 넘어선 안 된다는 안전보장이사회의 규정도 명시하고 있다. 또한 중국 상무부는 2017년 9월 28일 공고문 55호를 내고, 120일 안에 북중 합작기업을 폐쇄해야 한다는 명령도 내렸다. 아울러 중국 국가외국전가국(國家外國專家局)도 같은 날 발표한 공고문을 통해 북한 국적자의 노동 허가를 금지했으며, 교통부는 2017년 9월 9일 공고문에서 안전보장이사회의 자산동결 대상으로 지정된 선박의 입항을 금지했다고 밝히고 있다. 또한 자국령인 홍콩과 마카오에서도 같은 조치가 취해졌다고 밝히고 있다.[39]

---

37 남진욱, 같은 글, 69쪽.

38 남진욱, 같은 글, 70쪽.

39 "중국 대북제재 이행보고서 "수출입 금지, 노동자 제한 등 구체적 조치 취해", ≪VOA≫, 2018년 2월 2일자 참고.

(4) 전략물자 수출통제 문제

전략물자란 재래식 무기 또는 대량파괴무기와 이의 운반수단인 미사일의 제조, 개발, 사용 또는 보관 등에 이용 가능한 물품과 소프트웨어 및 기술로서 이러한 것들은 국제평화와 안전유지, 국가안보를 위해 수출입에 제한을 받는다. 국가안보를 위한 통상 규제는 「관세 및 무역에 관한 일반협정(GATT: General Agreement on Tariffs and Trade)」과 세계무역기구(WTO)에서도 예외적으로 인정된다.

전략물자에 대한 통제는 〈표 10-5〉에서 보는 바와 같이 다양한 체제를 통해 다층적으로 이루어지고 있다. 우리나라 역시 '대외무역법' 및 다자간 국제수출통제체제의 원칙에 따라 산업통상자원부장관이 전략물자수출입고시 별표 2와 3에 전략물자를 고시하여 시행하고 있다. 이러한 전략물자에 대한 수출통제는 남북한 경협에 직접적인 영향을 미칠 수밖에 없다. 북한에 우리 기업이 진출하여 공장을 가동하려면 각종 설비가 반출되어야 하는데 그와 같은 설비의 부품이나 기술이 전략물자에 해당된다면 해당 기업의 진출 자체가 불가능하거나 매우 어렵게 되기 때문이다.

무기류	조약 / 협약 / 협정	다자간 수출통제체제	국제기구
핵무기	핵비확산조약(NPT) 포괄적핵실험금지조약 지역별 비핵지대(NWFZ) - Tlatelolco 조약 - Rarotonga 조약 - Pelindaba 조약 - 방콕조약 등	쟁거위원회(1971) 핵공급국그룹(1975)	국제원자력기구(IAEA) 유엔군축회의(CD)
생물무기 화학무기	제네바의정서(1925) 생물무기금지협정(BWC) 화학무기금지협정(CWC)	호주그룹(1984)	화학무기금지기구(OPCW) 유엔군축회의(CD)
미 사 일	탄도미사일 확산방지 헤이그행동규범(HCOC)	미사일기술통제체제(1987)	
재래식무기	대인지뢰금지조약 클러스터폭탄금지조약	바세나르체제(1996)	

자료: CRS Peport for Congress RL31559, Proliferation Control Regimes: Background and Status, by Mary Beth Kikitin et al., January 31, 2008, p.4.

〈표 10-5〉에서 보는 바와 같이 전략물자 수출통제는 크게 '바세나르체제'와 '대량살상무기 비확산체제'로 구분된다. 1994년 3월 31일 해체된 'COCOM'체제 이후의 다자간 수출통제체제인 '바세나르체제(Wassenaar Agreement/Regime)'는 미국과 일본 등과 같은 구(舊) COCOM

참여국과 러시아, 헝가리, 오스트리아, 한국 등을 포함한 33개국에 의해 1996년 7월 12일 네덜란드의 바세나르에서 출범하였다. 'New Forum'이라고도 불리는 '바세나르체제'는 상용무기(conventional weapons)와 이중 용도(dual-use) 품목 및 기술의 불법 취득 방지를 위하여 그 수출 또는 이전에 대한 투명성(transparency)과 책임(responsibility)을 강화함으로써 '지역 및 국제평화와 안전 및 안정'에 기여하는 것을 주된 목적으로 창설되었다. 2001년 12월 총회에서는 테러방지 목적을 위한 수출 통제가 추가되었다. 참여국은 국내 입법 등을 통하여 대상 품목의 수출이 '바세나르체제'의 설립 목적에 반하는 군비 증강이나 무기 개발을 초래하지 않도록 보장하여야 한다(운영규칙 I).[40] '바세나르체제' 또는 「바세나르 협정」은 연성법(soft law)이며, 법적 구속력이 없는 신사협정에 불과하다. 따라서 '바세나르 협정'은 「조약법에 관한 비엔나협약」이 적용되는 국제법상의 조약이 아니다. '바세나르체제'상의 전략물자 수출입 통제는 개별 참여국의 고유한 권한이며, 한 참여국의 수출 허가 거부가 다른 여국을 구속하지도 않는다. 정보 교환은 다발적으로 행해지며, 대상 품목에 대한 수출 허가 결정은 개별 참여국의 책임이다.[41]

'대량살상무기 비확산체제(Non-Proliferation Regime)'란 '원자력 관련 비확산체제', '생화학무기 관련 비확산체제', '미사일 관련 비확산체제'를 지칭한다. '대량살상무기 비확산체제'와 '바세나르체제'는 50~60퍼센트 중복되며 통제 절차도 유사하나 통제 수준이나 허가 요건 등에 있어 비확산체제의 통제 범위 및 정도가 보다 광범위하고 엄격하다.[42]

우리나라는 전략물자 수출 통제 관련 비확산 조약에 모두 가입하였으며, 4개 다자간 수출통제체제에도 모두 참가하고 있다. 1989년에는 '대외무역법령'에 전략물자 수출 관리에 대한 법적 근거를 마련하였고, 1992년에 전략물자 고시 및 수출 허가 등 수출 관리를 법제화하였다. 2003년에는 상황 허가 제도(Catch-all)를 도입하여 통제 목록에 해당하지 않는 품목이 대량살상무기 개발 및 제조 등에 사용될 경우에도 수출을 통제하였다. 전략물자 판정 업무는 전략물자관리원에서 담당하고 있으며, 북한으로의 물품 반출입 업무는 통일부에서 담당하고 있다. 그 밖의 전략물자에 대한 관련 법령과 소관 부처는 〈표 10-6〉과 같다.

전략물자 여부에 대한 판정 방법은 판정 도구를 이용해 스스로 판정하는 '자가판정'과 전략물자관리원 등 판정 전문기관에서 공식적으로 판정하는 '전문판정'이 있는데, 양자의 법적 효력은 동일하다. 다만 자가판정으로 판정이 잘못된 경우에는 해당 업체의 책임이 되기 때문

---

40 최승환, 「전략물자수출통제와 남북경협」, ≪통상법률≫, 통권61호(법무부, 2005.2), 127쪽.

41 최승환, 같은 글, 130쪽.

42 최승환, 같은 글, 130쪽.

| 표 10-6 | 전략물자 관련 법령 및 소관 부처

품목 구분		관련 법령	소관 부처 (허가 기관)
이중 용도 품목 (물품, 기술, 소프트웨어)	대외무역법	대외무역법 시행령 전략물자수출입고시	산업통상자원부
일반 방산물자			
주요 방산물자	방위사업법	방위사업법 시행령 및 시행규칙	방위사업청
원자력전용 품목	원자력안전법	원자력안전법 시행령 및 시행 규칙	원자력안전위원회 한국원자력통제기술원
대북 반출입품목	남북교류협력법	남북교류협력법 시행령 및 시행규칙, 대북 전략물자의 반출입승인절차에 관한 고시	통일부

에 대북 진출 기업의 경우에는 전문판정을 신청하는 것이 바람직하다.

2) 국제사회의 대북 제재 해결 방안

국내에서는 유엔 안전보장이사회를 비롯한 국제사회의 대북 제재 문제를 해결하기 위해 남북한 특수관계론을 원용하여 우리가 유엔 안전보장이사회 결의를 준수할 국제법적 의무를 회피하는 방안이 제시되기도 한다.[43] 하지만 유엔 안전보장이사회 결의 준수 여부는 유엔과 회원국인 대한민국의 관계에서 발생하는 국제법적 영역의 문제이므로 유엔이 남북한 특수관계론을 받아들일 가능성은 현실적으로 없다고 보아야 할 것이다.

특히 유엔 안전보장이사회 결의 제2321호는 회원국 외의 비정부기구가 북한의 영역 내에서 인도적 지원을 하고자 하는 경우나 그 밖에 제재 조치의 목적에 부합하는 활동을 하는 경우에도 대북제재위원회가 이를 개별적으로 심사하여 예외적으로 허용할 수 있도록 규정하고 있다는 점도 유념할 필요가 있다.[44] 인도적 지원과 관련하여 유엔 대북제재위원회는 2018년 8월 6일 「북한에 인도적 지원을 제공하기 위한 면제 관련 가이드라인(Guidelines for Obtaining Exemptions to Deliver Humanitarian Assistance to the Democratic People's Republic of Korea)」을 채

---

[43] 구체적인 내용은 이효원, 「개성공단 재개에 관한 법적 쟁점」, 《통일과 법률》, 통권 31호(법무부, 2017.8), 14~15쪽 참고.

[44] 박종원, 「유엔대북제재와 남북교류협력의 법적 쟁점: UN안전보장이사회 결의의 효력을 중심으로」, 『통일 법제 인프라 확충을 위한 쟁점과 과제』, 통일부·서울대학교 헌법통일법센터 공동주최 세미나 자료집 (2017.9.15), 25~26쪽 참고.

택하였다. 이는 제재 위반을 방지하면서도 인도적 지원의 신속한 결정 및 투명성 보장을 위한 조치이다. 이 가이드라인은 회원국들과 국제기구 및 비정부기구에 대하여 북한 수혜자에 대한 설명과 선정 기준, 위원회 면제 요구에 대한 이유, 6개월 이내에 누구에게 어떤 물품과 서비스를 제공할지에 대한 구체적인 수량 및 관련 사양에 대한 구체적 설명 등 10가지 항목이 포함된 면제 신청서를 제출할 것과 대략 6개월 단위로 면제를 신청할 것을 권고하고 있다.[45]

유엔 대북제재위원회는 합의(consensus)로 운영되기 때문에 15개 유엔 안전보장이사회 이사국 중 한 국가라도 유엔 대북 제재 해제를 반대하면 제재는 해제될 수 없다. 따라서 가장 적극적으로 대북 제재 조치를 취하고 있는 미국만 제재 해제에 반대를 해도 사실상 불가능한 것이다.

일각에서는 이와 같은 유엔 안전보장이사회 결의와 미국의 대북 제재 조치 등에도 불구하고, 안전보장이사회 결의문이나 미국의 대북 제재 관련 법규와 조치 등을 면밀히 검토하여 일부 가능한 남북경제협력 사업을 진행할 필요가 있다는 의견들이 제시되기도 한다.

하지만 간과하지 말아야 할 것은 유엔 안전보장이사회나 미국 등 국제사회의 제재가 최종적이고 확정적인 것이 아니라는 것이다. 필요에 따라서는 얼마든지 추가 조치가 가능하다. 또한 그와 같은 제재의 틈새를 찾아 진행한 남북경협 사업이 국제사회의 제재 위반에 해당하는지에 대한 판단도 우리가 최종적으로 하는 것이 아니라 제재 조치를 한 주체의 판단이 우선하는 것이다. 이와 같은 측면을 무시하고 유엔 안전보장이사회 결의문이나 미국의 대북 제재 관련 법규와 행정조치 등의 틈새를 찾아내서 남북경협 사업을 추진하는 것은 매우 무모하고 위험한 일이며, 북핵 문제 해결이라는 차원에서도 결코 바람직하지 않다.

대북 제재 문제를 해결하고 남북경협을 추진하기 위해서는 제재의 틈새를 찾을 것이 아니라 대북 제재의 원인을 해소하는 것이 우선이다. 북한이 추구하고 있는 경제개발을 위해서는 국제사회의 제재뿐 아니라 미국의 각종 법규와 행정명령 등에 따른 제재 문제를 해결하지 않고는 현실적으로 매우 어려운 문제이다. 이러한 제재를 풀려면 가장 우선적인 조건은 북한의 비핵화 조치이다. 북한의 비핵화 조치가 국제사회로부터 진정성을 인정받을 만한 수준으로 이행이 된다면 일정한 수준에서 대북 경제제재의 강도가 완화될 수 있을 것이다.

이와 같은 상황에서는 남북경협 추진이 어느 정도 가능할 것이다. 하지만 북핵 문제가 해

---

45 https://www.un.org/securitycouncil/sanctions/1718/exemptions-measures/humanitarian-exemption-requests (검색일: 2019년 5월 27일).

결되었다고 해서 국제사회의 경제제재를 모두 해제시킬 수 있는 것은 아니다. 유엔 안전보장이사회의 대북 제재 결의는 북한의 핵과 미사일 문제로 인한 것이지만 대표적으로 미국의 경제제재는 핵 이외의 대량살상무기와 테러, 인권, 심지어는 종교의 자유까지도 원인으로 하고 있다. 미국이 북한을 적성국가 및 테러지원국에서 해제를 한 이후에도 북한의 대외무역에 대한 모든 제재가 해제되지는 않았었다. 이처럼 북한에 대한 국제사회의 모든 제재는 북한의 핵무기를 포함한 대량살상무기 개발과 보유, 국제사회에 대한 테러, 인권탄압 행위 등에 근거하여 다층적으로 이루어지고 있다.

유엔 안전보장이사회의 대북 제재가 해제되어 남북경협이 재개된다 하더라도 국내법에 의해서도 시행되고 있는 전략물자 수출통제 문제까지 해결되는 것은 아니다. 북핵 문제가 해결되어도 전략물자 수출통제는 남북경협에 큰 장애 요인으로 남게 된다. 이 문제를 해결하려면 결국 북한이 전략물자 수출통제 관련 비확산 조약에 가입하고, 다자간 수출통제체제에도 모두 참가하여 통제 대상에서 벗어나는 수밖에 없다. 결국 북한이 국제사회의 모든 제재로부터 자유롭게 되고자 한다면 단순히 핵 문제가 해결된다고 해서 모든 문제가 해결되는 것은 아니며 북핵 문제는 그 출발점에 불과한 것이다.

종국적으로는 북한이 대량살상무기, 테러, 인권 문제 등에 대해 국제사회가 받아들일 만한 상당한 수준의 조치를 취하고 더 나아가 적극적인 경제 개방 조치 등을 통해 국제사회의 정상국가로 인정받아야만 자신들이 원하는 경제강국 건설의 길로 들어설 수 있게 될 것이다. 더군다나 북한이 추구하는 경제발전을 위해서는 현실적으로 세계은행(WB), 아시아개발은행(ADB), 아시아인프라투자은행(AIIB)과 같은 국제금융기구의 지원이 필요하다. 이들 국제금융기구들은 국제통화기금(IMF)의 가입을 전제조건으로 하고 있다. 국제통화기금에 가입하려면 국제통화기금의 16.5퍼센트의 의결권을 가지고 있으면서 공산주의 국가의 국제통화기금 가입을 금지한 '브레튼우드협정법'을 시행하고 있는 미국의 협력 없이는 불가능하다고 보아야 한다.

미국의 경제제재 대상은 북한만이 아니다. 베트남, 미얀마, 이란, 리비아, 쿠바 등도 미국의 경제제재를 받았거나 받는 국가들이다.

〈표 10-7〉에서 보는 바와 같이 이 국가들에 대한 미국의 경제제재 배경을 보면 사회주의 국가나 핵 프로그램 개발과 같은 미국 안보에 대한 위협 외에도 테러, 인권, 민주주의 탄압, 심지어는 마약 재배나 유통 등 그 원인이 다양하다. 북한은 이와 같은 제재의 원인을 고루 갖추고 있다. 따라서 북한 핵과 장거리 탄도미사일 문제가 해결된다고 해서 미국의 모든 제재가 해제될 것으로 볼 수 없다.

| 표 10-7 | 미국의 경제제재 해제 프로세스 사례 비교

단계	베트남	미얀마	이란	리비아	쿠바
제재 배경	• 사회주의국가 • 베트남의 캄보디아 침공	• 군부독재국가 • 인권 및 소수민족 탄압 등 • 마약 재배 및 유통	• 미국 대사관 인질 사건(1979) • 핵 프로그램 개발	• 국제 테러리즘 조장·지원	• 사회주의국가 • 인권, 민주주의 탄압
제재 완화 배경	• 캄보디아 평화협정 서명(1991.10) • 시장경제 체제로의 이행: 경제개혁·개방 추진	• 민간정부 등장 (2010.11) 및 민주화 진전 • 외교 환경 변화 및 전략적 중요성 부각	• 이란 핵합의인 포괄 적공동행동계획 (JCPOA)타결 (2015.7)	• 대량살상무기 포기 선언(2003.12) • 미국 내 제재 반대 여론 형성	• 개혁개방 추진 (2011) • 미국 인구구조 변화에 따른 정치 환경 변화
미국의 제재 완화 조치	• 경제제재 전면 철폐 (1994.2) • 정상무역관계(2000.7)와 항구적 정상무역관계(2006.12) • 무역 및 투자에 관한 기본협정 체결 (2007.6)	• 국제기구의 미얀마 지원 금지 완화 • 수입금지조치 완화 • 일반특혜관세 (GSP) 혜택 재부여 • 경제제재 전면 철폐 발표(2016.10)	• 금융 및 은행거래, 에너지 및 석유화학, 해운·조선·항만운송, 자동차, 금 및 기타 • 귀금속, 흑연 및 반가공금속 등의 교역 관련 2차 제재 해제	• 2004년 3차례에 걸쳐 경제제재 완화 • 테러지원국 지정해제(2006.7)	• 테러지원국 지정 해제(2015.5) • 쿠바자산동결규정 및 수출관리규정개정(2015.5) • 여행, 무역, 통신, 금융서비스 제한 일부 해제
각국의 정상화 조치	• 전쟁포로 및 실종미군 문제 해결 • 파리평화협정 준수: 베트남군 캄보디아 철수 • 대외 개방 및 개혁 (도이머이) 추진 • 노동, 인권 등의 개선	• 수치에 대한 탄압 중지 및 복권 • 민주화 진전: 민간정부 등장, 정치범 석방, 언론자유화 등 • 대외 개방 및 경제 개혁	• 저농축 우라늄 국외 반출 • 원심분리기 수 감축 • 이라크 중수로 핵심 시설 제거	• 미 항공기 폭파 사건에 대한 보상금 지급 • 20월 만에 핵 프로그램 완전 폐기	• 경제사회개혁안 추진(2011) • 중고차 및 주택매매 허용 • '신외국인투자법' 도입(2014)
미국의 지원 조치	• 국제사회의 원조 및 차관 허용 • 국교 정상화 • WTO 가입 지원	• 외교 관계 대사급으로 재격상 • 미국 대통령 미얀마 방문(2012.11) • 2년간 1.7억 달러 ODA 지원 약속	• 핵개발 관련 제재유예 및 행정명령 철회 등을 통한 제재 완화	• 외교관계 복원 및 연락사무소 설치 (2004.6) • 연락사무소의 대사관 승격(2006.7)	• 국교 정상화 합의 (2014.12) • 대사관 재개설 (2015.7) • 미국 대통령 쿠바 방문(2016.3)
해제 결과	• 외국인 투자 유입 확대 • WTO 가입 (2006년) 및 시계 경제체제로 편입 • 미국 시장 접근 허용으로 우회 수출기지와 글로벌 생산 거점으로 부상	• 세계경제체제로의 복귀 • ODA와 FDI 활성화 • 대(對)미국 수출입 재개 및 확대	• 트럼프 행정부 출범 이후 JCPOA 탈퇴 (2018.5) • 일부 제재 복원 (2018.8)	• 외국인투자 및 원유 수출 증가	• 트럼프 행정부 출범 이후 제재 재강화 • 쿠바 주재 미국 대사관 일부 철수

자료: 김종혁 외 4, 「미국의 경제제재(sanctions programs) 완화 사례 분석」, 27쪽. 미국의 개별국가에 대한 경제제재 및 해제 등에 대한 구체적인 내용은 권율·김미림, 「베트남 개혁모델이 남북경협에 주는 정책적 시사점」, ≪KIEP 오늘의 세계경제≫, 제18권 24호(대외경제정책연구원, 2018.6); 김기현, 「미국의 대 쿠바 정책: 변화와 전망」, ≪라틴아메리카연구≫, 제1권 2호(한국라틴아메리카학회, 2004.6); 박영호, 『리비아 경제제재 해제와 건설시장 확대방안』(서울: 대외경제정책연구원, 2004); 오윤아, 「미국의 미얀마 경제제재 완화 현황과 시사점」, ≪KIEP 오늘의 세계경제≫, 제12권 24호(대외경제정책연구원, 2012.11); 김민옥, 「미국 경제제재 관련 법제 연구: 이란과 북한 제재를 중심으로」(북한대학원대학교 박사 학위논문, 2016.2) 등 참고.

제재 대상인 개별 국가들에 대한 미국의 경제제재 완화나 해제 과정을 보면 제재의 원인에 대한 해소를 통해 미국과의 국교를 정상화하는 것이 얼마나 중요한 요소인지를 알 수 있다.

경제제재 완화나 해제 과정을 보면 미국 내부의 정치적 상황과 대외정책의 변화, 국제정치적 환경 등이 제재 상대방 국가와의 협상 과정에 영향을 미친 것은 사실이다. 하지만 제재 완화나 해제는 제재를 하게 된 원인의 해소 없이 이루어진 것은 없다고 보아야 한다. 경제제재를 해제한 뒤에도 제재의 배경이 된 원인이 제대로 해소되지 않거나 미국과의 관계가 악화되면 제재를 재개한다는 점도 유의할 필요가 있다. 북한이라고 해서 예외일 수는 없을 것이다. 이와 같은 국제사회의 현실을 제대로 인식한다면 성급하게 국제사회의 대북 제재 완화를 위한 노력보다는 북한을 상대로 정상국가의 길로 들어서도록 설득하는 것이 우선이다.

3) 민족내부거래와 WTO체제의 최혜국대우 위반 문제

(1) 남북한 민족내부거래 관련 법규범

민족내부거래는 분단국가 사이에서 이루어지는 교역을 국가 대 국가 간 거래가 아닌 동일 민족 간 거래로 보고 무관세 등의 혜택을 주는 무역 형태를 의미한다. 남북한은 1992년 2월 발효된 남북기본합의서에서 남북 관계의 특수성과 남북 간 거래의 민족내부거래 성격에 대해 합의한 이래 그 이후 남북한 간에 체결된 경제교류협력 관련 합의서에서 민족내부거래의 성격을 계속 확인하며 유지해 오고 있다. 더 나아가 국내법인 '남북교류협력법' 제12조와 '남북관계발전법' 제3조에서도 민족내부거래 원칙을 명시하고 있다.

또한 1995년 WTO에 가입하면서 제정한 '세계무역기구 협정의 이행에 관한 특별법' 제5조(민족내부거래)에서도 "남북한 간의 거래는 민족내부거래로서 협정에 따른 국가 간의 거래로 보지 아니 한다"라고 명시하고 있다. 북한도 2005년 7월 6일 제정한 '북남경제협력법' 제7조에서 남북경제협력은 당국 간 합의 및 해당 법규와 당사자 계약에 기초한 직접거래방식으로 추진한다고 규정하고, 제19조에서 "북남경제협력물자에는 관세를 부과하지 않는다"고 규정하고 있다.

(2) WTO 체제와 민족내부거래의 문제점

남북한 간의 민족내부거래에 근거한 무관세 특혜는 WTO 체제에서 GATT 제I조에 의한 최혜국대우(MFN) 의무 위반인지가 문제된다. 최혜국대우 의무란 어느 특정 국가 또는 그 국가 국민을 최소한 다른 어느 국가를 대우하는 만큼 대우하는 의무를 말하며, 결과적으로 WTO 회원국이 상품의 수입과 수출에 관하여 어느 다른 국가에게 WTO 회원국 여부와 무관하게 제공한 가장 유리한 대우를 다른 WTO 회원국에 부여해야 할 의무를 말한다.

이에 대해 국내에서 북한은 별개 국가가 아니라는 점과 남북한 특수관계론 등에 근거하여 민족내부거래가 GATT 제I조의 최혜국대우 원칙을 위반한 것이 아니라는 주장이 적지 않다. 그러나 WTO 회원은 "대외적으로 실질적인 경제적 독립성을 보유한 어떠한 조직"을 의미하므로 국가(state)뿐 아니라 관세 영역(customs territory)도 별개의 회원이 될 수 있다. 이는 홍콩이 1997년 중국으로 반환된 뒤에도 별도의 회원국 지위를 유지하고 있는 점을 보아도 알 수 있다.

또한 남북한의 민족내부거래 관련 합의와 법규범은 남북한 간에만 적용되는 것이고, 다른 나라가 이를 인정할 것인지는 별개의 문제이다. 따라서 다른 WTO 회원국 입장에서는 남북한 무관세 특혜에 대해 GATT 제I조에 의한 최혜국대우 의무를 위반한 것이라는 주장을 할 수 있는 것이다. 다만, 아직까지 이 문제를 강하게 제기하는 국가는 없었으나 향후 남북한 교역 규모가 커질 경우에는 최혜국대우 의무 위반이라는 주장이 제기될 가능성이 높다.

참고로 우리 정부가 1991년 4월 남한 쌀과 북한 무연탄 및 시멘트의 직접 교환을 내용으로 하는 구상무역을 승인하였는데, 미국의 도정협회가 이의를 제기하였고, 미국 정부도 우리 측에 남북한 무역거래에 대한 「GATT 협정」 적용의 문제를 제기한 바 있다.[46]

(3) 서독의 해결 사례

서독은 1951년 GATT 가입 결정 과정에서 체약국은 서독의 GATT 가입이 독일 내에서 발생하는 상품의 독일 내 교역에 대한 당시 규정이나 지위에 아무런 변화를 요구하지 않는다는 합의를 한 바 있다. 이는 「토르키 의정서(Torquay Protokoll)」의 부속문서로, GATT 제25조 제5항의 웨이버 조항(waiver clause)에 근거한 것이 아니라 제33조(가입조항)에 근거한 것이다. 또한 1957년 3월 25일 유럽경제공동체(EEC) 설립을 위한 '로마조약'의 부속의정서인 「내독무역과 이에 관한 문제에 관한 의정서」에서도 유럽경제공동체는 내독 간 무역을 국제무역으로 취급하지 않기로 하였다.

---

46 문준조, 『남북경제교류의 민족내부거래성과 대우문제』(서울: 한국법제연구원, 2002), 60쪽.

(4) 민족내부거래에 따른 무관세 문제 해결 방안

이에 대한 해결 방안으로는 여러 가지 의견이 제시되고 있다. 그중 하나는 WTO 협정의 의무면제(waiver)제도를 이용하자는 것이다. 1952년 GATT 체약국단은 미국의 남태평양제도 (Marshall, Caroline, Marianas)에 대한 무관세 특혜를 승인한 바 있고, 이탈리아의 리비아에 대한 특별관세 대우를 승인한 바도 있다. 그러나 의무면제를 인정받기 위해서는 WTO 회원국 간 합의(consensus)가 이루어지거나 전체 회원국의 4분의 3 이상의 지지를 확보해야 하는데 이러한 합의나 지지를 이끌어 내기가 쉽지 않다. 다만 이 제도를 이용할 경우에는 북한의 동의가 필요 없다는 편리함은 있다.

다음으로는 GATT 및 WTO 협정의 안보 예외 조치를 원용할 수 있다는 주장인데, 남북경협을 안보 예외 조치로 해석하기는 현실적으로 쉽지 않다.

지금까지 제시된 방안 중 가장 현실성 있는 방안은 중국과 홍콩의 경우처럼 1국 내 두 독립관세구역 간 FTA인 경제협력강화약정(CEPA: Closer Economic Partnership Arrangement)이나 포괄적 경제동반자협정(CEPA: Comprehensive Economic Partnership Agreement) 또는 FTA(Free Trade Agreement) 체결을 통해 GATT 및 WTO 협정상 의무에 대한 특례를 인정받는 방안이다. 북핵 문제 해결을 통해 남북한 간의 평화체제가 구축되고 남북경협이 전면적으로 이루어지는 단계가 되면 경제협력강화약정(CEPA)과 같은 지역경제협정 체결에 대한 적극적인 검토가 필요하다.

제11장

남북합의서의 법적 쟁점과 과제*

1. 머리말

분단국가인 남북한의 특수성에서 발생하는 여러 가지 법적 쟁점 중 아직까지도 논란의 소지가 많은 것 중 하나가 대표적으로 남북합의서에 관한 문제이다. 이에 대한 기존의 주된 논의 대상은 남북합의서가 '헌법' 제6조 제1항의 조약에 해당하는지에 대한 것이었다. 그중에서도 1992년 「남북사이의 화해와 불가침 및 교류 협력에 관한 합의서」(이하 「남북기본합의서」)의 법적 성격이 법적 구속력을 갖는 조약인지 아니면 법적 구속력이 없는 신사협정인지, 조약이라면 국회의 비준 동의를 받아야 하는 것인지 등이 논쟁의 주된 대상이었고, 이 논쟁은 이른바 4개 경협합의서와 2000년 6월 15일 체결된 「남북공동선언」으로 이어져 왔다.

그 이후 2005년 12월 29일 '남북관계발전법'이 제정되면서 외견상 이에 대한 논쟁은 해결된 듯 보였다. 그러나 이 법률의 제정에도 불구하고 2007년 10월 4일 체결된 「남북관계 발전과 평화 번영을 위한 선언」이 국회 동의를 필요로 하는 합의인지와 관련한 논쟁에서 보는 바와 같이 「남북합의서」의 법적 성격 등과 관련한 기존의 논쟁은 아직도 완전히 해결되었다고 볼 수 없다.

특히 18대 국회에서 2010년 2월 11일 홍정욱 의원이 남북합의서의 체결·비준과 관련하

---

* 이 장은 한명섭, 「남북합의서의 법적 성격과 법제화 방안」, ≪통일과 법률≫, 통권 제5호(법무부, 2011.2), 83~115쪽의 내용을 수정·보완한 것이다.

여 이 법률 제21조 제3항에 따라 국회의 동의를 요하는 남북합의서의 범위가 '국가나 국민에게 중대한 재정적 부담'을 지우는 남북합의서 또는 '입법사항'에 관한 남북합의서 두 가지로 되어 있는 것을 '헌법' 제60조 제1항에 따라 국회의 동의를 요하는 조약 중 '강화'를 제외한 '상호원조', '안전보장', '중요한 국제조직', '우호통상항해', '주권의 제약' 등이 포함된 남북합의서도 국회의 동의를 받도록 하자는 내용의 개정안을 발의한 바 있다.[1]

이와 같은 개정안이 발의된 근본적인 이유도 '남북관계발전법'을 비롯한 우리 법제가 조약과 남북합의서를 구별하고 있기 때문이다. 더군다나 조약에 대해서는 우리 '헌법'이 제6조 제1항을 비롯하여 몇 개의 조문만을 가지고 있을 뿐이다. 조약의 국내법적 효력을 비롯하여 '헌법' 조문의 해석에 대한 학설도 일치하지 않아 조약 자체에 대한 법적 쟁점도 적지 않은 상황이다. 따라서 남북합의서 역시 우리가 다른 나라와 체결한 조약과 같은 것으로 본다면 기존의 조약과 관련된 법적 쟁점 외에 조약과 남북합의서를 이원화하는 과정에서 발생한 법적 쟁점까지 가세하여 더욱 복잡한 양상을 띠게 된 것이다.

남북합의서와 조약의 이원화가 법적인 측면에서는 바람직한 조치로 보이지 않으나, 이미 '남북관계발전법'이 제정되어 시행되고 있는 상황이므로 이 법률에서 규정하고 있는 남북합의서와 관련된 법적 과제를 검토하고 개선안을 찾아보는 것이 현실적인 방안이라 생각된다.

먼저 그간의 남북합의서의 체결 및 법제화 현황을 살펴본 뒤, 남북합의서와 관련된 제반 과제를 검토하기 위하여 '남북관계발전법' 제정 이전에 남북기본합의서와 4개 경협합의서 등을 중심으로 전개된 논쟁과 우리 정부의 태도 등을 살펴보고자 한다. 이어서 '남북관계발전법'의 문제점을 살펴보고 조약과 관련된 기존의 법적 논쟁 및 현행 남북합의서와 관련된 여러 가지 법적 과제 등을 총체적으로 정리하면서 나름대로 개선점을 찾아보고자 한다.

2. 남북합의서의 체결 및 법제화 현황

1) 체결 현황

남과 북은 1971년부터 2018년 12월 말 현재까지 공동보도문을 포함하여 총 267건의 합

---

1   이 법안은 18대 국회 임기 만료로 자동 폐기되었다.

의서를 체결하였다.[2] 정부 당국 간 합의서 외에도 체육단체 등에서 체결한 합의서, 남한의 현대아산과 북한의 조선아시아태평양평화위원회와 같은 민간 주체 간에 체결된 합의서 등이 있으나, 이러한 합의서들은 법제화와 관련하여서 특별히 논의될 만한 것이 없으므로 논의 대상에서 제외하기로 한다.

합의서의 내용을 분야별로 보면 정치 분야 75건, 군사 분야 13건, 경제 분야 105건, 인도 분야 33건, 사회문화 분야 25건 및 기타 분야 16건으로 구분된다. 시기적으로 나누어보면 2000년 6월 15일 체결된 「남북공동선언」 이전에는 주로 정치 분야에 관한 합의서가 주를 이루면서 체육과 인도 분야의 합의서 정도만 체결된 반면, 그 이후에는 주로 경제 분야의 합의서가 주를 이루고 있다. 각 합의서의 명칭을 살펴보면 합의서, 합의문, 공동보도문, 공동발표문, 공동선언 등 다양하게 나타나 있다. 합의서의 서명 주체별로 보면 남북 정상 간에 체결된 합의서가 있는가 하면, 특사급·장관급·차관, 기타 실무위원급 등 다양한 형태로 분류된다.

2) 법제화 현황

남북합의서 중 2018년 12월 현재까지 국회 동의를 받아 공포한 합의서가 13건이다. 이 13건의 합의서는 모두 2005년 12월 '남북관계발전법'이 제정되기 이전에 국회 동의를 받은 것들이다. '남북관계발전법'이 제정된 이후 2018년 12월 현재까지 국회 동의를 받아 공포된 합의서는 1건도 없다.

다만 2007년 11월 16일 체결된 「남북관계 발전과 평화번영을 위한 선언 이행에 관한 제1차 남북총리회담 합의서」가 국회의 비준 동의를 받기 위해 2007년 11월 27일 국회에 제출되었으나 2008년 5월 29일 제17대 국회의 임기가 만료됨에 따라 자동 폐기되었다. 이 합의서는 제2차 남북정상회담 결과인 「남북관계 발전과 평화번영을 위한 선언」에 따른 후속 조치로 체결된 것이다.

당시 정부는 이 합의서의 내용에 대한 검토 결과, 이 합의서 이행에 뒤따르는 재정의 규모가 정확하게 나타나지 않았다 하더라도 사업계획이 확정적이며 이를 우리 정부가 부담할 것을 전제로 하고 있고, 그 규모도 상당할 것으로 예상할 수 있다고 보았다. 따라서 이 합의서는

---

2 통일부 남북회담본부 홈페이지의 회담정보/남북합의서에 수록된 268건의 합의서 중 1953년의 '군사정전에 관한 합의서'를 제외한 수치임.

| 표 11-1 | 국회 비준 동의를 받은 남북합의서

연번	합의서	체결일	국회동의	발효	공포
1	남북사이의 투자보장에 관한 합의서(제1호)	2000년 12월 16일	2003년 6월 30일	2003년 8월 20일	2003년 8월 23일
2	남북사이의 소득에 대한 이중과세방지 합의서(제2호)	2000년 12월 16일	2003년 6월 30일	2003년 8월 20일	
3	남북사이의 상사분쟁 해결절차에 관한 합의서(제3호)	2000년 12월 16일	2003년 6월 30일	2003년 8월 20일	
4	남북사이의 청산결제에 관한 합의서(제4호)	2000년 12월 16일	2003년 6월 30일	2003년 8월 20일	
5	남북사이 차량의 도로운행에 관한 기본합의서(제8호)	2002년 12월 6일	2004년 9월 23일	2005년 8월 5일	2005년 8월 8일
6	개성공업지구 통신에 관한 합의서(제13호)	2002년 12월 8일	2004년 12월 9일	2005년 8월 5일	
7	개성공업지구 통관에 관한 합의서(제5호)	2002년 12월 8일	2004년 9월 23일	2005년 8월 5일	
8	개성공업지구 검역에 관한 합의서(제6호)	2002년 12월 8일	2004년 9월 23일	2005년 8월 5일	
9	남북상사중재위원회 구성·운영에 관한 합의서(제9호)	2003년 10월 12일	2004년 9월 23일	2005년 8월 5일	
10	개성공업지구와 금강산관광지구의 출입 및 체류에 관한 합의서(제7호)	2004년 1월 29일	2004년 9월 23일	2005년 8월 5일	
11	남북 사이의 열차운행에 관한 기본합의서(제10호)	2004년 4월 13일	2004년 12월 9일	2005년 8월 5일	
12	남북해운합의서(제11호)	2004년 5월 28일	2004년 12월 9일	2005년 8월 5일	
13	'남북해운합의서'의 이행과 준수를 위한 부속합의서 (제12호)	2004년 5월 28일	2004년 12월 9일	2005년 8월 5일	

주: 편의상 표에 기재된 순번 1~4의 '4개 경협합의서'를 제외한 나머지 9개 합의서를 '9개 추가합의서'라 하기로 한다. 일부 자료에 의하면 순번 5번 이후의 9개 추가합의서의 발효일이 2005년 8월 1일로 표기된 것도 있으나 각 합의서에는 남북 상호 간 문건의 교환을 발효요건으로 하고 있고, 2005년 8월 5일 각 합의서의 문건이 교환된 점에 기초해 2005년 8월 5일을 발효 일자로 표기한다.

'남북관계발전법' 제21조 제3항에 따른 국가나 국민에게 중대한 재정적 부담을 수반하는 남북합의서에 해당한다고 볼 수 있으므로 국회의 동의가 필요하다는 결론에 따라 2007년 11월 23일 임시국무회의와 대통령의 재가를 거쳐 국회 동의안(의안번호 제177957호)을 제출하였다. 당시 정부는 이 합의서와 함께 체결·비준된 「남북경제협력공동위원회 구성·운영에 관한 합의서」 및 「서해평화협력특별지대추진위원회 구성·운영에 관한 합의서」는 '남북관계발전법' 제21조 제4항의 남북합의서의 이행에 관하여 단순한 기술적·절차적 사항만을 정하는 남북합의서에 해당한다고 볼 수 있어 국회의 동의가 필요하지 않은 것으로 판단하여 국회에 제출하지 않았다.[3]

---

3   구체적인 내용은 통일외교통상위원회의 「남북관계 발전과 평화번영을 위한 선언 이행에 관한 제1차 남북

| 표 11-2 | 남북관계발전법 제정이후 체결, 공포된 남북합의서 현황

연번	합의서	서명	국무회의	발효	공포
1	'남북해운합의서'의 이행과 준수를 위한 부속합의서의 수정·보충 합의서(제14호)	2005년 8월 10일	2006년 3월 21일	2006년 4월 20일	2006년 5월 2일
2	남북간 식량차관 제공에 관한 합의서 (제15호)	2007년 4월 22일	2007년 5월 8일	2007년 5월 22일	2007년 5월 22일
3	남북 경공업 및 지하자원 개발협력에 관한 합의서 (제16호)	2006년 6월 6일	2007년 5월 8일	2007년 5월 22일	2007년 5월 22일
4	남북 경공업 및 지하자원 개발협력에 관한 합의서의 수정·보충합의서(제16호)	2007년 4월 22일	2007년 5월 8일	2007년 5월 22일	2007년 5월 22일
5	노무현 대통령의 평양방문에 관한 남북합의서(제17호)	2007년 8월 5일	2007년 8월 14일	2007년 8월 21일	2007년 8월 21일
6	남북관계발전과 평화번영을 위한 선언 (제18호)	2007년 10월 4일	2007년 10월 30일	2007년 11월 8일	2007년 11월 8일
7	서해평화협력특별지대추진위원회 구성·운영에 관한 합의서(제19호)	2007년 11월 16일	2007년 11월 23일	2007년 12월 6일	2007년 12월 6일
8	남북경제협력공동위원회 구성·운영에 관한 합의서(제20호)	2007년 11월 16일	2007년 11월 23일	2007년 12월 6일	2007년 12월 6일
9	제1차 남북농업협력 실무접촉 합의서(제21호)	2007년 11월 5일	2007년 12월 11일	2007년 12월 18일	2007년 12월 24일
10	'남북관계발전과 평화번영을 위한 선언' 이행을 위한 남북국방장관회담 합의서(제22호)	2007년 11월 29일	2007년 12월 18일	2007년 12월 31일	2008년 1월 8일
11	남북도로협력분과위원회 제1차 실무접촉 합의서 (제23호)	2007년 11월 29일	2007년 12월 18일	2007년 12월 31일	2008년 1월 8일
12	9월 평양공동선언(제24호)	2018년 9월 19일	2018년 10월 23일	2018년 10월 29일	2018년 10월 29일
13	역사적인 「판문점선언」 이행을 위한 군사분야 합의서(제25호)	2018년 9월 19일	2018년 10월 23일	2018년 10월 26일	2018년 11월 2일

그 밖에 2018년 4월 27일 체결된 「한반도의 평화와 번영, 통일을 위한 판문점선언」은 2018년 9월 11일 자로 국회에 비준 동의안이 제출되어 있는 상태이다.[4] 한편, '남북관계발전법'에 의거하여 대통령이 국무회의 심의를 거쳐 비준·공포한 남북합의서는 13건이 있다. 국회 비준 동의를 받아 공포한 남북합의서는 〈표 11-1〉과 같다.

'남북관계발전법' 제정 이후 이 법률에 의거하여 국회 동의 없이 국무회의 심의를 거쳐 체결·공포한 남북합의서의 구체적인 내용은 〈표 11-2〉와 같다.[5]

총리회담 합의서 비준동의안 검토보고서」 참고.

4 「판문점선언」에 대해 국회의 비준동의를 받지 못할 경우에는 대통령이 비준 및 공포를 하지 못하거나 비준 동의 없이 비준 및 공포를 하여야 할 텐데 전자의 경우에는 「판문점선언」의 효력 발생 문제가 제기되고, 후자의 경우에는 국내법 절차 위반과 그로 인한 「판문점선언」의 법적 효력 문제가 제기된다.

5 「남북해운합의서의 이행과 준수를 위한 부속합의서의 수정·보충 합의서」는 '남북관계발전법' 제정 이전에 서명한 합의서지만 국무회의 심의, 문본 교환 및 공포의 절차는 '남북관계발전법' 제정 이후에 이루어졌으

3. 남북관계발전법 제정 이전의 남북합의서에 대한 논의

1) 우리 헌법 체계상의 법규범

우리 '헌법' 체계상 법규범은 크게 국내법과 국제법으로 분류된다. 국내법으로는 헌법, 법률, 대통령령, 규칙, 자치법규가 있다. 국제법으로는 '헌법' 제6조 제1항에서 규정하고 있는 바와 같이 헌법에 의하여 체결·공포되는 조약과 일반적으로 승인된 국제법규가 있다. 이 중 일반적으로 승인된 국제법규가 무엇을 의미하느냐에 대하여는 국제관습법만을 의미하는 것이라고 보는 견해와 보편적인 국제관습법 외에 「세계우편연합규정」, 「제노사이드조약」, 「포로에 관한 제네바협정」, 「부전조약」과 같이 우리나라가 체결 당사국이 아닌 조약이라도 국제사회에서 일반적으로 규범성이 인정된 조약도 포함된다고 보는 견해가 있다.

남북합의서가 앞에서 언급한 국내법의 어디에도 해당하지 않는다는 사실은 명백하다. 또한 남북합의서가 일반적으로 승인된 국제법규에 해당하지 않는다는 점에도 이견이 없다. 따라서 우리 '헌법' 체계상 남북합의서의 법체계 및 규범력은 그것이 과연 헌법에 의하여 체결·공포된 조약에 해당하는지에 따라 결정될 문제이다.

2) 조약과 신사협정

조약의 정의에 대하여는 학자들마다 그 표현에 차이가 있으나 통상 합의서(agreed minute)·협정(agreement)·선언(declaration)·잠정협정(modus vivendi) 등 그 명칭 여하를 불문하고 국가 또는 기타의 국제법 주체 상호 간에 법적 구속력이 있는 권리·의무의 발생, 변경, 소멸을 내용으로 하여 그 효과의 귀속을 목적으로 서면의 형식으로 이루어진 국제법에 의하여 규율되는 국제적 합의를 의미한다고 정의할 수 있다.[6] 이러한 조약의 핵심 내용 중 하나는 국제법에 의하여 규율되는 법적 구속력을 갖는다는 점에 있다.

며, 그 이전의 합의서와 같이 '남북사이의 합의서 제14호'로 공포되었다.

[6] 다만 문서에 의한 합의만을 조약으로 볼 것인지에 대하여는 이견이 있다. 참고로 「조약법에 관한 비엔나 협약(Vienna Convention on the Law of Treaties)」 제2조 제1항 (a)는 "조약이라 함은 단일의 문서에 또는 2 또는 그 이상의 관련 문서에 구현되고 있는지에 관계없이 또한 그 특정의 명칭에 관계없이, 서면 형식으로 국가 간에 체결되며 또한 국제법에 의하여 규율되는 국제적 합의를 의미한다"라고 규정하고 있다.

그런데 국제법 주체 간의 합의에는 이러한 조약 외에 신사협정(gentlemen's agreement)이 라는 것이 있다. 신사협정은 단순히 정치적인 의사표명이나 협력의지 등을 표명하는 합의로서 도의적 또는 정치적 구속력만을 갖고, 법적 구속력이 없다는 점에서 조약과 구별된다. 그러나 구체적인 경우에 어느 합의서가 조약인지 신사협정인지의 구별은 그리 간단한 문제가 아니다. 양자의 최종적인 기준은 합의 주체 간에 국제법상의 법적 효과를 창출할 의도를 가지고 체결 한 것이냐가 될 것이지만, 그러한 의도가 있었는지가 명백하지 않은 경우도 있을 수 있기 때문 이다. 결국 이러한 당사자의 의사가 명확하지 않은 경우에는 문서의 형식과 내용, 체결 절차, 당해 문건을 체결하게 된 배경과 상황, 양 주체 간의 그동안의 관행, 체결 이후의 후속 조치 이 행 상황 등을 종합적으로 고려하여 개별적으로 판단할 수밖에 없다. 물론 신사협정도 법적 구 속력이 없을 뿐이지 체결 당사자 간에는 이를 성실하게 이행하여야 할 도덕적·정치적 책임이 뒤따른다.

3) 북한의 법적 지위와 관련된 문제점

남북합의서의 내용이 법적 구속력의 창출을 의도하여 체결된 것인지의 문제와 무관하게 그러한 목적으로 체결된 것이라 할지라도 북한의 법적 지위와 관련하여 발생되는 또 다른 문 제들이 있다.

첫째, 우리 헌법상 북한의 법적 지위에 비추어 북한이 조약 체결의 당사자가 될 수 있느냐 의 문제이다. 이 점에 대하여는 오늘날 국제법 적용범위의 확대 현상에 따라 분단국 구성체, 민족해방운동단체, 교전단체에 준하는 지방적 사실상 정권(local facto government)도 조약 체결 능력을 갖는다는 점에 대하여는 이견이 없다. 이와 같은 사례로는 1953년 체결된 한국정전협 정 시 북한이 조약의 일방 당사자로 참여한 것을 비롯하여 1973년 베트남 평화협정, 1992년 캄보디아 평화협정, 1993년 이스라엘과 팔레스타인해방기구(PLO)의 평화협정, 1995년 한반 도에너지개발기구(Korean Peninsula Energy Development Organization: KEDO)와 북한의 경수로 공급협정 등을 들 수 있으며, 1972년 「동서독 기본조약」도 서독연방헌법재판소에 의하여 그 조약성이 인정된 것을 들 수 있다.[7]

우리 정부도 국가가 아니라 중국의 지방정부에 불과한 홍콩과 일반적인 조약 체결 절차에

---

7   이효원, 『남북교류협력의 규범체계』(경인문화사, 2006), 250쪽.

따라 「대한민국 정부와 중화인민공화국 홍콩특별행정구 정부 간의 소득에 대한 조세의 이중과세방지와 탈세예방을 위한 협정」(2014), 「대한민국 정부와 중화인민공화국 홍콩특별행정구 정부 간의 수형자이송에 관한 협정」(2013), 「대한민국 정부와 중화인민공화국 홍콩특별행정구 정부 간의 도망범죄인인도협정」(2006), 「대한민국 정부와 중화인민공화국홍콩특별행정구 정부 간의 형사사법공조 협정」(1998) 등의 조약을 체결하고 관보를 통해 조약으로 공포하였다. 따라서 최소한 법리적으로는 북한이 조약 체결의 주체가 될 수 있다고 보는데 아무런 문제가 없다.

둘째, 북한과 조약을 체결하는 것이 북한을 국가로 승인하는 효력이 생기는 것이냐의 문제이다. 이 점에 대하여는 국가승인은 기본적으로 당사국의 의사의 문제이기 때문에 남북한이 합의서 혹은 조약을 체결 하더라도 이것이 국가승인을 의미하지 않는다는 유보 의사를 표시할 경우에는 국가승인의 효과를 발생시키지 않는다.[8] 남북한은 이미 「남북기본합의서」 전문과 4개 경협합의서 서문 등에 나타난 바와 같이 남북한 관계를 '나라와 나라 사이의 관계'가 아니라는 점을 명백히 하고 있으므로 북한과 조약을 체결하였다고 하여 북한의 국가성을 승인하는 것이 아님은 분명하다 할 것이다.

결론적으로 적어도 법리적으로는 남북합의서 역시 조약이라고 보더라도 그에 따라 어떤 법적인 문제점이 발생하는 것은 아닌 것이다. 오히려 법적 구속력이 있는 남북합의서의 법적 성격은 조약인 것이다.

그럼에도 불구하고 여전히 북한은 국가가 아니므로 북한과는 조약을 체결할 수 없다거나 헌법재판소와 대법원이 남북합의서를 신사협정이라고 보았기 때문에 남북합의서는 조약이 아니라는 주장들이 있다. 첫 번째 주장은 주로 「조약법에 관한 비엔나 협약(Vienna Convention on the Law of Treaties)」 제2조 제1항 (a)의 "조약이라 함은 단일의 문서에 또는 2 또는 그 이상의 관련문서에 구현되고 있는가에 관계없이 또한 그 특정의 명칭에 관계없이, 서면 형식으로 국가 간에 체결되며 또한 국제법에 의하여 규율되는 국제적 합의를 의미한다"라는 규정에 근거한 것으로 보인다. 그러나 「조약법에 관한 비엔나협약」은 여러 조약 중에서도 국가 간 체결된 조약만을 적용대상으로 하는 것이지 국가 간에 체결되어야만 조약인 것은 아니라는 점을 유념할 필요가 있다.[9] 두 번째 주장은 헌법재판소 결정이나 대법원 판례는 1992년의 「남북기본합

---

8   박영도, 『입법기술의 이론과 실제』(입법이론연구 5)(한국법제연구원, 1997), 32~39쪽 참고.

9   다만 「조약법에 관한 비엔나 협약」 제3조 (c)에 의하면 '국가간의 조약'이 오로지 국가만이 당사자인 조약을 지칭하는 것은 아니며, 국가와 기타 실체들이 함께 당사자로 되어 있는 조약의 국가 당사자 간에는 동 협약이 적용된다.

의서」만에 대한 결정과 판결인데 이를 남북합의서 전체에 대한 결정과 판결로 오해한 데서 비롯된 잘못된 주장이다.[10] 이와 같은 오해는 2018년 8월 30일 천정배 의원이 대표로 발의한 '남북합의서의 체결·비준 및 절차 등에 관한 기본법안'의 제안 이유에서 "우리의 판례는 '남북합의서가 남북한 당국이 각기 정치적인 책임을 지고 상호 간에 그 성의 있는 이행을 약속한 것이기는 하나 법적 구속력이 있는 것은 아니어서 이를 국가 간의 조약 또는 이에 준하는 것으로 볼 수 없다(대법원 1999.7.23., 선고, 98두14525, 판결)'라고 하고 있으나 현실에서는 남북합의서가 국민의 생활에 미치는 영향력이 크다고 할 수 있음"이라고 한 데서도 찾아볼 수 있다.

4) 남북합의서의 법적 성격에 대한 기존의 논의

(1) 남북기본합의서의 법적 성격

남북합의서의 법적 성격에 대하여 구체적으로 논의가 되기 시작한 것은 「남북기본합의서」와 관련해서이다. 논의의 핵심은 「남북기본합의서」가 조약인지 단순한 신사협정인지, 조약이라면 국회 동의를 받아야 하는지에 대한 것이었다. 이와 관련된 여러 학자의 그동안의 견해를 살펴보면 북한이 조약 체결의 당사자가 될 수 있다는 점과 남북기본합의서가 만일 조약에 해당된다면 국회 동의를 받아야 한다는 점에서는 의견의 차이가 없는 것으로 보인다. 다만 남북기본합의서 체결이 국제법적인 효력을 창출하기 위한 의사를 가지고 한 것이냐가 논쟁의 핵심이라 할 수 있다. 이러한 논쟁이 발생한 이유는 「남북기본합의서」가 그 이후 체결된 「6·15 남북공동선언」 등과는 달리 발효에 관한 규정을 두고 있는 점, 법적 구속력이 있는 합의는 일반적으로 조(條)의 형식으로 규정되는데, 남북기본합의서는 그 형식이 전문과 25개조로 구성되어 조약의 형태를 취하고 있는 점, 통상 "선언한다"라는 표현을 사용하는 정책적 선언과는 달리 전문에서 "합의한다"라고 법적 구속력이 있는 합의의 형태를 취한 점, 수정·보충 규정을 두고 있는 점, 구체적 내용이 양측에 권리와 의무를 부과하고 있는 점 등 통상의 조약과 다를 바 없는 형태를 취하고 있기 때문이다.[11]

---

10 이와 같은 오해는 헌법재판소 결정문에서 남북기본합의서의 약칭을 「남북 사이의 화해와 불가침 및 교류협력에 관한 합의서」의 약칭을 '남북기본합의서'라고 하지 않고 '남북합의서'라고 한 것도 하나의 요인이 된 것으로 보인다.

11 남북기본합의서가 조약이라는 점에 대한 논거는 이장희 외 2, 『남북 합의 문서의 법적 쟁점과 정책과제』(아시아사회과학연구원, 2007), 103~112쪽 참고.

남북기본합의서가 조약인지 아닌지는 결국 당시 남북한 양측이 이 합의서에 대하여 국제법적 효력을 창출할 의사가 있었느냐에 의하여 결정되어야 할 것이다. 이 합의서 체결 과정이나 합의서 형태 등에 비추어 체결 과정이나 체결 직후까지는 우리 정부도 법적 구속력이 있는 조약을 체결하고자 하였던 것으로 본다. 이러한 의도는 앞에서 언급한 바와 같이 그 내용이나 형식뿐만 아니라 체결 과정에서도 드러난다. 즉, 남북기본합의서가 1991년 12월 13일 제5차 남북고위급회담에서 채택된 직후인 12월 16일 국무총리가 국회 본회의에서 특별보고를 하였다. 국회 외무통일위원회와 통일정책특별위원회의 합동회의에서도 당시 통일원 장관이 세부 사항을 보고한 후, 1992년 2월 17일 국무회의 심의 절차를 거쳐 노태우 대통령이 재가하고 국무위원 전원이 부서하였으며, 이틀 후인 2월 19일 평양에서 개최된 제6차 남북고위급회담에서 발효시킨 과정을 보아도 알 수 있다고 본다. 그러나 우리 정부는 체결 과정 및 그 이후의 국내외 정치적 상황 변화에 따라 국회의 비준 동의 등의 헌법적 절차와 대통령의 비준 없이 대통령의 서명만을 거친 후 명확한 법적 근거 없이 대통령공고 제118호로 관보 제12060호에 게재해 공고하였다.

반면 북한은 1991년 12월 24일 연형묵 총리가 당중앙위원회 제6기 19차 전원회의에서 보고하였고, 같은 달 26일 중앙인민위원회와 최고인민회의 상설회의 연합회에서 승인을 하였으며, 1972년 '사회주의헌법'상 조약의 비준·폐기권자인 김일성 주석이 '헌법' 제96조에 따라 비준한 것으로 알려지고 있다. 북한은 나름대로 조약으로서의 발효를 위한 절차를 진행하였음에도 불구하고 우리 측은 그렇게 하지 못해 합의 당사자로서 신뢰를 지키지 못하였다는 비난을 면하기 어렵게 되었다고 본다.

한편 우리 헌법재판소와 대법원은 남북기본합의서의 법적 성격을 신사협정에 준하는 것으로 보아 법적 구속력을 부인한 바 있다. 헌법재판소는 1991년 12월 13일 "남북한의 정부 당국자가 소위 남북합의서('남북 사이의 화해와 불가침 및 교류협력에 관한 합의서')에 서명하였고 1992년 2월 19일 이 합의서가 발효되었으나, 이 합의서는 남북 관계를 '나라와 나라 사이의 관계가 아닌 통일을 지향하는 과정에서 잠정적으로 형성되는 특수관계'(전문 참조)임을 전제로 하여 이루어진 합의문서인 바, 이는 한민족공동체 내부의 특수관계를 바탕으로 한 당국 간의 합의로서 남북당국의 성의 있는 이행을 상호 약속하는 일종의 공동성명 또는 신사협정에 준하는 성격을 가짐에 불과하다"라고 결정하였다.[12]

---

12   헌법재판소 1997.1.16. 선고 89헌마240 결정.

대법원도「남북사이의 화해와 불가침 및 교류협력에 관한 합의서」는 남북 관계가 나라와 나라 사이의 관계가 아닌 통일을 지향하는 과정에서 잠정적으로 형성되는 특수관계임을 전제로, 조국의 평화적 통일을 이룩하여야 할 공동의 정치적 책무를 지는 남북한 당국이 특수관계인 남북 관계에 관하여 채택한 합의문서로, 남북한 당국이 각기 정치적인 책임을 지고 상호 간에 그 성의 있는 이행을 약속한 것이기는 하나 법적 구속력이 있는 것은 아니어서 이를 국가 간의 조약 또는 이에 준하는 것으로 볼 수 없고, 따라서 국내법과 동일한 효력이 인정되는 것도 아니라고 판시하고 있다.[13] 대법원의 판결 내용에 따르면 결국 남북 간에 채택한 합의문서가 법적 구속력이 있는 것이라면 이는 조약 또는 조약에 준하는 것임을 인정하는 셈이 된다.

한편 이러한 정부나 헌법재판소 또는 대법원의 입장과는 달리 남북기본합의서는 명백히 조약에 해당한다며 남북 관련 법체제 정비의 대전제는 남북 쌍방의 합의문서인 남북기본합의서를 국회에서 우선 비준 동의를 받은 후「유엔 헌장」제102조에 따라 유엔 사무처에 등록을 하는 일이 급선무라는 주장이 있다.[14] 그러나 황장엽 전 노동당 국제비서가 남북기본합의서 체결은 1990년대 초 옛 공산권 국가가 무너질 때 도미노 현상을 우려한 김일성이 일시적으로 위기를 넘기기 위해 대화에 참여한 것에 불과하였다며「남북기본합의서」는 체결 즉시 북에서 사문화됐다고 증언한 바와 같이, 체결 이후 북한 역시 이 합의서에 대하여 부정적 태도를 보여 온 점에 비추어 앞에서의 주장을 현실화하기에는 어려움이 있다고 본다.[15]

한편 남북기본합의서를 조약에 해당한다고 보면 결국은 남한 입장에서는 비준을 하지 않은 조약이 되는 것이다. 참고로「조약법에 관한 비엔나 협약」제18조는 이처럼 비준·수락 또는 승인되어야 하는 조약에 서명하였거나 또는 그 조약을 구성하는 문서를 교환한 경우에는 그 조약의 당사국이 되지 아니하고자 하는 의사를 명백히 표시할 때까지 그 조약의 대상과 목적을 저해하게 되는 행위를 삼가야 하는 의무를 지도록 하고 있다. 또한 어느 당사국도 조약의 불이행에 대한 정당화의 방법으로 그 국내법 규정을 원용해서는 아니 된다(협약 제27조). 다시 말해 국내법을 이유로 조약을 준수할 수 없다는 주장이 허용되지 않는다는 것이다.[16]

---

13 대법원 1999.7.23. 선고 98두14525 판결.

14 이장희 외 2, 『남북 합의 문서의 법적 쟁점과 정책과제』, 128~131쪽 참고.

15 남북기본합의서에 대한 북한의 입장에 대한 구체적인 내용은 김갑식, 「남북기본합의서에 대한 북한의 입장」, ≪통일정책연구≫, 제20권 1호(통일연구원, 2011), 59~84쪽 참고.

16 다만 「조약법에 관한 비엔나 협약」 제1조에 동 협약은 국가 간의 조약에 적용된다고 명시하고 있기 때문에 남북합의서에도 이 협약이 적용되는지에 대해서는 논란의 소지가 있을 수 있다.

(2) 4개 경협합의서 및 9개 추가합의서

앞에서 본 바와 같이 우리 정부는 4개 경협합의서와 이 합의서의 이행을 위한 9개 추가합의서에 대하여 국회의 비준 동의를 받아 처리하였다. 이를 구체적으로 보면 「6·15 공동선언」의 구체적인 이행을 위해 남과 북은 2000년 12월 6일 이른바 4개 경협합의서에 서명을 하였다. 이 합의서의 발효와 관련하여서 각 합의서에는 "쌍방이 서명하고 각기 발효에 필요한 절차를 거쳐 그 문본을 교환한 날부터 효력을 발생한다"라고 규정되어 있다. 통상 조약의 경우는 서명을 한 후 필요한 경우 국회의 동의 절차를 거쳐 비준서를 교환하고, 이후 국내에 공포함으로써 발효가 된다. 그러나 이 합의서의 경우에는 각자 필요한 절차를 먼저 완료한 뒤 문본을 교환한 날부터 발효하기로 합의를 한 것이다.

이 합의서에서 말하는 "각기 발효에 필요한 절차"가 무엇인지에 대하여는 해석상 서로 다른 견해가 있을 수 있으나 우리 정부는 이 합의 내용에 따라 2003년 6월 30일 국회 동의를 받았고, 북한 역시 우리 정부에 대하여 2003년 7월 24일 최고인민회의 상임위원회 결정을 통하여 승인을 하였다고 통지하였다. 이후 양측은 2003년 8월 20일 문본을 교환함으로써 4개 경협합의서가 발효되게 된 것이다.

이와 같은 과정을 보면 적어도 남한의 경우는 일견 4개 경협합의서에 대하여 조약과 같이 헌법에 규정된 절차에 따라 체결·공포한 것으로 보인다. 그러나 막상 구체적인 절차를 들여다보면 통상의 조약과는 다소 다른 절차와 형식을 취하였음을 알 수 있다. 즉, 당시 정부는 4개 경협합의서에 대한 체결 동의안을 국회에 제출할 당시 통상의 조약과는 달리 외교통상부장관과 통일부 장관이 공동 발의하는 형식을 취하였으며, 관보에 게재함에 있어서도 '조약'의 형식을 취한 것이 아니라 '남북합의서 제○호'라는 형식으로 공포하였다. 이러한 절차는 4개 경협합의서의 후속 조치로 취하여진 9개 추가합의서에서도 그대로 적용되었다.

5) 소결

이상의 과정을 볼 때 남북합의서에 대한 우리 정부의 입장은 최소한 다음과 같이 정리해 볼 수 있다.

첫째, 북한에 대하여 조약 체결 당사자로서의 지위를 부정하지 않는다는 것이다.

둘째, 남북한 사이에 체결한 합의서는 법적 구속력을 갖는 조약으로서의 성격을 지닌 합의서도 있고, 법적 구속력이 없는 신사협정에 해당하는 합의서도 있다.

셋째, 북한과 체결한 조약의 성격을 갖는 합의서 중 '헌법' 제60조 제1항에 해당하는 합의서는 국회 동의를 필요로 한다.

넷째, 국회 동의를 필요로 하는 합의서라 할지라도 '헌법' 규정에 따라 국회 동의 절차 등을 거치면서도 통상의 조약과는 차별화하였다는 것이다.

이처럼 법적 구속력을 필요로 하는 남북합의서에 대하여 국회 동의 절차 등 헌법에 의한 절차를 이행하면서도 굳이 조약과 차별화한 이유는 법리적인 이유에서가 아니라 정치적인 이유에서 비롯된 것으로 보인다. 즉, 남북합의서를 조약과 완전히 동일한 절차와 형식을 통하여 체결하는 경우 북한의 국가성 인정 여부 등과 같이 법적인 문제보다는 정치적으로 민감한 문제가 야기될 가능성을 비켜 가기 위한 수단이 아니었나 생각된다. 그러나 그 결과 13개 합의서의 체결 절차 과정이 과연 헌법과 법률이 정한 규정을 제대로 준수한 것인지의 문제가 제기되었다. 이러한 문제점을 의식하여 취한 조치가 '남북관계발전법'의 제정이라 할 것이다.

4. 남북합의서의 법적 성격에 대한 북한의 입장

남북합의서의 법적 성격에 대하여 북한에서는 구체적으로 어떤 논의가 있는지 명확하지는 않다. 다만 조약에 관련된 국제법적 논의에 관한 북한 문헌들을 보면 북한 역시 국제조약의 당사자, 성립요건, 효력발생 시기와 조건 등에 대한 법 이론은 우리와 별 차이가 없어 보인다. 즉, 북한은 국제조약의 완전한 당사자에는 국가와 민족해방투쟁조직이 속하며 제한된 당사자에는 정부적 국제기구, 연방국의 행정단위, 특정한 경제자치구가 속한다고 보고 있다.[17]

국제조약의 성립요건으로는 첫째, 국가가 국제조약 체결의 능력을 가지고 있어야 하며, 둘째, 국제조약체결권자에게 전권위임장이 있어야 하며, 셋째, 국제조약체결권자의 의사에 사소한 결함도 없어야 하며, 넷째, 국제조약의 내용이 적법적이어야 하며, 다섯째, 국제조약이 체결국의 국가수반이나 최고주권기관의 비준을 받아야 한다고 한다.[18]

비준권자에 대해서 살펴보면, 1998년 12월 18일 최고인민회의 상임위원회 정령 제289호로 채택된 북한의 '조약법' 제13조는 "나라의 자주권과 최고리익에 관계되는 중요조약은 최고

---

17 리경철, 「국제조약의 당사자에 대한 리해」, ≪김일성종합대학학보: 력사·법학≫, 제50권 4호(2004), 83쪽.
18 림동춘, 「국제조약의 성립요건」, ≪김일성종합대학학보: 력사·법학≫, 제49권 3호(2003), 64쪽.

인민회의에서 비준한다. 국가의 명의로 체결한 조약과 최고주권기관의 비준을 받기로 체약상
대방과 합의한 조약은 최고인민회의 상임위원회가 비준하며 정부의 명의로 체결한 조약과 정
부의 승인을 받기로 체약상대방과 합의한 조약은 내각이 승인한다"라고 규정하고 있었다. 하
지만 2012년 4월 24일 최고인민회의 상임위원회 정령 제2346호로 수정·보충된 현행 '조약법'
에서는 "최고인민회의에 제기되는 조약은 최고인민회의에서 비준한다. 중요조약은 조선민주
주의인민공화국 국방위원회 제1위원장이 비준한다"라고 개정하였다.

조약과 관련된 북한 문헌을 보면 북한은 「조약법에 관한 비엔나 협약」의 당사국이 아님에
도 불구하고 이 협약의 내용을 수시로 인용하고 있어 북한 역시 국제관습법을 법전화한 이 협
약의 법규성을 인정하고 있는 것으로 보인다.

북한의 이러한 태도를 보면 북한 역시 남북합의서에 대하여 남한을 조약 체결의 당사자로
인식하고 있으며, 법적 효력의 창출을 의도한 남북합의서는 조약으로 보고 있다고 분석하는
것이 논리적일 것이다. 북한의 이러한 입장은 「남북기본합의서」에 대한 북한의 처리 과정에
서도 나타난다.

다만 북한 역시 우리와 마찬가지로 남북합의서를 명시적으로 조약이라고 하지는 않는 것
으로 보인다. 즉 '개성공업지구법' 제8조 제2항은 "신변안전 및 형사사건과 관련하여 북남 사
이의 합의 또는 공화국과 다른 나라 사이에 맺은 조약이 있을 경우에는 그에 따른다"라고 하여
남북합의서와 조약을 구별하고 있다.

따라서 전체적으로 살펴보면 남북합의서의 법적 성격에 대한 논의와 태도는 남과 북이 거
의 같다고 볼 수 있을 것이다.

5. 남북관계발전법의 제정과 남북합의서 관련 규정

1) 제정 배경

2000년 6월 남북정상회담이 성사된 이후 남북한 간 화해·협력의 분위기가 본격화되면서
당국 간 회담이 증가하고 각 분야, 특히 경제 분야의 교류협력도 급격히 증대하였다. 이에 따
라 기존의 '남북교류협력법'만으로 이를 규율하기에는 여러 가지 한계가 노출되었다. 특히 남
북회담대표의 임명, 남북합의서의 체결·공포, 공무원의 북한 지역 파견 등에 대한 법적 근거

마련 등 현실적인 문제가 발생하게 되자 이에 대처할 법률의 제정이 필요하게 되었다. 이러한 현실적 필요성에 입각해 2004년 8월 3일 임채정 의원 등 125인 공동으로 남북관계발전기본법안이 발의되었고, 같은 해 11월 3일 정문헌 의원 등 18인 공동으로 남북관계기본법안이 발의되었다. 그러나 국회 심의과정에서 이 두 법안은 모두 폐기되고 2005년 12월 7일 남북관계발전법안이 대안으로 발의되었다. 다음 날인 12월 8일 이 법안이 의결되었고, 2005년 12월 29일 관보에 공포됨으로써 '남북관계발전법'이 제정되었으며, 이 법의 부칙에 의해 공포 후 6개월이 경과한 날부터 시행되었다.

이 법률안의 제안 이유를 살펴보면 남북 관계가 급속하게 발전함에 따라 대북 정책의 법적 기초를 마련할 필요성이 증대되고 있으며, 특히 남북 간 합의서에 법적 실효성을 부여함으로써 남북 관계의 안정성과 일관성을 확보하는 것이 중요한 과제가 되고 있어, 남한과 북한 간의 기본적인 관계, 국가의 책무, 남북회담대표의 임명 및 남북합의서의 체결·비준 등에 관한 사항을 규정함으로써 대북 정책이 법률적 기반과 국민적 합의 아래 투명하게 추진되도록 하고자 하는 것이라고 설명하고 있다.

2) 남북합의서 관련 규정의 내용

'남북관계발전법' 내용 중 남북합의서와 관련된 내용을 살펴보면 다음과 같다.

(1) 남북합의서의 정의
'남북관계발전법' 제4조 제3호는 "남북합의서라 함은 정부와 북한 당국간에 문서의 형식으로 체결된 모든 합의를 말한다"라고 규정하였다. 이에 따라 남북합의서는 법률용어가 된 것이며 문서의 형식에 의한 경우에만 남북합의서에 해당하므로, 적어도 구두에 의한 합의가 남북합의서에 해당하는지는 더 이상 문제되지 않게 되었다. 또한 부칙 제2항(경과조치)은 "이 법 시행 전에 국회의 동의를 받아 체결·비준한 남북합의서는 이 법에 의한 남북합의서로 본다"라고 규정하여 앞에서 살펴본 13개의 합의서도 남북합의서에 해당함을 명백히 하여 이러한 합의서들이 '남북관계발전법'에 의해 남북합의서에 해당하는지에 대한 논란을 방지하고 있다.

(2) 체결·비준 및 공포 절차
'남북관계발전법'은 남북합의서의 체결과 비준 및 공포에 관한 절차에 대하여 조약에 준하는 절차적 규정을 두고 있다. 이 법률 제21조에 따르면 남북합의서의 체결·비준은 대통령이 하며, 이와 관련된 업무의 보좌는 통일부 장관이 한다(같은 조 제1항). 또한 대통령은 남북합의 서를 비준하기에 앞서 국무회의의 심의를 거쳐야 하며(같은 조 제2항), 국가나 국민에게 중대한 재정적 부담을 지우는 남북합의서 또는 입법사항에 관한 남북합의서의 체결·비준에 대하여는 국회의 동의를 받도록 하고 있다(같은 조 제3항). 다만 대통령이 이미 체결·비준한 남북합의서 의 이행에 관하여 단순한 기술적·절차적 사항만을 정하는 남북합의서는 남북회담대표 또는 대북특별사절의 서명만으로 발효시킬 수 있도록 하였다(같은 조 제4항).

법 제22조는 제21조의 규정에 의하여 국회의 동의 또는 국무회의의 심의를 거친 남북합 의서는 '법령 등 공포에 관한 법률'의 규정에 따라 대통령이 공포하도록 함으로써 남북합의서 의 공포에 관한 법적 근거를 마련하였다. 법 제21조에 따라 체결·비준된 남북합의서 공포문의 전문에는 국회의 동의 또는 국무회의의 심의를 거친 뜻을 기재하고, 대통령이 서명한 후 대통 령인을 날인하고 그 일자를 명기하여 국무총리와 관계 국무위원이 부서하며, 대통령 서명 일 자에 따라 번호를 붙여 공포한다(시행령 제21조). 통일부 장관은 법 제22조에 따라 공포된 남북 합의서의 원본을 관리하되, 남북합의서의 관리에 관해 필요한 사항은 통일부 장관이 정한다 (시행령 제22조).

법 제15조는 통일부 장관 또는 통일부 장관의 제청에 따라 대통령이 임명한 남북회담대 표가 북한과의 교섭 또는 회담에 참석하거나 남북합의서의 서명 또는 가서명을 하도록 함으로 써 '정부대표 및 특별사절의 임명과 권한에 관한 법률'에 의해 통상의 조약 체결에 있어서 외교 부 장관의 권한과 업무에 속하는 사항을 남북합의서 체결에 있어서는 통일부 장관의 권한과 업무로 규정하고 있다.

이와 같은 규정들은 남북합의서에 대하여 조약으로서의 성격을 인정하고, 법적 효력을 부 여하기 위한 입법조치로 평가받고 있다.

(3) 효력 범위 등

'남북관계발전법' 제23조는 남북합의서의 효력 범위 등에 대하여 규정하고 있다. 남북합 의서는 남한과 북한 사이에 한해 적용된다(제1항). 남북합의서는 기본적으로 양자조약의 성격 을 가지므로 체결 당사자에 한하여 효력이 미치는 것이지만, 경우에 따라 대외관계에서 그대 로 인용되는 것을 방지하기 위한 취지의 규정이다. 한편 대통령은 남북 관계에 중대한 변화가 발생하거나 국가안전보장, 질서유지 또는 공공복리를 위하여 필요하다고 판단될 경우에는 기간을 정하여 남북합의서 효력의 전부 또는 일부를 정지시킬 수 있다(제2항). 이 경우 국회의 체결·비준 동의를 얻은 남북합의서에 대하여는 국회의 동의를 얻어야 한다(제3항). 이는 남북합의서 발효 이후 상황의 변화에 따라 합의서가 이행하지 않음에도 불구하고 국내법적 효력이 그대로 유지되는 경우, 사법적으로 인용될 가능성에 대비하기 위한 것이다.

대통령이 '남북관계발전법' 제23조 제2항에 따라 남북합의서의 효력을 정지시키고자 하는 때에는 국무회의 심의를 거치고, 북한에 이를 통보하여야 한다. 다만 법 제23조 제3항에 따라 국회의 동의를 얻어야 하는 경우에는 이를 행한 후에 북한에 통보하여야 한다(시행령 제23조).

6. 남북합의서에 대한 법적 과제

1) 조약으로서의 성격과 관련된 법적 과제

(1) 조약 관련 법규와 한계

남한의 경우에는 조약에 관한 일반적인 사항을 규율하는 별도의 법률을 제정하지 않고 있다. 다만 '헌법', '정부대표 및 특별사절의 임명과 권한에 관한 법률', '법령등 공포에 관한 법률', 「조약법에 관한 비엔나 협약」 및 대통령령인 '국무회의 규정'과 '법제업무운영규정' 등에 조약에 관한 여러 규정이 산재되어 있다.

그 내용을 간단히 살펴보면 먼저 '헌법' 제6조 제1항은 헌법에 의하여 체결·공포된 조약과 일반적으로 승인된 국제법규는 국내법규와 같은 효력을 가진다고 규정하고 있다. '헌법' 제73조는 조약의 체결·비준권을 대통령이 행사하도록 하고 있고, '헌법' 제89조 제3호는 조약의 체결·비준에 국무회의 심의를 거치도록 하고 있다. '헌법' 제60조 제1항은 국가의 중요 정책이나 국민의 권리 의무와 관련된 중요한 조약 등에 대하여 국회의 동의를 거치도록 하고 있다.

'정부대표 및 특별사절의 임명과 권한에 관한 법률'은 외교부 장관, 특명전권대사 또는 특명전권공사인 재외공관의 장, 외교부 장관에 의하여 정부대표로 임명된 자만이 대한민국 정부를 대표하여 외국정부 또는 국제기구와 교섭하거나 국제회의에 참석하거나 조약에 서명 또는 가서명하는 권한이 있다고 규정하고 있다(제1조 내지 제5조).

'법령 등 공포에 관한 법률' 제6조는 조약 공포문의 전문에는 국회의 동의 또는 국무회의의 심의를 거친 사실을 적고, 대통령이 서명한 후 대통령인을 찍고 그 공포일을 명기하여 국무총리와 관계 국무위원이 부서하도록 하고 있고, 제11조 제1항은 조약의 공포는 관보에 게재해 공포하도록 규정하고 있다.

'국무회의 규정' 제5조는 국무회의에 제출된 의안은 긴급한 의안을 제외하고는 먼저 차관회의에 제출되어 심의를 거치도록 하고 있다. '법제업무 운영규정' 제21조 제3항은 조약안의 내용이 확정되기 전에 법제처 심사를 거치도록 하고 있으며, 같은 조 제4항은 조약안이 일정 절차를 위반한 경우 및 헌법에 위반될 소지가 있거나 법리적으로 명백한 문제가 있다고 인정되는 경우에는 이를 반려할 수 있도록 하여 실질적 심사권한을 부여하고 있다.

(2) 조약과 국내법의 관계 및 국내법적 효력

학설상 국제법과 국내법의 효력 관계에 대해서는 양자가 각기 독립된 법질서로서 제정 및 효력근거, 규율대상 영역 등이 상이하다고 보는 이원론과 양자가 통일적으로 하나의 법질서를 이룬다고 보는 일원론이 있다. 일원론에 따르면 어느 법이 우선하는지가 문제가 되는데, 이 점에 대하여는 국제법 우위설과 국내법 우위설이 있다. 이에 대한 국내의 학설과 판례는 대체로 일원론과 국내법 우위설의 입장인 것으로 보인다.[19]

조약의 국내법적 효력에 대하여 우리 '헌법' 제6조 제1항은 헌법에 의하여 체결·공포된 조약과 일반적으로 승인된 국제법규는 국내법과 같은 효력을 가진다고 규정하고 있다. "헌법에 의하여 체결·공포된 조약"이란 대통령이 합법적인 절차를 준수해 체결하고 공포한 조약을 의미한다.

조약과 헌법의 효력 관계에 대하여는 국제평화주의에 입각해 조약이 헌법보다 우월하거나 동위라고 주장하는 견해도 있다. 하지만 헌법의 최고규범성, 조약이 국내법적 효력을 갖기 위해서는 헌법에 의하여 체결·공포되어야 하는 점, 조약체결권이 '헌법'에 의하여 창설된 권력이라는 점, '헌법' 부칙 제5조에서 헌법 시행 당시의 조약은 헌법에 위배되지 아니하는 한 그 효력을 지속한다고 규정한 점 등에 비추어보아 제6조 제1항에서 말하는 국내법에는 헌법이 포함되지 않는다고 해석하는 것이 타당하다고 보며, 이러한 견해가 일반적인 것으로 보인다. 헌법재판소 역시 같은 입장을 취하고 있다.[20]

이처럼 '헌법' 제6조 제1항의 국내법에는 헌법이 포함되지 않는다고 보더라도 그 국내법

---

19 헌법재판소 2001.4.26. 선고 99헌가13결정 참고.
20 헌법재판소 1991.7.22. 선고 89헌가106 결정 등.

이 무엇을 의미하느냐에 대하여도 견해가 일치하지 않는다. 이에 대하여 조약의 효력을 국내법의 위계구조에 맞추어 법률, 명령, 규칙과 같은 단계구조를 가지며 '헌법' 제60조 제1항의 규정에 따라 국회의 동의를 받는 조약은 법률과 같은 효력을, 그러하지 아니한 조약은 명령이나 규칙과 같은 효력을 인정하여야 한다는 것이 다수의 견해이다. 같은 효력의 조약과 국내법이 충돌할 경우에는 신법 우선의 원칙과 특별법 우선의 원칙을 적용하면 된다고 본다. 대법원도 같은 입장을 취하고 있다.[21] 이처럼 조약과 법률과의 관계에 대하여 국회 동의를 요하는 조약과 그렇지 않은 조약으로 구분하여 그 효력을 달리 보는 것은 국회의 동의를 입법행위로서의 성질을 갖는다고 보는 데 기초한 견해라고 할 수 있다.

이와는 달리 헌법에 의하여 체결·공포된 조약은 그 내용이나 성질을 불문하고 국가 간의 구속력 있는 합의문서라는 국제적 사항임을 고려해 일률적으로 법률적 효력을 인정하는 것이 타당하다는 견해도 있다.

즉, 법률안과 달리 조약체결권은 '헌법' 제73조에 따라 대통령이 전속적으로 행사하는 권한인 점, '헌법' 제60조 제1항의 규정에 의한 국회 동의 대상 여부에 대한 판단도 대통령이 행사하여 국회에 제출하고 있는 점, 국회 동의는 조약안에 대한 수정동의가 불가한 점, 그리고 국회 동의는 대통령의 권한행사에 대한 통제를 그 본질로 하고 있는 점 등을 종합적으로 고려해 볼 때, 국회 동의는 입법행위의 성질을 지니는 작용이라기보다는 대통령의 권한행사에 대한 통제를 통한 비준행위에 대한 합법성과 정당성의 부여 내지 국내법적 효력발생을 위한 전제요건으로서의 성격을 지니는 것이 타당하다는 것이다. 또한 우리 국내법 체제에 비추어볼 때 국민의 권리와 의무에 관련되는 사항은 반드시 법률에 규정하여야 할 것이며, 국민의 권리와 의무에 관한 사항을 규정하고 있는 조약의 경우에는 입법사항에 관한 조약에 해당되므로 국회의 동의를 얻어 체결되어야 할 것이지만 현실적으로 국민의 권리와 의무에 관한 사항을 규정하고 있는 조약이라고 하더라도 국내 법률이나 우리나라가 이미 체결한 다른 조약에 그 근거 규정이 있는 때에는 국회의 동의를 받지 아니하고 체결하고 있는바, 이 견해(통설)에 의하면 이러한 조약은 실질적으로는 법률적 효력을 가지는 조약임에도 불구하고 국회의 동의를 받지 아니하고 체결되었다는 이유로 법률적 효력을 인정하지 못하는 불합리한 결과를 초래할 수도 있다는 것이다.[22] 상당히 논리적이고 설득력 있는 견해라고 본다.

---

[21] 대법원 1998.11.10.선고 98도2526판결 등.

[22] 이상훈, 「헌법상 조약의 법적 성격에 대한 고찰: 조약의 국내법적 효력 및 국회동의의 법적 성격을 중심으로」, ≪법제≫, 통권 제550호(법제처, 2003.10), 7~8쪽.

한편 외교부의 조약업무처리지침을 보면 외교부 이외의 정부부처와 외국 정부부처, 국제 기구 간에 체결되는 협정이 구체적인 권리, 의무를 발생시킬 경우에는 조약으로 보되, 주로 전문적이거나 기술적인 사항에 대하여 행정협조 차원으로 체결되는 협정은 조약으로 간주하지 않는다. 또한 모(母)협정을 실시하기 위한 집행적 성격의 협정은 모협정과 동일시될 수 있으므로 조약 체결 절차에 따를 필요는 없다고 보아, 조약으로 간주하면서도 국무회의 심의를 거쳐야 하는 조약안에는 포함시키지 않는다. 즉 모조약의 실시·집행을 위하여 보충적으로 체결되는 시행약정(implementing arrangement)이나 모조약의 일부 내용을 수정하기 위한 각서교환 (exchange of notes) 등에 대해서는 복잡한 국내절차를 취하는 것이 적당하지 아니하므로 관계부처와 협의를 거쳐 외교부 장관이 체결절차를 취하고 그중 특정한 것에 대하여는 그 내용을 관보에 고시할 수 있도록 하고 있는데 이를 실무 편의상 '고시류조약'이라고 한다.[23]

따라서 남북합의서를 국내법의 위계체계에 맞춰 법률, 명령, 규칙의 성격을 갖는 것으로 분류하고 그 체결 및 공포 등의 절차와 효력 등을 달리 취급할 것인지를 논의하고자 하고자 한다면 이에 앞서 조약 자체의 국내법적 효력과 위계체제에 대한 이해 및 법적 쟁점에 대한 정리가 선행되어야 할 것이다.

2) 남북합의서 관련 법 규정에서 발생하는 과제

(1) 남북합의서의 정의

앞에서 본 바와 같이 '남북관계발전법'은 우리 정부와 북한 당국 간에 문서의 형식으로 체결된 모든 합의를 남북합의서로 정의하고 있다. 이 정의를 문구 그대로 해석한다면 기존의 「6·15 남북공동선언」이나 「남북기본합의서」와 같이 법적 구속력이 없는 신사협정에 해당하는 합의서도 남북합의서에 해당한다고 보아야 한다. 하지만 과연 이 규정에도 불구하고 '남북관계발전법'에서 말하는 남북합의서를 법적 구속력이 있는, 다시 말하면 국제법적 효력의 발생을 의도하여 체결된 합의서로 한정해 볼 것인지 아니면 문구 그대로 그 내용이나 국제법적 효력의 발생을 의도한 것인지와 전혀 상관없이 우리 정부와 북한 당국 간에 체결된 모든 문서를 포함시킬 것인지가 문제된다. 이 점에 대한 의견은 크게 세 가지로 구분해 볼 수 있다.

첫 번째는 신사협정과 같이 법적 구속력을 의도하여 체결된 것이 아닌 합의서는 남북합의

---

23 외교통상부, 『알기 쉬운 조약업무』(외교통상부 조약국, 2006), 39쪽.

| 표 11-3 | 남북합의서 개념과 남북관계발전법 제21조의 법적 성격 및 적용법규

구분	남북합의서 개념	남북관계발전법 제21조의 법적 성격(헌법 조약 규정과의 관계)	적용법규
1	조약 성격 합의서만 해당	헌법 조약 관련 규정에 대한 입법 확인적 성격 규정	**조약**: 헌법과 남북관계발전법 중첩적용 **신사협정**: 헌법과 남북관계발전법 모두 적용 안 됨
2	조약과 신사협정 성격 합의서 모두 포함	**조약 성격 합의서**: 입법 확인 규정 **신사협정 성격 합의서**: 창설적 효력 규정	**조약**: 헌법과 남북관계발전법 중첩적용 **신사협정**: 남북관계발전법만 적용
3	조약이나 신사협정과는 별개의 개념	창설적 효력 규정	헌법은 적용 안 되고 남북관계발전법만 적용

주: '헌법'의 조약 관련 규정이 적용된다는 것은 '헌법' 외에 조약 관련 국내법인 '정부대표 및 특별사절의 임명과 권한에 관한 법률', '법령등 공포에 관한 법률', '대통령령인 '국무회의 규정'과 '법제업무운영규정' 등과 국제법인 「조약법에 관한 비엔나 협약」 등이 적용된다는 것을 의미한다.

서에 포함되지 않는다고 제한적으로 해석하는 견해이다.[24] 두 번째는 신사협정 성격의 합의서도 남북합의서에 포함된다고 보는 견해이다. 세 번째는 남북합의서는 국가가 국가의 관계가 아닌 남북한 사이에 채결된 합의서로 국제법상의 조약이나 신사협정과는 전혀 무관한 별도의 개념으로 이해하는 견해이다.[25]

이 각 견해에 따라 '남북관계발전법' 제21조(남북합의서의 체결·비준)의 성격이 달라진다.

첫 번째 견해에 따르면 '남북관계발전법' 제21조는 헌법의 조약 관련 규정의 입법 확인적 성격을 갖는다. 따라서 조약 성격의 남북합의서에 대해서는 '헌법'과 '남북관게발전법'이 중첩적으로 적용된다.

두 번째 견해에 따르면 '남북관계발전법' 제21조가 법적 구속력이 있는 조약 성격의 남북합의서에 대해서는 '헌법' 조약 관련 규정의 입법 확인적 성격에 그치지만 신사협정 성격의 남북합의서에 대해서는 창설적 효력을 갖는 규정이 된다. 따라서 조약 성격의 남북합의서에 대

---

24 명확하게 표현하고 있지는 않으나 이규창, 「남북관계발전에 관한 법률의 분석과 평가: 남북한 특수관계 및 남북합의서 관련 조항을 중심으로」, 『남북교류와 관련한 법적 문제점(5)』(법원행정처, 2006), 165쪽의 내용이 이러한 견해를 취하고 있는 것으로 보인다.

25 2018년 10월 24일 김의겸 청와대 대변인은 정례브리핑에서 "남북군사합의서가 국회의 동의를 받지 않은 것이 위헌이다"라는 일각의 주장에 대해 북한은 헌법과 우리 법률 체계에서 국가가 아니어서 위헌 대상이 될 수 없다고 하면서 "북한과 맺은 어떤 합의, 약속, 이것은 조약의 대상이 아니다. 조약이 아니다. 따라서 헌법이 적용될 수 없고, 위헌이라는 말 자체가 성립되지 않는다"고 하였다. 이와 같은 견해는 남북합의서를 세 번째 견해와 같이 이해하는 입장이다.

해서는 '헌법'과 '남북관계발전법'이 중첩적으로 적용되고, 신사협정 성격의 남북합의서에 대해서는 '남북관계발전법'만 적용된다.

세 번째 견해는 남북합의서는 조약이나 신사협정과는 별개의 개념이므로 '남북관계발전법' 제21조는 당연히 창설적 효력을 갖는 규정이 된다. 이에 따르면 남북합의서에 대해서는 '헌법'이 적용될 여지가 없고 '남북관계발전법'만 적용된다. 이를 표로 정리하면 〈표 11-3〉과 같다.

이 중 세 번째 견해는 헌법을 정점으로 국내법과 국제법으로 구분되는 우리 법체계에서 헌법적 근거도 없이 국제법도 아니고 국내법도 아닌 제3의 법체계를 인정하는 견해이다. 이처럼 남북합의서를 조약과 신사협정으로 구분하는 기존의 조약이론에 따라 해결하지 않고 조약과는 별도의 법체계로 보면, '헌법'상의 국내법과 국제법에 포함되지 않는 별도의 법체계를 인정하는 것이 되어 남북 관계 발전에 관한 법률 자체가 위헌이라는 결론에 이르게 된다. 즉 남북합의서도 헌법상의 조약에 관한 규정 및 일반적인 조약이론에 따라 해결해야 하는 것이지 이와는 별도로 이원화된 법체계로 이해하면 위헌 문제를 피할 수 없고, 우리 헌법 체계는 물론이고 일반적인 국제법상의 조약법 이론에도 부합하지 않는다. 따라서 이 주장에 대해서는 더 이상의 검토를 생략하기로 한다.

두 번째 견해의 논거는 다음과 같다. 남북합의서의 체결은 그 자체의 중요성을 떠나 이것이 신사협정인지 아니면 조약인지, 조약이더라도 국회의 동의를 요하는 조약인지 등에 대하여 합의서가 체결될 때마다 논란이 되어왔으나, 이 법의 제정으로 인하여 조약성 여부나 신사협정의 여부를 따질 필요 없이 법상의 발효절차를 밟게 되었다는 것이다. 다만 국회의 동의를 요하는 합의서인지 그렇지 않은지만이 판단의 기준이 된다고 보면서, 이 법률이 제정되어 법 자체적으로 남북합의서에 대하여 법적인 효력을 부여하고 있는 상황에서도 신사협정의 논리를 내세울 수는 없다는 것이다. 실제로 남북 정상의 평양방문 일정을 합의하는 합의서도 그 내용이 단순히 양국 정상이 평양에서 정상회담을 개최하기로 합의하였다는 내용에 불과하지만 '남북관계발전법'상의 남북합의서로서 발효절차를 밟아 2007년 8월 21일 남북합의서 제17호로 관보에 공포되었음을 상기할 필요가 있다고 주장한다.[26]

2007년 10월 4일 제2차 남북정상회담에서 체결한 「남북관계발전과 평화번영을 위한 선언」의 경우 이것이 조약인지 신사협정인지에 대한 논란이 있는 가운데에서도 같은 달 30일 국

---

26 김계홍, 「'남북관계 발전에 관한 법률'에 따른 남북합의서의 발효절차에 관한 사례연구 및 개선방안에 관한 고찰」, ≪법제≫, 통권 제603호(법제처, 2008.3), 61쪽.

무회의를 거쳐 같은 해 11월 5일 비준을 하고, 같은 달 18일 공포를 한 것도 이와 같은 맥락에서 이루어진 조치라 할 것이다.

한편 남북합의서에는 조약적 성격의 합의서와 신사협정 성격의 합의서가 모두 포함된다고 보면서도 '남북관계발전법' 제21조 제3항의 국회 동의 관련 규정은 헌법 제60조 제1항의 국회 동의절차 규정의 예시적 규정으로 보는 견해가 있다. 이 견해에 따르면 신사협정 성격의 남북합의서도 국무회의 심의와 '법령 등 공포에 관한 법률'의 규정에 따라 대통령이 공포를 하여야 한다. 다만 신사협정 성격의 남북합의서는 국회 동의 대상이 되지 않는다는 것이다.[27]

남북합의서의 정의 규정 자체를 보면 신사협정에 해당하는 합의서는 제외한다는 해석을 도출하기 어려운 것이 사실이다. 그러나 이 법률의 제정 목적이 조약의 성격을 갖는 남북합의서를 조약과 유사한 절차를 통하여 법규범화하는 데 필요한 절차를 정하고자 한 것이라는 점을 염두에 둔다면 이 법에서 말하는 남북합의서에는 신사협정에 불과한 남북합의서는 포함되지 않는다고 해석하는 것이 반드시 무리한 해석이라 생각하지 않는다.

남북합의서에 신사협정도 포함된다고 보는 것은 비록 문구 해석에 충실한 견해이다. 하지만 이 견해에 따르게 되면 다음과 같은 문제점이 발생한다.

첫째, 신사협정에 해당하는 합의서는 원래 법률적 효력의 창설을 의도하지 않은 것인데 신사협정에 해당하는 합의서에 구체적으로 어떤 법적 구속력이 부여되는 것인지 설명이 되지 않는다. 더군다나 신사협정에 해당하는 합의서는 그 내용 자체가 당사자 간에 어떠한 법적인 권리 의무가 발생할 만한 것이 없는 경우가 대부분일 것이다.

둘째, 이 견해는 '남북관계발전법'이 법 자체적으로 남북합의서에 대하여 법적인 효력을 부여하였다고 주장하고 있으나, 이 법의 어느 규정에 의하여 법적인 효력이 부여되는 것인지 의문이다. 이 법은 '헌법' 제6조 제1항이 헌법에 의하여 체결·공포된 조약은 국내법과 같은 효력을 갖는다고 규정한 것과 같은 내용의 효력규정을 두고 있지 않다. 다만 제23조에서 남북합의서의 효력범위 등에 대한 규정을 두고 있을 뿐이며, 여기서 말하는 효력이 어떤 효력인지에 대하여는 아무런 규정이 없다.

셋째, 이 견해에 따르면 남북합의서는 신사협정에 불과한 것이라도 국가나 국민에게 중대한 재정적 부담을 지울 수 있는 경우와 같이 국회의 동의를 필요로 하여 그 동의를 받은 경우에

---

27 이효원, 「판문점선언의 법적 성격과 과제: 국회동의를 중심으로", 『헌법과 통일법』, 제11호(서울대학교 헌법·통일법센터, 2018.6) 참고.

는 법률과 같은 효력을, 국회의 동의 없이 체결·공포한 경우에는 대통령령과 같은 효력을 갖게 된다 할 것이다. 그렇게 된다면 헌법 규정에 의하여서는 국내법과 같은 효력을 갖지 못하게 될 합의문서가 이 법률에 의하여 법률 또는 대통령령과 같은 국내법적 효력을 갖게 되는 결과가 생기는데, 이에 대한 법적 근거가 무엇인지가 문제된다. 더군다나 우리 헌법은 모든 조약이 국내법과 같은 효력을 갖는다고 규정한 것이 아니라 "헌법에 의하여 체결·공포된 조약", 즉 헌법에서 규정한 절차에 따라 체결·공포된 조약만 국내법과 같은 효력을 갖도록 한정하고 있다. 결과적으로 제23조의 내용이 신사협정과 같은 합의서에도 국내법적 효력을 부여하는 내용이라면 위헌의 소지가 있게 되는 것이다.

넷째, 남북합의서의 개념에 조약과 신사협정이라는 이질적인 성격의 문건을 모두 포함하는 것으로 보고, 동일한 체결 절차를 거치도록 하면 양자를 구별할 방법이 없어진다. 나아가 남북 당국 간 법적 구속력이 없는 신사협정 성격의 합의문을 만들 수도 없다는 문제점이 발생한다. 다시 말해 우리 정부 또는 남북 당국 간 의사가 신사협정 성격의 합의서를 체결하기 위한 것이었다 하더라도 조약 성격의 합의서와 동일한 절차에 따라 서명, 국무회의 심의, 국회 동의, 비준, 공포 등의 절차를 거치게 되면 해당 합의서가 신사협정인지 아니면 조약인지 판단하기 어렵게 만드는 문제가 발생한다. 즉 해당 합의서의 법적 구속력 유무에 대한 판단을 어렵게 하는 결과를 초래한다.

다섯째, 남북합의서의 효력은 상호주의에 입각하여 남북한 양측 모두에게 동일한 효력이 발생되도록 하여야 한다. 그런데 이 견해에 따르면 신사협정에 불과한 합의서에 대하여 북한은 아무런 조치도 취하지 않고 있는데, 우리 정부만 일방적으로 체결·비준 및 공포 등의 절차를 거쳐 법적 효력을 부여한다는 것은 상호주의 원칙에서 보더라도 적절하지 못하다.

여섯째, 이 견해는 남북 정상의 평양방문 일정을 합의하는 합의서도 그 내용이 단순히 양국 정상이 평양에서 정상회담을 개최하기로 합의하였다는 내용에 불과하지만 '남북관계발전법'상의 남북합의서로서 발효절차를 밟아 2007년 8월 21일 남북합의서 제17호로 관보에 공포되었음을 상기할 필요가 있다고 주장한다. 그러나 이는 주객이 전도된 논리에 불과하다 할 것이다. 이 법률 시행 이후인 2007년에는 39건, 2008년에는 5건, 2009년과 2010년에는 각 1건, 2013년에는 7건, 2014년에는 2건의 남북합의서가 체결되었다. 그러나 이 중 공동보도문 14건을 제외한 합의서만 해도 41건이나 되지만, 이 중 '남북관계발전법'의 규정에 따라 관보에 의하여 공포된 합의서는 전체의 4분의 1도 안 되는 10건에 불과하다. 따라서 이러한 견해에 따를 경우 공포 절차를 취하지 않은 나머지 합의서는 왜 그러한 절차를 취하지 않았는지에 대하여 어떻게 설명할 수 있는지가 문제된다. 또한 이러한 견해에 따를 경우 공동보도문도 남북 당국 간의 합의를 통하여 작성된 것이라는 점에서 남북합의서에 해당한다고 보아야 할지 문제 이며, 만일 공동보도문도 이에 해당한다고 한다면 이에 대하여 조약과 같은 절차를 거쳐 공포 를 한다는 것이 무슨 의미가 있는 것인지 의문이다.

(2) 체결·비준 및 공포에 관한 절차의 이원화 문제

'남북관계발전법'은 남북합의서의 체결·비준 및 공포의 절차에 대하여 자체적으로 헌법과 는 별도의 절차 규정을 두고 있다. 그런데 앞에서 언급한 바와 같이 우리 '헌법' 체계상 남북합 의서가 우리 국내법상의 법규범으로 인정될 수 있는 유일한 방법은 남북합의서가 "헌법에 의 하여 체결·공포된 조약"이 되어야 하는 것이다. 그럼에도 불구하고 이 법은 남북합의서에 대 하여 북한과의 특수성을 고려하여 '헌법'에 정한 절차와는 별도로 이에 준하는 절차를 두게 된 것이다. 따라서 남북합의서가 '헌법' 제6조 제1항에 의하여 국내법과 같은 효력을 갖게 되는 것인지에 대한 의문이 제기된다. 법의 제정 형식과 내용으로 본다면 남북합의서는 헌법이 아 니라 이 법 자체에 의하여 체결·비준 및 공포되도록 되어 있으므로 결국은 그 내용이 조약의 성격을 갖더라도 '헌법' 제6조 제1항에서 규정한 바와 같이 헌법에 의하여 체결·공포된 조약이 아니라 이 법률에 의하여 체결·공포된 조약이 되는 것이어서 이러한 조약에 대하여 국내법과 같은 효력을 부여하는 법적 근거가 무엇인지 문제된다.

물론 이와 같은 문제점에 대하여 남북합의서에 법적 구속력이 인정되어 조약으로 볼 수 있는 경우에는 '남북관계발전법' 제21조 제3항이 '헌법' 제60조 제1항을 입법적으로 확인한 것 이라고 본다면, 결국 헌법의 규정에 의하여 조약이 체결된 것으로 해석할 수 있으므로 별다른 문제가 없을 수 있다. 그러나 제21조 제3항의 의미를 이렇게 보게 되면 또 다른 문제가 발생한 다. 다시 말해 이 법률에서 말하는 남북합의서에 신사협정도 포함된다고 볼 경우에 이 법률 제 21조 제3항의 성격을 어떻게 이해할 것인지의 문제이다. 정부 입장에서는 남북합의서의 내용 이 국가나 국민에게 중대한 재정적 부담을 지우거나 입법사항에 관한 것이라 할지라도 이 합 의서에 따른 법적 구속력을 받지 않기 위해 신사협정으로 체결할 수도 있는 것이다. 그런데 이 경우에도 '남북관계발전법' 제21조 제3항에 따라 국회 동의를 받도록 하는 것은 '헌법' 제6조 제1항에 대한 입법적 확인의 성격을 갖는 것이 아니어서 제21조 제3항의 규정은 동의의 대상 인 남북합의서가 조약인지, 신사협정인지에 따라 그 법적 의미가 전혀 달라지는 것이다. 또한 법이 헌법 규정과 달리 신사협정에 대해서도 국회의 동의를 받도록 강제하는 것은 위헌의 문제가 제기될 수도 있는 것이다.

한편 '남북관계발전법' 제21조는 국회의 동의 또는 국무회의의 심의를 거친 남북합의서는 '법령 등 공포에 관한 법률'의 규정에 따라 대통령이 공포하도록 하고 있고, '법령 등 공포에 관한 법률'은 헌법 개정, 법률, 조약, 시행령 등 각종 법규에 대하여 그 공포 절차를 규정하고 있다. 그런데 우리 정부는 2018년 12월까지 공포한 26건의 남북합의서를 '법령 등 공포에 관한 법률'에서 규정하고 있는 조약 혹은 대통령령 등 각종 법규 중 하나로 분류하지 않고 기타 항목으로 분류하여 '남북합의서 제○호'의 형식으로 공포하였다.[28] 이러한 정부의 조치는 이 법률의 규정에 따라 공포한 것이 아니라 법적 근거 없이 이 법률을 준용하여 공포한 것에 불과하여 이러한 조치가 적법한 것이냐의 문제가 발생한다. 이러한 정부의 조치 역시 (조약의 성격을 지닌) 남북합의서를 실질적으로는 조약으로 보면서도 형식적으로는 조약으로 취급하지 않고 이원화를 한 데에서 비롯된 문제이다.

(3) 경과 조치 관련 문제

'남북관계발전법' 부칙 제2항(경과조치)은 "이 법 시행 전에 국회의 동의를 받아 체결·비준한 남북합의서는 이 법에 의한 남북합의서로 본다"라고 규정하고 있다. 그런데 이 규정에 의하면 '남북관계발전법' 시행 전에 체결된 남북합의서 중 뒤늦게나마 이를 법제화할 필요성이 있는 합의서가 있다 하더라도 이 법률에 의해서는 이에 대한 비준·공포 등의 절차를 통하여 이를 법제화할 수 없다는 것이 문제점으로 지적될 수 있다.

(4) 일관성 없는 정부의 법 적용

앞에서 언급한 법률 규정상의 문제점도 문제이지만 이보다 더욱 큰 문제가 되고 있는 것은 일관성 없는 정부의 태도이다. 즉, '남북관계발전법' 시행 이후 체결된 각종 합의서는 그 내용에 따라 법리적으로 볼 때 조약으로 볼 수 있는 합의서와 신사협정에 해당하는 것으로 볼 수 있는 합의서가 있으며, 조약에 해당하는 합의서 중 '남북관계발전법'에 따라 국회의 동의를 필요로 하는 합의서가 있다. 하지만 앞에서 본 바와 같이 우리 정부가 '남북관계발전법' 시행 이후 체결된 41건의 합의서(공동보도문 제외) 중 이 법률의 규정에 따라 관보에 게재하여 공포된 합의서는 10건에 불과하다.

---

28 '남북관계발전법' 제정 이전에 서명한 합의서(제1호~제14호)는 '남북사이의합의서 제○호'로 공포하였다.

그런데 이처럼 공포된 합의서와 그렇지 못한 합의서 간에는 어떤 차이점이 있는지, 국회 동의를 구하고자 하였던 합의서와 그렇지 않은 합의서 간에는 어떤 차이점이 있는 것인지 도무지 종잡을 수가 없다. 예를 들면 2007년 11월 29일 체결된 「남북도로협력분과위원회 제1차 실무접촉 합의서」는 2007년 12월 18일 제54회 국무회의 심의를 거쳐 2007년 12월 31일 발효조항에 따른 문본을 교환함으로써 같은 일자로 발효되도록 한 후 2008년 1월 8일 남북합의서 제23호로 공포를 하였음에도 불구하고, 이 합의서와 거의 유사한 내용과 형식으로 2007년 11월 21일 체결된 「남북철도협력분과위원회 제1차 실무접촉 합의서」는 앞에서와 같은 공포 절차를 취하지 않았다. 정부의 이와 같은 일관성 없는 태도는 '남북관계발전법'의 관련 조항에 대한 해석이 명확하지 않다는 점에 기인하는 측면이 적지 않을 것으로 보인다. 이와 같은 태도는 남북 관계에 있어서의 신뢰성 구축 면에서도 바람직하지 못하다고 본다.

(5) 국내법 절차 위반 남북합의서의 효력

만일 남북합의서 체결권자가 '헌법'이나 '남북관계발전법'에서 규정하고 있는 국무회의 심의나 국회비준 동의 국내법 절차를 위반하여 남북합의서를 체결한 경우 이를 이유로 남북합의서의 무효를 주장할 수 있는지가 문제된다. 이에 대해 「조약법에 관한 비엔나협약」 제46조(조약 체결권에 관한 국내법 규정)는 조약 체결권에 관한 국내법 규정의 위반이 명백하며 또한 근본적으로 중요한 국내법 규칙에 관련되지 아니하는 한 국가는 조약에 대한 그 기속적 동의를 부적법화하기 위한 것으로 그 동의가 그 국내법 규정에 위반하여 표시되었다는 사실을 원용할 수 없다고 규정하고 있다(제1항). 통상의 관행에 의거하고 또한 성실하게 행동하는 어느 국가에 대해서도 위반이 객관적으로 분명한 경우에는 그 위반은 명백한 것이 된다(제2항). 즉 "위반이 명백하며 또한 근본적으로 중요한 국내법 규칙에 관련되지 않는 한" 국내법 절차의 위반을 이유로 조약의 무효를 주장할 수 없다는 것이다.

북한은 「조약법에 관한 비엔나협약」 제46조의 조약을 '위헌조약'이라고 소개하면서 "국가의 기본법인 헌법을 비롯하여 중요법규들에 위반되게 체결된 조약은 무효"라고 소개하고 있다.[29]

이와 같이 남북한이 각자의 국내법 절차를 위반한 조약에 관한 이론에도 차이가 있기 때문에 국내법 절차를 위반하여 남북합의서를 체결하면 남북한 상호 간에 그 효력에 관한 분쟁

---

29 사회과학원 법학연구소, 『국제법사전』(평양: 사회과학출판사, 2002), 347쪽.

이 발생할 수밖에 없으며, 국내에서도 이 문제로 인한 정치적 갈등이 발생하게 될 것이다.

7. 남북합의서의 법적 과제에 대한 개선 의견

1) 남북관계발전법의 개정에 대한 의견

(1) 개정의 방향

'남북관계발전법'의 제정 및 시행에 따라 이제 남북합의서에 대한 법제화는 이 법률에서 정한 절차에 따라 이루어지게 되었다. 그런데 이 법률은 앞에서 살펴본 바와 같이 위헌적 요소가 있음을 부인하게 어려운 상황이므로 이에 대한 개정 논의가 필요하다.

이 법률의 개정 방향을 검토함에 있어서 가장 중요한 것은 우리 헌법질서를 벗어나서는 안 된다는 것이다. 자칫 남북 관계의 특수성만을 고려하여 헌법 정신 및 그 내용과 상치되는 내용의 법률을 제정할 경우 위헌 여부가 문제가 될 뿐만 아니라 남북 관계를 법적·제도적 관계로 발전시켜 나갈 필요성이 있다는 점에서 볼 때 법적 안정성과 일관성을 해치는 등 장기적으로는 또 다른 문제를 야기할 수도 있기 때문이다. 그렇다고 하여 남북 관계의 특수성을 전혀 도외시할 수는 없을 것이다.

앞에서 언급한 바와 같이 '남북관계발전법'은 내용상 남북합의서의 정의 규정을 어떻게 해석할 것인지와 이 법률에 의하여 체결·공포된 남북합의서를 '헌법' 제6조 제1항에 의한 조약과 같은 것으로 볼 수 있는지가 가장 큰 문제이다.

법리적으로 볼 때 북한도 조약 체결 당사자로서의 지위가 인정되고, 북한과 조약을 체결하였다 하더라도 북한의 국가성을 승인하는 것이 아니라는 점에 대하여 이견이 없는 것으로 보인다. 그럼에도 불구하고 정치적 공방이 야기될 수 있는 점을 우려하여 남북합의서를 조약과 차별화하여 법을 제정하다 보니 이와 같은 법률적 문제점이 발생하게 된 것으로 생각된다.

이에 대한 법리적 해결책을 보자면 북한이 조약 체결 당사자로서의 지위가 인정되는 점과, 북한과 조약을 체결한다고 해서 북한의 국가성을 승인하는 것이 아니라는 점에 대하여 별 이견이 없으므로 굳이 조약과 남북합의서를 차별화할 필요 없이 북한과 체결된 합의서 중 법적 효력의 발생을 의도하여 체결된 합의서는 조약과 같은 절차와 공포 형식 등을 거치도록 하면 될 것이다.

다만 남북 관계의 특수성 및 업무 성격을 고려하여 '남북관계발전법'에는 이 법률 제3장 제15조 이하에서 규정하고 있는 바와 같이 통상적인 조약의 경우에 외교부 장관이 하도록 되어 있는 업무를 통일부 장관이 하도록 하는 등의 내용만 두면 족할 것으로 보인다. 즉, 이 법률에서 남북합의서와 관련된 내용은 주로 '정부대표 및 특별사절의 임명과 권한에 관한 법률'에서 규정하고 있는 조약의 서명 또는 가서명권과 같이 조약에 관련된 외교부 장관의 권한과 업무를 남북합의서에 있어서는 통일부 장관의 권한과 업무로 하면 될 것이다. 이 경우 '남북관계발전법'의 내용은 '정부대표 및 특별사절의 임명과 권한에 관한 법률'의 특별법적 성격을 갖게 될 것이다.[30]

그러나 남북합의서를 조약으로 보는 점에 대하여 법리적으로 별다른 이론이 없음에도 불구하고 정서적으로 이를 받아들이기 어렵다는 입장에서 남북 관계의 특수성을 좀 더 강조해 굳이 '남북관계발전법'에서 정하고 있는 내용을 그대로 두고자 한다면 앞의 법률에서 정하고 있는 관련 규정의 일부 내용을 변경하여야 할 것이다. 즉, 개정을 통하여 남북합의서도 '헌법'에 의하여 체결·공포되는 조약이 되도록 하여 국내법적 효력의 발생 근거를 명확하게 할 필요가 있다. 이를 위해서는 남북합의서의 개념을 조약과 같이 법적 효력의 창출을 의도한 합의서만 남북합의서에 해당하는 것으로 개념 정의를 명확하게 하는 한편, 체결·비준 및 공포에 관한 절차는 기본적으로는 헌법 규정에 따르도록 하면서, 예를 들어 남북회담대표의 임명 등에 관한 제15조의 규정과 같이 특수성이 필요한 부분의 특별규정을 그대로 유지하도록 하여 조약과 남북합의서의 체결·비준 및 공포 절차를 일원화하여야 할 것으로 보인다. 이러한 입장에서 개정이 필요한 조문을 살펴보고자 한다.

(2) 개별 조문에 대한 검토

① 제4조 제3호에 대한 검토

남북합의서의 정의 규정 중 "문서의 형식으로 체결된 모든 합의"에서 "모든"을 삭제한 후 이 규정에서 말하는 합의를 법적 구속력이 있는 합의로 해석을 하거나 아니면 아예 "모든 합

---

30 어떤 면에서는 '남북관계발전법'의 제정 취지는 '정부대표 및 특별사절의 임명과 권한에 관한 법률'의 특별법을 제정하고자 한 데에서 찾는 것이 바람직한 것인지도 모른다. 남북합의서를 조약으로 볼 것인지의 문제는 '헌법' 및 국제법의 해석을 통하여서도 해결이 가능한 것이지만, 기존의 남북합의서 체결을 위한 협상이나 서명 또는 가서명 과정 등에서 정부대표권 및 (가)서명권자의 적법성과 관련하여 '정부대표 및 특별사절의 임명과 권한에 관한 법률' 위반 문제가 거론되어 이에 대한 입법적 해결을 위한 특별법의 제정이 필요하였기 때문이다.

의"를 "법적 구속력이 있는 합의" 또는 "법적 효력의 창출(또는 발생)을 목적으로 한 합의"로 변경함이 타당하다고 본다.

② 제21조 제1항에 대한 검토

남북합의서의 체결·비준에 관한 내용을 규정한 제21조와 관련하여 위헌 요소를 제거하기 위해서는 남북합의서의 체결·비준이 이 법률에 의하여 이루어지는 것이 아니라 '헌법'에 의하여 이루어지는 것임을 명확하게 하는 것이 바람직하다. 따라서 적어도 제21조 제1항의 "대통령은 남북합의서를 체결·비준하며"를 "대통령은 헌법(의 규정)에 따라 남북합의서를 체결·비준하며"라고 변경하고, 여기서 말하는 헌법의 규정을 조약의 체결·비준에 관한 규정으로 해석함이 상당하다고 본다.

③ 제22조에 대한 검토

남북합의서의 공포에 관한 절차와 관련된 문제는 제22조의 "법령 등 공포에 관한 법률의 규정에 따라"를 "법령 등 공포에 관한 법률의 규정을 준용하여"로 개정하고, 이 법률의 조약에 관한 공포 형식을 준용하면 될 것이다. 아니면 이 법률을 개정하여 공포 대상에 남북합의서를 추가하는 방법도 생각해 볼 수 있으나 이는 여전히 조약과 남북합의서를 구별하는 문제가 발생하게 된다. 법적 구속력이 있는 남북합의서의 법적 성격이 조약에 해당함에도 굳이 이를 '조약'이라고 명기하기 어렵다면 '남북합의서(조약) 제○호' 또는 '조약(남북합의서) 제○호'의 형식으로 공포하는 방법도 고려해 볼 수 있다.

2) 일관성 있는 법 적용

이와 같은 국내법상의 문제점을 정리하는 것 못지않게 중요한 것이 정부의 일관성 있는 법 적용 태도이다. 만일 '남북관계발전법'에서 말하는 남북합의서에 신사협정도 포함시킬 의도였다면 이 법률 시행 이후 체결된 모든 남북합의서를 이 법률에 따른 절차를 거쳐 공포하였어야 할 것이다. 반면 신사협정을 포함시킬 의도가 아니었다면 적어도 「노무현 대통령의 평양방문에 관한 남북합의서」 같은 것은 국무회의 심의를 거쳐 공포할 것은 아니었으며, 제2차 남북정상회담에서 체결한 「남북관계발전과 평화번영을 위한 선언」의 공포에도 신중을 기하였어야 한다. 따라서 향후 이에 대한 정부의 입장을 명확히 정하여 함은 물론 조약의 성격을 지닌 합의서와 신사협정에 해당하는 합의서, 조약의 성격을 지닌 합의서 중 국회 동의가 필요한 합의서와 그렇지 않은 합의서에 대하여 분명한 기준을 정하여 분류한 후, 같은 성질의 합의서에 대하여는 체결과 비준, 공포의 절차를 일관성 있게 이행하여야 할 것이다.

3) 기존 합의서의 분류 및 법제화 추진

이미 체결된 합의서에 대하여도 이와 같은 명확한 기준을 정하여 구체적인 분류를 한 후 법제화가 필요한 합의서를 선별한 후 북측과의 협의하에 같은 방식을 통하여 상호 간 법제화를 추진하는 것이 바람직하다고 본다. 물론 이와 같은 조치를 취하려면 앞에서 언급한 바와 같이 부칙의 경과조치에 대한 개정이 필요하다.

4) 유형별 합의서 형태 마련

그동안 다양한 형태로 체결되어 온 합의서 형태를 지양하고, 향후 남북한 모두 합의서의 효력을 둘러싼 논쟁을 불식시킨다는 차원에서 북한과 협의하여 조약의 법적 성격을 갖는 합의서와 신사협정에 불과한 합의서, 조약의 법적 성격을 갖는 합의서 중에서도 국회의 동의를 필요로 하는 합의서와 그렇지 않은 합의서의 표준 모델을 마련하여야 한다. 표준 모델이 마련되면 합의서를 체결하기 이전에 그 합의의 내용이 어디에 해당하는 것인지를 신중히 검토한 후 각자의 모델에 맞는 형태로 합의서를 체결해 나가도록 할 필요성이 있다.

5) 상호주의 원칙 준수

앞에서 언급한 바와 같이 남북합의서의 개념을 어떻게 정의할 것인지와 관계없이 '남북관계발전법'의 규정을 그대로 준수한다면 우리 정부로서는 북한이 법제화를 하지 않는 합의서까지 일방적으로 법제화를 하여야 하는 문제가 발생하나 이는 상호주의 원칙이라는 측면에서 볼 때 결코 바람직하지 못하다. 그와 반대로 북한은 법제화를 위한 제반 조치를 취하였음에도 불구하고 우리 정부는 내부의 사정으로 인하여 이와 같은 조치를 취하지 않은 경우도 문제가 될 수 있다. 어느 쪽이든 양 당국의 조치가 일치하지 않을 경우에는 상호 간 신뢰 형성에도 문제가 될 수 있고, 경우에 따라서는 이를 법제화한 측에서 상대방의 의무불이행을 이유로 남북합의서를 폐기하는 등의 복잡한 문제를 야기할 수도 있다. 따라서 남북합의서를 이처럼 유형화하는 과정에서 합의서의 성격에 따라 합의서 자체에 그 발효 절차에 관한 내용을 달리 정하여 남북 상호 간 동일 또는 유사한 절차를 거쳐 발효되게 함으로써 동일한 법적 효력이 발생하도록 조치할 필요가 있다.

6) 국내법 절차 위반 남북합의서 체결 방지

'헌법'과 '남북관계발전법'의 절차를 위반한 남북합의서 체결 가능성은 남북합의서 체결 과정에 대한 법적 통제 장치로 인해 매우 희박하다고 본다. 다만 개별 남북합의서가 국무회의 심의나 국회 비준 동의 대상 합의서인지에 대한 해석의 차이로 인해 의도치 않게 결과적으로 국내법 절차를 위반하는 사례가 발생할 가능성은 있다.

이를 방지하기 위해서는 개별 남북합의서 체결시마다 그 성격을 분명히 하는 것이 최선의 예방책이다. 예를 들어 법적 효력을 창출을 목적으로 하는 조약 성격의 남북합의서에는 "이 합의서는 쌍방이 서명하고 교환한 날부터 효력을 발생한다"고 효력 발생 규정을 반드시 넣도록 하는 것이다. 특히 국회 비준 동의 절차까지 필요로 하는 경우에는 합의서에 "이 합의서는 쌍방이 각기 필요한 내부의 법적 절차에 따라 서명하고 교환한 날부터 효력을 발생한다"는 조문을 넣고 남북 상호간 "각기 필요한 내부의 법적 절차"가 무엇인지를 합의하면 될 것이다.[31]

'남북관계발전법' 제21조 제4항에 해당하는 합의서를 체결할 때에는 그 합의서가 구체적으로 어떤 합의서의 이행에 관하여 단순한 기술적·절차적 사항만을 정하는 합의서인지를 명시하고, 실제로 단순한 기술적·절차적 사항만을 합의하도록 해야 한다.

---

[31] 북한 남북합의서 체결에 관한 개별 법은 없고, '헌법'에 따르면 최고인민회의는 최고인민회의에 제기된 조약의 비준 및 폐기를 결정하고(제91조), 국무위원회 위원장은 다른 나라와 맺은 중요조약을 비준 또는 폐기하고(제103조), 최고인민회의 상임위원회는 다른 나라와 맺은 조약을 비준 또는 폐기하고(제115조), 내각도 다른 나라와 조약을 맺으며 대외사업을 한다(제125조). 조약에 관한 부문법인 '조약법' 제13조(조약의 비준, 승인)도 최고인민회의에 제기되는 조약은 최고인민회의에서 비준하고, 중요조약은 국무위원회 위원장이 비준하며, 국가의 명의로 체결한 조약과 최고주권기관의 비준을 받기로 체약상대방과 합의한 조약은 최고인민회의 상임위원회가 비준하며 정부의 명의로 체결한 조약과 정부의 승인을 받기로 체약 상대방과 합의한 조약은 내각이 승인한다고 규정하고 있다.

8. 맺음말

남북합의서의 법적 성격과 관련하여 많은 논란이 있었음에도 불구하고 동일한 논란이 2018년 4월 27일 체결된 「판문점선언」에서도 재현되었다. 「판문점선언」의 주요 내용은 종전선언, 정전협정의 평화협정으로의 전환, 남북공동연락사무소 설치, 남북 적십자회담 개최 및 이산가족·친척상봉 등 인도적 교류합의, 동해선 및 경의선 철도와 도로 연결 등 남북교류협력 강화에 대한 합의, 그리고 단계적 군축 등 불가침 합의와 그에 따른 이행조치 등이다. 「판문점선언」은 내용과 형식이 2007년의 「남북관계 발전과 평화번영을 위한 선언」(이하 10·4선언)과 상당히 유사하다. 「10·4선언」도 국회 비준 동의와 관련하여 문제가 제기되었다. 「10·4선언」의 경우에는 일부 합의 내용에 국가나 국민의 재정적 부담을 지우는 사항이 있으므로 국회비준 동의가 필요하다는 의견이 제시되었지만, 정부는 신사협정으로 보고 결과적으로 국회 비준 동의를 받지 않았다. 「판문점선언」 역시 서명을 한 남북 정상 간에 법적 구속력 있는 문서라는 점에 대한 명시적인 합의가 확인되지 않은 한, 형식과 내용을 본다면 신사협정에 해당하므로 국회의 비준 동의 대상은 아니라고 본다. 향후 「판문점선언」에서 약속한 내용들을 구체화한 조약성격의 남북합의서를 체결하면 그 내용에 따라 국회의 비준 동의가 필요한지를 판단하면 될 것이다. 하지만 정부는 「판문점선언」의 내용이 '남북관계발전법'에서 규정한 국가나 국민에게 중대한 재정적 부담을 지우는 남북합의서에 해당한다고 보고 국회의 비준 동의 요청을 하였다. 「판문점선언」이 법적 구속력 있는 합의서인지에 대한 판단을 명확히 하지 않고 단지 그 내용이 국가나 국민에게 중대한 재정적 부담을 지우는 합의서인지만을 판단한 입장으로 보인다. 문재인 대통령은 정상회담 이전부터 남북합의서의 법제화를 강조해 왔다. 국회 비준 동의 여부를 둘러싼 문제가 제기되는 것을 미연에 방지하고, 국회 비준 동의 대상임을 명확히 하려고 했다면 「판문점선언」은 조약적 성격의 합의서임이 분명히 드러나도록 하는 형식과 내용을 갖췄어야 했다. 「10·4선언」의 전례가 있었음에도 불구하고 「10·4선언」과 거의 유사한 형태의 합의문이 도출되었기 때문에 국회 비준 동의 여부를 둘러싼 내부 갈등이 다시 야기되었다는 점에서 매우 아쉽다. 한편 정부는 2018년 9월 19일 남북 정상 간에 서명한 「9월 평양공동선언」과 남측 국방부장관과 북측 인민무력상 간에 서명한 「역사적인 판문점선언 이행을 위한 군사분야 합의서」에 대하여 2018년 10월 23일 국무회의 심의를 거친 후 「9월 평양공동선언」은 2018년 10월 29일에 남북합의서 제24호로, 「역사적인 판문점선언 이행을 위한 군사분야 합의서」는 남북합의서 제25호로 각 관보에 기재하여 공포하였다.[32] 정부의 입장은 「9월 평양공동선언」은 국가나 국민에게 중대한 재정적 부담을 지우지 않는 합의서라는 것이다. 야당인 자유한국당은 이에 반발하여 2018년 10월 29일 헌법재판소에 「9월 평양공동선언」과 「역사적인 판문점선언 이행을 위한 군사분야 합의서」에 대한 효력정지가처분신청서를 접수했다. 이처럼 남북합의서의 둘러싼 문제는 헌법과 조약법 이론 및 '남북관계발전법'에 대한 해석을 통해 법리적으로 해결해야 할 문제임에도 불구하고 정치적 이해관계가 개입되면서 혼란만 더욱 가중시키고 있는 형국이다.

독일의 경우 「동서독 기본조약」이 체결되고 후속 입법인 '동서독 기본조약의 비준 동의 법률'이 제정되자 바이에른(Bayern)주 정부는 이 법이 서독 '기본법'에 위반되어 무효라고 주장하며 규범통제 소송에 따라 1973년 5월 29일 연방헌법재판소에 위헌심판을 제청하였다. 이에 대하여 연방헌법재판소는 1973년 7월 31일 「동서독 기본조약」에 관한 1973년 6월 6일 자비준 동의 법률은 기본법에 합치한다고 판결하면서 "기본법 제59조 제2항은 모든 조약, 즉 연방의 정치적 관계를 규정하거나 연방의 입법사항과 관련 있는 조약은 그 조약의 당사자가 기본법상 외국이든 아니든 관계없이 비준 동의 법률의 형식으로 의회의 통제를 받을 것을 요구한다" 한 결정을 비중 있게 참고할 필요가 있다.

한 가지 간과하지 말아야 할 점은 남북합의서 관련 문제는 우리 일방만의 문제가 아니라, 북한과 상호주의적인 관점에서 검토되어야 한다는 것이다. 즉, 「판문점선언」의 경우 북한이 이를 신사협정으로 처리하는지 아니면 조약으로 처리하는지도 참고해야만 한다. 물론 이와 같은 사후 확인 조치보다는, 사전에 합의서의 성격에 대해 논란이 없도록 확실히 해두는 것이 바람직하다. 마지막으로 신사협정 성격의 합의서는 법적 구속력이 없으므로 안 지켜도 되고, 조약 성격의 합의서면 지켜야 한다는 생각은 잘못된 것임을 인식할 필요가 있다. 국제사회에서 신사협정이나 조약 모두 당사자 간에 합의 내용을 준수해야 할 약속이라는 점에서는 전혀 차이가 없기 때문이다.

---

32 「역사적인 판문점선언 이행을 위한 군사분야 합의서」는 「9월 평양공동선언」 제1조 제1항에서 동 선언의 부속합의서로 채택되었음을 명시하고 있다.

제12장

개성공업지구 법제 개요 및 법적 과제

1. 머리말

1) 개성공단 사업 개요

개성공단사업은 2000년 8월 22일 대한민국의 현대아산주식회사가 북한의 조선아시아태평양평화위원회 및 민족경제협력연합회와 개성 지역에 2000만 평 규모의 공업지구 및 배후도시 건설 등을 목적으로 한 「공업지구 건설운영에 관한 합의서」를 체결하면서 시작되었다.

총계획에 따르면 개성공업지구의 총면적 65.7제곱킬로미터(2000만 평) 규모로, 그중 26제곱킬로미터(800만 평)는 공장 구역으로, 40제곱킬로미터(1200만 평)는 생활·관광·상업구역으로 개발하도록 되어 있다. 애초 계획은 2011년까지 8년에 걸쳐 개발을 완성하기로 되어 있었으나, 2015년 12월 현재까지는 1단계 3.3제곱킬로미터(100만 평)만 개발이 완료된 상태이다.

한편 「공업지구 건설운영에 관한 합의서」 체결 이후 2001년 9·11 테러 등으로 합의서 이행에 차질이 발생하였으나 북한 최고인민회의 상임위원회가 2002년 11월 13일 자 정령으로 '개성공업지구 지정 정령'을 채택하고, 같은 달 20일 정령 제3430호로 '조선민주주의인민공화국 개성공업지구법'(이하 '개성공업지구법')을 채택함으로써 이 사업의 법적 기반이 마련되었다.[1] 이에 기초하여 2003년 6월 30일 1단계 330만 제곱미터의 개발 착공식이 있었고, 2004년 6월

---

1   '개성공업지구법'은 2003년 4월 24일 최고인민회의 상임위원회 정령 제3715호로 수정·보충되었다.

시범단지에 15개 사가 입주계약을 체결하였다. 2004년 12월 개성공단 첫 생산제품이 출시되었고, 2007년 1단계 2차 분양 및 1단계 1차 기반시설이 준공되었다.

2015년 10월 말 현재 124개 입주기업이 약 5만 4000여 명의 북한 근로자를 고용해 생산활동을 하고 있으며, 남측 근로자도 800여 명에 달한다. 업종별로는 섬유업체가 73개 사(58퍼센트)로 가장 많고, 기계금속 24개 사, 전기전자 13개 사 등이 그 뒤를 잇고 있다. 2015년 10월 말 현재 누적 생산액은 31억 4000만 달러에 이른다.

2) 분쟁 및 최근 상황

이러한 개성공단 사업의 발전이 있기까지는 많은 갈등과 분쟁이 있었다. 특히 이명박 정부 출범 이래 남북 관계가 경색 국면으로 접어들었고, 그 와중에 발생한 2008년 7월 금강산관광객 피격 사망 사건으로 금강산관광사업이 중단된 데 이어 북한은 2008년 11월 12일 남북장성급 군사회담 단장 명의로 12월 1일부터 군사분계선을 통하는 모든 육로 통행을 엄격히 제한·차단하는 조치를 실시한다고 통보하였다. 그리고 곧이어 같은 달 24일 우리 측에 12월 1일부터 개성공단 상주 인원 감축, 남북경제협력협의사무소 폐쇄 및 남측 관계자 전원 철수, 개성관광 중지, 각종 교류협력과 경제거래 목적의 인원 통행 차단, 봉동-문산 간 열차운행 중지, 통행·통관 질서위반자 제재 등의 조치를 취하겠다는 이른바 '12·1 조치'를 통보하였다.

2009년 3월 9일과 같은 달 13일부터 15일까지 및 20일에는 3차에 걸쳐 '키 리졸브(Key Resolve)' 한미군사합동 훈련에 대한 불만으로 육로 통행을 차단하였다. 2009년 3월 30일에는 현대아산 직원 유 모 씨를 북한 체제 비난과 여성 종업원 변질 타락 및 탈북 책동 혐의로 체포하여 조사를 한다는 명목으로 136일간 억류하였다가 2009년 8월 13일 현정은 회장의 방북 기간 중에 석방한 바도 있다. 2009년 4월 21일 남북 당국 간 개성 실무접촉에서는 개성공단과 관련한 모든 특혜를 재검토하겠다는 일방적 통보를 하기도 하였다. 2009년 5월 15일에는 중앙특구개발지도총국 통지문을 통하여 "개성공업지구에서 우리가 그동안 6.15 공동선언의 정신에 따라 남측에 특혜적으로 적용하였던 토지임대값과 토지사용료, 로임, 각종 세금 등 관련 법규 등과 계약들의 무효를 선포한다"라고 하였다. 2009년 6월 11일, 같은 달 19일 및 7월 2일 3차에 걸친 남북 당국 간 개성실무회담을 통하여서는 토지임대료 5억 달러를 지급하고, 토지사용료로 평당 5~10달러를 2010년 5월부터 지급하며, 북한 근로자의 임금을 300달러로 인상해 달라는 무리한 요구를 한 바도 있다.[2]

북한은 박근혜 정부 출범 이후 매년 해오던 한미합동군사훈련을 이유로 한반도 정세를 경색 국면으로 몰아가다가 2013년 4월 8일 개성공단 북한 근로자의 전원 철수 조치를 취하였고, 결국 5·24 조치에도 유지되어 오던 개성공단 가동이 중단되었다.[3] 이후 남북 당국은 난항을 거듭한 협상 끝에 2013년 8월 14일 「개성공단의 정상화를 위한 합의서」를 체결하여 재가동에 대하여 합의하였다. 같은 달 28일에는 이 합의서의 이행을 위해 「개성공단 남북공동위원회 구성 및 운영에 관한 합의서」를 체결하였고, 그동안 개성공단 운영과 관련해 문제가 제기되어 온 각종 제도 개선과 현안 문제들을 남북공동위원회를 통하여 해결하기로 하였다.

남북공동위원회는 우리 정부가 통일부의 남북협력지구지원단을 통하여 개성공단 운영에 대하여 간접적으로 지원하던 기존의 체계에서 벗어나 직접 전면에 나섰다는 것을 의미한다. 비록 잠정 폐쇄 기간 동안 입주기업들이 받은 고통과 손실이 적지 않았지만 남북공동위원회를 통하여 그동안 개선이 요구되어 온 제도적 미비점들을 보완할 수 있는 기회를 갖게 된 것이다.

「개성공단 남북공동위원회 구성 및 운영에 관한 합의서」에 의하면 남북공동위원회는 남북이 각각 국장급의 위원장 1명과 위원 5명으로 구성하며(제1조), 개성공단 운영과 관련한 제도 개선 및 현안 문제 등을 협의·해결하는 기능을 담당한다(제2조). 회의는 분기에 1회 개최하는 것을 원칙으로 하되, 쌍방 합의하에 수시로 개최할 수도 있다(제3조). 구체적인 제도 개선을

---

2 참고로 토지사용료에 대하여 살펴보면, 개성공업지구 부동산규정 제15조(토지사용료의 부과 및 면제)는 "토지리용권을 소유한 자에게는 중앙공업지구지도기관과 개발업자가 해당 토지에 대한 임대차계약을 맺은 날부터 10년이 지난 다음 해부터 토지사용료를 부과한다. 토지사용료의 기준은 중앙공업지구지도기관과 공업지구관리기관이 협의하여 정한다. 개발업자에게는 토지사용료를 부과하지 않는다"라고 규정하고 있다. 이 규정에 따라 2004년 4월 토지임대차 계약 이후 10년간은 면제 혜택을 받았으나 10년이 지난 2015년부터는 토지사용료를 부과하도록 되어 개성공업지구관리위원회와 중앙특구개발지도총국은 2014년 11월부터 토지사용료 부과에 대한 협의를 진행하였고, 그 결과 2015년 12월 24일 기업이 입주해 생산·상업활동을 하고 있는 토지에 대해서면 1제급미터당 미화 0.64달러의 토지 사용료를 부과하고, 4년마다 이전 토지사용료의 40퍼센트를 넘지 않는 범위 내에서 토지사용료를 조정하기로 합의하였다.

3 '5·24 조치'란 2010년 5월 24일 우리 정부가 같은 해 3월 26일 발생한 천안함 사건을 '대한민국을 공격한 북한의 군사도발'로 최종 결론을 내리고, 북한의 사과와 관련자에 대한 즉각 처벌을 요구하면서 북한의 책임을 묻기 위해 취한 조치로 ① 북한 선박의 「남북해운합의서」에 허용된 우리 해역의 해상교통로 이용 불허, ② 영유아 지원과 개성공단 사업을 제외한 남북한 간 교역과 교류중단, ③ 북한의 도발 불용 및 적극적 억제원칙과 자위권 발동, ④ 유엔 안전보장이사회 회부 등의 조치를 취하겠다고 발표하였다. 이에 대하여 북한은 다음 날인 5월 25일 대남기구인 조국평화통일위원회가 조선중앙통신을 통하여 ① 당국 간 관계 전면 단절, ② 이명박 대통령 임기 기간 당국 간 대화·접촉 중단, ③ 모든 남북 통신연계 단절, ④ 개성공업지구 남북경제협력협의사무소 동결·철폐 및 관계자 추방, ⑤ 판문점 적십자연락대표 사업 중지, ⑥ 대북심리전에 대한 전면적인 반격 개시, ⑦ 남쪽 선박·항공기의 북쪽 영해·영공통과 전면금지, ⑧ 전시법에 따른 남북관계 사안 처리 등 8개 항의 1단계 조처를 밝힌 바 있다.

협의하고 해결하기 위하여 그 산하에 출입·체류 분과위원회, 투자보호 및 관리운영 분과위원회, 통행·통신·통관 분과위원회, 국제경쟁력 분과위원회를 두며, 필요한 경우 쌍방 합의하에 분과위원회를 추가로 구성·운영할 수 있다(제4조). 또한 남북공동위원회의 원활한 운영을 보장하기 위하여 개성공단 남북공동위원회 사무처를 두기로 하였고(제5조), 이미 이 사무처는 2013년 9월 30일 업무를 시작하였다.

이 합의 이후 남북은 남북공동위원회 및 각 분과위원회 회의를 개최하여 구체적인 제도적 개선을 위한 협상을 시작하였다. 그 결과 2013년 9월 10~11일 개최된 제2차 남북공동위원회에서는 「개성공단 남북공동위원회 사무처 구성 및 운영에 관한 합의서」, 「개성공단에서의 '남북상사중재위원회 구성·운영에 관한 합의서' 이행을 위한 부속합의서」 등을 채택하였다.

통행·통신·통관 분과위원회에서는 2013년 안에 전자출입체계(RFID)를 도입하여 일일 단위 상시통행을 실시하며, 인터넷과 이동전화 통신 제공을 위한 실무적 문제를 계속 협의해 나가기로 하였고, 전자출입체계 도입 이전에라도 당일 출입계획자의 당일 통행 보장 문제는 해당 분과위원회에서 계속 협의해 나가기로 하였다.

국제경쟁력 분과위원회에서는 외국 기업 유치를 위하여 남측지역의 외국 기업과 외국 상공인을 대상으로 하는 투자설명회를 2013년 10월 개최하기로 하였다가 무산된 바 있다.

출입·체류 분과위원회에서는 우리 주민의 신변안전을 위해 기존의 「개성공업지구와 금강산관광지구의 출입 및 체류에 관한 합의서」(이하 「출입체류합의서」)의 이행과 준수를 위한 부속합의서안을 교환하고 구체적인 협의를 통하여 신변안전보장 문제를 해결해 나가기로 하였다.

잠정 폐쇄 기간 중 기업들이 입은 피해 보상을 위해 2013년 세금을 면제하고, 2013년 4월부터 발생한 북측 근로자들의 임금에 대해서는 중앙특구개발지도총국과 개성공업지구관리위원회가 협의하여 처리하기로 하였다. 남과 북은 2013년 9월 16일부터 기업들이 시운전을 거쳐 재가동하기로 함에 따라 실제 기업들이 재가동에 들어갔다. 같은 날 개최된 남북공동위원회 제3차 회의에서는 출입체류 부속합의서, 전자출입체계 구축 방안과 추진 일정, 공동투자설명회, 상설사무처 개소 문제 등에 대하여 구체적으로 협의하는 등의 부분적 성과가 있었다. 2014년 6월 26일 제5차 회의에서도 일일 단위의 상시통행 실시, 인터넷 공급, 상사중재위원회 가동 등에 대한 추가 협의를 진행하였으나 구체적인 성과를 도출하지 못하였다.

2015년 7월 16일 개최된 제6차 남북공동위원회에서 우리 측은 개성공단의 발전적 정상화 구상을 설명하고 3통 문제 개선, 임금제도 선진화, 출퇴근도로 및 남북 연결도로 개·보수, 탁아소 및 북측 진료소 확충, 임산부·영유아 대상 보건의료 분야 지원 등을 제시하였다. 이에 대해 북측은 출퇴근도로 등 기반시설 보수에는 관심을 보였으나, 임금 문제에 대해서는 기존 입장을 고수하고 3통 문제 등 공단의 발전적 정상화 방안에 대해서는 구체적 논의를 회피하고 적극적으로 호응하지 않았다.

한편, 북한은 2014년 11월 20일 노동규정을 개정하면서 종업원 최저 임금 50달러에 인상률 상한선 5퍼센트 및 인상률에 대한 관리위원회와 지도총국의 합의 필요 규정을 삭제하고, 최저 임금을 지도총국이 매년 정하는 것으로 변경하였다. 그리고 2015년 2월 이 규정에 근거하여 개성공단 최저 임금을 70.35달러에서 74달러로 인상하였다고 일방적으로 통보하여 남북한 간에 임금 인상과 관련된 분쟁이 발생하는 등 끊임없이 새로운 분쟁과 갈등이 재현되어 왔다.

이러한 가운데 북한이 2016년 1월 6일 제4차 핵실험을 하고, 같은 해 2월 7일 장거리 미사일까지 발사하자 우리 정부는 이에 대한 대응 조치로 같은 해 2월 10일 개성공단 가동을 전면 중단하였고, 북한도 이에 맞서 개성공단을 폐쇄하였다. 향후 개성공단이 재가동될 수 있을지는 불확실한 상황이다. 하지만 북핵 문제의 의미 있는 진전과 더불어 남북관계가 개선되고, 그에 따라 개성공단이 재가동될 가능성을 염두에 두고 개성공단 가동 전면 중단 이전의 상황을 전제로 개성공단과 관련된 법적 문제점과 개선 방안을 살펴보는 것도 전혀 무의미하지는 않을 것이다.

다음에서는 개성공업지구의 법적 성격 및 법체계에 대하여 간략히 살펴본 후 개성공단의 발전적 정상화를 위한 법제도적 과제와 해결 방안 등에 대하여 살펴보고자 한다.

2. 개성공업지구의 법적 성격

2002년 11월 13일 자 개성공업지구 지정 정령 제4조는 "개성공업지구에는 조선민주주의 인민공화국 주권이 행사된다"라고 규정하고 있고, '개성공업지구법' 제1조는 "개성공업지구는 공화국의 법에 따라 관리 운영하는 국제적인 공업, 무역, 상업, 금융, 관광지역이다. 조선민주주의인민공화국 개성공업지구법은 공업지구의 개발과 관리 운영에서 제도와 질서를 엄격히 세워 민족경제를 발전시키는데 이바지한다"라고 규정하고 있다.

개성공업지구는 북한의 주권이 행사되고 북한의 법에 따라 운영되며, 북한의 민족경제 발전을 목적으로 하고 있는 일종의 경제특구로서 사회주의 체제와 반대되는 시장경제질서 원리를 시행하고자 하는 특별행정구역인 신의주특별행정구와는 다르며, 라선경제무역지대와 유사한 성격을 가진다고 할 수 있다.

한편 개성공업지구는 현지 집행기관으로 공업지구 관리기관이 별도로 구성되어 공단 운영과 관련된 행정권의 일부를 위임받아 행사하는 점에서 해당 시인민위원회가 현지 집행기관으로 되어 있는 기존의 라선경제무역지대와 차이점이 있었다.[4] 그러나 2011년 12월 3일 자로 개정된 '라선경제무역지대법'에서는 지구에 대한 관리를 중앙특수경제지대지도기관과 라선시인민위원회의 지도와 방조 밑에 관리위원회가 하도록 개정하였고, 같은 날 제정된 '황금평·위화도경제지대법'도 중앙특수경제지대지도기관과 평안북도인민위원회의 지도와 방조 밑에 관리위원회가 맡아서 하도록 규정하고 있다. 이는 그동안 성공적인 모델로 평가받은 개성공업지구의 관리 방식을 모방한 것으로 평가된다.

3. 개성공업지구 법제도 개요

1) 개요

개성공업지구는 북한의 주권이 행사되고 북한의 법규가 적용되는 지역이기는 하나 그 밖에도 남북 간 합의서 및 일부 남한의 법규도 함께 적용이 된다. 이를 간략히 체계화해 보면 〈그림 12-1〉과 같다.

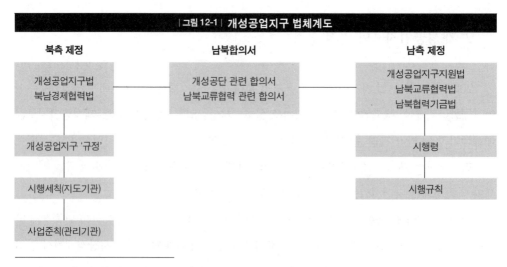

| 그림 12-1 | 개성공업지구 법체계도

북측 제정

개성공업지구법
북남경제협력법

개성공업지구 '규정'

시행세칙(지도기관)

사업준칙(관리기관)

남북합의서

개성공단 관련 합의서
남북교류협력 관련 합의서

남측 제정

개성공업지구지원법
남북교류협력법
남북협력기금법

시행령

시행규칙

---

4   한명섭, 『남북 교류와 형사법상의 제 문제』(한울, 2008), 252쪽.

2) 북측 법규

(1) 개성공업지구법 및 북남경제협력법

북한 최고인민회의 상임위원회는 2002년 11월 13일 자 정령으로 '개성공업지구 지정 정령'을 채택하고, 같은 달 20일 정령 제3430호로 '개성공업지구법'을 채택하였다.

이 '개성공업지구 지정 정령'은 개성공업지구의 지정, 관할구역, 행정구역 개편, 주권 존속 선언, 관광구역, 투자가 보호, 지구 확대, 실행 대책 등 8개 항으로 되어 있다. '개성공업지구법'은 '개성공업지구법'의 기본, 개성공업지구의 개발, 관리, 기업 창설 및 운영, 분쟁해결 등 본문 5장 46개조 및 부칙 3개조로 되어 있으며 2003년 4월 24일 최고인민회의 상임위원회 정령 제3715호로 수정·보충되어 현재에 이르고 있다.

이 법의 채택은 2000년 8월 22일 현대아산이 북한의 조선아시아태평양평화위원회 및 민족경제협력연합회와 「공업지구 건설운영에 관한 합의서」를 체결하였음에도 불구하고 여러 가지 사정으로 지지부진하던 개성공단 건설의 본격적인 추진이 가능하도록 법적 토대를 마련하였다는 데 그 의의가 있다 할 것이며, 개성공업지구의 기본법이다.

북한 '헌법' 제37조는 "국가는 우리나라 기관, 기업소, 단체와 다른 나라 법인 또는 개인들과의 기업 합영과 합작, 특수경제지대에서의 여러 가지 기업창설 운영을 장려한다"라고 규정하고 있다. 이 '헌법' 조문은 '개성공업지구법'뿐만 아니라 다른 경제특구인 나진·선봉경제무역지대와 관련된 '라선경제무역지대법'이나 금강산관광지구와 관련된 '금강산관광지구법'의 입법적 근거가 되는 것으로 해석되고 있으며, 이 점에 있어서 헌법적 근거 없이 제정된 '신의주특별행정구기본법'과 구별이 된다.

'개성공업지구법' 제9조는 "공업지구에서 경제활동은 이 법과 그 시행을 위한 규정에 따라 한다"라고 규정하여 지구 내에서 이루어지는 경제활동에 대하여는 '개성공업지구법'이 다른 법률에 대한 우선적 효력을 가진다는 점을 분명히 하고 있다.

이 조문의 해석과 관련하여 장소적 적용범위인 공업지구의 범위에 대하여는 별다른 문제가 없으나, 적용 대상인 '경제활동'의 범위를 어떻게 볼 것인지에 대하여는 논란의 여지가 있을 수 있다. 이 법 부칙 제3조에서 이 법의 해석은 최고인민회의 상임위원회가 하도록 규정하고 있으므로 적용대상에 대한 일차적 판단 권한은 최고인민회의 상임위원회에 있다 할 것이다.[5]

---

[5] 한명섭, 『남북 교류와 형사법상의 제 문제』, 251쪽.

한편 북한은 남북한 간의 경제교류와 협력을 위한 일반법으로 2005년 7월 6일 최고인민회의 상임위원회 정령 제1182호로 북남경제협력법을 제정하였다. 남북 경제교류와 협력에 있어서 '북남경제협력법'과 '개성공업지구법'은 일반법과 특별법의 관계에 있다고 보아야 한다. 따라서 개성공업지구에서는 특별법인 '개성공업지구법'이 우선 적용되지만, 이 법에서 규정하지 않은 사항에 대해서는 일반법인 '북남경제협력법'이 적용된다.

(2) 하위 규정

북한은 '개성공업지구법' 채택 이후 최고인민회의 상임위원회 결정 제102호로 '개성공업지구 개발규정'을 채택한 이래 2006년 11월 21일 채택한 환경보호규정에 이르기까지 〈표 12-1〉에서 보는 바와 같이 모두 17개의 하위 규정을 채택하여 시행하고 있다. 다만 2006년 10월 31일 최고인민회의 상임위원회 결정 제78호로 채택된 벌금규정은 아직 남측에 정식 통보된 바가 없다는 이유로 남측에서는 공식적인 효력을 인정하지 않고 있다.

'규정'은 개성공단 안에서 이루어지는 다양한 경제활동의 구체적인 절차, 방법, 효력, 각종 의무 및 위반 시 제재 부과에 관한 내용을 담고 있다. '개성공업지구법'은 개성공업지구에서 외국 기업, 특히 남측 기업의 경제 활동을 보장하기 위한 기본적인 사항을 정한 법으로, 제9조는 "공업지구에서의 경제활동은 위법과 그 시행을 위한 규정에 따라 한다"라고 규정함으로써 '개성공업지구법'의 시행을 위한 다양한 규정의 제정을 예정하고 있다.

특이한 점은 '개성공업지구법' 시행을 위한 하위 규정을 남측의 행정부에 해당하는 내각의 결정이 아니라 최고인민회의 상임위원회 결정으로 채택하였다는 점이다. 즉 종전에 북한은 '외국인투자법' 관련 시행규정을 내각 결정으로 채택해 왔고, 라선경제무역지대에 적용될 법률의 시행규정도 내각(종전에는 정무원)의 결정으로 채택해 왔는데, 금강산관광지구 및 개성공업지구에서 적용되는 규정은 최고인민회의 상임위원회의 결정으로 채택하였다는 점이 특징이다.[6]

이는 북한 당국이 개성공업지구에 대하여 라선경제무역지대에 비해 한층 중요한 법률적 지위를 부여하고 있다는 의미로 받아들일 수 있다. 실제 '개성공업지구법'의 하위 규정은 단순히 '개성공업지구법'의 위임을 받은 사항에 대하여 그 시행을 위한 구체적인 사항을 정하는 정도를 벗어나 '개성공업지구법'에서 미처 정하지 못한 내용을 규정하는 일반적 법규로서의 성

---

6 다만 라선경제무역지대의 경우도 2010년 중국과 일부 지역을 공동개발하기로 합의를 하고 2011년 12월 3일 동법을 개정한 이후에는 개성공업지구와 마찬가지로 관련 하위 규정을 최고인민회의 상임위원회 결정으로 채택하고 있다.

| 표 12-1 | 개성공업지구 하위 규정

구분	규정명	제정일
1	개성공업지구 개발규정	2003년 4월 24일
2	개성공업지구 기업창설·운영규정	상동
3	개성공업지구 세금규정	2003년 9월 18일
4	개성공업지구 노동규정	상동(2014년 개정)
5	개성공업지구 관리기관 설립·운영규정	2003년 12월 11일
6	개성공업지구 출입·체류·거주규정	상동
7	개성공업지구 세관규정	상동
8	개성공업지구 외화관리규정	2004년 2월 25일
9	개성공업지구 광고규정	상동
10	개성공업지구 부동산규정	2004년 7월 29일
11	개성공업지구 보험규정	2004년 9월 21일
12	개성공업지구 회계규정	2005년 7월 15일
13	개성공업지구 기업재정규정	상동
14	개성공업지구 회계검증규정	2005년 10월 28일
15	개성공업지구 자동차관리규정	2006년 7월 25일
16	개성공업지구 벌금규정	2006년 10월 31일
17	개성공업지구 환경보호규정	2006년 11월 21일

격이 강하다. 따라서 제정 주체를 본다면 비록 '개성공업지구법'에서 구체적 위임을 하지 않은 사항에 대하여 새로운 규제를 포함하는 내용의 하위 규정을 제정하더라도 위임입법의 한계를 일탈하였다고 보기 어려운 측면이 있다.

한편 이 하위 규정들은 북한 법률인 '공민등록법', '무역법', '민법', '보험법', '사회주의로동법', '세관법', '외국인기업법' 등에 대하여 특별법적 성격을 가지고 개성공업지구에 적용된다. 따라서 하위 규정들이 적용되는 영역에서는 다른 북한 법률들의 적용이 배제되는 것으로 해석된다.[7]

(3) 시행세칙

'개성공업지구법' 제5조는 "개성공업지구의 사업에 대한 통일적 지도는 중앙공업지구지도기관이 한다. 중앙공업지구지도기관은 공업지구관리기관을 통하여 공업지구의 사업을 지도한다"라고 규정하고 있다. 같은 법 제21조는 "공업지구에 대한 관리는 중앙공업지구지도기관의

---

7 이효원, 「개성공업 지구에서의 남한 행정법(행정형벌 규정) 적용여부 및 범위」, 『남북교류협력 법제연구 (III)』(법무부, 2009), 303쪽.

지도 밑에 공업지구관리기관이 한다"라고 규정하고 있다. 제23조는 "중앙공업지구지도기관은 공업지구의 관리운영과 관련하여 제기되는 문제를 해당 기관과 정상적으로 협의하여야 한다. 해당 기관은 중앙공업지구지도기관의 사업에 적극 협력해야 한다"라고 규정하고 있다.

이 규정들을 종합하면 결국 개성공업지구에서의 경제활동은 북한의 '헌법'과 '개성공업지구법', 시행규정의 법령 체계에 따라 지도기관의 총괄적 책임하에 관리기관이 수행한다고 보아야 한다. 이러한 체계하에서 지도기관은 최고인민회의 상임위원회 결정으로 채택한 시행규정들에 대한 시행세칙을 작성하여 관리기관으로 하여금 시행하게 할 권한을 가진다(제22조 제3호).

이 시행세칙은 남측의 법령 체계하에서는 대통령령이나 행정부령인 시행규칙에 준하는 법률적 지위를 갖는다 할 것이다. 따라서 법치주의적 관점에서 본다면 시행세칙은 원칙적으로 시행규정이 구체적으로 위임하는 한도 내에서만 제재를 부과하거나 제재 부과의 구체적인 절차를 규정할 수 있을 뿐 새로운 규제를 생성할 수는 없다 할 것이다.

북한 지도총국은 2006년부터 시행세칙을 제정하기 시작하여 2015년 12월 현재〈표 12-2〉와 같이 모두 18개의 시행세칙을 제정하였고, 관리위원회를 통하여 입주기업들에 통지하였다. 이 18개의 시행세칙 중 그동안 '자동차관리규정 시행세칙'만 제대로 시행이 되었고, 나머지 17개의 시행세칙에 대하여는 남한이 이견을 제시하여 그 시행을 거부하고 있는 상태이다. 이에 대하여 북한은 '개성공업지구법'상 세칙은 북한의 지도총국의 입법 제정권에 속하는 사항이며, 남한 정부나 관리위원회의 승인이나 동의가 필요 없다는 입장이다. 이처럼 시행세칙의 제정과 시행을 둘러싼 남북한의 갈등은 여전히 계속되고 있어 향후 이 문제를 해결하기 위한 법적 검토가 필요하다.

'개성공업지구법'에 따르면 중앙공업지구지도기관인 지도총국에 주어진 시행세칙 제정 권한은 '공업지구법규의 시행세칙'이므로, 법과 규정의 시행을 위한 세칙 제정권으로 보아야 한다. 그리고 세칙 제정 과정에서는 법 제9조에 따라 관리위원회와 협의를 하여야 한다.

이런 원칙하에 앞에서 제정된 세칙을 살펴보면 화약류취급세칙, 소방세칙, 도로세칙, 하천관리세칙, 식료품위생 및 전염병예방세칙은 관련 하위 규정 없이 제정되었다는 문제점이 있다. 북한의 각 기관이 해당 기관의 권한에 속하는 사항에 대한 법제정권이 있기 때문에 지도총국이 자신의 권한에 속하는 사항에 대해서는 세칙 제정 권한이 있다고 해석하더라도 여전히 문제점은 남는다.

예를 들어 '개성공업지구법' 제25조 제7호에 의하면 소방대책은 관리위원회의 권한으로

| 표 12-2 | 개성공업지구 시행세칙

순번	상위 규정	시행세칙	제정일/최종수정일
1	자동차관리규정	자동차관리규정 시행세칙	2008년 7월 31일/2012년 8월 22일
2	출입·체류·거주규정	출입·체류·거주규정 시행세칙	2006년 11월 29일/2007년 12월 26일
3	세금규정	세금규정 시행세칙	2006년 12월 8일/2012년 7월 18일
4	광고규정	광고규정 시행세칙	2008년 2월 15일/2012년 2월 29일
5	환경보호규정	환경보호규정 시행세칙/공장구역환경보호세칙	2008년 9월 15일/2012년 4월 11일
6	로동규정	노력채용 및 해고 세칙	2008년 10월 1일/2015년 4월 14일
7	상동	노동시간 및 휴식 세칙	2008년 10월 1일/2015년 4월 14일
8	상동	노동보호세칙	2008년 10월 1일/2015년 4월 14일
9	상동	노동보수세칙	2008년 11월 20일/2015년 4월 14일
10	상동	노동법규위반행위에 대한 제재 및 분쟁해결 세칙	2010년 7월 21일
11	기업재정규정	기업재정규정 시행세칙	2008년 12월 10일/2012년 2월 29일
12	관련 규정 없음	화약류취급 세칙	2008년 12월 23일/2012년 2월 29일
13	상동	소방세칙	2009년 4월 19일/2012년 2월 29일
14	상동	도로세칙	2010년 7월 21일
15	상동	하천관리 세칙	2010년 7월 21일
16	상동	식료품위생 및 전염병예방세칙	2011년 9월 1일
17	기업창설운영규정	기업창설운영규정 시행세칙	2014년 8월 27일
18	관리기관설립운영규정	관리기관설립운영규정 시행세칙	2015년 12월 16일

되어 있다. 이 권한에 의하여 관리위원회는 2005년 1월 5일 소방준칙을 제정하여 시행해 오고 있는데 이 준칙 제정일로부터 무려 4년이나 지난 2009년 4월에 소방세칙을 제정한 것이다. 만일 관리위원회의 소방준칙이 소방대책에 미흡하다면 지도총국과 관리위원회가 협의하여 소방준칙을 개정하면 될 터인데 굳이 뒤늦게 소방세칙을 제정한 의도가 무엇인지 의문이다.

(4) 사업준칙

'개성공업지구법' 제25조에 의하여 관리기관, 즉 개성공업지구관리위원회는 자신이 담당하는 사업, 업무의 기준과 절차를 규율하는 '사업준칙'을 제정할 수 있다.

개성공업지구 관리위원회는 제25조에서 규정하고 있는 바와 같이 ㉠ 투자조건의 조성과 투자유치, ㉡ 기업의 창설승인, 등록, 영업허가, ㉢ 건설허가와 준공검사, ㉣ 토지이용권, 건물, 윤전기재의 등록, ㉤ 기업의 경영활동에 대한 지원, ㉥ 하부구조 시설의 관리, ㉦ 공업지구의 환경보호, 소방대책, ⓞ 남측지역에서 공업지구로 출입하는 인원과 수송수단의 출입증명서 발급, ㉛ 그 밖에 중앙공업지구지도기관이 위임하는 사업 등의 업무를 담당하고 있으며, 이러한 업무를 처리하기 위해 필요한 규정 등을 관리위원회에서 '사업준칙'이라는 형식으로 제정하도록 한 것이다.

관리위원회는 〈표 12-3〉에서 보는 바와 같이 2015년 7월 현재 51개의 사업준칙을 제정하여 시행하고 있다.

| 표 12-3 | 개성공업지구 사업준칙

구분	사업준칙
기업창설·부동산 준칙(10)	개성공업지구 기업창설·운영준칙 개성공업지구 기업책임자회의 조직·운영에 관한 준칙 개성공업지구 부동산등록준칙 개성공업지구 부동산집행준칙 개성공업지구 관리위원회 집행기구 구성 및 운영 세부지침 개성공업지구 지적준칙 개성공업지구 토지계획 및 이용에 관한 준칙 개성공업지구 하부구조시설관리준칙 개성공업지구 건축물분양에관한준칙 개성공업지구 신탁준칙
건축(7)	개성공업지구 건축준칙 개성공업지구 건축에 관한 세부지침 개성공업지구 건축물의 구조에 관한 세부지침 개성공업지구 건축물의 설비에 관한 세부지침 개성공업지구 건축물의 피난 및 방화구조 등에 관한 세부지침 개성공업지구 설계도서작성에 관한 세부지침 개성공업지구 건축사업자 선정지침
안전관리(5)	개성공업지구 가스안전관리준칙 개성공업지구 노동안전준칙 개성공업지구 소방준칙 개성공업지구 전기안전관리준칙 개성공업지구 승강기안전관리준칙
보건·위생·환경(9)	개성공업지구 대기환경관리준칙 개성공업지구 식품위생 및 전염병예방준칙 개성공업지구 수질환경관리준칙 개성공업지구 폐수종말처리시설비용부담 세부지침 개성공업지구 폐기물관리준칙 개성공업지구 수도시설의 청소 및 위생관리 등에 관한 세부지침 개성공업지구 소음·진동관리준칙 개성공업지구 공원·녹지 관리 준칙 오염물질 배출시설에 관한 실태점검 세부지침
외화관리·광고·자동차(7)	개성공업지구 외화관리준칙 개성공업지구 광고준칙 개성공업지구 야외광고물기준 세부지침 개성공업지구 자동차등록준칙

	개성공업지구 자동차등록번호부여와 자동차등록번호판부착 및 봉인에 관한 세부지침
	개성공업지구 출퇴근버스 관리 및 운영에 관한 준칙
	개성공업지구 주차장관리준칙
일반 관리(9)	개성공업지구 준칙제·개정절차 및 공포에 관한 준칙
	개성공업지구 행정절차 운영준칙
	개성공업지구 통계자료 등에 관한 준칙
	개성공업지구 출입증발급준칙
	개성공업지구 주요물자관리준칙
	개성공업지구 석유판매업준칙
	개성공업지구 수수료징수 등에 관한 준칙
	개성공업지구 공과금징수에 관한 준칙
	개성공업지구 행정대집행준칙
기업회계·감정평가·회계검증(4)	개성공업지구 기업회계 기준
	개성공업지구 회계검증 준칙
	개성공업지구 회계검증 기준
	개성공업지구 감정평가 기준

3) 남측 법규

개성공단에 입주한 기업들은 결국 남한 주민이 대북투자사업을 하는 것이므로 사업을 수행하는 과정에서 당연히 이를 규율하는 남측 법령의 직접적 또는 간접적인 적용을 받게 된다. 개성공단 사업에 적용되는 남측 법규로는 '남북교류협력법', '남북협력기금법', '개성공업지구 지원법'과 이 각 법률의 시행령 및 시행규칙이 있다.

이 중 '남북교류협력법'은 남북교류협력에 관한 기본법이라 할 수 있으며, 남북 왕래, 남북 물품의 반출입, 남북협력사업 승인 등에 대한 요건과 절차 등 남북 경제협력에 관한 일반적인 사항들을 규율하고 있다. 따라서 개성공단에 입주하여 사업을 진행하거나 개성공단에 출입·체류하기 위해서 필요한 남한 당국의 승인이나 허가 절차 등에 대하여는 이 법률과 같은 법 시행령 및 통일부 등의 관련 고시 등이 적용된다. 또한 이 법률에 의하여 '외국환거래법', '관세법' 등 약 20여 개의 다른 국내법이 남북교류협력사업에 준용되고 있다. 통일부 등 관련 고시로는 '남북경제협력사업처리에 관한 규정', '대북투자 등에 관한 외국환 거래지침' 등이 있다.

'남북협력기금법'은 남북협력기금의 설치, 운용, 관리 등에 관한 사항을 규율하고 있으며, 그 상세한 요건과 절차는 '남북협력기금운용관리규정', '남북경제교류협력에 대한 남북협력기금 지원지침', '경제협력사업 보험 취급기준' 등으로 규율하고 있다.

'개성공업지구지원법'은 개성공단에 대한 국내 산업단지에 준하는 각종 지원, 현지 기업에 대한 조세 감면, 남북협력기금의 직접 대출 등에 대한 내용과 더불어 개성공단 현지 기업에 고용된 남한 근로자에게도 건강보험·국민연금·고용보험·산재보험 등 이른바 4대 보험이 적용되는 근거를 마련하였으며, '근로기준법' 등 근로보호의 기본 법률이 적용됨을 명시하고 있다.

4) 남북합의서

'개성공업지구법' 부칙 제2조는 "개성공업지구와 관련하여 북남 사이에 맺은 합의서의 내용은 이 법과 같은 효력을 가진다"라고 규정하고 있다. 이 부칙에 따라 남북한 사이에는 「개성공업지구 통신에 관한 합의서」, 「개성공업지구 통관에 관한 합의서」, 「개성공업지구 검역에 관한 합의서」, 「개성공업지구와 금강산관광지구의 출입 및 체류에 관한 합의서」를 체결하여 시행해 왔다. 2013년 4월 북측의 일방적인 근로자의 전원철수 조치로 중단되었던 개성공단을 재가동하는 과정에서 2013년 8월부터 9월 사이에 「개성공단의 정상화를 위한 합의서」를 비롯하여 〈표 12-4〉에서 보는 바와 같이 5개의 합의서를 체결하였다.

| 표 12-4 | 남북한 간 합의서 | |

구분	남북한 간 합의서(체결 일자)
남북경협 4개 합의서	남북사이의 투자보장에 관한 합의서(2000년 12월 16일) 남북사이의 소득에 대한 이중과세 방지합의서(2000년 12월 16일) 남북사이의 상사분쟁 해결절차에 관한 합의서(2000년 12월 16일) 남북사이의 청산 결제에 관한 합의서(2000년 12월 16일)
개성공업지구 관련 합의서 (9개)	개성공업지구 통신에 관한 합의서(2002년 12월 8일) 개성공업지구 통관에 관한 합의서(2002년 12월 8일) 개성공업지구 검역에 관한 합의서(2002년 12월 8일) 개성공업지구와 금강산관광지구의 출입 및 체류에 관한 합의서(2004년 1월 29일) 개성공단의 정상화를 위한 합의서(2013년 8월 14일) 개성공단 남북공동위원회 구성 및 운영에 관한 합의서(2013년 8월 28일) 개성공단 남북공동위원회 제2차 회의 공동발표문(2013년 9월 11일) 개성공단 남북공동위원회 사무처 구성 및 운영에 관한 합의서(2013년 9월 11일) 개성공단에서의 "남북상사중재위원회 구성·운영에 관한 합의서" 이행을 위한 부속합의서(2013년 9월 11일)
기타 관련 합의서 (5개)	남북 사이에 거래되는 물품의 원산지 확인절차에 관한 합의서(2003년 7월 31일) 남북 상사중재위원회 구성·운영에 관한 합의서(2003년 10월 12일) 남북사이 차량의 도로운행에 관한 기본합의서(2002년 12월 6일) 남북사이의 열차운행에 관한 기본합의서(2004년 4월 13일) 동·서해지구 남북관리구역 임시도로 통행의 군사적 보장을 위한 잠정합의서(2007년 5월 11일)

한편 '개성공업지구법'과는 별도로 남북한 사이에는 「남북 사이의 투자보장에 관한 합의서」, 「남북 사이의 소득에 대한 이중과세방지 합의서」, 「남북 사이의 상사분쟁 해결절차에 관한 합의서」, 「남북 사이의 청산결제에 관한 합의서」 등 이른바 4개 경협 합의서가 발효 중이

다. 이 4개 경협 합의서는 '개성공업지구법' 부칙 제2조에 근거하여 체결된 합의서는 아니지만, '개성공업지구법'과 함께 개성공업지구에서의 경제활동을 규율하는 규범체계를 이루고 있다.

그 밖에 「남북한사이에 거래되는 물품의 원산지 확인절차에 관한 합의서」, 「남북상사중재위원회 구성 운영에 관한 합의서」, 「남북사이 차량의 도로 운행에 관한 기본합의서」, 「남북사이의 열차운행에 관한 기본합의서」, 「동서해지구 남북관리구역 임시도로 통행의 군사적 보장을 위한 잠정합의서」 등이 발효되어 있다. 이상의 내용을 정리하면 〈표 12-4〉와 같다.

4. 개성공업지구의 관리체계

1) 관리체계

'개성공업지구법'에 따르면 개성공업지구는 중앙공업지구지도기관(이하 '지도기관')의 통일적 지도하에 공업지구관리기관(이하 '관리기관')이 중심이 되어 지도하도록 되어 있고(제5조), (북한의) 기관, 기업소, 단체는 공업지구의 사업에 관여할 수 없으며, 공업지구의 사업에 관여하려 할 경우에는 지도기관과 합의하여야 한다(제6조).

지도기관은 북한 내각 산하의 '중앙특구개발지도총국'을, 관리기관은 '개성공업지구 관리위원회'를 지칭한다.

지도기관은 ㉠ 개발업자의 지정, ㉡ 관리기관의 사업에 대한 지도, ㉢ 시행세칙의 작성, ㉣ 기업이 요구하는 노력, 용수, 물자의 보장, ㉤ 대상건설 설계문건의 접수, 보관, ㉥ 생산제품의 북측 지역 판매 실현, ㉦ 세무관리, ㉧ 기타 국가로부터 위임받은 사업 등의 임무를 담당한다(제22조).

관리기관은 ㉠ 투자조건의 조성과 투자유치, ㉡ 기업의 창설승인, 등록, 영업허가, ㉢ 건설허가와 준공검사, ㉣ 토지이용권, 건물, 윤전기재의 등록, ㉤ 기업의 경영활동에 대한 지원, ㉥ 하부구조 시설의 관리, ㉦ 공업지구의 환경보호, 소방대책, ㉧ 남측지역에서 공업지구로 출입하는 인원과 수송수단의 출입증명서 발급, ㉨ 관리기관의 사업준칙 작성, ㉩ 기타 지도기관이 위임하는 사업을 임무를 담당한다(제25조).

따라서 공업지구의 행정업무는 기본적으로 지도기관의 지도하에 관리기관이 거의 다 담당하고 있다. 그 밖에도 공업지구에 관여하는 행정기관으로는 북한 지방인민위원회의 하나인 개성시인민위원회, 공업지구세무서, 공업지구 출입사업기관, 공업지구세관, 공업지구검역소 등이 있다.

2) 관리기관의 법적 성격

관리기관은 북한이 제정한 법인 '개성공업지구법'에 의하여 설치된 기관이다. 그러나 이 법 제24조는 "공업지구관리기관은 개발업자가 추천하는 성원들로 구성한다"라고 규정하고 있다. '개성공업지구 관리기관 규정' 제2조도 "관리기관의 설립은 개발업자가 한다"라고 규정하여 개발업자에게 설립에 관한 권한을 위임하고 있다. 그런데 이 각 규정에서 말하는 개발업자는 주식회사 현대아산과 한국토지공사(현 한국토지주택공사)를 말하므로, 국가가 아닌 사인에 의하여 설립된 기관으로 볼 수 있어 그 법적 성격이 문제가 된다.[8]

특히 북한 최고인민회의 상임위원회 결정 제11호로 채택된 '개성공업지구관리기관 설립운영규정' 제2조는 "설립된 공업지구관리기관은 투자 및 경영활동과 관련한 사업을 직접 맡아 하는 법인으로 된다"라고 규정하고 있고, 남한 법률인 '개성공업지구지원법' 제18조 제1항은 "개성공업지구 관리기관은 개성공업지구의 관리·운영을 위하여 필요한 범위 내에서 법인으로서의 능력이 있다"라고 규정하고 있다. 또한 '개성공업지구지원법' 제19조는 우리 정부로 하여금 광범위한 행정적 권한을 부여하고 재정적 지원을 할 수 있도록 하면서, 다른 한편으로는 이 법률 제19조에서 개성공업지구 지원재단을 법인으로 설립하여 관리기관의 운영에 대하여 지도·감독을 할 수 있도록 하고 있다. 이와 같은 관리기관에 대한 일부 법 규정과 특성을 고려하여 관리기관을 "북한 법률에 의하여 설립된 법인으로서 북한의 행정기관인 중앙특구개발 지도총국의 지도를 받지만, 개성공업지구법이 적용되는 영역에서는 그 조직과 운영에 있어서 고도의 자율성과 독립성이 보장되는 특수공법인"이라고 보는 견해가 있다.[9]

하지만 법적 근거나 관리기관의 임무 등을 종합해 본다면 관리기관은 '개성공업지구법' 제25조에 의한 각종 임무를 수행하기 위하여 설치된 북한의 행정기관으로 보아야 할 것이

---

8 그러나 실제로 관리기관의 구성은 개발업자에 의하여 이루어진 것이 아니라 남한 정부의 남북교류협력사업에 대한 승인권 등에 기초하여 남한 정부의 주도하에 혹은 남한 정부와 개발업자가 공동으로 한 것이라고 보는 것이 적절한 설명이라고 본다.

9 이효원, 「개성공단의 법질서 확보방안」, ≪저스티스≫, 통권 제124호(한국법학원, 2011.6), 356쪽.

다.[10] 2009년 11월 20일 제정된 '개성공업지구 행정절차 운영준칙'을 보더라도 관리기관이 행정청임을 전제로 제1조(목적)에서는 "이 준칙은 행정절차의 구체적 운영절차를 규정함을 목적으로 한다"라고 규정하고 있다. 또한 제2조(정의) 제1호는 관리기관이 행하는 구체적 사실에 관한 집행으로서의 명령, 강제 또는 그 거부와 기타 이에 준하는 행정작용을 "처분"이라고 하고, 관리기관이 그 소관사무의 범위 안에서 일정한 행정 목적을 실현하기 위하여 특정인에게 일정한 행위를 하도록 하거나 하지 아니하도록 지도·권고·조언 등을 하는 행정작용을 "행정지도"라고 정의하고 있다.

따라서 법형식이나 우리 정부와 관리기관 자체의 인식 및 업무 현실 등에 비추어보아도 관리기관은 행정기관으로 보는 것이 타당하다고 본다. 이처럼 관리기관을 행정기관으로 보아야 할 또 다른 이유는 사실상 세무와 치안 업무를 제외한 대부분의 행정 업무를 담당하고 있는 관리기관이 제정하는 사업준칙 및 그 사업준칙에 기초하여 행하는 관리기관의 업무에 법치행정의 원리를 도입할 명분이 발생하게 된다는 점에서도 찾을 수 있다.

다만 관리기관의 법적 지위를 특수공법인으로 보는 견해도 관리기관이 남한 법률과 북한 법률 양측으로부터 법적 근거를 가지고 각각의 행정권한을 행사한다고 보고 있으므로,[11] 관리기관의 업무를 행정행위로 보는 데에는 의견 차이가 없는 것으로 보인다. 참고로 북한은 관리위원회를 북한의 '행정 및 경제기관'이라고 설명한다.[12]

5. 개성공업지구의 발전을 위한 법제도적 보완 과제

1) 서설

개성공단 사업은 관련 법제도가 완벽하게 구축된 후에 시작을 한 것이 아니라 남북한 간의 합의와 기본법인 '개성공업지구법'이 제정된 직후 본격적인 사업을 추진하면서 관련 하위

---

10 관리기관을 북한의 '행정기관'으로 보는 견해는 윤대규, 「開城工業地區 關聯法規의 問題點과 改善方向」, ≪北韓法硏究≫, 제8호(북한법연구회, 2005), 294쪽. 이와는 달리 법무법인 태평양, 『개성공업지구 법규 및 제도 해설』(로앤비, 2005), 21쪽에서는 '특수행정기관'으로 보고 있다.

11 이효원, 「개성공단의 법질서 확보방안」, 356쪽.

12 정철원, 『조선투자법안내(310가지 물음과 답변)』, 377쪽.

규정과 시행세칙 및 사업준칙 등이 필요에 따라 제정되면서 진행되어 왔다. 그러다 보니 앞에서 본 바와 같이 숱한 갈등과 분쟁을 경험하며 진행되어 오고 있고, 이러한 분쟁 요소를 해결하기 위해 보완하여야 할 법제도적 과제들이 산적해 있다.

현 상황에서 보완이 필요한 법제도적 과제들은 2013년 4월 8일 북측의 일방적인 근로자의 전원 철수 조치로 인한 가동중단 사태를 해결하는 과정에서 논의되었던 내용들을 보면 알수 있다. 2013년 7월 개최된 개성공단 1~5차 실무회담에서 우리 정부는 개성공단 가동중단사태 재발방지책 마련에 초점을 두면서 우리 측 인원의 신변안전과 기업들의 투자자산 보호를위한 법적·제도적 장치 보완, 국제화 방안 마련 등을 요구하였다. 이 중 신변안전과 투자자산보호에 관한 문제는 이미 가동중단 이전부터 제도적 문제점에 대한 지적과 보완의 필요성이계속 제기되어 왔던 사항이다. 반면 가동중단 사태 재발방지책 마련은 2013년 4월 북한의 일방적인 근로자 철수 조치를 계기로 부각된 문제이다. 개성공단 국제화 문제는 그동안 우리 내부에서는 개성공단의 발전적 방향과 관련하여 논의가 되어오기는 하였으나, 북한을 상대로 국제화 문제를 구체적으로 제기한 것은 처음인 것으로 보인다.

다음에서는 먼저 개성공업지구의 관리 및 입법체계 자체에서 오는 문제점부터 검토를 한후, 기존부터 논의가 되어온 신변안전보장, 투자자산보호, 분쟁해결 방안 등 법제도적 보완 과제 및 2013년 잠정 폐쇄를 계기로 쟁점이 된 재발방지대책과 국제화 문제 등에 대하여 검토해보고자 한다.

2) 개성공업지구 관리 및 입법체계의 구조적 문제와 해결 방안

국가의 입법은 해당 국가의 주권에 따라 입법기관이 입법관할권에 속하는 사항에 대하여입법을 하는 것이고, 이는 외국인투자법제도 마찬가지이다. 즉, 외국인 투자법제의 경우도 해당 국가가 관련 법규를 제정하는 것이고, 외국인 투자자는 그 법제 환경을 비롯한 투자 환경을보고 투자 여부를 결정하면 된다. 이런 측면에서 보면 개성공단은 개발업자인 현대아산과의합의 및 남북 당국 간 합의가 법제에 반영된 것이고, 사실상 우리가 운영하는 관리위원회에 비록 최하위 법규범이기는 하지만 준칙 제정 권한이 주어진 특이한 형태이다.

개성공업지구 법제와 관련하여 '개성공업지구법' 제9조(법규준수, 협의처리사항)는 "공업지구에서 경제활동은 이 법과 그 시행을 위한 규정에 따라 한다. 법규로 정하지 않은 사항은 중앙공업지구지도기관과 공업지구관리기관이 협의하여 처리한다"라고 규정하고 있다. 이 규정에서 말하는 법규란 제1항의 내용에 비추어보면 '개성공업지구법'과 역시 최고인민회의 상임위원회에서 제정하는 이 법의 하위 규정을 말하는 것으로 해석된다. 법규의 개념을 이처럼 이해하면 지도총국 제정의 시행세칙과 관리위원회 제정의 사업준칙도 서로 협의하여 처리하여야 한다.

결국 개성공단의 법제는 북한이 법과 규정에 따라 일방적으로 규정할 수 있으며, 법규로 정하지 않은 내용에 대해서는 지도총국과 관리위원회가 '합의'에 의하여서가 아니라 '협의'하여 처리하면 되는 구조이다. 다만 '개성공업지구법' 부칙 제2조는 개성공업지구와 관련하여 북남 사이에 맺은 합의서의 내용은 이 법과 같은 효력을 가진다고 규정하고 있기 때문에 개성공업지구와 관련된 남북합의서는 하위 규정보다 우선하는 효력이 있다. 또한 '개성공업지구법'과의 효력순위도 남북합의서의 성격상 대체로 그 내용이 '개성공업지구법'에서 규정하고 있는 일반적인 내용에 대하여 특별법의 지위에 있다고 보아야 할 것이다.

그동안 남북 사이에 개성공단 임금, 세금, 임대료 등의 갈등과 분쟁이 표출된 것은 근본적으로 개성공단 발전에 대한 남북 사이의 이해관계가 다소 다르고, 상호 신뢰가 부족하기 때문이라고 볼 수 있지만, 법제도적 관점에서 본다면 앞에서 살펴본 바와 같이 일차적으로는 북한 제정의 '개성공업지구법'과 규정이 우선하고, 지도총국의 세칙과 관리위원회의 준칙은 남북이 협의를 통하여 제정한다 하더라도 이는 하위법규에 불과하여 상위 규범을 위반할 수 없고, 이차적으로는 '합의'가 아닌 '협의'만을 조건으로 한다는 데에서 비롯된 것이라고 할 수 있다.

결과적으로 개성공업지구는 남과 북이 협력하여 공동개발을 하는 특수한 형태의 경제지대임에도 불구하고, 관리체계에 있어서는 사실상 우리가 운영하는 관리위원회는 지도총국보다 하위 기구이고, 입법체계에 있어서도 최하위 규범인 관리준칙을 제정할 수 있는 권한밖에 없는 것이다. 이는 한마디로 관리체계와 입법체계에 있어서 남과 북이 대등한 지위에 있지 못하다는 것을 의미한다. 이런 문제를 해결할 수 있는 유일한 법적 도구가 바로 '개성공업지구법'과 같은 효력을 갖는 남북합의서의 체결이다. 하지만 개성공업지구 운영과 관련된 모든 사항을 남북합의서를 통하여 규율할 수는 없다는 점에서 현실적인 한계가 발생한다.

이와 같은 관리 및 입법체계상의 비대등성을 해결할 수 있는 새로운 법적 창구로 등장한 것이 2013년 개성공단 정상화 과정에서 남북 합의를 통하여 설치한 '개성공단 남북공동위원회'이다. 향후 남북한 간의 교류협력 활성화 및 관계발전을 위해서는 이 위원회를 적극 활용하면서 그 역할을 확대해 나갈 필요가 있다.

3) 신변안전보장에 대한 법제도적 보완 과제

개성공단뿐 아니라 북한을 왕래하거나 그곳에 체류하는 남한 주민의 신변안전에 관한 문제는 남북교류에 있어서 반드시 보장되어야 할 가장 기본적인 사항이다.

2013년 4월 개성공단이 폐쇄되는 과정에서 혹시라도 남한 주민이 북측에 억류되는 사태가 발생하지 않을까 하는 우려가 있었고, 일부 언론에서는 유사시 우리 군의 인질 구출 작전 등에 관한 보도를 하여 이에 대한 북한의 반발이 발생하기도 하였다. 다행스럽게도 당시 북한 당국에 의한 남한 주민의 억류 사태가 발생하지 않았지만, 추후 남북한 관계에 따라 북측이 어떤 이유로든 우리 주민을 억류할 수도 있고, 경우에 따라서는 자진해서 북측에 남아 귀환을 거부하는 사태가 발생할 가능성도 배제할 수 없다.

우리 주민의 신변안전보장에 대하여 '개성공업지구법' 제8조 제1항은 "법에 근거하지 않고는 남측 및 해외동포, 외국인을 구속·체포하거나 몸, 살림집을 수색하지 않는다"라고 규정하고 있다. 그러나 앞에서 본 바와 같이 개성공업지구 지정에 대한 정령 제4조와 및 '개성공업지구법' 제1조의 규정에 비추어보면 이 지구는 북한의 주권과 법이 전면적으로 적용되는 곳이다. 결국 북한의 형사법 체계가 그대로 적용되게 되며 북한의 형사법 규정에 따라 얼마든지 우리 주민들에 대한 구속·체포·수색이 가능하다는 것으로 신변안전보장에 대한 규정이라기보다는 북한의 일반 형사사법 원칙을 확인한 것에 불과한 내용이다.

그러나 같은 조 제2항에서 "신변안전 및 형사사건과 관련하여 남북 간의 합의 또는 북한과 외국 간에 체결한 조약이 있을 경우에는 그에 따른다"라는 예외 규정을 두어 우리 주민의 신변안전보장과 관련된 특별 합의서의 체결을 예정하고 있었다. 이에 따라 남북한 사이에 2004년 1월 29일 체결된 것이 「출입체류합의서」이다.

「출입체류합의서」 제16조 제1항에서 "이 합의서는 남과 북이 서명하고 각기 효력발생에 필요한 절차를 거쳐 그 문본을 교환한 날부터 효력을 가진다"라고 규정하고 있었다. 이에 따라 우리 정부는 「출입체류합의서」에 대하여 2004년 7월 27일 국무회의 심의를 거치고, 2004년 9월 23일 국회 비준 동의를 받았으나 한동안 북한의 당국 간 회담 거부로 문건 교환이 실행되지 못하여 미발효 상태에 있다가 2005년 8월 5일 문본의 교환에 따라 이 합의서가 발효되었다.

「출입체류합의서」 제10조는 신변안전보장에 관하여 "① 북측은 인원[13]의 신체, 주거, 개인재산의 불가침권을 보장한다. ② 북측은 인원이 지구에 적용되는 법질서를 위반하였을 경우 이를 중지시킨 후 조사하고 대상자의 위반내용을 남측에 통보하며 위반정도에 따라 경고 또는 범칙금을 부과하거나 남측 지역으로 추방한다. 다만 남과 북이 합의하는 엄중한 위반행위에 대하여는 쌍방이 별도로 합의하여 처리한다. ③ 북측은 인원이 조사를 받는 동안 그의 기본적인 권리를 보장한다. ④ 남측은 법질서를 위반하고 남측 지역으로 추방된 인원에 대하여 북측의 의견을 고려하여 조사·처리하고 그 결과에 대하여 북측에 통보하며, 법질서위반행위의 재발방지에 필요한 대책을 세운다. ⑤ 남과 북은 인원의 불법행위로 인하여 발생한 인적 및 물질적 피해의 보상 문제에 대하여 적극 협력하여 해결한다. ⑥ 외국인이 법질서를 위반하였을 경우에는 북측과 해당 국가 사이에 맺은 조약이 있을 경우 그에 따른다"라고 규정하고 있다.

한편 「출입체류합의서」 제14조는 "인원과 통행차량 등의 출입 및 체류와 관련한 문제는 이 합의서가 우선적으로 적용된다"라고 규정하고 있다.

제10조 제2항에서 말하는 지구에 적용되는 법질서에는 북한의 형사법이 포함된다고 보아야 할 것이다. 따라서 개성공업지구와 금강산관광지구에서는 남측 주민이 북한의 '형법'을 위반하더라도 합의서 내용에 따라 북한은 그 행위를 중지시킨 후 조사를 할 수 있을 뿐 북한 형사법에 따른 수사와 예심, 재판은 불가능하며 조사 후 위반 정도에 따라 경고 또는 범칙금을 부과하거나 남측 지역으로 추방할 수 있을 뿐이다.

하지만 2009년 3월 30일 북한이 현대아산 직원을 체포하여 「출입체류합의서」에 명시된 조사를 한다는 명목으로 136일간이나 억류한 사건이 발생하였다. 이 사건에서 보는 바와 같이 이 합의서만으로는 우리 주민의 신변안전보장에 한계가 있다. 따라서 합의서상의 여러 가지 미비점을 보완할 추가 내지 부속합의서 체결이 필요한 상황이다.

4) 투자자산 보호에 관한 문제점과 해결 방안

(1) 문제 제기

2013년 공단 폐쇄 시 투자를 한 입주기업들 입장에서 가장 큰 관심은 투자자산 보호에 관한 문제였다. 투자자산의 보호 문제는 보호 내지 보장의 주체를 중심으로 본다면 남한에 의한 보호 내지 보장과 북한으로부터의 보호 내지 보장의 문제로 구별해 볼 수 있다. 이 중 전자의

---

13 여기서 말하는 "인원"은 남측 지역에서 지구에 출입 및 체류하는 남측의 주민과 해외동포, 외국인을 의미하고, "출입"은 인원 또는 통행 차량 등이 남측 지역에서 지구에 드나드는 것을 의미하며, "체류"란 인원이 지구에서 일정한 기간 머무르는 것을 의미한다.

문제는 남북 경제협력사업 자체에 내재되고 있는 경영 외적인 비상위험에 대비하기 위한 보험제도의 문제와 경영 외적인 손해가 발생하였을 경우 우리 정부를 상대로 한 손해배상이나 손실보상의 문제로 논의된다. 그러나 무엇보다 중요한 것은 북한으로부터의 재산권 침해에 대한 방지 및 구제 방안이라 할 것이다.

(2) 입주기업의 투자보호를 위한 보험제도

① 보험제도 개관

굳이 그동안의 사례를 살펴보지 않더라도 남북 경협사업은 출발부터 남북한의 정치적 긴장관계의 정도에 따라 크게 영향을 받을 수밖에 없다는 점은 우리 정부나 입주기업 모두 인식을 하고 있던 문제이다. 따라서 정부 입장에서도 남북한 간의 정치나 군사적 조치 등 경영 외적 문제로 입주기업들이 피해를 입는 것을 방지하기 위한 대책을 마련할 필요가 있었다. 이에 대한 제도적 장치가 교역보험과 경제협력사업보험(이하 '경협보험')이다. 즉, 남북 간 거래 시 계약당사자에게 책임지울 수 없는 비상위험으로 인하여 손실이 발생하였을 경우 그 손실의 일부를 남북협력기금에서 보상해 주는 제도가 바로 교역보험과 경협보험제도이다. 교역보험이 기업 간 거래와 관련하여 위기 시 피해를 보상해 주는 것을 주된 내용으로 하는 제도라면 경협보험은 주로 남북한 간의 문제를 전제로 한 제도라 할 수 있다. 교역보험은 그 내용에 따라 선적후 반출보험, 선적전 반출보험, 반입보험, 위탁가공설비 보험 등이 있으며, 개성공단과 관련해서는 개성공단 원부자재반출보험, 개성공단 납품이행보장보험이 있다.

이 보험제도들의 법적 근거는 '남북협력기금법'에 있다. 기금의 용도에 관한 규정인 이 법 제8조 제4호는 '교역 및 경제 분야 협력사업 추진 중 대통령령으로 정하는 경영 외적인 사유로 인하여 발생하는 손실을 보상하기 위한 보험'에 이 기금을 사용할 수 있도록 하고 있다.

또한 '남북협력기금법 시행령' 제8조(기금의 지원등의 요건) 제1의2호는 법 제8조 제4호에 따른 보험은 법에서 말하는 경영 외적인 사유로 ㉠ 북한 내 투자자산의 몰수 또는 그 권리에 대한 침해, ㉡ 북한 당국에 의한 환거래 또는 물품 등의 반출입 제한, ㉢ 남한 당국과 북한 당국 간 합의의 파기 또는 불이행, ㉣ 조약 등 국제법규에 따른 의무이행을 위한 남한 당국의 조치, ㉤ 이 네 가지 사유를 제외한 경영 외적인 사유 중 협의회의 의결을 거쳐 통일부 장관이 고시한 사유로 인하여 사업 수행이 불가능하거나 일정 기간 동안 사업이 정지되어 발생한 손실을 보상하기 위한 경우에 적용하는 것으로 한정하고 있다. 그 밖의 구체적인 내용은 통일부고시인 '남북협력기금 운용관리규정'과 '경제협력사업보험 취급 기준'에 근거하여 운용되고 있다.

② 교역보험제도의 시행과 실태

정부는 2009년 8월 10일부터 그동안 북한의 기업과 거래하는 국내 업체만 가능하던 교역 보험에 개성공단 입주기업들도 가입할 수 있도록 하였다. 개성공단 입주기업들이 가입할 수 있는 교역보험은 '원부자재 반출보험'과 '납품이행보장보험'으로 연속해서 2주 이상 통행이 중 단됨에 따라 납품 등 거래 중단사태가 발생한 기업이 있으면 보험의 적용을 받을 수 있도록 한 것이다. 이에 따라 개성공단 입주기업이 교역보험에 가입하면 유사시 설비투자 손실뿐 아니라 북측의 통행 차단에 따른 물자 반출입 지연 등의 피해도 보상받을 수 있게 되었다.

이 중에서 '원부자재 반출보험'은 보험계약자가 설립·운영하는 개성공업지구 내 현지 법 인과의 위탁가공계약에 따라 원부자재를 반출한 후 비상위험으로 제품 등의 반입이 연속 2주 이상 중단되어 발생한 원부자재 및 위탁가공비 손실을 남북협력기금에서 보상해 주는 제도로 10억 원 한도 안에서 반출 원부자재와 위탁가공비 손실을 70퍼센트까지 보상하는 제도이다.

'납품이행보장보험'은 보험계약자가 구매자와 납품계약을 체결하고 개성법인에 위탁가공 을 의뢰하였으나 비상위험으로 연속 2주 이상 반입이 중단된 경우 이에 따른 손실을 남북협력 기금에서 보상해 주는 보험으로, 가입 한도는 기업당 5억 원이며 보상 수준은 납품계약금액의 10퍼센트 이내이다.

앞의 각 보험이 담보하는 위험은 ㉠ 북한 당국의 몰수, 박탈, 또는 권리행사 침해, ㉡ 북한 에서의 전쟁, 혁명, 내란 등 정변 발생, ㉢ 북한 당국의 일방적인 당국 간 합의 파기, 불이행, ㉣ 북한에서 실시되는 반출의 제한 또는 금지, ㉤ 남한 법령 또는 국제법규에 의한 의무이행을 위한 남한 당국의 조치, ㉥ 북한 당국의 일방적 통행 제한 조치, ㉦ 기타 보험계약자에게 책임 이 없다고 통일부 장관이 인정하는 경우를 말한다.[14]

이러한 보험제도들은 제도 시행 이전에 한미연합군사훈련을 이유로 북측이 통행을 차단 하여 입주기업들이 피해를 입게 되자 이에 대한 대비책으로 마련된 것이다. 따라서 2013년 4 월 북한의 근로자 철수로 인한 개성공단의 잠정 폐쇄 상태가 발생하였을 때 이 보험에 가입한 업체들은 어느 정도 피해를 보상받을 수 있는 길이 있었다. 하지만 2013년 4월 8일 한국수출 입은행이 밝힌 바에 따르면 개성공단 내 입주기업 123개 업체 중 이 교역보험에 가입한 업체 는 단 한 곳도 없는 것으로 밝혀졌다.

---

14 구체적인 내용은 한국수출입은행, 『대북투자 실무가이드』(한국수출입은행, 2009), 112~114쪽 참고.

③ 경협보험의 시행과 운영 실태

경협보험은 남한 주민이 북한 지역에 투자한 후 비상위험으로 인하여 영업 불능, 사업 중단, 권리침해 등의 피해를 입게 되어 손실이 발생하는 경우 그 손실을 보상해 주는 제도이다. 경협보험이 담보하는 비상위험은 수용위험, 전쟁위험, 송금위험, 약정불이행위험, 불가항력위험의 다섯 가지이다. 각 위험의 구체적인 내용은 〈표 12-5〉와 같다.[15]

|표 12-5| 경협보험의 담보 위험	
수용위험	북한 당국의 투자재산 몰수·박탈 또는 권리행사 침해
전쟁위험	전쟁, 혁명, 내란 등 북한에서의 정변으로 인한 투자사업의 불능·파산 또는 1월 이상의 사업정지
송금위험	북한 당국의 환거래 제한·금지 등으로 인한 투자 원금 등의 2월 이상의 송금 불능
약정불이행위험	남북 당국 간 합의 내용에 대하여 북한 당국의 일방적인 합의 파기, 약정 불이행 등으로 인한 투자사업의 불능 또는 1월 이상의 사업 정지
불가항력위험	국제법규에 의한 의무 이행을 위한 남한 당국의 조치, 기타 남북관계 변화에 따른 남한 당국의 조치 등 불가항력적 사유로 인한 투자 사업의 불능 또는 1월 이상의 사업 정지

경협보험제도는 2004년 9월 23일 시행된 남북 경협 분야의 손실보조제도가 출발점이다. 처음에는 경협손실 보조 약정 한도를 20억 원으로 하였다가 2006년 1월 18일 50억 원으로 상향조정하였고, 2007년 2월 1일에는 이 제도가 담보하는 위험 조항에 '남한당국의 조치'를 추가하여 담보위험의 범위를 확대하였다. 이후 2008년 10월 10일 '손실보조'를 '보험'으로 변경하였고, 2009년 7월 1일에는 기업별 보험가입 한도를 기업당 70억 원으로 증액하면서 보험이 담보하는 비상위험 발생의 요건을 사업 불능 및 사업 정지 3개월 이상이던 것을 사업 불능 및 사업 정지 1개월 이상으로 완화하였다.

2004년 경협보험제도가 실시된 이래 우리 정부는 2011년 3월 남북교류협력추진협의회 서면심의를 통하여 '5·24 조치'로 인하여 손실을 입은 개성공단 공동투자 6개 기업에 대하여 보험금 43억 2800만 원 등 총 46억 원을 지급한 바가 있다.[16] 이 6개 기업은 남북경협보험에 가입하고 2008년부터 개성공단 협동화 공장에 공동투자를 해왔던 기업으로 대북 신규 투자를 금지한 정부의 5·24 조치로 공장 건축에 차질을 빚었다며 2010년 말 보험금 지급을 신청하였고, 이에 대하여 정부는 관련 법령이 정한 '불가항력적 위험'에 해당한다고 판단하여 실제 투자

---

15 한국수출입은행, 같은 책, 103쪽.

16 통일부, 「개성공단 공장투자 6개 기업 경협보험금 등 지급 의결」, 2011년 3월 22일 자 보도자료.

금액의 90퍼센트 수준의 보험금을 지급하기로 한 것이다. 이는 이 제도가 시행된 이래 최초의 지급 결정이었다. 2013년 4월 북측의 개성공단 가동 중단으로 인해 총 140여 개 보험가입 기업 중 59개 기업에 대해 총 1761억 원의 경협보험금이 지급되었고, 2016년 2월 개성공단 폐쇄로 인해 104개 기업에 2945억 원의 경협보험금이 지급되었다.

④ 보험제도의 문제점과 한계

개성공단 입주기업이 경협보험을 통하여 보전을 받을 수 있는 금액은 최대 70억 원의 한도에서 투자금의 90퍼센트까지이다. 따라서 이 금액을 초과하는 피해는 회복할 길이 없다. 기업 입장에서는 투자금액의 10퍼센트만 보전을 받지 못해도 회복하기 어려운 피해가 될 수 있다.

더군다나 남북협력기금을 위탁 운영하는 한국수출입은행의 경협보험 금액은 3515억 원 정도이다. 정부 관계자는 "경협보험 규모는 입주기업들이 개성공단에 투자한 9000억 원의 30퍼센트 수준에 불과하다"면서 "이 기금으로 기업들의 피해를 보상하는 것은 현실적으로 한계가 있다"라고 한다.[17]

무엇보다도 입주기업의 경우는 경협보험을 통하여 어느 정도 피해가 회복되었다 하더라도 정부 입장에서는 다시 북한을 상대로 구상권을 행사하여야 하므로 종국적으로는 개성공단 내 투자 재산의 보호에 관한 문제는 우리 정부나 기업이 북한을 상대로 어떻게 투자 재산을 보호받을 수 있는지의 문제로 귀결된다.

(3) 남한 정부를 상대로 한 소송과 관련 입법 추진

① 소송 현황

북한의 근로자 전원 철수로 인한 개성공단 잠정 폐쇄와 관련된 것은 아니지만 우리 정부의 5·24 조치와 관련하여 경협사업자들이 남한 정부를 상대로 손해배상 또는 손실보상 청구를 한 사례가 있다. 그중 1건은 개성공단 입주기업이고 다른 2건은 개성공단이 아닌 북한의 다른 지역에서의 경협사업자들이 제기한 것이다. 이러한 소송들의 쟁점은 남한 정부의 5·24 조치가 위법한 것이었는지에 관한 것이었으나 결과적으로 모두 패소하였다.

② 소송을 통한 문제 해결의 한계 및 손실보상 특별법 제정 추진

앞의 3건의 사례에서 보는 바와 같이 우리 정부의 5·24 조치를 위법하다고 볼 수 없는 한

---

17 "[개성공단 체류인원 전원 철수] 유·무형 피해액 15조 달할 듯", 《서울신문》, 2013년 4월 17일 자.

국가를 상대로 한 손해배상 청구는 어렵다고 본다. 또한 우리 '헌법' 제23조 제3항의 해석과도 관련하여 손실보상의 경우 "법률로써" 하도록 하고 있으므로 관련 입법 없이 '헌법' 규정만을 근거로 하여 대북 경협사업자들에 대한 손실보상청구권도 인정되지 않는다고 볼 수밖에 없는 것이 현실이다. 따라서 이들과 같이 경영 외적인 문제로 인하여 피해를 입은 업체들에 대한 손실보상은 특별법 제정을 필요로 한다.

이와 관련하여 원혜영 의원 등 59인은 2012년 9월 12일 '금강산관광사업 중단 또는 5·24 조치로 인한 남북경제협력사업 손실 보상 등에 관한 특별법안'을 발의하였지만, 2016년 5월 제19대 국회 임기 만료와 더불어 자동 폐기되었다.[18]

이 법안의 제안 이유를 보면 금강산관광사업은 분단 이래 남한의 주민이 북한을 자유롭게 방문하기 시작한 역사적 의미를 가지며, 1998년부터 2008년 7월까지 200만 명의 관광객이 방문하는 등 남북 평화 교류의 상징이었고, 남북경제협력사업 또한 1988년 이후 20여 년간 남북 관계에 있어 긴장 완화의 요인으로 작용해 왔다. 그러나 2008년 7월 금강산관광객 피격 사망 사건으로 정부가 금강산관광사업을 잠정 중단한 이후 7년 넘게 재개되지 못하고 있으며, 2010년 이후에는 정부의 5·24 조치를 통하여 북한 방북을 불허하는 등 남북경제교류협력 역시 잠정 중단된 상태이다. 이러한 일방적인 정부의 조치로 남북경제협력사업자의 경우에 금강산관광사업의 중단으로 4년간 약 9200억 원의 손실이, 5·24 조치로 업체당 평균 19억 4000만 원의 손실이 발생하는 등 경영 외적인 사유로 인하여 막대한 재산상 피해를 사업자 스스로 감수하여야만 하는 실정이다. 따라서 경영 외적인 사유인 금강산관광사업 중단이나 5·24 조치로 인하여 남북경제협력사업자에게 발생한 손실 보상에 관한 사항을 규정하고자 한다는 것이다.

법안의 주요 내용은 ㉠ 이 법에 따른 손실의 정의를 금강산관광사업 중단 또는 5·24 조치로 인하여 남북경제협력사업자에게 발생한 손실로 한다(제2조 제4호). ㉡ 경제협력사업자에 대한 손실 보상에 관한 사항을 심의·의결하기 위하여 국무총리 소속으로 남북경제협력사업자 손실 보상 심의위원회를 두도록 한다(제3조). ㉢ 남북경제협력사업자의 손실에 대하여는 전액 보상하는 것을 원칙으로 한다(제4조). ㉣ 보상금의 지급 신청은 이 법 시행 후 1년 이내에 하도록 하고, 보상금의 지급 신청을 받은 날부터 60일 이내에 그 지급 여부와 금액을 결정하며, 보

---

[18] 원혜영 의원은 2016년 8월 5일 제20대 국회에 '금강산 관광사업 중단 또는 5·24조치로 인한 남북경제협력사업자 등 손실 보상에 관한 특별법안'을 다시 대표 발의하였다.

상금의 지급 여부 및 금액을 결정일로부터 30일 이내에 신청인에게 송달하도록 한다(제5조부터 제7조까지). ⓜ 지급 결정서 정본을 송달받은 신청인이 보상금을 지급받으려는 때는 그 결정에 대한 동의서를 첨부하여 위원회에 보상금의 지급을 청구하도록 한다(제9조). ⓑ 보상금의 지급을 받을 권리는 그 지급결정서 정본이 신청인에게 송달된 날부터 3년간 행사하지 아니하면 시효로 소멸하도록 한다(제15조)는 것이다.[19]

'금강산관광사업 중단 또는 5·24 조치로 인한 남북경제협력사업 손실 보상 등에 관한 특별법'이 제정되면 대북교역·협력사업 업체들이 경영 외적인 이유로 입은 피해에 대하여 경협보험으로 보상받지 못하는 부분에 대해서도 손실을 보상할 수 있다는 점에서 긍정적인 측면이 있기는 하지만, 법안 제2조 제4호에서 규정하고 있는 바와 같이 이 법에서 규정하고 있는 손실의 정의를 금강산관광사업 중단 또는 5·24 조치로 인하여 남북경제협력사업자에게 발생한 손실로 제한하고 있으므로 이후 또 다른 경영 외적인 문제로 유사한 손실이 발생하면 또 다른 특별법 제정을 하여야 하는 문제점이 있다. 또한 일각에서는 대북사업과 국내기업 또는 대외무역에 종사하는 기업과의 형평성 문제도 제기되고 있다.

특히 금강산관광 중단 및 5·24 조치는 우리 정부의 조치였지만 이번 개성공단 잠정 폐쇄 문제는 북한의 일방적인 근로자 전원 철수 조치로 인한 것이어서 직접적인 원인이 북한에 있다는 차이점이 있다.

(4) 북한으로부터의 투자자산 보호에 관한 문제

① 문제 제기

앞에서 살펴본 바와 같이 경협보험제도나 입주기업의 국가를 상대로 한 소송을 통한 피해회복 등에는 여러 가지 문제와 한계가 있지만, 이러한 문제와 한계를 극복한다 하더라도 개성공단사업과 관련된 최종적인 투자보장 문제는 결국 북한으로부터 어떻게 투자재산을 보호받을 수 있을 것인지가 가장 근본적인 문제라 할 것이다. 특히 이번 개성공단 잠정 폐쇄 상태가 빠른 시일 내에 해결되지 않아 종국적으로 개성공단의 완전 폐쇄 내지 철수로 결론이 난다면 입주기업은 물론 현대그룹과 한국토지주택공사 등의 투자금을 어떻게 회수할 것인지, 공단 내에 남아 있는 설비 등은 어떻게 회수할 것인지 문제가 아닐 수 없다.

---

[19] 구체적인 내용은 배용근, 「금강산관광사업 중단 또는 5/24조치로 인한 남북경제협력사업 손실 보상 등에 관한 특별법안 검토보고서」, 국회 외교통상통일위원회 전문위원 검토보고서(2012.11) 참고.

이와 관련하여 참고할 수 있는 사례가 북한의 금강산관광지구 내 우리 자산에 대한 동결 및 몰수 조치이다. 현재의 개성공단 사태가 더 악화된다면 북한으로서는 금강산관광지구의 경우와 같이 공단 내에 있는 우리 측 부동산과 시설 등을 동결하고 몰수할 가능성이 매우 높다고 할 수 있다.

이 문제를 검토하기 위해 먼저 금강산관광지구 내 우리 자산의 동결 및 몰수 조치에 대하여 살펴본 후 개성공단의 건물 등 부동산과 시설을 몰수할 경우 대처 방법이 있는지 살펴보고자 한다.

② 금강산관광지구 내 자산 동결 및 몰수 조치[20]

개요　2008년 7월 11일 금강산관광지구 내 군사통제구역에서 북한군의 총격에 의하여 우리 여성 관광객이 사망하는 사건이 발생하였고, 이 사건을 계기로 우리 정부는 금강산관광사업을 중단하였다. 그 이후 현대그룹 현정은 회장과 김정일 국방위원회 위원장의 면담 및 남북 당국 간 실무회담 등 문제를 해결하기 위한 시도가 있었지만 별다른 성과를 거두지 못하였다. 이러한 상황이 지속되는 가운데 북한은 2010년 4월 13일 금강산관광지구 내 우리 정부 소유인 이산가족면회소와 소방대, 한국관광공사 소유인 문화회관·온천장·면세점을 동결하고 그 관리 인원을 추방하였다. 그로부터 10일이 지난 23일에는 이 5개 부동산에 대한 몰수 조치를 취하고 현대아산 등 민간 소유의 부동산에 대한 동결 조치도 실시하였다. 이후 북한은 2011년 4월 8일 조선아시아태평양평화위원회 대변인 담화를 통하여 현대아산의 금강산관광사업 독점권을 취소하였고, 2011년 5월 31일 '금강산국제관광특구법'을 제정함으로써 '금강산관광지구법'은 사실상 폐지가 되었다.

동결 및 몰수 조치의 권원　북한은 금강산관광지구 내 우리 정부의 부동산에 대한 동결과 몰수 조치 및 민간 기업의 부동산 동결 조치와 관련해 구체적인 이유와 법적 근거를 제시하지 않았다. 다만 우리 당국의 금강산관광 중단 조치에 따른 손해보상 문제만을 언급하였을 뿐이다.

따라서 우리 나름대로 북한의 법적 조치의 근거를 추측해 볼 수밖에 없다. 추측해 보건대, 북한이 금강산관광지구 내 부동산의 동결과 몰수 조치를 취한 이유는 우리 정부에 의하여 금강산관광이 중단되었고, 사업자인 현대아산이 관광사업을 계속하지 않아 관광사업에 대한 계약을 위반함으로써 자신들에게 손해가 발생하였다는 취지인 것으로 보인다. 나아가 관광사업

20　구체적인 내용은 한명섭, 「북한에 의한 금강산관광지구의 우리 자산 몰수·동결과 관련한 법적 쟁점 연구」, ≪통일과 법률≫, 통권 제3호(법무부, 2010.8), 48~79쪽 참고.

을 일방적으로 중단하고 이를 재개하지 않는다면 계약 위반이 되므로 관광사업과 관련한 계약을 파기하겠다고 주장할 수 있을 것으로 보인다.

일반 계약법 원리에 따르면 북한으로서는 우리 측이 관광사업을 재개하지 않는다면 비록 그 원인이 관광객 피격 사망 사건으로 인한 것이기는 하지만, 앞의 사건과 관광사업을 계속할지는 법적인 인과 관계가 없다는 주장과 함께 계속적 계약인 관광사업 계약 위반임을 주장하면서 그 계약의 해지를 주장할 여지가 있고, 사업 중단으로 인한 손해배상 또는 손해보상의 요구도 가능할 것이다. 다만 이 경우에도 사업 주체인 현대아산 입장에서는 관광사업 중단이 우리 정부의 조치에 의한 것이므로 계약 당사자인 현대아산 측의 고의나 과실에 의한 것이 아니므로 손해보상의 의무가 없다는 주장은 가능할 것이다.

참고로 손해배상과 관련하여 고의나 과실을 요하는지에 대하여 살펴보면 북한 '민법' 제241조는 "민사책임은 법이 달리 정하지 않는 한 허물이 있는 자가 진다. 계약 또는 법을 어긴 자가 자기에게 허물이 없다는 것을 증명하지 못하면 허물은 그에게 있는 것으로 본다"라고 규정하고 있다. 북한 '손해보상법' 제2조 역시 "국가는 기관, 기업소, 단체와 공민의 재산이나 인신을 침해한 데 대하여 허물이 있는 자에게 해당한 손해를 보상하도록 한다"라고 규정하고 있다. 여기서 말하는 '허물'이란 우리 민사법상의 고의나 과실을 의미한다.[21] 다만 북한은 그러한 허물의 입증 책임을 손해배상을 요구하는 자에게 부담시키는 것이 아니라 계약 또는 법 위반자가 자기에게 허물이 없음을 입증하도록 하고 있는 것이 특징이다.

동결 및 몰수의 의미　　　북한이 취한 부동산 동결은 자산동결(資産凍結)의 한 종류이다. 자산동결이라 함은 통상 회사가 파산해서 그 재산의 처분이 확정되지 않았을 경우 채권자의 이익을 보호하기 위해서 법원이 자산의 이동과 사용을 금지하는 조치를 말하지만, 국제법상의 개념으로는 국제분쟁이 발생되었을 때 상대국에 대한 경제제재의 한 종류이다. 여기서 말하는 경제제재(economic sanction)란 국제법을 위반하거나 국제의무를 불이행한 나라에 대하여 경제적 수단에 의하여 제재를 가하는 것으로 구체적으로 수출입의 부분적 또는 전면적 중지, 해외자산의 동결, 외환규제 또는 외환교환금지, 신용공여와 경제협력의 중지, 통상조약 등 경제관계 조약의 중지 등의 수단이 포함된다.

몰수의 개념을 살펴보면, 우리 법체계상 몰수는 형벌의 일종으로 주형(主刑)에 부가하여 과하는 부가형(附加刑)으로서, 주형의 범죄행위와 일정한 관계가 있는 물건을 박탈하는 형벌

21　　사회과학원 법학연구소, 『법학사전』, 681쪽.

을 말한다. '형법' 제48조 제1항은 ① 범죄행위에 제공하였거나 제공하려고 한 물건, ② 범죄행위로 인하여 생겼거나 이로 인하여 취득한 물건, ③ 위의 ①, ②의 대가로 취득한 물건으로서, 범인 이외의 자의 소유에 속하지 아니하거나, 범죄 후 범인 이외의 자가 정을 알면서 취득한 물건은 그 전부 또는 일부를 몰수할 수 있다고 규정하고 있다.

북한 '형법' 역시 부가 형벌인 '재산몰수형'이라는 것이 있으나 이는 유죄 판결을 받은 자의 재산을 국가가 박탈하는 형벌로서 우리 '형법'상의 몰수와는 다르다. 우리 '형법'상의 몰수와 같은 제재는 '행정처벌법'에서 규정하고 있다. 즉, 몰수란 북한 '행정처벌법'상 행정처벌의 한 종류로 북한 '행정처벌법' 제22조는 "몰수는 비법적으로 이루어졌거나 위법행위에 리용된 재산을 가지고 있는 기관, 기업소, 단체와 공민에게 적용하는 행정처벌이다"라고 규정하고 있다. 북한 사회과학원 법학연구소에서 1971년에 발간된 『법학사전』에는 '재산몰수'는 법 위반자의 재산(물건 또는 돈)을 무상으로 국가에 넘기는 것을 내용으로 하는 국가적 제재이며, 형법상의 재산몰수와 행정법상의 재산몰수가 있다고 설명하고 있다. [22]

한 가지 특이한 것은 「남북사이의 투자보장에 관한 합의서」 제4조에서는 수용 및 보상에 관한 규정을 두고 있는데, 합의서 부록을 보면 제4조에서 말하는 수용을 북측 용어로는 '몰수'라고 한 점이다. 그러나 북한의 조치를 공공의 목적으로 행하는 수용(몰수)에 해당하는 것으로 볼 것인지는 의문이다. 만일 북측의 몰수 조치가 앞의 합의서상의 수용을 의미하는 것이라면 합의서 제4조에서 정한 바와 같이 공공의 목적으로부터 자기 측 투자자나 다른 나라 투자자와 차별하지 않는 조건에서 합법적인 절차에 따라 상대방 투자자의 투자자산에 대하여 조치를 취하여야 하며, 이 경우 신속하고 충분하며 효과적인 보상을 해주어야 하므로 북측의 이 조치는 합의서상의 수용에 해당하는 몰수 조치는 아닌 것으로 보인다.

동결 및 몰수 조치의 법적 근거　　문제는 북한이 취한 부동산 동결과 몰수 조치가 어느 법규에 근거하고 있느냐는 것이다. 먼저 금강산관광지구에 적용되는 법제부터 살펴보면 '금강산관광지구법' 제4조는 "관광지구에서의 관광 및 관광업 그 밖의 경제활동은 '금강산관광지구법'과 그 실행을 위한 규정에 따르고, 법규로 정하지 않은 사항은 중앙관광지구지도기관과 관광지구 관리기관이 협의하여 처리한다"라고 규정하고 있다. 또한 '금강산관광지구법' 부칙 제2조는 금강산관광지구와 관련하여 남북 사이에 맺은 합의서의 내용은 '금강산관광지구법'과 같은 효력을 가진다고 규정하고 있다. 따라서 금강산관광지구에 적용되는 법제로는 '금강산관광

22　사회과학원 법학연구소, 같은 책, 615쪽.

지구법'과 그 하위 규정 및 남북 당국 간 합의서가 있고, 남북경제협력에 관한 일반 내용을 규정한 북한의 '북남경제협력법'도 보충적으로 적용된다 할 것이다.[23]

그 밖에 관광사업과 관련한 채권·채무의 내용은 사업 주체인 현대 측이 북한의 조선아시아태평양평화위원회나 민족경제협력연합회, 금강산관광총회사 등과 체결한 계약서 및 합의서에 의하여 정해진다. 그러나 부동산 동결 조치를 취할 수 있는 법적 근거는 이러한 법규나 합의서 어디를 살펴보아도 그 근거 규정을 찾을 수 없다.

북한 민사법이 금강산관광지구에 적용될 수 있는지는 별론으로 하더라도 북한 민사법상으로 우리 민사법상의 가압류 등의 보전 조치와 유사한 제도조차 없다. 다만 북한 '민법' 제95조 제2항은 "채권자는 채무자가 정해진 기간에 의무를 이행하지 않을 경우 채권대상을 잡아둘 수 있다"라고 규정하고 있으며, '민사소송법' 제81조(담보처분)는 "판사는 사건을 받은 때부터 판결을 내릴 때까지의 어느 단계에서나 소송당사자의 신청 또는 자기의 결심에 따라 판정으로 피고의 재산을 담보처분할 수 있다. 담보처분은 해당 재산이 없이는 판결의 집행을 보전할 수 없다고 인정되는 경우에 한다"라고 규정하고 있다.

'민사소송법' 제81조상의 담보처분은 판사의 판정으로 하는 처분이므로 북한의 부동산 동결 조치와는 무관하다 할 것이다. 동결 처분 대상에 관광사업의 계약당사자인 현대 측 소유가 아닌 정부 소유 이산가족면회소 등이 포함된 점에 비추어보아 이 민법상의 채권 대상을 잡아둘 수 있는 경우와도 관련이 없는 것으로 보인다. 따라서 북한의 부동산 동결 및 몰수 조치는 아무런 법적 근거가 없는 실력 행사에 의한 재산권 행사 제한 조치로 오히려 우리 정부와 민간

---

[23]　<표> 금강산관광지구 관련 법규 및 합의서

구분	법규 및 합의서
법 및 하위 규정	금강산관광지구법, 북남경제협력법 금강산관광지구 개발규정, 기업창설운영규정, 관리기관 설립운영규정. 출입·체류·거주규정, 세관규정, 외화관리규정, 로동규정, 광고규정, 부동산규정
관련 합의서	개성공업지구와 금강산관광지구의 출입 및 체류에 관한 합의서
4개 경협 합의서	남북 사이의 투자보장에 관한 합의서 남북 사이의 소득에 대한 이중과세방지 합의서 남북 사이의 상사분쟁 해결절차에 관한 합의서 남북 사이의 청산결제에 관한 합의서
기타 합의서	남북 사이에 거래되는 물품의 원산지 확인절차에 관한 합의서 남북상사중재위원회 구성·운영에 관한 합의서 남북 사이 차량의 도로운행에 관한 기본합의서 남북 사이의 열차운행에 관한 기본합의서 동·서해지구 남북관리구역 임시도로 통행의 군사적 보장을 위한 잠정합의서

업자의 재산권을 침해하는 불법행위라 할 수 있다.

한편 금강산관광지구 법제 중에도 행정처벌인 몰수에 관한 규정이 있다. 금강산관광지구 세관규정 제42조도 "밀수품, 비법적으로 반입한 금지품은 몰수한다. 밀수행위에 리용한 운수수단도 몰수할 수 있다"라고 규정하고 있으며, '개성공업지구법'의 일부 하위 규정인 세관규정 등에서도 몰수에 관한 규정을 찾아볼 수 있다.

금강산관광지구 법제하에서의 몰수 역시 북한 '행정처벌법'상의 몰수와 같이 불법적으로 생성되었거나 취득한 재산 또는 그에 이용된 재산을 박탈하는 행정처벌로 규정되어 있다. 그러나 북한이 몰수한 금강산관광지구 내 부동산은 불법행위로 이루어졌거나 불법행위에 이용된 재산도 아니며, 부동산을 몰수할 수 있다는 다른 법적 근거도 없고, 북한 스스로도 이에 대한 법적 근거를 제시하지 못하고 있다.

북한의 주장대로 하더라도 이 사건의 본질은 우리 정부의 금강산관광 중단 조치로 인한 손해배상 등의 문제만 발생할 수 있을 뿐이고 더 나아가 생각해 보면 현대의 금강산관광사업에 대한 계약불이행 문제이므로, 북한의 부동산 동결이나 몰수 조치는 아무런 법적 근거도 없는 불법행위인 것이다.

한편 우리 정부는 북측 조치에 대하여 조선아시아태평양평화위원회와 현대 간 금강산관광을 위한 계약서 및 부속합의서와 남북 당국 간 체결한 「남북 사이의 투자보장에 관한 합의서」 위반이라고 주장하고 있다. 그러나 금강산관광을 위한 계약서 및 부속합의서에는 북한의 이 조치와 관련된 아무런 계약 내용이 없다.

「남북사이의 투자보장에 관한 합의서」 제4조 제1항에는 "남과 북은 자기 지역 안에 있는 상대방 투자자의 투자자산을 국유화 또는 수용하거나 재산권을 제한하지 않으며 그와 같은 효과를 가지는 조치(이하 "수용"이라 한다)를 취하지 않는다. 그러나 공공의 목적으로부터 자기 측 투자자나 다른 나라 투자자와 차별하지 않는 조건에서 합법적 절차에 따라 상대방 투자자의 투자자산에 대하여 이러한 조치를 취할 수 있다. 이 경우 신속하고 충분하며 효과적인 보상을 해준다"라고 규정되어 있으나, 이는 북한이 공공의 목적에 의하여 개인 재산을 수용하는 경우에 대한 제한 규정이므로 북측 조치의 근거가 채무불이행이나 손해보상에 따른 조치라면 이 규정과는 직접 관련성이 없는 규정이라 할 것이다. 다만 앞에서 설명한 바와 같이 이 합의서상의 수용을 북측의 용어로는 몰수라고 하고 있으므로, 북한의 조치가 몰수에 해당하는 것이라면 당연히 그 요건 및 절차상 합의서를 위반한 것임이 명백하다 할 것이다. 그러나 북측의 지금까지의 설명을 보면 북측의 몰수조치는 합의서상의 몰수라고 보기에는 어려운 점이 있다.

북한의 정령 '금강산관광지구를 내옴에 대하여' 제4조는 "금강산관광 지구 개발을 위한 법인, 개인과 기타 경제조직들의 자유로운 투자를 허용하며 그 재산을 법적으로 보호한다"라고 되어 있으나 "법적으로 보호한다"의 의미가 불분명하며, '금강산관광지구법'에는 '개성공업지구법' 제7조와 같은 투자재산 보호에 관한 규정도 없다. 설령 '개성공업지구법' 제7조와 같은 규정이 있다 하더라도 그 내용은 「남북 사이의 투자보장에 관한 합의서」 제4조 제1항과 같이 수용에 대한 제한 규정에 불과하여 채무불이행이나 불법행위로 인한 손해배상을 이유로 한 분쟁과는 직접 관련성이 없는 것으로 보인다.

③ 개성공업지구의 투자 및 재산권 보장 제도와 한계

개성공업지구 법제상 투자 및 재산권에 대한 보장 규정은 먼저 개성공업지구 지정 정령과 '개성공업지구법'에서 찾아볼 수 있다. 개성공업지구 지정 정령 제6조는 "개성공업지구 개발을 위한 법인과 개인 기타 경제조직들의 자유로운 투자를 허용하며 그 재산을 법적으로 보호한다"라고 규정하고 있다. '개성공업지구법'은 재산권 보장을 위하여 투자가의 권리와 이익을 보호하며 투자 재산에 대한 상속권을 보장하고, 투자가의 재산은 국유화하지 않음을 원칙으로 하되 사회공공의 이익과 관련하여 부득이하게 투자가의 재산을 수용할 때에는 사전에 투자가와 협의를 하고 그 가치를 보상해 주도록 하고 있다(제7조).

한편 앞에서 살펴본 바와 같이 「남북사이의 투자보장에 관한 합의서」 제4조 제1항은 "남과 북은 자기 지역 안에 있는 상대방 투자자의 투자자산을 국유화 또는 수용하거나 재산권을 제한하지 않으며 그와 같은 효과를 가지는 조치(이하 "수용"이라고 한다)를 취하지 않는다. 그러나 공공의 목적으로부터 자기 측 투자자나 다른 나라 투자자와 차별하지 않는 조건에서 합법적 절차에 따라 상대방 투자자의 투자자산에 대하여 이러한 조치를 취할 수 있다. 이 경우 신속하고 충분하며 효과적인 보상을 해준다"라고 규정하고 있다.

그러나 금강산관광지구 자산의 동결과 몰수조치에서 살펴본 바와 같이 '개성공업지구법'과 「남북사이의 투자보장에 관한 합의서」상의 규정만으로는 실질적인 재산권 보장을 기대할 수 없는 것이 현실이다.

④ 개성공단 폐쇄 시 투자자산 보호에 대한 대처 방법의 한계

2013년 개성공단 잠정 폐쇄는 해결이 되었지만 향후 다른 문제의 발생으로 인하여 공단이 장기간 또는 영구 폐쇄 상태가 된다면 공단 내 우리 자산에 대해서도 금강산관광지구의 전철이 되풀이되는 것이 아니냐는 우려의 목소리가 높다. 물론 금강산관광지구의 경우에는 관광객 피격 사망 사건을 계기로 우리 정부가 관광을 중단한 것이고, 2013년 개성공단 폐쇄는 북

측이 근로자 전원 철수 조치를 취한 것이 직접적인 중단의 이유이므로 직접적인 중단 결정을 한 주체가 다르다. 하지만 북한은 이에 대한 모든 책임을 우리 정부에 떠넘기고 있다.

한편 금강산관광지구의 경우는 그동안 북한이 외국인 관광객을 위해 일부 시설물을 사용한 것처럼 외국인 관광객이 있다면 언제든지 그 시설물들을 사용할 수 있다. 반면 개성공단의 경우에는 공단에서 사용하는 원자재는 물론 전기와 수도까지 남측에서 공급하고 있기 때문에 폐쇄를 하더라도 북측이 그 시설물을 이용하는 데에는 한계가 있기 때문에 그 재산을 동결하거나 몰수한다고 하여도 그 실익이 크다고 할 수 없다. 따라서 굳이 북한이 금강산관광지구의 경우와 같이 자산을 몰수하는 등의 조치를 취할 가능성이 커 보이지는 않는다는 예상도 가능할 것이다.

물론 우리 정부나 기업 입장에서는 북한이 금강산관광지구의 경우와 같이 명백한 법적 근거도 없이 우리 자산을 몰수하는 경우에도 현실적인 해결 방법이 별로 없지만, 오히려 이 경우보다 우리 자산에 대한 아무런 조치도 없이 그대로 방치를 할 경우가 더 불리할 상황이 될 수 있다. 즉 북한이 이를 몰수하여 활용한다면 북한에 이익이 발생하므로 우리로서는 그러한 조치의 불법성이나 몰수에 따른 보상 문제 등을 거론할 수 있는 여지는 남아 있게 된다. 그러나 반대로 개성공단 폐쇄의 원인이 우리 정부에 있다고 주장하면서 아무런 조치도 하지 않고 그대로 방치할 경우에는 보상 문제를 제기할 빌미조차 생기지 않게 될 것이다. 이처럼 개성공단의 투자자산에 대한 보호의 경우 극단적인 상황에서는 법적인 해결 수단을 찾기 어렵다. 결국 개성공단의 발전적 정상화라는 과제는 남북 당국의 상호 신뢰와 개성공단을 발전시키고자 하는 의지에 달려 있는 것이다.

5) 분쟁해결 방법에 관한 문제점과 해결 방안

(1) 문제 제기

남북한 간의 민사 또는 상사상의 분쟁이 발생할 경우 이를 해결하는 방법으로 먼저 남한 또는 북한의 재판이나 중재제도를 이용하는 방법을 생각해 볼 수 있다. 남과 북은 각각의 재판제도 및 상사중재제도를 갖고 있으나 서로 상대방 제도에 대한 불신 및 구체적인 절차 미비 등으로 어느 한편의 재판이나 중재제도를 활용하는 것은 사실상 현실화되기 어려운 방안이라 할 것이다.[24]

이와 관련하여 '개성공업지구법' 제46조는 "공업지구의 개발과 관리운영, 기업활동과 관련한 의견 상이는 당사자들 사이에 협의의 방법으로 해결한다. 협의의 방법으로 해결할 수 없을 경우에는 북남 사이에 합의한 상사분쟁 해결절차 또는 중재, 재판절차로 해결한다"라고 규정하여 당사자 간의 협의에 의한 해결 우선의 원칙을 밝히고 있다. 그러나 협의를 통하여 해결이 안 될 경우에 활용할 수 있는 제도적 장치가 남북한 간에 체결된 상사분쟁 해결절차이다.

남북한은 이미 '개성공업지구법' 제정 이전에 분쟁해결을 위해 2000년 12월 16일 「남북 사이의 상사분쟁 해결절차에 관한 합의서」를 체결하였고, 이 합의서에 의거하여 2003년 10월 12일 「남북상사중재위원회 구성·운영에 관한 합의서」를 체결한 바 있다.

북한은 2005년 7월 6일 남북한 간 경제협력에 관한 기본법이라 할 수 있는 '북남경제협력법'을 제정하였는데, 이 법 제27조에서도 "북남경제협력사업과 관련한 의견상이는 협의의 방법으로 해결한다. 협의의 방법으로 해결할 수 없을 경우에는 북남사이에 합의한 상사분쟁 해결절차로 해결할 수도 있다"라고 규정하고 있다.

현실적으로 개성공단 폐쇄와 관련하여 분쟁이 발생한 경우 남한과 북한 중 어느 일방의 재판이나 중재제도를 통하여 해결을 모색할 수 있는 여지는 거의 없다고 보아야 하기 때문에 이 부분에 대한 검토를 생략하고 그나마 활용의 여지가 있는 앞의 2개의 합의서를 통한 해결방법을 검토해 보고자 한다.

이와 관련하여 남북한은 교류협력 전반에 적용되는 남북상사중재위원회 관련 합의와는 별도로 2013년 9월 11일 「개성공단에서의 "남북상사중재위원회 구성·운영에 관한 합의서" 이행을 위한 부속합의서」를 체결하여 개성공단 사업에 한해서라도 남북상사중재위원회를 먼저 운영해 보고자 하였다. 이 부속합의서 제5조에 의하면 합의서가 발효된 날부터 3개월 내에 위원회를 구성하며, 6개월 내에 중재인 명부를 교환하고, 중재규정을 마련하기로 되어 있다. 이에 따라 우리 정부는 남측 개성공단 상사중재위원회를 구성하고, 2013년 12월 12일 위원장 1명, 위원 4명을 위촉하였다. 북한도 같은 달 26일 북측 상사중재위원회의 위원장과 위원 명단을 우리 측에 통지했다. 그 이후 2014년 3월 13일 제1차 개성공단 상사중재위원회 회의를 개최하여 세부 중재 절차 및 북측 중재인 명부 전달 문제 등을 논의하였다. 2014년 6월 26일 제5차 남북공동위원회 회의에서는 상사중재위원회 가동 등에 대한 추가 협의를 진행하였으나

---

24 북한은 대외경제와 관련된 분쟁해결을 위해 1999년 7월 21일 '대외경제중재법'을 채택하고, 2008년 7월 29일 이 법을 대폭 수정하였다. 그러나 앞에서 설명한 바와 같이 북한의 법체계상 외국과 남한은 구별이 되고 있어 남북 경제교류와 관련해 이 법이 직접 적용된다고 보기는 어렵다. 설령 북한이 이를 준용하거나 유추 적용한다 하더라도 북한의 중재기관에 남북한 간의 분쟁해결을 맡기는 것은 적절치 않다고 본다.

이를 마지막으로 더 이상의 진전 없이 2016년 2월 개성공단 가동이 중단되었다. 향후 개성공단 남북상사중재위원회 관련 후속 합의가 먼저 추진이 될지 아니면 일반적인 남북상사중재위원회 관련 후속 합의가 먼저 진행이 될지 알 수 없다. 다만 양자 사이에 제도적으로 크게 다른 점은 없으므로 일반적인 남북상사중재위원회를 통한 분쟁해결과 관련된 문제점과 해결 방안을 검토해 보기로 한다.

(2) 남북 사이의 상사분쟁 해결 절차

① 남북 사이의 상사분쟁 해결절차에 관한 합의서 체결 및 내용

이 합의서는 2000년 11월 11일 제2차 남북경제협력실무접촉에서 가서명되었다가 같은 해 12월 16일 제4차 남북장관급회담에서 서명을 통하여 체결되었고, 2003년 6월 30일 국회 본회의에서 체결 동의를 얻은 후 2003년 8월 20일 발효되었다.

이 합의서는 남북 간 상사분쟁 해결의 원칙으로 당사자 사이의 협의를 들고 있으며, 협의로 해결되지 않을 경우 중재의 방법으로 해결하도록 하고 있다(제1조). 중재를 위하여 각기 위원장 1명, 위원 4명씩 총 10명으로 남북상사중재위원회를 구성하도록 하고 있으며(제2조), 관할은 당사자가 남북상사중재위원회에 제기하여 해결할 것을 서면으로 합의한 분쟁사건과 「남북사이의 투자보장에 관한 합의서」 제7조 제1항에 규정된 분쟁사건으로 하고 있다(제3조). 특별한 사정이 없는 한 중재판정은 구속력이 있는 것으로 승인하고 해당 지역의 확정판 결과 동일하게 집행하도록 하고 있다(제4조). 일반적인 중재절차를 살펴보면 중재를 신청하려는 자가 자기 측 중재위원회 위원장에게 신청서를 제출하면 그날부터 10일 이내에 상대방 중재위원회 위원장에게 통지되고, 통지를 받은 위원장은 10일 이내에 피신청자에게 통지한다. 그 후 중재판정부가 구성되고 중재 장소와 준거법이 결정되어 중재 심리 후 중재 판정, 판정의 이행 혹은 승인·집행의 순서로 절차가 진행된다. 다만 중재신청 후에도 당사자 쌍방으로부터 조정 요청이 있으면 중재절차를 중지하고 조정절차를 개시할 수 있으며, 30일 내에 조정이 성립되지 아니하면 중재절차가 다시 진행되게 된다(제17조).

② 남북상사중재위원회 구성·운영에 관한 합의서 체결 및 내용

이 합의서는 「남북 사이의 상사분쟁 해결절차에 관한 합의서」에 대한 후속 조치로 2003년 10월 12일 체결되었으며, 2005년 7월 9일부터 12일 사이에 서울에서 개최된 남북경제협력위원회 제10차 회의에서 8월 초까지 합의서를 발효시키도록 합의하였다. 그에 따라 8월 5일 서로 문건을 교환하여 그 효력이 발생하였고, 같은 달 8일 관보에 게재되었다.

이 합의서에 따르면 남북상사중재위원회는 법인격과 당사자 능력이 인정되며(제1조), 그 구성은 남과 북이 각기 법률 및 국제무역투자 실무에 정통한 자, 기타 필요한 분야의 전문지식이 있는 자중에서 지명하여 정한 위원장 1명과 위원 4명으로 하며, 임기는 각 4년으로 연속하여 재임이 가능하다(제2조). 이 위원회는 중재를 주관하고, 사건 처리 과정에서 제기되는 문제를 협의 결정하며, 중재인 확정 등록, 상사 문제의 효율적인 해결을 위해 대책 수립 집행 등의 기능을 담당하고(제3조), 남과 북의 재판기관은 남북상사중재위원회의 결정에 대하여 다시 심사를 할 수 없도록 하고 있다(제4조). 그 밖에도 이 합의서에는 위원회 결정의 효력(제4조), 회의운영절차(제5조), 회의장소(제6조), 중재인명부 교환(제7조), 중재판정에 대한 취소(제8조), 위원회의 활동보장(제9조), 중재사무처리기관의 지정, 기능(제10조), 위원회의 재정(제11조), 통지(제12조)에 대한 규정을 두고 있으며, 이 합의서의 해석·적용과 관련하여 발생하는 문제는 남북경제협력추진위원회 또는 그가 정하는 기관에 해결을 요청하고 그 결정에 따르도록 하고 있다(제13조).

(3) 남북상사중재위원회에 의한 분쟁해결의 한계 및 대안 등

① 후속 조치 이행 관련 문제

각 합의서의 체결 과정에서 보는 바와 같이 「남북사이의 상사분쟁 해결절차에 관한 합의서」가 체결된 이후 「남북상사중재위원회 구성·운영에 관한 합의서」가 발효되기까지 무려 약 4년 9개월이 소요되었다. 이 합의서 제14조 제4항에 따르면 이 합의서 발효일로부터 6개월 내에 위원회 구성 및 중재 규정에 대한 쌍방의 초안을 교환하기로 되어 있지만, 2006년 7월 4일에 이르러서야 상호 문서 교환 방식으로 쌍방 위원회 위원 명단을 상호교환하였을 뿐 아직까지 중재 규정에 대한 초안을 교환하지 못하고 있는 상태이다.[25] 한편 우리 정부는 2007년 4월 16일 대한상사중재원을 남측 중재사무처리기관으로 지정을 하였고, 대한상사중재원은 2007년 5월 2일 내부 조직으로 남북상사분쟁 중재 사무를 전담하는 남북상사중재실을 설치하였다.

앞으로 준비하여야 할 중재 규정에는 우리나라의 중재법과 대한상사중재원의 중재 규칙,

---

25 상사중재위원 명단 교환 시 우리는 위원장으로 김준규 법무부 법무실장, 위원으로는 김웅희 통일부 경협기획관, 전윤종 산업자원부 남북자원총괄팀장, 최공웅 한국중재학회 부회장, 박삼규 대한상사중재원 원장을 지명하였고, 북측은 위원장 김춘근 민족경제협력위원회 국장, 위원으로는 민족경제협력위원회 연구원인 윤종철, 김광혁, 장국일, 엄순철을 지명하였다(직책은 명단 교환 당시 직책).

유엔국제거래법위원회(UNCITRAL)가 정한 모델 중재법 등 각 국제상사중재기구의 중재 규칙들을 토대로 하여 보편성을 추구하는 한편, 남북 관계의 특수성을 고려하여 준비가 되어야 할 것이다. 중재 규정은 통상 중재신청 단계부터 중재판정의 취소까지 중재절차 진행의 시간적 순서에 따라 조문을 열거하는 식으로 전개가 되므로, 이 중재 규정 초안 역시 이와 같은 방식으로 준비를 하면 될 것으로 본다.

② 중재 대상의 제한

합의서 내용과 같이 남북상사중재위원회가 해결할 수 있는 분쟁의 대상은 제한적이다. 따라서 향후 북한 지역에서 발생할 가능성이 있는 노동 관련 분쟁 혹은 단순 민사 분쟁에 대하여는 북한의 재판제도에 의한 해결에 따를 수밖에 없게 되는 상황이 발생할 수 있다. 앞으로 이 점에 대하여도 남북상사중재위원회의 중재 대상을 확대하여 해결하거나 별도의 합의가 이루어져야 할 필요성이 있다.

③ 중재판정부 구성의 문제점

「남북사이의 상사분쟁 해결절차에 관한 합의서」 제9조 및 제10조에 의하면 개별 사안에 대한 중재를 할 중재판정부는 양측 당사자 선정 중재인 각 1명과 의장 중재인 1명으로 구성된다. 그런데 의장중재인 선정은 양측 중재인 간 협의에 의하여서 하고 협의가 안 될 경우에는 쌍방 중재위원장이 협의 또는 순번 추첨으로 의장 중재인을 선정하며 이 방법으로도 안 될 경우에는 일방 중재위원장이 '국제투자분쟁해결센터'에 의장 중재인 선정을 의뢰할 수 있도록 하고 있다. 그러나 매번 중재판정부 구성 시마다 양측이 의장선정인을 자기 측 인사로 선정되게 하고자 노력할 것이고, 이 경우 중재판정부 구성 단계부터 많은 어려움이 발생할 것으로 예상된다. 또한 북측에 과연 합의서 내용대로 법률 및 국제 무역투자 실무에 정통한 능력을 갖춘 중재인 자격 소지자가 얼마나 될 것이며, 이들이 이해관계를 떠나 합의적인 중재를 위한 노력을 할 것인지 아니면 오로지 자기 측 이익을 대변할 것인지도 의문이다.

④ 중재판정의 승인 및 집행

「남북사이의 상사분쟁 해결절차에 관한 합의서」 제16조 제1항은 "당사자는 중재판정에 따르는 의무를 이행하여야 한다"라고 규정하고 있고, 제2항은 "당사자가 중재판정에 따르는 의무를 이행하지 아니하거나 불성실하게 이행할 경우 상대방 당사자는 관할 지역의 재판기관에 그 집행을 신청할 수 있다"라고 규정하고 있다.

문제는 이 합의서의 같은 조 제3항의 규정인데, 우리 측 합의서에는 "남과 북은 특별한 사정이 없는 한 중재판정을 구속력이 있는 것으로 승인하고, 해당 지역의 재판기관의 확정판결과 동일하게 집행하도록 한다. 특별한 사정은 중재위원회가 정한다"라고 규정하고 있다. 우리 '중재법' 제35조는 중재판정을 법원의 확정판결과 동일한 효력이 있다고 규정하고 있으므로 앞의 합의서의 내용과 일치한다. 그러나 승인 및 집행에 관하여 '중재법' 제37조는 중재판정의 승인 또는 집행은 법원의 승인 또는 집행판결에 의한다고 하여 합의서 내용과는 달리 규정하고 있는바, 남북 상사중재판정에 대하여는 특별법 우선의 원칙에 의하여 별도로 법원의 승인 또는 집행 판결을 요하는 것은 아니라고 보아야 할 것이다.

그런데 북한의 「남북사이의 상사분쟁 해결절차에 관한 합의서」에는 제16조 제3항의 "확정판결과 동일하게 집행"이라는 문구 대신 "집행제도에 따라 집행을 보장"이라고 우리 측 합의서와는 표현을 달리하고 있어 북한의 집행제도를 살펴보지 않을 수 없다.[26]

이와 관련하여 살펴보면 북한 '대외경제중재법'(2014년 수정보충)은 제7장에서 재결의 집행에 대한 규정을 두고 있다. 당사자는 재결문에 지적된 기간 안에 재결을 정확히 집행하여야 하며, 재결문에 재결집행기간이 정해져있지 않을 경우에는 즉시 집행하여야 한다(제60조). 책임 있는 당사자가 재결문에 지적된 의무를 제때에 이행하지 않거나 불성실하게 이행할 경우 상대방당사자는 재판기관 또는 해당 기관에 재결집행을 신청할 수 있으며, 재결집행신청문건에는 재결문의 등본을 첨부한다(제61조). 재판기관 또는 해당 기관은 재결집행신청문건을 받은 날부터 10일안에 신청문건을 검토하고 판정, 결정으로 재결을 집행시켜야 한다. 재결의 집행은 집행신청문건을 받은 날부터 30일안에 하여야 한다. 당사자가 집행문에 따라 재결을 집행하지 않을 경우에는 강제집행을 하거나 경제 활동중지, 벌금부과, 몰수, 출입국중지 같은 조치를 취할수 있다(제62조). 재결에 따라 집행하여야 할 재산이 공화국영역밖에 있을 경우에는 해당 나라의 재판기관에 재결집행을 신청할 수 있다(제63조). 다른 나라의 중재부가 내린 재결의 승인과 집행은 공화국의 해당 법규에 따른다(제64조). 법 제65조에서는 중재 절차상의 여러가지 하자나 재결의 집행이 공화국의 사회질서에 어긋난다는 사실 등이 입증되면 집행을 거절할 수 있도록 하고 있다. 문제는 「남북사이의 상사분쟁 해결절차에 관한 합의서」상의 "집행제도에 따라"라는 의미가 '대외경제중재법'의 재결 집행과 같이 집행은 한다는 의미인지는 명확

---

26 남북한이 용어를 달리 사용하는 경우가 있어 이 문제를 해결하기 위해 통상 「남북합의서」를 보면 부록으로 "쌍방의 합의서에서 다음의 용어는 같은 의미를 가진다"라고 규정하고 용어표를 만들고 있다. 대부분의 용어표는 예를 들면 우리 합의서의 "중재판정"을 북한 합의서에는 "재결"이라고 하고, 우리 합의서의 "중재인"을 북한 합의서에서는 "재결원"이라고 기재해 단지 표현만 달리하고 있으나 합의서 제16조 제3항의 집행에 관해서는 단지 표현을 달리한 것이 아니라 그 내용을 달리한 문제점이 있다.

하지 않다는 것이다. 향후 합의서 개정 등을 통해 상호주의 원칙에 따라 남북한 모두 확정판결과 동일하게 집행하도록 한다고 하거나, 아니면 최소한 북한의 경우에는 '대외경제중재법'의 재결과 같이 집행을 한다는 점을 명확히 할 필요가 있다.

일각에서는 중재판정의 승인과 집행을 위해서는 북한이 「외국 중재판정의 승인 및 집행에 관한 협약(Convention on the Recognition and Enforcement of Foreign Arbitral Awards)」에 가입할 필요가 있다는 주장이 제기되기도 한다.

통상 「뉴욕협약」으로 불리는 이 협약은 1958년 유엔 주도하에 중재판정 및 중재계약의 효력을 국제적으로 보장하기 위하여 체결되었다. 우리나라는 1973년에 이 협약에 가입하였다. 그러나 이 협약은 중재판정의 승인 및 집행을 요구받은 국가 이외의 국가의 영역 내에서 내려진 판정으로서, 자연인 또는 법인 간의 분쟁으로부터 발생하는 중재판정의 승인 및 집행에 적용되는 조약이다(제1조). 남북한의 법적 지위에 따른 문제 때문에 북한이 이 협약에 가입을 하더라도 이 협약에 따라 남북한이 상호주의에 기초하여 상대방의 중재판정 승인 및 집행이 가능한지도 문제이지만, 남북상사중재위원회의 중재판정 문제는 상호 합의에 의한 것이므로 이 협약에서 말하는 외국 중재판정 문제와는 관련이 없다고 보아야 한다. 즉 북한이 이 협약에 가입하고 남북한이 상호주의 원칙에 입각하여 이 협약이 남북한 간에 적용된다고 가정하더라도 이는 남북한 각각의 중재기구에 의한 중재판정의 승인과 집행에 관한 문제이지 남북상사중재위원회의 중재판정과는 별개의 문제라고 보아야 한다.

다만 우리 '중재법'이 중재판정의 집행과 관련하여 내국 판정과 외국 판정의 적용 문제를 달리 규정하고 있고, 북한의 경우에도 '대외경제중재법'에서 집행 및 집행 거부 사유를 규정하고 있어서 남북한의 중재판정의 집행에 관한 법제도의 차이로 인해 발생할 수 있는 해석상의 문제가 있을 수는 있다. 그러나 이 문제는 남북상사중재위원회 관련 후속 합의서 등을 통해 해결할 문제이지 북한이 「외국 중재판정의 승인 및 집행에 관한 협약」에 가입한다고 해서 해결될 수 있는 문제는 아니다.

한편 아무리 중재판정이 공정하게 이루어진다 하더라도 그보다 중요한 것은 집행에 대한 보장일 것이다. 더군다나 현실적으로 과연 북한의 금전적 지급이 수반되는 중재판정의 집행이 가능할지는 매우 의문스럽다. 이와 같은 문제의 해결을 위하여 '남북상사분쟁 해결기금'을 마련하고 여기서 남측이나 북측의 분쟁 당사자가 자신에게 유리한 중재판정에 따라서 중재판정금을 회수할 수 있도록 하자는 의견이 있다.[27]

이와 같은 기금을 마련할 경우 거래 당사자에게 매우 좋은 방안이 될 수 있을 것이기는 하나, 기금을 누가 어떻게 마련할 것인지, 우리 측 거래당사자가 이 기금에서 중재판정에 따른 금전 지급을 받은 경우 북측에 대한 구상권 행사는 어떻게 할 것인지 등의 복잡한 문제가 남게 된다. 이 문제를 해결하기 위한 종국적인 방법은 남북한의 교류협력 형태가 우리의 자본만 북한에 투자되는 일방적 교류협력이 아니라 북한의 자본도 남한 내에 투자되는 쌍방적 교류협력으로 발전되어 남한 내에서도 집행이 가능한 북한의 자산이 존재하도록 하여야 한다. 교류협력이 이처럼 쌍방적으로 이루어져야 남북 교류협력과 관련된 여러 가지 법제도 개선도 수월하게 추진될 수 있다.

⑤ 제3국 중재기관을 통한 분쟁해결 등

앞에서 살펴본 바와 같이 아직 남북상사중재위원회가 정상적으로 가동되지 못하고 있는 상황이므로 북측 지역에서 남북 사이에 발생한 분쟁을 해결하는 방법으로는 당사자 간의 협의가 이루어지지 않는 한 북한의 재판제도나 중재제도에 의한 해결 방식을 배제하기 어렵다.

따라서 그에 대한 대안으로 남북 거래 당사자 간 계약 체결 시 제3국의 중재에 의한 해결 방식을 택할 수 있도록 계약서를 작성하는 등 북측의 재판제도나 중재제도를 배제하기 위한 노력이 필요하다. 이런 점에서 '개성공업지구법'이나 '금강산관광지구법'상 분쟁해결 방식으로 제3국의 중재기관에 의한 해결이 규정되었더라면 하는 아쉬움이 크며, 가능하다면 향후 남북 협상을 통하여 관련 조항이 개정되도록 할 필요성이 있다고 본다.

남과 북이 선택할 수 있는 제3국의 중재기관으로는 중국 북경의 국제경제무역중재위원회,[28] 남북 공히 1974년에 회원으로 가입한 말레이시아의 쿠알라룸푸르에 있는 아시아·아프리카 법률자문위원회(AALCC)의 중재센터 등을 생각해 볼 수 있을 것이다. 하지만 입주기업의 입장에서는 외국 중재기관의 활용에 따른 비용 등을 고려할 경우 현실적인 대안으로서의 가치가 그다지 높아 보이지 않는다.

---

27 강병근, 『남북상사중재위원회 구성·운영 활성화 방안』, 법무부 제23차 남북법령연구특별분과위원회 학술회의 자료집(2004.6.28), 123쪽.

28 2000년 8월 22일 체결한 현대아산과 조선아시아태평양평화위원회 간의 「경제협력사업권에 관한 합의서」에는 분쟁 발생 시 쌍방의 협의로 해결하되 30일 내에 협의가 되지 않을 경우 각각 3명의 조정위원을 선임하여 구성하는 조정위원회에서 조정으로 해결하고 조정으로도 해결이 안 될 경우 다시 30일 내에 북경의 국제경제무역중재위원회에 중재신청을 할 수 있고, 이 중재위원회의 중재판정에 따라 최종 해결하기로 하고 있다.

⑥ 남·북·중 상사중재위원회 공동운영 방안

북한은 중국과 라선경제무역지대의 공동개발 합의에 따라 2011년 '라선경제무역지대법'을 개정하면서 분쟁해결과 관련하여 신소권보장(제80조), 관리위원회나 해당 기관의 조정(제81조), 경제무역지대에 설립된 북측 또는 다른 나라 국제중재기관의 중재(제82조), 경제무역지대 관할 재판소의 재판(제83조)에 대한 규정을 두고 있으며, 경제무역지대에서의 행정소송절차도 따로 정하도록 하고 있다(제83조). 경제무역지대 내에 중재기관의 설립 가능성이 있다는 점이 주목된다.

이처럼 분쟁해결과 관련한 여러 가지 제도적 장치는 마련하였지만 북중 간에도 당사자 합의나 조정을 제외하면 현실적으로 가장 합리적인 분쟁해결 방법은 신뢰성이 확보된 중재기관에 의한 중재판정이다. 물론 중재판정에 대한 집행은 당연히 보장되어야만 한다. 문제는 개성공업지구와 마찬가지로 분쟁 당사자들 모두가 결과에 승복할 수 있을 정도로 신뢰성이 있는 중재기관의 확보이다. 분쟁 당사자 중 어느 한쪽에 편파적인 판정을 할 우려를 불식시키기 위해서는 제3국 또는 국제 중재기구를 이용하는 것이 좋겠지만, 언어상의 불편함과 그에 따른 비용 부담 등으로 현실적인 방안이 되지 못한다.

이 문제를 해결하기 위해서는 개성공업지구나 라선경제무역지대의 중재기관을 남·북·중이 함께 설치하여 운영하는 방안을 고려할 필요가 있다. 이 경우 개별 중재판정부는 분쟁 당사자가 각 1인의 중재인을 선정하고 의장중재인은 분쟁 당사자가 아닌 곳에서 담당하도록 하면 판정의 객관성이 보장될 수 있을 것이다. 아니면 최소한 중재인명부에 남북이 각자 선정하게 되어 있는 30명의 중재인에 남북이 동시에 수교한 국가의 국적자인 해외동포 중 중재인의 일반 자격인 법률과 국제무역투자실무 외에 한국어가 능통한 자를 일정 수 포함시키도록 하여 개별 중재판정부의 의장 중재인을 이들이 담당하도록 하는 것도 생각해 볼 수 있다.

6) 재발방지대책에 대한 검토

2013년 개성공단 잠정 폐쇄의 직접적인 원인은 북한의 근로자 전원 철수라는 일방적 조치로 인한 것이고, 북한이 이와 같은 결정을 한 것도 개성공단의 경영과 관련된 문제가 아니라 정치·군사적 상황의 문제에 대한 불만 표시의 방법으로 취해졌다는 데 문제가 있다.

이는 우리 정부가 천안함 사태로 인한 5·24 조치를 취하면서도 개성공단 가동만은 중단하지 않는 점과 대비가 된다. 따라서 북한이 그와 같은 조치를 취하게 된 이유가 무엇이든 개성공단 자체의 운영과 관련된 사항이 아닌 것을 개성공단과 연계를 하였다는 것은 개성공단의 정상적인 발전이라는 측면에서 볼 때 매우 심각한 문제가 아닐 수 없다. 따라서 개성공단 정상화를 위한 실무회담 과정에서 우리 측이 재발방지책 마련을 강력하게 요구하는 것은 당연한 태도라 할 것이다.

이번 일을 계기로 북한도 인식의 전환을 할 필요가 있다. 그동안 진행되어 온 개성공단을 비롯하여 남북한 간의 경제협력사업에 대한 지금까지의 북한의 태도를 보면 북한은 우리 정부와 현대아산 등 사업자와 각 입주기업의 입장을 제대로 구별하지 못하고 있는 것으로 보인다. 즉 북한은 남한의 경우 정부와 사업자 및 개별 입주기업들이 전혀 별개의 주체이고, 그 이해관계가 서로 다를 수 있다는 것을 제대로 인식하지 못하고 있다.

북한은 적어도 확실한 재발방지대책이 없는 한 우리 당국이 북한의 요구에 따라 즉각적인 개성공단의 재가동에 합의를 하였다고 하더라도 향후 입주기업들이 사업을 계속할 것인지는 또 다른 문제임을 인식하여야 할 것이다. 현실적으로 현재의 입주기업들은 손실을 축소하기 위해 사업을 계속 유지할 가능성이 높다 하더라도 이와 같은 사태가 반복될 우려가 높다고 한다면 과연 어떤 기업이 추가로 입주를 하고자 할지 의문이다.

문제는 재발방지대책을 법제도적으로 마련할 묘수가 있느냐는 것이다. 법리적으로는 남북한 당국 간에 앞으로는 정치·군사적인 문제를 비롯하여 공단 운영과 직접 관련이 없는 사유 등으로 출입 체류 차단이나 근로자 철수 등을 비롯하여 공단 가동을 중단시키는 그 어떤 조치도 하지 않겠다는 합의서를 체결할 수 있을 것이다.

그러나 이와 같은 합의도 이를 위반하면 앞에서 본 바와 같이 분쟁이 발생할 뿐이고, 그 분쟁을 해결할 현실적인 대책이 없기는 마찬가지가 될 것이다. 나아가 합의서에 만일 이와 같은 약속을 위반할 경우 위반한 측에서 그에 따른 손해를 모두 배상해 주어야 한다는 합의를 한다 하더라도 손해배상 청구를 하는 것 역시 새로운 분쟁이 될 뿐이지 이를 현실화하기 어려운 것이 사실이다.

향후 남북정상회담 등을 통하여 현실적으로는 북한이 말하는 최고 존엄 김정은의 구체적인 약속을 받아내고, 북한이 이러한 약속을 지키는 것이 자신들에게도 득이 된다는 인식을 하도록 노력할 필요가 있다. 결국 중요한 것은 약속에 대한 실천 의지이고, 북한으로 하여금 이러한 실천 의지를 갖도록 환경을 조성하는 것이 될 것이다.

한편 '개성공업지구법'은 제22조 제6호에서 중앙공업지구지도기관의 임무 중 하나로 "공업지구에서 생산된 제품의 북측지역 판매실현"을 규정하는 한편, 제39조에서 "기업은 공업지구 밖의 공화국 영역에서 경영활동에 필요한 물자를 구입하거나 생산한 제품을 공화국 영역에 판매할 수 있다. 필요에 따라 공화국의 기관, 기업소, 단체에 원료, 자재, 부분품의 가공을 위탁할 수도 있다"라고 규정하여 북한 기업소 등과의 위탁가공업을 가능하도록 하는 외에 공단에서 생산된 제품을 북한 지역에 판매할 수 있는 길을 열어놓았다.

장기적으로는 이 규정을 활성화해 개성공단 입주기업의 북한 내 위탁가공을 확대하고, 개성공단에서 제품 생산에 필요한 물자를 북한으로부터 구입하거나 북한이 필요로 하는 생필품을 생산하여 북한에 판매하는 형태의 사업을 적극적으로 추진한다면 개성공단에 대한 북한의 경제의존도를 높일 수 있다. 여기에 더해 서로 상계할 수 있는 채권과 채무가 있다면 유사시 상계를 통하여 손해를 보전할 수 있는 방법도 생겨 북한이 함부로 공단의 가동을 중단시키는 사태를 방지하는 데 기여할 수 있을 것으로 본다.

7) 국제화 방안 논의에 대한 검토

(1) 문제 제기

우리 정부가 북측에 제시한 개성공단의 국제화에 대한 세부사항은 알 수 없다. 그러나 2013년 3월 27일 자「한반도 평화정착과 통일기반 구축을 위한 2013년 통일부 업무보고」를 보면 '개성공단의 국제화'라는 소제목 아래 "미·중·EU와의 FTA 협상에서 개성공단제품 한국산 인정 노력"과 "국가IR(투자설명회) 개최 등 외국기업 유치 및 해외 판로확대 지원"에 대한 내용을 담고 있다. 따라서 이 업무 보고에 의하면 개성공단의 국제화는 개성공단 생산제품 원산지를 한국산으로 인정받는 문제와 외국 기업의 유치 문제가 주된 내용인 것으로 보이므로 이 두 가지 사항을 중심으로 검토해 보고자 한다.

(2) 개성공단 생산제품의 원산지 문제에 대한 검토

개성공단 사업의 특징 중 하나는 입주기업들이 남한의 기술과 자본이 투입되어 설립된 것이고, 대부분의 원·부자재 역시 남한에서 조달되고 있으며, 북한은 단지 토지와 노동력만을 제공한다는 것이다.

또한 아직까지는 공단 내에서 생산된 제품들이 남한으로 반입되어 대부분 국내에서 판매가 되고, 일부만 수출이 되고 있는 상황이다. 그러나 향후 2단계 사업이 본격화될 경우 개성공단 생산품이 급격히 증가할 것이 예상되므로 이 사업의 지속적인 발전을 위해서는 생산물량을 충분히 소화할 수 있는 소비시장의 확보가 절실한 상황이며, 이를 위해서는 국내시장에만 의존할 수는 없고, 수출시장의 개척이 무엇보다 절실하다.

현재의 WTO 체제에서 남북 교역의 확대와 발전, 특히 개성공단 사업의 장기적 발전을 위해서는 우리의 주요 수출 대상국인 미국, 일본 등이 취하고 있는 북한에 대한 고율의 관세 문제가 해결되어야 한다. 이를 위해서는 장기적으로는 북한이 시장경제 체제로 전환을 하고 WTO에 가입하는 방법이 궁극적인 해결 방법이 되겠으나, 이 문제는 단기간 내에 해결될 가능성이 희박하다.

이런 상황에서 현실적으로 채택 가능한 방법으로는 우리 정부가 적극 추진하고 있는 FTA 협상을 통하여 개성공단에서 생산되는 제품을 한국산으로 인정받는 방법이 있다. 따라서 앞으로도 FTA 협상 진행 과정에서 가급적 우리에게 유리한 방법이 채택되도록 노력하여야 할 것이다.

(3) 해외기업 유치에 대한 검토

개성공단의 국제화와 관련하여 위에서 살펴본 원산지 문제 해결 방식 중 미국이나 EU와의 FTA와 같이 역외가공위원회를 통하여 별도로 논의하기로 한 경우를 제외하면 대체로 우리 정부의 단독 노력으로 해결해 나가면 되고, 특별히 북한의 협조가 필요한 것은 아니다. 그러나 해외기업 유치 문제는 사실상 북한의 협조 없이 해결하기에는 많은 어려움이 있다.

우리 정부가 개성공단 내에 해외기업을 유치하고자 노력하는 이면에는 이번과 같이 부당한 북한의 일방적 조치로 개성공단 가동이 중단되는 등의 사태를 방지하는 데 도움이 될 것으로 보기 때문인 것으로 보인다. 즉, 공단 내에 중국이나 유럽 등 해외기업을 유치함으로써 공단을 다른 나라의 경제특구와 유사한 형태로 운영되게 함과 아울러 이번과 같이 일방적으로 통행을 차단하거나 근로자를 철수시키는 등의 부당한 조치를 방지할 수 있을 것으로 보기 때문인 것으로 분석된다.

우리 정부의 이와 같은 구상에 대하여 북한은 우리 민족끼리가 아닌 외세를 끌어들여 개혁·개방에 의한 제도적 통일을 준비하려는 것으로 보고 반대를 하고 있는 입장이다.

그러나 이와 같은 남과 북의 입장 차이 외에도 개성공단에 해외기업을 유치하기 위해서는 법제도적인 측면에서 적지 않은 준비가 필요하다.

'개성공업지구법' 제3조는 "공업지구에는 남측 및 해외동포, 다른 나라의 법인, 개인, 경제조직이 투자할 수 있다"라고 규정하고 있으므로, 외국 기업의 투자에 대한 법적 근거는 이미 마련되어 있다. 또한 개성공단의 단계별 개발계획을 보더라도 3단계 개발 시에는 해외 유명 기업의 유치를 목표로 하고 있다.[29]

문제는 개성공업지구가 출발부터 남한 주민에 의한 개발을 염두에 두고 출발한 것이고, 앞에서 살펴본 개성공업지구 법제에 남한의 법률과 남북합의서가 동시에 적용되고 있는 것과 같이 '개성공업지구법' 제정 이후에 추진된 법제도 역시 남한 주민에 의한 개발을 전제로 이루어졌다.

따라서 적어도 「남북합의서」에 의하여 보장된 신변안전보장이나 투자보장, 분쟁해결 등의 법제도가 외국 기업이나 외국인에게 적용될 수는 없는 것이고, 따로 이들을 염두에 두고 제정된 하위법규나 다른 법 규정을 찾아보기 어려운 상황이다.

그러므로 우리 정부도 일방적으로 북한을 상대로 국제화 주장을 하고, 북한이 알아서 그에 대한 조치를 취하라고 할 것은 아니다. 북한이 우려하는 개혁·개방을 통한 제도적 통일에 대한 우려를 불식시키기 위한 노력을 하여야 하며, 아울러 적어도 외국 기업이나 외국인이 투자를 하고 나아가 직접 개성공단으로 진출할 수 있는 법제도적 준비를 하여야만 할 것이다.

물론 우리 정부도 2013년 8월 개성공단 정상화에 대한 합의 이후 개성공단의 국제화를 위한 다각도의 노력을 기울여 왔다. 특히 2014년 1월에는 '개성공업지구지원법'을 개정해 개성공단에 진출하는 외국인투자기업에 대한 남북협력기금 등 각종 행정적·재정적 지원 근거를 마련하였고, 같은 해 9월 외국인투자지원센터를 개소해 해외에서 온라인으로 투자 상담을 할 수 있도록 시스템을 구축하였다. 하지만 2015년 10월 현재 개성공단에 투자를 한 외국 기업은 '그로츠 베커르트'라는 독일 기업이 유일하다. 이 기업도 개성공단에서 제조업을 하는 것이 아니라 섬유봉제용 바늘을 판매하기 위한 영업소에 불과하다. 외국 기업 입장에서는 아직도 개성공단의 법제도 시스템이 만족할 만한 상태가 아님을 말해준다고 볼 수 있다.

8) 개성공단 생산제품의 북한 내수시장 판매 실현 추진

'개성공업지구법'은 제22조 제6호에서 중앙공업지구지도기관의 임무 중 하나로 "공업지구에서 생산된 제품의 북측지역 판매실현"을 규정하는 한편, 제39조에서 "기업은 공업지구 밖

---

[29] 이 점에서 본다면 북한 입장에서는 단계별 개발계획과 관련하여 1단계 100만 평 330개 기업 입주계획도 이행하지 못한 상태에서 3단계 사업에 포함된 해외기업 유치는 원래의 개발계획에도 반한다는 주장을 할 가능성도 있다.

의 공화국 영역에서 경영활동에 필요한 물자를 구입하거나 생산한 제품을 공화국령역에 판매할 수 있다"고 하여 생산된 제품을 북한 지역에 판매할 수 있는 길을 열어놓았다. 그러나 그동안 개성공단 생산제품이 공단에서 북한 지역으로 직접 판매된 적은 없다.

장기적으로 개성공단이 확대 발전하려면 개성공단 생산제품은 기본적으로 제3국 수출이나 북한 내수시장 판매를 위한 것들이어야 한다.

개성공단 입주기업 입장에서 보면 북한 내수시장 판매 실현은 국제사회의 경제제재 및 고율의 관세 부과 등의 문제로 수출에 어려움이 있는 제품의 판매시장이 확보되는 것이다. 입주를 희망하는 기업으로서는 국내시장이나 해외에서 필요로 하는 상품뿐 아니라 북한 내부에서 필요한 제품을 생산할 수 있게 되어 다양한 업종의 기업들이 진출할 수 있는 계기가 될 것이다.

개성공단과 북한 내수시장 연계가 활성화된다면 개성공업지구의 발전뿐 아니라 법제도적인 측면에서 많은 발전이 있을 수 있다. 이와 같은 형태의 거래가 이루어진다면 실제로 남북한 간에 청산결제 방식이 활성화될 수 있다. 기존과 같이 북한이 일방적으로 개성공단 출입을 차단하는 등의 부당한 조치를 취하기도 어렵게 된다. 북한과 중국이 공동개발하기로 한 나선경제무역지대 생산제품의 북한 시장 판매를 통해 북한 경제가 중국으로 예속되는 현상에 대한 대비책의 측면도 있다.

개성공단 사업이 당초 계획대로 3단계 사업까지 완료되면 지금과는 비교도 할 수 없을 정도의 많은 기업이 진출을 하게 된다. 그런데 이들 기업이 북한의 낮은 인건비를 통해 생산한 제품을 대량으로 남한 시장에 판매하게 되면 개성공단에 입주하지 못한 동종 제품 생산기업들은 경쟁력을 잃고 도산하게 될 수도 있다. 이러한 문제를 방지하기 위해서라도 개성공단 제품의 북한 지역 판매실현은 반드시 실현될 필요가 있다.

6. 맺음말

이상에서 살펴본 내용 외에도 아직도 미흡한 3통(통행, 통신, 통관) 문제 개선이나 노동력 부족 해소 문제 등 검토하여야 할 법적 과제들이 적지 않다. 그러나 개성공단의 발전적 정상화를 위해 필요한 여러 가지 법제도적 과제들의 문제점과 해결 방안에는 공통점이 있다. 결과적으로 아무리 남과 북이 협의를 하고 법제도적 장치를 마련한다고 해도 어느 일방이 이를 위반하면 마땅한 해결책이 없다는 것이다. 즉 남북한의 교류와 협력은 정상적인 국가 간의 관계와 달리 상호 신뢰가 구축되지 않는 한 문제점에 대한 지적에 비해 적합한 해결 방안을 찾기는 매우 어렵다는 것이다. 가장 근본적인 이유는 남북한 사이에 발생한 제반 분쟁을 법률적인 시각으로 접근하고 해결 방안을 모색하는 데에는 근본적인 한계가 있기 때문이다.

이는 기본적으로 남북한 간의 관계가 국가와 국가의 관계가 아니라 하더라도 현실적으로는 국제법적 원리가 적용 또는 준용될 수밖에 없는데, 국제법 분야는 국내법과는 달리 단일화된 입법기구가 있는 것도 아니다. 국제법의 가장 중요한 법원(法源)과 관습법도 이를 위반할 경우 강제로 집행을 할 수 있는 집행기구가 없다는 근본적인 한계가 있기 때문이다.

또한 오랜 기간 동안의 노력에도 불구하고 아직까지 분쟁해결에 대한 많은 한계도 드러내고 있다. 더군다나 남북한의 경제협력사업은 남한 내에서도 그 필요성에 대한 찬반 논쟁이 있고, 경영 외적 요소인 북핵 문제가 해결되지 않는 한 아무리 법적·제도적 장치를 완벽하게 갖추더라도 정치적인 요소로 인하여 법적인 분석과 접근 방법은 근본적인 해결책이 될 수 없는 경우가 많다.

현재의 남북교류는 그 시작부터 법적 근거가 부족한 상태에서 출발을 하였고, 국민적 합의에 기초하지 못하였다는 비난을 면하기 어렵다. 대의제 민주주의하에서 국민적 합의란 결국 국회의 동의나 국회의 입법을 통하여 발현될 것이다. 따라서 남북교류는 철저히 법에 근거를 두고 추진되어야 할 것이며, 중요한 사안에 대하여는 국회의 동의를 받도록 하여야 할 것이다. 과거 이러한 요건을 충족하지 못해 문제가 된 사례가 여러 차례 있었다.

정부가 개성공단의 발전적 정상화를 위해 북측에 제시한 요구사항들은 당연한 것일 수 있다. 오히려 이전부터 적어도 신변안전, 투자자산 및 재산권 보장, 분쟁해결 방안 마련의 세 가지 사안에 대해서는 그동안 학계 등에서 계속하여 지적되어 온 여러 가지 문제점 등에 대한 보완책 마련에 최선을 다하여야 한다.

좀 더 근본적으로는 우리의 대북 정책 전반에 대한 재검토를 통하여 국민적 합의를 바탕으로 법에 기초하여 일관성 있는 대북 정책을 재정립하고 추진하도록 노력할 필요가 있다. 또한 북한으로 하여금 현재와 같이 법과 합의, 계약 등이 수시로 무시되거나 파기에 대한 위협이 계속될 경우에는 우리 정부뿐 아니라 민간 기업체도 더 이상 남북교류협력사업을 지속하거나 참여할 의사가 없다는 점을 분명히 인식하도록 하여야 할 것이다.

이처럼 어려운 법제도적 과제도 남북한 간의 신뢰가 형성되어 서로 약속을 성실히 이행한다면 별다른 어려움이 발생하지 않게 될 것이다. 따라서 문제는 어떻게 신뢰를 형성하느냐에 달려 있다. 하지만 상호 신뢰라는 것은 일방의 노력만으로는 이룩할 수 없다. 또한 상대방이 먼저 약속을 지키면 나도 지키겠다는 입장을 고수하는 것도 다람쥐 쳇바퀴 굴리듯이 제자리를 맴돌 뿐이지 신뢰 형성을 위한 진전을 보기 어렵다. 결국 누군가가 먼저 일부 양보를 하고, 그 다음 상대방도 어느 정도 양보를 하면 다시 양보를 거듭해 가는 과정에서 점진적으로 신뢰를 쌓아갈 수밖에 없을 것이다.

마지막으로 한 가지 더 지적하고 싶은 것은 그동안의 남북교류와 협력이 인적으로나 물적으로나 주로 우리가 북측을 방문하거나 북측에서 사업을 하는 기형적 형태로 이루어져 왔다는 것이다. 북한 주민이 남한에서 사업을 하거나 체류하는 경우에 대해서는 관련 법규조차 제대로 갖춰져 있지 않다. 그 때문에 일방적으로 수많은 우리 주민들만이 북측에 장기 체류하거나 거주하고 있으며, 일방적으로 자산을 투자한 형태가 되어 긴급사태 시 이들의 무사귀환과 투자자산 회수가 걸림돌이 될 수밖에 없는 상황이다. 비록 남북한 간의 경제적인 격차 등의 문제로 어느 정도는 이와 같은 형태의 교류가 주된 것일 수밖에 없다는 점을 감안하더라도 향후 남북 간 교류와 협력은 어느 정도는 상호주의 원칙에 입각하여 추진되어야 할 것이며, 북한 주민들이 남한에 체류하거나 거주하면서 활동할 수 있는 법·제도적 장치도 마련이 되어야 할 것이다

제13장

개성공단 생산제품의 원산지 문제*

1. 머리말

개성공단 사업의 특징 중 하나는 입주기업들이 남한의 기술과 자본이 투입되어 설립된 것이고, 대부분의 원·부자재 역시 남한에서 조달되고 있으며, 북한은 단지 토지와 노동력만을 제공한다는 것이다. 또한 아직까지는 공단 내에서 생산된 제품들이 남한으로 반입되어 대부분 국내에서 판매가 되고, 일부만 수출이 되고 있는 상황이다. 전체 생산량에서 수출이 차지하는 비율은 2006년에 26.8퍼센트로 최고 수준에 이르렀으나 그 이후 계속 감소하여 2014년 말에는 3.3퍼센트까지 감소하였다. 수출 감소의 원인에 대해서는 원산지 문제 등 개성공단의 대외 수출 여건이 여전히 불리한 상황에 가동 중단으로 주문 물량이 축소·취소되었거나 입주사 공장이 중국·베트남 등 해외 경쟁공단으로 이전되었기 때문이라고 볼 수 있다.[1]

개성공단 사업의 지속적인 발전과 향후 2단계 사업의 본격화 등을 위해서는 무엇보다도 개성공단에서 생산된 제품을 충분히 소화할 수 있는 소비시장의 확보가 절실하다. 이를 위해서는 국내 시장에만 의존할 수는 없고, 수출 시장의 개척이 중요한데, 이와 관련해 발생하는 법적 쟁점 중 하나가 바로 개성공단 생산품의 원산지 문제이다.

---

* 이 장은 한명섭, 「개성공단 생산품의 한국산 인정방안」, 『한미 FTA 체결과 개성공단 법제도 정비』, 서울대학교 헌법·통일법센터 주최 학술대회 자료집(2011.12.22)을 수정·보완한 것이다.

1 홍양호, 「개성공단사업의 현황, 정책적 함의와 개선과제」, ≪통일문제연구≫, 제27권 1호(평화문제연구소, 2015), 135쪽 참고.

다음에서는 원산지규정에 대한 일반적인 내용을 간략하게 살펴보고, 그동안 우리나라가 체결한 각 FTA에서 개성공단 생산품에 대한 원산지규정의 내용을 중심으로 개성공단 제품에 대한 한국산 인정 방안에 대하여 검토해 보고자 한다.

2. 원산지규정과 판정기준

1) 원산지규정

원산지규정(rules of origin)이라 함은 특정 제품의 국적인 원산지를 판정하기 위한 제반 기준과 절차를 정하는 것으로 국제법규, 법률, 규정, 판례, 행정결정 등 다양한 형태로 존재하며, 주로 차별적 통상 정책의 수단으로 활용되고 있다. 원산지규정은 원산지 결정 기준, 원산지 증명 서류, 원산지표시 대상과 방법 및 확인 절차로 구성된다. 이와 같은 원산지규정과 원산지표시제도 및 원산지 확인제도를 합하여 원산지제도(country of origin system)라고 부른다.

원산지규정은 그 적용 목적에 따라 세이프가드, 반덤핑 및 상계관세의 적용 등과 같이 비특혜적 무역정책 수단에 사용되는 '비특혜원산지규정'과 개도국이나 FTA 회원국에 대한 특혜적 무역정책 수단으로 사용되는 '특혜원산지규정'이 있다.

「1994년 GATT(General Agreement on Tariffs and Trade)」에는 원산지표시에 관한 조항(제9조)이 있을 뿐 원산지규정에 관한 별도의 규정이 없었다. 그러나 생산 공정에 1개 국가를 넘어 2개 국가 이상이 관여되는 국제화가 확대되면서 이러한 제품들의 원산지를 판정하는 원산지규정의 중요성이 대두되었으나, 통일된 규정이 없어 각국마다 상이한 원산지규정을 두게 되면서 그 내용이 불명확하고 복잡하여 비관세 무역 장벽의 수단으로 활용되게 된 것이다.

이후 제정된 「WTO 원산지규정협정」 역시 앞으로 '통일원산지규정'이 제정될 때까지 회원국들이 준수하여야 할 기본 원칙과 '통일원산지규정'의 제정을 위한 향후 일정과 방법 등을 규정한 것에 불과하다. 따라서 여전히 원산지규정 문제는 무역장벽의 수단으로 활용되고 있다. 이처럼 WTO 통일원산지규정에 대한 협상 타결 가능성이 낮은 가운데 세계 무역시장은 다자간 무역체제보다는 지역주의 체제로 변모하고 있다.[2]

---

2   지역주의 체제의 대표적 형태인 자유무역협정(Free Trade Agreement: FTA)은 특정국가 간에 배타적인 무

2) 원산지 판정기준

앞에서 살펴본 바와 같이 세계적으로 통일된 원산지규정의 부재로, 원산지 판정기준은 각 나라마다 상이하다. 그러나 국제적으로 일반화된 원산지 판정기준을 살펴보면 크게 하나의 국가에서 완전히 생산 또는 획득된 물품에 대한 원산지를 부여하는 완전생산기준과 2개국 이상에 걸쳐 생산된 물품에 대하여 원산지를 결정하는 실질적변형기준의 두 가지 원칙이 있다. 실질적변형기준은 다시 세번변경기준,[3] 부가가치기준,[4] 제조가공공정기준[5]으로 구별된다. 그리고 보충적으로 미소기준(최소허용기준),[6] 누적기준, 흡수기준, 최소가공기준(불인정공정), 직접운송원칙, 역외가공인정 등이 사용된다.

3. 남북교역물품에 대한 원산지규정

1) 원산지표시 관련 규정

'남북교류협력법'에 의한 남북교역물품의 원산지 확인 기준을 마련하기 위해 우리 정부는 1994년 2월 5일 '남북교역물품통관관리에관한고시'를 제정하였으며, 2003년 이 고시 개정 시 남북교역물품에 대한 원산지 확인 기준 규정에서 완전생산기준에 해당하는 물품과 실질적변형기준 중 HS 6단위 세번변경기준을 추가로 규정하였다. 이 고시 제6조는 원산지가 북한인

역특혜를 서로 부여하는 협정으로서 가장 느슨한 형태의 지역 경제통합 형태이며, 지역무역협정(Regional Trade Agreement: RTA)의 대종을 이루고 있다.

[3] 세계통일의 상품분류제도인 HS(International Convention on Harmonized Commodity Description and Coding System: 통일물품목기호체계에 관한 국제 협약)를 이용하여 수입되는 원료의 세번과 완제품의 세번을 비교하여 세번이 일정 단위 이상으로 변하는 경우 실질적 변형으로 인정하여 원산지를 부여하는 기준을 말한다.

[4] 제품의 생산과정에서 발생한 부가가치를 고려하여 특정한 비율 이상의 부가가치를 생산한 제조 또는 가공 작업을 수행한 국가를 원산지로 인정하는 기준을 말한다.

[5] 제품에 대하여 중요하다고 인정되거나 제품의 주요한 특성을 발생시켜 주는 기술적인 제조 또는 가공 작업에 대한 공정명세표를 사용하여 지정된 가공공정이 수행된 국가를 원산지로 간주하는 기준을 말한다.

[6] 역외산 수입 재료가 전체 가격, 중량 또는 부피 등의 면에서 일정 퍼센트를 초과하지 않을 정도로 미미할 경우, 세번변경기준 등을 충족하지 못하는 경우에도 예외적으로 원산지를 인정하는 제도이다.

물품에 대하여 관세를 부과하지 않는다고 규정하고 있다.

그 후 개성공단 사업이 추진되면서 종래와 달리 남한에서 원자재를 반출하여 개성공단에서 일정 제조 및 가공공정을 거쳐 다시 남한으로 반입되는 형태의 교역이 이루어지자 종래의 고시 규정만으로는 해결할 수 없는 문제가 발생하게 됨에 따라 이에 대한 특례규정이 필요하게 되었다. 이에 정부는 2003년에 제정된 '남북교역물품의원산지확인에관한고시'를 2005년 3월 23일 개정해 개성공단 반출입 물품의 특례조항을 신설하게 되었다. 개정된 고시 제11조 제2항에 의하면 개성공단으로부터 반입하는 물품의 전체 직접재료비 중 남한산 재료비의 비율이 60퍼센트 이상이고, 개성공단에서 물품을 생산하는 기업의 등록 자본 중 남한의 소유 지분이 60퍼센트 이상인 경우에는 해당 물품의 원산지 자체를 남한산으로 간주한다.[7]

이와 같은 규정에 따라 개성공단에서 생산된 제품의 원산지표시는 앞의 각 고시에 따라 남한산으로 결정된 물품에 대하여는 "Made in Korea", "Made in Korea(Gaesung)", "한국산", "한국산(개성 또는 개성공단)" 등의 방법으로 표시할 수 있다. 그러나 개성공단으로부터 반입된 제품이라도 원산지가 북한으로 결정된 물품에 대하여는 "Made in DPRK(Gaesung)" 또는 "북한산(개성 또는 개성공단)" 등의 방법으로 표시한다(남북 교역물품의 원산지확인에 관한 고시 제11조 제3항, 제4항). 따라서 개성공단 제품이 남한에서 판매가 되는 경우에는 원산지 문제와

---

7 참고로 남북교역에 의한 일반 반출입 물품의 원산지 판정 기준에 대한 '남북 교역물품의 원산지확인에 관한 고시' 제5조의 내용은 다음과 같다.

제5조(원산지 판정기준) ① 남한 또는 북한에서 반출되는 물품이 다음 각 호 중 어느 한 기준에 해당되는 경우에는 남한 또는 북한을 원산지로 인정한다.

  1. 당해 물품의 전부가 남한 또는 북한에서 생산·가공·제조된 경우

  2. 당해 물품이 2개국 이상에 걸쳐 생산·가공 또는 제조된 경우에는 그 물품의 본질적 특성을 부여하기에 충분한 정도의 실질적인 생산·가공 또는 제조과정이 최종적으로 남한 또는 북한에서 수행된 경우

② 다음 각 호중 어느 한 기준에 해당되는 물품은 제1항의 규정에 의한 원산지로 인정하지 아니한다.

  1. 제3국에서 생산되어 남한 또는 북한을 단순 경유한 물품

  2. 남한 또는 북한에서 단순포장, 상표부착, 물품분류, 절단, 세척 또는 단순한 조립작업만을 거친 물품

  3. 남한 또는 북한에서 운송 또는 보관에 필요한 작업만을 거친 물품

  4. 남한 또는 북한에서 물품의 특성이 변하지 않는 범위 안에서 원산지가 다른 물품과의 혼합작업만을 거친 물품

  5. 남한 또는 북한에서 도축작업만을 거친 쇠고기·돼지고기 등 육류제품

  6. 남한 또는 북한에서 건조, 냉장, 냉동, 제분, 염장, 단순가열(볶거나 굽는 것 포함), 껍질 및 씨 제거작업만을 거친 물품

  7. 기타 남한과 북한이 협의하여 정하는 물품

③ 제1항 및 제2항의 규정을 적용할 물품의 범위, 구체적 판정기준 등 기타 필요한 사항은 관세청장이 관계 행정기관의 장과 협의하여 정한다.

관련하여 큰 어려움은 없다고 볼 수 있다.**8**

　　그러나 이상의 내용은 남한과 북한의 합의에 의한 원산지 기준에 관한 규정에 불과하여 개성공단 생산제품을 남측에 반입하여 국내 판매하는 경우에만 적용된다. 만일 개성공단에서 생산된 제품을 수출하고자 하는 경우에는 해당 수입국의 원산지규정에 따라 원산지표시가 결정된다. 따라서 정부는 이 문제를 해결하기 위해 다른 나라와 자유무역협정을 체결할 때 역외가공지역(Outward Processing Zone: OPZ)에 대한 협상을 통하여 개성공단 등을 역외가공지역으로 인정받기 위해 노력하고 있다.

　　한편, '남북교역물품 통관관리에 관한 고시'(관세청고시 제2015-38호, 2015.10.5. 일부개정) 제6조(관세의 면제)는 "원산지가 북한인 반입물품은 남북교류협력에 관한 법률 제26조 제2항 단서에 따라 관세를 부과하지 아니한다"고 규정하고 있다.

2) 개성공단 생산품의 수출과 원산지 문제

　　개성공단 생산품을 국내에서 소비하는 경우와 달리 국내로 반입해 다시 제3국으로 수출을 하는 경우에는 해당 수입국의 원산지규정과 무역정책 등에 따라 관세에 차이가 발생하게 된다. 따라서 이를 수입하는 국가에서 고율의 관세를 부과하는 경우에는 사실상 수출이 어렵게 되어 향후 개성공단의 발전에 많은 지장을 초래하게 된다. 이와 같은 문제가 발생하는 근본적인 이유는 북한이 WTO(세계무역기구) 회원국이 아니어서 WTO 회원국에 부여되는 최혜국대우(Most Favored Nation treatment: MFN)를 받지 못하고, 원산지 판정기준이 각 나라별로 다르기도 하거니와 일반적인 원산지 판정기준에 의할 경우 개성공단 생산품이 대체로 북한산으로 판정될 가능성이 높기 때문이다.

　　물론 중국, 호주, 러시아와 같이 북한산 제품에 대하여 차등 관세를 부과하지 않는 국가들도 있다. 그러나 미국, 일본, 캐나다, 대만과 같은 국가들은 북한산 제품에 대한 관세에 차등을 두고 있다. 특히 미국은 북한에 대한 경제제재 조치로 전략물자 반출입 제한, 수출입 허가제도 등과 더불어 북한산 제품에 대하여 사실상 수출을 금지시키는 것과 같은 'Column 2'의 관세

8　다만 원산지표시 문제가 해결되더라도 WTO 체제하에서는 남북한 간의 거래를 민족내부거래로 보고 개성공단을 포함한 북한산 반입물품에 대하여 무관세 혜택을 적용하는 것은 WTO의 최혜국대우조항(MFN)과 관련하여 문제가 제기될 여지가 남아 있다. 이 문제를 해결하기 위해서는 남북한 간 FTA나 경제협력강화약정(CEPA)을 체결하여 국제사회에 민족내부거래에 대한 당위성을 확보할 필요가 있다.

를 부과하고 있다. 캐나다의 경우에도 북한산 수입 전 품목에 대하여 35퍼센트의 일반 관세 (General Tariff: GT)를 부과하고 있고, 일본도 협정관세율이나 일반특혜관세율보다 높은 국정 관세율(Statutory)을 적용하고 있으며, EU의 경우에는 협정관세율을 부과하고 있다.

이러한 문제를 해결하기 위한 직접적이고 근본적인 방법은 북한이 WTO에 가입하는 것 이지만, 북한의 핵 문제 등으로 인한 정치적 이유로 현 상황에서 북한이 WTO에 가입하는 것 을 기대하기는 어려운 상황이다.

이 때문에 비록 우회적인 방법이기는 하지만 우리 정부가 세계 각국과 체결하는 FTA을 통하여 개성공단 생산품의 원산지를 한국산으로 인정받아 한국산과 동일한 관세 혜택을 받고 자 하는 것이다.

4. 주요 FTA의 개성공단 원산지 특례조항

1) 한·싱가포르 FTA

(1) 협정 체결

「한·싱가포르 FTA」는 2005년 4월 16일 협정문에 대한 가서명이 같은 해 8월 4일 정식 서명이 각각 이루어졌고, 같은 해 8월 24일 국회에 비준 동의안이 제출되어 같은 해 12월 1일 국회 비준 동의안이 통과되었으며, 2006년 3월 2일 정식 발효되었다.

(2) 원산지 판정기준

「한·싱가포르 FTA」의 원산지 판정기준으로는 완전생산기준과 실질적변형기준이 도입 되었고, 실질적변형기준의 경우 세번변경기준과 부가가치기준이 적용되는데, 각 품목별 구체 적인 적용 기준은 부속서에서 규정하고 있다. 원산지 판정기준의 보충적 기준으로는 원산지 불인정공정기준(제4.16조), 누적기준(제4.9조), 직접운송기준(제4.15조), 역외가공기준(제4.4조) 등이 적용된다.

(3) 개성공단 생산품의 원산지에 대한 규정

「한·싱가포르 FTA」 제4.3조는 "협정 부속서 4B에 열거된 상품이 대한민국의 영역으로부터 싱가포르의 영역으로 수입될 때 그 상품은 원산지 상품이 된다. 그 상품은 이장에 규정된 요건을 충족시킬 목적으로 또한 원산지 재료가 된다"라고 규정하고 있다.

이 규정에 따르면 협정 부속서 4B에 열거된 상품들이 한국에서 싱가포르로 수출되는 경우에는 별도로 원산지 판정을 받지 않고 곧 역내산으로 간주되어 특혜관세를 부여받게 되는데, 이를 ISI(Integrated Sourcing Initiative) 방식이라고 한다.

이에 따라 부속서 4B의 HS 6단위 기준 4625개의 품목들이 개성공단에서 한국으로 반입된 후 싱가포르로 수출될 경우에는 역내산으로 간주되어 특혜관세의 대우를 부여받게 된다. 나아가 부속서 4B는 싱가포르가 달리 이의를 제기하지 않는 한 한국은 3개월 전의 서면 통지를 통하여 부속서 4B 제1절의 목록에 대상 제품을 추가할 수 있으며(부속서 4B 제2절 제1항), 이 품목들은 개성공단뿐 아니라 '한반도의 다른 공업단지에서 생산된 제품'으로 양해된다고 규정(부속서 4B 제2절 제2항)하고 있으므로, 향후 북한 지역에 개성공단 외의 다른 공단이 조성될 경우에도 이 협정상의 특혜를 받을 수 있도록 하고 있다.

한편 이 FTA 제4.4조는 역외가공에 기한 원산지 인정 특례규정을 두고 있다. 즉, 부속서 4C에 열거된 상품은 당사국에서 수출된 재료가 그 당사국의 영역 밖에서 생산 또는 가공공정을 거친 후 다시 그 당사국으로 재수입된 경우라도 ① 비원산지 투입의 총가치가 원산지 지위가 신청된 완성품의 관세 가격의 40퍼센트를 초과하지 아니하고, ② 원산지재료의 가치가 원산지 지위가 신청된 완제품의 관세가격의 45퍼센트이상이고, ③ 당사국으로부터 수출된 재료가 그 당사국의 영역 밖으로 수출되기 전에 당사국에서 완전히 획득 또는 생산되거나 제4.16조가 규정하고 있는 불인정공정에 해당하지 않는 그 이상의 생산 또는 가공공정을 거치고, ④ 수출된 재료의 생산자와 원산지 지위가 신청된 완제품의 생산자가 동일하고, ⑤ 재수입된 상품이 수출된 재료의 생산 또는 가공 공정을 통하여 획득되고, ⑥ 생산 또는 가공의 최종 공정이 당사국의 영토 안에서 이루어진 경우에는 원산지 상품으로 간주된다.

부속서 4C는 역외가공방식에 의한 원산지 인정 특례의 적용 대상을 HS 10단위의 134개 품목으로 제한하고 있다.

이상에서 살펴본 ISI 방식과 역외가공 특례조항은 각 미국·싱가포르 FTA 제3.2조의 ISI 방식과 제5장의 역외가공방식을 선례로 한 규정이다.

2) 한·EFTA FTA

(1) 협정 체결

「한·EFTA FTA」는 2005년 9월 13일 협정문에 대한 가서명이 같은 해 12월 15일 정식 서명이 각 이루어졌으며, 2006년 6월 30일 국회 비준 동의 절차 등을 거쳐 2006년 9월 1일 정식 발효되었다.[9]

(2) 원산지 판정기준

「한·EFTA FTA」의 원산지 판정기준은 완전생산기준과 실질적변형기준이 도입되었고, 실질적변형기준의 경우 세번변경기준과 부가가치기준이 주로 적용된다. 원산지판정기준의 보충적 기준으로는 최소기준(최종의정서 부속서 I. 원산지규정 및 통관절차 제5조 제2항, 제3항), 누적기준(원산지규정 및 통관절차 제3조), 불인정공정기준(원산지규정 및 통관절차 제6조), 직접운송기준(원산지규정 및 통관절차 제14조), 역외가공기준(원산지규정 및 통관절차 제13조, 부속서 I의 부록 4)을 채택하고 있다.

(3) 역외가공 규정

이 협정상 남북교역과 관련된 원산지 특례조항은 역외가공 규정이 있는데, 이는 다시 모든 상품에 일반적으로 적용되는 '일반적 역외가공기준'과 HS 6단위 기준 267개 품목에만 적용되는 '제한적 역외가공기준'의 두 가지로 구분된다.

먼저 일반적 역외가공기준에 대하여 부속서 I. 제13조(영역원칙의 면제)는 "제12조의 규정에도 불구하고 부록 4에 규정된 조건을 충족하는 경우 제2절에 규정된 조건에 따른 원산지 지위의 획득은 당사국에서 수출한 재료에 대하여 해당 당사국의 영역 밖에서 행하여진 작업 또는 가공 후 재반입으로 인한 영향을 받지 않는다"라고 규정하고 있다. 부록 4에 규정된 조건이란 총추가가격이 원산지 지위가 주장된 최종 상품의 공장도 가격의 10퍼센트를 초과하지 아니하고, 당해 당사국으로부터 수출된 재료가 그 당사국 영토 밖으로 수출되기 전에 그 당사국에서 완전 획득되거나 제6조에 규정된 불충분공정 이상의 작업 또는 가공을 거친 경우를 말한

---

[9] EFTA(유럽자유무역연합) 회원국은 아이슬란드공화국, 리히텐슈타인공국, 노르웨이왕국 및 스위스연방을 말한다.

다(부속서 I. 부록 4 제1항).

다음으로 제한적 역외가공기준은 이 부록 4에 첨부된 상품 목록(HS 6단위 267개 품목)에 대하여 한정적으로 적용되는 것으로 부록 4에 첨부된 상품 목록에 해당하는 상품은 비원산지 투입 요소의 총가격이 원산지 지위가 주장된 최종 상품의 공장도 가격의 40퍼센트를 초과하지 아니하고, 당해 당사국으로부터 수출된 원산지 재료의 가격이 재수입된 재료 또는 상품을 제조하는 데 사용된 재료의 총가격의 60퍼센트 이상의 요건을 충족하는 경우에 한하여 당사국으로부터 수출되고, 추후 그 당사국에 재수입되는 재료에 대해서는 당사국의 영역 밖의 지역, 예를 들어 공단에서 수행된 작업 또는 가공에 의하여 영향을 받지 않고 역내산으로 원산지가 인정되는 것이다(부속서 I. 부록 4 제2항).

이 조항은 단지 개성공단뿐 아니라 향후 새롭게 조성되는 공단에 대해서도 적용될 수 있고, 부록 4 제2항에 열거된 대상 품목 목록표를 협정 제8.1조 제7항에 제시된 절차를 거쳐 공동위원회의 결정을 통하여 개정할 수 있도록 하고 있다.

이상의 역외가공에 의한 원산지 특례규정은 역외가공방식을 완화된 기준과 엄격한 기준을 혼합한 것으로 EFTA와 싱가포르 간에 체결된 FTA 원산지규정 사례와 유사하다. 다만 한·EFTA FTA의 경우 부속서 I의 부록 4 제2항이 단순히 적용 대상 품목을 열거하고 있는 데 반해, EFTA·싱가포르 FTA의 부속서 I의 부록 3은 역외가공에 의한 원산지 특례를 인정받기 위해 역외산 투입 재료의 총가치가 원산지가 주장되는 최종 제품의 공장도 가격의 50퍼센트를 초과하지 않아야 한다는 추가 요건을 규정하고 있다.

3) 한·ASEAN FTA

(1) 협정 체결

한·ASEAN 간에는 2005년 12월 13일 한·ASEAN 정상회의에서 「포괄적 경제협력에 관한 기본협정(Framework Agreement)」에 대한 정식 서명이 이루어졌고, 2006년 8월 24일 「한·ASEAN FTA의 상품무역협정」에 대한 정식 서명이 이루어졌다.[10] 2007년 4월 2일 「한·

---

[10] 한·ASEAN FTA의 정식 명칭은 「대한민국과 동남아시아국가연합회원국 정부 간의 포괄적 경제협력에 관한 기본협정」으로 동남아시아국가연합회원국은 브루나이다루살람, 캄보디아왕국, 인도네시아공화국, 라오인민민주공화국, 말레이시아, 미얀마연방공화국, 필리핀공화국, 싱가포르공화국, 타이왕국 및 베트남사회주의공화국을 말한다.

ASEAN FTA 기본협정」, 「분쟁해결제도협정」, 「상품무역협정」의 국회 비준 동의가 이루어져 2007년 6월 1일 「한·ASEAN 상품무역협정」이 발효되었다. 「한·ASEAN FTA 서비스협정」은 2007년 11월 21일 서명되어 2009년 5월 1일 발효되었고, 「한·ASEAN FTA 투자협정」은 2009년 6월 2일 서명되어 같은 해 9월 1일 발효되었다.

(2) 원산지 판정기준

「한·ASEAN FTA 상품무역협정」의 원산지 판정기준은 완전생산기준과 실질적변형기준이며, 실질적 변경기준에서는 부가가치기준과 세번변경기준을 적용하고 있다. 그 밖에 대표적인 원산지 보충 기준으로 누적기준, 최소허용기준(미소기준), 불인정공정기준, 직접운송기준, 역외가공기준 등을 적용하고 있다.

(3) 역외가공 규정

「한·ASEAN FTA 상품무역협정」에서는 남북 교역과 관련해 원산지 특례조항을 두고 있다. 이 협정 부속서 3. 제6조는 '특정상품의 취급'이라는 제목하에 "특정상품의 경우 한국과 ASEAN 회원국의 영역 밖의 지역에서 당사국으로부터 수출된 재료에 대해 그 생산공정 및 작업이 이루어져 다시 재수입된 경우라도 원산지 상품으로 간주한다"라고 규정하고 있다. 즉, 완화된 기준의 역외가공방식을 채택한 것이다.

이를 좀 더 구체화하기 위해 한국 외교통상부장관과 ASEAN 각 회원국의 경제장관 명의의 양해각서 형식으로 상품무역협정 부속서 3. 제6조 관련 특례조항에 관한 합의가 별도로 이루어졌다. 이처럼 원산지 특례 인정을 받기 위해서는 수출을 위해 재반입된 상품이 당사국의 영역에서 부속서 3. 제8조에 규정된 불인정공정 이상의 공정을 거치지 않아야 하고, 제6조상의 일정상품으로서 ① 비원산지 상품의 총가격[11]이 원산지 자격이 부여되는 최종 상품의 FOB[12] 가격의 40퍼센트를 넘지 않고, ② 어떤 당사국으로부터 반출된 원산지 재료의 가격이 그 최종 상품을 제조하는 데 사용된 재료 총가격의 60퍼센트 이상이 되어야 한다(양해각서 제2항).

부속서 3. 제6조상의 일정상품이란 제1항 가호에 규정되어 있으며, 이후 개정된 목록에

---

[11] 비원산지 상품의 총가격에는 운송비를 포함한 한국과 동남아시아국가연합 회원국의 역외에서의 모든 비용은 물론, 역내에서 추가된 모든 비원산지 재료의 가치를 포함한다.

[12] "FOB"라 함은 생산자로부터 해외 최종 선적항 또는 선적지까지의 운송비를 포함한 상품의 본선인도가격을 말한다.

기재된 상품을 말하는데, 양국의 양해각서 제1항 가호에 의한 역외가공방식에 의한 원산지 인정 특례규정 적용 대상 품목으로 ASEAN 각국이 HS 6단위를 기준으로 100개의 품목을 각기 선정한 목록에 기재된 상품을 말한다. 양해각서 제1항 나호에 의하여 한국은 이 적용 대상 품목의 개정을 요구할 수 있으며, ASEAN 국가들은 이를 신의성실에 따라 고려하여야 하며, 그러한 개정은 한국과 그 목록에 관계된 당사국 간의 상호 합의가 되었을 때 채택된다.

한편 이 양해각서 제4항은 역외가공에 의한 원산지 인정 특례를 받는 개성공단산 상품과 경쟁 관계에 있는 상품을 생산하는 ASEAN 국가들의 우려를 반영해 특별수입제한조치에 관해 규정하고 있다. 즉, 어느 당사국이 제6조가 적용되는 상품이 그 당사국의 영역에 증가된 양 또는 어떤 조건하에 수입되어 그 국내 산업에 피해 또는 피해의 우려를 발생시켰거나 어떤 산업의 발전을 지체시켰다고 결정할 때, 그 당사국은 그러한 피해와 지체를 방지하기 위하여 필요하다고 고려하는 기간 동안 2개월 전에 한국 측에 통지하고 의견을 교환한 경우 당해 ASEAN 당사국은 부속서 제6조의 원산지 인정 특례를 자유로이 중지할 수 있다.

이러한 특별 수입 제한 조치를 발동하기 위해서 당해 당사국은 심각한 피해의 입증의무가 없고 추가적인 협의의무도 없으며, 중지의 빈도 또는 기간에 대한 제한을 받지 않고 보상 의무도 갖지 않는다. 또한 지연이 회복하기 힘든 피해를 야기하는 긴급한 상황에서는 2개월 전 통보 없이도 잠정적으로 제6조 적용의 중지 조치를 할 수 있다. 다만 이 경우에는 통지가 그러한 중지가 발효되기 전에 이루어져야 한다.

앞의 원산지 특례규정들은 개성공단을 염두에 두고 규정된 것이기는 하지만, 명문으로 지역을 제한하고 있지 않으므로 개성공단 이외의 북한 지역에 조성된 공단에 대해서도 적용이 가능하다.

한편 싱가포르의 경우 ASEAN 회원국이므로 먼저 체결된 「한·싱가포르 FTA」와 「한·ASEAN FTA」의 내용이 상호 불일치하는 경우가 발생하게 된다. 이와 관련하여 「한·ASEAN FTA」에서 양측은 "본 협정 또는 본 협정으로 인하여 취하여진 조치는 기존 협정에서의 당사국의 권리와 의무에 영향을 미치지 않는다"라고 규정하여 이 문제를 해결하고 있다(「한·ASEAN FTA」 제18조, 다른 협상과의 관계). 따라서 수출업자는 양 FTA 중 자신에게 유리한 FTA를 선택할 수 있다.

4) 한·인도 CEPA

(1) 협정 체결

「한·인도 CEPA」는 2009년 8월 7일 정식 서명되었고, 같은 해 11월 6일 국회 비준 동의안이 통과되었으며, 2010년 1월 1일 발효되었다.[13]

(2) 원산지 판정기준

「한·인도 CEPA」의 원산지 판정기준은 완전생산기준과 실질적변형기준이 도입되었고, 실질적변형기준의 경우 세번변경기준과 부가가치기준이 주로 적용된다. 보충적 기준으로는 불인정 공정(제3.6조), 누적조항 및 비원산지 재료의 가치가 상품의 FOB 가격의 10퍼센트를 초과하지 않은 상품에 대해서는 원산지 상품으로 인정하는 이른바 미소조항(제3.7~3.8조) 및 역외가공기준을 채택하고 있다.

(3) 역외가공 규정

「한·인도 CEPA」의 경우 양국은 관세 당국의 충분한 입증이 없는 재반입 상품에 대하여 비원산지 상품으로 간주하는 영역원칙을 채택하면서(제3.13조),[14] 이에 대한 예외 사항을 부속서 3-나에 두기로 합의하였다(제3.14조). 즉, 제3.14조는 '영역원칙의 예외'라는 제목하에 영역원칙에 관한 규정인 제3.13조의 규정에도 불구하고 부속서 3-나에 규정된 조건을 충족할 경우, 제3.2조부터 제3.12조까지에 규정된 조건에 따른 원산지 지위의 획득은 해당 당사국에서 수출된 이후 그 당사국으로 재반입된 재료에 대하여 교환각서에서 양 당사국이 합의한 지역에서 수행된 작업 또는 공정으로 인한 영향을 받지 아니한다. 수출을 위해 재반입 당사국의 영역

---

[13] CEFA는 '포괄적경제동반자협정'으로 번역되며, 상품교역, 서비스교역, 투자, 경제협력 등 경제 관계 전반을 포괄하는 내용을 강조하기 위해 채택된 용어로서 실질적으로는 자유무역협정(FTA)과 동일한 성격을 갖는다.

[14] 제3.13조 영역원칙
  1. 제3.7조 및 제3.14조에 규정된 경우를 제외하고, 제3.2조부터 제3.12조까지에 규정된 원산지 지위를 획득하는 조건은 당사국에서 중단 없이 충족되어야 한다.
  2. 제3.7조에 규정된 경우를 제외하고, 다음에 대하여 해당 수입 당사국의 법과 규정에 따라 관세당국에 충분히 입증될 수 없는 경우 당사국에서 비당사국으로 수출된 원산지 상품은 재반입시 비원산지 상품으로 간주된다.
    가. 재반입된 상품이 수출된 상품과 동일할 것, 그리고 나. 재반입된 상품이 수출되는 동안 양호한 상태로 보존하기 위하여 필요한 것 이상의 공정을 거치지 아니할 것.

에서 제3.6조(불인정공정)에 규정된 공정 이상의 공정을 거치지 아니하는, 제1항 가호에 규정되고 이후 개정된 목록상의 상품은 ① 비원산지 투입량의 총가치가 원산지 자격을 인정받기 위하여 신청된 최종 상품의 FOB 가격의 40퍼센트를 초과하지 아니하고, ② 당사국으로부터 반출된 원산지 재료의 가치가 그 재반입된 재료나 상품을 제조하는 데 사용된 재료의 총가치의 60퍼센트 이상이라는 조건을 충족하면 원산지 상품으로 간주된다고 규정하고 있다. 이 규정에 따라 개성공단에서 생산되는 상품, HS코드 6단위 기준 108개 상품을 부록에 명시하고 있다(부록 3-나-1).

5) 한·페루 FTA

(1) 협상 체결

「한·페루 FTA」는 2011년 3월 21일 서명되었고, 같은 해 6월 29일 국회에서 비준 동의안이 통과되어 같은 해 8월 1일 발효되었다.

(2) 원산지 판정기준

「한·페루 FTA」는 원산지 판정기준과 관련하여 완전생산기준 및 실질적변형기준을 도입하였고, 실질적변형기준에 대해서는 부속서에서 품목별로 세번변경기준, 부가가치기준 또는 주요공정기준 등을 채택하였다. 보충적 기준으로는 미소기준(제3.7조), 대체가능 물품 및 재료(제3.8조), 누적조항(제3.6조), 직접운송(제3.14조) 등에 대하여 합의하였다.

(3) 역외가공 규정

「한·페루 FTA」 부속서 3나에서는 '영역 원칙의 예외'라는 제목하에 개성공단에 한하여 그곳에서 생산품에 대한 원산지 관련 규정을 두고 있다.

이 부속서에 의하면 부속서에 포함된 상품 100개 품목의 원산지 지위를 결정할 때, 대한민국으로부터 북한에 위치한 개성공업지구로 수출되고 이후 대한민국으로 재수입된 재료에 대하여 그곳에서 수행된 공정 및 처리는 대한민국 영역에서 수행된 것으로 간주된다. 다만 비원산지 투입의 총가치[15]는 그 상품의 본선인도가격의 40퍼센트를 초과하지 않아야 한다(제1항).

---

[15] 동 부속서의 목적상 "비원산지 투입의 총가치"란 수송비를 포함하여 양 당사국의 영역 밖에서 추가된 모든

다만 양 당사국이 상품 목록을 개정 또는 수정하기로 합의한 경우, 양국은 공동위원회에서 목록을 개정하는 공동 결정을 내릴 수 있도록 하고 있다(제5항). 또한 어느 한쪽 당사국이 이 부속서에 포함된 원산지 상품이 그 국내 산업에 심각한 피해를 초래하거나 초래할 우려가 있을 정도로 증가된 물량과 조건하에 특혜관세대우에 따라 당사국의 영역으로 수입되고 있다고 판단하는 경우, 그 당사국은 그 국내 산업에 대한 그러한 피해 또는 피해의 우려를 방지하거나 복구하기 위해 필요하다고 판단하는 기간 동안 그 상품에 대하여 이 부속서의 적용을 정지할 수 있으며(제7항), 지연되면 회복하기 어려운 손상이 초래될 중대한 상황에서는, 제7항에 따른 이 부속서의 적용 정지는 제8항에 언급된 다른 쪽 당사국에 대한 사전 통지 없이도 잠정적으로 취해질 수 있다(제10항).

나아가 해당 당사국은 제8항에 따라 다른 쪽 당사국에 2개월 전에 통지하고 다른 쪽 당사국에 제안된 정지에 대하여 의견을 교환할 수 있는 기회를 제공한 이후에는 일방적으로 그리고 무조건적으로 이 부속서의 적용을 정지할 수 있으며, 이러한 경우 그 당사국은 심각한 피해가 있음을 증명하거나, 사전에 협의를 하거나, 정지의 기간 또는 빈도를 제한하거나, 또는 자국의 조치에 대하여 보상할 의무를 지지 아니한다(제11항).

한편 이 부속서는 FTA 발효 다음 날부터 5년 후, 당사국은 검토에 근거하여 그리고 그 재량으로 이 부속서의 적용 결과로 자국의 이익이 손상을 입었다고 결정한 때에는 적용을 폐기할 수 있다(제12항).

6) 한·EU FTA

(1) 협정 체결

「한·EU FTA」는 2010년 10월 6일 정식 서명되었고, 2011년 5월 4일 국회 비준 동의안이 통과되었으며, 2011년 7월 1일 잠정 발효되었다.[16]

재료 및 누적된 그 밖의 모든 비용뿐만 아니라, 양 당사국의 영역 내에서 추가된 모든 비원산지 재료의 가치를 말한다. 어느 한쪽 당사국에서 원산지 지위를 이미 획득한 비원산지 재료는 비원산지 투입으로 고려되지 아니한다.

[16] 「한·EU FTA」가 정식 발효가 아닌 잠정 발효가 된 것은 27개 회원국으로 구성된 EU의 특성 때문이다. 즉, EU 개별 회원국 비준이 완료될 때까지 장기간이 소요되므로 EU 공동체의 배타적 권한 사항만 우선적으로 발효시킨 것이다. 그러나 「한·EU FTA」의 경우 지적재산권 형사집행과 「문화협력의정서」의 일부 협력 조항을 제외한 대부분이 잠정 발효에 포함되며, 특히 상품·서비스 분야는 모두 잠정 발효의 대상이 되어 정식

(2) 원산지 판정기준

「한·EU FTA」는 FTA 특혜 원산지 판정기준 중 완전생산기준, 실질적변형기준 등 원산지 판정의 일반 원칙은 협정문에서, 각 품목에 대한 개별적 원산지 판정기준은 부속서에서 규정하고 있다. 부속서에 규정된 품목별 원산지 기준에서는 각 품목별 생산과정, 교역 패턴과 글로벌 아웃소싱 추세를 반영한 정교한 원산지 판정기준을 마련하고 있다. 실질적변형기준에 대해서는 품목별로 세번변경기준, 부가가치기준 또는 주요공정기준 등을 채택하였다. EU 측은 그동안 FTA에서 고수해 온 엄격한 결합기준 원칙(세번변경기준 및 부가가치기준)을 처음으로 선택기준(세번변경기준 또는 부가가치기준)으로 수정한 것이 특징이다. 보충적 기준과 관련해서는 미소기준, 세트물품, 중립재료, 직접운송 등에 대한 규정을 두고 있다.[17]

(3) 역외가공지역위원회

개성공단 생산제품에 대해서 우리 측은 특혜관세 혜택을 부여하여야 한다는 주장을 하였으나, EU 측의 반대로 성사되지 못하고, 협상 마지막 단계에서 「한·미 FTA」에서 합의한 방식을 참고하여 양측이 '한반도역외가공지역위원회'를 구성하고, 이 위원회에서 역외가공지역 운영에 대한 세부사항을 결정하는 것을 내용으로 합의를 해 「원산지 제품의 정의 및 행정협력의 방법에 관한 의정서」 부속서 4에 다음과 같은 규정을 두었다.

부속서 4 한반도역외가공지역위원회

1. 대한민국의 헌법상 위임 및 안보이익과 한반도의 평화와 번영의 증진을 위한 양 당사자의 약속, 그리고 그 목표를 향한 남북한 간의 경제협력의 중요성을 인정하면서, 한반도역외가공지역위원회가 제15.2조(전문위원회) 제1항에 따라 설치된다. 위원회는 한반도에서의 상황이 역외가공지역들의 설립 및 개발을 통한 추가적 경제개발에 적절한지 여부를 검토한다.

2. 위원회는 양 당사자의 공무원들로 구성된다. 위원회는 이 협정 발효 1주년이 되는 일자에 회합하며, 그 후 매년 최소 1회 또는 상호 합의하는 대로 어느 때나 회합한다.

3. 위원회는 역외가공지역들로 지정될 수 있는 지리적 구역들을 결정한다. 위원회는 그러한 역외가공지역이 위원회가 수립한 기준을 충족하였는지 여부를 결정한다. 위원회는 또한 역외가공지

발효와의 차이가 큰 것은 아니다.

17 구체적인 내용은 「원산지제품의 정의 및 행정협력의 방법에 관한 의정서」 참고.

역의 지리적구역내에서 원산지 최종상품에 추가될 수 있는 총투입가치의 최대한도를 설정한다.

7) 한·미 FTA

(1) 협정 체결

한·미 FTA는 2007년 4월 2일 협상이 타결이 되었다가 상당 기간의 추가 협상을 거쳐 2010년 11월 30일부터 12월 3일 사이에 미국 메릴랜드주 컬럼비아시에서 개최된 한·미 FTA 통상장관 회의에서 추가 협상이 타결되었고, 2011년 2월 10일 추가 협상 합의문서에 대한 서명 및 교환이 이루어졌다. 이후 미국에서는 2011년 10월 12일 상·하원 본회의에서 이행법안이 통과되었고, 2011년 10월 21일 오바마 대통령이 한·미 FTA 이행법안에 서명을 하였다.

우리나라의 경우에는 2011년 11월 22일 「한·미 FTA」 비준 동의안과 14개 관련 부수법안이 국회에서 통과되었다. 「한·미 FTA」는 협정문 제24.5조 제1항에 따라 양국이 각자의 법적 요건 및 절차를 완료하였음을 증명하는 서면 통보를 교환한 이후 60일 후 또는 양국이 합의하는 다른 날에 「한·미 FTA」가 발효되게 되어 있는데, 2012년 2월 21일 발효 일자에 관한 양국 합의문 교환에 따라 2012년 3월 15일 발효되었다.

(2) 원산지 판정기준

「한·미 FTA」는 「한·EU FTA」와 마찬가지로 FTA 특혜 원산지 판정기준 중 완전생산기준, 실질적변형기준 등 원산지 판정의 일반 원칙은 협정문(제6장)에서, 각 품목에 대한 개별적 원산지 판정기준은 부속서(부속서 4-가 섬유 및 의류 품목별원산지규정, 부속서 4-나 상업적인 물량으로 이용 가능하지 아니한 섬유원료·원사 및 원단, 부속서 6-가 일반 주해 품목별 원산지규정 등)에서 규정하고 있다.

부속서에 규정된 품목별 원산지 기준에서는 약 5000여 개(HS 6단위 기준)의 각 품목별 생산과정, 교역 패턴과 글로벌 아웃소싱 환경을 반영한 정교한 원산지 판정기준을 마련하고 있다. 실질적변형기준에 대해서는 품목별로 세번변경기준, 부가가치기준 또는 주요공정기준 등을 규정하였다.

역내 부가가치 계산 방법으로는 생산자인 기업이 '공제법'과 '집적법'을 선택적으로 사용할 수 있도록 하였다. 생산 관련 보충적 기준으로는 미소기준, 누적기준, 세트물품, 간접재료에 관한 규정을, 수출입 관련 보충적 기준으로는 대체 가능 재료 및 물품, 통과 및 환적 등에 관한 규정을 두고 있다.

(3) 한반도역외가공지역위원회 규정

개성공단 생산품의 원산지 문제에 대하여 한·미 간에 최종적인 합의점을 도출하지 못하고 빌트인(built-in) 방식으로 논의하기로 하여 부속서에 다음과 같은 역외가공지역위원회에 관한 규정을 두었다.[18]

부속서 22-나 한반도역외가공지역위원회

1. 대한민국의 헌법상 위임 및 안보 이익과, 미합중국의 상응하는 이익을 인정하면서, 양 당사국은 한반도역외가공지역위원회를 설립한다. 위원회는 한반도에서의 상황이 역외가공지역들의 설립 및 개발을 통한 추가적 경제개발에 적절한지 여부를 검토한다.

2. 위원회는 각 당사국의 공무원들로 구성된다. 위원회는 이 협정 발효 1주년이 되는 일자에 회합하며, 그 후 매년 최소 1회 또는 상호 합의하는 대로 어느 때나 회합한다.

3. 위원회는 역외가공지역들로 지정될 수 있는 지리적 구역들을 확인한다. 위원회는 역외가공지역으로부터의 상품이 이 협정의 목적상 원산지 상품으로 간주될 수 있기 전에 충족되어야 하는 기준을 수립한다. 그 기준은 다음을 포함하나 이에 한정되지 아니한다.

   - 한반도 비핵화를 향한 진전
   - 역외가공지역들이 남북한 관계에 미치는 영향, 그리고
   - 그 역외가공지역에서 일반적인 환경 기준, 노동 기준 및 관행, 임금관행과 영업 및 경영 관행. 이 경우 현지 경제의 그 밖의 곳에서 일반적인 상황 및 관련 국제규범을 적절하게 참고한다.

4. 위원회는 그러한 역외가공지역이 위원회가 수립한 기준을 충족하였는지 여부를 결정한다. 위원회는 또한 역외가공지역의 지리적 구역 내에서 원산지최종상품에 추가될 수 있는 총 투입 가치의 최대한도를 설정한다.

5. 위원회의 일치된 동의에 따라 내려진 결정은 양 당사국에게 권고되며, 양 당사국은 역외가공지역들에 대하여 이 협정의 개정을 위한 입법적 승인을 구할 책임을 진다.

---

[18] 빌트인 방식은 우루과이라운드 다자 협상 때부터 국제통상 분야에서 사용된 용어로 각 국가의 이해 차이로 수년 내 다시 협상을 하자는 어젠다만을 정해놓은 협상 방식을 의미한다.

이 규정에 대해서는 보는 시각에 따라 긍정적인 평가와 부정적인 평가가 공존하고 있다.

2007년 4월 2일 이와 같은 내용의 협상이 타결되었을 당시 개성공단 입주기업 대표들은 "이번 한미 FTA협상에서 그동안 많은 논란에도 불구하고 개성공단 생산제품에 대하여 역외가공방식에 의한 한국산으로 인정받을 수 있는 중요한 토대를 마련한 것은 매우 고무적이다"며 "정부의 적극적인 노력으로 소기의 성과를 거둔 것과 미국 측이 애초에 비해 상당히 진전된 입장을 보인 것은 향후 개성공단 발전을 위한 획기적인 계기가 될 것임을 확신한다"라고 긍정적인 평가를 한 바가 있다.

그러나 역외가공위원회 규정에 따르면 결국 개성공단을 역외가공지역으로 지정하고, 그곳에서 생산된 생산품을 한국산으로 인정하기 위해서는 최소한 이 규정에서 적시하고 있는 한반도 비핵화를 향한 진전, 역외가공지역들이 남북한 관계에 미치는 영향, 그리고 그 역외가공지역에서 일반적인 환경 기준, 노동 기준 및 관행, 임금 관행과 영업 및 경영 관행과 관련해 미국이 인정할 만한 조건을 충족시켜야 하는데, 현실적으로 이러한 조건들은 우리의 노력만으로 해결할 수 있는 문제가 아니라 북미 간 관계 개선이 최우선되는 정치적인 조건들이다. 따라서 이 규정을 통하여 미국은 여전히 개성공단에 대한 부정적인 시각을 가지고 있으며, 북한에 대한 경제제재를 계속할 의사가 있음을 분명히 한 것이라 할 것이다.

더군다나 역외가공위원회의 일치된 동의에 따라 내려진 결정은 단지 양 당사국에 권고 사항에 불과하고, 양 당사국은 역외가공지역들에 대하여 이 협정의 개정을 위한 입법적 승인을 구할 책임을 질 뿐이므로 역외가공위원회의 결정만으로 원산지 특례가 인정되는 것도 아니다. 특히 「한·미 FTA」의 효력은 남한과 미국에만 미치는 것이므로 미국의 북한에 대한 다른 경제제재 조치와는 별개의 문제라는 점도 간과해서는 안 될 것이다.

결국 개성공단 생산품의 원산지 문제와 관련된 역외가공위원회 규정은 사실상 이 위원회를 통하여 개성공단 생산품의 원산지 문제를 해결하고자 하는 의지의 구현이라기보다는 미국의 북한에 대한 새로운 압박 수단으로 판단된다. 따라서 "개성공단 제품이 한국산과 동일한 특혜관세를 부여받을 수 있는 구체적인 제도적 틀을 마련하였으며, OPZ 내에서 생산된 제품은 일정 요건하에 한국산과 동일한 특혜 관세를 부여받으며, 개성공단 외 다른 지역도 OPZ로 선정 가능하다"라는 정부의 입장은 지나치게 낙관적인 평가라고 할 수 있다.

8) 한·중 FTA

(1) 협정 체결

「한·중 FTA」는 2012년 5월 2일 협상 개시 선언 이래 총 14회에 걸친 협상을 거쳐 2014년 11월 10일 협상이 타결되었고, 2015년 2월 25일 가서명을 거쳐 2015년 6월 1일 정식 서명되었다. 이후 2015년 11월 30일 국회에서 비준 동의안이 통과되었고, 2015년 12월 20일 발효되었다.

(2) 원산지 판정기준

원산지 판정의 기본 원칙, 원산지 증명 등 FTA 특혜 원산지 판정의 일반 기준 및 절차는 협정문에서, 개별 품목에 대한 품목별 원산지 기준(Product Specific Rules of Origin: PSR)은 부속서에서 규정하고 있다. 협정문 제3.2조에 의하면 당사국의 원산지 상품으로 간주되는 상품에 대하여 ① 상품이 전적으로 당사국에서 완전하게 획득되거나 생산되는 경우, ② 상품이 원산지 재료로만 전적으로 당사국에서 생산되는 경우, ③ 상품이 비원산지 재료를 사용하여 전적으로 당사국에서 생산되고 부속서 3-가에 합치되는 경우의 세 가지로 정하고 있다. 보충적 원산지 기준으로 미소기준, 누적, 불인정공정, 대체재, 간접재, 직접운송 등에 대하여 규정하고 있다.

(3) 역외가공 규정

협정문 제3.3조 제1항은 "제3.2조의 규정에도 불구하고, 양 당사국 영역 밖의 지역[19](이하 "역외가공지역"이라 한다)에서, 부속서 3-나에 열거되고 한쪽 당사국으로부터 수출된 재료에 작업 또는 가공을 수행하고, 이후에 다른 쪽 당사국으로의 수출을 위하여 그 당사국으로 재수입된 상품은 다음을 조건으로 원산지 상품으로 간주된다"라고 규정하면서, 역외가공지역 상품을 원산지 상품으로 간주하기 위한 조건으로 비원산지 재료의 총가치가 원산지 지위를 신청하는 최종 상품의 본선인도가격의 40퍼센트를 초과하지 아니하고, 해당 당사국으로부터 수출된 원산지 재료의 가치가 그 상품을 가공하는 데 사용된 재료의 총가치의 60퍼센트 이상이 될 것을 요구하고 있다. 또한 양 당사국은 공동위원회의 산하에 역외가공지역위원회를 설립하

---

[19] 이 항의 목적상 양 당사국은 이 조에 따라 상품이 가공되는 지역이 이 협정이 서명되기 전에 한반도에 위치하고 한반도에서 운영되는 기존의 산업단지 지역으로 한정된다는 것에 합의한다.

고, 동 위원회에서 기존 역외가공지역의 확대와 추가 역외가공지역 검토 및 지정에 대한 권한을 부여하고 있다(협정문 제3.3조 제2항).

이처럼 일정 조건하에 개성공단에서의 역외가공을 인정하는 한편, 협정 발효와 동시에 특혜관세 혜택을 부여하기로 합의하였다. 부속서에서는 310개 품목(HS 6단위)에 대하여 역외가공 허용하고 있으며(부속서 3-나), 허용품목은 양국 간 합의에 따라 매년 개정 가능하도록 하였다. 수출국은 매년 역외가공지역 생산자와 생산 물품 목록을 상대국에 통보하고, 역외가공지역 생산품에 대해서는 원산지 증명서에 별도로 표시하도록 하고 있다.

5. 각 FTA의 개성공단 관련 조항에 대한 비교 검토

이상에서 살펴본 각 FTA의 개성공단 생산제품과 관련된 규정을 살펴보면, 크게 특정 요건을 충족하면 대한민국 영역에서 가공이 수행된 것으로 간주한 규정을 둔 경우와 한반도 역외가공위원회를 규정하여 구체적 원산지 요건을 추후 논의할 수 있도록 규정한 방식으로 구분할 수 있다.

전자의 경우에 해당하는 것으로는 「한·싱가포르 FTA」, 「한·EFFTA FTA」, 「한·ASEAN FTA」, 「한·인도 CEPA」, 「한·페루 FTA」, 「한·베트남 FTA」, 「한·콜롬비아 FTA」가 있고, 후자의 경우로는 「한·EU FTA」, 「한·미 FTA」, 「한·터키 FTA」, 「한·캐나다 FTA」, 「한·호주 FTA」, 「한·뉴질랜드 FTA」가 있다.

전자의 경우에 해당하는 FTA의 경우에도 그 내용을 보면 「한·싱가포르 FTA」의 경우에는 ISI 방식과 역외가공(Outward processing: OP) 방식이 모두 적용되는 반면에 나머지 FTA에서는 역외가공방식만 채택되었고, 역외가공방식만 채택된 경우에도 적용 조건과 적용 품목에 약간씩 차이가 있다.

한편 이러한 방식을 채택하지 못하고 역외가공위원회의 향후 과제로 떠넘긴 「한·EU FTA」와 「한·미 FTA」에 대하여 우리 정부는 개성공단 제품이 한국산과 동일한 특혜 관세를 부여받을 수 있는 구체적인 제도적 틀을 마련하였으며, 역외가공지역 내에서 생산된 제품은 일정 요건하에 한국산과 동일한 특혜관세를 부여받으며, 개성공단 외 다른 지역도 역외가공지역으로 선정 가능하다고 자평하고 있다.

그러나 현실적으로 그와 같은 특혜관세가 가능한지는 결국 EU 및 미국과의 협상의 성과

| 표 13-1 | FTA별 개성공단 원산지 관련 규정 비교

구분	적용 방식	적용 조건	적용 품목 수	기타 사항
한·싱가포르 FTA	ISI 방식 OP 방식	ISI 방식 한국 선적+수출 OP 방식 역외 부가가치 40% 이하, 역내산 재료비 45% 이상	ISI 방식 4625개(HS6단위) OP 방식 134개(HS10단위)	싱가포르는 원래 북한산 제품에 대하여 이미 무관세 적용
한·EFTA FTA	OP 방식	① 일반적 OP기준 역외가공 비용이 공장도 가격 10%를 초과하지 않을 것 ② 제한적 OP기준 역외 부가가치 40% 이하, 역내산 재료비 60% 이상	① 품목 제한 없음 ② 267개(HS6단위)	적용 지역을 개성공단으로 한정하지는 않았으나 시범단지 15개 업체 생산 품목을 대상 품목으로 적시
한·ASEAN FTA	OP 방식	제한적 OP 기준 역외 부가가치 40% 이하, 역내산 재료비 60% 이상	100개(HS6단위) 한국 선정 품목 중 ASEN 선정	특례에 대한 대가로 특별긴급수입제한조치, 연례 검토, 5년 후 철회 가능성 등 규정
한·인도 CEPA	OP 방식	제한적 OP 기준 역외 부가가치 40% 이하, 역내산 재료비 60% 이상	108개(HS6단위) 한국 선정 품목 중 인도 최종 선정	특례에 대한 대가로 특별긴급수입제한조치, 연례 검토, 5년 후 철회 가능성 등 규정
한·페루 FTA	OP 방식	역외 부가가치 40% 이하	100개(HS6단위) 한국선정품목 중 페루 최종 선정	적용 지역을 개성공단으로 한정, 상품 목록 개정 여지 있음, 경쟁 관계 제품 보호 위한 부속서 적용 정지가 가능하며, 5년 후 철회 가능성 규정
한·EU FTA	역외가공지역 위원회 방식	협정 발효 후 1년 시점에 구성되는 위원회에서 일정 기준 하에 구체적인 내용 결정		개성공단 외의 북한 지역도 OPZ 선정 가능
한·미 FTA	상동	상동 (위원회 관련 구체적인 협정 내용은 차이가 있음)		상동
한·터키 FTA	상동	한·EU FTA와 동일[1]		상동
한·중 FTA	OP 방식	비원산지 재료의 가치가 최종재 가격(FOB)의 40% 이하이고, 원산지 재료 가치가 총재료 가치의 60% 이상	310개(HS 6단위)	역외가공위원회에서 개성공단 외의 역외가공지역 추가 선정 가능
한·베트남 FTA	OP 방식	비원산지 투입의 총가치가 최종상품인도가격의 40% 이하[2]	100개(HS 6단위)	개성공단에 한정
한·콜롬비아 FTA	OP 방식	상동	상동	상동
한·캐나다 FTA	역외가공지역 위원회 방식	역외가공지역 위원회에서 원산지 최종상품에 추가될 수 있는 총투입가치의 최대 한도 설정		위원회에서 역외가공지역 결정
한·호주 FTA	상동	상동		상동
한·뉴질랜드 FTA	상동	상동		상동

주: 1) 터키·EU 관세동맹으로 인하여 터키는 EU의 FTA 체결 상대국과 FTA 협상 시 EU가 그 국가와 체결한 원산지규정에 맞춰야 할 의무를 부담하고 있다.

2) "비원산지 투입의 총가치"란 운송비를 포함하여 한국과 베트남의 역외에서 추가된 모든 재료 및 누적된 그 밖의 비용뿐만 아니라 역내에서 추가된 모든 비원산지 재료의 가치를 말한다.

여부에 달려 있는데, 그 과정이 순탄치만은 않을 것이고, 특히 내부적으로는 북한 핵 문제 등 정치적인 현안과 연계되어 있어 그렇게 낙관적으로 볼 수는 없을 것이다. 이상의 내용을 간략하게 정리해 보면 〈표 13-1〉과 같다.

6. 맺음말

현재의 WTO 체제에서 남북 교역의 확대와 발전, 특히 개성공단 사업의 장기적 발전을 위해서는 우리의 주요 수출 대상국인 미국, 일본 등이 취하고 있는 북한에 대한 고율의 관세 문제가 해결되어야 한다. 이를 위해서는 장기적으로는 북한이 시장경제 체제로 전환을 하고 WTO에 가입하는 방법이 궁극적인 해결 방법이 되겠으나, 이 문제는 단기간 내에 해결될 가능성이 희박하다.

이런 상황에서 현실적으로 채택 가능한 방법으로는 우리 정부가 적극 추진하고 있는 FTA 협상을 통하여 개성공단에서 생산되는 제품을 한국산으로 인정받는 방법이 있다. 따라서 앞으로도 FTA 협상 진행 과정에서 가급적 우리에게 유리한 방법이 채택되도록 노력하여야 할 것이다.

개성공단 생산품을 한국산으로 인정받기 위해 유리한 방식을 순서대로 살펴보면 ㉠ 적용 대상 품목이 FTA 타방 당사국의 영토에서 선적, 수출이라는 요건만을 갖추면 역내 원산지를 부여하는 ISI 방식, ㉡ 역외산 투입가치의 최대 비율을 40~50퍼센트의 높은 수준까지 허용하는 완화된 역외가공기준을 적용하는 방식, ㉢ 역외산 투입가치의 최대 비율을 10퍼센트의 낮은 수준으로 허용하는 엄격한 역외가공기준을 적용하는 방식의 순서가 될 것이다.

또한 역외가공방식을 채택하더라도 가급적 허용 역외 비율을 높이고, 역내산 재료 사용비율을 낮추도록 노력할 필요가 있으며, 적용 대상 품목도 가능한 한 많은 품목이 포함되도록 하는 한편, 더 많은 개성공단 생산품이 포함되도록 할 필요가 있다.

또한 각국과의 협상 과정에서 각 FTA에서의 원산지 관련 규정이 상이하게 될 수밖에 없으므로 정부는 개성공단에 진출하였거나 진출하고자 하는 기업들을 상대로 각 국가별 FTA에 대한 교육 등을 통하여 입주기업들이 생산 품목 선정이나 수출 전략을 제대로 활용할 수 있도록 하여야 할 것이다.

한편 미국이나 EU의 경우와 같이 역외가공 문제에 대한 협의가 이루어지지 않아 역외가공위원회를 설립해 이를 별도로 논하기로 하는 빌트인 방식을 채택하는 경우라고 할지라도, 「한·미 FTA」 협상의 경우와 같이 제도적으로는 향후 원산지 특례를 인정받을 수 있는 길이 열려 있더라도 현실적으로는 북한 핵 문제 등 정치적으로 민감한 문제 내지 당사국 간의 의사만으로 해결하기 어려운 조건이 붙어 사실상 실현이 곤란한 협상을 하는 것은 별 의미가 없다고 본다. 따라서 역외가공위원회를 설치하여 구체적인 협상을 진행하기로 하더라도 이것이 현실화될 수 있도록 관련 규정을 가급적 명확하게 하여 해석을 둘러싼 논쟁의 여지가 없도록 하고, 현실적으로 실현이 어려운 조건이 첨부되지 않도록 노력하여야 할 것이다.

제14장

금강산관광사업 재개를 위한 법적 과제*

1. 남북교류협력의 출발과 금강산관광사업

남북한 간의 교류와 협력은 사전에 충분한 법적 근거를 마련한 상태에서 출발한 것이 아니었다. 1949년 4월 2일 자 우리 정부의 '남북교역정지에관한건'의 공포에 의해 공식적으로 정지된 남북한의 교류는 1988년 7월 7일 우리 정부가 일방적으로 발표한 「민족자존과 통일번영을 위한 대통령 특별선언」을 통하여 재개의 발판이 마련되었다. 이후 같은 해 10월에는 '남북경제개방조치'를 통하여 남북한 간 교역을 인정하고, 1989년 6월에는 '남북교류협력에 관한 지침'을 제정하여 북한과의 교역이 합법적으로 추진되는 등 북한 주민과의 접촉도 성사되기 시작하였다.

그 후 현대그룹 정주영 회장이 1989년 1월 북한을 방문해 금강산 공동개발에 대하여 협의를 하였고, 이를 시발점으로 본격적인 남북한 간의 인적 교류가 시작되었다. 당시 남북 관계를 규율하는 법은 '국가보안법'이었고, 이와 같은 행정적 조치는 법적 근거가 불충분한 상태에서 시행된 것이었다. 이러한 문제점을 해결하고 남북교류의 합법적 근거를 마련하기 위하여 1990년 8월 1일 '남북교류협력법'이 제정된 것이다.[1]

---

* 이 장은 한명섭, 「금강산관광 재개를 위한 법적 과제: 법, 제도 변경과 공동위원회 구성 등을 중심으로」, 2013년도 경제정의실천시민연합 주최 남북경협 진단과 해법모색을 위한 연속토론회 발제문(2013.11.13)을 수정·보완한 것이다.

1 '남북교류협력법'의 제정에 대한 구체적인 배경에 대하여는 한명섭, 『남북 교류와 형사법상의 제 문제』(한

이러한 조치에 기초해 1990년 2월부터 약 2년간 분단 이후 처음으로 서울과 평양을 오가며 여덟 차례에 걸쳐 남북고위급회담이 개최되었고, 통일축구대회와 범민족통일음악회 같은 문화적 교류가 이루어졌으며, 기업인들의 대북 사업에 대한 관심이 고조되었다.

1994년에는 북한의 핵 문제로 교류와 협력이 잠시 중단되었으나 같은 해 10월 21일 북미 제네바 핵 협상이 타결되고, 같은 해 11월 8일 우리 정부의 '남북경제협력 활성화조치'가 발표되면서 새로운 전기를 마련하였다. 이후 남북한 간의 인적 교류는 1996년 9월 북한 잠수함 침투 사건이 발생하면서 일시적인 경색 국면을 맞이하기도 하였지만, 전반적으로는 꾸준히 증가하는 추세였다.

그러나 남북교류협력의 획기적인 전기를 마련한 것은 국민의 정부 출범 이래 시작된 금강산관광사업이었다. 1998년 4월 20일 우리 정부가 발표한 정경분리 원칙에 입각한 '남북경협 활성화 조치'에 의하여 기업인의 방북이 허용되었다. 같은 해 6월 정주영 현대그룹 명예회장 일행이 북한을 방문하여 조선아시아태평양평화위원회와 금강산관광 및 개발 사업에 대한 구체적인 합의를 하고, 11월 18일 금강호가 동해항에서 첫 출항함으로써 역사적인 금강산관광사업이 시작된 것이다.

사업 진행 과정에서 남북 관계의 변화에 따라 화해와 경색 분위기를 오가는 등 많은 어려움이 있기는 하였으나, 2003년 9월부터는 육로를 이용한 금강산관광이 가능하게 되었고 한국관광공사의 사업 참여, 한국관광공사에 대한 남북협력기금 900억 원의 정부 대출, 현대아산의 노력 등으로 금강산관광사업은 본래의 목적인 관광사업 외에도 이산가족 상봉과 사회문화 교류의 장으로서의 역할을 담당해 왔으며, 2008년 8월 금강산관광 중단 시까지 193만 4662명의 관광객이 금강산에 다녀왔다.[2]

2. 금강산관광사업의 중단과 경과

2008년 7월 11일 새벽 북한의 금강산관광지구 내 해수욕장 인근 북한의 군사통제구역에서 우리 측 50대 여성 관광객이 북한군의 총격으로 사망하는 사건이 발생하였다. 이 사건을 두

울, 2008), 114~116쪽 참고.

[2] 통일부, 《남북교류협력 동향》, 제206호(2008).

고 남과 북이 서로 상대방에게 책임이 있다고 주장을 하는 가운데 북한은 우리 측이 요구하는 공동조사에 응하지 않고 있어 아직도 사고의 구체적인 경위를 밝히지 못하고 있는 상황이며, 이 사건을 계기로 남북 교류협력의 상징으로 자리 잡은 금강산관광은 사건 다음 날인 12일 우리 정부의 금강산관광 잠정 중단 조치에 의하여 중단되었다.

이러한 문제 등을 해결하기 위해 현대그룹의 현정은 회장은 2009년 8월 10일 방북하였고, 같은 달 16일 김정일 국방위원회 위원장과의 면담 등을 통하여 이루어진 조선아시아태평양평화위원회와의 합의 내용을 같은 달 17일 공동보도문 형식으로 발표하였다. 합의 내용에는 금강산관광의 재개, 김정일 국방위원회 위원장의 특별조치에 의한 관광객의 안전보장과 이산가족 상봉 등에 대한 합의도 포함되어 있었다.[3] 한편 현정은 회장의 방북 기간 중인 2009년 8월 13일 북한 당국은 같은 해 3월 30일 북한 당국에 의하여 체포되어 136일간 억류되어 있던 개성공단의 현대아산 직원을 석방하기도 하였다. 그러나 정부는 통일부 대변인을 통하여 앞의 합의사항을 긍정적으로 평가하지만, 이 합의는 어디까지나 민간 차원의 합의이므로 이를 실현하려면 남북 당국 간 대화를 통한 구체적인 합의가 필요하다는 원칙적 입장만 발표하였다. 결과적으로 이 합의는 문제를 해결하기보다 남북 관계를 더욱 어렵게 만들었다. 형식적으로는 이 합의가 현대와 조선아시아태평양평화위원회라는 사업 주체 간의 합의이기는 하지만, 북측의 경우에는 김정일 국방위원장과의 면담을 통하여 이루어진 것이다. 그런데 우리 정부의 입장에서는 금강산관광사업 시작부터 문제가 되어온 '퍼주기 논란'과 정권 교체에 따른 우리 정부의 대북 정책의 변화, 관광객 피격 사망 사건에 의한 국민적 정서 등을 고려할 때 이 합의 내

---

3 ≪조선아시아태평양평화위원회와 현대그룹 사이의 공동보도문≫(조선중앙통신, ≪노동신문≫ 발표 내용)
  ○ 조선민주주의인민공화국 김정일 국방위원장께서는 2009년 8월 16일 평양을 방문한 현대그룹 현정은 회장 일행을 오랜 시간 접견하시고 따뜻한 담화를 하시면서 현정은 회장의 청원을 모두 풀어주시었음.
  ○ 이에 따라 조선아시아태평양평화위원회와 현대그룹은 다음과 같이 실행할 것임.
    1. 중단된 금강산관광을 빠른 시일 안에 재개하며 금강산 제일봉인 비로봉에 대한 관광을 새로 시작하기로 하였음. 김정일 국방위원장께서 취해주신 특별조치에 따라 관광에 필요한 모든 편의와 안전이 철저히 보장될 것임.
    2. 남측 인원들의 군사분계선 육로통행과 북측지역체류를 역사적인 10.4선언정신에 따라 원상대로 회복하기로 하였음.
    3. 군사분계선 육로통행이 정상화되는데 따라 개성관광을 곧 재개하고 개성공업지구사업을 활성화해 나가기로 하였음.
    4. 현대는 백두산관광을 위한 준비사업이 추진되는데 따라 관광을 시작하기로 하였음.
    5. 우리 민속명절인 올해 추석에 금강산에서 북과 남의 흩어진 가족, 친척들의 상봉을 진행하기로 하였음.
  ○ 쌍방은 역사적인 6.15공동선언과 10.4선언에 따라 북남관계를 개선하고 민족공동의 번영을 위한 협력사업을 적극 발전시켜나갈 의지를 표명하였음.

용을 그대로 실현하기는 곤란한 입장이었다. 이런 상황에서 현대그룹은 정부와의 사전 조율 없이 앞의 내용대로 합의하여 오히려 우리 정부 당국을 곤혹스럽게 하였을 뿐만 아니라 북측 입장에서도 김정일 위원장에 의하여 이루어진 합의가 무의미해졌다는 점에서 현대그룹과 우리 정부에 대하여 불만이 적지 않았을 것이다.

남북한 당국 차원에서도 금강산관광 및 개성관광 재개 문제를 논의하기 위해 2010년 2월 8일 개성공단 내 남북경제협력협의사무소에서 실무회담을 개최하였다. 그 자리에서 북한은 관광을 위해 북측 지역을 방문하는 우리 주민들의 편의와 신변안전을 완벽히 보장할 것임을 천명하면서 개성관광과 금강산관광을 각 3월 1일과 4월 1일부터 재개하자는 합의서 초안을 제시하였다. 이에 대하여 우리 정부는 관광 재개를 위한 3대 조건으로 금강산관광객 피격 사망 사건의 진상 규명과 재발방지책 마련, 신변안전보장의 제도적 장치의 마련을 제시하였으며, 구체적 방안으로 진상 규명을 위한 현장 조사, 적절한 수준의 사과, 「개성공업지구와 금강산관광지구의 출입 및 체류에 관한 합의서」의 개정과 합의서상의 공동관리위원회 설치 등을 제안하였다. 결과적으로 양측은 입장 차이 때문에 합의점을 찾지 못하고 아무런 성과 없이 실무회담을 종료하였다.

실무회담이 성과 없이 종료된 후 북한은 2010년 3월 4일 조선아시아태평양평화위원회 명의로 남한이 개성·금강산관광을 재개하지 않을 경우 모든 합의와 계약을 파기하고, 부동산 동결 등 특단의 조치를 취하겠다는 성명을 발표하였고, 3월 19일 자로 내각 산하 명승지종합개발지도국 명의의 상보를 통하여 관광 재개 여부는 남측 태도에 달려 있다고 주장하였다. 이에 대하여 우리 정부가 별다른 조치를 취하지 않자 북한은 3월 25일 "4월 1일까지 남한 당국이 금강산관광을 재개하지 않으면 특단의 조치를 하겠다"라고 하며 부동산 조사일정을 통보하였고, 같은 달 26일부터 31일까지 부동산 조사를 실시하였다. 이에 대하여 통일부는 3월 31일 북측 조치가 남북 간 합의 위반임을 지적하고, 재산권 보장이 되지 않으면 어떠한 남북협력사업도 정상적으로 이루어질 수 없다며 관광 재개를 위한 당국 간 회담을 제의하였다.

그러나 명승지종합개발지도국은 4월 13일 금강산관광지구 내 정부 소유인 이산가족면회소와 소방대, 한국관광공사 소유인 문화회관·온천장·면세점을 동결하고 그 관리 인원을 추방하였으며, 그로부터 10일이 지난 23일 이 5개 부동산에 대하여 몰수 조치를 취하고, 현대아산 등 민간 소유 부동산에 대하여 동결 조치를 실시하였다.

이후 2011년 4월 8일 명승지종합개발지도국 대변인 담화를 통하여 "조선아시아태평양평화위원회가 현대측과 맺은 금강산관광 합의서에서 현대측에 준 독점권에 관한 조항의 효력을 취소하고 북측지역을 통한 금강산관광은 북측이 맡아하되 해외사업자에게 위임할 수 있으며, 남측지역을 통한 관광은 현대가 계속 맡아한다는 입장을 현대에 통고하고 그에 대한 공식문건을 넘겨주었다. 그에 따라 조선아시아태평양평화위원회와 명승지종합개발지도국이 북측의 해당 기관에 금강산관광과 관련한 법률적 조치를 취해줄 것을 제기하였으며, 금강산관광을 새롭게 하는 것과 관련된 해당한 국가적 조치를 곧 취해지게 될 것"이라고 밝혔다. 같은 달 16일에는 명승지종합개발지도국 상보를 통하여 금강산관광 문제의 책임을 남측에 전가하면서 북한의 조치는 합의에 위반되지 않고 공화국 법과 국제관례에 부합한다고 밝혔다.

이와 같은 과정을 거친 후 북한은 2011년 5월 31일 최고인민회의 상임위원회 정령 제1673호로 '금강산국제관광특구법'을 제정하였다. 또한, 최고인민회의 상임위원회 결정으로 2011년 9월 6일에는 '기업창설·운영규정'을, 같은 해 11월 29일에는 '세관규정', '출입·체류·거주규정', '환경보호규정'을, 2012년 6월 27일에는 '보험규정', '관광규정', '세금규정'을, 2012년 12월 3일에는 '노동규정'을, 2013년 4월 4일에는 '부동산규정'을, 2014년 11월 20일에는 '공인규정'을, 2014년 12월 10일 '검역규정'을, 2018년 9월 24일 '벌금규정'을 채택하였다. 이로써 기존의 '금강산관광지구'는 없어지고, 그 자리에 '금강산국제관광특구'와 금강산국제관광특구 법체계가 새롭게 구축되었다.

3. 금강산관광 재개를 위한 법적 과제와 해결 방안

1) 개요

2010년 2월 8일 개성공단 내 남북경제협력협의사무소에서 개최된 당국 간 실무회담 때까지만 해도 금강산관광 재개를 위한 우리 정부의 조건은 이 3대 선결 요구사항뿐이었고, 이 문제만 해결되면 되는 것이었다.

하지만 그 이후에 취하여진 우리 정부의 5·24 조치, 북한의 관광지구 내 재산 동결과 몰수 조치, 금강산국제관광특구 법제로의 전환에 따른 법제도적 문제 등이 법적 해결 과제로 추가되었다. 더 나아가 2019년 4월 현시점에서는 유엔 안전보장이사회와 미국 등 국제사회의 대북 제재로 인해 북핵 문제 해결에 대한 구체적인 성과가 없는 한 남북한 간의 합의만으로는 사실상 재개가 매우 어려운 상황이다. 금강산관광사업이 재개되려면 유엔의 대북 제재 문제가 최우선적으로 해결되어야 할 과제이나 편의상 원인 발생 순서에 따라 재개를 위한 해결 방안을 검토해 보기로 한다.

2) 피격 사망 사건과 관련한 3대 선결 조건의 문제

금강산관광객에 대한 피격 사망 사건은 정확한 진상 규명이 되지 못한 상태이다. 다만 그동안 밝혀진 내용을 정리하면 2008년 7월 11일 새벽 북한의 금강산관광지구 내 해수욕장 인근 북한의 군사통제구역에서 우리 측 50대 여성 관광객이 북한군으로부터 총격을 받아 사망하였다. 이에 대하여 남과 북은 서로 상대방에게 책임이 있다고 주장하는 가운데 북한은 우리측이 요구하는 공동조사에 응하지 않아 아직도 사고의 구체적인 경위를 밝히지 못하고 있다. 사건 발생 직후인 7월 25일 정부합동조사반이 11일간에 걸친 조사 끝에 발표한 중간조사 결과를 보더라도 사망시간과 장소도 정확하지 않다. 정부합동조사반은 이 사건의 우발성 여부에 대해서도 현장 조사가 이뤄져야만 최종적으로 판단할 수 있다며 판단을 유보하였다.

금강산관광객에 대한 신변안전보장은 기본적으로 남북 당국 간에 2004년 1월 29일 체결하여 2005년 8월 5일 발효된 「출입체류합의서」에 의해 보장되고 있었다. 따라서 북한은 금강산관광객에 대한 신변안전과 무사귀환 의무가 있는 것이고, 이 피격 사망 사건은 금강산관광객에 대한 이 의무를 위반한 것으로 보아야 할 것이며, 적어도 진상 규명을 위해 우리 측의 공동조사 요구를 받아들이는 것이 합리적인 처사라고 생각한다. 또한 실무회담에서 우리 측이 제시한 3대 조건인 진상 규명과 재발방지책 마련, 신변안전보장의 제도적 장치 마련은 관광 재개를 위한 최소한의 요구사항이라고 할 수 있다.[4]

이에 대하여 북한은 우리 관광객이 규정을 어기고 자신들의 군사통제구역 안에 불법 침입하였다가 일어난 불상사이고, 자신들로서는 이에 대하여 여러 차례에 걸쳐 구체적으로 해명하고 사건 발생 직후 남측 관계자들과 함께 공동 현장 조사도 하였다고 주장하고 있으며, 신변안전과 재발방지 문제에 대하여서도 현정은 회장 방북 시 최고의 수준에서 담보해 주었고, 실무회담을 통하여서도 당국 선에서 거듭 확답을 주었다는 입장이다.[5] 또한 북측이 구체적인 주장을 하지는 않았지만 「출입체류합의서」의 적용범위와 관련하여 이 합의서 제11조(지구와 지구

---

4   「출입체류합의서」에 대한 구체적인 보완 방안은 제15장 북한 체류 남한 주민의 신변안전보장 방안 참고.
5   2010년 3월 4일 자 조선아시아태평양평화위원회 대변인 담화문.

밖 북측지역 사이의 출입)가 "인원과 통행차량이 지구에서 지구 밖의 북측 지역을 출입하거나 지구 밖의 북측 지역에서 지구에 출입하는 경우에는 북측이 별도로 정한 절차에 따른다"라고 규정하고 있는 점을 들어, 이 사건의 경우에는 「출입체류합의서」의 적용 대상이 아니라는 주장을 할 수도 있다.

앞에서 살펴본 남북 간의 주장에서도 남북 간의 법과 제도에 대한 인식의 차이를 엿볼 수 있다. 법치주의 국가인 우리 입장에서는 재발방지 약속과 신변안전보장 문제는 남북 간 새로운 합의서나 기존 「출입체류합의서」의 미비점을 보완하기 위한 수정합의서 혹은 부속합의서의 체결을 필요로 하는 것이지만, 북한 입장에서는 김정일 국방위원회 위원장의 특별 조치로 이미 구두로 약속을 한 것이므로 이에 대한 문서화는 불필요하다고 주장하는 것으로 보인다. 하지만 현재는 구두 약속을 한 김정일 국방위원회 위원장이 사망을 한 상태이므로 김정은 국무위원회 위원장으로부터는 별도로 합의서를 요구할 수 있는 여지가 있다고 본다.

또한 금강산 관광객 피격 사망 사건과 같은 불상자가 또다시 발생하지 않도록 하려면 금강산관광지구 경계에 관광객의 관광지구 이탈 방지를 위한 분리 펜스를 확실하게 설치하고 경고 표지판도 설치하고, 관광객들에게 지구 밖으로 이탈 및 여러 가지 사건 발생에 대비한 행동요령 숙지 등 관광객들에게 필요한 교육을 강화할 필요가 있다.[6]

3) 북한의 부동산 동결 및 몰수 조치에 대한 해결

북한은 자신들이 취한 부동산 동결이나 몰수 조치에 대하여 그 구체적인 법적 근거를 제시하지 않고 있다. '금강산관광지구법' 제4조는 "관광지구에서의 관광 및 관광업 그 밖의 경제활동은 '금강산관광지구법'과 그 실행을 위한 규정에 따르고, 법규로 정하지 않은 사항은 중앙관광지구지도기관과 관광지구 관리기관이 협의하여 처리한다"라고 규정하고 있다. 또한 '금강산관광지구법' 부칙 제2조는 금강산관광지구와 관련해 남북 사이에 맺은 합의서의 내용은 이 법과 동일한 효력을 가진다고 규정하고 있다.

따라서 부동산 동결이나 몰수조치 당시 금강산관광지구에 적용되는 법제로는 '금강산관광지구법'과 그 하위 규정 및 남북 당국 간 합의서가 있고, 남북 경제협력에 관한 일반 내용을 규정한 북한의 '북남경제협력법'도 보충적으로 적용된다고 할 것이다. 그 밖에 관광사업

---

6   신용석·최경은·한명섭, 『금강산관광 재개 관련 현황과 대응 방안』(서울: 한국문화관광연구원, 2018), 94쪽.

과 관련한 채권 채무의 내용은 사업 주체인 현대 측이 북한의 조선아시아태평양평화위원회나 민족경제협력연합회, 금강산관광총회사 등과 체결한 계약서 및 합의서의 내용에 의해 정해진다.

그러나 부동산 동결 조치는 관련 법규나 계약서 및 합의서 어디를 살펴보아도 그에 대한 직접적인 법적 근거를 찾을 수 없다. 북한 민사법이 금강산관광지구에 적용될 수 있는지는 별론으로 하더라도, 북한 민사법상으로도 우리 민사법상의 가압류 등의 보전 조치와 유사한 제도는 없다. 북한의 주장에 따르더라도 현대의 금강산관광사업에 대한 계약불이행 또는 우리 정부의 금강산관광 중단 조치로 인한 손해배상 등의 문제만 발생할 수 있을 뿐이다. 따라서 북한이 부동산 동결이나 몰수 조치에 대해 우리에게 알려지지 않은 북한재판소의 판결 등 구체적인 근거를 제시하지 않는다면 일종의 정치적 보복조치로서 아무런 법적 근거도 없는 불법행위로 볼 수밖에 없다.

이 부동산 동결 및 몰수 조치와 관련하여 또다시 제기된 문제점 중 하나는 이와 같은 북한의 부동산 동결 조치나 몰수가 불법이라 하더라도 이를 해결할 분쟁해결 방법이 마땅치 않다는 것이다.

다만 금강산관광 재개를 북한이 더욱 바라고 있고, 금강산관광 중단 이후 북한이 외자투자자나 관광객 유치를 위하여 여러 가지 노력을 해왔음에도 불구하고 아직까지 별다른 성과가 없었던 점 등에 비추어볼 때 남북한 당국의 관광 재개에 대한 합의가 이루어진다면 부동산 동결 및 몰수에 대한 취소 내지 원상회복 조치는 어렵지 않을 것으로 보인다.[7]

4) 5·24 조치의 해제

금강산관광이 중단된 이후 2010년 5월 24일 우리 정부는 같은 해 3월 26일 발생한 천안함 사건을 '대한민국을 공격한 북한의 군사도발'로 최종 결론을 내리고, 북한의 사과와 관련자에 대한 즉각 처벌을 요구하면서 북한의 책임을 묻기 위하여 취한 조치로 ㉠ 북한 선박의 「남북해운합의서」에 허용된 우리 해역의 해상교통로 이용 불허, ㉡ 영유아 지원과 개성공단 사업을 제외한 남북한 간 교역과 교류 중단, ㉢ 북한의 도발 불용 및 적극적 억제 원칙과 자위권 발

---

7   이에 대한 구체적인 내용은 한명섭, 「북한에 의한 금강산관광지구의 우리 자산 몰수·동결과 관련한 법적 쟁점 연구」, ≪통일과 법률≫, 통권 제3호(법무부, 2010.8), 48~80쪽 참고.

동, ㉓ 유엔 안전보장이사회(이하 안보리) 회부 등을 내용으로 하는 이른바 '5·24 조치'를 발표하였다.[8]

5.24 조치는 여전히 유효하다. 따라서 금강산관광 재개를 위하여서는 이 조치의 전부 또는 일부 해제가 선행되어야 한다. 5·24 조치를 해제한다고 할 경우 정부는 중단된 남북한 교역과 교류 중 금강산관광 재개만 가능하도록 할 것인지, 아니면 중단된 남북교류협력 전반에 대하여 해제를 할 것인지에 대하여 검토하여야 하는데, 이는 북한과의 관계 진전 정도에 따라 결정하면 될 것이다.

다만 5·24 조치는 천안함 폭침 사건으로 인한 것이므로 천안함 폭침 사건에 대해 국민들이 납득할 만한 북한의 사과 등 조치가 있어야 할 것이다. 그러나 북한은 천안함 사건이 자신들의 소행이 아니라고 주장하고 있어 사과를 받기는 쉽지 않다. 북한의 조치 없이 금강산관광 사업을 재개하려면 평창 동계올림픽 개최 이후 사실상 5·24 조치를 부분적으로 실효시키는 조치들이 이루어져 오고 있는 것과 마찬가지로 5·24 조치에 대한 직접적인 해제 검토는 유보하고, 남북 관계 변화에 따라 필요한 범위 내에서 금강산관광사업 재개라는 새로운 조치를 취할 수밖에 없을 것이다.

5) 금강산국제관광특구법 제정에 따른 문제

(1) 검토의 필요성

앞에서 설명한 바와 같이 북한의 '금강산국제관광특구법'의 제정으로 금강산 관련 법체계는 이전의 '금강산관광지구법' 시행 당시의 체계와는 확연히 달라졌다. 따라서 이와 같은 법체계를 그대로 인정한다면 이후 남북이 관광 재개에 대한 합의를 하고, 북한이 몰수된 부동산을 모두 돌려준다고 하더라도 기존의 '금강산관광지구법' 체제하에서와 같은 상황으로 바로 되돌아 갈 수는 없다.

남한의 개발업자가 주도하는 형태를 기본으로 한 금강산관광지구 법제를 북한이 실효시

---

8   이에 대하여 북한은 다음 날인 5월 25일 대남기구인 조국평화통일위원회가 조선중앙통신을 통하여 ① 당국 간 관계 전면 단절, ② 이명박 대통령 임기 기간 당국 간 대화·접촉 중단, ③ 모든 남북 통신연계 단절, ④ 개성공업지구 남북경제협력협의사무소 동결·철폐 및 관계자 추방, ⑤ 판문점 적십자연락대표 사업 중지, ⑥ 대북심리전에 대한 전면적인 반격 개시, ⑦ 남쪽 선박·항공기의 북쪽 영해·영공통과 전면 금지, ⑧ '전시법'에 따른 남북 관계 사안 처리 등 8개 항의 1단계 조처를 밝힌 바 있다.

킨 상황에서 금강산관광사업이 재개된다면, 그 방법으로는 기존의 금강산관광지구 법제를 원상회복시키는 방법과 현재의 금강산국제관광특구 법제에 따라 관광을 재개하는 방법 등을 생각해 볼 수 있다. 이 중 어느 방법을 택할 것인지를 살펴보려면 우선 양 법제의 내용을 비교·검토할 필요가 있다.

(2) 금강산관광지구 법제와 금강산국제관광특구 법제의 비교

① 전반적 법체계의 비교

금강산관광지구와 금강산국제관광특구의 법체계를 비교하면 〈표 14-1〉과 같다.

| 표 14-1 | 금강산관광지구와 금강산국제관광특구의 법체계 비교 |

구분	금강산관광지구	금강산국제관광특구	금강산관광지구 관련 법제 실효 여부
기본법	'금강산관광지구법'	'금강산국제관광특구법'	'금강산관광지구법' 실효
지구 지정 정령	금강산관광지구를 내옴에 대하여	국제관광특구 위치를 특구법 자체에서 규정	금강산국제관광특구로 변경되면서 지구 지정 정령 실효
기타 북한법	'북남경제협력법'(2005, '금강산관광지구법'에 보충적으로 적용된다고 해석됨)		'북남경제협력법'은 남북경제협력지대가 아니므로 국제관광특구에는 적용되지 않음. 국제관광특구에는 2003년 제정된 '경제개발구법'도 적용 배제(부칙 제2조)
하위 규정 (제정 연도)	개발규정(2003)		금강산관광지구의 10개 하위 규정은 금강산관광지구가 없어지면서 금강산국제관광특구에서는 적용될 수 없으므로 실효되었다고 보아야 함
	기업찰성운영규정(2003)	기업창설·운영규정(2011)	
	관리기관설립운영규정(2004)		
	세관규정(2004)	세관규정(2011)	
	출입·체류·거주규정(2004)	출입·체류·거주규정(2011)	
	외화관리규정(2004)		
	광고규정(2004)		
	노동규정(2004)	노동규정(2012)	
	부동산규정(2004)	부동산규정(2013)	
	보험규정(2007)	보험규정(2012)	
		환경보호규정(2011)	
		관광규정(2012)	
		세금규정(2012)	
		검역규정(2014)	
		공인규정(2014)	
		벌금규정(2018)	

관광지구 관련 합의서	「개성공업지구와 금강산관광지구의 출입 및 체류에 관한 합의서」		금강산관광지구가 없어진 것이므로 금강산관광지구에 대해서는 실효된 것으로 해석됨
	「금강산관광활성화를 위한 남북실무접촉합의서」(2008)		관리위원회 구성에 관한 내용이 포함되어 있으나 실효된 것으로 해석됨
4개 경협 합의서	• 「남북사이의 투자보장에 관한 합의서」 • 「남북사이의 소득에 대한 이중과세방지 합의서」 • 「남북사이의 상사분쟁 해결절차에 관한 합의서」 • 「남북사이의 청산 결제에 관한 합의서」		남북 사이의 일반적 합의서로 국제관광특구에서도 남북교류협력 범위 내에서는 적용된다고 보아야 함
기타 남북 합의서	• 「남북사이에 거래되는 물품의 원산지 확인절차에 관한 합의서」 • 「남북상사중재위원회 구성·운영에 관한 합의서」 • 「남북사이 차량의 도로운행에 관한 기본합의서」 • 「남북사이의 열차운행에 관한 기본합의서」 • 「동·서해지구 남북관리구역 임시도로 통행의 군사적 보장을 위한 잠정합의서」		남북 사이의 일반적 합의서로 국제관광특구에서도 적용된다고 보아야 함
현대와의 합의서			기존의 모든 합의서 자체는 유효하다고 보아야 하겠지만, 북한이 독점권 부여 조항만 실효 통보한 상태임

〈표 14-1〉에서 보는 바와 같이 '금강산국제관광특구법'의 제정으로 인하여 기존의 금강산관광지구가 없어졌으므로 금강산관광지구를 전제로 한 '금강산관광지구법'과 10개의 하위규정, 금강산관광지구를 전제로 한 남북합의서는 실효된 것으로 해석된다. 다만 현재의 '금강산국제관광특구법' 체제하에서 남한의 관광이 재개된다고 가정할 경우 일반적인 남북교류와 협력에 관한 당국 간 합의서나 독점적 조항을 제외한 현대와의 나머지 합의서는 여전히 유효하다고 해석할 수 있을 것이다.

따라서 현재의 향후 금강산국제관광특구 법제하에서 금강산관광이 재개된다면 가장 우선적으로 해결하여야 할 문제 중 하나는 「출입체류합의서」를 비롯하여 금강산관광지구를 전제로 남북 당국 간에 체결된 기존의 합의서의 효력을 회복시키는 일이다.

② 금강산관광지구법과 금강산국제관광특구법의 주요 내용 비교

'금강산관광지구법'과 '금강산국제관광특구법'의 주요 내용을 비교하면 〈표 14-2〉와 같다.

| 표 14-2 | 금강산관광지구법과 금강산국제관광특구법의 주요 내용 비교

구분	금강산관광지구법 (해당 조항)	금강산국제관광특구법 (해당 조항)	내용 비교
구성	장 구분 없이 29개조 및 부칙 3개조로 구성	6장 41개조로 구성	
사명	자연생태관광으로 발전(1)	세계적인 관광특구로 발전(1)	
지위	국제적인 관광지역으로(1), 남북경제협력자구에 해당	특별관광지구로(2) 경제특구의 하나로 평가	남북경제협력지대에서 광의의 국제경제특구의 하나로 변경
위치	정령 '금강산관광지구를 내옴에 대하여로 지정(2)	강원도 고성군 고성읍, 온정리 일부 지역, 삼일도, 해금강지역, 금강산 내금강지역, 통천군 일부지역(2)	정령과 비교해 고성군 성북리가 빠지고, 내금강 지역이 추가되었음
기본 원칙	해당 규정 없음	국제특구관광발전원칙(3), 투자 장려 및 경제활동조건보장원칙(4), 재산보호원칙(5) 규정	관광특구법에 기본 원칙을 두어 외국 투자 유치 의지를 밝힌 것으로 보임
지도기관 및 관리기관	중앙관광지도기관 지도하에 관리기관이 담당(12), 관리기관은 개발업자 추천하는 성원으로 구성하므로(12) 실제로는 개발업자가 담당	중앙금강산국제관광특구지도기관 (국제관광특구지도기관)의 지도하에 금강산국제관광특구관리위원회 (국제관광특구관리위원회)가 담당	중앙관광지도기관의 역할을 국제관광특구지도기관으로, 관리기관 (사실상 개발업자)의 역할은 국제관광특구관리위원회로 이전, 결국 사실상 관리주체가 개발업자에서 북한 당국으로 변경된 것임
법규 적용	법과 규정 적용, 법규로 정하지 않은 사항은 지도기관과 관리기관이 협의하여 처리(4), 남북합의서는 법과 동일한 효력(부칙 2), 법의 해석은 최고인민회의 상임위원회가 담당(부칙 3)	법, 규정, 세칙 적용(8)	관광지구법에는 세칙이 명시되지 않았으나 지도기관의 세칙 제정 권한이 있었음(6), 남북합의서에 관한 규정이 없어짐
개발업자	개발업자가 개발, 일정기간 관광사업 권한행사, 개발총계획 작성 및 변경, 환경보호 및 보호기준보장, 관리기관 성원 추천등 권한 보유(7~12)	개발업자 관련 규정 없음	북한 당국이 직접 관리주체가 되면서 개발업자와 관련된 모든 규정 사라짐
공동 협의 기구 조직 및 운영	관련 규정 없음	국제관광특구관리위원회, 투자가, 기업의 대표들로 구성하는 공동협의기구 조직 가능. 동 기구가 특구의 개발과 관리, 기업운영에서 제기되는 중요문제들을 협의, 조정하도록 함(13)	종전의 개발업자가 담당하던 투자가나 기업대표의 이익 대변을 공동협의관리기구가 할 수 있도록 한 것으로 보임
출입 관리	관리기관이 발행한 출입증명서로 지정된 통로로 사증없이 출입(25)	여권 또는 출입증명서로 지정된 통로로 사증없이 출입(14)	무사증제도 유지, 출입증명서 제도는 남한 관광객 염두에 두고 유지한 것으로 보임
통신	관련 규정 없음	우편, 전화, 팍스, 인터네트 같은 통신수단을 자유롭게 이용(17)	통신수단의 자유이용 허용
관광 이용자	남측 및 해외동포가 관광 주체, 외국인도 가능(2)	외국인이 관광주체, 북한 공민·남측 및 해외동포도 가능(18)	원칙적 관광이용자가 남측 및 해외동포에서 외국인으로 변경, 다만 남측 주민도 관광 가능하도록 함
관광 형태	등산, 해수욕, 휴양, 유람(3)	등산, 유람, 해수욕, 휴양, 체험, 오락, 채육, 치료 등 다양한 형식(19)	관광 형태를 다양화함

투자자	남측 및 해외동포, 다른 나라의 법인·개인·경제조직(21)	다른 나라 법인·개인·경제조직, 남측 및 해외동포, 공화국의 해당 기관·단체도 투자 가능(4)	북한 해당기관과 단체도 투자 가능하도록 함
투자 사업	관광업(여행업, 숙박업, 오락 및 편의시설업), 소프트웨어산업 같은 첨단과학기술부문 투자도 가능(21)	숙박, 식당, 상점, 카지노, 골프, 야간구락부, 치료, 오락 같은 여러 가지 관광봉사시설 투자 가능(21)	투자 사업 범위를 더 명확하게 규정
국제 행사	관련 규정 없음	국제회의와 박람회, 전람회, 토론회, 예술공연, 체육경기 같은 다채로운 행사 가능(22)	국제행사 개최 가능하도록 함(22)
관광객 준수 사항	관광객이 준수하여야 할 사항을 법에서 규정(19)	관련 규정 없음	관광객 준수사항을 별도로 정하지 않고, 막연하게 공화국의 안전을 침해하거나 사회질서를 심히 위반하였을 경우에는 해당 법에 따라 행정적 또는 형사적 책임을 지운다고 규정하여 북한의 일반형사법으로 규율 가능하게 되었음(40)
기업 창설승인· 등록	투자하려는 자는 관기기관의 기업 창설승인과 업종허가를 받아야 하며, 승인후 관리기관에 기업등록을 하고 해당기관에 세관등록과 세무등록을 하도록 함(23)	특구관리위원회가 기업창설승인을 하며, 정해진 기간 안에 기업·세관·세무등록을 하도록 함(26)	사실상 개발업자인 관리기관이 하던 기업창설허가 업무권한이 특구관리위원회로 이전
노력 채용	관련 규정 없음	북한 노력과 다른 나라 또는 남측 및 해외동포노력 채용 가능(33)	
제재	법을 어겨 관광지구 관리운영과 관광사업에 지장을 준자에게는 정상에 따라 손해보상과 같은 제재, 정상이 엄중한 경우 추방(28)	법을 어겨 특구의 관리운영과 관광사업에 지장을 주거나 피해를 준 자에게는 정상에 따라 원상복구, 손해배상, 벌금부과. 공화국 안전침해하거나 사회질서 심히 위반한 경우에는 해당 법에 따라 행정적 또는 형사적 책임(40)	관광특구법에는 민사상 피해에 대한 원상복구 및 벌금부과 근거 마련 형사책임에 대해서는 금강산관광지구는 남북 출입체류합의서에 의하여 경고, 범칙금 부과, 추방만가능하였으나 관광특구에는 적용되지 않아 북한 형사법에 의한 처벌 가능
기타 신설 규정		교통보장(23), 지사·대리점·출장소 설립(28), 돈자리 개설(29), 외화유가증권의 거래(30), 외화의 반출입과 송금 및 재산반출(35), 물자의 반출입(37), 관세면제 및 부과대상(38), 인원·수송수단의 출입과 물자의 반출입조건보장(39)	
분쟁 해결	협의·남북간 합의한 상사분쟁 해결절차·(북한)중재·재판(29)	협의·당사자가 합의한 중재절차·북한 재판(41)	국제관광특구법 체계하에서 현대가 사업을 할 경우 남북상사분쟁 해결절차도 당사자가 합의하면 이용가능할 것으로 해석됨

〈표 14-2〉와 같이 '금강산관광지구법'과 '금강산국제관광특구법'의 가장 큰 변화는 '금강산관광지구법'에서의 개발업자 역할 및 개발업자가 추천하는 성원으로 구성하기로 한 관리기관(관리위원회)의 역할을 북한 당국의 기관인 국제관광특구관리위원회가 하도록 하였

다는 것이다.

비록 관광사업 중단 시까지도 관리위원회를 구성하지는 못한 상태였지만 '금강산관광지구법'에 따르면 개발업자가 추천하는 성원으로 관리위원회를 구성하고(제12조), 관리위원회가 ① 관광계획의 작성, ② 관광자원의 조사와 개발, 관리, ③ 관광선전과 관광객 모집, 관광조직, ④ 투자유치와 기업의 창설승인, 등록, 영업허가, ⑤ 토지리용권, 건물, 윤전기재의 등록, ⑥ 관광지구하부구조 시설물의 관리, ⑦ 관광지구의 환경보호, 소방대책, ⑧ 남측지역에서 관광지구로 출입하는 인원과 수송수단의 출입증명서 발급, ⑨ 관광지구 관리기관의 사업준칙 작성, ⑩ 관광지구 관리운영 사업정형과 관련한 보고서 제출, ⑪ 이밖에 중앙관광지구 지도기관이 위임하는 사업에 대한 임무를 담당하도록 되어 있었다(제13조).

그런데 이와 같은 개발업자의 지위가 사라지고, '금강산국제관광특구법'에 따라 북한 당국에 의해 설치된 국제관광특구관리위원회가 현지집행기관으로서 이와 같은 업무를 담당하도록 변경된 것이다.

나머지 조문의 변경은 대체로 운영 주체가 개발업자로부터 북한 당국으로 넘어가면서 그 역할 변경에 따른 조문 변경이 대부분이다. 다만 재산보호 원칙 등 기본 원칙에 관한 규정을 비롯하여 경제활동 조건을 보장하기 위한 여러 가지 규정을 신설하여 나름대로 해외 투자가나 외국인 관광객을 적극적으로 유치하기 위한 법제도적 개선 노력을 한 것으로 평가된다.

③ 하위 규정에 대한 검토

〈표 14-1〉에서 본 바와 같이 금강산관광지구의 하위 규정 10개는 효력을 상실하고 대신 '금강산국제관광특구법'의 하위법규로 2018년 12월 현재까지 12개의 규정이 최고인민회의 상임위원회 결정으로 제정되었다. 그중 금강산관광지구 하위 규정과 비교하여 변화된 주요 내용만 간략히 살펴보고자 한다.

'기업창설·운영규정'은 '금강산국제관광특구법'의 내용에 따라 기업의 창설승인과 등록을 국제관광특구관리위원회 업무로 규정하고(제9조), 투자 대상에 카지노업, 골프장업, 경공업, 농업 부문 등을 포함시켜 그 범위를 확대하였으며(제4조), 등록자본에 대해서는 총투자액의 10퍼센트 이상이던 것을 총투자액의 30퍼센트 이상으로 상향 조정하였다(제8조).

'출입·체류·거주규정'은 법에서 관광 대상에 포함시킨 북한 공민에게도 이 규정이 적용되도록 하였고, 기존 규정에 없던 비행기를 이용한 출입 경로에 관한 규정을 추가하였다. 반면 기존 규정에 있던 체류등록대상 제외에 관한 규정(제17조)과 인신·주택불가침 및 인신보호에 관한 규정(제29조)이 삭제되었다.

'세관규정'은 북한 공민에게도 규정이 적용되도록 하였고(제2조), 세관 설치 지역도 통로의 다양화에 따라 해당 국제비행장과 철도역, 항, 유상출입통로 등으로 확대되었다(제3조). 기존 세관규정에 있던 운송수단등록증 발급(제17조), 반출입신고서제출(제18조), 위탁가공 관련 가공물자반출입신고서 제출(제19조), 휴대품 검사(제24조)에 관한 규정이 없어졌고, 세관과 관리기관이 협의하여 정하도록 한 세관요금을 국가가격제정기관이 정하도록 하였다(제30조).

'보험규정'은 기존 규정에는 없던 보험의 종류를 인체보험, 재산보험, 책임보험으로 분류하고(제3조), 의무보험의 대상이 변경되었다(제6조).

'노동규정'은 채용원칙에서 16세 미만 미성인을 채용할 수 없도록 하는 규정이 추가되었다(제3조 제2항). 노동보수와 관련해서는 기존에는 월 최저임금을 미화 50달러로 하고 매년 5퍼센트를 초과하지 않는 범위에서 관광지구관리기관이 중앙관광지구지도기관과 협의하여 정하도록 하고 있던 것을 최저임금에 대한 구체적 금액을 명시하지 않고 국제관광특구관리위원회와 국제관광특구지도기관이 협의하여 정하도록 하였다(제24조). 규정위반 시 벌금액도 미화 100~2,000달러에서 300~3,000유로로 상향 조정하였다(제45조). 분쟁해결은 당사자 협의로 해결이 안 되면 노동중재절차로 해결하도록 하였던 것을 조정, 중재, 재판의 방법으로 해결하도록 다양화하였다(제46조).

'부동산규정'은 전반적으로 부동산 등록 관련 규정에 변화가 있었고, 부동산 권리자의 처분 관련 권한이 더 불리하게 변경되었다. 기존 '부동산규정'은 토지이용권 취득과 건물소유권 취득 시 등록 절차를 거치도록 하고, 부동산 양도와 저당은 등록하여야만 효력이 발생하며, 등록하지 않을 경우 벌금 등의 제재를 부과하도록 하고 있었다. 하지만 새로 제정된 '부동산규정'에는 "부동산의 양수자와 저당권자는 해당계약을 체결한 날부터 15일 안으로 국제관광특구관리위원회에 등록하여야 한다고 규정하고 있을 뿐 효력발생에 관한 규정은 삭제되었다(제18조 제2항). 토지 처분과 관련하여 토지임대료를 납부하지 않거나 계약상 정해진 투자 몫을 투자하지 않았을 경우에는 제3자에게 토지를 매매, 교환, 증여, 재임대, 저당할 수 없고(제17조), 토지이용권을 취소할 수도 있다(제36조). 기존 규정에 있던 부동산 경매와 입찰제도를 폐지하였다. 다만 저당권자는 저당기간 안에 저당자가 채무상환을 하지 못할 경우 국제관광특구관리위원회에 저당물을 처분해 줄 것을 신청할 수 있고, 국제관광특구관리위원회는 저당물을 처분하였을 경우 저당권자에게 해당한 채무 몫을 상환하고 나머지는 저당자에게 돌려주도록 규정하고 있다(제25조). 천연자원과 매장물을 비법적으로 채취하였을 경우, 토지의 용도를 제멋대로 변경하였거나 정해진 토지면적으로 초과하여 이용하였을 경우, 토지이용증 없이 토지를 이용하거나 양도 또는 저당하였을 경우에는 벌금을 물리도록 하고 있으나(제35조) 벌금액의 상한과 하한은 정하고 있지 않다. 부동산의 취득과 양도, 저당과 관련하여 발생한 분쟁은 협의의 방법으로 해결하되, 협의의 방법으로 해결할 수 없을 경우에는 중재 또는 공화국의 재판절차로 해결하도록 하고 있다(제37조).

2018년 9월 24일 제정된 '벌금규정'은 금강산관광지구 법제에는 없던 것을 새로 채택한 것이다. 다만 개성공업지구의 경우에는 북한 당국이 2006년 10월 31일 자로 '벌금규정'을 채택하였으나 우리 정부는 이 규정의 효력을 인정하지 않은 바 있다.

금강산국제관광특구법의 '벌금규정'은 특구안의 기관, 기업소, 단체와 공민, 다른 나라 또는 국제기구의 상주대표기관, 외국투자기업, 남측 및 해외동포기업, 남측 및 해외동포, 외국인에게 적용된다(제2조). 제3조(벌금적용원칙)에서는 "벌금은 위법행위를 한 당사자에게 부과한다. 둘 이상의 위법행위에 대하여 벌금을 부과하려 할 경우에는 그 가운데서 가장 무거운 위법행위에 따르는 벌금만을 부과한다. 하나의 위법행위에 대하여 이미 벌금을 부과하였거나 그 밖의 행정처벌을 적용하였을 경우에는 이중 처벌로서 벌금을 부과하거나 그 밖의 행정처벌을 적용할 수 없다"고 규정하고 있다. 벌금은 금강산국제관광특구관리위원회 해당 권한이 있는 기관이 부과한다(제4조). 국제관광특구관리위원회는 기업경영질서, 세무질서, 회계질서, 검사검역질서, 부동산관리질서, 환경보호질서, 상업봉사질서, 광고질서, 관광질서 같은 것을 어긴 행위에 대한 벌금을 취급 처리하며, 해당 권한이 있는 기관은 세관질서, 교통안전질서, 출입, 체류 및 거주질서, 보험질서 같은 것을 어긴 행위에 대한 벌금을 취급 처리한다(제5조). 벌금을 적용하려는 기관은 위법행위를 한 당사자로부터 법위반조서를 받으며 벌금제기문건을 만들어 국제관광특구관리위원회 또는 해당 권한이 있는 기관에 제기하여야 한다(제6조). 벌금은 국제관광특구관리위원회 또는 해당 권한이 있는 기관의 책임일꾼협의회에서 심의하고 결정으로 부과하며, 이들은 벌금제기문건을 받은 날부터 20일 안으로 벌금부과문제를 심의, 결정하여야 한다(제7조). 벌금부과결정을 하면 벌금통지서를 발급한다(제9조). 기관, 기업소, 단체에 부과하는 벌금은 해당 기관, 기업소, 단체와 그 단위가 거래하는 은행에 벌금통지서를 보내 집행하는데, 벌금통지서를 받은 은행은 즉시 해당 기관, 기업소, 단체의 돈자리(계좌)에서 벌금액수에 해당한 돈을 떼 내야 한다(제10조). 개별 공민에게 부과하는 벌금은 당사자와 그가 근무하는 기관, 기업소, 단체에 벌금통지서를 보내 집행하는데, 당사자가 직장에 다니지 않을 경우에는 벌금통지서를 그가 거주한 리, 읍, 구, 동사무소에 보내서 집행한다(제11조). 다른 나라 기관, 기업, 개인에게 부과하는 벌금은 당사자와 그가 거래하는 은행에 벌금통지서를 보내 집행하며, 벌금통지서를 받은 은행은 즉시 당사자의 돈자리에서 벌금 액수에 따르는 돈을 떼 내야 한다. 거래은행이 없을 경우에는 당사자에게 은행을 지정해 주어 벌금을 물게 하며, 다른 나라 기관, 기업, 개인에게 부과하는 벌금은 당일 공화국 무역은행이 발표하는 공식 환율에 따라 전환성 외화로 받는다(제12조). 세관질서, 출입질서, 교통안전질서, 관광질서, 환경보호질서를 어긴 공민과 개인에게 현지에서 직접 벌금을 부과할 수 있는데, 이 경우 벌금은 수입인지로 받고, 만일 수입인지로 받을 수 없는 부득이한 경우에는 현금으로 직접 받을 수 있다. 이를 현지벌금이라고 한다(제13조). 벌금의 한도액을 보면 ① 기관, 기업소, 단체에 부과할 수 있는 벌금한도액은 80만~8000만 원, ② 공민에게 부과할 수 있는 벌금한도액은 5000~5만 원, ③ 다른 나라 기관, 기업에 적용할 수 있는 벌금한도액은 200~10만 유로, ④ 개인에게 적용할 수 있는 벌금한도액은 20~1000유로이다(제15조). 다만, 환경을 오염시켰거나 세무질서를 어겨 엄중한 결과를 일으켰을 경우에는 제15조에서 정한 한도액보다 많은 벌금을 부과할 수 있다(제16조). 공민 또는 개인이 벌금을 내지 않았을 경우에는 당사자의 이동 또는 출국을 중지시킨다(제17조). 벌금 부과에 대하여 의견이 있는 당사자는 중앙금강산국제관광특구지도기관과 해당 기관에 신소할 수 있고, 신소를 받은 기관은 30일 안으로 조사해서 처리하여야 한다(제18조). '벌금규정'을 어기고 벌금을 부당하게 부과하였거나 벌금으로 받은 돈을 불법 처리하였을 때에는 책임 있는 일꾼에게 정상에 따라 행정적 또는 형사적 책임을 지우도록 하고 있다(제19조).

(3) 해결 방안

앞에서 살펴본 바와 같이 '금강산국제관광특구법'의 일부 조항은 '금강산관광지구법'보다 명확해졌고, 관광사업의 범위나 외국인 관광객 유치 측면에서는 종전보다 유리해진 점도 없지 않다. 그러나 무엇보다도 우리 개발업자 또는 사실상 개발업자가 구성하는 관리기관의 기존 권리와 권한이 모두 소멸되고,[9] 북한 당국이 모든 것을 결정하는 체계로 변경되었기 때문에 그 상태로는 우리로서도 관광을 재개하기 어려운 측면이 있다.

따라서 기존의 법체제로 되돌아가 개발업자의 권리를 회복하고, 개발업자 또는 우리 측이 구성하는 관리위원회의 설치를 통하여 북한 당국을 상대로 남측의 입장을 대변할 수 있도록

---

[9] 관리기관의 경우 법과 규정에서 관리기관에 관한 규정이 되어 있었고, 2008년 2월 5일 자 「금강산관광 활성화를 위한 남북 실무접촉 합의서」에서 금강산관광지구에 '금강산 관리위원회'를 설치하기로 합의한 바 있음에도 불구하고 실제로는 관리위원회가 구성되지 않았었다.

하여야 한다.

이를 위해서는 몇 가지 방법이 있을 수 있다.

첫 번째는 북한이 '금강산국제관광특구법' 및 하위 규정을 모두 폐지하고 기존의 '금강산 관광지구법' 및 하위 규정 등을 다시 유효한 것으로 하는 별도의 법적 조치를 취하는 방법이다. 특히 개발업자인 현대의 입장에서는 독점권 회복 등의 조치도 이루어져야 한다. 그런데 북한이 이미 제정한 법과 규정을 모두 폐지하고 기존의 '금강산관광지구법'과 하위 규정 등의 효력을 회복시키려고 할지는 미지수이다. 만일 이 방법을 택할 경우에는 새로 제정된 '금강산국제 관광특구법'과 하위 규정의 내용 중 우리에게 유리한 규정들은 '금강산관광지구법'과 하위 규정에도 반영되도록 할 필요가 있다.

두 번째 방법은 '금강산국제관광특구법'을 개정하여 이 법에서 규정하고 있는 국제관광특구관리위원회를 개발업자 내지는 남한 당국이 구성하도록 하는 것이다. 이 경우에는 「출입체류합의서」를 비롯하여 남북 당국 간에 체결된 금강산관광지구 관련 남북합의서에 다시 효력을 부여하는 조치를 하여야 한다.

세 번째 방법은 '금강산국제관광특구법'에 우선하는 별도의 남북합의서 체결을 통해 개발업자의 지위와 권리 및 관리위원회 구성권을 확보하는 것이다. 물론 이 경우에도 「출입체류합의서」를 비롯하여 남북 당국 간에 체결된 금강산관광지구 관련 남북합의서에 다시 효력을 부여하는 조치가 필요하다.

북한이 금강산관광사업 중단 이후 2014년부터 추진해 오고 있는 원산·금강산국제관광지대개발사업을 계속 추진하면서도 금강산관광지대에 대해서는 기존의 남북협력사업의 성격을 유지할 수 있는 방안이 남북한 모두 만족할 만한 방법이라고 본다면 세 번째 방법이 가장 현실성 있는 방안이라고 본다.[10]

한편 '금강산국제관광특구법'의 개정 또는 별도의 남북합의서에 따라 금강산국제관광특구 법제하에서 우리 측 성원으로 관리위원회를 구성할 수 있게 되더라도 기존의 '금강산관광지구법'에서와 같은 관리위원회의 사업준칙 제정권은 회복되지 않는다. 금강산국제관광특구

---

10 북한 최고인민회의 상임위원회는 세계적인 관광지로 변모되는 원산지구와 조선의 명산 금강산을 비롯한 동해 명승지들에 대한 국제관광을 더욱 활성화한다는 목적을 밝히며 2014년 6월 11일 이 지대를 '원산·금강산국제관광지대로 할데 대한 정령' 제48호를 채택· 공포하였다. 원산·금강산국제관광지대에는 원산지구, 마식령스키장지구, 울림폭포지구, 석왕사지구, 통천지구, 금강산지구가 포함되며 면적은 400여 제곱킬로미터이다. 조선대외경제투자협력회원회 편찬, 『조선민주주의인민공화국 투자안내』, 110쪽.

법제에는 사업준칙 제정이 관리위원회의 권한으로 명시되어 있지도 않고 적용 법규에도 포함되어 있지 않다. 이는 금강산관광지구 법제에서 비록 최하위의 법규지만 남북이 공동으로 행사할 수 있었던 입법권을 금강산국제관광특구 법제에서는 행사할 수 없게 되었다는 것을 의미한다.

6) 공동위원회 구성 및 기타 법제도적 보완 과제

금강산관광사업에서 제기되는 법적 문제점으로는 앞에서 본 신변안전보장에 관한 문제 외에도 부동산 동결 및 몰수 과정에서도 나타난 분쟁해결 절차, 3통 문제 해결 등 여러 가지가 있다. 이는 금강산관광사업에서만 제기되는 문제는 아니고 개성공단 사업을 비롯하여 전반적인 남북교류와 협력 과정에서 나타났던 문제이다.

이 문제들에 대해서는 2013년 8월 개성공단 사업 재개와 더불어 시작된 개성공단사업 재개를 위한 협상 과정에서 체결된 「개성공단 남북공동위원회 구성 및 운영에 관한 합의서」에 의해 구성된 남북공동위원회에서 일부분 협상이 진행되다가 중단된 상태이다. 따라서 만일 개성공단 사업 재개와 앞서 말한 남북공동위원회 활동이 먼저 재개된다면 협상 범위에 금강산관광 재개에 관한 의제를 추가하거나 별도로 금강산관광 재개를 위한 남북공동위원회를 구성하여 운영하도록 할 필요가 있다.

적어도 개성공단 남북공동위원회 산하 분과위원회인 출입·체류 분과위원회, 투자보호 및 관리운영 분과위원회, 통행·통신·통관 분과위원회의 협상 과정에서 그 개선 내용이 향후 금강산관광에까지 확대·적용될 것을 염두에 두고 협상을 진행하도록 해야 한다. 이를 통해 남북교류협력 과정에서 발생한 법제도적 문제점들에 대한 해결책을 마련하고, 향후 추이를 보아 금강산관광 재개를 위한 별도의 공동위원회를 구성하여 개성공단 남북공동위원회를 통하여 개선된 제도적 성과를 금강산에도 적용되도록 하면 될 것이다.

기존의 금강산관광지구 법제가 회복되거나 '금강산국제관광특구법'의 개정 또는 별도의 남북한 합의를 통하여 금강산관광지구 법제와 유사한 법제도 상태에서 사업이 재개된다면 개성공단과 달리 거의 모든 것을 개발업자가 처리하던 기존의 금강산관광사업 체계를 벗어나 우리 측 성원으로 구성된 관리위원회를 조속히 구성하여 운영할 필요가 있다. 개발업자 입장에서는 관리위원회의 설치·운영이 독자적인 사업 운영에 걸림돌이 된다고 생각할 수도 있다. 하지만 남북한 교류협력 법제가 충분히 구축되지 않은 현재의 남북한 상황을 고려할 때 지속 가능한 사업 유지를 위해서는 일정 부분 정부의 개입과 지원이 필요하기 때문이다.

7) 유엔 안전보장이사회 대북 제재 문제

북한에 대한 유엔안전보장이사회 제재 결의는 결의 제1695호와 제1718호를 통하여 구체화되기 시작하였고, 그 이후 결의를 통해 누적적으로 제재의 정도가 강화되고 있다. 제재 조치의 구체적인 내용은 결의 제1718호에 의해 구성된 제재위원회(Security Council Committee Pursuant to Resolution 1718)가 정할 수 있도록 위임하고 있으며, 결의 제1874호에 따라 설치된 전문가 패널(Panel of Experts)이 제재위원회 사무를 보조하고 있다.

유엔안전보장이사회 결의에 따른 조치 중에서 금강산 관광사업 재개와 관련하여 가장 문제가 되는 것은 금강산 관광 대가와 관련된 제반 금융제재 조치이다. 금융제재 조치는 다시 대량 현금(bulk cash) 등 금융서비스 제공 금지, 금융기관의 은행계좌 개설 금지, 무역을 위한 금융서비스 제공 금지로 구분해 볼 수 있다.[11]

먼저 대량 현금 등 금융서비스와 제공과 관련해서 살펴보면 결의 제2087호는 북한으로 유입되는 대량 현금이 유엔 대북 제재 회피를 위한 수단으로 사용되는 것을 개탄한다(deplore)는 수준이었다(제12항). 그러나 제2094호에서는 회원국들은 북한의 핵 또는 탄도미사일 프로그램, 또는 결의 제1718호, 제1874호, 제2087호 및 제2094호 결의상 금지된 여타 활동이나 부과된 조치들을 회피하는 데 기여할 수 있는 금융 서비스 또는 자국 영토에 대해, 자국 영토를 통해 또는 자국 영토로부터 이루어지거나, 자국 국민, 자국법에 따라 조직된 단체(해외 지부 포함), 자국 영토 내 개인 또는 금융기관에 대해 또는 이들에 의해 이루어지는 대량 현금을 포함한 어떠한 금융·여타 자산 또는 재원(any financial or other assets or resources, including bulk cash)의 제공을 방지할 것을 결정한다(decide)고 결의하였다(제11항). 제2270호에서는 제2094호와 같은 취지로 금(gold)의 이전에 대한 우려를 표명하였다(제37항).

다음으로 금융기관 및 계좌개설 등과 관련해서 살펴보면 결의 제2270호는 회원국의 법을 적용받는 금융기관은 북한 내에 지점, 사무소, 은행계좌 개설 등을 하지 못하도록 결의하였다

---

11 현실적으로는 유엔 안전보장이사회의 대북 제제 외에 특히 미국의 법률과 행정명령에 의한 대북 제재 조치의 해제도 문제가 되지만 최근 미국의 대북 경제제재는 유엔 안전보장이사회의 결의를 위한 조치의 일환이므로 이 부분에 대해서는 별도로 논의하지 않기로 한다. 미국의 독자적인 대북 경제제재 조치에 대해서는 제10장 남북교류협력 법제 개관 및 개선 과제 참고.

(제34항). 또한 핵 또는 탄도 미사일 프로그램을 비롯한 유엔 대북 제재 조치의 대상이 되는 활동에 기여할 수 있다는 믿을 만한 근거가 있는 경우에는 90일 안에 기존 사무소·은행계좌를 폐쇄하기 위한 필요한 조치를 취하도록 하고 있다. 다만, 인도주의적 지원이나 외교적 업무 또는 유엔 특별기구들의 활동과 관련된 경우에는 은행개설이 허용된다(제35항). 결의 제2321호에서는 폐쇄와 관련된 단서 조항이 사라지고 제재위원회가 개별적으로 승인하지 않는 한 결의안 통과 후 90일 내에 북한에 존재하는 지점, 사무소, 계좌를 폐쇄하기 위한 조치를 취하도록 제재 수준을 강화하였다(제31항).

마지막으로 무역 관련 금융서비스 제공 금지와 관련하여 살펴보면 결의 제2094호는 북한의 대량살상무기 개발에 전용되거나 제재 조치가 무력화될 가능성이 있는 경우에 한하여 공적금융 지원만 제공하지 않도록 하고 있었다(제15항). 그러나 결의 제2321호에서는 제재위원회의 사전 승인 없이 북한을 상대로 한 교역에 수출 보증이나 보험 등 공적 또는 사적 금융 지원을 제공하지 못하도록 제재를 강화하였다(제32항).

한편, 결의 제2375호는 " 특히 비상업적이고 이윤을 창출하지 않는 공공 인프라 사업 등 사전에 사안별로 위원회에 의해 승인받은 합작사업(joint venture) 또는 협력체(cooperative entity)가 아닌 한, 국가들이 자국 국민에 의한 또는 자국 영토 내에서 조선민주주의인민공화국 정부를 위해 행동하거나 대신하는지와 무관하게 조선민주주의인민공화국 단체 또는 개인과 신규 및 기존의 모든 합작사업 또는 협력체의 설립·유지·운영을 금지할 것을 결정하고 (decide), 또한 국가들이 사안별로 위원회에 의해 승인되지 않은 기존 합작사업 또는 협력체를 본 결의 채택 후 120일 이내 폐쇄하고, 위원회가 승인 요청을 거부한 경우 거부로부터 120일 이내 동 합작사업 또는 협력체를 폐쇄할 것을 결정하며(decide), 동 조항이 기존 중국-조선민주주의인민공화국간 수력발전 인프라 사업 및 결의 2371호(2017) 제8항에 따라 허용된 오로지 러시아를 원산지로 하는 석탄의 수출을 위한 러시아·조선민주주의인민공화국 간 라진·하산 항만 및 철도 사업에는 적용되지 않음을 결정한다(decide)"고 하여(제18항) 향후 남북한 간의 교류협력 사업은 더욱 어렵게 되었다.

결론적으로 이와 같은 유엔 안전보장이사회의 각종 제재로 인하여 금강산 관광 재개는 특히 관광 대가 지급이 대북 제재 관련 결의에 위반되는지가 문제 되며 현재의 대북 제재 수준을 보면 안전보장이사회 결의 위반으로 볼 가능성이 매우 크다고 본다. 따라서 북핵 문제에 대한 해결을 통해 안전보장이사회의 대북 제재에 대한 전반적인 완화나 해제 조치 전에 금강산관광 사업을 재개하려면 금강산관광사업 자체에 대한 예외적 허용을 받아서 추진할 수밖에 없을 것

이다.[12]

이 문제 해결을 위해 남북한특수관계론을 원용하여 우리가 유엔안전보장이사회 결의를 준수할 국제법적 의무를 회피하는 방안도 제시되고 있다.[13] 하지만 유엔안전보장이사회 결의 준수 여부는 유엔과 회원국인 대한민국의 관계에서 발생하는 국제법적 영역의 문제이므로 유엔이 남북한 특수관계론을 받아들일 가능성은 희박해 보인다.

4. 맺음말

이상에서 살펴본 바와 같이 법제도적인 측면에서만 보더라도 금강산관광사업 재개는 사업 중단 직후만 해도 우리 정부가 요구하던 신변안전보장과 관련된 3개 선결 조건의 해결만으로 가능했다. 그러나 금강산관광사업 중단 이후에 발생한 천안함 사건에 따른 5·24 조치의 해제는 물론이고, 그 후에 계속된 유엔 안전보장이사회의 대북제재결의안과 미국 등 개별 국가의 제재 등으로 인해 지금은 북핵 문제에 대한 해결 없이는 재개가 사실상 불가능한 상태이다.

일각에서는 대량 현금 문제만 해결되면 되기 때문에 현금 대신 현물을 제공하거나 관광 대가를 제3국 계좌에 맡겨두면 된다는 등의 해결책이 제시되고 있다. 하지만 유엔 안전보장이사회 결의 제2094호는 대량 현금만이 아니라 어떠한 금융·여타 자산 또는 재원의 제공을 금지하고 있다. 현재 유엔안전보장이사회의 대북 제재 수준은 북한과는 어떠한 거래도 하지 말라는 것과 다름없다. 또한 유엔안전보장이사회의 대북 제재는 최종적이고 확정적인 것이 아니다. 만일 정부가 유엔 안전보장이사회의 대북제재결의안의 틈새를 찾아 금강산관광사업 재개를 한다고 하더라도 그것이 안전보장이사회 결의에 위반되는 것인지에 대한 해석 역시 안전보장이사회에서 하게 되며, 추가 제재 결의를 통해 재개된 사업을 얼마든지 중지시킬 수도 있다. 따라서 현재의 국제사회의 제재의 틈새를 찾아 금강산관광사업 재개를 모색하는 것은 아주 무

---

12 2017.2. 발간된 전문가보고서(Expert Report)에 따르면, 2016년 유엔 산하기관(UN agencies)들의 인도적 활동을 위해 필요한 송금을 위해 북한 내 러시아은행의 banking channel에 관한 승인을 결의 제2270호 제33조에 의하여 위원회에 요청한 것으로 설명되어 있다(Report of the Panel of Expert established pursuant to resolution 1874(2009), para 280. 유욱·김세진, 「국제사회의 대북제재와 개성공단 재개가능성에 대한 법적 검토」, ≪통일과 법률≫, 통권 제31호(법무부, 2017), 43쪽.

13 구체적인 내용은 이효원, 「개성공단 재개에 관한 법적 쟁점」, ≪통일과 법률≫, 통권 제31호(법무부, 2017), 14~15쪽 참조.

모한 시도이다.

북핵 문제 해결에 대한 구체적인 성과로 유엔과 미국 등 국제사회의 제재가 해제되고 및 5·24 조치 문제가 해결된다는 전제하에 법제도적 측면에서 보더라도 관광사업 중단 사태 이후에 제정된 '금강산국제관광특구법' 체계로 인해 기존의 관광사업과 같은 형태로 되돌아가기는 쉽지 않다.

특히 이 법의 제정으로 인하여 우리 개발업자가 가지고 있던 관리위원회 구성 권한과 관리위원회의 업무가 모두 북한 당국의 국제관광특구관리위원회로 이전되어 버렸다. 이 상태에서 관광 재개가 된다면 기존의 개발업자는 물론 개발업자와 계약을 체결하고 금강산에서 사업을 하던 남한의 모든 기업이 직접 북한 당국에 다시 기업 창설 승인을 받는 등 모든 통제를 받아야 한다. 법제도 측면에서 우리 측 의사를 관철할 공식적인 창구가 없어진 것이다. 또한 「출입체류합의서」를 비롯하여 남북 당국 간에 '금강산관광지구'를 전제로 체결된 합의서도 실효된 것으로 해석할 수밖에 없다. 이 경우 특히 우리 주민에 대한 북한의 형사사법권 행사가 가능하게 된다. 이 상태라면 우리 주민의 신변안전보장 조치가 개선되는 것이 아니라 「출입체류합의서」 체결 이전의 상태로 되돌아가게 되는 것이다.

따라서 관광 재개를 위해서는 기존의 '금강산관광지구법' 체계를 회복시키거나 금강산국제관광특구 법제의 개정 또는 별도의 남북한 합의를 통하여 개발업자의 권리를 회복하고, 관리위원회를 우리 측에서 구성하여 운영하도록 하여 남북협력사업으로서의 성격을 회복할 필요가 있다. 만일 '금강산관광지구법'이 회복된다면 '금강산국제관광특구법'과 하위 규정 중 우리가 관광사업을 하는 데 유리한 규정들은 '금강산관광지구법'과 하위 규정에 모두 반영될 수 있도록 할 필요가 있다. '금강산국제관광특구법' 체계가 유지된 상태로 사업을 재개한다면 '금강산국제관광특구법'의 개정이나 이 법에 우선하는 별도의 남북합의서 체결을 통해 개발업자의 지위와 권리 및 관리위원회 구성권을 확보해야 한다.

한편, 관광사업 재개 및 시행 과정에서 발생하는 여러 가지 법제도적 문제를 해결하기 위해서는 2013년 구성된 개성공단 남북공동위원회와 같은 형태의 금강산광사업 관련 남북공동위원회의 구성이 필요할 것이다. 만일 북핵 문제 해결 및 남북관계 개선에 따라 개성공단 관련 남북공동위원회 활동이 재개된다면 기존에 논의되었던 각종 법제도의 개선 노력은 금강산관광사업 재개까지 염두에 두고 진행할 필요가 있다. 그 결과로 신변안전보장, 재산권 보호 및 투자보장, 분쟁 해결, 3통 문제 등에 대한 개선이 이루어지면 나중에라도 이러한 법제도 개선 결과를 금강산관광사업에도 적용되도록 하면 될 것이다.

현재와 같이 남북한 당국 모두가 교류협력사업에 대한 의지가 있음에도 불구하고 국제사회의 대북 제재로 인해 실제로 사업을 추진하기 어려운 상황에서 할 수 있는 일이 바로 법제도 개선 업무이다. 남북한 당국은 장차 북핵 문제 해결과 더불어 국제사회의 제재가 완화되거나 해제되어 남북한 교류협력사업이 재개될 때를 대비하여 금강산관광사업과 관련한 법제도적 문제는 물론이고 협상이 중단된 개성공단 남북공동위원회의 분과위원회 협상을 재개하여 관련 법제도를 개선할 필요가 있다. 또한 남측 주민과 기업을 개발업자나 투자자의 범위에서 배제하고 있는 '라선경제무역지대법'이나 '경제개발구법' 등도 개정을 하여 대북 제재 완화 또는 해제 시 우리가 진출할 수 있는 법적 근거를 마련하도록 북측에 요구해야 한다.

제15장

북한 체류 남한 주민의 신변안전보장 방안*

1. 머리말

1) 남북한 인적 교류 현황

분단 이후 적대적 대결 구도를 유지하던 남북은 우리 정부가 1988년 7월 7일 일방적으로 발표한 「민족자존과 통일번영을 위한 대통령 특별선언」을 통하여 남과 북이 분단의 벽을 헐고 모든 부문에 걸쳐 교류를 실현할 것을 선언함으로써 교류협력의 발판이 마련되었다. 이후 같은 해 10월에는 남북경제개방조치를 통하여 남북한 간 교역을 인정하고, 1989년 6월에는 '남북교류협력에 관한 지침'을 제정하여 북한과의 교역이 합법적으로 추진되는 등 북한 주민과의 접촉도 성사되기 시작하였다. 이에 따라 민간 기업인으로서는 현대그룹의 정주영 회장이 1989년 1월 북한을 방문하여 금강산 공동개발에 대한 협의를 한 것을 시작으로 남북한 간의 인적 교류가 본격적으로 시작되었다.

2014년 12월 말 현재 금강산과 개성 시내 관광객을 제외한 남한 주민의 북한 방문자는 총 130만 6622명에 이른다. 한편 2008년 7월 금강산에서 북한군에 의하여 발생한 관광객 피격 사망 사건을 계기로 중단될 때까지의 금강산관광객 수는 193만 4662명에 이르렀고, 2007년 12월 시작된 개성 시내 관광에는 약 1년간 11만 2033명의 남한 주민이 다녀왔다. 특히 이명

---

* 이 장은 한명섭, 『남북 교류와 형사법상의 제 문제』(한울, 2008)의 내용을 요약하면서 수정·보완한 것이다.

박 정부 출범 이후 남북 관계가 경색 국면을 맞이하고 급기야 개성관광사업과 금강산관광사업이 중단된 가운데에서도 개성공단에는 2016년 2월 가동 중단 전까지 124개 기업에서 약 800명의 남한 근로자와 약 5만 4000명의 북한 근로자가 함께 근무하고 있었다. 이에 반하여 남한을 방문한 북한 주민의 수는 1989년 이래 2014년 12월 말 현재 총 8287명에 불과하다.[1] 이처럼 남북한 주민 간의 인적 교류는 주로 남한 주민이 북한을 방문하거나 체류하는 형태로 이루어지고 있다는 데 그 특징이 있다.

2) 논의의 필요성

남북한 간의 인적 교류는 이른바 햇볕 정책을 추진한 김대중 정부 때부터 활성화되기 시작하여 이 정책을 계승한 노무현 정부에서도 지속적인 증대와 발전을 해왔다. 이명박 정부가 들어선 직후에도 비록 대북 정책의 기조에 변화가 있기는 하였으나, 개성공단사업이나 금강산 관광사업, 개성관광사업 등이 계속 진행되면서 인적 교류에 큰 변화는 없었다. 그런데 2008년 7월 11일 새벽 북한의 금강산관광지구 내 해수욕장 인근 북한의 군사통제구역에서 우리 측 50대 여성 관광객이 북한군으로부터 총격을 받아 사망하는 사건이 발생하였다. 이 사건을 두고 남과 북은 서로 상대방에게 책임이 있다고 주장을 하고 있는 가운데 북한은 우리 측이 요구하는 공동조사에도 응하지 않아 사고의 구체적 경위를 밝히지 못한 채 이 사건을 계기로 금 강산관광이 중단된 상태이다.

한편 이보다 앞선 2005년 12월 27일에는 현대아산 협력업체 직원이 금강산관광지구에서 음주 상태로 승용차를 운전하다가 북한 인민군 3명을 치어 이 중 1명이 숨지고 2명이 부상을 입는 사고가 발생하여, 해당 직원이 북한 당국에 45일간이나 억류되는 사건이 발생한 적이 있다. 이 사건을 계기로 언론에서도 남한 주민들이 북한 지역에서 범죄를 저지른 경우에 북한이 이들의 형사사건을 어떻게 처리할 것인지에 대하여 구체적으로 관심을 보이기 시작하였다. 그러나 이에 따른 정부의 별다른 후속 조치 없이 사업이 진행되어 오던 중 피격 사망 사건이 발생한 것이다. 이 피격 사망 사건이 발생하기 이전에도 금강산관광지구 내에서 관광객들이 실수로 군사통제구역에 들어갔다가 북한군 초병으로부터 제지를 받고 초병 감시하에 1시간 정도씩 억류되었다가 풀려나곤 하는 일이 수차례 있었던 것으로 밝혀지고 있다.

---

1   남북한 인적 왕래의 구체적 현황은 통일부 홈페이지(http://www.unikorea.go.kr) 참고.

그런데 이 사건에 대한 진상조사 등 문제가 해결이 되기도 전인 2009년 3월 북한에서 2건의 유사한 사건이 발생하였다. 1건은 3월 17일 북·중 접경 지역인 두만강 인근에서 탈북자 문제 등을 취재하던 미국의 커런트 TV 소속 기자인 한국계 유나 리(Euna Lee)와 중국계 로라 링(Laura Ling) 기자의 체포 사건이고, 다른 1건은 같은 달 30일 개성공단에서 현대아산 직원인 유 모 씨에 대한 체포 사건이다.

이 두 사건은 비슷한 시기에 발생하였을 뿐만 아니라 전자는 적대 행위가 주된 혐의 내용이고, 후자는 북한 체제 비난이 주된 혐의 내용이라는 점에서도 유사점이 있다. 또한 미국 여기자들은 2009년 8월 4일 클린턴 전 미국 대통령의 방북을 통하여, 현대아산 직원은 2009년 8월 13일 현정은 현대그룹 회장의 방북을 통하여 각각 석방 조치되었다는 점에서 그 석방 과정마저 유사한 형태를 취하고 있다.

그러나 이 두 사건의 구체적 처리 과정은 전혀 다른 양상을 띠고 있다. 두 미국 여기자에 대하여 북한이 자신들의 '형사소송법' 절차에 따라 수사·예심·기소·재판 절차를 통하여 2009년 6월 8일 이들에 대하여 조선민족적대죄와 비법국경출입죄에 대한 유죄를 확정하고 각 12년의 로동교화형을 선고하였다. 이 형사 절차를 진행하는 과정에서도 북한은 조선중앙통신사 보도를 통하여 이들에 대한 사법처리 과정을 발표하였고, 북한 스스로 "조사과정, 영사접촉, 대우 등은 유관 국제법들에 부합되게 하고 있다"라고 밝힌 바와 같이 미국을 대신하여 스웨덴 대사관 관계자와의 접견을 허용하고, 재판 후 가족들과 통화를 하게 하는 등 나름대로 절차적 적법성을 보장하고자 하는 모습을 보였다.[2]

이에 반하여 현대아산 직원에 대해서는 2009년 6월 19일 개최된 개성공단 관련 남북 당국 간 제2차 실무회담 시 「출입체류합의서」에 따라 조사 중이고, 이 합의서에 따라 처리할 것이라는 주장만 한 채 136일간이나 억류를 하면서도 우리 측의 어떤 형태의 접견도 허용하지 않았고, 구체적으로 어느 기관이 어떤 혐의점에 대하여 조사하고 있는지조차 알려주지 않았다.

이 두 사건을 비교해 보면 비슷한 시기에 유사한 혐의로 체포된 두 사건의 처리 과정이 이처럼 확연하게 다른 이유는 무엇인지, 북한은 북한 내에서 발생한 남한 주민의 형사사건을 어

---

2   미국 여기자 사건에 대한 구체적 내용과 분석에 대하여는 한명섭, 「북한 형사법과 개성공단 억류자 신변안전 문제」, 『금강산 관광객 피격사건과 개성공단 억류자 문제를 중심으로: 2009 남북교류협력과 신변보호 심포지엄』, 국가인권위원회·북한법연구회 공동 주최 심포지엄 자료집(2009.7.29) 참고. 미국 여기자인 유나 리는 북한에서의 경험을 바탕으로 *The World Is Bigger Now*(New York: Broadway Books, 2010)라는 책을 출간하였다.

떻게 처리하고 있는지, 북한 형사법의 내용은 우리 형사법과 어떻게 다른지에 대한 의문이 제기되지 않을 수 없다. 이와 같은 배경하에 북한에 체류하는 남한 주민의 신변안전보장을 위한 방안에 대하여 검토해 보고자 한다.

2. 북한 형사법의 문제점과 적용범위

1) 북한 형사법의 문제점

앞에서 본 바와 같이 북한을 방문하거나 체류하는 남한 주민의 신변안전보장이 문제되는 대표적인 경우는 남한 주민이 북한 내에서 북한 법질서에 위반되는 행위를 하였다고 하여 북한이 이들에 대하여 자신들의 형사사법권을 행사하는 경우라고 할 것이다. 그중에서도 특히 북한이 이들을 체포하거나 구속하는 등 신병 처리를 하는 경우가 가장 큰 문제이다. 따라서 통상 북한을 방문하거나 체류하는 남한 주민의 신변안전보장 문제는 북한의 형사법 적용범위와 관련하여 논의된다.

2004년 개정 이전의 북한 '형법'은 대외적으로 비밀문서로 취급되어 일반인들이 그 내용을 구체적으로 알 수도 없었다. 그뿐만 아니라 그 내용에 있어서도 형사사법의 대원칙인 죄형법정주의를 채택하고 있지 않았고, 심지어는 유추해석까지 허용하고 있어 자의적인 해석과 집행이 가능한 것으로 여겨졌다.[3] 이 두 가지 이유만으로도 그동안 북한 지역을 방문하거나 체류하는 우리 주민들에게 북한 형사법의 적용을 받게 해서는 안 된다는 우리 주장의 충분한 근거가 되어왔다. 그러나 2004년의 개정 '형법'은 외형상의 변화는 물론 그 내용에 있어서도 유추해석 허용 관련 조문이 삭제되었고, 제6조에서 죄형법정주의를 명문으로 채택하였으며, 각칙상의 구성요건을 더 명확하게 하고자 노력하였음을 곳곳에서 찾아볼 수 있다. 또한 2004년 『법전(대중용)』의 발간을 통하여 '형법'을 비롯한 대부분의 법률을 공개하여 법 개정 이전의 우

---

[3] 북한은 1950년 '형법' 제정 시 유추 적용을 광범위하게 인정하였다(제9조). 이후 1987년 '형법' 개정 시 원칙적으로 유추해석을 허용하면서도 일정한 요건과 제한을 두고 있었다. 즉, 제10조에서 "범죄행위를 한 경우 형사법에 그와 꼭 같은 행위를 규정한 조항이 없을 때에는 이 법 가운데서 그 종류와 위험성으로 보아 가장 비슷한 행위를 규정한 조항에 따라 형사책임을 지운다. 그러나 범죄의 종류와 위험성으로 보아 그와 류사한 행위를 규정한 조항이 없는 경우에는 형사책임을 지울 수 없으며 해당 조항에서 규정한 침해대상과 사회관계, 주관적 표징과 법인의 표징의 한계를 넘어서 류추할 수 없다"라고 규정하였다.

리 측 주장을 유지할 수 없게 되었다.

그렇지만 북한 '형법'은 이러한 외형적 변화에도 불구하고 실제 형사사법 체계가 어떻게 작동이 되고 있는지도 파악하기 어렵고, '형법'이나 '형사소송법'의 내용을 구체적으로 들여다 보면 인권 보장적 측면에서 적지 않은 문제점이 발견된다. 무엇보다도 남북한의 법적 지위에 따른 특수관계에 비추어볼 때 적어도 합법적인 절차를 거쳐 북한을 방문하거나 그곳에 체류 또는 거주하는 우리 주민에 대한 형사사법권을 북한이 일방적으로 행사하도록 하는 것은 우리 국민의 정서상 받아들이기 어려운 상황이다. 이런 점에서 우리 주민에 대한 형사사법권을 북 한의 형사법 체계에 맡길 수 없다는 현실적 요청이 강력하게 제기되는 것이다.

2) 북한 형사법의 적용범위

(1) 형법의 규정

북한 '형법' 제8조(형법의 대인적 및 공간적 효력원칙)는 "이 법은 범죄를 저지른 공화국 공민 에게 적용한다. 공화국 령역 밖에서 범죄를 저지른 공화국 공민에게도 이 법을 적용한다. 공화 국 령역 안에서 범죄를 저지른 다른 나라 사람에게도 이 법을 적용한다. 그러나 외교특권을 가 진 다른 나라 사람에 대한 형사책임은 그때마다 외교적 절차에 따라 해결한다. 다른 나라에서 공화국을 반대하였거나 공화국 공민을 침해한 다른 나라 사람에게도 이 법을 적용한다"라고 규정하여 속인주의를 기본 원칙으로 하면서 보충적으로 속지주의와 보호주의를 채택하고 있 다. 따라서 우리 주민이 북한 지역에서 범죄를 저지른 경우 북한이 남한 주민을 다른 나라 사 람으로 해석한다면 속지주의(영역원칙)에 의하여, 공화국 공민으로 해석한다면 속인주의(공민 원칙)에 의하여, 각 북한 형법의 적용을 받게 된다. 또한 경우에 따라서는 보호주의에 의하여서 도 북한 형법의 적용을 받을 수 있다.

(2) 남북한 형법 적용범위의 충돌

각국 '형법'의 일반적 추세는 속지주의를 기본 원칙으로 하면서 보충적으로 속인주의를 택하고 있다. 물론 북한의 경우는 속인주의를 기본 원칙으로 하면서 보충적으로 속지주의를 택하고 있으나 어느 것을 기본 원칙으로 하든지 속지주의와 속인주의를 채택하고 있다는 점에 서는 동일하다. 이처럼 속지주의와 속인주의를 채택하는 경우 통상 어느 한 국가의 속인주의 는 다른 국가의 속지주의와 충돌이 생기게 마련이다.

남북 관계에 있어서도 서로 상대 지역 또는 주민을 자국이나 자국민으로 보느냐, 아니냐와 관계없이 이러한 적용범위의 충돌이 발생하는 것이다. 우리 입장에서는 우리 주민이 북측 지역에서 범죄를 저지른 경우 '형법' 제2조가 북한 지역에도 적용된다고 보는 견해에 따르면 속지주의와 속인주의에 의하여 우리 '형법'이 적용되게 되며, 이 '형법' 제2조가 북한 지역에는 적용되지 않는다는 견해에 따르면 속인주의에 의하여 우리 '형법'이 적용된다고 할 것이다. 북한의 입장에서 본다면 우리 주민도 자신들의 공민에 해당하므로 속인주의에 의하여 북한 '형법'이 적용되는 것이고, 우리 주민이 북한의 공민에 해당하지 않는다고 하더라도 속지주의에 의하여 북한 '형법'의 적용범위에 포함되는 것이다. 따라서 우리 주민이 북한 지역에서 남한과 북한의 형사법에 위반하는 범죄를 저지른 경우에는 '헌법' 제3조를 어떻게 해석할 것이냐, 북한이 별개의 국가냐 아니냐의 문제를 떠나 남한 '형법'과 북한 '형법'이 중첩적으로 적용되게 되는 것이다. 또한 현실적으로는 위법행위자의 신병을 확보하고 있는 북한이 일차적인 형사사법권을 행사할 수 있게 된다.

3. 현재의 신변안전보장 형태와 문제점

1) 통상의 북한 방문자에 대한 신변안전보장

남한 주민의 북한 방문에 대한 절차는 '남북교류협력법'에 의하여 규율된다. 이에 따라 이 법률 시행령 제12조 제1항은 통일부 장관으로부터 북한 방문 승인을 받기 위하여 제출하는 신청서에 "북한의 당국이나 단체 등의 초청의사를 확인할 수 있는 서류"의 첨부를 요구하고 있고, 통상 북한 당국이나 단체로부터 받는 초청장에는 "신변안전과 무사귀환을 보장한다"라는 내용이 명기되어 있다. 그러나 이와 같은 북한의 일방적 신변안전보장에 대한 약속은 그 구체적 내용이 불명확할 뿐만 아니라 법적·제도적으로 보장된 것이 아니어서 북한이 이를 위반하더라도 그에 상응하여 조치를 취하기 어렵다는 한계가 있다.

2) 각종 합의서에 의한 신변안전보장

1991년 12월 13일 「남북기본합의서」가 체결되고 이 기본 합의에 따라 1992년 9월 17일

「남북교류협력의 이행과 준수를 위한 부속합의서」가 체결되면서 이 합의서 제10조 제3항에서 "남과 북은 민족구성원들이 방문지역에서 자유로운 활동을 하도록 하며, 신변안전과 무사귀환을 보장한다"라고 규정하여 일방적인 정치적 약속이 아니라 상호 합의에 의한 신변안전보장을 약속하였다.

또한 1992년 5월 7일 합의한 「남북교류협력공동위원회 구성·운영에 관한 합의서」 제2조 제6항과 「남북군사공동위원회 구성·운영에 관한 합의서」 제3조 제5항 역시 상대 지역을 왕래하는 인원들에 대한 신변보장을 관례대로 한다고 규정하고 있다. 그러나 이러한 합의 내용은 막상 구체적 문제가 발생한 경우 그동안의 교류 과정에 있었던 관례가 무엇인지를 확인하기 곤란하다는 문제점이 있다는 지적을 면할 수 없었다.

그 이후에 남북교류와 협력이 더욱 활성화되면서 남북 당국 간 많은 합의서의 체결이 있었고, 신변안전보장과 관련된 내용은 북측이 그 지역을 방문하는 남측 인원의 신변안전과 무사귀환을 보장한다는 것이었다. 이에 해당하는 합의서로는 2007년 4월 22일 자 「남북간 식량 차관 제공에 관한 합의서」 제6조 및 이 합의서에 부속된 식량 인도·인수절차 제9조, 「남북 철도 및 도로 연결공사 자재·장비 제공에 관한 합의서」, 「제5차 남북철도·도로연결 실무접촉 합의서」, 「남북철도·도로연결 실무협의회 제3차 회의 합의서」 부록, 「남북 사이에 거래되는 물품의 원산지 확인 절차에 관한 합의서」, 「남북철도·도로연결 제6차 실무접촉 합의서」 등이 있다. 이러한 합의 내용은 북측의 일방적인 정치적 약속이 아니라 상호 합의하에 문서로 작성된 약속이라는 점에서 종전의 일방적인 신변안전보장 각서보다는 다소 발전한 측면이 있다고 볼 수도 있다. 하지만 현실적으로는 그 내용이 구체적이지 못할 뿐만 아니라 각 합의서상의 사업 목적을 위한 일시적 합의에 불과하다는 한계가 있다.

특히 북한 지역에서 범죄를 저지른 경우 이들에 대하여 북한이 자신들의 형사법을 적용하고자 할 경우 이 합의들의 내용만을 가지고 법리적으로 북한 형사법의 적용 배제를 주장하기는 어렵다.[4]

남한을 방문한 북한 주민의 경우도 별로 다를 바가 없다. 2003년 8월 대구 유니버시아드 행사장에서 발생한 북측 기자단의 폭력 행위 사건에 대하여 당시 북한 참가 관련 대북 실무접촉 합의서에는 남측은 북측의 선수단, 응원단에 대하여 신변안전을 보장한다는 내용이 명기되

---

4 북한의 신변안전보장의 법적 의미에 대하여는 김승대, 「상대방 지역 체류의 법률문제: 신변안전의 법적 보장을 중심으로」, 『남북교류와 관련한 법적 문제점(3)』(법원행정처, 2004), 149~153쪽 참고.

어 있었음에도 우리 검찰은 형사법을 적용하여 기소유예 처분을 한 바 있다. 즉, 신변안전보장에 대한 약속이나 합의를 형사사법권 행사를 포기한 것으로 해석하기는 어렵다고 할 것이다. 또한 이 합의를 이행하지 않는다 하더라도 그 이행을 강제할 구체적 방법이 없고 다만 정치적인 협상을 통하여 북측의 양보를 받아 해결할 수밖에 없다는 문제점이 있다.

금강산관광지구와 관련하여서는 「출입체류합의서」가 체결되어 발효되기 이전까지는 사업자인 현대아산 측과 조선아시아태평양평화위원회 사이에 체결한 계약서 및 합의서에 신변안전보장 관련 내용이 있었다.[5]

그 밖에도 2004년 5월 28일 남과 북은 해상운송 및 항만 분야의 발전과 상호 협력을 도모하기 위하여 「남북해운합의서」를 체결하였고, 2005년 8월 5일 양 당국의 문본 교환에 따라 이 합의서가 발효되었다. 이 합의서 제8조 제2항에는 "남과 북은 선원과 여객의 신변안전과 무사귀환을 보장한다"라고 규정하고 있다.

3) 예외적 신변안전보장

(1) 한반도에너지개발기구 관련 협정 및 의정서에 의한 예외

비록 그 체결 주체가 우리 정부는 아니지만 우리 정부가 주도하여 체결된 한반도에너지개발기구(이하 KEDO)와 북한 정부 사이의 경수로사업의 공급에 관한 협정을 보면 제4조 제6항에서 북한은 KEDO에 독립된 법적 지위를 인정하고 KEDO 및 그 직원에게 KEDO의 위임된

---

5   관련 합의서의 내용을 보면 다음과 같다.
   ① 1998년 6월 22일 자 「금강산관광을 위한 계약서」 제4조 제1항: 아태측은 북측 관할구역 안에 들어오는 관광객, 현대 측 실무대표단의 신변안전과 편의를 보장한다.
   ② 1998년 7월 6일 자 「금강산관광을 위한 부속계약서」 제10조 제1항: 북측 관할구역 안에 들어오는 관광객, 현대 측이 파견하는 실무대표단 및 합영회사의 직원, 공사 인원, 유람선 승무원의 신변안전과 편의 및 무사귀환을 보장하고, 이를 담보하기 위해 사회안전부장 명의의 포괄적인 신변안전 및 무사귀환 보장각서를 제공키로 하고 있다.
   ③ 1998년 7월 9일 자 「사회안전부장 명의의 신변안전보장각서」: 북한 지역에 들어 오는 현대 실무단 및 합영회사 직원, 공사인원, 유람선 승무원들 그리고 남측 관광객들의 신변안전과 무사귀환을 보장한다는 내용이다.
   ④ 1999년 7월 30일 자 「관광객 신변안전보장 관련 합의서」: 문제가 제기 되었을 경우 즉시 각기 3~4명으로 구성하는 <금강산관광사업조정위원회>에서 협의하여 처리하며, 문제되는 발언을 한 관광객에 대해서는 추방을 원칙으로 하며, 강력한 형사사건 등 엄중한 사건일 경우 위 위원회에서 협의하여 처리하되 원만히 처리되지 않을 때에는 위 위원회와 해당기관이 협의하여 처리하기로 하고 있다.

기능의 수행에 필요한 북한 영역 내에서의 특권 및 면제를 부여하며, 그 법적 지위와 특권 및 면제는 이 협정에 따른 별도의 의정서에서 정한다고 규정하고 있다.

같은 조 제7항은 북한은 KEDO, 계약자 및 하청계약자가 북한에 파견한 모든 인원의 신변과 재산을 보호하는 조치를 취하며, 이 모든 인원에 대하여 적절한 영사 보호가 허용되도록 하고 있으며, 필요한 영사 보호 조치는 이 협정에 따른 별도의 의정서에서 정하도록 하고 있다.

KEDO와 북한은 이 의정서의 위임 규정에 따라 1996년 7월 11일 「KEDO의 법적 지위, 특권·면제 및 영사보호에 관한 의정서」를 체결하고, 이 의정서가 발효됨으로써 KEDO 공사 현장에서 일하는 우리 근로자들에 대한 북한의 형사재판관할권이 배제되고, 이들에 대하여는 KEDO 자체가 구성한 질서유지대가 질서유지 업무를 수행하게 하였다.

이 의정서는 제1장 제5조에서 KEDO 직원 및 KEDO 대표단 구성원에 대한 특권 및 면제 규정을 두고 있으며, 제2장에서 영사보호에 관한 규정을 두고, 무엇보다도 제3장 제17조에서 북한은 여하한 KEDO 계약자 인원도 체포·구금하여서는 아니 되며, KEDO 계약자 인원은 북한의 여하한 형태의 관할권이나 북한 내 집행 처분에 예속되지 아니한다고 명시하여 KEDO 계약자 인원의 안전과 재산보호에 관한 규정을 두었다. 여기서 중요한 것은 이 제17조 규정에 의하여 KEDO 부지 내 경수로 공사를 위하여 방북하는 남한 주민을 포함한 공사인원에 대하여 북한의 재판관할권이 전면적으로 배제되었다는 것이다.

이 협정과 의정서는 그 효력 범위가 경수로 부지라는 일부 제한된 장소에 국한된 것이지만, 우리 측의 주장을 관철하여 남한 근로자들의 신변안전을 가장 확실하게 보장받은 제도적 장치로 평가받고 있다.

그러나 경수로사업의 경우 그 주체가 우리 정부가 아닌 KEDO라는 국제기구였다는 점에서 이를 일반화하여 북한을 방문하거나 체류하는 우리 주민 전체에 대하여 이와 같은 영사보호 협정을 체결한다는 것은 현실적으로 그 가능성이 희박하다고 할 것이다.

(2) 신의주특별행정구기본법

북한 최고인민회의 상임위원회는 2002년 9월 12일 '조선민주주의인민공화국 신의주특별행정구기본법'을 채택하였다. 이 법 제1조에 의하면 신의주특별행정구는 북한의 주권이 행사되는 특수행정단위이기는 하나 중앙정부로부터 입법권, 행정권, 사법권을 부여받아 고도의 자치권을 가진다.

비록 신의주특별행정구는 초대 특구 행정장관으로 임명됐던 양빈(楊斌) 어우야(歐亞) 그

룹회장이 중국 당국에 의하여 구속이 되는 바람에 좌초되고 말았으나, 향후 북한이 적극적으로 재추진을 할 경우 신의주특별행정구 내에서는 북한 '형법'의 적용이 배제되고 자체적으로 입법한 형사법체계가 가동될 가능성이 있었다.

(3) 개성공업지구법

'개성공업지구법' 제8조 제1항은 "법에 근거하지 않고는 남측 및 해외동포, 외국인을 구속·체포하거나 몸, 살림집을 수색하지 않는다"라고 규정하고 있다. 하지만 이 법 제1조 및 제4조에 따르면 개성공업지구는 북한의 주권이 전면적으로 적용되는 곳이다.[6] 따라서 북한의 형사법 체계가 그대로 적용되게 되며, 북한의 형사법 규정에 따라 얼마든지 우리 주민들에 대한 구속·체포·수색이 가능하다는 것으로 신변안전보장에 대한 규정이라기보다는 북한의 일반 형사사법 원칙을 확인한 것에 불과한 내용이다.

다만 제8조 제2항에서 "신변안전 및 형사사건과 관련하여 남북 간의 합의 또는 북한과 외국 간에 체결한 조약이 있을 경우에는 그에 따른다"라는 예외 규정을 두어 우리 주민의 신변안전보장과 관련된 특별 합의서의 체결을 예정하고 있었다. 이에 따라 2004년 1월 29일 남북한 당국은 「출입체류합의서」를 체결하였고, 2005년 8월 5일 양측의 문본 교환에 따라 이 합의서가 발효되어 이 합의서 내용에 따라 북한 '형법'의 일반적 적용에 대한 예외가 인정되고 있다. 이 합의서의 내용은 별도로 살펴보기로 한다.

(4) 금강산관광지구법[7]

'금강산관광지구법'은 '개성공업지구법'과는 달리 신변안전보장과 관련된 아무런 규정을 두고 있지 않다. 금강산관광지구 역시 북한의 주권이 전면적으로 적용되는 곳이므로 결국 북한의 '형법'이 그대로 적용되는 지역으로 해석할 수밖에 없다. 그러나 앞에서 본 바와 같이 이 「출입체류합의서」의 체결 및 발효에 따라 금강산관광지구에서도 북한 '형법'의 일반적 적용범

---

[6] 제1조는 "개성공업지구는 공화국의 법에 따라 관리 운영하는 국제적인 공업, 무역, 상업, 금융, 관광지역이다"라고 규정하고 있고, 제4조는 "개성공업지구에는 조선민주주의인민공화국 주권이 행사된다"라고 규정하고 있다.

[7] 2002년 11월 13일 최고인민회의 상임위원회 정령 제3413호로 채택하였다. 한편 북한은 금강산관광객 피격 사망 사건 이후 우리 정부의 조치에 의해 금강산관광이 중지되자, 관광지구 내 우리 민간과 정부 소유자산에 대한 동결과 몰수 조치를 취하며 압박을 하다가, 2011년 5월 31일 '금강산국제관광특구법' 채택하고, 이 '금강산관광지구법'을 폐지한다고 밝혔다.

위에 대한 예외가 인정되고 있다.

(5) 출입체류합의서

① 합의서 체결 및 발효

2004년 1월 29일 남북 당국은 개성공업지구와 금강산관광지구의 출입 및 체류를 원활하게 보장하기 위하여 「출입체류합의서」를 체결하였다.[8] 이 합의서의 효력발생에 대해서는 이 합의서 제16조 제1항에서 "이 합의서는 남과 북이 서명하고 각기 효력발생에 필요한 절차를 거쳐 그 문본을 교환한 날부터 효력을 가진다"라고 규정하고 있었다. 이에 따라 우리 정부는 이 합의서에 대하여 2004년 9월 23일 국회 비준 동의를 받았으나 한동안 북한의 당국 간 회담 거부로 문건 교환이 실행되지 못하여 미발효 상태에 있다가 2005년 8월 5일 문본의 교환에 따라 이 합의서가 발효되었다.[9]

② 출입체류합의서의 법적 성격

이 합의서는 '개성공업지구법' 제8조 제2항에서 규정하고 있는 신변안전 및 형사사건과 관련한 북남 사이의 합의에 해당한다. 남북한 간에 체결된 합의서를 조약으로 볼 것인지에 대하여는 다소 논란의 여지가 있다.

2005년 12월 29일 제정되어 2006년 6월 30일 발효된 '남북관계발전법' 제4조 제3호는 정부와 북한 당국 간에 문서의 형식으로 체결된 모든 합의를 남북합의서라고 정의하고, 제21조와 제22조는 남북합의서의 체결·비준·공포에 대하여 헌법의 조약 관련 조문에 준하는 내용으로 규정하고 있다.[10]

8　북한이 2003년 12월 11일 최고인민회의 상임위원회 결정 제12호로 채택한 '개성공업지구 출입, 체류, 거주 규정'에 따르면 공업지구에 도착한 날로부터 7일 안으로 돌아가는 자는 체류등록대상에서 제외하고 있으며(제16조 제1호), 이를 초과하여 90일까지 체류하는 자는 단기체류자로, 91일을 초과하여 1년까지 체류하는 자는 장기체류자로 분류하고 있고, 1년 이상 체류하려는 자는 거주자로 분류하여 각 체류등록과 거주등록을 하도록 하고 있다(제13조, 제15조, 제17조). 한편 북한은 그동안 이 규정을 적용하지 않고 있다가 2007년 3월 27일부터 이 규정에 따라 개성공단 내에 있는 남한 인원으로부터 실제로 체류등록과 거주등록을 받기 시작하였다.

9　정부는 이 합의서에 대하여 2004년 7월 27일 국무회의의 심의를 거쳐 같은 해 8월 5일 '헌법' 제60조 제1항의 규정에 따라 국회에 체결 동의안을 제출하였고, 국회는 같은 해 9월 23일 비준 동의를 하였다.

10　'남북관계발전법' 제4조 3호의 남북합의서의 개념 정의와 관련하여 「6·15 공동선언」과 같이 신사협정으로 보았던 남북 당국 간의 문서도 이 법률에 의하여 남북합의서에 해당한다고 볼 것인지, 그 내용상 법적 구속력의 창출을 의도하지 않은 신사협정에 해당하는 남북합의서도 이 법률 제21조와 제22조의 규정에 의하여 체결·비준 및 공포에 관한 절차를 따라야 하는 것인지, 이 절차를 따른다면 어떤 법적 효력이 부여되는 것인

이 「출입체류합의서」는 '남북관계발전법' 시행 전에 체결 및 발효가 된 합의서이기는 하지만 '남북관계발전법' 부칙 제2항(경과조치)은 "이 법시행 전에 국회의 동의를 받아 체결·비준한 남북합의서는 이 법에 의한 남북합의서로 본다"라고 규정하고 있다. 따라서 「출입체류합의서」 역시 '남북관계발전법' 제4조 제3호에서 말하는 남북합의서에 해당된다. 이 법률의 내용 중 남북합의서와 관련된 규정에 대해서는 남북합의서에 대하여 조약으로서의 성격을 인정하고 남북합의서에 법적 효력을 부여하기 위한 입법조치로 평가된다는 견해[11]와 이 법 제21조는 남북합의서가 조약이라는 점에 관한 입법적인 확인의 성격을 가지는 것으로 보는 견해가 있다.[12] 물론 이 견해들이 단순히 신사협정 수준에 그치는 남북합의서까지 포함해서 설명하는 것은 아닐 것이다.[13] 다만 '남북관계발전법' 제21조와 제22조에서 남북합의서의 체결·비준·공포에 대하여 헌법의 조약 관련 조문에 준해 규정을 하고 있다고 해서 이 법률의 규정에 의해 남북합의서가 조약으로 되거나 남북합의서에 법적 효력이 부여되는 것이 아니라고 본다.

남북합의서가 조약에 해당하는지는 당해 합의서의 내용이 신사협정의 수준을 넘어 어떠한 법적 효과를 창출하고자 하는 의도가 있는지, 구체적인 내용, 체결 절차와 형식 등을 종합적으로 고려하여 판단되어야 할 것이다.[14]

③ 신변안전보장에 관한 합의서 내용

「출입체류합의서」 제10조는 신변안전보장에 관하여 "① 북측은 인원[15]의 신체, 주거, 개

지 등 여러 가지 법률적인 문제점이 발생한다. 이에 대한 구체적 내용은 한명섭, 「남북합의서의 법적 성격과 법제화 방안」, ≪통일과 법률≫, 통권 제5호(법무부, 2011) 참고.

11 이효원, 『남북교류협력의 규범체계』(경인문화사, 2006), 251쪽.

12 유욱, 「토론문」, 『남북관계 법·제도, 그 현황과 대안』, 민주평화통일자문회의·대한변호사협회 공동주최 토론문 자료집(2004.10.20), 42쪽.

13 이와 반대로 이 남북합의서에는 신사협정에 해당하는 문서도 포함된다고 해석하는 견해도 있다. 김계홍, 「'남북관계 발전에 관한 법률'에 따른 남북합의서의 발효절차에 관한 사례연구 및 개선방안에 관한 고찰」, ≪법제≫, 통권 제603호(2008), 61쪽.

14 '남북관계발전법' 제4조 제3호의 남북합의서는 같은 법 제21조의 체결·비준 절차를 거쳐 같은 법 제22조에 의해 '법령 등 공포에 관한 법률'의 규정에 따라 대통령이 공포하도록 되어 있다. 결과적으로 우리 법체계를 보면 통상의 조약과 남북합의서를 구분하여 이원화한 것인데, 그 결과 남북합의서가 '남북관계발전법'에 의하여 체결·비준·공포된 것이라면 이를 과연 '헌법' 제6조 1항이 규정하고 있는 '헌법에 의하여 체결·공포되는 조약'에 해당하는 것인지의 문제가 발생하며, 이에 해당하지 않는다면 남북합의서에 국내법과 같은 효력을 부여하는 근거가 무엇인지 등의 문제가 발생한다.

15 여기서 말하는 "인원"은 남측 지역에서 지구에 출입 및 체류하는 남측의 주민과 해외동포, 외국인을 의미하고, "출입"은 인원 또는 통행 차량 등이 남측 지역에서 지구에 드나드는 것을 의미하며, "체류"란 인원이 지구에서 일정한 기간 머무르는 것을 의미한다.

인재산의 불가침권을 보장한다. ② 북측은 인원이 지구에 적용되는 법질서를 위반하였을 경우 이를 중지시킨 후 조사하고 대상자의 위반내용을 남측에 통보하며 위반정도에 따라 경고 또는 범칙금을 부과하거나 남측 지역으로 추방한다. 다만 남과 북이 합의하는 엄중한 위반행위에 대하여는 쌍방이 별도로 합의하여 처리 한다. ③ 북측은 인원이 조사 받는 동안 그의 기본적인 권리를 보장한다. ④ 남측은 법질서를 위반하고 남측 지역으로 추방된 인원에 대하여 북측의 의견을 고려하여 조사·처리하고 그 결과에 대하여 북측에 통보하며, 법질서위반행위의 재발방지에 필요한 대책을 세운다. ⑤ 남과 북은 인원의 불법행위로 인하여 발생한 인적 및 물질적 피해의 보상 문제에 대하여 적극 협력하여 해결한다. ⑥ 외국인이 법질서를 위반하였을 경우에는 북측과 해당 국가 사이에 맺은 조약이 있을 경우 그에 따른다"라고 규정하고 있다.

한편 합의서 제14조는 "인원과 통행차량 등의 출입 및 체류와 관련한 문제는 이 합의서가 우선적으로 적용된다"라고 규정하고 있다.

제10조 제2항에서 말하는 지구에 적용되는 법질서에는 북한의 형사법이 포함된다고 보아야 할 것이다. 따라서 개성공업지구와 금강산관광지구에서는 남한 주민이 북한의 '형법'을 위반하더라도 합의서 내용에 따라 북한은 그 행위를 중지시킨 후 조사를 할 수 있을 뿐 북한 형사법에 따른 수사와 예심, 재판은 불가능하며 조사 후 위반 정도에 따라 경고 또는 범칙금을 부과하거나 남측 지역으로 추방할 수 있을 뿐이다.

다만 남과 북이 합의하는 엄중한 위반행위에 대하여는 쌍방이 별도로 합의하여 처리하도록 하고 있으므로 이 엄중한 위반행위를 하였을 때는 경우에 따라 북한 형사법의 적용이 가능할 것이다. 그러나 아직까지 남북한은 어느 행위가 엄중한 위반행위에 해당하는 것인지에 대하여 합의를 한 바가 없으므로 해석상 이 단서의 조항은 아직 적용될 여지가 없다. 현재로서는 이 두 지역에서의 남한 주민의 북한 '형법' 위반행위에 대하여는 이 합의서 내용에 따라 북한 형사법의 적용이 배제되며, 향후 남과 북이 합의하는 엄중한 위반행위를 한 경우에는 그 처리에 관한 합의 내용에 따라 북한 형사법이 적용되는 경우가 있을 수 있다고 해석된다.

④ 합의서 체결의 의의

북한에서 발생한 남한 주민의 형사사건에 대하여는 '헌법' 제3조의 해석에 따른 북한의 법적 지위와 관계없이 현실적으로는 북한 영역 내에서 주권을 행사하고 있는 북한이 일차적인 형사사법권을 행사하게 된다. 그러나 이 합의서의 체결에 의하여 비록 제한된 지역이기는 하나 개성공업지구와 금강산관광지구 내에서의 범죄에 대하여는 북한이 '남과 북이 합의하는 엄중한 위반행위'에 해당하지 않는 한 형사사법권을 포기한 것이다.

일반적으로 자신의 주권이 미치는 영역 내에서 주권 행사의 일환인 형사사법권을 포기하는 경우는 「외교관계에 관한 비엔나협약」에 의한 외교사절이나 외국 주둔 군대와 같은 특수한 경우뿐이다. 남북한 관계에 있어서 북한은 경수로사업과 관련하여 KEDO 및 그 직원에게 KEDO의 위임된 기능의 수행에 필요한 북한 영역 내에서의 특권 및 면제를 부여한 바가 있다. 그러나 통상 북한을 방문하는 남한 주민들은 "방북 중 귀하의 신변안전과 무사귀환을 보장한다"라는 내용의 북측 보안책임자가 발급하는 신변안전보장 각서나 개별 합의서에 의한 신변안전보장을 받는 정도에 불과하였다.[16] 따라서 「출입체류합의서」는 남한 주민의 신변안전보장과 관련해서는 매우 획기적인 조치라 할 것이다.

⑤ 출입체류합의서에 의한 해결의 한계

개성공업지구와 금강산관광지구에서의 남한 주민의 신변은 이 합의서에 의하여 보장된다. 바로 이 합의서 때문에 북한이 미국 여기자 사건에 대하여는 자신들의 형사법에 따라 그 절차를 진행한 반면, 현대아산 직원의 경우에는 비록 장기간 구금을 하기는 하였으나 자신들의 형사법을 적용하지 않고 결과적으로 추방만을 하게 된 것이다. 이 합의서에 따라 북한의 형사사법권이 배제되도록 한 것은 우리나라의 한미행정협정의 내용이나 다른 나라 경제특구의 법제와 비교해 볼 때 매우 파격적인 조치라 할 수 있다.

하지만 남한 주민이 북한을 방문하는 것은 이 지역에만 제한되는 것이 아니므로 이 지역 외에서 발생한 범죄 및 이 지역 내에서 발생한 범죄 중에서도 비록 제한된 범위이기는 하지만, '남과 북이 합의하는 엄중한 위반행위'에 대하여는 아직도 북한의 형사사법권이 행사될 여지가 얼마든지 있다.

이처럼 북한의 형사사법권이 행사될 영역이 남아 있는 불안한 상황이 계속되는 것은 남북한 간 교류협력의 확대와 발전에도 바람직하지 못하다. 따라서 향후 이 2개 지역 외에서의 남한 주민에 대한 신변안전보장을 위한 대책이 반드시 마련되어야 한다.

또한 이 합의서에도 불구하고 2008년 7월 11일 발생한 금강산관광객 피격 사망 사건 및 현대아산 직원의 장기간 억류 사건에서 보는 바와 같이 이 합의서에 따른 신변안전보장의 한계점이 노출되고 있다. 무엇보다도 이 합의서의 내용과 취지를 제대로 이행하지 않고 있는 북한에 일차적인 문제가 있지만, 처음부터 이 합의서의 내용이 현실적으로 발생하는 모든 문제

---

16 남한 주민과 관련된 북한 '형법'의 일반적 적용범위에 대한 예외는 한명섭, 『남북 교류와 형사법상의 제 문제』, 45~56쪽 참고.

를 해결할 수 있을 정도로 구체화되어 있지 못하였다. 나아가 그 내용상 이 합의서의 후속 또는 부속 합의서 체결이 예정되어 있었음에도 불구하고 그 후속 조치를 제때에 이루어내지 못한 우리 당국에도 문제가 적지 않다고 본다.

4. 구체적 신변안전보장 방안

1) 북한 형사사법권 배제 방향

북한 지역에서 북한 법질서에 위반되는 행위를 한 남측 주민에 대하여 북한의 '형법' 적용을 배제하고 우리가 형사사법권을 행사하겠다고 하는 것은 상호 간 인적 적용범위의 예외를 어디까지 인정할 수 있겠느냐는 현실적인 정책의 문제라 할 수 있다. 이러한 점에서 북한에서 범죄를 저지른 우리 주민에 대하여 북한의 형사사법권 행사를 배제함으로써 우리 주민의 신변안전을 보장받는 방법은 북한과의 상호 협상에 의하여 북한 '형법'의 인적 적용범위의 예외를 인정받는 방식으로 해결책을 모색하여야 할 것이다.

2) 독일과 중국의 경우

통일 이전 독일과 중국의 경우 공통점은 정부 차원의 어떤 특별한 신변안전보장에 대한 제도적 장치 없이 교류와 협력이 진행되었다는 것이다. 차이점은 독일의 경우 서로 상대방을 외국 또는 외국에 준하는 것으로 보아 결과적으로는 국제형사법의 일반 원칙에 따라 법적인 해결책을 택한 반면, 중국의 경우 서로 상대방의 국가성을 인정하지 않으면서 양안 간의 합의서 체결 없이 각자의 입법과 행정조치를 통하여 해결하고 있다는 것이다.

결과적으로 독일이나 중국과 같은 다른 분단국가들도 자기의 통치권이 미치는 지역 내에서 발생한 상대 주민의 범죄에 대하여는 법 이론상은 물론, 현실적으로도 그 범죄가 발생한 장소에서 통치권을 행사하고 있는 국가가 일차적인 형사사법권을 행사한 것이다.

이처럼 분단국들이 상대방과의 협정 등을 통한 신변안전보호에 관한 별도의 조치 없이 인적 교류가 가능한 이유는 상대방의 법치주의 실현에 대한 신뢰가 어느 정도 있기 때문에 가능한 것으로 보인다. 만일 상대방의 법치주의에 대한 신뢰가 전혀 없었다면 당국의 조치에도 불구하고 사실상의 인적 교류가 이루어지기 어려웠을 것이다.

3) 남북한 합의를 통한 해결 방안

북한의 통치권이 미치는 지역에서 우리 주민이 범죄를 저지른 경우 이에 대한 일차적인 형사사법권 행사 여부는 국제형사법의 일반 원칙이나 북한 '형법'의 적용범위에 대한 법리적 해석뿐만 아니라 현실적으로도 그 신병을 확보하고 있는 북한의 형사법이 우선 적용될 수밖에 없다고 보아야 할 것이다.

남북한 관계에 있어서 다행스러운 것은 비록 제한된 지역이기는 하나 개성공업지구와 금강산관광지구 내에서의 범죄에 대하여는 별도로 체결된 합의서에 따라 북한이 '남과 북이 합의하는 엄중한 위반행위'에 해당하지 않는 범죄에 대하여는 형사사법권을 포기하였다는 것이다. 그러나 남한 주민이 북한을 방문하는 것은 이 지역에만 제한되는 것이 아니므로 이 지역 외에서 발생한 범죄나 이 지역 내에서 발생한 범죄 중에서도 비록 제한된 범위이기는 하나 '남과 북이 합의하는 엄중한 위반행위'에 대하여는 아직도 북한의 형사사법권이 행사될 여지가 얼마든지 있는 것이다.

이처럼 북한의 형사사법권이 행사될 영역이 남아 있는 불안한 상황이 계속되는 것은 남북한 간 교류협력의 확대와 발전에도 바람직하지 못하다. 따라서 이에 대책이 필요한바, 앞서 살펴본 바와 같이 이 문제는 남북한 쌍방이 상대방 주민에 대하여 각자의 형법의 인적 적용범위의 예외를 어디까지 인정할 것인지에 달려 있다. 이 인적 적용범위의 예외는 어느 일방이 스스로 자제하거나 쌍방의 합의를 통하여 해결할 수밖에 없다. 이 중 어느 일방의 형법 적용의 자제는 법제도적 해결책이 되지 못하여 일관성과 계속성이 보장되지 않으므로 결국 이 문제는 남북한 간의 합의를 통하여 해결하는 방법이 가장 적절해 보인다.

4) 북한의 형사사법권 배제 범위에 대한 검토

(1) 전면 배제와 일부 배제에 대한 검토

남북한의 합의에 의하여 북한의 형사사법권을 제한할 경우 그 제한범위에 대하여는 북한의 형사사법권을 전면 배제하는 방안과 일부만 배제하는 방안을 생각해 볼 수 있다. 전면 배제 방안은 남북 상호 간 속인주의 원칙에 따라 각자의 주민에 대한 형사사법권을 각자 행사하기로 하고, 상대방의 형사 관할권을 완전 배제하는 방안으로 우리 주민의 신변안전보장을 위해서 가장 확실한 방안으로 볼 수 있다. 그러나 남북한 간 인적 교류 형태가 주로 남한 주민이 북한을 방문하거나 체류하는 형식으로 이루어지고 있는 상황에서 북한이 과연 자신들의 형사사법권 행사를 완전히 포기할 것인지는 의문이다. 그리고 상호주의에 입각하여 남한 역시 남한 내에서 범죄를 저지른 북한 주민에 대한 형사사법권을 완전히 포기할 수 있을지도 의문이다.

따라서 국제형사법의 원칙에 따라 어느 정도 북한의 형사사법권이 행사될 여지는 인정을 하되 그 범위를 어느 정도로 제한할 것인지를 검토하는 것이 현실적 방안이라고 본다.

(2) 범죄 유형에 따른 검토

적용 배제의 범위를 살펴봄에 있어서 남북한 형사법상 처벌 대상이 되는 범죄가 동일한 것이 아니므로 우선 범죄 유형별로 나누어 생각해 볼 필요가 있다. 범죄 유형은 크게 우리 법에 의해서만 범죄가 되는 경우, 북한법에 의해서만 범죄가 되는 경우, 양측 법 모두에 의하여 범죄가 되는 경우로 나누어볼 수 있다.

이 중 북한법에 의해서는 범죄가 되지 않고 우리 법상으로만 범죄가 되는 경우는 북한이 형사사법권 행사를 주장할 여지가 없으므로 문제가 없다. 다만 경우에 따라서 남한의 수사와 재판을 위한 남북한 간의 협의의 형사사법공조 체결에 대한 문제만 발생할 것이다. 남한 법에 의해서는 범죄가 되지 않는데 북한법에 의해서만 범죄가 되는 경우는 대부분의 범죄가 북한의 체제 안정과 관련된 것이므로 가장 해결이 어려운 문제일 것이다. 이에 해당하는 범죄에 대하여는 결국 남북한 간 교류 협력의 발전을 도모한다는 대승적 차원에서 협상을 통하여 북한이 형사사법권 행사를 포기하도록 설득하여야 할 것이다. 이 점에 대하여는 우리 역시 상호주의에 입각하여 마찬가지 입장에 있는 북한 주민에 대한 형사사법권을 포기하는 방향으로 협력관계가 이루어져야 할 것이다. 따라서 범위 선택과 관련하여 구체적 검토가 필요한 부분은 남북한 법 모두에 의하여 범죄가 되는 경우이다.

(3) 침해 법익에 따른 검토

남북한 형사법에 의하여 모두 처벌이 가능한 범죄는 다시 남북한 모두의 법익이 침해된 경우를 포함하여 북한의 법익이 침해된 경우와 오로지 남한의 법익만 침해되는 경우로 나누어볼 수 있다. 이 중 예를 들어 남한 주민에 의해 남한 주민이 폭행을 당한 경우와 같이 피해자가 남한 주민이어서 남한의 법익만 침해된 경우에는 비록 북한 '형법'상 범죄가 된다 하더라도 북한의 형사사법권을 전면적으로 배제시키는 데 크게 어려움이 없을 것으로 보인다. 또한 그 협력의 범위도 수사상 필요한 절차적 내용이 대부분일 것이다.

따라서 문제가 되는 것은 북한 주민이 피해자인 경우와 같이 북한의 법익이 침해된 경우인데, 이에 대하여는 피해자에 대한 충분한 피해보상과 아울러 북한이 형사사법권을 포기하더라도 가해자에 대하여는 우리 형사사법권에 의하여 그 행위에 상응한 충분한 형사처벌이 이루어질 것임을 보장하는 등의 조치를 통하여 북한의 형사사법권 행사를 최소화시키도록 노력할 필요가 있다.

(4) 적용 대상자의 범위에 대한 검토

앞에서 말한 북한 형사사법권 행사의 범위를 제한하는 합의를 한다고 할 경우 그 적용을 받는 남한 주민의 범위를 어떻게 할 것인지에 대한 검토가 필요하다.

첫 번째로는 북한 내에 있는 남한 주민 모두를 대상으로 하는 방안을 생각해 볼 수 있다. 이 방안은 북한이 남한 주민 전체에 대하여 형사사법권을 행사할 수 없다는 점에서 신변안전보장을 위하여 가장 완전한 방안으로 보일 수 있다. 또한 매번 남북협력사업을 시행할 때마다 새로운 신변안전보장 관련 협상을 체결할 필요가 없다는 점에서 장점이 있을 것으로 보인다. 그러나 다른 한편 어떤 범죄를 저지르더라도 서로 상대 주민에 대한 형사사법권 일체를 포기하게 된다면 현실적으로 어려운 문제가 발생할 소지가 있다.

다음은 교류협력 범위 내에서 왕래, 체류 또는 거주하는 자를 대상으로 하는 방안으로 이는 상호 형사사법권을 포기하는 범위의 인적 대상을 남북교류협력 추진의 범위 내에서 상호 승인을 받아 상대 지역을 왕래하거나 체류하면서 그 목적 범위 내에서 활동하는 자 모두에 대하여 적용하자는 것이다. 이와 같은 내용의 협약이 체결된다면 매 사업별로 신변안전보장 방안을 별도로 체결할 필요가 없다는 점에서도 편리할 것이다. 이 방안은 개성공업지구나 금강산 관광지구 외에도 교류협력 관련 업무로 북한 지역을 왕래하거나 체류하는 우리 주민 모두의 신변안전보장 방안이 마련된다는 점에서 향후 적극적인 추진을 필요로 하는 방안이라 생각된다.

마지막으로 「출입체류합의서」에 대한 관련 후속 조치를 통한 신변안전보장 방안을 마련한 후 이를 북한의 다른 지역으로 확대·적용하는 방안을 생각해 볼 수 있다. 이는 이미 체결된 「출입체류합의서」에 대한 후속 조치를 통하여 우리 주민들에 대한 신변안전보장 방안을 철저하게 마련한 후 점진적으로 이를 다른 사업 지역이나 일반 왕래, 체류자에게도 확대·적용하는 방안으로 실현 가능성이 가장 큰 방안이라 할 수 있다. 다만 이 방안에 따른다면 당분간은 개성공업지구와 금강산관광지구 외의 지역 및 향후 다른 사업 목적 등을 위하여 북한을 왕래하거나 체류하는 우리 주민들에 대하여는 현재와 같이 북한의 일방적 신변안전보장 약속이나 해당 합의서에 따른 신변안전보장 약속에 그 안전을 맡겨야만 한다는 문제점이 남아 있다.

단기적으로는 이 합의서 관련 후속 조치를 철저히 준비하여 우리 주민들에 대한 신변안전 조치를 취한 후 이를 점진적으로 확대하여 나가는 방안을 취하는 것이 가장 현실성 있고 합리적인 방안으로 생각된다. 하지만 중장기적으로는 남북교류협력사업과 관련하여 상대 지역을 왕래하거나 체류하는 주민 모두에 대하여 남북한이 서로 형사사법권의 행사를 포기하는 협약을 체결하도록 노력하여야 할 것이다.

5) 출입체류합의서의 문제점과 후속 조치

(1) 적용범위의 명확화

「출입체류합의서」 제10조의 신변안전보장의 대상은 '인원'이며, 인원이라 함은 "남측 지역에서 지구에 출입 및 체류하는 남측의 주민과 해외동포, 외국인"을 말한다. 여기서 '출입'이란 남측 지역에서 개성공업지구나 금강산관광지구에 드나드는 것을 의미하고, '체류'란 각 지구에 일정 기간 머무르는 것을 말한다(제1조).[17]

금강산관광객 피격 사망 사건의 경우 북한으로서는 피해자가 금강산관광지구에서 그 밖의 북측 지역으로 벗어난 상태에 있었으므로 이 피해자는 합의서의 적용 대상이 아니라고 주장할 수도 있을 것이다. 더군다나 합의서 제11조에 의하면 개성공업지구와 금강산관광지구에서 각 지구 밖의 북측 지역을 출입하거나 그 반대의 경우에는 북측이 별도로 정한 절차에 따르도록 되어 있다. 하지만 우리 정부 입장에서는 이 피해자 역시 "남측 지역에서 위 지구에 출입 및 체류하는 남측의 주민"에 해당하며, 단지 이 지구 내에 체류하여야 한다는 법질서를 위반한 것에 불과하므로 합의서의 적용 대상이라고 주장할 수 있다. 이처럼 합의서 내용은 그 해석에 따라 남과 북이 서로 다른 주장을 할 여지가 있다.

개성공업지구에서도 금강산관광객 피격 사망 사건과 같은 사건이 발생할 가능성을 배제할 수 없는 상황이다. 따라서 합의서를 체결한 취지가 개성공업지구나 금강산관광지구를 방문

---

17 '개성공업지구 출입, 체류, 거주 규정'은 기간에 따라 체류와 거주를 구분하고 있다. 그러나 이 규정은 1년 이상 '체류'하려는 자를 거주자로 분류하고 있으므로 「출입체류합의서」에서 말하는 체류는 거주를 포함하는 개념으로 보아야 한다.

또는 체류하는 남한 주민의 신변안전을 보장하기 위한 것임을 염두에 두고 그 적용 대상을 좀 더 명확하게 할 필요가 있다. 그런 점에서 이번 피격 사망 사건의 피해자와 같이 일시적 또는 우발적으로 이 지구를 벗어난 자에 대하여도 합의서에 따른 신변안전보장 조항이 적용되도록 명문화함으로써 향후 논란거리를 불식시키는 것이 바람직하다고 본다. 또한 중장기적으로는 합의서에 개성공업지구나 금강산관광지구 이외의 지역을 출입·체류하는 남한 주민에 대하여 도 적용 또는 준용되도록 하는 내용이 추가되도록 노력할 필요가 있다.

(2) 공동위원회 구성

「출입체류합의서」 제12조의 규정에 의하면 남과 북은 출입 및 체류와 관련하여 발생하는 전반적 문제들을 협의·해결하기 위하여 공동위원회를 구성·운영하며, 그 구성·운영에 필요한 사항은 남과 북이 별도로 합의하여 정하도록 하고 있으나 아직도 공동위원회를 구성하지 못하 고 있다.

합의서상에는 공동위원회의 구성 시기를 특정하고 있지는 않으나 가능한 빠른 시일 내에 공동위원회를 구성하는 것이 바람직하다고 본다. 위원회 구성과 관련하여 적어도 우리 측 위 원 선정 시에는 형사사건 처리에 대한 실질적 도움을 줄 수 있도록 우리 형사법뿐만 아니라 북 한법에도 정통한 법조인과 남북한 간 협상을 원만히 이끌어낼 만한 경력을 갖춘 협상 전문가 등이 포함될 수 있도록 구성을 하여야 할 것이다.

한편 앞의 공동위원회가 현실적으로 상시 활동이 가능하도록 하기 위해서는 남북 모두 최 소한 실무책임자 1명 이상이 현장에 상주하도록 할 필요가 있다. 따라서 개성공업지구와 금강 산관광지구 모두를 총괄하는 공동위원회는 비상설기구로 하더라도 그 산하에 각 지역을 관할 하는 실무위원회는 상설기구로 하여 실무위원회 위원 중 일부라도 개성공업지구와 금강산관 광지구 내에 상주하며 활동을 할 수 있도록 조치를 취하는 것이 바람직하다고 본다. 금강산관 광객 피격 사망 사건과 관련하여 보더라도 사전에 이 공동위원회가 구성되어 있었더라면 우리 측이 요구하고 있는 공동조사 문제 등을 이 공동위원회를 통하여 해결할 수 있었을 것이라는 아쉬움이 있다. 또한 현대아산 직원 체포 사건에 있어서도 현재와 같이 남북 간의 대화가 제대 로 이루어지지 않고 있는 답답한 상황이 쉽게 전개되지는 않았을 것이다.

(3) 엄중한 위반행위에 대한 합의

① 합의서 내용

이미 언급한 바와 같이 「출입체류합의서」 제10조 제2항에 의하면 북측은 북한의 법질서를 위반한 남측 인원에 대하여 위반 정도에 따라 경고 또는 범칙금을 부과하거나 남측 지역으로 추방할 수 있도록 하면서도 남과 북이 합의하는 엄중한 위반행위에 대하여는 쌍방이 별도로 합의하여 처리하도록 함으로써 경우에 따라서는 북측의 형사사법권 행사가 가능하도록 하고 있다.

② '합의하는'의 의미

남과 북이 '합의하는' 엄중한 위반행위에서 '합의하는'의 의미를 살펴볼 필요가 있다. 즉, '합의하는'의 의미가 어떤 특정 사건이 발생하였을 경우 사후에 이를 엄중한 위반행위로 할 것인지를 각 사건별로 합의를 통하여 결정한다는 의미인지, 아니면 사전이 미리 어떤 행위가 엄중한 위반행위인지를 정해놓기로 한 것인지가 문제이다.

만일 전자의 의미로 본다면 사건 발생 시마다 그 사건이 엄중한 위반행위에 해당하는 것인지에 대한 다툼이 발생하게 될 것이다. 또한 개성공업지구와 금강산관광지구를 출입하거나 그곳에 체류하는 남한의 주민에게 어떤 행위가 엄중한 위반행위가 되는지에 대하여 미리 알려주어 조심을 하도록 함으로써 범죄를 미연에 방지할 수 있는 범죄 예방 측면에서 보더라도 바람직하지 못하다. 따라서 '합의하는'의 의미는 범죄 예방이라는 형사정책적 측면에서나 이 합의서의 전반적인 취지 및 문맥으로 보아 후자의 의미로 보는 것이 타당해 보인다.

③ 엄중한 위반행위의 범위

엄중한 위반행위에 해당하는 사건이 발생하였을 경우 그 행위자에 대하여는 경우에 따라 북한의 형사사법권이 행사될 가능성이 적지 않으므로 우리 주민의 신변안전을 위해서는 그 범위를 최소화하는 것이 매우 중요하다.

이와 관련하여 가장 먼저 합의를 도출하여야 할 내용은 북한 '형법' 제3장에서 규정하고 있는 반국가 및 반민족 범죄와 같이 북한법으로만 처벌이 가능한 범죄를 그 대상에서 제외시키는 것이다. 이러한 대부분의 범죄는 그 법정형이 높아 법정형만을 기준으로 한다면 대부분 엄중한 위반행위로 보아야 하겠으나 만일 이를 포함하게 되면 이는 남한 주민에게 북한 주민과 동일하게 북한에 대한 의무를 부과하는 결과가 되며, 그와 같은 상태에서는 남북한 간 정상적 교류와 협력을 기대하기 어렵게 될 것이다.

따라서 엄중한 위반행위는 남과 북 양측 모두의 형사법에 의하여 처벌이 가능한 범죄만을 그 대상으로 하여야 할 것이다. 또한 그 범위는 엄격하게 제한적 열거 방식으로 규정하여야 할 것이며, 사실상 그 합의 내용에 따라 우리 주민들의 신변안전보장 정도가 결정된다 할 것이다.

이와 관련하여서는 한미행정협정에서 한미 간 신병인도 기준으로 열거하고 있는 중요 범죄가 엄중한 위반행위의 기준으로 유용하다는 견해가 있다.[18] 그러나 이 기준은 미국의 형사법과 우리의 형사법을 비교하여 법정형이 중한 범죄 및 국민의 법감정 등을 고려하여 정한 것으로 법체계를 전혀 달리하는 남북한 간에도 그대로 혹은 유사하게 적용하는 것이 바람직한지는 의문이다.

북한이 '형법부칙'을 채택하기 전에는 법정형을 기준으로 할 경우 북한 '형법'은 반국가 및 반민족범죄를 제외할 경우 법정형에 사형이 규정되어 있는 범죄로는 '형법' 제278조의 고의적 중살인죄 중 정상이 특히 무거운 경우뿐이었다.[19] 법정형이 무기로동교화형 이상인 경우로는 제94조의 특히 무거운 형태의 국가재산략취죄, 제198조의 역사유물 밀수, 밀매죄 중 정상이 특히 무거운 경우, 제290조 유괴죄 중 정상이 특히 무거운 경우가 있다. 그러나 '형법부칙'의 채택으로 인하여 법정형으로 사형 또는 무기로동교화형을 규정하고 있는 조문이 상당수 늘어난 상태이다. 결국 엄중한 위반행위는 이처럼 법정형이 사형 또는 무기로동교화형으로 되어 있는 범죄 중 우리 형법상으로도 그 법정형이 중한 범죄를 비교하여 상호 협의하에 그 범위를 정할 수밖에 없을 것으로 보인다.

중요한 것은 엄중한 위반행위의 범위를 축소하고자 하는 것은 남한 주민에 대한 북한의 형사사법권 행사 범위를 최대한 축소하자는 데 그 의미가 있는 것이므로, 후술하는 바와 같이 엄중한 위반행위에 해당하는 범죄가 발생하더라도 북한이 이에 대하여 형사사법권을 행사하는 대신 그 행위자에 대하여 남한에 형사소추를 요청하거나 최후의 보루로 재판은 북한이 하더라도 형 집행은 우리 측에 위임하도록 하는 등의 노력이 필요하다.

④ 엄중한 위반행위에 대한 처리

「출입체류합의서」 내용을 보면 엄중한 위반행위에 대하여는 쌍방이 별도로 합의하여 처리한다고만 되어 있다. 따라서 엄중한 위반행위에 해당하는 범죄라 하더라도 반드시 북한이

---

18 이동희, 「남북간 형사사건 처리방안」, 제28차 법무부 남북법령연구특별분과위원회 학술회의 자료집(법무부, 2006), 54~55쪽. 12개의 구체적 유형은 ① 살인, ② 강간, ③ 석방대가금 갈취 목적의 유괴, ④ 마약거래, ⑤ 마약생산, ⑥ 방화, ⑦ 흉기를 휴대한 강도, ⑧ 상기 7개 범죄에 대한 미수, ⑨ 폭행치사·상해치사, ⑩ 음주운전으로 인한 치사, ⑪ 교통사고 치사 후 도주, ⑫ 상기 11개 범죄를 포함하는 다른 죄명의 범죄이다.

19 고의적중살인이란 탐욕, 질투, 그 밖의 비열한 동기에서 사람을 고의적으로 죽인 경우를 말한다.

형사사법권을 행사하겠다는 것이 아니므로 그 합의 과정을 통하여 엄중한 위반행위에 해당하지 않는 법질서위반행위와 마찬가지로 경고 또는 범칙금 부과나 남측 지역으로 추방도 가능하다고 해석된다. 따라서 향후 엄중한 위반행위에 대한 합의가 이루어지더라도 이에 대한 처리를 어떻게 할 것인지에 대하여는 우선 남과 북이 사후에 합의하여 처리하도록 현재의 합의 내용을 그대로 두어 남북 공히 정치적 협상을 통하여 사건을 해결하도록 그 여지를 남겨두거나 형사소추의 이송 또는 형집행 위임 등의 해결 방식을 병행하도록 하여야 한다.

⑤ 엄중한 위반행위에 대한 합의 시기

어떠한 행위를 엄중한 위반행위로 할 것인지에 대한 합의를 언제 하는 것이 우리 주민의 신변안전보장에 유리한 것인지에 대하여는 이견이 있을 수 있다. 즉 현재와 같이 합의가 되어 있지 않은 상태에서는 어떤 법질서를 위반하더라도 엄중한 위반행위에 해당하지 않으므로 굳이 이를 조속히 합의할 필요가 없다고 보는 견해가 있을 수 있다. 그 반면에 사전에 이를 미리 합의해 놓지 않을 경우 어느 특정 사건에 대하여 북한이 그 행위를 엄중한 위반행위로 보아 통상의 법질서 위반행위를 한 경우와 달리 형사사법권을 행사하겠다고 나설 우려가 있으므로 이를 미리 정해놓는 것이 바람직하다는 견해가 있을 수 있다. 현 상황에 비추어보아서는 전자와 같이 이에 대한 합의를 하지 않은 상태가 정치적 협상의 여지가 더 많다는 점에서 다소 유리한 것으로 보이지만 다른 한편으로는 엄중한 위반행위에 해당하더라도 그 처리 방법에 있어서 북한이 형사사법권을 행사하지 않고 형사소추를 요청하는 정도로 그친다면 조속한 시일 내에 합의를 하는 것이 유리할 것이다. 결국 이에 대한 합의는 남북한 관계의 발전 정도를 보아가며 적절한 시기를 택하는 것이 바람직하다고 본다.

(4) 북측의 조사와 조사 과정에서의 신변안전보장

① 조사의 개념

「출입체류합의서」 제10조 제2항의 규정에 따르면 우리 주민이 범죄를 저지른 경우 일차적으로 북측이 이를 중지시키고 조사를 하게 된다. 그런데 여기서 말하는 조사라는 것이 북한 '형사소송법'상의 수사 또는 예심과 어떻게 구별되는 것인지가 명확하지 않다. 남북한 모두 '수사'라는 법률용어를 사용하고 있음에도 불구하고 '조사'라는 용어를 선택하였고, 이 조사 이후의 조치 내용이 북한의 '형사소송법'에 따른 기소 등 절차를 위한 것이 아니라 경고, 범칙금 부과, 추방 등이라는 점에 비추어보아 이 조사는 수사와는 다른 개념으로서 경고나 범칙금 부과 또는 남측으로의 추방 조치를 하기 위한 전 단계에서의 사실 확인 절차로 이해하여야 한다고 본다.

② 조사 기관

이와 같은 조사를 북측 수사기관에 의한 수사나 예심기관에 의한 예심과는 다른 개념으로 보게 된다면 우리 주민에 대한 조사는 북한의 수사기관이나 예심기관이 아닌 다른 기관에서 하여야 할 것이나 합의서에는 이에 대한 아무런 규정이 없다. 따라서 향후 특정 사건이 발생하였을 경우 북한의 어느 기관이 조사를 하게 될 것인지를 명확하게 할 필요가 있다.

이 조사가 해당 인원에 대한 경고나 범칙금 납부 혹은 남측으로의 추방을 위한 것이라는 점을 감안해 볼 때 절차의 투명성과 결정에 대한 승복을 위해서 가장 바람직한 것은 남측과 북측이 모두 참여하는 조사위원회를 구성하여 시행하는 것이라고 본다. 공동위원회 구성과 관련하여 살펴본 바와 같이 각 지역을 관할하는 공동위원회 실무위원회를 설치할 경우 실무위원회로 하여금 조사를 하도록 하는 것도 하나의 방법이 될 수 있을 것이다.

다만 2006년 10월 31일 최고인민회의 상임위원회 결정 제78호로 채택된 '개성공업지구 벌금규정'에 따르면 벌금 적용은 개성공업지구 법규에 따라 권한을 부여받은 해당 기관이 하도록 되어 있다(제5조). 출입, 체류, 거주규정 시행세칙 제3조에 의하면 개성공업지구의 출입사업은 출입국사업부가 하도록 되어 있다. 이 점에 비추어보면 출입국사업부에서 출입, 체류, 거주와 관련된 위법행위에 대한 조사를 하여야 할 것으로 보인다. 현대아산 직원에 대한 조사 통보는 출입국사업부에서 하였으며, 실제 조사는 출입국사업부 소속 국가안전보위부에서 한 것으로 알려지고 있다.

③ 조사 착수 전 사전협의 및 조사 착수 통고

「출입체류합의서」 제10조 제2항 규정에 의하면 우리 주민이 지구에 적용되는 법질서를 위반한 경우 북측은 이를 중지시킨 후 조사를 하도록 하고 있고, 조사 후 대상자의 위반 내용을 남측에 통보하도록 하고 있다. 이 규정대로라면 조사 자체를 남측이 모를 수 있으며, 또한 남측 관계자가 참여할 수 없게 됨을 의미한다. 따라서 위반행위 발견 즉시 남측에 통보하도록 하거나[20] 최소한 조사 착수 즉시 그 사실을 우리 측에 통고하도록 하여야 할 것이다. 다만 이 문제도 남북의 인원으로 구성된 공동위원회와 그 산하 실무위원회와 같은 기구가 설치될 경우에는 이 위원회를 통하여 해결하면 쉽게 해결될 수 있을 것이다.

④ 남측 수사기관 등의 공동 참여

북측 조사기관이 조사 과정에서 객관적 공정성을 기하도록 하고, 향후 우리 수사기관에서

---

[20] 윤대규, 「개성공업지구 관련법규의 문제점과 개선방향」, 《북한법연구》, 제8호(북한법연구회, 2005), 297쪽.

의 효율적 수사를 위하여 가능하다면 우리 수사기관이나 최소한 관리기관에 종사하는 우리 측 인원의 조사 과정 참여를 보장받는 방안을 적극 검토할 필요가 있다. 이 문제에 대하여도 앞에서 언급한 바와 같이 공동위원회 및 산하 실무위원회를 구성하여 이 위원회에 조사권을 부여하는 방법도 하나의 해결책이 될 수 있을 것으로 보인다.

⑤ 피조사자의 기본적 권리 보장

이미 언급한 바와 같이 「출입체류합의서」 제10조 제3항은 "북측은 인원이 조사를 받는 동안 그의 기본적인 권리를 보장한다"라고 규정하고 있으나, 여기서 말하는 '기본적인 권리'의 내용이 무엇인지 그 의미가 분명하지 않다. 이에 대하여 이 기본적 권리가 남한의 법에 의한 권리로서 남한의 형사절차상 보장된 권리, 예를 들면 남한의 변호사의 조력을 받을 권리 등을 포함하는 것인지 분명하지 않으며, 만약에 남측 변호사의 참여 없이 북한법에 따라 북한 형사법상 인정된 권리를 보장하는 것이라면 이러한 조항은 무의미하다는 지적이 있다.[21]

향후 이 기본적 권리라는 것이 무엇을 의미하는 것인지 명확하게 하고, 이러한 기본적 권리를 보장하지 않을 경우 우리가 취할 수 있는 제반 조치에 대한 검토가 이루어져야 할 것이다.

특히 현대아산 직원의 억류나 금강산관광지구 내에서 발생한 교통사고 사망 사건의 경우에 비추어보아 향후 조사 기간을 제한할 필요가 있다. 가능하다면 그 기간이 1주일이나 10일 정도를 넘지 않도록 하는 것이 바람직하다. 또한 조사가 진행되는 동안 피조사자의 신병관리에 대하여도 조사의 필요에 의하여 무단으로 남측으로 돌아가는 등의 사태가 발생하지 않도록 일정 장소를 벗어나지 못하도록 하는 것은 불가피하다 할 것이나, 조사를 마친 상태에서 보상 문제 등의 협상이 종결되지 않았다는 이유로 사실상의 구류나 구금 형태를 취하지 않도록 하여야 할 것이다.

만일 북한이 추가합의서와 관련된 합의 과정에서 피조사자에 대한 구속의 필요성이 제기되어 불가피하게 이를 인정하더라도 북한 '형사소송법' 제184조의 자택구속이나 지역구속을 참고하여 구류구속이 아닌 숙소구속 또는 개성공단 내 구속 처분을 인정하는 것만으로도 이 조사를 위해서는 충분한 조치가 될 수 있을 것이다.

⑥ 변호인 접견권 보장

피조사자의 신분이 북한의 수사나 예심의 대상자가 아니라 하더라도 우리 주민의 인권 보장적 차원에서 반드시 우리 측 변호인의 참여 및 접견권이 보장되어야 할 것이다. 이처럼 조사

---

21 윤대규, 같은 글, 297쪽.

과정에서 우리 측 변호인의 참여가 보장된다면 후술하는 북측 조사 자료의 증거능력 부여 문제와 관련하여서도 북측 조사 자료에 대한 신빙성 인정이 좀 더 수월할 수 있을 것이다.

⑦ 남측 대표 등의 접견권 보장

조사의 대상이 된 우리 주민의 인권 보장적 차원에서 변호인 접견권 이외에도 협의 등을 통한 실질적 문제 해결을 위해 남측 공동위원회 대표 또는 그로부터 권한을 위임받은 자나 피조사자의 소속 기관장 등과의 접견권이 보장되어야 할 것이다.

(5) 북측의 조사 이후 절차에 대한 문제점 검토

① 조사 후 북측의 결정에 대한 이의제기 등

조사기관에서 조사를 마치게 되면 북측은 대상자의 위반 내용을 남측에 통보하게 되고, 위반 정도에 따라 경고, 범칙금 부과, 남측 지역 추방 또는 엄중한 위반행위에 대한 합의 절차 개시 등의 결정이 있게 된다. 그러나 그 최종 결정은 북측의 어느 기관에서 할 것인지, 그 결정에 대한 이의제기나 불복이 가능한지, 가능하다면 이의제기권자는 피조사자로만 할 것인지, 이의제기 절차는 어떤 형식으로 할 것인지에 대한 검토가 필요하다.

다만 벌금(범칙금납부)을 적용할 경우에는 '개성공업지구 벌금규정'이 적용된다. 이 벌금규정에 따르면 벌금을 적용하려는 해당 기관은 위법행위를 한 자로부터 법규위반조서를 받아야 하며, 법규위반조서에는 위법행위를 한 자의 이름, 직장직위, 날자, 위법내용 같은 것을 밝혀야 한다(제8조).

한편 벌금적용은 해당 기관의 책임일군협의회에서 심의 결정하며, 해당 기관은 법규위반조서를 받은 날부터 7일안으로 심의결정하여야 한다(제9조). 이후 벌금적용을 심의 결정한 기관은 벌금통지서를 작성하여 해당 기업 또는 개인에게 보내야 하며, 벌금통지서에는 위법행위를 한자의 이름, 위법자료, 벌금액수를 밝히고 해당 기관은 공인 또는 명판을 찍는다(제10조).

벌금통지서를 받은 기업 또는 개인은 7일안으로 지정된 은행에 해당한 벌금을 물어야 한다(제11조). 한편 교통질서, 세관질서와 더불어 출입질서를 어긴 자에 대하여는 미화 200불 범위 내에서 현지에서 직접 벌금을 물릴 수 있다(제13조). 이러한 벌금적용과 관련하여 의견이 있을 경우에는 벌금을 적용한 기관 또는 중앙공업지구지도기관에 신소할 수 있으며 신소를 받은 기관은 20일안으로 료해처리하여야 한다(제14조).

조사결과 남과 북이 합의한 엄중한 위반행위로 결론이 난 경우 그 엄중한 행위에 대하여 어떻게 처리할 것인지에 대하여는 쌍방이 별도로 합의를 하여 처리하도록 하고 있는바, 일응 그 처리 방식이 북한의 형사사법권 행사를 예상한 것으로 보이기는 하나 그 밖에 어떤 처리 방식이 있을 수 있는지에 대한 검토가 있어야 할 것이다.

북한이 형사사법권을 행사하는 경우라도 수사 혹은 예심과 재판, 집행 중 어느 단계까지의 사법권 행사가 가능하도록 할 것인지에 대한 논의도 필요하며, 북한에서 재판까지 하더라도 최소한 판결에 대한 형의 집행만은 우리 측에서 할 수 있도록 합의를 하여야 할 것이다.

② 신병인도 및 조사기록, 증거물 인계 절차

신병인도 및 조사기록과 증거물 인계 절차에 대하여는 북측과 합의를 통하여 결정할 일이나 기존의 국제형사사법공조의 예를 따라 하면 될 것이다.

③ 사건처리 결과 통보 절차

「출입체류합의서」 제10조 제4항은 "남측은 법질서를 위반하고 남측 지역으로 추방된 인원에 대하여 북측의 의견을 고려하여 조사, 처리하고 그 결과에 대하여 북측에 통보"하도록 규정하고 있는바, 구체적인 통보기관 및 절차에 대한 합의가 필요하다. 또한 조사 및 처리 과정에서 북측의 의견을 고려하도록 하고 있는바, 북측이 어떤 방식으로 자신들의 의견을 제시할 것인지가 문제되나 일응 북측이 조사를 마친 후 조사결과서에 자신들의 의견을 표시한 후 이를 우리 측에 인계하면 될 것으로 보인다.

④ 재발방지 대책에 대한 절차

「출입체류합의서」 제10조 제4항은 남측은 법질서위반행위의 재발방지에 필요한 대책을 세우도록 하고 있는바, 이 경우 재발방지 대책은 구체적으로 누가 세워야 하는 것인지, 그 결과를 북측에 통보할 필요는 없는 것인지, 통보가 필요하다면 어떤 절차를 통하여 할 것인지에 대한 논의와 합의가 있어야 할 것이다. 한편 우리 입장에서는 북한이 충분히 납득하고 받아들일 만한 재방방지 대책안을 제시하는 것이 북한으로 하여금 현재와 같이 수시로 사람을 억류하여 문제를 해결하고자 하는 태도를 버리도록 하는 데 기여할 수 있을 것이다.

⑤ 인적·물질적 피해의 보상에 대한 해결 절차

「출입체류합의서」 제10조 제5항은 남과 북은 인원의 불법행위로 인하여 발생한 인적 및 물질적 피해 보상 문제에 대하여 적극 협력하여 해결한다고 규정하고 있는바, 그 보상의 범위와 절차에 대한 구체적인 논의 및 별도의 합의가 있어야 할 것이다. 이 부분에 대하여도 우리 입장에서는 북한이 충분히 납득하고 받아들일 만한 방안을 제시하는 것이 북한으로 하여금 현재와 같이 수시로 사람을 억류하여 문제를 해결하고자 하는 태도를 버리도록 하는 데 기여할 수 있을 것이다.

(6) 합의서 해석 및 적용 문제 해결을 위한 협의기구 문제

'개성공업지구법' 부칙 제3조는 각 법의 해석은 최고인민회의 상임위원회가 하도록 규정하고 있으나 「출입체류합의서」 제13조는 합의서의 해석 및 적용과 관련하여 발생하는 문제는 남북경제협력추진위원회 또는 그가 위임하는 기관에서 협의하여 해결한다고 규정하고 있다.[22]

'개성공업지구법' 제8조 제2항,[23] 「출입체류합의서」 제14조[24]의 규정에 비추어보아 합의서상의 내용에 대하여는 합의서 내용이 '개성공업지구법'에 우선하여 적용된다고 보아야 할 것이므로, 합의서상의 해석과 적용에 대하여는 남북경제협력추진위원회 또는 그가 위임하는 기관에 권한이 있다고 보아야 할 것이다.

다만 합의서상의 해석과 적용 문제를 남북경제협력추진위원회에 맡길 것인지, 아니면 합의서 제12조에 의한 공동위원회 등에 위임할 것인지에 대하여는 별도의 검토가 필요하다. 남북경제협력추진위원회는 2001년 2월 3일 발효된 「남북경제협력추진위원회 구성·운영에 관한 합의서」 제1조에 의해 쌍방 각기 위원장 1명과 위원 4~6명으로 구성하도록 되어 있고, 이 중 위원장은 차관(부상)급으로 하도록 되어 있다. 이 위원회는 경제 분야의 교류와 협력을 구체적으로 협의·실천하기 위하여 남북장관급회담 산하에 둔 것이므로 이 위원회로 하여금 법률적 분석을 필요로 하는 이 합의서의 해석 및 적용과 관련한 문제를 다루도록 하는 것은 적합하지 않은 것으로 보인다.[25] 「출입체류합의서」에 의하여 구성될 공동위원회가 남과 북의 출입 및 체류와 관련하여 발생하는 전반적 문제들을 협의·해결하도록 하고 있으므로 이 공동위원회 구성 시 위원 중에 법률전문가가 포함되도록 구성한 후 공동위원회에 합의서 해석 및 적용의 문제를 위임하는 것이 효율적일 것으로 생각된다.

(7) 비상사태 시 무사귀환 보장

「출입체류합의서」 제16조 제2항은 "이 합의서는 일방이 상대측에 폐기의사를 서면으로 통지하지 않는 한 계속 효력을 가지며, 폐기통지는 통지한 날로부터 6개월 후에 효력을 가진다"라고 규정하고 있다. 따라서 남북한 간에 비상사태가 발생하여 이 합의서를 폐지하는 경우

---

22 '금강산관광지구법' 부칙 제3조도 같은 내용으로 규정되어 있다.

23 신변안전 및 형사사건과 관련하여 북남 사이의 합의 또는 공화국과 다른 나라 사이에 맺은 조약이 있는 경우에는 그에 따른다.

24 합의서의 적용범위, 인원과 통행차량 등의 출입 및 체류와 관련한 문제는 이 합의서가 우선적으로 적용된다.

25 윤대규, 「개성공업지구 관련법규의 문제점과 개선방향」, 298쪽.

에도 6개월간은 이 합의서에 의한 신변안전보장을 받을 수 있다. 그러나 이러한 보장 외에도 비상사태 시 인원 전체에 대하여 어떤 명목으로든 체포나 구금을 할 수 없고, 모든 귀환 편의를 제공하도록 하여야 한다.

(8) 기타 사항

신변안전과는 깊은 관련이 없다 하더라도 후속 또는 부속 합의서 체결 시 다음과 같은 사항들도 함께 해결할 필요가 있다.

① 변사사건 처리

변사사건 처리와 관련하여서는 합의서상 아무런 규정이 없는바, 우선 조사기관이 변사 사건에 대해 처리 권한이 있는지가 문제된다. 만일 조사기관에 변사사건 처리에 대한 권한이 없고 '형사소송법'에 의하여 처리가 된다고 한다면 결국 변사사건은 북한 '형사소송법' 제192조, 제193조에 의하여 예심원이 처리하게 된다.

한편 변사사건 처리에 있어서 변사체 검시는 초동 수사에 있어서 매우 중요한 것으로 자칫하면 수사의 단서를 확보하지 못하게 되는 문제가 발생하게 되므로 향후 우리 측 수사 진행 과정에서 사건의 실체 파악을 위하여 매우 중요한 사항이다. 따라서 적어도 우리 측 수사기관의 검시가 가능하도록 할 필요가 있을 것이다.

② 우리 측 수사 및 재판 관련 형사사법공조 문제

조사기관에서 신병을 우리 측에 인도하고 조사기록을 인계한 후라도 우리 측에서 수사 혹은 재판을 진행하는 과정에서 추가로 북측의 협조를 요하는 경우가 발생할 수 있다. 즉 조사기록 외에 추가로 서류나 증거물 송달을 요하는 경우도 발생할 수 있고, 우리 측 수사기관의 현장검증, 북한 주민의 증언이나 진술 확보, 사람 또는 물건의 소재 및 동일성 파악, 압수·수색의 요청, 몰수절차에서의 조력 등 협의의 형사사법공조가 필요한 경우가 발생하게 된다. 따라서 이를 위해 협의의 형사사법공조에 대한 합의가 필요하며, 우선적으로 그 공조의 범위를 개성공업지구와 금강산관광지구에서의 우리 주민의 북한법질서 위반행위와 관련된 것으로 하더라도 그 공조에 대한 합의가 있어야 할 것이다.

③ 증거법상의 특칙

이상과 같은 우리 주민들의 신변안전보장을 위한 각종 조치가 남북한 간의 합의를 통하여 이루어지더라도 북한이 조사 과정에서 현실적으로 이와 같은 조치를 취하지 않을 경우 이를 강제할 방법이 없다면 무용지물이 되고 말 것이다. 따라서 변호인 참여 없이 조사를 한 경우와 같이 절차상의 하자가 있는 경우에는 그 과정에서 확보한 증거를 유죄의 증거로 사용할 수 없도록 하는 증거법상의 특칙을 둘 필요가 있다.

④ 남한 주민 간 발생하는 형사사건 처리 문제

지금까지는 주로 남한 주민에 대한 북한의 형사사법권 행사 제한과 관련된 문제점과 그에 대한 대책을 살펴보았다. 그러나 개성공단의 규모가 확대되면서 그 안에 체류하거나 거주하는 남한 주민의 수가 증가할수록 가해자와 피해자 모두가 남한 주민이거나 혹은 단순 음주운전이나 도박사건과 같이 남한 주민만 문제가 되는 형사사건의 발생도 늘어날 것이다. 이러한 형사사건의 예방을 위해서는 장차 KEDO의 경우와 같이 질서유지대의 역할을 할 기구의 설치도 필요할 것이다. 또한 사후처리와 관련하여서도 이 합의서 및 그 후속조치 등으로 인하여 북한이 관여를 하지 않게 되는 사건의 경우 자칫 우리 형사사법권도 제대로 미치지 않는 상황에서 형사사법의 사각지대가 될 우려가 있다. 이와 같은 사태를 방지하기 위해서는 공동위원회 실무위원회에 사법경찰관리를 파견하거나 혹은 일정 실무위원에게 특별사법경찰관리의 자격을 부여하고, 사건 수사에 대한 권한과 의무를 부여할 필요가 있을 것이다. 물론 이러한 조치를 북한이 쉽게 받아들일 가능성은 크지 않다 할 것이나, 개성공단의 규모가 확대될 경우 반드시 필요한 조치이므로 북한에 대한 설득 논리를 개발할 필요가 있다.

한편 공단 내에서 범죄를 범한 우리 주민이 그 형사처벌을 면하고자 북측 지역으로 도주할 가능성을 배제할 수 없다. 이 경우에는 북측과의 범죄인인도 문제가 발생하게 된다. 하지만 남한 내에 수많은 탈북자가 있는 가운데 남북한 간에 일반적인 범죄인인도 조약을 체결할 경우 자칫 북한이 탈북자들에 대하여 범죄인인도를 명목으로 신병인도를 요청할 가능성을 배제할 수 없으므로 일반적으로 적용되는 범죄인인도에 대한 합의를 하는 것은 적절치 않아 보인다. 그러나 개성공업지구나 금강산관광지구와 같은 특정된 지역 내에 체류·거주하는 우리 주민이 이 지역에서 범죄를 저지르고 북측의 다른 지역으로 도주할 경우에는 제한적 범위에서 「출입체류합의서」의 후속 합의서 등을 통하여 범죄인인도를 요청할 수 있도록 할 필요성이 있어 보인다. 이는 상호주의 원칙하에 이 지구 내에서 북한 주민이 다른 북한 주민을 상대로 범죄를 저지르고 남측 지역으로 도주한 경우에도 마찬가지로 적용을 할 수 있을 것이다.

⑤ 북측 조사 자료에 대한 증거능력 부여 문제

북한의 조사 혹은 수사기관 등은 우리 '형사소송법'상으로는 일반 사인에 불과하므로 이들이 작성한 진술조서는 물론 검증조서, 실황조사서, 수사보고서 등 북한의 입장에서는 공문서에 해당하는 모든 것이 우리 '형사소송법'상으로는 사인이 작성한 사문서에 불과하여 이는

'형사소송법' 제313조의 서면에 해당한다. 따라서 공판준비나 공판기일에서의 그 작성자의 진술에 의하여 진정성립이 증명된 때에 증거로 할 수 있고, '형사소송법' 제314조의 규정에 의하여 작성자가 사망, 질병, 외국 거주 기타 사유로 인하여 진술을 할 수 없는 때에는 그 작성이 특히 신빙할 수 있는 상태에서 행하여진 때에 한하여 증거로 할 수 있다.

그런데 현실적으로 조서를 작성한 북한의 조사기관 혹은 수사기관 종사자들을 일일이 우리 법정에 출두하도록 하여 진정성립을 증명하는 것이 쉽지 않다. 결국 북한 조사기관 혹은 수사기관 종사자를 '형사소송법' 제314조의 외국 거주자로 볼 수 있는지를 검토해 볼 수 있으나 우리 '헌법' 및 '국가보안법' 등에 비추어 북한을 외국으로 볼 수는 없다. 따라서 향후 북한과의 형사사법공조 관련 합의서 체결 시 형사사법공조와 관련하여서는 북한을 외국에 준하여 본다는 규정을 두는 방안 등을 검토할 필요가 있다.

5. 남북한 형사사법공조

1) 형사사법 분야의 국제협력과 국제형사사법공조

형사사법에 있어서 각 국가는 자국의 법익을 보호하기 위하여 형사 관할권에 대하여 속지주의, 속인주의, 보호주의 등을 채택하고 있으며, 형사 재판권을 국가의 고유권으로 파악하여 타국의 재판권 침해행위에 대하여는 내정간섭으로 보고 이를 거부하는 것이 일반적 성향이라 할 수 있다. 그러나 국가 간의 의존성에 의한 국제화는 범죄 분야에 있어서도 예외는 아니며, 범죄의 국제화 현상은 외국인의 국내 범죄, 국내 범죄인의 해외 도주, 국제적 조직의 범죄 등으로 나타나고 이에 대한 적절한 대처를 위해서는 국가 간의 긴밀한 협력이 필수적이다. 이와 같은 문제를 해결하기 위한 방편이 국제형사사법공조제도이다.

한편, 국제형사사법공조란 범죄 진압이라는 국제적인 공통관심사를 실현하기 위한 모든 형태의 협력행위로, 이를 세분하면 ① 범죄인인도(extradition), ② 협의의 형사사법공조(mutual assistance in criminal matters), ③ 외국형사판결의 집행(execution of foreign sentences), ④ 형사소추의 이송(transfer of proceedings in criminal matters)의 네 가지로 나눌 수 있다.[26] 일반적으로 이

---

26 백진현·조균석, 『國際刑事司法共助에 關한 硏究』(서울: 형사정책연구원, 1993), 4쪽.

네 가지 형태를 총칭하여 최광의의 형사사법공조라 하고 그중 범죄인인도와 협의의 형사사법공조를 합하여 광의의 형사법공조라 하는데, 통상 형사사법공조라 함은 협의의 형사사법공조를 말한다.

앞서 살펴본 바와 같이 남북한 교류협력 과정에서 발생한 형사사건 처리에 대해서는 그동안 범죄 진압을 위한 협력 차원이 아니라 북한에서 발생한 남한 주민의 신변안전보호라는 측면에서 접근을 해온 것이 사실이다. 하지만 남북한 주민 간의 교류와 협력이 확대될수록 통상의 형사사법공조에 대한 논의의 필요성이 더욱 커질 것이다. 나아가 일정 범위 내에서는 우리 주민의 신변안전을 보장하기 위한 방안의 하나로 통상의 국제형사사법공조를 활용할 필요성도 있다.

2) 남북한 관계에서의 형사사법공조 활용 방안에 대한 검토

(1) 협의의 형사사법공조

협의의 형사사법공조란 범죄인인도와는 달리 범죄인의 신병확보를 목적으로 하는 것이 아니라 형사사건과 관련한 국제협력을 통해 범죄의 예방이나 진압 혹은 범죄인의 인권보호를 위하여 존재하는 제도로 외국에서 행하는 형사절차를 돕기 위한 증인 및 감정인 등 관계인의 증언이나 진술의 확보, 물건의 인도, 압수·수색·검증, 문서의 송달, 정보의 제공 등 형사절차와 관련된 행위를 수행하는 것을 의미한다. 그러나 구체적인 공조의 내용은 각국의 사법 조직이나 형사절차가 동일하지 않은 관계로 공조의 내용 및 범위는 다양하나 그 범위는 점차 확대되는 추세에 있다.

우리나라의 경우도 형사사건의 수사 또는 재판과 관련하여 외국의 요청에 따라 실시하는 공조 및 외국에 대하여 요청하는 공조의 범위와 절차 등을 정하여 범죄 진압 및 예방에 있어서 국제적인 협력을 증진할 목적으로 1991년 3월 8일 '국제형사사법공조법'을 제정하여 시행하고 있다. 이 법 제5조에서는 공조의 범위를 사람 또는 물건의 소재 수사, 서류·기록의 제공, 서류 등의 송달, 증거수집, 압수·수색·검증, 증거물 등 물건의 인도, 진술 청취 기타 요청국에서 증언하게 하거나 수사에 협조하게 하는 조치로 규정하고 있으나, 공조에 관하여 공조조약[27]이

---

[27] 우리나라는 2019년 4월 현재까지 호주, 캐나다, 프랑스, 미국, 몽골, 홍콩, 중국, 뉴질랜드, 러시아, 우즈베키스탄, 타일랜드, 베트남, 인도, 브라질, 멕시코, 일본, 알제리, 쿠웨이트, 필리핀, 불가리아, 카자흐스탄, 벨기에, 스페인, 아르헨티나, 말레이시아, 남아프리카공화국, 페루, 아랍에미리트연합국과 형사사법공조 조약

있는 경우 그 조약 내용이 우선하도록 하고 있다(법 제3조). 이러한 형사사법공조는 상호주의[28], 쌍방가벌성의 원칙[29], 특정성의 원칙[30], 일사부재리 원칙을 기본원칙으로 하면서 일반적으로 정치범죄, 군사범죄, 재정범죄와 같이 고도의 정치성을 띤 일정한 유형의 범죄에 대하여는 그 대상에서 제외시키고 있다.

이와 같은 내용의 형사사법공조는 특히 북한이 북한 지역에서 범죄를 저지른 우리 주민에 대하여 형사사법권을 포기할 경우 이들에 대한 신병인수[31]뿐만 아니라 기초 조사 자료의 인수, 증거물의 인수, 압수·수색·검증에 대한 협조 등 수사와 재판과정에서 필요한 여러 가지 절차상의 협조를 필요로 하게 되므로 이 경우에는 북한과의 사이에 일반적인 형사사법공조가 필요하다. 그 절차를 위해 북한과의 사이에 형사사법공조에 대한 협약 체결이 필요할 것이나, 우선적으로는 「출입체류 합의서」에 대한 후속 조치를 통해 제한적 범위 내에서 해결을 한 후 교류의 범위 확대에 따라 그 적용범위를 확대해 나가는 노력이 필요할 것이다.

그런데 북한과 앞서 말한 내용에 대해 별도의 협약을 체결하더라도 절차상 필요한 모든 내용을 위 협약에 모두 기재하지 못할 것이므로 협약을 보충하기 위하여 '국제형사사법공조법'을 북한과의 관계에서도 적용할 수 있는지가 문제가 될 수 있다. 우리 '국제형사사법공조법'은 요청국 또는 피요청국을 '외국'으로 규정하고 있어 북한을 여기서 말하는 외국으로 볼 수 있는지가 문제되기 때문에, '헌법' 및 '국가보안법' 등에 비추어 북한을 외국으로 볼 수는 없어 '국제형사사법공조법'을 바로 북한과의 관계에 적용할 수 없다 할 것이므로 북한의 경우에는 이 법을 준용하도록 하는 법 개정 문제 등이 검토되어야 할 것이다.

을 체결하였다.

[28] 외국이 사법공조를 해주는 것만큼 자국도 동일 또는 유사한 범위 내에서 상대국의 공조에 응한다는 원칙을 말한다.

[29] 형사사법공조의 대상이 되는 범죄는 요청국과 피요청국에서 모두 처벌 가능한 범죄이어야 한다는 원칙을 말한다.

[30] 특정성의 원칙은 범죄인인도에서 확립된 원칙으로 인도대상 범죄인은 인도사유에 해당되는 행위만으로 소추되거나 처벌받아야 한다는 원칙을 말하나, 형사사법공조에 있어서는 첫째, 공조에 의하여 취득한 자료를 요청 관련 범죄이외의 목적으로 사용하여서는 안 된다는 것을 의미하며, 둘째, 피요청국의 증인이나 관계인이 공조요청에 따라 요청국에 가는 경우 피요청국을 출발하기 이전의 행위나 선고 등을 이유로 구금되거나 소추되지 않는다는 원칙을 말한다.

[31] 이는 범죄인인도의 문제가 아니라 협의의 형사사법공조의 한 형태에 해당한다.

(2) 범죄인 인도

범죄인 인도는 협의의 형사사법공조와 함께 형사사법 분야에서는 가장 오래된 국제협력의 형태로 외국에서 범죄를 저지른 후 자국으로 도피하거나, 유죄 판결을 받고 자국에 체재하는 범죄인의 소추 또는 처벌을 위하여 당해국에 그를 인도하는 제도를 말한다. 범죄인 인도 역시 일반적으로 상호주의, 쌍방가벌성의 원칙, 일사부재리의 원칙, 특정성의 원칙, 정치범 불인도 원칙, 자국민 불인도 원칙 등을 기본원칙으로 하고 있다.

우리나라는 1988년 8월 5일 '범죄인인도법'을 제정하여 시행하고 있으며, 이 법 제4조는 인도조약이 체결되어 있지 않더라도 인도를 청구하는 국가가 동종의 인도범죄에 대한 대한민국의 범죄인인도청구에 응한다는 보증이 있는 경우에는 이 법을 적용한다고 규정하고 있다.[32]

한편 '범죄인인도법'의 경우 '국제형사사법공조법' 제3조와 같은 조약 우선 원칙을 명문으로 규정하고 있지 않으나 조약은 국내법과 같은 효력을 가지며(헌법 제6조 제1항), 조약이 체결되어 있는 경우 그 조약이 '범죄인인도법'의 특별법에 해당한다고 보아야 할 것이므로 조약의 내용이 우선 적용된다고 보아야 할 것이다. 남북한 관계에 있어서 이와 같은 범죄인인도 조약의 체결이 필요한지에 대하여는 현 상태에서는 우리 측 주민이 일반 범죄를 저지르고 북측으로 도주할 경우는 거의 없을 것으로 예상되고 오히려 북측이 북한이탈주민들에 대한 인도 요청 문제와 결부될 우려가 커 득보다는 실이 큰 것으로 예상되므로 현재로서는 남북 간 범죄인인도에 대한 문제를 거론할 필요성은 없어 보인다.

(3) 외국형사판결의 집행

외국형사판결의 집행은 집행의 인수와 집행의 청구가 있는데, 외국형사판결의 집행의 인수는 내국인이 외국에서 형을 선고받은 경우 국가가 자국인에 대한 배려로 외국에서 형의 선고를 받은 자에 대하여 그 집행만을 인수하는 것을 말한다. 외국에 대한 형사판결의 집행청구는 수형자가 외국인으로 외국에 주소 또는 통상적인 거소를 가지고 있거나 그 곳에 체재하고 있고, 인도되지 아니한 경우나 피청구국에서의 집행이 수형자나 공공에 이익이 되는 경우에 외국에 대하여 당해 외국인에게 과하여진 형 또는 기타 제재 조치의 집행을 청구하는 제도이

---

32 우리나라는 2018년10월 현재까지 현재 호주, 캐나다, 스페인, 필리핀, 파라과이, 칠레, 멕시코, 미국, 몽골, 아르헨티나, 타일랜드, 우즈베키스탄, 브라질, 중국, 뉴질랜드, 베트남, 일본, 페루, 과테말라, 홍콩, 인도네시아, 프랑스, 알제리, 불가리아, 캄보디아, 카자흐스탄, 쿠웨이트, 남아프리카공화국, 말레이시아, 아랍에미리트, 이란과 범죄인인도 조약을 체결하였다.

다.[33] 이에 관한 국제조약으로는 베네룩스 3국의 「형사판결의 집행에 관한 베네룩스 조약」(1968년 9월 26일), 유럽이사회의 「형사판결의 국제적 효력에 관한 유럽협약」(1970년 5월 28일), 「형의 집행유예자 및 가석방자의 보호관찰의 이송에 관한 유럽 협약」(1964년 11월 30일), 「수형자이송에 관한 협약」(1983년 3월 21일), 유엔의 「형의 집행유예자 및 가석방자의 보호관찰의 이송에 관한 모델조약」(1990년 12월 14일), 「외국인 수형자의 이송에 관한 모델 협정」(1985년 12월 13일) 등이 있다.

남북 관계에 있어서는 이상에서 언급한 바와 같이 우리 주민에 대하여는 북측이 우리 주민에 대한 형사사법권을 행사하지 못하도록 하는 것이 우선 과제이기는 하나 금강산관광지구나 개성공업지구에서 우리 주민이 저지른 범죄행위가 「출입·체류합의서」상의 '엄중한 위반' 행위에 해당하여 남북이 합의한 결과 북측의 재판권행사를 배제하지 못하는 사태가 발생할 수도 있다. 그 밖의 지역에서도 현재 북한에 구금되어 있는 우리 선교사들과 같이 북한에서 재판과 형의 집행을 받는 경우도 발생하고 있다. 이러한 경우 비록 북한이 재판권행사를 하더라도 최소한 그 집행만은 우리 측에서 할 수 있도록 하는 것이 바람직하므로 향후 이에 대한 적극적인 검토가 필요하다고 본다.

(4) 형사소추의 이송

형사소추의 이송이란 범죄지국에서 범인의 본국 또는 거주지국에 대하여 범인의 소추를 청구하고, 피청구국에서 소추 및 처벌을 하게 하는 제도로 통상 범죄지국이 청구국으로 되는 것은 속지주의의 우위에서 유래한다. 형사소추의 이송제도는 범죄인 인도 특히 자국민 불인도 원칙과 밀접한 관련이 있으며 범죄인 인도가 거부되었을 때 소추를 보장하기 위한 보충적 제도라 할 수 있다.[34] 이에 관한 국제조약으로는 유럽이사회의 「형사소추의 이송에 관한 유럽협약」(1972.5.15), 유엔의 「형사소추의 이송에 관한 모델 조약」(1990.12.14) 등이 있다. 형사소추의 이송에 관한 제도도 쌍방가벌성의 원칙을 일반적 원칙으로 택하고 원칙적으로 피청구국의 법을 준거법으로 한다.

향후 남북관계에 있어서 상호 상대방 주민에 대한 형사사법권 행사를 제한하거나 자제한다 하더라도 그 행위자에 대한 처벌이 필요하다고 판단되는 사안에 대하여는 형사소추의 이송

---

33 백진현, 조균석, 『국제형사사법공조에 관한 연구』, 4~5쪽.
34 한국형사정책연구원, 『유럽의 형사사법공조제도에 관한 연구』(서울: 한국형사정책연구원, 1995), 140쪽.

제도의 활용도 고려할 만하다. 특히 금강산관광지구나 개성공업지구 내에서의 엄중한 위반행위를 한 자의 처리에 대한 합의 과정에서 북측의 사법권 행사를 배제시키기 위한 제도적 뒷받침으로 이 제도를 활용하는 방안도 고려할 필요가 있다.

6. 맺음말

지금까지 살펴본 바와 같이 현재의 남북한 간 인적 교류는 남북 관계가 경색된 가운데에서도 꾸준히 이루어지고 있고, 장차 남북 관계가 화해 국면에 접어들게 되면 그 범위가 더욱 확대될 것이다. 그런데 '형법'의 적용범위에 대한 북한 '형법'의 규정이나 일반적인 국제형법의 원칙에 비추어볼 때 북한에 체류하거나 거주하는 법의 주민이 범죄를 저지른 경우에 일차적으로는 그 신병을 확보하고 있는 북한이 형사사법권을 행사하게 될 것이다. 하지만 이들에게 적용할 북한 '형법'의 내용은 아직도 상당히 비민주적이고 비인도적이라는 비판을 받고 있기 때문에 우리 주민의 신변안전을 위해서는 어떤 형태로든 북한의 형사사법권의 행사를 배제하거나 제한할 필요가 있다. 이를 위한 우리 정부의 꾸준한 노력의 산물이 바로 대규모 인적 왕래가 이루어지고 있는 개성공업지구와 금강산관광지구에 적용되는 「출입체류합의서」의 체결인 것이다. 이 합의서 체결에 의하여 북한은 비록 일부 제한된 지역에서나마 자신들의 형사사법권을 포기하였다. 형사사법권은 주권 행사의 중요한 내용 중 하나이다. 따라서 북한이 이 합의서 체결을 통하여 원칙적으로 자신들의 형사사법권을 포기한 매우 파격적 조치라 할 수 있다.

그러나 이와 같은 파격적 조치를 취해놓고도 금강산관광지구 내 교통사고 사망 사건이나 금강산관광객 피격 사망 사건, 개성공단의 현대아산 직원 억류 사건 등에서 보는 바와 같이 북한이 합의서 전체의 취지에 반하는 조치를 취함으로써 「출입체류합의서」에 의한 남한 주민의 신변안전보장은 그 한계점을 드러내고 있다. 이는 일차적으로 북한의 이 합의서에 대한 이행 의지가 문제이다. 그러나 이에 못지않게 이 합의서의 내용이 구체적이지 못하여 세부적 문제에 있어서는 여전히 해석상 논란의 소지가 남아 있고, 이 합의서가 예정하고 있는 후속조치마저 제대로 이루어지지 못하였다는 데도 그 원인이 있다. 또한 이 합의서의 적용범위가 금강산관광지구와 개성공업지구로 한정되어 있어 그 밖의 북한 지역을 방문하는 남한 주민들에 대하여는 북한이 우호적 조치를 취하지 않는 한 북한의 형사사법권이 그대로 행사된다.

따라서 북한에 체류하는 남한 주민의 신변안전보장을 위해서는 현실적으로 볼 때 우선 이 합의서에 대한 후속조치를 통하여 우선 금강산관광지구와 개성공업지구 내의 남한 주민에 대한 신변안전보장을 확실하게 할 필요가 있다. 그리고 이와 함께 이 합의서가 북한을 방문하는 남한 주민 전체에 적용되도록 노력할 필요가 있다. 이와 더불어 북한으로 하여금 남북 관계가 법적·제도적 틀 내에서 운영이 되어야만 유지·발전을 할 수 있다는 점을 분명히 인식하도록 하여 이 합의서를 비롯한 남북 간의 모든 합의가 본래의 취지에 따라 제대로 준수되도록 하는 노력도 병행되어야 할 것이다.

남북한 교류협력 과정에서 발생한 형사 사건 처리에 대해서는 그동안 범죄 진압을 위한 협력 차원이 아니라 북한에서 발생한 남한 주민의 신변안전보호라는 측면에서 접근을 해온 것이 사실이다. 하지만 남북한 주민 간의 교류와 협력이 확대될수록 통상의 형사사법공조에 대한 논의의 필요성이 더욱 커질 것이다. 일정 범위 내에서는 우리 주민에 대한 북한의 형사사법권을 배제시키기 위한 방안의 하나로 외국형사판결의 집행이나 형사소추의 이송과 같은 통상의 국제형사사법공조 제도를 활용할 필요도 있다. 또한 부분적으로는 협의의 형사사법공조가 필요한 부분도 필요성이 제기되고 있으므로 남북한 관계에 적합한 형사사법공조제도 방안을 모색할 필요가 있다.

2009년 6월 17일 자 《조선신보》는 미국 여기자 사건에 대하여 다음과 같이 조선중앙통신사 상보 전문을 소개하고 있다. 이 상보를 보면 북한의 입장에 의한 것이기는 하지만 이들에 대한 체포 단계부터 판결 선고에 이르기까지 형사소송 절차 전체 진행 과정을 알 수가 있다.

미국인 범죄자들의 반공화국 적대행위에 대한 응당한 심판

최근 미국기자 2명이 반공화국적대행위를 감행하면서 우리나라 국경을 불법 침입하였다가 체포되어 재판을 받았다. 조선민주주의인민공화국 사회주의 헌법 제158조와 조선민주주의인민공화국 형사소송법 제271조에 따라 국가기밀루출을 고려하여 재판은 비공개로 진행되였다.

조선중앙통신사는 위임에 따라 조선반도에 전례없이 미국과의 대결국면이 조성된 시기에 미국인들이 감행한 범죄사실을 세상에 알리기 하여 상보를 발표한다.

지난 3월 17일 새벽 정체불명의 남자 2명과 여자 2명이 몰래 두만강을 건너 함경북도 온성군 강안리의 우리측 대안에 침범하여 수상한 행동을 하였다.

우리 국경경비대원들이 단속하려고 하자 남자 2명은 도주하고 녀자 2명이 현장체포되었다. 체포된자들의 신분을 확인한데 의하면 한명은 로라 링이라는 32살난 중국계 미국공민으로서 미국 《카런트 TV》방송회사 특파기자이고 다른 한명은 리승은이라는 36살난 남조선계 미국공민으로서 같은 방송회사 편집원이다.

조사결과 침입자들은 반공화국인권모락책동에 리용할 동영상물을 만들 목적으로 국경을 침범하고 범죄행위를 감행하였다는 것이 밝혀졌다.

조선민주주의인민공화국 중앙검찰소는 3월 22일 로라 링과 리승은에 대한 체포령장을 발급하고 조선민주주의인민공화국 형법 제69조와 제233조에 따르는 형사책임을 추궁한 다음 이들을 구속처분하였다.

예심과정에서 로라 링과 리승은은 지난 1월 미국 로스안젤스시에서 《카런트 TV》 방송회사 프로그람제작부 감독 미취 코스, 프로그람제작부 책임자 데이비드 뉴먼, 회사법률책임자 데이비드 할리스톤 등과 조선민주주의인민공화국을 헐뜯는 기록영화를 제작, 방영할데 대하여 모의하였다는 것이 밝혀졌다.

이자들은 취재대상을 남조선에서 반공화국인권모락책동에 광분하고 있는 정치사환군인 《두리하나선교회》목사 천기원이라는 자와 그가 소개해 주는 월남도주자들을 정하였다.

3월 6일 그들은 회사로부터 9,950US$를 받아가지고 중국입국사증신청서에는 려행목적을 일반관광으로, 직업을 미국 《카런트 홀딩》 콤퓨터전문가로 거짓신고하고 3월 9일 미국을 출발하였다.

로라 링과 미취코스는 남조선에 들려 3월 11일 군사분계선 비무장지대를 돌아보았으며 월남도주자들을 찾아다니며 그들로부터 우리 체제와 인민을 헐뜯는 망발을 유도하였다.

3월 13일 중국 길림성 연길시에 도착해서는 천기원이 소개한 안내자를 따라 비법월경자들을 찾아다니며 범죄자들이 주어섬기는 갖가지 악담들을 수집하였다.

피심자들의 상기진술내용들은 철두철미 우리 공화국의 영상을 깍아내리고 비방중상하기 위한 극히 불순한 정치적 동기에서 출발한 적대

행위라는것을 보여준다.

이것은 조선민주주의인민공화국 형법 제69조(조선민족적대죄)에 해당되는 행위이다.

3월 17일 6시 미취코스와 로라 링, 리승은은 천기원이 소개하여 준 김성철의 안내에 따라 중국 도문시 월정진으로부터 얼어붙은 두만강을 건너 우리측 대안에 올라선 후 록화촬영기로 주변을 촬영하면서 ≪우리는 방금 허가없이 북조선경내에 들어왔습니다≫라는 해설을 록음하고 침입기념으로 땅바닥에서 돌멩이를 하나 주어넣기까지 하였다.

이것은 조선민주주의인민공화국 형법 제233조(비법국경출입죄)에 해당하는 엄중한 국경침해행위이다.

조선민주주의인민공화국 중앙검찰소는 피심자들의 진술과 증거물들인 록화촬영기 1조 록화테프 6개, 수자식사진기 1대, 돌 1개, 사진 17매, 동화상자료 2건 등에 의하여 범죄행위 전모가 확정된데 따라 5월 11일 피심자들을 중앙재판소에 기소하였다.

조선민주주의인민공화국 중앙재판소는 6월 1일 사건을 조사한데 기초하여 기소사실이 근거가 있으며 법조도 옳게 적용되었다고 인정하고 조선민주주의인민공화국 형사소송법 제292조 1항과 형법 제69조와 제233조로 기소된 피소자들을 재판에 넘기는 판정을 하였다.

이에 따라 6월 4일부터 8일까지 평양시재판소 법정에서 피소자들에 대한 재판을 진행하였다. 피소자들의 청원과 요구에 따라 그들이 선정한 통역원이 통역을 보장하였으며 재판심리과정에 로라 링에 대한 변호사의 변론이 보장되였다. 리승은은 변호사선정권리를 스스로 포기하였으므로 변론이 제공되지 않았다.

재판에서 피소자들은 자기들의 행위가 우리 공화국의 인권실상을 사실과 맞지 않게 깍아내리고 비방중상하는 동영상자료를 조작하여 우리의 사회주의제도를 고립압살하려는 정치적동기로부터 감행된 범죄행위라는 것을 인정하였다.

중앙재판소는 조선민주주의인민공화국의 이름으로 피소자 로라 링과 리승은을 형법 제69조에 의하여 로동교화형 10년, 형법 제233조에 의하여 로동교화형 4년을 량정하고 형법 제44조에 의하여 로동교화형 12년을 언도하였다.

형기는 피소자들을 구속한 2009년 3월 22일부터 계산하고 판결에 대하여 상소할수 없다는 것이 선고되었다.

범죄자들은 판결을 인정하고 접수하였다.

우리는 미국이 반공화국범죄행위를 산생시킨데 대하여 각성을 가지고 예리하게 주시하고 있다.

주체98(2009)년 6월 16일 평양

제16장

남북한 민사사법공조와 법률 분야 교류협력 방안*

1. 머리말

남북한 교류협력이 활성화되면 인적·물적 교류의 증가와 더불어 남북한 주민 간의 민·상 사 분쟁도 증가할 것이다. 물론 교류협력이 단절된 상태에서도 남북한 주민 간의 신분 관계와 상속 등으로 인한 소송도 발생하고 있다. 이러한 여러 가지 형태의 분쟁과 소송이 제대로 진행 되려면 일정 부분 북한의 협조 내지 참여가 필요하다. 북한의 협조와 참여 문제를 해결하기 위 해서는 필연적으로 남북한 간의 사법공조 문제를 생각해 보지 않을 수 없다. 또한 남북한의 교 류와 협력이 안정적으로 발전하려면 그동안 상대적으로 뒤처져 있던 법률 분야의 교류와 협력 이 더욱 활성화되어야 한다.

통상 사법공조는 교통 및 통신의 발달과 더불어 국제적인 왕래 및 거래가 빈번하여 지면 서 점진적으로 발달한 제도로서 국가 간의 양자조약 또는 다자조약에 의하여 규율되어 왔다. 사법공조는 크게 민사(및 상사)사법공조와 형사사법공조로 구분된다.[1]

---

* 이 장은 2018년 11월 9일 법무부·사법정책연구원·한국헌법학회가 "한반도 평화정착에 대비한 법제도 현 황과 과제"를 대주제로 개최한 공동학술대회에서 발표한 「사법공조를 포함한 법률분야 남북 교류 방안」의 내용 중 민사사법공조와 법률 분야 교류협력 방안에 관한 부분을 재편집하여 정리한 것이다.

1 민사 및 상사의 구별과 관련하여 영미법계에서는 크게 형사(criminal)와 비형사(non-criminal)로 구분하고 후자를 민사로 이해하는 반면, 우리나라와 같은 대륙법계 국가에서는 민사와 상사를 구별한다. 그런데 실체 법적인 측면에서 민사와 상사가 구별된다고 하더라도 절차법적 측면에서는 기본적으로 '민사소송법'을 적 용하고 있으므로 사법공조와 관련하여서는 특별히 민사와 상사를 구분할 필요성이 크지 않다. 실제로 우리

사법공조의 문제는 기본적으로 각 나라의 주권과 밀접한 관계가 있으며, 사법공조를 하는 국가 간에는 상대방 국가의 사법체계를 그대로 인정하는 것을 전제로 상호 간 협력을 도모하는 것이다. 그런데 현실적으로 북한을 별개의 주권국가로 볼 것이냐의 문제를 떠나 우리는 북한의 법체계와 사법제도를 그대로 수긍하고 받아들일 수 없다는 점에서 남북한 간에는 통상의 사법공조와는 다른 문제가 발생한다.

즉, 남북한 간의 사법공조 문제는 형사 문제에 있어서는 북한 지역을 방문하거나 그곳에 체류하는 남한 주민에 대한 북한 형사법 적용의 배제를 통한 신변안전보장 문제가 논의의 중심이 되어 왔다. 민사 문제에 있어서도 북한의 민사재판제도나 중재제도 등에 대한 불신으로 비록 북한 지역에서 발생한 문제라 할지라도 북한의 법원에 의한 재판이나 중재기관에 의한 중재를 배제하고자 노력하여 왔다. 이처럼 우리가 북한의 사법권 행사를 배제하고자 하는 노력도 남북한 간 합의가 없이는 이루어질 수 없다는 점에서 종전의 사법공조와는 그 형태를 달리하기는 하나 이와 같은 내용도 결과적으로는 남북한 간의 독특한 사법공조의 문제로 논의되어야 할 것이다. 다만 이 장에서는 남북한 교류협력 과정에서 발생하는 분쟁의 해결 방안에 대한 내용은 논외로 하고 국내에서 남북한 주민이 관련된 제반 민사사건을 진행하면서 필요한 민사사법공조 문제와 그동안 상대적으로 거의 성과가 없던 법률 분야의 교류와 협력을 활성화하기 위한 구체적인 방안을 살펴보고자 한다.

2. 남북한 민사사법공조

1) 민사사법공조의 의의

민사사법공조라 함은 협의로는 외국에 소장이나 기일소환장 등 소송 서류를 송달하거나, 외국에 소재한 증인 등 증거를 조사하기 위한 국가 간의 협력 행위를 의미하며, 광의로는 이와 같은 절차 외에 외국 판결의 승인과 집행을 포함하고 있다.

나라가 체결한 사법공조조약은 모두 민사 및 상사에 대한 사법공조조약으로 상사 분야를 포함하고 있다. 참고로 호주와의 사법공조조약은 국문본에는 '민사사법공조'로 표기되어 있으나 영문본은 민사 및 상사사법공조조약(TREATY ON JUDICIAL ASSISTANCE IN CIVIL AND COMMERCIAL MATTERS BETWEEN THE REPUBLIC OF KOREA AND AUSTRALIA)으로 되어 있다.

우리나라 '국제민사사법공조법'(법률 제11690호) 역시 제2조 제1호는 "사법공조라 함은 재판상 서류의 송달 또는 증거조사에 관한 국내절차의 외국에서의 수행 또는 외국절차의 국내에서의 수행을 위하여 행하는 법원 기타 공무소등의 협조를 말한다"고 규정하고 있다. 이 법에서 "외국으로의 촉탁"이라 함은 대한민국 법원이 외국 법원 기타 공무소 또는 외국에 주재하는 대한민국의 대사·공사 또는 영사에 대하여 하는 사법공조촉탁을 말하며(제2조 제2호), "외국으로부터의 촉탁"이라 함은 외국법원이 대한민국의 법원에 대하여 하는 사법공조 촉탁을 말한다(제2조 제3호).[2]

따라서 북한과의 민사사법공조 문제도 재판상 서류의 송달 또는 증거조사에 대한 협력이 논의의 중심이 되어야 할 것이다. 사법공조와 관련하여 우리나라는 '국제민사사법공조법'과 '국제형사사법공조법'(법률 제14839호)을 두고 있으며, 이 법들은 모두 상호주의를 채택하고 있다. '국제민사사법공조법' 제4조는 "사법공조에 관한 조약이 체결되어 있지 아니한 경우에도 사법공조를 촉탁하는 외국법원이 속하는 국가가 동일 또는 유사한 사항에 관하여 대한민국 법원의 사법공조촉탁에 응한다는 보증을 한 경우에는 이 법을 적용한다"라고 규정하고 있다. '국제형사사법공조법' 제4조도 "사법공조에 관한 조약이 체결되어 있지 아니한 경우에도 사법공조를 촉탁하는 외국법원이 속하는 국가가 동일 또는 유사한 사항에 관하여 대한민국 법원의 사법공조촉탁에 응한다는 보증을 한 경우에는 이 법을 적용한다"라고 규정하고 있다.

2) 민사사법공조의 필요성

남북한 간의 민사 또는 상사 분쟁이 발생한 경우 사법제도 또는 중재를 통한 해결을 하고자 할 경우 남북한 간 서류의 송달이나 증거조사 등의 필요성이 있게 된다. 또한 기존의 이산가족과 새로운 이산가족인 북한이탈주민들의 증가에 따라 이들에 의한 북한 지역 배우자를 상

---

2   우리나라의 민사사법공조 체결 현황을 보면, 1999년 9월 17일 「대한민국과 호주 간의 민사사법공조조약」(2000년 1월 16일 발효), 2003년 7월 7일 「대한민국과 중화인민공화국 간의 민사 및 상사사법공조조약」(2005년 4월 27일 발효), 2008년 10월 15일 「대한민국과 몽골 간의 민사 및 상사사법공조조약」(2010년 5월 8일 발효), 2012년 9월 20일 「대한민국과 우즈베키스탄공화국 간의 민사 및 상사사법공조조약」(2013년 8월 11일 발효), 2013년 5월 21일 「대한민국과 태국 간의 민사 및 상사사법공조 조약」(2015년 4월 16일 발효)이 있다. 또한 2000년 1월 13일 「민사 또는 상사의 재판상 및 재판 외 문서의 해외송달에 관한 협약」(약칭: 헤이그송달협약)에 가입하였으며(2000년 8월 1일 발효), 2009년 12월 14일 「민사 또는 상사의 해외증거조사에 관한 협약」(약칭: 헤이그 증거조사협약)에 가입하였다(2010년 2월 12일 발효).

대로 한 이혼소송이나 상속 관련 분쟁도 제기되고 있어 실제로 개별 재판의 진행을 위한 서류 송달 문제 등 사법공조의 필요성은 더욱 커지고 있다. 서류 송달 문제 외에도 그동안 제기된 개별 사건의 처리 과정에서 북한의 사법공조를 필요로 하는 사항은 주로 신분 관계 확인이나 관련 서류의 진정 성립 여부 등 사실관계 확인에 관한 것들이다.

대표적으로 남북 저작권 분쟁 사례를 보면 준거법과 같은 법리적인 문제 외에 현실적으로 발생한 가장 큰 문제점은 북한 저작물에 대한 저작권자가 누구인지, 북한으로부터 받은 관련 서류를 진정한 것으로 인정할 것인지와 같이 사실관계를 제대로 확인하기 어렵다는 것이었다.[3] 이에 해당하는 대표적인 사례가 북한 영화 〈임꺽정〉 방영금지가처분신청 사건이다.[4] 영화 〈사랑 사랑 내사랑〉과 〈불가사리〉 저작권침해금지가처분 사건에서는 이 영화의 저작권자를 누구로 볼 것인지가 쟁점 중 하나였다.[5]

영화 〈온달전〉 관련 손해배상 청구 사건은 북한의 조선영화수출입사가 영화 〈온달전〉에 대해 중국의 심양고려민족문화연구원과 일본의 서해무역에 이중으로 판권 계약을 한 상태에서 남한의 두 업체가 이 중계업체들과 각 이용 허락 계약을 체결하면서 이중 계약의 문제가 발생했다.[6] 북한판 『동의보감』 관련 손해배상 청구 사건에서도 저작권자가 과학백과사전종합출판사인지, 동의보감 원전을 직접 번역한 보건부동의원인지가 문제된 바 있다.[7]

이와 같은 사례들을 보면 남한에서 북한 저작물을 이용하는 과정에서 누구와 저작권 양도 계약을 체결할 것인지에 대한 우려를 하지 않을 수 없고, 이러한 현상은 남북 저작권 분야 교류와 협력에 큰 장애 요인이다. 그뿐만 아니라 관련 소송에서 북한으로부터 공식적인 사실 확인을 하지 못하고 당사자들이 제출한 부족한 증거만을 가지고 사실관계를 파악할 수밖에 없고, 그 과정에서 객관적 사실에 반하는 판단을 할 가능성도 있다.

다만 북한 저작권사무국이 2005년 3월 21일 남한의 민간단체인 남북경제문화협력재단을 통해 저작권사무국 명의의 2005년 3월 15일 자 「통지서」를 보내면서 "조선민주주의인민공화국 저작권사무국은 저작권자의 승인과 저작권사무국의 공증확인서가 없는 한 남측에서

---

3 저작권 분쟁에 대한 구체적인 사례와 분석은 박영정 외 2, 『저작권 분야 남북 교류협력 현황 및 발전 방안 연구』, 148~187쪽 참고.

4 서울지방법원 남부지원 1998.10.16. 선고 98카합5298 결정.

5 서울고등법원 1999.10.12. 선고 99라130 결정(원심결정 서울지방법원 1999.4.6. 선고 98카합6479 결정).

6 서울지방법원 1999.11.5. 선고 99가합13695 판결.

7 서울고등법원 2006.3.29. 선고 2004나14033 판결(제1심 판결 서울중앙지방법원 2004.1.16. 선고 2001가합173 판결).

의 우리 저작권에 대한 리용은 저작권침해로 된다는 것을 알립니다"라고 통지한 바 있다. 또한 북한의 저작권사무국과 민족화해협의회가 2005년 12월 31일 남한의 남북경제문화협력재단과 "북측 저작물의 남측에서의 사용에 대한 원활한 교류를 위하여 지속적인 협력을 진행하기로" 합의하면서, 남북경제문화협력재단에 북한의 모든 저작물에 대한 사전협상권, 즉 "북측 저작물의 사용을 원하는 남측의 사용희망자와 (북한의) 민족화해협의회와 저작권사무국을 대리하여 포괄적인 사전협상을 할 수 있는 권한"을 부여했다. 이를 통해 사실 확인과 관련된 문제점이 어느 정도 해결은 되었지만, 사법공조 체계의 부재 등으로 인한 문제점은 여전히 남아 있다.

또한 2012년 2월 10일 제정된 '남북 주민 사이의 가족관계와 상속 등에 관한 특례법'(약칭: 남북가족특례법)이 같은 해 5월 11일 자로 시행되면서 발생한 사례도 있다. 즉 남한에 거주하던 아버지가 사망하면서 북한 내에 있는 아들들이 이 법에 따라 아버지 소유 부동산을 상속받고 부동산등기부에 상속등기가 되었다. 그런데 부동산등기부에는 상속인인 아들들의 이름만 등재되어 있을 뿐 이들의 생년월일조차 기재가 되어 있지 않아 상속인에 대한 특정 여부 및 실제 상속 개시일에 이들이 생존하고 있었는지, 아니면 상속등기 이후 이들이 사망하여 또 다른 상속이 개시되었는지가 확인되지 않는 문제가 발생한 것이다. 이럴 경우에는 등기부상의 내용과 현실의 불일치 문제가 발생하게 된다.

또 다른 사례는 북한이탈주민끼리 남한에서 만나 혼인을 하였는데 남편이 사망하였고, 남편 소유 부동산을 아내에게 상속등기를 하는 과정에서 문제가 발생한 경우이다. 남편 사망에 따라 남한 내 유일한 상속인인 아내가 남편 소유 부동산에 대해 상속을 원인으로 한 소유권이전등기 신청을 하였다. 그런데 남편의 가족관계등록부 창설 당시 남편의 부모 두 사람이 생년월일 기재도 없이 가족관계등록부에 남편의 부모로 기재가 되어 있었다. 이에 등기소에서는 이 부모들이 공동상속인이라며 아내 단독 명의의 상속등기를 거부한 것이다. 실제로 이 부부는 다른 북한이탈주민 등을 통하여 남편이 사망하기 10여 년 전에 북한에 남아 있던 남편 부모가 모두 사망한 것으로 알고 있었으나 공식적으로 이를 확인할 방법이 없었다. 결국은 1년 6개월 정도의 시간을 들여 부모에 대한 실종선고를 받아 해결할 수밖에 없었다. 이러한 사례의 경우 북한 당국과의 사법공조 내지 행정협조만 이루어져도 손쉽게 해결할 수 있는 문제들이다.

다만, 남북한 사법공조는 상호 상대방 특히 상대방의 사법기관에 대한 신뢰가 전제되어야 한다. 하지만 아직은 남북한 간에 이와 같은 신뢰가 형성되어 있지 못하고 오히려 상대방의 사법권 행사를 배제하고자 하는 노력이 우선시되는 상황인 만큼 상호주의를 전제로 하여야 하는 사법공조에 대한 논의 자체에 많은 어려움이 있는 상황이다.

3) 우리나라 사법공조 관련 법률의 적용 또는 준용 가능성

만일 북한이 우리의 민사사법공조 촉탁이나 요청에 응한다는 보증을 할 경우 우리의 '국제민사사법공조법'을 적용하거나 준용할 수 있는지가 문제된다. 그런데 '국제민사사법공조법'은 '외국'과의 사법공조에 대한 내용을 정한 것으로 북한을 별개의 국가, 즉 외국으로 인정하지 않는 한 이 법을 직접 적용할 수는 없다. 그렇다면 북한의 실체를 인정하고 이 법을 준용할 수는 없는 것인지가 문제된다. 이 문제 역시 남북한 간의 관계를 어떻게 볼 것인지와 관련되어 법리상 여러 가지 의견이 제기될 수 있을 것이다.

현행법 체계상으로는 사법공조 관련 법률은 '남북교류협력법' 제26조에서 규정하고 있는 준용 대상 법률로 명시되어 있지 않다. 다만 '남북교류협력법' 제26조 제3항 제10호는 준용법률로 "그 밖에 대통령령으로 정하는 법률"을 규정하고 있다. 따라서 대통령령으로 사법공조 관련 법률을 준용법률로 정할 수 있을 것인지는 검토해 볼 수 있다. 이 점에 대해서 살펴보면 '남북교류협력법' 제26조 제3항은 "남한과 북한 간의 투자, 물품등의 반출이나 반입, 그 밖에 경제에 관한 협력사업과 이에 따르는 거래에 대하여는 대통령령으로 정하는 바에 따라 다음 각 호의 법률을 준용한다"고 규정하고 있다. 그러므로 해석상 사법공조 관련 법률이 "경제에 관한 협력사업과 이에 따르는 거래"에 대한 것인지가 문제가 될 수 있는데 이에 포함된다고 보기는 어려울 것으로 보인다.

한편, 사법공조 관련 법률이 모두 상호주의 원칙을 명시하고 있고, 현실적인 필요성을 고려한다면 준용 대상 법률로 명시하는 개정을 하는 것이 필요한지 검토해 볼 수 있다. 하지만 남북한 관계, 특히 남한의 대북 관계에서는 상대방의 사법 시스템에 대한 불신으로 북측의 사법 시스템 적용을 배제하는 정책을 유지해 오고 있으므로 사법공조 관련 법률의 준용보다는 남북 관계 발전 정도에 따라 필요한 범위 내에서 사법공조에 관한 별도의 합의를 해결하는 방식이 합리적일 것으로 보인다.

4) 북한의 민사사법공조 조약

북한과 구소련은 1957년 12월 16일 평양에서 「조선민주주의인민공화국과 소비에트사회주의공화국연방 간의 민사·가족 및 형사사건들에 대한 법률상 방조제공에 관한 조약」에 서명하였고, 1958년 2월 5일 모스크바에서 비준문서를 교환하였다. 이 조약은 서문과 3개 편, 2개 장, 76개 조문으로 구성되어 있다.[8] 제1편은 총칙, 제2편은 각칙, 제3편은 최종규정이며, 제2편의 1장은 민사 및 가족 사건에 대한 법률상 방조, 소송비용, 제2장은 형사사건에 대한 법률상 방조로 구성되어 있다. 조약에 의하면 두 나라 공민들과 법인은 상대방 영역에서 자국민대우를 받는다. 체약 일방의 공민들은 민사, 가족 및 형사사건을 처리할 권한이 있는 기관에 자유롭게 드나들 수 있으며 개개의 소송행위, 즉 문건의 작성 및 발송, 문건 전달 의뢰, 수색 및 압수, 증거물의 발송 및 양도, 증인과 감정인 및 피소자에 대한 심문, 재판심리 등과 관련한 법률상 방조를 제공한다. 법률상 방조의 의뢰를 받은 사법기관은 자국의 법을 적용한다. 그러나 의뢰하는 기관의 요청에 따라 자국의 법에 저촉되지 않는 한 의뢰한 상대방 국가의 소송법을 적용할 수도 있다. 체약쌍방은 자국에서 제공할 법률상 방조와 관련한 비용을 자체로 부담한다.[9]

조약 제75조에 따르면 이 조약은 비준문서를 교환한 날로부터 1개월 후에 효력이 발생하며(제1항), 체약 당사국 중 일방이 5년 기한이 만료되기 6개월 전에 본 조약을 폐기할 의사를 표명하지 않으면 본 조약의 효력은 무기한 연장되며 체약 당사국 중 일방이 1년 전에 폐기를 통보할 때까지 효력을 유지한다. 북한 사회과학원 법학연구소가 2002년에 발간한『국제법사전』에는 "조약은 현재도 효력을 가지고 있다"고 소개하고 있다.[10]

제2편 제1장의 민사사법공조 관련 내용을 보면 소송 비용, 혼인과 이혼, 자녀와 양친과의 법적 관계, 실종자와 사망자의 인정 및 사망 사실의 규정, 후견과 보호, 국민 지위에 관한 법률 문서와 기타 문서의 송달, 상속, 유산의 인도, 판결의 인정과 집행 등 매우 광범위한 민사 관계에 관한 사항을 포함하고 있다.

북한과 중국은 2003년 11월 19일 북경에서 「중화인민공과국과 조선민주주의인민공화국 간의 민사와 형사사법공조 조약」을 서명하였고, 중국 전국인민대표대회 상무위원회는 2005년 8월 28일 이 조약을 비준하였다. 이 사법공조조약은 5개 장 31개 조문으로 구성되어 있다. 제3조(사법공조의 범위)는 ① 민사, 형사 사법문서의 송달, ② 민사 차원에서의 심문과 기타 조

---

8   조약문은 국회도서관해외자료국 엮음, 북한의 조약집(1949~1982)』(서울: 국회도서관, 1982), 142~167쪽.
9   사회과학원 법학연구소,『국제법사전』, 336~337쪽.
10   이 내용을 보면 구소련 분열 이후 러시아가 동 조약을 승계한 것으로 보인다. 다만 북한과 러시아가 2015년 11월 17일 형사사법공조조약과 범죄인인도조약을 체결하였고, 2017년 2월 7일 푸틴 대통령이 이 2개의 조약을 비준한 것을 보면("러·북 사법협력 강화…푸틴, 대북 형사분야 공조 조약 2건 비준", ≪연합뉴스≫, 2017년 2월 8일 자 참고) 민사사법공조와 관련해서도 별도의 조약을 체결하였을 가능성을 배제할 수 없다.

사 및 증거취득, 형사 차원에서의 심문과 기타 조사 및 증거 취득, ③ 법원 판결의 승인과 집행, ④ 본 조약에 규정된 기타 사법공조를 사법공조의 범위로 정하였다. 제2조(사법공조의 연락경로)는 중국은 최고인민법원, 최고인민검찰원과 사법부로 하고, 북한은 중앙재판소와 중앙검찰소를 이 조약이 정한 중앙기관으로 정하였다.[11]

5) 남북한 민사사법공조 방안에 대한 검토

(1) 민사사법공조 방식

민사사법공조 방식에 대하여 중국의 경우에는 중국 '민사소송법'상의 국가 간의 사법공조에 관한 규정을 그대로 적용하자는 방안, 중국과 대만은 국가 간의 관계가 아니므로 이 규정을 유추 적용하자는 방안, 별도의 특별입법을 제정하자는 방안, 양안 간 3통이 실현된 후에 양안 당국 간 양안사법협조의 규범화와 통일화를 위한 협정을 체결하자는 방안,[12] 당국 간 협정 체결이 어려운 상태이므로 당국의 수권을 받아 양안 관계의 중재 역할을 하고 있는 반관영단체인 대만의 해협교류기금회와 중국의 해협양안관계협회를 통하여 관련 협의를 하여 양안 민사사법공조 관계를 수립하자는 방안 등이 거론된 바 있다.[13]

이러한 경험에 비추어보아 남북 간 관계에서도 우선 우리의 '국제민사사법공조법'을 준용 또는 유추 적용하자는 견해가 있을 수 있으나 남북한 사법 시스템의 이질성이나 신뢰 문제 등으로 이 법을 준용하거나 유추 적용하는 방안은 좀 더 신중한 접근이 필요하다. 민사사법공조 역시 상호주의가 적용되어야 한다는 측면에서 우리에게만 적용되는 별도의 특별 입법을 제정하는 것도 문제가 있다. 결국은 이 점에서도 남북한 간 조약의 성격을 갖는 남북합의서 체결을 통해 해결하는 것이 가장 현실성 있는 방안이라고 본다. 여기서 조약의 성격을 갖는 합의서가 필요한 이유는 남북관계의 특수성에 비추어 기존의 '민사사법공조법'의 내용과 상이한 내용이 포함될 가능성이 크며 이러한 내용이 국내에서 법적 효력을 갖기 위해서는 조약의 성격을 가져야 하기 때문이다.

---

11 권은민, 「사법공조의 관점에서 본 남북한 분쟁사례」, 『남북한 사법공조의 발전방향: 민사공조를 중심으로』 (과천: 법무부 통일법무과, 2016), 173~174쪽.
12 중국과 대만 사이의 우편과 통신·무역·상호왕래의 세 가지를 통하게 하자는 중국의 정책을 3통 정책이라 한다.
13 이에 대한 구체적 내용은 법무부, 『중국과 대만의 통일 및 교류협력법제』, 206쪽 이하 참고.

(2) 민사사법공조 범위

민사사법공조 역시 상호주의 원칙하에 이루어져야 한다는 점에서 현실적으로는 일부 제한된 지역을 상대로 주로 우리 기업이나 주민이 북한 지역을 방문하거나 체류하는 형태로 남북한 간 교류가 이루어지고 있는 상황에서 민사사법공조의 범위를 어느 정도로 할 것인지에 대하여 신중한 검토가 필요하다.

사법공조의 범위를 공조의 내용에 따라 분류를 해본다면 크게 ① 소송서류 송달에 관한 공조, ②증거조사에 대한 공조, ③ 승인, 집행에 대한 공조, ④ 법률정보 및 소송기록 등 자료의 제공에 대한 공조로 구분된다.

우리나라가 다른 나라와 체결한 민사 및 상사사법공조 조약의 공조 범위를 보면 호주와의 조약에서는 재판상 서류의 송달, 증거조사 및 법률 정보의 교환으로, 중국과의 조약에서는 재판상 서류의 송달, 증거조사, 중재판정의 승인·집행 및 법률정보 또는 소송기록의 제공으로 되어 있다. 그 외 몽골·우즈베키스탄·태국과의 조약에서는 동일하게 재판상 서류의 송달, 증거조사, 법률정보 및 소송기록의 교환과 관련한 사법공조를 상호 제공하도록 하고 있다.

다만 일반적으로 수탁국은 사법공조를 제공하는 것이 자국의 주권, 안전보장, 공공질서 그 밖의 본질적인 공공이익을 침해하거나 또는 촉탁의 대상이 된 공조가 사법 당국의 직무 범위 안에 속하지 아니하는 것으로 판단하는 경우에는 사법공조의 제공을 거절할 수 있도록 하고 있다.

① 소송서류 송달에 관한 공조

소송서류의 송달에 관한 공조는 소송의 상대방 또는 관계인이 상대측에 거주하고 있는 경우에 문제가 되는 것인데 아직 남북한 간에는 그 주민들이 서로 상대 지역에서의 재판에 직접 또는 대리인을 통하여 참가하는 문제가 해결되어 있지 못한 상황이므로 단순히 서류를 송달하는 것 자체만으로는 문제가 완전히 해결되지 않는다.

예를 들어 북한에 남아 있는 배우자를 상대로 이혼소송을 제기하였고, 그 소장이 사법공조를 통하여 북측의 배우자에게 송달이 되었다고 하더라도 그 배우자가 실질적으로 남측의 재판에 직접 혹은 대리인을 통하여 출석하지 못한다면 그 재판이 정상적으로 이루어질 수 없기 때문이다. 이는 소송서류의 송달이라는 것이 당사자 기타 소송관계인에게 소송상의 서류의 내용을 알 기회를 주고 방어에 필요한 준비를 할 수 있게 해준다는 데 그 의미가 있다는 점에서 더욱더 그러하다. 나아가 소송서류의 송달은 피고 소재지 측의 판결의 승인 및 집행 문제와도 상당 부분 관련이 있다. 따라서 단순히 우리 측의 원활한 재판 진행만을 생각하고 소송서류의 송달에 대한 사법공조 체결을 주장할 것이 아니라 앞서 말한 것과 같이 상대 지역에 거주하고 있는 당사자의 방어권 행사에 대한 보장, 판결의 승인 및 집행 문제와 연관하여 신중히 검토되어야 할 것이다.

소송서류 송달 방식은 그 상대방을 외국의 당국이나 관할 법원 기타 공공기관에 대하여 하는 간접 송달 방식과 그 외국에 거주하는 대한민국의 대사, 공사 또는 영사로 하는 직접 송달 방식이 있다. 이에 대하여도 남북한 간 아직 상주대표부 등이 설치되지 않은 상황이므로 향후 사법공조가 이루어질 경우 어떤 처리기관을 통하여 어떤 방식으로 소송서류를 송달할 것인지가 문제가 될 것이다. 이 점 역시 남북 간 관계의 진전에 따라 그 현실에 맞추어 가장 적절한 방법을 찾도록 해야 할 것이다. 남북한 상주대표부 설치 이전에는 「판문점선언」에 따라 2018년 9월 14일 개성에 문을 연 남북공동연락사무소를 통해 서류 송달 문제를 해결하는 방안도 적극적으로 검토해 볼 수 있을 것이다.

② 증거조사에 관한 공조

증거조사에 관한 공조는 상대 지역에 소재하고 있는 증인이나 서류에 대한 조사를 원활하게 실시하기 위한 것이다. 증거조사의 방식과 관련하여서는 전통적으로 영미법계의 소극적 사법공조(passive judicial assistance)와 대륙법계의 적극적 사법공조(active judicial assistance)가 있다. 적극적 사법공조는 한 국가의 공무원이 외국의 소송수행 협력 요청에 응하여 이에 참여하는 방식이며, 소극적 사법공조는 내국 관헌의 자격을 갖지 아니한 자에 의한 외국의 소송행위의 수행에 대해 이의를 제기하지 않는 방식을 말한다. 다만 최근에는 영미법계에서도 적극적 사법공조를 수용하는 경향을 보인다.

남북한 간에 있어서 어떤 방식을 택하는 것이 좋을 것인지는 역시 남북한 관계의 진전 정도에 따라 결정하여야 할 것으로 보인다. 적극적 사법공조의 방법을 택할 경우 무엇보다도 상대방 사법 당국에 대한 신뢰 문제가 먼저 해결되어야 할 것이다.

실무상으로는 소송 당사자나 관련자의 상대방 지역 존재 및 거주 여부, 인적 사항과 신분관계 확인, 관련 서류의 진위 및 내용 확인에 관한 사항 등은 현실적으로 해결이 시급한 과제이다.

③ 승인·집행에 관한 공조

상호주의의 원칙을 생각해 볼 때 북한과의 관계에 있어서 판결의 승인 및 집행에 관한 문제는 아직 본격적으로 거론하기에는 다소 시기상조인 측면이 있다. 현재까지 남북한 교류협력 상황을 보면 이 문제보다는 남북상사중재위원회의 중재판정의 승인 및 집행에 대한 후속 조치를 위한 노력이 선행되어야 할 것으로 보인다.

④ 법령정보 및 소송기록 등 자료의 제공

법령정보의 제공은 통상 수탁국의 중앙 당국이 요청이 있을 경우 촉탁국의 중앙 당국에 촉탁국의 소송절차와 관련된 자국의 법령에 관한 정보와 촉탁국의 국민이 관계된 수탁국의 소송절차에 관하여 공개적으로 이용 가능한 소송기록의 초록을 제공하는 것을 내용으로 한다.

남북한 간의 법령정보 제공은 단순한 사법공조의 범위를 넘어 남북한 교류협력의 활성화를 위한 것이므로 적어도 교류협력과 관련된 법률정보는 전면적으로 이루어질 필요가 있다.

3. 법률분야 교류의 필요성 및 확대 방안

1) 법률 분야 교류 현황과 필요성

그동안 진행되었던 남북 교류협력 과정에서 사실상 거의 교류협력이 이루어지지 않은 분야 중 하나가 바로 법률 분야이다. 물론 개성공업지구 법제도 구축 과정에서 남북한의 협의가 진행되고 개성공업지구 법제의 내용이 북한의 다른 경제특구 법제에 어느 정도 영향을 미친 것은 사실이다. 하지만 법학자나 법조인들 간의 일반적인 교류는 거의 이루어진 바가 없다.

현재는 북핵 문제로 인해 남북한 간의 교류협력이 중단된 상태이기는 하지만 남북한의 관계가 통일을 지향하는 과정에서 잠정적으로 형성된 특수관계라는 점에 변함이 없는 한 북핵 문제 해결에 따라 교류협력이 재개되어야 할 것이다. 장차 교류협력이 재개될 경우 그동안 상대적으로 미흡했던 법제도 분야의 교류와 협력을 확대해 나갈 필요가 있다.

2) 남북한 법률 분야 관련 공동위원회 구성

남북한 법률 분야의 교류를 위해 가장 효과적인 방법은 정부 차원에서의 남북한 법률 분야에 대한 교류협력 관련 합의서를 체결하고, 구체적인 사업을 추진할 수 있는 공동위원회를 구성하여 활용하는 것이다.

과거에 「남북기본합의서」에 따라 1992년 9월 17일 체결한 「남북사이의 화해와 불가침 및 교류협력에 관한 합의서 제1장 남북화해의 이행과 준수를 위한 부속합의서」 제4조는 "남과 북은 '남북사이의 화해와 불가침 및 교류협력에 관한 합의서'에 저촉되는 법률적, 제도적 장치의 개정 또는 폐기 문제를 법률실무협의회에서 협의·해결한다"고 규정하고 있다. 현시점에서 굳이 이 합의서에 따른 이행을 촉구하며 법률실무협의회 구성을 주장할 필요는 없어 보인다. 그러나 지금까지 교류협력 과정에서 제기된 여러 가지 법적 과제를 해결하고, 미래 지향적인 남북한 교류협력의 법제도적 장치를 구축하기 위해서는 그 명칭과 관계없이 양측 당국 차원의 법률 분야 공동위원회 구성을 통해 이를 추진하는 것이 가장 효율적인 방법일 것이다.

만일 남북한 교류협력 전반에 대한 법제도 문제를 다룰 공동위원회 구성이 어렵다면 일차적으로 개성공단법제 공동위원회나 금강산관광지구법제 공동위원회와 같이 남북한 경제협력 지구에 대한 별도의 법률 분야 공동위원회를 구성하는 것도 방법이 될 수 있을 것이다.

이와 같은 공동위원회 구성을 하려면 우리보다는 북한이 먼저 그 필요성을 인식하도록 할 필요가 있다. 우선은 남북경협과 관련된 각종 법제도적 문제를 제기하여 북한이 관심을 갖도록 하려면 개성에 설치한 남북 공동연락사무소에 법률전문가를 파견할 필요도 있다.

3) 법률전문가의 남북협상 참여 확대

그동안의 남북 당국 간 협상 과정을 보면 상대적으로 법률전문가의 참여가 미흡했다. 남북합의서 체결 이후 이행 과정에서 발생 가능한 분쟁을 최소화하기 위해서는 이행과 관련하여 발생이 예상되는 모든 법적 문제를 염두에 두고 합의서에 그 내용을 구체적으로 명시하여야 한다. 이를 위해서는 법률전문가의 적극적인 참여가 필요하다. 그런데도 북측은 물론 우리도 법률전문가의 참여가 저조했다는 점은 매우 유감스러운 일이 아닐 수 없다. 이는 우리로서도 남북대화나 협상에 법률전문가의 참여에 대한 필요성과 중요성을 제대로 인식하지 못하고 있다는 것을 보여주는 것이다. 현재 남북한 대화와 협상 과정에서 대통령을 보좌하는 청와대 국가안보실에도 비서관급 이상의 통일법제담당 직책이 없다. 정부 스스로 남북한 교류와 협력 과정에서 발생되는 법적 문제나, 향후 교류협력 활성화를 위해 필요한 법제도 관련 문제를 제대로 인식하지 못한다면 그와 같은 문제들이 남북한 대화의 의제로 채택될 수 없다.

남북 교류협력 과정에서 제기되는 여러 가지 법적 문제는 남북한 특수관계를 반영하면서 진행해야 하기 때문에 매우 정치(精緻)하게 다루어져야 한다. 이는 그동안 이와 같은 특수한 법제도적 상황을 제대로 인식하지 못하면서 얼마나 많은 남남 갈등이 유발되었는지를 보면 쉽게 알 수 있을 것이다.

일례로 2013년 김정은 정권에서 채택된 북한의 '경제개발구법'은 개발업자나 투자가로 남한 주민과 기업을 배제하고 있음에도 불구하고 국내에서는 북한 경제개발구 진출을 위한 각종 제안이 제시되고 있다. 「판문점선언」의 경우에도 「10·4선언」의 경험에 비추어 볼 때 국회 비준 동의 필요성과 관련된 논란이 당연히 예상되었으므로 「10·4선언」과는 달리 선언문 자체로 법적 구속력이 있는 형식을 갖추도록 사전에 준비해야 했다. 이와 같은 문제점을 불식시키거나 최소화하기 위해서는 이제라도 국가안보실 2차장 산하에 통일법제 담당 비서관제를 신설하는 방안도 생각해 볼 수 있다.

또한 향후 남북 협상과 합의 과정에는 양측 모두 더 많은 법률전문가가 참여할 수 있도록 할 필요가 있다. 이에 대한 양측 합의가 제대로 안 되어 있더라도 우리만이라도 협상 과정에 법률전문가를 적극적으로 활용한다면 북한으로서도 이에 대응하여 법률전문가의 참여를 고려하지 않을 수 없게 될 것이다. 이런 과정을 거쳐 협상을 진행하다 보면 장기적으로 좀 더 합리적이고 분쟁의 소지가 적은 합의서 도출에 많은 도움이 될 것이다. 나아가 국내에서의 합의서의 성격과 해석을 둘러싼 내부 갈등도 줄어들게 될 것이다.

4) 법령정보시스템 구축 사업 제안

남북 교류와 협력뿐 아니라 외국 투자자 입장에서도 북한에 대한 투자환경은 매우 열악하다. 이는 철도와 도로, 항만, 전력과 같은 물적 인프라만의 문제가 아니다. 오히려 더욱 문제가 되는 것은 투자 관련 법제에 대한 정보의 부족이다. 북한은 입법 과정에서도 법령 공포제도가 제대로 마련되어 있지 않다. 북한 투자에 많은 관심을 보이는 남한 입장에서도 북한의 법령 정보 접근성은 매우 열악하다.

북한은 2004년 및 2012년 2회에 걸쳐 법전을 발간하고, 가장 최근인 2016년에도 수정증보판으로 법전을 발행하였으며, 외국투자 관련 법령집은 별도로 발간해 오고 있다. 하지만 법전과 법령집에는 가장 최근의 법령만 수록하고 있어서 개정 전 법령의 내용을 알 수도 없고, 법전과 법령집 발간 사이에 어떤 법이 제·개정되었고, 폐지되었는지 알 수도 없다. 그뿐만 아니라 법전에는 우리의 법률에 해당하는 부문법만 수록하고 있고, 외국투자 관련 법령집에는 부분법과 하위 규정만 수록하고 있어, 그보다 하위 법규인 시행세칙 등은 여러 경로를 통해 개별적으로 확인할 수밖에 없다. 이와 같은 법령정보 체계에서는 투자자는 투자하고자 하는 시점에 자신의 사업과 관련된 북한 법령 전체를 파악할 수 없으므로 투자를 망설일 수밖에 없다.

따라서 외부 투자의 적극적 유치를 희망하는 북한 입장에서는 물론이고, 북한에 투자하고자 하는 외국인이나 남한 주민 입장에서도 북한의 법령정보시스템 구축은 매우 중요한 일이다. 장차 국제금융기구의 지원을 받기 위해서도 현재와 같은 북한의 법령정보시스템은 반드시 개선되어야 한다.

이와 관련하여 우리나라는 인터넷을 통하여 2001년부터 법령, 행정규칙, 자치법규 등 총 362만 건에 달하는 법령정보를 제공함으로써 세계 최고 수준의 국가법령정보제공시스템을 갖추고 있다. 이와 같은 시스템의 우수성으로 인해 2012년에는 미얀마 정부의 요청에 따라 공적 원조사업으로 '미얀마 법령정보시스템 구축 사업'을 시작하여 2018년 5월 주요 사업을 완성한 바 있다.

최근 정부는 북한에 대한 산림녹화 사업 등 여러 가지 사업을 제안하고 있는데, 향후 전면적인 남북 교류협력 시대를 맞이하기 위해서는 미얀마의 경우와 같이 법령정보시스템을 구축하여 주는 사업을 북한에 제안하여 추진할 필요가 있다.

5) 북한 내부 법제 개선을 위한 구체적 지원 방안

(1) 개성공업지구 법제도 개선을 통한 직·간접적 지원방안

개성공단 사업은 남북한 관계 개선으로 교류협력이 재개되었을 때 가장 먼저 추진할 수 있는 사업이다. 현실적으로 북한 법제가 우리에게 가장 직접적으로 영향을 주었던 것도 개성공업지구 법제이다. 또한 그 과정에서 법제도적으로 많은 문제점이 노출되었고, 우리 당국이 효력을 부인하고 있는 '벌금규정'과 17개의 시행세칙에 관한 문제도 반드시 해결해야 할 과제이다.

따라서 우리는 이에 대비하여 개성공업지구 법제를 포함하여 그동안 남북 교류협력 과정에서 제기된 여러 가지 법제도적 문제점들을 미리 점검하고 구체적인 개선 방안을 마련하여 교류협력 재개를 위한 협상이 진행될 때 일괄하여 이 문제를 해결하도록 하는 전략을 수립할 필요가 있다.

이와 같은 전략이 필요한 이유는 대표적으로 2013년 8월 14일 「개성공단의 정상화를 위한 합의서」 체결과 그 이후에 보여준 북한의 태도를 보면 알 수 있다. 그 당시 개성공단 남북공동위원회 협상 과정에서 본 바와 같이 북한은 자신들이 일방적으로 중단한 개성공단 사업의 재개를 위해 자신들의 필요에 따라 우리 측 요구를 받아들여 통행·통신·통관 문제를 해결하기 위한 상시적 통행 보장, 인터넷과 이동전화의 통신 보장, 통관 절차 간소화와 통관 시간 단축 등의 조치를 취하기로 하고, 이와 관련한 실무적 문제들은 개성공단 남북공동위원회에서 협의하기로 하였다. 그 이후 실제로 남북공동위원회 산하 분과위원회를 설치하여 몇 차례 협상을 진행하였으나 막상 개성공단 가동이 완전히 재개되자 소극적인 태도를 보이다가 더 이상의 협상을 진행하지 않았다. 이와 같은 북한의 협상 태도는 그동안 남북 교류협력 과정에서 수시로 있었다.

이처럼 사업재개 후에 제도 개선을 추진할 경우에 별로 아쉬울 것이 없는 북한을 상대로 개선책을 마련하는 것은 매우 어려울 것이다. 일시적인 사업 중단 상태라면 될 수 있는 대로 빨리 사업을 재개하는 것이 입주기업에게도 유리할 것이다. 하지만 이미 상당 기간 사업이 중단된 경우는 사정이 다르다. 향후 개성공단 사업을 재개하게 될 경우에는 먼저 3통 문제를 비롯하여 그동안 해결하지 못한 여러 가지 법제도적 과제부터 해결해야 한다. 시행세칙과 관련해서도 법이나 규정에 위반되는 내용은 모두 개정을 하여야 하고, 세칙에서 규정할 내용도 법과 규정에서 위임한 사항에 그치도록 하여 상하위법의 위계질서를 명확히 할 필요가 있다. 이와 같은 과정을 거치면서 북한 스스로 자신들의 입법 체계상의 문제점을 제대로 인식하도록 하는 것이 북한 법체계 개선을 위한 첫걸음이 될 것이다. 북한 스스로 문제점을 인식하고 이를 위한 해결 방안을 찾을 때 우리의 선진 입법체계를 북한이 도입하도록 하는 구체적인 지원 방식이 추진될 수 있을 것이다.

(2) 북한 경제특구 법제도 구축에 대한 지원을 통한 법체계 개선 방안

북한에는 경제특구로 개성공업지구 외에도 라선경제무역지대와 황금평·위화도경제지대 등이 있고, 김정은 정권에서 채택한 '경제개발구법'에 따른 경제개발구도 있다. 하지만 이 경제특구들 관련 하위 규정과 시행세칙은 아직도 완비된 상태가 아니다.

북한의 입법 과정을 보면 특히 라선경제무역지대와 개성공업지구의 법제도는 상호 순차적으로 영향을 미치면서 발전해 나갈 가능성이 매우 높다. 따라서 우리로서는 우리의 이익을 위해서라도 북한이 어려움을 겪고 있는 경제특구 법제도 구축 과정을 지원할 필요가 있다. 그 과정에서 자연스럽게 북한의 법학자나 법조인 등 입법에 참여하는 입법전문가들과의 교류와 법령에 대한 정보 교환 등이 이루어질 것이다. 이러한 과정을 통해 적어도 경제특구 법제에서만이라도 법체계가 제대로 갖추어지도록 한다면, 그와 같은 법체계 구축 기술이 북한의 다른 일반 법제에도 많은 영향을 미치게 될 것이다.

6) 세미나와 학술회의 등을 통한 점진적 법률전문가 교류 확대

남북 당국 간 법률 분야 공동위원회나 법령정보시스템 구축과 같은 공식적인 협력이 이루어지지 않거나 이루어지기 전 단계라도 국제적인 세미나 또는 학술회의 등에 북한의 법률전문가들이 참여하도록 해서 간접적으로나마 교류를 증진해 갈 필요가 있다. 가능하다면 남북한 양자의 공통적 관심 사항이나 북한이 특별히 관심을 갖는 분야를 중심으로 학술대회를 개최하는 것도 방법일 것이다. 현재 북한 입장에서 관심을 보이는 법률 분야로는 경제특구 법제, 회계와 세금 분야 법제 등을 들 수 있다.

그동안 실제로 남북 교류가 진행된 대표적 사례로는 두만강포럼이 있다. 두만강포럼은 2008년부터 한국고등교육재단이 중국 연변대학교와 함께 두만강을 중심으로 동북아 지역의 발전 방안을 모색하는 학술포럼으로 2018년 10월에 제13차 포럼을 개최하였다. 포럼 때마다 매번 법률분과가 포함되었던 것은 아니지만 몇 차례에 걸쳐 남북한의 법률가와 법학자들이 함께 여러 가지 법제도에 관련된 발표와 토론을 하면서 교류를 한 바 있다. 향후 두만강 포럼의 법률 분야를 더욱 확대하고 좀 더 다양한 주제로 교류를 추진해 나갈 필요가 있다.

대한변호사협회에서는 그동안 세계변호사협회(IBA) 연차총회에 북한의 변호사들이 참여하도록 함으로써 해외에서나마 북한 법조인들과의 교류를 모색하여 왔으나 별다른 성과를 거두지는 못하였다. 세계변호사대회로 불리는 이 연차총회는 약 170개 국가에서 7000여 명의 변호사들이 참석하는 세계 최대의 변호사대회이다.

그 밖에도 1983년 시작되어 2년마다 개최되는 세계변호사축구대회(MUNDIAVOCAT)에 북한 변호사회가 참여하도록 지원하거나 남북변호사회 단일팀을 구성해 참여하는 것도 생각해 볼 수 있다. 아예 남북한 변호사회 축구대회 등 법조인들이 법률 분야가 아닌 스포츠 분야의 교류협력을 통해 점진적으로 법률 분야의 교류협력을 확대해 나갈 수 있는 여건을 조성하는 것도 하나의 방법이 될 수 있을 것이다.

4. 맺음말

남북한 교류협력의 법제도는 그동안의 교류협력 형태가 우리가 거의 일방적으로 북한을 방문·체류하거나 투자를 하는 형태로 이루어져 왔기 때문에 제도 개선에 일정한 한계가 있을 수밖에 없었다. 특히 북한은 아직 국제사회에서 정상적인 국가로 인정받지 못하고 있기 때문에 국제법적으로도 많은 제약을 받고 있다.

남북한 간 사법공조의 문제도 아직은 북한의 법체계나 법 현실을 그대로 수용할 수 없다는 점에서 민사사법공조나 형사사법공조 역시 다른 국가와의 일반적인 국제사법공조와는 달리 모두 일차적으로는 남북한 간의 협상을 통해 북한의 사법권을 배제하는 방안에 대한 논의에 집중되어 왔다. 다만 이 문제는 향후 남북한 간 교류와 협력을 지속해서 활성화해야 한다는 점과 상호주의 원칙하에 이루어져야 한다는 점을 염두에 두고 검토가 되어야 할 것이다.

더 넓은 의미의 민사사법공조는 우선 아직 가동되지 못하고 있는 남북상사중재위원회에 의한 중재 관련 후속 조치를 통해 제한된 범위 내에서나마 공조 방안을 모색하면서 교류가 확대되는 것에 맞춰 점진적으로 공조 범위를 확대해 나갈 필요가 있다. 현실적으로 우선하여 민사사법공조 합의서 체결에 대한 협상을 시도해 볼 수 있는 영역으로는 법률정보의 제공 및 당사자가 양측으로 나뉘지 않은 사건에서 증거서류의 조사나 사실 조회 같은 협의의 민사사법공조 분야가 될 것이다.

남북한 법률 분야의 교류협력은 양측 정부 당국 간에 공동위원회 형태의 공식적 채널을 구축하는 것이 가장 바람직하다. 또한 남북 당국 간 협상 과정에 법률전문가의 참여도를 높이도록 해야 한다. 구체적으로는 청와대 국가안보실 산하에 통일법제비서관직을 신설하는 문제를 적극적으로 검토해 볼 만하다. 또한 남북대화와 협상 과정에 법률전문가가 직접 참여하는 기회를 늘릴 필요가 있다.

남북경협과 관련하여 북한에 투자하고자 할 때 문제가 되는 것은 북한의 열악한 물적 인프라보다는 투명하지 못한 법제도이다. 남북 교류협력뿐 아니라 북한이 외국투자나 국제금융기구 지원을 받기 위해서도 북한의 법령정보시스템 문제는 반드시 해결되어야 할 과제이다. 이를 위해 북한이 우리의 국가법령정보시스템과 같은 법령정보시스템 구축의 필요성을 인식하도록 하고, 그와 같은 시스템을 구축하도록 지원해 줄 필요가 있다.

남북경협을 위해서는 개성공업지구 법제와 다른 북한의 경제특구 법제도 개선 업무를 직·간접적으로 지원하는 방안도 마련해 나갈 필요가 있다. 이와 같은 정부 차원의 교류와 협력 외에도 남북한 법률전문가들의 교류를 활성화를 추진해 나가야 한다. 구체적으로는 두만강 포럼과 같은 국제학술대회나 세계변호사대회 등에 북한의 법률전문가들이 더욱 적극적으로 참여할 수 있도록 지원하는 것도 필요하다. 나아가 세계변호사축구대회와 같이 법조인들의 스포츠를 통한 교류협력 방안도 모색해 볼 수 있을 것이다.

제17장

라선경제무역지대의 발전을 위한 법제도적 과제*

1. 머리말

라선경제무역지대는 그 지리적 장점에 따른 주변 국가들의 관심에도 불구하고 지대 설치 이후 20년이 지나도록 별다른 성과를 거두지 못하였다. 이는 지리적 장점만으로 외자 유치를 하는 데에는 한계가 있다는 것을 의미한다. 북한의 기대만큼 발전하지 못한 데는 여러 가지 원인이 복합적으로 작용하였겠지만 중국의 이 지역에 대한 적극적인 투자 관련 정책의 부재가 가장 큰 원인 중 하나일 것이다. 그런데 이러한 외부 요인에 큰 변화가 생겼다. 중국이 2003년부터 추진하던 동북진흥계획, 2005년의 광역두만강계발계획(Greater Tumen Initiative: GTI)의 확대, 2009년의 연해경제벨트 발전계획, 창지투 선도구 계발계획의 국가전략으로의 승격 등과 맞물려 동해 진출의 관문인 나진항 개발의 필요성이 재조명되기 시작한 것이다. 그 결과 북중 사이에 2010년 11월 19일 「라선경제무역지대와 황금평, 위화도 경제지대 공동개발 및 공동관리에 관한 협정」이 체결되었다. 이 협정에 따라 두 경제지대 공동개발 및 공동관리를 위한 조중공동지도위원회 계획분과위원회가 작성한 「공동개발총계획요강」이 2011년 5월 23일 공표되었다. 이후 이 「공동개발총계획요강」에 따라 북측은 2011년 12월 3일 중국과의 공동개발 내용을 반영하여 '라선경제무역지대법'을 개정하였고, 법 개정에 따라 하위 규정도 새로

---

* 이 장은 2015년 9월 19일 한국고등교육재단과 중국 연변대학교가 공동주최한 제8차 두만강포럼에서 발표한 자료를 일부 수정·보완한 것이다.

제정하기 시작하였다. 앞으로 라선경제무역지대의 발전은 북중 간의 공동개발이 얼마나 큰 성과를 거두느냐에 달려 있다고 봐도 지나치지 않을 것이다.

한편 투자자 입장에서 투자를 결정하는 최우선의 원칙은 경제적 이익에 있다. 투자자는 다른 투자처보다 상대적으로 유리한 상황이 되어야 투자를 하게 된다. 투자 여부를 결정하는 데에는 도로, 전력과 같은 물적 인프라가 얼마나 갖추어져 있는지도 중요하지만, 무엇보다도 관련 법제도가 얼마나 완비되어 있으며, 그 내용이 자신들이 이익을 창출하는 데 얼마나 도움이 될 수 있고, 안정적인지를 검토하게 된다.

이와 같은 배경하에 북중 공동개발을 통한 라선경제무역지대의 발전을 위한 법제도적 과제와 이에 대한 해결 방안을 검토해 볼 필요가 있다. 이를 위해 북중 간의 공동개발 방식에 초점을 맞춰 남북 공동개발 방식으로 사업이 진행되고 있는 개성공업지구 법제와의 비교 및 개성공업지구 운영 과정에서 발생한 여러 가지 법적 과제와 문제점 등을 참고하고자 한다.

라선경제무역지대 법제와 개성공업지구 법제를 비교하고자 하는 이유는 이 지역들의 공동개발 방식이라는 공통점 때문이다. 개성공업지구에 투자한 남한은 라선경제무역지대의 법제가 향후 어떻게 구체화될 것인지 관심을 가질 수밖에 없고, 중국 역시 라선경제무역지대의 법제화 과정에서 개성공업지구의 법제를 참고하지 않을 수 없다. 이 때문에 앞으로 두 지역의 법제도는 상호 간 비교 및 조정을 통하여 점점 더 유사해질 가능성이 높다고 본다.

2. 법제도적 과제에 대한 검토

1) 법 제정 및 공포 관련 개선 요구사항

2011년 '라선경제무역지대법' 개정 이후 2015년 7월 현재 파악되고 있는 '라선경제무역지대법'의 하위 법규로는 최고인민회의 상임위원회가 채택한 8개의 하위 규정과 라선시인민위원회가 채택한 3개의 시행세칙이 있다.

하위 규정으로는 2013년 2월 6일 채택된 '인민보안단속규정', 2013년 6월 6일 채택된 '도로교통규정', 2013년 9월 12일 채택된 '기업창설·운영규정', '외국투자기업로동규정', '관리위원회 운영규정', '개발규정', 2014년 7월 23일 채택된 '환경보호규정', 2014년 12월 24일 채택된 '부동산규정'이 있다. 라선시인민위원회가 채택한 시행세칙으로는 2014년 5월 5일 채택한

'기업창설·운영규정시행세칙', 2014년 12월 29일 채택한 '세금규정시행세칙', 2014년 11월 17일 채택한 '외국투자기업로동규정시행세칙'이 있다. '세금규정시행세칙'이 있는 것으로 보아 세금규정도 제정이 되었을 것으로 보이는데, 2014년 7월에 발행된 『조선민주주의인민공화국 법규집(대외경제부문)』에서도 '세금규정'은 수록되어 있지 않다.

이상에서 살펴본 바와 같이 라선경제무역지대 법제 현황은 정확한 파악이 쉽지 않다. 이러한 현상은 투자자 입장에서는 매우 심각한 문제이다. 투자자 입장에서 투자 여부를 결정하기 위해서는 당연히 사전에 관련 법제도를 살펴볼 필요가 있는데, 이처럼 관련 법제도 현황 파악이 정확한지조차 불투명하다면 자신들이 확보하고 있는 법 규정 외에 다른 법 규정이 더 있을지도 모른다는 불안감이 발생하고, 결과적으로 투자결정에 상당한 지장을 초래하게 되기 때문이다. 따라서 북중 간의 합의서와 같이 당사자가 있는 합의서나 조약 같은 것은 예외로 하더라도 최소한 법규범은 효력을 발생하는 즉시 누구나 자료 접근이 가능하도록 공개되어야 한다.

한편 2011년 또한 '라선경제무역지대법' 개정 전에 시행되던 하위 규정들은 현재도 시행이 되고 있는 것인지, 아니면 2011년 법 개정과 함께 효력을 상실한 것인지도 명확하지 않다. 법 개정 전에 내각 결정으로 채택하였던 '외국기업상주대표사무소규정', '중계무역규정', '중계짐임자대리업무규정', '청부건설규정', '통계규정', '외국투자기업재정관리규정', '외국인출입 및 체류규정', '세관규정', '관광규정'이 있었다. 2012년 8월 북측이 발행한 법규집(대외경제부문) 및 2014년 7월 발행한 법규집(대외경제부문)에는 이 규정들이 수록되어 있지 않다. 이 규정들은 내각 결정으로 채택하였는데, 법 개정 이후 제정된 규정들은 최고인민회의 상임위원회 결정으로 채택하고 있는 점에 비추어볼 때 기존의 규정들은 효력이 상실된 것으로 보인다. 이와 같은 불확실한 상황들은 투자자 입장에서 볼 때 북측 법제도의 정보에 대한 불안이 발생할 수밖에 없는 요인이 된다. 따라서 법이 개정됨에 따라 기존의 규정들이 폐지되면 법의 부칙 규정에서 이 점을 명확히 하고, 언제든지 특정 시점에서 법과 규정 및 세칙까지 관련 법규범 전체를 확인할 수 있도록 제도를 개선할 필요가 있다.

한편 투자자 입장에서는 현재와 같이 법규범이 완비되지 않고 계속해서 제정 또는 개정되고 있는 상황이라면 투자를 미룰 수밖에 없다. 따라서 관련 규정과 세칙 등 필요한 법규범들은 가급적 빨리 완비하는 것이 투자 유치에 꼭 필요한 조치이다.

2) 적용 법규와 공동 입법 방식의 내재적 한계

(1) 적용 법규

'라선경제무역지대법' 제10조(적용법규)는 "경제무역지대의 개발과 관리, 기업운영 같은 경제활동에는 이 법과 이 법시행을 위한 규정, 세칙, 준칙을 적용한다. 경제무역지대의 법규가 우리 나라와 다른 나라사이에 체결된 협정, 량해문, 합의서 같은 조약의 내용과 다를 경우에는 조약을 우선 적용하며 경제무역지대밖에 적용하는 법규의 내용과 다를 경우에는 경제무역지 대법규를 우선 적용한다"라고 규정하고 있다.

2011년 법 개정 전에 "라선경제무역지대에서는 이 법과 이 법시행을 위한 규정, 세칙을 적용한다. 라선경제무역지대법과 규정에 규제되어 있지 않은 사항은 공화국의 해당 법과 규정 에 따른다"라고 되어 있던 제7조의 규정을 개정한 것이다. 현행 '라선경제무역지대법'의 경우 에는 시행세칙은 라선시인민위원회에(제30조, 개정 전 제13조와 동일), 준칙은 관리위원회에(제 27조) 각 제정 권한을 부여하고 있다.

이처럼 라선경제무역지대의 법체계는 각 특구법과 규정, 세칙, 준칙으로 이루어져 있고, 이는 형식적으로 개성공업지구와 유사한 체계이다. 개성공업지구는 '개성공업지구법'을 기본 법으로 하여 경제활동에 대해서는 이 법과 그 시행을 위한 규정에 따르도록 하여(제9조), 개성 공업지구 내에서는 이 법과 하위 규정이 북측의 다른 법에 우선하도록 하고 있다. 2015년 12 월 현재는 '개성공업지구법'을 기본법으로 하여 북측 최고인민회의 상임위원회 결정으로 채택 한 16개의 하위 규정(벌금규정 포함 시 17개), 중앙공업지구지도기관(중앙특구개발지도총국)이 제 정한 각종 세칙 및 공업지구관리기관(개성공업지구 관리위원회)이 제정한 준칙(2015년 12월 현 재 51개)의 체계로 되어 있다. 그 밖에도 이 지구의 개발사업을 남한에서 담당하는 특성상 남 북 간에 체결된 각종 합의서가 적용되고 있다.

법의 효력과 관련하여서는 '라선경제무역지대법'은 대내관계에 있어서는 특구법이 우선 하도록 한 점은 개성공업지구와 같다. 하지만 대외관계에 있어서는 '개성공업지구법'의 경우 남북 간에 체결된 합의서를 '개성공업지구법'과 동일한 효력을 갖는다고 규정한 것과는 달리 다른 나라와 체결한 조약 등이 우선하도록 한 점에서 차이가 있다. 대체로 다른 나라와 체결한 조약이 '라선경제무역지대법'과 같은 법의 지위에 있더라도 그 내용이 특별법의 성격을 갖는 다고 보면 합리적인 규정이라고 본다.

(2) 공동 입법 방식의 내재적 한계와 해결 방안

일반적인 경제특구의 법제는 해당 국가의 입법기관 등 법제정권자가 관련 법과 하위 규범(북측의 경우에는 규정 및 시행세칙)을 모두 마련하는 것이고, 투자자는 그 법규의 내용을 보고 투자 여부를 결정하는 데 참고하면 된다. 다만 경제특구를 해당 국가와 다른 국가가 공동으로 개발할 경우에는 관련 국가들의 협의에 따라 투자를 하는 국가의 일부 입법에 관여할 여지가 생긴다. 입법에 관여하는 방식은 여러 가지가 있을 수 있다. 일반적으로는 해당 국가 간에 조약을 체결하는 방식이다. 그리고 경우에 따라서는 경제특구법 제정 단계부터 공동개발을 통하여 투자를 하고자 하는 국가와의 조약을 반영하거나 의견을 반영하여 법을 제정할 수도 있고, 경우에 따라서는 하위 규범 제정에 의견을 제시하거나 반영하도록 할 수도 있다. 또는 개성공업지구 관리위원회의 준칙과 같이 제정 권한을 줄 수도 있다.

결국 경제특구를 공동개발하는 경우에는 관련 법제도 구축 과정에 어떤 형태로든 투자를 하는 국가의 의견이 반영될 수 있는데, 이는 곧 양자 사이의 협상을 전제로 하게 되고, 협상 과정에 당연히 의견의 차이가 있게 마련이다. 이와 같은 상황은 굳이 개성공업지구 법제 중 남북이 협의를 하여 제정을 하는 시행세칙이나 사업준칙 제정 과정에서 의견이 일치하지 않아 그로 인한 의견충돌이 생기거나 이미 제정된 세칙의 효력 여부에 대해서도 의견충돌이 발생하고 있는 경우를 예로 들지 않더라도 얼마든지 예상할 수 있는 일이다.

공동 입법 방식은 상호 간 신뢰가 충분히 구축되어 있고, 의견충돌의 경우 이를 해결할 공동기구나 절차가 제대로 마련되어 있다면 큰 문제가 아니고 오히려 상호 이익을 극대화할 수 있다는 입장에서 상당히 바람직한 형태라 할 수 있다. 하지만 상호 신뢰가 충분하지 못하고, 서로 다른 의견을 충분히 해결해 나갈 공동기구나 절차가 제대로 작동되지 않는다면 결국 입법을 하지 못하게 되거나 일방적인 입법 추진 및 그로 인한 분쟁이 발생하게 되는 것이다.

이와 같은 분쟁의 소지를 없애기 위해서는 사전에 모든 법제도를 완벽하게 구축해 놓고 투자자는 이를 보고 결정을 하면 좋겠지만 현실은 그렇지 못하다. 사전에 아무리 법제도를 완비해 놓더라도 사업을 진행하는 과정에서 발생하는 새로운 문제점을 모두 염두에 두고 법제도를 구축하기도 어렵고, 상황의 변화에 따라 기존 법제도의 개정이 필요한 경우도 있기 때문이다. 그렇다 하더라도 법제도 구축은 최대한 완비를 하도록 노력하는 것이 분쟁의 소지를 줄일 수 있는 방법이다. 또한 가급적이면 사전 합의된 내용이 상위 법규범에서 구체적으로 직접 규정하는 것이 법적 안정성을 확보하는 데 유리하다. 추후 일방적인 법 개정을 통하여 내용을 변경하여 분쟁의 소지가 있을 것으로 예상되는 부분은 법률보다 상위 규범으로 되어 있는 북중

간 합의서 등 조약을 통하여 명확하게 해두는 것이 분쟁을 예방할 수 있는 방법이 될 것이다.

3) 비대칭 관리운영체계의 문제점과 해결 방안

개성공업지구에 대한 관리는 중앙공업지구지도기관(중앙특구개발지도총국)의 지도 밑에 공업지구관리기관(개성공업지구 관리위원회)이 하도록 되어 있다('개성공업지구법' 제21조). 이에 반해 라선경제무역지대 관리는 중앙특수경제지대지도기관과 라선시인민위원회의 지도와 방조 밑에 관리위원회가 하도록 되어 있고('라선경제무역지대법' 제8조), 특구법에서 규정한 경우 외에 다른 기관은 관리위원회 사업에 관여할 수 없도록 한 것이 특징이다. 이처럼 실제 특구 운영을 관리위원회가 맡도록 한 것은 개성공업지구와 동일하다. 하지만 라선경제무역지대의 경우는 개성공업지구의 중앙공업지구지도기관 역할을 중앙특수경제지대지도기관 외에 해당 인민위원회도 관여하도록 이원화한 것이 특징이다. 그런데 이처럼 지도기관을 이원화하면 지도기관 간의 권한을 명확하게 해둘 필요가 있다. 그렇지 않으면 지도기관 간에 의견이 일치하지 않을 수도 있고, 관리위원회 입장에서는 어느 지도기관과 협의를 하여야 하는지에 대하여 혼란이 발생할 수도 있기 때문이다.

공업지구관리기관(관리위원회) 구성에 대하여는 개성공업지구의 경우 개발업자가 추천하는 성원들로 구성하며, 공업지구관리기관의 요구에 따라 중앙공업지구지도기관이 파견하는 성원들도 공업지구관리기관의 성원이 될 수 있다고 규정하고 있고('개성공업지구법' 제24조), 관리기관의 설립을 개발업자에게 위임하여(개성공업지구 관리기관 설립운영규정 제2조) 사실상 관리기관의 설립 및 운영에 대한 권한을 모두 개발업자에게 백지위임을 하고 있다. 이 규정에 의해 개성공업지구 관리위원회가 비록 형식은 북측의 행정기구이지만 사실상 남측 인원이 운영하면서 남측의 입장을 북측에 전달하고, 남측의 이익을 대변하는 역할을 해오고 있다. 물론 관리위원회가 법규범상 지도총국의 하위기관이고 법규범도 북측 지도총국이 세칙을 제정하는 반면, 관리위원회는 그보다 하위 규범인 준칙 제정권자라는 점 때문에 대화 상대방 간의 지위가 대등하지 못하다는 문제는 남는다.

이에 반하여 '라선경제무역지대법' 제25조에서는 단지 "관리위원회는 위원장, 부위원장, 서기장과 필요한 성원들로 구성한다. 관리위원회에는 경제(무역)지대의 개발과 관리에 필요한 부서를 둔다"라는 규정만 두고 있을 뿐이다. 물론 법 개정 이후 제정된 관리운영규정에서는 관리위원회 성원을 위원장, 상무부위원장, 부위원장, 서기장, 총회계사와 그 밖의 필요한 성원으로 구성하며, 이 중 위원장, 상무부위원장, 부위원장, 서기장은 라선시인민위원회가 임명 및 해임을 하도록 하고 있다(제7조, 제9조). 2015년 10월 현재 위원장은 중국 측에서 담당하고 있는 것으로 알고 있으나, 그렇다 하더라도 중국에서 개발을 담당하게 될 경우에는 개성공업지구와 비교하여 중국 측의 관리위원회 구성에 관한 권한이 약할 뿐만 아니라, 개성공업지구와 마찬가지로 중국 측 이익을 대변할 수 있는 관리위원회의 위상이 중앙특수경제지대지도기관보다 하위라는 면에서 여전히 관리체계상 대등하지 못하다는 것이 문제가 될 수 있다.

예를 들어 '라선경제무역지대법' 제50조와 마찬가지로 '외국투자기업로동규정' 제6조는 라선시인민위원회가 관리위원회와 협의하여 종업원 월로임 최저 기준을 제정하도록 하고 있다. 관리위원회 위원장을 중국 측이 맡아 사실상 중국이 관리위원회를 운영한다하더라도 관리위원회에 대한 지도기관의 지위에 있는 라선시인민위원회와 협상을 해야 하는 것이다. 또한 '외국투자기업로동규정' 역시 북한 최고인민회의 상임위원회 결정으로 채택된 것으로 그 제정 권한이 북측에 있기 때문에 언제든지 개정이 가능하다.

이처럼 관리체계 및 입법권한의 비대칭성 문제는 개성공업지구의 경우도 마찬가지이다. 다만 개성공업지구의 경우 2013년 이 문제를 해결할 수 있는 기구가 설치되었다. 2013년 4월 개성공단 가동이 중단되었다가 2013년 8월 「개성공단의 정상화를 위한 합의서」를 체결하여 재가동에 대한 합의를 하면서 이 합의서의 이행을 위하여 「개성공단 남북공동위원회 구성 및 운영에 관한 합의서」를 체결하였다. 그리고 그동안 개성공단 운영과 관련하여 문제가 제기되어 온 각종 제도 개선과 현안 문제들을 남북공동위원회를 통하여 해결하기로 하였다. 이 남북공동위원회는 개성공단 운영과 관련하여 남북 당국이 대등한 입장에서 문제를 해결해 나갈 수 있는 기구를 설치한 것이라는 점에서 의미가 크다. 물론 현실적으로는 북측이 이 남북공동위원회 개최에 불응할 경우 또다시 이를 해결하기 위한 방안을 모색하여야 한다는 한계는 남아 있다.

북중 간의 경우에도 공동개발의 경우에는 특히 중국 입장에서는 개성공업지구의 사례를 참고하여 이처럼 관리체계와 입법권한의 비대칭성의 문제를 해결해 나갈 수 있는 방안을 적극 검토할 필요가 있다. 이와 관련하여 2011년 「공동개발총계획요강」에 따르면 제9장 협조체계에서 조중 두 나라 중앙정부, 지방정부 및 각 기업들이 실용, 실무, 효율의 원칙에 따라 전면적으로 참여할 것을 필요로 하고, 정부 간 협조지도체계, 공동관리체계, 개발경영체계의 3단계로 개발협조 모델을 만들어야 한다고 하면서 ㉠ 지도체계: 조중공동지도위원회(중앙정부), ㉡ 관리체계: 공동개발관리위원회(지방정부), ㉢ 개발경영체계: 투자개발공사(기업)의 3단계로 제시하였다. 따라서 이 조중공동지도위원회와 공동개발관리위원회가 중요한 역할을 해나갈 수 있을 것이다. 다만 개성공업지구의 경우 합의에 의해 설치된 남북공동위원회가 그동안 제 역할을 하지 못하고 있다는 점을 참고해서 지도체계나 관리체계의 상시 가동이 가능하도록 하는 구체적이고 현실적인 방안을 마련하여 북중 간 조약을 체결해 두는 것도 분쟁 예방 및 해결의 한 방법이 될 수 있을 것이다.

4) 남한 기업의 진출과 투자당사자 규정 개정의 필요성

투자의 기본 요건은 수익성이다. 이 점에서 남측 기업은 투자에 따른 여러 가지 장점이 있다. 남측 기업이 진출할 경우에는 남측 정부의 경제적 지원, 민족동질성에서 오는 근로관계의 장점, 민족내부거래에 의한 무관세의 혜택, 남측의 각종 FTA 체결에 따른 원산지표시의 장점 등이 있다. 이와 같은 장점으로 인하여 남측 기업들은 라선경제무역지대에 많은 관심을 가지고 있다.

그런데 '라선경제무역지대법' 제4조(투자당사자)는 "경제무역지대에는 세계 여러 나라의 법인이나 개인, 경제조직이 투자할 수 있다. 우리나라 령역밖에 거주하고 있는 조선동포도 이 법에 따라 경제지대에 투자할 수 있다"라고 규정하고 있다. 조선동포의 투자에 관한 규정은 2010년 1월 27일 개정 시 제8조(해외조선동포의 경제무역활동)에서 "공화국령역밖에 거주하고 있는 조선동포도 이 법에 따라 라선경제무역지대에서 경제무역활동을 할 수 있다"라는 신설 규정의 문구를 약간 수정한 것이다. 문제는 이 규정의 해석상 라선경제무역지대에 남측의 기업이나 개인도 투자를 할 수 있는가 하는 것이다.

이와 관련하여 '개성공업지구법' 제3조를 보면 "공업지구에는 남측 및 해외동포, 다른 나라의 법인, 개인, 경제조직들이 투자할 수 있다"라고 규정하고 있다. 남측 동포와 해외동포를 명확히 구분하고 있다. '라선경제무역지대법' 제4조에서는 남측 동포나 해외동포라는 용어 대신 "우리나라 령역밖에 거주하고 있는 조선동포"라는 표현을 하고 있어 여기서 말하는 "조선동포"에 남측 동포도 포함되는지가 명확하지 않다.

법은 일단 제정되면 제정권자의 의사도 중요하지만 문구대로 해석하는 것이 우선이다. '라선경제무역지대법' 제4조를 문구대로 해석한다면 남측 동포는 투자자에 해당한다고 보기 어렵다. 물론 '북남경제협력법' 등에 의한 일반적인 남북교류협력사업의 일환으로 투자는 가능하다. 하지만 이 경우 엄격하게 법대로만 해석한다면 '라선경제무역지대법'의 적용을 받는 것이 아니어서 그에 따른 여러 가지 특혜를 받을 수 없는 것으로 해석될 가능성을 배제할 수 없다. 비록 북측은 라선경제무역지대에 남측 기업이나 개인도 투자가 가능하다고 설명하고 있는 것으로 알려져 있고, 북한 대외경제협력추진위원회가 1996년에 발간한 『라진-선봉자유경제무역지대 투자문답집』에서도 남측 주민도 투자당사자가 될 수 있는 것으로 해석하고 있었다. 하지만 이 자료는 대외경제법제 제정이 시작된 지 얼마 안 되었을 때 발간된 오래된 자료이므로 현재도 같은 입장이라고 보기는 어렵다. 또한 같은 입장일 가능성이 있다 하더라도 이 문제를 명확히 하려면 제4조를 개정하여 남측 동포도 투자자의 범위에 명시적으로 포함시키는 것이 바람직하다.

5) 투자재산 보호 및 특혜에 대한 신뢰보장 방안

투자자의 재산보호와 관련하여 '라선경제무역지대법'은 2011년 개정을 통하여 제7조에서 투자자의 재산과 소득, 권리의 법에 따른 보호원칙, 수용불허원칙, 수용 시 정당한 법적 절차와 충분하고 효과 있는 보상의 원칙을 채택하고 있다. 특히 수용 시의 보상에 관하여는 '개성공업지구법'의 경우보다 구체적인 보장원칙을 밝히고 있는 것이 특징이다. 또한 기업소득세율(제67조), 기업소득세의 감면(제68조), 특혜관세제도 실시(제53조), 외화, 이윤, 재산의 반출입보장(제65조), 기업경영에 대한 비법적 간섭금지 및 법에 정하지 않은 비용징수, 의무부과금지(제40조), 지적재산권보호(제72조), 통신수단의 자유로운 이용보장(제75조) 등 여러 가지 특혜와 기업 활동에 대한 보장 규정을 두고 있다.

문제는 이와 같은 투자와 경영 활동에 대한 여러 가지 법적 보장 규정들이 향후 법 개정을 통하여 변경될 가능성이 있다는 것이다. 개성공업지구의 경우 '노동규정'의 개정의 통하여 최저 임금과 임금인상률 상한선에 대한 기존의 규정을 개정한 것이 문제가 되었고, 아직도 최종적인 해결을 보지 못하고 있다.

이와 같은 선례는 투자자에게 매우 불안한 요소로 작용한다. 북중 간에도 이와 같은 사례가 발생하지 말라는 보장이 없다. 따라서 이와 같은 법 개정을 통한 불이익을 방지하기 위해서는 가급적 관련 법 제정 단계에서 상위 규범인 조약과 법 자체에서 특혜에 관한 내용을 더 구체적으로 명시하는 한편, 투자보장이나 특혜에 관한 규정이 정당한 사유와 절차에 의해 투자자에게 불리하게 변경될 경우에도 법 개정 전에 투자를 한 자에 대하여는 적용을 하지 않는다는 규정을 두는 것도 한 방법이 될 것이다. 이는 기존의 법제도를 보고 투자를 한 투자자의 신뢰를 보호하는 것으로서 투자 유치를 적극적으로 검토할 수 있는 중요한 요소의 하나로 작용할 것이다.

6) 신변안전보장 및 형사사건 처리

'개성공업지구법' 제8조는 "법에 근거하지 않고는 남측 및 해외동포, 외국인을 구속, 체포하거나 몸, 살림집을 수색하지 않는다. 신변안전 및 형사사건과 관련하여 북남 사이의 합의 또는 공화국과 다른 나라 사이에 맺은 조약이 있을 경우에는 그에 따른다"라고 규정하고 있다.

'황금평·위화도경제지대법'은 제9조 및 '라선경제무역지대법' 제9조 역시 "경제지대에서 공민의 신변안전과 인권은 법에 따라 보호된다. 법에 근거하지 않고는 구속, 체포하지 않으며 거주장소를 수색하지 않는다. 신변안전 및 형사사건과 관련하여 우리나라와 해당 나라사이에 체결된 조약이 있을 경우에는 그에 따른다"라고 '개성공업지구법'과 유사한 규정을 두고 있다. '라선경제무역지대법' 제9조는 2011년 법 개정 시 신설된 조항이다.

이 4개의 특수경제지대 모두 신변안전 및 형사사건과 관련한 합의서나 조약의 체결이 가능하도록 하고 있다.

남북공동개발 지역인 개성공업지구의 경우에는 남북 사이에 「개성공업지구와 금강산관광지구의 출입 및 체류에 관한 합의서」를 체결하여 공업지구에 있는 남측 인원의 신변을 보장하고 있다. 향후 남측의 기업이나 투자자를 라선경제무역지대에 적극 유치하기 위해서는 이 합의서를 라선경제무역지대로 확대·적용하는 내용의 남북합의서를 체결하는 것이 바람직하다고 본다.

하지만 이와 같은 형태의 신변안전보장은 체제를 달리하는 남북의 특수성이 반영된 특수한 형태의 합의이며, 일반적인 형태는 아니다. 따라서 북중 간에는 이와 같은 내용의 신변안전보장 방안이 적절할지는 의문이다. 중국 입장에서 이와 같은 합의를 원하는지는 알 수 없다. 다만 일반적인 국가 간에는 범죄 진압이라는 국제적 공통 관심사를 실현하기 위해 형사사법공조에 관한 조약을 체결하는데, 공조의 내용을 세분하면 ㉠ 범죄인 인도, ㉡ 협의의 형사사법공조, ㉢ 외국형사판결의 집행, ㉣ 형사소추의 이송의 네 가지로 나눌 수 있다. 북한과 중국은 2003년 11월 19일 이 유형 중 협의의 형사사법공조에 해당하는 「조중 민사 및 형사 사법공조에 관한 조약」을 체결한 바 있으나 10년간의 유효기간이 도과한 후 기간을 갱신하지 않아 실효된 상태이다.

한편 '세금규정시행세칙'을 보면 제71조에서 "이 규정을 어긴 행위가 범죄에 이를 경우에는 책임있는 자에게 형사적책임을 지운다"라고 규정하고 있다. 우선 이와 같은 행정적 법규를 위반한 경우에는 벌금과 같은 행정처벌을 통하여 통제하는 것이 바람직하다. 또한 형사적 책임을 묻고자 한다면 형사법상 기본 원칙인 죄형법정주의 원칙에 따라 적어도 시행세칙보다는 상위 규범인 법이나 최소한 최고인민회의 상임위원회에서 채택하는 시행규정에서 규정하는 것이 바람직하다. 나아가 형사책임의 대상이 되는 행위와 그에 따른 법정형을 구체적으로 규정하는 것이 바람직하다.

7) 내수시장과의 연계 방안 구체화

특수경제지대의 가장 큰 특징 중 하나는 투자활성화를 위하여 여러 가지 경제적인 혜택을 주는 것이다. '개성공업지구법' 제3조는 "투자가는 공업지구에 기업을 창설하거나 지사, 영업소, 사무소 같은 것을 설치하고 경제활동을 자유롭게 할 수 있다. 공업지구에서는 노력채용, 토지이용, 세금납부 같은 분야에서 특혜적인 경제활동 조건을 보장한다"라고 규정하고 있다.

이에 '라선경제무역지대법' 제5조는 "국가는 토지리용, 로력채용, 세금납부, 시장진출 같은 분야에서 투자가에게 특혜적인 경제활동조건을 보장하도록 한다"라고 규정하고 있다.

'개성공업지구법'과 비교해 보면 '시장진출'에서도 특혜를 보장한다는 것인데, 여기서 말하는 시장진출이라는 것이 구체적으로 무엇을 염두에 둔 것인지는 명확하지가 않다. 다만 각 법에서 '시장'이라는 용어와 '국제시장'이라는 용어를 구별하여 사용하고 있는 점에 비추어 보면 여기서의 시장이란 북측 내수시장을 의미하는 것으로 해석된다.

북측 내수시장과의 거래에 관하여 살펴보면 '개성공업지구법'은 제22조 제6호에서 중앙 공업지구지도기관의 임무 중 하나로 "공업지구에서 생산된 제품의 북측지역 판매실현"을 규정하는 한편, 제39조에서 "기업은 공업지구 밖의 공화국 영역에서 경영활동에 필요한 물자를 구입하거나 생산한 제품을 공화국령역에 판매할 수 있다"라고 하여 생산된 제품을 북측 지역에 판매할 수 있는 길을 열어놓았다.

'라선경제무역지대법' 제43조는 "기업은 계약을 맺고 경제무역지대밖의 우리 나라 령역에서 경영활동에 필요한 원료, 자재, 물자를 구입하거나 생산한 제품을 판매할 수 있다"라고 규정하는 한편 제48조에서 "경제무역지대밖의 우리 나라 기관, 기업소, 단체는 계약을 맺고 경제지대의 기업이 생산하였거나 판매하는 상품을 구입할 수 있다"라고 규정하여 북측 기관, 기업소, 단체가 좀 더 조직적으로 경제지대와 거래를 할 수 있도록 하고 있다.

이와 같은 내수시장과의 거래 허용은 국제사회의 경제제재 및 고율의 관세 부과 등의 문제로 수출에 어려움이 있는 제품의 판로를 확보할 수 있다는 점에서 투자자로서는 큰 관심을 가질 수 있는 내용이다. 즉 입주를 희망하는 기업으로서는 국내시장이나 해외에서 필요로 하는 상품뿐 아니라 일반 생필품을 비롯하여 북한 내수시장에서 필요로 하는 제품을 생산할 수 있게 되어 좀 더 다양한 업종의 기업들이 진출할 수 있는 계기가 될 것이다. 다만 투자를 하기 전에 북측 내수시장의 판로를 먼저 개척하여야 하고, 북측으로서는 이에 대한 적극적인 협조를 해야 투자가 이루어질 가능성이 높아질 것이다. 특히 북측 기업소와의 연계는 북측 내수경제의 활성화에도 도움이 될 것으로 보인다.

8) 국제적 제재 및 국제규범으로 인한 문제 해결

투자자 입장에서는 라선경제무역지대의 지리적 장점과 임금 토지이용료에서의 경쟁력, 세금 등의 각종 특혜 등이 다른 나라에 투자하는 것보다 유리하다고 판단하더라도 간과해서는 안 될 사항이 있다. 유엔을 비롯한 국제사회의 경제적 제재와 국제규범에 따른 문제이다. 유엔의 경제제재하에서는 시설 투자 등에 있어서도 여러 가지 문제점이 발생할 수 있다.

원산지표시와 관련해서도 북한 제품으로 원산지를 표시할 경우 다른 나라, 특히 미국과 유럽 및 일본 등으로의 수출은 현실적으로 불가능하다고 봐야 한다. WTO 회원국인 중국 입장에서는 라선경제무역지대에서 생산한 제품에 대해서만 관세상의 특혜를 줄 경우 WTO 협정에 의한 최혜국대우 문제로 다른 나라 동종 제품에도 동일한 관세를 부과해야 하는 부담이 있어서 관세상의 혜택을 주기도 어려울 것이다. 수출을 전제로 하지 않는 품목을 생산한다면 북측의 내수시장이 이를 소비할 수 있어야 하는데, 그렇게 되면 북측 내수시장에서 필요로 하는 품목을 선택해야 하는 사업 범위의 한계가 있고, 내수시장만을 보고 투자를 한다면 대규모 투자를 하는 것도 쉽지 않다고 본다. 따라서 종국적으로는 북한 스스로 유엔 및 국제사회의 각종 경제제재 조치로부터 벗어나는 방법을 적극 모색하여야만 한다. 그 이후 중장기적으로는 남·북·중 간에 FTA를 체결하는 방안도 검토할 필요가 있다.

9) 분쟁해결 방안

'라선경제무역지대법'은 2011년 개정을 통하여 '황금평·위화도경제지대법'과 거의 동일하게 신소권보장(제80조), 관리위원회나 해당 기관의 조정(제81조), 경제무역지대에 설립된 북측 또는 다른 나라 국제중재기관의 중재(제82조), 경제무역지대 관할 재판소의 재판(제83조)에 대한 규정을 두고 있으며, 경제무역지대에서의 행정소송절차도 따로 정하도록 하고 있다(제83조). 개성공업지구와 비교해 보면 특히 경제무역지대 내에 중재기관의 설립 가능성 및 행정소송절차의 가능성이 주목된다.

'개성공업지구법' 제46조는 "공업지구의 개발과 관리운영, 기업활동과 관련한 의견상이는 당사자들 사이의 협의의 방법으로 해결한다. 협의의 방법으로 해결할 수 없을 경우에는 북남 사이에 합의한 상사분쟁 해결절차 또는 중재, 재판절차로 해결한다"라고 단 1개의 분쟁해결 관련 규정만을 두고 있다. 따라서 분쟁이 발생한 경우 당사자 간의 협의를 통한 해결 외에는 마땅한 분쟁해결 방법이 없다는 점이 문제점으로 제기되어 오고 있다. 비록 남북 간에 남북상사중재위원회의 설치와 운영에 관한 합의가 이루어졌지만, 아직도 남북상사중재위원회는 가동되지 못하고 있다. 그 이유는 여러 가지가 있겠지만 개별 중재판정부 구성 시 북측 인원이 중재인 1인과 의장 중재인을 맡게 될 경우 공정한 중재판정 결과를 기대하기 어렵다는 문제점이 있기 때문이라 할 수 있다.

북중 간의 라선경제무역지대 공동개발에 있어서도 마찬가지이다. 당사자 합의나 조정 이외에 현실적으로 가장 합리적인 분쟁해결 방법은 신뢰성이 확보된 중재기관에 의한 중재판정일 것이다. 물론 중재판정에 대한 집행은 당연히 보장되어야만 한다. 문제는 개성공업지구와 마찬가지로 분쟁 당사자들 모두가 결과에 승복할 수 있을 정도로 신뢰성이 있는 중재기관을 어떻게 확보할 수 있냐는 것이다. 분쟁 당사자 중 어느 한쪽에 편파적인 판정을 할 우려를 불식시키기 위해서는 제3국 또는 국제 중재기구를 이용하는 것이 좋겠지만, 언어상의 불편함과 그에 따른 비용 부담 등으로 현실적인 방안이 되기 어렵다.

이와 관련하여 현시점에서 제안하고자 하는 것은 중재기관을 남·북·중이 함께 설치하여 운영하는 방안이다. 이 경우 개별 중재판정부를 3자가 각 1인을 선정하고 그중 의장 중재인은 분쟁 당사자가 아닌 곳이 맡도록 하면 판정의 객관성이 보장되는 것은 물론, 중재에 따른 비용 부담도 줄어들게 될 것이다. 또한 중재 비용 절감을 위해서는 중국 측 중재인은 될 수 있는 대로 한국어 능통자를 선정하도록 하여 한국어로 중재 절차를 진행하도록 하는 것도 생각해 볼 수 있다. 물론 중국 입장에서는 상호주의 관점에서 볼 때 받아들이기 어려운 면도 있으나 중국에는 중국 동포들과 같이 한국어에 능통한 중재 전문가를 찾기가 몹시 어려운 일도 아닐 것이고, 분쟁 발생지가 북한이라는 점을 고려하면 상호 비용 절감 측면에서 협의를 해볼 여지는 있을 것으로 보인다.

　참고로 2005년 3월 22일 체결된 「조선민주주의인민공화국 정부와 중화인민공화국 정부의 투자 촉진 및 보호에 관한 협정」 제9조 제3항은 분쟁 해결을 위한 중재청의 중재원 3명으로 구성되며, 서면 중재 요구서를 받은 후 2개월 이내에 쌍방은 각자 중재원 1인을 임명해야 하고, 임명된 중재인 2인은 임명일 후 2개월 이내에 쌍방 모두와 외교 관계가 있는 제3국 국민을 수석 중재원으로 선정해야 한다고 규정하고 있다.

3. 맺음말

　이상에서 라선경제무역지대의 북중공동개발과 연계하여 '라선경제무역지대법'의 법제도 구축과 관련된 몇 가지 의견을 제시해 보았다. 라선경제무역지대가 지속적으로 발전하려면 투자자 입장에서는 안정적이고 유리한 법제도적 환경이 조성되어야 한다. 그리고 한번 제정된 법제도는 이를 보고 투자한 투자자의 신뢰 보호를 위해 불이익하게 변경되어서는 안 되고, 부득이한 사정으로 변경이 되더라도 기존의 투자자에게는 적용되지 않도록 하는 것이 바람직하다.

　각 법제도적 과제를 살펴보면서 개성공업지구 사례를 많이 참고하였다. 개성공업지구는 남북 공동개발 형식이고, 라선경제무역지대는 북중 공동개발 형식으로 일반적인 경제특구와는 다른 특성을 갖고 있다. 다만 개성공업지구는 전체가 공동개발 형태이지만, 라선경제무역지대는 일부 지역만이 공동개발 형태이고, 그 밖의 지역은 기존과 같은 여러 가지 투자방식이 그대로 존속한다. 따라서 관련 법제도 구축이 개성공업지구보다 훨씬 더 복잡하고, 여러 가지 투자 방식을 고려하여 하나의 법규범을 제정한다는 것이 쉬운 일만은 아니다.

　장기적으로 라선경제무역지대를 포함하여 북·중·러 3국의 접경지역인 두만강 일대가 주변국 모두가 참여하는 동북아시아의 중심 경제지대가 될 수 있도록 하기 위해서라도 라선경제무역지대의 법제도를 제대로 구축하는 것이 매우 중요하다. 특히 분쟁해결기구로 남·북·중 3국이 참여하는 중재위원회의 설립을 제안한 것과 같은 취지로 장차 남측의 기업들도 진출을 할 가능성을 염두에 두고, 자문기구 등을 포함하여 어떤 형태로든 남·북·중 3국의 법률 전문가들이 협력할 수 있는 방안을 마련할 필요가 있다.

한반도 평화협정 체결에 대한 법적 검토*

1. 머리말

북한이 2018년 4월 20일 북한 노동당 중앙위원회 제7기 제3차 전원회의에서 채택한 결정서 「경제건설과 핵무력건설병진로선의 위대한 승리를 선포함에 대하여」를 보면 북핵 문제 해결은 계속 난항을 겪을 것으로 예상된다. 결정서를 보면 북한은 핵 실험과 대륙간탄도미사일 발사를 중지하고, 핵실험장을 폐기하겠다고 하였지만 다른 한편으로 자신들에 대한 핵 위협이나 핵 도발이 없는 한 핵무기를 절대로 사용하지 않을 것이고, 그 어떤 경우에도 핵무기와 핵기술을 이전하지 않을 것이라는 내용은 핵무기를 계속 보유하겠다는 의미이기 때문이다.

2018년 4월 27일 남북정상회담 이후의 상황을 보아도 과연 북한이 핵을 포기할 것인지는 여전히 미지수이다. 물론 이 정상회담에서 체결한 「한반도의 평화와 번영, 통일을 위한 판문점선언」(이하 「판문점선언」)에는 "남과 북은 완전한 비핵화를 통해 핵 없는 한반도를 실현한다는 공동의 목표를 확인하였다"고 되어 있다. 그러나 한반도 비핵화의 개념에 대해서는 여러 가지 해석이 가능하고, 이 합의 내용만 가지고 북한이 핵을 포기하겠다고 약속한 것으로 단정해 해석하기는 어렵다.

「판문점선언」 제3조 제3항은 "남과 북은 정전협정체결 65년이 되는 올해에 종전을 선언

---

* 이 장은 한명섭 「한반도 평화협정 체결에 대한 법적 검토」, ≪통일과 법률≫, 제37호(법무부 2019.2), 3~36쪽을 일부 수정·보완한 것이다.

하고 정전협정을 평화협정으로 전환하며 항구적이고 공고한 평화체제 구축을 위한 남·북·미 3자 또는 남·북·미·중 4자회담 개최를 적극 추진해 나가기로 하였다"고 명시하고 있다. 만일 이 합의가 그대로 실행되어 평화체제가 구축된다면 그 과정에서 북한의 핵 폐기 문제가 반드시 해결되어야만 할 것이다.

현재의 남북한을 규율하는 법적 토대는 1953년 7월 27일 체결된 정전협정에 기초하고 있다.[1] 고전적 의미에서의 정전(停戰, armistice)협정은 전쟁의 종료를 의미하는 것이 아니라 교전 자 간에 전쟁행위를 임시로 중단하기 위하여 체결되는 군사협정이라는 점에서 법적으로는 한 국은 여전히 전쟁상태에 있는 것이다. 정전협정 체결 후 정전협정 제4조 제60항에 근거하여 1954년 4월 제네바에서 한반도 평화체제 구축을 위한 회의가 개최되었으나 아무런 성과 없이 종료되었다. 남북한은 대결과 화해 국면을 반복하며 항구적인 평화체제를 구축하지 못하고 우 발적 무력충돌이 수시로 발생하는 등 불안한 정전상태가 장기화되는 가운데 사실상 전쟁상태 는 아니면서도 법적으로는 여전히 전쟁상태가 계속되고 있는 상황이다. 따라서 「판문점선언」 에서 종전선언 및 평화협정 체결에 대한 합의를 도출한 것은 남북 관계의 전반적인 전환을 가 져올 계기를 마련하였다는 점에서 매우 의미가 크다.

2. 한반도 평화협정 체결의 필요성과 특수성

1) 평화체제와 평화협정

평화체제(peace regime)란 국가 간에 전쟁의 위험을 제거하고, 상호불신과 군비경쟁으로

---

[1] '정전협정'의 정식 명칭은 「국제연합군 총사령관을 일방으로 하고 조선인민군 최고사령관 및 중국인민지원 군 사령원을 다른 일방으로 하는 한국군사정전에 관한 협정」이다. 영어로는 "Agreement between the Commander-in-Chief, United Nations Command, on the one hand, and the Supreme Commander of the Korean People's Army and the Commander of the Chinese People's volunteers, on the other hand, concerning a military armistice in Korea"이고, 중국어로는 "朝鮮人民軍最高司令官及中國人民志願軍司令員 一方與聯合國軍總司令另一方關於朝鮮軍事停戰的協定"이다. 영문 표기인 "armistice"는 '휴전협정'을 의미하 기 때문에 이를 '정전협정'이라고 약칭하는 것은 잘못되었다는 주장도 적지 않다. 2007년에 제정된 '군사 정전에 관한 협정 체결 이후 납북피해자의 보상 및 지원에 관한 법률'에서는 "한국 군사정전에 관한 협정" 으로 표기하고 있다. 이 글에서는 동 법률 및 「판문점선언」의 표기에 따라 부득이한 경우가 아니면 '정전협 정'이라고 약칭하기로 한다.

초래된 적대관계를 청산하며, 상호 간에 공존과 번영을 추구하기 위해 협력을 해나가도록 국가 간에 합의하는 절차, 원칙, 규범, 규칙 그리고 그것을 관할하는 기구 등을 의미한다.[2] 이와는 달리 평화체제를 평화에 관한 사회적 기구 내지 사회적 구조로서 이는 조약에 의하여 형성되는 것으로 좁게 해석하는 견해도 있다.[3]

평화협정이란 전쟁의 종국적인 종료를 목적으로 하는 교전 당사자 간의 정치적·법적 합의문서로 통상 전쟁 종결과 그에 따른 사안 및 평화회복과 정착을 위한 평화관리방안 등을 포함하며, 적대 당사자 간의 관계를 전쟁 이전의 우호 관계로 회복시키는 것이다. 평화협정은 단순히 현존질서의 바탕 위에서 침략을 예방하는 사전조치로서 영토적 정치적 군사적 기존 상태를 확인 선언하는 데 불과한 불가침협정과는 구별된다. 평화협정은 평화체제 구축 또는 평화체제로 전환하기 위한 하나의 과정 또는 방법이지만, 평화협정만으로 평화체제가 구축되는 것은 아니며, 평화체제는 보다 포괄적인 개념이다.

평화체제 구축을 위해서 반드시 평화협정이 필요한 것은 아니며, 평화협정은 평화체제로의 전환을 위한 하나의 수단에 불과하다. 따라서 평화체제 구축은 정전상태의 종결 선언이나 관계 정상화 합의로도 가능하다.[4] 그 밖에 일방이 전쟁상태 종결을 선언하고 상대방이 이를 수락하여 전쟁을 종결할 수도 있다. 실제로 1952년 인도가 전쟁을 종결한다고 일본에 통고하고 일본이 이를 수락한다고 통보하여 전쟁이 종료된 바 있다. 1988년 아프가니스탄과 파키스탄 사이의 상호 불개입 및 불간섭에 관한 협정과 같이 적대국 간에 다시 외교 관계의 수립이나 국교회복을 위한 합의 등을 통해 적대관계를 정상관계로 전환하는 방식도 있다.

2) 평화협정과 한반도 비핵화에 대한 북한의 입장

북한 문헌에 따르면 정전협정은 어디까지나 적대적 군사행동의 정지를 규제한 것이지 전쟁상태의 법적 종결을 규제한 것이 아니므로 "조선반도에서 긴장상태의 격화를 막고 공고한 평화를 보장하는 가장 합리적인 방도의 하나는 정전협정을 평화협정으로 바꾸는 것"이라고 본

---

2 한용섭, 『한반도 평화와 군비통제』(서울: 박영사, 2004), 154쪽.

3 김명기, 「평화체제 구축에 관한 이론적 개관」, 곽태환 외, 『한반도 평화체제의 모색』(서울: 경남대 극동문제 연구소, 1997), 15쪽.

4 제성호, 「남북평화협정 체결에 따른 법적 제문제」, ≪국제법 동향과 실무≫, Vol.2, No.4, 통권 제6호(서울: 외교통상부 조약국, 2003), 35쪽.

제18장 한반도 평화협정 체결에 대한 법적 검토 597

다.[5] 평화협정에 포함해야 할 기본내용으로는 한국전쟁의 법적 종결의 공식선포, 남한에서의 미군 철수, 무력증강과 군비경쟁 중지를 들고 있다.[6]

북한의 한반도 비핵화 및 평화협정 체결에 대한 입장은 《정치법률연구》에 게재된 최현철의 글에서 찾아볼 수 있다. 최현철은 「조선반도핵문제의 평화적 해결과 관련한 미국의 국제법적 의무」라는 글에서 북한은 "조선반도의 현 위기를 타개하기 위한 최선의 방도는 우리와 미국이 대화와 협상을 통하여 핵 문제를 평화적으로 해결하는 것입니다"라는 김일성의 교시에 따라 한반도 핵 문제의 평화적 해결을 위해 미국이 취해야 할 국제법적 의무 중의 하나로 평화협정 체결의 필요성을 제기하고 있다.

북한이 주장하는 한반도 핵 문제를 해결하기 위한 미국의 국제법적 의무란 ① 대북한 적대시 정책의 완전 포기, ② 정전체제의 평화체제로 전환 및 평화협정 체결, ③ 북미 사이의 불가침 조약 체결의 세 가지를 의미한다. 정전협정은 싸움의 일시적 정지를 합의한 것으로 그것으로는 언제든지 전쟁이 다시 발발되지 않는다는 것을 보장하지 못하며, 평화협정 체결을 통해 한반도에 평화가 보장되어야만 핵 문제도 원만히 해결될 수 있다고 한다. 북한은 북미 사이의 평화협정과 불가침조약이 체결되면 한반도에서 평화는 확고한 법적 담보를 가지게 될 것이며 그에 따라 한반도 핵 문제는 원만히 평화적으로 해결될 것이라고 주장한다. 한편 북미 사이의 불가침조약 체결을 위해 남한에서의 미군 철수를 조건으로 요구하고 있다.[7] 결국 북한이 원하는 한반도 비핵화는 남북한 전체의 비핵화를 의미하는 것이며, 그 절차는 미국의 대북 적대시 정책 포기, 평화협정 체결, 주한 미군 철수, 북미 불가침조약 체결이라는 조건하에 이루어질 수 있다는 것이 된다. 물론 이와 같은 기존의 태도가 김정은 정권에서도 그대로 유지되고 있는지는 별개의 문제이다.

평화협정과 관련된 북한의 또 다른 글로는 《정치법률연구》에 게재된 장경철의 「정전 및 전쟁종결과 관련한 국제전쟁법제도」가 있다. 이 글에 따르면 정전은 교전 당사국의 정부 또는 군사지휘관들의 합의에 기초하여 적대적인 군사행동을 일시적으로 중지하는 국가들의 행위로 모든 전선에서 적대적 군사행동을 중지하는 전반적 정전은 최고사령관 혹은 교전국 정부 전권대표, 총참모부 대표들 사이의 담판을 통하여 이루어지는 정전협정에 의해 실현된다.[8]

---

5   김영철·서원철, 『현대국제법연구』, 166~167쪽 참고.

6   같은 책, 172~173쪽.

7   구체적인 내용은 최현철, 「조선반도핵문제의 평화적 해결과 관련한 미국의 국제법적 의무」, 《정치법률연구》, 누계 제18호(과학백과사전출판사, 2007), 39~40쪽 참고.

전쟁의 종결은 교전국들 사이의 전쟁 관계를 법적으로 소멸시키고 정상적인 국가 관계를 회복하는 국가들의 행위로 전쟁상태를 종결시키는 전형적인 법률형식은 강화조약이다. 강화조약에는 적대행위의 중지를 비롯한 전쟁상태의 종결과 평화적 관계의 회복 문제, 점령군의 철수와 포로송환 문제, 침략전쟁의 방지를 위한 조치, 영토문제와 국경 문제, 배상 문제와 기타 경제적 문제, 국제조약상 의무문제 등과 같은 것들이 포괄적으로 규정된다. 강화조약의 체결권자는 국가원수이며 군사령관은 강화조약을 체결할 수 없다. 강화조약이 효력을 발생하면 교전당사국 사이에는 외교 관계를 비롯한 모든 관계에서 평화적 관계가 회복되며 전시상태를 전제로 한 모든 행위는 금지되고 포로는 지체 없이 석방, 송환되어야 한다.[9] 이러한 설명은 일반적인 강화조약에 대한 설명이지만 남북한이 일시적인 정전상태에 있으므로 전쟁의 위험을 종국적으로 청산하기 위하여 "남조선에서 침략자 미제를 몰아내고 정전을 공고한 평화로 전환시켜"야 한다는 점을 강조하고 있는 것을 보면 남북한 평화협정에서도 마찬가지 입장일 것으로 보인다.[10] 장경철의 글에서도 북한은 남북한 평화체제로의 전환에 대해 주한미군 철수를 전제로 설명하고 있음을 알 수 있다.

북한의 이와 같은 입장은 김정은 체제에서도 여전히 유지되고 있다. 2016년 7월 6일 북한 당국이 조선중앙통신을 통해 발표한 성명을 보면 "명백히 하건대 우리가 주장하는 비핵화는 조선반도 전역의 비핵화다. 여기에는 남핵 폐기와 남조선주변(미국 지칭)의 비핵화가 포함되어 있다"고 밝히고 있다. 또한 한반도 비핵화의 조건으로 "첫째, 남조선에 끌어들여 놓고 시인도 부인도 하지 않는 미국의 핵무기들부터 모두 공개하여야 한다. 둘째, 남조선에서 모든 핵무기와 그 기지들을 철폐하고 세계 앞에 검증받아야 한다. 셋째, 미국이 조선반도와 그 주변에 수시로 전개하는 핵타격 수단들을 다시는 끌어들이지 않겠다는 것을 담보하여야 한다. 넷째, 그 어떤 경우에도 핵으로, 핵이 동원되는 전쟁행위로 우리를 위협공갈하거나 우리 공화국을 반대하여 핵을 사용하지 않겠다는 것을 확약하여야 한다. 다섯째, 남조선에서 핵사용권을 쥐고 있는 미군의 철수를 선포하여야 한다"는 다섯 가지 사항을 제시하였다.[11] 2018년 12월 20

8   장경철, 「정전 및 전쟁종결과 관련한 국제전쟁법제도」, ≪정치법률연구≫, 누계24호(과학백과사전출판사, 2008), 48쪽.

9   장경철, 같은 글, 48~49쪽.

10   장경철, 같은 글, 49쪽.

11   "미국과 남조선 당국의 북 비핵화 궤변은 조선반도 비핵화의 전도를 더욱 험난하게 만들 뿐이다", 『조선중앙통신』, 2016년 7월 6일 자.

일 자 조선중앙통신 논평에서도 북한은 "6·12 북미 공동성명에는 '조선반도 비핵화'라고 명시돼 있지 '북 비핵화'라는 문구는 눈을 씻고 봐도 찾을 수 없다"면서 "미국이 조선반도 비핵화를 '북 비핵화'로 어물쩍 간판을 바꾸고 있다"고 비판한 바 있다.[12]

한편, 2016년 이후 중국이 제시한 평화협정 체결과 비핵화를 병행 추진하자는 이른바 쌍궤병행(雙軌竝行) 방안에 대해서도 북핵 문제를 희석시킬 위험성이 있으며, 북한의 핵 개발에 대한 정당성 인정, 북한의 핵 보유 인정, 주한 미군 철수의 명분 제공 등의 문제점을 지적하는 견해도 있다.[13] 이러한 지적과 더불어 북한이 말하는 한반도의 비핵화와 전제조건을 보면 북한 비핵화를 전제로 하거나 비핵화와 동시이행을 조건으로 한 평화협정 체결은 「판문점선언」의 남북 합의를 낙관적으로만 바라볼 수 없게 한다.

3) 평화체제 구축을 위한 평화협정 체결의 필요성

한반도 정전협정은 그 이행을 담보하는 제도적 장치의 한계로 인해 정전협정 체결 후 수많은 협정 위반이 있어도 당사자 간에 서로 항의하는 이상의 방안이 없었다는 점에서 진정한 평화체제 구축이 필요하다는 점에 대해서는 이견이 없을 것이다.

한반도의 평화체제 구축 방법으로는 평화협정 체결 이외에 여러 가지 방안을 모색해 볼 수 있다. 이에 해당하는 방안으로는 남북기본합의서를 수정·보완하는 방안, '한반도 평화선언'이나 '민족공동체헌장' 채택 등을 생각해 볼 수 있으나 현재의 한반도 상황에 비추어 보면 위와 같은 남북 당사자 간 해결방안만으로는 북한에 대한 미국의 체제보장이 포함되지 않아 평화체제로의 전환이 불가능하다는 것이 문제점으로 지적된다.[14] 이처럼 이론상으로는 평화체제 구축을 위해 평화협정 체결이 반드시 필요한 것은 아니지만 현재의 한반도의 정전상태를 종료하는 가장 전형적이고 명시적인 방식은 평화협정이라 할 수 있다.

한편, 정전협정도 서문에서 "최후적인 평화적 해결이 달성될 때까지 한국에서의 적대행위와 일체 무장행동의 완전한 정지를 보장하는 정전을 확립할 목적"을 명시하고 있고, 제4조

---

12 박휘락, "2018년 비핵화 협상의 비극적 결말: 북한의 원초적 부정과 불안해진 한미동맹", ≪데일리안≫, 2018년 12월 22일 자.

13 배정호·제성호, 『연방제 통일과 평화협정』(파주: 형설출판사, 2016), 158~160쪽 참고.

14 윤대규, 「남북간 평화협정 체결과 관련된 법적 제문제」, 『남북교류협력 법제연구: 남북법령연구특별분과위원회 회의(세미나)결과 보고』(과천: 법무부, 2005), 526~527쪽.

에서는 "한국문제의 평화적 해결을 위하여 쌍방 군사령관은 쌍방의 관계 각국 정부에 정전협정이 조인되고 효력을 발생한 후 삼 개월 내에 각기 대표를 파견하여 쌍방의 한 급 높은 정치회의를 소집하고 한국으로부터의 모든 외국군대의 철수 및 한국문제의 평화적 해결문제들을 협의할 것을 이에 건의한다"라고 규정하여 평화협정 체결을 예정하고 있다.

다만, 평화협정을 체결한다고 해서 반드시 평화체제가 구축되는 것은 아니므로 항구적인 평화체제 구축을 위해 누구를 당사자로 하여 어떤 방식과 내용으로 평화협정을 체결할 것인지가 더욱 중요한 문제이다.

이에 대하여 한국 문제의 해결을 위한 조약이나 남북한 관계를 정립하기 위한 협정을 체결하는 것은 합리적이나 한국 전쟁상태를 종결짓기 위하여 평화협정을 체결하여야 한다는 것은 법적으로나 현실적으로 적절하지 못하고 잘못된 주장이라는 견해도 있다. 다만 이 견해는 정전협정으로 한국전쟁이 종료되었다고 보기 때문에 전쟁상태를 종결짓기 위해 평화협정을 체결하여야 한다는 주장이 잘못되었다는 것일 뿐 한국 문제의 해결을 위한 조약이나 남북한 관계를 정립하기 위한 협정을 체결하는 것은 합리적이라고 보고 있다.[15]

또 다른 비판적 견해로는 북한의 평화협정체결 주장은 주한미군 철수를 위한 하나의 전략이므로 이러한 북한의 전략에 휘말리지 말아야 하며, 주한미군 철수와 같은 북한의 주장이 반영되지 않은 평화협정이라 할지라도 한반도 비핵화와 평화협정 체결은 국제법적으로 아무런 관련이 없는 문제라고 보는 견해가 있다.[16] 즉, 오늘날 정전협정을 평화협정으로 대체해야 한다는 주장은 전쟁이 합법일 수 있었던 1945년 이전의 국제법적 사고에 불과하며, 현 유엔 체제하에서 국가들이 무력을 사용할 수 있는 예외인 '유엔 안전보장이사회 결의에 의한 군사적 조치'와 '자위권 행사'는 무력을 먼저 사용한 국가의 불법적인 무력사용을 상정하고 있으므로 국가들의 관계를 법적으로 전쟁에서 평화로 전환시켰던 평화협정 체결을 통한 종전은 현 유엔 체제와 합치하지 않는다는 것이다.[17] 또한 북한의 핵 포기 등을 통해 한반도에 실질적인 평화가 구축되면 유엔 안전보장이사회가 한반도에 이미 평화가 구축되어 있다는 점을 확인하는 새로운 유엔 안전보장이사회 결의를 채택할 수 있고, 이것이 현 유엔 체제에서 법적으로 한반도

---

15 유병화, 「한국통일에 관련된 몇가지 국제법적 문제」, 《國際法學會論叢》, 제33권 2호(대한국제법학회, 1988.12), 3~6쪽.

16 이기범, 「한반도 '평화협정' 체결 과연 필요한가?」, 《Issue brief》, 2016-06(서울: 아산정책연구원, 2016), 1쪽.

17 이기범, 같은 글, 8~9쪽 참고.

가 평화 상태에 있음을 확인할 수 있는 가장 적절한 법적 행위라고 본다.[18] 이 견해는 평화협정의 기능을 전쟁의 종식에만 한정해서 보고 있고, 평화협정을 통해 새로운 평화체제를 구축할 수 있다는 기능을 도외시한 견해로 보인다. 평화협정 체결이 북한의 미군 철수를 위한 전략이므로 이러한 전략에 휘말리지 말아야 한다는 점은 동의하나 그렇다고 해서 평화협정 자체가 불필요하다고 보기보다는 어떻게 평화협정을 통해 실질적인 평화체제가 구축되도록 할 것인지의 문제로 접근을 하는 것이 바람직하다고 본다.

이러한 일부 비판적 견해에도 불구하고 국내에서는 대체로 현재의 정전협정을 대체하는 평화협정 체결의 필요성을 인정하고 있다. 이미 정전협정이 체결된 상태에서는 평화협정이 기존의 정전협정을 대체하는 가장 유용한 수단일 수밖에 없다. 또한 이와 같은 법적인 측면에서의 필요성과는 별도로 북한이 핵무기 개발을 완성한 현 단계에서 보면 평화협정 체결은 종국적으로 항구적인 한반도 평화체제의 구축을 목표로 하면서도 다른 한편으로는 북한의 비핵화를 실현하기 위한 유용한 수단이 되었다는 점을 고려할 필요가 있다. 이는 남북한의 문제를 넘어 동북아 지역의 평화 및 세계평화라는 국제적 문제가 되어 버린 북한의 핵 문제를 평화적으로 해결하기 위해서 한반도 평화협정 체결 및 북미수교가 북한 비핵화를 이끌어 낼 수 있는 등 가성 있는 매우 유용한 수단이 되었다는 것을 의미한다. 평화협정 체결 과정은 북한의 비핵화 문제가 연동될 수밖에 없는 상황이 되었고, 북한 비핵화를 통한 한반도 평화체제 구축의 수단으로서 그 필요성과 중요성이 더욱 커지게 되었다. 물론 미국과 북한의 비핵화 및 평화협정 체결 과정에 대한 입장 차이로 인해 한반도 평화협정 체결은 매우 어려운 과정이 될 것이다.

한편, 이러한 정책적 측면에서 평화협정 체결의 필요성 내지 유용성의 문제와는 별개로 평화협정 체결을 추진하게 된다면 그 과정에서 발생하는 여러 가지 법적쟁점이 발생하게 되므로 이에 대한 구체적인 검토가 대책 마련이 필요하다.

4) 한반도 평화협정의 특수성

한반도 평화협정은 분단국 간에 체결되는 평화협정이라는 기본적 성격으로 인해 다음과 같이 기존의 다른 나라 평화협정 사례와는 다른 특수성이 있다.[19]

---

18 이기범, 같은 글, 10쪽

19 다른 나라의 평화조약문에 대해서는 통일연구원, 『한반도 평화체제: 자료와 해제』(서울: 통일연구원, 2007) 참고.

첫 번째는 상대방의 국가성을 부인하는 분단국가의 평화협정이라는 것이다. 서로 자기중심의 통일을 지향하는 분단국가의 특성으로 인해 항상 대립과 긴장이 내재한 상태에서 평화체제를 구축해야 한다는 어려움이 있다. 또한 상대방의 국가성을 부인하는 특수관계를 전제로 한다. 통일과 관련된 미래지향적인 내용도 함께 다루어져야 한다.

두 번째는 전쟁 직후의 평화협정이 아니라 상당한 기간을 통해 유지되어 온 정전협정을 대체하는 협정이라는 것이다. 따라서 통상의 평화협정과는 달리 평화협정 체결과 동시에 기존의 정전협정이 폐기된다는 전제하에 평화협정을 준비해야 한다. 정전협정의 내용 중 계속되고 있는 권리의무와 상황이 평화협정에서 빠짐없이 새롭게 다루어져야 한다.

세 번째는 이미 언급한 바와 같이 북핵문제를 해결하기 위한 유용한 수단의 역할을 해야 한다는 것이다. 전쟁이 종료된 상황에서 사후 수습과 미래의 전쟁을 예방하기 위한 평화협정과는 달리 북핵 문제라는 현재의 특수 상황을 해결함과 동시에 사후 수습 차원에서의 협정이 아니라 새로운 평화체제 구축을 위한 수단이 되어야 한다.

네 번째는 평화협정 체결과 더불어 남북한 상호 간의 법적 지위 또는 관계에 변화가 있거나 있을 수 있다는 것이다. 현재 남한의 입장에서 보면 북한은 기본적으로 반국가단체의 지위에 있으므로 '국가보안법'의 적용 대상이고 예외적으로 '남북교류협력법'이 적용되는 범위 내에서 대화와 교류협력의 상대방이자 동반자 관계에 있다. 북한 입장에서도 남한은 북한이 말하는 공화국의 일부 지역을 점령하고 있는 적화통일의 대상이다. 상호 대화와 교류협력의 동반자적 지위는 예외적이고, 기본적으로는 각자의 체제에 따라 통일을 해야 할 대상인 것이다. 이와 같은 법적 지위 또는 관계를 평화협정 이후까지 유지해야 할지 아니면 새로운 법적 관계를 구축하게 될지는 평화협정에 의해 추진되거나 구축되는 평화체제의 수준에 따라 달라질 것이다.

3. 평화협정 관련 주요 법적 쟁점 검토

1) 평화협정 체결 방식과 당사자 문제

그동안 한반도 평화협정과 관련하여 의견대립이 가장 심했던 사항은 한국이 독자적 서명자로 포함되지 않은 정전협정의 당사자를 누구로 볼 것인지와 정전협정의 당사자와 평화협정의 당사자가 동일해야 하는지의 문제였다. 기존의 평화협정 주체에 대한 남북한의 주장을 살펴보면, 한국은 당사자 해결주의 원칙에 따라 남북한이 평화협정의 주체가 되어야 한다는 의견인데 반하여 북한은 한국전쟁과 정전협정의 실질적 당사자는 북한과 미국이므로 북미 간 평화협정이 체결되어야 한다는 것이 기본적인 입장이었다.

정전협정을 평화협정으로 대체할 경우 법적인 측면에서는 물론 국제관행을 보더라도 정전협정의 당사자와 평화협정의 당사자가 반드시 일치할 필요는 없다.[20] 따라서 평화협정 체결의 당사자 문제는 법적·규범적 문제가 아니라 한반도 평화체제 구축에 가장 실효성 있는 방안이 무엇인지를 검토해서 결정해야 할 정치적·정책적 판단의 문제이다. 그럼에도 불구하고 북한은 남한이 정전협정의 서명자가 아니라는 이유로 남한을 배제해야 한다고 주장하여 온 것이다.

다만 북한 최고인민회의는 1974년 3월 북미 쌍방 간 평화협정 체결과 관련한 편지를 미국 의회에 보냈는데, 이에 대해 미국이 뒤늦게 1976년 북미 쌍방이 아니라 남북미 3자 회담에 대한 관심을 표명하였다. 북한은 이를 고려하여 1984년 1월 10일 북한 중앙인민위원회와 최고인민회의 상설회의 연합회의에서 ≪조선문제의 평화적 해결을 위한 새로운 조치를 취할 데 대하여≫를 토의하고 미국 정부와 국회에 보내는 편지를 채택하였다. 편지에는 3자 회담을 열고 한국전쟁의 종결을 법적으로 공식선포하며 정전을 공고한 평화로 전환시키며 모든 외국군대를 철거하는 것을 기본내용으로 하는 평화협정 체결 문제와 북과 남 사이에 불가침을 채택할 데 대한 문제를 토의하자는 제안이 담겨 있었다.[21]

「판문점선언」 제3조 제3항에서는 이와 관련하여 "남과 북은 정전협정체결 65년이 되는 올해에 종전을 선언하고 정전협정을 평화협정으로 전환하며 항구적이고 공고한 평화체제 구축을 위한 남·북·미 3자 또는 남·북·미·중 4자회담 개최를 적극 추진해 나가기로 하였다"고 선언하고 있다. 물론 이 문장을 달리 해석할 여지가 전혀 없는 것은 아니지만 북한이 평화협정 체결 주체로 남한을 인정한 것이라고 해석된다.

「판문점선언」 제3조 제3항의 문장을 보면 '올해에' 이행하기로 합의한 것이 무엇인지 명

---

20 독일 「통일조약」은 포츠담선언의 당사국이 아닌 프랑스와 독일정부가 아닌 동·서독 당국이 모두 참여하였고, 걸프전의 경우 유엔 안전보장이사회의 일방적 결의를 이라크가 수용함으로써 종전이 이루어졌으며, 캄보디아 평화협정은 중국, 베트남 등 주변국은 물론 캄보디아 인권문제에 대한 관심과 지원의사를 지닌 국가들이 대거 당사국으로 참여하였고, 북아일랜드 평화조약 역시 북아일랜드 내 분쟁당사자 외에도 후원국이라 할 수 있는 영국, 아일랜드가 직접 참여하였다.

21 김영철·서원철, 『현대국제법연구』, 171~172쪽.

확하지 않다. 특히 종전선언을 '올해에'하기로 합의한 것인지가 문제된다. 이와 관련하여 "종전을 선언하고" 다음에 쉼표(,)가 빠진 것으로 보고 종전선언을 올해에 이행하기로 합의한 것으로 보는 견해도 있고, 이와는 달리 종전선언, 평화협정 체결 등을 위한 3자 또는 4자 회담을 올해에 적극 추진하기로 합의한 것으로 해석하는 견해도 있다. 이에 대해 정부는 후자의 입장이다. 이는 남북회담본부 홈페이지에 게재된 정부의 영문 번역본에서 찾아볼 수 있다. 홈페이지에 게재된 영문 번역본을 해석하면 '정전협정 체결 65주년이 되는 올해에 남과 북은 3자 혹은 4자 회담을 적극 추진하기로 합의했으며, 그 회담은 '종전선언'과 '정전협정의 평화협정 전환', '항구적이고 공고한 평화체제 구축'을 하기 위한 것이라는 의미이다.[22]

그런데 이 합의 내용과 관련하여 남북이 유엔에 공식문건으로 회람을 요청하며 공동으로 제출한 영문 번역본이 또다시 논란이 되었다. 유엔에 제출한 영문 번역본에는 제3조의 제3항이 '(남북) 양측은 올해 종전선언을 하기로 합의했다(agreed to declare the end of war this year)'고 되어 있다. 정전협정의 평화협정 전환 및 3자 혹은 4자 회담 개최 부분은 '추진한다(promote)'는 표현을 사용해 별도의 문장으로 되어 있다. 이는 2018년 4월 27일 남북 정상회담이 끝난 뒤 청와대가 배포했던 「판문점선언」 영문본과는 다르다. 청와대 영문본은 국문본 그대로 올해 종전선언을 위해 3자 혹은 4자 회담을 '적극 추진하는 데 합의했다(agreed to actively pursue)'고 되어 있다. 특히 유엔에 제출된 「판문점선언」 영문본은 북측의 영문본과 거의 일치하고 있어 논란이 가열되고 있다. '조선중앙통신'에 공개된 「판문점선언」 영문 번역본의 첫 문구를 직역하면 "북과 남은 정전협정 65주년이 되는 올해 종전선언을 하기로 합의했다"는 것이고, 이어 정전협정을 평화합의안(peace accord)으로 대체하기로 '합의'했으며, 지속 가능하고 항구적인 평화체제 구축을 위해 3자 혹은 4자 회담을 적극 추진하기로 '합의'했다고 덧붙이고 있다.[23]

---

22 우리 정부의 영문본은 "During this year that marks the 65th anniversary of the Armistice, South and North Korea agreed to actively pursue trilateral meetings involving the two Koreas and the United States, or quadrilateral meetings involving the two Koreas, the United States and China with a view to declaring an end to the War and establishing a permanent and solid peace regime"로 되어 있다.

23 "남북 공동 유엔에 낸 「판문점선언」 영문본, 연내 종전선언 '추진' → '합의' 바뀌 논란", 《동아일보》, 2018년 9월 13일 자; "유엔 제출된 「판문점선언」, 기존 번역과 달라…종전선언 연내로 못 박아", 《VOA》, 2019년 9월 12일 자 참고.
참고로 북한 조선중앙통신이 발표한 영문본은 "The north and the south agreed to declare the end of war this year, the 65th anniversary of the Armistice Agreement, replace the Armistice Agreement with a peace accord and actively promote the holding of north-south-U.S. tripartite or north-south-China-U.S. four-party talks for the building of durable and lasting peace mechanism."으로 되어 있고, 남북이 유엔에 공동으로 제출한 영문본은 "The two sides agreed to declare the end of war this year that marks the 65th

제3조 제3항의 종전선언과 관련한 문장의 해석 문제는 단순히 종선선언을 언제하기로 합의한 것인지의 문제만이 아니라 남과 북이 합의한 종전선언의 주체가 남과 북인지, 아니면 남북미 또는 남북미중이 될 수도 있는 것인지와 관련된 매우 중요한 문제이다. 그런데 이처럼 중요한 합의 내용을 사전에 명확하게 정리하지 못하였다는 것은 결코 가볍게 볼 문제가 아니다. 그 결과 우리 정부의 영문본, 북한의 영문본, 남북이 유엔에 공동으로 제출한 영문본의 내용이 각기 다른 이상한 결과가 발생하였다.

물론「판문점선언」은 한글로 작성되었고, 영문본이 법적인 효력을 갖는 문서는 아니다. 하지만 같은 합의 내용에 대해 남과 북이 다른 해석을 할 여지가 있다는 것은 결코 바람직하지 못하다. 또한 사후에 공식 회람용으로 유엔에 제출한 영문본은 남북이 공동으로 제출한 것이므로 이 문제를 충분히 정리할 시간적 여유가 있었을 텐데도 오히려 우리 정부의 입장과는 다르고 북측의 입장에 가까운 내용의 영문본을 제출한 것도 비난받을 소지가 있다.

참고로「10·4선언」제4조는 "남과 북은 현 정전체제를 종식시키고 항구적인 평화체제를 구축해 나가야 한다는데 인식을 같이하고 직접 관련된 3자 또는 4자 정상들이 한반도지역에서 만나 종전을 선언하는 문제를 추진하기 위해 협력해 나가기로 하였다"고 되어 있어 "직접 관련된 3자 또는 4자"의 해석에 대한 논란이 있었다.[24]

「판문점선언」제3조 제3항에 따르더라도 종전선언과 평화협정을 분리해서 할 것인지, 종전선언과 평화협정 체결의 당사자가 일치해야 하는지 아니면 종전선언과 평화협정 체결의 당사자는 별개의 문제인지, 종전선언과 평화협정 체결에 중국이 참여하는 것이 바람직한지, 미국과 중국은 직접 당사자로 참여할 것인지 아니면 보증인 지위에서 참여할 것인지의 문제는 여전히 논의와 검토의 대상이 될 것이다.

---

anniversary of the Armistice Agreement and actively promote the holding of trilateral meetings involving the two sides and the United States, or quadrilateral meetings involving the two sides, the United states and China with a view to replacing the Armistice Agreement with a peace agreement and establishing a permanent and solid peace regime."으로 되어 있다.

24 「10·4선언」제4조와 관련하여 북한은 "선언에서 북과 남은 현 정전체제를 종식시키고 항구적인 평화체제를 구축해 나가는 데서 책임있는 당사자들이 자기 의무를 다하도록 서로 협력할 것을 합의하였다. 특히 미국의 대조선 적대시정책을 끝장내고 정전협정을 평화협정으로 교체하며 남조선에서 침략적인 합동군사연습과 무력증강책동을 저지시키고 미군 기지들을 철폐하는 데서 북과 남이 공동으로 노력할 것을 합의하였다"라고「10·4선언」에 없는 내용까지 합의한 것으로 사실과 다른 주장을 하고 있다. 신분진, 「≪북남관계 발전과 평화번영을 위한 선언≫은 6.15공동선언을 전면적으로 구현하기 위한 실천강령」, ≪김일성종합대학학보: 력사·법학≫, 제54권 3호(2008), 73쪽.

중국은 「판문점선언」 이후 자신들도 종전선언의 당사자가 되어야 한다는 의견을 밝혀오고 있다. 종전선언을 평화협정 체결과 별도로 추진할 것인지는 평화협정 체결에 대한 협상의 추진 속도에 따라 달라질 수 있다. 평화협정 체결이 이른 시일 내에 이루어진다면 굳이 양자를 분리해서 추진할 필요는 없어 보인다. 반대로 평화협정 체결이 지연될 경우에는 그 전 단계로 정치적 선언 성격의 종전선언을 하는 것도 고려할 필요가 있으며, 이 경우에는 정전협정 서명 주체이기도 한 중국도 참여하는 것이 중국을 배제하는 것보다 낫다고 본다. 하지만 평화협정에 포함할 내용 중에 중국과 직접 관련된 사항이 있는지는 의문이다.

선행 연구 중에는 평화협정 체결에 러시아와 일본을 포함하는 6자를 당사자로 하는 견해가 있다. 하지만 남북한 평화협정에 일본이 개입할 아무런 근거나 실익이 없다. 러시아도 세르게이 라브로프 외무장관이 2018년 4월 28일 타스통신과의 인터뷰에서 구소련은 정전 협정 체결로 끝난 한국전쟁에 참전하지 않았고, 협정 체결 협상에도 참여하지 않았다면서 러시아는 한반도 평화체제 구축 과정에서 체결될 평화협정에 참여하지 않을 것임을 밝힌 바 있다.[25]

2) 평화협정의 법적 성격과 관련된 문제

'남북관계발전법' 제4장은 남북합의서에 대하여 헌법에서 규정하고 있는 조약의 체결·비준절차에 준하여 남북합의서의 체결·비준(제21조), 공포(제22조), 효력(제23조)에 대해 별도로 규정함으로써 조약과 남북합의서를 구별하고 있다. 따라서 평화협정을 헌법상의 조약이라고 볼 것인지, 아니면 '남북관계발전법'에서 규정하고 있는 남북합의서로 볼 것인지가 문제가 될 수 있다. 물론 '남북관계발전법'에서 규정하고 있는 남북합의서를 법적 구속력이 있는 합의서로 제한해서 해석하고, 남북합의서의 체결에 관한 규정을 헌법의 조약 관련 규정의 확인적 성격의 규정으로 보면 별문제가 없다. 하지만 '남북관계발전법'의 남북합의서를 헌법의 조약과 구별되는 별개의 개념으로 본다면 다음과 같은 여러 가지 문제가 발생한다.

평화협정을 조약이라고 본다면 헌법에서 규정하고 있는 국무회의 심의 절차(제89조), 대통령의 조약 체결과 비준(제73조), 국회의 비준 동의(제60조) 등에 관한 규정이 적용되어야 한다. 반면 이를 남북합의서라고 본다면 '남북관계발전법' 제4장(제21~23조)의 규정이 적용된다.

'남북관계발전법' 제4조 제3호는 '남북합의서'라 함은 정부와 북한 당국 간에 문서의 형식

---

25 "러 외무장관 러시아, 한반도 평화협정에 참여하지 않을 것", ≪조선일보≫, 2018년 4월 29일 자.

으로 체결된 모든 합의를 말한다고 규정하고 있으므로 이 규정을 문구 그대로 해석한다면 평화협정도 남북합의서에 해당한다. 평화협정을 조약과는 구별되는 남북합의서라고 보면 '남북관계발전법' 제4장의 규정이 적용되는데, 이 경우 다음과 같은 현실적인 문제점이 발생한다.

첫째, 미국이나 중국 등 다른 나라가 평화협정 체결 당사자로 참여하는 경우 이를 조약으로 볼 것인지, 아니면 남북한 간에는 남북합의서로, 다른 나라와의 관계에서는 조약으로 볼 것인지의 해석에 관한 문제가 발생한다.[26]

둘째, 평화협정의 법적 성격을 위와 같이 남북한 간에는 남북합의서로 다른 나라와의 관계에서는 조약으로 보게 되면 헌법과 '남북관계발전법'중 어느 것을 적용하여 체결과 비준 및 국회 동의 절차를 거쳐야 하는지 그 절차에 관한 혼란이 발생한다.

셋째, 평화협정을 조약으로 볼 것인지 남북합의서로 볼 것인지에 따라 대통령의 업무보좌를 외교부 장관이 하느냐 아니면 통일부 장관이 하느냐의 문제가 발생한다.

넷째, 평화협정은 전형적인 강화조약으로 이를 헌법상 조약으로 본다면 헌법 제60조 제1항의 규정에 따라 대통령의 조약 체결·비준에 대하여 국회 동의를 받아야 한다. 하지만 이를 남북합의서로 보면 '남북관계발전법'에서 규정하고 있는 국회의 비준 동의 대상이 아니다. 물론 평화조약의 내용에 따라서는 국가나 국민에게 중대한 재정적 부담을 지우거나 입법사항에 관한 합의서에 해당하는 것으로 보게 되면 그 체결·비준에 대해 국회가 동의권을 갖게 된다.[27]

위와 같은 법적인 문제점들은 실무적 차원에서는 특별히 문제가 될 것이 없을 수도 있다. 하지만 법리적인 측면에서 이러한 문제가 발생하게 된 것은 법적 성격이 조약인 남북한 간의 합의서를 조약과는 구별되는 '남북합의서'란 법률 용어를 도입하여 이를 조약과 이원화하였기 때문이다. 현행 법체계 내에서 이 문제를 해결하기 위해서는 '남북관계발전법' 제4조 제3호의 남북합의서도 헌법상 조약의 하나로 보고, 제4장의 규정은 헌법의 조약 관련 규정의 입

---

26 다만 '남북관계발전법'상의 '남북합의서'를 오로지 우리 정부와 북한 당국 양자 간에만 체결된 합의서로 제한하여 해석하는 견해에 따른다면 이와 같은 문제를 제기할 수 없겠으나 남북합의서를 이처럼 제한적으로 해석하는 것이 합당한 것인지 의문이다.

27 헌법 제60조 제1항은 "국회는 상호원조 또는 안전보장에 관한 조약, 중요한 국제조직에 관한 조약, 우호통상항해조약, 주권의 제약에 관한 조약, 강화조약, 국가나 국민에게 중대한 재정적 부담을 지우는 조약 또는 입법사항에 관한 조약의 체결·비준에 대한 동의권을 가진다"고 규정하고 있는 데 반하여 '남북관계발전법' 제21조 제3항은 "국회는 국가나 국민에게 중대한 재정적 부담을 지우는 남북합의서 또는 입법사항에 관한 남북합의서의 체결·비준에 대한 동의권을 가진다"고 규정하여 국회 비준 동의권의 대상을 달리하고 있다.

법 확인적 성격의 규정으로 보면 된다. 다만 이를 조약과 별개의 개념으로 본다면 '남북관계발전법'의 남북합의서를 "정부와 북한 당국 양자 간에 법적 효력의 발생을 목적으로 문서의 형식으로 체결된 모든 합의"로 제한 해석하거나 그와 같이 남북합의서 개념을 개정하는 것이 바람직하다.

'남북관계발전법'을 개정하기 전에는 남북합의서를 법적 구속력이 있는 합의서로 제한해서 해석하고, 남북합의서의 체결에 관한 규정을 헌법의 조약 관련 규정의 입법 확인적 성격의 규정으로 보는 것이 우리 헌법 체계에 부합하는 합리적인 해석이다. 이에 따르면 평화협정은 강화조약이므로 헌법에 따라 국회의 비준 동의 대상인 조약으로 보아야 한다.[28]

3) 평화협정 체결과 남북한 국가승인의 문제

남북한은 상호 상대방의 국가성을 부인하고 있다. 남북기본합의서는 남북한의 관계를 "나라와 나라 사이의 관계가 아닌 통일을 지향하는 과정에서 잠정적으로 형성되는 특수관계"라고 규정하고 있고, '남북관계발전법' 제3조(남한과 북한의 관계) 제1항도 "남한과 북한의 관계는 국가 간의 관계가 아닌 통일을 지향하는 과정에서 잠정적으로 형성되는 특수관계이다"라고 규정하고 있다.

평화협정 체결을 통해 북한을 별개의 국가로 승인하면 헌법 제3조의 영토조항을 위반하는 위헌문제가 제기될 수 있다. 다만 이와는 별도로 하더라도 평화협정 체결이 상호 묵시적인 국가승인으로 해석될 여지가 있는지는 국제법적인 검토가 필요하다.

법리적으로는 전통적으로 영구적 성격을 갖는 양자조약을 체결할 경우 이는 묵시적인 국가승인을 부여한 것으로 추정한다고 보고 있다. 하지만 분단국의 특수성을 고려한 국내에서는 평화조약을 체결한다고 해서 이것이 묵시적인 국가승인을 의미하는 것은 아니라고 보는 것이 다수의 견해인 것으로 보인다.

다만 국가승인은 기본적으로 해당 국가의 의사가 우선하는 것이므로 남북한이 평화협정 체결을 하더라도 상호 국가성을 부인하고 통일을 지향하는 분단국가의 특수성을 그대로 유지하기 위해서는 협정문 자체에 평화협정 체결이 남북한 상호 간 국가승인을 의미하는 것이 아

---

[28] 조약과 남북합의서의 관계 및 남북합의서의 법적 성격, 문제점 등에 대해서는 제11장 "남북합의서의 법적 쟁점과 과제" 참고.

니라는 점을 명시하면 될 것이다.

평화협정을 통한 평화체제가 구축된다고 하더라도 북한에 대한 국가승인에 소극적일 수밖에 없는 것은 통일을 지향하는 분단국가의 특수성 때문이며, 특히 북한 정권 자체의 모순 등으로 인한 급변사태 발생 시 국제사회로부터 북한 지역에 대한 한국의 특수한 지위를 인정받는 데 유리하게 작용할 여지가 있기 때문이다. 이 점에 대하여 비록 유사시 국가승인이 한반도 통일의 장애 요인이 될 수도 있겠으나, 결국 한반도의 통일은 북한 주민의 의사에 의해 결정될 요인이라고 보고 한반도 유사시 통일을 위한 대북 국가승인의 자제는 더 이상 바람직하지 않으므로 남북 교차승인이 평화협정의 일부를 구성해야 한다는 주장도 있다.[29]

미국이 평화협정 체결의 당사자가 되면 국가승인 문제는 북한과 미국 간에도 발생하게 된다. 미국이 남북한 평화협정의 당사자 일원으로 참가하거나 북미 간 별도의 협정을 체결하여 정상 국가 간의 수교를 하게 되면 상호 공식적인 국가승인을 하게 될 것이다. 그러나 미국과 북한 간의 국가승인 효력은 양자 간에만 발생하는 것이고 이로 인하여 남북한 간에 국가승인 효력이 발생하는 것은 아니다.

한편, 북한의 법적 지위와 관련하여 분단국 구성체이자 반국가단체(반도단체 또는 교전단체)인 북한이 평화협정이라는 조약을 체결할 능력이 있는지에 대한 문제 제기가 있을 수 있다. 북한은 우리와 함께 분단국을 구성하는 정치 실체의 하나로 분단 시절 동서독의 경우에서 보듯이 분단국 구성체도 이른바 국가 유사단체(quasi-state-organization, state-like organization)로서 조약체결 능력을 갖는다는 것이 오늘날의 통설이며, 국가 관행도 이를 뒷받침하고 있다. 1972년 12월 21일 체결된 「동서독 기본조약」은 그 대표적인 예이며, 제2차 세계대전 이후 현대 국제법하에서는 비국가적 실체와도 평화협정을 체결하는 일들이 나타나고 있다. 1973년 1월에 체결된 베트남 평화협정은 그 대표적인 예로 당사자는 미국, 베트남민주공화국(월맹), 베트남공화국(월남), 월남임시혁명정부(월남인민해방전선 또는 베트콩)이었고, 여기서 월남임시혁명정부는 비국가적 실체였는데도 평화협정의 당사자로 등장했었다.[30]

---

29 신범철, 「탈냉전기 평화협정 관행을 통해 본 한반도 평화협정에의 시사점」, ≪서울국제법연구≫, 제14권 2호 통권 제27호(서울국제법연구원, 2007), 219쪽.

30 제성호, 「남북평화협정 체결의 법적 문제와 추진방향」, 제성호 편저, 『통일시대와 법』(서울: 중앙대학교출판부, 2003), 596쪽.

4. 평화협정의 주요 내용에 관한 검토

한반도 평화협정의 주요 내용에 관한 기존의 연구를 종합하여 살펴보면 다음과 같은 내용이 포함되어야 할 것이다.[31]

1) 전쟁 종식의 선언

전쟁 종식의 선언은 평화협정의 기본이 되는 사항이다. 정전협정 체결 이후 사실상 전쟁상태 종결의 장기화라는 상황에 근거하여 현실적으로는 전쟁이 종결된 것으로 볼 수 있다. 하지만 법적인 측면에서는 현재의 정전체제는 전쟁의 완전한 종결을 의미하는 것이 아니다. 따라서 평화협정에는 전쟁 종식의 선언을 포함하는 것이 바람직하다. 전쟁 종식 선언은 적대관계를 정상적인 관계로 회복하는 것이므로 관계 정상화에 관한 사항이 포함되어야 할 것이며, 상호체제 존중과 불가침 선언 등의 내용도 포함되어야 할 것이다. 다만, 「판문점선언」의 합의 내용은 종전선언을 평화협정 체결과 별도로 추진하기로 한 것으로 해석된다.

2) 국제규범과 기존 합의의 존중

평화협정 자체에 모든 내용을 담기는 어려울 것이므로 국제사회의 정상적인 일원이 된다는 측면에서 「유엔헌장」과 국제규범 및 관행을 준수한다는 내용을 포함할 필요가 있다. 기존의 남북한 합의에 대해서도 평화협정의 내용과 모순되지 않는 합의에 대해서는 이를 존중하고 준수하도록 하는 내용을 포함하는 것이 바람직하다고 본다. 평화협정의 성격상 남북기본합의서를 비롯하여 기존의 남북합의서 중 상당 부분의 내용이 평화협정에 포함될 것이기 때문에, 기존 합의서와의 모순 방지 등을 위해 기존 합의서 중 평화협정으로 내용이 대체되는 합의서

---

[31] 평화협정에 포함될 주요 내용에 대하여는 윤대규, 「남북간 평화협정 체결과 관련된 법적 제문제」; 조성렬, 『한반도 평화체제』(파주: 푸른나무, 2007); 허문영 외, 통일연구원 엮음, 『한반도 비핵화와 평화체제 구축전략』(서울: 통일연구원, 2007); 백진현, 「한반도 평화체제 구축방안: 정전협정의 대체를 중심으로」, 제성호 편저, 『통일시대와 법』(서울: 중앙대학교출판부, 2003); 제성호, 「한반도 평화체제 구축방안」, ≪국가전략≫, 제2권 1호(세종연구소, 1996); 제성호, 「남북평화협정 체결의 법적 문제와 추진방향」, 제성호 편저, 『통일시대와 법』; 장용석, 「한반도 평화체제와 평화협정: 개념, 쟁점, 추진방향」, ≪통일문제연구≫, 제22권 1호, 통권 제53호(서울: 평화문제연구소, 2010) 등 참고.

나 합의 내용을 명기하여 그 해석과 관련된 분쟁을 차단할 필요가 있다.

3) 전쟁 책임과 전쟁포로 문제

전통적 의미의 평화협정에는 기존의 전쟁 책임에 관한 사항이 포함되는 것이 일반적이다. 한국전쟁의 경우에는 비록 북한의 남침에 따른 책임 문제가 있기는 하지만 이미 오랜 기간이 지났고, 승자와 패자를 구분하기도 어려우며, 이 문제를 거론할 경우 평화협정 체결 자체가 불가능하게 될 것이므로 미래지향적인 우호 관계를 수립한다는 내용 정도로 대체하는 것이 바람직할 것이다. 다만, 전쟁포로나 한국전쟁 이후 납북자 문제 등 인도적인 문제를 해결하는 방안은 마련되어야 할 것으로 보인다.

이 점에 대하여 북한은 평화협정은 전쟁의 법적 종결을 선포하게 되는 것인 만큼 지금까지의 강화조약의 규범이나 전례에 비추어보면 응당 손해배상 문제, 전범자 처단 문제 등도 중요한 내용에 포함시킬 수 있으며, 미국을 상대로 전쟁배상청구권과 전범자 처벌을 행사할 응당한 권리를 가지고 있다고 주장한다. 하지만 한반도에서 공고한 평화가 마련되기를 갈망하는 전세계평화애호민들의 염원을 고려하여 한반도 평화협정에 포함시켜야 할 기본내용에는 전쟁 책임에 관한 사항은 포함시키지 않고 있다.[32]

다만, 사망자들에 대한 유해 발굴 사업이나 실종자 문제 등을 해결하기 위한 구체적 실천 방안에 대한 합의는 필요하다.

4) 군사 부문의 신뢰 구축 및 군비 통제 조치

현재의 한반도 상황을 고려하면 군사 부문의 신뢰 구축 및 군비 통제 또는 군축 문제가 가장 핵심적인 사안이라 할 수 있다. 정전체제의 평화체제로의 전환에 따라 현재의 군사적 대치 상황을 점진적으로 종식시켜 나갈 필요성이 있다. 따라서 군사부분의 신뢰 구축, 군비제한 및 축소 등의 군비 통제 조치가 뒤따라야 한다. 군사부분의 신뢰 구축에 대한 조치로는 군사직통전화 설치·운영, 상호 군사정보교환, 대규모 부대 이동 및 주요 훈련 상호통보 및 참관 초청, 군 인사교류, 우발적 무력충돌 방지책, 비무장지대의 평화적 이용 등

---

32 김영철·서원철, 『현대국제법연구』, 172쪽.

의 문제에 대한 검토가 필요하다.

군비제한 및 축소 조치로는 현존 병력과 무기의 현상 유지 상태에서 점진적 축소 조치에 대한 약속, 과다한 전방 병력의 후방 철수, 과다한 병력과 무기 축소 조치 등이 검토되어야 한다. 이와 관련하여 북한은 주한미군, 한미연합사, 무기반입, 외국 군대와의 합동훈련 등에 대한 문제를 제기할 수 있을 것이다. 남한은 북한을 상대로 핵무기를 포함한 대량살상무기와 관련된 각종 국제기구와 협약의 가입 및 관련 무기의 폐기에 관한 사항을 평화협정에 포함하도록 해야 할 것이다. 참고로 남북한의 WMD 관련 주요 국제통제체제 가입현황을 보면 다음의 표와 같다.

| 표 18-1 | 남북한 WMD 관련 주요 국제통제체제 가입 현황 |

구분		남북한 가입 여부	
		한국	북한
핵관련통제체제	국제원자력기구(IAEA)	한국	× (1994년 탈퇴)
	핵확산금지조약(NPT)	○	× (2003년 탈퇴)
	포괄적핵실험금지조약기구(CTBTO)	○	×
화학무기 관련 통제체제	화학무기금지기구(OPCW)	○	×
	화학무기금지협약(CWC)	○	×
생물무기금지협약(BWC)		○	○
미사일기술통제체제(MTCR)		○	×

현실적으로 가장 어려운 과제는 북한의 핵 폐기와 평화협정 체결의 선후 문제이다. 북한의 핵 폐기를 평화협정 체결의 선결 조건으로 한다면 북한 입장에서는 이를 받아들이려고 하지 않을 것이다. 그렇다고 북핵 문제 해결에 충분한 진전이 없는 상태에서 평화협정을 체결하는 것도 우리나 미국의 입장에서 받아들이기 어렵다. 그나마 합리적인 방안으로는 북한의 핵 폐기와 평화협정 체결의 동시이행 방안일 것이다. 그러나 구체적으로 살펴보면 동시이행이라는 것이 간단한 문제가 아니다. 평화협정 체결은 서명과 발효가 동시에 이루어질 수도 있고, 발효를 위해 국회 비준 동의와 같은 내부적 절차가 필요하다고 해도 비교적 단기간 내에 이루어질 수 있다. 반면, 핵 폐기 문제는 기술적으로 상당한 시간과 단계가 필요하다. 동시이행이라 하더라도 세부적 절차 및 이행 과정에서 매우 다양한 방법과 견해차가 발생할 수밖에 없다.

---

33 권양주·박영택·함형필·김환청, 『남북한 군사통합시 대량살상무기 처리방안연구』(서울: 한국국방연구원, 2008), 41~42쪽.

평화협정 체결 문제는 북한 핵 문제 해결을 위한 유용한 수단이 되었다는 점에서 북한이 핵무기를 완성하기 이전 단계보다 훨씬 더 그 필요성이 커졌고, 그만큼 합리적인 합의안을 도출하기가 어려운 문제가 되었다.

이와 관련하여 현재까지 북한 핵 문제를 해결하기 위한 3자나 4자 또는 6자 회담과 같은 기존의 다자간 협의 체제를 그대로 이용할 것인지에 대해서는 신중한 재검토가 필요하다고 본다. 이들 다자간 협의 체제는 참여국이 모두 당사자이거나 이해 관련국이라는 점에서 서로의 입장을 고수하다 보면 모두가 동의할 만한 구체적이고 합리적인 방안을 마련하기가 쉽지 않을 것이다. 이미 북한의 핵 문제는 남북한의 문제가 아니다. 국제사회 전체의 문제이자 해결 과제가 되어버린 상태이다. 이를 고려하여 유엔 차원에서 북핵 문제 해결을 위한 구체적인 평화협정안을 마련하여 당사자들을 설득하고, 이행을 보장하는 방법을 통해 합의하는 것도 새로운 해결 방법으로 고려해 볼 여지가 있다.

5) 상호 감시·검증 절차

평화협정 내용의 이행과 관련된 상호 감시 및 검증 절차를 마련하고 이를 수행하기 위한 기구 설치가 필요하다. 업무를 수행하기 위한 기구는 당사자인 남북한이 합동으로 구성하는 형태보다는 평화협정 보장국이나 중립적 지위를 갖는 제3국 또는 국제기구 등에 위임하거나 남북한 당사자, 평화협정 보장국, 제3국, 국제기구 등 다자가 참여하는 방식으로 구성하는 것이 바람직하다고 본다. 대량살상무기 폐기와 관련하여서는 해당 국제기구의 참여가 필수적으로 요구된다.

6) 유엔 평화유지군에 의한 비무장지대 관리

남북한 간에 평화체제가 구축되더라도 통일이 될 때까지는 평화체제를 유지 관리할 기구가 필요하다. 이를 위해 비무장지대를 평화협력지대로 변경하고 이곳에 유엔 평화유지군(United Nations Peacekeeping Force)이 상주하도록 하는 방안 등을 고려해 볼 수 있을 것이다.

분쟁지역을 감시하고 관찰하며 평화협정 이행을 위해 전투원을 지원하는 역할은 대표적인 평화유지군의 평화유지 활동이다. 평화유지군에 유엔 안전보장이사회 상임이사국 모두가 참여하도록 한다면 평화협정 체결에 대한 중국과 러시아의 협력을 받기도 수월할 것이다.

남북한 중간 지역에 이와 같은 평화유지군 관할의 완충지대를 둔다면 북한 입장에서 보더라도 남한 또는 한미연합군에 의한 북한 공격이나 진출에 대한 우려를 해소할 수 있다. 북한으로서는 북미 간 불가침조약이나 정상적 외교관계 수립보다도 자신들의 체제를 더 확실하게 보장하는 것으로 생각할 수 있고, 북한 비핵화 실현 가능성도 높아진다. 평화유지군이 들어올 경우 우리 입장에서는 주한미군 주둔의 필요성이 감소할 수 있으며, 북한의 주한미군 철수에 대한 강경한 입장도 완화될 수 있다.

현재의 남북한 전체 비무장지대를 유엔 평화유지군이 관할하게 된다면 평화협정 체결과 관련한 법적 쟁점 중 하나인 유엔군사령부 해제 문제도 자연스럽게 해결이 된다. 법적으로는 유엔 안전보장이사회 결의를 통해 현재의 유엔군사령부 역할을 변경하거나 아니면 유엔군사령부에 대한 해체 결의와 동시에 평화유지군에 관한 결의를 채택하면 될 것이다.

또한 평화유지군이 관리하는 평화협력지대(비무장지대)를 소극적으로 관리하기보다는 남북한이 합동으로 개발하여 활용할 수 있도록 하는 내용의 합의도 추가할 필요가 있다. 남북관계 발전 정도에 따라 현재의 남북한 간 4킬로미터의 폭인 비무장지대를 그대로 유지할 필요도 없이 그 폭을 줄일 수도 있을 것이다. 남북 키프로스의 경우에는 유엔 완충지대에도 주민들이 거주하는 마을이 있음을 주목할 필요가 있다.

7) 동·서해 NLL의 평화적 이용

동·서해 NLL의 경우에는 현실적으로 새로운 경계선에 대한 합의를 도출하기 어려울 것이다. 따라서 통일이 될 때까지 잠정적으로 현재의 동·서해 NLL을 그대로 유지하는 것이 가장 현실적인 방안이 될 것이며, 평화협정에서도 이를 명시할 필요가 있다. 다만 이들 지역에 대한 평화적 공동이용에 관한 합의를 도출하고 이를 평화협정에 반영하는 것이 필요하다. 경우에 따라서는 이들 해상도 유엔 평화유지군의 관할에 두고 남북한 공동조업이 가능하도록 할 수도 있을 것이다.

8) 분쟁의 평화적 해결방안과 협정위반에 대한 제재

평화협정 체결 이후 협정문의 해석 및 이행 등과 관련하여 발생하는 분쟁을 해결하기 위한 실효적인 해결방안이 제시되어야 한다. 또한, 협정의 이행을 보장하기 위하여 위반에 따른 제재 규정도 포함되어야 할 것이다.

9) 평화협정 체결과 통일 문제

평화협정을 통한 평화체제 구축으로 인해 발생할 수 있는 상호 체제 인정 및 국가 승인, 군사분계선의 사실상 국경선으로의 변화 등 분단 고착화 현상이 발생하고, 그로 인해 통일을 포기하게 되는 것이 아니냐는 우려가 발생할 수 있다. 이 점에 대한 우려를 불식시키기 위해서는 평화협정을 통한 평화체제 구축이 남북한의 최종 목표가 아니라 평화통일로 나아가기 위한 과정임을 명시할 필요가 있다.

10) 남북한 특수관계 명시

평화협정을 체결하는 경우에도 남북한 특수관계 입장을 명백하게 하여 국가 승인 요소를 배제하도록 할 필요가 있다. 국가승인은 헌법 제3조의 영토조항에 위반한다는 법 규범적 문제 외에도 평화협정 체결 후에도 북한 내부 변화에 의한 급변사태 발생 가능성을 배제하기 어렵고, 급변사태 발생 시 한국 개입 정당화 근거가 필요하며, 민족내부거래에 근거한 무관세 적용 등의 현실적 필요성이 있다.

11) 평화협정의 유엔 등록 문제

「유엔헌장」 제102조 제1항은 유엔 회원국이 체결하는 모든 조약과 모든 국제협정은 가능한 한 신속히 사무국에 등록되고 사무국에 의하여 공표된다고 규정하고 있으며, 제2항은 제1항의 규정에 따라 등록되지 아니한 조약 또는 국제협정의 당사국은 유엔의 어떠한 기관에 대해서도 그 조약 또는 협정을 원용할 수 없다고 규정하고 있다. 평화협정의 이행 보장 강화 차원에서 체결 당사국 모두가 평화협정을 유엔에 등록하도록 하고, 평화협정 체결 후 유엔 등록 문제를 가지고 분쟁이 발생하지 않도록 협정문 자체에 등록의무에 관한 규정을 포함하는 것이 바람직하다.

5. 기타 문제

1) 유엔군사령부 해체 문제

유엔군사령부(United Nations Command)는 1950년 7월 7일 유엔 안전보장이사회 결의 (S/1588호)에 의해 설립되었다. 유엔 안전보장이사회 결의는 미국 주도 하의 통합군 사령부 (united command)를 설립하고(제3조), 미국에 대하여 이러한 군대의 사령관을 임명할 것을 위임 하였으며(제4조), 통합군 사령부에 대하여 북한군에 대한 작전 중 참전 각국의 국기와 함께 유 엔기를 임의대로 병용할 권한을 부여하고 있다(제5조).

유엔군사령부(UNC) 관련 문제는 크게 두 가지로 구분되는데, 첫 번째는 유엔군사령부가 해체될 경우 정전협정에 어떤 영향을 미칠 것인가의 문제이고, 두 번째는 평화협정 체결 시 유 엔군사령부를 해체해야만 하는가의 문제이다.

북한은 1975년 제30차 유엔총회에 제출한 각서(memorandum)에서 "정전협정의 일방 서명 자인 유엔군사령부가 해체될 경우 정전협정의 존속도 역시 종료된다"는 의견을 표명한 바 있 다. 이에 대해서는 ① 정전협정의 서명자인 유엔군사령부가 해체되면 정전협정이 다른 주체(한 국 또는 미국 등)에 의해 상속되지 않는 한, 정전협정의 효력 상실을 가져온다는 견해, ② 유엔군 총사령관은 정전협정의 서명자일 뿐 정전협정의 당사자는 어디까지나 유엔 자체이기 때문에 당사자인 유엔이 존속하는 한, 그리고 쌍방 교전 당사자가 협정 소멸을 위한 조치를 취하지 않 는 한, 유엔군사령부가 해체되었다는 사실만으로 정전협정의 효력이 당연히 상실되지는 않는 다고 보는 견해,[34] ③ 1950년 7월의 한국군 작전지휘권의 이양에 따라 정전협정 체결권이 유 엔군 사령관에게 위임된 것이며, 이에 따라 유엔군 사령관이 정전협정에 서명한 것이므로 결국 정전협정의 당사자는 한국과 참전 16개국이라는 결론을 전제로 하여 유엔군사령부가 해체된 다고 하더라도 한국과 참전국들이 존속하는 한 정전협정은 소멸되지 않는다는 견해,[35] ④ 정전 협정의 당사자가 한국과 유엔이라는 전제하에서 유엔의 보조기관인 유엔군사령부가 해체된다

---

34 노명준, 『유·엔·씨의 해체시에 고려해야 할 제문제에 관한 연구: 남북한관계』(서울: 국토통일원 정책기획 실, 1977), 28쪽; 김명기, 「국제연합군사령부의 해체와 한국휴전협정 존속」, ≪국제법학회논총≫, 제20권 1·2호 합병 호(1975), 70~75쪽 참고.

35 이장희, 「한국정전협정의 평화협정체제로의 전환방안」, ≪국제법학회논총≫, 제39권 1호(1994), 67쪽; 백 진현, 「정전체제의 평화체제 전환방안」, 통일원 남북회담사무국, 『미북관계 개선과 남북관계 발전방향』(서 울: 통일원, 1994), 65~66쪽.

고 해서 국제법인격을 갖는 당사자인 유엔이 존속하는 한 정전협정의 소멸을 가져오지는 않는다는 견해[36] 등이 있다. ①의 견해는 북한의 주장과 같은 것이며, 나머지 견해는 정전협정의 한국측 당사자를 누구로 볼 것인지에 대한 입장은 다르지만 유엔군사령부가 해체되어도 정전협정은 존속한다는 점에서는 공통점이 있다.

평화협정이 체결되면 유엔군사령부(UNC)는 해체되거나 평화협정 체제를 관리 감독하는 기관으로 전환되어야 할 필요성이 제기된다. 이 점에 대하여 미국은 한반도 유사시 ① 자국의 개입을 위한 별도의 유엔 결의가 불필요하고, ② 한반도 군사 작전 시 일본 내 7개의 유엔군사령부 기지를 사용할 명시적 권한을 보장받으며,[37] ③ 한국군에 대한 영향력을 지속할 수 있다는 점 등을 고려하여 유엔군사령부의 해체보다는 유지를 선호할 가능성이 높다는 분석이 있다.[38]

법적인 측면에서 본다면 유엔군사령부는 평화협정 발효와 더불어 자동적으로 해체되는 것은 아니라고 본다. 다만, 정책적 측면까지 함께 고려한다면 평화협정이 체결되면 유엔군사령부는 해체되는 것이 상식이라고 보는 견해,[39] 유엔군사령부는 정전협정의 당사자가 아니며, 한국 측을 대표하여 정전협정의 준수·집행을 책임지는 하나의 행정기관으로서 정전협정의 존속과는 별개의 문제로 보는 견해,[40] 유엔군사령부를 해체하거나 아니면 그대로 존속시킬 경우 그 역할만을 변경하여 한반도 평화체제의 감시기구로 하여야 한다는 견해,[41] 평화협정이 체결되면 해체되어야 하겠지만 그 대신 새로운 평화협정 관리기구의 설치를 모색해야 한다는 견해[42] 등이 있다.

한편 북한은 "정전협정에 서명했던 미군사령관은 형식상으로 유엔군 사령관의 명의를 띠었는데 1975년 유엔총회 제30차 회의에서 ≪유엔군사령부를 해체하고 유엔의 기발 밑에 남

---

36 유병화, 「한국통일에 관련된 몇가지 국제법적 문제」, 14쪽.
37 UNC는 유사시 일본 내 유엔군 기지 사용을 위해 1954년 2월 19일 일본과 「일본 내 유엔군의 지위에 관한 협정」을 체결하였고 UNC의 서울 이전을 계기로 UNC와 일본 간 협정유지를 위해 자마에 UNC 후방지휘소를 창설하였으며, 일본 내 UNC 기지로는 요코스카, 사세보, 요코다, 자마, 후텐마, 화이트비치, 가데나 기지가 존재한다. UNC와 일본 간 지위협정에 따르면 유엔군은 한국으로부터 철수하는 날 이후 90일 이내에 일본으로부터 철수하며 일본으로부터의 철수와 동시에 동 협정이 종료되게 된다. 김동욱, 『한반도 안보와 국제법』(파주: 한국학술정보, 2010), 183쪽.
38 장용석, 「한반도 평화체제와 평화협정: 개념, 쟁점, 추진방향」, 146쪽.
39 정태욱, 「주한 '유엔군사령부'(UNC)의 법적 성격」, 『민주법학』, 통권 제34호(관악사, 2007), 197~228쪽 참고.
40 백진현, 「한반도 평화체제 구축방안: 정전협정의 대체를 중심으로」, 519쪽 참고.
41 윤대규, 「남북간 평화협정 체결과 관련된 법적 제문제」, 557쪽.
42 허문영 외, 『한반도 비핵화와 평화체제 구축전략』, 115쪽.

조선에 있는 모든 외국군대를 철수시키며 조선에서 정전을 공고한 평화에로 전환시키고 조선의 자주적 평화통일을 촉진시키는데 유리한 조건을 조성할 데 대하여≫라는 우리 측 결의안이 채택된 후 유엔군사령부는 해체되었다"고 주장한다.[43] 1975년 11월 17일 유엔총회 제30차 회의에서 유엔군사령부와 관련된 서방 측 결의안 제3390 A호와 공산권 측 결의안 제3390 B호가 동시에 채택된 것은 사실이다. 그러나 북한 측 결의안에 따르더라도 총회 결의안 내용은 "한국에서 지속적인 평화를 보장하고 한국의 자주, 평화통일을 촉진시키기 위하여 한국의 국내문제에 대한 외부의 간섭을 종식시키고 이 지역의 긴장을 제거하며 군사적 충돌을 방지하기 위한 새로운 결정적 조치를 취하는 것이 긴요하다고 간주하면서, ① 유엔군사령부를 해체하고 유엔기치 아래 남한에 주둔하는 모든 외군을 철수시키는 것이 필요하다고 간주한다. ② 정전협정의 실제적 당사자들에게 유엔군사령부의 해체 및 유엔 기치 아래 남한에 주둔하는 모든 외군의 철수와 관련하여 한국에서의 긴장을 완화하고 평화를 유지, 공고히 하기 위한 조치로서 한국정전협정을 평화협정으로 대치하도록 촉구한다"는 것이다. 즉 결의안의 내용은 유엔군사령부의 해체를 위해서는 정전협정을 평화협정으로 대치할 필요가 있다는 의미로 해석해야 하는 것이지 이 결의안이 무조건적인 유엔군사령부의 해체를 결의한 것으로 보는 북한의 주장은 자의적인 해석에 불과하다. 다만 이 결의안 취지를 고려하면 평화협정 체결 시 현재의 유엔군사령부 존속 주장을 계속하기는 쉽지 않아 보인다.

유엔군사령부의 해체에 유엔 안전보장이사회의 해체 결의가 필요한지에 대한 문제는 유엔군사령부를 유엔 헌장 제29조의 유엔 안전보장이사회 보조기관에 해당한다고 볼 것인지와 관련이 있다. 유엔군사령부를 유엔 안전보장이사회 보조기관으로 본다면 유엔 안전보장이사회의 해체 결의가 필요하기 때문이다. 이 점에 대해서는 유엔군사령부를 유엔 헌장 제29조의 보조기관으로 보는 견해가 있다. 반대로 유엔군사령부가 유엔 안전보장이사회 결의에 의해 설립되기는 하였지만 유엔 헌장 제29조에서 규정하는 유엔 안전보장이사회의 지휘와 감독을 받는 기관으로는 보기 어렵다는 견해도 있다.[44] 위와 같이 다양한 견해가 대립하는 가운데 구체적인 유엔사 해체 결의 방식에 대해서는 유엔 안전보장이사회가 사전에 해체결의를 하지 않더

---

43 김영철·서원철, 『현대국제법연구』, 167쪽.

44 유엔군사령부를 유엔 안전보장이사회의 보조기관으로 보지 않는 견해의 법적 근거로는 유엔군사령부가 유엔의 예산으로 운영되고 있지 않고, 1950년 이후 유엔 연감에 유엔의 보조기관으로 등재되지 않고 있는 점, 유엔 사무총장이 1994년 6월 24일 자 주유엔 북한대사 앞 서한에서 주한 유엔군사령부는 유엔 안전보장이사회 산하기관이 아니며, 어떠한 유엔기구도 주한유엔군사령부의 해체에 책임을 갖고 있지 않다는 입장임을 밝히는 등 유엔기관이 유엔군사령부를 유엔의 보조기관으로 인식하고 있지 않은 점 등이 제시되고 있다.

라도 한·미간에 해체를 합의하고 이를 참전국들에 통보하여 동의를 구한 후 안전보장이사회에 보고 또는 추인을 얻는 방식으로도 해결할 수 있을 것으로 보는 견해들이 적지 않다.

2) 한미상호방위조약 및 조중우호조약 존속 여부

평화협정을 체결하더라도 남북한이 각각 제3국과 체결한 조약이 자동으로 영향을 받는 것은 아니다. 하지만 평화협정 체결과정에서 북한으로서는 한미상호방위조약에 대해, 남한으로서는 「조중우호조약」에 대해 논의가 제기될 소지가 있다.

1961년 7월 11일 체결된 「조중우호조약」(중국어: 中朝友好合作互助條約) 제2조는 "체약 쌍방은 체약 쌍방 중 어느 일방에 대한 어떠한 국가로부터의 침략이라도 이를 방지하기 위하여 모든 조치를 공동으로 취할 의무를 지닌다. 체약 일방이 어떠한 한 개의 국가 또는 몇 개 국가들의 연합으로부터 무력침공을 당함으로써 전쟁상태에 처하게 되는 경우에 체약 상대방은 모든 힘을 다하여 지체 없이 군사적 및 기타 원조를 제공한다"고 규정하고 있다. 중국의 단독 자동 군사개입의 법적 근거를 제공하고 있기 때문에 「한미상호방위조약」과는 다른 성격의 조약으로 보고 개정의 필요성에 대한 적극적인 검토가 필요하다.

이에 반해 2000년 2월 9일에 체결된 북한과 러시아 간의 「조·러 친선·선린 및 협조에 관한 조약」은 1961년에 체결한 「조·소 우호협조 및 상호원조조약」에서 명시하였던 "무력침공 시 즉각적 개입 및 원조제공" 조항 대신에 제2조에서 "쌍방은 모든 정치적 침략과 전쟁행위를 반대하면서 전 세계의 군비축소와 견고한 평화 및 안보 강화를 위해 적극적으로 노력한다. 쌍방 중 한 곳에 침략당할 위기가 발생할 경우 또는 평화와 안정을 위협하는 상황이 발생할 경우, 그리고 협의와 협력이 불가피할 경우 쌍방은 즉각 접촉한다"라고 일정 요건하에 "즉각 접촉"을 하도록 규정하고 있어 「조중우호조약」과는 상당한 차이가 있다.

이 문제는 미국과 중국이 평화협정의 당사국으로 참여하거나 이행 보장국으로 참여하게 되면 자연스럽게 그 존속 여부에 대해 논의를 하게 될 것이며, 평화협정을 통해 구축될 것으로 예상되는 평화체제의 정도, 특히 핵무기 폐기 등 군비축소 정도 등을 고려하여 협상을 진행하면 될 것으로 보인다.

3) 한미 연합사령부 해체 문제

법적인 측면에서는 한미 연합사령부는 한국과 미국의 합의에 근거하여 설치된 것으로 평화협정 체결로 인해 직접적인 영향을 받는 것은 아니다. 다만, 현실적으로는 평화협정 체결 과정에서 군비축소 등과 관련하여 논의의 대상이 될 수는 있을 것이다.

4) 주한미군 주둔 및 철수 문제

유엔군은 한국전쟁 발발 후 1950년 7월 7일 유엔 안전보장이사회 결의에 의하여 참전한 후 철수 결의 없이 계속 주둔하고 있다. 주한미군은 1953년 휴전 후 「한미상호방위조약」(1953년 10월 1일 서명, 1954년 11월 18일 발효)에 의하여 주둔하고 있으므로 유엔군과 주둔 근거를 달리한다. 따라서 유엔사가 해체되더라도 이에 따라 주한미군도 당연히 철수해야 하는 것은 아니다. 주한미군 주둔 및 철수 문제도 법적인 측면에서는 평화협정 체결과 직접적인 관련이 없으므로 평화협정을 체결하였다고 해서 주한미군이 철수해야 하는 것은 아니고, 한미 당사자 간에 해결해야 할 문제이다.

이처럼 평화협정 체결과 외국군 철수가 반드시 논리·필연적인 관계에 있는 것이 아니라는 점은 2차 대전 후의 여러 국가 관행에서도 잘 나타나고 있다. 평화체제 전환으로 외국군 철수가 명기된 사례로는 1973년 1월의 베트남평화협정 발효 후 미군이 베트남에서 철수한 사례가 있으며, 1973년 3월 이집트와 이스라엘 간 평화조약에서는 외국군의 후방철수를 명기하고 있다. 반면, 일본이 제2차 세계대전에서 패배하여 미군이 점령 진주한 이래 지금까지 미군이 일본에 주둔하고 있으며, 1951년 샌프란시스코에서 대일 평화조약이 체결되었으나, 미군은 일본에서 철수하지 않았다.[45]

그러나 현실적으로는 북한이 평화협정 체결을 주장하는 가장 큰 이유가 주한미군의 철수에 있으므로 이 문제는 평화협정 체결 성사 여부와 직접 관련이 있다. 그렇다고 평화체제가 완전히 구축되기 전에 주한미군 철수를 결정하는 것도 위험할 수 있으므로 북한의 대량살상무기 및 군비 감축 등과 연계하여 점진적인 철수 내지 역할 변경 등을 논의할 수는 있을 것이다. 이에 대하여 미군 철수가 아닌 미군의 감축이나 동맹군으로부터 가칭 평화군(한반도 평화관리군)

45　제성호, 『한반도 안보와 국제법』(서울: 한국국방연구원, 2010), 397쪽.

등으로의 지위변경은 가능할 것으로 보는 견해도 있다.[46]

이와 관련하여 과거 북한은 1992년 1월 김용순 비서가 북미 고위급 회담에서 연방제 통일 이후에도 동아시아 안정을 위해 필요하다면 주한미군의 일부가 평화유지군으로 주둔할 수 있다는 입장을 밝혔고, 2000년 6월 1차 남북정상회담에서 김정일 국방위원회 위원장도 주한 미군이 당장 철수할 필요는 없으며 통일된 후에도 평화유지를 위해 남는 것이 좋겠다는 입장을 표명하면서 북한의 지속적인 미군 철수 주장은 주민들의 감정을 달래기 위함이라고 언급한 바 있다.[47]

5) 전시작전통제권 반환 문제

전시작전통제권 문제도 한국과 미국 간에 해결할 문제이지 평화협정 체결로 인해 논리·필연적으로 연계되어 직접 영향을 받는 사항은 아니지만, 평화협정 체결 과정에서 군비축소 등과 관련하여 논의의 대상이 될 것이다.[48] 전시작전통제권 반환 문제는 기본적으로 한미 연합군사령부와 한국군의 관계, 한미연합 방위체제 틀 속에서 풀어나가야 할 문제로서 한국의 독자적인 방위능력 확보, 남북한 관계 발전 등 대내외적인 환경과 보조를 맞추어 추진할 사항이다.

6) 평화협정이 국내법에 미치는 영향

평화협정은 헌법 제6조 제1항의 조약 또는 '남북관계발전법'에 의해 체결된 남북합의서에 해당하고, 국회의 비준 동의 등의 적법절차를 거쳐 체결·공포되면 국내법과 동일한 효력이 있다고 해석된다.

이 경우 헌법보다는 하위 규범이므로 헌법에 미치는 영향은 없겠으나, '국가보안법'이나

---

46 제성호, 같은 책, 369쪽.

47 임동원, 『피스 메이커: 남북관계와 북핵문제 20년』(서울: 중앙북스, 2008), 115~116쪽.

48 한국의 미국에 대한 작전통제권 이양은 당시 헌법에서 규정하고 있는 국회의 동의를 받지 않았으며, 대통령의 국무에 관한 행위는 문서로 하여야 하며 모든 문서에는 국무총리와 관계 국무위원의 부서가 있어야 함에도 이를 위반한 이승만 대통령의 독단적 행위이므로 원인무효의 행정행위라고 보는 견해도 있다. 최창동, 『법학자가 본 통일문제』(서울: 푸른세상, 2002), 150쪽; 최철영, 「한반도 평화협정체결을 위한 법제정비 방안」, ≪법과 정책연구≫, 제5집 2호(동광문화사, 2005), 888~889쪽.

'남북관계발전법', '남북교류협력법' 등 기존 국내법과의 효력 문제가 발생하게 된다. 특히 '국가보안법'과 관련해서는 평화체제 구축 후에도 북한을 반국가단체로 볼 것인지에 대해 상당한 논란이 제기될 것으로 보인다. 이는 평화협정의 내용과 법적 구속력 및 이행체제의 완비 정도에 따라 신중하게 검토되어야 할 사안이다. 기존의 국내법과 평화협정 간에 충돌이 생기는 내용은 신법 우선의 원칙 및 특별법 우선의 원칙에 따라 해결되어야 할 것이다. 평화협정 체결 이후 제정되는 국내법도 평화협정과 그 내용이 모순되거나 충돌이 발생하지 않도록 제정하는 것이 바람직하다.

평화협정 체결을 통해 또는 평화협정 체결 후 남북관계 변화를 통해 상호 간 적대 관계가 청산된다면 헌법 제3조의 규범력에 관한 문제도 재검토가 필요하다. 예를 들어 현재는 헌법 제3조의 규범력에 기초하여 남한의 저작권법이 북한 지역에도 효력을 미친다고 보는 것이 대법원 판례의 입장이나 상당한 수준의 평화체제가 구축될 경우에는 남북한 상호 간 각자의 법률은 각자의 통치권이 미치는 범위에서만 적용이 되는 것으로 해석하거나 법체계를 정비할 필요가 있다.

더 나아가 만일 평화협정을 통해 남북 상호 간 국가승인을 하고 별개의 국가임을 인정하게 된다면 북한이 반국가단체임을 전제로 한 '국가보안법'과 남북한 특수관계론에 근거하여 제정된 '남북관계발전법', '남북교류협력법' 등 기존의 국내법들은 개정할 필요가 있다. 헌법 제3조 영토조항과 제4조의 평화통일 조항에 대한 개헌 논의가 제기될 여지도 있다.

남북한 주민 간의 자유왕래와 이주 및 혼인까지 가능한 단계가 되면 남북한 모두 그에 따른 법제도 개선이 뒤따라야 한다.

간과하지 말아야 할 것은 이와 같은 법체계 정비나 각자의 법률에 대한 제·개정 문제는 남북한 간에 상호주의적으로 이루어져야 실효성이 있다는 점이다. 여건만 형성된다면 평화협정은 단순히 정전협정을 대체하는 안보적 차원에서만 이루어지는 낮은 수준에서가 아니라 남북한 상호 간 적대관계를 청산하고 남북한 경제공동체 형성을 비롯하여 통일국가 형성의 과도적 단계인 하나의 공동체 형성을 구축할 수 있는 출발점이 되도록 추진할 필요가 있다.

6. 맺음말

이상에서 「판문점선언」을 계기로 평화협정 체결과 관련된 여러 가지 법적 쟁점을 살펴보왔다. 한반도의 평화체제 구축은 여러 가지 방법이 있겠으나 「판문점선언」에서는 일단 남·북·미 3자 또는 남·북·미·중 4자 회담을 통한 평화협정 체결 방법을 선택한 것으로 볼 수 있다. 평화협정 체결과정에서 제기되는 여러 가지 법적 쟁점 사항들은 대부분 법리적인 문제라기보다는 정책적 판단을 통해 해결되어야 할 사항들이다.

이론상으로는 평화체제 구축을 위해 평화협정 체결이 반드시 필요한 것은 아니지만 한반도의 정전상태를 종료하는 가장 전형적이고 명시적인 방식은 평화협정이라 할 수 있다. 평화협정을 체결하면 평화체제가 구축되는 것이 아니라 평화체제가 구축될 수 있도록 평화협정의 내용을 제대로 마련해야 한다.

한반도 평화협정은 기존의 평화협정들과는 달리 상대방의 국가성을 부인하고 자기중심의 통일을 추진하고자 하는 분단국 간에 체결되는 평화협정이다. 또한 기존의 정전협정을 대체하는 평화협정이다. 평화협정에 이러한 특수성이 반영되어야 한다는 점에서 법적으로 많은 검토가 필요하다.

북한은 그동안 평화협정 체결을 주장하면서도 남한은 정전협정의 서명자가 아니라는 이유로 남한을 배제해야 한다고 주장하여 왔다. 하지만 「판문점선언」 제3조 제3항의 합의에 따라 북한이 평화협정 체결 주체로 남한을 인정한 것이라고 해석되므로 적어도 평화협정 체결 당사자 문제는 해결된 것으로 볼 수 있다.

평화협정의 법적 성격이 조약인지에 대해서는 '남북관계발전법'의 남북합의서 정의 규정으로 인해 논란의 여지는 있으나 '남북관계발전법'의 남북합의서 체결에 관한 규정을 헌법의 조약 관련 규정의 입법 확인적 성격의 규정으로 보는 것이 타당하고, 이 경우 평화협정은 헌법 제60조 제1항의 강화조약으로 헌법에 따라 국회의 비준 동의 대상 조약으로 보아야 한다.

평화협정 체결 시 북한에 대한 국가승인 여부가 문제가 될 수 있다. 국가승인은 기본적으로 해당 국가의 의사가 우선하는 것이므로 남북한이 평화협정을 체결하더라도 상호 국가성을 부인하고 통일을 지향하는 분단국가의 특수성을 그대로 유지하기 위해서는 협정문 자체에 평화협정 체결이 남북한 상호 간 국가승인을 의미하는 것이 아니라는 점을 명시하면 될 것이다.

평화협정에 포함되어야 할 중요 내용으로는 우선 전쟁 종식의 선언이 있다. 물론 평화협정 체결 전에 이미 종전선언에 대한 논의가 진행되고 있으나 이는 정치적 선언 수준의 논의로 보고, 법적 구속력 있는 종전선언은 평화협정 체결과 함께 이루어지는 것이 바람직하다. 전통적 의미의 평화협정에는 기존의 전쟁 책임에 관한 사항이 포함되는 것이 일반적이기는 하지만 이미 상당한 기간이 지났고, 승자와 패자를 구분하기도 어렵다는 점에서 미래지향적인 우호

관계를 수립한다는 내용 정도로 대체하는 것이 바람직할 것이다. 다만, 전쟁포로나 한국전쟁 이후 납북자 문제 등 인도적인 문제를 해결하는 방안은 마련되어야 할 것으로 보인다.

한반도의 군사적 긴장 상태를 고려하면 평화협정에서 가장 중요하게 다루어져야 할 내용은 군사 부문의 신뢰 구축 및 군비 통제 또는 군축 문제라 할 수 있다. 또한, 남북한 간에 평화체제가 구축되더라도 통일이 될 때까지는 평화체제를 유지 관리할 기구가 필요하다. 이를 위해 비무장지대를 평화지대로 변경하고 이곳에 유엔 평화유지군 또는 평화협정 보장국 등이 참여하는 다국적 평화유지군을 새로 구성하여 상주하도록 하는 방안 등을 고려해 볼 수 있을 것이다.

평화협정 체결 이후 협정문의 해석 및 이행 등과 관련하여 발생하는 분쟁을 해결하기 위한 실효적인 해결 방안과 협정의 이행을 보장하기 위하여 위반에 따른 제재규정도 포함되어야 할 것이다.

평화협정을 통한 평화체제 구축이 남북한의 최종 목표가 아니고 평화통일로 나아가기 위한 과정임을 명시할 필요가 있다. 평화협정의 이행 보장 강화 차원에서 체결 당사국 모두가 평화협정을 유엔에 등록하도록 하고, 평화협정 체결 후 유엔 등록 문제를 가지고 분쟁이 발생하지 않도록 협정문 자체에 등록의무에 관한 규정을 포함하는 것이 바람직하다.

법적인 측면에서 본다면 유엔군사령부와 한미 연합사령부 해체, 주한미군 철수 문제, 전시작전통제권 반환 문제 등은 평화협정 체결과 직접 연계된 문제는 아니다. 이들 문제는 평화협정의 내용과 체결 당시 상황에 따라 정책적으로 판단하면 될 것이다.

평화협정이 체결되면 남북관계를 규율하는 국내법에도 변화가 예상된다. 특히 국가보안법과 관련해서는 평화체제 구축 후에도 북한을 반국가단체로 볼 것인지에 대해 상당한 논란이 제기될 수 있다. 이 문제 역시 평화협정의 내용과 법적 구속력 및 이행체제의 완비 정도에 따라 신중하게 검토되어야 할 사안이다.

마지막으로 평화협정 체결 추진과 관련하여 당사자 또는 이해 관련 국가들 사이에 구체적인 합의점을 도출하기 어렵다면 유엔이 제삼자적 입장 또는 중재자 입장에서 구체적인 평화협정 중재안을 마련하여 관련 당사국들의 동의를 끌어내는 방안을 생각해 볼 필요가 있다.

남북한 문제는 당사자인 남북한이 자주적으로 해결하는 것이 가장 바람직하겠지만 그와 같은 방식이 어렵다면 국제사회의 분쟁 해결방안 중에서 가장 널리 활용되는 중재 방식을 고려해 보자는 것이다. 선 비핵화 후 평화협정 입장과 선 평화협정 후 비핵화 입장이 충돌하는 가운데 합의점을 찾지 못해 갈등과 분쟁이 장기화하기보다는 유엔에 합리적인 중재 방안 제시를 의뢰해 보는 것이 현실적인 방안일 수 있다. 더군다나 북핵 문제는 이제 남북한만의 문제가 아니라 국제사회 전체의 문제이기도 하다.

유엔이 제시하는 평화협정 중재안에는 기존의 유엔사를 해체하는 대신 새로 유엔 평화유지군을 조직하여 유엔사와 북한군이 대치하고 있는 현재의 남북한 비무장지대 전체를 유엔 평화유지군이 관리하도록 하는 방안을 포함할 필요가 있다. 이 경우 현재의 비무장지대는 유엔이 관리하는 남북한 충돌 위험의 완충지대 역할을 하게 될 것이며, 더 나아가 남북한 관계 발전에 따라 진정한 평화지대로 발전해 나갈 수 있게 될 것이다.

대북정책과 진영논리의 폐해

대한민국에서 진영논리의 폐해가 가장 심각하게 발생하고 있는 분야가 바로 대북정책에 관한 것이다. 냉전의 산물인 분단국가라는 상황에서 역시 냉전의 산물인 진영논리가 판을 치고 있는 것은 당연한지도 모른다. 대북정책과 관련한 진영논리는 지극히 소모적인 이념의 갈등을 유발하고 바람직한 대응과 정책을 추진할 수 없는 상황을 일으켜 왔다. 진영논리에 빠지면 다른 사람의 해석이나 생각 및 성향을 무조건 배척하고 깎아내리게 된다. 결국 어떤 사실이나 상황에 대한 객관적이고 정확한 인식, 제대로 된 분석 및 이에 따른 판단에 심각한 오류가 발생할 수밖에 없다. 때로는 진지하게 고민하고 객관적 인식을 하려는 자들을 회색분자나 기회주의자라고 비난하기도 한다.

역대 정권의 대북정책 또한 진영논리로부터 자유롭지 못했다. 물론 일정 범위의 진영논리는 인간의 본성 및 여야의 대립을 전제로 하는 복수정당정치의 특성상 그 자체가 잘못된 것이라고 할 수는 없겠다. 다만 이를 지나치게 확산시키거나 악의적으로 이용하는 것이 문제다. 이론상 북한 문제에 대한 진영논리를 극복하려면 각자가 자신의 진영에서 벗어나 북한 문제에 대해 진지하게 객관적으로 보려고 노력하면 될 것이다. 이를 통해 무엇이 문제인지를 제대로 인식하면 이념이 다르더라도 해결 방안에서 큰 차이가 있지는 않을 것이다. 문제는 이미 진영논리의 틀 속에 있는 자들에게 북한 문제를 객관적으로 접근해 주기를 기대하는 것 자체가 현실적으로 어렵다는 것이다.

진영논리 극복 방안: '국민적 합의'의 또 다른 이름, '헌법과 법률'

결국은 '사람'이 아닌 '제도'에서 답을 찾을 수밖에 없을 것 같다. 국민은 정부와 정치권 모두 이러한 진영논리를 벗어나 주기를 바란다. 진정으로 국가와 국민 모두의 이익에 부합하는 대북정책을 추진해 주기를 희망한다. 정치권의 입맛이 아니라 '국민적 합의'에 기초한 '일관성 있는 정책'을 요구한다. 국민적 합의에 기초한다면 일관성 문제는 어렵지 않게 해결될 것이다. 역대 정권들은 국민적 합의를 외면하거나 합의 도출에 대한 자신감 부족으로 몰래 또는 일방적으로 대북정책을 추진해 왔다고 해도 과언이 아닐 것이다.

그렇다면 국민적 합의는 무엇이고 이것을 어디에서 찾아야 할까? 최대의 국민적 합의는 바로 국민의 직접투표로 개정된 '대한민국 헌법'이다. 현행 '헌법'은 개정된 지 30년이나 되었다. 대통령 탄핵 사태와 맞물려 권력 구도를 중심으로 한 개정 논의도 진행되고 있다. 그래도 헌법은 헌법이다. 현행 '헌법'은 1987년 국민투표율 78.2%, 찬성률 93.1%로 개정된 것이다. 이 정도의 국민적 합의가 또 어디에 있을까?

바로 이 대한민국 '헌법'은 전문에서 대한국민의 평화적 통일의 사명을 명시하고 있다. 제4조에서는 "대한민국은 통일을 지향하며, 자유민주적 기본질서에 입각한 평화적 통일 정책을 수립하고 이를 추진한다"고 규정하고 있다. 물론 제4조 제1항의 내용만으로 대북정책의 구체적인 내용까지 특정되는 것은 아니다. 그렇다면 구체적인 대북정책에 대한 국민적 합의를 어떻게 확인할 수 있을까?

구체적인 대북정책 및 통일정책의 수립과 추진은 국민적 합의의 또 다른 형식인 '법률'에 따라 해야 한다. 대의제 민주주의 체제에서 국민적 합의는 국회에서 제정한 법률로 확인할 수밖에 없다. 이에 대해 대북정책은 대통령의 국정철학에 따라 방향을 설정하고 추진하면 된다는 주장도 있을 것이다. 시시각각 변하는 남북 상황에 탄력적으로 대처하기도 어렵다는 주장도 있을 것이다. 하지만 대통령의 인격이나 철학, 덕성을 항상 믿을 수 없다. 그래서 헌법과 법률로써 그 권한 범위를 명확하게 해야 한다. 모든 국정운영은 법치주의 원칙에 입각한 법치 행정이어야 한다. 대통령의 국정운영도 그 범위 내에서만 가능한 것이다. 대북정책도 마찬가지다. 빨리 가는 것이 능사가 아니라 더디게 가도 바로 가는 것이 더 중요하다. 헌법과 법률은 국민적 합의의 또 다른 이름이다.

그동안 법치행정 구현의 필요성과 중요성에 대한 인식의 결여, 집권세력 나름의 국정철학 운영에 대한 욕심, 성급한 성과지상주의 등에 의해 국민적 합의(최소한 여야 합의) 도출이 어려우면 '통치행위'라는 명분을 내세워 대북정책을 추진한 바 있다. 대북 송금 사건, 5.24 조치, 개성공단 전면 폐쇄 조치가 모두 그렇다. 하지만 통치행위 이론을 내세운 조치들은 결국 국민적 갈등을 유발하고 그에 따른 후유증만 남겼음을 기억해야 한다.

헌법 제4조 평화통일조항의 개정 필요성

개헌에 대한 논의가 진행되고 있는 이 시점에서 '헌법' 제4조를 "대한민국은 통일을 지향하며, 자유민주적 기본질서에 입각하여 법률이 정하는 바에 따라 평화적 통일 정책을 수립하고 이를 추진한다"고 개정하는 방안을 제시해 본다. 통일 정책을 대통령 개인의 철학이나 집권당의 의사가 아니라 국민적 합의인 '법률이 정하는 바에 따라' 정책을 수립하고 추진하자는 것이다. 이것이 법치주의와 민주주의의 기본원칙인 것이다.

제4부

남북통일과 법제 통합

제19장

남북한 법제 통합의 기본 방향과 분야별 통합 방안*

1. 머리말

그동안 남북한 통일에 따른 남북 법제 통합에 대한 연구는 주로 예멘이나 독일과 같이 먼저 통일을 이룬 국가들의 사례 연구나 법제 통합의 기본 방향에 대한 총론적 수준의 연구가 대부분이었다. 그러나 최근 몇 년 사이에 이와 같은 총론적 수준의 연구를 벗어나 법무부, 통일부, 법제처 등 각 행정부처에서 남북한 통일에 대비한 법제 통합과 관련하여 구체적인 법률안의 필요성을 인식하고 이에 대한 준비에 많은 관심과 노력을 기울이고 있다.[1]

이러한 정부의 업무 추진에 대하여 일각에서는 정부가 마치 북한의 급변사태를 통한 통일을 추진하고 있는 것으로 보여 북한을 자극할 수 있다는 우려의 목소리도 없지 않다. 그러나 이러한 정부의 노력은 혹시라도 급변사태로 인하여 통일을 맞이하게 되는 경우의 혼란을 방지하기 위하여 반드시 필요한 업무의 일환이라고 할 수 있다.

남북한 통일이 언제 어떤 형태로 이루어질지 예측하기 어렵지만, 사회주의 제도의 실패라는 세계사적 경험에 비추어볼 때 통일국가의 형태를 단일국가 형태로 본다면 통일한국은 정치적으로는 자유민주주의 체제를, 경제적으로는 사회적 시장경제 체제를 취하게 될 것이고, 반

---

* 이 장은 한명섭, 「통일과정에서 북한법령 개폐에 따른 법적 문제점과 입법적 과제」, 『통일법제 인프라구축을 위한 입법과제』, 국민대 북한법제연구센터·한국법제연구원·한국입법학회 공동학술대회 자료집(2012. 10.11)에 게재된 발제문을 수정·보완한 것이다.

1 정부의 통일대비 법제 통합에 대한 준비 현황은 이 책 제1장 '통일법제 개관' 참고.

드시 그렇게 되어야만 한다고 본다. 통일국가의 형태를 이처럼 상정한다면 사회주의 체제 및 계획경제 체제에 기반을 둔 북한 법령 대부분은 개정되거나 폐지되어야 할 것이다. 물론 통일 과정을 넓게 본다면 우리의 '민족공동체통일방안'에서 상정하고 있는 남북연합 단계도 있을 수 있고, 경우에 따라서는 일부에서 제기하고 있는 연방제 국가 또는 중국식 일국 양제 체제에 따른 통일 과정을 염두에 둔 법제 통합의 논의도 필요할 것이다.

이 장에서는 남북한 통일 시 북한의 법령이 어떤 형태로 개폐가 이루어지게 될 것인지를 생각해 보고, 그 과정에서 발생하는 법적 고려 사항 내지 문제점과 이러한 문제를 해결하기 위한 우리의 입법 과제가 무엇인지를 실무적 관점에서 논의를 전개해 보고자 한다.

2. 통일독일의 법제 통합

1) 개요

분단국가인 남북한 통일에 대비한 법제 통합을 검토하려면 먼저 다른 나라의 사례를 찾아볼 필요가 있다. 하지만 분단국가의 법제 통합 사례가 흔한 것도 아니고, 그나마 우리가 참고할 만한 사례는 통일독일의 법제 통합 사례 정도가 있을 뿐이다.

통일독일의 법제 통합 방식에 관해서는 「통일조약」 제3장 '법의 동화' 제8조(연방법의 확장 적용)와 제9조(계속 적용되는 독일민주공화국의 법령), 제10조(유럽공동체법)의 3개 조문 및 관련 부속서에 의해 이루어진 동서독 국내법의 통합 과정에만 주목하는 경우가 있다. 하지만 「통일 조약」이 체결되기 이전부터 동서독의 법제 통합 과정이 이루어지고 있었다. 즉 통일독일의 법 제 통합은 크게 1990년 5월 18일 체결되고 같은 해 7월 1일 발효된 「통화·경제 및 사회 통합에 관한 조약(Staatsvertrag über die Schaffung einer Währungs-, Wirtschafts-, und Sozialunion zwischen BRD und DDR)」(이하, 「국가조약」)[2] 및 1990년 8월 3일 체결된 「통일독일 연방의회의원 선거에 관한 조약(Vertrag zur Vorbereitung und Dürchfhrung der ersten gesamtdeutschen Wahl des Deutschen Bundestages zwischen der BRD und DDR)」(이하, 「선거조약」)에 의하여 상당 부분 사

---

2   이 조약은 1990년 10월 8일 제10차 연방선거법개정법에 의해 보충되었고, 그 후 통일독일의 선거법이 되었다.

실상의 법제 통합이 이루어진 상태에서 「통일조약」에 의해 마무리된 것이다.

2) 국가조약 및 선거조약

「국가조약」은 전문, 6개 장 38개 조로 구성된 본문, 「지도원칙에 관한 공동의정서」 및 부속서(Anlage)로 구성되어 있다.

조약의 본문은 서독의 마르크가 동독 지역의 유일한 지불 수단이 되어 화폐통합을 이루는 통화동맹, 동독지역을 서독과 같은 사회적 시장경제 체제로 전환하는 경제동맹, 사회적 시장경제에 상응하는 노동법 질서와 능력과 사회정의에 기초한 포괄적인 사회보장체제를 통해 하나의 공동체를 이루는 사회동맹의 형성에 관한 내용이다. 이러한 동맹형성을 위해 쌍방은 법의 지배에 따른 평화스럽고, 민주적이고, 연방주의적·법치국가적인 사회적 기본질서를 약속한다는 점을 밝히면서, 조약상 또는 조약 발효 이후에 발생하는 권리의 보장을 위하여 쌍방은 특히 계약의 자유, 영업의 자유, 거주이전의 자유, 직업선택의 자유·전 통화 영역에서 독일인의 통행 자유, 또한 근로조건과 경제조건의 보장과 향상을 위한 결사의 자유 그리고 부속서 IX(기업의 고용창출촉진을 위한 민간투자가의 토지 및 생산수단의 취득방법)의 기준에 따라 부동산과 생산수단에 있어서 사적 투자가의 소유권을 보장하도록 하였다(제2조 제1항). 나아가 종래의 사회주의적인 사회·정치 체제에 관한 동독 '헌법' 가운데 위 내용에 저촉되는 규정은 더 이상 적용되지 않도록 하였다(제2조 제2항).

이와 같은 「국가조약」의 합의 사항을 이행하기 위해 동독 인민의회는 1990년 6월 17일 '동독헌법 개정 및 보충에 관한 법률(Gesetz zur Änderung und Ergänzung der Verfassung der DDR)'을 제정하였다. 이 법률을 통해 자유민주주의와 연방국가 구조, 사회국가체제로의 전환에 필요한 기본원칙을 선언하면서 이 기본원칙을 위반하는 법 규정은 별도의 폐기 절차 없이 효력을 상실하도록 했다. 구체적인 법률 통합 방식에 대해서는 제3조 및 제4조에서 다음과 같이 규정하고 있다.

제3조 법적 기초

통화동맹 설립과 화폐교환을 위해 부속서 I(통화동맹과 화폐교환에 대한 규칙)에 열거된 합의 규정이 적용된다. 통화동맹 설립 때까지 부속서 II(동독에서 적용되는 서독의 법규)에 규정한 경제동맹 및 사회보장동맹처럼 통화·신용·화폐제도에 관한 서독의 법령이 동독의 영역에 시행하게 된다. 이에 따라 이 조약에서 달리 규정하고 있지 않은 한, 이 서독의 법령은 부속서 II에 따라 전 통화지역에서 보완하여 적용한다. 독일연방은행·연방은행감독원·연방보험감독원은 이 조약과 이 법령에 의하여 부여받은 권능을 이 조약의 전체 적용지역 내에서 행사한다.

제4조 법적 조정

① 통화·경제·사회보장동맹의 설립과 더불어 불가피하게 수반되는 동독의 법조정을 위하여 이 조약 제2조 제1항에 명시된 기본원칙과 공동의정서에 합의된 지도원칙이 적용된다.[3] 기타 존속되는 법령은 이 기본원칙과 지도원칙에 따라 해석하고 적용하여야 한다.

조약 또는 부속서에 다른 시기가 확정되지 않는 한 동독은 통화동맹 설립 시까지 부속서 III(동독이 폐지하거나 개정해야 할 법률)에 명시된 법령을 폐지하거나 또는 개정하고 부속서 IV(동독이 새로 제정할 법률)에 명시된 새로운 법령을 채택한다.

② 변경할 서독의 법령은 부속서 V(서독이 개정해야 할 법률)에 열거되어 있다. 동독의 입법적 조정은 부속서 VI(통일 과정에서 동독이 제정해야 할 법률)에 열거되어 있다.

③ 개인정보를 전달할 때는 부속서 VII(이 조약 실시를 위한 개인정보전달에 관한 원칙)에 포함된 기본원칙을 적용한다.

「국가조약」 제3조와 제4조에서 명시한 각 부속서에서 열거하고 있는 법률들을 보면 「통일조약」 체결 이전에 얼마나 많은 법률의 통합 과정이 있었는지 알 수 있다.

부속서 II '동독에서 적용되는 서독법규'에서는 화폐통합 관련 법률로 '연방은행법', '신용업법', '저당은행법' 등을, 경제통합 관련 법률로 '경쟁제한법', '원자력법', '상법'과 '민법' 일부 규정, '유한회사에 관한 법', '주식법', '회사조직변경법', '보통거래약관법' 등을, 사회통합 관련 법률로 '영업기본법', '임금계약법', '해고방지법' 등을 열거하고 있다. 부속서 III. '동독이 폐지하거나 개정해야 할 법률'에서는 화폐통합 관련 법률로 '동독국가은행에 관한 법', '외환관리법' 등을, 경제통합 관련 법률로 '대외무역법', '농업생산협동조합법', '동독민법', '어음법', '수표

---

3   「지도원칙에 관한 공동의정서」에서는 동독의 법은 법치주의에 기반한 자유주의적, 민주연방주의 및 민주 사회주의적 질서의 기본원칙에 따라 형성되며, 유럽공동체의 법질서를 추종한다고 하면서, 사회주의적인 법체제, 사회주의적인 국가질서와 사회질서, 국민경제의 중앙집권적 지도와 계획의 목적과 목표, 사회주의적 법의식, 사회주의적 세계관, 개별적 결사 또는 정당의 세계관, 사회주의적 도덕성 또는 이와 유사한 개념에 기초한 입법과 판결을 포함해 개인 및 국가기관에 의무를 지우는 법규정들은 더 이상 적용되지 않는다고 명시하고 있다(I. 일반조항).

법', '동독형법' 및 '소송 관련 법 등을, 사회통합 관련 법률로 '동독노동조합 권리에 관한 법', '노동법' 등을 열거하고 있다. 부속서 IV '동독이 새로 제정할 법률'에서는 경제통합 관련 법률로 '동독지역에 거주하나 본점 또는 영업점을 가지지 않은 자의 영업활동 개시 또는 자유직업 활동에 관한 법', '가격형성과 가격감시에 관한 법' 등을, 사회통합 관련 법률로 '고용촉진법', '사회보험에 관한 법', '사회부조법' 등을, 국가예산 및 재정 관련 법률로 '국가예산법', '특별소비세법', '관세법', '소유 및 거래세법' 등을, 자료보안 관련 법규로 서독에 상응하는 '자료보안규칙'을 열거하고 있다. 부속서 V '서독이 개정해야 할 법률'로는 '연방은행법', '금융업에 관한 법', '보험감독법', '상법전 도입에 관한 법' 등을 열거하고 있다. 부속서 VI '통일 과정에서 동독이 제정해야 할 법률'로는 환경법 관련 법규로 '연방 공해물질배출 방지법' 및 시행규칙, '오물법' 및 시행규칙, '수자원관리법' 및 시행규칙 등을, 경제 및 사회통합 관련 법률로는 '화물운송법', '여객운송법', '직업교육법' 등을 열거하고 있다.[4]

3) 통일조약

통일과 함께 신속한 행정조직 재편을 위해서 동독은 1990년 7월 22일에 '주(州)도입법(Ländereinführungsgesetz)'을 제정하여 1952년에 폐지됐던 동독의 5개 주(Brandenburg, Meckelnburg-Vorpommern, Sachsen, Sachsen-Anhalt, Thüringen)를 구성하여 서독연방에 가입할 수 있는 기반을 마련했다. 그 이후 동서독은 독일 통일에 따라 독일 전역에 실시될 최초의 총선거를 위한 서독의 기존 연방선거법 및 정당법을 개혁한 동년 8월 3일 자 「선거조약」을 체결하여 통일조약에 체결에 대비하였다. 이와 같은 선행 작업에 기초하여 1990년 8월 31일 「통일조약」을 체결하고 1990년 10월 3일 동독의 5개 주가 서독기본법 제23조에 의해 독일 연방공화국에 가입하게 되면서 45년간의 분단을 극복하고 16개 주로 구성된 인구 8100만여 명의 통일된 연방국가로 탄생하였다.

통일독일의 법제 통합은 「통일조약」에서 합의된 동·서독 간 법제 통합에 관한 '법의 동화(Rechtsangleichung)' 원칙에 의해 진행되었다. 이 원칙의 핵심은 독일 통일을 위한 법제 통합은 모든 연방의 법령을 편입지역에도 그대로 적용하는 것이며(제8조), 단지 예외적인 경우만을 명시적으로 열거하는 방식을 택하였는데, 서독 기본법은 권한배분질서(Kompetenzordnung)에 따

---

4 각 부속서에서 열거하고 있는 전체 법률에 대해서는 법제처, 『법률로 본 독일 통일』, 21~27쪽 참고.

라 입법관할권의 귀속을 연방과 주로 구분하고 있기 때문에 동독법도 일정한 요건을 갖추면 연방법으로 유효하도록 하였다. 계속 적용되는 동독법은 '기본법' 제143조가 인정하는 범위 내에서 한시적으로 기본법의 일부 규정과 상이한 내용을 규정할 수 있도록 하였다. 동독법 중 주법에 해당하는 것은 기본법, EC법 등과 일치하는 경우에만 경과 기간의 적용 없이 효력을 갖도록 하였다. 「통일조약」 제III장의 법의 동화에 관한 규정은 다음과 같다.

제8조 연방법의 확대 적용

양 독 통합이 발효될 때 이 조약 제3조에 열거된 지역에서는 독일연방의 특정 주 또는 주의 일부에 적용범위에 대한 제한이 없거나 이 조약, 특히 부속서 I에서 달리 규정하고 있지 않은 한, 연방 법령이 적용된다.

제9조 동독법령의 계속 적용

(1) 기본법상 권한 배분 규정에 따라 주법에 해당하는 것으로 이 조약의 체결 시 유효한 동독법령은 제143조를 제외한 기본법과 조약 제3조에 열거한 지역에 발효되는 연방법 및 국내에 직접 적용되는 EC법에 어긋나지 않으면서 조약상 별도 규정이 없는 한 계속 유효하다. 기본법상 권한 배분 규정에 따라 연방법에는 해당하나, 연방 전체에 걸쳐 단일하게 규정되지 않은 사항에 대한 동독법령은 연방 입법부에 의한 입법조치가 있을 때까지 제1문의 조건 내에서 주법으로 계속 유효하다.

(2) 부속서 II에 수록된 동독 법령은 동 조약과 관련하여 기본법과 국내에 직접 적용되는 EC법에 어긋나지 않는 한 계속 유효하다.

(3) 이 조약 체결 후 제정된 동독 법령은 쌍방이 합의하는 범위에서 계속 유효하다. 제2항은 변동이 없다.

(4) 제2항과 제3항에 따라 계속 유효한 법령이 연방의 전속적 입법사항을 규정하는 경우에는 연방법률로서 유효하다. 상기 법령이 입법권이 경합하는 입법사항이나 그 입법권을 개괄적으로 규정한 입법사항을 규정하는 경우에 상기 법령이 기본법의 여타 적용 지역에서 연방법이 규율하는 분야에 관한 것일 경우 그러한 한도에서 상기 법령은 연방법으로 계속 적용한다.

(5) 부속서 II에 따라 동독에 의해 제정된 교회세법은 이 조약 제1조 제1항에 열거한 주에는 주법으로 계속 적용된다.

제10조 유럽공동체법(EC법)

(1) 동독의 연방 편입이 발효와 함께 EC에 관한 조약을 이 조약과 관련하여 효력을 가진 국제협정, 조약, 결의는 물론이고, 그 개정 및 증보와 더불어 이 조약 제3조에 열거한 지역에 적용한다.

(2) 동독의 연방 편입과 함께 EC에 관한 조약에 근거하여 제정된 법령은 EC 내 해당 기구에서 면제 규정을 제정하지 않는 한 이 조약 제3조에 열거한 지역에 적용한다. 동 예외 규정들은 행정적 요청에 부합되어야 하며, 경제적 어려움을 최소화하는 데에 적용이 되어야 한다.

(3) 각 주의 소관으로 시행 또는 집행되는 EC 법령은 주법 규정에 따라 시행 또는 집행한다.

4) 시사점

통일독일의 법제 통합은 기본적으로 동독법을 서독의 기본법질서에 통합하는 '편입형' 방식을 채택하면서도 다른 한편으로 일정기간동안 동독의 일부법제를 허용하는 '예외적 열거주의'를 수용하는 특징이 있다.[5] 이에 대하여 오직 독일 통일이라는 목표에 맞추다 보니 서독의 문화와 생활조건에 상응하여 정착된 법제를 40년에 걸쳐 전혀 다른 사회주의체제를 유지해왔던 동독지역에 그대로 이식하여 적용함으로써 야기될 문제점들을 깊이 고려하지 못했다는 비판적인 견해도 있다.[6] 남북한 법제 통합에 대비해서는 이와 같은 비판적 시각을 고려할 필요가 있다. 하지만 「국가조약」 체결 이후 「통일조약」을 체결하기까지 불과 4개월도 안 되는 짧은 기간에 정치체제와 경제체제를 달리하는 동서독의 법제 통합에 관한 기본원칙을 설정하고 그 원칙에 따라 광범위하고도 매우 상세한 규정들을 둔 통일독일의 사례는 우리에게 적지 않은 시사점을 준다. 물론 민족공동체 통일방안에서 제시하고 있는 남북한 통일국가의 형태는 단일국가(단방국가)를 상정하고 있다는 점에서 연방국가인 독일의 사례를 참고하는 데는 분명한 한계가 있다. 이 때문에 남북한 통일 이후 법제 통합에 관한 연구 대부분도 단일국가 형태를 전제로 하고 있다.

다만, 최근 수년간 한국개발연구원(KDI), 한국은행, 통일연구원 등에서는 남북한의 경제수준 차이 등을 고려하여 조기 통일의 경우에도 남북한을 한시적으로 분리 운영하는 방안에 대한 연구를 진행한 바 있다. 이와 같은 방식의 통합에 대해서는 헌법적 측면에서 여러 가지로

---

5   박수혁, 「남북한 법제통합방안」, 『통합업무 이해』(서울: 통일연수원, 1996), 54쪽.
6   허영, 「독일통일과 법질서통합과정」, 허영 편저, 『독일통일의 법적조명』(서울: 박영사, 1994), 94쪽.

문제점이 지적되고 있기는 하나 경제 정책적 측면에서는 그 필요성에 대해 어느 정도 공감대를 형성하고 있는 것으로 보인다.

한편, 민족공동체 통일방안은 그 내용이 최선이라기보다는 이 방안을 대체할 새로운 통일방안에 대한 국민적 합의 도출이 어렵다는 국내적 환경, 연방제 통일방안에 대한 북한의 선점 등을 이유로 새로운 통일방안을 제시하지 못하고 있다는 측면도 있는 것이 사실이라고 본다. 향후 민족공동체 통일방안과는 무관하게 남북한이 연방제 형태의 통일이 될 경우를 전제로 한 법제 통합에 관한 연구도 필요하다고 본다.

3. 통일 유형과 북한의 법령 개폐

1) 기존의 통일 유형 분류에 대한 검토

통일 과정에 따른 북한의 법령 개폐를 논하려면 먼저 통일 과정을 어떻게 상정할 것인지를 살펴보지 않을 수 없다.

우리가 생각할 수 있는 남북한의 통일은 첫째, 통일의 주체 내지 주된 세력이 누구이냐에 따라 북한에 의한 통일과 남한에 의한 통일, 남북한 양자의 합의에 의한 통일로 나누어볼 수 있다. 둘째, 통일의 수단을 기준으로 하면 무력에 의한 통일과 남북한 합의에 의한 통일, 북한이 붕괴되고 남한으로 흡수되는 급변사태에 의한 통일의 경우로 나누어볼 수 있다. 셋째, 상호 상대방의 국가성을 부인하는 분단국가의 특성상 이론의 여지가 있기는 하지만 남북한 통일을 국제법상의 국가통합이라고 보면 남북한 통일을 남한과 북한이 모두 소멸하고 새로운 국가를 형성하는 합병의 형태와 북한 또는 남한이 다른 일방에게 흡수되는 병합의 형태로 구별해 볼 수 있다.

이 중 북한이 통일의 주체 또는 주도 세력이 되는 경우와 우리 헌법이나 「유엔 헌장」에 정면으로 반하는 무력에 의한 통일 형태는 논의의 대상에서 제외하고자 한다. 결국 우리가 논의할 필요가 있는 통일의 형태는 남북한 합의에 의한 통일과 북한의 급변사태로 인하여 북한이 남한으로 흡수되는 남한 주도의 통일이 될 것이다.

대다수 학자들이 남북한의 통일을 논할 때는 합의통일과 흡수통일로 구별하면서 국가 통합이라는 법적 측면에서는 전자의 경우는 합병으로, 후자의 경우에는 병합으로 보고 있다. 그러나 이 분류는 정확한 분류는 아니다. 물론 남북의 합의에 의하여 통일이 된다면 양자가 대등한 지위에서 통일국가를 형성할 가능성이 크므로 합병의 형태가 될 가능성이 크고, 북한이 급변사태 등으로 붕괴되어 남한으로 흡수가 된다면 병합 형태로 통일이 될 가능성이 매우 큰 것은 사실이다. 그러나 남북한 합의에 의해 통일이 되더라도 남북 합의에 의하여 사회주의 체제의 북한이 소멸하면서 남한으로 흡수되는 병합 형태가 될 수도 있다. 또한 북한이 급변사태 등으로 붕괴되더라도 남북한 주민 모두의 합의에 따라 대승적 차원에서 예를 들면 중립국가와 같은 또 다른 형태의 새로운 통일국가를 형성하는 합병 형식의 통일이 불가능한 것만은 아니기 때문이다.

이처럼 남북통일의 형태를 합병과 병합으로 구별하는 것은 법 논리적 측면에서 법제 통합과 관련이 있기 때문이다. 즉 논리적으로 볼 때 합병 형식이라면 합병에 의하여 탄생하는 새로운 국가의 법제도는 구 구성국인 남북한의 합의에 의하여 새로 창출하여야 할 것이지만, 병합에 의한 경우라면 병합을 하는 국가의 법제도가 병합되는 국가로 확장·적용되는 것이 자연스러운 것이기 때문이다.

사견으로는 북한이 통일 이전에 체제 전환을 하지 않은 상태에서 통일이 되고, 그 통일국가가 자유민주주의 체제 및 사회적 시장경제 체제의 국가라면 비록 남북한 합의에 의하여 제3의 새로운 국가를 형성하는 합병 형식을 취하더라도 내용적으로는 사회주의 체제인 북한이 소멸하고 자유민주주의 체제인 남한으로 흡수가 된 것으로 보아 결국은 병합 형태의 통일이라고 본다.

2) 통일 유형과 북한 법령 개폐의 관련성

한 국가의 법제도는 단순한 법령들의 집합체가 아니라 헌법을 중심으로 헌법에서 구현하고자 하는 국가의 이념과 정치·경제·사회·문화 등 각 영역의 제도를 구체화하는 과정에서 상호 유기적으로 관련되어 영향을 주고받는 유기체라 할 수 있다.

남북한 통일에 따른 북한 법령의 개폐는 결국 남북한의 법제도를 어떻게 통합할 것이냐에 달려 있다.

남북한의 법제 통합은 통일이 합의에 의한 통일이냐 아니면 북한의 급변사태 등으로 인한 합의에 의하지 않은 통일이냐 혹은 국가통합의 형태가 합병이나 병합이냐에 따라 논의를 해볼 수도 있다. 하지만 앞에서 언급한 바와 같이 남북 합의에 의한 통일도 통일국가가 자유민주주의 국가라면 결국 국제법적으로도 합병이 아니라 병합이 될 것이기 때문에 앞에서와 같은 분류에 의해 법제 통합을 논하는 것은 큰 의미가 없을 수도 있다.

통일한국의 법제에 대한 입법을 준비한다는 실무적인 차원에서 본다면 오히려 남북한 법제를 급진적·전면적으로 일시에 단일화 내지 통합을 할 것이냐 아니면 점진적으로 법제 통합을 해나갈 것이냐를 중심으로 논의하는 것이 더 현실적일 수도 있다.

예를 들어 남북한의 통일이 남북연합 형태를 취하거나, 혹은 연방국가 형태를 취하면서 상호 상당한 수준의 독립성을 갖는 형식의 통일국가가 된다면 북한 지역의 법령 개폐 문제 역시 북한 당국이 주체가 되어 추진을 하게 될 것이다. 이 경우에도 북한 스스로 체제 전환을 하게 된다면 그에 대한 입법 작업을 남한이 지원할 수는 있을 것이다. 또한 단일국가가 되더라도 한시적으로 북한 전역을 별도의 특별행정구 형태로 유지하는 경우에도 그 법령의 개폐는 다소 시간적 여유를 갖고 진행될 수 있을 것이다. 이와 같은 점진적인 법제 통합 방식은 특히 북한 지역 주민들을 중심으로 본다면 전면적·급진적 법제 통합의 경우에 비하여 초기의 혼란을 방지하는 데 도움이 될 수는 있을 것이다.

그렇지만 점진적 법제 통합 방식이나 급진적 법제 통합 방식이나 남북한 법제 통합 내지 북한 법령의 개폐라는 측면에서 본다면 시간적 또는 과정적인 측면에서 볼 때 차이가 있을 뿐이지 자유민주주의 체제의 단일 통일국가 건설을 종국의 목표로 본다면 결과적 또는 내용적 측면에서는 굳이 양자를 구별할 필요는 없을 것이다.

결국 북한 법령의 개폐의 문제는 남북법제 통합을 어떻게 할 것이냐에 달려 있고, 남북법제 통합은 통일한국의 법제를 어떻게 할 것이냐에 달려 있는 것이다.

4. 통일한국의 헌법적 기본원리

법제 통합의 기본 원칙은 통일한국의 기본이념과 기본질서를 먼저 결정한 후 그에 부합하게 법제 통합을 이루는 것이다. 통일한국이 추구하는 가치와 이념 및 기본질서는 통일 후 만들어질 통일국가의 헌법의 이념과 기본원리를 어떻게 할 것인지의 문제이다.

우리 헌법의 가장 중요한 기본 원칙은 자유민주주의 원칙이다. 이는 통일 헌법에서도 유지될 수밖에 없는 당연한 원칙이다. 현대 민주국가들의 헌법이 입각하고 있는 자유민주주의 국가의 기본원리는 국민주권주의, 기본권 존중주의, 권력분립주의, 법치주의, 국제평화주의,

시장경제주의 등을 내포하고 있다. 통일헌법도 이러한 원리를 수용할 수밖에 없다. 우리 헌법재판소는 '자유민주적 기본질서'를 "모든 폭력적 지배와 자의적 지배 즉 반국가단체의 일인독재 내지 일당독재를 배제하고 다수의 의사에 의한 국민의 자치, 자유, 평등의 기본 원칙에 의한 법치주의적 통치질서"를 의미한다고 하면서 그 구체적인 내용으로 "기본적 인권의 존중, 권력분립, 의회제도, 복수정당제도, 선거제도, 사유재산과 시장경제를 골간으로 한 경제질서 및 사법권의 독립" 등을 들고 있다.[7] 그 밖에도 자유민주적 기본질서의 구체적인 내용으로 언급되는 것으로는 책임정치의 구현, 행정의 합법률성의 원칙, 정당 활동의 자유 보장, 복지국가주의, 문화국가주의, 국제평화주의 등이 있다.

남북한 법제 통합도 이 원칙에 어긋나지 않아야 함은 물론이다. 남한의 법령이 확대·적용될 경우에는 큰 문제가 없으나, 예외적으로 북한법이 잠정적으로 적용될 경우 이 원칙에 반하는 북한법은 이에 맞게 수정되어야 한다. 따라서 통일의 과정이 급진적·전면적으로 이루어지든, 아니면 점진적으로 이루어지든 종국적으로는 북한 지역도 우리 헌법에서 추구하는 자유민주주의 및 사회적 시장경제질서 체제로 전환을 하여야 한다는 전제하에 논의를 하고자 한다.

5. 법제 통합의 기본 방향

1) 남한법의 확대·적용 원칙

통일한국의 헌법적 기본질서가 자유민주적 기본질서에 입각하여야 한다면, 통일한국의 모든 법령 역시 자유민주적 기본질서에 부합하여야 한다. 따라서 구체적인 통일한국의 법제도는 이미 자유민주적 기본질서에 입각하여 제정·시행되고 있는 남한의 법령이 기본이 되어야 하는 것은 당연한 이치이다. 더군다나 북한의 법제도는 우리와는 전혀 상반되는 일당 독재의 사회주의 체제와 계획경제 체제에 입각하고 있으므로 이러한 체제를 바탕으로 한 북한 법제를 통일한국의 법제로 할 수 없는 것이고, 모두 개폐의 대상이 되는 것이다.

결국 통일한국의 법제 통합은 남한법이 북한 지역으로 확대·적용되는 것을 의미한다. 일부에서는 북한의 사회보장 관련 법제도를 염두에 두고 북한의 법제도를 일부 수용하여 남북한

---

7   헌법재판소 1990.4.2. 선고 89헌가113 결정.

법제도의 장점을 살리는 방향으로 새로운 법제도를 마련하자는 견해도 제기된다. 그러나 이러한 방법은 이론적으로는 몰라도 현실적으로는 불가능한 방법이고, 바람직하지도 않다고 본다. 또한 사회주의국가들의 사회보장 관련 법제도의 장점은 자유방임적 시장경제질서가 아닌 사회적 시장경제질서 체제하에 복지국가를 추구하는 현재의 우리 헌법 체제하에서도 통일과 무관하게 얼마든지 수용이 가능하고, 현재도 끊임없이 법제도화되고 있다. 또한 정치(精緻)하지 못한 현재의 북한법 체계의 수준으로는 새로운 체제하의 복잡한 통일한국의 법률적 수요를 충족시킬 수 없는 것이 현실이다.

이와 같은 남한법의 북한 지역으로의 확대·적용이라는 결론은 남북한의 통일을 국제법적 측면에서 보더라도 마찬가지이다. 즉, 남북통일의 유형을 국가결합으로 볼 경우 국가승계 법리에 따르면 북한이 소멸하면서 남한에 흡수가 되는 병합 형태의 통일이 된다. 국제법적 원리에 따르면 병합하는 국가의 법제도가 병합되는 국가의 영역으로 확대·적용되는 것이 일반적인 원칙으로 받아들여지고 있다.

우리 '헌법' 제3조의 영토조약의 해석에 비추어보아도 남북한 통일은 우리 '헌법'상 미수복지구인 북한 지역의 회복, 즉 '실지의 회복'에 해당하며, 남한의 법이 수복된 북한 지역에 그대로 확대·적용되어야 하는 것은 당연한 논리이기도 하다.

또한 현실적으로도 북한법은 통일한국의 법으로 존속하기 어려운 측면이 있다. 통일이 되면 세계무역기구(WTO) 회원국 지위를 비롯하여 남한이 가입한 국제기구 회원국 지위가 특별한 사정이 없는 한 북한 지역으로도 확대·적용될 것이다. 세계무역기구 회원국의 국내법은 세계무역기구 체제에 맞게 정비되었거나 되어가고 있다. 예를 들어 중국의 경우 2001년 1월 세계무역기구 정식회원국이 되면서 2002년 5월까지 2300여 개의 법률이 제·개정되고, 830여 개의 법령이 철폐되었다. 가입 당시 중국의 입법 담당자는 중국이 세계무역기구에 가입을 하니 개정하여야 할 법이 황소의 털과 같이 많다고 하였다고 한다. 이처럼 오늘날 한 나라의 법제는 그 나라가 가입한 수많은 국제기구 회원국이 준수하여야 할 여러 가지 의무가 반영되어 있다. 따라서 특별한 사정이 없는 한 통일이 되면서 남한의 각종 국제기구 회원국 지위가 북한 지역으로 확대·적용된다는 점을 고려해도 회원국 지위를 반영하여 제·개정된 남한법을 북한 지역까지 확대·적용하는 것이 현실적인 방안이 될 것이다.

2) 남한법의 확대·적용의 한계

문제는 이론적으로 명쾌한 남한법의 북한 지역으로의 확대·적용이라는 법 논리와 원칙을 그대로 적용하는 데에는 현실적인 한계가 있다는 것이다. 기본적으로 법이 그 기능을 제대로 하려면 타당성과 실효성을 모두 갖추어야 한다. 법의 내용이 아무리 이상적이고, 보편타당성을 갖추었다고 하더라도 현실 적용에 있어서 실효성을 갖추지 못하였다면 법으로서의 제 기능을 발휘하지 못하는 것이다. 남한법을 북한 지역으로 그대로 확대·적용하기가 곤란한 구체적인 이유는 다음과 같다.

첫째, 2015년 7월 현재 남한은 최상위 규범인 헌법을 비롯하여 1373개의 법률, 1575개의 대통령령, 120개의 총리령, 1099개의 부령, 국회규칙 등 333개의 규칙 등 총 4500개의 법령이 있다.[8] 이 통계는 유효기간이 지난 법령은 제외하고 국가법령정보센터에 수록된 현재 유효한 법령만을 기준으로 집계한 통계이다. 그런데 이 법령들은 거의 다 우리의 통치권이 미치는 남한 지역에서의 적용을 전제로 제정된 것들이지 북한 지역 혹은 통일한국을 염두에 두고 제정된 법령이 아니다. 예를 들어 정부 행정조직과 관련된 법률들은 우리의 실질적인 통치권이 미치는 남한 지역에 적용되는 것을 전제로 제정된 것이어서 이를 북한 지역으로 확대·적용할 수는 없다.

둘째, 남북한의 분단을 전제로 제정된 법들도 있다. 예를 들어 '국가보안법'은 남북한 간의 대치 상황을 전제로 한 법이며, '남북관계발전법', '남북교류협력법', '남북협력기금법' 등은 남북한 분단을 전제로 하면서 남북한 간의 교류와 협력을 위하여 제정된 법률이다. 따라서 이러한 법률들은 남북한이 통일이 되었을 경우 당연히 개정되거나 폐지되어야 할 것이다.

셋째, 법률의 내용 그 자체는 반드시 남한 지역을 전제로 하여 제정된 법률이 아니라 하더라도 남한의 발전된 경제 현실에 맞춰 제정된 법률들을 경제적으로 상당히 낙후된 북한 지역에 그대로 적용하기에는 어려움이 있다. 예를 들어 각종 경제 규제 관련 법규들이나 환경 규제와 관련된 법규들은 경제적으로 낙후된 북한 지역에 그대로 적용하기에는 적합하지 않은 측면이 있다.

넷째, 자유민주주의 체제를 경험하지 못한 북한 주민에게 그대로 적용을 할 경우 북한 주민들이 쉽게 적응하지 못하는 법률들도 있다. 주로 시장경제와 관련된 경제사범에 대한 형사

---

8   법제처 홈페이지, http://www.moleg.go.kr/lawinfo/status/statusReport (검색일: 2015년 7월 17일).

처벌을 내용으로 하는 법규들이 이에 해당할 것이다.

따라서 남한 법령의 북한 지역으로의 확대·적용은 현실적으로 그 한계가 있을 수밖에 없고, 남북한 법제 통합은 이러한 현실적 한계를 어떻게 극복하느냐의 문제가 될 것이다.

3) 법제 통합의 구체적 방법론

(1) 남한 법령 분류 및 확대·적용 가능한 법령의 시행

구체적인 남북한 법제 통합을 위하여 가장 시급한 문제는 우리 법령에 대한 선별 작업이다. 즉, 남한 법령 중에서 북한 지역으로 곧바로 확대·적용할 수 있는 법령, 일부 규정의 적용에 대한 유보 조항과 같이 경과 규정만을 두고 확대·적용이 가능한 법령, 북한 지역으로 확대·적용되기 위해서는 내용에 대한 개정이 필요한 법령, 통일이 되면 폐지되어야 하거나 실효될 법령, 그 내용에 비추어볼 때 북한 지역으로의 확대·적용이 될 수 없거나 되어서는 곤란한 법령 등을 선별하는 것이다.

이와 같은 법령 선별 과정을 마친 연후에는 그대로 적용 가능한 법령과 극히 일부 내용을 개정하거나 경과 규정만으로도 북한 지역으로 확대·적용할 수 있는 법령들은 그에 해당하는 필요한 조치를 취한 뒤 북한 지역으로 확대·적용하여 시행하면 된다.

(2) 새로 제정할 법률의 정비

앞에서와 같은 남한 법령의 분류 작업을 통하여 남한 법령을 개정 없이 그대로 북한 지역으로 확대·적용하거나 또는 법령의 일부 내용만 개정하거나 경과 규정을 두고 적용하는 조치만 취하고 북한법을 모두 폐지하게 되면 필연적으로 북한 지역에 그 필요성이 있음에도 불구하고 당장 적용할 법령이 없는 사각지대가 발생할 수 있다.

또한 통일 이후 가장 시급한 문제 중 하나는 북한 지역 전체에 대한 경제 재건의 문제인데, 예를 들어 상당한 개발 규제 조항이 포함되어 있는 남한의 국토개발 관련 법령을 북한 지역에 그대로 적용하게 되면 오히려 경제 재건에 많은 어려움이 초래될 수 있다. 물론 이 경우에도 남한의 법령을 기본으로 하면서 일부 조항의 적용을 유보하거나, 특례조항을 두는 방법이 있을 것이다. 그러나 남한의 법률을 개정하여 특례조항을 두거나 일부 조항 중에 북한 지역에서의 적용을 유보시킬 조항을 분류하는 작업 등이 그리 수월하지는 않을 것으로 예상된다. 따라서 경우에 따라서는 이와 같은 남한 법률들의 개정 작업보다는 남한의 법을 참고하여 북한 실정에 맞도록 사전에 북한 지역에만 적용되는 특별법에 관한 법안을 준비하는 것이 오히려 현실적인 방안이 될 수도 있다.

(3) 일부 북한법의 잠정적 적용에 대한 검토

북한 법령은 사회주의 체제나 계획경제 체제에 맞춰 제정된 것이어서 통일헌법의 기본원리에 위반될 것이므로 '잠정적'이라는 단서가 붙더라도 통일한국에 북한의 법률을 그대로 적용하면 대부분 위헌의 소지가 발생한다. 다만 이론적으로 보면 북한법의 폐지와 남한법의 확대·적용 과정에서 발생하는 일부 영역에서의 법률의 공백 상태를 방지하기 위하여 북한의 법률들 중에서도 통일헌법의 이념에 저촉되지 않는 법들을 선별하여 한시적으로 적용할 법들은 있을 수 있다. 북한의 법률들은 북한의 실정에 맞게 제정된 것이라고 볼 때 통일헌법의 기본질서에 위배되지 않는 법률들은 일정 기간 한시적으로 그대로 북한 지역에 적용시키는 것이 통일 초기의 혼란을 최소화할 수 있는 방법이 될 수도 있다. 비정치적인 분야로 지속적인 관습과 밀접하게 관련된 가족법 등이 그 예가 될 수 있다.

이처럼 잠정적으로라도 통일한국에 적용이 가능한 북한 법령은 매우 제한적일 수밖에 없으나, 제3자의 신뢰 보호를 위하여 기존의 북한 법령을 일정 기간 그대로 유지할 수밖에 없는 법령도 있다. 이에 해당하는 대표적인 경우는 북한의 경제특구 관련 법규들이다.

북한의 각 경제특구 또는 관광특구에는 해당 법률에 따라 투자를 한 남한 또는 외국 기업들이 있다. 따라서 이 특구들의 경우에는 통일이라는 사정변경이 발생하더라도 투자자에 대한 재산권이나 신뢰보호 차원에서 일정 기간은 해당 특구에 적용되는 법률들을 잠정적으로 그대로 적용하면서 이들에게 피해가 가지 않는 방법으로 우리 법체계에 맞춰 관련 법령을 정비해 나가야 할 것이다.

(4) 남한법의 적용과 북한법의 적용이 모두 가능한 경우 선택 기준

남한 법률의 확대·적용도 가능하고, 북한의 법률을 잠정적으로 적용해도 무방한 법률 분야가 발생할 수 있다. 주민의 실제 사회생활에 직접적인 영향을 미치지 않는 법들이 여기에 속할 것이다. 이 경우에는 가급적 빠른 시일 내에 법률 통합을 완성한다는 목표에 맞게 남한의 법률을 우선하는 것이 바람직하다고 본다.

(5) 북한법의 잠정적 적용과 폐지 시 필요한 조치

앞에서 살펴본 바와 같이 통일 직후에는 북한 지역에는 잠정적으로 일부 북한법을 계속 적용하여야 할 필요성이 발생할 수 있다. 다만 북한법을 잠정적으로 적용함에서 각종 법규에 따른 법규명령이나 행정명령의 실효성을 확보하기 위한 행정벌과 관련하여 이에 대한 북한법 체계의 특성상 반드시 수반되어야 할 조치가 있다.

북한의 경우에도 각종 법규 위반자에 대한 제재는 우리와 마찬가지로 크게 형벌과 행정벌로 대별할 수 있다. 우리 형사법의 경우 '형법' 이외에도 많은 형사특별법이 있고, 상당히 많은 행정법규에서도 각 법률마다 형사처벌에 관한 규정과 행정처벌에 관한 규정을 두고 있다. 그러나 북한의 경우에는 우리 법체계상 행정법규에 해당하는 것으로 볼 수 있는 각 법률에는 단지 해당 법을 위반한 경우에는 정상에 따라 행정적 또는 형사적 책임을 지운다고만 규정하고 있고, 형사처벌에 관한 내용은 모두 형법에서, 행정처벌에 관한 내용은 모두 행정처벌법에서 규정하고 있는 것이 특징이다.

그런데 북한의 '형법'과 '행정처벌법'을 폐지한 상태에서 다른 북한의 법규를 잠정적으로 적용하게 되면, 해당 법규 위반자에 대한 형사처벌이나 행정처벌이 불가능하게 되어 해당 법규에서 규정하고 있는 각종 법규명령이나 행정조치에 대한 실효성을 확보할 수 없게 된다.

그렇다고 북한의 형식적 죄형법정주의만 취하고 있는 북한의 '형법'이나 '행정처벌법'을 폐지하지 않고 잠정적으로 적용하기는 곤란하다. 따라서 일부 북한의 법률을 잠정적으로 적용하는 경우에도 해당 법률의 실효성 내지 해당 법률에 의한 행정처분의 이행확보 조치에 대한 고려가 있어야 한다.

4) 법제 통합 과정에서 고려할 사항

(1) 북한 주민에 대한 배려와 기득권 보호

남북한 법제 통합에 있어서 법적인 논리와 더불어 반드시 고려하여야 할 것이 북한 주민에 대한 배려와 기득권 보호 문제이다. 결국 통일은 남북한 주민 모두에게 축복이 되어야 하는 것이지 양자 모두에게 재앙이 되거나 어느 일방의 희생이 뒤따라서는 안 될 것이다. 예를 들어 남한의 법제를 북한 지역으로 확대·적용하면서 북한 지역에도 남한의 공무원 인사 관련 법제를 그대로 적용한다면 북한 지역의 거의 모든 관료들은 실직자가 될 것이다. 이는 이들에게 공무원 시험 응시 자격 등에서 동등한 기회를 부여한다고 해서 해결될 문제도 아니다.

또한 북한 주민들이 기존에 가지고 있던 여러 가지 권리들도 보호되어야 한다. 예를 들어 북한 주민들의 생존권과 직접 관련된 주택이나 농지에 대한 사용권과 같은 것들을 어떻게 보호하여야 할지에 대한 문제 등은 단순한 법 논리만으로 해결할 수 있는 문제가 아니다. 그 밖에도 산업재산권과 같이 비록 제한적이나마 북한 주민 개개인이 권리를 가지고 있는 경우에는 이에 대한 보호책도 마련되어야 한다.

(2) 재분단 위험 방지

그 외에 구체적인 통합 작업에 있어서 가장 염두에 두어야 할 것은 잘못된 법제 통합으로 인해 재분단의 위기가 초래되지 않도록 해야 한다는 것이다.

재분단의 위험이 가장 큰 통일 초기에는 국가안보 및 안정된 질서유지가 이루어져야 한다. 북한 급변사태로 인한 통일을 가정한다면 초기에는 북한 주민의 대량 탈북 사태 가능성을 배제할 수 없다. 만일 북한 주민들이 아무런 대책도 없이 무분별하게 남한 지역으로 이주하게 되면 사회적으로 큰 혼란이 야기될 수 있다. 역으로 남한 주민의 무분별한 북한 지역으로의 출입도 마찬가지이다. 따라서 통일 시점과 초기 단계에서는 상당한 수준의 안정을 되찾고, 질서 유지 기능이 회복될 때까지 남북한 주민의 거주와 이전의 자유를 제한할 필요가 있다. 장기적으로 보면 재분단의 위험을 방지하는 가장 좋은 방법은 남북한 주민의 화합을 통한 동질성 회복에 있다. 법제도 통합 차원에서는 일단 북한 지역 자체가 안정되는 것이 중요하므로 북한 지역의 행정공백으로 인한 혼란이 발생하지 않도록 하는 제반 법적 조치가 필요하다. 또한 법제 통합 과정에서 북한 주민들이 기존의 경제활동을 그대로 할 수 있도록 하는 각종 법적 배려와 조치가 필요하다.

(3) 북한 지역 경제재건 및 통일 비용 최소화

어느 정도 국가안보 및 질서유지 문제가 해결되면, 북한 지역의 경제재건을 통해 북한 주민들의 생활수준이 가급적 빠른 기간 내에 남한 주민의 일정 수준이 되도록 해야만 한다. 따라서 북한 지역의 신속한 경제재건에 방해가 되는 법제를 정비하고, 신속한 경제재건을 위해 필요할 경우 그에 따른 신속한 특별법 제정 등의 조치를 취해야 한다.

통일이 이루어지면 막대한 통일 비용이 소요될 것이고, 이 비용은 대부분 남한 주민들의 부담으로 돌아올 것이다. 법제 통합은 바로 이 통일 비용을 남한 주민들이 어느 정도 감내할 수 있는 정도가 될 수 있도록 추진해야 할 것이다. 그렇지 않으면 초기의 통일 비용을 주로 부담하게 될 남한 주민의 불만이 고조될 수 있고, 이는 결국 남북한 주민의 통합에 큰 장애가 될 것이다.

(4) 제3자의 권리 보호

남북통일이 되었더라도 북한과 관련된 외국이나 외국인의 권리 또한 합리적인 범위 내에서는 모두 보호가 되어야 할 것이다. 이러한 제3자의 권리 보호 문제는 대체로 국제법적인 측면에서 국가승계의 문제로 논의가 된다.

6. 분야별 법제 통합의 문제점 및 입법적 과제

앞에서 살펴본 바와 같이 남북한 법제 통합은 남한법의 북한 지역으로의 확대·적용과 예외적인 조치들을 하면 원만하게 이루어질 수 있을 것처럼 보인다. 그러나 막상 구체적으로 개별 법령들을 살펴보면 그 작업이 매우 어렵다는 것을 알 수 있다. 여건상 이 글에서 개개의 법령을 모두 살펴보기는 어렵지만 확대·적용될 우리의 법을 중심으로 각 분야별로 해당 법률이 통일 시에 북한 지역에 그대로 확대·적용이 가능한지, 아니면 일부 개정이나 경과 조치 등이 필요한지 또는 전혀 새로운 입법을 필요로 하는지, 그 과정에서 상응하는 북한의 법령은 어떻게 할 것인지에 대하여 개략적으로라도 살펴보고자 한다.

1) 헌법

남북통일 시 북한 '헌법'은 당연히 폐지되어야 한다. 통일헌법과 관련하여 가장 문제가 되는 것은 통일 당시의 남한 헌법을 그대로 유지하면서 법제 통합 작업을 할 것인지 아니면 새로운 통일헌법의 제정을 먼저 할 것인지 하는 것이다. 또한 통일헌법의 제정 주체를 누구로 할 것인지의 문제도 새롭게 발생한다. 그러나 이 글에서 다루고자 하는 것은 정치적 통일 이후의 법제 통합에 관한 것이기 때문에 남북한 주민이 공동으로 통일헌법을 제정하거나 통일조약이나 통일합의서를 체결하는 과정 등은 논의에서 제외하고자 한다.

문제는 우리 헌법의 개정 없이 헌법을 그대로 둔 채로 남북한 통일을 맞이하고 법제 통합 작업에 착수할 수 있는가 하는 것이다. 이 점에 대하여는 우리 '헌법' 제3조에 의하여 우리 헌법의 효력이 한반도 전역에 미치므로 현행 '헌법'을 북한 지역으로 확대·적용하는 것은 법리적으로 문제가 없다고 본다. 이런 점에서 일각에서 제기하는 헌법 개정 시 영토 조항의 개정 내지 삭제에 대한 논의는 매우 신중을 기하여야 한다.

헌법과 법제 통합의 문제에서 발생하는 또 다른 문제는 법제 통합 과정에서 부득이 북한의 일부 법령을 잠정적으로 적용할 경우에 이러한 조치가 '헌법' 제3조에 위반하는 것이 아닌가 하는 문제가 발생할 수도 있다. 물론 북한의 일부 법령을 잠정적으로 적용한다고 해도 우리 헌법질서에 정면으로 반하는 북한법은 그 대상이 될 수 없을 것이다. 따라서 우리 헌법질서에 반하지 않는 북한법에 한하여 우리의 특별법 제정 등을 통하여 북한법을 남한법으로 전환하거나 수용하는 방법으로 북한법을 적용하면 될 것이다.

한편 현행 헌법하에서 통일을 이루고 법제 통합을 한다 하더라도 어느 정도 안정기에 접어들면 남북한 주민 전체를 헌법 제정 주체로 하는 통일헌법의 제정 작업이 이루어져야 할 것이다. 이처럼 통일헌법을 제정할 경우에도 앞에서 언급한 헌법의 기본원리는 그대로 유지가 되어야 하겠으나, 예를 들어 통치 구조를 대통령제로 할 것인지 아니면 의원내각제로 할 것인지, 국회나 정부 각 부처의 구성을 어떻게 할 것인지 등의 문제는 통일이 되었을 당시에 국민적 합의를 토대로 결정을 하면 될 것이다. 이와 같은 헌법 제정 시 고려하여야 할 가장 중요한 요소 중 하나는 바로 북한 주민에 대한 신뢰 보호 및 배려의 문제이다. 만일 이들에 대한 배려 부족으로 통일 국가에서 하나의 거대한 불만 세력으로 자리를 잡는다면 재분단 위험뿐 아니라 사회 혼란을 초래하고, 국가 발전에도 막대한 지장이 초래될 것이며, 통일의 명분도 잃게 될 것이기 때문이다.

그 밖에도 헌법의 기본원리나 이념에 의해서가 아니라 남북통일이라는 현실 상황으로 인하여 개정을 할 수밖에 없는 내용들이 있다.

첫째, '헌법' 전반에 걸친 통일 관련 조항은 이미 통일이 되었으므로 개정되어야 한다. 이에 대한 대표적인 규정으로는 전문의 "평화적 통일의 사명" 부분을 비롯하여 제4조의 "대한민국은 통일을 지향하며, 자유민주적 기본질서에 입각한 평화적 통일 정책을 수립하고 이를 추진한다"라는 규정이다. 그 밖에도 제66조 제3항의 대통령의 평화적 통일의 의무에 관한 규정, 제69조의 대통령 선서의 내용, 제72조의 통일에 관한 중요 정책에 대한 국민투표 규정, 제92조의 민주평화통일자문기구에 관한 규정이 있다.

둘째, 북한의 병합에 따라 발생하는 문제 해결을 위하여 위헌적 시비를 차단하기 위한 헌법적 근거 마련이 필요한 것들이 있다. 이에 해당하는 것으로는 남북한 간에 발생하는 국가승계와 관련하여 북한이 체결한 조약의 승계에 관한 기본 원칙 규정, 북한의 국유 및 협동단체 소유의 재산권 처리에 관한 규정, 북한의 대외채무 승계에 관한 규정, 북한 정권에 의한 몰수 토지 처리를 위한 특별법 제정의 근거 규정, 북한 지역을 특별경제구역으로 정한다면 해당 특별법 제정의 근거 규정, 북한 주민의 생활보장을 위한 사회적 보장제도에 대한 특별법 제정의 근거 규정, 일부 북한법의 한시적 적용에 대한 근거 규정, 반국가단체인 북한 정권에 의한 각종 법적·행정적 조치에 대하여 일정 부분 효력을 인정하기 위한 법률 제정의 근거 규정, 통일 이후 일정 기간 남북 왕래의 통제가 필요하다고 판단될 경우 '헌법' 제14조 거주·이전의 자유에 대한 법적 제한의 헌법적 근거 규정, 북한 정권에 의한 정치범과 사상범 등 피해자의 구제에 대한 법률 제정의 근거 규정, 인적 불법 청산을 위한 법률 제정의 근거 규정 등의 필요성에 대한 논의가 제기될 수 있다.

물론 이 규정들 중 상당 부분은 현행 '헌법'의 해석에 따라서도 불가능한 것은 아니다. 그러나 헌법 해석에 대한 견해 차이로 발생할 수 있는 소모적 논쟁을 불식시키고 관련 법률의 위헌적 요소를 사전에 방지한다는 차원에서는 헌법에 명시적인 규정을 두는 것도 한 방법이 될 것이다.

다만 이상의 내용은 남한의 헌법이 그대로 유지되는 경우를 전제로 한 것이다. 그렇지만 남북한의 통일에 대한 합의가 선행되고, 남북한 주민 모두가 참여하는 투표에 의하여 '헌법'이 새로 제정될 경우에는 국호를 어떻게 할 것인지, 수도는 어디로 할 것인지 등에 대한 문제도 논의의 대상이 된다. 참고로 우리 '헌법'에는 수도에 관한 규정이 없다. 다만 서울이 행정수도라는 것이 관습헌법이라는 헌법재판소의 결정이 있었을 뿐이다. 이에 반하여 북한은 1948년 '헌법'에서는 수도를 서울로 규정하고 있었고, 1972년 '사회주의헌법'부터 현행 '헌법'에 이르기까지는 수도를 평양으로 규정하고 있다. 참고로 남아프리카공화국은 입법수도, 행정수도, 사법수도를 각각 두고 있고, 스리랑카, 볼리비아, 스와질란드, 코트디부아르, 말레이시아와 같이 입법수도와 행정수도를 따로 두면서 사법수도는 입법수도나 행정수도 중 한 곳에 두고 있는 국가들도 있다. 남북한 주민의 화합이라는 차원에서는 통일한국도 행정수도와 입법수도를 서울과 평양으로 나누는 것도 생각해 볼 여지가 있다고 본다.

2) 헌법 관련 법률 분야

'헌법' 관련 법 중에서 '연호에 관한 법률', '국경일에 관한 법률', '대한민국국기법' 등은 대한민국의 정체성 등과 깊은 관련이 있고, 북한 주민의 권리나 의무에 대한 이해관계와도 무관하므로 그대로 확대·적용을 하여야 할 것이다. 물론 이에 상응하는 북한의 '국기법', '국장법' 등은 당연히 폐지되어야 할 것이다.

'법령 등 공포에 관한 법률', '청원법' 등도 주로 절차적인 문제를 다루고 있으므로 이를 그대로 확대·적용하더라도 북한 주민의 이해관계에 비치는 영향이나 부작용, 혼란 등을 야기할 우려가 별로 없을 것이므로 그대로 확대·적용할 수 있을 것이다.

'국적법'의 경우에는 북한은 제정 당시부터 부모양계혈통주의를 채택하고, 이중국적을 허용하는 등 우리의 '국적법'과 차이가 있고 후천적으로 국적을 취득하거나 상실한 자들의 문제 등이 있기 때문에 우리 '국적법'을 그대로 적용하면 몇 가지 문제가 발생한다. 따라서 '국적법'은 새로 제정하거나 개정을 할 필요성이 있다.

'정당법'의 경우는 북한의 행정구역을 어떻게 하느냐에 따라 시·도당의 등록이나 법정 시·도당 수, 시·도당의 법정 당원 수를 어떻게 할 것이냐는 정책 판단의 문제가 있기는 하지만 그대로 확대·적용하더라도 별문제는 없어 보인다.

국회에 관한 법률로는 '국회법', '국정감사 및 조사에 관한 법률', '국회에서의 증언·감정등에 관한 법률', '인사청문회법', '국회사무처법', '국회입법조사처법', '국회예산정책처법', '국회도서관법' 등이 있다. 선거에 관련된 법률로는 '공직선거법', '선거관리위원회법' 등이 있다. 국회와 관련된 법들은 국회 및 국회 내 기관의 조직과 구성 및 운영에 관련된 법률들이고, 선거 관련 법들은 선거의 관리 및 선거의 방법 및 절차 등에 관한 법률들이다. 북한 지역이 자유민주주의 체제 및 시장경제 체제로 전환이 됨에 따라 개정이 필요한 법률이라기보다는 영역의 확장에 의한 국회의 역할 증대에 따라 국회 상임위원회의 추가 및 국회의원 증원의 필요성, 북한 지역에서의 지방자치단체장이나 지방의회 의원 등의 선거 등에 따른 개정의 필요성이 제기된다.

'헌법재판소법'의 경우에도 통일 직후 헌법재판소의 기능과 역할은 달라지지는 않을 것이므로 당분간은 그대로 유지할 필요가 있다고 본다. 오히려 통일 직후 법제 통합 과정에서 제기되는 위헌 문제나, 위헌정당 문제 등으로 헌법재판소의 역할이 더 증대할 가능성이 크다. 따라서 필요시에는 조직을 더 확대하는 방향으로의 개정은 필요할 수 있을 것이다.

남북한 지역 출입과 관련하여 살펴보면 통일 이후 남북한 간의 사회 질서가 어느 정도 안정될 때까지는 일정 기간 동안 헌법상의 거주이전의 자유를 제한할 필요성에 대한 신중한 검토가 필요하다. 가장 큰 이유는 북한 주민의 대량 월남에 따른 문제이며, 반대로 남한 주민의 무분별한 북한 진출 역시 자칫 사회적 혼란을 야기할 수 있다. 남북한 주민의 상호 출입에 관하여는 우리의 경우 '남북교류협력법'에 의하여 규율을 하고 있다. 그러나 이 법은 분단 상태에서의 남북한 간의 교류와 협력을 위한 법규이기 때문에 통일 이후에도 계속 효력을 유지하기 어렵다. 따라서 필요시에는 이 법에서와 같이 상호 출입을 제한하는 별도의 특별법을 제정할 필요가 있을 것이다.

3) 행정법 분야

남한의 행정 분야의 법은 크게 행정조직에 관한 법, 행정작용 일반에 관한 법, 인사에 관한 법, 연금 관련 법, 복무·훈련·징계 관련 법, 상훈·전례에 관한 법, 외무에 관한 법, 남북 관계에 관한 법 등으로 나누어볼 수 있다.

(1) 행정조직에 관한 법

행정조직에 관한 기본법은 '정부조직법'이다. 그 밖에 '책임운영기관의 설치·운영에 관한 법률', '대통령직 인수에 관한 법률', '국가정보원법', '감사원법', '정부출연기관 등의 설립·운영 및 육성에 관한 법률', '정부법무공단법' 등이 있다.

통일이 되면 북한의 행정조직 자체는 대부분 개편을 하여야 할 것이다. 그 과정에서 남북한 유사 기관의 통폐합 문제도 발생하고, 북한의 대응 기관이 폐지되고 남한의 관련 기관이 그 기능을 확대하게 되면 그 기능 확대에 따른 법률의 개정은 불가피하다. 따라서 정부 행정조직에 관한 법들은 대부분 조직 개편이나 기능의 확대, 구성원 증원의 필요성 등에 따라 개정이 되어야 할 것으로 보인다.

(2) 행정작용 일반에 관한 법

이 분야에 해당하는 법으로는 '행정대집행법', '행정심판법', '행정절차법', '행정소송법', '국가배상법', '정부업무평가 기본법', '행정규제기본법', '행정조사기본법', '개인정보 보호법', '전자정부법' 등이 있다. 이러한 법들은 행정행위의 절차와 그 구제에 관한 것이어서 통일이 되더라도 이 법들을 개정할 필요성은 크지 않다. 오히려 통일 후 북한 지역에서의 행정행위도 이와 같은 법에 따라 그 절차와 구제가 진행되어야 하므로 대부분 그대로 확대·적용할 수 있을 것이다.

(3) 인사에 관한 법

이 분야에 해당하는 법으로는 '국가공무원법', '경찰공무원법', '교육공무원법', '군인사법', '군무원인사법', '공직자윤리법', '부패방지 및 국민권익위원회의 설치와 운영에 관한 법률', '국가정보원직원법' 등이 있다.

이 분야에 있어서 가장 고려하여야 할 사항은 북한에서 공직에 근무하였던 자들의 재임용 등과 관련된 문제이다. 통일 이후 북한 정권 보호와 유지에 관련된 핵심 분야 요직에 있던 자들은 대부분 통일 이후 그 자리를 보전할 수 없을 것이겠지만, 주로 기술직이나 하위직에 종사하였던 자들에 대하여는 실질적인 남북 통합을 위하여 일정 기간 재교육 과정 등을 거쳐, 적어도 북한 지역에 설치된 행정기관에서는 다시 근무를 할 수 있는 기반을 만들어줄 필요가 있다. 다시 말해 통일 직후 북한 주민들에게 남한이 북한을 점령한 것과 같은 인식을 주어 북한 주민이 소외감 내지 심리적 박탈감을 느껴 남북 주민들 간의 반목과 갈등이 제기되지 않도록 일정 부분 북한 주민의 참여를 받아들이고, 권력 안배에 대한 배려가 필요한 것이다.

그러나 이러한 배려에는 내재적인 한계가 있음을 분명히 인식하여야만 한다. 주체사상과 사회주의 체제하에 살아왔던 북한 주민들의 정치 참여 보장을 위하여 자칫 형식적인 정치통합 체제를 추진할 경우 군이 예멘의 사례를 들지 않더라도 정치 체제의 불안정으로 인한 국가안보 위협과 재분단의 위험성이 발생할 수 있다.

특히 국가안보질서 유지를 위한 군조직의 통폐합, 경찰 조직의 통폐합 등은 매우 시급히 해결하여야 할 과제이다. 더군다나 불가피한 상황에 의해 통일이 되는 경우에는 필시 통일에 대한 반대 세력이 생길 가능성이 농후하며, 경우에 따라서는 이들이 무장 세력화될 가능성도 있을 것이다. 그러므로 통일국가의 체제가 안정될 때까지는 군사 분야는 물론 경찰행정 및 정보 분야 등에 있어서는 확실한 통제권을 행사할 수 있는 방향으로 정부 조직이 이루어져야 한다.

그러기 위해서는 현 북한 정권의 일정 수준의 지배 세력은 어느 정도 배제할 수밖에 없으며, 비록 북한 정권 유지에 참여한 계층이라 하더라도 단순 기술직이나 일정 직급 이하의 하위직의 경우에는 자유민주주의 체제 및 시장경제 체제에 대한 신속한 재교육 등을 통하여 그 인력을 활용할 필요가 있을 것이다.

이에 따라 '공직자윤리법'과 같이 공무원의 근무와 관련된 법들은 그대로 확대·적용하여도 문제가 없겠지만, 북한에서 공직 분야에 근무한 자들의 공직으로부터의 배제의 범위 등에 대한 정책 판단에 따라 공무원 자격 등에 대한 일부 법령의 개정이 필요하다. 또한 북한에서 공직에 근무하였던 자들에 대한 재교육을 실시하기 위하여 필요한 법률은 새로 제정을 할 필요가 있다.

(4) 연금 관련 법

연금과 관련된 법으로는 '공무원연금법', '군인연금법', '국민연금법', '사립학교교직원 연금법' 등이 있다. 이 연금법들은 해당 법률에서 정한 자격을 지난 자들의 생활 안정과 복리 향상을 위하여 제정된 법률들로서 통일이 되었다고 해서 이 법 자체의 개정이 반드시 필요한 것은 아니라고 본다. 통일 이후 공직이나 교원 등의 자격을 취득한 자들에 대하여는 이 법을 그대로 적용하면 된다고 본다. 다만 통일 이후 해당 자격을 취득한 북한 주민들이 연금수혜자가 되었을 경우에 이들에 대한 정책적 배려를 더해줄 것인지의 문제는 그 당시의 국가 재정 상태 등을 고려하여 결정한 문제이다. 문제는 오히려 현재의 북한법에 의한 연금제도를 어떻게 정리할 것인지에 있다.

(5) 지방행정 관련 법

지방행정과 관련한 남한 법으로는 '지방자치법', '지방분권 및 지방행정체제 개편에 관한 특별법', '제주특별자치도 설치 및 국제자유도시 조성을 위한 특별법', '주민투표법', '도서개발 촉진법', '지역특화발전특구에 대한 규제 특례법', '접경지역 지원 특별법' 등 지방 행정체계와 관련된 법과 '지방공무원법'과 같이 공무원 임용 등에 관한 법, '지방재정법', '공유재산 및 물품 관리법', '지방세법', '지방공기업법' 등 지방 재정과 관련된 법규들이 있다.

통일 이후 북한 지역에 우리도 오랜 시간에 걸려 시행된 지방자치제도를 적용할 것인지는 풀뿌리 민주주의의 실현이라는 이상과 북한 주민의 민주시민으로서의 소양 부족 및 지방 재정 등 현실 간의 괴리로 인하여 매우 많은 논의가 필요하겠지만 당장 실현하기에는 어려움이 많을 것이다.

또한 통일 후 북한 지역에 대한 조속한 경제 재건을 위해서는 북한 지역에 대한 특별한 재정적 지원과 조치가 필요하다는 점에서 북한 지역을 일종의 특별 행정구 내지는 경제구로 선포하고 이에 대한 별도의 재정 지원 및 기타 경제 촉진을 위한 특별법들이 제정될 필요가 있다.

따라서 지방행정과 관련하여서는 통일 후 북한 지역에 대한 지방자치제도를 어느 범위에서 인정할 것인지에 대한 정책 판단부터 시작하여, 북한 지역의 행정 체제를 어떻게 하고, 관련 행정 조직을 어떻게 정비할 것인지 등에 관한 정책 결정을 한 뒤 그에 따라 관련 법규를 정비할 필요가 있고, 기존의 남한 지역에 적용되던 지방행정 관련 법규들은 북한 지역에는 그 적용을 배제하는 경과 규정 등을 둘 필요가 있다.

(6) 복무·훈련·징계 및 상훈·전례에 관한 법

공무원의 복무·훈련·징계에 관해서는 '공무원 교육훈련법', '국가공무원 복무규정', '지방공무원 징계 및 소청규정', '법관징계법', '검사징계법' 등이 있고, 상훈·전례에 관해서는 '상훈법', '전직대통령 예우에 관한 법률' 등이 있다.

이 법규들은 남한의 공무원을 전제로 제정된 법들이기는 하지만, 통일 이후의 공무원이 된 북한 주민에 대하여도 그대로 확대·적용하면 될 것이고, 다만 경우에 따라서는 통일 이전의 행위로 인한 징계 문제 등에 대해서는 경과 규정을 두어 소급 적용되지 않거나 제한적으로 적용되도록 하면 될 것이다.

다만 기존의 북한 주민 출신 공무원들에 대한 교육프로그램 등은 새로 개발을 하여야 할 것이며, 각종 훈련 기관 등 시설에 대한 문제, 이들을 교육시킬 수 있는 교관 확보 문제 등에 대한 검토와 준비가 필요하다.

(7) 외무에 관한 법

이 분야에 해당하는 법으로는 '외무공무원법', '대한민국 재외공관 설치법', '정부대표 및 특별사절의 임명과 권한에 관한 법률' 등이 있다. 이러한 법들은 해외에서의 국가의 주권 행사 및 정부의 대표 등에 관한 것으로 통일 이후 그대로 유지하면 될 것이다. 다만 외무부 업무로서는 북한의 재외 공관 및 외무 공무원 등에 대한 통합과 재편이 필요하므로 그 범위 내에서 필요한 부분에 대한 일부 법 개정이 이루어지면 될 것이다.

다음으로는 재외국민과 관련된 '재외국민등록법', '재외동포의 출입국과 법적 지위에 관한 법률', '재외국민의 가족관계등록 창설, 가족관계등록부 정정 및 가족관계등록부 정리에 관한 특별법'과 '해외이주법', '여권법' 등이 있는데, 이러한 법들은 통일에 따라 별다른 상황변화가 예상되지 않으므로 그대로 확대·적용해도 될 것으로 보인다.

(8) 행정벌 등에 관한 법률

앞에서 언급한 바와 같이 남한의 행정 법규는 각 개별 법에서 해당 법률에 따른 행정행위의 실효성을 확보하기 위한 수단의 하나로 행정벌에 관한 규정을 두고 있는 데 반하여, 북한은 앞에서 언급한 바와 같이 각 행정 법규에서는 대체로 해당 법을 위반한 자에 대하여는 그 위반

정도에 따라 행정적 또는 형사적 책임을 지운다는 일반 규정만 두고, 구체적인 형벌이나 행정처벌에 대해서는 '형법'과 '행정처벌법'에서 별도로 규정을 하고 있는 것이 특징이다.

북한의 '형법'은 물론 이 '행정처벌법'도 죄형법정주의 내지 행정법치주의 입장에서 볼 때 처벌 내지 규제의 대상이 되는 구성요건이 명확하지 않아 자의적인 해석이 가능하므로 통일이 되면 폐지되어야 할 대표적인 법률이다. 따라서 통일 이후 각 행정 법규의 위반행위에 대한 행정 규제는 남한의 법체계에 따라 행정 작용에 관한 각종 법규를 그대로 확대·적용하거나, 개정하여 적용하면서 해당 법률에 따라 규제를 하면 될 것이다. 다만 경우에 따라서는 기존의 행정 법규 위반행위에 대한 행정형벌의 적용과 관련하여서는 행위시법인 북한 '형법'에 따르면 되고, 만일 그 행위가 남한 법에 의하여 형사처벌의 대상이 되지 않는다면 우리 '형법' 제1조 제2항에 따라 범죄 후 법률의 변경에 의하여 그 행위가 범죄를 구성하지 않는 경우에 해당한다고 보아 처벌을 하지 못하도록 하여야 할 것이다.

4) 남북 관계 관련 분야

남한 법체계상 남북 관계를 규율하는 법으로는 북한의 이중적 지위에 따라 북한을 반국가 단체로 보고 이에 대한 규율을 하기 위한 '국가보안법'과 북한을 교류와 협력의 대상으로 보고 이에 대한 법적 근거와 활성화를 위한 '남북교류협력법' 등이 있다. 법리적으로만 본다면 '국가보안법'상 반국가 단체는 단지 북한만을 의미하는 것이 아니라 "정부를 참칭하거나 국가를 변란할 것을 목적으로 하는 국내외의 결사 또는 집단으로서 지휘통솔체제를 갖춘 단체"를 의미한다(제2조 제1항). 물론 그 대표적인 예가 바로 북한이다. 하지만 반국가 단체가 반드시 북한에만 국한되는 것은 아니다. 따라서 북한이라는 실체가 소멸되었다고 하여 이 법에서 말하는 반국가 단체가 모두 없어진 것은 아니므로 통일이 되었다고 하여서 이 법을 반드시 폐지하여야만 하는 것은 아니다. 하지만 현재도 폐지 주장이 끊이지 않는 이 법을 통일 이후에도 유지할 실효성이 있는지는 신중히 검토를 할 사안이라 할 것이다.

'국가보안법' 외에도 남북한 관계를 규율하는 법으로는 '남북관계발전법', '남북교류협력법', '남북협력기금법', '개성공업지구지원법' 및 각 법의 하위 법령들이 있다. 이러한 법들은 북한의 실체를 전제로 하는 것이어서 북한이라는 실체가 소멸되면 사실상 이와 같은 법들은 그 기능을 상실하고 그 법이 실효된다고 볼 수 있을 것이다. 그러나 현실적으로는 반드시 그렇지 못한 면이 있다. 예를 들어 개성공업지구의 경우에는 북한의 '개성공업지구법'을 비롯한 하위 규정과 시행세칙 및 개성공업지구 관리위원회가 제정한 사업 준칙 등에 의하여 운영이 되고 있으므로, 이 법에 따라 투자한 남한 기업 등을 보호하기 위해서는 일정 기간 기존의 법체제하에서 운영될 수밖에 없다. 따라서 개성공업지구 법제의 한 부분을 담당하고 있는 '개성공업지구지원법'도 통일 직후 바로 폐지하기는 어려울 것이며, 그 기능이 필요한 범위 내에서 효력을 유지하여야 할 것으로 보인다. 이 점에 있어서는 '개성공업지구지원법'보다는 덜하겠지만 '남북관계발전법', '남북교류협력법', '남북협력기금법' 등도 마찬가지이다. 따라서 이러한 법들은 일정 기간 그 효력을 유지시킬 수밖에 없고, 정작 이러한 법들을 폐지하려면 예를 들어 가칭 '북한 지역 투자기업 보호 등에 관한 법률'과 같은 대체 법을 제정한 후 폐지하는 등의 조치가 필요하다.

5) 민사법 분야

(1) 통합의 기본 방향

남한의 민사법 분야를 크게 나누어보면, 첫째, 민법과 이에 대한 각종 특별법 내지는 특례법이 있고, 둘째, 가족관계 등록에 관한 법률이 있으며, 셋째, 등기와 공탁에 관한 법률이 있고, 마지막으로 절차법인 '민사소송법' 분야가 있다.

'민법'에 관한 특별법 내지 특례법에 해당하는 것으로는 '부재선고에 관한 특별조치법', '가등기담보 등에 관한 법률', '집합건물의 소유 및 관리에 관한 법률', '입양특례법', '공장 및 광업재단 저당법', '자동차 등 특정동산 저당법', '입목에 관한 법률', '국가에 귀속하는 상속재산 이전에 관한 법률', '이자제한법', '국가배상법', '원자력 손해배상법', '자동차손해배상 보장법', '실화책임에 관한 법률', '공익법인의 설립·운영에 관한 법률', '주택임대차보호법', '상가건물 임대차보호법', '유실물법', '신탁법', '신원보증법', '민주화운동 관련자 명예회복 및 보상에 관한 법률', '친일반민족행위자 재산의 국가귀속에 관한 특별법' 등이 있다.

가족관계 등록에 관해서는 기존의 '호적법'이 폐지되면서 새로 제정된 '가족관계의 등록 등에 관한 법률'을 비롯하여 '혼인신고특례법', '재외국민의 가족관계등록, 창설, 가족관계등록부 정정 및 가족관계등록부 정리에 관한 특례법' 등이 있다.

등기 및 공탁에 관해서는 '부동산등기법', '부동산 실권리자 명의 등기에 관한 법률', '부동산등기 특별조치법', '상업등기법', '법인의 등기사항에 관한 특례법', '국공유부동산의등기촉탁에관한법률', '선박등기법' 등이 있다.

민사소송에 관해서는 '민사소송법', '민사집행법', '소송촉진 등에 관한 특례법', '행정소송법', '국가를 당사자로 하는 소송에 관한 법률', '가사소송법', '비송사건절차법', '중재법', '민사조정법', '채무자 회생 및 파산에 관한 법률' 등이 있다.

이처럼 우리 민사법 분야는 매우 세분화되어 있다. 이에 반하여 2004년도 북한 대중용 법전에 소개된 북한의 민사법 분야의 법률은 '민법', '가족법', '상속법', '손해보상법', '민사소송법' 정도에 불과하다. 이는 기본적으로 생산수단의 사유를 인정하지 않는 북한의 체제 특성상 민사법 분야가 크게 발달할 수 없다는 데 가장 큰 원인이 있는 것으로 보인다.

그런데 통일이 되면 북한 지역에도 우리의 시장경제 체제로 체제 전환이 이루어지게 될 것이므로 기본적으로 기존의 북한의 민사법 분야는 모두 폐지되고, 남한의 민사법들이 확대·적용될 수밖에 없다. 다만 기존의 북한의 민사법에 기초하여 이루어진 법률관계와 권리와 의무에 대한 신뢰 보호 및 법적 안정성이 필요한 범위 내에서 각종 경과 조치가 필요할 것이다. 북한법에 기초한 기존의 법률관계의 효력은 인정하되 공서양속에 반하는 경우에는 그 효력을 제한할 수 있을 것이다.

독일의 경우에도 「통일조약」 제8조에 근거하여 원칙적으로 '연방민법'이 독일 전역에 확장·적용되도록 하면서 동독 지역에 대하여 민법총칙, 채권, 물권, 친족 상속 등 각 분야에 관한 경과 규정을 두었다. 이러한 경과 규정의 예로는 행위무능력선고효력, 사단과 재단 설립의 효력 등이 있다.[9]

우리 민법의 경우에도 성년의 나이, 태아의 권리 능력, 유언의 방식 등 남북 민법의 차이에서 발생하는 각종 사안에 대한 경과 규정을 어떻게 할 것인지에 대한 구체적인 검토와 대책 마련이 있어야 할 것이다.

통일과 관련하여 현실적으로 가장 큰 문제가 되는 법률문제는 북한 정권에 의하여 몰수 및 국유화된 부동산의 소유권 반환에 관한 문제와 가족법 분야에서의 신분 관계, 혼인, 상속에 관한 것이다.

(2) 북한 정권에 의해 몰수, 국유화된 부동산 처리 문제

남북통일 시 실질적으로 가장 큰 변화가 이루어지는 분야는 경제 분야일 것이다. 특히 사

---

9 「통일조약」 제8조는 "양독 통합이 발효될 때 이 조약 제3조에 열거한 지역에는 독일연방의 특정 주 또는 주의 일부에 적용범위의 제한이 없거나, 이 조약, 특히 부속서 I에서 달리 규정하지 않는 한 연방 법령이 적용된다"라고 하여 연방법 확대·적용의 원칙을 규정하고 있다.

회주의적 계획경제하에 있던 북한 주민들이 자유주의 시장경제질서에 적응하도록 하는 의식 변화의 문제도 있겠지만, 현실적으로 사전에 철저한 대비책을 세워야 하는 것은 바로 북한 내 부동산, 그중에서도 토지에 대한 제도의 개편이며, 토지소유제도의 개편에는 필연적으로 1946년부터 시작된 토지개혁에 의하여 몰수된 토지의 처리 문제와 국유화된 토지의 소유제도 에 대한 문제가 핵심 사항이다.

토지소유제도의 재편과 관련하여서는 그동안 '토지공공임대제'를 비롯한 여러 가지 제안 이 제시되어 오고 있으나,[10] 기본적으로는 남한의 토지제도와 다른 제도를 도입하기는 쉽지 않아 보이므로 결국은 남한의 자본주의 토지소유제도를 이식하는 것이 될 것이다. 다만 남한 의 현행 토지 제도의 불합리한 점을 개선하여 토지공개념이 더욱 강화되는 방향으로 시행해 나가는 것이 바람직할 것이다.

또한 북한 지역 전체에 대한 국토 이용 및 개발 계획을 수립하고, 이러한 계획들이 신속하 게 추진될 수 있는 방향으로 추진되어야 하는데, 특히 논란의 대상이 되는 부분이 바로 북한의 토지개혁에 의한 몰수토지의 처리 문제이다.

즉, 당시의 토지 몰수를 불법적인 것으로 보고 원소유자에게 반환하도록 하여야 할 것인 지, 아니면 손실 보상을 하면 될 것인지, 아니면 아무런 보상도 없이 북한의 몰수 조치를 그대 로 인정할 것인지의 문제이다. 나아가 보상을 한다 하더라도 그 대상과 기준을 어떻게 할 것인 지도 우리가 감당하여야 할 통일 비용과 밀접한 관련이 있으므로 이 부분도 사전에 충분한 검 토를 거쳐 반드시 대비책을 세워야 한다.

이와 관련하여 국내 대부분의 선행 연구를 살펴보면 독일의 경험 등을 바탕으로 원상회복 에 반대를 하는 의견이 다수인데, 이 경우에는 법률적으로 위헌 문제의 극복이 가장 큰 과제이 다. 위헌 문제 해결은 당시 북한의 토지개혁이 형식적으로는 김일성을 위원장으로 하는 북조 선임시인민위원회가 그 주체였지만, 최근의 자료 등에 따르면 실제 주체는 소련 군정으로 보 아야 할 것이고,[11] 이 경우 북한 정권 수립 이전의 군정에 의한 토지개혁이므로 독일의 경우와

---

10 '토지공공임대제'에 대하여는 허문영·전강수·남기업, 『통일대비 북한토지제도 개편방향 연구』(통일연구 원, 2009) 참고.

11 러시아 국방성 문서보관소에서 발견된 당시 소련군 자료에 따르면 토지개혁은 소련군의 치밀한 계획과 모 스크바와의 수차례 협의를 거쳐 진행된 것이고, 북한 지역의 토지개혁의 내용은 당시의 소련군, 특히 연해 주 군관구 정치 담당 부사령관(상장)으로 평양에 있던 스티코프(T.E. Shtikov)에 의해서 이루어졌으며, 토 지개혁에 관한 소련군의 기안은 1945년 11월부터 만들어졌다고 한다. "다시쓰는 한반도 100년(18): 땅의 재분배", ≪경향신문≫, 2001년 12월 14일 자 기사 참고.

같이 점령 고권의 이론에 의한 해결이 가능하다고 본다. 이것만으로도 부족할 경우에는 유엔 회원국으로 세계 162개국과 수교를 한 북한의 법적 지위에 대한 더 긍정적인 해석 등을 통하여서도 해결에 큰 어려움은 없을 것으로 본다.

또 한 가지 간과하지 말아야 할 것은 독일의 경우에는 동독 지역에서만 토지개혁이 이루어졌지만 남북한의 경우에는 양측 모두 토지개혁을 실시하였다는 점이다.

즉 남한 지역에서도 미군정은 1945년 12월 6일 군정법령 제33호로 '조선 내에 있는 일본인재산권 취득에 관한 건'을 제정하여 구 일본 정부와 일본인 소유의 재산권을 몰수하였고, '반민족행위처벌법'(1948.9.22. 법률 제3호)을 제정하여 일제강점기의 반민족행위자에 대한 형사처벌과 재산 몰수를 추진하였으나 1951년 2월 14일 이 법의 폐지로 불법 청산을 완료하지 못하였다.

이후 친일 반민족행위자의 후손들의 재산환수 소송이 제기되어 문제가 되자 2005년 12월 29일 '친일반민족행위자 재산의 국가귀속에 관한 특별법'을 제정하여 시행하고 있다. 또한 제헌 '헌법'에 의거하여 농지를 농민에게 적절히 분배함으로써 농가 경제 자립과 농업생산력 증진으로 인한 농민 생활의 향상 및 국민경제의 균형과 발전에 기여하기 위하여 1949년 6월 21일 법률 31호로 '농지개혁법'을 제정하였다. 그러나 정부는 바로 법률 개정에 착수하여 1950년 3월 10일 개정 법률을 공포·시행하였다. 이 법은 북한에서 농지를 무상몰수(無償沒收)하여 농민에게 무상분배한 농지개혁에 대응하여, 남한에서도 농지개혁을 실시하기 위하여 제정된 법률로 소유자가 직접 경작하지 않는 농토(소작인이 경작하는 농토)에 한하여 정부가 5년 연부보상(年賦補償)을 조건으로 소유자로부터 유상취득하여 농민에게 분배해 주고, 농민으로부터 5년 동안에 농산물로써 정부에 연부로 상환하게 하는 이른바 유상몰수·유상분배의 농지개혁을 실시하였던 것이다.[12]

이처럼 독일의 경우와는 달리 남한에서도 토지개혁이 추진된 점 역시 북한의 몰수토지에 대한 처리 방법과 관련한 고려가 있어야 한다. 또한 이와 같은 법리적인 문제 외에도 원상회복은 현실적으로도 불가능에 가깝다고 보아야 하는데, 원상회복의 문제점을 간단히 살펴보면, 첫째, 북한의 관련 공부(公簿)의 소실이나 폐기 등으로 원소유자 확인이 어렵다는 점, 둘째, 원상회복을 인정할 경우 분쟁 대상 토지에 대한 투자나 개발의 어려움으로 인하여 결과적으로 북한 지역에 대한 경제개발사업에 큰 지장이 초래된다는 것이다.

---

12 이 법은 1994년 12월 22일 '농지법'(법률 제4817호)의 제정으로 대체되면서 폐지되었다.

물론 보상 원칙을 채택한다 하더라도 원소유자 확인 작업은 필요하지만, 이 경우에는 투자와 개발이 이루어진 후에도 소유권자 확인을 통한 보상이 가능하므로 토지 사용의 법적 장애에 따른 개발 사업 추진에 큰 어려움이 발생하지 않는다는 장점이 있다.

한편 이와 같은 몰수토지의 원상회복이나 손실 보상의 문제에 대한 논의는 결국 북한의 법적 지위를 불법단체로 보는 데에서 출발하는데, 북한의 법적 지위에 대한 논의는 대체로 국가안보 차원에서의 반국가 단체로서의 성격과 교류협력 분야에서의 대등한 동반자로서의 이중적 지위를 갖고 있는 것으로 논하고 있다. 그렇다면 통일 시점에서, 그리고 법적 통합을 하는 과정에서 북한은 어떤 법적 지위에 있게 되는 것인지에 대한 신중한 논의가 필요하다고 본다. 현재도 우리 법원은 북한에서의 혼인신고에 따른 가족관계를 인정하고 있는데, 그 법적 의미는 무엇인지 과연 북한 당국의 법적 행위가 어디까지 불법이고 어디까지가 적법한 것인지, 국가만이 회원국이 되는 유엔에 북한 역시 회원국이 되었고 2017년 12월 기준 세계 162개국과 수교를 하고 남북한 동시 수교국이 158개국이나 되는 상황에 있는 북한의 실체는 무엇인지, 남북한을 모두 일본으로부터 분리된 신생독립국으로 보는 국제사회의 주류적인 시각을 어떻게 평가할 것인지 등에 대하여 진지한 고민을 할 시점이 되었다고 본다.

향후 이 점에 대하여는 이와 같은 법리적인 문제와 현실적인 문제를 고려한 신중한 법적·정책적 판단을 필요로 한다. 이는 북한 지역의 경제 개발 등과 관련된 모든 정책의 선행 과제라 할 것이며, 이 문제가 해결된 연후라야 나머지 국토 개발 및 경제 개발 관련 법제에 대한 구체적인 논의가 가능하게 된다.

(3) 사유화 방안

앞에서 살펴본 바와 같이 북한은 사회주의 체제에 맞춰 대표적 생산수단인 토지에 대한 몰수 조치를 취하였고, 이를 국유화 내지 협동단체의 소유로 전환을 하였다. 이에 따라 생산수단은 국가와 사회협동단체만이 소유하도록 하고 있으며('헌법' 제20조), 특히 토지의 경우는 '토지법' 제9조에서 "토지는 국가소유권 또는 협동단체만이 소유할 수 있으며, 그것을 누구도 팔고 사거나 개인의 것으로 만들 수 없다"라고 규정하고 있다. 그러나 현실적으로는 법률상의 소유권 여부를 떠나 실질적으로 개인들이 경작하는 텃밭, 뙈기밭 등의 소토지가 존재하고 있는 것으로 알려져 있으며, 일부 이에 대한 매매도 성사되고 있다고 한다. 물론 북한 당국은 이에 대한 단속을 수시로 하고 있으며, 2009년 2월에는 '소토지를 없애는데 대한 김정일의 방침'에 따라 대대적으로 뙈기밭 조사를 한 바도 있다.

통일 이후 국가나 협동단체가 소유하고 관리하는 토지의 경우에는 이를 신탁관리청 등을 설치하여 관리한다 하더라도 개인들이 경작하는 텃밭 등의 경우에는 그 최소한 경작권에 대한 개인적 권리 등은 인정할 필요가 있다. 또한 북한 주민들이 거주하고 있는 주택의 경우에도 불법 청산 과정에서 국가가 몰수할 주택 등을 제외하고는 실거주자에게 주택에 대한 거주의 권리를 인정하고, 해당 주택의 소유권도 인정하여야 할 필요성도 있다. 이에 따라 각 주택에 대한 권리관계의 등기에 대한 조치도 취해져야 할 것이고, 이와 관련된 법률의 특별조치법 등의 제정도 필요하다.

한편 북한은 토지에 대한 몰수 등의 조치에 따라 구 등기부 등은 모두 폐기를 한 것으로 알려져 있다. 따라서 통일 이후에는 북한 지역의 토지에 대한 등기화 조치가 취해져야 할 것인데, 이는 매우 방대한 작업이 될 것이다. 이와 관련하여 북한은 2009년 11월 11일 최고인민회의 상임위원회 정령 제395호로 '부동산관리법'을 채택하였다. 물론 '토지법' 채택의 주된 목적은 재정난을 해결하기 위한 부동산 사용료 징수에 있는 것으로 보이지만, 이 법 제4조는 "국가는 부동산을 형태별, 용도별로 정확히 등록하고 정상적으로 실사하도록 한다"라고 규정하고 있으므로, 이 법의 시행에 따라 북한의 부동산에 대한 등록이 제대로 이루어져 있다면, 경우에 따라서는 우리 등기 관련 법률에 따라 새롭게 등기 조치가 완료될 때까지는 북한 지역의 부동산 등록에 관해서는 경과 조치 등을 통하여 이 법에 따른 등록제도의 효력을 그대로 인정하는 방안도 모색해 볼 수 있을 것이다.

(4) 가족관계 및 상속 문제

통일이 되면 이산가족 재결합에 따라 혼인과 관련된 중혼 문제와 신분 관계 회복 등에 따른 상속 문제 등 매우 해결하기 어려운 문제가 발생한다. 특히 중혼 문제의 경우 기존의 부부 관계에 대한 신뢰 보호의 차원에서 양혼을 모두 인정하게 되면 일부일처제의 전통 유지에 대한 어려움이 발생할 것이지만, 정책적으로는 후혼을 보호하는 차원에서 정책적인 결정을 하여야 할 것으로 보인다. 상속에 관한 문제에 있어서도 이미 분단 상태에서 이루어진 상속 재산에 대한 회복청구를 전면 인정하게 되면 기존의 재산 상속에 기초하여 이루어진 법률관계를 보호하기 어려운 문제가 발생하게 된다. 이와 관련하여 2012년 2월 10일 '남북 주민 사이의 가족관계와 상속 등에 관한 특례법'이 제정되어 같은 해 5월 10일부터 시행되고 있다. 이 법은 남한 주민과 북한 주민 사이의 가족관계와 상속·유증 및 이와 관련된 사항을 규정함으로써 남한 주민과 북한 주민 사이의 가족관계와 상속·유증 등에 관한 법률관계의 안정을 도모하고, 북한 주민이 상속이나 유증 등으로 소유하게 된 남한 내 재산의 효율적인 관리에 이바지함을 목적으로 하고 있다(제1조).

6) 형사법 분야

(1) 통합의 기본 원칙

남한의 경우 형사법 분야의 대표적인 법은 '형법'과 '형사소송법'이다. 그러나 구체적인 형사처벌 규정을 둔 형법의 경우에는 기본법이라 할 수 있는 '형법' 외에도 '벌금 등 임시조치법', '특정강력범죄의 처벌에 관한 특례법', '범죄수익은닉의 규제 및 처벌 등에 관한 법률', '부패재산의 몰수 및 회복에 관한 특례법', '특정범죄 가중처벌 등에 관한 법률', '특정범죄신고자 등 보호법', '특정경제범죄 가중처벌 등에 관한 법률', '국제형사재판소 관할 범죄의 처벌 등에 관한 법률', '국제상거래에 있어서 외국공무원에 대한 뇌물방지법', '공무원범죄에 관한 몰수 특례법', '밀항단속법', '보건범죄 단속에 관한 특별조치법', '마약류 불법거래 방지에 관한 특례법', '교통사고처리 특례법', '폭력행위 등 처벌에 관한 법률', '성폭력방지 및 피해자보호 등에 관한 법률', '성폭력범죄의 처벌 등에 관한 특례법', '디엔에이신원확인정보의 이용 및 보호에 관한 법률', '특정 범죄자에 대한 보호관찰 및 전자장치 부착 등에 관한 법률', '성매매알선 등 행위의 처벌에 관한 법률', '가정폭력범죄의 처벌 등에 관한 특례법', '화염병 사용 등의 처벌에 관한 특례률', '경범죄 처벌법', '질서위반행위규제법', '국내재산 도피 방지법', '군용물 등 범죄에 관한 특별조치법', '몰수금품등처리에관한임시특례법', '선박 및 해상 구조물에 대한 위해행위의 처벌 등에 관한 법률', '형의 실효 등에 관한 법률', '부정수표 단속법', '부정경쟁방지 및 영업비밀 보호에 관한 법률', '비영리법인의 임원 처벌에 관한 법률', '군사기밀 보호법', '군복 및 군용장구의 단속에 관한 법률', '군형법', '군에서의 형의 집행 및 군수용자의 처우에 관한 법률' 등 수많은 특별법과 특례법이 있다. 현실적으로 어떤 범죄가 발생한 경우 '형법'보다는 이와 같은 각종 특별법에 의하여 처벌되는 경우가 대부분이다. 또한 이와 같은 '형법'과 형사특별법 외에도 각종 행정 법규에서 행정처분의 실효성 확보 수단으로 대부분 형사처벌 조항을 두고 있다.

이에 반하여 북한의 경우에는 구체적인 형사처벌 규정을 두고 있는 법은 '형법'과 이 형법의 특별법적 성격을 갖고 있는 '형법부칙' 및 우리의 '군형법'에 상응하는 '군사형법' 정도만 알려져 있다.[13]

이와 같은 차이점은 남북한의 경제와 사회의 발전 정도에 따른 차이점도 있겠으나 북한의 경우에는 비록 현행 '형법' 제6조에서 "국가는 형법에서 범죄로 규정한 행위에 대하여서만 형사책임을 지우도록 한다"라고 죄형법정주의를 채택하고 있으면서도 형법상의 각 범죄행위의 구성요건이 구체적이지 못하고, 불명확하여 얼마든지 확대 해석이 가능하고, 사실상 구금도 가능한 '행정처벌법'과 기타 각종 포고 등을 통하여 임의적인 형사처벌이 가능하기 때문이라고 보는 것이 타당할 것이다. 따라서 이처럼 법치주의와 죄형법정주의에 반하는 북한 '형법'은 통일 시 가장 먼저 폐지되어야 할 대표적인 법률이다.

형사법 분야의 통합의 기본 방향을 구체적으로 살펴보면 다음과 같다. 첫째, 북한 '형법'은 폐지를 하고 남한 '형법'의 확대·적용 원칙이 이루어져야 한다. 둘째, 남한 '형법'에 의하여서만 처벌이 가능하고 북한 '형법'에 의하여서는 처벌이 안 되는 행위에 대해서는 불법이라는 인식이 없는 북한 주민에 대하여 곧바로 형사처벌을 하는 것을 바람직하지 않으므로 일정 기간 적용을 유보할 필요가 있다. 셋째, 통일 전 북한 주민에 의하여 북한 지역에서 발생한 범죄에 대해서는 우리 '형법' 제1조에 따라 행위시법인 북한 '형법'을 적용하여야 할 것이다. 다만 그 행위가 남북한 형법 모두에 의하여 처벌에 가능할 경우에는 법정형이 경한 '형법'에 따라 처벌을 하면 되고, 북한 '형법'에 의하여서만 범죄가 되고 남한 '형법'에 의하여서는 범죄를 구성하지 않는 경우에는 범죄 후 법률의 변경에 의하여 행위가 범죄를 구성하지 않는 경우에 해당하므로 북한 '형법'의 적용을 배제하면 된다.

그러나 이와 같은 '행위시법 적용원칙' 및 '처벌이 경한 법률 우선의 원칙'에는 예외가 있다. 즉 통일 이전에 북한 지역에서 범한 범죄 중 통일 이전에도 우리 형사법에 의하여 처벌이 가능한 범죄에 대해서는 우리 형사법을 그대로 적용하여야 한다는 것이다. 그 대표적인 적용 법률이 바로 '국제형사재판소 관할 범죄의 처벌 등에 관한 법률'이다. 이 법은 제1조에서 명시하고 있는 바와 같이 "인간의 존엄과 가치를 존중하고 국제사회의 정의를 실현하기 위하여 「국제형사재판소에 관한 로마규정(Rome Statute of the International Criminal Court)」에 따른 국제형

---

13 '형법부칙'은 2007년 12월 19일 최고인민회의 상임위원회 정령 제2483호로 채택된 '조선민주주의인민공화국 형법부칙(일반범죄)'을 말한다. 북한은 아직도 이 법을 공개하고 있지 않다. '형법부칙'은 총 23개 조문으로 구성되어 있으며, 형식 면에서 볼 때 비록 명칭은 '형법부칙'으로 되어 있으나 기존 '형법'의 수정이나 보충이 아닌 별개의 법 제정 형태를 취하고 있다. 내용 면에서는 크게 두 가지로 분류되는데, 그중 한 가지는 이미 '형법'에서 규정하고 있는 일부 범죄에 대하여 그 정상이 '극히 무거운 경우' 등에 대한 가중처벌 조항을 둔 것이다. 다른 한 가지는 기존 '형법'에 없던 범죄를 신설한 것인데 이에 해당하는 것으로는 전략예비물자를 비법적으로 판 죄(제7조), 국가지원밀수죄(제8조), 외화도피죄(제9조), 건설법규위반죄(제10조), 마약 및 마약원료의 보관, 공급질서위반죄(제12조), 다른 나라에서 사는 사람에 대한 비법협조죄(제13조), 범인묵인죄(제15조), 사건해결방해죄(제16조), 비법적인영업죄(제18조)가 있다.

사재판소의 관할 범죄를 처벌하고 대한민국과 국제형사재판소 간의 협력에 관한 절차를 정함을 목적"으로 한 법률이다.[14] 이 법에서는 국제형사재판소의 관할 범죄인 집단살해죄, 인도에 반한 죄 및 각종 전쟁범죄에 대한 규정을 두고 있다. 통일 이후 북한 지역에서 이루어진 반인도적 범죄 등에 대한 불법 청산은 주로 이 법에 근거하여 이루어질 것이다.

절차법인 '형사소송법'의 경우에는 남한의 사법제도를 북한 지역에도 그대로 적용하고, 구체적인 수사와 재판 절차 역시 우리 '형사소송법'에 따라서 하면 될 것이다. 그리고 구체적인 판결의 집행에 관해서도 우리의 '형법'과 '형사소송법' 및 '형의 집행 및 수용자의 처우에 관한 법률' 등을 확대·적용하여야 할 것이다. 따라서 형사소송 절차 및 형사보상, 교정, 사면 등에 관한 법률들은 그대로 확대·적용을 해도 특별한 문제가 없을 것으로 보인다.

(2) 통일에 따른 새로운 법률 제정의 필요성

형사법 분야에 있어서 통일이라는 새로운 환경 변화에 따라 필요한 것 중 하나가 북한 정권 내에서의 불법 청산과 형사 복권에 관한 문제이다. 물론 불법 청산과 형사 복권의 범위 역시 통일의 상황에 따라 그 범위를 어떻게 할 것인지에 대한 판단이 선행되어야 하고, 이는 관련자 개개인의 책임과 권리에 관한 법리적인 문제 외에도 남북한 주민의 실질적 통합에 미치는 영향 등 정치적인 상황도 고려하여 결정할 문제이다. 그러나 그 범위를 어떻게 할 것인지의 문제를 떠나 일정 범위 내에서의 불법 청산과 형사 복권 등의 조치는 반드시 필요하다.

따라서 불법 청산에 관한 특별법의 제정 및 이와 관련된 북한 정권하에서의 불법행위에 대한 시효 정지나 시효 연장에 관한 법률, 형사 복권에 관한 법률 등 새로운 법률의 제정이 필요하다.

---

14 우리나라는 2002년 11월 13일 자로 「국제형사재판소에 관한 로마규정」에 가입하였고, 동 규정은 2003년 2월 1일 자로 발효되었다. 정부는 「국제형사재판소에 관한 로마규정」 발효 후 즉시 국내 이행법률 제정에 착수했으나 입법 과정에서 많은 논란이 있어 상당 기간이 경과한 2007년 12월 21일 법률 제8719호로 이행법률인 '국제형사재판소 관할 범죄의 처벌 등에 관한 법률'을 제정하여 동일자로 시행하게 되었다. 이행법률은 2011년 4월 12일 법률 제10577호로 일부 개정이 되었는데, 문장을 원칙적으로 한글로 적고, 어려운 용어를 쉬운 용어로 바꾸며, 길고 복잡한 문장은 체계 등을 정비하여 간결하게 하는 등의 용어만 정비하였을 뿐 내용이 바뀐 것은 없다.

7) 경제법 분야

(1) 기본 방향

경제법 분야의 문제는 결국 계획경제 체제하에 있던 북한 지역에 시장경제 체제를 도입하는 것이다.

이 중 대표적인 통합 문제의 하나가 바로 남북한 화폐 통합의 문제이다. 화폐 통합과 관련하여 동서독의 경우에는 동서독의 마르크가 1 대 1의 비율로 이루어졌는데, 통일 이후 그로 인하여 심각한 후유증을 겪었다. 남북한 통일 후 화폐 통합을 조속히 할 것인지 점진적으로 할 것인지의 문제를 비롯하여 교환 비율의 문제 등에 대한 전문가들의 많은 검토와 연구가 필요하다. 또한 동서독의 경우에는 조약을 통하여 이 문제를 해결하였지만 남한 주도의 전면적 통일이 이루어질 경우에는 결국 남한 주도의 법률 제정에 의한 화폐 통합이 이루어지게 될 것이다.

다음으로는 북한 지역에 적용할 경제 관련 법령의 문제인데, 앞에서 잠시 살펴본 바와 같이 현재의 남한의 경제 관련 법령을 그대로 적용하기보다는 북한 전역을 하나의 경제특구로 보고 시장경제 체제에 부합하면서도 낙후된 북한 지역의 경제 발전을 조속히 이루는 데 방해가 되지 않고, 외자 유치 등이 수월하도록 관련 법령들을 제정하여 시행하는 것이 바람직하다고 본다.

(2) 세부 분야별 검토

경제 분야에 대한 남한 법률의 범위를 어떻게 보고 논의할 것인지는 그 분류의 기준에 따라 논자마다 다를 것이다. 또한 관련 법률을 소관 부처별로 분류해 본다면 어떤 면에서는 이 법률들을 행정 분야의 법으로 볼 수도 있다. 그러나 남북 법제 통합에서 있어서 이러한 분류 작업이 큰 의미를 갖는 것은 아니다. 따라서 경제 분야의 법률을 크게 재정·경제, 금융·보험, 농림·수산, 지식·산업, 건설·주택, 노동, 교통·운송으로 나누어보고자 한다.

이 중 재정·경제 분야에 해당하는 남한의 법률로는 먼저 예산 및 회계에 관한 '국가재정법', '국가회계법', '예산회계에관한특례법', '정부기업예산법', '국고금 관리법', '보조금의 관리에 관한 법률', '공공자금관리기금법', '공적자금상환기금법', '복권 및 복권기금법', '정부보관금에 관한 법률', '조달사업에 관한 법률'과 같이 주로 국가 예산 및 회계와 관련된 법률들이 있다. 이에 상응하는 북한의 법률로는 '재정법', '회계법' 등이 있으나, 북한의 실체가 소멸하고 통일한국의 국가 재정 및 예산 등에 대하여 남한 정부가 주도할 수밖에 없다고 본다면, 북한의 관련 법률은 모두 폐지되고 남한의 법률을 확대·적용하면서, 일부 북한 지역에 관해서는 특례 규정을 두면 될 것으로 보인다. 또한 물품·재산관리에 관한 '물품관리법', '군수품관리법', '국가채권 관리법', '국유재산법' 등도 그대로 확대·적용을 하면 될 것이다.

그러나 물가 및 공정거래, 소비자보호 등에 관한 법률인 '물가안정에 관한 법률', '독점규제 및 공정거래에 관한 법률', '하도급거래 공정화에 관한 법률', '소비자기본법'이나 외자 및 민자 유치에 관한 '외국인투자 촉진법', '공공차관의 도입 및 관리에 관한 법률', '사회기반시설에 대한 민간투자법' 등은 북한 지역의 상황을 고려하여 그 지역에만 적용되는 일부 특례조항 등이 필요하고, 특히 북한 지역에 대한 외자나 민자 유치를 위해서는 특례조항보다는 적극적인 특례법의 제정도 고려할 필요가 있다.

금융·보험에 관련된 남한의 법률로는 먼저 금융과 외환에 관한 법률로 '한국은행법', '국채법', '금융위원회의 설치 등에 관한 법률', '금융실명거래 및 비밀보장에 관한 법률', '은행법', '금융지주회사법', '신용협동조합법', '금융산업의 구조개선에 관한 법률', '공적자금관리 특별법', '예금자보호법', '한국투자공사법', '전자금융거래법', '신용보증기금법', '외국환거래법' 등이 있다. 보험에 관해서는 '보험업법' 등이, 자본에 관한 법률로는 '자본시장과 금융투자업에 관한 법률', '자산유동화에 관한 법률', '공사채 등록법' 등 매우 다양한 법률이 있다.

북한의 경우도 재정경제 및 금융에 관한 법률로는 '중앙은행법', '외화관리법', '자금세척방지법', '보험법' 등이 있으나 내용이 구체적이지 못하다. 이 분야도 경제적 측면에서 월등하게 앞선 남한의 금융과 보험제도 등을 북한 지역으로 확대·적용할 수밖에 없으므로, 남한 법률의 일반적인 확대·적용 원칙을 택하면서, 북한의 관련 법령에 의하여 이루어진 기존의 법률관계나 이해 당사자의 신뢰 보호를 위한 범위 내에서 이들의 권리 보호와 관련된 경과 규정 등을 두면 될 것으로 보인다.

기타 농림·수산, 지식·산업, 건설·주택, 노동, 교통·운송 부문의 경우에는 물론 이 분야들에 속하는 모든 법률을 일괄적으로 논의하기는 어렵지만 대체로 북한의 낙후된 경제 여건 등을 고려할 필요성이 더욱 크다. 그리고 이 분야들은 북한의 일반 주민들에 대하여 직접적으로 상당한 영향을 주게 된다.

무엇보다도 실질적인 남북한의 통합을 위해서는 북한 지역의 신속한 경제 개발이 이루어져야 한다. 이를 위해서는 복잡한 남한의 경제 관련 법률의 확대·적용은 결과적으로 경제개발에 장애를 초래할 가능성이 크다. 우리의 경제 개발 관련 법률들은 과거 효율적인 경제 개발이 가능하도록 하는 단계를 지나 이제는 환경 보전과 균형 발전 등을 추구하는 단계로 전환되었기 때문이다.

따라서 현재의 남한 법률을 북한 지역에 확대·적용할 경우에는 오히려 신속한 경제 개발 추구에 장애가 될 소지가 크므로 북한 지역에 적용될 경제 개발 관련 법률은 신속한 경제 개발 추구가 가능하도록 좀 더 규제를 완화하고 단순화하여야 하며, 부족한 개발 비용 문제 해결을 위하여 예를 들어 북한 지역 투자 촉진을 위한 특별법 등과 같이 해외 자본이 좀 더 쉽게 유치될 수 있는 여건이 되도록 하여야 할 것이다. 한편 경우에 따라서는 북한 지역의 부동산에 대한 투기 방지 등을 위한 북한 지역 부동산투기방지법의 제정에 대한 검토도 필요할 것이다.

한편 노동 분야에 관하여 살펴보면, 통일 이후 북한의 계획경제 체제로부터 사회적 시장 경제 체제로의 전환 과정에서 노동 분야에서의 근본적인 변화가 발생할 수밖에 없다. 또한 북한 군대의 불가피한 해체, 공직 분야 근무자의 실직 등으로 인하여 북한 지역에는 대량의 실업 사태가 발생할 것으로 예상된다. 따라서 이들에 대한 기초생활보장을 위한 사회복지제도의 마련도 필요하지만, 장기적으로는 이들의 재교육을 통한 고용 촉진을 추진하는 것이 중요하다.

독일의 경우에는 1990년 7월 '고용촉진법'을 제정하여 동독 지역에서 노동사무소를 통한 직업 상담 및 직업훈련장 소개 및 개별 근로자에 대한 실업 수당 및 실업보조금 제도를 실시하였다. 또한 1993년에는 환경보호, 사회봉사, 청소년 선도 등의 분야에서 고용을 촉진하는 조치를 취하기도 하였다.

남북통일의 경우에도 이처럼 북한 주민들에 대한 실업 수당과 재교육 및 고용 촉진 등을 위한 특례법 등의 제정이 필요하며, 실업 수당을 지급하기 위한 재정 확보를 위한 각종 제도 마련이 필요할 것이다.

8) 사회보장법 분야

남북한 법제 통합과 관련된 기존의 연구에서 흔히 찾아볼 수 있는 내용 중 하나가 북한의 각종 사회보장법제에 대한 긍정적인 평가와 일부 제도에 대한 수용 주장이다. 각종 사회보장 제도와 관련하여 제도 자체만을 두고 보면 사회주의국가인 북한의 사회보장 제도가 훨씬 좋은 제도로 보일 수 있다.

먼저 노동에 관해 살펴보면 북한 '헌법'에 의하여 북한의 모든 공민은 노동에 대한 권리를 가지며, 노동 능력 있는 모든 공민은 희망과 재능에 따라 직업을 선택하며 안정된 일자리와 노동 조건을 보장받고, 능력에 따라 일하며 노동의 질과 양에 따라 분배를 받는다('헌법' 제70조).

또한 휴식에 대한 권리를 가지며 이 권리는 노동시간제, 공휴일제, 유급휴가제, 국가비용에 의한 정휴양제, 계속 늘어나는 여러 가지 문화시설들에 의하여 보장된다('헌법' 제71조). 특히 여성근로자에 대하여는 '헌법' 제77조에서 "국가는 산전산후 휴가보장, 그 밖의 시책을 통하여 어머니와 어린이를 특별히 보호한다"라고 규정하고 있으며, 구체적인 노동자의 권리 등에 대한 법률로는 '사회주의로동법'과 '장애자보호법' 등이 있다.

의료 분야와 관련하여도 북한 '헌법' 제72조에서 "공민은 무상으로 치료받을 권리를 가지며 나이 많거나 병 또는 신체장애로 로동능력을 잃은 사람, 돌볼 사람이 없는 늙은이와 어린이는 물질적 방조를 받을 권리를 가진다. 이 권리는 무상치료제, 계속 늘어나는 병원, 료양소를 비롯한 의료시설, 국가사회보험과 사회보장제에 의하여 보장된다"라고 규정하고 있다. '의료법' 제3조도 "의료사업은 완전하고 전반적인 무상치료제에 기초한다"라고 규정하고 있다. 교육 분야에서도 '헌법' 제73조에서 교육을 받을 권리에 대한 규정을 두고 있고, '교육법' 제16조에서 모든 교육은 무료임을 규정하고 있다.

그러나 이러한 '헌법', '사회주의로동법', '장애자복지법', '의료법', '교육법'에 규정된 국민의 권리가 얼마나 현실적으로 실현되고 있는지는 별개의 문제이다. 또한 '헌법'과 각 개별 법에서 규정하고 있는 내용들은 사회주의 체제의 특성이자 당연한 의무이기도 하다.

그러나 사회적 시장경제질서 체제의 통일한국이 북한의 각종 사회보장법제에서 규정하고 있는 사회보장제도, 무상교육제도, 무상의료제도를 전면 그대로 도입할 수는 없는 것이다. 이러한 복지제도는 모두 국민의 세금에 의존할 수밖에 없고, 통일 이후의 세금 역시 일정 기간 동안은 대부분 남한 주민이 부담할 수밖에 없으므로, 자칫 통일 비용에 대한 부담으로 새로운 사회적 갈등의 요인이 될 소지가 크다. 따라서 사회복지 관련 법제 역시 기본적으로 통일한국의 재정이 감당할 수 있는 범위 내에서 운영할 수밖에 없고, 기본적으로는 남한의 관련 법제를 확대·적용하면서, 북한 지역과 그 지역 주민들의 특성에 맞춰 이들의 생명과 건강 및 기초적인 생활보장이 되는 범위 내에서 지원을 하도록 하여야 할 것이다. 이것이 새로운 통일국가의 복지국가 이념에도 부합할 것이다.

9) 환경법 분야

환경법 분야에 관해서는 북한도 나름대로 환경의 중요성을 매우 강조하고 있다. 북한은 1986년 '환경보호법'을 제정한 이후 '바다오염방지법'(1997년 채택, 1999년 수정), '국토환경보호단속법'(1998년 채택, 2005년 수정·보충), '환경영향평가법'(2005년 채택), '대동강오염방지법'(2005년 채택) 등 개별 환경법들을 잇달아 제·개정하였다. 또한 '금강산관광지구법'과 '개성공업지구법' 같은 경제 또는 관광 특구법에서도 환경보호를 매우 강조하고 있다. 그 밖에도 환경보호 관련 규정을 가진 법령으로는 '토지법'(1977년 채택, 1999년 개정), '원자력법'(1992년 채택, 1999년 개정), '하천법'(2002년 채택, 2004년 개정) 등이 있다.

그러나 북한의 환경법제도 남한의 환경법제보다는 구체적이지 못한 것으로 평가된다. 이는 환경보호 관련 법제는 그 나라의 산업의 발전 정도와 깊은 관련이 있기 때문이다. 남한의 경우에도 1960년대에는 '공해방지법'(1963년 11월 5일 제정), '독물및극물에관한법'(1963년 12월 13일 제정), '조수보호및수렵에관한법률'(1967년 3월 30일 제정), '오물청소법'(1961년 12월 30일 제정), '하수도법'(1966년 8월 3일 제정), '수도법'(1961년 12월 31일 제정) 등 6개의 법률에 불과하였다. 1970년부터 1980년까지 사이에도 '자연공원법'(1980년 1월 4일 제정), '폐기물관리법'(1986년 12월 31일 제정) 등이 추가 제정되었으나 총 9개의 법률에 불과하였는데, 1990년 이후 급격히 늘어나 2015년 현재 40개가 넘는 환경 관련 법률이 있다.

실제 환경보호를 위해서는 그 침해 사범에 대한 형사처벌이나 행정처벌이 필요한데, 북한의 '형법'과 '행정처벌법'을 폐지할 경우 구체적인 형벌과 행정처벌을 '형법'과 '행정처벌법'에서 다루고 있는 북한의 법제 특성상 환경 관련 보호 법제를 통일 이후 북한 지역에 그대로 둘 경우 그에 따른 행정행위의 실효성을 확보하기 어려운 문제가 발생한다.

이러한 법적인 문제 말고도 산업이 고도로 발달한 남한의 환경보호 법제를 북한 지역에 그대로 적용할 경우 북한 지역의 산업시설 등이 남한의 환경 법제에서 정한 기준에 미치지 못하여 해당 산업시설을 폐쇄할 수밖에 없게 되고, 그렇다고 남한의 법제만큼 정치하지도 못한 북한의 법제를 그대로 적용할 경우에는 필요한 환경기준치를 충족시키지 못하는 문제가 발생한다.

10) 사법 분야

사법(司法) 분야는 크게 법원과 법무(法務) 분야로 나뉜다. 먼저 남한의 법원과 관련된 법으로는 '법원조직법', '각급 법원의 설치와 관할구역에 관한 법률', '각급 법원 판사 정원법', '법관징계법', '집행관법', '법무사법' 등이 있다.

법무 분야의 법으로는 '검찰청법', '사법시험법', '검사징계법', '공익법무관에 관한 법률',

'변호사법', '변호사시험법', '공증인법', '외국법자문사법', '법률구조법', '범죄피해자 보호법', '출입국관리법' 등이 있다.

이에 상응하는 북한의 법으로는 '재판소구성법', '검찰감시법', '변호사법', '공증법', '출입국법' 등이 있다.

통일한국의 법원과 검찰 등 사법제도 역시 우리의 사법제도를 확대·적용하면 될 것이고, 자동적으로 북한의 관련 법령들은 모두 폐지되어야 할 것이다. 또한 북한 지역에도 그 수요에 맞춰 우리의 법원과 검찰청에 해당하는 기관들도 설치하여야 한다. 경우에 따라서는 북한의 실정과 북한 주민의 신뢰보호 차원에서 각종 특별 법원과 검찰청의 설치 등도 필요하다. 따라서 사법 분야의 각종 법 중에서 기관 구성 및 조직과 인적 구성 등에 관련된 남한의 법들은 당연히 개정이 필요하다. 그리고 특별 법원이나 검찰청 등의 설치를 위하여 경우에 따라서는 특별법의 제정도 필요하다.

이와 관련하여 고려하여야 할 요소 중 하나는 현재 북한에서 활동 중인 판사, 검사와 변호사 등 법조인과 사법 분야 관련 업무에 종사한 자들의 재임용 및 이들의 활용과 관련된 문제이다. 기본적으로 체제를 전환하게 될 경우 기존의 북한 법조인 및 관련 종사자들의 활용의 필요성은 매우 낮을 것이다. 다만 이들의 생활보호 차원에서 일정 직급 이하의 경우에는 재교육을 통한 재임용이 얼마나 가능할지는 당시의 사정에 따라 정책 판단을 하면 될 것이다.

오히려 문제는 북한 지역에서 근무할 남한 법조인들의 부족 현상이 예상되는데, 이 문제를 어떻게 해결할 것인지가 문제이다.

'출입국관리법'의 경우에는 현재 남한의 출입국은 자동차 등을 이용한 육로 출입국의 경우를 예상하기 어려운 상황이지만, 통일 이후에는 중국, 러시아와 관련하여 자동차나 철도를 통한 출입국의 경우가 빈번하게 될 것이므로 이에 대한 대비가 필요하다. 물론 현행 '출입국관리법'도 자동차를 이용한 출입국을 예정하고 있기는 하지만, 실제 관련 하위 법령 등에서는 이에 대한 구체적인 조치와 대비가 필요할 것이다. 또한 출입국관리사무소의 증대, 북한의 출입국 관련 공무원의 재임용 문제 등에 대한 대책, 북한과의 비자 면제 국가와의 새로운 협상 등에 대한 대책도 마련되어야 하며, 이에 따른 법률의 정비 작업도 있어야 할 것이다.

그 밖에도 북한에서의 체제불법 청산 문제를 해결하기 위한 별도의 수사기관과 법원을 설치한 것인지에 대한 검토와 조치도 필요하며, 경우에 따라서는 관련 법규의 제정도 필요할 것이다.

또한 변호사제도와 관련하여서도 북한에서 활동한 변호사들의 변호사 자격 부여 문제에 대하여도 북한의 변호사제도에 대한 구체적인 상황을 점검한 후 이에 필요한 정책 결정이 필요하고, 공증의 경우에는 공증제도의 통합과 기존에 북한의 '공증법'에 의한 공증의 효력 등에 대한 법적 조치도 필요하다.

11) 교육 분야

통일 이후 남북한 주민의 실질적 통합을 얼마나 빨리 이룩할 수 있느냐는 통일한국의 교육제도를 어떻게 할 것인지에 따라 크게 좌우될 수 있다. 통일 이후 남북한의 교육제도는 일원화할 필요성이 있다. 그러나 제도의 일원화 못지않게 중요한 것은 북한 주민 전체에 대한 민주주의와 법치주의에 대한 교육과 시장경제 체제에 적용하도록 하는 사회교육제도이다. 또한 학교교육제도에 있어도 통일이라는 상황의 변화에 따라 교육의 이념과 목표에 대한 변화도 있어야 할 것이다. 북한의 기존 교육 과정 수료자의 상급 학교 진학에 대한 자격이나 학력 인정 등의 문제도 정리가 되어야 할 것이다. 그리고 무엇보다 중요한 것은 북한 주민들에게 충분한 교육 기회를 부여하여 이들이 빠른 기간 내에 통일한국의 주류로 편입될 수 있도록 하는 것이다.

교육제도와 관련하여 제기되는 또 다른 문제는 기존에 북한 내에 있던 각종 정치 관련 연구소 등의 정리와 기존 교원들의 재교육 및 재임용 문제이다. 북한의 교원 중에서도 과학, 기술, 예체능 분야에 종사하였던 교원들의 경우에는 가능한 일정 교육 이수 후 재임용을 하여 북한 지역에 있는 각급 학교에 재배치함으로써, 북한 지역의 학생들이 이들과의 소통을 통하여 교육 과정에서의 이질감을 덜 느끼도록 조치할 필요가 있다.

12) 북한의 경제특구·통상·외국투자 법제에 대한 조치

(1) 경제특구·통상·외국투자 관련 법규에 대한 조치의 기본 원칙

북한은 일부 시장경제질서를 도입한 경제특구법을 제정하여 시행하고 있다. 이 중 대표적인 것이 사실상 '라선경제무역지대법'에 의한 '라선경제무역지대'와 '개성공업지구법'에 의한 '개성공업지구'이다. 이 경제특구들은 이 각 법을 중심으로 하면서 건설, 기업 창설, 세관 등과 관련된 각종 하위 규정을 두고 있다. 그 밖에도 초대 장관으로 임명된 양빈이 중국 당국에 의하여 체포됨으로써 사실상 수포로 돌아간 '신의주특별행정구기본법'에 따른 신의주행정특구와 금강산관광 중단 이후 '금강산국제관광특구법'의 제정에 따라 폐지된 '금강산관광지구법'

에 따른 관광특구 등이 있다.

또한 북한은 이러한 경제특구 외에도 일반적인 통상 및 외국 투자 관련 법규를 두고 있다. 통상과 관련된 대표적인 법규로는 '무역법', '가공무역법', '세관법', '합영법', '합작법', '대외경제계약법', '대외민사관계법', '대외경제중재법' 등이 있다. 외국 투자 관련 법규로는 '외국인투자법', '외국인기업법', '외국투자기업 및 외국인세금법', '외국투자은행법', '외국투자기업파산법' 등이 있다.

북한은 김정일 사망을 전후한 2011년 11월부터 12월 사이에 12개의 외국인 투자 관련 법제를 개정하는 한편, 2011년 12월 3일 '라선경제무역지대법'을 전면 개정하고, '황금평·위화도경제지대법'을 제정하였다.

이 법규들의 경우에도 결과적으로는 관련 남한 법규의 확대·적용 및 그에 따른 제도의 변화가 이루어져야 하겠지만, 이 관련 법규에 의하여 기존에 이루어진 제3자의 권리관계나 재산 등에 대한 보호가 필요하다. 따라서 이 관련 법규들은 기존의 이해관계자의 이익을 해하지 않도록 기존의 법률관계를 그대로 인정하는 경과 조치는 물론 일정 기간 이 법규의 상당 부분을 그대로 효력을 인정하면서 점진적으로 남한 법규에 따른 제도의 변화를 이끌어내는 것이 바람직하다고 본다.

(2) 개성공업지구 법제의 활용 방안

개성공단사업은 2000년 8월 22일 현대아산주식회사가 북한의 조선아시아태평양평화위원회 및 민족경제협력련합회와 개성 지역에 2000만 평 규모로 공업지구 및 배후도시 건설 등을 목적으로 한 「공업지구 건설운영에 관한 합의서」를 체결하면서 시작되었다. 이후 북한 최고인민회의 상임위원회가 2002년 11월 13일 자로 '개성공업지구 지정 정령'을 채택하고, 같은 달 20일 정령 제3430호로 '개성공업지구법'을 채택함으로써 이 사업의 법적 기반이 마련되었다.[15] 이에 기초하여 2003년 6월 30일 1단계 330만 제곱미터 개발이 착공된 이후 약 8년 동안의 점진적 추진을 통하여 2015년 12월 현재 124개 입주기업이 5만 4000여 명의 북한근로자를 고용하여 가동 중에 있다.

개성공업지구는 주로 북측 법규인 '개성공업지구법'과 하위 규정 및 개성공업지구 중앙지도기관이 제정하는 시행세칙, 개성공업지구 관리위원회가 제정하는 사업준칙에 의하여 규율

---

15 '개성공업지구법'은 2003년 4월 24일 최고인민회의 상임위원회 정령 제3715호로 수정·보충되었다.

되고 있으며, 그 밖의 법규로 남북한 간의 각종 합의서와 '개성공업지구지원법'과 같은 남한의 법령이 있다. 이 중에서도 관련 법규의 적용을 받는 각 입주기업에 대한 관련 법규는 대부분 사실상 남한이 운영하는 관리위원회에서 제정하는 사업준칙에 의하여 이루어지고 있다. 특이한 것은 '개성공업지구법'에 의하면 시행세칙은 북측의 중앙지도기관이, 그보다 하위법규인 사업준칙은 관리위원회가 제정 주체이지만, 실제로는 남과 북의 협의하에 시행세칙과 사업준칙을 제정해 나가고 있다. 따라서 개성공업지구의 법제는 남한 법이 확대·적용되는 곳도 아니고 북한의 일반법이 적용되는 곳도 아닌 남과 북의 협의하에 창설되어가는 새로운 제3의 법역(法域)인 셈이다. 따라서 개성공업지구 법제는 비록 관련 법규들이 주로 입주기업과 관련된 것들이라는 한계는 있지만, 남과 북의 협의하에 제정된 입법이라는 점에서 경제와 노동 등 일부 법제에 있어서는 남북 법제 통합에 있어서 하나의 새로운 모델로 자리 잡을 수 있을 것이다. 따라서 앞으로 계속하여 추가 제정될 것으로 보이는 수많은 개성공업지구 관련 법규범들은 남북통일이라는 상황도 염두에 두면서 제정해 나가도록 할 필요가 있다.

13) 국제법 분야

남북한의 법제 통합 문제는 국내법 분야에서만 발생하는 것이 아니라 국제법 분야에서도 발생한다. 남북한의 통일에 대한 국제법적 문제는 국가승계의 문제로 논의된다. 국가승계는 한 국가의 영토의 일부 또는 전부가 다른 국가로 이전될 때, 그 영토를 상실하는 국가가 그 영토와 관련하여 가지고 있던 제반 권리와 의무가 어느 범위에서 그 영토를 새로 획득하는 국가로 이전되는지의 문제를 다루는 것이다.[16]

여기서 영토를 상실하는 국가를 통상 선행국(先行國, predecessor state)이라 하고, 영토를 획득하는 국가를 승계국(承繼國)이라 한다. 선행국에서 승계국으로 이전되는 권리와 의무로는 조약, 국유재산, 국가문서, 국가채무, 국민의 국적, 개인의 권리 또는 기득권, 국제기구의 회원국 지위, 국제적 불법행위에 대한 국가 책임 등이 있다. 이 중에서 법제 통합과 관련하여 조약의 승계 문제가 발생한다.

북한의 붕괴 등으로 인한 흡수통일이 되든, 아니면 남북 합의에 의한 통일이 되더라도 그 통일국가가 자유민주주의적 기본질서와 시장경제질서에 기초한 1국가 1체제의 형태라면 비

---

16 '국가승계'는 '국가상속'이라고도 한다. 김정균·성재호, 『國際法』(박영사, 2008), 224쪽.

록 형식은 남북한 간의 합의에 의한 새로운 국가가 성립된 것이라 하더라도 그 실체는 사회주의국가인 북한의 소멸과 동시에 자유민주주의 체제인 남한의 영토 확장 또는 구 영토의 회복이 될 것이므로 양자 모두 그 법적 성격을 병합으로 보아야 할 것이다. 이러한 입장에서 본다면 남북한 간의 합의에 의한 통일의 경우에도 조약 승계의 문제는 남한 주도의 흡수통일의 경우와 동일하게 처리하면 될 것으로 본다. 구체적인 방안은 흡수통일을 이룬 통일독일의 사례 등을 참고하여 우리 현실에 맞게 적용하는 것이 가장 현실적인 방안이라 할 것이다.

기본적으로는 통일독일의 「통일조약」 제11조와 같이 통일국가와 동일성 및 계속성을 유지하는 남한의 조약이 조약경계이동의 원칙에 따라 북한 지역으로 확대·적용되는 것을 원칙으로 하여야 할 것이다. 다만 북한이 체결한 조약의 처리에 대하여도 통일독일의 사례를 참고할 것인지는 신중한 검토가 필요하다고 본다.

통일독일은 동독이 체결한 조약에 대하여 「통일조약」 제12조에 따라 일일이 관련 상대국과 협의를 하여 계속적 적용·개정 또는 종료를 결정하였다. 그러나 이처럼 상대국과 일일이 협의를 하는 것은 현실적으로 매우 방대한 작업일 뿐만 아니라 비록 「통일조약」 제12조에서 그 결정에 관한 기준으로 신뢰 보호, 관련 당사국의 이익, 법의 지배의 원칙에 의하여 규율되는 자유민주주의적 기본질서, 서독의 조약 관계를 고려하고, 유럽공동체의 권한을 존중한다는 원칙을 규정하기는 하였으나 상대국의 의사는 차치하더라도 구 동독의 조약들을 존속시킬지를 이 원칙에 따라 구별하는 것도 쉽지 않은 작업일 것이다. 이는 앞에서 본 바와 같이 독일이 통일된 지 6년 이상이 경과된 1997년까지도 약 382개의 조약 또는 협정이 계속적인 협의 또는 조정의 대상이 된 점만 보아도 알 수 있다. 또한 조약 체결 상대방의 입장을 고려하더라도 이처럼 조약의 효력 유무를 장기적으로 불확정 상태에 놓아두는 것도 바람직하다고 보지 않는다. 따라서 우리와 전혀 체계를 달리하는 가운데 체결된 북한의 조약에 대하여는 일괄하여 종료 선언을 하고, 필요한 경우에는 새로운 통일정부가 상대국과의 협상을 통하여 새로운 조약을 체결하는 것이 바람직하다고 본다.

한편 다자조약이나 인도 관련 조약과 같이 자동승계 여부가 문제되는 경우가 있으나 아직까지는 다자조약이나 인도 관련 조약의 자동승계 원칙이 국제관습법으로 확립되었다고 볼 수도 없다. 다만 다자조약이나 인도 관련 조약 중 그 내용이 국제관습법에 해당하는 경우가 있으나 이 경우에는 그러한 국제관습법이 우리 헌법에 의하여 국내법적 효력을 갖게 되므로 굳이 그러한 조약을 승계할 필요는 없을 것이며, 필요시에는 새로운 정부가 그와 같은 조약에 가입을 하면 될 것이다.

이처럼 일괄 소멸 선언 방식을 채택할 경우 가장 문제가 되는 것은 국경조약을 비롯한 처분적 조약의 문제이다. 처분적 조약 특히 국경조약의 경우에는 관습법 및 「조약승계협약」 제11조 및 제12조에 따라 국가승계에 의하여 어떠한 영향도 받지 않으며, 승계국에 그대로 승계된다는 원칙이 확립되어 있다고 보는 견해가 있다.

만일 이와 같은 원칙이 국제관습법에 해당한다고 하면 북한이 중국 및 러시아와의 국경조약을 체결함으로써 중국의 영토로 된 간도와 러시아의 영토로 된 녹둔도의 영유권 회복은 적어도 국제법적으로는 불가능하다고 보아야 할 것이다.

이에 대한 국내 학자들의 견해는 앞에서 살펴본 바와 같이 국제법 원칙에 의하여 이 국경조약을 승계할 수밖에 없다는 견해가 있는가 하면 북한의 국제법적 주체성을 인정하지 않거나 이 조약이 비밀 조약이라는 이유 등으로 이를 승계하지 않을 수 있다는 주장, 국제법적으로 승계를 할 수밖에 없으나, 이 조약이 불법 또는 부당하게 체결되었다면 그 효력을 다툴 수 있다는 입장 등 그 견해의 차이가 크다.

앞에서 살펴본 바와 같이 북한 역시 국제사회에서 국제법상의 주체인 국가로서의 지위를 갖고 활동하고 있는 점, 국제법적으로 비밀 조약이라고 해서 그 효력이 없는 것은 아니라는 점 등에 비추어 북한이 체결한 조약의 무효를 주장하기는 어렵다고 본다. 또한 북한이 중국 또는 러시아와 체결한 조약이 강제로 체결된 것이라거나 불평등하게 체결된 것이므로 불법 또는 부당한 조약임을 내세워 그 효력을 다투는 것도 무리라고 생각한다. 결국 국제법적 관점에서 북한이 체결한 각 국경조약은 유효한 것으로 볼 수밖에 없을 것이다. 다만 이 조약이 유효하다고 하여 통일한국이 이를 바로 승계하여야 할 당위성이 있는지는 별개의 문제이다.

학자들의 일반적인 견해는 처분적 조약 중에서도 국경조약의 경우에는 이를 승계하는 것이 국제관습법이라고 보거나 적어도 관행으로 보고 있는 것 같다. 그러나 통일예멘이나 통일독일의 경우 승계 대상인 국경조약의 효력을 다툰 선례가 있는 점 등에 비추어보아 국경조약이라고 해서 반드시 이를 승계하여야 할 법적 의무가 있을 만큼 그 원칙이 확고한 국제관습법의 지위를 확보하였다고 보지는 않는다. 따라서 법적 논리로만 본다면 북한의 법인격이 소멸하는 통일의 형태가 될 경우 북한이 체결한 국경조약 역시 효력을 상실하는 것으로 선언을 하고 상대방인 중국이나 러시아와 그 효력을 다툴 수는 있을 것이다.

그러나 이는 조약 승계의 법리상 승계국인 우리가 선행국인 북한이 체결한 이 국경조약을 승계하지 않겠다는 주장을 할 수 있다는 것이고, 그러한 선언만으로 간도나 녹둔도의 영토를 회복할 수 있는 것도 아니다. 우리의 일방적 선언에 의하여 이 국경조약들이 바로 무효가 되는 것이 아니라 상대국인 중국 및 러시아와의 사이에 그 효력에 대한 다툼이 발생한다는 것을 의미하는 것에 지나지 않는다.[17]

결국 간도와 녹둔도의 영유권 문제와 관련하여 국경조약 자동승계 문제는 영토 회복을 위하여 해결하여야 할 여러 과제 중 하나에 불과한 것이다. 앞으로 이 분야에 대해서는 정책적 측면뿐 아니라 법적 측면에서도 더욱 심도 있는 연구가 계속되어야 할 것이다.[18]

북한의 대외채무 승계 문제 역시 사전에 충분한 검토와 해결 방안을 모색해 둘 필요가 있다. 북한의 대외채무 규모가 어느 정도인지에 대해서는 공식적인 통계 자료가 없으나 그동안 언론에 보도된 각종 자료를 종합해 보면 최대 180억 달러 정도인 것으로 보인다.

국가채무의 승계에 대하여는 비록 유엔에서 1983년 4월 8일 「국가재산·국가문서 및 국가채무에 대한 국가승계에 관한 비엔나 협약(Vienna Convention on Succession of States in Respect of State Property, Archives and Debts)」(이하 「1983년 국가승계협약」)을 채택한 바 있다. 그러나 이 협약은 발효가 되지 않아 통일한국에 적용할 성문법이 없는 상황이다. 다만 국가통합의 경우에 선행국의 채무를 승계국이 승계하도록 규정하고 있는 이 「1983년 국가승계협약」의 내용이 국제관습법에 해당한다면 우리 '헌법'에 의하여 이 관습법의 적용을 받게 된다. 이와 관련하여 이전의 각 통합국가의 관행을 보면 거의 대부분 국내법 형식으로 승계국이 선행국의 채무를 승계하고 있음을 살펴보았지만, 그 사례가 제한적이어서 국제관습법으로 확립되었다고 할 수 있는지에 대하여는 찬반양론이 있다.

통일한국이 남북연합 단계에서 각 구성체인 남북한이 각자의 재정적 자립성을 그대로 유지할 경우에는 북한의 채무는 기존의 북한이 그대로 부담하는 것으로 보아야 할 것이다. 그러나 국제법적으로 합병 또는 병합의 형태로 남북한이 남한 중심의 단일국가체제로 통일이 될 경우에는 비록 「1983년 국가승계협약」이 발효가 되지 않았다 하더라도 이와는 무관하게 기존의 각 국가들의 관행[19]에 비추어보아 북한의 국가채무의 승계를 부인한다는 입장을 취하기는

---

17 한명섭, 『남북통일과 북한이 체결한 국경조약의 승계: 조중국경조약의 승계 문제를 중심으로』(한국학술정보, 2011), 266쪽.

18 북한이 체결한 국경조약의 승계 문제에 대한 구체적인 내용은 한명섭, 같은 책 참고.

19 통일독일은 「통일조약」에서 동독의 국가채무에 관한 규정을 두었다. 「통일조약」 제23조는 제1항은 "편입 효력의 발생과 동시에 편입 발효시까지 누적된 동독 재정의 총 부채는 행위능력 없는 연방의 특별기금에 의해 인수된다. 그 특별기금은 부채관리 의무를 수행한다"라고 규정하여 구 동독의 채무가 통일독일로 양도된다고 명시하면서 채무 정리를 위한 특별기금제도를 도입하였다. 또한 제24조 제1항은 "대외무역 및 외환 독점에서 발생하였거나 1990년 7월 1일까지 타국에 대한 동독의 여타 국가업무 수행시 발생한 독일연방공화국과 외국간의 청구권과 채무는 이것이 편입 발효시까지도 유효할 경우에는 연방 재무장관의 지시와 감

어려울 것이다. 또한 북한의 재산을 승계하면서 채무는 승계하지 않는다는 입장을 취하는 것은 법의 일반 원칙인 'Res transit cum suo onere(The property passes with its burden)'의 원칙에도 위반된다 할 것이다.

7. 맺음말

이제 남북통일은 단일민족국가 건설이라는 당위성만으로는 부족하고, 민족의 평화와 번영이라는 현실적인 필요성을 충족시켜야만 한다. 이러한 필요성을 충족시키느냐 못하느냐는 통일을 어떻게 준비하느냐에 달려 있고, 이는 결국 남북통일의 법률 내지 법제에 대하여 얼마나 철저하게 현실성이 있는 대책을 준비하느냐에 달려 있다고 본다.

앞에서 살펴본 바와 같이 남북한 법제 통합의 기본 원칙을 정하는 문제는 그렇게 어려워 보이지 않는다. 그러나 막상 개별 법 분야를 구체적으로 검토해 보면 남한법의 북한 지역으로의 확대·적용이라는 원칙에 의하여 해결될 수 있는 경우보다는 북한 지역의 특수성으로 인하여 예외적인 조치를 취해야 하는 법령들이 훨씬 많은 것으로 보인다. 실무적으로는 오히려 남한의 거의 모든 법령에서 북한 지역에 대한 예외 규정이나 경과 규정을 두거나 아니면 북한 지역에만 적용되는 특별법의 제정이 필요하다고 볼 수도 있다.

이와 같은 현상이 발생하는 가장 기본적인 이유는 무엇보다도 남북한의 경제 발전의 차이에 있다 할 수 있다. 이처럼 경제적으로 현격한 차이가 있는 남한과 북한 지역에 동일한 법령을 적용한다는 것은 실효성 측면에서 아무래도 무리가 생길 수밖에 없다. 이런 점을 고려해 본다면 남북한의 통일은 북한의 체제 전환과 개혁·개방을 통하여 남과 북의 격차를 줄이고 동질성을 회복한 후에 이루어지는 것이 바람직하다. 하지만 독일의 경우와 같이 통일은 언제 어떻게 올지 모르는 일이다. 따라서 남북한의 교류 협력을 통하여 평화 체제를 구축하고 점진적인 통일을 추진해 나가는 것이 바람직하겠지만, 그 이전에 북한의 급변사태 등에 의한 통일의 경우에 대한 대비도 소홀히 할 수는 없는 것이다.

그런데 법령의 제·개정 작업이 단시일 내에 이루어질 수 있는 것은 아니다. 물론 이와 같은 문제점을 인식하고 그동안 관련 주무 부처라 할 수 있는 법무부와 통일부, 법제처, 사법부

독하에 청산된다"라고 규정하고 있다.

등에서 적지 않은 연구와 준비를 해왔다. 그러나 통일한국의 법제에 대한 준비와 노력은 이 주무 부처들만의 노력으로는 한계가 있다. 기본적으로 법제 통합의 문제는 법적인 문제이면서도 단순히 법 이론만으로 해결할 수 있는 문제가 아니라 거의 모든 분야에 걸쳐 현실적인 문제를 고려한 정책적인 판단을 요하는 문제이다. 따라서 법학계뿐만 아니라 정치·경제·사회·문화 등 사회 전반에 걸친 전문가들의 관심과 참여가 필요하며, 모든 정부부처가 자신의 소관 업무 분야에 대하여 남북통일을 대비하여야 한다.

향후 개개의 법률에 대한 구체적인 검토와 분석 및 통합법률안의 준비는 각 행정부처가 자신들의 소관 법령을 확인하고 각 부처별로 준비하여야 할 것이다. 다만 이러한 업무는 통일한국의 헌법의 기본원리에 입각하여 전체적인 입법의 통일성을 갖추어야 하고, 각 법률에 위헌적 요소나 상호 모순되는 내용이 없도록 하는 한편, 통일한국의 발전에 부응할 수 있는 방향으로 업무가 추진되어야만 한다. 이를 위해서는 각 행정부처의 업무가 각 부처별로 개별적으로 진행되어서는 안 될 것이다.

따라서 중국의 동북공정에 대응하기 위하여 설립한 동북아역사재단의 경우와 같이 별도의 법률로 가칭 '통일법제연구재단' 혹은 '남북법제 통합연구재단'을 설립을 제안하는 바이다. 이 재단 설립 후 각 정부부처에서 그동안 통일법제 연구 경험이 있는 공무원들을 파견받고, 각계의 전문 연구원들을 모집한 후 외부 민간 학자들의 도움을 받아 연구를 해나간다면 비교적 큰 재정적 부담이 없이 상당한 연구 성과를 이루어낼 수 있을 것이다. 또한 정부부처가 아닌 별도의 재단에서 연구를 할 경우 정부로서는 다소 부담이 될 수 있는 북측의 반발에 대처하기도 수월할 수 있다. 아니면 최소한 각 행정부처가 모두 참여하는 총리실 산하 협의체로 가칭 '남북한법제 통합위원회'를 설치 및 운영할 필요가 있다.

물론 이와 같은 사전 준비 작업이 막상 통일이 되었을 경우 얼마나 실효성이 있을 것인지에 대하여 회의적인 견해가 있을 수도 있다. 특히 북한의 현재 법령을 전부 파악할 수 있는 것도 아니고 각종 법제도의 운영 실태도 제대로 파악이 안 되는 상태에서 이와 같은 사전 준비가 갖는 현실적 한계가 존재하는 것도 사실이다. 그러나 통일법제의 사전 준비에 현실적으로 많은 어려움이 있다 하더라도 사전에 준비를 한 후 막상 통일이 되었을 경우에 미리 마련된 법령안을 재검토하는 것과 통일이 된 후 비로소 법령안을 준비하는 것은 분명한 차이가 있을 것이다. 그리고 이러한 사전 준비 작업은 좀 더 구체적으로 이루어질수록 더욱 이용가치가 있을 것이다.

제20장

과거청산과 북한인권기록보존소*

1. 머리말

남북통일 이후 검토하여야 할 가장 큰 과제 중 하나가 과거청산 문제이다. 통일에 따른 과거청산 문제는 청산하여야 할 과거의 대상에 따라 크게 물적 청산과 인적 청산으로 구분해 볼수 있다. 물적 청산은 북한이 사회주의 계획경제 체제를 수립하는 과정에서 토지 등 생산수단의 개인 소유 금지 원칙에 따라 국유화한 재산의 재사유화에 대한 것이다. 물적 청산 문제는과거 소련 군정 또는 북한 정권에 의해 몰수된 토지를 원소유자에게 돌려주거나 보상을 해주는 것이 주된 논의의 대상이 될 것이다. 인적청산은 북한 정권에서 이루어진 불법행위자에 대한 제재 내지 처벌과 그 피해자에 대한 복권과 보상을 통하여 북한 정권에서 자행된 반법치국가적 결과를 제거하는 것이다. 본 장에서는 이 중 인적 청산에 대해서만 살펴보고자 한다.

북한은 2009년 4월 '헌법' 개정 시 제8조를 개정하여 "국가는 …… 근로인민의 이익을 옹호하며 인권을 존중하고 보호한다"라고 처음으로 국가의 근로인민에 대한 인권존중과 보호에관한 의무 규정을 두었다. 이후 2010년 7월 8일 '로동보호법', 2010년 12월 22일 '녀성권리보장법'과 '아동권리보장법'을 각각 제정하는 등 국내 법제 개선을 통하여 인권 존중 및 보호에대한 의지를 표명하였다. 특히 2013년 7월 3일에는 장애인권리협약(Convention on the Right of

---

* 이 장은 한명섭, 「북한 과거청산과 북한인권기록보존소 설치에 관한 고찰」, ≪통일과 법률≫, 제18호(법무부, 2014.5), 11~38쪽을 수정·보완한 것이다.

Persons with Disabilities)에 서명을 함으로써 인권에 관한 국제적 의지도 피력하는 등 가시적인 조치를 취하였다. 그러나 다른 한편으로는 '로동당규약'과 '유일사상 10대원칙'의 개정을 통하여 김정은의 권력 세습에 대한 당위성과 정당성을 강조하며 주민들의 정권에 대한 충성을 강요하고, 2007년 12월 19일 '형법부칙' 제정, 2010년 7월 8일 '주민행정법' 제정, 2011년 10월 16일 '행정처벌법' 개정 등을 통하여 주민 통제를 강화하기 위한 법적 조치를 취하고 있다.[1]

대한변호사협회는 2006년부터 격년으로 북한이탈주민을 대상으로 한 설문 조사 결과를 반영하여 『북한인권백서』를 발행해 오고 있는데, 2014년에 발행된 『북한인권백서』에 따르면 북한은 여전히 5개 정치범 수용소에 8만 내지 12만 명 정도의 정치범이 수용되어 강제노동에 시달리고 있는 것으로 파악되고 있다. 또한 응답자 103명 중 50명이 공개 처형을 직접 목격하였을 정도로 공포정치는 계속되고 있다. 수사와 예심 및 재판 과정에서도 피의자나 피고인에 대한 가혹행위 등 인권 침해는 물론, 구금시설 내에서의 고문과 폭행, 강제 낙태, 영아 살해, 성폭행, 열악한 환경에 의한 사망 사례도 여전하였다. 장애인에 대한 평양이나 대도시의 거주지 제한 및 거주지의 강제 이전과 장애를 이유로 한 영아 살해 사례도 확인되었다. 종교 활동을 한 사실이 확인된 경우, 특히 탈북 기간 중 남한 선교사를 만난 경우에는 대부분의 응답자가 정치범 수용소로 보내거나 극형에 처한다고 대답하였으며, 체포 후에 실종된 사례도 확인되었다.[2]

이처럼 북한이 세계 최악의 인권침해국가로 지탄을 받아오던 상황에서 국제 인권단체 프리덤 하우스(Freedom House)는 「2013 세계자유보고서」에서 북한을 40년 연속 최악의 인권탄압 국가로 규정하였다. 유엔인권이사회(UNHRC)도 2013년 3월 21일 개최된 제22차 회의에서 이사국 만장일치로 북한인권조사위원회(COI) 설립에 관한 결의를 채택하였다.[3] 같은 해 5월 7일에는 마이클 커비(Michael Kirby) 위원장과 소냐 비세르코(Sonja Biserko), 마르주키 다루스만(Marzuki Darusman)을 조사위원으로 임명하였다. 유엔 북한인권조사위원회는 2013년 8월부터 한국, 일본, 태국, 영국에서 탈북자, 납북자 가족, 북한인권 전문가 등을 초청하여 공청회를 개최하는 등 북한 인권 실태에 대한 조사를 하였고, 2014년 2월 발표한 보고서에서 북한에서 반(反)인도 범죄가 자행되고 있다고 결론짓고, 책임 추궁 등의 후속 조치를 위한 조

---

1   구체적인 내용은 대한변호사협회·대한변협인권재단, 『(2014)북한인권백서』(대한변호사협회·대한변협인권재단, 2104), 71~90쪽 참고.

2   구체적인 인권침해 실태는 대한변호사협회·대한변협인권재단, 같은 책 참고.

3   Human Rights Council Resolution A/HRC/RES/22/13.

직 설치를 제안하였다. 이 제안에 따라 유엔 인권이사회는 북한인권조사위원회 권고를 반영한 결의안을 채택하고, 인권최고대표사무소(OHCHR)에 북한인권 상황을 지속적으로 감시하고 기록할 '현장 기반 조직'을 설치하도록 요청하였다. 그 결과 2015년 6월 23일 서울에 유엔 북한인권사무소가 문을 열게 되었다.

물론 국제사회의 이러한 비난과 조치에 대하여 북한은 여전히 인권의 보편성을 부인하면서 인권은 자주권이며, 다른 나라가 이 문제를 거론하는 것은 내정간섭이라는 주장을 유지하고 있고, 더 나아가 유엔이 지적하는 인권 침해가 발생하지 않고 있다고 주장하고 있다.

이러한 북한 인권에 대한 문제는 단지 북한 내부나 남북한만의 문제가 아니라 국제적인 관심의 대상이자 해결 과제이다. 특히 분단국의 한 구성체인 우리로서는 북한 인권 개선을 위해 노력하여야 할 직접 당사자이기도 하기 때문에 더욱 큰 관심과 해결 방안을 모색할 의무가 있다.

북한 인권 개선을 위하여 미국과 일본은 각각 2004년과 2006년에 북한인권법을 제정하였다. 2004년 10월 발효된 미국의 '북한인권법(North Korean Human Rights Act of 2004)'은 북한 주민의 인권 신장, 인도적 지원, 탈북자 보호, 북한인권특사 임명 등을 주요 내용으로 하고 있으며, 2008년과 2012년 및 2018년 세 번에 걸쳐 5년씩 연장되었다. 2018년 7월 20일 도널드 트럼프 대통령의 서명을 거쳐 2022년까지 연장된 '북한인권법'에서는 기존의 '북한인권법'에 휴대용 저장장치(USB)와 오디오, 영상 재생기, 휴대전화, 무선인터넷, 웹페이지 등 다양한 전자매체들을 활용해 정보 유입 노력을 확대하도록 하는 한편, 비정부기구의 대북 방송 활동 지원금을 늘리고, 특히 탈북자가 관여하는 기관을 우선 지원하도록 하는 내용을 추가하였다.

2006년 6월 23일 제정된 일본 북한인권법인 '납치 문제와 기타 북한 당국의 인권침해 문제의 대처에 관한 법률'은 일본인 납북 문제 해결과 북한의 인권 개선에 관한 사항을 규정하고 있다. 제7조에서는 북한 당국에 의한 인권 침해 상황이 개선되지 않을 경우의 조치로서 일본 정부는 "특정 선박의 입항 금지에 관한 특별조치법(2004년 법률 제125호) 제3조 제1항의 규정에 따른 조치, 외국환 및 외국무역법(1949년 법률 제228호) 제10조 제1항의 규정에 따른 조치, 기타 북한 당국에 의한 일본국민에 대한 인권침해의 억제를 위해 필요한 조치를 강구해야 한다"라고 규정하고 있는 것이 특징이다.

그럼에도 불구하고 우리 사회에서는 보편적으로 접근하여야 할 북한 인권 문제가 오히려 남남 갈등의 원인이 되어왔다. 2005년에 처음으로 김문수 의원 대표로 제17대 국회에 북한인권법안이 발의되었으나 국회 임기 만료로 자동폐기되었다. 제18대 국회에 제출된 북한인권법안들도 국회 임기 만료로 자동폐기되었다. 제19대 국회에 이르러서야 11개의 북한인권법안과 북한인권증진법안들이 제출되어 여야 간의 합의가 이루어졌다가 결렬되는 등의 우여곡절을 겪다가 국회 임기 만료를 얼마 남기지 않은 상황에서 외교통일위원회가 대안으로 의결한 북한인권법안이 2016년 3월 2일 국회 본회의에서 가결되었고, 다음 날인 3일 법률 제14070호로 공포되었다. 그러나 이처럼 어려운 과정을 거쳐 제정된 '북한인권법'은 그동안 북한인권법의 가장 핵심적인 내용이자 논란의 대상이 되어온 북한인권기록보존소 설치와 관련하여 상당한 문제점을 내포하고 있다.

이 장에서는 먼저 통일 이후 북한체제에 대한 과거청산 문제를 개괄적으로 살펴본 후, 과거청산을 위한 북한 인권 기록의 필요성과 북한인권기록보존소에 관한 문제를 살펴보고자 한다.

2. 과거청산의 개념과 유형

1) 과거청산과 전환기 정의

법학계에서는 과거청산이라는 용어보다는 불법청산이라는 용어를 더 선호하는 것으로 보인다. 불법청산(Aufarbeitung des Unrechts)이라는 개념은 독일에서 과거 나치정권의 불법을 규명하기 위하여 처음으로 사용된 이래 독일 통일 이후 구 동독 공산당 정권에 의하여 자행된 불법을 법치국가 원칙에 따라 제거 또는 극복하는 작업을 의미하는 용어로 독일 학계와 판례를 통하여 널리 인용되어 왔다. 그러나 불법청산이라는 용어 외에도 과거청산(Aufarbeitung des Vergangenheit), 과거극복(Vergangenheitsbewältigung) 등의 용어가 특별한 구별 없이 같은 의미로 사용되어 오고 있다.

굳이 이 용어를 구분해 본다면 과거청산은 "미래의 형성을 위해 과거의 경험을 현대적 의미에서 해석하여 과거로부터 교훈을 얻는 것", "책임으로 얼룩진 시대가 지난 후 과거에 종언을 고하고 보다 나은 미래가 되도록 하기 위하여 새로운 창조적 정신을 깨우치는 작업"으로 설명되고, 과거극복은 "불법정권의 종말 후 전복된 과거정권의 권력자, 법집행관, 체제추종자들을 어떻게 취급할 것인가와 관련하여 법적 관점에서 제기되는 문제"로 이해되며, 특히 과거극복은 제2차 세계대전 패배 이후 나치 불법의 청산 과정 중에 제기된 개념으로 주로 책임 문제와 결합되어 책임의 청산이라는 맥락에서 사용되었다.[4]

이에 반하여 불법청산이라는 용어는 주로 사법(司法)적인 측면에서의 청산을 강조한 개념으로 보인다. 그러나 독일 학계와 판례에서는 이 세 가지 용어를 굳이 엄격하게 구별하여 사용하지 않고 같은 의미로 혼용하고 있다. 국내 학계에서도 학자에 따라서는 법적 청산을 불법청산이라 하고, 법적 청산 외의 정치적·사회적·도덕적·역사적 청산을 포함하는 개념으로 과거청산이라는 용어를 사용하는 경우도 있기는 하지만, 대체로 두 가지 용어를 엄격하게 구별해서 사용하는 것 같지는 않다.

남북통일 이후 미래지향적이고 남북의 실질적인 사회적 통합을 추구한다는 측면에서 본다면 청산 문제를 법적 청산의 의미로 한정하여 논의하기보다는 더 광범위하게 논의를 해볼 필요성이 있다. 따라서 청산 대상 정권에 의하여 자행된 불법을 법치국가 원칙에 따라 제거 또는 극복하는 법적 특히 형사법적 청산의 의미가 강한 불법청산이라는 용어보다는 정치적·사회적·도덕적·역사적 청산의 의미까지 포괄할 수 있는 용어인 과거청산이라는 용어를 사용하는 것이 무난할 것으로 보인다.[5]

그런데 최근에는 이와 같은 일련의 행위 또는 국가작용에 대해 학술적으로 '트랜지셔널 저스티스(Transitional Justice)'라는 용어의 사용이 늘어나고 있다. '트랜지셔널 저스티스'는 법학자 테이텔(Teitel)이 처음 사용한 용어이다. 1990년 미국 외교협회(Council on Foreign Relations)는 "민주적 전환의 시기에 처벌의 의무가 있는가"라는 주제로 정책 회의를 개최하였다. 이 회의에 참석하였던 테이텔은 1991년 후속 프로젝트를 수행하였는데 여기서 전환기 정의라는 용어를 처음 사용하였다. 그리고 테이텔은 후속으로 발간한 책의 제목을 'Transitional Justice'로 명명하였다.[6] 국내에서는 이를 과도기 정의, 이행기 정의, 전환기 정의 등으로 번역해 사용하고 있다.[7] 전환기 정의는 권위주의나 전체주의 체제의 국가가 민주체제로 전환하거나 내전

---

4   박수희, 「刑法을 통한 統一獨逸의 舊東獨 體制不法 淸算에 관한 硏究」, 경희대학교 박사 학위논문(1999), 7~8쪽.

5   과거청산 또는 불법청산에서 '청산'이라는 용어가 주는 부정적 측면을 고려하여 최근에는 '과도기 정의(transitional justice)' 또는 '전환기 정의'라는 용어를 사용하는 사례가 늘고 있는 것으로 보인다. 과도기 정의란 권위주의나 전체주의 체제의 국가가 민주체제로 전환하거나 내전이나 분쟁이 종식되고 새로운 체제가 들어설 경우, 과거 체제하에서 또는 내전이나 분쟁 중에 발생한 각종 인권 유린이나 전쟁 범죄 등을 어떻게 처리하여 관련국 및 그 국민이 항구적인 평화 및 화해·통합으로 나갈 수 있을지에 대한 방안을 고민하기 위해 고안된 개념이다. 조정현, 「과도기 정의(Transitional Justice)와 한반도 통일」, ≪서울국제법연구≫, 제21권 1호(서울국제법연구원, 2014.6), 25쪽.

6   김수암·조정현·백범석, 『한반도에 있어서 과도기 정의』(서울: 통일연구원, 2014), p.11.

7   이하에서는 다른 문헌을 직접 인용하는 경우 외에는 "Transitional Justice"의 번역 용어로 "전환기 정의"를 사용하기로 한다.

이나 분쟁이 종식되고 새로운 체제가 들어설 경우, 과거 체제하에서 또는 내전이나 분쟁 중에 발생한 각종 인권유린이나 전쟁범죄 등을 어떻게 처리하여 관련국 및 그 국민이 항구적인 평화와 화해·통합으로 나갈 수 있을지에 대한 방안을 고민하기 위해 고안된 개념이다.[8]

전환기 정의는 특정 국가나 정부가 조직적이고 계획적으로 대규모 인권침해 범죄를 저지른 경우에 민주주의 체제로 전환하는 과정에서 가해자에 대한 형사처벌, 피해자에 대한 배상이나 보상, 진실규명 등을 통해 사회적 정의를 공고히 하고 앞으로 그와 같은 인권침해 상황이 재발하지 않도록 하는 단기적이고 임시적인 과정을 의미하며, 궁극적으로 피해자들에 대한 적절한 수준의 정의를 실현하는 것이고, 평화와 민주주의 및 화해의 가능성을 강화하는 것이다. 이런 의미에서 전환기 정의는 과거 지향적(backward looking) 목표와 미래 지향적(forward looking) 목표를 동시에 구현하고자 하는 데 그 특징이 있다.

유엔 차원에서도 전환기 정의의 개념 정립과 적용 대상 확대 작업을 지속적으로 추진하고 있다. 유엔 사무총장은 2004년 유엔 안전보장이사회에 제출한 보고서에서 "전환기 정의는 책임성을 확보하고, 정의에 기여하며, 화해를 성취하기 위하여 대규모 과거 유린의 유산과 합의에 이르려는 사회의 시도와 연관된 과정과 메커니즘의 완전한 집합체이다"라고 정의한 바 있다.[9] 유엔인권최고대표사무소(OHCHR)가 2014년 1월 발간한 『전환기 정의와 경제·사회·문화적 권리(Transitional Justice and Economic, Social and Cultural Rights)』에서는 유엔은 전환기 정의를 "책임을 규명하고 정의를 실현하고 화해를 이루기 위해 대규모 과거 학대의 유산을 다루려는 사회의 시도와 연관된 다양한 과정과 메커니즘"이라고 정의하고 있으며, 유엔의 전환기 정의 활동은 국제인권법, 국제인도법, 국제형사법 및 국제난민법에 근거를 둔다. 특별히 (a) 중대한 인권침해와 성폭력을 포함한 국제인도법의 심각한 침해에 대해 수사하고 혐의가 제기된 가해자들을 기소하고 유죄판결을 받은 자들을 처벌할 국가의 의무, (b) 과거 학대와 실종된 사람들의 운명에 대한 진실을 알 권리, (c) 중대한 인권침해와 국제인도법의 심각한 위반에 대해 배상을 받을 권리, (d) 다양한 조치를 통해서 미래에 이러한 잔혹 행위의 재발을 방지할 국가의 의무라는 국제인권법의 네 가지 사항이 전환기 정의, 그리고 면책에 대항하는 투쟁의 구조를 이르고 있다고 한다.[10]

---

8   Marty Logan, "What is transitional justice?"(OHCHR-Nepal, 2007), p.1.

9   Report of the Secretary-General, "The Rule of Law and Transitional Justice in Conflict and Post-Conflict Societies"(2004), para 8.

10   United Nations Human Rights office of the high commissioner, *Transitional justice and economic, social*

유엔평화구축지원사무소(PBSO)는 "전환기 정의에 관한 논의는 1980년대 후반부터 1990년대 초반에 주로 라틴아메리카와 동유럽 지역이 정치적 전환을 겪는 동안 정의에 대한 진전된 요구에 부응하여 처음으로 대두되었다. 당시 인권운동가들과 여러 인사들은 과거 정권들에 의한 체계적 인권유린 문제를 어떻게 하면 효과적으로 다룰 수 있고, 진행되고 있는 정치적 변화로부터 탈선하지 않으면서 정치적 전환을 계속 강화할 수 있을지에 관심을 기울였다. 이와 같은 변화들은 대중적으로 "민주주의로의 전환"으로 불렸기에 이처럼 여러 학문 분야에 걸친 주제를 "전환기 정의" 또는 "전환 시대의 정의"로 부르기 시작했다. 전환기 정의로 채택된 조치들로는 주로 과거 정권 지도자들에 대한 형사기소, 국가기록보존소 개소와 공식적인 진실화해위원회 설립과 같은 진실규명 작업, 피해자들을 위한 배상 프로그램 마련, 공직자들 특히 보안부대 일원들의 과거 행적에 대한 조사 등이 포함되었다"고 소개하고 있다.[11]

과거청산 또는 불법청산이 주로 가해자 처벌 등 과거의 불법에 대한 청산을 중시하는 개념이라면 전환기 정의는 과거에 대한 청산은 물론 피해자 구제와 기관개혁 및 진실규명을 통한 화해와 정의를 강조한다는 점에서 종전의 과거청산 개념보다는 더 확장된 발전적 개념이라고 볼 수도 있다. 하지만 과거청산도 궁극적으로는 청산을 통한 화해와 정의구현에 목적이 있으므로 구체적인 논의의 대상이나 범위에서는 별다른 점이 없으며 명확하게 양자를 구별할 필요성도 없는 것으로 보인다. 이하에서는 기본적으로 과거청산이라는 개념을 사용하면서 선행연구의 인용 등 부득이한 경우에는 전환기 정의 또는 과도기 정의라는 용어 등도 함께 사용하기로 한다.

2) 과거청산과 체제불법과의 관계

과거청산 문제를 다루는 데 있어서 자주 등장하면서 동시에 많은 법이론적 논란의 중심에 있는 개념 중 하나가 '체제불법'이다.

체제불법이란 통상 "행위 당시의 국가의 권력강제에 의하여 보장되는 총체적 규범질서 속에서 이에 준하는 명령에 근거한 국가행위의 행태로 자행됨으로써 체제 내부에서는 불법으로

and cultural rights(New York & Geneva: United Nations, 2014), p.5.

11   United Nations Peacebuilding Support Office(PBSO), "What is Transitional Justice?: A Backgrounder", 20 February 2008(http://www.un.org/en/peacebuilding/pdf/doc_wgll/justice_times_transition/26_02_2008_background_note.pdf).

평가되지 아니하였지만 그 체제의 붕괴로 인하여 종전의 가치질서와 법률체계가 전환됨에 따라 비로소 불법으로 평가받는 행위"라고 정의된다.[12]

체제불법은 특정한 정치조직체 내에서 제정된 법률에 근거하여 자행된 행위, 법률에 의하여 허용되거나 명령된 행위, 체제 유지를 위하여 정권수뇌부의 명시적·묵시적 의사에 따라 이루어진 행위를 포괄하는 개념으로서 이러한 행위들은 행위 당시에는 적법한 행위로 취급된다. 그러나 이러한 행위들은 그 체제가 붕괴되어 이념이나 가치가 전환되고 새로운 체제가 수립되면 비로소 불법성이 드러나 그 행위자에 대해 법적·도덕적·정치적·사회적 책임을 추궁하는 특징이 있다.[13] 또한 이러한 체제불법은 특별한 체계적 또는 국가적 자의에 기초하여 발생한 구체적인 불법 형태로 나타나므로 경제적 궁핍, 자유권과 행동의 일반적 제한 등과 같은 포괄적인 부정이나 정의의 흠결 등은 체제불법의 개념에 포함되지 않는다.[14]

문제는 체제불법의 개념을 이와 같이 정의할 경우 과거 구체제 아래에서도 이미 불법으로 인정할 수 있었지만, 그 행위가 정치적 이유 등에 의해 수사, 소추되지 않은 경우 해당행위를 체제불법의 범주에 넣을 수 있느냐에 있다. 많은 학자들이 체제불법의 개념에 해당행위를 포함시키면서도 체제불법의 특징을 설명하는 과정에서 구체제 내부에서 이미 가벌성이 도출되었던 행위는 체제범죄에 해당하지 않는다고 하여 혼란을 주고 있다.[15]

이 점에 대하여 우리의 경우를 되돌아보더라도 독재정권 시절의 피의자에 대한 불법 체포, 감금, 고문 등의 가혹행위는 당시에도 이미 불법이었으나 수사, 소추가 정치적인 이유로 어려웠던 경우에 해당하며, 과거청산에 있어서는 오히려 이런 행위에 대한 처벌이 더 중요한 의미를 가지므로 구체제 아래에서 이미 불법이었던 행위를 체제불법에서 제외하는 것은 타당하지 않다는 견해가 있다.[16]

그러나 이와 같은 행위를 체제불법에 포함시키는 것은, 체제 내부에서는 불법으로 평가되지 않았다는 것이 특징인 체제불법의 개념에 부합하지 않는다. 따라서 이와 같은 불법행위들은 체제불법에는 해당되지 않으나 과거청산의 대상에는 포함되는 행위로 보는 것이 논리적이

---

12 법무부, 『통일독일의 동독 체제불법청산 개관』(과천: 법무부, 1995), 45쪽.

13 김하중, 『통일한국의 과거청산』(파주: 나남, 2013), 26~27쪽.

14 박수희, 「형법을 통한 통일독일의 구동독 체제불법 청산에 관한 연구」, 15쪽.

15 정병윤, 「한반도 흡수통일시 불법과거청산에 관한 형사법적 연구: 독일·남아프리카공화국 과거사 청산모델을 중심으로」(성균관대학교대학원 박사 학위논문, 2007), 48~49쪽.

16 정병윤, 같은 글, 48쪽.

다. 즉 과거청산의 대상은 체제불법 행위 외에 앞서 설명한 것처럼 이미 구체제하에서도 불법행위에 해당하였지만 정치적인 이유 등으로 처벌받지 않은 행위도 포함된다고 보아야 한다.

이처럼 체제불법이란 개념을 별도로 정의하고 논의하는 이유는 체제불법 행위를 한 자에게는 과연 그 체제하에서 불법이 아닌 것으로 평가되는 행위를 했음에도 불구하고 사후에 특히 형사법적으로 이를 불법으로 하고 그들을 형사 처벌하는 것이 죄형법정주의와 정의에 부합하는 것인지에 대한 논란이 제기되기 때문이다.

남북통일을 전제로 '북한 과거청산'에 대하여 정의한다면, 결국 통일 이전에 북한 정권에 의하여 자행된 과거의 불법을 제거 또는 극복하는 작업이라고 정의할 수 있다.

3) 과거청산의 유형

과거 체제의 불법행위에 대한 새로운 체제하에서의 청산 방식을 역사적으로 살펴보면 각 나라마다 체제의 붕괴 내지 전환 과정과 시대적 배경, 새로운 체제의 법질서와 가치관, 국민들의 의사 등에 따라 다양한 형태로 전개되었다. 따라서 과거청산의 유형에 대한 분류도 학자들마다 약간의 차이가 있다.

대표적으로 클라우스 킨켈(Klaus Kinkel)은 다음의 네 가지 유형으로 분류하고 있다. ㉠ 불법행위자를 모두 사면하는 방식이다. 라틴아메리카의 군사독재 체제가 저지른 불법에 대한 형사책임은 군사독재 종식 후에 독재자들과 그 협력자들을 과감히 사면하는 방식으로 청산되었다. ㉡ 사회 전체가 과거의 불법을 묵인하고 아무 일도 없었던 것처럼 지나가는 방식이다. 제2차 세계대전이 종료한 후 전쟁에 대한 책임자들 중에서 전범재판에 회부된 자들을 제외하고 어떤 사람에게도 그 책임을 묻지 않았던 일본의 사례가 여기에 해당할 것이다. ㉢ 간단하고 형식적인 재판 절차를 거쳐 과거의 불법행위자들을 단죄하고 가혹하게 처벌하는 방식이다. 폭력혁명에 성공한 정권이 과거체제의 정적을 제거하고 권력의 안정적 기반을 마련하기 위하여 취해왔던 방법으로 역사상 수많은 선례가 존재한다. ㉣ 법치국가 원리에 입각한 적법 절차에 따라 가해자를 사법처리하고 피해자를 구제하며 불법행위로 인하여 발생한 부당한 결과를 원상회복하는 방법이다. 이것은 통일독일이 동독의 체제불법을 청산함에 있어 취하였던 방식이다.[17]

---

17 Klaus Kinkel, *Wiedervereinigung und Strafrecht*, JZ 1992, p.486. 김하중, 「체제불법 청산방안에 관한 헌법적 고찰: 구 동독과 북한의 체제불법을 중심으로」, 4쪽에서 재인용.

네 가지 청산 유형 중 ⓛ의 묵인 방식은 사실상 과거'청산'을 하지 않은 것이고, ⓒ의 청산 방식은 그 청산 방식 자체가 다시 과거청산의 대상이 될 소지가 크다는 점에서 바람직하지 않다. 오늘날까지 역사적 과거청산 방식 중에서도 가장 높이 평가되는 방식은 통일독일의 경우와 같이 법치국가 원칙에 입각한 사법적 청산 방식과 남아프리카공화국의 경우와 같이 진실과 화해라는 더 큰 가치를 추구하면서 실시한 사면 방식이라 할 수 있다.[18] 북한의 과거청산과 관련한 기존 연구들도 대체로 두 가지 방식 중에서 어떤 방식이 통일한국에 더 적합할지를 고민하고 있는 것으로 보인다.

3. 독일의 사법적 청산

1) 검토 배경

통일 이후 북한 정권에 의한 과거청산을 논의할 때 늘 등장하는 것이 통일독일의 과거청산 사례이다. 통일독일의 구 동독 체제에 대한 과거청산은 분단국가의 과거청산이라는 점과 정치적 청산이 아닌 사법적 청산이라는 큰 특징을 지니고 있다. 앞에서 네 가지 과거청산 방식 중 독일의 과거청산은 역사적으로 가장 모범적인 법치국가적 과거청산이었다는 평가를 받고 있다. 또한 사례가 많지 않은 분단국가의 통일에 따른 과거청산이라는 점에서 같은 분단국가인 우리로서는 큰 관심의 대상이 될 수밖에 없다.

2) 통일독일 과거청산의 배경과 필요성

통일독일의 체제불법 행위자에 대한 과거청산은 구 동독민주화 혁명의 주체 세력인 구 동독인들의 정의에 대한 요청에 부응하기 위한 것이었다. 통일독일은 서독이 동독을 흡수한 형태로 이루어졌지만, 과거청산은 서독 정부나 서독 주민이 주도한 것이라기보다는 오히려 동독 주민의 의사에 따라 진행이 되다가 그 주된 역할을 통일독일 정부가 담당하게 된 것이다. 이

---

18 남아프리카공화국의 과거청산에 대하여는 정병윤, 「한반도 흡수통일시 不法過去淸算에 관한 刑事法的 硏究: 獨逸·남아프리카共和國 과거사 淸算모델을 中心으로」 참고.

때문에 통일독일의 과거청산은 비슷한 시기에 이루어진 다른 동유럽 국가들의 과거청산과는 다른 특징이 나타난다.

즉 1989년 10월 9일 라이프치히에서 평화적 시위로 시작된 민주혁명은 11월 4일 계속 확산되어 정치적 변혁과 독일사회주의통일당(공산당)의 정권 이양을 요구하게 되었고, 11월 7일 거국 정부가 구성되면서 공산당의 정치국이 해체되기에 이르렀다. 그 후 1990년 3월 18일 자유총선거를 통하여 인민의회가 조직되었으며 인민의회는 자유민주주의 입헌질서로의 체제 전환과 과거 체제하에서 자행된 불법 청산을 위한 구체적인 입법 조치를 단행하였다. 이러한 인민의회의 불법청산 의지는 그 후 1990년 8월 15일 통일에 따른 법적 문제를 규율하기 위하여 동독과 서독 간에 체결된 「통일조약」에 반영되었다. 「통일조약」 제17조에서는 구 동독 공산당인 독일사회주의통일당의 지배하에 있었던 체제를 불법 체제로 규정함과 동시에 그러한 불법 체제하에서 정치적 동기에 의하여 취하여진 불법 조치를 청산하기 위한 입법 작업을 추진할 임무를 통일독일에 위임하고 있다.[19] 이러한 이유로 불법의 가해자에 대한 사법적 처리는 구 동독인의 불법청산 의지를 완결시킬 통일독일의 도덕적·법적 의무 이행이 된 것이다.[20] 바로 이러한 배경이 통일독일의 과거청산이 철저한 사법적 청산으로 이루어진 기반이 된 것이다.

한편 통일독일의 과거청산은 단순한 법적·제도적 통합을 넘어서 동서독의 내적 통합을 이루기 위한 것이었다는 데에서 그 필요성을 찾고 있다.

만일 동독 민주화 혁명의 원인을 제공하였던 자들을 통일 후 그대로 방치하게 될 경우 구 동독인들의 법치국가에 대한 신뢰를 저하시킴으로써 통일에 대한 회의를 유발하게 되어 궁극적으로 내적 통일의 저해 요인이 될 수 있기 때문이다. 따라서 불법 체제에 대한 청산 작업이 강력하게 추진될 때에 비로소 법치국가 원칙에 따라 과거의 불법에 의한 피해를 보상받게 되고, 향후 더는 불법이 자행되지 아니하며 법의 지배하에서 살게 될 것이라는 믿음이 구 동독인들 사이에 확대될 수 있는 것이며, 이로써 내적 통일의 장애 요인이 제거될 수 있는 것이다.[21]

---

19 「통일조약」 제17조는 "쌍방은 정치적 동기에 의한 형사소추처분 또는 반법치국가적·위헌적 불법재판의 희생자들이 복권될 수 있는 법적 규범을 마련할 것을 확인한다. 독일사회주의통합당 불법정권의 희생자들에 대하여 복권과 동시에 적절한 보상조치를 취한다"라고 규정하고 있다.

20 박수희, 「刑法을 통한 統一獨逸의 舊東獨 體制不法 淸算에 관한 硏究」(경희대학교 박사 학위논문, 1999), 8~9쪽.

21 박수희, 같은 글, 9~10쪽.

3) 가해자에 대한 사법청산의 법적 근거

(1) 문제 제기

통일독일의 인적 과거청산의 기본적인 법적 근거는 「통일조약」 제17조에 있다. 하지만 근대 형사 사법의 대원칙인 죄형법정주의하에서 동독 정권에서의 가해자에 대한 구체적인 형사소추의 정당성과 법적 근거를 찾는 것은 간단한 일이 아니었다. 죄형법정주의 원칙에 입각하여 사법적 청산을 진행함에 있어서 가장 문제가 되는 것은 소급효금지 원칙과 공소시효의 문제였다.

(2) 통일조약 체결 이전의 논의

통일독일의 경우에도 체제불법의 사법적 청산의 법적 근거 마련이 간단한 문제는 아니었다. 1990년 7월 2일 서독 정부는 '독일통일내각위원회'를 설치하여 서독법의 동독 지역에의 확장·적용에 따른 형사법 통합 작업을 시작하였다. 당시 연방법무장관 엥겔하르트(Engelhard)의 지시로 "법적 문제 특히 법의 동화"에 대한 특별부서(Arbeitsgruppe)를 설치해 이 문제를 검토하였으나 이 당시만 해도 통일 과정은 불확정 상태이었고, 헌법적 통합 방안조차 확정되지 못하였다. 특히 형사법 통합의 분야에서도 ㉠ 동서독의 기존 형법들을 공히 존속시키는 방안, ㉡ 새로운 형법을 제정하는 방안, ㉢ 구 동독 지역에 '연방형법'의 효력을 확장하는 방안 중 어느 것을 취할 것인지 미확정 상태에서 활동을 시작하였다.

이후 통화동맹 성립 시부터 서독은 그동안 형사법 분야의 동화에 관하여 자기 제한적 태도를 벗어나 적극적 법의 동화 개시로 입장을 바꾸었고, 동독 정부는 통일형법의 실현은 다단계적이고, 장기적인 절차에 의할 수밖에 없을 것으로 판단하여 통일연방국가 내에서 잠정적 기간 동안 서로 다른 형법질서의 존재가 필요하다는 입장이었다.

하지만 본격적인 통일 협상이 시작되자 법의 동화에 관한 그동안의 신중론은 배제되고 서독 당국의 주도에 의하여 '서독 형법을 동독지역에 즉시 확장 적용하는 원칙'이 부각되었다. 동서독 양측은 우선 법적 주요 쟁점인 낙태 문제의 규율을 본격적으로 논의했다. 임신 기간에 따른 낙태를 허용하던 구 동독 지역에서 서독 주민이 낙태 시술을 받을 경우에 이를 처벌하지 않을 것인지 아니면 거주지 원칙에 따라 서독법을 적용하여 처벌할 것인지가 주요 쟁점으로 부각된 것이다. 이에 대하여 사회당, 녹색당 및 동독은 행위지법 원칙을 지지하였고 기민당(CDU)과 기사당(CSU)은 주거지법 원칙을 지지하여 격심한 여론 분열 상황이 전개되었다. 결국 서독 정부 측은 통일조약의 조속한 체결을 저해하지 않기 위하여 자신들의 주장을 포기함으로써 이 문제를 해결하였다.

(3) 동독에서의 불법행위에 대한 형사소추의 법적 근거

동독에서의 불법 행위에 대한 형사소추의 법적 근거는 「통일조약」 제8조, '형법시행법 (EGStGB)'에 신설된 제315조부터 제315c조, 그리고 '형법' 제2조이다.

「통일조약」 제8조에 따라 서독의 형법이 '형법시행법' 제315조부터 제315c조에 의거하여 구 동독 지역에도 적용되었다. 따라서 동독의 독일연방공화국 가입의 효력이 발생하기 전에 동독에서 행하여졌던 범죄에 대하여 서독의 '형법'을 적용할 수 있었다. 단 '형법시행법' 제315조 제1항에 의거하여 서독의 법이 동독의 법보다 경한 경우에만 서독 '형법'이 적용되었다. 해당 범죄가 동독에서 처벌 대상이 아니었거나 더 경한 형벌의 대상이라면 동독의 형법이 계속 유효하다. 그래서 '형법시행법' 제315조 제1항은 범행 시점에서 유효한 법의 적용을 받는다는 내용을 담고 있는 '기본법' 제103조 제2항의 소급효 금지를 포함하고 있다.[22]

그럼에도 불구하고 피고인이 헌법소원을 제기한 가장 흔한 이유는 소급효 금지 조항이었다. 그 한 예가 이른바 베를린장벽 총격 사병, 국방장관인 하인츠 케슬러(Heinz Kessler), 국방차관 프리츠 슈트렐레츠(Fritz Streletz) 등이 제기한 위헌 소송이었다. 이에 대하여 연방헌법재판소는 1996년 10월 24일 "기본법 제103조 제2항에 의거한 소급효 금지의 원칙은 기본권에 충실한 민주적 입법자가 제정한 형법에 담겨 있는 특별한 신뢰의 토대를 통하여 그 법치주의 원칙의 정당성을 획득한다. 그러나 국가 권력자가 국제사회에서 일반적으로 인정되는 인권을 중대하게 침해하면서 범죄적 불의를 정당화하는 사유를 만들어 그것을 가벌 대상에서 제외한 경우에는 특별한 신뢰의 토대가 없는 것으로 본다. 그러한 경우, 기본법 제103조 제2항에 근거한 엄격한 신뢰보호의 원칙은 적용되지 않는다"라고 결정하였다. 이렇게 하여 이 위헌 소송은 기각되었고, 사회주의통일당(SED)의 불법행위의 처벌에 대한 근거가 마련되었다.[23]

(4) 공소시효의 문제

형사소추에 있어서 또 다른 장애물로 나타난 것이 바로 공소 시효 문제였다. 1991년 11월

---

22 통일부, 『독일의 통일·통합 정책 연구: 독일 통일 20년 계기(제1권 분야별연구)』(통일부 통일정책실, 2011), 380쪽 참고.

23 통일부, 같은 책, 380~381쪽 참고.

5일과 6일 실시되었던 주(州)법무장관회의에서 이에 대한 논의가 처음 이루어졌다. 이 회의에서 각주 법무장관들은 ㉠ 형사소추기관에 대하여 전 동독 지도부의 명령 또는 동의하에 행해졌으며, 법률 규정을 무시하여 소추되지 않은 범죄에 대해서는 시효가 적용되지 않는다는 견해를 펼 것이며, ㉡ 나치의 범죄 시효와 관련하여 마련된 기준이 사회주의통일당의 불법행위를 형법적으로 판단하는 데 반영될 수 있다는 결의를 하였다. 이후 여러 차례의 발의가 있은 후, 1993년 3월 26일 독일 연방하원은 '사회주의통일당 불법행위에 대한 공소시효 정지법'을 통과시켰다. 이 법에 의하여 1949년 10월 11일부터 1990년 10월 2일까지 정치적인 이유에서 행해지고, 따라서 처벌을 받지 않은 사회주의통일당의 불법행위에 대한 공소시효가 정지되었다. 공소시효 소멸기간은 1993년 9월 29일 제정된 '공소시효 소멸기간 연장법'에 의하여 최대 1997년 12월 31일까지 연장되었으며, 1997년 12월 22일 제정된 제3차 '공소시효 소멸기간 연장법'에 의하여 다시금 2000년 10월 2일까지 연장되었다.[24]

(5) 기타 형사법적 해결 과제

체제불법행위의 형사소추를 위해 해결하여야 할 그 밖의 법적 과제로는 준거법의 문제, 구성요건 대칭성의 문제, 위법성조각사유의 문제, 명령에 의한 행위 또는 금지 착오의 주장에 따른 책임 감면의 문제, 범죄 가담 정도에 따른 책임 개별화의 문제 등이 있었다.

4) 형사소추 관할과 인적 구성

형사소추권은 범죄행위지 원칙에 따라 분권화되어 있었으며, 각 연방주 검찰청의 중점수사부(지역 범죄 관련), 그리고 베를린주 고등검찰청 정권범죄수사본부(후에는 베를린 제2검찰청) 및 연방검찰(특히 첩보사건 관련)로 나뉘어져 있었다.

'정권범죄수사본부'는 1989년 말 동독 검찰이 동독 국가 및 당 지도부 구성원들을 상대로 시작한 형법상의 수사 절차를 인계받아 신속하게 처리하기 위하여 1990년 10월 3일 베를린주 고등검찰청에 설치되었다. 1991년 6월 4일에서 6일까지 진행된 제62차 주 법무장관회의에서는 구 동독의 중앙집권적인 구조 때문에 베를린 검찰 및 법원이 형사소추를 담당하는 것이 적절하고, 정권범죄수사본부는 1991년 5월 17일 연방총리와 각 연방주총리와의 협의 사항을 토

---

24 통일부, 같은 책, 381, 386쪽 참고.

대로 베를린주 법무부와 조율하여 경험이 풍부한 수사 인력을 최대 60명까지 추가로 파견하는 것으로 결정하였다. 주 법무장관회의에서 정한 추가 인력이 최대 정원 60명까지 이른 것은 1992년 단 한 번이었고, 그 외 기간에는 정권범죄수사본부는 최대 정원수를 채우지 않았다. 정권범죄수사본부는 1994년 10월 1일 독자적 관할권을 갖는 베를린주 제2검찰청으로 승격되었다.[25]

5) 수사 결과

(1) 개요

불법청산의 주요 대상은 내독 국경에서의 무력 사용, 선거 조작, 법 왜곡, 밀고, 국가안전부 범죄, 체포자 학대, 도핑, 직권 남용 및 부패, 간첩 활동, 기타 경제 범죄 등이었다. 2005년에 모든 관련 수사와 재판 절차가 종결되었다. "형사사법과 동독 불법행위"라는 연구 프로젝트에 의하면 간첩 사건 소송 외에도 피의자 총 1731명에 대한 1201건의 소송이 진행되었다. 그중 753명에게 벌금형, 또는 자유형이 선고되었다. 선고된 자유형의 형량은 〈표 20-1〉과 같다.[26]

표 20-1	수사 결과	
범행	자유형	총합계
국경에서의 무력 사용	최소 6개월에서 10년 이하	264
법 왜곡 행위	최소 6개월에서 5년 이하	131
선거 조작	최소 6개월에서 2년 이하	42
국가안전부의 범죄	최소 6개월에서 2년 이하	32
밀고	최소 6개월에서 2년 이하	5
죄수 학대	최소 6개월에서 3년 이하	13
직권 남용/ 부패	최소 6개월에서 3년 이하	16
경제 범죄	최소 6개월에서 2년 이하	3
도핑	최소 6개월에서 2년 이하	17
합계		523

---

25 통일부, 같은 책, 381~382쪽.
26 통일부, 같은 책, 381~382, 398쪽 참고.

(2) 국경수비대 총격 사건

1949년부터 1990년 6월까지 국경(동서 베를린 포함)을 탈주하다가 동독 측의 총기 사용으로 사망한 사람은 총 197명으로 내독 간 국경에서 119명, 베를린 주변에서 78명으로 정식 집계되어 있으며, 잘츠기터 중앙기록보존소의 기록에 의하면 1961년부터 1990년 6월 30일까지 국경에서 탈출을 기도하다가 총격이나 지뢰 또는 자동 발사 장치에 의하여 탈출이 좌절된 예는 4444건에 이른다.[27]

국경 총격 사건에서 법률적으로 크게 문제가 된 두 가지 쟁점이 있었다. 첫 번째는 국경탈출자에 대한 국경 수비 대원의 사후 처벌이 '법률 없으면 형벌 없다'는 죄형법정주의에 반하는 것이 아닌지에 대한 것이다. 두 번째는 구 동독을 탈출하는 행위는 구 동독 '형법' 제213조에서 처벌 규정을 두고 있었으며, '국경법' 제27조는 그와 같은 탈주 행위에 대한 총기 사용을 허용하고 있었는데, 탈주자에 대한 발포 행위가 '국경법' 제27조에 의하여 위법성조각사유가 되는가 하는 것이었다.

국경 수비대의 총격 사건에 대한 최초의 판결은 1992년 1월 20일 베를린 지방 법원의 판결이었다. 이 판결의 요지는 ㉠ 피고인들의 행위는 일차적으로 범죄지와 범죄 시점에 유효하였던 동독 '형법'에 따라 판단하여야 하지만 '연방형법' 제2조 제1항과 제3항에 의거하여 재판 시 법률이 변경되었으므로 두 가지 형법 중 경한 법인 연방 '형법'에 의하여 판단한다. ㉡ 구 동독 '국경법' 제26조와 제27조 또는 상관의 지시에 따른 행동이었다는 이유로 정당화 사유에 해당하지 않는다. ㉢ 유효한 사격 명령이 없었으며, 총격수가 금지에 대하여 착각할 만한 불가피한 사유가 있었다고 볼 수 없다. ㉣ 베를린 장벽에서의 총격 살인은 일반적으로 인정되는 법과 정의의 원칙에 현저하게 모순되므로 병사들이 양심을 무마시키는 주입교육을 받았다 하더라도 자신의 행위가 불법임을 인식할 수 있었다고 보아야 한다. 첫 번째 베를린 지방법원의 판결에 적시된 견해는 1993년 3월 25일 연방법원 판결에서 형량만 하향 조정되고 그대로 유지되었다.

위법성조각사유에 대한 베를린 지방 법원의 판결 내용을 구체적으로 보면 "출국 및 이주의 권리는 기본적 인권으로서 권리의 핵심부분에 해당하며 이러한 기본권은 독일연방공화국 법질서에 의해서 보장될 뿐 아니라 국제법에 근거한 인권선언, 헬싱키협정 등 유엔의 인권규약에 의해서도 보장되고 있다. 그러나 구 동독 형법상 불법월경의 구성요건과 국경법상의 총기사용규정은 이러한 기본권을 부당하게 제한하고 있다는 점에서 기본법에 구현된 헌법정신

---

27 통일원, 『동서독 교류협력 사례집』(통일원, 1993), 298쪽.

에 반하고 일반적으로 승인된 법원칙에 현저하게 위배되는 바, 이러한 위법성조각사유를 독일 법원에서 채택할 수 없다"라고 판시하였다. 한편 연방대법원은 구 동독 법률상 정당화 사유가 상위법에 대한 위법을 이유로 그 적용이 부인된다고 보면서, 그 위법 정도의 구체적 심사의 척도로「자유권규약」제6조(생명권)와 제12조(이동·거주·출입국의 자유)를 원용하였다.[28]

(3) 국방위원회 수뇌부에 대한 재판

베를린장벽 총격병 재판에서는 국방위원회의 수뇌부 인사 6명, 즉 에리히 호네커(Erich Honecker), 에리히 밀케(Erich Mielke), 빌리 스토프(Willi Stoph), 하인츠 케슬러(Heinz Kessler), 프리츠 슈트렐레츠(Fritz Streletz), 한스 알브레히트(Hans Albrecht)가 베를린주 고등검찰청에 의하여 기소되어 이들을 상대로 베를린장벽 총격병 재판이 진행되었다. 호네커, 밀케, 슈토프에 대한 형사사법 절차는 중대한 질병과 건강상의 이유로 소송 무능력을 판정받아 재판이 중단되었다. 케슬러, 슈트렐레츠, 알브레히트에 대해서는 동서독 간 국경에서 일어난 사살의 범인으로 유죄가 선고되었다. 이들은 각각 7년 6개월, 5년 6개월, 5년의 자유형을 받았다.[29]

(4) 정치국 재판

정치국 재판에서는 에곤 크렌츠(Egon Krenz), 귄터 샤보프스키(Günter Schabowski), 쿠르트 하거(Kurt Hager), 호르스트 돌루스(Horst Dohlus), 귄터 클라이버(Gunter Wand), 에리히 뮈켄베르거(Erich Mückenberger)가 동서독 간 국경에서의 사망자 및 부상자에 대한 책임을 이유로 기소되었다. 제2차 정치국 재판에서는 뮈켄베르거, 하거, 돌루스(Dolus)가 건강상의 이유로 소송무능력을 판정받아 재판 절차가 중단되었다. 에콘 크렌츠에게는 3명에 대한 경합적 살인, 기타 살인 1건으로 6년 6개월의 자유형이 선고되었고, 귄터 샤보프스키와 귄터 클라이버에게는 각 3명에 대한 경합적 살인에 대하여 3년의 자유형이 선고되었다.[30]

---

28 박수희,「刑法을 통한 統一獨逸의 舊東獨 體制不法 淸算에 관한 硏究」, 151쪽 참고.「헬싱키협정」은 1975년 8월 1일 채택된 유럽 안전보장협력회의 최종 결의안으로 알바니아를 제외한 모든 유럽 국가와 미국·캐나다가 서명하였으며, 제2차 세계대전 후에 형성된 유럽 국경선의 상호 인정, 인권과 자유의 존중, 경제적·과학적·인류공동체적 영역 등에서의 협력 촉구를 내용으로 하고 있다.

29 통일부,『독일의 통일·통합 정책 연구: 독일 통일 20년 계기(제1권 분야별연구)』, 383쪽. 베를린주 헌법재판소는 1993년 1월 12일 중대한 불치병으로 사망을 앞둔 81세의 헌법소원 청구인인 호네커를 공판을 위하여 감금하는 것은 인간의 존엄성 존중의 법칙과 합치하지 않는다고 보고 베를린주 지방법원과 고등법원의 판결을 무효화하기로 결정하고 호네커에 대하여 진행되었던 형사소추 절차를 중단하였고, 체포영장도 취소하기로 결정하였다.

(5) 법률 왜곡(사법 왜곡)

법률 왜곡 문제 역시 체제 특성상 독립성이 보장되지 않은 사법종사자들을 형사소추하는 것이 정당한지, 소급효금지 원칙에는 반하지 않는지 문제가 되었다. 형식적으로 보면 구 동독 '형법' 제244조와 '연방형법' 제336조가 각 비교 가능한 행위태양을 구성요건으로 하면서 그에 대한 처벌 규정을 두고 있으므로 양 처벌 조문 간에 불법의 연계성이 인정되면 법정형이 경한 법률을 적용하여 처벌하면 된다. 문제는 양 처벌 조문 간의 불법의 연계성이었다. 양자의 구성 요건을 보면 구 동독 '형법' 제244조는 "위법하게 당사자 일방에게 유리한 또는 불리한 결정을 한 ……"이라고 규정하고 있고, '연방형법' 제366조는 "당사자가 일방에게 유리하게 또는 불이익하게 법을 왜곡한 ……"으로 규정하고 있다. 따라서 우선 동독 '형법'상의 위법한 결정과 '연방형법'상의 법률 왜곡을 본질적인 면에서 동일한 행위태양으로 볼 수 있는지에 대해서는 양자는 표현의 차이에 불과할 뿐 동일한 행위태양을 전제로 한다고 보았다.

사실 구 동독의 사법부는 판결 선고 시 공산당의 지침에 영향을 받아왔고, 법의 적용이란 궁극적으로 사회주의적 합법성의 범위 내에서 사회주의국가 실현이라는 국가 목표를 수행하는 데 불과하였다. 그러나 이러한 사법부 독립의 제한에도 불구하고 불법의 연계성이 부인되어 '연방형법'상 법률 왜곡 규정의 적용을 배제할 정도로 연방과 구 동독 판·검사의 활동 사이에 본질적인 차이가 있지 아니하다는 이유에서, 공산당의 명령과 지침 등에 복종하였던 사법 종사자의 사법 처리가 부당하지 않다고 보는 견해가 일반적이다.[31] 연방헌법재판소 역시 1998년 4월 7일 자 결정을 통하여 법률 왜곡을 범한 구 동독 사법종사자의 사법 처리가 소급 효금지 원칙에 모순되지 아니한다고 하였다.[32]

법률 왜곡에 해당하는지에 대해서는 연방대법원에 의하여 일련의 판단 기준이 확립되었다. 즉 연방대법원은 첫째, 법률 문언의 적용 한계를 초과하거나 불명확한 형벌 규정 요건을 확장·적용하여 그 처벌이 현저히 부당하고 중대한 인권 침해에 해당하는 경우, 둘째, 절차 진행의 방법상 중대한 인권 침해가 있는 경우로서 형사소추와 처벌이 정의의 실현에 기여하는 것이 아니라 정적 또는 특별한 사회단체 구성원의 격리나 제거에 기여하는 경우, 셋째, 선고된 형과 행위가 현저히 비례하지 아니하여 그 형벌이 구 동독 '형법' 규정에도 모순이 되며 따라서 부당하고 중대한 인권 침해로 인정될 수 있는 경우로 제한적 해석을 하였다.[33]

30　통일부, 같은 책, 383~384쪽.

31　박수희, 「刑法을 통한 統一獨逸의 舊東獨 體制不法 清算에 관한 研究」, 123쪽.

32　BVerfG 7. 1998-2 BvR 2570195, NJW 1998, Heft 35, SS.2585~2587 참고.

구 동독 사법종사자의 법률 왜곡에 대한 수사는 1994년 10월 4일 이전까지 정권범죄 특별 수사본부가 전담하다가 그 이후에는 승격된 베를린 제2검찰청에서 담당하였고, 총 131명의 사법종사자가 법률 왜곡으로 자유형을 선고받았다.

(6) 국가공안부의 반법치국가적 범죄

동독 국가공안부는 1950년 인민의회 결정을 거쳐 설치되었으며, 정보 탐지 및 비밀정치경찰, 범법행위 조사기관으로 동독의 독재를 선도한 핵심 기관으로 체제 붕괴 당시 9만 명에 달하는 정직원과 17만 명 정도의 비공식 협조자들이 활동하고 있었다.

국가공안부의 불법행위는 크게 체제 유지를 목적으로 동독 주민에 대하여 행하여진 반법치국가적 행위와 서독의 안전을 위협하기 위한 간첩 행위로 구분된다. 이들의 구체적인 불법행위는 1989년 평화혁명 이후 자료가 공개되면서 밝혀졌다. 구체적인 반법치국가적 행위로는 살인, 살인교사, 불법감금, 고문, 협박, 불법도청, 우편물 검열 등이 있었다.

국가공안부의 반법치국가적 행위에 대한 수사 및 기소는 베를린 정권범죄수사부에서 담당하였다.

그러나 소속 요원들이 범한 대표적 범죄 행위 중 불법 전화 도청과 불법 우편물 검열 행위에 대해서는 동독 '형법' 제202조의 우편 및 통신비밀 침해죄의 구성요건상 행위 주체가 동독 체신청의 정규 직원 또는 그 수탁인으로 한정되어 있어서 '연방형법' 제201조의 대화비밀침해죄와 불법연계성이 없다는 이유로 무죄가 선고되었다.

국가공안부의 명령에 따라 국제우편물에서 금전을 빼내 국고에 귀속시킨 불법우편물 검열 사건도 연방대법원에서 '연방형법' 제246조가 요건으로 하는 금전에 대한 불법 영득의 의사가 없다는 이유로 무죄가 선고되었다.

국가공안부의 대서독·나토 간첩 행위와 관련해서는 당시 정찰총국의 총책이었던 그로스만을 기소하였으나, 베를린주 법원은 1991년 7월 22일 소송을 중단한 후 연방헌법재판소에 위헌심판 제청을 하였다. 위헌심판 제청의 주된 이유는 통일 이후 구 서독의 간첩 활동을 소추하지 않고 구 동독의 간첩 활동만 소추하는 것이 '기본법' 제3조 제1항의 평등 원칙에 반하는 것인지와 전시에 간첩행위자가 자신의 부대로 귀환한 경우에는 이전에 행하여진 간첩 행위에 대해서는 책임을 물을 수 없다는 '헤이그전쟁규약' 제31조를 전시가 아닌 구 동독의 간첩 행위

33　박수희, 「刑法을 통한 統一獨逸의 舊東獨 體制不法 淸算에 관한 硏究」, 142쪽 참고.

에도 적용될 수 있는지를 판단해 달라는 것이었다.

이와 관련하여 당시 대부분의 학설도 진정한 내적 통합을 위하여 대서독 간첩 행위에 대한 형사처벌을 반대하면서 유죄 판결을 하고 있는 일련의 판례들을 강력히 비난하였다. 연방 정부 차원에서도 법 정책적으로 이 문제를 해결하기 위하여 국가공안부에 의한 대서독 간첩행위를 사면 대상으로 하려는 사면법 제정을 추진하였으나 채택되지 못하였다. 결국 이 문제는 1995년 5월 15일 연방헌법재판소가 비례성의 원칙에 의한 형사소추의 난점을 지적하며 형사소추를 할 수 없다는 결정을 함으로써 해결되었다.

6) 피해자 구제

(1) 개요

통일독일은 내적 통합을 위하여 가해자에 대한 형사소추와 더불어 체제불법행위로 인한 피해자들에 대하여 복권 및 보상 제도를 실시하였다. 동독 체제불법 피해자에 대한 법적 구제는 통일 이전부터 일정 제도가 실시되고 있었다. 즉 서독은 통일 전부터 '내독간 형사사법 및 공무구조에 관한 법률'을 제정하여 정치적 이유에 기한 동독의 불법 형사판결에 대하여 집행불허 확인 결정을 해왔다. 또한 '구금자지원법'에 따라 동독에서의 불법 구금으로 인한 피해자에 대한 보상 제도를 두고 있었다. 이러한 제도를 발전시켜 통일 이후의 복권 제도는 형사복권, 직업복권, 행정복권의 형태로 실시되었다.

(2) 형사복권
① 동독 정권하에서의 피해자 구제

사법적 불법의 피해자 구제 작업은 평화혁명 이후 구 동독 자체 청산 과정에서 최초로 시도된 것이다. 1990년 6월 29일 구 동독 인민의회는 제6차 형법 개정법률을 통하여 종전까지 사법 통제 수단으로 악용되어 온 파기 규정을 개정하였다. 구 동독에서의 파기란 확정된 형사판결을 재심사하여 이를 취소하기 위한 절차였는데 주로 상부의 지침과 일치되지 않는 법원의 확정판결을 정정하기 위한 수단으로 이용되어 왔다. 구 동독 '형사소송법' 제311조 제1항은 파기 사유로 ㉠ 재판이 법률에 위반된 때, ㉡ 형벌 선고가 현저히 부당한 때, ㉢ 판결 이유가 부당한 때를 들고 있었다. 통일 직전 구 동독은 자체 개정 작업을 통하여 유죄 선고를 받은 자의 이익을 위한 경우에 한해서만 파기 신청을 허용하는 것으로 관련 규정을 개정하였다. 이러한 확정판결의 파기 제도를「통일조약」에서는 그대로 존치시키되 신청 기간에 관한 제한 규정을 두었다.「통일조약」제18조 제2항은 "구 동독 형사법원에서 판결받은 자에 대해서는 이 조약 부속의정서의 기준에 따라 종국재판의 파기를 청구할 수 있는 있는 권리가 부여된다"라고 규정하여 법치국가적 기준과 부합되지 아니한 구 동독 사법부에 의한 형법 적용의 경우에 확정판결의 파기를 허용하고 있었다.[34]

또한「통일조약」제17조는 "조약의 당사자들은 정치적 이유로 형사소추를 받은 자나 기타 반법치국가적·위헌적인 법원의 재판으로 인한 피해자들을 복권시킬 수 있는 법적 근거를 지체없이 마련할 것을 확인한다"라고 명시함으로써 반법치국가적 형사재판의 피해자 복권에 대하여 규정하고 있다.

이에 구 동독 인민의회는 1990년 9월 6일 '정치적 동기 또는 기타 법치국가에 반하는 형사소추로 인하여 피해를 입은 자'의 명예 회복과 보상 실시를 위하여 복권법을 제정하였다. 이러한 복권법은 형사복권 이외에도 행정복권과 직업복권도 함께 규율하고 있었다. 그 후 9월 18일 자「통일조약 추가협정」에 의하여 구 동독 인민의회가 의결한 '복권법'은 일부 수정되어 형사복권 관련 규정만 계속 적용되었으며(「통일조약 추가협정」제3조 제6호 a), 그 대상에 '형사상 유죄판결을 받은 자' 이외에도 '반법치국가적인 치료감호 시설에의 수용 명령에 의한 피해자'를 포함시켰다.

② 통일 이후의 피해자 구제

통일 후 구 동독의 '복권법'의 입법적 흠결을 보완하고 규정의 불명확성을 개선하여야 될 필요성이 계속해서 제기됨에 따라 새로운 법률 제정 작업이 추진되었다. 그 결과 1992년 10월 29일 '제1차 SED 불법청산을 위한 법률'이 제정되어 1992년 11월 4일 발효되었다. 이 법은 동독 정권하에서 형사처벌을 받은 피해자들에 대한 '복권과 배상에 관한 법률'(이하 '형사복권법')을 포함하고 있었다.

'형사복권법'의 주요 내용을 살펴보면 다음과 같다. ㉠ 복권의 대상이 되는 판결은 1945년 5월 8일부터 1990년 10월 2일까지 동독 지역에서 동독 법원에 의하여 내려진 모든 형사판결들이다. 이 형사판결들이 자유민주주의적 법치국가의 기본 원칙에 어긋날 경우에는 신청에 의하여 불법적인 것으로 선고되고 판결이 취소된다. 이와 더불어 당사자의 전과 기록이 말소되고 그의 명예가 회복된다. ㉡ 동독 법원이 정치적 핍박을 위하여 자주 사용하였던 법 규정들로는

---

34 박수희, 같은 글, 27쪽.

반역적인 정보 유출, 반국가적인 인신매매, 노동쟁의의 선동, 반국가적인 선동 행위, 외국과의 불법적 접촉, 국외 탈출, 병역 의무의 회피 및 거부, 배반죄, 서방 측을 위한 간첩 행위 등을 들 수 있다. ⓒ 1950년의 이른바 발트하임 재판의 판결은 무조건 취소된다. ⓔ 과거 동독에서 불법적으로 정신병원에 수용되었던 자들에 대한 복권과 보상도 이 법에 의해 이루어진다.[35]

참고로 발트하임 재판은 대표적인 사법왜곡 사건으로 1945년 이후 소련 점령군에 의해 전쟁범죄나 나치(Nazi) 국가 목적수행 등 반인도적 범죄를 이유로 체포되었다가 동독에 인계되어 발트하임 교도소에 수감된 3432명중 3324명에 대한 3392건의 재판이다. 재판은 헴니츠 (Chemnitz) 지방법원에 독립 설치된 8개의 대형사부와 12개의 소형사부가 담당하였다. 주범들에 대한 재판부인 대형사부는 2명의 직업법관과 3명의 참심원으로 구성되었고, 나머지 피고인들에 대한 재판부인 소재판부는 1명의 직업법관과 2명의 참심원으로 구성되었다. 재판은 1950년 4월 26일부터 같은 해 7월 14일까지 3개월도 안 되는 기간 동안에 진행되었다. 재판 결과 32명에 대해서는 사형이 선고되어 같은 해 11월 4일 24명에 대한 사형이 집행되었으며, 7명은 후에 무기형 또는 25년의 자유형으로 감형되었고, 1명은 치료시설에 수용되었다. 146건에 대하여 무기형이, 1829건에 대하여 15년에서 25년의 자유형이 선고되었다. 재판부 구성과 재판과정에 독일사회주의통일당과 소련통제위원회의 개입과 압력이 있었고, 공판개시결정이나 기일지정도 없었다. 공소장은 교부되었다가 회수되었으며 법정소환은 공판 1일 또는 2일 전에 시행되었다. 비공개로 진행된 공판은 1시간 내지 1시간 30분 이내에 종결되었다. 1심 공판에서 사형선고가 예상된 10건의 경우에는 법무부직원이 변호인으로 선임되었으나 나머지 사건은 변호인도 선임되지 않았다. 독자적인 증거조사, 특히 면책증거에 대한 조사도 이루어지지 않았다.[36]

보상과 관련된 주요 내용을 살펴보면 다음과 같다. ⓐ 부당한 자유 박탈에 대한 보상으로는 박탈 기간의 매월당 300마르크씩, 1989년 11월 9일까지 부당한 구속을 당한 경우에는 구속 기간의 매월당 550마르크씩의 보상금을 지급한다. ⓑ 벌금형 판결이 파기된 경우에는 이미 지불하였던 벌금, 소송 비용, 당사자가 소송과 관련하여 지출한 비용 등을 보상한다. ⓒ 형사 판결이 파기된 경우에는 압수하였던 재산을 재산법의 기준에 따라 반환한다. ⓓ 부당한 구속으로 인하여 건강상의 손해를 입은 사람들은 '연방원호법'에 따라 국가의 지원을 받는다.

35 김영탁, 『독일통일과 동독재건과정』(한울, 1997), 252쪽 참고.

36 발트하임 사건에 대한 보다 구체적인 내용은 법무부, 『통일독일의 구동독 체제불법청산 개관』(과천: 법무부, 1995), 627~633쪽 참고.

ⓜ 피해자가 부당한 구금으로 인하여 사망하였거나 그의 유족에게 어려움이 있는 경우 이들을 '연방원호법'에 따라 지원한다. ⓑ 형사복권법상의 보상은 소련 점령 시기 정치범들에게도 적용된다.[37]

(3) 행정복권

동독 공산정권에 의한 행정상의 불법행위는 삶의 모든 영역에서 자행되었다. 크게는 생산수단의 집단화에서부터 시작하여 작게는 운전면허 취소 등 일상적인 법 침해에 이르기까지 다양하다.[38]

행정복권은 후술하는 '직업복권법'과 마찬가지로 1994년 7월 1일 발효한 '제2차 SED 불법청산을 위한 법률'의 일부를 이루는 부분 법률인 '행정복권법'에 의하여 진행되었다. '행정복권법'은 「통일조약」 제19조의 "가입 발효 이전에 내려진 동독의 행정행위는 계속 유효하며 그것이 법치국가 원리나 이 조약의 규정들과 합치하지 아니하는 경우에는 취소될 수 있다"는 규정에 따른 입법 조치이다.

'행정복권법'은 동독 정권의 반법치국가적 행정 처분 또는 정치적 박해에 의한 현저한 침해가 계속되고 있는 경우에 한하여 복권이 되도록 함으로써 수인할 수 있는 통상적이고 사소한 불법을 제외하고 중대하고 감내가 불가능한 결과에 대한 복권으로 그 요건을 제한하였다.

행정복권 신청이 인용되면 후속청구권은 복권 신청자가 침해당하였던 법익의 종류와 내용에 따라 구체적인 청구권의 내용과 범위가 결정된다. 예컨대 건강 악화인 경우에는 '연방원호법'에 의한 치료비 등 급부청구권이 발생하며, 건강 악화로 사망한 경우에는 유족원호 급부청구권이 발생한다. 또한 재산침해의 경우에는 '재산법', '투자우선법', '보상 및 조정법'에 의한 재산가치의 반환 또는 보상청구권이 발생하고, 직업·교육상의 불이익이 있는 경우에는 '직업복권법'에 의한 각종 급부청구가 인정된다(제2조 내지 제8조). 피해보상은 완전보상이 아니라 사회적 고려하의 조정급부를 시행하여 계속되고 있는 불법조치의 결과를 완화함으로써 그 조정급부의 범위가 제한된다.[39]

---

37 김영탁, 같은 책, 252쪽.
38 김영탁, 같은 책, 254쪽.
39 김하중, 「체제불법 청산방안에 관한 헌법적 고찰: 구동독과 북한의 체제불법을 중심으로」, 224쪽.

(4) 직업적 복권

직업적 구제에 관한 사항은 1994년 7월 1일 발효한 '제2차 SED 불법청산을 위한 법률'의
부분 법률인 '직업복권법'에 의하여 시행되었다. 이 법은 정치적 이유로 직업상의 손해를 입은
사람들이나 부당한 행정행위로 피해받은 사람들을 구제하기 위해 제정한 것이다. 이 법이 제
정됨으로써 피해 구제를 위한 입법 조치는 모두 마무리되었다.

'직업복권법'의 적용 대상은 반법치국가적 간섭이나 정치적 박해로 인하여 직업 활동과
직업교육 과정에서 피해를 입은 사람들이다. 박해 행위는 1945년 5월 8일 이후 소련군 점령
지역 또는 동독에서 일어났던 것으로 반법치국가적 구금, 영업허가증 박탈, 대학생의 퇴학 처
분, 해고, 계약의 강제 변경 등이다. 구체적인 지원 방법으로는 연금 지급, 직업훈련 비용 지급
등을 들 수 있으며, 핍박으로 인한 특별한 손해에 대해서는 월 150마르크의 보상금을 지급한
다. 직업적 복권의 핵심은 연금을 통한 보상조치에 있다. 1990년 10월 3일 이전 동독지역에
서 정치적 핍박으로 인해 직업 활동을 더는 할 수 없거나 제한된 소득만 취할 수밖에 없는 사람
은 연금 산정 시 그 핍박 기간을 연금 납입 기간에 포함시킨다. 일반 대학이나 전문대학 진학
과정에서 정치적 이유로 피해를 본 사람들 역시 '직업복권법'의 적용 대상이다. 이들은 장학금
지급, 직업 보충 교육과 직업 전환 교육 등에서 우선적으로 대우받는다.[40]

(5) 각 복권의 관계

'형사복권법', '행정복권법', '직업복권법' 등 세 가지 유형의 복권법은 상호 연계되어 보완
관계에 있다. '형사복권법'에 의하여 이미 복권된 경우에도 '제2차 SED 불법청산을 위한 법률'
에 의한 급부를 청구할 수 있다. 형사복권은 박탈된 재산의 반환 또는 보상을 위한 전제조건이
며 사회적 조정급부청구권의 기초가 된다. 고전적 조치로 인하여 직업상 침해가 발생한 때에
는 일단 '행정복권법' 규정에 의하여 반법치국가적 행정조치의 취소 또는 반법치국가성 확인
이 이루어지고, 그 후 '직업복권법'에 따라서 피해 구제를 위한 조정급부 신청이 제기될 수 있
다. '직업복권법'은 '형사복권법' 및 '행정복권법'과 연계되어 있고, 청구권자의 범위를 확대하
여 노동법 영역에서 박해를 당한 경우에는 '직업복권법'이 적용된다. 결국 박해의 유형에 따라
이 세 가지 복권법 중 어느 법이 적용될 것인지가 결정된다.[41]

---

40 김영탁, 『독일통일과 동독재건과정』, 252~253쪽 참고.

41 김하중, 「체제불법 청산방안에 관한 헌법적 고찰: 구동독과 북한의 체제불법을 중심으로」, 229쪽 참고.

(6) 복권과 보상 실태

기록으로도 남지 않은 많은 사람들이 수용소와 감옥에서 희생되었다. 추정에 따르면 40년이 넘는 기간 동안 동독에서 약 25만 명의 정치범들이 있었으며, 10만 5000명가량은 주로 정치적인 이유로 직업적인 불이익을 당하였다.

1992년 처음으로 '배상법'이 제정되어 2005년까지 17만 명의 사람들이 보상을 받았다. 또한 독일 외무부는 과거 소비에트 연방국가들로 유배당한 1만 3500명에 이르는 독일인 등에게 복권과 재활 기회를 제공하였다. 정치적인 이유로 감옥 생활을 한 사람들에게는 약 430달러에 이르는 보상금이 일시불로 주어졌다. 10만 명에 가까운 사람들이 복권 및 보상을 신청하였으며 이들 중 절반 정도가 복권 및 보상 대상자로 선정되었다. 1994년 7월 1일 두 번째로 제정된 '제2차 SED 불법청산을 위한 법률'에 의한 조치 이후에도 몇 년 동안 보상에 대한 논란이 끊이지 않자 독일의회는 2007년 6월 23일 동독 체제하에서 정치적 박해를 받은 희생자들에 대한 보상금을 증가시키는 것을 뼈대로 하는 세 번째 법안을 통과시켰다. 현행법은 구 동독 시절 최소한 6개월 이상 정치적인 감옥에 수감됐었고 저소득으로 어려움을 겪고 있는 정치범들에게 매달 250유로(340달러)를 종신연금으로 지급하고 있다.[42]

7) 국가안전부 문서처리와 과거청산

(1) 국가안전부의 정보수집과 문서

통상 슈타지(Stasi)로 불리는 동독의 국가안전부는 1950년부터 1990년까지 존재했던 동독의 정보기관이다. 반체제 인사 감시 및 탄압, 국경 경비, 해외정보 수집, 대외 공작 등을 주임무로 하고 있으며, 냉전 시절 당시 미국의 CIA나 소련의 KGB를 능가하는 비밀정보기관이라는 평가를 받기도 했다.

창설 당시 정식 요원은 1000명에 불과했지만, 끊임없이 확장을 거듭해 1989년에는 9만 5000명의 정보 요원과 약 18만에 달하는 비공식 정보원(In-offizielle Mitarbeiter, IM)을 보유한 거대한 국가기구로 성장했다.[43]

1989~1990년 과도기에 있었던 많은 중요한 사건 중 하나는 인민의회가 국가안전부, 일

---

42 동독 사회주의통일당 독재청산재단(Bundesstifutung zur Aufarbeitung der SED-Diktaktur), 『통일 독일에서의 과거 공산주의자 청산문제』(2011), 41~42쪽 참고.

43 통일부, 『과거청산분야 관련 정책문서(독일통일총서 7)』(통일부, 2014), 36쪽.

명 슈타지의 문서를 공개하기로 결정한 것이다. 슈타지는 수많은 문서를 작성하였는데, 종이를 모두 연결하면 약 178킬로미터나 되는 어마어마한 양이었다.[44]

동독의 평화혁명이 시작된 1989년 11월에 당시 동독 국가안전부 장관이던 에리히 밀케(Erich Mielke)는 처음으로 문서 파기를 지시하였고 실제 각 지역의 비밀경찰들이 문서를 파기하고 있다는 사실이 알려지자 동독의 시민단체들이 주민들에게 정부의 은폐 시도를 막기 위해 감시그룹을 결성해 줄 것을 호소하였다. 그에 부응한 시민들이 1989년 12월부터 각 지역의 슈타지 사무소들을 점거하기 시작하였다. 1990년 1월 15일에는 시민들이 동베를린의 비밀경찰본부를 점령하였는데 당시 동독 총리였던 한스 모드로프(Hans Modrow)는 시민 대표들이 자신을 보호해서 비밀경찰 건물에 들어갈 수 있었다고 설명하였다. 동독의 과도정부는 에리히 호네커와 귄터 샤보프스키(Schabowski)의 사무실에 남아 있던 자료들은 1990년 2월 말 사통당 당중앙문서보관소(ZPA)로 이관하도록 하였다. 그리고 1990년 3월 8일 각료회의(Minis-terrat)를 통해 국가안전부 비공식 요원(IM) 10만 9000명과의 관계를 정리한다고 발표하였다.[45]

그 후 동독 시민단체에서는 국가안전부 문서의 무제한 공개를 요구한 반면, 상당수 정치인들은 문서 공개에 따른 보복 등의 부작용을 우려했다. 이에 1990년 3월 자유총선거로 새로 조직된 인민의회는 국가안전부 자료 관련 특별위원회를 구성하여 이 보안문서들의 오용을 방지하고자 1990년 8월 24일 '구 국가안전부 개인 관련 자료의 보전 및 이용에 관한 법률'을 제정하여 1990년 9월 7일부로 시행할 예정이었으나 「통일조약」에 의해 시행이 연기되었다.

(2) 국가안전부 문서의 관리와 활용

① 국가안전부문서법의 제정

통일 과정에서 서독과 동독은 양측 모두에서 자료들을 비공개로 해야 한다는 의견도 있었지만 「통일조약」 및 부속합의에는 입법부가 동독 국가안전부 문서의 보전, 이용, 안전에 관한 광범위하고 최종적인 법률을 제정하도록 규정하고 있다. 하지만 입법이 지연되면서 연방정부는 1990년 12월 10일 잠정적 조치로서 '국가안전부문서의 임시이용 규정'을 먼저 제정하였다. 이후 1991년 12월 20일 '국가안전부문서법'이 연방하원에서 의결되어 같은 해 12월 29일 발효되었다.

---

44 통일부, 같은 책, 115쪽.
45 통일부, 같은 책, 115~116쪽.

'국가안전부문서법'은 모두 5개 장 48개조로 구성되어 있으며, 주된 내용은 동독 국가안전부 및 국가안전부의 전신, 또는 후신 기관에서 작성된 문서의 조사, 연구, 관리, 사용 방법에 관한 것이다. 이 법률 제1조에서는 동법의 목적을 "① 개인의 신상에 대해 수집한 정보를 본인이 열람할 수 있도록 하여, 국가안전부가 개인의 운명에 어떠한 영향을 미쳤는지 알 수 있도록 한다. ② 국가안전부가 보관한 개인 신상정보의 잘못된 관리로 인하여 개인의 인격권이 침해되지 않도록 보호한다. ③ 국가안전부 활동을 역사적·정치적·법적으로 청산할 수 있도록 지원한다. ④ 법에서 규정한 목적을 수행하기 위해 정보가 필요할 경우 이를 공공기관 또는 비공공기관에 제공한다"고 규정하고 있다.

기존의 연방문서법에 따르면 국가안전부 문서를 처리할 경우 모든 연방문서에 대해 적용되는 30년 공개금지 규정으로 인해 개인이 문서를 열람할 수 없게 되어 있었으나 '국가안전부문서법'의 제정으로 인해 공개할 수 있게 되었다는 점에서 '국가안전부문서법'의 제정은 과거청산과 관련하여 매우 중요한 의미가 있다.

② 문서관리청과 문서의 범위

'국가안전부문서법'의 제정에 의해 문서를 관리하기 위한 국가안전부문서관리청이 설치되었다. 국가안전부문서관리청은 베를린에 본부를 두고 베를린과 신연방주에 14개의 지부를 둔 연방대통령 직속의 연방기관이다. 국가안전부문서관리청장은 직무를 수행함에 있어서 법률의 구속을 받을 뿐 완전히 독립적이며 5년의 임기 동안 판사와 같은 신분보장을 받으며 1회에 한하여 연임이 가능하다(제35조, 제36조).

국가안전부 문서라 함은 구 동독 국가안전부 및 구 동독 국가경찰국 사법경찰 제1과에서 생산된 문서와 법원·검찰에서 국가안전부로 이관한 기록으로서 서류, 필름, 녹음테이프, 영상녹화물 등 종류를 불문하며 사본도 포함된다(제6조).

국가안전부문서관리청은 연구 등 활동상황을 연방하원에 보고할 의무가 있고(제37조 제3항), 보고 후에는 절차에 따라 일반에 공개하도록 하고 있다. 국가안전부문서관리청 이외의 기관이나 개인이 소지한 국가안전부 자료는 합법적인 소유물이 아닌 한 지체 없이 신고하여 국가안전부문서관리청에 제출하도록 하였다(제7조).

③ 대상자의 자료접근권과 시정요구권 등

정보대상자는 문서관리청에 있는 문서에 자신의 인적정보가 포함 여부를 알려줄 것을 요청할 수 있고, 문서관리청에 자신에 관한 정보가 있는 경우 그 정보를 제공해 줄 것을 요구할 수 있으며 그 문서의 열람신청도 가능하다. 문서내용이 부정확한 경우에는 그에 대한 수정을 요구할 수 있고, 문서관리청장은 부정확한 것으로 인정하는 때에는 그 문서에 그 표시를 하거나 별개의 서면을 첨부할 수 있다(제3조, 제4조, 제12~18조 참조). 당사자나 제3자는 그 정보를 수집한 국가안전부 요원이나 밀고자의 이름을 알려줄 것을 신청할 수 있다(제32조 제1항 제3호).

④ 자료의 이용

비밀리에 행한 정보 수집을 포함하여 일정한 목적을 가지고 수집하였거나 비밀 사찰을 통하여 얻어진 정보는 그 대상자에게 불리하게 사용하지 못한다(제5조).

공공기관 및 비공공기관은 문서들을 ① 대상자, 실종자, 사망자 등의 재활, 손해배상, 피구금자에 대한 보조 등, ② 인격권의 보호, ③ 행방불명자와 변사자의 행정 파악, ④ 연방정부 및 주정부의 장관들, 의회의원 등 주요 인물들이 국가안전부에서 활동하였는지를 확인하는 것 등의 특별한 목적을 위하여 이용할 수 있다(제15조, 제20조, 제21조).

헌법 규정에 의한 연방의회 및 주 의회의 각종 조사위원회에서 증거자료로 사용하기 위한 경우에도 이용이 가능하다(제22조). 구 동독 정권과 관련된 범죄, 특히 국가안전부, 경찰청, 범죄소추 및 형집행관청, 법원 등의 활동과 관련된 범죄, 형법상 살인죄, 집단학살죄, 약취죄, 인질범죄, 방화죄, 일수죄, 폭발물에 관한 죄, 독극물에 관한 죄, 무기소지에 관한 법률 위반죄, 전쟁무기통제에 관한 법률 위반죄, 마약류관리에 관한 법률 위반죄의 일부 범죄, 나치정권과 관련된 범죄 등의 소추를 위한 경우에도 이용이 가능하다(제23조).

공공의 안녕질서에 대한 현저한 위험, 특히 범죄행위의 급박한 위험을 방지하기 위한 경우(제23조)와 국가안전부 활동의 정치적·역사적 청산을 위한 연구 목적일 경우 이용이 가능하다. 다만 후자의 경우에는 주요 인물을 제외한 개인 관련 정보가 포함되어 있지 않은 문서 또는 개인 관련 정보를 익명으로 처리하는 등의 조치를 한 사본을 이용하도록 제한하고 있다(제32조).

⑤ 공개 및 누설에 대한 처벌

법에 의하여 보호되는 문서나 그 사본의 전부 또는 주요 부분을 대상자나 관련 제3자의 동의 없이 공연히 누설한자는 3년 이하의 징역과 벌금에 처한다(제44조).

(3) 법 개정

'국가안전부문서법'은 1994년 2월 22일 자 제1차 개정된 것을 비롯하여 동년 7월 26일, 동년 9월 14일 제2, 3차의 부분 개정을 거쳤다. 이러한 개정은 동독 중앙주민등록청(ZER)에 보존된 개인 신상에 관한 문서의 교부와 이용을 충실하게 하기 위한 법적 근거를 마련한다는 목적으로 이루어졌다. 따라서 국가안전부문서관리청과 사법기관에 대하여 그와 같은 업무수행을 위하여 앞의 문서를 사용할 수 있는 권한이 인정되었다(제2조 제2항 제1문, 제2문). 1994년 7월 26일 자 제2차 '국가안전부문서법' 개정 법률은 '국가안전부문서법' 제정 당시 인식하지 못한 이른바 배회 중인 사본에 관한 입법상의 과오를 바로잡기 위한 것이다. 이 법은 과거 국가안전부요원 등이 작성하여 유통시킨 슈타지 문서의 사본들을 관리하기 위한 법적 근거를 마련하려는 것이었다.[46]

(4) 문서 활용 실태

국가안전부 문서를 공개한 이래로 그 성격과 신빙성에 관한 연구도 가능해졌다. 2009년 말까지 2만 명이 넘는 구 동서독 주민들이 문서를 열람했다. 민간 기업들도 300만 명 이상의 사람들을 슈타지 문서를 통해 신원을 조회하였다. 국가안전부문서관리청은 요청된 인물에 대한 정보를 제공할 뿐이었고, 근로자의 해고 여부는 기업이 결정했다.[47]

8) 사회문화적 청산

(1) 학술적 청산

과거청산은 일차적으로 과거의 진상을 규명하는 데 목표를 두지만, 궁극적으로는 미래를 위한 것이다. 즉 과거에 발생한 과오의 원인이 무엇인지를 철저히 밝혀 또다시 유사한 상황이 오더라도 같은 실수를 반복하지 않도록 면역력과 비판의식을 함양하기 위함이다. 따라서 과거청산 과정에서 규명된 진상은 교육과 계몽을 통해 시민들에게 전달되어야 한다. 더욱이 사법적 청산이 많은 한계를 안고 있기 때문에 정의롭지 못한 과거사를 사회적으로 공론화하고, 잊지 않고 기억하며, 희생자를 추모하는 대안적 과거청산이 필요하다.[48]

이와 같은 인식하에 통일 후 동독의 역사와 동독 체제의 실상을 파악하기 위한 수많은 연구기관이 설립되는데 대표적인 예로는 포츠담 현대사연구소(Zentrum für Zeithistorische Forschung in Potsam), 뮌헨 현대사연구소 베를린 분소(Institut für Zeitgeschichte München-Berlin), 드레스덴 한나아렌트 연구소(Hannah-Ahrendt-Institut Dresden), 국가안전부문서관리청 내 교육과 연구부(Abteilung Bildung und Forschung des BStU)를 들 수 있다.[49]

---

46 통일부, 같은 책, 411~412쪽.

47 통일부, 같은 책, 121~122쪽.

48 통일부, 같은 책, 88쪽.

(2) 공공기관 및 민간단체의 교육·계몽 활동

통일 후 베를린과 신연방주에는 사통당 독재청산과 관련된 역사 교육 및 계몽을 표방하는 공공기관이 설립되어 다양한 활동을 벌이고 있다. 대표적 예로는 우선 국가안전부문서관리청을 들 수 있다. 이들은 시민들의 문서 열람을 위한 행정적 작업 외에도 국가안전부가 남긴 문서, 사진, 필름 등 각종 자료를 이용해 국가안전부의 불법 행위를 알리는 강연회, 전시회 등을 꾸준히 개최하고 있다. 일례로 앞서 말한 문서관리청이 2011년과 2012년에 개최한 행사만 800여 건에 달했고, 7만 8000명 이상이 이에 동참했다. 문서관리청은 베를린 시내 중심부에 교육센터(BStU-Bildungszentrum Berlin)를 두어 국가안전부의 구조와 주요 임무, 그리고 국가안전부가 정치, 문화, 스포츠, 일상의 모든 영역에서 어떻게 동독 주민을 감시하고 통제했는지를 총체적으로 보여주는 상설 전시회를 열어 계몽 활동을 펴고 있다.[50]

또 다른 예로는 독일 연방의회 조사위원회의 활동 결과로 설립된 사통당 독재청산재단 (Bundesstiftung zur Aufarbeitung der SED-Diktatur)을 들 수 있다. 1998년 사통당 '독재청산재단 설립법'을 토대로 발족한 이 재단의 임무는 첫째, 사통당 정권 범죄에 대한 증거 확보 및 피해자 파악, 둘째, '반전체주의'에 대한 사회적 합의 형성, 셋째, 민주주의와 내적 통일의 공고화이다.[51]

사통당 독재청산재단은 이러한 목표를 달성하기 위하여 사통당 독재 관련 자료 수집을 통한 기록보관소 설립 및 운영, 유관 연구·교육 프로젝트에 대한 재정적 지원, 피해자들에 대한 심리적·법률적 지원, 독재의 재평가를 위한 국제사회와의 협력, 자체 연구 및 자료 발간, 전시회, 학술대회, 워크숍 개최, 다큐멘터리 영화 제작 등 다양한 노력을 기울이고 있다. 또한 위와 같은 공공기관 외에도 다양한 민간단체들도 활발하게 활동하고 있는데, 대표적인 민간단체로는 베를린의 로버트 하베만 협회(Robert Havemann Gesellschaft)를 들 수 있다.[52]

(3) 박물관과 추모지를 통한 기억화

과거사를 기념하고 피해자들을 기리는 기념관, 박물관 및 추모지의 건립은 과거청산에 있어 빼놓을 수 없는 부분이다. 현재 독일에서는 사통당 독재의 역사를 고증하고 피해자들을 기

---

49 통일부, 같은 책, 89쪽.

50 통일부, 같은 책, 90~91쪽.

51 통일부, 같은 책, 91쪽.

52 사통당 독재청산 재단과 소개된 민간단체의 구체적인 활동 내용은 통일부, 같은 책, 91~94쪽 참고.

리는 추모지가 건립되어 과거청산에 일익을 담당하고 있는데, 이러한 역사적 기억의 공간은 무려 600곳이 넘는다고 한다. 대표적인 예로는 우선 베를린 장벽 추모지(Gedenkstätte Berliner Mauer)를 들 수 있다. 베를린 장벽은 독일 분단의 상징물로, 동독 이탈주민이 서독으로 탈출하는 과정에서 많은 사상자가 발생한 비극적 역사의 현장이다. 베를린 장벽 추모지는 이러한 분단의 비극을 되새기고, 희생자들을 추모하기 위해 1998년 베를린 베르나우어가에 건립되었고, 이후 2011년까지 확충되었다.[53]

또 다른 예로는 베를린과 라이프치히에 위치한 슈타지 기념관과 박물관, 라이프치히에 위치한 슈타지벙커 박물관(Museum im Stasi-Bunker), 베를린에 있는 호헨쇤하우젠 기념지(Gedenkstätte Berlin-Hohenschönhausen) 등을 들 수 있다.[54]

(4) 증인과의 대화 및 역사 교육

통일 후 독일에서 전개되고 있는 사회문화적 청산은 공공기관과 민간단체를 중심으로 사통당 독재 피해자들과 일반 시민들과의 대화를 통해 언론이나 책으로 접하지 못했던 이야기를 당사자를 통해 직접 듣고 배우는 소중한 체험 기회를 넓히고 있고, 청소년들에 대한 교육활동도 강화하고 있다.[55]

9) 평가와 시사점

(1) 개요

독일의 과거청산 사례는 우리와 같은 분단국의 통일 과정이라는 점, 동독 내에 민주정권이 수립된 후 동서독 쌍방이 합의에 의한 통일을 하였다는 점에서 우리가 일반적으로 희망하는 통일의 형태와 유사하다고 볼 수 있다. 통일독일의 과거청산 범위는 최근의 전환기 정의의 기제로 제시되는 영역을 모두 포함하고 있다. 단순한 구체제하에서의 불법에 대한 청산이 가해자에 대한 처벌 등에 그치지 않고 피해자에 대한 보상과 복권, 가해자에 대한 공직 배제, 진실규명과 기억 문화 등 과거청산 과정에서 검토할 사항 대부분이 실현되었다는 점에서 남북한 통일에 많은 시사점을 제공하고 있다.

---

53 통일부, 같은 책, 94쪽.

54 각 기념관과 박물관에 대한 구체적인 활동 내용은 통일부, 같은 책, 94~96쪽 참고.

55 구체적인 내용은 통일부, 같은 책, 97~100쪽 참고.

(2) 가해자 처벌에 대한 평가와 시사점

통일독일의 가해자에 대한 체제불법 청산은 단순히 공산정권하에서 자행된 행위에 대한 정치적 보복이나 일부 동유럽 사회주의 국가에서 찾아볼 수 있는 혁명재판의 형태가 아니라 철저히 법치국가적 질서하에서 이루어졌다는 점에서 그 가치가 인정되고 있다. 그러나 현실적으로는 체제불법의 성격상 단순한 형법의 적용만으로 이를 해결하기에는 어려움이 많았다. 특히 준거법 결정, 정당화 사유 인정 여부, 형사책임 확정의 문제, 공소시효 문제 등 많은 법리적인 문제를 해결해야만 했고, 그 과정에서 여러 가지 비판도 제기되었다.

그뿐만 아니라 정책적인 측면에서도 주로 사법적 과거청산의 대상이 되는 과거 구 동독 고위층 인사 및 구 서독 출신 학자나 정치가 중 일부를 중심으로 형사사법 절차를 통한 청산보다는 사면을 통한 해결이 바람직하다는 견해가 제기되었다. 이와 같은 사면론은 다시 사면의 범위를 어떻게 할 것인지에 대해 모든 체제불법을 대상으로 해야 한다는 일반적 사면론과 간첩행위 같은 일부 범죄만을 대상으로 하자는 제한적 사면론으로 구별된다.

실제로 1990년 8월 독일연방정부는 상호 화합의 차원에서 국가안전부의 간첩행위와 대외안전 저해행위 등에 대하여 사면을 보장하는 '간첩죄 및 대외안전위해사범에 대한 형벌면제에 과한 법률안(Gesetz über Straffreiheit bei Straftaten des Landesverrats und der Gefährdung der äußeren Sicherheit)'을 마련하여 의회에 제출하였다. 그러나 사면을 논하기에는 시기상조라는 이유로 이 법률안은 연방의회에서 정식 법률로 통과되지 못하였다. 그 후 1993년 12월 7일 구 서독인의 간첩행위도 사면 대상에 포함하고 있는 법률안이 다시 민주사회당(PDS)과 좌파연합(Linke Liste)에 의하여 의회에 제출되었으나 역시 법사위원회에서 통과되지 못하였다.[56]

이처럼 사면론이 힘을 얻지 못한 가운데 앞에서 본 바와 같이 역사상 가장 모범적인 사례라고 평가되는 사법적 청산이 진행되었지만, 그 결과를 보면 과연 성공적이었다고 평가할 수 있을지 의문이다. 수사 대상에 비해 실제 처벌로 이어진 비율은 높지 않았고, 그나마도 사실상 체제불법을 주도한 자들보다는 상부의 명령에 의해 행동한 국경수비대원이나 공산당의 명령과 지침 등에 복종하였던 사법 종사자의 사법 처리가 가장 큰 비율을 차지하고 있다.

독일 내부의 평가와 관련하여 가장 많이 인용되고 있는 말은 1991년 사통당 독재정권의 법적 분석회의에서 동독 인권운동가인 베르벨 볼라이(Bärbel Bohley)의 "우리는 정의를 원했으나, 결국 법치국가를 얻었다(Wir wollten Gerechtigkeit und bekamen den Rechtsstaat)"는 말이다.

---

56 박수희, 「형법을 통한 통일독일의 구동독 체제불법 청산에 관한 연구」, 39쪽.

결국 법치주의적 원칙에는 충실했는지 모르지만 그 과정에서도 많은 내부적 갈등이 발생하였고, 결과적으로 피해자들로부터 불만을 야기하였다는 점을 고려하면 남북통일의 경우에 참고할 만한 모범적인 사례로 보기는 어렵다 하겠다. 물론 이에 대해 베르벨 볼라이의 말은 독재정권의 정치적인 문화 속에서 개인적인 경험에 바탕을 둔 법치국가라는 용어에 대해 거부감을 표출한 것에 불과하며, 법치국가와 정의는 서로 밀접하게 상호 의존적이기 때문에 이에 동의할 수 없다는 주장도 있다.[57]

(3) 공직심사 및 배제에 대한 평가와 시사점

주로 과거 동유럽 공산정권하에서의 가해자에 대해 공소시효 배제 등을 통한 불법청산 외에 이들에 대한 또 다른 과거청산의 방법으로는 '정화법'이 있다. 정화법이란 공산정권 시절 권력기관에 종사하였거나 국가안전요원 또는 스파이 등과 같이 일정 직책을 수행하였던 자나 인권탄압을 행한 자 등에 대하여 일괄적으로 이들을 공무원으로 임용하지 못하도록 하는 특별법을 말하며 '신원조회법'이라고도 한다. '정화법'은 과거 공산정권의 유지에 기여한 구 관료들을 새로운 국가체제하에서는 더 이상 관료로 활동하지 못하도록 제한함으로써 성공적인 민주주의 체제를 확립하기 위한 수단으로 국가안전요원, 스파이, 밀고자가 정화법의 주된 적용 대상자였다. 따라서 '정화법'을 통한 이들의 공직 배제는 과거청산의 또 다른 유형이라 할 수 있다. 이와 같은 '정화법'을 제정한 국가로는 헝가리, 폴란드, 체코-슬로바키아가 있으며, 이에 반해 루마니아와 불가리아 등은 이에 해당하는 법규를 제정하지 않았다. 통일독일 역시 정화법에 해당하는 법규를 별도로 제정하지 않았다.

하지만 앞에서 본 바와 같이 독일이 과거 동독 시절의 슈타지 요원이나 밀고자 등의 공직에 기용을 허용한 것은 아니다. 독일은 「통일조약」 제20조 제2항에서 공공업무의 수행을 조속히 공무원에게 이양하도록 명시하여 통일 후 신연방주 지역에도 직업공무원제도를 도입하고, 직업공무원을 선발하는 과정에서 과거정권의 체제 유지에 기여하였던 자를 부적합자로 보아 배제하는 방법을 택한 것이다. 즉, 동독의 공직자 출신들도 원칙적으로는 신연방주의 공무원에 지원하는 것은 가능하였다. 그러나 공직 신청을 한 자들에 대해서는 신청인의 인성, 전문능력, 과거 전력 등을 철저히 조사해 선별하였다.

---

57 토마스 쿤츠(Thomas Kunz), 「튀링엔(Thüringen)주의 사례를 통해 본 통복 이후의 법률정책 및 동독 사법기관 구축의 도전과제와 문제점, 그리고 남북 통일에 주는 교훈」, 『독일 통일과 함께 경험한 그들의 이야기: 독일 통일의 도전』(서울: 콘라드아데나워재단, 2014), 60쪽 참고.

공무원 선발 기준에서 가장 중시된 것은 신청자의 과거 구 동독 시절 행위였다. 무엇보다도 공무원이 되고자 하는 자가 비록 전문 지식을 갖추고 있고 적성도 공무원직을 수행하기에 충분하다 할지라도 구 동독 시절 국가안전부를 위해 활동했고 기타 인권탄압에 관여했으면 공무원 신분을 취득하기가 사실상 불가능했다.[58]

'정화법'과 유사한 입법 사례는 우리 역사에서도 찾아볼 수 있다. 법률적인 측면에서만 본다면 과거 체제에서 재직한 공무원에 대한 공직재임용 제한을 가장 강력하게 했던 것은 남한 정부가 1948년 9월 22일 제정하여 시행한 '반민족행위처벌법'이라 할 수 있다. 이 법 제5조는 기술관을 제외하고 일제 치하에 고등관 3등급 이상, 훈 5등 이상을 받은 관공리 또는 헌병, 헌병보, 고등경찰의 직에 있던 자는 이 법의 공소시효 경과 전에는 공무원으로 임명될 수 없도록 하였다.

남북통일 이후 북한의 관료들에 대해서는 정화법을 제정한 일부 동유럽 국가의 사례, 통일독일의 사례, 과거 우리 정부의 사례 등을 비교·검토하여 통일한국에 적합한 청산 방식을 찾을 필요성이 제기된다.

(4) 연방의회 조사위원회의 진실규명 활동에 대한 평가와 시사점

독일 연방의회 조사위원회의 장기적 활동 및 방대한 활동 결과물은 세계적으로 그 유례를 찾기 힘들다. 공청회에 증인과 전문가로 참여한 사람들은 1차 위원회 때 327명에 이어 2차 위원회 때는 292명이었다. 이에 따라 1992년에서 1998년 사이 총 600명 이상이 독일 연방의회 조사위원회 앞에서 발언할 기회를 얻었고, 조사위원회는 이들의 발언을 경청하고 질의하였다. 비록 일련의 한계가 있었지만 이처럼 다양한 참가자가 참석한 가운데 사통당 독재의 역사에 대해, 그리고 그러한 독재가 남긴 유산을 어떻게 극복할 것인지에 대한 사회적 논의의 장을 마련한 조사위원회의 활동은 사법청산이나 국가안전부 문서 처리를 통한 청산과는 다른 차원의 과거청산을 시도했다는 점에서 의미가 있다. 또한 두 차례에 걸친 의회 조사위원회 활동은 사통당 지배체제의 독재적 성격을 명확히 밝혀 1990년대에 신연방주에 확산된 반발적 정체성의 문제점을 일깨우는 데도 일조했다. 나아가 수백 장에 달하는 최종 보고서와 수만 장의 출판자료는 통일 후 첫 10년간 사통당 독재에 대한 독일 사회의 역사적·정치적 조명에 대한 생생한 기록으로 앞으로 역사 연구의 중요한 토대 역할을 할 것이다.[59]

---

58 강원국, 「남·북한 관료제도 통합방안 연구」(동국대학교 행정대학원 석사 학위논문, 2002), 24쪽.

다른 한편으로 1차 위원회에 비해 좀 더 실질적인 관점을 지향한 2차 조사위원회의 다양한 활동 성과는 희생자의 복권에 관련된 법 개정과 독재 피해자들에 대한 추모지 및 역사 기념관 건립의 방향을 설정하는 데 지침 역할을 했다. 그럼에도 실질적인 측면에서 조사위원회가 남긴 가장 큰 성과는 사통당 독재청산 재단(Stiftung zur Aufarbeitung der SED-Diktatur)의 설립이다. 2차 조사위원회는 활동 과정에서 과거청산이 5년, 10년 안에 끝날 일이 아님을 인식하고 자신들이 한시적으로 했던 일을 앞으로도 안정적으로 지속할 수 있는 전문 기구의 필요성을 적극적으로 주장했고, 독일 연방의회가 이를 받아들여 1998년에 재단을 설립했다. 이 재단은 현재 다양한 방식으로 과거청산 활동을 전개하고 있고, 특히 수많은 과거청산 관련 단체와 개인 연구자의 다양한 프로젝트를 지원하고 이들 간의 네트워크를 형성하는 구심점 역할을 하고 있다.[60]

전환기 정의 차원에서 보면 조사위원회의 활동은 진실화해위원회의 역할에 해당한다. 조사위원회에 대한 독일 학자들의 평가를 보면 "교훈적인 공공역사의 한 형태(a form of didactic public history)"(Charles Maier), 공식적인 공공 "역사 교훈(history lesson)"(Timothy GartonAsh), 그리고 "도덕적 정의(moral Justice)를 위한 하나의 노력"(McAdams)으로 표현하였다. 이 평가들은 진실화해위원회의 조사활동과 보고서 작성 등의 행위는 단순히 범죄자를 처벌하는 것이 아니라, 역사에 교훈을 남기고, 후대에 교육이 되며, 그 노력 자체로도 정의 실현에 도움이 되는 행위라는 것을 의미한다.[61]

다만 이러한 긍정적인 평가에도 불구하고 연방의회 조사위원회가 활동을 시작하게 된 배경에 주목할 필요가 있다. 즉 연방의회가 조사위원회를 구성하게 된 것은 통일 과정에서 사전에 이와 같은 진실규명의 필요성을 인식하여 사전에 그에 대한 법제도적 준비를 한 후 시작된 것이 아니다. 오히려 서독 '형법'의 동독 지역으로의 확대 적용이라는 '형사법'의 통합을 통해 철저한 죄형법정주의에 입각하여 사통당 독재체제 내의 가해자들에게 형사책임을 묻는 과정에서 그 결과가 일반 시민들 특히 동독 주민들을 만족시키지 못하고, 가해자들에 대한 또 다른 형식의 처벌 요구가 있었기 때문에 사후적으로 이루어진 조치이다.

남북통일 과정에서는 독일의 이와 같은 사례를 타산지석으로 삼아 가해자 처벌 수위를 어

---

59 통일부, 『과거청산분야 관련 정책문서』, 77~78쪽.

60 통일부, 같은 책, 78쪽.

61 이성우, 「독일 통일 이후 과도기 정의 실현의 정치적 제약사항 검토: 한반도 통일 이후에 대한 시사점」, ≪국가전략≫, 제22권 3호(세종연구소, 2016), 161쪽.

떻게 할 것인지에 대한 고민과 아울러 진실규명 작업 그 자체의 필요성을 인식하고, 사전에 이와 같은 진실규명 작업을 어느 기관이 주도적으로 할 것인지, 그 범위와 방법을 어떻게 할 것인지를 사전에 대비해야 한다.

(5) 피해자 구제에 대한 평가와 시사점

피해자에 대한 복권은 나름대로 성과를 거두었다고 본다. 복권을 형사복권과 행정복권 및 직업복권으로 구분하되 상호 보완성을 갖고 연계가 되도록 하여 복권을 실시함으로써 비교적 짧은 기간 내에 업무를 마무리한 것은 절차적인 측면에서 우리가 참고할 만하다고 본다. 물론 이에 대해서도 피해자이자 수혜자인 구 동독 주민들의 생각은 다를 수 있다. 피해자 보상과 관련하여 통일 초기의 비용을 어떻게 감당할 것인지는 또 다른 과제로 남는다.

피해자에 대한 금전적 배상 또는 보상의 문제는 우선 법리적으로 우리 '헌법' 제3조에 기초하여 반국가단체의 지위를 갖는 북한의 행정 및 사법적 처분에 대한 효력 인정 여부, 북한정권에 의한 불법행위 책임의 통일한국 승계 여부, 북한 주민에 대한 피해가 손해배상에 해당하는 것인지 아니면 사회조정급부적인 손실보상 문제로 해결하면 되는지 등의 여러 가지 법적 쟁점이 제기되는데, 이 점에 있어서 독일의 사례는 많은 참고가 될 것으로 보인다.

한편, 관련 법 제정 과정을 보면 독일은 1992년 10월 29일 '형사복권법'이 포함된 '제1차 SED 불법청산을 위한 법률'을 제정하여 1992년 11월 4일부터 시행하였고, '형사복권법'과 '직업복권법'이 포함된 '제2차 SED 불법청산을 위한 법률'은 1994년 6월 23일 제정되어 같은 해 7월 1일 발효되었다. 즉 형사복권 문제는 통일 이후 2년, 행정복권과 직업복권은 통일이 된 지 4년 정도가 되어서야 제도화되었다는 것이다. 물론 통일 이전에도 서독에는 관련 보상제도가 있었고, 동독도 통일 직전 법원의 확정판결 파기 제도가 있었기 때문에 통일과 더불어 급히 제도를 신설할 필요는 없었다고 볼 수 있다. 그러나 또 다른 이유 중 하나는 그에 따른 통일 비용에 대한 고려도 하지 않을 수 없었을 것이다.

따라서 현실적으로는 통일독일의 세 가지 복권제도가 내용과 절차 면에서 참고할 점이 많다고 하더라도 제도 자체의 시행과 관련하여서는 통일 당시의 상황과 통일 비용, 제도실시의 시급성 등을 종합적으로 고려할 필요가 있다.

(6) 국가안전부 문서의 처리에 대한 평가와 시사점

통일독일의 국가안전부 문서가 통일 이후 과거청산에 미친 영향은 매우 크다. 해당 문서들은 진실규명뿐만 아니라 가해자 처벌과 공직자 심사, 피해자 구제에 직접적인 근거 내지 증거자료로 활용되었고, 잘못된 과거에 대한 반성 및 재발의 위험성을 경고하는 역사적·교육적 자료로도 활용되고 있다. 그러나 국가안전부 문서의 처리와 관련한 법 제정 과정과 현재까지도 이어지고 있는, 자료 공개가 과연 적절한 것이었는가와 자료의 공개 범위 등에 대한 문제는 남북통일 과정에서 우리에게도 유사한 상황이 전개될 수 있다는 점에서 여러 가지 시사점을 제공한다.

북한 역시 동독의 국가안전부와 같은 성격의 정보기관인 국가보위성[62]이 존재한다. 이뿐만 아니라 우리의 경찰 조직에 해당하는 인민보안부에서도 주민들의 요해사업을 담당하면서 모든 주민들을 대상으로 감시체계를 구축하고 있다는 점에서 동독과 크게 다르지 않다. 따라서 북한 내에 동독과 같은 시민혁명이 일어나 체제가 위협을 받는 사태가 발생하거나 어떤 경위로든 남북한 간에 통일에 관한 협상이 진행될 경우, 기존의 집권 세력은 이러한 자료를 폐기하려고 할 것이다. 동독의 경우 다행히 시민들이 자료 보존의 중요성을 인식하고 스스로 자료를 지켰지만, 그 과정에서도 적지 않은 자료가 훼손되었다. 남북통일 과정에서도 우선 이와 같은 자료를 어떻게 확보할지가 중요한 과제로 제기된다. 그뿐만 아니라 통일이 될 경우 이와 같은 자료를 어느 기관이 인수하여 보존 및 관리 업무를 담당하도록 할 것인지, 자료의 공개 여부 및 공개 범위와 절차는 어떻게 할 것인지 등 여러 가지 문제들도 사전에 철저히 검토하고 대비할 필요가 있다.

(7) 사회문화적 청산에 대한 평가와 시사점

사회문화적 청산이라는 용어가 일반적인 용어는 아니지만 독일 사례를 참고하면 과거 공산 잔재 청산을 위한 학술연구, 공공기관 및 민간단체의 다양한 교육·계몽 활동, 박물관과 추모지를 통한 기억화 사업, 증인과의 대화를 통한 교육과 피해자들의 치유 프로그램, 일반 시민과 청소년을 대상으로 역사 교육 등 다양한 내용이 포함된다. 통일독일 과거청산의 궁극적인 목표가 과거의 잘못에 대한 철저한 반성과 동서독 주민의 화합이라는 점을 고려하면 사회문화적 청산의 필요성이 얼마나 중요한 것인지를 알 수 있다. 하지만 독일의 경우 이와 같은 청산 과정이 통일 과정에서 구체적인 계획을 수립해 시행한 것이 아니라 통일 이후 시대적 요구에

---

62 현재의 국가보위성 연혁을 보면 1973년 북한 치안단체인 사회안전부(현 인민보안성)에서 정치범을 전문적으로 다루는 국가정치보위부가 분리·독립되었으며, 1982년 국가보위부로 변경되었다가 2016년 국가보안성으로 명칭이 다시 변경되었다.

따라 순차적으로 실시되어 왔음을 알 수 있다.

따라서 독일의 사회문화적 청산과 관련된 여러 가지 사업과 내용은 우리에게 참고할 만한 점이 많다고 보지만, 우리의 경우에는 독일의 이와 같은 사례를 거울삼아 통일과 더불어 사전에 더욱 구체적인 방안을 마련하여 법제화하고, 계획적으로 실시하는 것이 더 효율적인 방법이 될 것으로 보인다.

4. 남아프리카공화국 사례

1) 국민당의 아파르트헤이트 정책[63]

1948년부터 1993년까지 집권한 남아프리카공화국의 국민당은 백인우월주의에 입각하여 아파르트헤이트(Apartheid)라고 불리는 유색인종 차별 및 격리정책을 시행하였다. 아파르트헤이트는 유색인종에게 불리한 인종분리 및 정치적·경제적 차별 대우를 인정해 왔다. 1960년대부터 흔히 '분리발전정책'으로 불린 아파르트헤이트는 수많은 법률 제정을 통해 추진되었다. 물론 이처럼 법률이 인정하는 인종분리정책은 1948년 이전에도 남아프리카공화국에서 널리 시행되었다. 대표적인 법률은 1913년에 제정된 '원주민토지법(Native Land Act)'이다. 이법은 흑인들이 소유할 수 있는 토지를 기존의 부족 영토로만 제한하고 있는데, 이는 흑인이 선조 때부터 소유한 땅 이외의 땅을 백인들이 차지하기 위한 것이었다. 당시 '홈랜드'로 불린 흑인 소유의 땅은 남아프리카공화국 전체 토지 면적의 약 13퍼센트밖에 되지 않았다. 1936년에는 '흑인대표제법'을 제정하여 케이프 지역에서 흑인들의 참정권을 박탈하였고, 같은 해에 제정된 '원주민신탁토지법'은 흑인 소유 토지를 처음에는 7퍼센트, 후에는 13퍼센트로 제한했다. 1948년에 집권한 국민당은 이러한 인종차별정책을 더욱 확대하면서 아파르트헤이트라는 이름을 붙인 것이다.

---

63 아파르트헤이트의 구체적인 내용은 이남희, 「진실과 화해: 남아공의 과거청산」, 안병직 외, 『세계의 과거사 청산』(서울: 푸른역사, 2005), 148~188쪽; 박신일, 「남아프리카공화국의 反인종차별운동(AntiApartheid Movement)에 대한 연구」(한신대학교 신학대학원 석사 학위논문, 1991), 김한균 외, 『통일시대의 형사정책과 형사사법통합연구(II): 통일시대의 과거·불법청산 및 사회통합 방안의 연구』(서울: 한국형사정책연구원, 2016), 194~198쪽 참고.

국민당 집권 이후인 1949년에 제정된 '인종 간 혼인 금지법'은 서로 다른 인종에 속한 개인 간의 혼인 관계를 전면 금지하였다. 1950년에 제정된 '주민등록법'은 국민을 반투(순수한 아프리카 흑인)와 유색인(혼혈 인종) 및 백인의 세 가지로 구분하였으며, 네 번째 부류인 아시아인(인도인과 파키스탄인)은 나중에 추가된다.

1950년 제정된 '집단지역법(Group Areas Act)'은 도시에 각 인종의 거주 구역과 업무 구역을 따로 설정했고, 결과적으로 자기가 속한 인종에게 배당된 지역에만 살도록 하여 이미 다른 지역에 살던 350만 명을 강제로 이주시켰다. 또한 신분증을 반드시 소지해야 한다는 기존의 '신분증소지법'을 더욱 강화했다. 그 밖에도 '비도덕행위금지법(Immorality Act)'을 제정하여 백인이 유색인종과 갖는 성관계를 부도덕한 범죄행위로 처벌하고, 인종이 다른 기존의 부부도 함께 살지 못하도록 하였다. '반공법'을 제정하여 남아프리카공화국 공산당(South Africa Communist Party: SACP) 및 정부가 공산주의 정당이라고 규정한 모든 정당의 활동을 금지하는데, 이 법 역시 흑인들을 탄압하는 데 악용되어 남아프리카공화국 백인 경찰들이 흑인들을 공산주의자로 몰아 살해하고는 시체를 불태워 증거를 인멸하는 사건들이 발생했다. 그 밖에도 서로 다른 인종 사이의 거의 모든 사회적 접촉을 금지하고 인종에 따른 공공시설의 분리를 정당화하며, 별도의 교육 기준을 설정하고, 인종에 따라 특정 직업을 갖는 것을 제한했다. 또한 유색인종의 노동조합을 축소하고, 유색인종이 (백인 국회의원을 통하여) 중앙 정치에 참여하는 것조차 인정하지 않는 법률들이 존재했다.

1951년에는 '반투정부법'을 제정하여 아프리카 흑인을 다스릴 부족기구를 재건했는데, 이는 '반투스탄'이라고 불리는 불모지에 흑인들을 집단 거주시키고, 남아프리카공화국 국민으로서의 권리와 혜택을 박탈하여, 흑인 노동자를 외국인 근로자로 만들려는 의도로 제정된 것이다. 또한 정부가 대도시의 흑인 슬럼가를 합법적으로 철거하기 위한 법률인 '불법거주금지법'을 제정하여 시행하였다.

1953년에 제정된 '인종별 공공시설격리법'은 인종에 따라 이용할 수 있는 해변, 버스, 병원, 학교 및 대학교 등을 분리하였고, '반투교육법'은 모든 흑인 아동의 취학을 정부 통제하에 두었다. 이처럼 아파르트헤이트는 인종별 분리교육에 큰 중점을 두었는데 인종별로 17개 이상의 분리된 교육시스템이 있었다. 당연히 흑인에게 제공되는 교육시스템은 다른 인종에게 제공되는 교육에 비하여 질이 낮을 수밖에 없었다.

1954년에는 '반투도시지구법'을 제정하여 흑인 인구의 대도시 이주를 통제하였고, 1956년에는 컬러드(유색인종)의 투표권을 박탈하였다. 또한 '광산노동법'을 제정하여 고용에서도 인종차별을 정형화하였다.

1958년에는 '통행제한법'을 제정하여 다른 인종거주지역을 지날 때는 반드시 통행허가증을 소지하도록 하였고, '흑인자치정부촉진법'을 제정하여 홈랜드 또는 반투스탄이라고 불리는 흑인집단거주지를 남아프리카공화국에서 분리된 독립국가로 만들고, 흑인들에게 해당 홈랜드 안에서만 투표권을 부여하였다.

1959년에는 흑인의 정치 활동을 금지하고 '대학교육확장법'을 제정하여 대학을 흑인, 컬러드, 인도인 등 인종집단별로 분리하였다.

1960년 3월에는 흑인들을 감시하기 위한 '통행법'을 제정하였고, 이에 반대하여 범아프리카주의자회의(Pan-Africanist Congress: PAC) 주도로 일어난 대중시위를 무차별적으로 진압한 소위 샤프빌 학살로 67명의 흑인이 사망하였다.

1970년에 제정된 '반투 거주 구역 시민권법'은 모든 아프리카 흑인을 실제 거주 구역과 관계없이 흑인 거주 구역의 시민으로 규정함으로써 남아프리카공화국 시민에서 모든 흑인을 배제했다.

1980년대 초에는 흑인 거주 구역 중 4개가 공화국으로 독립을 승인받았고, '블랙 스테이트'라고 부르는 나머지 거주 구역도 어느 정도의 자치를 인정받았다. 그러나 모든 흑인 거주 구역은 정치적으로나 경제적으로 여전히 남아프리카공화국에 의존했다.

2) 아파르트헤이트에 대한 반발과 종식

남아프리카공화국의 아파르트헤이트에 국내외의 반발과 저항은 끊이지 않았다. 아프리카 흑인 단체들은 일부 백인의 지원을 받아 시위와 파업을 벌였고, 폭동과 파괴 활동도 수없이 많았다. 아프리카 흑인 학생들에게 남아프리카어를 필수적으로 배우도록 강요하려는 시도는 결국 1976년에 소웨토 폭동을 유발했다. 아파르트헤이트는 국외에서도 비난을 받았다. 이로 인해 남아프리카공화국은 1961년 영국연방에서 탈퇴할 수밖에 없었다. 1985년에는 영국과 미국이 남아프리카공화국에 대한 선택적 제재 조치를 단행했다. 이러한 국내외적 압력 속에서 1989년 대통령으로 당선된 클러크(Frederik W. de Klerk)는 1990~1991년에 아파르트헤이트의 근간을 이루는 법률들을 대부분 폐지하고 정책을 전환해 갔으나 인종분리는 여전히 남아프리카 사회에 구조적으로 굳게 자리 잡고 있었다.

하지만 1993년 신헌법 제정으로 흑인과 기타 인종집단에 참정권이 부여되고, 1994년 다

인종 총선거에서 아프리카민족회의(ANC)가 다수당이 되며 의장인 넬슨 만델라가 대통령으로 선출된다. 이로써 남아프리카공화국에 최초의 흑인 정권이 탄생함으로써 아파르트헤이트에 종지부를 찍게 된다.

3) 진실화해위원회

(1) 진실화해위원회 설립 배경과 법적 근거

1994년 새로 탄생한 만델라 정권은 남아프리카공화국 사회 전체에 구조적으로 자리 잡은 인종 간, 지배층·피지배층 간의 국민 분열과 과거의 잘못을 바로잡아 국민통합을 이루기 위한 청산 과정에 착수한다.

이를 위해 1995년 '국민통합 및 화해증진법(Promotion of National Unity and Reconciliation Act, No. 34 of 1995)'을 제정하게 된다. 이 법은 과거청산의 대상인 기존의 백인 정권과 새로운 해방운동 세력 간의 역사적 타협의 산물이라 할 수 있는 1993년의 임시헌법 마지막 조문에 근거한 것인데 그 내용은 다음과 같다.

> 이 헌법은 불화와 갈등, 말할 수 없는 고통과 불평등으로 인하여 극심하게 분열된 사회의 과거와, 피부색, 인종, 지위, 신앙 또는 성별과 관계없이 모든 남아프리카 국민들을 위한 인권의식, 민주주의, 평화적인 공존과 발전의 기회를 바탕으로 한 미래 사이의 역사적 가교 역할을 한다. 국가통합 및 남아프리카 국민들의 안녕과 평화의 추구를 위해서는 남아프리카 국민들과 사회 재건 사이에서 화해가 요구된다.
>
> 이 헌법의 채택은 남아프리카 국민들로 하여금 무자비한 인권침해, 무력충돌 과정의 인도주의 원칙 위반, 증오와 공포, 죄책감과 복수의 유산들을 만들어낸 과거의 분열과 불화를 초월하는 데 있어서 견고한 기틀을 제공한다.
>
> 이는 이제 복수가 아닌 이해, 보복이 아닌 원상회복(보상), 희생(처벌)이 아닌 인간성(Ubuntu)이 필요하다는 점을 기초로 하여 수용된다.
>
> 그러한 화해와 재건을 이끌기 위해서는 과거의 충돌 과정에서 자행된 정치적 목적과 관련 있는 행위와 부작위 및 위법행위에 관해서 사면이 인정되어야 한다. 이를 위해서 이 헌법에 따라 구성되는 의회는 1990년 10월 8일부터 1993년 12월 6일까지 확고한 기한을 확정하는 법을 채택하여, 법률이 통과한 다음에 언제든지 사면의 문제를 다루게 될 법정을 포함하여 사면의 방법과 기준

및 절차를 마련하여야 할 것이다.

이 헌법과 이러한 헌신으로 우리 남아프리카 국민들은 우리나라의 역사의 새로운 장을 열 것이다. 신이여, 우리의 남아프리카를 축복하소서.**64**

남아프리카공화국의 아파르트헤이트에 대한 과거청산은 결국 신구 세력의 타협의 산물인 1993년의 임시헌법과 이에 근거하여 제정된 '국민통합 및 화해증진법'을 통해 진행되며, 구체적인 업무는 이 법에 근거하여 1995년 7월 25일에 설립된 진실화해위원회(Truth and Reconciliation Commission of South Africa: TRC)가 담당하였다.

(2) 진실화해위원회 설립과 목적

진실화해위원회는 백인 통치 기간 중에 저질러진 수많은 인권침해에 대해 사실을 규명하고, 인권침해 희생자에 대해 금전적 보상과 함께 과거에 피탈된 권리를 회복하는 명예회복을 시행하며, 가해자에 대해서는 사면을 통해 과거사를 청산하게 함으로써 흑인과 백인 간의 화합을 도모하여 통합적 국가를 건설하기 위해 설립된 것이었다.

진실화해위원회의 목적은 '국민통합 및 화해증진법' 제2조에 구체적으로 명시되어 있다. 제3조 제1항에 의하면 동 위원회는 "과거의 분열 및 갈등을 초월하는 이해의 정신으로 국민통합과 화해를 증진하는 데 목적이 있으며 이를 위해 다음과 같은 구체적인 방식을 제시하고 있다.

첫째, 진실화해위원회의 목적은 1960년 3월 1일부터 마감일(1995년 5월 9일)까지 자행된 인권의 중대한 침해의 원인, 내용 및 정도에 대해 선례, 맥락, 동기, 인권침해 상황 및 피해자 관점과 가해자의 동기 및 관점까지 고려하여 조사와 증언 및 공청회를 통해 가능한 한 완전하게 밝힌다.

둘째, 정치적 목적과 연관된 행위에 대해 모든 관련된 사실을 완전하게 공개하고 법이 정한 요건을 충족하는 사람들에게 사면을 부여한다.

셋째, 피해자의 생사 및 그 소재를 파악하고 피해자가 입은 피해에 대한 설명을 듣는 기회를 제공하며, 피해배상을 함으로써 인간적 그리고 시민적 존엄성을 회복시킨다.

넷째, 위 세 가지 사항에 대한 위원회의 조사 결과와 활동을 집대성하고 장래 유사한 인권

64　김한균 외, 같은 책, 200쪽.

침해 행위를 방지할 수 있는 조치에 대한 권고 사항을 제시하는 보고서를 발간한다.

(3) 진실화해위원회 조직과 구성

'국민화합 및 화해증진법'에 따르면 진실화해위원회는 11명 이상 17명 이하의 위원으로 구성되는데 위원은 대통령이 내각과 협의하여 선임한다. 위원은 공평한 자로서 정치적 경력이 짧은 자 중에서 선임한다. 남아프리카공화국 국민이 아닌 외국인은 2명 이상 위원으로 선임될 수 없다. 대통령은 관보로서 위원의 선임을 공표한다. 대통령은 위원 중에서 1인의 위원장 (Chairperson)과 1인의 부위원장(Vice Chairman)을 지명한다. 위원은 위원회의 임기 동안 위원 직을 수행하는데, 대통령에게 서면을 제출하여 언제든지 그 직을 사임할 수 있다. 대통령은 위원의 능력 부족 또는 비위행위가 문제 된 경우에는 의회와 상원의 요청 및 합동위원회의 결정에 따라 위원을 그 직에서 해임할 수 있다. 위원의 사임 또는 사망 등을 이유로 위원직에 공백이 생긴 경우, 대통령은 내각과 협의하여 남은 기간 그 직을 수행할 위원을 새로 선임하거나 그 직을 공백 상태로 둘 수 있다.

위 규정에 따라 남아프리카공화국은 1995년 12월 데스먼드 투투(Desmond Mpilo Tutu) 대주교를 위원장으로 하고 일반 대중과 단체가 추천한 후보 중 대통령이 지명한 위원들로 위원회를 구성하였다. 설치 당시 위원은 모두 7명이었으나 사면 신청 건수의 증가로 후에 17명으로 증원되었다.

한편, '국민통합 및 화해증진법'의 규정에 따라 대위원회로 불리는 진실화해위원회는 인권침해위원회(Human Rights Violations Committee), 사면위원회(Amnesty Committee), 배상 및 복권위원회(Reparations and Rehabilitation Committee)라는 3개의 소위원회로 구성되어 있다. 이들 소위원회의 구성은 위원회마다 다르다. 인권침해위원회는 진실화해위원회(대위원회)에 의해 임명되는 위원장과 2명의 부위원장, 대의원회에 의해 지명되는 기타 위원들 및 10명 이하의 구성원으로 조직하도록 규정되어 있다(제13조). 사면위원회는 대통령이 위원장과 부위원장을 임명하고 위원회와 협의 후 추가 구성원을 임명할 수 있도록 하고 있으며, 추가 구성원을 임명할 때는 해당 구성원 중 최소 3명이 위원이어야 한다고 규정되어 있다(제17조). 배상 및 복권위원회는 위원장과 부위원장 및 5명의 구성원과 대위원회가 위원회에 지명하는 위원들로 구성하도록 규정되어 있다(제24조).

진실화해위원회는 이 규정에 의해 앞서 말한 3개의 소위원회와 사무국과 조사국 등의 실무부서를 둔 독립된 한시적 기구로 설립되었으며, 기타 보조기관으로 연구부, 증인보호부, 조사단 등이 운영되었다. 진실화해위원회의 독립성에 대해 국민통합 및 화해증진법 제36조 제1항은 "진실화해위원회와 위원들과 모든 직원은 정치적 혹은 기타 편견 혹은 간섭 없이 임무를 수행해야 하며, 본 법이 명확하게 다르게 명시하지 않는 한 정당, 정부, 행정부 혹은 어떤 기관에 이해관계를 직간접적으로 갖고 있는 직원이나 조직에 대해 독립적이고 분리되어 일을 수행해야 한다"고 명시하고 있다.

(4) 인권침해위원회

인권침해위원회는 보상한계를 1960년 3월 1일부터 1994년 5월 9일까지 정치적 동기에서 살해, 납치, 고문 등 인권침해를 당한 자 혹은 그 가족으로 한정하고, 인권침해 희생자의 신원을 확인하기 위해 인권침해 사실을 접수하여 접수 사건에 대해 조사를 진행하고, 청문회 등을 개최하여 인권침해의 원인 규명 및 책임 소재 등을 파악하여 진실화해위원회에 보고하는 기능을 담당하였다.

인권침해위원회는 청문회를 통해 조사를 진행하였는데 청문회는 기관에 대한 청문회와 특별청문회로 구분된다. 인권침해위원회에 의해 진행된 인권침해 사건은 ① 남아프리카공화국 내·외부에서 발생한 인권침해, ② 남아프리카공화국의 해방운동 과정에서 발생한 인권침해, ③ 흑인 자치구에서 발생한 폭력에 의해서 나타난 인권침해로 분류된다.

남아프리카공화국 내·외부에서 발생한 인권침해의 대표적 사례는 카싱카 지역 민간인들의 인권을 심각하게 침해하는 결과를 가져온 사건으로, 포르스터 수상, 보타 국방부 장관, 마란 장군 등에 의해 치밀하게 계획되어 남아프리카공화국 군대가 1978년 앙골라 카싱카에 있던 SWAPO(서남아프리카 인민기구, 나미비아 독립운동 조직) 기지를 공격한 사건이었다. 인권침해의 희생자 중 대부분은 인권침해가 자행되던 당시에 남아프리카 국경 밖에서 살고 있었다. 이처럼 대부분 남아프리카공화국 외부에서 발생한 인권침해는 남아프리카보안군과 관련되어 있다. 또한 내부적으로 추방, 사법살인, 진압경찰 동원, 고문, 구타, 전기의자 충격, 성적 고문 등의 인권침해가 이루어졌다. 강간 위협은 물론 강제로 옷을 벗게 하는 등 국가권력에 의한 인권침해와 함께 인권을 보호해야 할 대중 정치조직 내에서도 인권침해가 빈번하게 발생하였다. ANC(아프리카 민족회의), PAC(범 아프리카인 회의), 아자니언(Azanian) 민족해방군, 대중민주운동 조직 등에서의 인권침해 사실은 물론, 특히 경찰과 군대의 창설 및 충돌 시에 자치구 내에서 자행된 폭력과 인권침해 상황을 기록하고 있다. 이 외에도 목격자 소환 작업 부실 등 미진한 조사로 비판을 받기도 하였으나 미첼 대통령의 사망 사건, 헬더베르그기 추락 사건 등에 대한 민감한 문제도 조사하였다. 과도기라 할 수 있는 1990년부터 1994년까지의 기간에도 정치폭력이 자행되었는데 총 9043건의 살해 사건 중 절반 이상 즉 5695건이 이 기간에 발생하였다.**65**

'국민통합 및 화해증진법' 제15조는 인권침해위원회는 조사를 마친 후 중대한 인권침해가 일어났고 어떤 개인이 해당 인권침해에 대한 피해자라고 판단할 시에는 배상 및 복권위원회에 피해 사건을 회부해야 하며, 사건 회부 이후 배상 및 복권위원회의 요청이 있으면 피해자에 관련된 모든 증거자료와 기타 정보를 제공하거나 추가 조사를 진행하거나 청문회를 개최해야 하도록 규정하고 있다.

(5) 사면위원회

사면위원회는 다른 2개의 소위원회와는 달리 진실화해위원회의 지휘를 받지 않는 독립된 기구이다. 그 권한도 막강하여 사면위원회의 결정은 최종적인 것이다. 사면의 효과 역시 단지 형사소추만을 면제하는 것이 아니라 민사책임도 배제하고 있다(국민통합 및 화해증진법 제20조 제7항).

사면위원회는 정치적 목적을 가진 행위에 대하여 사면을 부여하는 것을 촉진한다. 사면은 관보에 게재함으로써 행해진다. 사면의 요건에 대해서는 '국민통합 및 화해증진법' 제20조 제1항에서 규정하고 있다. 내용을 보면 첫째, 사면 신청이 본 법의 요건을 따라야 한다. 둘째, 과거에 대립이 있었던 과정에서 정치적인 목적을 수반하는 행위와 관련된 행위, 부작위 혹은 위법행위를 대상으로 하는 사면 신청이어야 한다. 셋째, 사면 신청자가 관련 있는 모든 사실을 전면 공개하여야 한다.

사면을 신청하고자 하는 자는 법 공포일로부터 12개월 이내에 정해진 양식에 따라 진실화해위원회에 사면을 신청하면 된다. 대법관이 의장인 사면위원회는 중대한 인권침해를 가져오거나 생명 또는 신체에 위해를 가져오는 경우가 아닌 한 그 심리를 공개한다. 신청서를 접수받은 사면위원회는 사면 요건을 충족하고, 심리가 필요하지 않으며, 신청과 관련된 작위, 부작위 또는 공격행위가 중대한 인권침해를 구성하지 않는 경우에는 사면을 부여하고 이 사실을 신청인에게 통보한다. 그러나 만약 심리가 필요하다고 판단되면, 신청인에게 심리 장소와 일정을 알려준다. 신청인은 관련 사실을 모두 공개하여야 하고 이러한 사실을 기초로 사면위원

---

65 정병윤, 「한반도 흡수통일시 불법과거청산에 관한 형사법적 연구: 독일·남아프리카공화국 과거사 청산모델을 중심으로」, 161~162쪽.

회는 사면 여부를 결정하는데, 당해 작위, 부작위 또는 공격행위가 정치적 목적과 관련 없이 개인적 이익을 추구하기 위해 행해진 경우이거나 피해자를 향한 개인적인 고의 또는 악의에서 행위가 비롯된 경우에는 사면 대상에서 제외된다.[66]

(6) 배상 및 복권위원회

배상 및 복권위원회는 배상 및 복권을 통해 피해자의 존엄을 회복시키는 역할을 한다. 본 위원회는 진실화해위원회, 인권침해위원회, 사면위원회가 회부한 사건을 검토하고, 피해자의 인적 사항, 생사 및 그 행방과 피해의 성질 및 정도를 파악하기 위한 증거를 수집한다. 또한 본 위원회는 긴급한 임시 조치를 포함하여 피해자 배상을 위한 적절한 조치에 관하여 권고할 수 있고, 안정적이고 공평한 사회를 위한 기관의 설립과 인권침해 행위를 방지하기 위한 조치에 관하여 권고할 수 있다. 생존자와 그 가족 및 공동체 전체의 치유를 위한 정책을 제안하는데, 이러한 제안의 목적은 또다시 인권 유린이 반복되지 않도록 하는 것이다. 배상 및 복권 위원회는 그 활동과 관련하여 진실화해위원회에 중간 보고서를 제출할 수 있고, 그 활동, 조사 사항 및 권고 내용에 대한 최종 보고서를 제출하여야 한다.[67]

인권의 중대한 침해 행위로 인해 피해를 입었다고 생각하는 사람은 누구든지 배상 및 복권위원회에 피해배상을 신청할 수 있다. 어떠한 작위, 부작위 또는 어떠한 공격행위가 인권의 중대한 침해에 해당하는지가 문제가 될 경우에 본 위원회는 이 문제를 인권침해위원회에 회부한다. 만약 신청인이 중대한 인권침해의 피해자라고 판단되면, 본 위원회는 피해자의 인간으로서의 존엄성 회복을 위한 조치에 관하여 권고한다. 이는 긴급한 임시 조치를 포함하고, 또한 본 위원회는 진실화해위원회에 조사 사항 및 권고 내용을 보고하여 대통령이 필요한 법령을 국회에 제안할 수 있게 한다. 대통령은 법무부 및 재무부와의 협의를 거쳐 피해자 배상을 위한 기금을 조성할 수 있다. 이 기금은 국회뿐만 아니라 개인들의 기부에 의해 조성되고, 이는 대통령이 정한 규정에 따라 피해자에게 배상금을 지급하는 데 사용된다. 배상은 잠정 배상(interim reparation)과 최종 배상(final reparation)으로 나뉜다. 잠정 배상은 중대한 인권침해 행위로 인해 긴급한 배상이 필요한 경우 최종 배상 조치가 결정되기까지 이뤄지는 배상을 의미한다. 최종 배상 조치 내용은 본위원회가 최종 보고서 작성 시 포함된다. 최종 배상 조치에서

---

66 김수암·조정현·백범석, 『한반도에 있어서 과도기 정의』, 110~111쪽.
67 김수암·조정현·백범석, 같은 책, 109쪽.

가장 중요한 점은 피해자 및 생존자의 존엄성을 회복하는 것이다.[68]

(7) 진실화해위원회 활동 결과

진실화해위원회는 1995년 12월부터 2002년 6월까지 활동하였으며 1998년 10월에 대통령에게 다섯 권의 보고서를 제출하고, 2003년 3월에 최종 보고서 6권과 7권을 제출했다. 활동 기간 중 2만 1290건에 달하는 피해자 진술서를 받았고, 그중 1만 9060건 정도가 인권침해 사실이 인정되었으며, 사면 신청 과정에서 2950명의 피해자가 추가되었다.[69]

사면위원회에는 7116명이 사면을 신청하였고 1167명이 인용되었다. 신청은 빈번히 기각되었는데, 그 이유는 그 신청이 진실화해위원회의 관할에 속하지 않는 것이거나 충분한 정보가 기술되지 않았기 때문인 것으로 분석된다.[70]

남아프리카공화국 위원회의 결정에 대하여 법원이 적법 여부를 심사하였다. 즉, 피해자의 유족들이 사면 결정의 합헌성에 이의를 제기하는 소송을 남아프리카공화국의 헌법재판소에 제기한 예가 있는데, 헌법재판소는 위원회의 결정이 적법하다고 판단하였다. 위원회의 최종 보고서를 공개하지 못하도록 하기 위하여 제기된 소송들은 그 목적을 달성하지 못하였다.[71]

한편 진실화해위원회는 '국민통합 및 화해증진법'에 따라 원상회복 조치에 관한 상세한 권고 사항을 정할 임무를 부여받았고, 1997년 이에 대한 지침을 마련하여 제출하였다. 이 지침상의 권고 사항은 ① 지역 구제 프로그램(Community rehabilitation programmes), 즉 지방자치단체를 지원하는 프로그램, 예를 들어 의료시설의 제공, 교육프로그램의 제공, 비군사화, 주거공간, ② 상징적 보상(symbolic reparations)으로 피해자의 존엄을 회복시키는 조치, 예를 들어 사망확인서의 발급, 매장 사체의 발굴과 장례 및 거리명과 광장명의 변경, ③ 제도적 개혁(institutional reform), 즉 행정기구, 법원, 그리고 그 밖의 공공조직 개편, ④ 개별적 보상(individual reparations)으로서 위원회에 의해 피해자로 인정된 2만 2000명에 대하여 6년간 매년 1만 7000~2만 3000차르(ZAR, 그 당시 화폐가치를 미국 달러로 계산하면 3500~4000달러)에 상당하는 금액 지급, 이 네 가지로 구분된다.[72]

---

68 김수암·조정현·백범석, 같은 책, 109~110쪽.

69 이동기, 「다시 역사란 무엇인가」, ≪한겨레21≫, 1043호(2015) 참고.

70 김한균 외, 『통일시대의 형사정책과 형사사법통합연구(II): 통일시대의 과거·불법청산 및 사회통합 방안의 연구』, 210~211쪽 참고.

71 김수암·조정현·백범석, 『한반도에 있어서 과도기 정의』, 112쪽.

위 권고 사항에 따른 피해자들에 대한 보상금 지급은 위원회가 마지막으로 보고서를 제출한 2003년까지 이행이 되지 않다가 그 이후 지급이 되었다. 그러나 이러한 보상정책은 피해자들과 국제조직들로부터 피해자의 막대한 상실을 전혀 고려하지 않았다는 비판을 받고 있으며, 정부가 진실화해위원회의 보고서에 언급되지 않은 수많은 피해자들의 고통과 손실을 만회하기 위해 포괄적인 원상회복 프로그램을 수립하고자 노력하지 않는다는 점 또한 비판받고 있다.[73]

4) 아파르트헤이트 불법의 기록

남아프리카공화국의 경우에는 정기적으로, 예를 들어 경찰에 의한 살인이나 고문과 같은 정치적으로 민감한 정보들을 담은 내부 문서들이 파기되었다.[74] 아파르트헤이트 정책의 종식에 관한 협상이 진행되는 동안 또는 그 이후에도 평판에 영향을 미칠 수 있는 정보를 담고 있던 수많은 잔존 문서가 파기되었다.[75]

진실화해위원회 설치의 중요한 이유 가운데 하나는 아파르트헤이트 정권이 은폐정책을 통해 만든 정보의 공백을 메우고 아파르트헤이트 범죄에 관한 역사적 진실을 밝히려는 것이었다. 진실화해위원회에 부여된 임무 가운데 하나가 어떤 문서가 폐기되었는지를 확인하는 것이었다('국민통합 및 화해증진법' 제4조 제d항 참조). 하지만 진실화해위원회도 모든 서류에 접근할 수 있었던 것은 아니다. 특히 진실화해위원회가 '정보원'의 문서보관소에 접근하는 것은 허락되지 않았다. 그럼에도 불구하고 진실화해위원회의 최종 보고서가 이런 목적을 달성하는 데 기여하였다. 진실화해위원회가 활동을 통해 남긴 것에는 물론 단지 그 보고서뿐만 아니라, 엄청난 양의 문서들과 자료들, 예를 들어 서류화된 회의록들, 청문에 관한 음성 및 영상 녹화물, 사면 신청서, 진실화해위원회 행정 활동에 관한 자료, 수집된 자료들 및 그 밖의 자료들(예를 들어 사진, 계획, 도서)이 있다. 진실화해위원회는 직접 이런 자료들을 '국가기록보관소'로 이관하여 이 자료들의 보관과 이용을 위해 충분한 재정적 보조를 준비하고, 이를 통해 누구든지 이런 자료들에 자유롭게 접근할 수 있도록 해야 한다고 권고하였다. 국가기록보관소로의 이전은 2001년부터

---

72 김한균 외, 『통일시대의 형사정책과 형사사법통합연구(II): 통일시대의 과거·불법청산 및 사회통합 방안의 연구』, 213~214쪽.

73 김한균 외, 같은 책, 214쪽 참고.

74 Harris, in: Doxtader, 2005, p.10. 김한균 외, 같은 책, 218쪽에서 재인용.

75 김한균 외, 같은 책, 218쪽.

이루어지긴 하였지만, 재정적 지원이 매우 부족하였다. 그 밖에 몇몇 사건 자료들은 이관하지 않고 남겨두었다. 심지어 매우 민감한 정보를 담은 사건 자료는 사라져버리기도 하였다.[76]

그동안 진실화해위원회의 사건 자료에 대한 접근은 개별적인 프로젝트와 운동들을 통해 용이해졌다. 예를 들어 위트웨이터스랜드 대학과 협력하고 있는 '남아프리카 역사기록물보관소'의 '진실화해위원회 기록물 프로젝트'를 들 수 있다. 그 밖에 진실화해위원회는 여전히 존재하는 아파르트헤이트 정권의 사건 자료를 어떻게 처리할 것인지에 대해 권고하기도 하였다. 권고 사항에 따르면 남겨진 자료의 현황을 철저히 파악하고, 역사학자들로 구성된 독립적 위원회를 통해 이 자료를 평가하며, 그 자료들을 '국가기록보관소'로 이관해야 한다고 하였다. 그 밖의 권고 사항들은 정부 측에 의해 받아들여지지는 않았다. 아파르트헤이트가 종식된 이후 보안기관의 자료들은 수년에 걸쳐 사라져버렸다. 아파르트헤이트 기간 동안에 생산된 문서들을 잘 보관하지 못한 것은 매우 유감스러운 일이다. 본래 중요한 문서들에 접근할 수 있도록 해야 할 정부 책임의 과제는 결국 어쨌든 일부나마 박물관, 대학교, 연구기관으로 넘겨졌다. 그래서 오늘날 남아프리카공화국에는 아파르트헤이트 시기의 문서들을 보관하고 공개하는 수많은 전시회와 보관 프로젝트가 있다. 한 예로는 웨스턴케이프 대학의 '메이부베센터'를 언급할 수 있다.[77]

5) 평가와 시사점

남아프리카공화국의 과거청산도 궁극적으로는 법치주의적 정의의 실현과 국민의 내적 통합을 추구하였다는 점에서는 독일의 경우와 마찬가지라 할 수 있다. 다만 남아프리카공화국의 과거청산 사례는 가해자에 대한 처벌을 중심으로 볼 때 사회통합을 목표로 진실규명과 사면 방식을 택하였다는 점에 가장 큰 특징이 있다. 이러한 사례는 사법정의에 입각하여 법치주의원칙에 충실하게 형사사법 절차를 통한 과거청산을 한 독일식 모델과 대비되면서도 모범적인 사례로 평가되는 것이 일반적으로 보인다.

진실화해위원회의 역할을 보면 진실규명, 사면, 배상과 복권, 원상회복 조치에 대한 지침 마련, 체제불법 관련 기록물의 보존과 관리 등 최근의 전환기 정의에서 논의되는 모든 범주의

---

76 김한균 외, 같은 책, 218~219쪽.

77 김한균 외, 같은 책, 219쪽.

역할을 모두 수행하였다.

통일독일의 사례와 비교해 볼 때 과거의 불법에 대한 진실규명, 피해자에 대한 보상과 복권 및 기타 원상회복 조치 노력, 체제불법 기록물의 보존 관리라는 측면을 보면 비록 구체적인 방식과 성과에서는 차이가 있어도 근본적으로는 크게 다르지 않다.

양자의 가장 큰 차이점은 독일은 인권침해 가해자에 대해 사법적 정의의 가치를 중시한 형사처벌을 원칙으로 하였지만, 남아프리카공화국은 통합과 화해의 가치를 더 중시한 사면 방식을 택하였다는 것이다. 하지만 이 점에서도 독일의 사법적 처벌은 서독 '형법'의 확대 적용 및 경한 법 우선의 원칙 등 철저히 죄형법정주의에 입각하여 진행된 결과, 피해자들 입장에서는 만족할 만한 결과를 얻지 못하였다. 남아프리카공화국은 결코 쉽지 않은 사면 조건으로 인해 7116명의 사면 신청자 중 1167명만이 인용되었을 뿐이다. 따라서 실제로 독일에서 처벌이 불가능했던 사례와 남아프리카공화국에서 사면을 받지 못한 사례를 비교해 보면 인권침해 가해자들에 대한 처벌과 사면 또는 불처벌의 정도에서 양자 간에 얼마나 큰 차이가 있었는지 의문이다.

통일독일과 비교할 때 남아프리카공화국의 과거청산 방식의 또 다른 특징은 과거청산 관련 업무를 헌법 및 이에 근거한 '국민통합 및 화해증진법' 제정이라는 입법을 통해 일괄적·포괄적·사전 계획적으로 진행하였다는 점이다. 이 점에서 사안별로 개별적·순차적으로 필요에 따라 진행한 독일의 청산 절차보다는 높이 평가할 수 있다.

다만 이렇게 법 제정을 통해 사전에 나름대로 충분한 준비를 통해 과거청산을 진행하였음에도 불구하고 그 결과가 국민 모두를 만족시킨 것은 아니다. 또한 그 진행 과정이 순조롭게 진행된 것만도 아니다. 인권침해 가해자들은 진실화해위원회 활동에 대한 반대 공청회를 개최하고 조사과정의 원칙과 방식(청문회식)에 대한 문제점도 제기하는 한편, 헌법소원을 제기하기도 하였다. 또한 백인 세력을 대표하는 국민당과 국가정보기관(NIA)의 조직적인 정부기록 파기를 통한 저항 등도 발생했다. 무엇보다도 진실화해위원회 활동이 인권침해 가해자의 자발적 협조에 기초함으로써 출두나 증언을 기피한 일부 백인 지도자들에게는 무력한 한계를 노출했다는 부정적 평가를 받기도 하고, 위원 구성 시 흑인을 대표하는 아프리카민족회의(ANC)에 유리하게 구성되어 있어 백인들의 불법행위에만 집중되었고, 위원회 활동이 화해만을 추구했다는 비판적 시각도 있다.[78]

---

[78] 남아프리카공화국의 사례에 대한 구체적인 비판적 평가는 정병윤, 「한반도 흡수통일시 불법과거청산에 관

그럼에도 불구하고 남북통일을 염두에 둘 때 남아프리카공화국의 진실화해위원회 사례는 인권침해 가해자에 대한 형사처벌을 통한 정의실현이라는 과거 지향적 가치보다 진실규명과 사면을 통한 국민통합과 화해증진이라는 미래 지향적 가치를 중시하였다는 점, 헌법에 근거하여 사전 입법을 통해 일괄적·포괄적으로 청산 절차를 진행하였다는 점에서는 우리에게 시사하는 바가 적지 않다.

5. 북한에 대한 과거청산 방식

1) 개요

과거청산은 이미 지나가 버린, 그리고 되돌릴 수 없는 과거에 대한 청산 그 자체가 목적이 아니다. 궁극적인 목적은 가해자에 대한 응보에 있는 것이 아니라 가해자의 반성과 피해자의 용서를 통한 화해를 도모하여 과거와 같은 잘못을 되풀이하지 않고 보다 나은 사회와 국가를 건설하는 데 있다 할 것이다. 이러한 목적을 달성하기 위해서는 그동안 과거청산, 또는 전환기 정의의 기제 또는 실천적 과제로 제시된 진실규명, 가해자 처벌과 공직 배제, 피해 복권과 보상, 사회문화적 청산의 과정 모두가 필요하다. 다만 각 실천적 과제에 대한 구체적인 방안과 내용을 어떻게 마련하여 효율적으로 추진할 것인지가 중요하다.

이 중에서도 가장 중요하면서도 결정하기 어려운 과제는 가해자 처벌에 대한 것이다. 그밖의 과제인 진실규명, 피해자 복권과 보상, 공문서 처리, 사회문화적 청산 등은 그 필요성에 대한 이견이 거의 없고, 이해 관계자의 대립이나 갈등이 크게 표출되지 않지만 가해자 처벌의 문제는 가해자의 반발과 피해자의 처벌 요구가 강력하게 충돌하는 문제이기 때문이다.

2) 통합지향형 사법청산

과거청산의 핵심 사항이라 할 수 있는 가해자에 대한 처벌은 현재 대한민국 헌법의 기본

한 형사법적 연구: 독일·남아프리카공화국 과거사 청산모델을 중심으로」, 168~169쪽; 김수암·조정현·백범석, 『한반도에 있어서 과도기 정의』, 115~116쪽 참고.

질서이자 통일한국의 기본질서인 자유민주적 기본질서, 특히 그중에서도 법치주의 원칙에 따라야만 한다. 즉 체제불법행위를 한 자들에 대한 엄중한 처벌의 요구가 아무리 강하더라도 죄형법정주의 원칙을 기본으로 한 법치주의 원칙을 훼손해서는 안 될 것이다. 만일 소급입법 등을 통해 체제불법행위자들에 대한 가혹한 처벌을 추진할 경우 그 자체가 다시 청산의 대상인 불법행위가 될 것이다. 이는 결과적으로는 '최소한의 사법적 청산'으로 구현될 것이다.

이와 관련하여 독일 통일 과정에서 제기되었던 것과 같이 전반적인 일반사면론의 필요성을 제기하는 견해가 있다. 대표적으로 세계적인 북한학자로 알려진 국민대학교 안드레이 란코프(Andrei Nikolaevich Lankov)는 다음과 같이 주장한다.

> 한반도의 미래를 생각하면, 북한 간부들에게 비상구를 꼭 열어줘야 한다. 그들에게 비상구를 열어주는 것은 불가피하게 윤리적으로도, 법률적으로도 문제점이 많을 것이다. 그러나 이와 같은 타협으로 남북한이 어려운 문제를 많이 완화하고 수많은 생명을 구원할 수 있다고 판단된다. 이러한 비상구는 바로 북한 간부들에 대한 일반사면이라고 생각한다. …… 바꿔 말하면, 대한민국 정부나 탈 포스트 김 북한 정부는 김 정권시대 동안 저지른 인권침해를 불법행위로 인정했지만 이와 같은 행위를 했던 사람들에게 조건이 없는 사면을 주겠다는 약속을 해야 한다. 김정일 시대 때, 악명이 상당히 높았던 정치부관리소 소장들을 포함한 모든 간부들은 과거에 감행한 잘못에 대해서 책임이 없다고 분명히 공식적으로 인정해야 한다. 이와 같은 정책은 수많은 날카로운 비판 대상이 될 것이다. 어떤 사람들은 이러한 조치가 비윤리적인 정책이라고 말할 것 같다. 그러나 필자가 보기에는 이와 같은 일반사면은 어려운 통일 과정 및 김 정권 잔재를 청산할 수 있는 방법이 될 것이다. ……한편, 북한의 간부계층은 일반사면에 대한 약속을 믿지 않는 사람들이 많을 것이므로 그들이 이와 같은 약속을 믿을 수 있도록 법으로써 명료하게 명기되어야 할 것으로 본다.[79]

이러한 주장은 형사소추에 대한 사면을 의미하는 것으로 형사소추는 면해주되 정화정책을 통해 해결하면 된다는 것이다. 즉 안드레이 란코프는 "정화정책 대상은 국가보위부에서 주민들을 직접 조사하거나 민주화 운동 탄압에 대해서 책임을 갖고 있는 자, 노동당 고급 간부로 납치작전, 테러 행위에 대해서 명령을 내리는 자가 대상이 될 것이다. 이러한 대상자들은 일정

---

[79] 안드레이 란코프(Andrei Nikolaevich Lankov), 「북한 특권계층에 비상구를 열어주는 방법」, 21세기국가발전연구원·코리아정책연구원 공동주최, 북한 급변사태 시 핵심계층 관리방안 세미나 자료집(2012.10.22), 36쪽.

기간 공무원이 될 수도 없고, 국회의원으로 선출될 수도, 학교에서 교편을 잡을 수도 없도록 하면 된다. 또한 그들은 규모가 비교적으로 큰 회사의 임원 등이 되는 것도 제한해야 된다고 본다. 이와 같은 정책은 시간제한 없이 할 수 있고 10년이나 15년 등 제한된 기간 이내에 한해 실행할 수도 있다. 그러나 정치참여권에 제한이 많은 정화정책의 대상자들도 일반사면 정책덕분에 기소되지 않기 때문에 자신의 미래에 대한 걱정이 그리 심하지 않을 것이라고 생각된다"는 것이다.[80]

하지만 과거청산 방식에 대한 정책적 결정은 당국의 의사보다는 통일 당시의 국민, 특히 주된 피해자인 북한 주민의 의사가 가장 중요한 것이라는 점을 고려해 보면 과연 현실적으로 가능한 방안인지 의문이다. 만일 이들에 대한 최소한의 또는 일정 정도의 형사처벌에 대한 국민적 의사가 강력한데도 불구하고 일반사면을 할 경우 그에 대한 반발 역시 감당하기 어려운 사회적 문제가 될 것이기 때문이다. 이와 관련하여 과연 용서의 주체는 누구인가를 생각해 볼 필요가 있다. 잘못에 대한 반성은 가해자의 몫이지만 그에 대한 용서의 일차적 주체는 국가가 아니라 피해자인 것이다. 과거를 묵인하는 것은 갈등의 상처를 봉합할 수는 있어도 치유는 할 수 없다. 따라서 과거청산의 궁극적 목표인 사회통합 역시 일정 수준의 가해자 처벌에서 출발할 수밖에 없다.

결과적으로 통일 이후의 북한 불법체제 청산은 통일 대한민국 전 지역에 자유민주적 기본 질서를 새롭게 구축하기 위해 과거의 잘못에 대한 응징보다는 피해자와 가해자 간의 용서와 화합이라는 미래지향적인 가치가 더 중요하다는 인식과 원칙을 견지할 필요가 있다. 철저한 진실규명을 토대로 가해자에 대해서는 법치주의 원칙과 정의에 입각한 최소한의 형사소추 및 공직 배제를 통해 청산하고, 그 이외의 기존 관료들에 대해서는 최대한으로 포용하여 통일한국 건설에 동참하도록 하는 동시에 피해자에 대한 충분한 보상과 복권을 통해 이들을 구제하고, 피해회복과 그 밖의 사회통합을 위한 다양한 사회문화적 청산프로그램을 실시함으로써 남북한 주민 전체의 진정한 내적 통합을 지향하는 청산 방식이 필요하다.

80　안드레이 란코프(Andrei Nikolaevich Lankov), 같은 글, 39쪽.

3) 통합지향형 사법청산 제시 근거

(1) 역사적 배경

통합 지향형 과거청산은 우리 민족의 통일 역사에서도 찾아볼 수 있다. 우리는 오랜 역사 속에서 두 번의 통일을 이룬 바 있다. 첫 번째는 통일신라의 삼국통일이고, 두 번째는 고려의 후삼국통일이다. 이 두 번의 통일 역사에서 통일의 중심 세력은 모두 융합이라는 사회통합정책을 추진했다는 점을 주목할 필요가 있다.

(2) 합의통일 과정에서의 현실적 필요성

남북 합의에 의한 통일 과정을 전제로 할 경우 통일 당시 북한 권력 엘리트의 요구사항을 어느 정도 받아들일 수밖에 없게 될 현실적 한계가 발생할 가능성이 매우 크다. 즉 북한 체제의 특성상 통일의 주체가 될 정권은 일반 시민들이 쟁취한 혁명 정부보다는 김정은 독재체제에는 반대하는 기존의 엘리트층일 가능성이 더 크다.

만일 이 경우 과거의 체제불법에 대한 응징이나 형사소추 모델을 고집할 경우 남북통일이라는 절호의 기회를 놓치게 될 수도 있다. 또한 우리가 원하는 것은 통일 그 자체가 아니라 남북한 주민 모두에게 행복한 바람직한 통일이라는 점을 간과해서는 안 된다. 남북한 주민 모두가 행복한 바람직한 통일은 적대적 관계에 있는 남북한 주민의 진정한 내적 화합을 통해서만 이루어질 수 있다. 또한 새로운 통일한국 건설 과정에서 기존의 북한 엘리트층을 모두 배제할 경우 사실상 북한 지역에 새로운 통치체제나 관료제를 구축하기도 어렵고, 이에 반발하는 세력과의 내적 갈등으로 인한 내전 가능성도 배제하기 어렵다.

(3) 진실규명을 위한 효율적 방법

과거청산에서 가장 중요한 사항이자 청산의 출발점은 과거 체제불법행위에 대한 진실규명이다. 진실규명이 제대로 이루어져야만 반성과 용서의 기회도 생기는 것이고, 가해자에 대한 처벌과 공직 배제 등의 조치 및 피해자에 대한 제대로 된 보상과 복권도 추진할 수 있다. 과거청산의 가장 중요한 과제인 진실규명을 위해서는 강력한 응징모델 혹은 형사소추 모델보다는 화해와 용서 또는 사면 모델이 훨씬 더 효율적인 방법이다.

(4) 북한 유일지배체제의 특성

북한 체제는 형식적으로는 다른 사회주의국가의 보편적 특징인 노동당이라는 일당독재 체제를 갖추고 있지만 좀 더 정확하게 본다면 김정은 일가의 1인 지배 내지 유일독재체제인 것이다. 이는 결과적으로 당의 핵심 세력의 공동의 불법체제였던 체제전환 이전의 동유럽 국가들과는 달리 체제불법의 책임자 역시 최고 권력자 1인에게 집중된다는 것을 의미한다. 즉, 북한 체제에서는 가해자로 분류할 수 있는 상당수 엘리트층도 다른 한편으로는 김정은 독재체제하에서의 피해자이기도 하다.

통일독일이나 남아프리카공화국의 사례를 보더라도 실무상 가해자와 피해자가 명확하고 쉽게 구별되는 것이 아니다. 특히 유일지배체제인 북한 체제의 특성상 상당수 하급 관료들의 경우에는 자신의 행위를 스스로 결정할 수 있는 지위에 있지 못하고 오히려 대부분 상부의 명령이나 체제불법적인 법령에 의해 도구로 이용되었을 가능성이 작지 않다. 이 경우 구체적인 불법행위에서 단순한 도구에 불과했던 이들 역시 북한 체제에 의한 또 다른 피해자라고 볼 수 있다.

(5) 죄형법정주의와 형사처벌의 한계

죄형법정주의 원칙이 확고히 자리 잡은 우리의 형사사법 체계를 고려하면 과거 친일세력에 대한 친일반민족행위자처벌법과 같은 소급입법은 불가능하다. 더군다나 통일독일의 사례에서 보는 바와 같이 가해자들에 대한 적극적인 형사소추권을 행사하고자 해도 범행 당시의 체제하에서는 해당 행위가 불법이 아니었다는 체제불법행위의 특성과 이들에 대한 준거법, 공소시효, 구성요건의 대칭성, 위법성조각사유, 책임감면(명령에 의한 행위, 금지착오 등) 등의 형사법상의 문제점을 고려하면 실제로 가해자에 대한 형사처벌이 그리 쉬운 일만은 아니다. 따라서 법리적으로나 현실적으로 형사처벌을 하기가 쉽지 않은 자들을 상대로 무리하게 형사소추 중심의 처벌 방식을 채택하기보다는 철저하게 법치주의라는 정의를 지킬 경우 처벌의 대상이 최소화될 수밖에 없다.

4) 준거법

(1) 남한 형법과 죄형법정주의

구 동독의 경우, 준거법으로는 죄형법정주의의 행위시법주의에 따라 행위시법인 구 동독

형법이 적용되고, 다만 재판 시 구 동독 형법보다 가벼운 연방형법이 있으면 '경한 법 우선원칙'에 따라 법정형을 수정한 연방형법이 적용되었다(독일 '형법시행법' 제315조 제1항). 그러나 통일 이전에도 이른바 세계주의 또는 보호주의에 따라 '연방형법이 적용되었던 범죄'에 대하여는 형이 무겁더라도 연방형법이 적용되었다(같은 조 제4항).[81]

우리의 경우도 원칙적으로 통일 후 남한 형법이 확대 적용되지만, 우리 형법의 행위시법주의(제1조 제1항: 범죄의 성립과 처벌은 행위 시의 법률에 의한다)에 따라 통일 전 북한 주민에 의하여 북한 지역에서 발생한 범죄에 대해서는 행위시법인 북한 형법을 적용하여야 할 것이다. 다만 그 행위가 남북한 형법 모두에 의해 처벌이 가능할 경우에는 경한 법 우선원칙(제1조 제2항: 범죄 후 법률의 변경에 의하여 그 행위가 범죄를 구성하지 아니하거나 형이 구법보다 경한 때에는 신법에 의한다)에 따라 법정형이 경한 형법에 따라 처벌되고, 북한 형법에 의해서만 범죄가 되고 남한 형법에 의해서는 범죄를 구성하지 않는 경우에는 범죄 후 법률의 변경에 의하여 행위가 범죄를 구성하지 않는 경우에 해당하므로 북한 형법의 적용이 배제된다. 반대로 북한 형법에 의해서는 범죄를 구성하지 아니하지만 남한 형법에 의해서는 처벌이 가능할 경우에도 이른바 '불법의 연속'이 없으므로 남한 형법의 적용은 유보되어야 할 것이다.

다만 이와 같은 '행위시법 적용원칙' 및 '처벌이 경한 법률 우선의 원칙'에는 예외가 있다. 즉 통일 이전에 북한 지역에서 범한 범죄 중 통일 이전에도 우리 형사법에 의해 이른바 세계주의 또는 보호주의에 따라 처벌이 가능한 범죄에 대해서는 우리 형사법을 그대로 적용해야 할 것이다.

(2) 국제형사재판소 관할 범죄의 처벌 등에 관한 법률

'국제형사재판소 관할 범죄의 처리 등에 관한 법률'은 제1조(목적)에서 명시하고 있는 바와 같이 "인간의 존엄과 가치를 존중하고 국제사회의 정의를 실현하기 위하여「국제형사재판소에 관한 로마규정」(이하「로마규정」)에 따른 국제형사재판소의 관할 범죄를 처벌하고 대한민국과 국제형사재판소 간의 협력에 관한 절차를 정함을 목적"으로 한 법률이다. 위 법 제2조 제1호에서는 국제형사재판소의 관할 범죄인 집단살해죄, 인도에 반한 죄 및 각종 전쟁범죄에 대한 규정을 두고 있으며, 제6조에서 위 각 범죄에 대한 공소시효를 배제하고 있다. 위 법은

---

81 심재무,「독일통일조약에 따른 형법상의 문제」,《형사정책연구》, 제6권 1호(1995, 봄호), 207 쪽 이하 참고. 최용보,「통일과정에서의 남북한 형사법 충돌 해결 방안」,《통일과 법률》, 통권 제25호(법무부, 2016.2), 43쪽에서 재인용.

2007년 12월 21일 시행일 이후 범죄에 대해서만 적용되지만, 통일 이후 북한 지역에서 이루어진 반인도적 범죄 등에 대한 불법청산은 많은 부분이 바로 위 법에 근거하여 이루어져야 할 것이다.

(3) 국내조약으로서의 로마규정과 이행법률의 관계

우리 헌법 제6조 제1항은 "헌법에 의하여 체결·공포된 조약과 일반적으로 승인된 국제법규는 국내법과 같은 효력을 가진다"고 규정하고 있다. 따라서 「로마규정」이 우리 헌법에 의하여 체결·공포되어 국내에서 발효된 때인 2003년 2월 1일로부터 「로마규정」은 국내법과 같은 효력을 갖게 된 것이다.[82]

「로마규정」이 국내에서 효력이 발생하여 국내법과 같은 효력을 갖게 되었다면 별도로 국내의 입법 수용 절차에 따른 이행법률의 제정 없이 「로마규정」 자체만으로 행위자를 처벌할 수 있는지가 문제 된다.[83] 만일 국내 이행법률 없이도 처벌이 가능하다면 2003년 2월 1일 이후에 북한에서 발생한 반인도범죄에 대해서도 처벌이 가능하다. 하지만 「로마규정」이 국내에서 발효되었다고 하더라도 국내의 입법 수용 절차가 없이 행위자에 대한 형사처벌이 불가능하다는 입장을 취한다면 이행법률이 시행된 2007년 12월 21일 이후의 범죄에 대해서만 처벌이 가능하다.

이 문제는 조약의 자기집행성에 관한 문제로 국내의 이론적 연구나 판례는 충분하지 못한 상태이다. 국내 학자들의 견해 중에는 죄형법정주의 원칙을 준수하는 차원에서 국내의 입법적 수용 절차가 필요하다고 보는 견해가 있다. 즉 국제재판 등에서 범죄자를 직접 처벌하는 경우에는 죄형법정주의가 완화된 상태에서 적용된다고 볼 수 있지만, 국내에서 처벌하기 위해서는 기본적으로 죄형법정주의가 요구되며 이러한 입장은 미국 등에서도 확립된 원칙이라는 것이다. 이에 대한 미국의 통설적 입장은 국제관습법상의 범죄에 대해 국내의 입법 수용 절차 없이 행위자를 처벌할 수 없다고 본다. 대외관계법 리스테이트먼트는 이에 대해 "국제법은 미국의

---

82 「로마규정」의 내용 중 집단살해죄 등에 대한 상급자 책임이 국제관습법이라고 본다면, 역시 헌법 제6조 제1항에 의해 국내법과 같은 효력을 갖는다고 보아야 하지만 국제관습법으로 보더라도 그 시기를 특정하기 어려우므로 이 점에 대한 논의는 생략하고자 한다.

83 이와 관련하여 예를 들어 1970년 「항공기의 불법납치 억제를 위한 조약」과 같이 조약 자체에서 "각 체약국은 범죄를 엄중한 형벌로 처벌할 수 있도록 할 의무를 진다"(제2조)라고 규정하고 있는 경우에는 위 조항을 근거로 항공기 납치범을 직접 처벌하는 것이 불가능하며 이를 처벌하기 위한 국내법이 마련되어야 할 것이다. 하지만 이와 같은 조약은 내용 그 자체로 국내법으로의 수용 없이 직접 적용 가능한지가 문제 되지 않는다.

법이기는 하지만 의회가 범죄와 형벌을 정하는 입법을 하지 않는 한 국제범죄를 범한 사람이 연방법원에서 처벌될 수 없다"고 설명하고 있다. 또한 위 견해에 따르면 국제조약상의 범죄라도 국내의 형사법 체계에서 관찰하면 그 구성요건이 확실치 않아 국내 입법 없이 바로 처벌하는 것은 거의 불가능하다고 본다.[84]

나아가 대부분의 국제범죄가 국내 형법의 다른 구성요건으로 처벌이 가능하다 해도(예컨대 집단살해죄는 형법의 살인죄로 처벌 가능) 국제범죄의 구성요건을 마련하는 국내 입법이 필요할 것이다. 왜냐하면 국제관습법상의 국제범죄는 그 성격이 개개의 범죄행위를 넘어서 전체를 포괄하는 조직성, 집단성, 계획성, 목적성 같은 요소에서 기존의 국내 범죄와 차원이 다르기 때문이다. 따라서 국제범죄를 개별적인 국내 범죄로 규정해 처벌하는 것은 범죄의 실질을 제대로 파악하지 못하는 결과로 이어질 가능성이 높다. 그리고 기존의 국내 범죄가 국제관습법 혹은 국제조약상의 국제범죄의 구성요소를 모두 범죄화했다고 볼 수도 없기에 특별히 국내 입법을 하지 않으면 처벌이 불가능할 수도 있다. 그뿐만 아니라 실무에서 국제범죄행위에 맞는 국내 형법 규정을 제대로 찾아서 적용하는 데에도 많은 어려움이 있을 것이다. 그러므로 국제범죄를 국내에서 보편적 관할권에 근거해 처벌하기 위해서는 국제범죄의 원래의 개념에 맞추어 구성요건과 형벌을 규정하는 것이 필요하고 또한 바람직하다는 견해도 국내 입법 필요설의 입장이라 할 수 있다.

하지만 이러한 견해와는 달리 헌법재판소 1998년 11월 26일 선고 97헌바65 결정에서는 조약의 직접 적용을 인정한 바 있다. 위 사건은 우리나라가 WTO 설립조약에 가입하면서 관세율이 변화하였고, 그 결과 형사처벌이 가중되게 된 피고인이 조약을 근거로 처벌이 가중되는 것은 헌법상의 죄형법정주의를 위반한다고 주장하였다.

이러한 주장에 대하여 헌법재판소는 다음과 같이 결정하였다.

청구인은 관세법위반죄를 범한 자에 대한 처벌을 가중하려면 관세법이나 특가법을 개정하여야 함에도 불구하고 단지 조약에 의하여 관세법위반자의 처벌을 가중하는 것은 중대한 기본권의 침해이며 죄형법정주의에 어긋나는 것이라고 주장한다. 그러나 헌법 제12조 후문 후단은 "누구든지 … 법률과 적법한 절차에 의하지 아니하고는 처벌·보안처분 또는 강제노역을 받지 아니한다"고 규정하여 법률과 적법절차에 의한 형사처벌을 규정하고 있고, 헌법 제13조 제1항 전단은 "모

---

84 박찬운, 『국제범죄와 보편적 관할권』(파주: 한울, 2009), 145쪽, 284쪽 참고.

든 국민은 행위 시의 법률에 의하여 범죄를 구성하지 아니하는 행위로 소추되지 아니하며"라고 규정하여 행위 시의 법률에 의하지 아니한 형사처벌의 금지를 규정하고 있으며, 헌법 제6조 제1항은 "헌법에 의하여 체결·공포된 조약과 일반적으로 승인된 국제법규는 국내법과 같은 효력을 가진다"고 규정하여 적법하게 체결되어 공포된 조약은 국내법과 같은 효력을 가진다고 규정하고 있다. 마라케시 협정도 적법하게 체결되어 공포된 조약이므로 국내법과 같은 효력을 갖는 것이어서 그로 인하여 새로운 범죄를 구성하거나 범죄자에 대한 처벌이 가중된다고 하더라도 이것은 국내법에 의하여 형사처벌을 가중한 것과 같은 효력을 갖게 되는 것이다. 따라서 마라케시 협정에 의하여 관세법위반자의 처벌이 가중된다고 하더라도 이를 들어 법률에 의하지 아니한 형사처벌이라거나 행위 시의 법률에 의하지 아니한 형사처벌이라고 할 수 없으므로, 마라케시 협정에 의하여 가중된 처벌을 하게 된 구 특가법 제6조 제2항 제1호나 농안법 제10조의3이 죄형법정주의에 어긋나거나 청구인의 기본적 인권과 신체의 자유를 침해하는 것이라고 할 수 없다.

위 헌법재판소 결정의 취지에 따른다면 「로마규정」 역시 헌법에 의하여 체결·공포된 조약이므로 국내법과 같은 효력을 갖는 것이어서 국내에서 「로마규정」이 발효된 이후의 범죄에 대하여는 「로마규정」의 직접 적용이 가능하고, 그로 인하여 새로운 범죄를 구성하거나 범죄자에 대한 처벌이 가중된다고 하더라도 죄형법정주의에 반하는 것이 아니라는 것이 된다.

국내 입법이 필요하다는 견해에 따른다면 헌법 제6조 제1항의 "국내법과 동일한 효력을 가진다"는 규정이 무의미한 것이 되며, 국내 입법 필요설에서 강조하는 구성요건 불확실성 등의 문제는 헌법 제6조 제1항에 대한 해석의 문제가 아니라 법정책적인 문제라 할 수 있다. 따라서 마라케시 협정에 대한 헌법재판소 결정례와 같이 헌법 제6조 제1항의 규정에 충실하게 국제조약의 내용 자체가 자기집행력을 갖는 내용이라면 국내 입법으로의 수용 조치 없이 직접 적용이 가능하다고 보는 것이 타당할 것이다. 그렇다면 「로마규정」의 대상인 반인도범죄 등에 대하여는 2003년 2월 1일 이후에는 「로마규정」이 적용되고, 이행법률 시행일인 2007년 12월 21일 이후에는 신법인 이행법률이 「로마규정」에 우선하여 적용되는 것으로 보되 「로마규정」 적용 당시의 행위에 대해서는 형법 제1조 제2항에 따라 「로마규정」과 이행법률의 법정형을 비교하여 경한 법을 적용해야 할 것이다.

5) 청산의 대상

청산의 주요 대상은 체제불법의 주체인 북한의 관료들이라 할 수 있다. 북한의 관료제는 한마디로 구소련이나 중국 등 공산국가들의 관료제와 같은 '당·국가 관료제'로 정의할 수 있으며, 이후 북한의 주체사상과 유일영도체계 등이 결합하면서 다른 공산국가와는 차별화되는 북한식 '당·국가 관료제' 체제를 갖추고 있다고 할 수 있다.

이와 같은 관료제의 경우에는 청산 대상인 관료에 당관료까지 모두 포함되기 때문에 그 대상이 매우 광범위하다. 현재의 북한 체제상 청산의 대상을 살펴보면 조선노동당, 국무위원회, 최고인민회의, 내각, 검찰소, 재판소, 지방정권기관, 인민군, 연구소, 언론 및 방송기관, 문화예술기관, 교육기관, 보건기관, 금융기관, 출판기관, 당 외곽 및 사회단체, 주요공장 및 기업소 등이 있다. 이들 기관은 기관 자체와 그 구성원들 모두가 청산의 대상이 되는 것이다.

2013년 3월 유엔 인권이사회는 북한 내 인권침해실태를 조사할 조사위원회를 설립하는 내용을 포함한 북한인권결의를 채택하였고, 동 결의에 따라 설치된 북한인권조사위원회(Commission of Inquiry: COI)는 북한의 인권침해 기관으로 북한 최고지도자, 조선노동당, 국가보위성, 인민보안성,[85] 검찰소 및 재판소, 조선인민군을 열거하고 있다.[86] 따라서 이들 해당 기관 관련자들은 과거청산의 일차적 대상이 될 것이다.

이들 기관 구성원의 직위나 행위를 기준으로 주요 청산 대상을 분류해 본다면 김정은 등 이른바 백두혈통 가계(家系), 노동당 조직지도부나 선전선동부를 비롯한 중앙당 부부장급 이상 책임간부, 군 간부, 국가보위성이나 군보위사령부, 인민보안성 및 법원과 검찰 등의 고위관계자, 지방의 당 간부 정도를 일차적 청산 대상으로 고려할 수 있을 것이다.

2014년 3월 최고인민회의 대의원 687명도 새로 선출됐는바(이들 중 내각의 상, 군부의 군단장 이상은 거의 모두 겸직 된다고 한다), 이들 명단을 참고하여 과거 반민족행위자처벌법(시행 1948.12.28. 법률 제13호, 1948.12.7., 일부개정)에서 직위에 따른 당연범(반민족행위자처벌법 제1

---

[85] 북한은 1945년 11월 29일 내무성 산하에 정치보안국을 창설해 치안을 전담하도록 하였는데, 1951년 3월 사회안전성으로 독립하였다. 1972년 12월 사회주의 헌법이 채택되면서 사회안전부로 명칭이 변경되었다가 1998년에는 사회안전성으로, 2000년에는 인민보안성으로, 2010년에는 인민보안부로, 2016년에는 인민보안성으로 명칭이 변경되었다. 인민보안성은 통상 우리의 경찰에 해당하는 치안조직으로 보고 있으나 실제로는 공민등록국, 공병총국, 교화국, 도로총국, 외사국 등을 두고 다양한 업무를 담당하고 있다.

[86] Report of the detailed findings of the commission of inquiry on human rights in the Democratic People's Republic of Korea(A/HRC/25/CRP.1), paras.352~354 참고.

조, 제2조, 제3조 제4조 제1항~제3항)과 행위에 따른 선택범(제4조 제4항~제12항)을 구분, 유형화하여 처벌한 것을 반영하여 북한의 과거청산에 적용할 수도 있을 것이라는 의견도 있다.[87]

한편, 미 국무부는 2016년 2월 18일 발효한 '대북제재 및 정책 강화법'(North Korea Sanctions and Policy Enhancement Act of 2016; H.R. 757) 이행을 위한 행정명령 13722호와 기존의 13687호에 의거하여 2016년 7월 6일 아래와 같이 북한 정권의 인권침해 관련 제재 대상(개인 15명, 단체 8개)을 처음으로 지정한 바 있다. 북한 제재만을 목적으로 하여 에드 로이스(Ed Royce) 하원 외교위원장이 발의한 위 '대북제재 및 정책 강화법' 제304조는 국무장관이 북한의 인권침해 책임자들을 규명해서 180일마다 새로운 제재 리스트를 의회에 제출하도록 규정하고 있다. 관련 명단을 보면 다음과 같다(기관명은 발표 당시 기준).

- 개인(11명): 김정은 조선노동당 위원장, 김기남 조선노동당 선전선동부장, 오정옥 정찰총국1국장, 조일우 정찰총국5국장, 리재일 조선노동당 선전선동부 제1부부장, 최부일 인민보안부장, 최창봉 인민보안부 조사국장, 리성철 인민보안부 참사, 강성남 국가안전보위부 국장, 조연준 조직지도부 제1부부장, 김경옥 조직지도부 제1부부장
- 단체(5개): 인민보안부, 인민보안부 교정국, 국가안전보위부, 국가안전보위부 교도국, 조직 지도부

여타 행정명령에 의한 제재 대상
- 개인(4명): 리용무 국방위원회 부위원장, 오극렬 국방위원회 부위원장, 황병서 국방위원회 부위원장 겸 조직지도부 제1부부장, 박영식 국방위원회 위원 겸 인민무력부장
- 단체(3개): 국방위원회, 선전선동부, 정찰총국

이 중 가장 주목할 사실은 제재대상에 북한의 최고 지도자인 김정은 노동당 위원장이 포함된 것이다. 미국 정부가 타국 지도자를 인권침해자로 제재하는 것은 이것이 처음이다. 2014년 2월 17일 유엔 COI 보고서가 밝힌 바와 같이 북한 내 인권침해자가 최고지도자의 지시하에 움직이고 있으며, '인도에 반한 범죄(crimes against humanity)'의 책임자로서 김정은을 포함

---

87   송인호, 「통일 이후 북한 과거청산 방안: 해외 사례를 중심으로」, 한반도 인권과 통일을 위한 변호사모임 창립1주년 기념 세미나 발표자료(2014.9.11), 34쪽 참고.

시킬 수 있다고 언급한 것과 맥을 같이한다. 또한 톰 말리노프스키(Tom Malinowski) 미 국무부 민주주의·인권·노동 담당 차관보도 향후 김정은 등 북한의 인권침해자들에 대한 국제형사재판소(ICC) 제소 가능성에 대해 언급하였다.[88]

6) 재판기구에 대한 검토[89]

북한의 반인도적 범죄를 저지른 수뇌부나 핵심 세력에 대한 재판관할과 관련한 선행 연구를 살펴보면 첫째, 국제형사재판소(ICC)에서 재판하는 방식, 둘째, 국제화된 재판소 혹은 혼합재판소(이하 혼합재판소)에서 재판하는 방식, 셋째, 통일한국의 사법기관에서 기소·재판하여 처벌하는 방식, 국제화된 재판소와 국내 재판소의 혼합방식 등이 제시되고 있다. 이들 방식은 모두 나름의 장단점을 가지고 있다.

먼저 국제형사재판소를 활용하는 방안은 국내 재판소나 혼합재판소의 경우보다도 승자의 사법이라는 비난을 피할 수 있는 큰 장점이 있다. 하지만 국제형사재판소는 구조적으로 보충적 관할권을 갖고 있기 때문에 통일한국의 주권의 핵심인 재판관할권의 포기에 대한 비난을 받을 가능성이 크다. 또한 실무적으로 다음과 같은 문제점이 발생한다.

첫째, 실무적인 차원에서 국제형사재판소에서 재판할 경우를 가정해 보면 처벌 근거가 「국제형사재판소에 관한 로마규정」뿐이고, 「로마규정」 제20조는 일사부재리의 원칙을 채택하고 있다. 따라서 재판결과 「로마규정」상의 범죄 요건을 갖추지 못하여 무죄가 선고될 경우에는, 만일 국내 재판소에서 재판을 하였다면 국내법상 다른 죄명으로 공소장 변경 등을 통해 처벌이 가능한 범죄자에 대해 아무런 처벌도 할 수 없게 된다는 문제가 발생한다.[90]

---

88 신동익, 『북한 인권 문제 관련, 미국 및 EU 등의 제재 현황과 국제사회의 공조 방안』(외교안보연구소, 2016.8.5) 참고.

89 이하의 내용은 한명섭, 「특별조치법 제정의 필요성과 법률(안) 제시」, 『통일한국의 전환기 정의에 대한 법제도적 연구: 가해자에 대한 청산 방안을 중심으로』(서울: 대한변호사협회, 2016), 145~149쪽의 내용을 요약 정리한 것임.

90 「국제형사재판소에 관한 로마규정」 제20조 일사부재리.
   1. 이 규정에 정한 바를 제외하고, 누구도 재판소에 의하여 유죄 또는 무죄판결을 받은 범죄의 기초를 구성하는 행위에 대하여 재판소에서 재판받지 아니한다.
   2. 누구도 재판소에 의하여 이미 유죄 또는 무죄판결을 받은 제5조에 규정된 범죄에 대하여 다른 재판소에서 재판받지 아니한다.
   3. 제6조, 제7조 또는 제8조상의 금지된 행위에 대하여 다른 재판소에 의하여 재판을 받은 자는 누구도, 그 다른 재판소에서의 절차가 다음에 해당하지 않는다면 동일한 행위에 대하여 재판소에 의하여 재판받지

둘째, 현실적으로 반인도죄범죄 등으로 처벌 가능한 모든 사람을 국제형사재판소로 보낼 수는 없기 때문에 결국은 국제형사재판소를 활용한다고 하더라도 상당수 반인도범죄 사건은 국내 법정에서 재판을 진행할 수밖에 없게 될 것이다. 이 경우 양형상의 균형 문제나 증인의 중복 출석 등의 현실적인 문제가 발생한다.

셋째, 그동안 국제형사재판에서 다룬 사안들은 대체로 범행이 단기간 내에 발생하였고, 수사 및 재판의 범위가 특정되어 있다. 하지만 북한 인권침해 문제는 시간적으로나 물적으로 너무 광범위한 사안이고, 피해자 및 참고인 수사 등을 고려하면 국제형사재판소에서 이 모든 것을 다루는 것이 적절하지도 않다.

넷째, 「국제형사재판소에 관한 로마규정」 제77조 제2항은 징역형 외에 벌금과 범죄수익 몰수 등을 할 수 있게 되어 있는데, 제109조(벌금 및 몰수조치의 집행)를 보면 "당사국이 재판소의 판결을 집행한 결과로 취득한 재산 또는 부동산의 매매 수익 또는 적절한 경우 기타 재산의 매매 수익은 재판소로 이전된다"고 규정하고 있어서 범죄수익을 우리가 확보하지 못하는 문제도 발생한다.

한편, 국제형사재판소에서 「국제형사재판소에 관한 로마규정」에 따라 처벌할 경우 일반적인 국내법상의 공소시효 문제나 면책 문제가 제기되지 않고, 국내법에 없는 범죄도 처벌이 가능하다는 점 등의 장점이 있기는 하다. 하지만 통일한국의 경우 이러한 장점은 이미 '국제형사재판소 관할 범죄의 처벌 등에 관한 법률'의 제정으로 모두 해결되었다.

다음으로 국내 재판소에서 재판을 진행할 경우에는 위에서 언급한 국제형사재판소에서 재판할 경우의 문제점들이 모두 해결되는 장점이 있다. 하지만 체제불법이라는 특성상 통일독일의 경우와 같이 '승자의 사법'이라는 비난이 제기될 수 있다는 단점이 있다.

이와 같이 국제형사재판소나 국내 재판소가 재판을 할 경우의 문제점을 모두 해결할 수 있는 방안으로 제시되는 것이 혼합재판소이다. 혼합재판소는 국제적인 측면과 국내적인 측면을 함께 혼합하여 가지고 있는 재판소로서 정당성·공정성·신뢰성·객관성 등을 담보함으로써 그 기소·처벌에 대한 반감을 줄일 수 있어서 그동안 세계 여러 곳에서도 실제로 운영되어 왔고 그 실제적인 효용성도 입증되어 오고 있다.

아니한다.

가. 재판소 관할 범죄에 대한 형사책임으로부터 당해인을 보호할 목적이었던 경우

나. 그 밖에 국제법에 의하여 인정된 적법절차의 규범에 따라 독립적이거나 공정하게 수행되지 않았으며, 상황에 비추어 당해인을 처벌하려는 의도와 부합하지 않는 방식으로 수행된 경우

기존의 혼합재판소를 보면 그 유형이 다양한데 대표적으로 동티모르 특별재판부의 경우는 2000년 유엔임시행정관이 딜리 지방법원에 특별재판부를 설치하는 것을 내용으로 하는 규정을 발표하여 설치되었다. 캄보디아 특별재판부(ECCC)는 2003년 6월 유엔과 캄보디아 정부 협정에 따라 캄보디아 사법부의 일부 형태로 설치되었다. 시에라리온 특별재판소(SCSL)는 2002년 시에라리온 정부와 유엔 협정에 따라 설치되었고, 레바논특별재판소는 유엔 안전보장이사회 결의에 따라 2007년 5월 설치된 것으로 둘 다 해당 국가의 사법부와는 별개 조직이라는 특징이 있다.

특히 혼합재판소 설치는 승자의 사법이란 비판 등 순수 국내 재판소에서 재판할 경우의 후유증을 감소시킬 수 있고, 국제법과 국내법을 모두 준거법으로 할 수 있다.

그러나 이와 같은 절충적 형태의 재판소는 제대로 운영되면 국내 재판소와 국제형사재판소의 장점을 모두 살릴 수 있지만, 반대로 잘못 운영되면 양자가 갖는 단점들이 모두 발생할 수도 있다. 대표적 혼합재판소인 캄보디아 특별재판부의 경우 캄보디아 정부의 개입, 처벌 대상의 축소, 중복 수사 및 통역 문제 등으로 인한 절차의 지연, 영미법 출신 법조 인력의 대륙법적 절차 운영에 대한 이해 부족, 과도한 예산 등의 여러 가지 문제점이 지적되고 있다.[91]

특히 앞에서 언급한 바와 같이 지금까지 설치된 혼합재판소의 경우 대상 사건의 시기와 관련자들이 어느 정도 제한되어 있지만 북한의 반인도범죄의 경우에는 장기간에 걸쳐 광범위한 영역에서 이루어졌고, 관련자들의 범위도 특정하기 어려운 상황을 고려한다면 이 모든 사건에 대해 인원이 한정된 특별재판부를 설치하여 재판을 진행한다는 것은 매우 어려운 일이다.

이와 같은 문제점을 보완하기 위한 방식으로 제안된 방안이 일부는 혼합재판소에서 재판하고 나머지는 국내 재판소를 활용하자는 방안이다. 하지만 이 방안 역시 혼합재판소가 가지는 문제점이 여전히 남게 된다.

따라서 남북통일 이후의 반인도범죄는 통일한국의 통합된 국내 재판소에 의해 일반 형사 사건과 동일하게 취급하는 것이 현실적인 방안이라고 본다. 다만 통일 당시의 국내 여론이 국내 재판소 활용에 한 반감이 클 경우에는 북한 최고위층 등 극히 일부에 대해서는 혼합재판소에서 재판하는 방안도 고려해 볼 수 있을 것이다.

---

[91] 캄보디아 특별재판부의 문제점에 대해서는 강경모, 『유엔캄보디아특별재판부 연구, 캄보디아의 전환기 정의와 한반도 통일』(서울: 전환기정의연구원, 2016), 178~202쪽 참고.

6. 북한인권기록보존소 설치 문제

1) 과거청산과 인권침해 기록의 관계

통일한국의 북한에 대한 과거청산 방식은 통일의 유형과 통일 당시 상황, 남북한 주민의 의사에 따라 선택을 달리할 수밖에 없을 것이다. 다만 이를 묵인하거나 폭력적 청산 방식은 바람직하지 않으므로 앞의 두 가지 방식을 제외한다면, 역사적 경험에 비추어볼 때 크게는 남아프리카공화국의 진실과 화해위원회(Truth and Reconciliation Commission)를 통한 사면 방식이나 통일독일의 경우처럼 법치국가 원칙에 입각한 사법적 청산 방식 중에서 선택되거나 양자의 혼합 형태를 취하게 될 가능성이 높다고 본다.

그런데 이 두 가지 청산 방식에는 반드시 수반되어야 할 선결 조건이 있음을 주목할 필요가 있다. 바로 진실 규명의 문제이다. 사면 방식이든 아니면 사법적 청산 방식이든 간에 가장 중요한 것은 과거에 대한 명백한 진실의 규명이다. 모두가 납득할 만한 진실 규명이 없다면 사면이나 사법적 청산 모두 만족스러운 결과를 얻을 수 없다. 그렇게 되면 더 철저한 과거청산을 요구하는 목소리가 끊이지 않을 것이고, 그 때문에 사회적 갈등 역시 계속될 수밖에 없다.

한편 일각에서 주장하는 바와 같이 만일 진실 규명 활동을 통일 이후에 시작하게 된다면 이는 바람직하지 못하고 현실적으로 매우 힘든 과정이 될 것이다. 과거청산이 진행되면 가해자들은 당연히 과거의 행적을 감추기에 급급할 것이고, 굳이 통일독일의 사례가 아니더라도 이들에 의한 관련 자료의 폐기 등은 당연히 예상되는 일이다. 따라서 과거 인권침해에 대한 진실 규명은 피해자와 목격자 등의 정확한 진술이 매우 중요한 역할을 하게 된다.

현재도 북한의 인권침해에 대한 조사는 북한이탈주민들을 통한 피해조사가 가장 큰 비중을 차지한다. 그런데 사람의 기억이라는 것은 시간이 지남에 따라 희미해지거나 변질이 될 우려가 높다. 또한 시간이 흘러 이들이 사망하게 되면 그 진술 자체를 확보할 수도 없게 된다. 따라서 이들의 진술 확보는 가능한 빠른 시일 내에 이루어져야 한다.

과거청산의 측면에서 볼 때 이들을 상대로 한 인권침해 기록은 매우 중요한 일이고, 반드시 지금 당장 하여야 하는 국가의 중요한 책무이다. 또한 인권침해 기록은 사면이나 형사소추의 자료로만 사용되는 것이 아니다. 무엇보다도 과거의 잘못을 되풀이하지 않도록 하는 중요한 역사의 기록이 되는 것이다. 또한 피해자에 대한 복권 및 보상 등에도 중요한 자료로 활용되어 적절한 보상의 근거가 됨은 물론이고, 잘못된 복권이나 보상이 발생하지 않도록 하는 데도 기여할 수 있다. 따라서 북한 인권침해에 대한 기록은 이와 같은 여러 가지 목적 달성을 염두에 두고, 최대한 실체적 진실을 밝힐 수 있도록 제대로 생산하고 관리할 필요가 있다.

2) 북한 인권침해 기록 실태

북한인권법 제정 이전까지 정부 차원에서는 북한 인권침해에 관한 기록의 포괄적·체계적인 생산·수집·관리가 이루어지지 않았다.

법무부는 통일법무과를 중심으로 통일 대비 업무와 관련하여 북한의 인권침해로 인한 과거청산에 대한 연구 업무를 수행하고 있기는 하지만, 인권침해 기록물을 전반적으로 생산·수집·관리해 오고 있지는 않았다.

국가인권위원회는 2011년 3월 북한인권 문제와 관련한 기록을 체계적으로 수집·관리하고, 북한인권 개선을 위한 정책 수립 등을 위하여 북한인권침해신고센터를 설치하여 북한 주민, 재외 탈북자, 국군 포로, 납북자, 이산가족, 남한 주민이 북한에 의하여 인권침해를 당한 사건에 대하여 신고를 접수·관리하고 있다. 2012년 3월에는 1년간 북한인권침해신고센터에 접수된 사례를 정리하여 『북한인권침해사례집』을 발간한 바 있다. 이 사례집에는 1년간 834명으로부터 접수된 북한 인권침해 사례를 정리해 수록하였으며, 북한 정치범 수용소에서의 인권침해, 구금 시설인 교화소에서의 인권침해, 기타 구금 시설에서의 인권침해, 국군 포로, 납북자, 이산가족에 대한 인권침해 등이 주요 내용을 이루고 있다.

그 밖에 통일연구원에서 매년 『북한인권백서』를 발간하고 있지만, 북한 인권침해 실태에 대한 조사는 이 백서 발간에 필요한 정도의 조사여서 매우 제한적이다. 민간단체인 대한변호사협회도 북한이탈주민들에 대한 설문조사 등을 통하여 2년마다 『북한인권백서』를 발간하고 있으나, 이 협회의 인권침해 실태 조사 역시 백서 발간이라는 목적에서 제한적으로 이루어지고 있을 뿐이다.

그나마 다행인 것은 민간단체인 (사)북한인권정보센터(NKDB)가 오래전부터 북한 인권침해에 대한 실태 조사를 체계적으로 하여 기록을 관리해 오고 있다는 것이다. 특히 북한이탈주민에 대하여 전수 조사를 하고 있다는 것은 매우 다행스러운 일이다. (사)북한인권정보센터는 북한의 인권 개선과 북한 인권침해(과거사) 청산을 주요 목표로 2003년에 설립되었으며, 북한 인권침해 실태 조사, 북한 인권침해 DB 구축 및 관리, 북한 인권침해 구제 및 예방, 북한 인권 피해자 보호와 정착 지원 업무를 수행하고 있다. 특히 2007년 북한 인권침해 사례와 증거물을 체계적으로 관리하고 보존하기 위하여 부설 기관으로 북한인권기록보존소를 설립하여 운영하고 있다.

북한인권기록보존소에서는 북한 인권 사건 정보와 관련 인물 정보를 체계적으로 기록하고 보존하기 위하여 'NKDB 통합인권 DB'를 개발하여 활용하고 있다. 'NKDB 통합인권 DB'는 탈북자 증언(인터뷰 및 설문 조사), 문헌 자료(국내외 문헌 및 북한의 판결문, 심문 조서 등), 사진 및 영상물, 고문 도구 등 매년 새롭게 수집된 증거 자료의 분석 결과를 보존하고 있다. 북한인권기록보존소가 보관 중인 인권침해 사건은 2015년 12월 말 기준 5만 5881건으로 유사한 기능을 수행하였던 서독의 잘츠기터 중앙기록보존소[92]의 최종 사건 규모인 4만 1390건(1961년부터 1990년까지 30년간 집계)을 능가하는 기록이다.[93]

3) 북한인권법 제정 경과 및 북한인권기록보존소

(1) 제정 경과

앞에서 살펴본 바와 같이 북한 인권침해에 대한 기록의 생산 및 관리는 당연히 국가에서 하여야 할 업무임에도 불구하고 국가기관이 아닌 민간단체가 가장 포괄적이고 체계적으로 기록하여 관리하고 있는 형편이다.

이와 같은 문제점 등을 해결하기 위하여 2005년 8월 11일 최초로 북한인권법안을 김문수 의원이 대표 발의하였다. 이 법안 제9조는 북한 내에서의 인권침해 사례와 그 증거를 체계적으로 수집·기록·보존하기 위하여 국가인권위원회에 북한인권기록보존소를 두도록 하고 있었다. 그러나 이 법안은 제17대 국회 임기 만료로 자동폐기되었다.

제18대 국회에서도 김문수, 황우여, 윤상현 의원이 북한인권법안을 대표 발의하였는데, 여기에도 북한인권기록보존소 설치에 관한 내용이 들어 있었다. 그 밖에 황진하 의원의 북한인권증진법안에는 국가인권위원회가 북한 내 인권 실태에 대한 정보를 수집·분석하여 그 보고서를 국회에 제출하도록 하고 있고(제13조), 통일부 장관이 북한 주민의 인권 실태, 인권 증진 활동 및 인도적 지원활동에 관한 보고서를 6개월마다 국회에 제출하도록 규정하였으나(제

92　정식 명칭은 'die Zentrale Erfassungsstelle der Landesjustizverwaltungen'로 자료마다 번역을 달리하고 있으나, 이 책에서는 편의상 '잘츠기터 중앙기록보존소'로 용어를 통일해 사용하고자 한다.

93　(사)북한인권정보센터 부설 북한인권기록보존소, 『(2013)북한인권백서』(북한인권정보센터 부설 북한인권기록보존소, 2013), 39쪽 참고.

18조) 북한인권기록보존소를 별도로 설치하는 내용은 없었다. 또한 홍일표 의원이 대표 발의한 북한인권재단 설립·운영에 관한 법률안은 북한인권재단을 설립하여 이 재단의 사업으로 북한 인권 실태에 대한 조사·연구, 북한 인권침해 실태의 기록에 대한 보존·검증 등 열 가지를 규정하고 있었다(제5조 제1항 제1호 내지 제10호). 그러나 제18대 국회에 제출된 이 법안들 역시 국회 임기 만료로 모두 자동 폐기되었다.

제19대 국회에도 윤상현, 황진하, 이인제, 조명철, 심윤조, 심재권, 김영우 의원의 대표 발의로 7개의 북한인권법안이 제출되었다. 또한 정청래 의원이 대표발의한 북한 영유아 지원에 관한 법률안 등 인도적 지원을 주된 내용으로 하는 4개의 법안도 제출되었다.

제19대 국회에 제출된 북한 인권 관련 법안들은 크게 북한 주민, 특히 영유아나 임산부 등 취약 계층에 대한 인도적 지원에 관한 법안과, 북한의 인권침해에 대한 문제 해결 노력의 의지를 보인 법안으로 구별된다. 즉 전자의 경우는 북한의 생존권적 측면만을, 후자의 경우는 자유권적 측면만을 강조한 법안들이었다.

이중 북한 인권 기록에 대한 내용을 포함하고 있는 법안을 보면 〈표 20-2〉와 같다.

표 20-2	제19대 국회 제출 북한인권법안	
법안명	대표 발의자	발의일
북한인권법안	윤상현 의원	2012년 6월 1일
북한인권법안	황진하 의원	2012년 6월 15일
북한인권법안	이인제 의원	2012년 8월 20일
북한인권법안	조명철 의원	2012년 9월 5일
북한인권법안	심윤조 의원	2013년 3월 29일
북한인권증진법안	심재권 의원	2014년 4월 28일
북한인권법안	김영우 의원	2014년 11월 21일

이 법안들 중 윤상현, 황진하, 이인제, 조명철, 심윤조 의원이 발의한 법안은 자유권적 측면에서 북한인권기록보존소에 관한 직접적인 규정들을 둔 법안들이었다. 이에 반해 심재권 의원이 발의한 북한인권증진법안과 김영우 의원이 발의한 북한인권법안은 기존의 인도적 지원 관련 법안과 북한인권기록보존소 등 북한의 인권침해에 대처하기 위한 법안들을 모두 고려한 통합 법안이라 할 수 있다. 다만 심재권 의원의 북한인권증진법안은 통일부 내에 설치하는 인권정보센터의 업무 중 하나로 "북한 주민 인권 실태 조사·연구와 관련된 사항"을 규정하고 있을 뿐이고, 북한인권기록보존소 설치에 관한 직접적인 규정은 없다는 점에서 다른 6개의 법안과 구별된다.

2016년 1월 23일 여당인 새누리당과 야당인 더불어민주당은 같은 달 29일 본회의에서 북한인권법안을 처리하기로 합의하였다. 그러나 그 후 법안 내용 중 제2조(기본원칙 및 국가의 책무) 제2항의 문구와 관련하여 "함께"라는 단어의 위치에 대한 이견을 좁히지 못하고 합의가 결렬되었다. 제2조 제2항에 대한 새누리당의 안은 "국가는 북한인권증진 노력과 '함께' 남북관계의 발전과 한반도에서의 평화정착을 위한 방향으로도 노력해야 한다"라는 것이었고, 더불어민주당의 안은 "국가는 북한인권증진 노력을 남북관계 발전과 한반도에서의 평화 정착과 '함께' 추진해야 한다"라는 것이었다. 새누리당의 안이 '인권'에 방점을 찍은 것이라면 더불어민주당의 안은 '남북관계'와 '인권'을 같은 비중으로 다루자는 것으로 해석할 수 있다.

2016년 2월 26일 제340회 국회(임시회) 외교통일위원회 제2차 회의에서 기존의 북한인권법안과 북한에 대한 인도적 지원 관련 법안 11개 모두를 본회의에 부의하지 않고 외교통일위원회 대안으로 마련된 북한인권법안을 의결하였다.

2016년 3월 2일 국회 본회의에서 동 법안이 가결되었고, 다음 날인 3일 공포되어 2016년 9월 4일부터 시행되게 되었다. 2005년 처음 북한인권법안이 발의된 때로부터 약 11년 만에 '북한인권법'이 제정된 것이다. 문제가 된 제2조 제2항은 "국가는 북한인권증진 노력과 함께 남북관계의 발전과 한반도에서의 평화정착을 위해서도 노력하여야 한다"라고 규정하였다.

'북한인권법'의 주요 내용을 살펴 다음과 같다. ㉠ 북한인권증진 관련 정책에 관한 자문을 위하여 통일부에 북한인권증진자문위원회를 두도록 하고 있다(제5조). ㉡ 통일부 장관은 관계 중앙행정기관의 장과 협의하여 3년마다 북한인권증진 기본계획을 수립하고, 이를 국회에 보고하여야 한다(제6조). ㉢ 정부는 북한인권증진에 관한 중요사항에 관하여 남북인권대화를 추진하여야 한다(제7조). ㉣ 국가가 북한인권증진을 위하여 북한주민에 대한 인도적 지원을 북한 당국 또는 북한의 기관에 제공하는 경우에는 임산부 및 영유아 등 취약계층에 대한 지원이 우선되어야 하고, 국제적으로 인정되는 인도기준에 따라 투명하게 추진하여야 한다(제8조). ㉤ 북한인권증진을 위하여 국제기구·국제단체 및 외국정부 등과 협력하며, 북한인권증진에 대한 국제사회의 관심 제고를 위해 노력하고, 이를 위하여 북한인권대외직명대사를 둘 수 있다(제9조). ㉥ 정부는 북한인권 실태를 조사하고 남북인권대화와 인도적지원 등 북한인권증진과 관련된 연구와 정책개발 등을 수행하기 위하여 북한인권재단을 설립·운영하도록 한다(제10~12조). ㉦ 북한주민의 인권상황과 인권증진을 위한 자료 및 정보의 수집연구·보존·발간 등의 업무를 담당하기 위하여 통일부에 북한인권기록센터를 설치하고, 북한인권기록센터에서 수집·기록한 자료는 3개월마다 법무부에 이관하며, 북한인권기록 관련 자료를 보존·관리하기 위하여 법무부에 담당기구를 두도록 하고 있다(제13조).

그러나 이와 같은 우여곡절을 겪은 끝에 제정된 '북한인권법'이 북한 인권 기록 보존과 관련하여서는 그동안 국회에 제출된 각 북한인권법안의 핵심적인 내용과는 달리 통일부에 북한인권기록센터를 두고 여기서 수집·기록한 자료를 3개월마다 법무부에 이관하도록 하고 있어 이와 같은 내용의 북한인권법은 차라리 제정을 하지 않는 것이 낫다는 비판이 제기되기도 하였다.

(2) 제19대 국회 제출 북한인권법안의 북한인권기록보존소 관련 규정 비교

제19대 국회에 제출된 〈표 20-2〉의 7개의 북한인권법안 중 심재권 의원의 법안을 제외한 나머지 6개의 법안은 모두 북한인권기록보존소 설치에 관한 규정을 두고 있었다. 심재권 의원의 법안은 북한인권기록보존소 대신 통일부에 인권정보센터를 설치하고 이곳에서 북한 주민 인권 실태 조사 등의 업무를 담당하도록 하고 있어서 다른 법안들의 북한인권기록보존소와는 그 성격이 다르다.

심재권 의원의 법안을 제외한 6개의 법안을 비교해 보면 〈표 20-3〉에서 보는 바와 같이 모두 별도의 북한인권기록보존소 설치·운영에 관한 규정을 두고 있고, 구체적인 북한인권기록보존소의 구성과 운영에 관한 사항은 대통령령으로 정하도록 위임하고 있는 점은 동일하다.[94] 다만 북한인권기록보존소를 어느 기관에 설치한 것인지에 대해서는 내용을 달리한다. 윤상현 의원안은 인권재단 내에, 황진하 의원안과 김영우 의원안은 법무부에, 나머지 3개의 법안은 국가인권위원회에 설치하는 것으로 규정하고 있다.

| 표 20-3 | 제19대 국회 북한인권법안의 북한인권기록보존소 관련 규정 비교

구분	북한인권기록보존소 관련 규정
윤상현 의원안	제10조(북한인권재단의 설립) ①, ② 생략 ③ 재단은 다음 각 호의 사업을 수행한다. 　1. 생략 　2. 북한인권기록보존소의 설치·운영 　3~8. 생략 ④ 그 밖에 재단의 설립에 필요한 사항은 대통령령으로 정한다.
황진하 의원안	제12조(북한인권기록보존소) ① 북한인권 침해사례를 조사하고 관련 자료를 체계적으로 수집·기록·보존하기 위하여 **법무부**에 북한인권기록보존소를 둔다. ② 법무부장관은 북한인권기록보존소의 업무와 관련하여 필요한 경우에 관계 중앙행정기관 또는 지방자치단체의 장에게 협조를 요청할 수 있고, 요청을 받은 관계 중앙행정기관 또는 지방자치단체의 장은 특별한 사유가 없는 한 이에 응하여야 한다. ③ 그 밖에 북한인권기록보존소의 구성 및 운영에 관한 사항은 대통령령으로 정한다.

이인제 의원안	제14조(북한인권기록보존소) ① 북한인권 침해사례를 조사하고 관련자료를 체계적으로 수집·기록·보존하기 위하여 **국가인권위원회**에 북한인권기록보존소를 둔다. ② 제1항의 조사에 관하여는 성질에 반하지 않는 한 「국가인권위원회법」 제4장 이하의 규정을 준용한다. ③ 국가인권위원회 위원장은 북한인권기록보존소 업무와 관련하여 필요한 경우 관계 중앙행정기관 또는 지방자치단체의 장에게 협조를 요청할 수 있고, 요청을 받은 중앙행정기관 또는 지방자치단체의 장은 특별한 사유가 없는 한 이에 응하여야 한다. ④ 그 밖에 북한인권기록보존소의 구성 및 운영에 관하여 필요한 사항은 대통령령으로 정한다.
조명철 의원안	제13조(북한인권기록보존소의 설치) ① 북한 인권 침해사례와 관련된 자료 등을 체계적으로 수집·기록·보존하기 위하여 **국가인권위원회**에 북한인권기록보존소를 둔다. ② 국가인권위원회는 북한인권 침해사건에 대한 자료 수집·기록·보존 업무와 관련하여 필요한 경우에 관계 중앙행정기관의 장 또는 지방자치단체의 장에게 협조를 요청할 수 있고, 요청을 받은 관계 중앙행정기관의 장 또는 지방자치단체의 장은 특별한 사유가 없는 한 이에 따라야 한다. ③ 제1항에 따른 북한인권기록보존소의 구성 및 운영에 필요한 사항은 대통령령으로 정한다.
심윤조 의원안	제9조(북한인권기록보존소의 설립) ① 북한인권 침해사례를 조사하고 관련 자료를 체계적으로 수집·기록·보존하기 위하여 **국가인권위원회** 소속으로 북한인권기록보존소를 둔다. ② 제1항에 따른 북한인권기록보존소의 구성 및 운영에 필요한 사항은 대통령령으로 정한다.
김영우 의원안	제12조(북한인권기록보존소) ① 북한인권 침해사례를 조사하고 관련 자료를 체계적으로 수집·신고접수·기록·보존하기 위하여 **법무부**에 북한인권기록보존소를 둔다. ② 법무부장관은 북한인권 침해사례 조사 업무와 관련하여 필요한 경우에 관계 중앙행정기관 또는 지방자치단체의 장에게 협조를 요청할 수 있다. ③ 그 밖에 북한인권기록보존소의 구성 및 운영에 관한 사항은 대통령령으로 정한다.

4) 북한인권법 제정의 필요성과 북한인권기록보존소의 관계

그동안 북한인권법의 제정에 대해서는 찬반 의견이 팽팽하게 대립해 왔다. 제정에 찬성하는 입장에서는 북한 인권에 대한 선언적·추상적 규정[95]보다 북한 인권 개선을 실효적으로 추진하기 위하여서 구체적인 제도장치 마련이 필요하다는 점, 북한의 인권 문제에 대해 공개적·공식적으로 거론이 가능해짐에 따라 국민적 관심이 높아진다는 점, 국제적으로도 유엔 인권이사회 및 유엔 총회의 연례적 북한 인권 결의 등 북한의 인권을 개선하기 위한 국제사회의

---

94 윤상현 의원안은 북한인권기록보존소의 구성과 운영에 대한 직접적인 규정은 없으나, 제10조 제4항에서 북한인권재단의 구성에 관한 사항을 대통령령으로 정하도록 위임하고 있다.

95 '남북관계발전법' 제9조(인도적문제 해결) ① 정부는 한반도 분단으로 인한 인도적 문제해결과 인권개선을 위하여 노력한다.

노력에 동참함으로써 국제사회와 유기적이고 실질적인 협력 체계 구축이 가능해진다는 점에서 의미가 있다고 보았다. 반면 법률의 제정에 반대하는 입장에서는 북한 당국에 대북 압박의 요소로 인식될 수 있고, 이로 인한 북한 당국의 반발과 남북 관계의 경색, 그리고 체제 위협을 의식한 북한 당국의 북한 주민에 대한 내부 통제 강화 등의 가능성도 있어 법률이 실효적으로 북한의 인권 상황을 개선시킬 수 있을지가 불투명하다는 점을 주장해 왔다.[96]

제19대 국회에 제출되었던 북한인권법안의 내용을 살펴보면 북한인권기록보존소 설치에 관한 규정 외에 북한인권자문위원회 설치, 북한 인권 기본계획 및 집행계획 수립, 북한인권대사 임명, 북한인권재단 설립, 민간단체 지원 등의 문제에 대하여 유사한 규정들을 두고 있다. 다만 국군 포로, 납북자, 이산가족 등 인도주의 사안을 포함하고 있는지, 인도적 지원에 관한 규정의 유무, 북한인권기록보존소를 어느 기관에 설치할 것인지에 대한 입장, 북한 주민의 정보 접근에 관한 규정 유무, 북한에서 인권 관련 활동을 하는 북한 주민으로 구성된 단체에 대한 지원 규정 유무, 제3국 체류 북한 주민에 대한 보호 규정 유무, 국제형사재판소 기소 관련 규정 유무 등에서 약간의 차이가 있을 뿐이다.

북한인권법을 제정할 필요성이 있는지에 대한 찬반 논쟁의 핵심은 각 법안마다 규정을 두고 있는 북한인권기록보존소 설치에 있다고 보아도 무방할 것이다.

물론 각 법안의 제출 이유나 목적 조항을 살펴보면 대체로 북한인권법의 제정 목적으로 북한 주민에 대한 인도적 지원, 북한 인권 개선 또는 북한 인권 증진을 내세우고 있다. 북한인권기록보존소의 설치 목적 내지 이유에 대해서도 과거청산을 목적으로 명시하고 있지는 않고 대체로 북한 인권침해 사례를 조사하고 관련 자료를 체계적으로 수집·기록·보존하기 위한 것으로만 명시하고 있다. 즉 어느 법안도 법안의 제출 이유나 북한인권기록보존소의 설치 목적이 통일 이후 북한의 인권침해에 대한 과거청산에 있다는 점을 명시적으로 밝히고 있지는 않다.

그러나 실질적으로 이 법안들의 주된 목적은 구 서독의 잘츠기터 중앙기록보존소와 같이 북한인권기록보존소를 설치하여 북한이탈주민 등에 대한 조사 등을 통하여 북한 내부에서 발생하고 있는 구체적인 인권침해 사례를 조사하고 그 기록을 보존·관리하다가 통일 이후 인권침해 행위의 책임을 질 사람에 대한 형사소추를 비롯하여 구체적인 과거청산의 자료로 활용하고자 하는 데 있다고 보아야 할 것이다. 바로 이 점 때문에 북한인권기록보존소의 설치에 관한

---

96 이용준, 「북한인권법안(심윤조의원 대표발의) 검토보고서」, 국회 외교통상통일위원회 전문위원 검토보고서(2013.4), 6쪽.

규정을 포함하고 있는 북한인권법을 제정할 필요성이 있는지를 놓고 첨예한 논쟁이 발생하였던 것이다.

북한인권법 제정에 반대하는 입장에서 가장 크게 우려하고 있는 바는 굳이 법률을 별도로 제정하지 않고서도 현실적으로 북한 인권침해에 관한 내용을 기록하여 활용할 수 있는데, 별도로 법률을 제정하여 북한을 자극함으로써 남북 관계를 경색 국면으로 몰고 갈 필요가 있겠느냐는 것과 과연 이 법률을 제정한다고 해서 북한인권 개선에 실질적인 도움을 줄 수 있겠느냐는 것이다.

북한인권법 제정의 필요성은 사실상 북한인권기록보존소 설치의 필요성과 같은 의미라고 보아야 한다. 북한인권기록보존소의 설치의 주된 목적은 통일 이후 과거청산에 있다고 보아야 한다. 만일 북한인권법의 제정 목적을 통일 이후 과거청산 문제를 염두에 두지 않고 단지 북한 인권침해에 관한 사례를 조사하고 기록을 하며 그 자료를 인권 교육이나 북한 인권 개선 촉구 등의 목적으로 사용하기 위한 것으로만 본다면 법 제정 반대론자들이 주장하는 바와 같이 굳이 별도로 법을 만들어 남북 관계 경색을 초래할 필요가 없다는 주장도 어느 정도 설득력이 있다고 본다.

하지만 통일 이후 과거청산을 목적으로 한다면 북한인권법의 제정 없이 과연 과거청산에 필요한 기록 확보가 얼마나 제대로 이루어질지 의문이다. 물론 북한인권기록보존소가 담당할 업무는 법 제정 반대론자들이 주장하는 바와 같이 별도로 법을 제정하지 않더라도 전혀 불가능한 것은 아니다. 하지만 별도의 법 제정이 없다면 굳이 독일의 사례를 보지 않더라도 각 정권의 정책과 노선에 따라 수시로 사업이 중단될 소지도 매우 크다. 또한 업무에 필요한 예산과 인력 확보에도 어려움이 많을 수밖에 없다. 따라서 정권이 바뀌더라도 일관성 있게 체계적으로 과거청산을 목적으로 한 제대로 된 북한 인권침해에 대한 조사와 기록 업무를 수행하기 위해서는 별도의 법 제정이 필수적이라고 본다.

법 제정 반대론자들이 우려하는 바에 대해서도 독일의 사례를 참고할 수 있을 것이다. 독일에서도 잘츠기터 중앙기록보존소를 둘러싸고 우리와 비슷한 형태의 논쟁이 있었다. 독일 사민당은 중앙기록보존소가 동서독의 긴장 완화 정책에 저해가 된다면서 끊임없이 기관 폐쇄를 주장하였고, 심지어는 재정적 지원을 중단하기도 하였다. 그러나 결과적으로는 사민당도 통일 이후 중앙기록보존소의 설치가 올바른 선택이었음을 인정한 점을 주목할 필요가 있다.

즉, 1988년부터 1993년 슐레스비히홀슈타인(Schleswig-Holstein)의 주 수상이자 1991년부터 1993년 사민당을 이끌었던 비외른 엥홀름(Bjoern Engholm)은 자신이 잘츠기터 중앙기록보존소를 비판하는 이유에 대하여 "당시 우리들이 동독에 관한 모든 인식을 오늘의 관점에서 가졌다면, 동 보존소에 대한 비판적인 결정은 아마도 다르게 나타났을 수도 있을 것"이라고 언급하기도 하였다. 니더작센(Niedersachsen)의 내무부장관인 우베 쉬네만(Uwe Schüneman)은 잘츠기터 중앙기록보존소의 설립이 동독과 긴 국경선으로 대치하고 있던 당시 상황에서 올바른 결정이었다고 다시 한번 강조한 바 있다.[97]

한스 자이델 재단 한국사무소 대표인 베른하르트 젤리거(Bernhard Seliger) 박사도 "긴장완화정책이 인권침해사례 수집으로 인하여 어려움을 겪긴 하였지만, 불가능하게 된 것은 아니었다. 내독 간의 협상에 있어서 가장 중요했던 요소는 경제 분야의 목표들이었다. 사민당과 녹색당 그리고 자민당 일부에서 결정했던 동독 인권침해 사례 수집 작업의 조기 포기는 실책으로 판명되었다"라고 한다.[98] 그는 또한 중앙기록보존소와 관련하여 실질적으로 인권침해 가해자들이 법적으로는 동독 정부에 소속되어 있었기 때문에 처벌을 하기는 쉽지 않았지만, 동독에서 인권을 침해하는 기관의 관료들은 자신의 인권침해가 어딘가에 기록된다는 것을 알기 때문에 행동에 제약을 느끼는 예방적 효과가 있었다고 밝힌 바 있다.[99]

물론 동서독의 분단 환경과 남북한의 분단 환경이 동일한 것도 아니고, 법 제정 반대론자들이 주장하는 바와 같이 북한인권법을 제정할 경우 북한이 내정간섭 등을 이유로 강력한 반발을 할 것은 당연히 예상된다. 하지만 남북한의 전반적인 관계가 북한인권법 제정 하나로 좌우되는 것은 아니다. 북한인권법이 제정되지 않는다고 해서 남북 관계가 좋아질 것이라는 보장도 없고, 북한인권법을 제정한다고 해서 반드시 남북 관계가 영원한 경색 국면으로 가는 것도 아니다. 이는 그동안 북한의 입장에서는 자신들이 줄기차게 주장해 온 미군 철수 문제와 '국가보안법' 폐지 문제가 이루어지지 않았고, 우리의 입장에서는 북한 핵 문제가 해결되지 않은 상황에서도 남북한의 교류와 협력이 이루어져 왔다는 점을 보아도 알 수 있는 일이다.

남북 관계 경색에 대한 우려보다는 오히려 북한인권법의 제정을 통하여 우리가 얻을 수 있는 가치가 무엇인지를 생각해 볼 필요가 있다. 북한인권기록보존소가 그 기능을 제대로 수행한다면 통일 이후의 과거청산에 대한 우려 때문이라도 북한의 인권침해 기관 종사자들이 심

---

97 이건묵, 「동독주민과 북한 주민의 인권침해 기록보존소에 대한 정치적 갈등사례 비교와 시사점」, 《사회과학 담론과 정책》, 제4권 2호(경북대학교 사회과학연구원, 2011.10), 50쪽.

98 베른하르트 젤리거(Bernhard Seliger), 「동독 인권 문제, 서독의 인권정책 및 통일 전후의 잘츠기터 인권침해사례 수집소의 역할과 성과」, 《통일과 법률》, 통권 제8호(법무부, 2011), 14쪽.

99 "인권기록보존소, 동독주민 인권보호에 기여", 《데일리NK》, 2011년 6월 16일 자.

리적으로 위축됨으로써 얻게 되는 실질적인 북한의 인권 개선 효과가 훨씬 더 가치 있는 일이라고 본다. 이처럼 과거청산을 염두에 둔 북한 인권침해의 기록에 따른 북한 인권 개선의 효과는 단순히 인권침해 자료를 수집하고 국제사회와의 공조 등을 통하여 북한에 대하여 인권 개선을 촉구하는 것보다 훨씬 강력하고 직접적인 효력을 가져올 것이다. 무엇보다도 인권침해 기록은 통일 이후의 과거청산을 위해서도 반드시 필요하다는 것은 두말할 나위가 없다. 이런 점에서 볼 때 제19대 국회에서 제정된 '북한인권법'이 통일부에 북한인권기록센터를 설치하도록 한 것은 북한인권법 제정의 주된 목적을 유명무실하게 하고 있다는 비난을 면하기 어렵다.

5) 북한인권법 제13조 개정의 필요성

제19대 국회에서 제정된 '북한인권법' 제13조는 북한 인권 기록과 관련하여 다음과 같이 규정하고 있다.

제13조(북한인권기록센터) ① 북한주민의 인권상황과 인권증진을 위한 정보를 수집·기록하기 위하여 통일부에 북한인권기록센터(이하 "기록센터"라 한다)를 둔다.
② 기록센터는 다음 각 호의 사항을 수행하고 각종 자료 및 정보의 수집·연구·보존·발간 등을 담당한다.
1. 북한주민의 인권 실태 조사·연구에 관한 사항
2. 국군포로, 납북자, 이산가족과 관련된 사항
3. 그 밖에 위원회가 심의하고 통일부 장관이 필요하다고 인정하는 사항
③ 제2항 각 호에 따른 사업은 외부기관에 위탁할 수 있다. 이 경우 예산의 범위에서 필요한 경비를 지원할 수 있다.
④ 기록센터에는 센터장 1명을 두며, 센터장은 고위공무원단에 속하는 공무원 또는 북한인권과 관련하여 학식과 경험이 풍부한 민간전문가 중에서 통일부 장관이 임명 또는 위촉한다.
⑤ 기록센터에서 수집·기록한 자료는 3개월마다 법무부에 이관하며, 북한인권기록 관련 자료를 보존·관리하기 위하여 법무부에 담당기구를 둔다.
⑥ 그 밖에 기록센터의 구성·운영 등에 필요한 사항은 대통령령으로 정한다.

결국 이 규정에 따르면 북한의 인권침해 사례에 대한 조사와 기록 업무는 통일부에서 담

당하고 형사소추 기관인 법무부는 단지 통일부에서 조사하고 기록한 결과물을 보존·관리하는 업무만을 담당하게 된다. 더군다나 통일부는 이러한 업무를 외부기관에 위탁할 수 있도록 하고 있다.[100]

북한인권법 제정이 추진되는 동안 북한인권기록보존소를 어느 기관에 설치할 것인지에 대하여는 〈표 20-3〉에서 보는 바와 같이 북한인권법안마다 내용을 달리하였지만 국가인권위원회 또는 법무부에 설치하도록 하고 있었다.

법무부는 수사·형사소추 권한을 보유하고 있고 형사처벌 및 피해자 복권 지원이 가능한 법무부에 북한인권기록보존소를 설치하는 것이 향후 북한 인권 기록을 바탕으로 한 인권침해 사건에 대한 조사·수사 등의 업무와 연속성을 갖기 용이한 측면이 있으므로 법무부에 북한인권기록보존소를 설치할 필요가 있다는 입장이었다. 반면 국가인권위원회는 정치적 중립성을 가지고 독립적인 조사 기능이 있는 국가인권위원회에 북한인권기록보존소를 설치하는 것이 바람직하다는 입장이다. 다만 행정안전부는 '국가인권위원회법' 제27조에 따라 인권에 관한 국내외의 정보와 자료 등을 수집·정리·보존하는 기능을 수행하는 '인권도서관'이 국가인권위원회 내에 이미 설치되어 있으므로, 북한의 인권침해 사례 조사 및 관련 자료의 체계적 수집·기록·보존을 위하여 '인권도서관'을 활용하는 것이 바람직하며, 북한의 인권침해 사례 조사에 해당 도서관을 활용할 수 있도록 관련 조항을 수정하는 것이 바람직하다는 의견을 제시한 바 있다.[101] 국가인권위원회와 법무부의 입장을 좀 더 구체적으로 살펴보면 다음과 같다.

국가인권위원회에 설치하는 것이 바람직하다는 견해의 이유는 첫째, 북한인권기록보존소는 형사소추뿐만 아니라 다른 기능, 예를 들면 인권침해 내용을 교육용 목적으로 활용하거나 국제사회의 자료 요청에 협조하는 등 자료의 활용성 측면에서 많은 제약이 따른다는 것이다. 국가 차원에서 북한 인권침해와 관련하여 형사처벌과 과거청산 작업이 진행될 경우에도 법무부나 검찰은 그 기록의 보유 기관에 대하여 자료 요청을 할 수 있으므로, 활용도를 낮춰가면서 직접 자료를 관리할 이유가 없다는 것이다. 둘째, 법무부에 형사소추를 목적으로 한 북한인권기록보존소를 설치한다면 북한으로부터 내정간섭이라는 정치적 역공의 빌미를 제공하고 남북 간에 첨예한 외교적 마찰을 초래할 가능성이 높다고 하면서 독일의 경우에 법무부가 주

---

100 통일부 북한인권기록센터는 2016년 9월 28일 개소되었고, 법무부 북한인권기록보존소는 2016년 10월 11일 개소되었다.

101 배명근, 「북한인권법안(윤상현·황진하·이인제·조명철의원 대표발의) 검토보고서」, 국회 외교통상통일위원회 전문위원 검토보고서(2012), 38~40쪽.

도하여 기록보존소를 운영한 것은 우리나라의 인권위원회와 같은 독립적 인권기구가 설치되어 있지 않았다는 점에도 유의할 필요가 있다는 것이다. 반면 국가인권위원회는 인권에 대한 전문적인 능력과 국제 인권 규범을 바탕으로 북한의 인권침해에 대한 현황 평가, 인권침해의 사안별 기록 및 활용을 유연하게 할 수 있고, 정부로부터 독립된 기관으로서 정권의 대북 정책에 직접적인 영향을 받지 않으므로 북한의 압박으로부터 상대적으로 자유로울 수 있으며 국가 차원의 기록 보존에도 불구하고 정부를 곤란한 처지에 놓이도록 하지 않을 수 있는 장점이 있다고 주장해 왔다.[102]

반면 법무부의 견해를 정리해 보면 첫째, 북한인권기록보존소는 형사적 처벌을 위한 소추 기능과 복권 등 피해 회복조치 관련 집행 기능이 함께 부여된 기관에 설치되어야 통일 후 체제 불법 청산이라는 본연의 임무를 수행할 수 있으며, 수사권 및 소추권이 없는 기관에 설치할 경우 북한에 대한 경고 및 인권침해 억제 효과도 충분히 달성하기 어렵다는 것이다. 둘째, 조사 과정의 인권침해 방지와 개인정보 보호를 위하여 범죄 피해자 조사에 준하는 조사능력과 형사 사건에 준하는 자료 관리가 필요하다고 한다. 셋째, 민간단체나 권고적 성격의 기구에 설치될 경우에는 수집 및 조사 자료의 성격상 증거능력 측면에서 근본적인 한계가 존재하고, 북한이 탈주민 입국 절차상 합동 신문 과정에 참여할 수 있는 기관에 의한 조사가 필수적이며, 정확한 검증을 위하여 국정원 등 대공 수사기관과의 긴밀한 협조가 긴요하다고 한다. 이런 점을 고려할 때 법무부는 통일 후 체제불법 청산과 관련된 계획을 수립 중에 있고, 북한의 인권침해 문제에 대하여 가장 객관적이고 공신력이 있는 조사 및 자료 수집 체계를 갖추고 있으며, 서독의 경우도 베를린장벽 총격 사건 이후 1961년 각 주 법무장관 회의의 결정을 통하여 접경 지역인 니더작센주 법무부 산하에 잘츠기터 중앙기록보존소를 설치한 점 등을 고려할 때 법무부 산하에 설치하는 것이 바람직하다는 것이다.

생각건대 앞에서 살펴본 바와 같이 과거청산을 염두에 둔 북한인권기록보존소를 설치한다면 그 자체로 북한 정권과 북한 내 인권침해 기관에 종사하는 관료 개개인들에 대한 심리적 압박의 효과는 상당할 것이다. 즉, 북한인권기록보존소 설치를 포함한 북한인권법 제정 자체만으로도 북한의 강력한 반발은 당연히 예상이 되는 일이다. 따라서 북한인권기록보존소를 법

---

102 윤남근, 「북한인권법 제정 필요성과 북한인권기록보존소 설치의 의의」, 『역사적·시대적 과제로서의 북한 인권법 제정 세미나』, 국가인권위원회·북한민주화위원회 공동주최 자료집(2013.3.19), 26~27쪽. 김태훈, 「북한인권법의 제정 필요성과 방향」, 『북한인권법, 어떻게 할 것인가』, 선진통일당 정책위원회 주최 세미나 자료집(2012.7.24), 12~14쪽도 거의 동일한 취지이다.

무부에 설치할 것인지 아니면 국가인권위원회에 설치할 것인지의 문제에 대해서는 북한의 반발 여부나 그 정도를 크게 고려할 것은 아니라고 본다.

오히려 중요한 것은 북한의 반응이 아니라 어느 기관에 설치하는 것이 가장 주된 목적인 과거청산 업무와 관련하여 더 효율적이고 실용성이 있으며, 북한 정권이나 인권침해 기관 종사자들에 대한 심리적 압박을 통한 인권 개선의 효과를 더 얻을 수 있을 것인지를 고민하는 것이 바람직한 접근 방법이라고 본다.

그런데 약 11년 만에 어렵게 제정된 '북한인권법'은 이와 같은 기존의 검토와 논의와 달리 통일부에 인권기록보존센터를 설치하여 운영하도록 한 것이다. '북한인권법' 제13조의 규정은 남북 교류와 협력을 추진해 온 통일부에 북한인권기록센터를 설치함으로써 통일부도 업무 추진에 여러 가지 어려움이 발생하게 되어 남북 교류와 협력에도 장애가 될 뿐만 아니라 북한 기록보존소를 설치하고자 한 본래의 취지도 반감시키고 있다. 따라서 '북한인권법' 제13조의 규정은 법무부에 북한인권기록보존소를 설치하도록 개정을 할 필요가 있다. 그 이유에 대하여는 앞에서 밝힌 법무부의 주장과 함께 다음과 같은 점을 들 수 있다.

첫째, 통일 이후 과거청산에 대하여 남아프리카공화국의 사면 방식이나 통일독일의 사법적 청산 방식 중 어느 방식을 택하더라도 가장 중요한 것은 실체적 진실을 규명하는 문제이다. 실체적 진실의 규명은 행정조사보다는 수사의 방식이 훨씬 더 적합하다. 물론 통일부에서도 충분히 능력 있는 인력을 확보하여 피해자들의 진술을 자세히 기록할 수도 있을 것이다. 하지만 단순히 인권침해 사실을 조사하는 것과 형사소추를 전제로 한 수사기록의 작성에는 질적으로 많은 차이가 발생할 수밖에 없다. 제대로 된 실체 파악을 위해서는 피해자나 목격자의 진술이라고 해서 이를 그대로 기록만 해서는 안 된다. 범죄 수사에 있어서의 피해자 진술에 대해서도 진술 내용에 모순되는 부분은 없는지 살펴보고, 모순되거나 일반 경험칙에 비추어 납득하기 어려운 부분이 있으면 이를 지적하고 재확인하는 등 수 없이 반복되는 추가 질문을 통하여 사실관계를 명확히 밝힐 필요가 있다. 또한 그 진술을 뒷받침할 수 있는 다른 증언이나 증거물은 없는지 등 증거 확보를 위한 노력도 병행하여야 한다. 무엇보다도 가해자가 누구인지를 최대한으로 특정해 놓아야 한다. 이런 작업들은 노련한 수사 경험을 갖춘 검사들이 직접 수행하는 것이 가장 적합하다.

둘째, 과거청산이 통일독일과 같이 사법적 청산 방식이 된다면 증거 자료로 가장 중요한 것은 수사기관이 작성한 피해자나 관련자들의 진술조서이다. 그런데 법무부가 단순히 통일부에서 수집·작성한 북한인권 관련 자료만을 넘겨받아 보존만 하도록 한다면 그 자료는 증거자료로서의 활용도가 거의 없다시피 할 것이다. 결국은 법무부가 통일부로부터 넘겨받은 자료를 토대로 다시 피해자들을 조사하여 진술조서를 작성할 수는 있지만 그렇게 되면 업무의 중복성으로 인해 효율성도 떨어지고 비용 측면에서도 바람직하지 못하다. 또한 과거청산을 염두에 두고 인권침해 사례를 조사한다면 가해자에게 적용할 죄명과 적용 법조를 염두에 두고 해당 범죄의 구성요건에 필요한 사항을 조사해서 기록에 남겨야 한다. 이와 같은 방식의 조사 역시 통일부 같은 행정기관에서 하는 것은 적절하지 않고 수사기관에서 검사가 작성한 진술조서를 통하여 이루어지는 것이 바람직하다.

셋째, 북한 인권침해 기관에 종사하는 관료들에 대한 심리적 압박을 통한 인권침해 방지의 효과라는 측면에서 보더라도 통일부보다는 기소권을 가지고 있는 법무부의 검사들이 업무를 담당하는 것이 효과적일 것이다. 또한 검찰에서 업무를 담당할 경우, 사안에 따라서 가해자가 명확히 특정되면 미리 이들을 입건하여 기소중지 처분을 해둘 필요성도 있다. 이를 위해서도 법무부가 위와 같은 업무를 담당하는 것이 효율적이다.

넷째, 비용 등 국가예산의 측면에서 보더라도 통일부에 별도 기구를 설치하고, 새로운 인력을 확보하기보다는 이미 전국적 조직망을 갖춘 각급 검찰청을 활용하는 것이 효율적이다. 특히 북한의 급변사태 등으로 인해 북한이탈주민의 수가 급격하게 증가할 경우에 통일부의 한정된 조사 인원으로는 이를 감당하기 어렵다. 대량 탈북 사태가 발생할 경우에도 법무부는 전국적 조직을 갖춘 검찰을 통하여 별다른 어려움 없이 업무를 수행할 수 있다.

다섯째, 북한인권기록보존소를 통일부에 설치하는 것은 남북 교류·협력의 주관 부서인 통일부 업무에 지장을 줄 수 있다는 우려가 제기되어 통일부마저 통일부에 북한인권기록보존소를 설치하는 것에 대하여 부정적이었다. 2015년 2월 11일 개최된 국회 외교통일소위원회 제1차 회의에서 통일부차관도 북한인권기록보존소는 형사소추권과 범죄수사권을 가지고 있는 법무부에 두는 것이 맞다는 것이 정부 입장이라고 밝힌 바 있다.[103] 결국 '북한인권법'은 위와 같은 통일부의 우려를 그대로 유지하면서 '북한인권법' 제정의 주된 목적을 퇴색시키는 입법이라는 비난을 면하기 어렵게 되어버렸다.

다만 법무부에 북한인권기록보존소를 설치한다고 하더라도 국가인권위원회가 주장하는 바와 같이 북한 인권 기록은 통일 이후의 과거청산 자료로만 활용되는 것은 아니라는 점을 유념할 필요가 있다. 따라서 법무부 자체적으로 인권침해 내용을 교육용 목적으로 활용하거나

---

103 제331회 국회 외교통일위원회 회의록(법안심사소위원회), 제32쪽.

북한인권 개선을 위한 국제사회와의 공조 등에도 소홀함이 없도록 하거나, 아니면 필요한 범위 내에서 국가인권위원회를 비롯한 다른 국가기관과의 자료 공유 등 업무 협력이 원만하게 이루어질 수 있도록 하여야 할 것이다.

마지막으로 북한인권기록보존소를 법무부에 설치하는 것이 바람직하다고 해서 다른 기관이나 민간단체는 더는 이에 관한 업무를 하지 말아야 한다는 주장은 아니다. 오히려 통일연구원이나 대한변호사협회, (사)북한인권정보센터가 지금까지 수행해 온 북한 인권 기록 관련 업무는 더욱 확대·발전시켜 법무부와 상호 네트워크를 구축하는 것이 바람직할 것이다. 국가인권위원회 역시 업무가 중복된다고 하여 지금까지 진행하고 있는 북한 인권 기록 업무를 중단할 필요는 없다고 본다. 북한 인권 기록의 주된 목적이나 활용 방법이 각 기관 또는 단체마다 차이가 있기 때문에 각자 자신들의 목적에 부합하는 범위에서 관련 업무를 추진할 필요가 있다. 또한 어느 한 기관이 업무를 독점하게 되면 그 기관에서 간과하는 부분을 보완할 방법이 없어진다. 따라서 어느 정도 중복되는 부분이 있더라도 여러 기관이 북한 인권 기록 업무를 수행하면서 다른 한편으로는 네트워크를 구축하여 상호 협조를 하는 것이 가장 바람직한 형태라 할 것이다.

독일의 경우에도 동독의 인권침해기록보존 업무를 주로 중앙법무기록보존소가 담당하였다. 하지만 위 중앙기록보존소 외에도 '베를린 전독일연구소'에서는 인권침해, 정치 재판 판결, 피구금자 학대, 강제 입양, 출국 관련 범죄 사례에 관한 13만 건의 문서가 보관되어 있었고, 포츠담의 '군사중간기록보관소(Militärisches Zwischenarchiv)'에도 내독 국경에서의 총격 사건에 관한 10만 건 이상의 일일보고서가 보관되어 있었다는 점을 간과해서는 안 될 것이다.[104]

7. 맺음말

남북통일과 관련된 기존의 과거청산에 대한 연구는 주로 세계 각국의 사례를 바탕으로 주로 통일독일의 사법적 청산 방식과 남아프리카공화국의 진실과 화해위원회의 사면 방식을 대표적인 청산 모델로 보고 남북통일에 적합한 청산 방안이 무엇인지에 대한 연구가 주를 이루고 있다. 하지만 이는 우리가 일방적으로 선택할 수 있는 문제가 아니라 통일이 어떤 과정과

---

104 박수희,「刑法을 통한 統一獨逸의 舊東獨 體制不法 淸算에 관한 硏究」, 233쪽.

방식으로 이루어지는지가 상당한 영향을 미치게 된다.

우리의 일제 강점기에 대한 과거청산 역사를 보면 미 군정기나 과도입법정부는 물론 현 대한민국 정부 수립 이후에도 나름대로 부일협력자나 민족반역자 등에 대한 청산을 위해 여러 가지 입법 조치와 노력이 있었으나 결과적으로는 만족할 만한 성과를 거두지 못하였다는 평가 를 받고 있다. 이처럼 평가를 받게 된 가장 큰 이유는 청산해야 할 주체와 청산의 대상이 완전 히 교체되지 못한 것이 가장 큰 원인이라 할 수 있다. 즉 청산의 대상이거나 이해관계가 있는 자들 상당수가 해방 이후에도 여전히 사회의 주도 세력으로 남아 있었기 때문이다. 이러한 현 상은 자체적으로 체제 전환을 한 일부 동유럽 국가들의 사례에서도 나타난다. 이는 남북한이 통일되었을 때도 마찬가지 현상이 발생할 수 있음을 보여준다.

통일독일의 가해자에 대한 체제불법 청산은 단순히 공산정권하에서 자행된 행위에 대한 정치적 보복이나 일부 동구 사회주의 국가에서 찾아볼 수 있는 혁명재판의 형태가 아니라 철 저히 법치국가적 질서하에서 이루어졌다는 점에서 그 가치가 인정되고 있다. 그러나 현실적으 로는 체제불법의 성격상 단순한 형법의 적용만으로 이를 해결하기에는 어려움이 많았다. 특히 준거법 결정, 정당화 사유 인정 여부, 형사책임 확정의 문제, 공소시효 문제 등 많은 법리적인 문제를 해결해야만 했고, 그 과정에서 여러 가지 비판도 제기되었다.

동독의 기존 관료들에 대한 문제를 보면 헝가리, 폴란드, 체코슬로바키아와 같은 동유럽 국가들은 과거 공산정권 시절 권력기관에 종사하였거나 국가안전 요원 또는 스파이 등과 같이 일정 직책을 수행하였던 자나 인권탄압을 행한 자 등에 대하여 일괄적으로 이들을 공무원으로 임용하지 못하도록 하는 '정화법' 또는 '신원조회법'을 제정하여 해결하고자 하였다. 반면 독일 은 「통일조약」 제20조 제2항에서 공공업무의 수행을 조속히 공무원에게 이양하도록 명시하 여 통일 후 신연방주 지역에도 직업공무원제도를 도입하고, 직업공무원을 선발하는 과정에서 과거 정권의 체제유지에 기여하였던 자를 부적합자로 보아 배제하는 방법을 선택하였다.

남아프리카공화국의 과거청산 사례는 가해자에 대한 처벌을 중심으로 볼 때 사회통합을 목표로 진실규명과 사면 방식을 택하였다는 점에 가장 큰 특징이 있다. 이러한 사례는 사법정 의에 입각하여 법치주의 원칙에 충실하게 형사사법 절차를 통한 과거청산을 한 독일식 모델과 대비되면서도 모범적인 사례라고 평가되는 것이 일반적인 견해로 보인다. 특히 진실화해위원 회의 역할을 보면 진실규명, 사면, 배상과 복권, 원상회복 조치에 대한 지침 마련, 체제불법 관 련 기록물의 보존과 관리 등 최근의 전환기 정의에서 논의되는 모든 범주의 역할을 모두 수행 하였다. 통일독일의 사례와 비교해 볼 때 과거의 불법에 대한 진실규명, 피해자에 대한 보상과 복권 및 기타 원상회복 조치 노력, 체제불법 기록물의 보존 관리란 측면을 보면 비록 구체적인 방식과 성과에서는 근본적으로 크게 다르지 않다.

양자의 가장 큰 차이점은 독일은 인권침해 가해자에 대해 사법적 정의의 가치를 중시한 형사처벌을 원칙으로 한 반면, 남아프리카공화국은 통합과 화해의 가치를 더 중시한 사면 방식을 택하였다는 것이다. 하지만 독일의 사법적 처벌은 서독 '형법'의 확대 적용 및 경한 법 우선의 원칙 등 철저히 죄형법정주의에 따라 진행한 결과 피해자들 입장에서는 만족할 만한 결과를 얻지 못하였다. 남아프리카공화국도 결코 쉽지 않은 사면의 조건으로 인해 7116명의 사면 신청자 중 1167명만이 인용되었을 뿐이다. 따라서 실제로 독일의 경우 처벌이 불가능했던 사례와 남아프리카공화국의 사면을 받지 못한 사례를 비교해 보면 인권침해 가해자들에 대한 처벌과 사면 또는 불처벌의 정도에서 양국 간에 큰 차이점을 발견하기는 어렵다.

그럼에도 불구하고 남북통일을 염두에 둘 때 남아프리카공화국의 진실화해위원회 사례는 인권침해 가해자에 대한 형사처벌을 통한 정의실현이라는 과거 지향적 가치보다 진실규명과 사면을 통한 국민통합과 화해 증진이라는 미래 지향적 가치의 중시, 헌법에 근거하여 사전 입법을 통해 일괄적·포괄적으로 청산 절차를 진행하였다는 점에서는 우리에게 시사하는 바가 적지 않다.

이 글을 통해 제시하는 미래지향적인 통합형 청산 방안을 위해서는 가해자 처벌의 경우 최소한의 사법적 청산 방식이 바람직하다고 본다. 이는 삼국통일과 후삼국 통일과정에서 우리 민족이 보여준 통합의 역사, 통일의 기회가 왔을 때 바람직한 통일을 달성해야만 하고 그 과정에서 통합 정책을 추진할 수밖에 없다는 현실적 여건, 과거청산의 핵심 과제인 진실규명을 위해서도 포용적 청산이 유리한 방식이라는 점, 북한의 유일지배체제의 특성상 체제불법에 대한 책임을 물을 대상이 많지 않다는 점, 형사법의 대원칙인 죄형법정주의에 의해 사실상 가해자에 대한 형사처벌의 범위가 넓지 않다는 점, 대부분의 체제불법하에서 가해자와 피해자의 구별이 어렵고 상당수 가해자 역시 피해자이기도 하다는 점 등을 근거로 제시하였다.

청산 대상으로 대표적인 사례로 북한 내부의 반인도범죄 문제와 남한에 대한 무력공격과 납치 문제, 해외에서의 테러와 마약 등의 문제가 있다. 준거법으로는 일반범죄의 경우에는 남북한 형사법통합을 통해 해결하면 되고, 체제불법행위에 대해서는 국제형사재판소 관할 범죄의 처벌 등에 관한 법률을 통해 해결하는 것이 바람직하다.

통일 이후 체제불법 행위자들에 대한 재판관할과 관련하여서는 국제형사재판소(ICC)에서 재판하는 방식, 국제화된 재판소 혹은 혼합재판소에서 재판하는 방식, 통일한국의 사법기관에서 기소·재판하여 처벌하는 방식, 국제화된 재판소와 국내 재판소의 혼합방식 등이 제시되고 있다. 이와 같은 여러 가지 방식의 재판소 문제에 대한 검토 결과 국제재판소나 혼합재판소가 가지고 있는 여러 가지 실무적인 문제점을 고려하면 남북통일 이후의 과거청산은 통일한국의 통합된 국내 재판소에 의해 일반 형사사건과 동일하게 취급하는 것이 현실적인 방안이라고 본다.

유엔의 세계인권선언 기초위원회 위원장으로 활약한 영국의 정치학자이자 역사학자인 에드워드 핼릿 카(Edward Hallett Carr)는 "역사란 현재와 과거 간의 끊임없는 대화(unending dialogue between the present and the past)"라며 기록의 중요성을 강조하였다. 현재와 대화할 수 있으려면 기록하여야 하고, 그래야 공동의 기억이 될 수 있는 것이다. 북한에서 자행되고 있는 인권침해 역시 우리의 분단 상황에서 벌어지고 있는 우리의 역사이다. 이를 기록하고 보존하는 일은 그 자체로서 가치가 있는 일이다. 특히 북한 인권 기록은 통일 이후의 사회통합과 미래지향적인 통일한국을 건설하기 위한 과거청산 과정에 필요한 작업이다. 이는 선택의 문제가 아니라 반드시 하여야만 하는 일이다. 제19대 국회 임기 만료를 앞두고 북한인권법안이 처음 발의된 지 약 11년 만에 '북한인권법' 제정이라는 성과를 거두었다. 하지만 이처럼 어려운 과정을 거쳐 제정된 '북한인권법'이 통일부에 북한인권기록센터를 설치·운영하도록 함으로써 북한인권법 제정의 취지와 가치를 반감시켰다. 그동안 북한 인권 기록의 의미와 그 효용 가치를 극대화하기 위해서는 북한인권기록보존소를 법무부에 설치하는 것이 바람직하다는 여러 가지 근거가 제시되어 왔음에도 불구하고 여야 합의 과정에서 제19대 국회에 제출된 각 북한인권법안의 내용에도 없던 북한인권기록센터를 통일부에 설치하도록 한 것이다. '북한인권법' 제13조는 법무부에 북한인권기록보존소를 설치하여 운영하도록 개정되어야만 한다.

법이 개정되기 전까지는 최소한 법무부와 협조하여 북한인권기록센터에 검사를 파견받는 등의 방안을 통하여 북한 인권 기록이 나중에 수사나 형사소추 자료로 활용될 수 있을 정도의 내용을 담을 수 있도록 운영하는 것이 바람직하다.

통일한국의 과거청산을 논의하는 궁극적인 목적은 과거의 체제불법을 청산하는 데 그치는 것이 아니라 남북한 주민의 진정한 통합에 있다. 이를 위해서는 가해자에 대한 처벌과 사면 문제 외에도 체제불법에 기여한 자들의 공직에서의 배제와 공직 취임의 제한, 피해자에 대한 복직과 보상, 기념사업 등 다양한 연구 과제가 산적해 있다. 우리의 통일 환경과 정서에 맞는 과거청산의 바람직한 모델을 찾아내기 위해서는 세계 각국의 사례에 대한 연구는 물론 각계각층의 전문가들이 모여 공동으로 연구를 진행할 필요가 있다.

제21장

통일 후 북한 몰수토지 처리 방안 및 부동산 사유화*

1. 머리말

남북통일에 따른 남북한의 법과 제도의 통합은 대부분 법적인 문제와 동시에 미래 지향적인 통일한국 건설을 위한 정책적 판단의 문제를 동시에 수반한다. 통일과 관련하여 법적인 문제와 정책적인 문제를 동시에 수반하는 가장 어려운 과제 중 하나가 바로 북한 지역 토지제도에 관한 것이다.

유엔 총회에서 1983년에 결의한 「국가재산, 문서 및 부채에 관한 국가승계 협약(Vienna Convention on Succession of States in respect of State Property, Archives and Debts)」은 국가통합 시 선행국의 재산과 부채는 승계국으로 이전된다고 규정하고 있다(협약 제16조, 제39조). 남북한의 특수관계론에 비추어보면 남북한 통일을 동 협약에서 규정한 국가통합으로 볼 것인지에 대해서는 논란의 여지가 있으나 분단국가 통합의 경우에도 국가승계 법리가 적용 또는 준용된다고 보는 것이 일반적 견해이다.

북한은 사회주의 체제의 특성상 생산수단인 부동산, 특히 토지는 국가나 사회협동단체 소유로 되어 있고 개인소유권은 인정하지 않고 있다.[1] 따라서 국가승계 법리에 따르면 국가 또

---

* 이 장은 한명섭, 「통일후 북한 지역 토지사유화와 공시제도에 관한 고찰」, 제34차 대법원 특수사법제도연구위원회 발제문(2015.1.19)을 수정·보완한 것이다. 위 발제문은 법원행정처, 『남북교류와 관련한 법적 문제점. 13, 특수사법제도연구위원회 제33·34차 회의 결과보고』(법원행정처, 2015)에 게재되어 있다.

1 북한은 1998년 '사회주의헌법'을 개정하면서 생산수단의 소유 주체를 국가와 협동단체 소유에 더하여 사

는 사회협동단체 소유로 되어 있는 북한의 토지가 어느 범위에서 통일한국으로 귀속될 것인지, 통일한국으로 귀속된 토지는 어떤 방법으로 시장경제 체제에 맞게 사유화할 것인지가 문제되는 것이다.

사유화의 대상으로 논의되는 것으로는 토지 외에도 건물, 기업소 등이 있다. 이 중 건물의 경우는 토지에 준하여 생각하면 된다. 기업소의 경우는 기업으로서의 가치가 있는 것은 주식회사 등 우리 상법상의 회사로 전환하여 사유화 절차를 진행하게 될 것이고, 기업으로서의 존속가치가 없다면 결국은 자산인 토지와 건물의 사유화 절차에 따라 처리하면 될 것이다. 따라서 이 글에서는 논점이 분산되는 것을 피하기 위하여 토지만을 대상으로 살펴보고자 한다.

북한 지역 토지의 사유화를 논의하기 위해서는 먼저 사유화 대상 토지를 특정할 필요가 있다. 현재 북한 토지는 국가 소유와 사회협동단체 소유로 되어 있으므로 현재의 소유 형태를 기준으로 한다면 국가 소유는 그대로 통일한국의 국가 소유로 귀속시키는 데 이견이 없을 것이다.

그러나 사회협동단체 소유는 북한 '민법'상 "사회협동단체에 들어 있는 근로자들의 집단적 소유"로 되어 있으므로 이를 국가 소유로 할 것인지, 아니면 사회협동단체 구성원들의 공동소유로 인정을 할 것인지, 각 방안에 대한 법적 근거를 어디에서 찾을 것인지에 대한 검토가 필요하다. 나아가 분단 이후 북한 정권 또는 소련 군정에 의해 실시된 북한의 토지개혁 및 북한 정권에 의한 국유화 과정에서 몰수된 토지에 대한 원소유자들의 소유권 회복 문제를 어떻게 해결할 것인지에 대하여도 여러 가지 의견이 제시되고 있다.

사유화의 대상이 될 토지는 성격에 따라 크게 통일 시점에서 이용자인 개인의 권리를 보호할 필요가 있는 토지와 개인적 권리 보호와는 무관하게 국토 개발 등 정책적 차원에서 사유화를 추진하여야 할 토지로 분류할 수 있다. 첫 번째 대상 토지는 주로 실체적 권리라는 법적인 문제가 더 큰 비중을 차지하는 반면에 두 번째 대상 토지는 국토의 효율적 이용이라는 정책적인 문제가 더 큰 비중을 차지한다.

한편 북한은 분단 이후 등기제도를 폐지하였고, 지적제도 역시 우리와는 다른 방식 체계로 되어 있다. 통일 이후 우리 부동산 법제가 북한 지역으로 확대·적용될 것을 전제로 하면 북한 지역 토지에 대하여도 우리의 등기제도가 마련되어야 한다. 또한 부동산등기제도를 구축하려면 해당 부동산에 대한 지적공부의 정비가 있어야 한다. 따라서 북한 토지에 대한 지적공부

회단체를 포함하여 규정하였다(제20조, 제22조). 한편 북한 '민법'에서 규정하고 있는 국가적 법인은 예산제 국가기관과 독립채산제 국영기업소가 있으며, 협동단체 법인에는 협동농장을 비롯하여 생산협동조합, 수산협동조합 등이 있다. 그리고 사회단체 법인에는 각종 협회와 동맹 등이 포함된다.

를 어떻게 복원 또는 재구축하고, 어떤 방법으로 각 부동산에 대한 등기를 할 것인지에 대한 검토도 필요하다.

그동안 통일 이후 북한 토지의 처리 방안 내지 사유화와 관련하여 적지 않은 연구가 진행되어 왔다. 선행 연구를 내용에 따라 구분해 보면 북한의 토지개혁 등으로 인하여 몰수된 토지를 원소유자에게 반환할 것인지에 대한 연구 및 통일 이후 어떤 방법으로 북한 토지를 사유화할 것인지에 대한 정책적 연구가 중심을 이루었다. 반면 몰수토지 반환 문제 및 사유화 과정에서 발생하는 법적 선결 과제인 지적제도와 등기제도 같은 공시제도에 대한 연구는 상대적으로 미흡하였던 것으로 보인다.

또한 몰수토지 처리 문제, 사유화 문제, 공시제도에 관한 문제는 서로 밀접한 관련이 있으므로 종합적으로 연구를 할 필요가 있음에도 불구하고 기존의 연구는 대부분 이 주제들을 개별적으로 다루고 있다.

선행 연구의 발전적 방향을 제시하기 위하여 이 세 가지 문제를 종합적으로 검토하되, 그동안 상대적으로 많은 연구가 이루어진 몰수토지 문제나 사유화 방안에 대하여는 개괄적으로만 살펴보고, 공시제도의 구축을 중심으로 실무상 제기될 수 있는 법적 쟁점을 도출함으로써 향후 연구 방향과 과제를 새롭게 제시해 보고자 한다.

2. 논의의 전제

이 글은 다음과 같은 몇 가지 사항을 논의의 전제로 하고자 한다.

첫째, 현재의 남북한 법제도가 유지되는 상태에서 통일이 되었을 경우를 전제로 한다. 통일 이전에 북한이 기존의 동유럽 국가들과 같이 자체적으로 시장경제 체제로 전환을 한다면 북한 자체적으로 토지 사유화가 진행될 가능성이 매우 크다. 이 경우 내용적으로 다양한 형태의 사유화가 가능한데, 이와 같은 북한 자체의 사유화까지 염두에 두고 논의를 하기는 현실적으로 어려운 일이다.

둘째, 통일한국은 남북한 지역에 따라 서로 다른 법제도를 가질 수 있는 연합 또는 연방제나 일국양제 체제가 아닌 단일국가 체제일 것을 전제로 한다.

셋째, 통일한국은 현재 우리 헌법질서와 마찬가지로 자유민주적 기본질서와 법치주의에 입각한 국가임을 전제로 한다. 즉, 북한 토지와 관련된 각종 정책 및 입법은 자유민주적 기본질서, 특히 사유재산제도를 비롯한 우리 '헌법'의 경제질서와 부합하여야 한다.

넷째, 남북한의 법제 통합 방식은 기본적으로 남한 법제가 북한 지역으로 확대·적용되는 것을 전제로 한다. 앞에서 본 바와 같이 통일한국이 자유민주적 기본질서에 입각한 단일법제의 국가라면, 남북한의 법제 통합은 기본적으로 동서독의 경우와 같이 남한 법제가 북한 지역으로 확대·적용되는 것이 원칙일 것이다. 이는 토지 등 부동산 제도에서도 남한의 부동산 관련 법제도가 북한 지역으로 확대·적용되는 것이 기본적인 구도라는 것을 의미한다.

3. 사유화 대상 토지 특정과 몰수토지 처리 방안

법적인 관점에서 볼 때 사유화 대상 토지의 특정 문제는 주로 실체법적으로 구 소유자나 통일 당시 이용자의 권리를 인정하여 이들에 대한 소유권을 인정하여야 할 필요성이 있는 토지를 특정하는 것이 선결 과제이다. 특히 몰수토지를 원소유자에게 반환한다면 그 토지는 사유화 대상에서 제외되므로 몰수토지 처리 문제는 사유화 대상 토지의 특정과 직접 관련된다. 이 문제를 검토하기 위해서는 먼저 북한의 토지개혁과 사회주의적 소유권 제도의 확립 과정 및 현재의 토지소유권 제도를 살펴볼 필요가 있다. 또한 통일 이후 북한 토지 처리 방안에 대한 형평성 유지 등의 차원에서 남한의 토지개혁 등의 내용도 함께 살펴볼 필요가 있다.

1) 북한 토지개혁 및 사회주의적 소유 체계 완성

(1) 토지개혁

북한은 1946년 3월 5일 북조선임시인민위원회(위원장 김일성) 명의로 '토지개혁에 대한 법령'(이하 '토지개혁령')과 '토지개혁 실시에 대한 임시조치법'을 발표하고,[2] 같은 달 7일에는 '토지개혁에 대한 법령에 관한 결정서', 다음 날인 8일은 '토지개혁법령에 관한 세칙'을 각 발표

---

2 '토지개혁 실시에 대한 임시조치법'은 토지개혁령에 따른 조치를 방해하는 자에 대한 형사처벌을 내용으로 하고 있다. 토지개혁령이 공포된 때로부터 축력(우마)과 농업기구를 매각, 은닉, 훼손 기타 처분을 하는 지주는 5년 이하의 징역 또는 10만 원 이하의 벌금형에 처하고(제1조), 주택, 창고 기타 건축물을 처분한 지주는 15년 이하의 징역 또는 20만 원 이하의 벌금형에 처하며(제2조), 제1조와 제2조의 축력, 농업기구, 주택, 창고 기타 건축물을 매수한 자는 3년 이하의 징역 또는 5만 원 이하의 벌금형에 처한다(제3조)고 규정하고 있다.

하여 농지를 중심으로 무상몰수, 무상분배의 토지개혁을 단행하였다.

'토지개혁령'에 따르면 몰수 대상 토지는 크게 적산토지(구 일본인 소유)와 소작토지로 구별된다. 적산토지는 ⑤ 일본국, 일본인 및 일본인 단체 소유지, ⑥ 조선민족반역자, 조선인민의 이익에 손해를 주며 일본 제국주의의 통치기관에 적극 협력한 자의 소유지, 일제의 압박 밑에서 조선이 해방될 때까지 자기 지방에서 도주한 자들의 토지를 말한다(제2조). 소작토지는 ⑤ 한 농호에서 5정보 이상 소유한 조선인 지주 소유지, ⑥ 자기가 경영하지 않고 모두 소작을 주는 소유자 토지(면적 무관), ⑥ 면적에 관계없이 계속 소작을 주는 모든 토지, ⑥ 5정보 이상을 가지고 있는 성당, 승원 기타 종교단체의 소유지이다(제3조). 또한 농민들이 가지고 있는 적은 산림을 제외하고는 모든 산림을 몰수하였다(제13조).

다만 ⑤ 학교, 과학연구기관, 병원의 소유지, ⑥ 북조선임시인민위원회의 특별한 결정으로 규정하는 조선의 자유와 독립을 위하여 일본 제국주의의 침략에 반대하는 투쟁에서 공로 있는 사람들과 그 가족에게 속하는 토지(다만 경작 능력이 없는 경우에는 농촌위원회에 양도하도록 함), ⑥ 조선민족문화발전에 특별한 공로가 있는 사람들과 그 가족에게 속하는 토지는 몰수에서 제외되었다(제4조).

토지개혁으로 전체 경작지의 53퍼센트에 달하는 100만 325정보를 몰수하였고, 몰수토지의 98.1퍼센트에 달하는 98만 1390정보를 농민에게 무상분배하였다. 새로 분배된 토지에 대하여는 매매·저당·소작(임대차) 등 일체의 처분이 금지되었다(제11조). 형식적으로 소유권을 부인하지는 않았으나 실제로는 '토지이용권' 내지 '경작권' 부여에 불과하여 사실상의 토지 국유화로 평가할 수 있을 것이다.

이후 1947년 3월 22일 '산림에 관한 결정서'를 공포하여 묘지 등을 제외한 모든 산림을 국유화하였고, 같은 날 '대지 및 잡종지에 관한 결정서'를 공포하여 타인에게 임대한 대지를 몰수하여 임차인에게 무상분배하였으며, 기타 일체의 잡종지도 무상몰수하였다. 1947년 12월에는 모든 도시 토지를 국유화하고, 사적 임대차제도를 전면 폐지하였다. 한국전쟁 기간 중인 1950년 12월 26일에는 '경작자 없는 토지에 관하여'를 공포하여 전쟁 기간 중 월남한 자들의 토지를 국유화하였다.

(2) 농업협동화 및 사회주의적 소유 체제 완성

북한은 1951년 5월 22일 '경작자 없는 토지를 공동경영함에 대하여'를 공포하여 전쟁 기간 중 국유화된 월남자 토지에 대하여 협동조합원들에게 공동경작권을 부여하였다. 같은 해 8

월 22일 '협동단체들의 조직 및 사업강화에 관한 결정'을 공포하고, 1953년 3월 27일 '생산협동조합들의 경제활동을 강화하기 위한 제 대책에 관한 결정'의 공포 등을 통하여 국가기관·국영기업소·기타 단체들이 부속농장을 조직하는 한편, 경작자 없는 토지를 부업경영하게 함으로써 점차 협동적·집단적 토지소유제도를 정비하였다.

결과적으로 1946년 3월 토지개혁 당시 몰수되지 않았거나 농민들에게 무상분배된 사유지에 대하여 한국전쟁 이후 농업협동화 작업이 본격화되어 1958년에 이르러서는 모든 토지소유와 이용이 사회주의적 농업협동조합(1962년 '협동농장'으로 개칭) 형태로 완전 전환하였다.

1958년 10월부터는 협동농장 규모를 확대·재조정하기 시작하여 리(里)를 단위로 한 농업협동조합으로 조합규모를 확대하였다. 1959년에는 '농업협동조합기준규약'을 제정하고, 1961년 군협동농장경영위원회를 설치하였다. 이후 1972년 '사회주의헌법' 제10조에서 "조선민주주의인민공화국에서 생산수단은 국가 및 협동단체의 소유이다"라고 규정하여 토지에 대한 개인 소유를 전면 부정하였고, 1977년 4월 29일 '토지법' 제정을 통하여 사회주의적 소유권 개념을 공고화하였다.

2) 남한 토지개혁

해방 이후 토지개혁은 남한에서도 실시되었다. 따라서 북한 지역의 몰수토지 처리 문제에 대해서는 남한에서의 토지개혁에 대한 내용도 함께 고려되어야 한다. 먼저 미군정은 1945년 12월 6일 '군정법령 제33호'로 '조선 내에 있는 일본인재산권 취득에 관한 건'을 제정하여 구 일본 정부와 일본인 소유의 재산권을 몰수하였다. 정부 수립 이후에 우리 정부는 1948년 9월 22일 법률 제3호로 '반민족행위처벌법'을 제정하여 일제강점기 반민족행위자에 대한 형사처벌과 재산몰수 추진하였으나, 1951년 2월 14일 이 법의 폐지로 불법청산을 완료하지 못하였다. 이후 친일 반민족행위자 후손들의 재산환수 소송이 제기되었고, 2005년 12월 29일 '친일반민족행위자 재산의 국가귀속에 관한 특별법'을 제정하여 시행하게 되었다.

한편 농지에 대하여는 제헌 '헌법'에 의거하여 농지를 농민에게 적절히 분배함으로써 농가 경제의 자립과 농업생산력 증진으로 인한 농민 생활의 향상 및 국민경제의 균형과 발전에 기여하기 위하여 1949년 6월 21일 법률 31호로 '농지개혁법'을 제정하였다. 그러나 지주에 대한 보상액과 농민상환액의 문제 등으로 개정에 대한 논의를 거쳐 1950년 3월 10일 '농지개혁법' 개정 법률이, 3월 25일에는 '농지개혁법 시행령'이, 4월 29일에는 '농지개혁법 시행규칙'이

각각 공포되어 본격적인 시행에 들어갔다.[3]

이 법은 북한의 무상몰수 및 무상분배 형식의 농지개혁에 대응하여, 남한에서도 농지개혁을 실시하기 위하여 제정된 것이다. 농지개혁 대상 농지는 ① 농민 이외의 개인에 의해 소유된 농지, ② 자경 농지 아닌 농지, ③ 3정보 초과농지 등으로 구성되었다. 농지 분배의 우선순위는 ① 분배 대상 농지를 경작하는 소작인, ② 경작 능력 대비 영세한 농토를 농사짓는 농민, ③ 유공자 가족, ④ 농업 노동자, ⑤ 해외에서 귀국한 농민 순서였다. 보상은 정부가 해당 농지의 평년작 주 작물 생산량의 150%를 액면으로 하는 지가증권을 교부하고 5년 동안 현금으로 분할 지급하는 5년 연부보상(年賦補償) 방식이었으며, 농지를 분배받은 농민으로부터 매년 30퍼센트씩 5년 동안에 농산물로써 정부에 연부로 상환하게 하는 이른바 유상몰수·유상분배 방식의 농지개혁이었다.[4]

그 밖에 몰수토지 보상 문제와 관련하여 참고해야 할 법령과 조치로는 1958년 4월 10일 38도선 이북 수복지구에 대하여 실시한 '수복지구에 대한 농지개혁법 시행에 관한 특례에 관한 건'(1958.4.10. 대통령령 제1360호), 38도선 이남 미수복 지역(황해도 연백군, 옹진군과 경기도 개성시 및 개풍, 장단군 등 5개시·군)의 피난 지주에 대한 실지 보상 실시, 1982년 12월 31일 '수복지역내소유자미복구토지의복구등록과보존등기등에관한특별조치법' 제정(1983년 7월 1일 시행, 법률 제3627호) 등이 있다.

3) 몰수토지 처리 방안

(1) 고려 사항

통일 이후 사유화 대상 토지를 특정하기 위해서는 먼저 몰수토지를 원소유자에게 반환할 것인지에 대한 문제부터 해결하여야만 한다. 이를 원소유자에게 반환한다면 몰수토지는 사유화의 대상에서 제외되기 때문이다.

이 문제는 기본적으로 법적인 문제이지만 다른 한편으로는 정책적인 면을 도외시할 수 없는 문제이기도 한다. 따라서 몰수토지 처리 문제를 위해서는 몇 가지 고려하여야 할 사항이 있다.

첫째, 처리 방안이 통일한국의 헌법질서와 부합하여야 한다. 앞서 언급한 바와 같이 통일

---

3 농지개혁에 대한 구체적인 내용은 김성호 외 3, 『농지개혁사연구』(서울: 한국농촌경제연구원, 1989) 참고.
4 이 법은 1994년 12월 22일 '농지법'(법률 제4817호)의 제정으로 대체되면서 폐지되었다.

한국의 헌법질서는 기본적으로 현재 남한의 헌법질서인 자유민주적 기본질서이어야 한다. 따라서 몰수토지 처리 문제도 법치주의와 사유재산제도 등을 비롯한 사회적 시장경제질서에 부합하여야 한다. 이 과정에서 남한의 토지개혁과의 형평성도 고려하여 위헌 문제가 발생하지 않도록 하여야 한다.

둘째, 정책적 차원에서 북한 주민에 대한 배려가 있어야 한다. 토지 이용자인 북한 주민들의 이용권에 대한 법적 보호 및 생활 안정에 대한 정책적 고려를 통하여 민족 동질성 회복에 도움이 되도록 하여야 한다.

셋째, 북한 지역 재건 및 통일 비용의 최소화에 대한 고려가 있어야 한다. 몰수토지의 처리 방안이 신속한 북한 지역 개발을 통한 재건 사업에 방해가 되지 않도록 하여야 하며, 가급적 통일 비용을 최소화할 수 있도록 할 필요가 있다.

(2) 몰수토지의 처리 방안에 대한 기존의 논의

북한의 토지개혁에 의한 몰수토지의 처리 방식에 대한 기존의 논의는 원물반환 원칙 방안, 가치보상 방안, 반환·보상 배제 방안으로 구분해 볼 수 있다.

① 원물반환 원칙 방안

원물반환 원칙 방안은 통일독일이 동독 정권에 의한 몰수토지에 대하여 채택한 처리 방식으로 북한 정권에 의한 무상 토지 몰수는 무효이므로 당연히 원소유자에게 반환하되 예외적으로 반환이 불가능한 경우에는 보상을 인정하자는 방안이다. 법 논리적으로 헌법상 사유재산권 보장제도에 가장 부합하는 처리 방안이라 할 수 있다. 그러나 이 방식은 북한 토지의 점유 및 이용권자인 북한 주민에 대한 배려가 없는 방안이라는 문제점이 있다. 또한 독일과 달리 북한 토지에 대한 등기부가 남아 있지 않은 상태에서 원소유자 확인 및 대상 토지 확정 등 실무적인 어려움과 그로 인한 북한 지역 재건의 지연 등 많은 문제점이 지적되어 현재로서는 이 방안을 지지하는 견해는 찾아보기 어렵다.

② 가치보상 방안

가치보상 방안은 원소유자에게 몰수토지에 상응하는 금전적 보상을 해주자는 방안이다. 가치보상을 원칙으로 하면서도 예외적으로 원물반환을 하더라도 법적 안정성이나 제3자의 권리를 침해할 우려가 없는 토지는 원물반환을 인정하자는 견해도 이에 포함시킬 수 있다. 가장 현실적이며 다수의 지지를 받고 있는 방안이다. 그러나 한국전쟁 이후 수복지구에 대한 토지에 대하여 원소유자의 소유권을 인정하였던 선례가 있어서 헌법상 평등권 침해에 따른 위헌 문제가 제기될 수 있다. 가치보상의 경우에 원소유자 확인 및 대상 토지의 특정, 보상 기준과 보상에 따른 재원 확보 등도 문제가 된다. 이 방안을 채택하더라도 개인 소유였던 산림(임야)과 같이 분단 이후 형상 변경이 거의 없고, 북한 주민의 권리나 법적 안정성을 해할 염려가 별로 없는 경우에는 이를 굳이 국유화하고 보상을 해줄 것인지, 아니면 원물반환을 해줄 것인지에 대한 정책적 검토도 필요하다.

③ 반환·보상 배제 방안

반환·보상 배제 방안에는 여러 가지 견해가 있다. 몰수토지에 대한 구소유권을 모두 무효화하고, 북한 토지를 전부 재국유화한 후 적절한 시기에 매각 처분하여 사유화하자는 방안(재국유화 방안),[5] 현실적으로 북한의 재산몰수를 합법적인 조치로 이해하는 방안(반환·보상불요 방안), 북한 토지를 모두 북한 주민의 것으로 인정하자는 방안(북한 주민 소유 방안), 몰수토지 원소유자의 소유권을 인정하지 않고, 북한 주민의 생존권 보장과 경제 재건을 위하여 몰수토지에 대한 반환이나 보상을 배제하자는 방안 등이다. 주의할 점은 각 견해는 몰수토지에 대한 처리 문제뿐 아니라 북한 지역 토지 전체의 처리 방안에 대한 방안이 혼합되어 있는 견해라는 것이다. 각 견해의 내용에 차이가 있기는 하지만 몰수토지에 대하여는 결과적으로 몰수토지 원소유자의 권리를 전면 부인하는 견해이다. 이 견해는 원소유자의 권리를 부인하는 법적 근거 및 위헌 문제가 제기될 수 있다.

④ 소결

원물반환 원칙 방안은 특히 통일독일에서 본 소유권 반환 청구 소송의 폭주와 그로 인한 개발 지연 등 현실적인 문제점이 지적되고 있으며, 실무상 독일의 경우와 달리 원소유자 확인이 쉽지 않은 점 등을 고려하여 최근에는 이를 주장하는 견해를 찾아보기 어렵다.

반환·보상 배제 방안 또는 원소유자의 권리를 부인하는 견해는 그에 대한 법적 근거가 문

---

5 '재국유화'라는 용어는 북한 지역 부동산을 통일한국의 국가 소유로 하자는 의미를 담고 있기는 하지만, 용어 자체만으로는 몰수토지에 대한 구 소유권의 부정이라는 의미를 포함하고 있는 것으로 보기는 어려운 측면이 있다. 즉 몰수토지의 원소유자에 대한 구 소유권을 인정하고 이를 해결하기 위하여 원물반환 또는 보상을 해줄 것이냐, 아니면 처음부터 구 소유권을 인정하지 말 것이냐의 문제와 해당 토지를 통일한국의 소유로 재국유화할 것이냐 아니면 현재의 북한의 소유권 제도에 따라 국가 소유 또는 사회협동단체 소유(살림집의 경우에는 개인 소유 포함)를 인정할 것이냐는 별개의 문제이다. 이런 점에서 본다면 몰수토지 문제 해결에서 '재국유화'라는 용어는 적절한 용어로 보기 어렵다. 이와는 별도로 독일의 경우 개인재산을 불법으로 몰수하여 국유화한 것을 원소유자에게 되돌려주는 것을 '재사유화'라고 하고, 소련 점령 당국이 몰수하였거나 동독 정부가 정당하게 취득한 재산을 일반인에게 매각하는 방식으로 사유화하는 것을 '사유화'라 하여 개념을 구분하여 사용하고 있다.

제된다. 이에 대하여 북한의 '토지개혁령'이 형식적으로는 북조선임시인민위원회 명의로 된 것이지만 실질적으로는 소련 군정에 의한 것이므로 독일의 경우와 같이 외교적 고권 내지 점령고권 이론에 따라 유효한 것으로 보고 원소유자의 권리를 부인할 수 있다는 주장도 가능하다. 특히 북조선임시인민위원회 설치에 관한 법령 제10조 내지 제12조에 의하면 이 위원회가 제정하는 모든 법령과 집행은 사전에 소련의 점령사령관에게 제출되어 승인을 얻어야 한다는 규정에 비추어볼 때 북한의 토지개혁의 실제 주체는 소련 군정으로 볼 수도 있을 것이다.

그러나 통일독일의 경우와 같이 무상몰수 방식의 토지개혁을 유효한 것으로 보더라도 아무런 보상을 하지 않는 것은 평등권 침해로 인한 위헌 문제가 제기될 수 있다. 또한 형식적으로는 법령 제정의 주체가 북조선임시인민위원회이므로 최소한 북한 정권과 소련 군정의 공동 행위로 보아야 하므로 전적으로 점령고권 이론을 적용하기는 어려움이 있다. 또한 점령고권 이론을 적용하더라도 공법상의 특별 손실에 대한 보상청구권 내지 조정급부도 부인할 것인지, 남한의 농지개혁과 비교할 경우 북한 토지개혁 당시 3정보 이하 농지 소유한 자작농의 토지에 대한 문제, 임대하지 않은 대지와 잡종지, 농지개혁에 의해 무상분배를 받았다가 다시 국유화된 농지 등 북한 정권 수립 이후 국유화된 토지의 처리 등의 문제는 여전히 남게 된다.

현재로서는 다수의 지지를 받고 있는 가치보상(원칙) 방안을 채택하면서 방안 채택 시 제기되는 문제점들에 대한 해결 방안을 모색하는 것이 가장 합리적인 방안이라 할 것이다. 이 경우 가장 문제가 되는 것은 원물반환을 하지 않는 것에 대한 위헌 문제이다. 이 문제의 해결을 위해서는 통일 헌법에 그에 대한 근거를 두는 것이 가장 확실한 방법이겠으나, 헌법의 성격상 헌법 자체에 원물반환을 부인하는 내용을 담기보다는 북한 주민에 대한 배려, 북한 지역의 신속한 경제 재건, 국토의 균형 발전 원칙 등을 헌법의 기본원리로 수용하여 해결하는 방법도 고려될 수 있을 것이다.

또한 독일의 경우와 같이 점령고권 이론도 여전히 유력한 근거가 될 수 있다. 이와 관련하여 최근의 연구 결과에 따르면 북한의 토지개혁은 당시 소련공산당 중앙위원회에서 마련한 북조선 민주개혁 프로그램에 따른 것으로 밝혀지고 있다.[6] 통일 이후 북한 내부 및 소련의 관련 자료가 더 확보된다면 점령고권 이론을 적용하는 데 큰 무리가 없을 수도 있을 것이다.

다만 보상원칙 방안을 채택하더라도 보상의 법적 성격과 보상 대상·기준 등에 대하여는

---

6 이에 대한 구체적인 내용은 김국후, 『비록 평양의 소련군정: 기록과 증언으로 본 북한정권 탄생비화』(한울, 2008), 200쪽 참고.

여러 가지 의견이 제시되고 있다. 특히 가장 문제가 되는 보상 기준에 대하여는 장래 보상 시점의 가액을 기준으로 하는 방안, 몰수 당시의 가액을 기준으로 하는 방안, 몰수 당시의 가액에 일정 배율을 적용하는 방안, 현재의 토지평가가액에 일정 배율을 적용하는 방안 등이 있으나 남한 농지개혁과의 형평성 및 통일 비용 등을 고려하여 남한의 농지개혁을 원용하는 방안을 합리적인 방안이라고 본다.

남한의 '농지개혁법'이 유상몰수 방식을 택하기는 하였으나 조선시대 평균 소작료는 수확량의 2분의 1 정도였으므로, 생산량의 150퍼센트를 액면으로 하는 지가증권을 교부하였다는 것은 불과 3년 내지 4년 치 소작료를 5년에 걸쳐 분할 지급한 것에 불과하므로 남한 농지개혁의 경우에도 현실적인 보상을 한 것은 아니다. 따라서 보상 시점을 언제로 정하든 토지가액을 기준으로 하는 것은 통일 비용 측면에서 부담도 크고, 남한의 농지개혁과 비교해 보더라도 지나친 보상이 되어 오히려 북한 지역 몰수 토지 소유자에 대한 우대가 되어 형평성 문제가 발생하게 된다. 그러므로 남한 농지개혁의 방식과 기준을 원칙으로 하는 것이 위헌성 배제, 형평성 유지 및 통일 비용 최소화 측면에서 가장 합리적인 방안이라고 본다. 특히 '수복지구에 대한 농지개혁법 시행에 관한 특례에 관한 건'에 따라 정부는 북위 38도 이북의 수복된 지역에서도 '농지개혁법'에 준한 보상을 신청할 수 있도록 하였으며, 보상의 신청이 있는 경우 '농지개혁법'과 같은 성격의 지가증권이 교부되도록 한 선례('농지개혁법 시행령' 제4조)에 비추어보아도 '농지개혁법'상의 보상을 기준으로 하는 것이 가장 합리적인 방안일 것이다. 농지별 보상 기준도 '수복지구에 대한 농지개혁법 시행에 관한 특례에 관한 건'에 의한 분배농지 등급표를 기준으로 하는 것이 합리적일 것이다. 다만 이와 같은 보상 기준은 농지의 경우에만 채택할 수 있는 방안이 되므로, 대지와 산림의 경우에는 별도의 기준이 마련되어야 한다. 대지의 경우에도 실제 북한 주민의 연고권(토지 이용권)을 인정할 현실적인 필요성이 있는 점에 비추어볼 때 가치보상 원칙을 택하고, 농지의 평균 생산량 대신 예를 들어 1년간 평균 임대료의 150퍼센트를 5년간 분할 지급하는 것과 같이 평균 임대료를 기준으로 하는 방안을 생각해 볼 수 있을 것이다. 산림의 경우에는 농지나 대지 등으로 형질 변경이 된 경우에는 처음부터 농지나 대지였던 경우와 같은 방식을 택하고, 산림으로 그대로 존속하고 있는 경우에는 굳이 이를 국유화하는 등의 조치를 취할 필요가 없는 점에 비추어볼 때 예외적으로 원물반환 원칙을 채택하는 방안도 검토해 볼 수 있을 것이다.

한편 통일이 합병 형식[7]이 되면서 북한의 국가성을 인정할 경우에는 북한의 토지개혁에 관한 모든 행위가 유효한 것으로 되어 원물반환 내지 보상을 할 필요가 없다는 견해가 있다.

그러나 북한의 국가성 인정 여부와 토지개혁의 유효성 여부, 토지개혁이 유효하더라도 보상권마저 부인할 것인지는 각자 별개의 문제라고 본다. 우리 '헌법'의 기본질서의 하나인 사유재산권보장제도와 관련된 토지 소유권 문제를 북한의 국가성 인정 여부라는 형식적 요인에 따라 결정하는 것은 타당하지 않다.

4. 토지 사유화 방안

1) 논의의 전제 및 고려 사항

몰수토지에 대하여 원소유자 반환을 배제하고 가치보상을 하는 방안을 채택할 경우에는 현재 국가 및 협동단체 소유로 되어 있는 북한 지역 전체의 토지가 일단 사유화의 대상이 된다.

북한 지역 토지 사유화와 관련하여 일각에서는 북한 지역에 한하여 공동임대제와 같이 남한의 토지제도와는 다른 별개의 제도에 대한 도입을 주장하는 견해들도 적지 않다. 그러나 이 글에서는 남북한의 부동산 전체에 대한 새로운 제도의 구축 또는 남북한 지역에 각기 다른 부동산 제도를 유지하는 방안을 배제하고 현재의 이질적인 남북한의 부동산 관련 법제도를 남한의 부동산 법제도로 일원화하는 것을 전제로 논의하고자 한다.

사유화 과정에서 고려하여야 할 사항으로는 자유민주적 기본질서와 법치주의의 회복에 따른 사회적 시장경제질서 및 사유재산제도의 구축, 북한 주민의 생활 안정과 기존 권리 보호, 북한 지역의 국토 개발 및 경제 발전, 통일한국의 균형적 발전, 제3자의 권리 보호 등을 들 수 있다.

2) 사유화 대상의 분류

북한 지역 토지 사유화는 크게 보면 첫째, 법적으로 국가나 협동단체 소유 살림집이라 하

---

7   통상 '합의 통일'이라는 표현을 사용하지만, 합의에 의한 통일의 경우에도 합의에 의하여 북한이 국가성을 인정받지 못하고 남한으로 흡수되는 병합 형태의 통일이 될 수도 있으므로 법적인 측면에서 통일의 방식을 분류하면 남북 당사자가 대등한 위치에 새로운 국가를 창설하는 합병 형태의 통일과 북한이 소멸되고 남한으로 흡수되는 병합 형태의 통일로 분류하는 것이 타당하다고 본다.

더라도 이를 이용하고 있는 북한 주민의 권리를 소유권으로 전환하여 이들에게 소유권을 인정 또는 이전하는 것과 같이 북한 주민의 권리관계 재편을 통한 사유화, 둘째, 북한 지역 재건 및 재원 확보 등을 위하여 통일한국이 국가승계 법리에 의하여 취득한 북한 당국 소유의 부동산 중 통일한국이 계속 소유하고 있기보다는 국가 정책적 차원에서 매각 등을 통한 사유화 두 가지로 구분할 수 있다.

따라서 북한 지역 부동산 사유화를 위해서는 먼저 북한 주민의 이용권과 같은 기득권을 보장하여야 할 필요성이 있는 부동산과 일반 국유 재산으로 귀속시킨 후 사유화를 하여야 할 부동산의 구별이 선행되어야 한다.

3) 기득권 보호 대상 토지

(1) 살림집 부지 등 개인이 이용하는 토지

북한의 살림집 소유 형태는 개인 소유, 협동단체 소유, 국가 소유로 구분되어 있다. 이 중 개인 소유로 되어 있는 살림집은 당연히 그 소유권을 남한의 소유권과 동일하게 조정하면 되고, 기타 살림집의 경우에도 해당 이용자에게 소유권을 부여함으로써 이용권을 소유권으로 조정할 필요가 있다. 다만 통일 시점에서의 이용 주택에 대하여 소유권을 그대로 인정할 경우 주택의 위치와 규모에 따른 불평등 문제가 제기되어 이에 대한 정책적 고려가 있어야 한다. 이 점에 대하여는 동유럽의 경우와 같은 바우처 제도에 관한 연구들이 진행되고 있다.

토지와 관련하여서는 살림집의 이용권을 소유권으로 전환해 줄 경우 살림집 부지인 토지는 어떻게 처리할 것인지가 문제된다. 정책적인 차원에서 살림집과 그 부지의 소유권은 일원화하는 것이 바람직하다고 본다. 즉, 북한 주민의 생활 안정 및 향후 부동산 거래 과정에서 토지와 살림집의 소유권자가 달라서 발생하는 법적 분쟁 등을 고려하면 살림집과 관련된 부지에 대해서도 살림집 이용자에게 소유권을 부여하는 것이 합리적일 것이다.

그 밖에 개인적 이용권과 관련하여 문제가 되는 것으로 텃밭이 있다. 현행 북한 '헌법'은 "텃밭경리를 비롯한 개인부업경리에서 나오는 생산물과 그 밖의 합법적인 경리활동을 통하여 얻은 수입도 개인소유에 속한다"라고 규정하고 있다(제24조). 이 규정만으로 텃밭 자체가 개인 소유라고 볼 수는 없다. 다만 최소한 텃밭에 대한 이용권을 가지고 있는 것이므로 해당 이용권을 소유권으로 전환할 것인지에 대한 정책적 판단이 필요하다. 텃밭은 일반적으로 울타리 안에 있거나 집 주변에 있는 밭을 의미하므로 북한 주민의 생활 안정 보장이라는 측면에서 그 이용권을 보장하는 것이 필요하므로 이용권자에게 소유권을 부여할 필요가 있다고 본다.

(2) 사회협동단체 소유 토지

북한 토지 사유화와 관련하여 법적·정책적 차원에서 가장 문제가 되는 것은 사회협동단체 소유 토지이다. 북한은 살림집을 제외한 토지와 건물 등 부동산은 모두 국유 및 사회협동단체 소유이다. 사회협동단체는 중소공장·기업소도 소유하고 있다. 소유권과 관련하여 보면 북한 '헌법'과 '민법'에서 사회협동단체 소유는 사회협동단체에 들어 있는 근로자들의 집단적 소유임을 명시하고 있다('헌법' 제22조, '민법' 제53조). 즉 사회협동단체 소유는 국가 소유와 엄격히 구별되고 있다. 국가 소유 부동산을 통일한국의 '국(國)' 소유로 인정하는 것은 법적인 문제가 없다. 그러나 북한 법률상 국가 소유와 엄격히 구분되는 사회협동단체 소유 토지도 국가 소유와 같은 것으로 볼 것인지는 해당 토지를 집단적으로 이용하는 북한 주민의 기득권과 관련하여 매우 중요한 법적 문제를 야기한다.[8]

북한 '민법'에 따르면 사회협동단체는 자신 소유의 재산을 그 성원들의 의사에 따라 민주주의 원칙에서 점유하거나 이용·처분할 수 있도록 하면서도 토지에 대한 처분은 법이 정한데 따라 한다고 규정함으로써 처분권이 제한된다(제55조).

결국 사회협동단체 소유 토지는 해당 단체 구성원들의 이용권에 불과하므로 이를 국가 소유로 보더라도 큰 문제가 없다는 견해가 있을 수 있다. 반면 '헌법'과 '민법'이 국가 소유와 협동단체 소유를 구분하고 있고, 비록 남한의 소유권과는 다소 차이가 있으나 협동단체 구성원들의 소유라고 명시하고 있는 점에 비추어볼 때 국가 소유로 할 것이 아니라 협동단체 구성원들의 공유나 합유('민법'상 조합의 소유 형태) 등으로 인정할 필요가 있다는 견해가 있을 수 있다.

이 문제는 사회협동단체 소유 토지 현황에 대한 분석, 구성원들을 얼마나 정확하게 특정할 수 있는지, 구성원들의 협동단체 소유에 대한 권리의식 등을 고려하여 신중하게 판단할 문제이다. 다만 통일 이후 신속한 북한 지역 개발의 편리성이 아니라 법적 권리와 주민들의 대규모 남하 등 거주지 이동에 대한 규제적 측면에서는 사회협동단체 구성원들의 소유로 인정하는

---

8 북한 토지 중 주로 어떤 토지가 사회협동단체 소유로 되어 있는지에 대하여는 구체적인 자료가 부족하다. 다만 1998년 '헌법' 개정을 통하여 법적으로 사회단체가 토지 등 부동산의 소유 주체가 되었다는 점만 파악되고 있다. 또한 사회단체의 성격상 현실적으로 통일 이후 토지 등 부동산을 소유한 대부분의 사회단체는 해체의 대상이 될 것으로 보인다. 이 경우 사회단체 소유 부동산은 국유로 귀속될 가능성이 높다. 따라서 사유화와 관련된 토지는 주로 협동단체 소유 토지가 될 것이다.

것이 바람직한 판단일 것으로 보인다.

이와 관련하여 재일본조선인총연합회(조총련) 기관지 ≪조선신보≫ 2014년 12월 29일 자는 북한이 김정은 정권의 대표적인 농업개혁 조치 '포전담당제'의 정착으로 고질적인 식량난 해결의 토대를 마련하였다고 평가하였다. ≪조선신보≫는 평양발 기사에서 북한이 올해 극심한 가뭄에도 농업 증산을 달성하였다며 이는 "포전담당책임제와 같은 김정은 시대 농업시책이 온 나라 협동벌의 현실에 착실히 뿌리내려 거대한 생활력을 발휘하고 있다는 증명자료"라고 강조하였다. '포전담당제'는 농민 10~15명으로 짜인 협동농장 말단 단위 '분조'에서 3~5명이 하나의 '포전'(일정한 면적의 논밭)을 경작하도록 한 제도로, 사실상 '개인영농제'로 이행하는 전 단계인 가족영농제와 유사하다고 평가받고 있다.[9] 북한의 이와 같은 포전 담당 제도가 일반화된다면 북한 주민들은 자신들이 경작하는 농지에 대한 권리의식이 강화될 것이고, 이 경우 이들에게 소유권을 인정하여야 할 근거와 필요성도 더욱 커질 것이다.

4) 국가 소유 토지

국가 소유 토지는 국가승계 법리에 따라 통일한국의 국유로 귀속될 것이다. 현재 북한은 과도한 국가 소유 부동산을 보유하고 있으므로 북한 지역 경제 재건을 위해서는 상당 부분의 국가 소유 부동산을 매각 등을 통하여 처분함으로써 사유화할 필요가 있다. 일반적인 국가 소유 부동산 처분은 통일한국의 국토 이용 계획 등 정책적 판단에 따라 사유화를 하면 되고, 구체적인 절차는 '국유재산관리법'에 따르면 될 것으로 보인다.

5) 사유화 관련 법률 제정의 필요성

북한 부동산 사유화를 위해서는 앞에서 검토한 바와 같이 여러 가지 법적 쟁점이 존재할 뿐만 아니라, 정책적인 판단도 함께 고려하여야 한다. 통일 이후 북한 지역에 남한의 법제가 확대·적용된다는 원칙을 유지한다 하더라도 남북한 부동산 법제의 일원화 및 북한 지역 부동산에 대한 북한 주민의 권리 보호에 따른 권리관계 조정 및 재편을 위해서는 별도의 특별법 제

---

[9] "조선신보 "北, 포전담당제로 식량난 해결 발판 마련" …… 사실상 개인영농제", ≪국민일보≫, 2014년 12월 29일 자.

정이 필요하다.

사유화 과정을 절차적으로 본다면 북한 지역 토지 전체를 일단 통일한국의 소유로 귀속시켰다가 기득권을 가진 북한 주민에게 소유권을 이전해 주는 방식과 기득권과 관련된 토지는 처음부터 해당 이용권자 등에게 소유권을 귀속시키는 방법이 있을 수 있다.

전자의 경우에는 특히 북한 전체 토지 중 국가 소유 토지는 국가승계 이론에 따라 통일한국으로 귀속시키면 되지만 그 밖의 토지를 통일한국으로 귀속시키기 위한 법률의 제정이 필요하다. 후자의 경우에는 기존의 이용권을 소유권으로 전환하기 위한 법률의 제정이 필요하다.

5. 공시제도의 구축

1) 공시제도 구축의 필요성

통일한국이 현행 남한의 '민법' 체계로 통합이 된다면 부동산공시제도 역시 하나의 제도로 통합하는 것이 바람직하다. 특히 북한 토지에 대해서도 남한의 '민법'이 적용된다면 현행 민법이 물권 변동과 관련하여 형식주의(성립요건주의)를 취하고 있으므로, 부동산 물권 변동에서 등기를 하지 않으면 제3자에 대해서뿐만 아니라 당사자 간에도 물권 변동이 생기지 아니한다. 즉 '민법' 제186조(부동산물권변동의 효력)는 "부동산에 관한 법률행위로 인한 물권의 득실변경은 등기하여야 그 효력이 생긴다"라고 규정하고 있고, 제187조(등기를 요하지 아니하는 부동산물권취득)는 "상속, 공용징수, 판결, 경매 기타 법률의 규정에 의한 부동산에 관한 물권의 취득은 등기를 요하지 아니한다. 그러나 등기를 하지 아니하면 이를 처분하지 못한다"라고 규정하고 있다.

따라서 북한 토지 사유화는 적어도 법률행위 또는 법률의 규정에 의하여 북한 주민 개인에게 토지의 소유권을 부여하고, 그에 따라 부동산등기부에 보존등기 또는 소유권이전등기 등의 방법으로 부동산등기부를 정비하여야 완성된다. 그리고 현재와 같이 지적제도와 등기제도가 이원화되어 있는 상태에서는 등기부 정리에 앞서 지적공부에 대한 정비가 이루어져야 하고, 지적 공부 정비를 위해서는 토지 현황과 이용 실태에 대한 조사가 필요하다.

2) 사유화 시점에 따른 공시제도 구축 방법

실무적 차원에서 살펴보면, 북한 지역 토지 사유화 과정은 사유화 시점을 공시제도 구축 이전으로 하느냐 이후로 하느냐에 따라 다음과 같은 방식을 생각해 볼 수 있다.

첫째, 북한 토지 전체를 통일한국의 소유로 귀속시켰다가 지적제도 또는 지적제도와 등기 제도를 모두를 구축한 이후 기존의 이용권자에게 소유권을 이전해 주는 방식이다.

이 경우 소유권 이전은 지적제도 구축 단계에서 이용권이 확인된 자에게 법률의 규정에 따라 소유권을 부여할 수도 있고, 지적제도 구축 단계에서는 통일국가 소유로 두고 일단 모든 토지를 통일국가 소유로 소유권보존등기를 하였다가 확인된 이용권자에게 소유권이전등기를 경료해 줄 수도 있을 것이다. 후자의 경우 소유권 이전은 법률의 규정에 의할 수도 있고, 국가 의 무상 배분과 같은 법률행위에 의할 수도 있을 것이다.

이 방식은 공시제도를 빨리 구축할 수 있다는 장점이 있다. 반면 우선 기존의 이용권자가 있는 토지까지 모두 통일한국의 소유로 귀속시키는 데 대한 북한 주민의 반발이 있을 수 있다 는 문제점이 있다. 물론 이에 대하여는 나중에 이용권자를 확인하여 해당 권리자에게 남한과 같은 소유권을 확인 또는 이전해 줄 것임을 사전에 공지하여 문제를 해결할 수도 있다. 그렇지 만 국가 소유가 아닌 사회협동단체 소유 토지까지 일단 통일한국의 소유로 귀속시키는 점에 대한 정당성을 확보하기는 쉽지 않아 보인다.

둘째, 통일과 동시에 특별법 제정을 통하여 기존의 토지 이용권자에게 해당 토지의 소유 권을 인정해 주고, 그 이후 공시제도를 구축하여 해당 토지를 명확하게 특정하여 지적제도를 등기제도를 구축한 후 처분이 가능하도록 하는 방식이다. 즉 사유화부터 하고 그 이후 공시제 도를 구축하는 방식이다.

이 방식은 북한 주민에게 조기에 권리를 인정해줌으로써 북한 주민의 동의나 지지를 이끌 어내기에는 유리하지만 지적제도가 구축되지 않아 해당 토지의 면적 등이 정확하지 않은 상태 에서 소유권을 인정함으로써 나중에 지적제도 구축 단계에서 여러 가지 분쟁이 발생하게 될 소지가 있다.

3) 남북한의 부동산공시제도

(1) 남한의 공시제도

우리나라의 부동산공시제도는 물적 공시제도인 지적제도와 권리적 공시제도인 등기제도로 이원화되어 있다. 그 밖의 공시제도로 가격공시제도가 있으나, 이는 소유권 등 토지의 권리관계를 정리하는 사유화 문제와는 관련성이 적으므로 논외로 한다.

지적제도는 1910년부터 1924년까지 실시된 토지조사사업과 임야조사사업을 통하여 작성된 토지대장과 임야대장에 의하여 이루어졌고, 등기제도는 1912년 '조선부동산등기령'에 의하여 도입되었다. 양 제도의 주요 내용은 〈표 21-1〉과 같다.

| 표 21-1 | 지적제도와 토지등기제도 비교

구분	지적제도	토지등기제도
기본법	공간정보의 구축 및 관리 등에 관한 법률 지적재조사에 관한 특별법[1]	부동산등기법
기본 기능	토지 사실관계의 공시	토지 권리관계의 공시
기본 원칙	국정주의 형식주의 공개주의 실질적 심사주의	신청주의 형식주의(성립요건주의) 공개주의 형식적 심사주의
담당 기관	행정부(국토교통부)	사법부(법원행정처)
공부의 종류	토지대장, 임야대장, 지적도, 임야도, 공유지연명부, 대지권등록부 경계점좌표등록부	토지등기부
등록 필지 수 (2004년 10월)	36,440,910필지	35,270,927필지
등록 방법	직권등록주의(강제주의) 단독신청주의	당사자신청주의 공동신청주의
심사 방법	실질적 심사주의	형식적 심사주의

주: 1) 이 법은 기존의 수기로 만든 종이로 된 지적공부의 등록 사항이 토지의 실제 현황과 일치하지 않는 경우가 전 국토의 15퍼센트에 달하고 있어 이를 방치할 경우 심각한 문제가 발생할 우려가 있다는 지적에 따라 지적공부의 등록 사항을 조사·측량하여 기존의 지적공부를 디지털에 의한 새로운 지적공부로 전환하고, 토지의 실제 현황과 일치하지 않는 지적공부의 등록 사항을 바로잡기 위한 지적재조사사업의 실시 근거 및 절차 규정 등을 마련함으로써, 국토를 효율적으로 관리함과 아울러 국민의 재산권을 보호하기 위하여 2011년 9월 16일 제정한 것으로 2012년 3월 17일부터 시행되고 있다.

현재의 지적제도와 등기제도의 이원화 시스템에 대해서는 〈표 21-1〉의 등록 필지 수에서 보는 바와 같이 지적공부와 등기부 등재 사항의 불일치 현상이 발생하여 공시제도의 신뢰저하 및 민원 야기 등의 문제점이 있으므로 양자를 일원화할 필요가 있다는 지적이 있다.[10] 다만 이 글에서는 현재의 지적제도와 등기제도를 전제로 논의하고자 한다.

(2) 북한의 부동산공시제도

북한은 토지개혁 및 협동화, 국유화 과정을 거치면서 모든 토지가 국가 또는 사회협동단체 소유가 되어 소유권 등 권리공시제도인 등기제도가 굳이 필요 없게 되었다. 그동안 국내에 소개된 연구 결과에 따르면 북한은 1946년 토지개혁을 하면서 토지·건물등기부는 모두 소각하였다고 하고, 우리와 같은 부동산등기제도를 폐지하였다는 데 이견이 없다.

또한 분단 이전의 토지대장과 임야대장도 모두 무효화하고 대신 국토 관리의 일환으로 부동산등록제도를 두고 있으며, '토지법'과 '도시경영법' 및 '부동산관리법'에서 토지 등록 및 건물 등록에 관한 원칙적인 규정들을 두고 있다. 살림집의 경우에는 '살림집법'(2009년 제정, 2016년 최종 수정보충) 제26조에서 "살림기관은 살림집등록대장을 갖추고 살림집의 등록번호와 준공년도, 형식, 구조, 건평, 능력, 시초가치 기술상태, 보수정형, 살림집에 설치된 시설과 그 운영상태, 건구, 비품 같은 것을 정확히 등록하여야 한다"고 규정하고 있다.

북한도 지적도를 두고 있으나 이것도 분단 이전의 지적도가 아니라 측량기준점 체계를 구소련과 같은 체계로 전환하여 만든 새로운 지적도이다. 즉 측량기준점 좌표계를 남한은 베셀(Bessel) 타원체에 의한 가우스크르거(Gauss-Kruger) 좌표계를 사용하는 데 반하여 북한은 구소련의 좌표 체계인 크라솝스키(Krassovsky) 타원체에 의한 좌표계로 전환하였다.[11]

토지의 지목도 남한은 '공간정보의 구축 및 관리 등에 관한 법률' 및 같은 법 시행규칙에 따라 28가지로 구분하고 있으나, 북한은 '토지법' 및 '부동산관리법'에서 농업토지, 주민지구토지, 산림토지, 산업토지, 수역토지, 특수토지의 여섯 가지로 구분하여 관리하고 있다.

4) 남북통일과 부동산공시제도 통합

(1) 부동산공시제도 통합의 필요성

통일한국의 법체계를 단일법 체계로 본다면 북한 지역 토지에 대하여도 남한의 '민법' 및 기타 부동산 관련 법제가 확대·적용되어야 할 것이다. 경우에 따라서는 남북한이 한시적으로 이원적 체계를 유지할 분야도 있겠으나 부동산공시제도는 조속한 시일 내에 하나로 통합된 체

---

10 국민고충처리위원회도 2007년 12월 부동산공부와 부동산등기 업무를 일원화하고 관리기관을 통합하도록 제도 개선을 권고한 바 있다.

11 동서독의 경우에도 서독은 남한과 같은 베셀 타원체에 의한 가우스크르거 좌표계 사용하는 데 반하여 동독은 북한과 같이 구소련의 좌표 체계인 크라솝스키 타원체에 의한 좌표계를 사용하였다.

계를 갖추는 것이 바람직할 것이다. 남북한이 서로 다른 부동산공시제도를 유지한다면 국토의 균형 발전 추구나 토지 정책 수립은 물론 남북한의 동질성 회복에도 부정적 영향을 줄 가능성이 크다.

(2) 부동산공시제도 통합 방안에 대한 선행 연구

선행 연구에 의하면 북한은 필지에 대한 지번이 없으므로 일률적인 지번 체계를 갖고 있지 않아 북한 국유지를 관리하려면 먼저 토지와 부동산을 특정화하고, 측량기준점과 지적도를 이용하여 지적 측량을 실시하여 필지별로 지번이 있어야 한다는 지적이 있다.[12] 또한 지적복구는 북한이 보관하고 있는 구지적도나 우리 국가기록원에 보관하고 있는 지적원도(일제강점기 토지조사사업을 실시하면서 측량한 자료)를 이용하여 실제 경계 복원 측량이 가능하다고 한다.[13]

한편 앞의 선행 연구는 북한이 2009년 11월 11일 제정한 '부동산관리법'의 내용을 반영하지 못하고 있다.[14] 북한 '부동산관리법'에 따르면 토지의 등록은 토지등록대장과 지적도에 하며, 지적도에는 지목, 지번, 면적 같은 것을 정확히 표시하도록 하고 있다(제17조). 또한 부동산관리기관과 해당 기관, 기업소, 단체는 부동산 실사를 정상적으로 하여야 하며, 부동산 실사는 정기 실사와 총실사로 구분하여 해당 부동산의 현물 수량과 실태를 등록대장과 대조 확인하는 방법으로 하도록 하고 있다. 즉, '부동산관리법'이 제대로 시행되고 있다면 북한의 토지에는 필지별 지번이 없다는 기존의 지적은 유지되기 어려운 것으로 보인다. 다만 부동산관리법이 이미 이와 같은 관리체계를 갖춘 후에 제정된 법인지, 아니면 법 제정을 통하여 부동산 등록체계를 새롭게 구축하고자 한 것인지는 확인되지 않고 있다.[15]

(3) 구체적 통합 방안에 대한 검토 의견

현재 상황에서 기술적인 측면에서 남북한의 지적제도를 통합하는 방안으로는 다음의 세

---

12 조병현, 「통일한국의 국유재산 처리 문제: 북한 지역 국유지 실태조사를 중심으로」, 한국토지공법학회 제 92회·남북법령연구특별분과위원회 제43차 학술회의 발표문(2013), 151쪽.

13 조병현, 같은 글, 151~153쪽 참고.

14 이 법은 2011년 12월 21일에 최고인민회의 상임위원회 정령 제2052호로 수정·보충되었다.

15 북한은 1958년 농업협동화를 완성한 뒤 1960년 김일성 지시로 국토 조사를 시범 실시하면서 부동산 등록 양식을 만들었고, 이 시범 조사 경험을 토대로 1962년부터 2년 동안 전 국토에 대한 조사를 실시하였고, 1965년 전국적인 국토 조사를 완료하고 이에 근거하여 토지 등록이 이루어진 바 있다. 구체적인 내용은 최운숙, 『사회주의하에서 국토관리사업과 민족경제건설』(평양: 사회과학출판사, 1992) 참고.

가지 방안을 생각해 볼 수 있을 것이다.

① 구토지조사부 활용 방안

이 방안은 분단 이전의 토지소유권 관계를 확인하고 원물반환을 요구하는 원소유자에게 유리하지만, 분단 이후 변경된 현황이 반영되지 않아 실제 토지 현황과 다른 상황이 발생하여 현재 상황에 대한 공시 역할을 제대로 하지 못한다는 문제가 있다.

② 새로운 지적제도 구축 방안

남한의 '공간정보의 구축 및 관리 등에 관한 법률' 등 관련 법률을 그대로 확대·적용하여 북한 지역 전체 대한 토지 현황을 완전히 새로 조사하여 지적도와 토지대장 등 지적공부를 새로 작성하는 방법으로 가장 확실한 공시제도 구축이 될 수 있다. 그러나 이 방법은 많은 시간과 비용이 소요될 것이다.

③ 북한 토지대장 및 지적도 활용 방안

북한의 '부동산관리법'에 의하여 구축된 토지등록대장과 지적도를 남한의 토지대장과 지적도로 변환시키는 방안으로 현재 북한의 토지 이용 현황을 그대로 반영할 수 있는 장점이 있다. 문제는 북한의 토지등록대장과 지적도가 얼마나 제대로 갖추어져 있는지, 북한의 지적도를 남한의 지적도로 전환하는 데에 기술적인 문제는 없는지에 대한 확인이 필요하다.

④ 소결

북한 토지에 대한 공시제도는 현행 북한 '부동산관리법'의 운영 실태를 좀 더 구체적으로 확인한 후에 판단을 하여야 할 것으로 보이며, 가능하다면 통일 이전에 남북 교류·협력 과정에서 이 문제에 대한 논의와 대책이 필요할 것으로 보인다.

다만 그동안 확인된 자료에 의하여 판단을 한다면 남한에 보관하고 있는 지적원도와 북한에서 보관하고 있는 지적도, 구토지조사부, 북한이 새로 구축한 지적도 등 관련 자료 등을 모두 참고하여 새로 지적제도를 구축할 수밖에 없을 것으로 보인다.

(4) 지적제도와 등기제도의 관련성

지적제도는 구체적으로 지적공부의 작성을 통하여 구축된다. 지적공부(地籍公簿)란 토지대장, 임야대장, 공유지연명부, 대지권등록부, 지적도, 임야도 및 경계점좌표등록부 등 지적측량 등을 통하여 조사된 토지의 표시와 해당 토지의 소유자 등을 기록한 대장 및 도면(정보 처리 시스템을 통하여 기록·저장된 것을 포함한다)을 말한다('공간정보의 구축 및 관리 등에 관한 법률' 제2조 제19호). 우리 법제상 토지는 크게 일반 토지와 임야로 나뉘며, 일반 토지에 대해서는 토지대장과 지적도가, 임야에 대하여는 임야대장과 임야도가 지적공부의 핵심이다.

토지대장과 임야대장에는 토지의 소재, 지번, 지목, 면적, 소유자의 성명 또는 명칭, 주소 및 주민등록번호(국가, 지방자치단체, 법인, 법인 아닌 사단이나 재단 및 외국인의 경우에는 '부동산등기법' 제49조에 따라 부여된 등록번호를 말한다. 이하 같다), 그 밖에 국토교통부령으로 정하는 사항을 기재하도록 되어 있다('공간정보의 구축 및 관리 등에 관한 법률' 제71조 제1항). 그 밖에 국토교통부령으로 정하는 사항이란 "1. 토지의 고유번호(각 필지를 서로 구별하기 위하여 필지마다 붙이는 고유한 번호를 말한다. 이하 같다), 2. 지적도 또는 임야도의 번호와 필지별 토지대장 또는 임야대장의 장번호 및 축척, 3. 토지의 이동사유, 4. 토지소유자가 변경된 날과 그 원인, 5. 토지등급 또는 기준수확량등급과 그 설정·수정 연월일, 6. 개별공시지가와 그 기준일, 7. 그 밖에 국토교통부장관이 정하는 사항"을 말한다('공간정보의 구축 및 관리 등에 관한 법률 시행규칙' 제68조 제2항). 즉 토지대장에는 토지의 현황에 관한 사항뿐만 아니라 토지의 소유자에 대한 사항도 기재를 하도록 하고 있다.

한편 소유자가 둘 이상이면 공유지연명부에 토지의 소재, 지번, 소유권 지분, 소유자의 성명 또는 명칭, 주소 및 주민등록번호, 그 밖에 국토교통부령으로 정하는 사항을 기재하도록 되어 있으며, 토지대장이나 임야대장에 등록하는 토지가 '부동산등기법'에 따라 대지권 등기가 되어 있는 경우에는 대지권등록부를 작성하여야 한다(제71조 제1항, 제2항, 제3항).

지적도와 임야도에는 토지의 소재, 지번, 지목, 경계, 그 밖에 국토교통부령으로 정하는 사항을 기재하여야 한다.

토지의 소재는 토지가 존재하는 장소의 시·구·군을 표시하고 1필마다 지번을 붙이고, 그 지목과 면적을 정한다. 지번은 토지에 붙어 있는 번호를 말하는데, 대통령령이 정하는 바에 따라 소관청이 지번지역별로 기번하여 정한다. 지목은 토지의 주된 사용 목적에 따라 토지의 종류를 구분·표시하는 것으로, 예컨대 논·밭·과수원·목장용지·임야·도로·하천·묘지·염전·대·공원·잡종지 등이다. 면적은 지적 측량에 의하여 지적공부에 등록된 토지의 수평 면적을 말하며, 토지대장에 등록하는 면적은 제곱미터를 단위로 하여 정한다.

토지대장은 사실상의 상황을 명확하게 하기 위하여 만들어진 장부로 등기소에 비치되어 토지에 관한 권리관계를 공시하는 토지등기부와 구별된다. 하지만 이 두 장부는 서로 기재 내용에 있어 일치될 것이 요청되므로 등기부에 게기한 부동산 표시가 토지대장과 부합하지 않는 경우, 그 부동산의 소유권 등기명의인은 부동산 표시의 변경 등기를 하지 않으면 그 부동산에 대하여 다른 등기를 신청할 수 없도록 하고 있다. 등기부에 게기한 등기명의인의 표시가 토지대장과 부합하지 않는 경우에는 그 등기명의인은 등록명의인 표시의 변경 등록을 하지 않으면 그 부동산에 대하여 다른 등기를 신청할 수 없도록 하고 있다.

결국 '공간정보의 구축 및 관리 등에 관한 법률'과 '부동산등기법'에 따르면 토지대장에는 지적도의 번호를 기재하도록 하고 있으므로 지적공부 작성을 위해서는 먼저 토지에 대한 측량과 조사를 통하여 지적도를 작성한 후 이를 토대로 토지대장을 작성하고, 그 후에 부동산등기부에 권리관계에 관한 내용을 등재하게 된다.

(5) 지적공부 작성에 있어서 제기되는 실무적 문제

남북한 법제 통합의 기본 원칙에 따라 남한의 '공간정보의 구축 및 관리 등에 관한 법률'의 규정에 따라 혹은 '공간정보의 구축 및 관리 등에 관한 법률'을 기본으로 하는 특별법에 따라 지적제도를 구축한다고 가정할 경우 다음과 같은 실무적인 문제가 제기된다.

① 소재 표시

북한은 분단 이후 행정구역 체제를 변경하여 현재의 행정구역 체제는 1912년 '토지조사령' 당시와는 상이하다. 1945년 광복 당시에는 6도 9시 89군으로 이루어져 있었으나 그동안 수십 차례 걸친 조정을 통하여 2015년 현재 1개의 직할시(평양), 2개의 특별시(남포, 라선), 9개의 도(평안북도, 평안남도, 자강도, 량강도, 함경북도, 함경남도, 황해북도, 황해남도 및 강원도), 3개의 지구(신의주특별행정지구, 개성공업지구, 금강산국제관광지구)로 재편성되었다. 평양직할시는 다시 구역과 군으로, 각 도는 특급시, 시, 지구, 구역, 군, 구로 나뉜다. 따라서 지적원도와 북한에 보관되어 있는 구지적도를 복원하거나 활용한다 하더라도 소재에 관한 표시 문제는 과거의 행정구역 체제로 복귀할 것인지, 아니면 현재의 북한 행정구역 체제에 맞춰 재정리할 것인지, 아니면 새로운 행정구역 체제를 구축할 것인지에 대한 정책적 판단이 선행되어야 한다.

② 지번 표시

북한이 2009년 제정한 '부동산관리법'에 따르면 토지등록대장에 지번도 표시하도록 하고 있으나 실제로 지번이 얼마나 세부적으로 되어 있는지, 특히 필지별로 구분은 되어 있는지 알 수 없다. 또한 구 지적도에 따라 지적도를 복구한다고 할 경우에는 지번 표시도 기존의 지번에 따를 것인지, 아니면 '부동산관리법'상의 토지대장등록에 기재된 지번에 맞출 것인지 또는 새로운 지번을 부여할 것인지도 사전에 검토하여 방식을 확정하여야만 한다.

③ 지목 표시

남한은 지목을 '공간정보의 구축 및 관리 등에 관한 법률' 제67조(지목의 종류)에서 전·답·

과수원·목장용지·임야·광천지·염전·대(垈)·공장용지·학교용지·주차장·주유소용지·창고용지·도로·철도용지·제방(堤防)·하천·구거(溝渠)·유지(溜池)·양어장·수도용지·공원·체육용지·유원지·종교용지·사적지·묘지·잡종지의 28가지로 구분하고 있다. 이에 반하여 북한은 '토지법' 및 '부동산관리법'에서 농업토지, 주민지구토지, 산림토지, 산업토지, 수역토지, 특수토지의 여섯 가지로 구분하고 있다. 지목에 관한 사항도 우선 북한과 같이 여섯 가지로 분류하였다가 나중에 지목을 변경하는 방식을 택할 것인지, 아니면 처음부터 용도를 구분하여 남한의 경우와 같은 방식으로 지목을 표시할지 사전에 정책적 판단을 하여야 할 것이다. 만일 토지대장 작성 단계에서 남한과 같은 방식으로 지목을 표시하려면 북한 토지 전체를 대상으로 실제 용도에 대한 조사가 이루어져야 한다.

④ 토지등급 등

'공간정보의 구축 및 관리 등에 관한 법률 시행규칙'에 따르면 토지대장에는 토지 등급 또는 기준수확량 등급과 그 설정·수정 연월일, 개별공시지가와 그 기준일도 기재하도록 되어 있다. 따라서 토지대장 작성 전 단계에서 토지 등급 및 기준수확량 등급, 개별공시지가 산정도 이루어져야 한다.

⑤ 소유권 표시와 사유화 단계의 문제

이 점에 대하여는 앞에서 사유화 시점과 관련하여 살펴본 바 있으나, 토지대장의 소유권 표시 방식을 중심으로 더 세분화하여 살펴보면 다음과 같은 여러 가지 방법이 있을 수 있다.

첫 번째 방법은 앞에서 살펴본 바와 같이 북한 토지 전체를 통일국가로 귀속시키고, 지적제도와 등기제도 구축 이후 사유화를 진행하는 방식에 따라 토지대장 소유권에도 모두 소유자를 통일한국을 의미하는 '국(國)'으로 기재를 하는 방법이다. 이 방법은 공시제도 구축을 가장 빨리 할 수 있다는 장점이 있는 반면, 개인의 권리 보호에는 미흡하여 북한 주민의 반발을 초래할 수 있다는 단점이 있다. 또한 사회협동단체 소유 토지도 국가 소유로 보는 것이 정당한지에 대한 법리적인 문제점도 발생한다.

두 번째 방법은 북한 토지 중에서 개인의 이용권 등을 보호할 필요가 있는 토지에 대하여는 지적도 및 토지대장 작성 단계에서 실제 이용권자에 대한 조사까지 함께 진행하여 이들을 소유자로 기재하는 방법이다. 이 방법은 북한 주민의 입장에서 본다면 조기에 토지 소유권자가 될 수 있다는 장점이 있다. 반면 이용권자 특정을 위하여 많은 시간이 소요될 수 있다는 점에서 지적공부의 작성이 늦어질 수 있고, 그로 인하여 부동산등기제도의 구축도 늦어지게 된다는 문제점이 있다.

세 번째 방법은 지적도와 토지대장 작성 시에는 북한의 토지등록부에 따라 일단 소유자를 통일 당시의 북한 소유권 분류에 따라 국가 또는 사회협동단체 소유로만 구분하여 먼저 지적제도를 구축하고, 그 이후 실제 이용권자를 특정하여 부동산등기부를 작성하는 과정에서 이들의 명의로 소유권보존등기를 해주는 방법이다. 이 방법은 지적공부 작성은 빨리 할 수 있는 반면에 등기제도 구축이 늦어지게 된다. 또한 토지대장과 부동산등기부의 불일치 현상이 발생하여 부동산등기부에 맞춰 토지대장을 다시 정리해야 하는 문제가 발생한다.

네 번째 방법은 세 번째 방법과 같이 지적공부에 국가 또는 사회협동단체를 소유자로 표시하고 부동산등기부에도 지적공부에 맞춰 국가 소유 및 사회협동단체 소유로 보존등기를 한 이후에 구체적인 이용권자를 특정하여 이들에게 소유권이전등기를 경료해 주는 방식이다. 이 경우 지적제도 및 등기제도의 구축은 상대적으로 빨리할 수 있는 반면에 북한 주민의 권리 보호가 늦어진다는 문제점이 지적될 수 있을 것이다.

이상과 같이 각 방법마다 나름대로의 장단점이 있다. 따라서 이 중 어느 방법을 선택할 것인지는 통일 당시의 상황과 북한의 부동산 등록 실태 등을 고려하여 정책적인 판단을 할 수밖에 없을 것이다. 한편 사유화에 따라 배분된 토지가 투기 목적으로 거래되지 않고 실수요자에게 지속적으로 이용되도록 하기 위해서는 일정 기간 사유화된 토지의 거래를 제한할 필요성이 제기된다. 따라서 각 방법 중 어느 방법을 선택할 것인지에 대한 정책 판단을 함에 있어서 이와 같은 투기적 거래 방지를 위해서는 어떤 방법이 더 적합한지도 고려할 필요가 있다.

6. 맺음말

이상에서 통일 이후 북한 지역 토지 사유화 문제에 대하여 공시제도 구축 방안을 중심으로 살펴보았다.

북한 지역 토지의 사유화에 대한 문제는 사유화 대상 토지를 특정하는 것이 선결 과제이고, 이 문제는 몰수토지 처리 문제와 직접 관련된다. 즉 몰수토지를 원소유자에게 원물로 반환할 것인지에 따라 사유화 대상 토지의 범위가 달라진다. 몰수토지 처리에 대하여는 국내 학자 대부분이 가치보상 원칙을 지지하고 있다고 보아도 무방할 것이다. 이 경우 보상의 원칙과 기준이 문제되는데, 남한의 농지개혁 등과 형평성 등을 고려하여 처리하면 될 것으로 보인다.

이처럼 가치보상 원칙을 채택하면 일단 북한 토지 전체가 사유화 대상이 되는데, 이 중에는 북한 주민의 기존 권리인 이용권을 소유권으로 전환시켜 주어야 할 토지와 일반적인 국유 토지가 있다. 전자의 토지는 주로 살림집 부지, 텃밭, 사회협동단체 소유 토지가 문제가 되는 데, 북한 주민에 대한 배려 차원에서 이들의 권리를 적극적으로 보호할 필요가 있다. 후자의 북한 주민의 실체적 권리 보호와는 직접 관련이 없는 토지로 국토 이용 계획에 따라 정책적 고려하에 매각이나 임대 등의 방식으로 활용을 하면 될 것이다.

북한 토지 사유화를 위해서는 먼저 북한 토지 전체에 대하여 남한의 물적 공시제도인 지적제도에 따라 지적도를 정비하고 관련 공부인 토지대장 등의 정리 및 권리공시제도인 등기제도를 정비할 필요가 있다. 일반적인 남북한 법제 통합 방식에 따라 통일 이후 북한 토지에 대하여도 남한의 부동산공시제도가 확대·적용되어야 할 것이다. 특히 북한은 분단 이후 등기제도를 폐지하고 지적제도도 남한의 지적제도와는 다르다. 따라서 사실상 북한 지역 토지 전체에 대한 공시제도를 새로 구축하여야만 한다.

절차적 측면에서 볼 때 공시제도는 토지실태조사, 지적제도 구축, 등기제도 구축의 순서로 이루어지게 된다. 공시제도의 구체적인 구축 방법은 사유화를 공시제도 구축 전에 할 것인지, 지적제도 구축 단계에서 할 것인지, 아니면 등기제도까지 구축한 뒤에 할 것인지에 따라 여러 가지 방법이 있을 수 있다. 지적제도 통합과 관련하여서도 기술적으로 여러 가지 방법이 있을 수 있다.

북한 토지 사유화 문제에 관해서는 그동안 몰수토지 처리 문제, 사유화 방안, 지적제도 통합 방안 등을 중심으로 적지 않은 연구가 진행되어 왔다. 하지만 이 연구 주제들이 서로 밀접한 관련이 있는 것임에도 불구하고 대부분 각 주제에 따라 개별적으로 연구가 진행되었고, 사유화와 공시제도의 문제를 연관 지어 심도 있게 함께 다룬 연구는 찾아보기 어렵다. 또한 공시제도의 기본이라 할 수 있는 지적제도 구축 과정에서 발생할 수 있는 여러 가지 실무적인 문제점들이 있음에도 불구하고 이 부분에 대한 깊이 있는 연구도 찾아보기 어렵다.

이 글은 통일 이후의 법제 통합과 관련하여 여러 가지 전제 조건하에 검토한 것이고, 북한의 지적제도와 토지등록제도의 실태를 정확히 파악할 수 없는 상태에서 작성되었다는 한계가 있다. 향후 이 글에서 제기한 여러 가지 실무적인 문제들에 대하여 더 많은 관심과 연구가 진행되어야 할 것이다.

제22장

남북 키프로스 교류협력과 통일 방안*

1. 머리말

　남북 교류협력과 통일에 대한 연구를 위해서는 다른 분단국가의 사례에 대해 관심을 두게 된다. 그런데 강학상 분단국가로 분류되지 않으면서도 남북통일과 관련하여 반드시 관심을 두고 지켜볼 필요가 있는 국가가 있다. 바로 남북으로 분단된 키프로스(Cyprus)다.

　남북 키프로스는 제2차 세계대전 이후의 냉전 이데올로기에 의한 분단이 아니어서 분단국가로 분류되지는 않는다. 하지만 대표적 분단국가인 남북한, 동서독, 중국과 대만, 남북 예멘 및 통일 전 베트남의 특성을 두루 갖추고 있다는 특징이 있다.

　키프로스는 베트남이나 남북한과 같이 전쟁을 경험하였다. 남북 키프로스 사이에는 우리의 비무장지대와 유사한 184킬로미터에 달하는 유엔 관할 완충 지역이 있다. 동서독의 베를린과 같이 수도 니코시아(Nicosia)가 남북으로 분단되어 있다. 중국과 대만의 관계와 같이 국제사회에서 남키프로스는 국가승인을 받았으나 북키프로스는 터키를 제외한 다른 나라로부터 국가로 승인받지 못하고 있다. 남북 예멘의 통일 과정과 같이 남북 키프로스 정상 간의 구체적인 통일 협상이 계속 진행되어 오고 있다. 주변 강대국의 이해관계가 얽혀 있는 점도 유사하다. 다만 분단의 원인이 냉전 이데올로기에 의한 것이 아니라 그리스계 주민과 터키계 주민의

---

*　키프로스 사례에 대한 국내 연구가 많지 않은 상황에서 법무부는 단행본으로『키프로스 統一方案 硏究: UN 事務總長 統一方案을 中心으로』(과천: 법무부, 2004),『남북 키프로스 교류협력 법제 연구』(과천: 법무부, 2009)를 발간하였다. 이 장은 주로 위 두 권의 책자에 소개된 내용을 정리한 것이다.

갈등에 있고, 남북 키프로스 모두 자유민주주의 체제 및 시장경제 체제를 채택하고 있어 체제상의 경쟁은 없다는 점이 다르다.

키프로스의 분단 상황과 교류 협력 및 통일 협상 과정을 보면 남북교류협력 및 통일에 관한 선행 사례의 주된 연구 대상으로 여겨져 온 동서독 사례보다 더 많은 시사점을 찾아볼 수 있다.

2. 남북 키프로스 개요

키프로스는 지중해 동부에 있는 국가로 시칠리아와 사르데냐 다음으로 지중해에서 세 번째로, 세계에서 81번째로 큰 섬으로 지리상 서남아시아 혹은 유럽으로 분류된다. 키프로스는 키프로스공화국(Republic of Cyprus, 이하 남키프로스)과 북키프로스터키공화국(TRNC: Turkish Republic of Northern Cyprus, 이하 북키프로스)으로 분단되어 있다.

키프로스 전체의 면적은 9251제곱킬로미터로 한반도의 4퍼센트, 경기도의 90퍼센트 정도에 불과하다. 인구는 2018년 현재 120만 명 정도로, 남북한에 비하면 매우 작은 섬나라이다. 언어는 그리스어와 터키어가 공용어이다. 남키프로스가 실효적으로 지배하는 지역은 전체의 59.74퍼센트이며 유엔을 비롯한 대다수 국가들로부터 키프로스의 대표국으로 인정받고 있다. 터키로부터만 국가로 인정을 받고 있는 북키프로스의 실효적 지배 지역은 전체의 34.85퍼센트에 달하며, 유엔이 관할하는 완충 지역(UN buffer zone)이 2.67퍼센트, 영국 해군 기지가 2.74퍼센트 정도를 차지하고 있다. 영국 해군 기지는 키프로스가 1960년 영국으로부터 독립하면서 아크로티리(Akrotiri)와 데켈리아(Dhekelia) 두 지역이 영국의 해외 군사기지로 남게 된 것으로 영국의 영토이다.

키프로스의 수도인 니코시아는 인구 약 31만 3400명(2009)의 도시로 북부 지역은 북키프로스가 차지하고 있어 현재는 통일 전 독일의 베를린과 같이 분단된 세계 유일의 분단 수도이다. 남북 키프로스 간에는 장벽과 철조망으로 약 184킬로미터에 달하는 분단선이 설치되어 있으며, 그린라인(Green Line)으로 불리는 분단선 내부는 유엔 평화유지군이 관할하는데, 그 폭이 최소 3.5미터, 최대 약 7킬로미터에 달하며 수도 니코시아 중간을 관통하고 있다.

이와 같은 분단 상황에도 불구하고 키프로스의 분단은 제2차 세계대전 이후 냉전 이데올로기에 의하여 분단된 것이 아니라는 점, 남키프로스가 유엔을 비롯한 국제사회로부터 키프로스의 유일 합법 정부로 인정을 받고 있고, 북키프로스는 터키를 제외한 다른 나라로부터 국가로서 인정을 받지 못하고 있다는 점에서 남북 키프로스는 강학상 분단국가로 분류하지는 않는다.

3. 키프로스 독립과 분단 과정

1) 키프로스 독립

키프로스는 서남아시아, 남부 유럽, 북아프리카가 만나는 지점에 있는 지리적 특성으로 인하여 기원전 9세기경부터 그리스인, 페니키아인, 아시리아인, 이집트인, 페르시아인 등의 지배를 받았다.

기원전 58년부터 395년까지는 로마의, 그 이후부터 1184년까지는 비잔틴 제국의, 1489년까지는 뤼지낭(Lusignan) 지배를 받다가 1489년 베네치아에 합병된다. 1571년에는 오스만령이 되면서 터키계 주민들이 이주하게 되었다. 1878년까지 오스만 제국의 지배를 받던 키프로스는 1914년 영국에 임대되었다. 제1차 세계대전 이후인 1923년에 로잔조약에 의해 영국 직할 식민지가 되었다가 1960년에 독립하면서 1961년 영국 연방에 가입하였다.[1] 이 무렵 키프로스 인구의 80퍼센트는 그리스계 주민이었고, 18퍼센트는 터키계 주민이었으며, 기타 소수민족이 있었다.

오늘날 키프로스의 분단은 키프로스 독립 과정에서 전개된 에노시스(Enosis) 운동의 영향이 크게 작용하였다. 그리스어 'Enosis'는 '하나 되기' 또는 '통합'을 의미한다. 특히 1923년 터키 독립전쟁 이후 터키가 키프로스에 대한 영유권을 포기하기로 영국과 합의하자 키프로스의 그리스계 주민들은 키프로스를 그리스로 합병하자는 에노시스 운동을 전개하였다. 하지만 터키 독립전쟁 이후 그리스에 거주하던 터키인들이 재산을 모조리 압류당하고 터키로 추방당하였으며, 에노니스 운동에 의해 1913년 크레타가 그리스로 복귀하는 과정에서도 섬에 거주하던 터키인들이 모조리 추방당하는 것을 지켜본 터키계 주민들은 이를 적극적으로 반대하였다.

---

1 로잔조약은 제1차 세계 대전 이후에도 계속되던 터키 독립전쟁의 종결하기 위해 1923년 7월 24일 스위스 로잔에서 터키, 프랑스 제3공화국, 영국, 그리스, 이탈리아, 루마니아, 일본 사이에 체결된 것으로 오늘날 터키 영토를 확보하게 된 조약이다.

결국 영국은 키프로스는 그리스인만 사는 것도 아니고, 터키인과 라틴인들도 사는 나라이기 때문에 그리스로의 통합은 안 된다는 입장을 취하게 되었다. 그 결과 1960년 8월 16일 키프로스공화국은 영국으로부터 독립하고, 같은 해 9월 20일 유엔에 가입하였다.

키프로스의 독립과 건국은 1959년에 영국, 터키, 그리스 3국이 체결한 「취리히·런던 조약」 및 1960년에 체결된 「보장조약(Treaty of Guarantee)」, 「동맹조약(Treaty of Alliance)」, 「설립조약(Treaty of Establishment)」에 근거하고 있다.

1960년 8월 16일 키프로스, 그리스, 영국, 터키 4개국이 체결한 「보장조약」 제1조는 "키프로스의 독립과 영토 보전, 방위 및 키프로스 헌법을 수호할 것을 약속한다. 키프로스는 어떠한 국가 또는 기타와의 어떠한 정치적 또는 경제적 병합에도 전체적으로든 부분적으로든 참여하지 않을 것을 약속한다. 따라서 키프로스 또는 그 일부와 다른 국가와의 병합을 직접적 간접적으로 추진하기 위한 어떠한 활동도 금지함을 선언한다"고 규정하고 있다(제1조). 그 밖에도 그리스와 영국 및 터키 3국은 키프로스의 독립과 영토보존 및 안보를 보장하고(제2조), 각 보장국가는 조약 위반이 발생하면 행동을 취할 수 있는 권리를 가진다(제4조)는 내용도 포함되어 있다.

키프로스, 그리스, 터키 3국 간에 체결된 「동맹조약」은 950명의 그리스 군인과 650명의 터키 군인이 키프로스에 주둔하는 근거가 되었다. 키프로스, 그리스, 영국, 터키 4개국 간에 체결된 「설립조약」은 키프로스섬 내 두 곳의 영국 군사기지를 제외한 나머지 지역을 키프로스의 영토로 규정하고 있다.

이처럼 키프로스는 주변 관련국인 영국과 그리스 및 터키의 직접적인 영향을 받을 수밖에 없는 구조로 독립을 한 것이다.

2) 건국 헌법

1960년 8월 16일 발효된 '키프로스공화국 헌법'은 「취리히·런던조약」에 따른 두 민족의 '공동 자치통치체제'에 근거하여 그리스계와 터키계 주민의 인구를 고려한 권력 배분을 기초로 하고 있다.[2]

헌법에 따르면 키프로스는 대통령제 국가로 그리스계 공동체에 의해 선출된 그리스계 대

---

2   키프로스공화국 '헌법'에 대해서는 법무부, 『남북 키프로스 교류협력 법제 연구』, 309~402쪽의 번역문 참고.

통령과 터키계 공동체에 의해 선출된 터키계 부통령으로 구성된다(제1조). 공식 언어는 그리스어와 터키어이다. 법령과 행정문서는 두 공식 언어로 작성하며, 그리스계 또는 터키계에 해당되는 행정이나 기타 공식 문서는 그리스어 또는 터키어로 각각 작성하여야 한다(제3조). 그리스 공동체와 터키 공동체는 각각의 공휴일을 기념할 권리를 갖는다(제5조).

대통령과 부통령은 행정권 보장을 위하여 7인의 그리스계 장관과 3인의 터키계 장관으로 구성된 각료위원회를 두며, 외교부, 국방부 및 재정부 중 하나의 부처는 터키계 장관에게 위임하여야 한다. 다만 대통령과 부통령이 합의하면 이 제도를 윤번제로 대체할 수 있다(제46조).

임기 5년인 50명의 의원으로 구성된 의회의 의석도 그리스계 공동체에 의해 선출된 의원과 터키계 공동체에 의해 선출된 의원을 7 : 3으로 배분하였다(제62조). 의회의 법률과 결정은 재적의원 과반수 출석과 출석의원 단순 과반수의 찬성으로 의결한다. 하지만 '선거법'의 변경, 당국 관련 법률 및 관세 또는 세금 부과 법률 채택을 위해서는 그리스계 공동체와 터키계 공동체에 의해 각각 선출된 의원의 출석의원 개별 단순 과반수의 찬성을 받도록 하고 있다(제78조).

이러한 의회와는 별도로 그리스계 공동체와 터키계 공동체는 각각의 공동체 의회를 구성하는데(제86조), 공동체 의회는 각각의 종교 관련 사안과 교육, 문화, 교습 관련 사안, 개인적 지위, 개인적 지위와 종교 사안 관련 민사 분쟁을 다루는 법원의 조정과 소송절차에 관한 사항 등에 대한 입법권을 갖는다(제87조).

공무원 임명과 관련하여 대통령과 부통령은 공동으로 검찰총장과 검찰차장을 임명하는데 이들은 동일한 공동체 출신이 아니어야 한다(제112조). 감사원장과 감사원부원장, 중앙발행은행 총재와 부총재, 재무장관과 재무차관도 마찬가지이다(제115조, 제118조, 제126조). 공공사업도 70퍼센트는 그리스계, 30퍼센트는 터키계로 구성되며(제123조), 대통령과 부통령이 공동으로 위임한 의장과 9인으로 구성된 공공사업위원회도 7인은 그리스계, 3인은 터키계로 구성한다(제124조).

2000명의 군인은 그리스인 60퍼센트, 터키인 40퍼센트로 구성한다(제129조). 헌법재판소는 그리스인, 터키인, 중립 재판관으로 구성하며 중립재판관이 헌법재판소장이 된다(제133조). 대법원은 그리스인 재판관 2명, 터키인 재판관 1명, 중립 재판관 1명으로 구성하며 중립 재판관은 대법원장으로 2개의 투표권을 갖는다(제153조). 5개 주요 도시인 니코시아, 리마솔, 파마구스타, 라르나카, 파포스에는 터키계 주민으로 구성된 5개의 독립된 지방자치단체를 둔다(제173조). 이 지방자치단체들은 대통령과 부통령의 합의로 결정된 권한 내에서 해당 관할권을 행사하며 기능을 수행한다(제177조).

키프로스의 영토는 하나로 불가분이며, 키프로스 내에 다른 국가와의 완전 또는 부분 통합과 자체 독립은 인정하지 않는다(제185조).

3) 그리스계 주민과 터키계 주민의 무력충돌

1960년 헌법은 그리스계 주민과 터키계 주민의 각 공동체에 '헌법'상의 권력을 분배하고, 각 주민 공동체에 일정 권한을 부여하는 구조였다. 그러나 단순히 당시의 인구 비율에 비하면 상대적으로 터키계 주민에 대한 배려를 더 많이 하고 있었기 때문에 그리스계 주민의 불만이 있을 수밖에 없었다. 그 결과 헌법 시행과정은 순탄하지 못하였다.

독립 후 헌법 시행을 둘러싼 그리스계와 터키계의 대립 쟁점은 다음과 같다. 첫째, '헌법' 제178조에 명시된 개별 자치시의 설정 문제, 둘째, '헌법' 제12조에 명시된 공무원 임용에 있어 그리스계 7, 터키계 3의 비율 문제, 셋째, '헌법' 제129조에 따른 군의 통합 문제, 넷째, '헌법' 제178조에 명시된 의회에서의 단순과반수(simple majority)의 적용 문제, 다섯째, '헌법' 제50조에 명시된 부통령의 거부권 등이다.[3]

이러한 문제가 내재한 상태에서 1963년 11월에 마카리오스(Makarios) 3세 대통령이 소수파인 터키계 주민에 대한 우대를 축소하는 내용의 '헌법' 개정안을 제안한다. '헌법' 개정안으로 인해 양계 주민의 갈등이 고조된 가운데 1963년 12월 21일 수도 니코시아에서 터키계 주민이 그리스계 경찰관의 신분증 제시 요구에 불응하여 터키계 주민 2명이 사망하고 그리스계 경찰관 1명이 다치는 사건이 발생한다. 이에 터키계 비밀 준군사조직 병력 7000여 명이 해당 경찰관들 가족들이 거주하는 니코시아 외곽마을을 공격하고 이에 그리스계 준군사조직은 터키계 키프로스 진영을 공격하여 양계 주민이 함께 거주하던 109개의 마을이 파괴되고, 2만 5000 내지 3만 명 정도의 터키계 주민이 난민 신세가 되었다. 이 무력충돌은 그리스, 터키, 영국의 협의로 일단락되지만, 그로 인해 2700명의 3국 군대가 공공질서 유지를 목적으로 주둔하게 된다. 또한 수도 니코시아 중간에 그린라인이 설치되어 중립지대가 생겨났다.

1964년 1월 15일부터 2월 10일까지 보장 국가들 사이에 새로운 키프로스 건설을 위한 회의가 진행되었으나 성과를 거두지 못하였다. 1964년 2월 14일 키프로스와 영국은 이 문제를

---

3 우덕찬, 「키프로스통일 문제에 관한 연구」, ≪지중해지역연구≫, 제10권 2호(부산외국어대학교 지중해연구소, 2008.6), 36쪽.

유엔 안전보장이사회에 회부하였다. 유엔 안전보장이사회는 1964년 3월 4일 결의안을 채택하여 유엔 평화유지군(UNIFICYP)을 창설하여 파견하기로 결의하였으며 같은 달 말경 약 6000여 명의 평화유지군이 분쟁 재발 방지 및 질서유지와 회복을 목적으로 파병되었다. 하지만 평화유지군 파병 이후에도 양계 주민 간의 군사적 충돌은 계속되었고, 그리스도 지상군을 파병하고 터키도 이에 맞서 공군의 공격을 감행하는 등 사태가 더욱 악화하였다. 이 무력충돌은 1964년 8월 9일 유엔 안전보장이사회가 결의안을 통해 그리스와 터키 양측에 공격 중단을 촉구함으로써 종결되었다. 하지만 그로 인한 그리스계와 터키계 주민들의 갈등까지 해소된 것은 아니었다.

1967년에는 그리스계 보안군이 터키계 주민 마을 2개를 습격하는 제2차 키프로스 유혈사태가 발생하였다. 이러한 사건의 배경에는 1964년 이후 마카리오스 대통령 정부에 의한 일련의 헌법 개정을 위한 조치들이 있었다. 1964년에는 경찰과 헌병대는 중앙사령부 휘하로 통합되고 국가근위대는 의무병제로 전환되었다. 그리스계와 터키계 재판관의 비율제와 중립 재판관 제도가 폐지되었고, 인종에 따라 관할을 달리하던 지방법원도 인종에 상관없이 모든 민형사 사건을 담당하도록 하였다. 1965년에는 키프로스 공동의회가 해산되었다. 터키계 의원과 터키계 부통령에게 부여되었던 별도 후보 명단 제도가 폐지되었으며, 그리스계 주민들이 터키계 주민들에게 지정된 정부 보직을 장악하였다.

1963년 무력 충돌 이후 터키계 주민들의 거주지 조정 작업도 진행되어 상당수 터키계 주민들이 살던 곳을 떠나 터키계 키프로스 거주지로 이주하였고, 그리스계 당국은 일부 상품과 공공서비스 이용도 제한하여 터키계 주민들의 일상생활이 날로 어려워졌다. 그 결과 1964년 말 거주지 내 터키계 주민의 평균 소득은 그리스계 주민 평균 소득의 24퍼센트에 불과하였다. 1967년 그리스에 군부 독재정권이 들어서면서 키프로스 에노시스 운동이 격화되었고 이를 배경으로 키프로스의 터키계 주민들에 대한 탄압이 더욱 심해졌다.

그러던 중 1974년 군부 쿠데타가 발생하였다. 그리스의 군사독재 정권의 지원을 받고 있던 키프로스 출신의 그리스 장군인 그리바스(Grivas)가 1971년 키프로스로 돌아와 'EOKA-B'라는 게릴라를 조직하였는데 이들은 마카리오스 대통령의 권위를 인정하지 않았다.[4] 마카리오스 대통령 역시 이 조직을 불법 집단으로 규정하고 그리스 대통령에게 그리스 지휘관들을

---

4 에오카(EOKA)는 그리스어 Ethniki Organosis Kyprion Agoniston의 약어로 우리말로 키프로스민족전사대를 의미한다. 우덕찬, 「키프로스통일 문제에 관한 연구」, 37쪽.

철수를 요청하였다. 이에 그리스 독재자 디미트리오스 요안니디스(Dimitrios Ioannidis)는 1974년 7월 15일 마카리오스 대통령에 대항하는 쿠데타를 지시하고 이에 그리스 지휘관들이 이끄는 키프로스 국경 수비대가 대통령궁을 점령하고, 마카리오스 대통령은 영국의 도움으로 키프로스를 탈출한다. 쿠데타 세력에 의해 에노시스주의자인 니코스 삼손(Nikos Sampson)이 새로운 대통령이 되면서 그리스 통합파들로 내각이 구성되었다.

4) 터키의 개입 및 북키프로스 수립

터키는 키프로스에 군사 쿠데타가 발생하자 먼저 보증국가인 영국에 공동으로 키프로스를 침공할 것을 제안하였으나 영국이 거절하자 1974년 7월 20일 단독으로 3개 여단의 병력으로 키프로스를 무력 공격하였다. 이에 유엔 안전보장이사회는 키프로스의 주권과 독립 및 영토 보전을 훼손하는 외국 군대의 개입을 즉시 종식할 것을 촉구하였으나 터키 군대는 불과 3일 만에 키프로스섬의 5퍼센트에 달하는 영토를 점령하였다.

이후 터키, 그리스, 영국의 협상에 의해 새로운 키프로스 정부 수립에 대한 협상이 진행되었으나 별다른 성과를 거두지 못한 상황에서 터키 군대는 8월 중순까지 군사작전을 수행하여 키프로스 영토의 36.4퍼센트인 3355제곱킬로미터를 점령하였다. 1974년의 전쟁 당시 그리스계 측은 터키의 개입으로 6000명의 사상자가 발생한 것으로 추산했다. 유럽 인권위원회는 1976년 7월 10일 발간한 보고서에서 그리스계 키프로스 민간인에 대한 터키 군대의 심각한 인권침해 실태를 고발하였다. 또한 터키계 키프로스인 마을 세 곳에서 그리스계 키프로스 군대가 민간인을 공격했다는 보고도 있다. 공식 집계에 따르면 1619명의 그리스계 키프로스인이 실종되었으며 터키계 키프로스인도 다수 실종되었다. 대부분의 그리스계 키프로스인들은 터키 군사의 통제하에 있는 영토에서 탈출하였다. 그 수는 10만 5000명에서 20만 명 사이로 추정된다. 키프로스 북부에 거주하던 그리스계 키프로스인의 95퍼센트가 마을을 떠나 남쪽으로 향했다.[5]

1974년 8월 당시의 현존하는 군사적 상황과 위치에 기초하여 남북 키프로스 사이에 유엔 평화유지군이 관할하는 완충지대(United Nations Buffer Zone in Cyprus)가 만들어졌다.[6] 수도

---

5   법무부, 『남북 키프로스 교류협력 법제 연구』, 37쪽.

6   유엔 완충지대에는 4개의 마을이 있으며, 그중 라르나카(Larnaka)시의 북동쪽에 위치한 필라(Pyla)는 다른 곳과는 달리 그리스계 주민과 터키계 주민이 함께 생활하고 있다. 치안은 유엔 경찰이 담당하고 있다. 양계

니코시아에만 존재하던 것이 남북 키프로스 전체 지역으로 확대된 것이다. 전쟁 후 북키프로스 지역에는 3만 5000명 정도의 터키군이 주둔하게 되었고, 11만 5000여 명이 넘는 터키 사람들이 이주해 왔으며, 남키프로스 지역에 거주하던 터키계 주민 2만여 명도 북키프로스로 이주했다.

1975년 2월 13일에는 연방 구성국으로서의 '키프로스연방 터키계 구성국(Turkish Federated State of Cyprus)'의 수립을 선언하였다. 1983년 11월 15일에는 독립국가로서의 '북키프로스터키공화국'의 수립을 선포하였다.

이로써 키프로스는 오늘날과 같은 남북 키프로스 시대를 맞이하게 된 것이다. 그러나 유엔 안전보장이사회는 1983년 11월 18일 북키프로스의 수립 선포가 무효임을 선언하고 모든 회원국에 북키프로스를 인정하지 말 것을 요청하였다. 이에 오늘날까지도 터키만이 유일하게 북키프로스를 국가로 인정하고 있을 뿐이다. 다만 대외적으로는 미국, 영국, 프랑스, 독일, 호주 5개국과 유럽연합이 북키프로스에 대표부를 두고 있다. 한편 북키프로스가 대표부를 설치한 나라는 이 5개국 외에 아제르바이잔, 스웨덴, 이탈리아, 스위스, 바레인, 이스라엘, 쿠웨이트, 키르기스스탄, 파키스탄, 카타르, 아랍에미리트가 있고, 유엔과 유럽연합에도 대표부를 두고 있다.

북키프로스는 독립국가 선포 이후 1985년 5월 5일 유권자의 70퍼센트의 찬성으로 '헌법'을 제정하였다. 제정 헌법에 따르면 북키프로스는 대통령 중심제의 입헌민주국가이다. 민주주의, 사회정의, 법치주의 및 정교분리를 헌법의 기본원칙으로 채택하였다. 의회는 단원제이며 의석수는 50석이다. 사법부는 행정부와 입법부로부터 독립되어 있다. 이처럼 정치체제는 남북 키프로스 사이에 큰 차이점이 없다. 수도는 북니코시아로 정해 니코시아는 세계 유일의 분단 수도가 된 것이다. 인구는 2017년 기준으로 약 32만 6000명이다.

그러나 헌법에는 3만 5000명에 달하는 터키 군대의 지위에 관한 규정은 없었다. 북키프로스 주둔 터키 사령관은 터키계 키프로스 경찰과 정보당국도 지휘하였다. 북키프로스 예산은 상당 부분 터키가 일 년에 한 차례 직접 지급하는 방식으로 조달되었다. 통화는 터키 리라화로 정해졌다.[7]

주민들은 각각의 교회와 모스크, 시의회, 학교 등을 운영하고 있다. 법적인 관점에서는 다른 마을과 마찬가지로 남키프로스의 지배하에 있으므로 이곳 터키인들에게도 남키프로스의 여권이 발급되고 각종 사회보장 혜택도 받는다.

7 법무부, 『남북 키프로스 교류협력 법제 연구』, 40쪽.

4. 남북 키프로스의 법적 관계와 교류협력

1) 남북 키프로스의 법적 관계

남북 키프로스의 상호 법적 관계는 분단 초기의 동서독 및 현재의 남북한과 같이 상대방의 국가성을 부인하고 있다는 점에서 분단국과 같은 특성을 보인다.

남키프로스 입장에서 보는 북키프로스의 법적 지위나 북키프로스 주민들의 법적 지위는 남한 입장에서 보는 북한의 법적 지위 및 북한 주민의 법적 지위와 유사하다. 남키프로스는 헌법상 키프로스섬 전역이 남키프로스의 영토이다. 따라서 북키프로스는 남키프로스 영토의 일부를 불법적으로 점령하고 있는 단체이며, 당연히 별개의 국가로 인정하지 않는다. 2004년 5월 1일 자로 유럽연합(EU)에 가입할 때도 북키프로스 전 지역을 포함하여 가입하였다. 다만 북키프로스 지역에는 사실상 지배력이 미치지 못하므로 '유럽연합법'의 적용을 연기하였을 뿐이다.[8]

이러한 법체계로 인해 북키프로스 주민은 당연히 남키프로스 국민에 해당하며, 북키프로스 주민은 남키프로스로 이동하거나 거주할 자유가 있다. 북키프로스 주민이 남키프로스 여권을 신청하면 제한 없이 여권을 발급한다. 남키프로스 여권을 받은 자는 유럽연합 시민의 권리도 갖는다.

한편, 터키 국적자가 북키프로스로 이주하여 북키프로스의 국적을 취득한 경우 불법 집단인 북키프로스의 국적 부여 행위를 인정하여 이들도 남키프로스의 국민으로 인정할 것인지가 문제가 되었다. 이들에 대해서는 1967년 남키프로스 법률에 따라 귀화 자격을 취득한 자에 한하여 남키프로스의 국적을 인정하고 있다.

북키프로스도 남키프로스를 국가로 인정하지 않는다. 이에 대한 법적 근거는 키프로스 독립의 법적 기초가 된 1959년의 「취리히·런던조약」과 1960년의 「창설조약」, 「보장조약」, 「설립조약」 및 1960년 '헌법'에서 찾는다. 1960년 '헌법'은 그리스계와 터키계 주민의 권력 배분을 기본 구조로 하고 있는데, 그리스계가 1963년부터 1964년 사이에 '헌법' 개정을 추진하면서 이러한 '헌법' 체계를 붕괴시키고 독립의 기초가 된 조약들을 위반하여 남키프로스를 새

---

8   북키프로스 지역에 대한 유럽연합법 적용 연기는 남북으로 분단된 키프로스의 특수한 상황을 고려하여 가입협정과는 별도로 체결한 「키프로스에 관한 의정서(Protocol 10 on Cyprus)」에서 규정하고 있다.

로 조직한 것이므로 북키프로스로서는 남키프로스가 불법 집단이기 때문에 국가로 승인할 수 없다는 것이다.

또한 북키프로스에 대한 터키의 군사행동과 점령은 1960년 「보장조약」 제4조에 근거한 합법적인 조치이지 불법 점령이 아니라고 주장한다.[9] 나아가 남키프로스의 유럽연합 가입도 1960년 「보장조약」 제1조를 위반한 것이므로 무효라고 주장한다. 이러한 주장에 대해 남키프로스는 유럽연합 회원국들은 각자 독립국가의 지위에 있으므로 「보장조약」 제1조의 정치적 또는 경제적 통합에 해당하지 않고 단지 국제기구에 가입을 한 것에 불과하며, 「보장조약」에는 국제기구의 가입을 금지하는 규정이 없다는 논리를 내세우고 있다.

2) 남북 키프로스의 왕래와 교역

남키프로스가 2004년에 유럽연합에 가입한 이후 남키프로스 입장에서는 「키프로스에 관한 의정서(Protocol 10 on Cyprus)」 제1조에 따라 남북 키프로스는 '유럽연합법'이 적용되는 유럽연합 역내와 유럽연합 역외의 관계가 되어 남북 키프로스 간의 왕래와 교역은 '유럽연합법'의 규율을 받는다. 이 문제에 관하여 유럽이사회는 「키프로스에 관한 의정서(Protocol 10 on Cyprus)」 제2조에 근거하여 「그린라인 규정(The Green line Regulation)」을 제정하였다.[10] 「그린라인 규정」은 남북 키프로스 간 왕래와 교역에 관해 규율하고 있는데 주된 내용은 북키프로스 주민과 유럽연합 시민의 자유 왕래 및 무관세 교역에 관한 내용이다.

남키프로스는 제3국 국민(유럽연합 시민권자가 아닌 자)의 불법 입국 및 공공의 안전보장에 대한 위협, 공공정책 보호를 위하여 남북 키프로스 간 경계선을 통과하는 모든 사람을 검사할 수 있고 이들의 차량 및 소지품을 검사할 수 있다(「그린라인 규정」 제2조 제1항). 그리고 모든 사람은 자신의 신원을 입증하기 위하여 그러한 검사에 따라야 하고, 제3국 국민은 남키프로스로부터 체류허가를 받거나 유효한 여행허가서류 또는 유효한 비자를 받고, 공공정책이나 공공의 안전보장을 해하지 않는 조건으로 통과를 허가받을 수 있다(「그린라인 규정」 제2조 제2항, 제3항).[11]

---

9 「보장조약」 제4조는 각 보장 국가(그리스, 터키, 영국)은 조약 위반이 발생하면 행동을 취할 수 있는 권리를 가진다고 규정하고 있다.

10 유럽이사회 규정(EC) 2004년 제866호(Council Regulation No.866/2004 of April 2004).

11 법무부, 『남북 키프로스 교류협력 법제 연구』, 255쪽.

이와 같은 규정에 근거하여 북키프로스에서 남키프로스로 오는 사람들에 대해서는 검사는 하고 있지만, 기본적으로 남키프로스 입장에서는 북키프로스 역시 남키프로스의 영토이다. 따라서 북키프로스 주민은 남키프로스 국민이므로 남키프로스로의 거주이전의 자유가 있다고 보고 남북 키프로스 간 통행 및 거주이전은 완전히 자유롭게 허용되고 있다.

남북 키프로스를 왕래하려면 남북 키프로스를 가르는 그린라인(완충지역)을 통과해야 하는데, 「그린라인 규정」에 사람이 통과할 수 있는 지역 2곳이 명시되어 있었다. 그 이후 2005년 4월에 2개, 2005년 8월에 2개, 2009년 6월에 1개가 추가되고, 2018년 11월 12일 추가로 동부 데리네이아와 서부 레프카(터키명 아플르츠)에 연결 통로를 개통하여 남북 키프로스 사이의 통로는 9곳이 되었다.[12]

한편 북키프로스도 2003년 4월 21일 전격적으로 분단선 개방을 발표하고, 이틀 후인 4월 23일 분단선을 개방하였다.[13]

실제 인적 교류 현황을 보면 2007년 5월 1일부터 2008년 4월 30일까지 기간 동안 그리스계 키프로스인 63만 3163명이 북키프로스를 방문하였고, 터키계 키프로스인 116만 2739명이 남키프로스를 방문하는 등 총 179만 5902명이 상호방문하였으며, 하루 약 5000여 명의 북키프로스 주민이 남쪽으로 노동을 위해 방문하고 있다. 같은 기간 동안 그리스계 키프로스인 차량 42만 6990대, 터키계 키프로스인 차량 60만 2992대, 총 102만 9982대가 상호 통행하였다. 터키계 키프로스인 약 4000~5000명이 남쪽으로 이주하였으며, 이들은 북에 있는 재산을 정리하여 남쪽으로 가져올 수 있다. 다만 1974년 터키군의 점령으로 빼앗긴 그리스계 주민 소유의 재산을 취득한 자가 이를 처분하여 가져오는 것은 불법이다.[14]

'유럽연합법'에 따르면 유럽연합 역내인 남키프로스와 역외인 북키프로스 간의 교역에 대해서는 관세를 부과하는 것이 원칙이겠으나 「그린라인 규정」은 남북 키프로스 간 교역에 대하여 특수관계를 반영하여 관세를 부과하지 않고 있다.

즉, 북키프로스에서 전부 획득·생산되거나 또는 그 지역에서 최종적·본질적·경제적으로 인정받을 만한 과정 또는 노동의 과정을 거친 상품은 남키프로스의 지배력이 미치는 지역으로 반입될 수 있으며(제4조 제1항), 북키프로스에서 전부 획득, 생산된 상품 등 위 상품들을 세관

---

12 법무부, 같은 책, 259~260쪽; "분단 키프로스 남북, 8년 만에 새 연결통로 2곳 개통", ≪연합뉴스≫, 2018년 11월 13일 자 참고.

13 법무부, 『키프로스 통일방안 연구』, 38쪽.

14 법무부, 『남북 키프로스 교류협력 법제 연구』, 253쪽.

에 신고하거나 세관 신고와 동등한 효과가 있는 수수료를 지급할 필요가 없다. 다만, 수출환급금 대상 혹은 기타 조치가 필요한 농산물의 경우 세관에 신고해야 한다(제4조 제2항). 북키프로스 물품의 반입은 남키프로스의 동의를 받아 정식으로 권한을 위임받은 북키프로스 상공회의소에 의해 발급된 인증서류가 첨부되어야 반입될 수 있다(제4조 제5항). 상품이 남키프로스의 지배력이 미치는 지역으로 반입된 후 남키프로스 당국은 북키프로스 상공회의소에서 발급한 인증서류의 진위 등을 검사한다(제4조 제6항). 북키프로스에서 이동한 물품이 남키프로스 내에서 소비되고 다른 유럽연합 회원국으로 재수출되지 않는 때에만 관세가 면제된다(제4조 제7항). 중요한 점은 이러한 물품이 남키프로스에 반입되는 즉시 남키프로스의 물품으로 간주한다는 것이다(제4조 제11항).[15]

5. 남북 키프로스 통일 협상과 통일 방안

1) 통일 협상 과정

남북 키프로스 모두 통일을 지향하면서 그 합의점을 찾기 위하여 꾸준한 협상을 해오고 있다. 그러나 통일국가의 방식에 대하여서는 그리스계와 터키계 사이에 견해 차이가 있다. 그리스계는 국가의 기능성과 단일성을 강조하며, '연방헌법'에 기초하여 두 공동체가 인구 비례에 기초한 대표제도의 보장 방안을 제시하고 있다. 그리스계는 남북 각 구성주의 주권을 인정할 경우 재분단의 위험이 있다는 점을 우려하고 있다. 이에 반하여 인구 구성 측면에서 열세인 터키계는 국제적으로는 통일국가가 단일한 법인격을 가지되, 키프로스 내에 2개의 독립적인 주권국가가 존재하는 것이 바람직하다는 입장이다. 이 때문에 터키계는 국가연합 형태를 희망하며 각 구성주의 우위에 있는 중앙정부 창설을 반대하는 입장이다. 결국 새로운 통일국가에만 주권을 주면 인구 구성 측면에서 우위에 있는 그리스계 중심의 구성주가 열세에 있는 터키계 구성주를 지배할 것이라는 점을 우려하고 있다.[16]

이와 같은 의견 차이가 있는 가운데 1984년 이후 하비에르 페레스 데 쿠아르(Javier Pérez

---

15   법무부, 같은 책, 263~265쪽 참고.
16   법무부, 『키프로스 통일방안 연구』, 239~241쪽 참고.

de Cuéllar), 부트로스 갈리(Boutros Ghali) 등 유엔 사무총장의 중재로 통일 협상이 진행되었다. 특히 1997년 코피 아난(Kofi Annan) 전 유엔 사무총장의 주도적인 노력에 주목할 필요가 있다.

코피 아난 사무총장의 적극적 중재하에 1999년 제네바와 뉴욕에서 5차례에 걸친 남북 키프로스 정상의 근거리회담이 개최되었다. 2001년과 2002년에는 남북 키프로스를 가르는 그린라인의 유엔평화유지군 관할 지역에서 남북 키프로스 정상의 직접회담이 개최되었다. 그러나 남북 키프로스의 영토 분배 등에 대한 이견으로 특별한 성과 없이 종결되었다. 코피 아난 사무총장은 2002년 11월 남북 양측의 이견을 조정하여 아난 플랜 I을 통일방안으로 제시하였고, 다시 양측의 의견을 반영하여 2002년 12월 아난 플랜 II, 2003년 2월 아난 플랜 III을, 2004년 3월 아난 플랜 IV를 제안하였으며, 2004년 3월 31일 국민투표를 앞두고 아난 플랜 V를 최종안으로 상정하였다. 그러나 2004년 4월 24일 실시된 아난 플랜 V에 대한 국민투표 결과 선거인 등록을 한 북키프로스 주민 중 64.9퍼센트는 아난 플랜 V에 찬성했으나 남키프로스 유권자 중 75.8퍼센트는 반대표를 던짐으로써 아난 계획은 실패로 돌아갔다. 2004년 5월 1일 남키프로스는 분단된 채로 유럽연합에 가입하였다.[17]

그러나 통일에 대한 노력은 여기에서 멈추지 않았다. 2005년 4월 북키프로스 대통령 선거에서 탈라트(Talat)가, 2008년 2월 남키프로스 대통령 선거에서는 크리스토피아스(Christofias)가 각각 대통령으로 당선되었다. 그 후 2008년 7월 25일부터 2009월 8월 6일 사이에 제1단계 남북 정상회담 40회와 실무회담이 개최되어 의미 있는 진전을 이루었으나 재산권 문제와 안전보장 문제 등 주요 쟁점에 대하여는 견해 차이를 보였다.

2010년에는 반기문 유엔 사무총장이 키프로스를 방문하여 양측을 중재하면서 다시 통일 논의가 시작되었다. 2012년 남키프로스가 EU 순회의장국이 됨에 따라 한때 협상이 중단되기도 했다. 하지만 2014년 2월 11일 남북 키프로스 정상회담에 이은 공동선언이 발표되어, 이른 시일 내에 협상을 실시키로 하였고, 협상이 타결되면 연방제 국가 설립을 위한 국민투표를 하기로 하였다. 2015년 5월부터 다시 진행된 통일 협상이 순조롭게 추진되었다. 2016년 11월 스위스에서 개최된 정상회담에서는 각각 자치권을 갖는 연방 체제에 대해 원론적 합의를 하였다. 그러나 구체적인 안전보장 방안, 관할구역 확정, 분단에 따른 주민 재산권 보상 등에 있어서 여전히 견해 차이를 보였다. 특히 키프로스섬의 36퍼센트에 이르는 북키프로스 영토를

---

17 법무부, 같은 책, 10~11쪽. 코피 아난이 제시한 각각의 플랜에 대한 구체적인 내용과 협상 과정에 대해서는 법무부, 『남북 키프로스 교류협력 법제 연구』, 73~95쪽 참고.

28~29퍼센트대로 줄이는 데는 합의를 했음에도 불구하고 북측은 29.2퍼센트를 제시하고 남측은 28퍼센트를 제시하는 등 여전히 의견이 대립하고 있다. 2017년 12월 통일 협상은 최종적으로 결렬되었다. 하지만 인종과 종교를 달리하는 남북 키프로스의 통일 노력은 계속되고 있다.

2) 키프로스 연방공화국 통일방안

(1) 개요

비록 실패하였으나 코피 아난이 제시한 '키프로스 연방공화국 창설협정', 특히 '키프로스 연방공화국 헌법'은 향후 남북한 통일 협상 과정에서 많은 참고가 될 수 있을 것이다. '키프로스 연방공화국 헌법'의 내용을 보면 남북 키프로스의 입장을 모두 고려하면서도 인구나 국토 면적에 있어서 열세에 있는 북키프로스에 대하여 여러 가지를 배려한 느낌을 받게 한다. 그러면서도 전체적으로는 남북 양자의 입장을 모두 고려하여 남북 키프로스의 법적 지위를 헌법적 구성주(constituent states)로 규정하여 연합국가와 연방국가의 중간적 형태를 제시한 점이 특징이다.

코피 아난 유엔 사무총장의 통일방안인 '키프로스 문제의 포괄적 해결(The Comprehensive Settlement on the Cyprus Problem)'은 ① 창설협정(Foundation Agreement), ② 구성주 헌법(Constituent State Constitutions), ③ 키프로스의 새로운 형세와 관련된 문제에 관한 조약(Treaty on matters related to the new state of affairs in Cyprus), ④ 키프로스 연방공화국의 유럽연합 가입 조건 적응법 초안(Draft Act of Adaptation of the terms of accession of the United Cyprus Republic to the European Union), ⑤ 유엔 안전보장이사회에 회부하여 결정할 사항(Matters to be Submitted to the United Nations Security Council for Decision), ⑥ 2004년 4월 중에 취할 조치들(Measures to be taken during April 2004)의 6개의 부록으로 구성되어 있다.[18]

「창설협정」은 '주요조항' 및 9개의 부속문서로 구성되어 있다. '주요조항(Main Articles)'은 '키프로스 연방공화국 헌법(Constitution of the United Cyprus Republic)'을 포함한 9개의 부속문서의 내용을 효율적으로 요약한 것으로 통일방안에 대한 기본원칙을 규정하고 있으며, 서문과 14개의 조문으로 구성되어 있다.

---

[18] 아난 플랜 V의 통일방안 전문은 http://www.hri.org/docs/annan/Annan_Plan_April2004.pdf 참고(검색일: 2019년 3월 1일). 참고로 법무부, 『키프로스 통일방안 연구』, 293~502쪽에는 아난 플랜 III의 통일방안에 대한 번역문이 수록되어 있다.

'주요 조항' 서문은 "① 키프로스가 우리 공동의 조국임을 확인하고, 우리가 1960년 창설된 공화국의 공동창설자임을 환기한다. ② 과거의 비극적 사건들이 절대로 반복되어서는 안 되며, 무력의 위협이나 사용 또는 어느 일방의 지배를 영원히 포기한다. ③ 양측의 고유한 정체성과 고결성, 그리고 우리의 관계가 다수 대 소수의 관계가 아닌 정치적으로 대등한 관계라는 사실을 인정한다. ④ 이러한 토대 위에서 우리 파트너십을 새롭게 하고, 이와 같은 새로운 2지역 공동통치(Bi-zonality) 파트너십이 독립연방국 키프로스에서 우정, 평화, 안전 및 번영을 누리는 공동의 미래를 보장할 것으로 결의한다. ⑤ 국제법과 유엔의 원칙 및 목적에 대한 우리의 결의를 강조한다. ⑥ 민주적 원리, 개인의 인권 및 기본적 자유, 양측의 문화적·종교적·정치적·사회적·언어적 정체성 등을 존중할 것을 서약한다. ⑦ 동지중해 지역의 평화로운 환경 속에서 그리스 및 터키와의 특별한 우호적 유대를 유지하고 양국 간에 균형을 존중한다. ⑧ 연방공화국이 유럽연합에 가입하는 것과 터키도 유럽연합에 가입하는 날을 고대한다. 우리 그리스계 키프로스 주민과 터키계 키프로스 주민은 천부적인 자주 조직권을 행사하여 자유롭고 민주적이며, 개별적으로 표현된 공동의지에 따라 이 창설협정을 채택한다"고 규정하고 있다.

「창설협정」 14개 조문의 조목을 보면 새로운 형세(제1조), 키프로스 연방공화국, 공화국의 연방정부 및 구성주(제2조), 시민권, 거주지와 신분(제3조), 기본적 권리 및 자유(제4조), 연방정부(제5조), 대법원(제6조), 과도적 연방 및 구성주 기관(제7조), 무장해제(제8조), 구성주 경계와 영토 조정(제9조), 재산(제10조), 화해위원회(제11조), 과거의 행위(제12조), 발효 및 시행(제13조), 부속문서(제14조)로 되어 있다. 「창설협정」의 부속문서 목록은 <표 22-1>과 같다.

「창설협정」 부속문서의 목록을 보면 키프로스 연방공화국 창설을 위해 필요한 법제도적 준비 사항을 알 수 있다. 특히 연방 법률의 부록으로 첨부된 35개의 법률과 그에 첨부된 별도의 법률 96개를 보면 연방공화국 형태로의 통일을 위해서 연방 법률로 규정해야 할 법률의 범위와 연방정부와 구성주 간의 법률 제정 권한 분배 문제가 얼마나 정교하게 다루어져야 하는지를 가늠해 볼 수 있다.

'구성주 헌법'은 헌법적 구성주인 그리스계 구성주와 터키계 구성주의 각 헌법을 말하며, 구성주인 그리스 키프로스 국가와 터키 키프로스 국가의 '헌법'이다.

'키프로스의 새로운 형세와 관련된 문제에 관한 조약'은 1960년에 체결한 설립조약, 동맹조약, 보증조약에 관해 새로운 키프로스와 그리스, 터키, 영국 간에 체결되는 추가 의정서와 과도기의 안보에 관한 조약 등에 대해 규정하고 있다.

| 표 22-1 | 「창설협정」 부속문서

부속문서 번호		부속문서명
1		키프로스 연방공화국 헌법(Constitution of the United Cyprus Republic)
	부록	1. 키프로스 연방공화국과 각 구성주 지도 2. 키프로스 연방공화국 국기 3. 키프로스 연방공화국 국가(國歌) 4. 연방 재산 5. 인권과 기본적 자유 목록
2		헌법적 법률(Constitutional Laws)
	부록	1. 헌법적 법률의 입안과 채택에 관한 헌법적 법률 2. 경찰 문제와 합동 수사기관의 구성 및 기능에 관한 헌법적 법률 법률 1. 구성주 경찰에 관한 헌법적 법률, 법률 　법률 2. 합동 수사기관에 관한 헌법적 법률 3. 구성주 내부 시민권과 구성주 주거권에 관한 헌법적 법률
3		연방 법률(Federal Laws)
	부록	1. 키프로스 연방공화국의 국가, 국기, 기장 및 훈장에 관한 연방 법률 2. 대외관계 수행에 관한 연방 법률 3. 유럽연합 관계 수행에 관한 연방 법률 ※ 관련 법률 2개 첨부 4. 키프로스 연방공화국의 시민권과 부수적으로 관련된 문제에 관한 연방 법률 5. 외국인, 이민, 망명에 관한 연방 법률 ※ 관련 법률 5개 첨부 6. 키프로스 중앙은행에 관한 연방 법률 7. 부가가치세에 관한 연방 법률 8. 예산에 관한 연방 법률 9. 국제무역, 관세 및 소비세에 관한 연방 법률 ※ 관련 법률 4개 첨부 10. 민간항공 및 영공 관리에 관한 연방 법률 11. 국제항해, 영해 및 대륙붕에 관한 연방 법률 ※ 관련 법률 48개 첨부 12. 구성주 간의 공평한 분배 및 관련 목적을 위한 천연 수자원에 관한 연방 법률 13. 자연자원에 관한 연방 법률 ※ 관련 법률 2개 첨부 14. 연방 법률의 시행에 관한 연방 법률 ※ 관련 법률 2개 첨부 15. 통신에 관한 연방 법률 ※ 관련 법률 2개 첨부 16. 기상 서비스 및 관련 목적과 기능을 제공하기 위한 연방 법률 17. 미터법에 기초한 도량형 기준 제정과 관련된 부수적 사항에 관한 연방 법률 18. 지적재산권에 관한 연방 법률 ※ 관련 법률 7개 첨부 19. 고대 유물과 유적에 관한 연방 법률 ※ 관련 법률 3개 첨부 20. 선거에 관한 법률 ※ 관련 법률 3개 첨부 21. 연방정부 면책과 면제에 관한 법률 22. 행정에 관한 연방 법률 23. 공식 언어에 관한 연방 법률 24. 연방경찰과 합동 수사기관에 관한 연방 법률 ※ 관련 법률 2개 첨부 25. 입법 절차와 헌법 개정 절차에 관한 연방 법률 26. 사법행정에 관한 연방 법률 27. 연방법 위반에 관한 연방 법률 ※ 관련 법률 5개 첨부 28. 탄핵에 관한 연방 법률 29. 계약에 관한 연방 법률 ※ 관련 법률 2개 첨부 30. 개인정보 보호에 관한 연방 법률 31. 자본시장 규제에 관한 연방 법률 ※ 관련 법률 9개 첨부 32. 보험시장 규제에 관한 연방 법률

		33. 은행업에 관한 연방 법률 34. 효율적 경쟁 목적의 이해관계 조정에 관한 연방 법률 35. 경쟁 보호에 관한 연방 법률
4		연방정부와 구성주간의 협력 협정(Cooperation Agreements between the Federal Government and the constituent states)
	부록	1. 대외관계에 관한 협력 협정 2. 유럽연합 관계에 관한 협력 협정 3. 경찰 문제에 관한 연방정부와 구성주 간의 협력 협정
5		키프로스 연방공화국에 구속력이 미치는 국제조약 목록(List of International Treaties and Instruments binding on the United Cyprus Republic) ※ 별도 제출
6		영토에 관한 합의(Territorial Arrangements)
7		1963년 이후에 발생한 사유의 영향을 받는 재산의 처리(Treatment of Property affected by Events since 1963)
8		화해위원회(Reconciliation Commission)
9		새로운 형세의 구축(Coming into Being of the New State of Affairs)

'키프로스 연방공화국의 유럽연합 가입 조건 적응법 초안'은 유럽연합 이사회가 채택한 키프로스 연방공화국의 유럽연합 가입과 관련된 조건들을 규정하고 있다

'유엔 안전보장이사회에 회부하여 결정할 사항'은 「창설협정」과 그것이 포함하는 모든 내용의 적절한 이행을 담보하기 위하여 객관적이고 중립적인 기관으로서 유엔 안전보장이사회로 하여금 일정한 내용에 대하여 이를 승인하고, 확인할 의무를 부과하면서 유엔 안전보장이사회가 결정하여야 할 사항들을 규정한 것이다.

내용을 보면 키프로스 문제의 포괄적 해결을 달성하기 위해 「창설협정」을 각 구성주에서 동시에 실시되는 개별 국민투표에 회부하는 내용의 서약서에 대한 양쪽 대표의 합의에 따라 유엔 안전보장이사회는 「창설협정」이 발효됨과 동시에 「창설협정」을 승인하며, 「창설협정」으로 구축된 새로운 형세에 대한 일방적 변경, 특히 키프로스의 전체 또는 일부가 다른 나라와 연합하는 행위나 키프로스를 분할하거나 연방에서 탈퇴하는 행위 등이 금지된다는 것을 공식적으로 확인한다. 또한 그리스계 키프로스 주민과 터키계 키프로스 주민의 정치적 평등 및 고유한 정체성, 키프로스 연방공화국 내 구성주의 대등한 지위 등을 승인한다(서문 및 제1조). 키프로스에 무기를 공급하는 행위는 금지되며 이 금지는 수출업자와 수입업자를 모두 법적으로 구속한다(제2조). 유엔 안전보장이사회는 키프로스 내부에서 유엔 평화유지군을 유지하기로 하며, 따라서 유엔평화유지군은 연방정부가 양 구성주의 동의를 얻어서 달리 결정하지 않는 한 계속하여 키프로스에 주둔하면서 그 업무를 수행한다. 특히 유엔평화유지군은 「창설협정」

의 시행을 감시하고 최선을 다하여 협정의 준수를 촉진하며 안전한 환경의 유지에 기여한다는 위임명령에 따라 키프로스 전역에 걸쳐서 자유롭게 배치되어 운영된다. 그 밖에도 예비군을 포함한 군대해산, 무기 제거, 연방 및 구성주 경찰에 관한 「창설협정」 준수 여부 감시, 영토조정 대상 지역의 이전에 관련된 활동 감독, 키프로스, 그리스, 터키 및 영국이 키프로스 내 새로운 형세에 관련된 문제에 관해 조약에 따라 설치할 감시위원회 주재 및 행정지원 등의 업무를 담당하도록 하고 있다(제3조).

'2004년 4월 중에 취할 조치들'은 연방공화국 정부 건물의 개장과 준비, 연방정부 초기의 재산 목록 작성, 중앙은행 이사회 위원 명단 통보 등 연방정부 출범 초기에 필요한 사항들을 규정하고 있다.

(2) 키프로스 연방공화국 헌법의 주요 내용

'키프로스 연방공화국 헌법'은 서문 없이 7개 부 55개 조문으로 구성되어 있다. 제1부는 기본 조항, 제2부는 일반 규정, 제3부는 기본권과 자유, 제4부는 연방정부와 구성주, 제5부는 연방 기관, 제6부는 본 '헌법'의 개정, 제7부는 경과규정이다. 이 중 주요 내용만 살펴본다.

① 국가 형태

키프로스 통일국가의 국명은 '키프로스 연방공화국(The United Cyprus Republic)'이다. 키프로스 연방공화국은 단일한 국제법적 법인성과 연방정부(federal government)를 가진 독립주권국가이며 2개의 '헌법적 구성주(two constituent states)'인 그리스계 키프로스주(the Greek Cypriot State)와 터키계 키프로스주(the Turkish Cypriot State)로 구성된다(제1조 제1항). 누구든지 키프로스 연방공화국의 독립, 영토보전, 안보와 헌법질서를 보호하고 존중해야 한다(제1조 제2항). 키프로스의 전체 또는 일부가 다른 나라와 연합하는 행위나, 키프로스를 분할하거나 연방에서 탈퇴하는 행위, 본 협정으로 구축된 형세를 일방적으로 변경하는 행위 등은 일절 금지된다(제1조 제3항). 키프로스 연방공화국은 유럽연합 회원국이며, 구성주 정부는 유럽연합에서의 키프로스 정책수립에 참여한다(제18조 제1항, 제2항).

② 연방정부와 구성주의 관계

「창설협정」의 '주요조항' 제2조에 따르면 키프로스 연방공화국은 스위스를 모델로 하여 연방공화국이 단일의 국제법적 주체성과 주권을 보유하고 각 구성주는 독립적 주권을 가지고 '개별 헌법'에 따라 자주적으로 연방정부에 이양되지 않은 모든 국가권력을 행사한다. 또한 벨기에를 모델로 하여 연방 법률과 구성주 법률 사이에 어떠한 위계질서도 존재하지 않는다.

이를 바탕으로 '키프로스 연방공화국 헌법' 제2조에서는 구성주는 동등한 지위를 가지며, 각 구성주는 본 헌법과 본 헌법 부록에 명시된 국경의 범위 내에서 권한을 행사한다고 규정하고 있다(제1항). 구성주의 정체성, 영토보전, 안보와 헌법질서는 모든 사람에 의해 보호되고 존중된다(제2항). 구성주는 헌법의 범위 내에서 자체 헌법에 규정된 법의 지배, 민주주의 및 대의 공화정체 등의 기본원리에 따라 자유롭게 조직할 수 있는 자주조직권을 가진다(제3항).

연방정부는 본 헌법에 따른 구성주의 권한과 기능을 전적으로 존중해야 하며 이를 침해해서는 안 되며, 각 구성주는 본 헌법에 따른 연방정부나 다른 구성주의 권한과 기능을 전적으로 존중해야 하며 이를 침해해서는 안 된다. 연방법과 구성주 법률 간에는 위계질서가 없다(3조 제2항). 연방정부 및 구성주의 구체적인 권한과 기능에 대해서는 헌법 제14조와 제15조에서 구체적으로 규정하고 있다.

③ 통일국가의 기본원리

키프로스 연방공화국은 헌법에 따라 법의 지배, 민주주의, 대의공화정체, 그리스계 키프로스 주민과 터키계 키프로스 주민의 정치적 평등, 2국 공동통치성(Bi-zonality), 구성주의 평등한 지위 등을 기본원리로 한다(제1조 제4항). 키프로스 연방공화국과 연방정부 및 구성주는 정교를 분리하며 종교계 인사는 선출되거나 임명되는 정무직 또는 공직을 담임할 수 없다(제5조).

한편 헌법 제6조에서는 비무장에 관해 규정하고 있는데, 키프로스 연방공화국과 구성주는 무장을 해제하며, 준군사조직이나 예비군을 보유할 수 없으며 국민에 대한 군사적 또는 준군사적 훈련도 허용되지 아니한다. 키프로스는 양 구성주 정부의 동의를 얻은 경우를 제외하고는 그 영토를 국제적 군사작전의 처분에 맡기지 않는다. 허가된 스포츠용 총기를 제외한 모든 무기가 금지되며, 구성주는 키프로스 연방공화국, 연방정부, 구성주 또는 보장국가에 저항하는 폭력과 폭력 선동을 금지하며 국경 내에서 활동하는 사람, 단체 또는 조직의 상기 행위를 허용해서는 안 된다.

④ 시민권

키프로스 시민권은 단일하며, 모든 키프로스 국민은 또한 헌법적 법률에 규정된 구성주 내부 시민권을 향유한다. 이 지위는 유럽연합의 시민권과 마찬가지로 키프로스 (단일) 시민권을 대체하는 것이 아니라 보완한다. 구성주 내부 시민권은 키프로스 국민만이 향유할 수 있다. 헌법 또는 「창설협정」의 규정에서 특정인의 출신 구성주를 언급하는 경우에는 구성주 내부 시민권 보유 여부를 기준으로 한다. 누구든지 양 구성주의 시민권을 동시에 보유할 수 없다(제12

조). 18세 이상인 키프로스 국민은 연방 차원의 정치적 권리를 향유하며 이 정치적 권리들을 구성주 내부 시민권에 기초하여 행사한다(제13조).

⑤ 정부구성

국가원수직은 6명으로 구성되는 대통령평의회에 부여하며 대통령평의회는 집행권을 행사한다. 대통령평의회 위원은 연방의회가 단일명단에서 특별 다수결을 통해 5년의 임기로 선출한다. 대통령평의회는 각 구성주 주민의 수에 비례하여 구성하되 각 구성주는 2명 이상의 대통령평의회 위원을 보유해야 한다. 위원들은 동등한 지위를 가진다(제26조). 위원장과 부위원장은 동일한 구성주 출신이어서는 안 되며, 10개월씩 돌아가면서 담당한다(제27조). 위원장은 국가원수로서 대통령평의회를 대표한다(제29조 제1항). 각 위원은 하나의 정부부처를 통할하며, 외무부장관과 유럽연합 문제 담당 장관은 동일 구성주 소속이어서는 안 된다(제28조).

연방의회는 각 임기 5년의 48명의 의원으로 구성된 상원과 하원으로 구성한다. 상원의원은 구성주에서 동수(각 구성주별 24명)로 선출하고, 하원은 구성주 인구 비율에 따라 구성하되, 각 구성주는 전체 의석의 4분의 1 이상을 차지하도록 하고 있다. 마론교 교도, 로마가톨릭 교도, 아르메니아인 등 종교적 소수민족은 1명 이상의 하원의원으로 대표되어야 한다(제22조).

대법원은 동일한 수의 각 구성주 출신 판사로 구성된다. 대통령평의회는 특별 다수결로 가결되는 법률(이 법률에서는 또한 판사의 정원을 규정함)에 규정된 기준과 절차에 따라 연임 가능 7년 임기로 판사를 임명한다. 대법원은 구성주 간의 분쟁, 구성주와 연방정부 간의 분쟁, 연방정부 산하기관 간의 분쟁 등에 대해 전속관할권을 가진다. 대법원은 연방법이나 구성주 법률의 합헌성 문제 또는 헌법적 법률의 우선적 적용으로 인해 발생하는 문제에 대해 전속관할권을 가진다. 구성주 법원 또는 기타 연방기관이나 구성주 기관의 요청으로 상기 문제에 대해 구속력 있는 의견의 형식으로 결정할 수 있다(제36조).

연방행정과 관련해서는 동일한 수의 각 구성주 출신 남녀로 구성되는 공무원인사관리위원회(Public Service Commission)가 연방 공무원의 임명 및 승진을 관리할 수 있는 권한을 가진다. 공무원인사관리위원회는 법률에 따라 결정하며, 공무원인사관리위원회는 '헌법'이나 특별 다수결로 가결되는 법률에 달리 규정되어 있는 경우를 제외하고는 구성주 인구수에 비례하여 구성한다. 다만 각 구성주는 모든 행정직계 수준에서 해당 공무원의 3분의 1 이상을 차지해야 한다. 연방공무원은 동시에 구성주 공무원을 겸직할 수 없다(제30조).

키프로스 중앙은행은 키프로스 연방공화국의 통화 당국으로 통화를 발행하고 통화정책과 대출 기준금리를 결정하며 금융부문을 규제 감독한다. 중앙은행은 독립적인 지위를 가지며 유럽연합 요구사항에 따라 운영된다. 중앙은행은 3명으로 구성되는 이사회가 관리하며 이 중에 1명이 총재가 된다. 각 구성주는 1명 이상의 이사를 가져야 한다. 이 중에서 1명은 키프로스 국민이 아닌 사람으로 임명될 수 있다. 총재와 다른 두 명의 이사회 이사는 대통령평의회가 7년의 임기로 임명한다. 중앙은행 이사회의 모든 결정은 단순 과반수의 찬성으로 내린다(제32조).

검찰총장, 검찰차장, 감사원장, 감사원 부원장 등은 독립적인 지위의 고위공무원으로서 특정 부처에 소속하지 않는다. 이들은 대통령평의회가 중임 불가 9년의 임기(그러나 75세 이상을 초과할 수 없음)로 임명한다. 검찰총장과 감사원장은 동일한 구성주 출신일 수 없으며, 검찰총장과 검찰차장 또는 감사원장과 감사원 부원장도 동일한 구성주 출신일 수 없다(제33조).

키프로스 연방공화국은 동일한 수의 각 구성주 출신 경찰로 구성되는 연방경찰을 둔다. 연방경찰은 키프로스 국경을 통제하고 연방공무원, 건물, 재산, 외국 고관, 외교사절 등을 보호한다(제31조).

(3) 분단과정에서 발생한 피해 회복 및 통합을 위한 각종 위원회

키프로스는 분단 과정, 특히 1964년과 1967년의 유혈사태 및 1974년의 군부 쿠데타와 터키 및 영군 군의 개입으로 인한 전쟁을 통해 수많은 사상자와 실종자 및 실향민이 발생하였다. 북키프로스 지역에 거주하던 그리스계 주민들은 강제추방을 당하면서 북키프로스에 남아 있는 재산을 상실하는 물적 피해도 발생했다.

「창설협정」은 통일 이전 분단 과정 등에서 발생한 이와 같은 인적 피해와 물적 피해에 대한 문제를 처리하기 위하여 재산권위원회, 화해위원회, 실종자위원회를 설치하여 운영하도록 하고 있다. 또한 통일 이후 영토의 조정으로 인한 이주자들을 위한 이주위원회에 관해서도 규정하고 있다.

① 재산권위원회

「창설협정」은 1963년 12월부터 「창설협정」의 발효일까지 사이에 키프로스에서 발생하였던 자치단체 간 투쟁, 군사행위, 기타 미해결의 분단 상황에 따라 영향을 받은 재산권에 대하여 통일 키프로스 연방공화국의 수립과 동시에 그 재산권의 처리를 위하여 특별히 독립적이고 중립적인 재산권위원회(Property Board)를 설립하도록 하고 있다. 재산권위원회는 키프로스 재산권 반환과 조정 등 문제를 효율적으로 해결하기 위해서 원소유자가 현재 사용자와 개인적으로 직접 거래하는 것을 금지하는 한편, 일정한 재산권에 대해서는 그 소유권을 재산권위원

회에 이전하여 재산권위원회가 관리하면서 최종적으로 처리하도록 하였다.[19]

「창설협정」 '주요조항' 제10조에서는 「창설협정」 발효 이전의 사유로 인해 재산을 상실한 소유자의 재산권 청구에 관해 기본원칙을 규정하고 있다. 원칙적으로 이들의 재산권 청구는 국제법, 재산을 상실한 소유자와 현재 사용자의 개인적 권리의 존중, 2국 공동통치 원칙 등에 따라 포괄적으로 해결한다(제10조 제1항). 영토조정 대상 지역에 있는 재산은 해당 재산을 상실한 원 소유자에게 반환한다(제10조 제2항). 영토조정 대상 지역 이외의 지역의 경우에는 재산을 상실한 소유자가 보상을 선택하거나 재산권 행사제도에 따라 해당 재산을 반환받지 못하는 경우에는 재산상실 시의 가격에 유사한 지역의 재산가 등귀를 반영하여 전액을 효과적으로 보상받도록 하는 등 제10조 제3항 각 호의 내용을 반영한 반환이나 보상 방식의 재산권 행사제도를 마련하도록 하고 있다(제10조 제3항). 이러한 재산의 구체적인 처리에 대해서는 「창설협정」 부속문서 7. '1963년 이후에 발생한 사유의 영향을 받은 재산의 처리'에서 구체적으로 규정하고 있으며, 재산권위원회의 설치, 운영, 직원 및 운영비에 대한 구체적인 내용은 위 부속문서 7.의 부록 2. '키프로스 재산위원회 및 보상제도'에서 규정하고 있다.

② 화해위원회

그리스계 키프로스와 터키계 키프로스의 분쟁은 장기간에 걸친 민족적·종교적·문화적 갈등과 유혈사태, 그리고 군사적 충돌이라는 독특한 경험과 밀접한 관련이 있다. 따라서 이러한 문제점들을 포괄적으로 해결하고 정치적 통일체와 사회통합을 달성하기 위해서는 독립적이고 중립적인 분쟁해결기구를 필요로 하였다. 이를 위하여 화해위원회(Reconciliation Commission)를 설치하였으며, 연방정부와 구성주 기관은 화해위원회에 최대한 협력해야 하고, 화해위원회가 결정한 사항과 지시를 모든 주민에게 알리고 시달하여야 한다.[20]

화해위원회는 그리스계 키프로스 주민과 터키계 키프로스 주민의 상호 이해, 관용, 그리고 존중을 촉진하기 위한 활동에 관한 정책을 결정하고 이를 시행하는 독립적이고 중립적인 기구이다. 위원회는 동일한 수의 구성주 출신 남녀와 키프로스 국민이 아닌 위원 1명 이상으로 구성하며 유엔 사무총장이 연방정부 및 구성주와 협의하여 임명한다(「창설협정」 '주요조항' 제11조). 화해위원회의 구체적인 목적, 권한, 구성, 존속기간, 운영비, 보수, 권고 사항 및 보고서 제출, 사후관리 절차 등에 대해서는 부속문서 8에서 상세히 규정하고 있다.

---

19 법무부, 『남북 키프로스 교류협력 법제 연구』, 138~139쪽.

20 법무부, 『키프로스 통일방안 연구』, 75~76쪽.

③ 실종자위원회

실종자 문제를 해결하기 위한 실종자위원회에 대해서는 부속문서 1.의 '키프로스 연방공화국 헌법'에서 규정하고 있다. 헌법 제54조는 구성주의 집행부 수반은 지체 없이 행방불명자의 문제를 최종적으로 해결하기 위한 조치를 취해야 하며, 양 구성주는 자신의 권한 범위 내에서 1997년 7월 31일 클레리데스(Clerides)와 덴타시(Denktash)가 합의한 내용에 따라 키프로스 내부의 행방불명자에 관한 실종자위원회(Committee on Missing Persons in Cyprus)의 활동에 최대한 협력하도록 하고 있다. 또한 각 구성주는 시체 발굴을 포함하여 필요한 모든 조사를 수행하고 완료해야 한다.

④ 이주위원회

「창설협정」은 부속문서 6.의 '영토에 관한 합의'에서 영토조정으로 인하여 거주지를 이동하여야 하는 사람들을 위한 이주위원회에 관하여 규정하고 있다.

키프로스 연방공화국은 영토조정으로 인하여 현재 영토조정의 대상이 되는 이주위원회를 설치하는데, 이와 같은 이주자들의 특별한 보호에 대하여는 각 구성주 대표 1명과 그리스, 터키 및 영국 국민이 아닌 외국인 3명 등 5명으로 구성되는 이주위원회가 관리한다. 위원장은 유엔 대표가 되며, 유엔 사무총장이 이주위원회의 외국인 위원을 임명한다. 각 구성주는 각각 주택공급 및 재산문제를 관장하는 기관, 고용 및 경제문제를 관장하는 기관, 경찰기관, 영토조정 대상 지역에 위치하는 지방기관 등의 대표들을 임명하여, 그들로 하여금 이주위원회와 협력하고 연락책의 역할을 수행하며, 이주위원회의 요구에 따라 개최되는 추가 기획회의에 참석하도록 해야 한다. 특히, 이주위원회는 이주 대상이 되는 주민들이 이주 일자를 확정하기 전에 그들이 거주할 대체 거주시설의 준비 상태를 확인해야 하며, 이주 대상 주민이 이주해 가는 자치단체 지역에서 생계를 확보하는 데 필요한 지원을 받을 수 있도록 이주민을 받는 자치단체의 해당 기관과 그에 관한 약정을 체결해야 한다. 또한 이주위원회는 영토 조정 대상지역 내의 재산반환 또는 대체 거주시설의 확정에 관한 결정과 관련하여 재산권위원회(Property Board)와 긴밀하게 협력하며, 대체 거주시설의 건설을 계획할 때는 공동체 단위의 이주를 원하는 공동체의 요구를 특별히 고려해야 한다. 이주위원회는 영토에 관한 합의에 따라 규칙을 제정하며, 각 구성주는 이주위원회의 결정을 최대한 존중하고 그에 따라 정해진 시기에 그 결정내용을 시행해야 하며, 이를 위하여 필요한 경우에는 법령을 제정해야 한다(부속문서 6. '영토에 관한 합의' 제7조).

⑤ 기념비와 기념 사적지 관리

「창설협정」 부속문서 6. '영토에 관한 합의' 에는 영토조정 대상 지역에 위치한 기념비 등의 관리에 관한 규정도 두고 있다. 영토조정 대상 지역에 위치하고 1963년과 1974년 사이에 발생했던 사건에 관련되는 터키계 키프로스주 기념비와 기념 사적지는 상기 지역의 이전일 이후에는 상기 기념비나 사적지의 최종적인 지위와 관리장치(적절한 경우에 보호 및 유지보수 포함)를 결정하게 될 화해위원회(Reconciliation Commission)의 관리에 두며, 사적지나 주변 재산에 이해관계를 가지고 있는 어떤 사람이나 단체도 위원회의 결정을 존중해야 한다. 이를 위해 화해위원회는 별도의 위탁기관이나 재단을 지명하거나 설치할 수 있으며 설치 또는 지명되는 위탁기관이나 재단은 상기의 관리 장치에 따라 기념비나 기념 사적지에 출입할 수 있는 권리를 가진다(부속문서 6. '영토에 관한 합의' 제7조).

6. 맺음말

남북 키프로스는 분단의 원인이 한반도와 같이 냉전 이데올로기에 의한 이념의 차이로 인한 것이고, 민족과 종교적 갈등으로 인한 것이라는 점과 국제사회에서는 남키프로스만 국가로 인정받고 있으며, 남북 키프로스 모두 자유민주주의 체제의 국가라는 점은 남북한 상황과 다르다.

하지만 남북 키프로스는 서로 상대방의 국가성을 부인하며 통일을 지향하고 있다. 인구는 남키프로스가 훨씬 많다. 한반도와 같이 남북 키프로스 역시 무력충돌과 전쟁을 경험하였다. 그 과정에서 수많은 사상자와 실종자가 발생하였고, 재산권을 상실한 실향민들이 존재한다. 우리의 비무장지대와 유사한 유엔 완충지대가 존재하고, 주변 강대국의 이해관계가 얽혀 있다. 이런 점에서 본다면 과거 동서독의 경우보다 더 많은 유사점이 있기도 하다. 더군다나 남북 키프로스의 주민들은 수백 년간 지배를 했던 민족과 지배를 받았던 민족의 관계이다. 언어와 종교와 관습이 다르다. 단순히 이념과 체제를 달리하는 남북한의 경우보다 훨씬 더 이질적이다. 이념과 체제는 통일이 되면 하나로 통합이 되겠지만 민족과 종교와 언어는 통일이 될 수 없다. 그런데도 불구하고 키프로스의 교류협력과 통일 협상은 우리보다 앞서 나가고 있다. 과연 이들이 통일을 위한 노력을 계속하는 이유가 어디에 있는지 깊이 생각해 볼 필요가 있다.

남북 키프로스 주민들의 왕래 상황을 보면 남키프로스는 남북 키프로스 주민 모두에 대하여 거주이전의 자유를 인정하고 있다. 북키프로스도 분단선을 개방하여 자유롭게 왕래를 하도록 하였다. 남북 통과 지점도 9곳이나 된다. 매일 수많은 북키프로스 주민들이 남키프로스를 오가며 일을 한다. 현재의 남북한 상황보다 훨씬 발전된 모습이다. 유엔 관할 완충지대 내에도 마을이 있다. 그중 필라(Pyla)에는 그리스계 주민과 터키계 주민이 평화롭게 공존하고 있다.

남북 키프로스의 교역도 남키프로스가 유럽연합에 가입하면서 북키프로스 지역에 대한 '유럽연합법'의 적용을 유보하여 법률적으로는 역내와 역외 간 교역이지만 무관세의 특혜를 인정받고 있다. 이는 남북한이 비록 상호 간 남북한 교역을 민족내부거래로 규정하고 무관세 제도를 채택하고 있으나 WTO 협정의 최혜국 대우 문제가 언제든지 발생할 수 있다는 점에서 차이가 있다.

통일 협상과 관련해서도 비록 코피 아난을 비롯한 유엔 사무총장의 적극적인 중재 노력이 있기는 하였지만 남북 키프로스 간에 구체적인 협상을 진행하고 2004년에 구체적인 키프로스 연방공화국 「창설협정」을 마련하여 국민투표까지 한 것은 아직 교류협력의 초기 단계에 머무는 남북한보다 상당히 진전된 상황이다.

키프로스의 「창설협정」 형식과 투표 방식도 참고할 필요가 있다. 남북한이 평화적인 협상을 통해 통일한다면 키프로스 「창설협정」 방식을 참고할 만하다. 즉 통일국가 창설을 위한 조약 성격의 남북합의서를 체결하면서 통일헌법을 비롯하여 통일 이후 국가의 기반이 될 각종 필수 법률을 부속문서로 첨부하여 발표하고, 일정 기간 남북한 주민 모두에게 그 취지와 내용을 충분히 알린 후 남북한 동시 국민투표를 실시해서 통일 여부를 결정하는 것이 가장 합리적이고 현실적인 방안이라고 본다. 이처럼 통일국가 건설을 위한 법제도를 일시에 해결하지 않고 통일조약 또는 통일에 대한 남북합의서만을 체결하고 그 후 통일국가 건설에 필요한 헌법을 제정해서 국민투표를 실시한 다음 통일헌법에 따라 법제도를 통합해 가는 것은 그 이행 과정에서 자칫 중단될 우려도 있다.

특히 「창설협정」에 부속된 부속문서들을 보면 '헌법'을 비롯하여 남북한 통일 협상 과정에서 조치가 필요한 대부분의 법적 조치가 포함되어 있다는 점에서 장차 남북한의 통일 협상이 진행될 경우 많은 참고가 될 것이다. 물론 키프로스 연방공화국의 국가형태는 우리의 민족공동체 통일방안에서 목표로 하는 최종적 통일 형태인 단일국가 형태가 아니라 고도의 자치권을 가진 그리스계와 터키계로 구성된 2개의 헌법적 구성주를 둔 연방국가 형태라는 점은 다르다.

키프로스 연방공화국의 형태를 보면 대외적으로 1개의 주권국가인 연방국가라는 점에서 우리의 남북연합보다는 통합 내지 결합의 정도가 강한 형태이다. 우리의 민족공동체 통일방안은 남북연합 단계를 거쳐 단일국가로 통일하는 과정으로 되어 있으나 그 중간에 키프로스 연방공화국과 같은 형태의 통일국가를 과도기적 단계로 생각해 볼 수도 있다. 한편, 우리가 상정하고 있는 자유민주주의 체제의 단일국가로 통일이 된다고 할 경우에는 1960년의 키프로스 '헌법'의 내용과 분단 과정을 유념해 볼 필요가 있다. 1960년의 키프로스 '헌법'은 그리스계 공동체와 터키계 공동체의 권력 배분을 기본 구조로 하고 있다. 하지만 그리스계 입장에서는 '헌법'상의 권력 배분이 소수인 터키계를 우대하고 있는 것으로 인식할 수 있는 구도였다. 결국은 '헌법' 시행 과정에서 터키계를 배제하는 조치들을 취하다가 유혈사태 및 분단으로까지 이어진 것이다.

남북한이 단일국가 형태로 통일이 될 경우 인구수가 절반 정도에 불과한 북한 주민에 대한 권력 배분을 어떻게 할지가 매우 어려운 과제가 될 것이다. 학계에서는 통일 이후 국회의 구성은 상하 양원제로 하면서 상원은 남북한 동수로, 하원은 남북한 인구에 비례하여 구성하자는 구상이 어느 정도 설득력 있게 받아들여지고 있다. 하지만 키프로스의 사례를 보면 과연 양자가 모두 만족할 방안인지에 대해 좀 더 신중한 검토가 필요하다.

남북한이 통일될 경우에 키프로스 사례와 같이 분단 과정과 상황에서 발생한 사망자 및 실종자 처리 문제, 북한의 무상몰수·무상분배 방식의 토지개혁 과정에서 토지를 빼앗긴 원소유자들의 피해 재산 회복 문제, 북한 곳곳에 소재하고 있는 각종 기념비와 사적지 처리 문제 등이 제기된다. 과거청산 또는 전환기 정의 차원의 문제들이라 할 수 있다. 이러한 문제들에 대하여 키프로스 연방공화국 「창설협정」 내용에 포함된 재산권위원회, 화해위원회, 실종자위원회, 이주위원회 등 각종 위원회의 구성과 운영 방식, 영토 조정 지역에서의 기념비 처리 방식 등은 우리에게 유용한 참고 자료가 될 것이다. 이것이 바로 키프로스의 교류·협력과 통일을 향한 노력을 관심 있게 지켜봐야 할 이유다.

제5부

남북통일과 국가승계

제23장

남북통일과 조약 승계*

1. 머리말

남북한의 통일은 법·제도적 통합을 통하여 완성된다. 여기서 법의 통합 문제는 국내법 분야에서만 발생하는 것이 아니라 국제법 분야의 통합도 포함된다. 남북한의 통일에 대한 국제법적 문제는 통상 국가승계의 문제로 논의된다. 국가승계는 한 국가의 영토의 일부 또는 전부가 다른 국가로 이전될 때, 그 영토를 상실하는 국가가 그 영토와 관련하여 가지고 있던 제반 권리와 의무가 어느 범위에서 그 영토를 새로 획득하는 국가로 이전되는지의 문제를 다루는 것이다.[1]

1978년 8월 23일 채택된 「조약의 국가승계에 관한 비엔나 협약(Vienna Convention on Succession of States in Respect of Treaties)」(이하 「조약승계협약」) 제2조 제1항 (b)와 1983년 4월 8일 채택된 「국가재산·공문서 및 채무의 국가승계에 관한 비엔나 협약(Vienna Convention on Succession of States in Respect of States property, Archives and Debts)」(이하 「국가재산 등 승계협약」) 제2조 제1항 (b)는 국가승계를 "어느 한 국가가 다른 국가의 영토상의 국제관계에 대한 책임을 대체하는 것(the replacement of one state by another in the responsibility for international relations of territory)"이라고 정의하고 있다. 여기서 영토를 상실하는 국가를 통상 피승계국(被

---

*   이 장은 한명섭, 「북한의 조약체결 현황 및 향후 처리방안」, 『남북교류협력 법제연구(VI)』(법무부, 2011)을 수정·보완한 것이다.

1   '국가승계'는 '국가상속'이라고도 한다. 김정균·성재호, 『國際法』(박영사, 2008), 224쪽.

承繼國), 전임국가(前任國家), 선임국가(先任國家) 또는 선행국(先行國, predecessor state)이라 하고, 영토를 획득하는 국가를 승계국(承繼國), 계승국가(繼承國家), 후계국(後繼國, successor state)이라 한다.[2]

국가승계의 발생 원인은 영토주권의 변동이다. 「조약승계협약」은 영토주권의 변동의 형태를 영토 일부의 이전(succession in respect of part of territory), 신생독립국(newly independent state), 국가통합(uniting of states), 국가분리(separation of a part or parts of a state)의 네 가지로 분류하고 있다.

이 분류에 의하면 남북한의 통일은 국가통합에 해당한다. 국가통합은 다시 합병과 병합으로 구분된다. 합병(fusion, corporation, merger)은 여러 국가가 대등한 지위에서 합쳐져서 하나의 새로운 국가로 되는 경우로서 가장 일반적인 합병은 연방국가의 형성(entry into a federal union)이다. 대표적인 사례로는 1958년 이집트와 시리아가 합병하여 통일아랍공화국(United Arab Republic: UAR)이 된 경우와 1964년 탕가니카(Tanganyika)와 잔지바르(Zanzibar)가 합병하여 탄자니아공화국을 형성한 경우가 있고, 분단국의 합병 사례로는 남북 예멘의 통일을 들수 있다.

병합(annexation)은 한 국가가 다른 국가로 흡수 통합되는 경우로서 국제법상 병합되는 국가는 소멸되고, 병합하는 국가는 동일한 법인격을 유지하게 된다. 이에 해당하는 사례로는 이견이 있기는 하나, 동서독 통일의 경우를 들 수 있다. 또한 1901년에 영국이 행한 남아공화국과 오렌지(Orange)자유국의 병합이나 1939년에 이탈리아가 취한 에티오피아 병합처럼 강제적 정복에 의한 경우와, 1910년에 행하여진 일본의 대한제국 병합이나 1908년에 행하여진 벨기에의 콩고(Congo)자유국 병합처럼 가식적 합의로 되는 경우의 두 유형으로 분류하는 견해도 있다.[3] 기존의 복수인격이 단일법인격으로 변하는 점에 있어서는 병합과 합병이 같으나 전자는 강자에 의한 약자의 흡수이고, 후자는 참여국들의 대등한 통합을 통한 법적 지위의 변경인점에서 차이가 있다.

국가승계는 승계의 대상이 무엇이냐에 따라 구별할 수도 있는데, 국가승계의 대상이 되는 권리와 의무로는 조약 외에도 국유재산, 국가문서, 국가채무, 국민의 국적, 개인의 권리 또는 기득권, 국제기구의 회원국 지위, 국제적 불법행위에 대한 국가 책임 등이 있다.

---

2 이 책에서는 비교적 널리 사용되는 용어라 할 수 있는 '선행국'과 '승계국'으로 용어를 통일하기로 한다.

3 김정균·성재호, 『國際法』, 219쪽.

이 중에서도 특히 조약과 대외채무의 승계 문제는 통일의 당사자인 남북한만의 문제가 아니라 조약의 상대방인 제3국 및 채권국과 이해관계가 있는 것이므로 선행국과 승계국의 의사나 합의만으로 해결할 수 있는 문제가 아니다. 따라서 국내법 분야의 통합보다 더욱 복잡한 이해관계를 수반한다.

한편 이 문제와 관련하여 남북한은 서로 상대방의 국가성을 부인하고 있는 분단국가라는 특수성으로 인하여 남북한 통일을 국제법상의 국가승계 문제로 논의하는 것이 타당한 것인지에 대하여 이의가 있을 수 있다. 따라서 이 글에서는 먼저 남북한 통일의 경우에도 국제법상의 국가승계의 법리가 적용되는 것인지에 대하여 검토를 한 뒤 여러 가지 승계의 대상 중에서 특히 큰 관심의 대상이 되고 있는 북한이 체결한 조약의 승계 문제에 대하여 살펴보고자 한다.

2. 국가승계 법리의 적용 여부와 국가승계의 법원

1) 국가승계 법리의 적용

남북한이 상호 국가성을 부인하는 상황에서 남북통일의 경우에 국가 간의 문제에 관한 국가승계의 법리를 적용할 수 있는지가 문제되는데, 이는 결국 남북한의 법적 지위와 직접 관련이 되는 문제이다.

종래 많은 학자들은 남북한의 법적 지위 문제를 「남북기본합의서」에 따라 설명해 왔다. 이 합의서 서문은 "쌍방 사이의 관계가 나라와 나라 사이의 관계가 아닌 통일을 지향하는 과정에서 잠정적으로 형성되는 특수관계"라고 표현하고 있다. 이러한 「남북기본합의서」의 정신은 2005년 2월 29일 제정되어 2006년 6월 30일 발효된 '남북관계발전법'에 의하여 국내법적으로도 수용되었다. 이 법률 제3조(남한과 북한의 관계) 제1항은 "남한과 북한의 관계는 국가 간의 관계가 아닌 통일을 지향하는 과정에서 잠정적으로 형성되는 특수관계이다"라고 남북한의 관계를 명확하게 규정하고 있다. 따라서 이 법의 제정으로 남북한의 관계는 국내법적으로도 '특수관계'임을 확인한 것이다.

문제는 이 '특수관계'라는 것이 법적으로 어떤 의미를 갖느냐 하는 것이다. 이에 대해 학자들의 견해가 일치하는 것은 아니지만, 통상 대내적으로는 '1민족 1국가 2체제 2정부'의 관계이나 대외적으로는 '1민족 2국가'를 의미하는 것으로 해석하고 있다. 이 해석에 따른다면 1국가로 보는 경우에는 국내법을 적용하고, 2국가로 보는 경우에는 국제법을 적용하면 된다는 결론에 이르게 된다. 하지만 문제는 구체적인 사안에 대하여 어떤 경우를 1국가로 보아 국내법을 적용하고, 어떤 경우를 2국가로 보아 국제법을 적용할 것인가 하는 점이다. 그렇다고 국제사회에서 특수한 형태인 분단국가의 관계에 대하여서만 적용을 할 수 있는 별도의 법 원리가 마련되어 있는 것도 아니다. 이 점에 대한 국내 학자들의 견해도 일치하지 않는다.

남북한 특수관계론의 입장에서 보더라도 대외적으로는 남북한을 2국가로 보자는 것이므로 이런 관점에서 본다면 북한의 조약과 대외채무의 승계와 관련한 문제에 대하여는 국제법적 원리를 적용하는 것이 타당하다고 보아야 할 것이다. 현실적으로도 조약이나 대외채무의 승계 문제를 다룰 만한 국내법적 원칙은 존재하지도 않으므로 국제법상의 국가승계 법리를 직접 적용하지 않는다 하더라도 최소한 이를 준용하거나 유추 적용할 수밖에 없다. 또한 국가만이 가입할 수 있는 유엔에 1991년 9월 17일 남북이 동시에 가입을 한 점, 현실적으로 북한역시 다수의 국가와 수교관계를 맺고 있고,[4] 2017년 12월 기준 남북한 동시 수교국의 수도 158개에 이르고 있는 점, 법률상 정부와 사실상 정부의 구별은 국제법적 문제가 아니라 국내법적 문제인 점, 국가승계의 문제는 단순히 당사국만의 문제가 아니라 각 조약이나 채무의 상대방의 이해관계도 고려해야 하는 국제법적 문제인 점 등을 고려해 보면 같은 결론에 이를 수밖에 없다.[5]

영국의 국제법 학자인 쇼(Malcolm N. Shaw)는 통일의 경우에도 국가승계가 적용된다고 한다. 그에 따르면 통일의 방법은 북예멘과 남예멘의 합병의 경우와 같이 기존의 두 국가가 완전히 새로운 이름의 새로운 국가로 탄생하는 방법과 독일의 경우와 같이 한 국가가 다른 국가에흡수되어 흡수된 국가는 사라지고 흡수를 한 국가가 영토와 인구가 늘어남에도 불구하고 계속되는 방법의 두 가지가 있다.[6] 앞에서 살펴본 바와 같이 국내 학자들의 경우도 일부 견해를 제외하면 대부분의 견해는 국가승계의 법리가 적용된다는 점을 인정하고 있다. 또한 남한의 법적 정통성을 강조하고 북한을 사실상의 지방적 정권으로 보아 남북한 관계에 있어서 국제법원리의 적용에 부정적인 입장을 취하더라도 실제로는 남북한 통일 시의 조약 승계 문제를 다

---

4 2017년 12월 기준 한국은 191개 유엔 회원국(남북한 제외) 중 188개국 및 비회원국인 로마교황청, 쿡제도와 수교를 맺었으며, 미수교국은 마케도니아, 시리아, 코소보(유엔 비회원국), 쿠바 4개국에 불과하다, 북한은 162개국과 수교를 맺고 있으며, 북한 단독 수교국은 쿠바, 마케도니아, 시리아, 팔레스타인 4개국이다. 외교부, 『2018 외교백서』(외교부, 2018), 214쪽.

5 한명섭, 『남북통일과 북한에 체결한 국경조약의 승계』(한국학술정보, 2011), 223~225쪽.

6 Malcolm N. Shaw, *International Law*, 5th ed.(Cambridge University Press, 2003), p.868.

루고 있다는 점에서 적극적으로 국가승계 법리의 적용을 부인하는 입장은 찾아보기 어렵다.[7]

2) 국가승계의 법원

남북한 통일의 경우에 국제법상의 국가승계 법리가 적용된다고 한다면 그 법원이 무엇인지가 문제된다.

우리 '헌법' 제6조 제1항은 "헌법에 의하여 체결·공포된 조약과 일반적으로 승인된 국제법규는 국내법과 같은 효력이 있다"라고 규정하고 있다. 따라서 국가승계와 관련하여 우리나라가 가입한 조약이나 혹은 일반적으로 승인된 국제법규, 즉 국제관습법이 있는 경우에는 그 내용에 따라 국가승계의 문제를 해결하여야 할 것이다.

앞에서 살펴본 바와 같이 조약에 대한 국가승계에 대한 성문법원으로는 1978년의 「조약승계협약」이 있고, 대외채무의 국가승계에 대한 법원으로는 1983년의 「국가재산 등 승계협약」이 있다.

만일 남북한이 각 승계협약의 당사국이라면 당연히 이 협약의 적용을 받게 될 것이다. 그러나 2015년 현재 남북한 모두 「조약승계협약」의 당사국이 아니다. 더군다나 「조약승계협약」은 1978년 8월 23일 채택된 이래 협약 제49조의 15번째 비준 또는 가입 문서가 기탁된 일자로부터 30일째 되는 날에 발효된다는 규정에 의하여 20년 가까이 발효되지 못하다가 1996년 11월 6일 발효되었지만 1983년의 「국가재산 등 승계협약」은 아직 발효조차 되지 않았다. 남북한 통일이 언제 이루어질지, 그때는 각 승계협약에 남북한이 가입을 하고 있을지가 불확실한 상황이지만 현재로서는 각 승계협약의 내용에 대하여 많은 비판이 제기되고 있어 앞으로도 남북한이 이에 가입할 가능성은 거의 없다고 보아도 무방할 것이다.

결국은 우리 헌법에서 규정하고 있는 일반적으로 승인된 국제법규, 즉 국제관습법이 무엇인지를 살펴보아야 한다. 물론 국가승계에 적용할 국제관습법의 내용이 무엇인지에 대하여서는 각 승계협약에서 규정하고 있는 내용이 과연 국제관습법화되었는지도 검토의 대상이 될 수

---

7 다만 국가승계의 대상 중 자연인의 국적 문제에 대하여는 분단국 통일의 경우 특수한 문제가 발생한다. 분단국의 특성 중 하나는 분단국 구성체가 서로 상대방의 국가성을 부인하는 것이고, 그로 인하여 통상 분단국 구성체는 국내법적으로 상대방의 국민도 자신의 국민으로 보고 있다. 또한 국적 문제는 다른 국가와의 직접적인 이해관계가 거의 없는 문제이다. 따라서 분단국 통일의 경우에 발생하는 국적의 승계 문제는 국내법적인 해결이 가능하므로 반드시 국제법적 원리에 따를 것인지에 대한 검토가 필요하다.

있다. 그러나 조약과 대외채무의 국가승계에 관한 국제관습법마저 없다면 결국은 당사국인 통일한국이 법의 일반 원칙이나 국제 관행 등을 고려하여 결정을 하고, 관련국들이 그 결정에 동의를 하도록 하는 수밖에 없을 것이다.

3. 북한이 체결한 조약의 승계

1) 북한의 조약 체결 현황

(1) 양자조약

김일성종합대학이 발간한 『국제법학(법학부용)』을 살펴보면 북한도 우리와 마찬가지로 조약, 협약, 협정, 의정서 등 그 명칭과 관계없이 체약 당사국 간에 권리와 의무를 발생시키는 것을 조약으로 보고 있다.

북한의 조약 체결 현황은 정확한 파악이 어렵다. 북한의 조약집과 같은 직접적인 자료나 인터넷 자료 등을 통하여서도 확인되지 않고 있고, 북한 자체의 조약집과 같은 문헌이 있는지도 확인되지 않고 있다. 다만 국내에 국회와 국가안전기획부 등에서 발간된 자료가 있다. 이 중 비교적 최근 자료로 1997년에 국가안전기획부에서 발간된 『북한조약집(1948~1996.12)』이 있다. 그 이후의 자료로는 2008년도에 서울대학교 통일평화연구소가 발간한 『한반도 통일 시 남북한 체결조약의 승계에 관한 연구』(책임연구원 백진현)가 있는데 이 책자의 부록에 북한이 1949년부터 2002년까지 체결한 조약 목록이 게재되어 있다.

1997년에 국가안전기획부에서 발간된 자료에 의하면 북한은 1948년 9월 정권을 수립한 이래 1996년 12월 현재까지 139개국과 3290건의 양자조약을 체결한 것으로 알려지고 있다. 분야별로는 경제·과학기술 분야가 59퍼센트로 가장 많고, 그다음으로는 사회 분야 29퍼센트, 정치 분야 10퍼센트, 군사 분야 0.9퍼센트, 체육 분야 0.5퍼센트 등으로 분석되고 있다.[8]

(2) 다자조약

다자조약의 경우에는 굳이 북한의 자료가 없더라도 외교부 인터넷 홈페이지나 유엔을 비

---

8   국가안전기획부, 『북한조약집(1948~1996.12)』(국가안전기획부, 1997), 3쪽.

롯하여 각 조약 관련 국제기구 등의 인터넷 홈페이지 등을 검색하여 북한이 가입한 조약을 찾아볼 수가 있다. 또한 북한의 다자조약 체결 현황에 대한 국내 자료로는 역시 앞에서 본 백진현의 『한반도 통일시 남북한 체결조약의 승계에 관한 연구』와 북한의 다자조약 체결 현황에 대한 정현수의 학술 논문이 있다.[9]

이 자료들을 살펴보면 북한은 1980년대 이후 주요한 다자조약에도 가입하고 있는데 「공동핵연구소 조직에 관한 협정(Agreement concerning the Organization of a Joint Institute for Nuclear Research)」, 「일반적 성격을 가지는 국제기구와의 관계에서 국가의 대표에 관한 비엔나 협약(Vienna Convention on the Representation of States in their Relations with International organizations of a universal Character)」, 「전쟁범죄 및 반인도적 범죄에 대한 공소시효의 부적용에 관한 협약(Convention on the Non-Applicability of Statutory Limitations to War Crimes and Crimes against Humanity)」 등 우리나라가 아직 가입하지 않은 조약도 다수 있다.

(3) 국경 관련 조약

통일 후 조약 처리와 관련하여 주된 관심의 대상이 되는 처분적 조약에 대하여는 2015년 현재 국내에 발표된 자료 중 북한 원문은 없고, 체약 상대국인 중국이나 러시아의 원문을 번역한 자료들뿐이다. 처분적 조약 중 북한이 구소련 및 중국과 체결한 국경 관련 조약으로는 「소비에트사회주의연방공화국과 조선민주주의인민공화국 사이의 국경선에 관한 조약」, 「소비에트사회주의연방공화국과 조선민주주의인민공화국 사이의 국경선에 관한 명세서」, 「소비에트사회주의연방공화국과 조선민주주의인민공화국 사이의 경제지대 및 대륙붕 경계 확립 조약」, 「두만강 국경 수역 경계선 설정에 대한 러시아, 중국, 조선 3국간 협정」, 「소비에트사회주의연방공화국과 조선민주주의인민공화국 사이의 국경질서에 관한 협정」, 「조선민주주의인민공화국 정부 대표단과 중화인민공화국 정부 대표단의 조·중 국경 문제에 관한 회담기록」, 「조선민주주의인민공화국과 중화인민공화국 국경조약」(이하 「조중국경조약」), 「조선민주주의인민공화국정부와 중화인민공화국 정부의 조·중 국경에 관한 의정서」가 있다.

이 조약들은 남북한이 통일된 후 통일국가의 영토 문제와 직결되는 것으로 북한과 중국의 국경조약에 의해서는 간도의 영유권 문제가, 북한과 러시아의 국경조약과 관련해서는 녹둔도

---

9 정현수, 「北韓의 多者條約 가입 현황」, ≪서울국제법연구≫, 제5권 2호(서울국제법연구원, 1998.11), 109~129쪽.

의 영유권 문제가 현실적인 문제로 제기된다.

(4) 인권조약

북한이 가입한 대표적인 국제인권조약으로는 「집단살해죄의 방지와 처벌에 관한 협약 (Convention on the Prevention and Punishment of the Crime of Genocide)」, 「경제적·사회적 및 문화적 권리에 관한 국제규약(International Covenant on Economic, Social and Cultural Rights)」, 「시민적 및 정치적 권리에 관한 국제규약(International Covenant on Civil and Political Rights)」, 「여성에 대한 모든 형태의 차별철폐에 관한 협약(Convention on the Elimination of All Forms of Discrimination against Woman)」, 「아동의 권리에 관한 협약(Convention on the Rights of the Child)」, 「전쟁범죄 및 반인도적 범죄에 대한 공소시효의 부적용에 관한 협약(Convention on the Non-Applicability of Statutory Limitations to War Crimes and Crimes against Humanity)」이 있다. 이 6개의 국제인권조약 중에서 「전쟁범죄 및 반인도적 범죄에 대한 공소시효의 부적용에 관한 협약」을 제외한 나머지 5개의 국제인권조약은 남한도 가입하고 있다.

2) 조약 승계에 관한 일반론

(1) 조약 승계의 의의

조약 승계는 국가승계 중 그 승계의 대상이 조약인 경우로서 선행국이 체결한 조약 또는 조약상의 권리와 의무가 승계국으로 승계되는 것을 말한다.

(2) 조약 승계에 관한 학설
① 승계의 범위를 기준으로 한 학설

조약 승계의 범위와 관련하여서는 포괄적·부분적 승계 구분설이 있다. 국가승계에서 포괄적 승계(universal succession)란 선행국의 국제법상 법인격은 완전히 소멸하고, 1개 또는 수 개의 승계국이 이를 흡수하는 국가승계를 말한다. 부분적 승계(partial succession)란 선행국의 국제법상 법인격은 소멸하지 않고 선행국 영역의 일부가 기존의 다른 국가 또는 신생국에 귀속되는 국가승계를 말한다.[10] 국가승계에 관한 이러한 구분에 입각하여 포괄적 국가승계의 경우

---

10 Gerhard von Glahn, *Law Among Nations*, 4th ed.(New York: Macmillan, 1981), pp.119~123.

에는 선행국이 체결한 모든 조약이 실효하며, 부분적 국가승계의 경우에는 당해 조약이 실지(失地)된 영토에 대해서만 실효하게 된다는 견해가 바로 포괄적·부분적 승계 구분설이다.[11]

② 승계의 대상을 기준으로 한 학설

승계의 대상에 관한 학설로는 인적·물적 조약 구분설이 있다. 조약은 성질에 따라 통상 인적 조약(personal treaty)과 물적 조약(territorial treaty)으로 구분된다. 인적 조약은 국가의 계약적 권리·의무 관계를 규율하는 조약 또는 정치적 행위의 권리·의무를 규정한 조약을 말하며, 상호방위조약과 같은 것이 이에 해당한다. 물적 조약은 영토에 종속된 권리·의무 관계를 규율하는 '속지적(territorial)' 성격의 조약을 말하며 통상 '처분적 조약(dispositive treaty)'이라고도 한다. 이처럼 조약을 인적 조약과 물적 조약으로 구분하여 인적 조약은 승계가 불가능하지만 물적 조약은 가능하다고 보는 학설을 인적·물적 조약 구분설이라 한다.[12]

③ 승계의 원칙에 관한 학설

승계의 원칙에 관한 학설로는 기존에는 보편적 승계이론과 백지출발주의가 주된 이론이었다. 보편적 승계이론(universal succession theory)은 그로티우스(Grotius)에 의하여 처음 주창된 것으로 그로티우스는 상속에 의하여 재산권에 관한 법인격이 계속된다는 로마법의 개념을 국제법에 도입하여 정치적 변화의 문제를 해결하고자 하였다. 이 이론은 "상속에 의해 부동산의 법인격이 이전되고 이 법인격에 부수되는 권리와 의무는 승계국에 당연히 이전된다"라는 로마법 개념에 기초하고 있다. 즉, 선행국의 법인격의 계속으로 인하여 승계국은 선행국의 채무·계약뿐만 아니라 동맹조약이나 통상조약 등 모든 조약을 승계하게 되는 것이다.[13] 19세기 중반까지 주종을 이룬 이 이론은 계속적인 전쟁 및 분리주의 운동의 결과 발생한 유럽에서의 끊임없는 국경 변동을 의식한 주장으로, 국가승계가 발생하여도 해당 지역의 권리와 의무 관계는 계속되며 단지 영역주권 주체라는 상부구조만 변경되는 것이라고 본다. 이러한 입장은 기존의 권리와 의무 관계를 그대로 유지시키므로 제3국의 신뢰 보호에 유리한 이론이라 할 수 있다. 또한 국가 간 영토의 일부에 대한 승계만 이루어지는 경우에도 적절한 입장이라 할 것이다.

그러나 19세기 중반 이후에는 국가 및 지역 간 의사 전달이 크게 개선되고 국제적 조약 및

---

11 D. P. O'Connell, *States Succession in Municipal International Law*, Vol.1(Cambridge: Cambridge University Press, 1967), p.25.

12 D. P. O'Connell, 같은 책, pp.12~13.

13 Rosalie Schaffer, "Succession to Treaties: South African Practice in the Light of Current Developments in International Law," *ICLQ*, Vol.30(1981), p.594.

의무의 수가 급격하게 증대되면서, 국가들은 이 이론이 지나치게 단순하고 따라서 근대의 복잡하게 얽힌 승계 문제를 해결하기에는 충분하지 못하다고 보았다.[14]

백지출발주의(clean slate rule)란 승계국은 선행국이 체결한 조약에 대하여 제3자이므로 이를 승계하지 않으며, 아무런 구속도 받지 않고 국제법 주체로서 새로이 출발한다는 원칙을 말한다.[15] 특히 선행국과 승계국 사이에 아무런 정치적 동일성이 없는 경우에는 선행국 지역에 적용되고 있던 인적 조약, 예를 들면 동맹조약·집단안전보장조약·통상조약·범죄인인도조약·국제조직기본조약 등은 원칙적으로 승계되지 않는다는 것이 국제 관행이라고 본다.

백지출발주의는 보편적 승계이론에 대한 반발에서 출발하였다. 이 이론의 논거는 국가주권론과 법의 일반 원칙인 '계약은 제3자를 이롭게도 해롭게도 하지 않는다(*pacta tertiis nec prosunt nec nocent*)'는 원칙이다. 즉 '국가는 주권적 존재로서 자신이 동의한 사항에 대하여서만 구속된다'는 주권론과 '계약은 국제법적 조약이 되었던 국내법적 계약이 되었던 당사자 간의 문제로서 계약의 당사자에게만 권리와 의무를 창출한다'는 원칙이고, 따라서 조약의 제3자인 영토의 승계국은 영토의 선행국이 체결한 조약에 대해서는 제3자적 위치에 있기 때문에 선행국이 체결한 조약으로부터 자유롭다는 것이다.[16] 또한 국가를 법인으로 간주하여 국가의 소멸은 자신의 법적 구속으로부터 해방의 결과를 가져온다는 사법상 상속의 개념에 따른 논거나 국제법적 조약은 조약을 체결할 당시 사정의 근본적인 변화에 의하여 종료되는데, 영토주권의 변경은 대부분 이에 해당한다는 데에서 그 논거를 제시하는 견해도 있다.[17]

백지출발주의는 국제법 학자들에 의하여 폭넓게 지지되고 있으며, 제2차 세계대전 이전까지는 국가 관행의 주류를 이루어왔다. 그러나 제2차 세계대전 이후 실제로 이러한 원칙이 적용된 사례는 거의 없었고, 승계협정의 체결이나 일방적 선언 등을 통하여 조약 승계 문제를 해결해 왔다.

이처럼 전통적인 보편적 승계이론이나 백지출발주의는 선행국의 권리와 의무를 일괄하여 승계국이 승계를 하여야 하는 것인지가 주된 쟁점이었다. 그러나 각 이론은 논리의 일관성은 유지할 수 있으나 현실 문제를 해결하기에는 적합하지 않았고, 실제로 이 학설에 따라 국가

---

14 구희권, 「國家統合時의 國家承繼에 關한 研究: 統一韓國을 中心으로」(중앙대학교 박사 학위논문, 1994), 43~44쪽.

15 백지출발주의는 '승계부정론'이라고도 한다. 구희권, 같은 글, 44쪽.

16 신용호, 「조약의 국가승계와 국가관행」, ≪국제법학회논총≫, 제48권 3호(대한국제법학회, 2003.12), 146쪽.

17 신용호, 같은 글, 147쪽.

승계가 이루어진 경우를 찾아보기도 어렵다. 이러한 문제를 해결하기 위하여 계속주의, 조약경계이동의 원칙, 양립성의 원칙과 같은 새로운 주장들이 제기되었다.

계속주의(continuity rule)란 백지출발주의에 기초하되 예외적으로 선행국이 체결한 특정 조약의 경우에는 승계국이 이를 승계하여야 한다는 이론이다. 승계국이 승계하여야 할 특정 조약으로는 통상 국제관습법과 국제강행규범을 내용으로 하는 조약, 국경조약 기타 영토제도에 관한 조약 등을 들 수 있다.

조약경계이동의 원칙(moving treaty-frontiers rule)[18]이란 영토의 일부에 대한 주권의 변경이 발생한 경우에, 적극적으로는 승계국의 조약이 승계되는 영토에 자동적으로 적용되며, 소극적으로는 선행국의 조약이 승계되는 영토에 자동적으로 적용되지 않음을 의미한다.[19]

양립성의 원칙(rule of compatibility)이란 조약을 승계 이후의 법질서와 양립할 수 있는 조약과 양립할 수 없는 조약으로 구분하여 전자에 해당하는 조약의 승계만을 인정하고 후자에 해당하는 조약의 승계를 부정하는 입장을 말한다. 이는 인적 조약과 물적 조약의 구분의 원칙을 보완하기 위한 부차적인 원칙이다.[20]

(3) 조약 승계 방식

조약의 승계 방식은 크게 선행국과 승계국 간의 승계협정 체결에 의한 방식과 승계국의 일방적인 선언에 의한 방식으로 구분된다.

제2차 세계대전 이후 식민지 해방운동의 영향으로 식민지들이 독립하여 신생독립국이 수립되었을 때 다수설과 대부분의 국가 관행은 '신생독립국은 선행국의 어떠한 조약에도 구속되지 아니한다'는 백지출발주의의 적용을 지지하였으며, 「조약승계협약」도 이를 인정하였다. 식민지 본국과 신생독립국은 일반적으로 승계협정을 체결하여 조약의 승계를 규정해 왔으나, 일부 신생독립국들은 승계협정의 대안으로서 일방적 선언을 통하여 선행국에 의하여 적용되어 왔던 조약을 잠정적으로 일정 기간 계속 적용하며, 그 기간 중에 계속 적용 여부에 대한 결정을 하여 이를 관련 당사국 등에 통보하겠다고 밝혔다.[21]

---

18 이를 '조약국경이동의 원칙'이라고도 한다.
19 박문숙, 「국제법상의 조약승계: 남북통일에의 적용문제를 중심으로」(중앙대학교 석사 학위논문, 2009), 13쪽.
20 박문숙, 같은 글, 14쪽.
21 이순천, 「條約에 對한 國家承繼: 最近의 國際實行과 南北統一時 適用問題를 中心으로」(고려대학교 박사 학위논문, 1996), 27~28쪽.

승계협정을 체결하는 방식은 승계국과 선행국이 상호 합의에 따라 별도의 조약을 체결하여 선행국에 적용되었던 조약상의 권리·의무를 승계국으로 이전하는 방식이다. 이 방식을 택할 경우에도 다자조약의 경우 승계의 효과가 발생하기 위하여서는 선행국 이외에 다른 당사국의 동의가 필요하다.[22] 이 방식에 대하여는 승계협정이 단순히 승계의 일반 원칙을 정한 것인지 또는 구체적인 조약의 승계를 정한 것인지 하는 문제를 제기하기도 하고,[23] 협정 내용이 적용 가능한 조약을 일반적으로 승계하도록 규정한 경우에도 무엇이 적용 가능한 조약인지의 문제점이 남는다는 지적도 있다.[24]

일방적 선언에 의한 방식은 승계협정을 체결하지 아니하고 승계국이 일방적으로 선행국이 체결한 조약 중 어느 조약을 계속 적용하고 어느 조약의 효력을 배제할 것인지를 선언하는 방식이며, 선택적 승계 방식이라고도 한다. 이 방식은 다시 기존 조약의 효력 지속 여부와 적용 방식에 따라 조약의 종료를 선언하는 방식인 일명 니에레레(Nyerere) 방식과 조약의 계속 적용을 선언하는 방식인 잠비아(Zambia) 방식으로 구분된다.

3) 조약승계협약에 대한 검토

(1) 조약승계협약의 채택

「조약승계협약」은 남북한 통일의 직접적인 법원이 아니다. 그러나 그 내용이 국제관습법에 해당하는지를 검토할 필요가 있으므로 「조약승계협약」에 대하여 살펴볼 필요가 있다.

국제법상 국가승계 문제에 대한 확립된 원칙이 없는 가운데 1950년대부터 식민지해방운동이 확산되면서 수많은 신생독립국이 등장하게 되자 이 분야에 대한 성문법전화 작업의 필요성이 절실해졌다. 이러한 복잡한 문제를 해결하기 위한 국제사회의 노력으로 탄생하게 된 것이 「조약승계협약」이다.

(2) 적용범위

「조약승계협약」은 국가 간의 조약에 관한 국가승계에만 효과가 미친다.[25] 따라서 이 협

---

22 박용현, 「條約의 承繼에 관한 研究」, ≪한국동북아논총≫, 제3집(한국동북아학회, 1996.12), 66쪽.

23 신각수, 「條約에 관한 國家承繼: 1977년 Vienna協約의 法的 檢討」, ≪국제법학회논총≫, 제27권 1호(대한국제법학회, 1982.6), 189쪽.

24 이병조·이중범, 『국제법신강』(일조각, 1996), 335~336쪽.

약은 정부의 승계 및 국가 외의 다른 주체, 특히 국제조직 간의 승계에는 적용되지 않는다.

승계 대상 조약은 국가 간의 명시적 합의, 즉 국가 간 서면으로 체결된 조약이다.[26] 따라서 구두에 의한 합의와 다른 국제법 주체가 당사자인 합의에는 적용되지 않는다.[27] 구두에 의한 합의와 국가와 다른 국제법 주체가 체결한 합의에는 적용되지 않는다는 사실은 이들에 대한 다른 국제법 관계마저도 부인하는 것은 아니며, 이 경우 이 협약상의 규칙들은 국제관습법의 자격으로 적용될 수 있다.[28]

「조약승계협약」제7조 제1항은 달리 합의되지 않는 한 협약 발효 후에 발생한 국가승계에만 적용된다고 규정하고 있다. 여기서 말하는 협약의 발효란 개별 국가에 대한 협약 발효가 아니라 협약의 일반적 효력발생을 의미한다.

(3) 주요 내용
① 일반 원칙

「조약승계협약」은 조약을 속지적 성격의 유무에 따라 물적 조약과 인적 조약으로 구분하여 물적 조약에 대해서는 원칙적으로 승계를 인정하여 계속주의를 채택하고, 인적 조약의 경우에는 승계의 유형에 따라서 신생독립국의 경우에는 백지출발주의를, 합병과 분리독립의 경우에는 계속주의를 채택하였다. 그리고 이와 같은 선험적 기준에 의한 물적·인적 조약 분류의 문제점을 보완하기 위하여 승계 대상 조약을 승계 이후의 법질서와 양립할 수 있는 조약과 양립할 수 없는 조약으로 구분하여 전자에 해당하는 조약은 승계를 인정하고, 후자에 해당하는 조약은 승계를 부정하는 이른바 양립성의 원칙을 부차적으로 채택하고 있는 것으로 설명된다.

② 물적 조약(처분적 조약)의 승계

남북한 통일의 경우 북한이 체결한 국경조약을 비롯한 처분적 조약의 승계 여부가 특히 문제가 되는데, 「조약승계협약」제11조는 조약에 의하여 수립된 국경선, 그리고 국경선 체제와 관련된 조약상의 권리·의무는 영토주권의 변경으로부터 영향을 받지 않는다고 규정하고 있다. 이를 인정하는 이유는 대체로 국제사회의 법적 안정성에서 찾는다.

또한 「조약승계협약」제12조는 영토의 이용 또는 영토 이용의 제한에 관한 권리와 의무

---

25 「조약승계협약」제1조.
26 「조약승계협약」제1조.
27 「조약승계협약」제2조 제1항 (a).
28 「조약승계협약」제3조.

로서 조약에 의하여 확립되고 영토에 부속된 것으로 간주되는 권리와 의무는 승계에 의하여 영향을 받지 않는다고 규정하고 있다. 이에 해당하는 조약은 특정 국가의 이익을 위한 제도와 다수 국가의 이익을 위한 제도로 구분할 수 있는데, 전자에는 하천의 항행·수자원 이용권, 내륙국의 인접국항구사용권, 내륙국의 인접연안국통과권 등이 해당되고,[29] 후자에는 특정 영토의 중립화·비무장화, 국제 수로·하천의 자유항행, 수자원 공동이용, 국제운하통과권 등이 해당된다.[30] 그러나 「외국군대기지설정조약」은 승계되지 않는다.[31]

③ 국가통합 시 인적 조약의 승계

남북한의 통일은 국가승계 유형 중 국가통합에 해당하는 것으로 본다. 국가통합(uniting of the states)은 2개 이상의 국가가 통합하여 1개의 승계국으로 되는 경우를 말한다.[32] 그 형태는 단일국가나 연방국가, 다른 어떠한 형태라도 상관이 없으나 정부 간 국제 조직의 성격에 불과한 국가결합이나 경제적 연합 등은 이에 해당하지 않으며, 합병과 병합이 모두 포함되는 개념으로 해석된다.

「조약승계협약」 제31조 제1항은 국가통합 시 선행국의 조약이 승계국에 대하여 원칙적으로 효력을 갖게 함으로써 계속주의를 채택하고 있다. 그 이유는 이미 주권국가로서 다양한 조약관계를 맺고 있는 선행국들이 국가통합을 통하여 마음대로 조약을 종료시키는 것을 방지하여 조약 관계의 안정을 확보하기 위한 것으로 해석된다.

다만 국가통합의 경우에도 별도의 합의가 있거나, 당해 조약의 대상·목적과 양립하지 않거나 조약 운용상 급박한 사정이 발생한 경우에는 예외적으로 백지출발주의를 인정하고 있다.[33]

국가승계 시 기발효된 선행국의 조약은 통합국과 조약 당사국 간의 특별한 합의가 필요 없다. 국가승계 시 미발효된 선행국의 조약은 통합국의 일방적 승계통고를 통하여서 당해 조약의 체약국이나 당사국이 될 수 있다.[34] 국가승계 시까지 비준 등의 조건이 성취되지 않은 조약에 대하여는 통합국이 당해 조약에 서명함이 없이 비준·수락 또는 승인만을 함으로써 그 조약의 당사국이나 체약국이 될 수 있다.[35]

---

29 「조약승계협약」 제12조 제1항.
30 「조약승계협약」 제12조 제2항.
31 「조약승계협약」 제12조 제3항.
32 「조약승계협약」 제31조 제1항.
33 「조약승계협약」 제31조 제1항 (a), (b).
34 「조약승계협약」 제32조 제1항, 제2항.
35 「조약승계협약」 제33조 제1항.

이와 같은 규정에 따라 승계된 조약도 그 효력이 인정되는 영토의 범위는 다자조약과 양자조약에 따라 구분된다. 먼저 다자조약의 경우에는 승계국이 당해 조약이 그 영토 전체에 대하여 적용될 것임을 기탁소에 통고하지 않는 한, 통합 전에 적용되었던 부분에 대해서만 효력을 지속한다. 즉 승계국이 영토 전체에 대하여 적용할 의사를 통고하게 되면 장소적 적용범위가 확장된다.[36] 다만 승계국의 영토 전체에 대한 조약의 적용이 조약의 객체·목적과 양립하지 않거나 조약 운용을 위한 조건을 근본적으로 변경시킨다는 것이 그 조약으로부터 혹은 다른 방법으로 입증되는 경우에는 통고에 의하여 조약의 적용을 승계국의 영토 전체로 확대시킬 수 없다.[37]

다자조약 중에서 조약의 조건, 교섭국의 제한된 수, 그리고 조약의 객체·목적에 비추어 다른 국가의 참여를 위하여 모든 당사국의 동의를 요하는 것으로 간주되어야 하는 다자조약의 경우에는 승계국의 영토 전체에 대한 다자조약의 적용을 위하여 승계국과 타방 당사국들이 합의하여야 한다.[38]

양자조약의 경우에는 승계국과 타방 당사국이 달리 합의하지 않는 한, 통합 전에 적용되었던 영토 부분에 대해서만 효력을 지속한다.[39]

(4) 조약승계협약에 대한 평가

「조약승계협약」은 국제사회로부터 지지를 받지 못하고 오히려 많은 문제점이 지적되어 왔으며, 그 결과 국가승계가 이루어진 구소련의 해체나 독일 통일 과정에서도 별다른 영향력을 발휘하지 못하였다. 그동안 이 협약에 대하여 지적된 문제점을 요약해 보면 다음과 같다.

첫째, 「조약승계협약」은 신생독립국에 대하여 백지출발주의를 채택하여 신생독립국만 특별 대우를 통하여 보호함으로써 국가승계에 관한 일관된 국제 관행의 발전을 방해하였다.

둘째, 국가통합에 관한 조항은 통합 이후에도 과거의 영역별로 별개의 조약 내용이 계속 유지되어 통합을 방해하며, 경우에 따라서는 한 국가 내에 서로 모순되는 내용의 조약이 동시에 적용되어 국내적으로도 문제를 야기할 수 있다. 또한 국가통합이라도 합병과 병합의 경우는 성격상 큰 차이가 있고, 특히 병합의 경우 선행국의 조약은 국경조약 또는 영토적 조약 외에는 소멸한다고 보는 것이 국제적 관행이었음에도 불구하고 이와 완전히 다른 내용을 채택하였다.[40]

---

36 「조약승계협약」 제31조 제2항 (a).

37 「조약승계협약」 제31조 제3항.

38 「조약승계협약」 제31조 제2항 (b).

39 「조약승계협약」 제31조 제2항 (c).

셋째, 「조약승계협약」은 분리독립과 분열을 구분하지 않고 국가분리로 포괄하여 규정하고 있으며, 오히려 분리독립을 식민지역에서의 분리독립과 기타 지역에서의 분리독립으로 구별하고 있는데, 이 협약의 이러한 규정들은 국가의 관행과 상충된다.[41]

4) 조약의 유형에 따른 조약 승계 관행 및 판례

(1) 처분적 조약

「조약승계협약」제11조와 제12조의 구별에 따라 국경조약과 기타 처분적 조약으로 구별하여 살펴보기로 한다.

① 국경조약

국경조약의 승계에 관한 사례는 적지 않다. 1886년 프러시아가 하노버를 합병할 당시 하노버·네덜란드 국경조약을 승계한 바 있다. 제2차 세계대전 이후 탈식민지화 과정에서 수많은 남미, 아시아, 아프리카 국가들이 탄생하면서 분리독립 이전에 확정된 국경을 대부분 승계하였다. 아프리카단결기구(OAU)는 1964년 "모든 회원국은 독립을 달성할 당시의 국경선을 존중할 것을 약속한다(all member states pledge themselves to respect the borders existing on their achievement of national independence)"라는 결의를 채택한 바 있는데, 이 규칙을 통상 '*uti possidetis*' 원칙이라고 한다. '*uti possidetis*'란 'as you possess'를 뜻하는 라틴어로, 우리말로는 학자에 따라 다소 그 표현이 다르기는 하나 통상 '현상유지 원칙' 또는 '현상승인 원칙'이라고 번역된다.

이 원칙은 원래 19세기 초반에 남미에서 스페인의 식민지들이 독립할 때 식민통치 당시의 행정경계선을 국경선으로 채택함으로써 적용되었던 원칙이다.

미국은 독립 후 영국의 조약에 대한 승계를 부인하면서도 이전에 확립된 국경의 효력을 인정하였다. 1856년 미국의 마시(Marcy) 국무장관이 중미에서의 영국의 행위에 대하여 "미국은 미주 내 유럽 식민지가 독립하였을 때는 식민지의 영토적 경계를 그대로 승계한다는 것을 공법과 국제적 권리의 확립된 원칙으로 간주한다. 이는 영국과 미국이 독립전쟁을 종결한 파리협상에서 채택하기로 합의한 것이다"라고 선언하였다.[42] 이와 같은 미국의 입장은 1819년

---

40 정인섭, 「統一과 條約承繼」, ≪경희법학≫, 제34권 2호(경희법학연구소, 1999), 215쪽.

41 신용호, 「조약의 국가승계와 국가관행」, 154쪽.

42 A. O. Cukwurah, *Settlement of Boundary Disputes in International Law*(Manchester: Manchester

멕시코 독립과 1840년 텍사스 독립 시에 그대로 적용되었다.

1830년 벨기에 독립 시에도 벨기에는 프랑스와 네덜란드 간 국경조약의 효력을 인정하였다. 영국도 1867년 러시아의 알래스카 할양 시 1825년에 영국과 러시아 간에 체결한 국경협약상 국경에 관한 조항이 영국과 미국 간에도 그대로 적용된다고 보았으며, 프랑스도 벨기에와 룩셈부르크에 대하여 1820년 프랑스와 네덜란드 간 「쿠르트레(Courtrai)조약」의 계속성을 인정하고 이를 조약집에 등재해 놓았다.[43]

조약의 국가승계와 관련한 아시아와 아프리카의 신생독립국들의 태도는 매우 다양하다. 하지만 대부분의 신생독립국이 독립 당시 자국의 영토가 식민 모국이 가지고 있던 영토와 동일하다는 데 의문을 제기하지 않았다고 볼 수 있다.[44]

국경조약의 승계 문제를 직접 다룬 판례는 많지 않다. 그러나 그 대부분의 판례는 국경의 승계 사실을 인정하고 있다.

국제 판례로 가장 대표적인 것은 국제사법재판소의 부르키나파소(Burkina Faso)와 말리(Mali) 간의 국경 분쟁(Frontier Dispute) 사건이다. 이 사건에서 국제사법재판소는 "이 규칙이 *uti possidetis*의 공식으로 표현되건 아니건 간에, 국가승계 시에 국가 간의 기존경계선을 존중할 의무가 일반국제법규로부터 도출된다는 것은 의심의 여지가 없다"라고 하였다.[45] 또한 이 원칙과 민족자결 원칙의 관계에 대하여 이 두 원칙이 일견 정면으로 충돌한다는 점을 인정하면서도 아프리카 국가들은 투쟁을 통하여 얻은 것을 보존하기 위하여 식민지 경계선을 존중하는 데 동의하였으며 이를 사려 깊은 행동이었다고 평가하고 있다.[46]

1904년부터 1907년까지 사이에 프랑스와 태국이 획정한 국경과 관련하여 프랑스로부터 독립한 캄보디아와 태국 간에 프레아 비히어 사원(The Temple of Preah Vihear)이 위치한 지역의 관할권 분쟁이 발생하였을 때도 국제사법재판소는 국경의 안정 원칙(doctrine of stability of territorial frontiers), 즉 국경선 획정 시 안정성과 최종성을 강조하고, 캄보디아와 태국 간의 국경을 획정한 1904년 프랑스와 태국 간의 조약이 캄보디아와 태국 간에 계속 적용됨을 확인하였다.[47] 구 유고연방의 해체 후 세르비아와 크로아티아·보스니아·헤르체고비나 간의 경계 획

University Press, 1996), p.106.

43 신각수, 「條約에 관한 國家承繼: 1977년 Vienna協約의 法的 檢討」, 189쪽.

44 A. O. Cukwurah, *Settlement of Boundary Disputes in International Law*, p.108.

45 *ICJ Reports*(1986), p.554.

46 같은 글, pp.566~567.

정 문제를 다룬 중재위원회에서도 달리 합의된 바 없으면 종전의 국경을 존중한다고 판정한 바 있다.[48] 국경조약과 관련된 또 다른 사례로는 소말리아 국경 분쟁 사례가 있다.[49]

그러나 제2차 세계대전 이후의 관행은 구 식민지 경계 획정에 대한 반발에서 계속성을 부인하는 관행이 적지 않게 발견된다는 점에서 국경조약의 국가승계에 관한 국가 관행이 관습법의 성립 요건인 일관성의 기준을 충족하는지에 대하여 의문을 제기하는 견해가 있다. 즉 국가 관행의 평가에서도 동질적 사회 기반을 근거로 하는 법적 안정성에 치중하여 형성된 구주제국 간의 관행은 다원적 세계로 변모한 현대 국제사회에서의 법적 문제에 그대로 적용될 수 없다는 점도 고려되어야 한다. 또한 계속성 원칙이 아직까지도 평화적 변경이 확립되지 않은 국제사회에서 영토적 일체성 보존이라는 보호이익의 우선에서 오는 불가피한 귀결이라 할지라도, 식민 열강이 자국의 이익을 충족시키기 위해서 행한 부당행위의 결과를 신생독립국이 그대로 부담하여야 한다는 사실은 명백한 모순이라는 것이다.[50]

한편 분단국인 예멘과 독일의 통일 과정에서도 국경조약에 대한 협상 과정이 있었다. 두 통일 국가의 국경조약에 관하여는 평가가 엇갈리고 있는바, 이에 대해서는 별도로 살펴보기로 한다.

② 기타 처분적 조약

1856년 영국과 프랑스, 러시아 간에 체결된 평화조약은 핀란드의 올란드 제도(Aaland Islands)의 비무장을 규정하고 있다. 1920년 스웨덴은 이를 핀란드에 설정된 지역권이라고 주장하였고, 국제연맹이사회가 설립한 국제법률가위원회는 유럽의 일반적 이익을 위하여 올란드 제도의 비무장에 관한 합의는 러시아의 승계국인 핀란드는 물론 올란드 제도에 주권을 행사하는 어떠한 국가에도 구속력이 있다고 판시하였다.[51] 국제사법재판소는 1960년 포르투갈의 '인도영토의 통행권 사건'에서 속지적 조약의 물적 및 지속적 성격의 처분적 조약의 영토승계국으로 승계를 언급하면서, 포르투갈의 인도 영토에서 향유하던 통행권이 영국이 인도를 지배하던 당시 계속적으로 시행된 관행이었고 인도가 독립된 이후에도 이러한 관행은 변화되지 않았음을 이유로 포르투갈의 인도 영역에서의 통행권을 인정하였다.[52]

---

47 *ICJ Reports*(1962), p.14(Judgement of June 15, 1962).

48 김정균·서재호, 『國際法』, 227쪽.

49 이에 대한 구체적인 내용은 김정균·서재호, 같은 책, 228쪽 참고.

50 신각수, 「條約에 관한 國家承繼: 1977년 Vienna協約의 法的 檢討」, 190쪽.

51 신용호, 「독일 통일과 조약의 국가승계」, ≪비교법학≫, 제8집(전주대학교 비교법학연구소, 2008), 19쪽.

국제사법재판소의 또 다른 판결로는 헝가리와 슬로바키아 간의 가브치코보-너지머로시 (Gabčíkovo-Nagymaros) 사건에 대한 판결이 있다. 이 사건은 1977년 헝가리와 체코슬로바키아 사이에 체결된 조약과 관련된 것인데, 이 조약에서는 양국 사이를 흐르는 다뉴브 강에 공동으로 수문 장치를 건설·운영할 것을 규정하고 있었다. 그러나 1989년 헝가리는 여러 환경적·경제적 이유를 내세워 이 프로젝트의 이행을 포기하고, 1992년 5월에 조약의 종료를 체코슬로바키아에 통고하였다. 그런데 1993년 1월 1일부터 체코슬로바키아가 체코공화국과 슬로바키아로 분열되었고, 이에 따라 헝가리에 의하여 버려진 이 프로젝트는 슬로바키아의 영토 내에 위치하게 되었다. 그리고 이 프로젝트의 이행과 관련한 헝가리와 슬로바키아 간의 분쟁이 특별 협정에 의해 국제사법재판소에 제기된 것이다. 그러므로 이 사건에서 국제사법재판소는 특히 슬로바키아가 1977년 조약하의 체코슬로바키아의 권리를 승계하였는지의 여부를 결정짓지 않으면 안 되었는데, 재판소는 "이 조약은 그것의 적용대상인 다뉴브 강 지역에 '부착되는 (attaching to)' 권리와 의무를 창설하였으며", "따라서 이 조약 자체는 (체코슬로바키아와 슬로바키아 간의) 국가승계에 의해 영향 받을 수 없으며", "그러므로 1977년의 조약은 1993년 1월 1일부로 슬로바키아에 대하여 구속력을 갖게 되었다"라고 결론지었다. 이 같은 결론에 이름에 있어 국제사법재판소는 "하천의 용수권 혹은 항행에 관한 조약은 통상적으로 영토적 조약의 범주에 포함될 수 있는 후보로 간주된다"라고 언급하였던 ILC의 견해를 인용하면서, 1977년의 조약은 「조약승계협약」 제12조에서 말하는 영토적 체제를 수립하는 것으로 보아야 한다고 언급하였다.[53]

그러나 이와는 반대되는 사례도 있다. 1815년 「파리조약」에 의해서 프랑스는 휘닝겐 (Hüningen)의 비무장화 의무를 부담하였으나 알자스(Alsace)가 독일로부터 반환된 후 1927년 프랑스가 마지노선을 건설할 즈음, 휘닝겐의 법적 지위가 문제 되었을 때 프랑스는 1815년 「파리조약」의 관련 규정은 이미 소멸하였다고 주장한 바 있다. 1960년 영국령 소말릴란드 (Somaliland)와 이탈리아의 신탁통치 구역인 소말리가 합병하여 소말리아(Somalia) 공화국을 이루자, 에티오피아가 방목권의 자동적 무효를 주장한 것도 그 반대의 사례로 소개되기도 한다. 당시 영국도 에티오피아와 영국령 소말릴란드 사이의 국경선을 획정한 1897년의 조약은 계속 유효하지만 방목권의 실시에 대하여 규정한 1954년의 조약 제3조는 소멸한다는 견

52 *ICJ Reports*(1960), p.37 ff.

53 김대순, 『國際法論』, 제14판(삼영사, 2009), 900~901쪽.

해를 표명하였다. 또한 모로코도 독립에 즈음하여 프랑스가 조약상 인정하고 있던 미군 기지의 승계를 거부한 바 있다.[54]

(2) 고도의 정치적 조약

영토선행국이 체결한 고도의 정치적 및 군사적 사안을 내용으로 하는 국제조약의 경우 영토승계국으로 승계되지 않는다는 것이 국가 관행이다. 영토승계국은 영토승계 문제 때문에 특정 정치적·사회적·경제적 국제 제도에 강제로 편입되지 않아야 함은 당연하다. 이러한 고도의 정치적 조약은 국가 자신의 국제적 지위와 밀접한 관련이 있으므로 인적 조약이라고도 한다. 일반적으로 군대주둔협정, 동맹조약, 중재재판조약, 중립조약 등이 이에 해당된다고 할 수 있다. 주재국협약, 외국인 관련 협약, 외국인 추방에 관한 협약 등은 정치적 협약이 아니더라도 영토승계국의 공적 이익이 우선적으로 고려되어야 할 조약이므로, 이러한 조약의 상대국은 선행국이 보장하였던 권리를 영토승계국에 요구할 수 없다는 것이 다수설이다. 영사협약도 영토승계국에 자동 승계되지 않으며 새롭게 영사협정을 체결하지 않는 한 자동 소멸한다.[55]

(3) 다자조약

20세기 들어 국제연맹과 유엔에서 그동안의 국제관습법을 다자간 조약의 형태로 성문화하는 작업이 활발하게 전개되었다. 이러한 법률 창조적 성격의 다자간 조약은 유엔체제에서 신생국에 자동 승계된다는 자동승계론이 유엔의 등장과 함께 대두되었다.[56] 국가 관행을 살펴보아도 상당수 신생독립국들이 선행국의 다자간 조약을 승계하였다. 그러나 이러한 사례만 가지고 다자조약의 자동승계 원칙이 국제관습법으로 확립되었다고 보기는 무리라는 것이 일반적인 견해인 것으로 보인다.

(4) 인권조약

다자조약의 자동승계론과는 별도로 1990년대 중반부터 조약 가운데 국제인권조약은 자동적으로 승계된다는 주장이 제기되고 있는바, 이는 다른 일반적인 다자조약이 상호적이며 상

---

54 김찬규, 「新生國과 條約의 承繼」, ≪법학≫, 통권 제37권(서울대학교 법학연구소, 1977), 333쪽.

55 Menzel, Eberhart, "Staatensukzession," in Strupp, Karl/Schlochauer, Hans Juergen(Hrsg), *Woerterbuch des Voelkerrechts*, Bd.3(1962), p.320.

56 이순천, 「條約에 對한 國家承繼: 最近의 國際實行과 南北統一時 適用問題를 中心으로」, 89쪽.

대적인 의무를 규정하고 있는 것과는 달리 국제인권조약은 당사국에 절대적이고 객관적인 의무를 요구하며, 국제공동체에 의하여 인정되고 있는 특정 규범 및 가치를 당사국들이 준수하게 하는 역할을 하는 데에서 연유한다.[57] 그러나 「조약승계협약」에는 국제인권조약의 승계에 관한 별도의 규정이 없으며, 이에 대한 유엔 국제법위원회의 입장도 확인되지 않는다.

(5) 비처분적 조약

앞에서 살펴본 바와 같이 처분적 조약이나 다자조약의 경우에는 대체로 국가승계의 유형, 즉 영토주권의 변경의 형태와 관계없이 이러한 조약들의 자동승계 원칙이라는 관행이 형성되었는지 혹은 나아가 이와 같은 조약을 승계하는 것이 국제관습법에 해당하는지가 주된 관심이었다. 하지만 비처분적 조약의 경우에는 국가의 승계 유형에 따라 관행도 다양하게 나타나고 있어 이를 일률적으로 논하기가 쉽지 않다. 따라서 앞에서 살펴본 바와 같이 「조약승계협약」도 비처분적 조약에 대하여는 국가의 승계 유형에 따라 승계 여부에 대하여 규정을 달리하고 있는 것이다.

5) 분단국가의 통일과 조약 승계 사례

앞에서 살펴본 바와 같이 「조약승계협약」이 기존의 관행을 제대로 반영한 것인지에 대하여는 적지 않은 비판이 제기되고 있다. 나아가 조약의 국가승계에 대한 국제관습법이 있는지에 대해서도 의견이 분분하다. 따라서 남북통일의 경우에 이 문제를 어떻게 해결할 것인지를 알아보기 위하여 기존의 분단국 통일의 경우에는 이 문제를 어떻게 해결하였는지를 살펴볼 필요가 있다.

(1) 베트남

남북 베트남은 오랜 내전 끝에 1975년 4월 30일 남베트남공화국의 패망으로 공산화된 후 1976년 7월 2일을 기하여 새로이 베트남사회주의공화국(Socialist Republic of Viet-Nam)으로 통일국가가 수립되었다.

---

[57] 이규창, 「국제인권조약 자동승계론에 대한 연구: 남북통일과 관련하여」, ≪통일정책연구≫, 제16권 2호(통일연구원, 2007), 124쪽.

베트남 통일은 북베트남의 무력에 의한 흡수통일로 전형적인 병합에 의한 통일이다. 통일 후 북베트남의 조약이 전 베트남에 확대·적용되고 과거 남베트남이 체결한 조약들은 모두 효력을 상실하게 되었다. 국제사회 역시 이러한 결과를 수용하였고, 유엔도 다자조약에 대하여 과거에 남베트남의 비준일이 아닌 북베트남의 비준일을 당사국 기준일로 정함으로써 남베트남의 다자조약에 대한 당사자 자격을 소멸한 것으로 처리하였다. 남베트남은 「제노사이드 협약」을 1950년 8월 11일 비준하였으나, 통일베트남이 이를 비준한 1981년 6월 9일 이후부터 당사국 자격을 인정하고 있고, 「외교 관계에 관한 비엔나 협약」의 경우 남베트남이 가입한 것은 1973년 5월 10일이지만 통일베트남이 비준한 1980년 8월 26일을 당사국 기준일로 삼고 있는 것이 그 예이다.

우리나라 역시 과거 남베트남과 체결한 양자조약은 1976년 7월 2일 베트남 사회주의 공화국의 수립으로 인하여 효력이 상실된 것으로 처리하고 있다. 결과적으로 베트남 통일에 있어서는 소멸된 남베트남의 조약 관계는 일률적으로 종료되고, 북베트남의 조약 관계가 전 베트남에 적용되게 되었다. 다만 통일 베트남이 과거 남베트남의 대외적 권리의무를 모두 무시한 것은 아니며, 적지 않은 남베트남의 권리와 의무를 승계한 것으로 알려져 있다.[58]

(2) 예멘공화국

예멘은 기원전 1000년 시바 왕국으로부터 기원하여 약 3000년의 역사를 갖고 있으나 세 번에 걸쳐 약 270년간 통일된 바가 있을 뿐 수 개의 부족국가 및 왕조로 분열되어 진행되어 온 역사를 가지고 있다.[59] 예멘인민민주공화국(남예멘)과 예멘아랍공화국(북예멘)은 상호 합의에 의한 수많은 합의서와 의사록, 결의안 등의 입법화 과정을 통하여 1990년 5월 22일 예멘공화국으로 통일되었다.

남북 예멘의 통일은 형식상으로는 국가권력이 철저하게 안배된 국가 대 국가의 균등 통합을 지향하고 있으나, 실제로는 인구와 경제력의 우위에 있던 북예멘의 흡수통합으로 보는 견해가 있다. 이러한 점은 통일 이후 최고의사결정기관인 5인으로 구성되는 대통령위원회 중 3인은 북예멘이 차지하고 있고, 또 대통령을 북예멘의 대통령이 그대로 승계하고 있으며, 통일 이후 남예멘이 시장경제 체제를 수용한 데에서 읽을 수 있다는 것이다.[60]

---

58 정인섭, 「統一과 條約承繼」, 215쪽.

59 이규일, 「남북예멘 통일과 교훈」, ≪외교≫, 16(한국외교협회, 1990.12), 71쪽.

60 김성수, 「國際法上 南北韓 統一以後의 國家承繼問題에 관한 硏究」(한국외국어대학교 석사 학위논문, 1993.

1990년 5월 19일 자로 남북 예멘 외무장관들이 공동으로 유엔 사무총장에게 보낸 서한을 보면 "예멘인민민주공화국과 예멘아랍공화국은 1990년 5월 22일 선포될 사나에 수도를 두는 단일 주권국가인 예멘공화국으로 합쳐진다. 예멘공화국은 유엔에서 단일 회원국을 이루며 유엔헌장을 준수할 것이다. 1990년 5월 22일을 시점으로 기존의 두 예멘공화국과 외국 또는 국제기구 간에 체결되었던 국제법에 따른 모든 국제조약과 협정은 계속 효력을 유지하며, 두 예멘공화국과 외국간의 국제관계 역시 계속된다"라고 되어 있다.[61] '통일헌법' 제5조도 "일반국제법에서 인정된 원칙들을 준수할 것을 선언한다"라고 규정하고 있다.

통일예멘은 과거에 남북 예멘이 체결한 조약의 효력을 그대로 존중하고, 다자조약의 경우에는 남북 예멘 중 먼저 가입한 날짜를 다자조약 당사국으로서의 기산일로 정하기로 하였고, 유엔도 이러한 입장을 수용하였다.

그러나 합의에 의한 분단국의 평화적 통일이라는 모범적 사례를 보여주었던 예멘은 체제로 인한 갈등을 극복하지 못하고 내전이 발생하였으며, 1994년 5월 다시 분단되어 전쟁을 치른 끝에 그해 10월 북예멘이 남예멘을 진압함으로써 다시 통일을 이루었다. 하지만 대외조약에 대한 과거의 입장은 변경된 바 없었으며, 유엔 사무총장이 수탁자인 다자조약은 여전히 통일 예멘의 1990년 5월 22일 자 선언에 의하여 처리되고 있다.[62]

국경조약에 대하여 살펴보면 후일의 북예멘에 상당하는 예멘왕국과 사우디아라비아는 역사적으로 이드리시(Idrisi) 지역에 대한 영유권 분쟁이 있어왔는데, 1934년 「타이프(Taif)협정」을 체결하여 이 지역이 사우디아라비아령임을 확인한 바 있다. 이후 북예멘에서 1962년 혁명이 발발하고 공화국이 출범하자 새로 출범한 정권에서는 이 협정이 강박조약이므로 무효라고 주장하며 이 지역의 반환을 주장하였으나, 협상 끝에 1973년 3월 양국 간에 「타이프협정」상의 국경이 최종적이며 영구적인 국경이라는 공동성명을 발표하였다. 그러나 후일 북예멘은 이 공동성명이 법적 구속력이 있는 문서가 아니라고 주장하였다. 한편 1967년 독립한 남예멘 역시 「타이프협정」을 인정하지 않고 사우디아라비아와의 사이에 영토분쟁이 있다는 주장을 해왔다. 남북 예멘의 이와 같은 입장은 양국 통합을 위한 1988년 공동합의서에도 반영이 되었고, 1990년 5월 남북 예멘이 통일되자 문제가 다시 불거졌다. 통일 예멘은 「타이프

---

2), 30쪽.

61 United Nations, *Multilateral treaties deposited with the Secretary-General Status as at 31 Dec 1992*(United Nations, 1993), p.27.

62 정인섭, 「統一과 條約承繼」, 222쪽.

협정」을 전제로 하지 않는 양국 간 포괄적인 새로운 국경협상을 요구하였고, 사우디아라비아는 이 협정의 유효를 전제로 기타 지역의 국경만을 협의하자고 주장한 가운데, 1995년 2월 26일 양국은 예멘이 「타이프협정」을 유효하고 구속력 있는 협정으로 수락하는 대신, 사우디아라비아는 양국 간 육상 및 해상에서의 포괄적인 경계 획정에 동의하였다. 1997년 예멘은 자신들의 역사적·법적 권리를 더는 주장하지 않기로 하였고, 사우디아라비아는 「타이프협정」상의 경계를 제외한 나머지 지역에서의 국경 획정에서는 예멘 측의 주장을 대폭 수용한다는 원칙에 합의하였다. 다만 「타이프협정」상의 국경을 전제로 하더라도 구체적인 경계는 현지 사정에 맞게 재조사하기로 하였다. 1988년에는 무력충돌까지 겪으며 집중적인 협상을 진행한 결과 2000년 6월 12일 양국 외무장관은 해상을 포함한 양국 전 국경을 대상으로 하는 새로운 국경 협정인 「제다(Jeddah)협정」에 서명하였고, 이는 2000년 7월 4일 발효하였다.[63]

(3) 독일

동서독 통일이 국가승계 유형 중 어디에 해당하는지에 대해서는 「조약승계협약」 제31조의 국가통합(uniting of states)의 유형에 속한다는 견해, 할양(cession)에 해당한다는 견해도 있으나 일반적 견해는 독일 통일이 전형적인 흡수통일(absorption, incorporation)에 해당한다는 것이다. 국제법위원회의 해설에 따르면 「조약승계협약」 제31조의 규정이 흡수통일의 경우도 포함한다고 되어 있다. 하지만 독일 통일을 흡수통일로 보는 학자들은 이 협약 제31조의 규정은 국가통일의 두 가지 유형인 흡수통합과 국가융합을 구분을 하지 않아 문제가 있다고 주장한다. 이들은 흡수통일의 경우에는 이 협약 제31조가 규정하고 있는 계속주의 원칙이 적용되지 않아야 한다는 것이다.

한편 이와 같은 국가승계 유형의 문제에 앞서 이와는 별도로 통일 전 분단국인 독일의 법적 지위와 관련하여 살펴볼 때 동서독의 통일을 국가승계의 문제로 볼 수 있는지가 문제된다. 이는 동서독이 분단국으로서 동서독 통일을 국가 대 국가의 통합으로 볼 수 있는가 하는 문제이다. 분단국인 남북한의 통일과 관련하여도 이와 같은 문제가 발생한다. 통일 전 서독의 '기본법' 제23조는 서독의 11개 주 지역에만 적용된다고 선언하였지만 동시에 독일의 다른 지역이 '기본법' 적용 지역에 가입하여 '기본법'의 효력 범위를 전체 독일에 확장하는 가능성을 인정하

---

63 구체적인 내용은 정인섭, 「統一後 한러 국경의 획정」, ≪서울국제법연구≫, 제14권 1호(서울국제법연구원, 2007), 76~77쪽 참고.

고 있었기 때문에 서독은 동독을 국가로 보지 않았다. 한편 동독은 1949년 제정한 '동독헌법' 제1조에서 "독일은 하나의 불가분의 민주공화국이다"라고 규정하여 서독을 국가로 보지 않았으나, 1968년 개정된 '동독헌법'은 "독일민주공화국의 국민이 헌법제정권자"라고 표시하여 간접적으로 서독을 국가로 볼 수 있는 여지를 남겨두었다. 그 후 1972년 「동서독 기본조약」을 체결한 이후에는 서독은 동독을 국가로 보지 않았으나 동독은 서독을 별개의 국가로 보아왔고, 1973년에 동서독은 각기 유엔에 가입하여 국제사회에서도 별개의 국가로 인정되었다.

동서독 통일과 조약 승계의 관계에 있어서 발생하는 현실적인 문제는 조약 승계에 관한 국제법의 법원이 무엇인가 하는 것이었다. 조약 승계와 관련된 국제법의 법원으로는 국제관습법과 「조약승계협약」인데 동서독이 통일된 1990년 당시에는 이 「조약승계협약」은 발효되기 이전이었으며, 동서독 모두 이 협약의 당사자가 아니었다. 따라서 「조약승계협약」은 동서독 통일에서 적용되어야 할 법원이 아니며, 조약 승계에 관한 국제관습법 또한 확정되었다고 볼 수 없는 상황이었다.

동서독은 조약 승계와 관련된 문제점을 해결하기 위하여 「통일조약」에 동서독이 통일되기 이전에 각기 타국과 체결한 조약의 승계 방식을 명문으로 규정하고 있었다. 「통일조약」 제11조는 서독의 조약에 관한 규정인데, 서독이 통일 이전에 체결한 조약은 약간의 예외 조약을 제외하고는 구 동독 지역까지 그 효력을 확장하는 것으로 되어 있으며 이는 전통적인 조약경계 이동의 원칙에 따른 것이다. 이 원칙을 채택한 것은 독일의 통일에 의하여 구 동독은 국제법상의 주체로서 소멸된 것이고, 서독은 통일 이후에도 국가적 동일성 및 계속성을 유지하였다는 사실을 보여주는 것이라 할 수 있다. 이론상 이 원칙을 준수하게 되면 동독이 체결한 조약은 자동적으로 그 효력을 상실한다고 하여야 일관성이 있게 된다. 그런데 「통일조약」 제12조는 다음과 같이 규정하고 있다. ㉠ 체약당사국(구 서독과 구 동독)은 독일 통일의 달성과 관련하여 동독이 체결한 국제조약들의 계속적 적용·개정 또는 종료를 규율 또는 확인하기 위한 목적으로 신뢰 보호, 관련 당사국의 이익, 법의 지배의 원칙에 규율되는 자유민주주의적 기본질서, 서독의 조약관계를 고려하고, 유럽공동체(EC)의 권한을 존중하면서 관련 당사국과 협의를 행하여야 한다(제1항). ㉡ 통일독일은 동독 측이 체결한 국제조약 이행에 대한 입장을 조약 당사자들 및 유럽공동체 측과 협의한 후 결정한다(제2항). ㉢ 서독은 가입되어 있지 않고 동독만 가입되어 있는 국제기구나 다자간 조약에 통일독일이 가입하려고 할 경우에 독일은 모든 당사국과 유럽공동체의 권한이 관련되는 경우 유럽공동체와 협의한 후 결정한다(제3항). 「통일조약」 제11조와 제12조는 구 서독과 외교 관계를 유지하였던 모든 국가와 국제기구에 통보되었고, 이들로

부터 아무런 이의 제기도 없었다. 「통일조약」 제12조를 분석해 보면 제1항은 기(旣) 이행된 양
자조약에 관한 규정이고, 제2항은 장차 이행될 양자조약에 관한 규정이며, 제3항은 국제기구
와 다자조약에 관한 규정이다. 이를 조약의 유형별로 좀 더 구체적으로 살펴보면 다음과 같다.

① 양자조약

독일연방공화국은 「통일조약」 제12조의 규정에 따라 조약 협상 대표를 임명하여 조약 체
결 상대국들과 일일이 협상을 진행하였다. 협상 결과 구 동독 정부에 의하여 체결된 총 2214
개의 조약이 독일 통일과 함께 소멸되었다.[64] 이 조약들 또는 협정의 목록은 통일독일의 관보
를 통하여 고시되었다. 독일 정부의 견해에 따르면 이 조약들은 국제관습법에 따라 법률상 당
연히 소멸한 것으로 독일 의회의 승인 또는 동의를 구할 필요가 없었다. 그러나 오스트리아,
핀란드, 덴마크, 스웨덴 등과 체결되었던 미해결 재산 문제에 관한 조약은 분단 전 독일제국의
행위와 관련이 있는 것이므로 존속하기로 하였다. 체코슬로바키아와 체결한 영토적 성격의 조
약도 존속하였다. 사회보장과 관련된 구 동독의 조약 중 일부는 즉시 종료되었고, 일부는
1992년 말까지 잠정적으로 존속되었으며, 일부는 1992년 이후까지 계속 존속되었다. 한편
382개의 조약 또는 협정은 1997년 3월 5일 현재 '아직까지 소멸되지 않은(noch nicht erlöschen)'
것으로 간주되어, 전문가 그룹에 의한 계속적인 협의 또는 조정의 대상이 되었다.[65]

② 다자조약 및 국제기구 회원 자격

「통일조약」 제12조 제3항은 양 독일 중 구 동독만이 당사자로 가입된 국제기구나 다자조
약에 통일독일이 가입을 원하는 경우 관련 당사국과 합의하여야 하고, 유럽공동체의 권한에
관련된 경우 유럽공동체와 합의하도록 하고 있다. 이 조항에 의하여 독일 통일이 흡수통일임
을 다시 한번 확인할 수 있다. 이 조항에 의하여 구 동독이 체결한 다자조약이나 국제기구 회
원 자격은 구 동독의 소멸과 함께 소멸하는 것이 원칙이다. 구 동독은 당시 동유럽경제공동체
인 코메콘(COMECON)과 392개의 다자조약을 체결하고 있었다. 코메콘 및 바르샤바 조약들
은 고도의 정치적 조약에 해당되어 독일연방공화국은 이 조약들을 승계하지 않을 수 있다. 이
이외에 순수 경제적 성격의, 즉 구 동독 정부가 투자한 지분을 회수하기 위하여 존속이 필요한
일부 동구권 국가들과 체결된 조약은 존속하기로 하였다.[66]

---

[64] *Bundesgesetzblatt*(1991 II), p.931.

[65] Papenfuss, *Die Behandlung der voelkerrechtlichen Vertraege der DDR im Zuge der Herstellung der Einheit Deutschlands*, 1997, pp.234~236.

[66] 신용호, 「독일 통일과 조약의 국가승계」, 32~33쪽.

③ 국경조약

제2차 세계대전의 패전국인 독일은 미·영·불·소 4국의 점령하에 있다가 소련 점령지구는 동독으로, 기타 지역은 서독으로 발전하면서 독일제국의 영토 중 오데르나이세(Oder-Neisse)강 이동 지역은 폴란드로 편입되었고, 동독과 폴란드는 1950년에 오데르나이세선을 기준으로 국경조약을 체결한 바 있다.

이후 서독은 동방정책을 추진하며 1970년 8월 12일 소련과 이른바 「모스크바조약」을 체결하였고, 조약 제3조에서 모든 유럽 제국의 기존 국경선하의 영토권을 존중함과 아울러 특히 폴란드 서부 국경인 오데르나이세선이 불가침임을 인정하였다. 또한 서독은 1970년 11월 18일 폴란드와 「바르샤바조약」을 체결하였는데, 이 조약 제1조에서도 「포츠담협정」에 따른 오데르나이세선이 폴란드의 항구적인 국경임을 인정하고, 향후 어떠한 영토적 요구도 하지 않을 것을 확인하였다. 또한 통일독일은 1990년 11월 14일 폴란드와 새로운 국경선 조약인 「독일·폴란드 간 국경선 조약(Vertrag Zwischender Bundersrepublik Deutschland und der Republik Polen über die Bestätigung der Zwischen ihnen bestehenden Grenze)」을 체결하여 국경선을 재차 확인하였다.[67]

이러한 독일의 사례에 대하여 일반국제법(국제관습법)상 또는 「조약승계협약」상 인정되어 있는 국경·영토 등에 관한 조약 승계의 원칙인 계속주의 원칙을 배제하고 백지출발주의를 채택하였다고 평가하는 견해가 있다.[68] 그러나 이러한 견해는 통일독일과 폴란드 간에 새로운 조약이 체결되었다는 형식적인 측면만을 강조하고, 실제로는 기존의 국경 체제를 그대로 인정하였다는 내용적 측면을 경시한 견해인 것으로 보인다. 한편 1952년 동독과 폴란드 간에 체결된 「오데르(Oder)강 운항에 관한 조약」과 같은 처분적 조약은 독일연방공화국에 의하여 승계되었다.

6) 남북통일과 북한이 체결한 조약의 승계

(1) 남북연합 단계

'민족공동체 통일방안'에서 제시하고 있는 남북연합은 남북한이 각각 외교, 군사 및 내정

---

67 관련 국경조약들은 법제처 엮음, 『獨逸統一關係法 硏究』(법제처, 1991) 참고.

68 김명기, 「통일한국의 북중국경선조약의 승계에 관한 고찰」, 《국제법 동향과 실무》, Vol.4(외교통상부, 2005), 39쪽.

에 걸쳐 독립적인 주권을 행사하면서 남북연합기구로 남북정상회의, 남북평의회, 남북각료회의를 상설화하여 경제·사회·문화공동체를 형성하는 것을 내용으로 하고 있다. 따라서 남한과 북한이 2개의 독립한 국가 형태로 존속하게 되므로 각자가 기존에 체결 또는 가입한 조약은 각자의 지역에서 그대로 효력이 지속되는 것으로 하여야 할 것이고, 특히 외교 문제에 있어서 각자가 독립적인 주권을 행사하므로 사실상 국가승계의 문제는 발생하지 않는 것으로 보아야 할 것이다.

다만 현실적으로는 남북연합의 결합 정도에 따라 남북연합의 체제와 목적에 부합하지 않는 조약 등은 남북 상호 간의 협의를 거쳐 정리를 할 필요가 있을 수도 있다. 하지만 이는 조약 승계의 문제는 아니다.

(2) 1국가 1체제로의 통일단계

이론상 남북한이 대등한 관계에서 합의를 통하여 공동으로 새로운 국가를 창설하고, 기존의 남북한이 모두 소멸하는 경우는 국가통합 중 합병에 해당한다. 그러나 이러한 형태의 통일은 북한이 통일 이전에 자유민주주의 체제와 사회적 시장경제 체제의 국가로 체제 전환을 하지 않는 한 이론상으로만 가능한 것이지 현실적으로는 이러한 상황을 상정하기 어렵다. 그 이유는 기본적으로 자유민주주의 체제와 사회적 시장경제 체제에 입각한 남한과 사회주의 체제 및 계획경제 체제에 입각한 북한이 대등한 지위에서 합의에 의하여 통일국가를 건설한다고 할 경우, 극단적으로 대립되는 양자의 정치 체제와 경제 체제의 중간선에서 타협점을 찾을 수 없기 때문이다. 그렇다고 양측 체제를 극복 또는 지양하는 또 다른 체제의 국가 형태를 찾을 수 있는 것도 아니다.

결국 남북이 합의를 한다 하더라도 정치 체제와 경제 체제는 어느 한쪽의 체제를 선택하느냐의 문제가 되는 것이고, 종국적으로 통일국가의 기본 이념과 원리는 역사적·경험적으로 우월성이 입증된 자유민주주의 체제와 사회적 시장경제 체제를 택할 수밖에 없는 것이다.

그러므로 남북한이 합의에 의해 형식적으로는 기존의 남북한은 모두 소멸하는 것으로 하면서 새로운 국가를 창설한다 하더라도 새로운 통일국가는 자유민주주의 및 시장경제 체제의 국가가 되어야 할 것이다. 이 경우 실질적으로는 사회주의 체제이자 계획경제 체제하에 있는 북한은 소멸한 것으로 보고, 남한의 체제가 북한으로 확대되는 것으로 보아야 한다.

이와 같은 입장에서 본다면 남북한 간의 합의에 의한 통일의 경우에도 조약 승계의 문제는 앞에서 본 남한 주도의 흡수통일의 경우와 동일하게 처리하면 될 것으로 본다. 구체적인 방안은 흡수통일을 이룬 통일독일의 사례 등을 참고하여 우리 현실에 맞게 적용하는 것이 가장 현실적인 방안이라 할 것이다.

기본적으로는 통일독일의「통일조약」제11조와 같이 통일국가와 동일성 및 계속성을 유지하는 남한의 조약이 조약경계이동의 원칙에 따라 북한 지역으로 확대·적용되는 것을 원칙으로 하여야 한다. 다만 북한이 체결한 조약의 처리에 대하여도 통일독일의 사례를 참고할 것인지에 대하여는 신중한 검토가 필요하다.

통일독일은 동독이 체결한 조약에 대하여「통일조약」제12조에 따라 일일이 관련 상대국과 협의를 하여 계속적 적용·개정 또는 종료를 결정하였다. 그러나 이처럼 상대국과 일일이 협의를 하는 것은 현실적으로 매우 방대하고 어려운 작업이다. 그뿐만 아니라 비록「통일조약」제12조에서 그 결정에 관한 기준으로 신뢰 보호, 관련 당사국의 이익, 법의 지배의 원칙에 의하여 규율되는 자유민주주의적 기본질서, 서독의 조약 관계를 고려하고, 유럽공동체의 권한을 존중한다는 원칙을 규정하기는 하였으나, 상대국의 의사는 차치하더라도 구 동독의 조약들을 존속시킬지를 이 원칙에 따라 구별하는 것도 쉽지 않은 일이다. 이는 앞에서 본 바와 같이 독일이 통일된 지 6년 이상이 경과된 1997년까지도 약 382개의 조약 또는 협정이 계속적인 협의 또는 조정의 대상이 된 점만 보아도 알 수 있다. 또한 조약 체결 상대방의 입장을 고려하더라도 이처럼 조약의 효력 유무를 장기적으로 불확정 상태에 놓아두는 것도 바람직하다고 보기 어렵다. 따라서 우리와 체제를 전혀 달리하는 가운데 체결된 북한의 조약에 대하여는 일괄하여 종료 선언을 하고, 필요한 경우에는 새로운 통일정부가 상대국과의 협상을 통하여 새로운 조약을 체결하는 것이 더 현실적인 방법이라고 본다.

다자조약이나 국제인권조약과 같이 자동승계 여부가 문제되는 경우가 있으나 아직까지는 다자조약이나 국제인권조약의 자동승계 원칙이 국제관습법으로 확립되었다고 볼 수도 없다. 다만 다자조약이나 국제인권조약 중 그 내용이 국제관습법에 해당하는 경우가 있으나 이 경우에는 그러한 국제관습법이 우리 헌법에 의하여 국내법적 효력을 갖게 되므로 굳이 그러한 조약을 승계할 필요는 없을 것이며, 필요시에는 새로운 정부가 그와 같은 조약에 가입을 하면 될 것이다.

이처럼 일괄 소멸 선언 방식을 채택할 경우 가장 문제가 되는 것은 국경조약을 비롯한 처분적 조약의 문제이다.

(3) 국경조약 승계 문제

그동안 국내에서는 간도와 녹둔도가 원래 조선의 영토인데, 간도는 1909년 청일 간 체결된 간도협약에 의하여 부당하게 중국으로 편입되었고, 두만강 하구의 녹둔도 역시 조선의 영토인데, 1860년 청·러 간 체결된「북경조약」에 의하여 러시아령으로 잘못 편입되었으므로 이를 회복하여야 한다는 주장이 제기되어 왔다.

그러나 이러한 주장은 우리 정부 차원에서 공식적인 입장이 아니라 주로 백산학회나 간도학회 등과 같은 민간 학술단체를 중심으로 전개되어 왔다.[69] 이들은 주로「간도협약」과「북경조약」이 국제법적으로 무효라는 주장과 함께 간도와 녹둔도에 대한 역사적 권원에 대하여 입증하려고 노력해 왔으며, 특히 간도와 관련하여서는 백두산정계비의 해석과 관련된 많은 연구와 노력을 진행해 왔다.

그런데 이러한 노력에 대하여 새로운 변수로 등장한 것이 북한이 중국 및 러시아와 새로 체결한 국경조약들이다. 신법 우선의 원칙에 의하면 북한이 체결한 이러한 국경조약들에 의하여 기존의「간도협약」이나「북경조약」과는 무관하게 새로운 국경 체제가 성립되는 것이기 때문이다. 따라서 간도와 녹둔도에 대한 영유권 주장 노력은 북한이 중국이나 러시아와 체결한 조약마저 극복하여야 하는 과제를 떠안게 된 것이다. 물론 간도와 녹둔도에 대한 영유권을 강하게 주장하는 입장에서는 대체로 북한의 국가성과 국제법의 주체성을 부인하면서 북한이 체결한 조약의 무효를 주장하거나, 중국과의 국경조약은 비밀조약이므로 무효라는 주장을 하기도 하나 국제법 원칙에 비추어볼 때는 그렇게 간단히 해결될 문제가 아닌 것이다.

반면, 처분적 조약 특히 국경조약의 경우에는 관습법 및「조약승계협약」제11조 및 제12조에 따라 국가승계에 의하여 어떠한 영향도 받지 않으며, 승계국에 그대로 승계된다는 원칙이 확립되어 있다고 보는 견해가 있다.

만일 이와 같은 원칙이 국제관습법에 해당한다고 하면 북한이 중국 및 러시아와 국경조약을 체결함으로써 중국의 영토가 된 간도와 러시아의 영토가 된 녹둔도의 영유권 회복은 적어도 국제법적으로는 불가능하다고 보아야 할 것이다.

이에 대하여 학자들의 일반적인 견해는 처분적 조약 중에서도 국경조약의 경우에는 이를 승계하는 것이 국제관습법이라고 보거나 적어도 관행으로 보고 있는 것 같다. 그러나 통일에

---

69 백산학회에서 편찬한 책자로는『間島領有權 問題 論攷』(백산자료원, 2000),『韓·中 領土의 관한 論攷: 간도를 중심으로』(백산자료원, 2006),『間島領土의 관한 硏究』(백산자료원, 2006) 등이 있다.

멘이나 통일독일의 경우 승계 대상인 국경조약의 효력을 다툰 선례가 있는 점 등에 비추어보아 국경조약이라고 해서 반드시 이를 승계하여야 할 법적 의무가 있을 만큼 그 원칙이 확고한 국제관습법의 지위를 확보하였다고 보지는 않는다. 따라서 법적 논리로만 본다면 북한의 법인격이 소멸하는 통일의 형태가 될 경우 북한이 체결한 국경조약 역시 효력을 상실하는 것으로 선언을 하고 상대방인 중국이나 러시아와 그 효력을 다툴 수는 있을 것이다.

그러나 이는 조약 승계의 법리상 승계국인 우리가 선행국인 북한이 체결한 국경조약의 승계를 하지 않겠다는 주장을 할 수 있다는 것이고, 그러한 선언만으로 간도나 녹둔도의 영토를 회복할 수 있는 것은 아니다. 우리의 일방적 선언에 의해 이 국경조약들이 바로 무효가 되는 것이 아니라 상대국인 중국 및 러시아와의 사이에 그 효력에 대한 다툼이 발생한다는 것을 의미하는 것에 지나지 않는다.[70]

결국 간도와 녹둔도의 영유권 문제와 관련하여 국경조약 자동승계의 문제는 영토 회복을 위해 해결하여야 할 여러 과제 중 하나에 불과한 것이다.

한편 국경조약 이외의 처분적 조약에 대해서도 이를 승계하는 것이 국제관습법의 확립된 원칙이라는 주장은 국경조약의 경우만큼 강력하지는 않다. 이처럼 국경조약의 당연 승계를 부인하는 입장에서 이보다 약한 기타 처분적 조약의 당연 승계 주장은 받아들이기 어렵다. 또한 이언 브라운리(Ian Brownlie)의 주장과 같이 이 범주에 속하는 조약에 대하여 정의를 내리기가 쉽지 않으며, 이러한 조약들만 특별하게 취급하여야 할 이유가 명확하지 않다는 점에서 다른 조약의 경우와 달리 취급할 필요가 없다고 본다.

4. 맺음말

이상에서 남북한이 통일되었을 경우에 대비하여 북한이 체결한 조약을 어떻게 처리할 것인지를 살펴보기 위하여 먼저 북한의 조약 체결 현황, 국제법적 관점에서 조약 승계에 대한 일반론과 국제 관행 및 판례, 각국의 관련 사례 등을 살펴보았다. 이를 바탕으로 남북한 통일 시에 조약 승계에 관한 국제법적 원리를 적용할 수 있는지, 적용할 수 있다면 과연 조약 승계에 관한 국제법적 법원(法源)은 무엇인지를 살펴본 뒤, 남북한 통일의 유형에 따라 북한이 체결한

---

[70] 한명섭, 『남북통일과 북한이 체결한 국경조약의 승계: 조중국경조약의 승계 문제를 중심으로』, 266쪽.

조약을 어떻게 처리하는 것이 바람직한지에 대한 방향을 제시해 보았다.

남북통일의 최종 단계는 북한의 붕괴 등으로 인한 흡수통일의 경우이든, 아니면 남북 합의에 의한 통일의 경우이든 남북이 1국가 1체제의 새로운 국가로 탄생을 하여야 진정한 통일이라 할 수 있을 것이다. 이 경우 통일국가의 기본적 헌법질서는 자유민주주의적 기본질서와 시장경제질서에 기초하여야 한다. 따라서 비록 형식은 남북한 간의 합의에 의하여 새로운 국가가 성립된 것이라 하더라도, 그 실체는 사회주의국가인 북한의 소멸과 동시에 자유민주주의 체제인 남한의 영토 확장 또는 구 영토의 회복이 될 것이므로 법적 성격을 병합으로 보는 것이 타당할 것이다. 이러한 입장에서 본다면 남북한 간의 합의에 의한 통일의 경우에도 조약 승계의 문제는 앞에서 본 남한 주도의 흡수통일의 경우와 동일하게 처리하면 될 것이며, 일부 학자들의 주장과 같이 굳이 조약 승계 문제를 합의에 의한 합병의 경우와 흡수통일의 경우로 나누어 살펴볼 필요는 없다고 본다.

이러한 입장에서 남북통일 시 조약 승계와 관련한 구체적인 방안은 흡수통일을 이룬 통일독일의 사례 등을 참고하여 우리 현실에 맞게 적용하는 것이 가장 현실적인 방안이다. 기본적으로는 통일독일의 「통일조약」 제11조와 같이 통일국가와 동일성 및 계속성을 유지하는 남한의 조약이 조약경계이동의 원칙에 따라 북한 지역으로 확대·적용되는 것을 원칙으로 하여야 할 것이다.

우리와 전혀 체계를 달리하는 가운데 체결된 북한의 조약에 대하여는 일괄하여 종료 선언을 하고, 필요한 경우에는 새로운 통일정부가 상대국과의 협상을 통하여 새로운 조약을 체결하는 것이 바람직하다고 본다.

이 경우 논의의 핵심은 북한이 중국 및 러시아와 체결한 국경조약의 승계 문제가 될 것이다. 이에 대한 국내 학자들의 견해는 국제법 원칙에 의하여 국경조약을 승계할 수밖에 없다는 견해가 있는가 하면, 북한의 국제법적 주체성을 인정하지 않거나 앞의 조약은 비밀 조약이라는 이유 등으로 이를 승계하지 않을 수 있다는 주장, 국제법적으로 승계를 할 수밖에 없으나 앞의 조약이 불법 또는 부당하게 체결되었다면 그 효력을 다툴 수 있다는 입장 등이 있다. 상당수 학자들이 처분적 조약 중에서도 국경조약의 경우에는 이를 승계하는 것이 국제관습법이라고 보거나 적어도 관행으로 보고 있으나, 통일예멘이나 통일독일의 경우 승계 대상인 국경조약의 효력을 다툰 선례가 있는 점 등에 비추어보아 국경조약이라고 하여 반드시 이를 승계하여야 할 법적 의무가 있을 만큼 그 원칙이 확고한 국제관습법의 지위를 확보하였다고 보지는 않는다. 따라서 법적 논리로만 본다면 북한의 법인격이 소멸하는 통일의 형태가 될 경우 북한이 체결한 국경조약 역시 효력을 상실하는 것으로 선언을 하고 상대방인 중국이나 러시아와 그 효력을 다툴 수는 있을 것이다.

그러나 이는 조약 승계의 법리상 승계국인 우리가 선행국인 북한이 체결한 국경조약의 승계하지 않겠다고 주장할 수 있다는 것이고, 그러한 선언만으로 북한이 체결한 조약에 의하여 영유권을 상실한 간도나 녹둔도의 영토를 회복할 수 있는 것은 아니다. 즉, 우리의 일방적인 선언에 의하여 국경조약들이 바로 무효가 되는 것이 아니라 상대국인 중국 및 러시아와의 사이에 그 효력에 대한 다툼이 발생한다는 것을 의미하는 것에 지나지 않는다.[71] 결국 간도와 녹둔도의 영유권 문제와 관련하여 국경조약 자동승계 문제는 영토 회복을 위하여 해결하여야 할 여러 과제 중 하나에 불과한 것이다. 앞으로 간도와 녹둔도의 영유권 문제는 그동안 연구되어 온 영유권 주장과 관련된 역사적 권원에 대한 연구뿐만 아니라 북한이 체결한 조약이 과연 우리의 국익 차원에서 유리한 조약으로 보아야 할 것인지의 문제를 비롯하여, 남북통일 시 중국과 러시아의 협조가 필요하다는 현실적인 문제 등을 고려하여 더 심도 있는 연구를 지속하여야 할 것이다.

---

71 한명섭, 『남북통일과 북한이 체결한 국경조약의 승계: 조중국경조약의 승계 문제를 중심으로』, 266쪽.

● 기존 논의의 한계와 국제법적 문제

1990년대 구소련의 분열과 동구권 사회주의 국가들의 붕괴 및 체제 전환 과정을 지켜보면서 우리도 안보적 차원과 통일정책적 차원에서 북한의 '급변사태'에 대한 대비가 필요하다는 차원에서 이른바 북한의 붕괴 내지는 급변사태에 대한 논의가 활발하게 진행된 바 있다. 이후 대부분의 동구권 국가들의 체제 전환 이후에도 북한이 외견상 여전히 건재를 과시하자 한동안 이에 대한 논의가 소강상태에 접어들었다가 김정일 정권 말기에 김정일 건강이상설, 북한의 경제위기론 등과 맞물려 또다시 정부부처를 중심으로 이에 대한 대비 논의가 활발히 진행된 바 있고, 정치·군사적 측면에서뿐 아니라, 법적 측면에서도 남북 법률 또는 법제의 통합에 대한 구체적인 대비가 필요 하다는 인식이 확대되고 있다.

그런데 급변사태와 관련해서는 법적인 측면에서 몇 가지 검토를 필요로 하는 사항이 있다. 그동안 북한의 급변사태를 통일 정책적 측면에서 바라보는 시각들은 대부분 급변사태로 인하여 북한이 남한에 흡수되어 통일이 될 것이라는 전제하에서 논의를 해왔고, 법률 내지 법제 통합의 문제도 이를 전제로 논의가 진행되었다. 이러한 시각은 기본적으로 북한의 문제를 남북한의 문제로 바라보는 데 기인한 것이다.

그러나 남한과 북한의 문제는 양 당사자 간의 문제만이 아니라 미국, 중국, 일본, 러시아와 같은 주변 4개국을 포함한 국제사회의 이해관계가 얽혀 있는 국제정치적인 문제이며, 국제법적으로도 많은 고민거리를 던져주는 문제이기도 하다는 것을 인식할 필요가 있다. 따라서 북한의 급변사태가 곧바로 남북한의 통일로 이어질 것이라고 생각하는 것은 지나치게 남북 문제를 단순화한 것이다.

이 부분에 대한 이해를 위해서는 먼저 급변사태의 개념 정의가 필요할 것이다. 급변사태라는 용어는 법률용어도 아니고, 학문적으로도 정의되어 있는 개념이 아니다. 대체로 급변사태를 북한의 붕괴와 동일한 개념으로 보는 것으로 이해되지만, 혹자는 붕괴 직전의 위급한 상황을 지칭하는 견해도 있다.

여기서는 급변사태를, 결과적으로 북한의 붕괴가 초래될 정도의 위급하고 그로 인하여 외부의 개입이 요구되는 상황으로 보기로 한다. 다만 그러한 사태로 인하여 북한이 붕괴된다 하더라도 그 붕괴의 대상은 ㉠ 현재의 북한 정권의 붕괴로 그치고, 새로운 정권이 들어서는 경우, ㉡ 북한의 사회주의 체제의 붕괴로까지 이어지는 경우, ㉢ 동독과 같이 국가로서의 북한의 실체 자체가 소멸되는 경우로 구분하여 생각해 볼 필요가 있다.

● 우리의 군사적 개입 가능성

문제는 이와 같은 급변사태로 인하여 외부의 개입이 요구되는 상황이 되었을 때, 국제정치적으로나 국제법적으로 우리 정부나 군대가 북한 문제에 개입할 여지가 있느냐 하는 것이다. 북한의 급변사태가 곧바로 남북한의 통일로 이어질 수 있다고 보는 견해는 바로 남한 정부 내지 남한 군대의 개입이 가능하다고 보는 입장에서 출발한다고 볼 수 있다.

그러나 국제법적으로 북한의 급변사태가 민중봉기에 의한 것이든 아니면 군부의 쿠데타에 의한 것이든, 우리 정부 특히 우리 군의 단독 개입은 현실적으로 매우 어려운 것이 사실이다.

첫 번째 이유는 남북한은 각자가 유엔 가입국이고, 「유엔 헌장」을 준수할 법적 의무가 있기 때문이다. 무력 사용과 내정 불간섭의 원칙을 채택하고 있는 유엔 체제하에서 우리가 군사적으로 북한의 급변사태에 개입할 수 있는 것은 북한의 정통 정부, 즉 민중 봉기나 쿠데타로 인하여 생긴 신생 정부가 아니라 기존의 정통 정부의 승인이나 요청이 있는 경우와 자위권 행사의 경우 및 인도적 개입의 세 가지 경우이다. 하지만 현재의 북한 정권이 우리에게 군사적 개입을 요청할 가능성은 없다고 본다. 자위권 행사가 가능한 경우는 북한이 남침을 감행하는 경우인데, 이는 북한 내부의 급변사태에 대한 군사적 개입과는 별개의 문제이다. 마지막으로 인도적 개입의 경우는 북한 정권이 민중봉기 등을 진압하기 위하여 민간인 학살 등을 하는 경우가 대표적일 것이다. 하지만 법리적으로 인도적 개입의 요건 등에 대한 논란도 많을 뿐 아니라 가능하다고 하더라도 유엔의 집단적 개입은 몰라도 우리 정부 단독의 군사적 개입은 사실상 현실성이 없다고 보아야 할 것이다. 더군다나 이 문제는 전시작전권 문제와도 관련이 되어 전시작전권 환수 시기 이전과 이후에 따라 법리적인 문제도 다르게 나타난다.

그러나 이보다 더 현실적인 문제는 북한이 1961년 7월 11일 중국과 체결한 「조·중 우호협력 및 호상원조에 관한 조약」으로 인한 것이다. 이 조약 제2조는 "체약 쌍방은 체약 쌍방 중 어느 일방에 대한 어떠한 국가로부터의 침략이라도 이를 방지하기 위하여 모든 조치를 취할 의무를 지닌다. 체약 일방이 어떠한 1개의 국가 또는 몇 개의 국가들의 연합으로부터 무력침공을 당함으로서 전쟁상태에 처하게 되는 경우 체약 상대방은 모든 힘을 다하여 지체 없이 군사적 및 기타원조를 제공한다"라고 규정하고 있다.

현실적으로 북한의 급변사태가 발생하여 북한의 현 정권이 이를 자체적으로 해결하기 어렵다고 판단할 경우에는 곧 중국에 대하여 지원을 요청할 것이고, 중국은 이 조약에 기초하여 혹은 「유엔 헌장」에 의해서도 적법한 간섭으로 인정하는 정통 정부의 요청에 따라 단독으로 군사적 개입이 가능하다. 무엇보다도 남한 또는 한미연합군이 '헌법' 제3조의 영토 조항에 근거하거나 인도적 개입을 이유로 북한의 급변사태에 개입하거나 군사력을 동원할 경우 중국은 즉시 이 조약에 근거하여 군사적 조치를 취하게 될 것이다.

물론 중국이 미국과의 관계나 국제 여론 등을 고려하여 단독 개입보다는 유엔의 집단적 개입 등의 방식을 채택할 수는 있겠지만, 현실적으로 북한에 급변사태가 발생할 경우 외부의 개입 가능성은 중국, 유엔의 순서가 될 것이고, 우리 정부는 유엔을 통한 간접적인 개입 여지는 있어도 단독 개입의 가능성은 매우 희박한 것이다.

이러한 문제를 모두 극복하고, 북한의 급변사태에 우리가 군사적으로 개입하여, 통일로까지 연계를 시키려면 우선 미·중·일·러 4개국의 지원과 북한 전체 또는 대다수 주민들의 강력한 요청, 남한 주민들의 통일 의지, 우리 정부의 철저한 사전 준비 등이 있어야만 어느 정도 가능성이 있는 것이다.

참고로 2009년 1월 오바마 대통령 취임 시 미국의 대외정책 수립에 막강한 영향력을 발휘하는 외교위원회(Council on Foreign Relations)의 폴 스테어스(Paul B. Stares)와 조엘 위트(Joel S. Wit)는 공동으로 「북한 급변사태의 대비(Preparing for Sudden Change in North Korea)」라는 보고서를 제출하였다. 이 보고서에 따르면 북한 급변사태 발생 시 미국의 가장 시급한 문제는 북한의 6~8개의 핵무기, 4000여 개의 화학무기, 그리고 생물학무기, 미사일 프로그램 제조 시설의 위치를 점검하고 이를 확보하는 것이라고 하고 있다. 정치적·법적 과제와 관련해서는 한국이 '헌법' 제3조를 근거로 일방적인 통일을 시도할 것으로 예상하면서도 미국과 중국은 「유엔 헌장」 제7장에 따른 유엔의 승인을 받는 방식을 선호할 것임을 분명히 하면서 그 결과 한국군이 북한 지역에 개입한다 하여도, 한국의 국내법이 아닌 '전시 국제법(헤이그법)'의 적용이 필요하다고 보고 있다[보고서의 구체적인 내용은 스테어스(Paul B. Stares)·위트(Joel S. Wit), 신범철·전경주 옮김, 『북한 급변사태의 대비』(한국국방연구원, 2009) 참고].

● 우리 정부의 대응책

북한의 급변사태에 대비하여 미국은 북한 지역에 새로운 자유-민주정부 수립을 위한 일련의 프로그램을 가동하여 우수한 민사작전(民事作戰, Civil Affairs Operations) 능력을 보유한 한국군과 함께 북한 급변사태에 개입하게 된다. 그 대표적인 프로그램이 바로 '개념계획 5029(CONPLAN 5029)'인 것이다. 5029는 한미연합군이 공동으로 추진하는 작전으로 북한 난민의 대량 유입 사태 및 김정일 정권 붕괴 시 일어날 수 있는 모든 돌발 사태에 대비하는 것을 골자로 하고 있으며, 개념계획 5029가 가동되면 한국군은 '북한 자유화 프로그램'에 참여하여 평양 등 북한 주요 도시 점령, 북한 인민군 무장해제, 북한 주민들에 대한 임시구호와 필수적인 공공 서비스 제공 등 대대적인 민사 업무를 수행하게 된다. 한편 우리 정부는 개념계획 5029와 함께 '응전자유화계획'으로 명명된 '충무(忠武) 3300', '충무(忠武) 9000'을 본

격 가동하게 되는데, 유사시 북한으로부터 대량 난민이 밀려올 경우 이를 수용하는 방안을 담은 계획이 충무 3300이고, 김정일 정권이 무너질 경우 북한 지역을 비상 통치하기 위한 계획이 충무 9000이다. 이에 따라 한국 정부는 북한 급변사태 발생 시 충무 9000에 따라 북한 내에 비상통치기구인 '자유화행정본부'를 설치하며, 본부장은 한국의 통일부 장관이 맡는다(≪뉴데일리≫ 2011년 1월 11일 자 참고).

한편 한미 양국 합참의장은 2015년 1월 개념계획 5029를 구체적으로 작전계획화한 작전계획 5029와 한반도 전면전에 대비한 작전계획 5027을 통합·대체하는 새로운 작전계획 5015를 수립하였다.

물론 이 작전은 남북한의 상황 변화 및 한미 간의 합의에 따라 구체적인 내용은 변할 수 있게 된다.

그렇지만 세부적인 내용에는 변화가 있더라도, 북한의 급변사태 발생 시 우리가 혹은 한국과 미국 연합세력이 개입할 여지가 있다고 한다면 초기에는 이 계획에 따라 군사적 개입이 먼저 이루어질 수밖에 없다.

이처럼 우리가 북한 지역에 군사적 개입을 할 경우 초기에는 군 주도의 민사작전이 전개되고, 이 작전이 종료된 후에 정부 기관 주도의 행정 단계로 전환이 될 것이다.

이 민사작전의 목적은 군사작전이 수행되는 동안 첫째, 작전 지역 내 민간인에 의한 제반 방해 요인을 제거하거나 최소화하고, 주민을 보호하면서 이들의 협조와 지지 획득을 통하여 인적·물적 자원을 효과적으로 통제·운용함으로써 작전을 성공적으로 수행할 수 있도록 지원하는 데 있으며, 이와 더불어 정부 행정 기능 지원을 통하여 국가 통치 능력을 강화하는 것이다.

이러한 민사작전 전개 과정에서는 주민들에 대

하여 구속력을 갖는 각종 포고와 법령, 명령 및 지시 등의 민사 법규가 시행되게 된다.

그러므로 현실적으로 구체적인 남북 법제 통합의 문제는 이와 같은 군 주도의 초기 민사작전이 성공을 하여 북한 지역의 사회질서를 성공적으로 안정화하고, 자유화 지역에 정부 행정요원이 본격적으로 투입되어 접수 정비 및 민간 행정을 실시하게 되는 접수정비 단계를 거쳐, 남북한 통합과 동화 기반을 구축하기 위한 제반 행정 조치가 취해지는 민주개혁 단계까지 민사작전을 모두 수행한 이후에 구체적인 남북 법제 통합의 작업이 본격화될 것이다.

따라서 남북 법제 통합 문제를 논의함에 있어서 이와 같은 초기 단계에서의 법제 통합 문제까지 검토할 필요는 없고, 민사작전을 통하여 사실상 북한 지역의 사회질서를 회복하고, 민사 법규를 통하여 어느 정도 남북한 통합과 동화 기반이 마련된 상태에서 통일한국에 적용될 구체적인 법제 통합 문제에 대한 논의가 필요하다.

● 북한 내 민주화세력의 집권 가능성과 대응 방안

북한 급변사태가 어떤 원인과 형태로 발생할 것인지와 관계없이 급변사태로 인하여 현재의 김정은 정권을 대체할 세력이 북한 내 민주화를 목표로 하거나, 또는 민주화 추진과 더불어 급변사태 해결의 방식으로 남한과의 평화적인 통일을 추진하고자 할 수 있다. 이 경우 우리로서는 조속히 이 세력들을 북한의 새로운 정부로 (잠정적) 승인을 하는 한편, 중국과 미국 등

관련 국가들 역시 이 세력들을 신정부로 승인하도록 적극적인 외교전을 전개할 필요가 있다. 이후 새로운 정부의 요청에 따라 이들과 협력하여 북한 지역을 안정화하고 자연스럽게 자유민주주의 체제로 전환하기 위하여 법제도적 지원을 하는 한편, 평화통일에 대한 협상을 진행해 나가면 될 것이다. 이 경우에는 내정간섭 등 국제법적인 문제가 발생할 여지도 없을 것이다.

북한 내 민주화 세력에 의한 체제 전환과 관련해서는 베니스위원회(Venice Commission)의 활동을 참고할 필요가 있다. 베니스위원회는 중부·동부 유럽 국가 및 독립국가연합국가(CIS)의 체제 전환에 대한 법률 지원을 목표로 유럽회의 소속 일부 회원국의 합의에 근거하여 1990년 5월 일부 유럽회의 국가 간 상호 협정에 따라 유럽회의의 산하기관으로 출범한 국제 법률자문기구로, 정식 명칭은 '법을 통한 민주주의 유럽위원회(European Commission for Democracy through Law)'이다. 위원회의 위원은 대부분 유럽 국가의 전직 법무부 장·차관, 검찰총장, 법학 교수 출신이며, 설립 이래 유럽 헌법 전통의 기준에 맞는 헌법 채택에 주도적 역할을 하였으며, 헌법적 지원, 헌법적 정의, 선거 문제의 세 분야에 대한 법률적 자문을 제공해 오고 있다. 2002년 2월에는 규약을 개정하여 범세계적 기관으로 발전하고 있다.

법무부는 베니스위원회와 관련하여 단행본으로 『베니스(Venice)委員會 槪觀』(법무부, 2003)을 발행하였으며, 매년 베니스위원회의 활동 내역을 정리한 연례 보고서도 발행하고 있다.

제24장

통일한국의 영토와 국경조약 승계 문제*

1. 머리말

국가의 구성요소 중 하나인 영토는 한 나라의 주권 혹은 통치권이 미치는 전체 영역을 의미한다. 이러한 국가 영토의 외적 한계, 즉 영토주권과 관할권의 한계를 표시하는 선을 국경이라 하며, 국경 역시 영토의 일부분이라고 할 수 있다. 국경분쟁이 주로 인접국 간에 영토의 외적 한계를 표시하는 국경의 정확한 위치와 관련된 분쟁인 반면, 영토분쟁은 특정 지역에 대한 권원의 정당성에 대한 분쟁이라는 점에서 차이점이 있다. 그러나 실제로는 국경분쟁에서도 국경 사이에 일정 영토가 존재하기 마련이어서 국경분쟁 역시 영토분쟁의 성격을 갖기 때문에 양자를 명확하게 구별하는 것이 쉽지 않다.

오늘날 전 세계적으로 영토분쟁이 있는 지역은 200곳이 넘는다.[1] 지구상에 영토분쟁이 없는 나라는 없다고 해도 과언이 아닐 정도다. 이러한 영토분쟁에는 역사적 배경이 있고, 수자원이나 광물자원, 어족자원과 같은 경제적 이해관계가 얽혀 있으며, 문화와 종교, 인종 갈등에 민족주의 문제가 내재된 경우도 많다. 우리가 속해 있는 동아시아 지역도 예외가 아니다.

영토분쟁의 해결은 상당수가 당사자 간의 정치적인 협상을 통하여 이루어지고 있다. 그

---

* 이 장은 한명섭, 『남북통일과 북한이 체결한 국경조약의 승계: 조중국경조약의 승계 문제를 중심으로』(한국학술정보, 2011)의 일부 내용을 요약하여 수정·보완한 것이다.

1 영토분쟁 지역 목록은 http://en.wikipedia.org/wiki/list_of_territorial_disputes 참고. 이 사이트에서는 독도, 백두산, 간도 등을 영토분쟁 지역으로 소개하고 있다(검색일: 2015년 7월 15일).

러나 이러한 영토분쟁은 오로지 정치적 문제인 것만은 아니다. 정치적인 협상의 출발은 분쟁 지역에 대한 당사국 간의 법적 권원의 주장에서 출발하기 때문이다.

우리나라의 경우 영토와 관련하여 일본과의 관계에서 주로 독도 문제가 제기되고 있지만 한반도 전체적으로 보면 조선 또는 대한제국 시기만 하더라도 간도 및 녹둔도를 포함한 연해주가 주된 분쟁의 대상이었다. 하지만 남북 분단 이후 북한은 단독으로 중국 및 러시아와의 우호적 관계에서 새로운 국경조약을 체결하였다. 남한 정부는 이 국가들과 직접 국경을 맞대고 있지 않은 상황에서 국경조약 체결에 대하여 직접적으로 별다른 문제 제기를 못하고 있는 실정이다. 특히 간도의 영유권 문제와 관련하여 우리나라에서는 일부 학술 단체 등을 중심으로 영유권 주장이 제기되고 있는 정도이지만, 중국의 경우에는 단순한 학문적 단계를 벗어나 이를 영토주권과 관련된 정치적으로 중대한 문제로 보고 동북공정에 착수한 바 있다.

현재 간도 및 연해주 지역과 직접 국경을 맞대고 있는 지역은 우리의 통치권이 미치지 않는 북한이라는 점에서 남한이 직접 그 상대국인 중국이나 러시아와 국경 문제를 논의하기에는 현실적인 한계가 있다. 그러나 한반도가 통일될 경우 이 지역들의 국경 문제는 통일한국의 직접적인 문제가 되며, 통일 과정에서도 반드시 거론될 수밖에 없는 문제이다. 특히 중국의 경우에는 한반도 통일 과정에서 반드시 간도영유권 문제를 확정적으로 해결하고자 할 것이다. 따라서 한반도의 통일과 국경 문제는 통일 이후의 문제이기도 하지만, 통일을 이루는 과정에서 제기될 중요한 쟁점 중 하나이므로 사전에 이에 대한 충분한 검토와 입장 정리가 되어야 한다.

우리 '헌법' 제3조는 "대한민국의 영토는 한반도와 그 부속도서로 한다"라고 규정하고 있다. 그러나 이 규정에 의하여 한반도의 영토 문제가 모두 해결되는 것은 아니다. 다음에서는 북한이 중국·러시아와 체결한 국경조약에 의한 현재 북한의 국경 체제를 살펴보고, 통일한국의 영토와 관련하여 통일한국이 과연 북한이 체결한 이 국경조약들을 그대로 승계하여야만 하는 것인지의 문제를 살펴보고자 한다.

2. 우리나라 근대의 국경 형성 과정

1) 백두산정계비 설치 이전의 상황

간도영유권 문제의 당사국인 조선과 청 사이에는 원래 명확한 국경이 없었다. 양국 간에 국경이 처음으로 성립된 것은 1627년 정묘호란의 강화조약인 「강도회맹」에 의한 것으로 보고 있으나, 이에 따르더라도 그 경계가 어디인지는 정확히 파악되지 않고 있다.

다만 1638년에 청의 태종은 '남반'이라는 압록강 하류 지점에서 봉황성을 거쳐 감양변문 (지금의 경흥과 회인)을 지나 성창문과 왕청변문에 이르는 선에 방압 공사를 하였는데, 당시의 사정을 극히 단편적으로 남긴 청(淸)의 호부(戶部)의 기록은 신계는 구계에 비하여 동쪽으로 50리를 더 전개하였다고 되어 있다.[2]

2) 백두산정계비

청의 강희제는 그동안 전해져 오던 건국 신화에 나오는 포고리(布庫里)산을 백두산으로 해석하고 백두산을 청조 발상지로 간주하였다. 그리하여 강희제는 목극등(穆克登, 무커덩)을 파견하였다. 목극등은 백두산 천지를 청의 영토로 하기 위하여 백두산 정상에서 남쪽으로 내려와 분수령을 찾아 국경을 삼는다는 원칙을 세우고, 조선에 대하여 강압적으로 이를 단행하였다. 이에 따라 백두산 정상에서 남동쪽 10리 되는 지점에서 분수령을 발견하고, 그곳을 분계지점으로 정하여 1712년 5월 15일 이른바 백두산정계비를 세웠다.[3] 이 비에는 "大淸 烏喇 總管 穆克登 奉旨查邊 至此審視 西爲鴨綠 東爲土門 故於分水嶺上 勤石爲記 康熙五十一年五月十五日 筆帖式 蘇雨昌 通官 二哥 朝鮮軍官 李義復 趙台相 差使官 許樑 朴道常 通官 金應憲 金慶門"이라고 새겨져 있다.[4]

그리고 토문강이 동쪽으로 흐르다가 땅 밑으로 복류하여 얼마만큼 흐르다가 다시 땅 위로 흘러 북쪽으로 방향을 바꾸어 송화강에 합쳐지므로, 이 복류하는 유역에 목책·토퇴·석퇴를 쌓아 국경을 명확히 표시하였다. 백두산정계비의 효력에 대하여 긍정설과 부정설이 있지만 이를 유효하게 보는 경우에는 양국 간의 국경은 압록강-백두산정계비-목책·토퇴·석퇴-(송화강 지류

---

2   양태진, 『韓國의 國境硏究』(동화출판사, 1981), 122쪽.

3   노영돈, 「간도 영유권과 중국과의 국경문제」, ≪STRATEGY 21≫, 제9권 2호(2006, 가을·겨울 호), 30쪽. 백두산정계비는 설치 이후 1931년까지 오랜 기간 같은 자리에 있었으나 1931년 7월 28일부터 29일 사이 야간에 사라졌다는 기록이 있다. 그러나 다행히 백두산정계비의 사진과 비문의 탁본이 남아 있다.

4   이를 번역하면 "대청 오라총관 목극등이 황제의 칙지를 받들어 경계를 조사하기 위하여 이곳에 이르러 살펴보았다. 서쪽으로는 압록강이 경계가 되고 동쪽으로는 토문강이 경계가 되므로 그 분수령 위에 돌에 새겨 기록한다. 강희 51년 5월 15일 중국 만어·한어 번역관 소이창, 중국 통역관 이가, 조선군관 이의복, 조태상, 조선 차사관 허량, 박도상, 조선 통역관 김응헌, 김경문"이 된다.

인) 토문강 선으로 확정되는 것이고, 그 결과 조선은 압록강 북편의 이른바 서간도 지방을 청에 빼앗기게 되었다고 할 수 있다.[5]

3) 을유감계회담과 정해감계회담

조선과 청 간에 간도영유권 문제가 정식으로 제기된 것은 백두산정계비 설치로부터 160여 년이 지나서이다. 그 이유는 1881년 청이 9할의 조선인이 살고 있는 간도 지방을 일방적으로 청국 영토라고 단정하여 조선인의 귀화 혹은 조선국 쇄환을 요구하였기 때문이다.[6] 그 결과 양국 간에 영유권 분쟁이 시작되었고, 그 핵심은 백두산정계비상의 '토문'에 대한 해석에 관한 것이었다. 이 정계비상의 '토문'에 대하여 청은 두만·도문·토문을 동일한 강이라고 주장하였고, 조선은 토문강은 두만강과 별개의 강으로 송화강의 지류라고 주장하였다. 이로써 그 사이의 간도 지역, 즉 토문강의 동쪽과 두만강 북쪽의 일정한 지역에 대한 영유권분쟁이 발생하였다. 이 분쟁을 해결하기 위하여 양국은 1885년 을유감계회담(乙酉勘界會談)과 1887년 정해감계회담(丁亥勘界會談)을 가졌으나 합의를 보지 못하였다.

을유감계회담은 조선이 먼저 청에 국경 답사 확정을 위한 양국 회의를 제의하여 이루어졌는데, 조선은 백두산정계비에 기록된 토문강을 기준으로, 청은 두만강을 기준으로 경계를 획정하자는 주장을 하여 서로의 입장 차이만 확인한 채 회담이 결렬되었다.

정해감계회담은 당시 경성에 주재하던 청의 위안스카이(袁世凱)의 요청으로 이루어졌는데, 청은 무산 이하의 두만강을 기존의 국경으로 보고 그 상류 중 본류를 찾는 데 초점을 맞춘 반면, 조선은 청의 강압을 받으면서도 회담을 결렬시킬 의도로 종전의 토문강 대신 홍토수(紅土水)를 국경으로 제시하였다. 결국은 조선의 의도대로 석을수(石乙水) 선을 주장하는 청과의 입장 차이로 회담이 결렬되었다.

그 후 1905년 9월 1년여에 걸친 러일전쟁을 승리로 이끈 일본은 같은 해 이른바 「을사조약」을 근거로 간도 문제에 개입하여 1907년부터 1909년 사이에 청과 간도영유권 문제를 위하여 북경에서 회담을 진행하였다.

2012년 동북아역사재단이 한국어로 번역·출간한 러시아의 저명한 동방학자 큐네르(H.B.

---

5   노영돈, 「간도영유권과 중국과의 국경문제」, 31쪽.
6   최장근, 『일본의 독도·간도침략 구상: 「島根 告示40號」·「朝鮮間島經營案」의 본질 규명』(백산자료원, 2010), 179쪽.

Kiuner, 1877~1955)의 저서『한국개관』에 따르면 큐네르는 1908년에 편찬된『간도문제』라는 책 제1장의 내용을 인용하여 "러시아 정부는 한국에 파견된 자국의 공사 베베르를 통하여 이 문제(간도 문제)에서 한국 정부를 지지할 준비가 되어 있었으며, 간도 지역에 대한 한국과 러시아의 공동 통치를 규정하는 특별 협약안이 1902년 이미 양국 정부 간에 작성되었음을 지적하고 있다"라고 한다.『간도문제』는 중국의 혁명가 쑹자오런(宋敎仁, 1882~1913)의 저서로 추정되며, 러시아가 1902년 당시 대한제국과 간도 지역에 대한 공동 통치 협약안을 작성하였다는 것은 국제법상으로 간도가 한국 땅임을 인정한 것으로 볼 수 있어 주목된다.[7]

4) 간도협약

(1) 일본의 동삼성육안의 제안과 간도협약 체결

청과 일본의 회담은 1907년 8월부터 「간도협약」이 체결된 1909년 9월까지 2년여에 걸쳐 북경에서 청국 정부와 일본 공사 사이에 진행되었다. 처음에는 일본도 간도가 대한제국의 영토임을 주장하였고 이를 위하여 일본이 제시한 근거는 상당히 치밀한 것이었다.[8] 그런데 간도 영유권 문제를 두고 청일 간에 진행된 회담이 대립만을 거듭할 뿐 성과를 보이지 못하자 일본은 간도영유권 문제만을 가지고 청과 논의하는 것이 실익이 없다고 판단하고, 그들의 대륙침략 정책의 차원에서 간도 문제보다 더 중요한 의미를 가지는 만주 지역에 관한 다른 현안들을 성취하기 위하여 1909년 2월 6일 이른바 「동삼성육안(東三省六案)」이라는 것을 내놓았다. '동삼성육안'이란 흔히 만주 지방이라고 하는 청 동부의 3개 성, 즉 흑룡강성, 길림성, 봉천성에 관한 6개의 안이라는 것으로 ㉠ 만주철도의 병행선인 신법철도(신민둔-법고문 간)에 대한 부지권 문제, ㉡ 대석교-영구 간의 기선 문제, ㉢ 경봉철도를 봉천성 밑까지 연장하는 문제, ㉣ 무순 및 연대 탄광의 채굴권 문제, ㉤ 안봉선 연안의 광무 문제, ㉥ 간도 귀속 문제 등이었다.[9]

---

7 "대한제국: 러시아 간도 공동통치협약안 작성", ≪연합뉴스≫, 2012년 2월 27일 자.
8 일본은 청과의 회담 진행 전에 통감부 등을 통하여 간도의 실지를 조사한 바가 있으며, 그 결과물 중 하나가 「朝鮮間島經營案」이다. 이 자료의 작성 시기와 작성자가 표기되어 있지 않으나, 최장근은 그 내용의 분석을 통하여 이 자료가 1906년에 작성되었으며, 작성자는 통감부에서 촉탁을 받은 대륙 낭인 나카이 긴조(中井錦城)로 보고 있다. 자료의 주된 내용은 간도에 대한 한국 측의 영유권 주장은 부당한 것이지만, 일본이 한국을 대신하여 간도 문제를 제기하여 간도영유권을 포기하는 대신 그에 따른 이권을 획득하자는 것이다. 이에 대한 구체적인 내용은 최장근, 『일본의 독도·간도침략 구상: 「島根 告示40號」·「朝鮮間島經營案」의 본질 규명』, 135~269쪽.
9 김정호, 「國際法上 間島領有權에 關한 硏究」(명지대학교 박사 학위논문, 2000), 32쪽.

동삼성육안의 의미를 눈치 챈 청은 처음에는 이를 거부하였으나 결국은 일본의 제안을 받아들여 1909년 9월 4일 북경에서 청의 흠명외무부상서 회판대신(欽命外務部尙書會辦大臣) 양둔엔(梁敦彦)과 일본의 특명전권공사(特命全權公使) 이주인 히코키치(伊集院彦吉)가 북경에서 전문과 7개조로 구성된 「간도협약」을 조인하였으며, 협약에는 「한인잡거구역도」가 첨부되어 있다.

「간도협약」에 의하여 청일 양국은 도문강이 선린의 호의에 비추어 조선과 청의 국경임을 서로 확인하며(전문), 강의 원류(江源)지방에 있어서는 정계비를 기점으로 하여 석을수로써 양국의 한계로 삼았다(제1조).

(2) 간도협약의 효력

「간도협약」의 효력에 대하여는 국내 학자들은 거의 대부분 무효로 보고 있다. 간도협약 무효론자들이 주장하는 대표적인 논거는 대체로 다음과 같다.[10] 첫째, 「을사조약」의 불성립 또는 무효로 인하여 「간도협약」이 무효라는 것이다. 둘째, 「을사조약」상의 보호권의 범위를 넘은 것이므로 무효라는 것이다. 셋째, 제3국을 위한 조약의 법리 적용에 의해서도 무효라는 것이다. 넷째, 제2차 세계대전의 전후 처리에 의해서도 「간도협약」은 무효임이 명백하다는 것이다. 제2차 세계대전을 마무리하는 과정에서 「간도협약」과 「을사조약」을 포함하여 일본이 대륙침략 정책을 추진하면서 체결한 모든 조약과 이권 및 특혜를 무효화하거나 원상회복하도록 하는 조치가 취해졌다. 그런데 실제로는 동삼성육안을 기초로 동시에 체결한 「간도협약」과 「만주협약」 중 일본이 간도영유권을 제물로 하여 중국으로부터 탈취한 이권과 특혜는 원상회복되어 중국으로 반환되었으나, 중국에 불법적으로 귀속된 간도영유권은 원상회복되지 않고, 중국이 계속 점유하고 있는 것이다.

한편 1952년 4월 28일 「중일평화조약」 제4조에서도 "중일 양국은 전쟁의 결과로서 1941년 12월 9일 이전에 체결한 모든 조약·협약 및 협정은 무효(null and void)로 한다"라고 규정하고 있다. 이 규정에서 말하는 1941년 12월 9일 이전이란 일본이 중국에 대하여 침략적 행위를 시작한 때부터 태평양전쟁이 발발할 때까지의 전 기간을 의미하는 것이며, 일본이 중국에 대하여 침략적 행위를 시작한 때란 역시 1895년이 될 것이다. 따라서 이 규정에 의하더라도

10　노영돈, 「간도 영유권과 중국과의 국경문제」, 34~39쪽; 노영돈, 「간도영유권을 둘러싼 법적 제문제」, 『간도협약 100년의 재조명: 회고(回顧)와 전망(展望)』(북방민족나눔협의회 간도되찾기운동본부, 2009), 57~65쪽; 유철종, 『동아시아 국제관계와 영토분쟁』(삼우사, 2006), 202~205쪽.

1909년에 청일 간에 체결된 「간도협약」은 무효라 할 것이다. 이처럼 국내 학자들의 「간도협약」에 대한 견해는 「간도협약」이 국제법적으로 당연히 무효라는 것이다.

5) 연해주와 녹둔도의 문제

우리나라와 중국과의 국경 관계에서 주된 쟁점이 간도영유권이라면, 러시아와의 국경 관계에서 주된 쟁점은 연해주와 녹둔도(鹿屯島)의 문제이다. 러시아가 우리나라와 처음으로 국경을 접하게 된 것은 1860년 11월 14일 체결된 청과 러시아 간의 「북경조약」에 의해서이다. 이후 청과 러시아는 「북경조약」의 조약문상에 나타난 미확정 경계 구간, 즉 홍개호 동쪽에서 두만강에 이르기까지의 지역에 계표를 세워 국경 경계를 확정하도록 위원을 임명하여 그 임무를 수행하기 위한 협상을 시작하였다. 청의 대표 성기(成琦)와 러시아의 대표 카자게비치(Kazakevich, 연해주 군무지사)는 1861년 6월 28일 경계비를 설치하자는 「홍개협약」[11]을 맺었다. 「홍개협약」에 따른 국경선 획정 작업으로 당시 연해주에 연륙된 녹둔도를 직접 점유하게 되었다.

하지만 간도 문제에 비하여 연해주와 녹둔도에 대한 국내 연구는 상대적으로 매우 빈약하며, 그마저도 연구의 주된 대상은 연해주 전체가 아니라 주로 녹둔도 문제에 한정되어 있다.[12] 이처럼 연해주에 대한 영유권 관련 연구 자료가 빈약한 것은 러시아가 연해주를 취득하게 된 청·러 간 「북경조약」에 대하여 조선의 적극적인 대응이 없었기 때문인 것으로 보인다. 이러한 연해주와 녹둔도 문제 역시 백두산정계비상의 토문강에 대한 해석과 관련이 있다. 또한 연해주에 대한 영유권 주장에는 녹둔도에 대한 영유권 주장이 당연히 포함되는 것이다. 그러나 청과 러시아 간의 「북경조약」으로 연해주가 러시아에 귀속되었을 당시, 조선은 러시아와 수교가 없었던 상황이라 러시아와 직접 이 문제에 대하여 교섭을 하지 못하였다.[13]

---

11 학자에 따라 「홍개호계약」 또는 「홍개호조약」이라고도 하나 정식 명칭은 '中俄勘分東界約記'이다. 노계현, 『조선의 영토』(한국방송대학교출판부, 1997), 98쪽.

12 러시아의 연해주 불법 취득 문제에 대하여는 이일걸, 「러시아의 沿海州 不法取得과 沿海州 韓人自治州 設立 問題」, 《國際政治論叢》, 제36집 제3호(대한국제법학회, 1997.8) 참고.

13 구체적인 내용은 한명섭, 『남북통일과 북한이 체결한 국경조약의 승계: 조중국경조약의 승계 문제를 중심으로』, 70~78쪽 참고.

3. 북한의 국경조약

1) 북한의 영토·국경에 대한 인식과 국경조약

(1) 북한의 영토·국경에 대한 인식

북한의 『국제법사전』에서는 국가영역을 "한 나라의 주권이 행사되는 일정한 지역적 공간"이라고 정의하면서 국가영역은 "영토를 중심으로 그 주위의 일정한 너비의 수역과 그 상공으로 구성"되며, "국제관습과 조약에 의하여 국가 소유의 배와 비행기 내부도 국가령역과 같은 법적 지위를 가진다"라고 설명한다.[14] 이 중 영토는 "한 나라의 주권이 행사되는 땅"이며, "단순한 지역적 의미나 지리학적 개념이 아니라 국가주권과 결부된 법률적 개념"이다. 또한 영토에는 "국경 안의 땅 겉면만 아니라 땅 속까지 포함"되며, "일정한 범위의 바다나 하늘도 령토와 잇닿아 있어야 령해, 령공의 지위를 가지게 된다"라고 한다.[15]

이 사전에 따르면 국경은 "한 나라의 령역을 다른 나라의 령역이나 공역과 가르는 경계선"으로 "자연지형지물 또는 인공적인 표식물에 의한 실제적 경계선이나, 바다나 공중에서와 같이 실제적인 표식물이 없이 설정되는 가상적 경계선으로 표시"되며, "그것이 어디에 설정되었는가에 따라 륙지국경, 바다국경, 공중국경으로 구분되며, 그 형태에 따라 자연지리적 국경, 기하학적 국경, 천문학적 국경으로 나누어진다"라고 설명하고 있다.

(2) 영토조약 체결 현황

북한의 영토 관련 조약문은 북한 원문은 없고, 체약 상대국인 중국이나 러시아의 원문과 이를 번역한 자료들뿐이다. 국내에 소개된 북한의 국경 관련 조약으로는 먼저 중국과 체결한 조약으로는 1962년의 「조중국경조약」[16] 이외에 「조선민주주의인민공화국 정부대표단과 중화인민공화국 정부대표단의 조·중 국경 문제에 관한 회담기록」(이하 「조중국경회담기요」), 「조선민주주의인민공화국 정부와 중화인민공화국 정부의 조·중 국경에 관한 의정서」(이하 「조중국경의정서」)가 있다.[17]

---

14 사회과학원 법학연구소, 『국제법사전』, 31쪽.

15 사회과학원 법학연구소, 같은 책, 31쪽.

16 이 조약에 대한 북한의 자료가 없어 한글본에 의한 조약의 정식 명칭은 알 수가 없고, 중국어본에 의하면 '中华人民共和国和朝鮮民主主义人民共和国边界条约'이다. 이 책에서는 '조중국경조약'이라 한다.

소련과 체결한 조약으로는 「소비에트사회주의공화국연방과 조선민주주의인민공화국 사이의 국경선에 관한 조약」(이하 「조소국경조약」), 「소비에트사회주의공화국연방과 조선민주주의인민공화국 사이의 국경선에 관한 명세서」(이하 「조소국경선명세서」), 「소비에트사회주의공화국연방과 조선민주주의인민공화국 사이의 경제수역 및 대륙붕 경계획정 협정」(이하 「조소 경제수역·대륙붕 경계획정협정」), 「소비에트사회주의공화국연방과 조선민주주의인민공화국 사이의 국경질서제도에 관한 협정」(이하 「조소국경질서협정」)이 있다.

그 밖에 북한, 중국 및 러시아 3개국이 체결한 조약으로 「두만강 국경수역 경계선 설정에 대한 조선, 중국, 러시아 3국간 협정」(이하 「두만강 국경수역 경계선 설정에 대한 3국간 협정」)이 있다.

북한과 중국 및 러시아와의 국경 체제는 이 조약들에 의하여 형성되어 있다. 이 조약들은 남북한이 통일된 후 통일국가의 영토 문제와 직결되는 것으로 북한과 중국의 국경조약에 의하여서는 간도의 영유권 문제가, 북한과 러시아의 국경조약과 관련해서는 연해주, 특히 녹둔도의 영유권 문제가 현실적인 문제로 제기되기 때문이다. 그동안 국내에서는 간도와 녹둔도가 원래 조선의 영토인데, 간도는 1909년 청일 간 체결된 「간도협약」에 의하여 부당하게 중국으로 편입되었고, 두만강 하구의 녹둔도 역시 조선의 영토인데 1860년 청·러 간 체결된 「북경조약」에 의하여 러시아령으로 잘못 편입되었으므로 이를 회복하여야 한다는 주장이 제기되어 왔다.

그러나 이러한 주장은 우리 정부 차원의 공식적인 입장이 아니라 주로 백산학회나 간도학회 등과 같은 민간 학술 단체나 일부 학자들을 중심으로 전개되어 왔다. 이들은 주로 「간도협약」과 「북경조약」이 국제법적으로 무효라는 주장과 함께 간도와 녹둔도에 대한 역사적 권원에 대한 입증 노력을 해왔으며, 특히 간도와 관련하여서는 「백두산정계비문」의 해석과 관련된 많은 연구와 노력이 진행되어 왔다. 그런데 이러한 노력에 대하여 새로운 변수로 등장한 것이 북한이 중국 및 러시아와 새로 체결한 국경조약들이다. 신법 우선의 원칙에 의하면 북한이 체결한 이러한 국경조약들에 의하여 기존의 「간도협약」이나 「북경조약」과는 무관하게 새로운 국경 체제가 성립되는 것이기 때문이다. 따라서 간도와 녹둔도에 대한 영유권 주장 노력은 북한이 중국이나 러시아와 체결한 조약마저 극복하여야 하는 과제를 떠안게 된 것이다. 물론 간도와 녹둔도에 대한 영유권을 강하게 주장하는 입장에서는 대체로 북한의 국가성과 국제법의

17　이 3개의 조약은 국회도서관에 있는 吉林省革命委員会 外事办公室 編, 『中朝, 中苏, 中蒙 有关条约, 协定, 议定书 滙编』(中国吉林省: 吉林省 革命委員会 外事办公室, 1974), 5~100쪽에 수록되어 있으며, 서길수, 『백두산 국경 연구』(여유당출판사, 2009), 373~461쪽에도 중국어 원문과 번역문이 수록되어 있다.

주체성을 부인하면서 북한이 체결한 조약의 무효를 주장하거나, 중국과의 국경조약은 비밀 조약이므로 무효라는 주장을 하기도 하나 국제법 원칙에 비추어볼 때는 그렇게 단순하게 해결될 문제가 아닌 것이다.

2) 중국과의 국경체제

(1) 조중국경조약 체결 이전의 상황

「조중국경조약」 체결 이전에 북한의 간도 지역에 대한 인식을 엿볼 수 있는 2개의 역사적 사실에 대한 언급을 하지 않을 수 없다.

첫 번째는 중국 내전 시기 북한 병사들이 중국군을 도운 대가로 북한이 중국에 간도 할양을 요구하였다는 것이다. 백학순은 미군 정보 보고서를 근거로 1947년 3월 북한 대표들과 간도의 4개 현 대표들이 중국당 동북당 정치국에 흑룡, 혼춘, 왕경, 연길의 할양을 요구한 사실이 있으며, 1947년 5월 10일 중국 대표들이 참석한 회의에서 북한의 최용건과 무정 등이 간도 할양을 요구하였다고 한다.[18] 두 번째는 1999년 중국의 '정부자료공개법'에 의하여 획득한 자료인 '北役档库所皮藏'에 근거한 박선영의 주장으로 간도 문제와 관련하여 1948년 소련, 북한, 중국 간에 평화협정이 체결되었고, 이 평화협정에 따라 소련이 길림성의 연길, 목단강, 목릉과 그 부근 지역을 북한의 영토로 획정하고 지도까지 자세하게 그렸다는 것이다.[19]

이와 같은 주장이 객관적 사실에 부합하는지는 명확히 확인되고 있지 않으나, 만일 이 주장들이 사실이라면 북한 역시 간도 지역을 우리의 영토로 강하게 인식하고 있었다는 근거가 될 것이다.

(2) 조중국경 관련 조약문의 발견

남한 사회에서는 오랫동안 신뢰할 만한 근거도 없이 북한이 중공군의 한국전쟁 참전을 대가로 백두산 천지의 상당 부분을 중국에 할양하였다는 주장이 정설처럼 여겨져 왔다.[20] 그러나

---

18 백학순, 「중국내전시 북한의 중국공산당을 위한 군사원조」, ≪한국과 국제정치≫, 통권 19호(경남대학교 극동문제연구소, 1994.6), 275~276쪽.

19 구체적인 내용은 박선영, 「소련이 '간도 지역을 북한의 영토로 확정'한 중화민국 외교부 사료와 간도 문제에 대한 연구 과제」, ≪중국사연구≫, 제43집(중국사학회, 2006.8), 291~303쪽.

20 이종석, 『북한: 중국관계 1945~2000』(중심, 2000), 227쪽.

결국 이 주장은 북한과 중국이 체결한 국경조약 관련 문건의 발견으로 사실이 아님이 밝혀졌다.

2000년 10월 16일 자 ≪중앙일보≫에 "북한·중국 국경조약 전문 최초 확인"이라는 제목의 특종 기사가 게재되었다. 중앙일보 취재팀이 연길의 한 헌책방에서 우연히 1974년 6월 중국 길림성혁명위원회외사판공실 편인(編印)의 『中朝, 中苏, 中蒙 有关条约, 协定, 议定书滙编』이라는 소책자를 발견하였다는 것이다.[21]

당시 국경 탐사에 참가하였던 가톨릭대학 교수인 안병욱은 이 책 발견 당시의 상황에 대하여 "그토록 의아스러웠던 북한과 중국의 국경조약을 옌지(延吉)시의 헌책방에서 구하리라고는 상상도 못했다. 그곳에서 우연히 국경자료집을 집어 펼치는 순간 온몸이 굳어지는 긴장감을 느꼈다. 헐값 15위안을 지불하고 부랴부랴 책방을 나섰다. 찬찬히 눈을 비비고 들여다보니 국내 어디에서도 구할 수 없는 북한과 중국의 변계조약이었다"라고 설명하고 있다.[22]

이 책의 겉표지에는 "机密文件·注意保存"이라고 명기되어 있고, 안쪽 표지 다음 장에는 공포되지 않은 문건이므로 잘 보존하라는 설명문이 있으며, 총 416쪽 중에서 「조중국경조약」과 「조중국경의정서」를 비롯하여 북한과 중국 간에 체결된 각종 조약문이 366쪽에 이르고, 나머지는 몽골과의 국경조약 등이 차지하고 있다.

(3) 조중국경조약을 비밀조약으로 한 이유

≪중앙일보≫에서 「조중국경조약」 등이 수록된 조약집을 발견하고, 이 사실을 특종으로 보도할 당시의 보도 내용을 보면 북한과 중국이 이 조약을 비밀로 한 이유에 대하여 대체로 중국이 불리한 조약을 체결하였기 때문인 것으로 보고 있다.[23] 특히 직접 당시 국경조약 체결 과정에 참여하였던 중국 측 인사의 증언을 통하여 북한 측에서 남북이 분단되어 있는 상황에서 조약 체결 사실을 공개하는 것은 곤란하다며 통일될 때까지 비공개로 할 것을 요구하였다고 하면서도 중국 입장에서도 「조중국경조약」이 북한에 대한 배려로 중국 외교에서 좀처럼 보기 드문 양보를 하였고, 중국이 지나치게 양보하였다는 비판이 내부적으로 있었거나 혹은 사후적으로라도 그런 비판의 가능성을 염두에 둔 정치적 고려로 보인다고 분석하는 견해가 있다.[24]

그러나 이 조약을 비밀로 한 이유는 중국이 불리한 조약을 체결하였기 때문이라기보다는

---

21 "북한·중국 국경조약 전문 최초 확인", ≪중앙일보≫, 2000년 10월 16일 자, 8면.

22 "북·중 변계조약 문서 발견하기까지", ≪중앙일보≫, 2000년 10월 18일 자, 16면.

23 이종석, "중앙일보 입수 조중 변계조약서 의미", ≪중앙일보≫, 2000년 10월 16일 자, 8면.

24 이종석, 『북한: 중국관계 1945~2000』, 236쪽.

오히려 당시 국경조약 체결 과정에 참여하였다는 중국 측 인사의 증언 내용처럼 북한이 먼저 "남북이 분단되어 있는 상황에서 조약체결 사실을 공개하는 것은 곤란하다며 통일될 때까지 비공개로 할 것을 요구"하였다는 것이 더 설득력 있어 보인다.[25]

(4) 조중국경체제

① 조중국경회담기요

「조중국경회담기요」는 1962년 10월 3일 평양에서 중국 대표 지펑페이(姫鵬飛)와 북한 대표 류장식이 서명을 하였으며, 같은 날 효력이 발생하였다. 한편 「회담기요」 뒤에는 「조중국경조약」 초안을 첨부하였으며(제1조), 주요 내용을 살펴보면 다음과 같다.

첫째, 압록강 어귀 강과 바다의 분계선은 조선의 소다사도(小多獅島) 남쪽 맨 끝에서 시작하여, 신도(薪島) 북쪽 끝을 거쳐 중국 대동구(大東溝) 남쪽 돌출한 부분의 가장 남쪽 끝을 이은 직선으로 하였다(제2조).

둘째, 압록강 어귀 밖의 조·중 두 나라의 해역에 대한 구분은 강과 바다 분계선상 동경 124도 10분 6초 지점에서 시작하여 대략 남쪽으로 곧게 가서 공해에 이르러 끝나는 한 선을 두 나라의 해상 분계선으로 해서 서쪽 해역은 중국에 속하고 동쪽 해역은 조선에 속하도록 하는 한편, 이 해상 분계선의 구체적 위치는 향후 조중국경연합위원회에서 조사하여 확정하도록 하였다(제3조).

셋째, 압록강 어귀 강과 바다의 분계선 밖 동경 123도 59분에서 동경 124도 26분 사이의 해역은 군사용 잠수함을 포함한 양국의 모든 선박이 자유롭게 항행할 수 있도록 하였다.

넷째, 국경하천에 있는 섬과 모래섬[沙洲]의 귀속을 결정하는 방법을 정하였는데, 「조중국경조약」 체결 전에 이미 한쪽의 공민(公民)이 살고 있거나 농사를 짓고 있는 섬과 모래섬은 그 국가의 영토가 되며, 그 밖의 것은 중국 쪽 기슭에 가까운 곳은 중국에, 북한 쪽 기슭에 가까운 곳은 북한에 속하며, 양측 기슭의 한가운데 있는 것은 협상을 통하여 귀속을 정하기로 하였다. 다만 한쪽 강기슭과 소속된 섬 사이에 있는 섬과 모래섬은(앞으로 나타날 섬과 모래섬을 포함하여) 비록 다른 한쪽 강기슭이나 두 기슭의 한가운데 있다고 하더라도 해당국의 소유로 합의하였다.

다섯째, 압록강과 두만강상의 국경 너비는 해당 국경 강의 수면 너비로 이해하여야 하고,

---

25 구체적인 내용은 한명섭, 『남북통일과 북한이 체결한 국경조약의 승계: 조중국경조약의 승계 문제를 중심으로』, 55~57쪽 참고.

한 나라의 경내에서 발원하여 국경 강으로 흘러드는 지류는 포함하지 않으며, 한쪽이 국경 강과 이어져 있지만 한 나라의 영토 안에 있는 호수 수역으로 흘러드는 것도 포함하지 않는다.

여섯째, 「조중국경의정서」가 효력을 발생한 뒤 양국은 각자 출판한 지도의 작성 방법(제7조)과 조중국경연합위원회의 구성 및 임무에 대하여 규정하고 있다(제8조).

② 조중국경조약

북한과 중국은 「회담기요」를 근거로 1962년 10월 12일 평양에서 「조중국경조약」을 체결하였다. 이 조약은 북한을 대표한 내각 수상 김일성과 중국을 대표한 국무원 총리 저우언라이가 서명을 하였다. 이 조약의 내용을 살펴보면 다음과 같다.

백두산 천지와 주변의 국경선 획정　　　백두산 천지의 국경선은 백두산 천지를 에워싼 산등성마루 서남단 2520미터 고지와 2664미터 고지 사이 안부(鞍部)의 대략적인 중심점에서 시작하여 천지를 가로질러 맞은편 산등성마루 2628미터 고지와 2680미터 고지 사이 안부의 대략적인 중심점까지 동북쪽으로 곧게 선을 그어 그 서북 부분은 중국에 속하고 동남 부분은 북한에 속하도록 하였다(제1조 제1항).

천지 이남에서 압록강에 이르는 국경선　　　천지 이남의 국경선은 앞에서 말한 산등성마루 2520미터 고지와 2664미터 고지 사이 안부의 대략적인 중심점에서 시작하여, 그 산등성마루를 끼고 대략 동남 방향을 따라 산등성마루 최남단의 한 지점까지 이르며, 그 뒤 산등성마루를 떠나 직선으로 동남 방향으로 가다가 2469미터 고지를 지나 2071미터 고지에 이르러, 동쪽 압록강 상류와 이 고지에서 가장 가까운 작은 지류상의 한 지점에 이른다. 이 국경선은 이 작은 지류의 물 흐름의 중심선을 내려가다가 이 작은 지류가 압록강으로 흘러 들어가는 곳에 이른다(제1조 제2항). 압록강 하구는 북한의 소다사도(小多獅島)의 최남단에서 시작하여, 신도(薪島) 북단을 거쳐 중국 대동구(大東溝) 이남의 돌출부 최남단까지 이어지는 직선으로 이를 압록강과 황해의 분계선으로 한다(제1조 제3항). 참고로 소다사도와 신도는 간척지 개발 사업으로 연륙되어 지금은 섬이 아니다.

두만강에 이르는 국경선　　　천지 동쪽의 국경선은 앞에서 말한 산등성마루 2628미터 고지와 2680미터 고지 안부의 대략적인 중심점에서 시작하여 동쪽을 향하여 직선으로 2114미터 고지에 이르고 다시 직선으로 1992미터 고지에 이르며, 다시 직선으로 1956미터 고지를 거쳐 1562미터 고지에 이르고 다시 직선으로 1332미터 고지에 이르며, 다시 직선으로 두만강(중국어 표기는 圖們江) 상류의 지류인 홍토수(紅土水)와 북면의 한 지류가 만나는 합수머리(1283미터 고지 북쪽)에 이른다. 이로부터 국경선은 홍토수 물 흐름 중심선을 따라 내려가 홍토수와 약류하(弱流河)가 만나는 합수머리에 이른다(제1조 제4항). 홍토수와 약류하가 만나는 합수머리에서 시작하여 조·중 국경 동쪽 끝 마지막 점까지를 두만강(圖們江)의 경계로 한다(제1조 제5항).

국경하천의 섬과 모래섬에 대한 귀속　　이 조약을 체결하기 전에 이미 한쪽의 공민(公民)이 살고 있거나 농사를 짓고 있는 섬과 모래섬은 그 국가의 영토가 되며, 다시 고쳐 바꾸지 않는다(제2조 제1항). 그 밖의 섬과 모래섬은 중국 쪽 기슭과 가까운 곳은 중국에 속하고 조선 쪽 기슭과 가까운 곳은 조선에 속하며, 두 기슭의 한가운데 있는 것은 두 나라가 협상을 통하여서 그 귀속을 확정한다(제2조 제2항). 일방의 강기슭과 그에 속한 섬 사이에 있는 섬과 모래섬은 비록 타방의 강기슭에 가깝거나 두 기슭의 한가운데 있다고 하더라도 그 일방에 속하는 것으로 한다(제2조 제3항). 이 조약을 체결한 뒤 국경하천에 새로 나타난 섬과 모래섬은 조약의 제2항과 제3항의 규정에 따라 그 귀속을 확정한다(제2조 제4항).

국경의 넓이와 해상분계선 및 자유항행구의 설정　　압록강과 두만강 국경의 너비는 언제나 모두 수면의 너비를 기준으로 한다. 두 나라 국경하천은 두 나라가 공유하며, 두 나라가 공동으로 관리하고, 공동으로 사용하며, 항행(航行), 고기잡이, 강물의 사용 같은 것도 마찬가지다(제3조 제1항). 압록강 하구 바깥 두 나라 해역에 대한 구분은, 강과 바다 분계선상인 동경 124도 10분 6초의 한 지점에서 시작하여, 대략 남쪽으로 곧게 가서 공해에 이르러 끝나는 한 선을 두 나라의 해상분계선으로 해서 서쪽 해역은 중국에 속하고 동쪽 해역은 북한에 속한다(제3조 제2항). 압록강 하구 강과 바다의 분계선 밖 동경 123도 59분에서 동경 124도 26분 사이의 해역은 두 나라의 모든 선박이 자유롭게 항행할 수 있으며 제한을 받지 않는다(제3조 제3항).

조약의 효력 등　　이 조약은 반드시 비준을 거쳐야 하며, 비준서는 빠른 시일 안에 북경에서 교환하기로 하였으며, 비준서를 교환한 날부터 효력을 발생하도록 하였다. 또한 이 조약을 체결하기 전의 두 나라 국경에 관한 모든 문건은 양국 정부대표단이 1962년 10월 3일 조인한 「조중국경회담기요」를 빼놓고는 제4조에 말한 의정서가 효력을 발행한 날부터 모두 효력을 잃는다고 규정하였다(제5조).

③ 조중국경의정서

북한과 중국은 「조중국경조약」을 바탕으로 이에 근거하여 구성된 조중국경연합위원회가 양국의 국경에 대한 실지 조사, 경계 푯말 설치, 국경 강에 있는 섬과 모래섬의 귀속 확정에 대한 임무를 원만하게 마침으로써, 양국 국경을 명확히 하고 구체적인 위치를 조사하여 결정한 후 「조중국경조약」 제4조의 규정에 따라 1964년 3월 20일 「조중국경의정서」를 체결하였다. 이 의정서는 동일자로 발효되었고, 이로써 최종적으로 국경조약을 마무리하였다. 특히 이 의정서 제10조에서는 국경공동위원회의 현지 조사를 통하여 압록강에 있는 205개의 섬과 사주 및 두만강에 있는 246개의 섬과 사주, 총 451개에 대한 귀속을 정하여 그 일람표를 작성하여 첨부하였다.

「조중국경의정서」 제10조에서는 하천과 바다의 분계선을 정하고, 아울러 그 표지 3개의 위치를 설명하고 있는데, 분계선의 길이는 2만 2249.2m이다. 제12조에서는 "양 체약당사국은 국경조약 제3조 제2항의 규정에 따라 두 나라 해상 분계선을 아래와 같이 확정하였다. 압록강 하구 하천·바다 분계선상의 동경 124도 10분 06초, 북위 39도 49분 41초 지점에서 시작하여 직선으로 동경 124도 09분 18초, 북위 39도 43분 39초 지점까지 잇고, 다시 동경 124도 09분 18초, 북위 39도 43분 39초 지점에서 시작하여 직선으로 동경 124도 06분 31초, 북위 39도 31분 51초 지점을 지나 공해에서 마친다. 위에서 말한 해상 분계선은 부속지도에 분명하게 표시한다"라고 규정하였다. 제13조에서는 하천·바다 분계선에서부터 북위 39도 30초까지는 각각 중국 영해와 북한 영해의 해역에 속하는 것으로 규정하고 있다.

(5) 조중국경조약 체제의 특징

「조중국경조약」과 「조중국경의정서」에 의하여 북한과 중국 간의 국경은 압록강-백두산 천지-홍토수(두만강 최상류 지류)-두만강으로 확정되었다. 이 국경조약 체제는 1712년의 백두산정계비, 1909년의 「간도협약」과 비교하여 다음과 같은 내용을 특징으로 한다.

① 토문강에 대한 규정

간도영유권과 관련하여 백두산정계비상의 토문강에 대하여 우리는 토문강과 두만강이 다른 강이라는 일관된 입장에 대하여, 중국은 이러한 주장이 조선과 일본의 날조된 주장이며, 백두산정계비상의 토문강과 도문강, 즉 두만강을 의미하는 것이라고 주장해 왔다.[26] 조중국경조약에서도 '두만강'을 중국어본에는 "圖門江"으로 표기하고 있고, 토문강에 대한 언급은 전혀 없었다.

그런데 「조중국경의정서」에는 "흑석구(黑石溝: 土門江)"라는 표현이 두 번 나온다. 즉, 「조

---

[26] 국내 학자 중에도 백두산정계비상의 '土門江'이 두만강을 의미하는 것이라고 주장하는 학자도 있다. 이강원 전북대학교 교수(지리학)는 ≪정신문화연구≫ 2007년 가을 호에 기고한 논문 「조선후기 국경인식에 있어서 두만강, 토문강, 분계강의 개념과 그에 대한 검토」에서 이는 지리적 사실과 역사적 상상을 혼돈한 오해의 산물이라며 두만강 대안(對岸)에 대한 영유권 주장의 근거에 대하여 의문을 제기하였다. "간도영유권 주장은 착각에서 …… 국내학자 주장", ≪연합뉴스≫, 2007년 10월 23일 자.

중국경의정서」제7조에서 백두산 지역 국경선상에 설치된 각 경계 푯말 구간의 국경선 방향에 대한 설명을 하면서 "국경선은 9호 큰 경계푯말로부터 흑석구[黑石溝(土門江)]를 가로질러 10 호 작은 경계푯말에 이르고"라고 기재하고 있고, 각 경계푯말의 위치를 규정한 제8조에서는 10호 작은 경계 푯말의 위치에 대하여 "9호 경계푯말에서 동쪽으로 1229미터 떨어진 곳에 자리하고 있고, 서쪽 비탈을 따라 80미터쯤 가면 흑석구(黑石溝: 토문강)에 다다른다"라고 명시하고 있다.[27] 이로써 중국은 그동안의 입장과는 달리 두만강과는 다른 '土門江'의 존재를 인정한 것이다.

이 점에 대하여 박선영은 의정서에 의하면 토문강은 9호와 10호 경계비 사이에 있는 것이지만, '도문강(두만강)'은 21호 경계비에 있는 것으로 '도문강(두만강)'의 원류 위치가 토문강과 분명히 다르다는 사실을 자신의 현지 답사를 통하여서도 확인하였다고 한다.[28] 또한 박선영은 "조약 체결 당시 중국 정부는 국경획정과는 별개로, 역사적인 사실은 사실로 인정하자고 생각했을 수 있다"며 "중국이 토문강과 두만강이 다른 강임을 외교 문서에서 밝혔다는 것은 수백 년 지속된 간도 분쟁을 풀 수 있는 중요한 실마리"라고 평가하였다.[29] 그러나 다른 한편으로는 이 조약으로 중국과 북한은 국경을 토문강을 기준으로 하지 않는다는 것을 분명히 한 것이 된다.[30]

② 간도에 대한 규정

섬 등의 귀속과 관련하여 섬과 사주의 귀속 내용을 정리한 '섬과 사주의 귀속일람표'에 간도(間島)라는 섬이 명시된 점에 특별한 의미를 두는 견해가 있다. 이 일람표 제363번은 두만강에 중국령으로 포함된 간도라는 섬을 명시하고 있다. 한중 사이에 간도 문제가 첨예하게 대두되었을 때 중국은 간도라는 명칭이 조선인과 일본인이 날조한 것이라고 하면서 간도 명칭이나 문제 자체를 부인하였고, 그러면서도 간도 범주를 최소화하였을 때 두만강 내의 삼각주 정도라고 주장하기도 하였다. 그런데 이 일람표의 내용으로 간도의 위치와 범주 및 경지면적까지 분명하게 알게 된 것은 중국이 무조건 간도라는 명칭 자체를 날조된 것이라고 부인하는 내용

---

27 ≪조선일보≫에서 확인한 바로는 흑석구는 2005년 현재 중국 측 지도에 "묵석구(墨石溝)"로 표기되어 있으며, 백두산 부근에서 시작되어 북한·중국 국경을 지나 송화강의 지류인 오도백하(五道白河)와 합류한다고 한다. "토문강≠두만강, 중국 공식문서 발견", ≪조선일보≫, 2005년 8월 26일 자.

28 박선영, 「1960년대 중국의 국경 인식과 조선과 중국의 국경조약」, 『중국의 변강 인식과 갈등』(한신대학교 출판부, 2007), 401쪽.

29 "中, 60년대 외교문서서 인정", ≪한국일보≫, 2005년 8월 25일 자.

30 서길수, 『백두산 국경 연구』, 302쪽.

과는 정면으로 배치되는 것이어서 의미 있는 자료라는 것이다.[31] 이 일람표의 내용에 따르면 이 간도는 경도 129도 46분 39초, 129도 46분 49초, 위도 42도 45분 40초, 42도 45분 49초에 위치하고 있으며, 총면적은 4만 3000제곱미터, 경지면적은 1만 제곱미터이고, 주민은 거주하고 있지 않다.

③ 백두산 천지의 분할

「조중국경조약」제1조는 백두산 천지를 북한 54.5퍼센트, 중국 45.5퍼센트로 분할하고, 천지 서북부는 중국에, 동남부는 북한에 각각 귀속하도록 하고 있다. 이 규정에 의하여 백두산 천지 일부와 백두산 최고봉인 해발 2750미터의 백두봉(북측 지명 장군봉)도 북한 영토 안쪽에 속하게 되었다. 「조중국경조약」은 1712년 백두산정계비에 규정된 토문강(土門江) 대신 백두산으로 뻗어 있는 도문강(두만강의 중국 명칭)의 4개 지류 중 최상류에 있는 홍토수(紅土水)를 조중 국경으로 규정하고 있다. 이는 「간도협약」에서 국경으로 규정한 석을수보다 북쪽에 위치하고 있다. 결과적으로 양국 국경이 북쪽으로 상향 조정된 것으로 홍토수와 석을수 사이에 있는 서울시 면적의 45퍼센트 정도인 280제곱킬로미터가 북한으로 귀속된 결과를 가져온 것이다.[32]

④ 국경하천의 섬과 사주에 대한 귀속 결정

「조중국경조약」제2조는 국경하천의 섬과 사주(沙州)의 귀속 결정 원칙으로 기득권 존중의 원칙과 지리적 인접성 원칙을 명시하고 있다. 이 원칙에 기초하여 1964년의 의정서에는 국경공동위원회의 현지 조사를 통하여 압록강에 있는 205개의 섬과 사주 및 두만강에 있는 246개의 섬과 사주, 총 451개에 대한 귀속을 정하여 북한에 264개(압록강 127개, 두만강 137개), 중국에 187개(압록강 78개, 두만강 109개)가 속하는 것으로 하였다.

북한과 중국 두 나라는 5년마다 한 번씩 연합조사를 실시하기로 하였으나 1972년 이후 아직 진행이 되지 않고 있으며, 중국에서만 원칙적으로 매년 한 번씩 변경을 현지 조사한다고 한다. 또한 1963년 이후 1972년까지 10년 동안 섬이 무려 113개나 늘어났으며, 압록강에는 3개의 대형 댐이 만들어져 많은 섬이 물에 잠겼고, 1972년 이후 37년 동안 조사하지 않았기 때문에 지금 다시 조사하면 조약 체결 당시에 비하여 많은 차이가 날 것으로 보고 있다.[33]

---

[31] 박선영, 「자료해제: 북한과 중국의 비밀 국경조약」, ≪中國史硏究≫, 제34집(2005.2), 390쪽.

[32] 이와 관련하여 서길수는 「조중국경조약」에서 기존의 홍토수는 약류하로, 석을수는 홍토수로 이름이 바뀌었기 때문에 1909년의 「간도협약」에서 석을수를 국경으로 삼았다면 현재의 홍토수가 국경이 되는 것이고, 이 홍토수를 기준으로 영토의 득실을 계산해야 하며, 결국 「간도협약」과 「조중국경조약」의 영토 차이는 석을수(조약문상의 홍토수)와 정계비로 이어지는 선과 현재의 국경선 사이의 면적이 된다고 주장한다. 서길수, 『백두산 국경 연구』, 311~312쪽.

⑤ 조중국경조약에 내재된 중국의 의도[34]

「조중국경조약」을 비밀 조약으로 한 이유에서 살펴본 바와 같이 북한이나 중국 모두 조약을 체결할 당시 간도영유권 문제와 관련하여 남북한의 분단 상황에 대한 의식을 상당히 한 것으로 보인다. 이러한 의식을 바탕으로 특히 「조중국경의정서」의 내용을 면밀히 검토해 보면, 중국 입장에서는 간도영유권과 관련하여 이 조약을 통하여 그동안 조선과 청나라 시절부터 양국 사이에 문제가 되어온 간도영유권 문제를 종식시키거나 최소한 상당히 유리한 고지를 선점하고자 한 노력을 엿볼 수 있다.

첫째, 조중국경 체제가 '평등한 협상'에 의한 것임을 강조하였다는 점이다. 즉, 「조중국경의정서」를 보면 전문에서 북한과 중국 양국 정부는 "조중국경연합위원회가 1962년 10월 12일 체결한 조중국경조약의 규정을 바탕으로 평등한 협상과 우호적인 합작을 통하여 두 나라 국경에 대한 실지조사, 푯말 설치, 국경 강에 있는 섬과 모래섬의 귀속 확정에 대한 임무를 원만하게 마쳤다"라는 점을 명시하고 있다.

물론 '평등한 협상'이라는 문구는 통상의 조약 체결 시 사용할 수 있는 일반적인 문구로 볼 수도 있다. 하지만 뒤에서 보는 '간도(間島)'나 '흑석구(黑石溝: 土門江)'와 같이 「조중국경회담기요」나 「조중국경조약」에서는 사용하지 않은 표현인데, 이러한 단어나 문구를 뒤늦게 「조중국경의정서」에서 명시한 점, '간도(間島)'나 '흑석구(黑石溝: 土門江)'라는 단어는 모두 간도영유권 문제와 관련이 있다는 점 등에 비추어보면, "평등한 협상"이라는 문구도 별다른 의미 없이 사용한 통상의 문구라기보다는 상당히 의도적인 문구로 보인다. 사회주의국가들은 특히 불평등조약은 무효라고 강조를 하고 있는데, 중국은 남북한 통일이 될 경우 통일한국이 이 조약이 불평등조약임을 내세워 무효라고 주장할 경우에 대비하기 위하여 이 문구를 넣은 것으로 보인다.

따라서 이처럼 전문에서 국경 확정 업무가 '평등한 협상'을 통하여 이루어진 것이라는 점을 강조한 것은 간도영유권에 대한 분쟁이 있던 상황에서 훗날 통일한국이 「조중국경조약」은 중국의 한국전쟁 참전 등에 대한 대가로 자신들에게 유리하게 체결한 불평등조약임을 주장할 가능성을 염두에 두고 이에 대비하여 의도적으로 기재한 것으로 볼 수 있다.

실제로 조약 승계와 관련하여 영토조약의 승계 원칙이 확립되어 있다고 하면서도, 다른

33   서길수, 같은 책, 245쪽.

34   한명섭, 『남북통일과 북한이 체결한 국경조약의 승계: 조중국경조약의 승계 문제를 중심으로』, 65~66쪽.

한편으로는 국경이 불법·부당하게 획정되었거나 또는 국제법상 정당성을 인정받지 못하는 체제하에서 획정된 경우에 국가승계에 의하여 이를 당연히 승계한다는 것은, 불법행위는 법을 창설할 수 없다(ex iniuria ius non oritur)는 로마법 원칙을 부정하는 것이 될 수 있기 때문에 국경조약이나 속지적 조약의 승계 문제는 통일을 전후하여 충분히 검토한 후 필요한 경우에 관련 당사국과 협의를 거쳐 합의에 도달하여야 한다고 하는 견해35가 있는 점을 보면 중국이 이러한 주장에 대비하였을 가능성은 상당히 높다고 본다.

둘째, 앞에서 언급한 「조중국경의정서」상의 '흑석구(黑石溝: 土門江)'에 대한 규정이다. 이 또한 중국 측에서 간도영유권 분쟁 시 백두산정계비상의 토문강이 두만강과 다르다는 점을 인정할 수밖에 없는 상황이 되더라도, 백두산정계비에서 말하는 토문강의 위치는 송화강 본류가 아니라 「조중국경조약」에서 획정한 국경선상의 흑석구의 지점을 의미하는 것으로 축소·해석할 여지를 둔 것으로 보인다.

셋째, 역시 「조중국경의정서」상의 '간도(間島)'에 대한 규정이다. 앞에서 살펴본 바와 같이 중국은 그동안 '간도'라는 명칭 자체를 조선인과 일본인이 날조한 것이라고 하면서 간도 명칭이나 문제 자체를 부인하였고, 그러면서도 간도 범주를 최소화하였을 때 두만강 내의 삼각주 정도라고 주장하기도 하였다. 따라서 의정서상의 간도에 관한 규정 역시 최악의 순간에 간도를 두만강 내의 삼각주라고 주장하는 중국의 입장을 뒷받침하여 간도 문제를 축소시키기 위한 포석으로 분석할 수 있다.

아직까지 중국이 과연 이와 같은 의도를 가지고 있었는지에 대한 분석을 시도한 학자는 없다. 따라서 과연 「조중국경조약」과 관련하여 중국이 실제로 이와 같은 의도를 가지고 있었던 것이 사실인지는 좀 더 면밀한 자료 수집과 분석이 필요하다. 하지만 중국이 애초 그러한 의도를 가지고 있었던 것이 아니라 할지라도 향후 간도영유권 문제가 다시 쟁점화될 경우 중국 입장에서는 「조중국경조약」의 해석과 관련하여 얼마든지 이와 같은 해석과 주장이 가능할 것이므로 향후 이 점에 대비한 추가 연구도 필요하다고 본다.

(6) 조중국경조약에 대한 평가36

「조중국경조약」에 대하여는 그 기준을 어디에 두느냐에 따라 상반된 평가가 존재한다.

---

35 이순천, 「條約에 對한 國家承繼: 最近의 國際實行과 南北統一時 適用問題를 中心으로」(고려대학교 박사 학위 논문, 1996), 181쪽.

36 한명섭, 『남북통일과 북한이 체결한 국경조약의 승계: 조중국경조약의 승계 문제를 중심으로』, 68~69쪽.

간도영유권을 주장하는 입장에서는 간도에 대한 영유권을 포기한 이 조약에 대하여 부정적 평가를 할 수밖에 없을 것이다. 이 조약을 「간도협약」과 비교할 경우에는 「간도협약」에 비하여 우리의 영토가 확장되었다는 측면에서 긍정적인 평가를 할 수도 있을 것이다. 긍정적인 평가의 이면에는 강대국인 중국과 우리의 입장에 대한 현실적인 고려도 큰 몫을 차지하고 있다고 본다.

북한과 중국의 국경은 백두산 일대를 제외하고는 국경하천인 압록강과 두만강으로 이루어져 있다. 이러한 국경하천의 경계 획정 방법에 대하여는 국제법상의 일반 원칙이나 국제관습법은 명확하게 확립되어 있지 못하다. 따라서 이에 대한 각국의 관행과 학자들의 주장이 일치하지 않지만, 다음과 같은 몇 가지 사항은 어느 정도 일반적인 원칙으로 받아들여지고 있다고 볼 수 있을 것이다.

우선 국경하천의 경계 획정과 관련하여서는 첫째, 국경하천의 경계 획정에 대한 일반적인 원칙이 없으므로 당사국의 합의가 우선한다. 둘째, 특별한 합의가 없다면 탈베크(Thalweg) 규칙에 따라 가항수로에서는 주수로 중간선을, 비가항수로에서는 강의 중심선을 기준으로 하는 것이 일반적인 원칙으로 받아들여지고 있다.[37] 셋째, 국경하천 내의 도서 역시 특별한 합의가 없으면 주수로 또는 중심선에 따라 경계 획정을 한 후 이를 기준으로 도서의 지위를 정한다. 넷째, 국경하천의 교량의 경계는 국경하천 경계선과 수직으로 연결된 선으로 한다. 다섯째, 수로의 변경에 따른 경계나 도서의 현상 변경 등에 대하여는 경계 획정 합의 시 수로 변경에 따라 자동적으로 변경되도록 하는 방법과 변동되지 않도록 하는 방법이 있으며 각기 장단점이 있다.

이와 같은 원칙들을 기준으로 먼저 북한이 중국과 체결한 국경하천의 경계 획정 방법을 살펴보면 일반적인 원칙으로 설명되는 탈베크 규칙에 따른 것이 아니라 국경하천 전체를 국경수역으로 하고 있다. 이러한 원칙은 일반적인 방법이라 할 수는 없지만 전혀 선례가 없는 방법도 아니다.[38] 또한 양국의 강의 경제적 이용 정도가 비슷하고 신뢰 관계만 유지된다면 탈베크

---

37 탈베크는 하천의 횡단면 중 가장 깊은 곳을 하천이 흐르는 방향으로 연결한 선으로 최심하상선(最深河床線)이라고도 하며, 선박의 항행에 이용되는 하천의 수로를 뜻한다. 이는 국경하천의 국경을 획정하는 데 이용되어 왔다. 하천상의 국경선 획정에 관한 양국 간의 특별 합의나 관습이 없는 경우에 그 하천이 항행이 가능한 것이면 탈베크의 중앙선을, 항행이 불가능한 경우에는 하천의 중심선을 국경선으로 하는 것이 일반 국제법상의 규칙으로 인정되어 왔으며, 이러한 규칙을 '탈베크 규칙'이라고 한다. 이 규칙은 평등한 항행권을 보장한다는 장점이 있는 반면, 그 위치가 인공적·자연적으로 변화할 수 있기 때문에 국경선으로서는 불안정하고 국경분쟁을 일으킬 수 있다는 점이 단점으로 지적된다.

38 1816년 네덜란드와 프러시아의 「메펜(Meppen)조약」 제27조는 양국의 국경을 구성하는 강은 양국의 공유라고 규정하고 있다. 이 경우 강에는 국경선이 존재하지 않고 양국의 공동관할권에 속하는 국경 구역이 있

규칙에 의한 경계 획정을 하는 경우보다 수로의 변경 등에 따른 경계 획정과 관련된 분쟁의 소지도 적고, 경제적인 측면에서도 공동 이용과 협력을 통하여 상호 간의 이익을 추구하기도 쉽다는 이점이 있다. 국경호수인 백두산 천지의 경우는 오히려 북한이 더 넓은 면적을 차지하고 있다. 강의 도서에 대한 귀속도 합리적인 방법에 따라 기준을 정하였고, 결과적으로 북한에 더 많은 도서가 귀속되었으며, 수로의 변경 시에도 기존 도서의 귀속은 변하지 않는다고 규정하고 있어 논란의 가능성을 차단하고 있다. 기타 발생할 소지가 있는 문제들에 대하여는 공동위원회를 통하여 해결하도록 하고 있다.

3) 러시아와의 국경 체제

(1) 국경 관련 조약 등의 체결

북한은 러시아(구소련)와 1985년 4월 17일 모스크바에서 「조소국경조약」을 체결하였다. 이 조약에는 조소국경선명세서와 국경선을 표시한 축척 5만 분의 1 지도가 첨부되어 있다. 「조소국경조약」 제3조는 더 구체적인 국경선 획정을 위하여 조소공동경계획정위원회를 설치하도록 하고 있다. 또한 이듬해인 1986년 1월 22일에는 평양에서 「조소 경제수역·대륙붕 경계획정 협정」을 체결하였다.[39]

이후 양국은 추가 협상을 통하여 1990년 9월 3일 평양에서, 「조소국경질서협정」을 체결하였다. 협정은 1991년 11월 27일 비준서가 교환됨에 따라 발효되었다. 이 협정은 제1장에서 국경선과 국경표지 및 방향표지에 관한 내용을, 제2장에서는 국경표지와 방향표지의 유지, 관리 및 복구에 관한 내용을 규정하고 있는 외에 국경통과 규칙(제3장), 국경의 불법통과 방지(제4장), 국경위원의 권리와 의무 및 활동 규칙(제6장) 등을 상세히 규정하고 있다. 이로써 북한과 러시아의 국경은 16.93킬로미터의 육상 두만강 국경과 22.2킬로미터의 영해 경계로 이루어지게 되었다. 이를 더 구체적으로 살펴보면 다음과 같다.[40]

을 뿐이다. 신각수, 「國境紛爭의 國際法的 解決에 관한 硏究」(서울대학교 박사 학위논문, 1991), 45쪽.

39 「조소 경제수역·대륙붕 경계획정협정」의 구체적인 내용은 이석용, 「북한과 소련(러시아)간 경제수역과 대륙붕 경계획정」, 『국제해양분쟁사례연구 IV』(해양수산부, 2006), 75~80쪽 참고.

40 한명섭, 『남북통일과 북한이 체결한 국경조약의 승계: 조중국경조약의 승계 문제를 중심으로』, 78~79쪽.

(2) 두만강 국경[41]

「조소국경조약」에 따르면 북한과 러시아 간 약 16.93킬로미터의 육상 국경은 전체가 국경하천인 두만강으로 이루어진다. 두만강은 백두산 동쪽으로 북한과 중국 간의 국경을 이루다가 북한, 중국, 러시아 3국 교차점을 지나면서 북한과 러시아의 국경을 형성한다.

「조소국경조약」 제1조는 두만강 주수로 중간선을 양국 사이의 국경으로 규정하고 있다. 따라서 러시아 측에 연륙된 녹둔도는 러시아의 영토가 되었다고 보아야 할 것이다. 이 국경선에 관한 조약에 첨부된 국경선에 관한 명세서는 북한과 러시아 두만강 국경의 출발점부터 두만강 하구 영해 경계점까지 모두 6개 지점을 지정하고 있으며, 이 지점들을 연결하는 주수로의 중간선을 양국 사이의 국경으로 하고 있다. 다만 조약 속에서 이 지점들은 개략적 위치로만 제시되고 경위도를 통한 좌표로 공개되지는 않았다.

「조소국경조약」 제3조는 좀 더 구체적인 국경선 획정을 위하여 조소공동경계획정위원회를 설치하도록 하고 있다. 이에 양측은 추가 협상을 통하여 「조소국경질서협정」을 체결하였는데, 이 협정은 1985년 조약에서 좌표로 제시되지는 않았던 두만강 하구 양국 경계의 종점을 북위 42도 17분 34.34초, 동경 130도 41분 49.16초로 하고 있다(제1조 제1항). 또한 두만강의 하중도(河中島) 중에서 16개는 북한에, 1개는 러시아에 귀속됨을 규정하고(제2조 제5항), 두만강 철교에 관해서도 주수로 중간점을 기준으로 그 수직 상공 지점, 즉 소련 측 철근콘크리트 지주의 기점으로부터 89.1미터, 북한 측 금속제 지주의 기점으로부터 491.5미터 지점을 국경선으로 합의하였다(제1조 제1항). 또한 두만강의 주수로 또는 그 일부에 자연적 변화가 생길지라도 양국이 별도로 합의하지 않는 한 국경선은 변하지 않는 것으로 하였으며(제3조 제1항), 양국은 공동위원회를 설립하여 10년마다 국경선을 공동으로 검증하고 주수로 등에 변경이 인정되는 경우 국경선 조정을 협의하도록 하고 있다(제3조 제2항).

양국은 두만강 주수로의 위치와 방향을 가능한 한 변경하지 않고 보전하여야 하며, 강물의 흐름에 영향을 미칠 수 있는 수리시설 등을 건설함으로써 주수로 및 증수 시 침수되는 지역의 자연유수량을 변경시키지 말아야 하며(제26조 제1항), 두만강 위에 새로운 다리, 제방, 댐 등의 수리시설의 건설과 이용은 양국 합의하에만 할 수 있도록 하였다(제26조 제3항). 타방 당사국의 하안의 수위 변화에 영향을 줄 수 있는 시설의 개조나 철거 역시 타방 당사국의 동의하에 진행하기로 하였다(제26조 제4항). 이 협정 제45조에 의하면 이 협정은 발효일로부터 10년간

---

41 한명섭, 같은 책, 79~81쪽.

유효하며, 일방 당사국이 기한 만료 6개월 전에 종료를 통지하지 않는 한 매번 다음 10년간 효력이 연장된다.

이러한 북한과 러시아 간의 두만강 국경은, 가항하천의 경계는 중심 수류의 중간선을 기준으로 한다는 탈베크 규칙에 입각하여 합의한 것이다. 따라서 두만강이 가항 국경하천을 이루는 한 양국 간 국경협정이 체결되지 않았을지라도 국제관습법에 의하여 동일한 경계선이 적용되었을 것이다. 다만 이와 같은 국경조약이 체결되지 않았다면 두만강 수류의 완만한 변화로 인하여 중심 수류선이 조금씩 이동하는 경우 국경선도 그에 따라 이동되는 반면, 북한과 러시아의 경우 당사국이 별도로 합의를 하지 않는 한 중심 수류의 변화에도 불구하고 기존 국경선은 변화하지 않는 것으로 합의하였다는 점에 차이가 있다.[42]

한편 두만강은 백두산 지역에서 발원하여 북한과 중국 간의 국경하천을 이루다가 북한 러시아의 국경하천을 이룬다. 따라서 북한과 러시아 간 두만강 국경은 필연적으로 북한, 중국, 러시아 3국 접경점으로부터 시작하게 되어 있다. 이에 북한, 중국, 러시아는 1998년 11월 3일 두만강 국경수역 경계선 설정에 대한 3국 간 협정을 체결하였다. 이 협정 제1조 제1항 및 제2항에 따르면 북한 등 3국은 기존의 중러 국경표지 제423호로부터 두만강 주류의 중심선이 만나는 점을 3국 국경 접경점으로 합의하였는데, 이 지점은 북한과 러시아 간 국경의 기점이기도 하다.

이 협정 제2조는 두만강 수류의 자연적인 변화 등으로 국경수역의 경계선이나 접경점(국경선 교차점)에 실질적인 변화가 발생하여도 3국이 별도로 합의하지 않는 한 이 점과 선은 변경되지 않는 것으로 규정하고 있다. 이 1998년 협정은 이상과 같이 접경점과 경계선의 획정 방법만을 규정하였을 뿐, 접경점의 구체적인 위치를 좌표로 제시하지는 않았고, 추후 3국 정부 대표가 모여 접경점을 표시하는 지도를 제작하기로 합의하였다(제5조).

이후 북한과 중국 및 러시아는 2002년 6월 20일 북경에서 「조·중·러간 두만강 국경 교차 지점에 관한 의정서」를 체결하였다.[43] 의정서 전문에 따르면 이 의정서는 1998년 11월 3일 체결된 3국간 협정에 의거하여 두만강에서의 3개국 국경 교차 지점의 위치를 확정하기 위한 것임을 밝히고 있다. 이 의정서상의 가장 큰 특징은 1998년의 협정문에서 말한 "강주류 중심선"을 "강 중심선"으로 변경하였다는 것이다. 즉 이 의정서 제1조는 "두만강에서의 3개국 국경

---

42 정인섭, 「統一後 한러 국경의 획정」, 《서울국제법연구》, 제14권 1호(서울국제법연구원, 2007), 64쪽.

43 협정문 전문은 국가정보원 엮음, 『北·中간 국경업무 조약집』(국가정보원, 2006), 1~5쪽 참고.

의 교차지점은 3개국 국경수역 경계선이 강 중심선과 교차되는 곳이다. 강 중심선과 3개국 국경 교차지점은 2001년 8월 수위가 11.14미터일 때 확정하였다"라고 명시하고 있다. 교차 지점을 강 주류 중심선에서 강 중심선으로 변경한 이유에 대하여 의정서 제1조에서는 3국 간 국경에 관한 현행 조약에 근거하면서 "두만강의 3개국 국경 교차지점에서 생긴 자연적인 변화를 감안하여 본 서술의정서가 효력을 발생한 날로부터 본 서술의정서의 '강중심선'이란 표현은 경계선 협정 제1조의 '강주류 중심선'이란 표현을 대신한다"라고 명시하여, 자연적 변화를 반영한 것임을 밝히고 있다. 나아가 그 구체적인 지리좌표를 북위 42도 25분 4.7초, 동경 130도 38분 11.9초로 하고, 직각좌표를 X=4699046.1, Y=-112216.0으로 명시하고 있다. 이 3국 간 의정서에 따르면 결과적으로 북한과 러시아의 두만강 국경의 시발점이 강 중심선이 되는데, 강 중심선의 구체적인 위치가 강 주류 중심선과 차이가 없다면 몰라도 그렇지 않다면 결과적으로 주수로 중심선을 국경선으로 한 국경선조약과 차이가 발생할 수 있다. 현재로서는 북한과 러시아 간에 이 의정서상의 3국 간 교차 지점의 변경을 이유로 국경조약에 어떤 개정이 있었는지는 확인되지 않고 있다. 즉「조소국경조약」상 북한과 러시아의 두만강의 경계를 주수로 중심선으로 하였던 것을 강 중심선으로 모두 변경한 것인지, 아니면 3국 간 교차점만을 강 중심선으로 한 것인지는 명확하지가 않다.

한편 의정서 제2조에서는 1998년 협정문에서는 명시하지 않았던 제3호 표지의 위치를 추가로 규정하고 있다. 또한 두만강에서의 그 어떤 자연적인 변화가 발생하더라도 3개국 국경 교차 지점의 위치는 체약국들이 별도 합의하지 않는 한 변하지 아니하며, 3개국 국경 교차지점의 위치에 대한 공동 조사는 10년에 1회 행하는 것을 원칙으로 하되, 체약국들의 합의에 따라 조사 기간은 변경할 수 있으며, 조사를 위하여 3개국 공동위원회를 구성하도록 하고 있다 (의정서 제3조). 이 의정서는 제6조의 마지막 서면 통지를 보낸 날로부터 30일째 되는 날부터 효력을 발생한다는 규정에 따라 2003년 3월 29일 발효되었다.

이로써 북한은 하나의 국경하천인 두만강에서도 중국과의 국경선은 수면 전체를 국경으로 하여 공유를 하고 있는 데 반하여, 「조소국경조약」이 그대로 유효하다면 북한과 러시아는 북한 국제법 학계에서 국경하천 경계 획정의 일반 원칙으로 보고 있는 탈베크 규칙을 따르고 있는 것이다. 북한이 이처럼 하나의 국경하천에 대한 경계를 달리하게 된 것은 기본적으로 북한의 중국과 러시아에 대한 정치적 입장과 이해관계가 다르다는 것을 보여주는 한 국면이라 할 수 있다. 그리고 이와 같은 북한과 러시아의 국경조약 체제에 의하여 청과 제정러시아 및 조선 간에 영유권 문제가 제기되었던 연해주와 녹둔도는 러시아에 귀속이 된 것이다. [44]

(3) 영해 경계[45]

앞에서 살펴보았듯이 1985년의 「조소국경조약」 제1조는 두만강의 주수로 중간을 따라 하구까지, 그리고 그곳으로부터 동해상 러시아와 북한의 영해 외측 경계선과 상호 교차하는 지점까지를 북한과 러시아 간 국경선으로 규정하여 영해 경계도 포함하고 있다.

이 협정과 동시에 체결된 국경선에 관한 명세서는 두만강 주수로의 종점을 출발점으로 하여 북위 42도 9분, 동경 130도 53분 지점에 이르는 22.2킬로미터의 직선을 영해 경계선으로 규정하고 있다. 이는 12해리 영해에 입각한 경계 획정으로 소련은 1927년 6월 15일 12해리 영해를 선포한 바 있고, 북한도 1955년 12해리 영해를 설정하였다고 한다.[46]

그런데 1990년 체결된 「양국 간 국경체제에 관한 협정」 제1조 제1항에서 두만강 주수로 종점의 좌표가 북위 42도 17분 34.34초, 동경 130도 41분 49.16초로 발표되었다. 이 지점은 1984년 러시아가 국내법으로 자국 측 직선기선의 출발점으로 발표한 지점인 북위 42도 17분 29.03초, 동경 130도 41분 30.52초보다 약간 러시아 쪽으로 이동된 것이었다.[47]

이와 같은 북한과 러시아 간 영해 경계의 기준이 되는 원칙에 대하여는 공식적으로 발표된 내용이 없어 명확하지가 않다. 이 점에 대하여는 현 영해 경계선의 방향을 분석해 보면 양국이 선포한 직선기선을 기준으로 등거리 선을 그은 경우와 양국의 연안선을 기준으로 등거리 선을 그은 경우의 중간선 정도에 해당하므로 직선기선을 기준으로 하였을 경우와 통상 연안선을 기준으로 하였을 경우에 관하여 각각 50퍼센트의 효과를 인정한 결과가 되고 있다는 견해가 있다.[48] 그 외에도 북한의 직선기선과 구소련이 피터대제만(灣)에서 획정한 직선기선의 각도가 142도인데, 양자 간의 영해 경계선은 그 각도가 약 4도 정도 구소련 측에 유리하게 설정되었다는 견해,[49] 영해 경계선의 길이가 정확하게 12해리에 달하는 점에 비추어 양국은 단순히 두만강 하구 연안의 수직선이나 두만강 하구를 폐쇄하는 선의 수직선을 영해의 경계선으로 획정한 것으로 보는 견해도 있다.[50]

---

44 연해주와 녹둔도의 러시아로의 영속 과정에 대하여는 한명섭, 『남북통일과 북한이 체결한 국경조약의 승계: 조중국경조약의 승계 문제를 중심으로』, 72~74쪽 참고.

45 한명섭, 같은 책, 81~82쪽.

46 박춘호, 「北韓·蘇聯間의 河川·領海境界協定 分析」, ≪法學論集≫, 제29호(1993.12), 92쪽.

47 정인섭, 「統一後 한러 국경의 획정」, 66쪽.

48 Daniel J. Dzurek, "Deciphering the North Korean-Soviet(Russian) Maritime Boundary Agreements," *Ocean Development and International Law*, Vol.23(1992), p.39.

49 J. I. Charney and L. M. Alexander, *International Maritime Boundaries*, Vol.1(1993), p.1137.

북한과 러시아 간의 이와 같은 영해 경계에 대한 평가도 엇갈리고 있다. 대체로 국가 관례를 무시하고 북한에 불리하게 설정된 것이라는 견해가 우세한 것으로 보인다.[51] 이와는 달리 오히려 북한에 유리하다는 주장도 있는데, 대표적인 견해를 소개하면 다음과 같다.

첫 번째 견해는 양국의 해양경계선이 결과적으로 소련 측에 유리하게 되었다고 보면서도,[52] 북한과 러시아는 모두 동해에서 국제사회가 수락을 거부하고 있는 과도한 직선기선을 선포하고 이를 기준으로 12해리 영해를 주장하고 있었는데, 그 내용을 살펴보면 북한의 직선기선이 한층 더 무리한 방법으로 광범위한 수역을 내수로 편입하고 있으므로, 혹시라도 향후 양국이 국제사회의 비판을 수용하여 동해 연안에서의 직선기선을 포기하고 통상기선을 채택하여 등거리 선을 경계로 삼는다면 북한은 현재보다 약 30제곱킬로미터 면적의 수역을 러시아로 넘겨주게 되므로, 오히려 북한이 양보한 것보다 더 많은 것을 얻었다고 할 수 있다는 것이다.[53]

두 번째 견해는 양국이 합의한 경계선은 등거리 선으로부터 4도 정도 북한 쪽으로 기울어져 있으나, 만일 이와 같은 북한의 양보가 소련이 북한의 과도한 직선기선을 승인해 주는 대가로 이루어진 것이라면, 북한으로서는 소련에 양보한 것보다 훨씬 많은 것을 얻은 것이라고 보는 견해이다.[54]

4. 한반도 통일과 국경조약의 승계

1) 한반도 통일과 조약의 승계

「조중국경조약」 및 「조소국경조약」에 의하여 이루어진 북한과 중국, 북한과 러시아의 국

---

50 신창훈, 「통일 이후 북한이 체결한 기존 해양경계획정협정의 승계문제」, ≪서울국제법연구≫, 제16권 2호(서울국제법연구원, 2009.12), 146쪽.

51 박기갑, 「남북한의 국제법상 관행연구」, 『變化하는 世界와 國際法』(벽파 김정건 박사 화갑논문집)(박영사, 1993), 250쪽; 박기갑, 「일반국제법 이론에 비추어 본 남북한간 가능한 국가승계 형태론」, ≪한림법학 Forum≫, 제5권(한림대학교 법학연구소, 1996), 112쪽; 이장희, 「남북한 통일 이후 국가승계문제의 국제법적 과제」, 『韓國 法學 50年: 過去·現在·未來 (I)』(한국법학교수회, 1998), 405쪽.

52 박춘호, 「北韓·蘇聯間의 河川·領海境界協定 分析」, 88쪽.

53 박춘호, 같은 글, 90쪽.

54 이석용, 「북한과 소련(러시아)간 영해경계획정」, 『국제해양분쟁사례연구 IV』(해양수산부, 2006), 72쪽.

경하천의 경계 획정은 중국과의 관계에서는 간도에 대한 영유권 문제가, 러시아와의 관계에서는 녹둔도를 비롯한 연해주에 대한 영유권 문제가 연계되어 있다.

분단 이후 북한은 1962년에는 중국과 1985년에는 구소련과 각각 국경조약을 체결함으로써 한반도의 영토는 압록강과 두만강을 경계로 하게 되었고, 압록강과 두만강이 국경하천이 되어버렸으며, 이로 인하여 간도는 중국으로, 연해주는 러시아로 각각 귀속이 된 것이다.

따라서 만일 북한이 체결한 앞에서 말한 각 조약을 통일한국이 그대로 승계할 국제법적 의무가 있다고 한다면 간도와 연해주의 영유권에 대한 문제는 국제법적으로는 더는 다툼의 여지가 없어지게 된다.

조약 승계에 대한 법원(法源)으로는 1978년 8월 23일 채택된 「조약의 국가승계에 관한 비엔나 협약(Vienna Convention on Succession of States in Respect of Treaties)」(이하 「조약승계협약」)이 있다.[55] 「조약승계협약」은 제11조와 제12조에서 국경 체제와 기타 영토적(처분적) 조약에 의한 권리와 의무의 계속성 원칙 혹은 자동승계의 원칙에 관한 규정을 두고 있다. 따라서 한반도 통일의 경우에 「조약승계협약」이 적용될 것인지, 아니면 이 협약이 직접 적용되지 않더라도 협약 제11조의 규정이 국제관습법에 해당하는지가 매우 중요한 문제로 거론되는 것이다.

2) 국경조약의 승계 여부에 대한 검토

「조중국경조약」을 중심으로 국경조약의 승계 문제와 관련한 국내의 학설을 정리해 보면 다음과 같다.[56]

첫째, 북한의 국가성 부인에 따른 조약 승계 문제의 미발생 또는 「조약승계협약」의 법원성 및 국제관습법적 지위를 부인하는 견해이다.[57]

둘째, 사실상 지방정권에 불과한 북한이 체결한 조약은 무효라는 견해이다.[58] 즉, 북한은

---

55 이 협약은 1978년 8월 23일 채택된 이래 협약 제49조의 15번째 비준 또는 가입 문서가 기탁된 일자로부터 30일째 되는 날에 발효된다는 규정에 의하여 20년 가까이 발효되지 못하다가 1996년 11월 6일 발효되었다. 2009년 10월 현재 당사국은 22개국이다. 남한과 북한은 모두 이에 가입하고 있지 않다.

56 이와 관련하여 「조중국경조약」과 「조러국경조약」을 함께 다룬 논문이 많지 않고, 간도와 녹둔도에 대한 영유권 주장 문제는 양자를 반드시 구별해서 검토할 만한 차이가 없으며, 이 문제들을 분리하여 다룬 논문도 없는 것으로 보이므로 이 국경조약의 문제 중 어느 한쪽만 다룬 경우라 하더라도 양자에 대하여 같은 주장을 할 것이라고 보고 의견을 분류하였다.

57 김명기, 「통일한국의 북중국경선조약의 승계에 관한 고찰」, ≪국제법 동향과 실무≫, Vol.4(외교통상부, 2005), 41쪽; 김정호, 「國際法上 間島領有權에 關한 硏究」(명지대학교 박사 학위논문, 2001.6), 145쪽.

사실상의 지방정부이므로 북한이 체결한 국경조약은 전체 한국에 대한 대표권이 없는 하자 있는 조약으로 효력이 없으므로, 분단 이후의 여러 국경획정조약의 무효를 주장하여야 한다는 것이다. 그러나 엄격히 살펴보면 이 견해는 북한이 체결한 조약의 승계 여부에 대한 견해라기보다는 북한이 체결한 조약의 유효성 여부에 대한 견해라고 보아야 한다.

셋째, 북한의 병합을 '영토의 일부 이전'으로 보고 '조약경계이동의 원칙'에 의하여 북한이 체결한 조약의 승계를 부인하는 견해이다.[59] 통일독일의 경우에 문제가 된 오데르나이세 국경선에 대하여 1950년 동독과 폴란드 간에 체결된 「괴를리츠협정」이나, 1970년 12월 7일 체결된 서독과 폴란드 간의 「바르샤바조약」의 경우 동독과 서독이 모두 '독일 전체'를 구속할 수 있는 최종적인 국경 획정의 권한을 갖고 있지 않기 때문에 각 조약이 통일독일에 대하여 법적 중요성을 갖지 않는데, 통일에 의하여 서독이 체결한 「바르샤바조약」이 조약경계이동의 원칙에 따라 통일독일로 편입된 동독 지역까지 확정된 것으로 설명하고 있다.[60] 그러나 독일의 경우와는 달리 남한과 중국 간에 체결된 별도의 국경조약이 없으므로 통일독일과는 또 다른 문제가 발생하게 되는데, 이 점에 대한 입장은 알 수가 없다.

넷째, 조약 승계 문제는 자발적 승계가 원칙이라는 견해이다.[61] 이 견해는 「조중국경조약」을 미등록조약으로서 효력 문제와 남북한 통일 시 승계 문제로 나누어 미등록에 대하여 이 조약은 유엔에 가입하기 이전에 체결된 조약이기 때문에 미등록조약이라고 해서 효력을 부인하기 어렵다고 보지만, 남북한이 통일되었을 때 국경조약을 승계하느냐 안 하느냐 하는 오늘날 국가승계 문제가 통일되고 획일적인 국제법 규칙이 있어 그에 따라야 하는 것이 아니고 자발적 승계(voluntary succession), 즉 관계국 간 협의를 통한 조약에 의하여 해결되는 것이라고 한다.

다섯째, 합병 형태 통일의 경우에는 조약 승계를 부인하기 어려우나 병합 형태 통일의 경우에는 관행상 조약 승계를 부인할 수 있다는 견해이다. 이에 해당하는 입장을 취하는 학자들 중에는 「조중국경조약」의 승계 문제에 대하여 "한국의 흡수통일 방식으로 통일한국 시대가 온다면 굳이 이 조약을 승계할 필요가 없게 될 것"이라며,[62] 조약 승계를 부인하는 근거에 대

---

58 최태현, 「國境問題에 대한 國際法的 考察: 領土紛爭事例 整理 및 向後 展望」, 『韓中關係史 硏究의 成果와 課題』 (국사편찬위원회·한국사학회, 2004), 53, 59쪽.

59 구희권, 「國家統合時의 國家承繼에 관한 硏究: 統一韓國을 中心으로」(중앙대학교 박사 학위논문, 1993), 200쪽.

60 구희권, 같은 글, 181~183쪽.

61 노영돈, 「간도 영유권과 중국과의 국경문제」, 18쪽.

하여 별도의 설명을 하지 않은 경우도 있으나, 대체로 합병 형태의 통일의 경우에는 북한이 체결한 영토조약의 승계를 부인하기 어렵다고 보면서도 병합 형태의 통일의 경우에는 예멘이나 독일의 사례에 비추어보아 조약 승계를 부인할 여지가 있다고 보면서, 병합 형태의 통일이 바람직하다고 한다.

여섯째, 북한이 체결한 국경조약을 승계할 수밖에 없다는 견해이다. 이에 해당하는 견해는 주로 「조약승계협약」의 국제관습법적 지위를 인정하는 입장에 서 있다. 즉, 「조약승계협약」 제11조에 의해 국가승계는 '조약에 의해 확정된 경계'에 대하여 영향을 주지 않는다고 되어 있는데, 이는 우리가 「조중국경조약」을 부인할 수 없음을 뜻하며, 「조약승계협약」 협약상의 규칙은 국제관습법의 표현이고, 국제 판례를 통하여서도 인정되고 있다고 본다.[63]

한편 중국동포 학자인 손춘일(孫春日, 쑨춘르)은 「조중국경조약」이 확실하다면 북한 역시 한반도의 분단 상태에서 존재하고 있는 또 하나의 정권이므로 북한과 중국이 체결한 국경조약은 여전히 합법성을 가지고 있다고 보면서, 만일 이런 사실을 무시하고 「조중국경조약」을 모두 무효라고 한다면 어떻게 보면 또 다른 하나의 「간도조약」이 나타날 수 있으며, 이는 앞으로 심각한 조중간의 국경 문제를 초래할 수 있을 것이라고 지적한다.[64]

생각건대 북한 역시 국제사회에서 국제법상의 주체인 국가로서의 지위를 갖고 활동하고 있는 점, 국제법적으로 비밀 조약이라고 해서 그 효력이 없는 것은 아니라는 점 등에 비추어 북한이 체결한 조약의 무효를 주장하기는 어렵다고 본다. 또한 북한이 중국 또는 러시아와 체결한 조약이 강제로 체결된 것이라거나 불평등하게 체결된 것이므로 불법 또는 부당한 조약임을 내세워 그 효력에 대하여 다투는 것도 무리라고 생각한다. 결국 국제법적 관점에서 북한이 체결한 이 각 국경조약은 유효한 것으로 볼 수밖에 없을 것이다. 다만 이 조약이 유효하다고 해서 통일한국이 이를 바로 승계하여야 할 법적 의무가 있는지는 별개의 문제이다.

「조약승계협약」은 그 가입국이 22개국에 불과할 정도로 많은 국가로부터 지지를 받지 못하고 있고, 남북한은 물론 중국과 러시아도 가입을 하지 않았다. 따라서 「조약승계협약」이 한반도 통일 시 조약 승계에 대한 법원으로 직접 적용될 수는 없다. 다만 「조약승계협약」의 내용

---

62 박선영, 「한중 국경획정의 과거와 현재: 유조변, 간도협약, 북중비밀국경조약 분석을 중심으로」, ≪北方史論叢≫, 제4호(2005), 31쪽.

63 김찬규, "＜기고＞ 백두산 영유권과 국경갈등", ≪문화일보≫, 2007년 2월 7일 자.

64 손춘일, 「한국의 '간도영유권' 주장에 대한 비판적 고찰」, ≪간도학보≫, 제2호(한국간도학회, 2005.12), 30쪽.

이 국제관습법적 지위에 있다면 '헌법' 제6조 제1항에 의하여 적용이 가능하다. 그러나 이 원칙을 국제관습법으로 볼 수 있는지에 대하여는 의견이 일치하지 않는다.

「조약승계협약」은 준비 과정에서 기존의 국가 관행을 반영하고자 노력하기는 하였으나 많은 학자들이 지적하고 있는 바와 같이 기존의 국제적 관행을 제대로 반영하였는지에 대해서는 많은 비판을 받고 있다. 협약 체결 이후 각국의 관행 역시 협약의 내용과 부합하는 것만은 아니다. 특히 대표적인 분단국 통합 사례인 예멘과 독일의 통일 과정에서도 기존의 국경조약을 그대로 승계한 것이 아니라 새로운 조약을 체결한 것처럼, 국제관습법화되었다고 볼 정도로 관행의 일관성을 보이지 못하고 있고, 관행이 충분하지도 않다고 본다. 더군다나 이 협약은 국가승계의 유형으로 분단국가 통일의 특수성은 전혀 고려하지 않았다. 국제 판례의 경우에는 일부 판례가 국경조약 계속성의 원칙을 따른 것으로 분석되고 있으나 해당 사례들은 대체로 조약 승계의 문제가 직접적인 쟁점이 된 것이 아니어서 이것만을 근거로 확고한 판례가 형성되었다고 보기 어렵다.

결론적으로 국경조약 계속성의 원칙은 많은 학자들로부터 도전을 받고 있고, 각국의 실행 및 판례를 살펴보아도 아직 국제관습법으로서의 확실한 지위를 차지한 원칙이 아니라고 본다. 오히려 각국의 실행은 여전히 자발적 승계에 따라 해결하고 있다고 보는 것이 타당하다 할 것이다. 즉, 확립된 국제법 원칙이 있어 이에 따르는 것이 아니라 자국의 이익을 최대한 고려하여 정책적인 판단을 하고 있다고 보는 것이 타당할 것이다.[65] 즉 국경하천인 압록강 및 두만강과 관련된 북한의 국경조약 및 각종 처분적 조약에 대해서는 승계국인 통일한국이 반드시 이를 승계하여야 할 국제관습법이 확립되어 있다고 볼 수는 없다.

다만 이는 조약 승계의 법리상 승계국인 우리가 선행국인 북한이 체결한 국경조약을 승계할 국제법적 의무가 없으며, 이를 승계하지 않겠다는 주장을 할 수 있다는 의미일 뿐이다. 또한 그러한 주장으로 북한이 체결한 조약에 의하여 영유권을 상실한 간도나 녹둔도의 영토를 회복할 수 있는 것은 아니다. 즉, 우리의 일방적인 선언에 의하여 국경조약들이 바로 무효가 되는 것이 아니라 상대국인 중국 및 러시아와의 사이에 그 효력에 대한 다툼이 발생한다는 것을 의미하는 것에 지나지 않는다.[66] 결국 간도와 녹둔도의 영유권 문제와 관련하여 국경조약 자동승계의 문제는 법적으로는 가장 우선적으로 해결을 하여야 할 과제이면서도 영토 회복을

---

65 한명섭, 『남북통일과 북한이 체결한 국경조약의 승계: 조중국경조약의 승계 문제를 중심으로』, 263~264쪽.
66 한명섭, 같은 책, 266쪽.

위하여 해결하여야 할 선결 과제 중 하나에 불과한 것이다.

5. 맺음말

북한은 1962년에는 중국과, 1985년에는 러시아와 각각 압록강과 두만강을 경계로 하는 국경조약을 체결한 바 있고, 이 조약에 의하여 서해와 동해의 영해 경계선도 확정되었다. 특히 중국과는 천지를 대체로 양분하는 선에서 백두산 경계를 획정하면서 천지에서 두만강에 이르는 국경을 홍토수를 기준으로 하였다. 각 국경조약에 따라 국내에서 그동안 역사적 권원 등을 기초로 영유권을 주장해 오던 간도와 녹둔도가 각기 중국령과 러시아령으로 인정되었다. 따라서 간도와 연해주 또는 녹둔도의 영유권 문제를 전제로 한다면 각 국경조약은 통일한국이 승계할 만한 것이 못 된다 할 것이다. 다만 간도와 연해주 내지 녹둔도의 영유권 문제를 제외하고 한반도의 국경을 압록강과 두만강을 경계로 한다는 전제하에 국제법상 논의되고 있는 국경하천의 경계 획정 방법과 비교해 보면 북한이 체결한 각 국경조약에 큰 문제가 있어 보이지는 않는다.

국경하천과 관련된 국제법상의 일반 원칙이나 국제관습법이 명확하게 확립되어 있는 것은 아니다. 그러나 다음과 같은 몇 가지 사항은 어느 정도 일반적인 원칙으로 받아들여지고 있다고 볼 수 있다.

우선 국경하천의 경계 획정과 관련하여서는 첫째, 국경하천의 경계 획정에 대한 일반적인 원칙이 없으므로 당사국의 합의가 우선한다. 둘째, 특별한 합의가 없다면 탈베크 규칙에 따라 가항수로에서는 주수로 중간선을, 비가항수로에서는 강의 중심선을 기준으로 하는 것이 일반적인 원칙으로 받아들여지고 있다. 셋째, 국경하천 내의 도서 역시 특별한 합의가 없으면 주수로 또는 중심선에 따라 경계 획정을 한 후 이를 기준으로 도서의 지위를 정한다. 넷째, 국경하천의 교량의 경계는 국경하천 경계선과 수직으로 연결된 선으로 한다. 다섯째, 수로의 변경에 따른 경계나 도서의 현상 변경 등에 대해서는 경계 획정 합의 시 수로 변경에 따라 자동적으로 변경되도록 하는 방법과 변동되지 않도록 하는 방법이 있으며 각기 장단점이 있다.

이와 같은 원칙들을 기준으로 먼저 북한이 중국과 체결한 국경하천의 경계 획정 방법을 살펴보면 형식 면에서는 상대국과의 합의를 통하여 이루어졌다. 내용 면에서 살펴보면 「조중국경조약」은 일반적인 원칙으로 설명되는 탈베크 규칙에 따른 것이 아니라 국경하천 전체를 국경수역으로 하고 있다. 이러한 원칙은 일반적인 방법이라 할 수는 없지만 전혀 선례가 없는 방법도 아니다. 또한 양국의 강의 경제적 이용 정도가 비슷하고 신뢰 관계만 유지된다면 탈베크 규칙에 따라 경계 획정을 하는 경우보다 수로의 변경 등에 따른 경계 획정과 관련하여 분쟁이 발생할 가능성도 적고, 경제적인 측면에서도 공동 이용과 협력을 통하여 상호 간의 이익을 추구하기도 쉽다는 이점이 있다. 국경호수인 백두산 천지의 경우는 오히려 북한이 더 넓은 면적을 차지하고 있다. 강의 도서에 대한 귀속도 합리적인 방법에 따라 기준을 정하였고, 결과적으로 북한에 더 많은 도서가 귀속되었으며, 수로의 변경 시에도 기존 도서의 귀속은 변하지 않는다고 규정하고 있어 논란의 가능성을 차단하고 있다. 기타 발생할 소지가 있는 문제들에 대하여는 공동위원회를 통하여 해결하도록 하고 있다.

반면 러시아와의 국경하천은 중국과는 달리 탈베크 규칙에 따라 경계선 획정 및 도서의 귀속을 정하고 있다. 이러한 방법은 국제법적으로 볼 때 일반적으로 받아들여지고 있는 원칙이므로 역시 연해주나 녹둔도의 영유권 문제를 논외로 한다면 크게 지적할 만한 점은 없는 것으로 보인다.

문제는 통일한국이 북한이 체결한 이러한 조약을 반드시 승계할 의무가 있느냐 하는 것이다. 만일 간도와 연해주 내지 녹둔도의 영유권 주장을 계속하려면 어떻게 해서든 이 조약들의 승계의무를 부인하여야만 그 주장이 가능하다. 이에 대하여 한반도의 영토 문제를 전제로 하지 않은 일반 국제법 개설서들은 1978년의 「조약승계협약」에 근거하여 국경조약 자동승계 원칙이 마치 국제관습법의 지위를 확보한 것처럼 설명하는 경우가 많다. 그러나 우리의 국경, 특히 「조중국경조약」의 승계 여부와 관련하여서는 다양한 의견이 제시되고 있다. 앞에서 살펴본 바와 같이 1978년의 「조약승계협약」은 남한은 물론 북한, 중국, 러시아 모두 가입국이 아니며, 국경조약 자동승계 원칙이 국제관습법의 지위를 확보하였다고 보기는 어렵다 할 것이다. 그러나 우리가 북한이 체결한 국경조약의 승계를 부인한다고 해서 바로 이 국경조약들이 무효가 되는 것이 아니라 상대국인 중국 및 러시아와의 사이에 그 효력에 대한 분쟁이 발생한다는 것이다.

현실적인 측면에서 보더라도 중국은 동북공정을 통하여 간도의 중요성에 대한 의지를 표명한 사실만 보아도 한반도 통일과 관련하여 간도영유권 문제가 제기될 것을 염두에 두고 반드시 통일 과정에서 이 문제를 명확하게 해결하려 할 것이다. 따라서 통일 과정에서 중국의 협조가 필요할 수밖에 없는 상황이라면 간도영유권을 염두에 두고 「조중국경조약」에 따른 현재의 국경 체제를 부인하기는 힘들 것이다.

오히려 중국은 자국 내에서 제기되고 있는 「조중국경조약」이 자신들에게 불리하게 체결되었다는 주장에 따라 현재보다 우리에게 더 불리한 국경조약의 체결을 주장할 가능성도 배제할 수 없다. 즉 중국은 현재와 같이 압록강과 두만강 수면을 국경으로 하는 방식보다는 국제법상 일반 원칙으로 받아들여지고 있는 탈베크 규칙에 따른 새로운 국경선 획정을 요구하면서 강의 중심선 또는 주수로 중간선을 중심으로 중국 측에 가까운 섬은 중국의 영토임을 주장할 가능성도 있다. 나아가 종전과 같이 백두산정계비의 토문강은 두만강이라는 주장과 함께 백두산 천지 전체에 대한 영유권을 주장할 가능성도 배제할 수 없다. 따라서 앞으로 한반도 통일 과정에서 반드시 제기될 것으로 예상되는 북한이 체결한 국경조약에 대하여 이를 그대로 승계하는 방안과 간도 및 녹둔도 영유권을 염두에 두고 이를 부정하는 방안, 이를 부정할 경우에 예상되는 상황과 대처 방법 등에 대하여 신중하고 치밀하게 국제법적 논리에 근거하여 우리가 취할 입장을 검토하여야 할 것이다.

제25장

북한의 국경하천 경계 획정 및 이용 관련 조약의 승계 문제*

1. 머리말

국제하천이란 지리적으로는 복수 국가의 국경을 구성하는 하천, 즉 국경하천(boundary river)과 복수 국가를 관류하는 관통하천(successive river)을 포함하는 개념이다.[1] 그러나 국제법적으로는 전통적으로 지리적 국제하천 중에서도 조약에 의하여 외국 선박의 통항에 개방된 하천만을 국제하천이라고 한다. 이 개념에 따르면 지리적 국제하천 중에서도 각각의 영역에 속한 부분이 영유국(또는 유역국) 이외의 타국 선박에 개방되지 않은 것은 국제법상의 국제하천이 아니라는 것이다.[2]

국제하천의 개념을 이처럼 제한적으로 본 것은 전통적으로는 국제하천의 중요성이 항행을 통한 바다로의 접근성에 있었기 때문이다. 그러나 오늘날에는 이와 같은 항행적 이용 외에도 관개(灌漑), 발전, 농·공업 용수 등 물의 비항행적 이용의 측면도 매우 중시되고 있다. 국제하천의 비항행적 이용의 증가는 국제하천 범위의 물리적 확대를 초래하여 종전의 수로(waterway) 개념에서 하천 주류뿐 아니라 지류(支流), 호소(湖沼), 운하, 지하수도 포함하는 유역(流域, drainage basin)의 개념으로 변화하였고, 최근에는 더 나아가 대기권 중의 수분, 얼음까

---

*   이 장은 한명섭, 「북한의 국경하천 경계획정 및 이용 등에 관한 국제법적 고찰」, 『2012 남북법제연구보고서』(법제처, 2012), 171~213쪽의 내용을 수정·보완한 것이다.

1   국경하천은 접속 또는 접경하천(contiguous river)이라고도 한다.

2   이한기, 『국제법학(상)』(박영사, 1982), 285쪽 참고.

지 포함하는 국제 수자원 체계(international water resources system)를 주장하는 견해까지 등장하고 있으므로 국제하천의 개념을 이처럼 제한적으로만 볼 필요는 없다고 본다.

남한의 경우 다른 나라와의 국경을 구성하는 국경하천은 존재하지 않는다. 다만 정전협정상의 한강 하구가 남한과 북한의 경계를 이루고 있고,[3] 임진강과 북한강이 북한에서 남한 지역으로 흘러 국제하천 중 관통하천의 성격을 가지고 있을 뿐이다. 따라서 자연스럽게 국경하천에 대한 연구는 우리 학계에서 특별한 관심의 대상이 아니었다.

반면 북한의 경우에는 압록강과 두만강이 중국 및 러시아와 국경을 이루고 있어 이 두 나라와 국경하천에서의 경계 획정 및 이용에 관하여 여러 가지 조약이 체결되었다. 북한이 체결한 조약에 의하여 압록강과 두만강 및 백두산 천지는 국경하천이 되었다. 이 국경하천들은 현재로서는 사실상 북한과 그 상대국인 중국·러시아와의 문제가 되어버린 것이다. 그러나 남북통일이 될 경우 이 국경하천들의 경계 획정 및 이용에 관한 문제는 통일한국의 문제가 된다. 따라서 국경하천의 경계 획정과 이용에 관한 북한과 중국·러시아와의 관계가 어떻게 형성되어 있는지, 그 내용이 통상의 국제법적 원칙에는 부합하는지, 통일이 될 경우 북한이 중국·러시아와 체결한 국경하천 관련 조약들을 통일한국이 모두 승계를 해야 하는 것인지 등의 문제에 대한 연구가 필요하다.

이 장에서는 먼저 국경하천에 관한 국제법상의 일반적 원칙과 북한의 국제하천에 관한 국제법적 관점에 대하여 살펴보고, 이어서 북한이 중국·러시아와 체결한 각종 국경하천 관련 조약의 구체적인 내용과 문제점, 남북통일 시 북한이 체결한 국경하천 관련 조약의 승계 문제 등에 대하여 살펴본 뒤 이에 대한 전반적인 평가와 향후 과제를 살펴보고자 한다.

---

3 「정전협정」제1조 제5항에는 한강 하구에 대하여 "漢江 河口의 水域으로서 그 한쪽 江岸이 일방의 통제 하에 있고 그 다른 한쪽 江岸이 다른 일방의 통제 하에 있는 곳은 쌍방의 民用선박의 航行에 이를 개방한다. 첨부한 지도에 표시한 부분의 한강河口의 航行규칙은 군사정전위원회가 이를 규정한다. 각방 民用선박이 航行함에 있어서 자기 측의 군사통제하에 있는 육지에 배를 대는 것은 제한받지 않는다(The waters of the Han River Estuary shall be open to civil shipping of both sides wherever one bank is controlled by one side and the other bank is controlled by the other side. The Military Armistice Commission shall prescribe rules for the shipping in that part of the Han River Estuary indicated on the attached map. Civil shipping of each side shall have unrestricted access to the land under the military control of that side)"라고 규정하고 있다. 정전협정상 한강 하구는 비무장지대가 끝나는 장단의 사천강 하류와 문산 곡릉천으로부터 강화 끝 섬 말도까지이다. 「정전협정」당시 군사분계선 확정은 육지에 대해서만 설정되었을 뿐이고, 한강 하구와 서해에 대해서는 군사분계선에 대한 합의가 이루어지지 않았다. 이론이 없는 것은 아니지만 한강 하구 부분은 남북한의 접경하천으로서의 성격을 지니며, 이는 남북한의 관계가 국가와 국가의 관계라면 국경하천의 성격을 갖는다고 본다. 그러나 이 연구의 목적상 한강 하구에 대한 부분은 연구 범위에서 제외하기로 한다.

2. 국경하천에 관한 일반적 고찰

1) 국경하천의 경계 획정 방법

(1) 경계 획정에 대한 일반적 논의

국경하천의 경계 획정, 즉 국경 획정의 방법은 역사적 경험상 다음과 같이 다섯 가지의 방법으로 분류해 볼 수 있다.

첫째, 국경하천 전체를 양안국의 공유로 하는 방안이다. 1816년 네덜란드와 프러시아의 「메펜(Meppen)조약」 제27조는 양국의 국경을 구성하는 강은 양국의 공유라고 규정하고 있다. 이 경우 강에는 국경선이 존재하지 않고 양국의 공동관할권에 속하는 국경 구역이 있을 뿐이다.[4]

둘째, 국경하천 양안의 어느 한쪽을 국경으로 정하는 방법이다. 이 경우 국경하천은 어느 한쪽 국가의 영토가 된다. 이에 해당하는 사례로는 1773년 폴란드와 프러시아 간 「네체(Netze) 강에 관한 조약」, 1796년 폴란드 분할과 관련한 비엔나와 베를린 법원 간의 합의, 1913년 그리스와 터키 간 「콘스탄티노플 평화조약」, 1797년 프랑스와 포르투갈 간 가이아나 지역에 관한 국경조약, 1858년 코스타리카와 니카라과 국경조약, 1893년 케냐와 탄자니아 국경에 관한 영국과 독일 간 협정, 1928년 보르네오에 관한 영국과 네덜란드 간 국경조약, 1930년 과테말라와 온두라스 간 국경분쟁 중재 판결, 1937년 이란과 이라크 간 국경협정 등이 있다.[5]

셋째, 양안으로부터 등거리 지점을 연결한 국경하천의 중간선을 국경으로 하는 방법이다. 통상 선박의 항해가 불가능한 국경하천에서는 그 중간선을 국경선으로 하는 것이 바람직하다고 보는 것이 일반적인 견해이다. 이 경우에도 구체적인 중간선이 어느 지점인지, 특히 하천 수위의 변화가 있거나 국경하천 내에 섬이 있는 경우에는 그 중간 지점을 어떻게 정할 것인지의 문제가 발생한다.

넷째, 선박의 항해가 가능한 주수로의 중간 지점을 연결한 선을 국경으로 하는 방법이다.

다섯째, 국경하천 내에 임의적 직선을 정하여 국경을 정하는 방법이다. 미국과 캐나다의 국경하천인 세인트존(St. John)강의 경우 강의 특정 지점을 표시하고 이를 연결하는 선을 국경

---

4 신각수, 「國境紛爭의 國際法的 解決에 관한 硏究」(서울대학교 박사 학위논문, 1991), 45쪽.

5 신각수, 같은 글, 46쪽, 각주 17), 18) 참고.

으로 하고 있다.

이 다섯 가지 방법 중에서 어떤 방법으로 국경선을 획정하느냐는 결국 국경하천의 관련 당사국 사이의 합의에 의하여 결정된다. 즉 어떤 방법도 관련 당사국을 법적으로 강제하는 효력이 있는 것은 아니다. 그러나 관련 당사국이 구체적인 합의를 이루지 못할 경우에 국경하천의 국경을 정하는 방법으로는 이른바 '탈베크 규칙'이 적용되어야 한다고 보는 것이 국제법적 원칙으로 설명되고 있다.

탈베크(Thalweg)란 하천의 횡단면 중 가장 깊은 곳을 하천이 흐르는 방향으로 연결한 선으로 최심하상선(最深河床線)이라고도 하며, 선박의 항행에 이용되는 하천의 수로를 뜻한다. 이는 국경하천의 국경을 획정하는 데 이용되어 왔는데, 하천상의 국경선 획정에 관한 양국 간의 특별 합의나 관습이 없는 경우에 그 하천이 항행이 가능한 것이면 탈베크의 중앙선을, 항행이 불가능한 경우에는 하천의 중심선을 국경선으로 하는 것이 일반 국제법상의 규칙으로 인정되어 왔으며, 이러한 규칙을 '탈베크 규칙'이라고 한다. 이 규칙은 평등한 항행권을 보장한다는 장점이 있는 반면 그 위치가 인공적·자연적으로 변화할 수 있기 때문에 국경선으로서는 불안정하고 국경분쟁을 일으킬 수 있다는 점이 단점으로 지적된다.[6]

앞에서 언급한 바와 같이 어느 방법도 국경하천의 경계 획정에 대한 법적 구속력을 갖는 것은 아니다. 따라서 국경하천의 경계 획정은 관련 당사국의 합의에 의하여 이루어지는 것이 최우선적 방법이다. 그러나 관련 당사국 간의 합의가 이루어지지 않을 경우에는 어떻게 할 것인지가 문제된다.

한편 탈베크 규칙이 국제관습법에 해당하는지에 대한 논의는 대체로 국경강(國境江)을 중심으로 한 것이다. 그러나 국경하천에는 강 이외에 호수 등도 존재하며 북한의 경우 대표적으로 백두산 천지가 이에 해당한다. 호수의 경우에는 강과 달리 통상 주수로가 존재하지 않는 경우가 대부분이다.

이에 대하여 초기 국제법 학자들은 호수도 강과 유사하다고 보고 호수의 경계 획정에 강의 경계 획정을 유추·적용하였다. 바텔(Vattel)은 "우리가 강에 적용하는 것은 쉽게 호수에도 적용할 수 있다. 2개국 간에 놓은 호수는 달리 결정할 명확하고 일정한 권원 또는 관행이 없는 한, 그 중간에서 양국 간에 분할되는 것으로 추정된다"라고 하여 중간선 원칙의 적용을 주장하

---

6 한명섭, 『남북통일과 북한이 체결한 국경조약의 승계: 조중국경조약의 승계 문제를 중심으로』(한국학술정보, 2011), 80쪽.

였고, 대다수의 국제법 학자들에 의해 지지되었다. 따라서 학설상으로는 별도의 합의가 없는 한, 호수국경은 중간선이라는 데 별다른 이견이 존재하지 않는다고 볼 수 있다.[7] 그 밖에도 육지 경계선의 연장에 의한 직선에 따라 경계 획정을 하는 방법이 주장되기도 한다. 호수를 둘러싼 관련 국가 영토의 크기가 현저하게 차이가 날 경우에는 오히려 이 방법이 형평에 맞는 경우도 있을 수 있다고 본다.

국제사법재판소는 1986년 말리와 부르키나파소 간 국경분쟁에 관한 사건에서 솜 연못(Soum Pool)을 국경연못으로 보고 이 연못의 국경 획정과 관련하여 "국경선의 위치가 문서상 명확하게 정해져 있지 않은 경우 국경선은 형평한 방법으로 2등분하여야 한다. 형평(Equity)은 반드시 균등(Equality)을 의미하는 것은 아니지만, 특별한 상황이 존재하지 않는 경우, 후자(균등)는 전자(형평)의 최선의 표현이다"라고 판시한 바 있다.[8]

(2) 국경하천 내 도서의 지위

국경하천 내 도서(島嶼)의 귀속 문제도 매우 복잡하여 국제법적으로 확립된 일반적인 원칙은 없다. 일반적으로는 관련 당사국 간의 역사나 관행에 의하여 그 귀속이 정해진 특별한 경우를 제외하고는 국경하천의 경계 획정 방법인 주수로 중간선이나 하천의 중간선을 기준으로 하천의 경계 획정을 한 후 그 경계를 기준으로 도서의 귀속을 정하고 있다. 그러나 이러한 방법은 국경하천을 공동소유로 하는 경우에는 적용할 수 없는 방법이며, 도서가 강의 중간 지점에 위치하는 경우에는 해결 방법이 간단하지 않다. 따라서 도서의 귀속을 좀 더 명백하게 하는 방법은 각 도서별로 일일이 그 귀속을 정하는 방법이라 할 것이다. 이러한 방법은 주수로 중간선이나 강의 중간선을 경계로 하거나 하천 전체를 공유로 하는 경우에 모두 적용될 수 있지만, 당사국 간의 합의를 전제로 한다는 한계가 있다.

---

7 신각수, 「國境紛爭의 國際法的 解決에 관한 硏究」, 60쪽.

8 Case concerning The Frontier Dispute(Burkina Faso/Republic of Mali) Judgement of 22 December 1986. para. 150, The Chamber thus concludes that it must recognize that Soum is a frontier pool and that, in the absence of any precise indication in the texts of the position of the frontier line, the line should divide the pool of Soum in two, in an equitable manner. Although "Equity does not necessarily imply equality"(*North Sea Continental Shelf, ICJ Reports*(1969), p.49, para.91), where there are no special circumstances the latter is generally the best expression of the former.

(3) 수로의 변경

통상 국제하천은 퇴적과 침식 작용으로 인하여 주수로 중간선은 물론 강안의 변경에 따라 강의 중간선도 변화하게 된다. 이러한 경우의 처리 방법은 수로의 변경에 따라 국경 경계도 자동적으로 변경되도록 하는 방법과 수로의 변경에도 불구하고 기존의 경계를 그대로 유지시키는 방법이 있다. 전자의 방법은 특히 주수로 변경 시에도 항행이 가능하다는 장점이 있고, 후자의 방법은 국경 안정성 유지에 유리하여 새로운 분쟁의 발생을 예방할 수 있다는 장점이 있다.

수로의 변경은 하천 자체의 경계선 변화의 문제뿐만 아니라 경계의 변동으로 인하여 도서의 위치가 달라지기도 하고, 때로는 새로운 도서가 생기거나 사라지는 경우도 있으며, 어느 일방에 연륙이 되기도 한다. 이러한 경우 결국은 당사국의 합의를 통하여 해결하여야 할 문제이기는 하지만 경계선 획정에 대한 합의 시 미리 그에 대한 처리 방법을 합의하기도 한다.

대표적 사례로 1932년의 영국과 브라질의 교환각서에서는 탈베크에 따라 도서의 귀속을 결정하되(제2항), 탈베크가 변경되더라도 도서의 지위는 유지되도록 규정하였다(제3항 b). 2개의 도서가 합하여지거나 새로운 도서가 형성된 경우에는 당시 탈베크에 따라 귀속을 정하도록 규정하고 있다(제3항 c, e). [9]

(4) 국경하천 위 교량의 경계

국경하천 위에 있는 교량의 경계에 대하여는 중간 지점으로 하는 것이 일반적이라는 견해도 있다. 이 견해는 양 당사국이 비용을 공동으로 부담하여 교량을 설치한 경우에는 설득력이 있다. 그러나 항행이 가능한 하천 주수로의 중심선을 경계로 할 경우에는 다리의 중간선과 하천의 경계선이 일치하지 않을 수 있고, 경우에 따라서는 주수로를 통과하는 일방의 선박이 타방의 교각과 충돌하는 사고가 발생하는 등의 문제가 있을 수 있다. 따라서 이러한 상황을 고려하면 교량의 경계도 국경하천의 경계와 수직으로 그은 선에 일치시켜야 한다는 견해가 합리적인 것으로 보인다.

국제사법재판소는 베넹과 니제르의 국경분쟁 사건에서 국경하천 위의 교량의 경계는 당사국 간의 합의가 없는 경우에는 국경하천의 경계선과 수직으로 연결된 선으로 한다는 견해를 채택한 바 있다. [10]

---

9 신각수, 「國境紛爭의 國際法的 解決에 관한 研究」, 53쪽.

10 Case concerning the Frontier Dispute(Benin/Niger), Judgement of 12 July 2005. para. 124, The Chamber observes that, in the absence of an agreement between the Parties, the solution is to extend vertically the

2) 국경하천의 이용

(1) 기존의 학설

국제하천의 이용에 관한 기존의 학설로는 ㉠ 절대적 영역주권설, ㉡ 하류국 권리불가침설, ㉢ 제한적 영역주권설, ㉣ 공동유산설이 있다.

첫째, 절대적 영역주권설은 영토주권의 절대성에 기초한 이론으로 국가는 자국 영토 내의 하천수를 자유롭게 사용·처분할 수 있으며 하류국은 상류국의 행위에 대하여 이의를 제기할 수 없다는 주장이다. 이 이론은 1895년 미국 연방 법무장관 저드슨 하먼(Judson Harmon)이 미국과 멕시코 사이에 위치한 히우그란지 강(Rio Grande River)의 이용과 관련하여 미국은 멕시코에 대하여 자국 내에 위치한 이 강의 수로를 전환하지 않을 어떤 의무도 부담하지 않는다고 주장한 데 기인하여 '하먼 독트린(Harmon Doctrine)'이라고도 한다. 오늘날에도 분쟁발생 시 정치적으로는 이와 같은 주장이 제기되기도 하지만, 국제법 학계의 지지를 받지는 못하고 있는 이론이다.

둘째, 하류국 권리불가침설은 어떤 국가도 하류국의 자연생태계에 불이익을 주는 방향으로 자국 내에 있는 하천의 자연적 조건을 변경할 권리가 없다는 이론으로 절대적 영역통일성 보전이론이라고도 한다. 이 이론은 주로 하류국의 정치적 주장으로 원용되기도 하지만 극단적인 이론으로 국제법학계의 지지를 받지 못하고 있다.

셋째, 제한적 영역주권설은 국가는 자국 내의 하천을 자유롭게 이용할 수 있으나 그 이용이 타국의 이익을 침해하여서는 안 된다는 이론이다. 앞의 두 이론이 각각 상류국과 하류국의 영토주권의 절대성에 기초하고 있는 반면에 이 이론은 영토주권의 상대성에 기초한 것으로 오늘날 가장 합리적이고 일반적인 이론으로 받아들여지고 있다.

넷째, 공동유산설은 국가는 국경을 초월하여 하천 유역 전체를 단일체로 취급하고 타 유역국과의 협의 및 협력 없이는 당해 하천의 수자원을 자유롭게 이용·처분할 수 없다는 이론이나, 국가의 영토주권을 지나치게 제한하는 이론으로 국제사회에서는 별다른 지지를 받

---

line of the boundary on the watercourse. This solution accords with the general theory that a boundary represents the line of separation between areas of State sovereignty, not only on the earth's surface but also in the subsoil and in the superjacent column of air. Moreover, the solution consisting of the vertical extension of the boundary line on the watercourse avoids the difficulties which could be engendered by having two different boundaries on geometrical planes situated in close proximity to one another.

지 못하고 있다.

(2) 항행적 이용

국경하천의 항행적 이용이란 국경하천에서 선박의 항행과 관련된 국경 이용을 의미한다.

국제하천제도는 개별 하천에 대한 관련국 간의 조약에 의하여 발전되어 왔다. 역사적으로는 주로 하천의 항행에 관하여 하천 관련국의 관할권 제한을 그 내용으로 하는데, 하천 관련국 상호 간의 관계는 각 하천 관련국이 보유하는 권리와 의무의 완전 평등을 내용으로 하는 상호주의에 근거한다. 그러나 이러한 내용이 국제관습법상의 제도로 확립된 것이라고는 볼 수 없다.

국제하천제도를 일반화한 최초의 조약은 1815년 「비엔나회의 최종의정서」로 이 의정서는 가항 지점에서 하구까지의 자유항행을 허용하였다. 이후에 체결된 1856년의 「파리조약」, 1868년의 「만하임조약」, 1921년의 「국제하천의 가항수로체제에 관한 바르셀로나 협약과 규정(Barcelona Convention and Statute on the Regime of Navigable Waterways of International Rivers)」, 1922년의 「다뉴브 강 규정」 등을 거쳐 국제 하천의 개방 원칙이 천명되어 왔다.

이 중 대표적인 것이 1921년에 체결된 「국제하천의 가항수로체제에 관한 바르셀로나 협약과 규정」인데, 이 규정은 평등에 기초하여 서로의 국제수로에서 체약국 상선의 항행의 자유를 인정하였다. 즉 모든 국가에 인정되어 있던 선박의 자유통항을 조약 당사국으로 한정한 것이다. 그리고 하안국은 자국 하천 내 항구 사이의 운송(즉, 연안운송)은 자국 선박에게만 유보할 수 있으며, 또한 공선·경찰선·행정선박에게는 항행의 자유를 보장하지 않고 있다.[11] 반면 1948년의 「베오그라드협약」은 모든 국가에 대한 항행 자유를 유지해 왔으나 통제 권한은 연안국들에 주었다.[12]

이처럼 국제하천의 항행적 이용에 대해서는 확립된 국제법적 원칙이 정해져 있지 않고, 아직까지는 개별 조약에 의하여 실시되고 있는 것이 현실이다. 한편 자유통항은 일반적으로 상선에 대해서만 인정이 되고 군함은 포함하지 않는다고 본다.

---

11   김대순, 『國際法論』, 제14판(삼영사, 2009), 880쪽.
12   이안 브라운리, 『국제법』, 정영진·황준식 옮김(현암사, 2004), 281쪽.

(3) 비항행적 이용

최근에는 하천의 항행적 이용보다는 비항행적 이용이 주목을 받고 있으나, 전통 국제법하에서는 상류국과 하류국의 수자원 이용에 관한 국제 규칙이 명확하지 않아 상류국은 수자원을 자유롭게 이용할 수 있는지에 대하여 견해가 나뉘고 있었다. 한때 앞에서 본 바와 같이 절대적 영역주권설에 입각하여 상류국은 하천의 물 이용에 있어서 무제한의 자유를 갖는다는 주장도 있었으나 이러한 주장은 오늘날 인정되지 않고 있다.

1957년 라누 호 중재사건(The Lake Lanoux Arbitration Case)에서 프랑스와 스페인의 합의에 의하여 구성된 중재재판부는 국제하천의 물 이용에 대해서 상류국은 하류국의 입장을 고려하여야 하지만 국제하천의 수력 이용이 오직 관련 국가들의 사전 양해를 받아야 한다는 원칙은 국제관습법으로서 확립되지도 않았고 그러한 법의 일반 원칙도 없다고 보았다.[13]

1966년 국제법협회가 채택한 '국제하천의 물이용에 관한 헬싱키규칙'에서는 공통의 수계(水系)가 있는 모든 하천국은 그 수자원의 합리적이고 형평한 배분을 받을 권리를 가진다는 일반적인 원칙만을 규정하고 있다.

유엔 총회는 1970년에 국제법위원회로 하여금 국제하천의 비항행적 이용에 관한 성문화를 권하였고, 그 결과 유엔 총회는 1997년 5월 21일 「국제하천의 비항행적 이용의 법에 관한 협약(Convention on the Law of the Non-Navigational Uses of International Watercourses)」을 채택하였다.

이 협약은 각국의 서명을 위하여 2000년 5월 20일까지 개방되었으며, 협약 제36조 제1항의 규정에 의하여 35번째 비준, 수락, 승인 또는 가입서가 기탁된 날로부터 90일이 되는 날에 발효되도록 되어 있으나 2012년 3월 현재까지 비준, 수락, 승인 또는 가입을 한 국가는 부르키나파소, 핀란드, 프랑스, 독일, 그리스 등 23개국에 불과하고, 기타 서명만 한 국가는 6개국으로 아직 발효가 되지 못한 상태이다.

결국 오늘날 국제하천의 비항행적 이용에 대하여도 구체적인 내용은 개별 하천마다 관련 당사국의 조약을 통하여 규제되고 있는 것이 현실이다. 그러나 「국제하천의 비항행적 이용의 법에 관한 협약」은 미발효 상태임에도 불구하고 국제하천의 이용에 관한 일반 원칙 부분은 국

---

[13] 라누 호 중재사건은 프랑스와 스페인의 국경 지역에서 프랑스 측에 위치한 라누 호에서 프랑스로 유입되는 카롤(Carol)강이 다시 스페인 영역으로 유입이 되는데, 프랑스가 라누 호의 물을 프랑스령 아리에주(Ariege) 강으로 유로를 변경시켜 수력발전소를 건설하려 하자 이에 스페인이 하류국의 권리를 침해라고 주장하여 제기된 사건으로 국제하천의 비항행적 이용 시 하류국의 동의를 필요로 하는지가 쟁점이 된 사건이다.

제관습법을 충실히 반영한 것으로 평가받고 있다. 특히 국제사법재판소가 이 협약이 채택되기 이전인 1997년 9월 25일 가브치코보-너지머로시(Gabčíkovo-Nagymaros) 사건에서 이 협약의 규정을 인용한 사실을 주목할 필요가 있다.[14] 협약 제2부에서 규정하고 있는 일반 원칙은 ㉠ 형평하고 합리적인 이용의 원칙, ㉡ 중대한 피해방지 의무, ㉢ 일반적인 협력 의무, ㉣ 자료와 정보의 정기적인 교환 의무, ㉤ 계획된 조치의 통고·협의·협상의 의무 등이다.

① 형평하고 합리적인 이용과 참여(제5조)

하천연안국들은 그들 각자의 영역 내에서 국제하천을 형평하고 합리적인 방법으로 이용하여야 한다. 특히 국제하천은 하천의 적절한 보호에의 부합성 및 관련 연안국들의 이익을 고려하면서, 최적의 지속가능한 이용과 하천으로부터의 이익을 달성하기 위한 관점에서 연안국들에 의하여 이용, 개발되어야 한다(제1항). 연안국들은 형평하고 합리적인 방법으로 국제하천의 이용, 개발 및 보호에 참여하여야 한다. 이러한 참여는 이 협약에 규정된 바와 같이 국제하천을 이용할 권리와 그것의 보호 및 개발에 협력할 의무 모두를 포함한다(제2항).

② 중대한 피해방지의무 원칙(제7조)

연안국은 자국 영역에서 국제하천을 이용함에 있어서 다른 연안국에 중대한 피해가 발생하지 않도록 모든 적절한 조치를 취하여야 한다(제1항). 그럼에도 불구하고 다른 연안국에 중대한 피해가 발생한 경우 그 피해를 야기한 국가는 그러한 이용에 대한 합의가 없는 경우 손해를 제거 또는 완화시키거나 적절한 경우 보상의 문제를 논의하기 위하여 연안국과 협의를 하는 데 있어서 제5조 및 제6조의 조항을 적절히 고려하여 모든 적절한 조치를 취하여야 한다(제2항).

③ 협력 의무

연안국은 국제하천의 최적의 이용과 충분한 보호를 위해 주권평등, 영토보전, 상호이익 및 선의에 근거하여 협력하여야 하며(제8조 제1항), 이 협력을 위하여 필요한 경우 공동위원회의 설치를 고려할 수 있으며(제8조 제2항), 자료와 정보를 정기적으로 교환하도록 하고 있다(제9조). 또한 국제하천 연안국들은 다른 하천 연안국에 중대한 부정적 영향을 미칠 수 있는 계획된 조치를 실행하거나 그러한 실행을 허가하기 전에 그 내용을 다른 연안국에 통고해야 하며(제12조), 계획된 조치의 실행이 협약 제5조 및 제7조와 양립하지 않는다고 평가될 경우에는 관련 당사국들과 협의와 협상을 하도록 하고 있다(제17조).

---

14 Gabčíkovo-Nagymaros Project(Hungary/Slovakia), Judgement, *ICJ Reports*(1997).

3. 국경하천에 관한 북한의 국제법 원칙

1) 국경의 의의

1992년 김일성종합대학출판사에서 발간한 『국제법학(학부용)』에 따르면 북한에서 국경이란 한 나라의 영역을 다른 나라의 영역 및 공해와 가르는 경계선으로 국가주권이 미치는 법적계선이며, 국가와 국가를 구분하는 지역적 경계선으로 단순한 지리학적 경계선이 아니라 국가의 영토 완정을 보장하는 경계선으로 중요한 의의를 가진다고 정의한다. 한편 국경선은 자주성을 옹호하는 친선적인 나라들 사이에서는 친선과 협조를 발전시키는 데 크게 이바지하지만, 적대관계에 있는 나라들 사이에서는 영토주권을 지키며 나라의 안전과 인민들의 생명과 재산을 보호하는 데 중요한 의의가 있다고 보고 있다.

북한의 국경은 육지국경으로는 압록강과 두만강이며, 바다국경은 북한이 규정한 영해 바깥선이며 공중국경은 육지국경과 바다국경의 수직상공이며, 과거의 남북한의 38도선이나 현재의 군사분계선은 국경이 아니라고 본다.

국경은 국경의 확정과 설정에 의하여 정해진다. 국경의 확정이란 국경의 구체적인 방향과 그 위치를 법적으로 정하는 것으로 육지국경은 인접국가와의 쌍방조약에 의하여 확정되고, 바다국경은 국내법으로 결정하고 선포함으로써 확정된다. 국경의 설정이란 이미 확정된 국경의 위치와 방향에 따라 현지에서 국경을 직접 정하는 것을 말한다.[15]

2) 국제법 우선 원칙

국제법과 국내법의 효력 관계에 관한 국제법상의 원칙으로는 양자가 전혀 별개의 법체계라고 보는 이원론과 양자의 규율 대상 영역의 확대와 동일 사항에 대한 중복 규율 및 저촉 등을 고려하여 일원적으로 파악하려는 일원론이 있다. 일원론은 다시 국제법 우위설과 국내법 우위설 등으로 구분된다.

이에 대한 북한의 법적 태도는 명확하지 않다. 북한은 국제법은 규제 대상과 제정 형식 그리고 국가 의사의 반영과 준수를 보장하는 강제에서 국내법과 다른 일련의 고유한 특징을 가

---

15 김일성종합대학 엮음, 『국제법학(법학부용)』(평양: 김일성종합대학출판사, 1992), 97~98쪽.

지고 있지만 서로 밀접히 연관되고 의존하는 관계에 있다고 설명한다.[16] 그러면서 이원론과 국제법 우위설, 국내법 우위설을 모두 부르주아 반동학자들의 그릇된 견해라고 비판하고 있다.[17] 그렇다고 '헌법'에 우리 '헌법' 제6조 제1항과 같이 국제법규의 효력에 관한 규정을 두고 있지도 않다. 다만 북한은 일부 법률에서 해당 법규와 국제법의 관계에 관한 개별 규정들을 두고 있을 뿐이다. 그 내용을 보면 ㉠ '국적법'(1999),[18] '국경위생검역법'(2007),[19] '국경동식물검역법'(2007),[20] '외국투자기업 및 외국인세금법'(2015),[21] 등과 같이 조약 등 국제법이 우선한다고 규정한 경우, ㉡ '해운법'(2013),[22] '수출품원산지법'(2009),[23] '해상짐운송법'(2006)[24] 등과 같이 국내법과 국제법이 동일한 효력이 있는 것으로 규정한 경우, ㉢ '유전자전이생물안전법'(2011),[25] '전파관리법'(2015)[26]과 같이 국제법규의 국내법에 대한 보충적 효력만을 인정한 경우로 나뉜다.

국경하천 관련 법규에 대해서는 '하천법'[27] 제8조 제2항에서 "국경하천의 정리, 보호, 리용과 관련하여 다른 나라와 맺은 조약이 있을 경우에는 그에 따른다"라고 규정하고 있어, 국경

---

16 김일성종합대학 엮음, 같은 책, 16쪽.

17 김일성종합대학 엮음, 같은 책, 18~19쪽.

18 제16조(국적관련 조약의 효력) 조선민주주의인민공화국이 국적과 관련하여 다른 나라와 맺은 조약에서 이 법의 내용과 다르게 정할 경우에는 그 조약에 따른다.

19 제2조(국경위생검역법의 적용대상) (제2항) 우리나라가 국경위생검역과 관련하여 다른 나라와 맺은 조약이 있을 경우에는 그에 따른다.

20 제3조(국경동식물검역법의 적용대상) (제2항) 우리나라가 국경동식물검역과 관련하여 다른 나라와 맺은 조약이 있는 경우에는 그에 따른다.

21 제7조(해당 조약의 적용) 외국투자기업 및 외국인세금과 관련하여 우리나라와 해당 나라 사이에 체결한 조약에서 이 법과 다르게 정한 사항이 있을 경우에는 그에 따른다.

22 제10조(해운관계 국제협약의 효력) 조선민주주의인민공화국이 승인한 해운 관계의 국제협약은 이 법과 같은 효력을 가진다.

23 제4조(협약의 효력) 수출품의 원산지와 관련하여 조선민주주의인민공화국 정부와 다른 나라 정부, 국제기구 사이에 맺은 협약은 이 법과 같은 효력을 가진다.

24 제6조(다른 법규와의 관계) 해상짐운송과 관련하여 이 법에서 규제하지 않은 사항은 해당 법규에 따른다. 우리나라가 승인한 해운분야의 국제협약과 관례는 이 법과 같은 효력을 가진다.

25 제8조(국제조약과의 관계) 유전자전이생물안전사업과 관련하여 이 법에서 규제하지 않은 사항이 우리나라가 승인한 국제조약에 있을 경우에는 그에 따른다.

26 제7조(국제협약과의 관계) 전파관리와 관련하여 이 법에서 규정하지 않은 사항이 우리나라가 승인한 국제조약에 있을 경우에는 그에 따른다.

27 하천법은 2002년 11월 27일 최고인민회의 상임위원회 정령 제3436호로 채택, 2004년 6월 24일 최고인민회의 정령 제507호, 2013년 7월 24일 최고인민회의 정령 제3292호로 각각 수정·보충되었다.

하천에 관해서는 국제법인 조약이 국내법에 우선하도록 하고 있다.

3) 국경하천 경계 획정의 원칙

북한은 국경하천에서의 국경선은 일반적으로 배가 다닐 수 있는 강에서는 배가 다니는 물줄기의 중심선이며, 배가 다닐 수 없는 강에서는 강폭의 중간선이 된다. 그러나 국가들 간의 합의에 따라 강 너비 전체를 국경선으로 설정할 수 있다고 설명한다.[28] 국경하천의 경계 획정에 대한 당사국 합의 우선의 원칙과 합의가 없을 경우에는 탈베크 규칙에 따른 것으로 통상의 국제법상의 일반 원칙에 따르고 있는 것이다.

내수와 영해의 경계인 하천 하구의 기선에 대하여는 "하천에 대한 법적제도에서 기본은 우선 강의 하구계선을 긋는 방법을 규제한 것이다. 강의 하구계선을 긋는 방법을 규제한 것은 공화국의 주권이 전적으로 미치는 수역의 범위를 정확히 확정하기 위해서이다. 우리 공화국은 강의 하구계선 규정과 관련한 국제법적 요구에 따라 강의 하구선(기산선)을 최대간조 때의 강의 량안 두 점을 직선으로 련결하여 그은 선으로 규정하였다. 이때 그 하구선은 바로 강하구의 계선으로 되며 그 안쪽수역은 국내수역으로, 바깥쪽수역은 령해로 되는 것이다. 국경 강에서 기산선을 긋는 방법도 이와 동일하게 규정하였다"라고 한다.[29] 이 내용은 강이 직접 바다로 흘러 들어가는 경우 기선은 양쪽 강둑의 저조선 시의 지점을 하구를 가로질러 연결한 직선으로 한다는 「해양법에 관한 국제연합 협약(United Nations Convention on the Law of the Sea)」[30] 제9조의 내용과 일치한다.

국경하천 위 다리의 경계선에 대하여는 "국경하천 다리에서의 국경선은 일반적으로 다리의 중간선이다. 그러나 강의 중심선을 국경으로 정하였을 때에는 그에 따라 결정된다"라고 설명하고 있다.[31]

---

28 김일성종합대학 엮음, 『국제법학(법학부용)』, 98쪽.

29 최금숙, 「공화국국내수역의 중요제도」, 김일성종합대학출판사, ≪김일성종합대학학보: 력사·법학≫, 제50권 4호(평양: 김일성종합대학출판사, 2004), 70~71쪽.

30 통상 「유엔해양법협약」으로 불린다. 1982년 1월 10일 제3차 국제연합해양법회의에서 채택되었으며, 1993년 11월 16일 가이아나의 60번째 비준서 기탁으로 12개월이 경과한 1994년 11월 16일 자로 발효되었다. 우리나라는 1996년 1월 비준하였고, 북한을 제외한 러시아, 일본, 중국도 비준하였다.

31 김일성종합대학 엮음, 『국제법학(법학부용)』, 98쪽.

4) 국경하천 이용의 원칙

국경하천, 국경호수에서의 법제도는 인접 국가들 간의 협정으로 세워진다. 일반적으로 강, 호수, 운하는 그 나라 주권이 완전히 행사되기 때문에 다른 나라 배들의 항행은 무조건 금지된다. 외국 배들이 다른 나라 영토 안에 있는 강, 호수, 운하로 항행하려면 그 나라의 특별승인을 받아야 한다.[32]

국경하천, 국경호수에서 그 중간선이 국경으로 되었을 경우에 매개 연안국의 주권은 국경선 안의 수역에만 미치며, 배들은 국경선 안의 수역으로만 항행할 수 있다. 그러나 일부 나라들은 항행의 안전을 위하여 국경선에 관계없이 물이 깊은 수로를 따라 항행할 수 있으나 상대방 국가의 대안이나 호수에 들어가는 것은 금지된다고 규정하고 있다. 국경하천, 국경호수의 전체가 국경으로 되었을 경우에 연안국 배들은 자유로이 항행할 수 있다.[33]

5) 국경공동위원회

인접국가와의 국경선을 설정하기 위하여 공동위원회를 조직할 수 있으며, 공동위원회는 확정된 국경의 구체적 방향에 근거하여 국경측량대를 통한 현지조사와 측량을 진행하며, 국경 푯말을 세우고 국경지도와 국경에 관한 의정서를 작성하는 임무를 맡는다.[34]

4. 북한과 중국의 국경하천 경계 획정 및 이용 질서

1) 북한과 중국의 국경체제와 국경하천

우리나라와 중국의 국경 문제는 대체로 1712년 5월 15일에 세워진 「백두산정계비문」의 "西爲鴨綠 東爲土門"이라는 문구에서 말하는 '토문'의 해석에 대한 입장 차이와 1909년 9월 4일 일본과 청 사이에 체결된 「간도협약」의 무효론이 핵심이다. 그러나 분단 이후 북한은

---

32   김일성종합대학 엮음, 같은 책, 100쪽.
33   김일성종합대학 엮음, 같은 책.
34   김일성종합대학 엮음, 같은 책, 98쪽.

1962년 10월 3일 중국과 「조중국경회담기요」를 체결하였고, 같은 달 12일에는 「조중국경조약」을 체결하였다. 그리고 이 국경조약을 바탕으로 조중국경연합위원회가 양국의 국경에 대한 실지 조사, 경계푯말 설치, 국경 강에 있는 섬과 모래섬의 귀속 확정에 대한 임무를 원만하게 마침으로써, 양국 국경을 명확하게 하고 구체적인 위치를 조사하여 결정한 후 「조중국경조약」 제4조의 규정에 따라 1964년 3월 20일 「조중국경의정서」를 체결하여 양국 간의 국경 체제를 확립하였다.[35]

이 「조중국경조약」에 의하여 북한과 중국 간의 국경은 백두산 지역의 일부 육지국경을 제외하고는 대부분이 국경하천인 압록강, 천지, 두만강으로 이루어져 있다.

압록강은 한반도에서 가장 긴 강으로 우리나라 북부와 중국 동북부 지방과의 국경을 이룬다. 총길이는 2000년에 건설교통부에서 발간한 『한국하천일람』에서는 790킬로미터로 소개하고 있으나, 북한은 803킬로미터, 중국은 795킬로미터로 발표하고 있다. 이 강은 백두산에서 발원하여 남으로 흐르다가 허천강, 장진강, 자성강, 장자강과 합쳐지며, 다시 북쪽으로 여러 갈래를 이루면서 흐르다가 서해로 흐른다.

천지는 백두산 정상에 있는 자연호수로 해발 2190미터, 면적 9.165제곱킬로미터, 둘레 14.4킬로미터, 평균 너비 1.975킬로미터, 최대 너비 3.550킬로미터, 평균 수심 213.3미터, 최대 깊이 384미터이다.

두만강은 백두산 남동쪽에서 발원하여 동해로 흐르는 강으로 중국뿐 아니라 하류 지역 16.93킬로미터는 러시아와 국경을 이루고 있다. 총길이는 자료에 따라 내용이 일치하지 않으나 『한국하천일람』에 따르면 521킬로미터이고, 북한의 『조선자연지리』에서는 547.8킬로미터로 소개하고 있다. 백두산 남동쪽의 두만강 지류는 조선과 청 간의 국경회담 시 논쟁이 된 홍토수, 약류하, 석을수, 홍단수 등이 있다.

「조중국경회담기요」 제6조에 따르면 한 나라의 경내에서 발원하여 국경 강으로 흘러드는 지류는 국경 강에 포함하지 않으며, 한쪽이 국경 강과 이어져 있지만 한 나라의 영토 안에 있는 호수 수역으로 흘러드는 것도 포함하지 않는다.

---

[35] 이 3개의 조약은 吉林省革命委員会 外事办公室 編, 『中朝, 中苏, 中蒙 有关条约, 协定, 议定书 滙编』(中国吉林省: 吉林省 革命委員会 外事办公室, 1974), pp.5~100에 수록되어 있으며, 구체적인 내용은 한명섭, 『남북통일과 북한이 체결한 국경조약의 승계: 조중국경조약의 승계 문제를 중심으로』, 298~320쪽 참고.

2) 경계 획정

(1) 국경하천의 경계 획정

「조중국경조약」 제1조 제1항은 국경호수인 백두산 천지에 대하여 "백두산 천지의 국경선은 백두산 천지를 에워싼 산등성마루 서남단 2520미터 고지와 2664미터 고지 사이 안부(鞍部)의 대략적인 중심점에서 시작하여 천지를 가로질러 맞은편 산등성마루 2628미터 고지와 2680미터 고지 사이 안부의 대략적인 중심점까지 동북쪽으로 곧게 선을 그어 그 서북 부분은 중국에 속하고 동남 부분은 북한에 속한다"라고 규정하였다. 대략 북한과 중국이 천지를 54.5 대 45.5의 비율로 분할을 한 것이다.

반면 압록강과 두만강에 대하여는 이 조약 제3조 제1항에서 "압록강과 두만강 국경의 너비는 언제나 모두 수면의 너비를 기준으로 한다. 두 나라 국경하천은 두 나라가 공유한다"라고 규정하여 국경하천인 압록강과 두만강의 수면 전체를 국경으로 하고 있다.

북한의 『국제법학(법학부용)』에 소개된 국경하천의 경계 획정에 대한 설명과 비교하여 보면 국경호수인 천지의 경우 반분이 원칙임에도 불구하고 북한이 중국보다 더 넓은 면적을 차지한 것이다. 한편 앞에서 본 바와 같이 이 책에서는 국경하천의 경계 획정 방법인 탈베크 규칙을 일반적인 방법으로 설명하면서도 당사국 간의 합의에 따라 국경하천 수면적 전체를 국경으로 할 수 있다고 설명하고 있는데, 압록강과 두만강에서의 북한과 중국의 경계 획정은 양국의 합의에 따라 수면적 전체를 국경으로 한 것이다. 이러한 방법은 앞에서 본 바와 같이 실제로 1816년 네덜란드와 프러시아 간 「메펜조약」 제27조에서 양국 간의 국경을 구성하는 강은 양국의 공유라고 규정한 선례가 있다. 양 당사국의 신뢰가 바탕이 된다면 하천의 이용이라는 측면에서는 탈베크 규칙에 따르는 것보다 오히려 더 합리적이고 경제적으로도 이익을 얻을 수 있는 방법이 될 수도 있다.

압록강과 바다의 분계선, 즉 하구계선에 대하여는 소다사도(小多獅島) 최남단점과 신도(薪島)의 최북단점 그리고 중국의 대동구(大東溝) 이남 돌출부 최남단점을 연결한 선으로 규정하고 3개의 표지를 설치하였다(「조중국경의정서」 제10조). 이는 앞에서 언급한 바와 같이 내수와 영해의 경계를 양쪽 강둑의 저조선상의 지점을, 하구를 가로질러 연결한 직선으로 하도록 한 「해양법에 관한 국제연합 협약」 제9조의 방식과 동일한 것으로 평가된다.

(2) 국경하천의 섬과 모래섬에 대한 귀속

국경하천의 경계 획정을 탈베크 규칙에 따라 주수로 중심선 혹은 하천의 중심선을 국경으로 하게 되면 각기 자신의 하천 내에 있는 섬은 자연스럽게 그 하천이 귀속된 국가에 귀속되게 된다. 물론 이 경우에도 현실에 있어서는 주수로의 구체적인 위치와 중심선에 걸쳐서 위치한 섬의 귀속 문제 등을 둘러싼 분쟁이 발생할 수는 있다. 그런데 북한과 중국의 경우처럼 국경하천 수면 전체를 국경으로 하게 되면 하천 내 섬의 귀속 문제를 어떻게 할 것인지가 문제가 된다. 섬은 하천과 달리 양국의 공유로 하여 이를 함께 이용한다는 것이 사실상 불가능하거나 지극히 곤란하기 때문이다. 이러한 문제 때문에 북한과 중국은 국경조약에서 섬과 모래섬의 귀속에 대한 원칙을 정하고, 「조중국경의정서」를 통하여 압록강과 두만강 내의 섬 451개에 대한 귀속을 일일이 정하였다.

먼저 「조중국경조약」 제2조는 "이 조약을 체결하기 전에 이미 한쪽의 공민(公民)이 살고 있거나 농사를 짓고 있는 섬과 모래섬은 그 국가의 영토가 되며, 다시 고쳐 바꾸지 않는다. 그 밖의 섬과 모래섬은 중국 쪽 기슭과 가까운 곳은 중국에 속하고 조선 쪽 기슭과 가까운 곳은 조선에 속하며, 두 기슭의 한가운데 있는 것은 두 나라가 협상을 통하여 그 귀속을 확정한다. 일방의 강기슭과 그에 속한 섬 사이에 있는 섬과 모래섬은 비록 타방의 강기슭에 가깝거나 두 기슭의 한가운데 있다고 하더라도 그 일방에 속하는 것으로 한다. 이 조약을 체결한 뒤 국경하천에 새로 나타난 섬과 모래섬은 이 제2항과 제3항의 규정에 따라 그 귀속을 확정한다"라고 규정하고 있다.

이는 국경하천의 섬과 모래섬의 귀속결정 원칙으로 기득권 존중의 원칙과 지리적 인접성 원칙을 명시한 것이다. 이 원칙에 기초하여 1964년의 의정서에는 국경공동위원회의 현지조사를 통하여 압록강에 있는 205개의 섬과 모래섬 및 두만강에 있는 246개의 섬과 모래섬, 총 451개에 대한 귀속을 정하여 북한에 264개(압록강 127개, 두만강 137개), 중국에 187개(압록강 78개, 두만강 109개)가 속하는 것으로 하였다(「조중국경의정서」 제9조).

북한과 중국 두 나라는 5년마다 한 번씩 연합조사를 실시하기로 하였으나 1972년 이후 아직 진행이 되지 않고 있으며, 중국에서만 원칙적으로 매년 한 번씩 변경을 현지 조사한다고 한다. 또한 1963년 이후 1972년까지 10년 동안 섬이 무려 113개나 늘어났으며, 압록강에는 3개의 대형 댐이 만들어져 많은 섬이 물에 잠겼고, 1972년 이후 37년 동안 조사하지 않았기 때문에 지금 다시 조사하면 조약 체결 당시에 비하여 많은 차이가 날 것으로 보고 있다.[36]

(3) 국경하천 위 다리의 경계 획정

「조중국경회담기요」나 「조중국경조약」에는 국경하천 이 다리의 경계 획정에 대하여는 별도의 규정을 두고 있지 않다. 만일 압록강과 두만강 양 국경하천의 경계를 탈베크 규칙에 따라서 정하였다면 국경하천 경계의 수직상승선과 다리의 경계를 일치시켰을 것이다. 그러나 이처럼 국경하천을 공유로 하다 보니 국경조약에서는 이에 대하여 규정을 하지 않은 것으로 보인다.

지금까지 확인된 자료에 의하면 각 철교나 다리의 경계 획정 및 이용에 대하여는 별도의 합의서를 통하여 해결을 하고 있는 것으로 파악된다. 예를 들어 1976년 12월 8일 북경에서 조중 양국 철도부 대표 간에 체결된 「북·중간 압록강 철교 경계선 획정 및 유지보수에 관한 의정서」에서 중국 철도 상하구역(上河口驛)과 북한 철도 청수역(淸水驛) 간 압록강 철교의 경계선에 대한 규정을 두고 있다. 이 점에 비추어보면 나머지 국경하천상의 각 교량의 경계에 대하여도 개별 조약에서 이를 명확하게 하고 있을 것으로 보인다.

(4) 수로의 변경

양국의 국경하천은 수면 너비 전체를 국경선으로 하고 있으므로 수로의 변경에 의한 국경선의 변화가 크게 문제되지 않는다. 따라서 「조중국경조약」에는 수로의 변경에 따른 국경선 불변의 원칙 등에 대한 규정이 없다. 다만 수로의 변경 등으로 인하여 국경하천 내 도서의 위치나 형태에는 변경이 발생할 수 있다. 이에 따라 「조중국경의정서」 제9조 제3항은 앞으로 홍수나 물 흐름의 변동 및 다른 원인 때문에 의정서 같은 조에서 그 귀속을 정한 451개의 섬과 모래섬의 위치와 형태에 변동이 생기거나 압록강, 두만강 기슭의 토지가 떠내려가 섬이 되거나, 상대국 육지와 이어지더라도 그 귀속은 변하지 않는다고 규정하고 있다.

3) 국경하천 관리 및 이용

(1) 기본 원칙

「조중국경조약」 제3조 제1항은 국경하천인 압록강과 두만강은 공동으로 관리하고, 공동으로 사용하며, 항행, 고기잡이, 강물의 사용 같은 것도 마찬가지이라고 규정하고 있다. 또한

---

36 서길수, 『백두산 국경 연구』(여유당출판사, 2009), 245쪽.

「조중국경의정서」 제17조는 양국이 국경하천의 흐름도가 고쳐지는 것을 막아야 하며, 어느 일방이 항로를 바꾸거나 물의 흐름을 바꾸어 상대국 기슭에 충격을 가하게 될 건축물을 설치할 때는 반드시 먼저 상대국의 동의를 받도록 하고 있다. 이러한 원칙하에 국경하천의 관리 및 이용에 관하여는 별도의 개별 협정들을 체결하여 시행하고 있다. 이에 대한 북한의 설명을 보면 다음과 같다.

> 공화국국경하천인 압록강, 두만강의 관리와 리용 질서는 ≪조중국경하천공동리용분야에서 호상협조할데 관한 협정≫ 등 일련의 협정들에 의하여 구체적인 내용이 수립되었다. 조중 두 나라는 협정에 따라 국경선으로 되어 있는 강의 물줄기를 인공적으로 변경시킬 수 없으며, 상대방 국가의 강변에 충격을 줄 수 있는 하천시설물을 건설하려는 경우에는 사전 동의를 얻어야 한다. 또한 국경하천에서의 항행질서, 류벌작업 및 어업규칙, 물동의 구축과 수로개척에 관한 규정을 지켜야 한다.[37]

한편 북한은 다음과 같이 북한과 중국 사이의 국경하천에 대한 공동이용의 이점을 강조하고 있다.

> 압록강과 두만강의 리용 질서를 규제한 것은 이 압록강과 두만강이 두 나라의 공동국경으로 되고 있는 강이기 때문이다. 국제적으로 볼 때 두 나라의 공동국경이 되고 있는 강들은 일반적으로 두 나라가 공동으로 개발리용하거나 강에 국경선을 정하고 그 선으로부터 자기측에 있는 수역만을 리용하는 경우들이 있다. 우리 공화국은 중화인민공화국과 공동국경으로 되고 있는 압록강과 두만강을 공동으로 관리리용하도록 규제하였다. 그것은 강을 순수 배길로가 아니라 어업이나 수력자원의 개발 등 종합적으로 리용하는 원칙에서 볼 때 공동으로 리용하도록 하는 것이 더 유리하기 때문이다.[38]

(2) 국경하천의 이용 및 관리에 관한 개별 조약 검토
① 국경하천 운항협조에 관한 협정
북한과 중국 양 정부는 1960년 5월 23일 북경에서 양국 국경하천인 압록강과 두만강에서

---

37 김일성종합대학 엮음, 『국제법학(법학부용)』, 99쪽.
38 최금숙, 「공화국국내수역의 중요제도」, 71쪽.

양국이 공동으로 준수하여야 할 항행질서를 확립하고 수상 운송 능력을 충분히 이용할 수 있도록 하기 위하여 「국경하천 운항협조에 관한 협정」을 체결하였다.**39**

이 협정은 총 11개조로 구성되어 있으며, 부록 1. '국경하천인 압록강과 두만강의 수로와 수로표지 건설 및 관리에 관한 규정'과 부록 2. '국경하천 선박 항행 규칙'을 포함하고 있다.

이 협정에 의하여 양국은 '국경하천인 압록강과 두만강의 수로와 수로표지 건설 및 관리에 관한 규정'에 따라 압록강과 두만강 국경하천 구간에서 수로 측량 조사 및 정비를 하며 수로 표지를 설치함으로써 항행 조건을 개선하기로 하였다(제1조). 양국 선박은 양 국경하천 구간에서 자유롭게 항행할 권리를 가진다. 다만 부록 2. '국경하천 선박 항행 규칙'을 준수할 의무가 부과되어 있다(제2조). 일방의 선박은 체약 상대방이 무역상 필요에 따라 지정한 항구와 지점에 정박할 수 있으며, 수로 작업선과 조난 선박 및 불가항력적 사유를 가진 선박은 임의의 항구와 지점에 정박할 수 있다(제3조). 체약 상대방의 항구와 지점에 정박 또는 출입하려는 일방의 선박 또는 상륙 인원은 해당 항구나 지점의 관련 법령과 명령을 준수할 의무가 있다. 그러나 선박 내에서는 국기를 게양한 체약 일방의 법률과 명령을 적용하도록 하고 있다(제4조). 체약 일방은 체약 상대방의 선박의 통행에 대하여 자국의 현행 법률과 규정의 범위 내에서 세관·위생 및 기타 항행 관련 수속을 가능한 신속하고 간결하게 처리하며, 하역작업·항구설비 이용 및 필요한 보급·의료·구조 등에 있어서 우대를 하여야 한다(제5조). 상대방 선박이 항구를 출입할 때 선원과 여객에 대한 공급, 선박 관리와 유지에 필요한 비품에 대하여는 관세 및 기타 세금을 면제하며 반출입 허가 절차도 면제된다(제6조). 선원들은 선박이 상대방 지역에 정박한 동안 강변에 상륙할 수 있고 항구의 시내를 자유롭게 통행할 수 있다(제8조). 양국은 이 협약 발효 후 각각 3명의 대표를 파견하여 '조중 압록강·두만강 운항협력위원회'를 구성하여 양 국경하천 수로의 유지·정비, 수로표지의 설치와 관리, 항행 규칙의 수정과 기타 항행 관련 협력 사무를 처리하도록 하였으며(제9조), 이 위원회는 매년 1회 정기회의를 개최하고 필요시 임시회의를 소집할 수 있다.

부록 1. '국경하천인 압록강과 두만강의 수로와 수로표지 건설 및 관리에 관한 규정'에서는 압록강·두만강 운항협력위원회로 하여금 쌍방의 선박 운항의 필요에 따라 압록강과 두만강 수로에 대한 기간별·구간별 측량 조사·정리 및 수로표지 설치에 관한 전반적 계획을 책임

---

39 국가정보원 엮음, 『北·中간 국경업무 조약집』(국가정보원, 2006), 119~144쪽 참고. 이 책자에 실린 각 조약문은 북한의 원전이 아니라 중국어로 된 조약문과 이에 대한 한글 번역문이다.

지고 확정하도록 하고 있으며(제1조), 수로의 측량조사·설계·시공과 수로 보호를 위하여 진행되는 준설 작업과 수로표지 설치 공사 비용은 양국이 균분하도록 하고, 수로표지의 유지·관리 비용은 쌍방이 분담된 범위 내에서 자체적으로 부담하도록 하고 있다(제10조).

부록 2. '국경하천 선박 항행 규칙'은 총 6장 50개 조문으로 구성되어 있다. 제1장 총칙에서는 조중 국경하천을 항행하는 선박(기타 수상 표류기구 포함)과 뗏목에 적용되며, 이 규칙에서 정하지 않는 사항에 대해서는 1948년에 제정된 '국제 해상충돌 예방규칙'과 '국제통신신호 규정'을 보충·적용할 수 있도록 한 적용범위(제1조), 항행 선박의 소속국 국기 게양의무(제2조), 선박 종류의 명칭(제3조)에 대하여 규정하고 있다. 제2장 신호에서는 각종 신호 방법을 구체적으로 규정하고 있고, 제3장에서는 선박 조종과 충돌 예방에 대하여, 제4장에서는 해난사고 처리와 해난 구조에 대하여, 제5장에서는 각종 항행 표지에 대하여 상세하게 규정하고 있다.

② 압록강 철교 경계선 획정 및 유지보수에 관한 의정서

「압록강 철교 경계선 획정 및 유지보수에 관한 의정서」는 1976년 12월 8일 북경에서 체결되어 1977년 1월 1일 발효되었다.[40] 의정서에서 말하는 철교는 북한철도 청수역과 중국철도 상하구역 간의 철교이다. 양국의 경계선은 중국 측에서 세어 13번째 교각, 북한 측에서 세어 16번째 교각의 중심선으로 하였으며, 중국은 콘크리트보 2개, 강판보 9개, 강철 트러스보 2개를 관할하고, 북한은 강판보 16개를 관할하기로 하며(제1조), 관리상의 편의를 위하여 경계선이 지나가는 교각과 철도레일은 중국이 책임지고 보수·유지하도록 하였다(제5조).

③ 압록강, 두만강 수문설치에 관한 의정서

「압록강, 두만강 수문설치에 관한 의정서」는 1956년에 체결된 「압록강과 두만강에서의 목재운송에 관한 의정서」와 1961년에 체결된 이 의정서의 보충의정서 취지에 따라 양국이 수문을 건설하기 위하여 1966년 4월 8일 단동에서 체결하였으며 동일자로 발효되었다.[41]

양국은 이 의정서를 통하여 압록강 상류에는 중국 길림성 장백현 원농산 국경 초소에서 상류 1.6킬로미터 구간과 북한 양강도 보천면 농산 목조 수문에서 농산역에 이르는 구간에 콘크리트 수문 1개를 건설하고, 두만강 상류에는 중국 길림성 화룡현 숭선대대 구간과 북한 양강도 삼지연군 삼장리 구간에 목조 수문 1개를 건설하기로 합의하였다(제1조).

이 2개의 수문에 대한 투자·자재·설계·시공 및 관리는 북한이 책임지고, 중국이 압록강

---

40 의정서 전문은 국가정보원 엮음, 같은 책, 87~90쪽.
41 의정서 전문은 국가정보원 엮음, 같은 책, 110~112쪽.

수문을 이용하게 되는 경우에는 북한이 이를 동의하며, 중국의 수문 이용과 관련된 투자 및 공동관리 등의 실무 문제는 양국 임업부(성) 대표가 협의하여 해결하도록 하고 있다(제3조).

④ 압록강 및 두만강 수문사업 협력에 관한 협정

양국은 1978년 6월 30일 국경하천에서의 수자원을 합리적으로 이용하여 홍수 피해를 사전에 방지하고 수문 사업에의 협력을 강화하기 위하여 「조중 압록강 및 두만강 수문사업 협력에 관한 협정」을 체결하여 시행하다가 1990년 5월 24일 이 협정을 보완한 새로운 수문사업 협력에 관한 협정을 체결하면서 1978년의 협정은 폐기되었다. 1990년 협정의 주된 내용은 국경하천 본류 및 국경하천 유역에 설치된 양국 수문관측소의 수문 자료와 정보 및 예보를 상호 교환하는 데 필요한 협력에 관한 사항들이다.[42]

⑤ 국경하천 공동이용 및 관리에 관한 협력 협정

「국경하천 공동이용 및 관리에 관한 협력 협정」은 1964년 5월 5일 평양에서 체결되어 동일자로 발효되었다.[43] 이 협정은 양국 국경하천의 공동이용 관리와 관련하여 제기되는 문제들을 신속히 해결하기 위하여 체결된 것이다(전문).

이를 위하여 양국 정부는 각기 임명한 수석대표 1명과 대표 4명으로 구성된 '조중 국경하천 이용 공동위원회'를 구성하며(제1조), 이 위원회는 양국 국경하천의 이용 및 관리 분야에서 발생하는 문제 중 개별 전문 기구에서 합의되지 못한 문제 등 제2조 각호에서 정하고 있는 문제들을 토의하고 해결하는 것을 주된 임무로 한다(제2조). 협정문 제3조부터 제6조까지는 이 위원회의 소집 방법과 안건 통지 방법, 결의서 채택 방법 등에 대하여 규정하고 있다. 이 협정은 10년간 유효하며 기간 만료 1년 전에 어느 일방이 협정의 폐기를 서면으로 제기하지 않는 한 자동적으로 10년씩 연장되도록 하고 있다(제8조).

⑥ 단동-신의주 원거리 대칭케이블에 관한 의정서

「단동-신의주 원거리 대칭케이블에 관한 의정서」는 1979년 10월 8일 북경에서 북한의 체신부 대표단과 중국 우전부 대표단 간에 체결되었으며, 동일자로 발효되었다.[44] 이는 중국 단동시 전신국에서 압록강의 케이블을 복선화하는 공사를 위한 것이다. 하저(河底) 케이블의 건설비는 쌍방이 공동으로 심의·합의한 예산에 의거하여 각각 2분의 1씩 부담하며(제5조), 압록강에서 신의주 전신전화국까지 소요되는 지상 케이블과 압록강 하저 케이블 수량의 2분의 1

---

42 각 협정문 전문은 국가정보원 엮음, 같은 책, 63~74쪽.

43 협정문 전문은 국가정보원 엮음, 같은 책, 113~118쪽.

44 의정서 전문은 국가정보원 엮음, 같은 책, 74~79쪽.

은 중국이 북한에 대외무역 방식으로 제공하기로 하고 있다(제2조).

한편 양국은 이 하저 케이블의 안전과 양국 통신의 원활한 소통을 위하여 같은 날 「압록강 하저(河底) 케이블 안전보호대책에 관한 의정서」를 별도로 체결하였다.[45]

⑦ 압록강과 두만강에서의 목재운송에 관한 의정서

「압록강과 두만강에서의 목재운송에 관한 의정서」는 1953년 4월 30일 양국 간 체결된 「유벌(流筏)작업에 관한 의정서」를 대체 보완한 것으로 1956년 1월 14일 북경에서 체결되었다.[46] 의정서의 주된 내용은 양국이 자국 내에서 벌채한 목재를 뗏목으로 엮어 압록강과 두만강을 이용하여 운송하는 데 필요한 제반 사항에 관한 것으로 뗏목의 규격(제1조), 뗏목 운송에 방해가 되는 기존 교량의 교각 철거(제2조), 뗏목의 교량 통과 시간(제3조), 숙련공에 의한 뗏목 조종 의무(제4조), 유벌 작업에 관한 제반 사항(제5~8조), 정박에 관한 사항(제9조), 기상 등 정보의 자료 통보에 관한 사항(제10조), 수로 보수를 위한 상대방 영토에서의 채석 및 기타 작업과 화약 사용에 대한 동의 및 사전 통지에 관한 사항(제11조), 표류목과 유실목에 관한 사항(제12조), 교량 파손에 대한 배상과 복구에 관한 사항(제13조) 등에 관하여 규정하고 있다.

⑧ 압록강과 두만강에서의 목재운송에 관한 의정서에 대한 보충의정서

「압록강과 두만강에서의 목재운송에 관한 의정서에 대한 보충의정서」는 1961년 11월 24일 북경에서 체결되어 동일자로 발효되었고, 그 유효기간은 1966년 1월 14일까지로 제한되어 있다.[47] 이 의정서는 1956년에 체결된 「압록강과 두만강에서의 목재운송에 관한 의정서」의 유효기간을 5년간 더 연장하는 한편, 뗏목 운송 과정에서 발생할 수 있는 교량의 안전을 위하여 뗏목의 규격에 대한 규정을 보완하고, 운항시설의 안전을 보장하기 위한 수문 신축에 대한 합의, 유벌 작업 및 뗏목 운송의 방법 등에 관한 기존 의정서의 보완 등을 주된 내용으로 담고 있다.

⑨ 압록강 수풍수력발전소에 관한 협정

수풍수력발전소는 일제강점기인 1937년에 만주국과 조선의 전력 확보를 위하여 건설이 개시되어 1944년 3월에 준공된 것으로 당시 발전 능력은 세계 최대 규모인 60만 kw에 달하였다.[48] 「조중간 압록강 수풍 수력발전소에 관한 협정」은 1955년 4월 17일 체결되어 1955년

45　의정서 전문은 국가정보원 엮음, 같은 책, 81~81쪽.
46　의정서 전문은 국가정보원 엮음, 같은 책, 190~199쪽.
47　의정서 전문은 국가정보원 엮음, 같은 책, 184~189쪽.

7월 1일 발효되었다.[49] 이 협정에 의하여 수풍수력발전소의 모든 재산은 양국의 공동소유가 되었고(제1조), 공동경영을 위해 수풍수력발전회사를 설립하기로 하였으며(제3조), 발전소의 모든 재산을 수풍수력발전회사의 자금으로 전환하기로 하였다(제4조). 결국 이 협정에 의하여 수풍수력발전소는 북한과 중국 양국의 공동소유 및 공동경영 체제로 전환된 것이다.

⑩ 압록강 수풍수력발전회사에 관한 의정서

「압록강 수풍수력발전회사에 관한 의정서」는 「조중간 압록강 수풍수력발전소에 관한 협정」 제9조의 "조중 양국은 본 협정의 정신에 입각하여 금후 압록강수력자원의 종합적 이용과 공동개발에 대한 방안을 별도로 합의·작성한다"라는 규정에 근거하여, 이 협정과 동일자로 체결·발효되었다.[50] 의정서는 수풍수력발전회사 정관(부록 1), 수풍수력발전회사 재산실사 평가 및 기타 재정문제에 관한 합의서(부록 2), 수풍수력발전소 복구공사의 몇 가지 문제에 관한 합의서(부록 3)로 구성되어 있다. 부록 1의 정관에 따르면 수풍수력발전회사는 북한의 수풍구에 두도록 하였으며, 이사장과 부이사장은 양국 이사가 교대로 담임하되 3년에 한 번씩 교체하도록 되어 있다.

4) 공동위원회

「조중국경조약」 제4조는 이 조약을 체결한 후 양국 국경연합위원회를 구성하여 국경을 답사하며, 경계푯말을 세우고, 국경하천 내의 섬과 모래섬의 귀속을 확정한 뒤 의정서 초안을 작성하고 국경지도를 그리는 임무를 부여하였고, 이 임무에 따라 의정서의 서명을 마치면 위원회의 임무는 종결되도록 하였다.

「조중국경의정서」 제8조에 의하면 의정서 효력이 발생한 이후 백두산지구는 3년마다, 국경하천은 5년마다 연합검사를 하도록 하고 있는데, 이 업무는 국경을 연합검사를 할 때 쌍방이 지정하여 파견한 인원으로 국경연합검사위원회를 구성하여 운영하도록 하고 있다(제9조).

국경하천의 이용과 관리에 대해서는 앞에서 본 바와 같이 「조중간 국경하천 공동이용 및

---

48 압록강에는 수풍수력발전소 외에 북한 자강도 자성군에 위치한 운봉발전소, 자강도 위원군에 위치한 위원발전소, 평안북도 의주군에 위치한 타이핑 발전소가 있다. 이 중 운봉발전소와 위원발전소는 북한과 중국이 공동으로 이용하고 있고, 타이핑 발전소는 중국이 관리하면서 북한에 전력을 판매하고 있다. 구체적인 내용은 이옥희, 『북·중 접경지역: 전환기 북·중 접경지역의 도시네트워크』(푸른길, 2001), 72~77쪽 참고.

49 협정문 전문은 국가정보원 엮음, 『北·中간 국경업무 조약집』, 245~249쪽.

50 의정서 전문은 국가정보원 엮음, 같은 책, 226~244쪽.

관리에 관한 협력 협정」에 의하여 구성된 국경하천이용공동위원회가 그 업무를 담당하도록 하였다(제1조).

5. 북한과 러시아의 국경하천 경계 획정 및 이용 질서

1) 북한과 러시아의 국경체제와 국경하천

북한과 러시아의 국경 체제는 북한이 구소련과 체결한 「소비에트사회주의공화국연방과 조선민주주의인민공화국 사이의 국경선에 관한 조약」(이하 「조소국경조약」), 「소비에트사회주의공화국연방과 조선민주주의인민공화국 사이의 국경선에 관한 명세서」(이하 「조소국경선명세서」), 「소비에트사회주의공화국연방과 조선민주주의인민공화국 사이의 경제수역 및 대륙붕 경계획정 협정」(이하 「조소 경제수역·대륙붕 경계획정협정」), 「소비에트사회주의공화국연방과 조선민주주의인민공화국 사이의 국경질서제도에 관한 협정」(이하 「조소국경질서협정」) 및 북한, 중국 및 러시아 3개국이 체결한 조약인 「두만강 국경수역 경계선 설정에 대한 조선, 중국, 러시아 3국간 협정」(이하 「두만강 국경수역 경계선 설정에 대한 3국간 협정」)에 의하여 이루어져 있다.[51]

북한은 구소련과 1985년 4월 17일 모스크바에서 「조소국경조약」을 체결하였다. 이 조약에는 「조소국경선명세서」와 국경선을 표시한 축척 5만 분의 1 지도가 첨부되어 있다. 「조소국경조약」 제3조는 좀 더 구체적인 국경선 획정을 위하여 조소공동경계획정위원회를 설치하도록 하고 있다. 또한 이듬해인 1986년 1월 22일에는 평양에서 「조소 경제수역·대륙붕 경계획정협정」을 체결하였다.[52]

이후 양국은 추가 협상을 통하여 1990년 9월 3일 평양에서 「조소국경질서협정」을 체결하였다. 이 협정은 1991년 11월 27일 비준서가 교환됨에 따라 동일자로 발효되었다. 이 협정은 제1장에서 국경선과 국경표지 및 방향표지에 관한 내용을, 제2장에서는 국경표지와 방향

---

51 각 조약문은 한명섭, 『남북통일과 북한이 체결한 국경조약의 승계: 조중국경조약의 승계 문제를 중심으로』, 269~297쪽.

52 조소 경제수역·대륙붕 경계획정의 구체적인 내용은 이석용, 「북한과 소련(러시아)간 경제수역과 대륙붕 경계획정」, 『국제해양분쟁사례연구 IV』(해양수산부, 2006), 75~80쪽 참고.

표지의 유지, 관리 및 복구에 관한 내용을 규정하고 있는 외에 국경통과 규칙(제3장), 국경의 불법통과 방지(제4장), 국경위원의 권리와 의무 및 활동규칙(제6장) 등을 상세히 규정하고 있다. 이로써 북한과 러시아의 국경은 16.93킬로미터의 육상 두만강 국경과 22.2킬로미터의 영해 경계로 이루어지게 되었다. 이 중 두만강 하류의 16.93킬로미터가 북한과 러시아의 국경 하천을 이루고 있는 것이다.

2) 경계 획정

(1) 국경하천의 경계 획정

「조소국경조약」제1조는 두만강 주수로 중간선을 양국 사이의 국경선으로 규정하고 있다. 또한 이 국경선에 관한 조약에 첨부된 국경선에 관한 명세서는 북한과 러시아의 두만강 국경의 출발점부터 두만강 하구 영해 경계점까지 모두 6개 지점을 지정하고 있으며, 이 지점들을 연결하는 주수로의 중간선을 양국 사이의 국경으로 하고 있다. 다만 조약 속에서 이 지점들은 개략적 위치로만 제시되고 경위도를 통한 좌표로 공개되지는 않았다.

「조소국경조약」제3조는 좀 더 구체적인 국경선 획정을 위해 조소공동경계획정위원회를 설치하도록 하고 있다. 이에 양측은 추가 협상을 통하여 「조소국경질서협정」을 체결하였는데, 이 협정은 1985년 조약에서 좌표로 제시되지는 않았던 두만강 하구 양국 경계의 종점을 북위 42도 17분 34.34초, 동경 130도 41분 49.16초로 하고 있다(제1조 제1항).

이러한 북한과 러시아 간 두만강 국경은 가항하천의 경계는 중심수류의 중간선을 기준으로 한다는 이른바 탈베크 규칙에 입각하여 합의한 것이다. 두만강이 가항 국경하천을 이루는 한 양국 간 국경협정이 체결되지 않았을지라도 북한이 설명하는 국제법적 원칙에 따른다면 국제관습법에 의하여 동일한 경계선이 적용되었을 것이다. 다만 이와 같은 국경조약이 체결되지 않았다면 두만강 수류의 완만한 변화로 인하여 중심 수류선이 조금씩 이동하는 경우 국경선도 그에 따라 이동되는 반면, 북한과 러시아의 경우에는 당사국이 별도로 합의를 하지 않는 한 중심 수류의 변화에도 불구하고 기존 국경선은 변화하지 않는 것으로 합의하였다는 점에 차이가 있다.[53]

한편 두만강은 백두산 지역에서 발원하여 북한과 중국 간의 국경하천을 이루다가 당시 북

---

[53] 정인섭, 「統一後 한러 국경의 획정」, ≪서울국제법연구≫, 제14권 1호(서울국제법연구원, 2007), 64쪽.

한과 러시아의 국경하천을 이룬다. 따라서 북한과 러시아 간 두만강 국경은 필연적으로 북한, 중국, 러시아 3국 접경점으로부터 시작하게 되어 있다. 이에 북한, 중국, 러시아는 1998년 11월 3일 두만강 국경수역 경계선 설정에 대한 3국 간 협정을 체결하였다. 이 협정 제1조 제1항 및 제2항에 따르면 북한 등 3국은 기존의 중러 국경표지 제423호로부터 두만강 주류의 중심선이 만나는 점을 3국 국경 접경점으로 합의하였는데, 이 지점은 북한과 러시아 간 국경의 기점이기도 하다. 그러나 이 협정 자체에서는 접경점과 경계선의 획정 방법만을 규정하였을 뿐, 접경점의 구체적인 위치를 좌표로 제시하지는 않았고, 추후 3국 정부 대표가 모여 접경점을 표시하는 지도를 제작하기로 합의하였다(제5조).

그 이후 북한은 중국 및 러시아와 2002년 6월 20일 북경에서 「조·중·러간 두만강 국경 교차지점에 관한 의정서」를 체결하였다.[54] 이 의정서 전문에 따르면 이 의정서는 1998년 11월 3일 체결된 3국 간 협정에 의거하여 두만강에서의 3개국 국경 교차 지점의 위치를 확정하기 위한 것임을 밝히고 있다. 이 의정서상의 가장 큰 특징은 1998년의 협정문에서 말한 "강주류 중심선"을 "강 중심선"으로 변경하였다는 것이다. 즉 의정서 제1조는 "두만강에서의 3개국 국경의 교차지점은 3개국 국경수역 경계선이 강 중심선과 교차되는 곳이다. 강 중심선과 3개국 국경 교차지점은 2001년 8월 수위가 11.14미터일 때 확정하였다"라고 명시하고 있다.

교차 지점을 강 주류 중심선에서 강 중심선으로 변경한 이유에 대하여 의정서 제1조에서는 3국간 국경에 관한 현행 조약에 근거하면서 "두만강의 3개국 국경 교차지점에서 생긴 자연적인 변화를 감안하여 본 서술의정서가 효력을 발생한 날로부터 본 서술의정서의 '강중심선'이란 표현은 경계선 협정 제1조의 '강주류 중심선'이란 표현을 대신한다"라고 명시하여, 자연적 변화를 반영한 것임을 밝히고 있다. 나아가 그 구체적인 지리좌표를 북위 42도 25분 4.7초, 동경 130도 38분 11.9초로 하고, 직각좌표를 X=4699046.1, Y=-112216.0으로 명시하고 있다. 이 3국 간 의정서에 따르면 결과적으로 북한과 러시아의 두만강 국경의 시발점이 강 중심선이 되는데, 이 강 중심선의 구체적인 위치가 강 주류 중심선과 차이가 없다면 몰라도 그렇지 않다면 결과적으로 주수로 중심선을 국경선으로 한 국경선조약과 차이가 발생할 수 있게 된다. 현재로서는 북한과 러시아 간의 이 의정서상의 3국 간 교차 지점의 변경을 이유로 국경조약에 어떤 개정이 있었는지는 확인되지 않고 있다.

한편 의정서 제2조에서는 1998년 협정문에서는 명시하지 않았던 제3호 표지의 위치를

---

54 협정문 전문은 국가정보원 엮음, 『北·中간 국경업무 조약집』, 1~5쪽 참고.

추가로 규정하고 있다. 또한 두만강에서의 그 어떤 자연적인 변화가 발생하더라도 3개국 국경 교차 지점의 위치는 체약국들이 별도 합의하지 않는 한 변하지 아니하며, 3개국 국경 교차지 점의 위치에 대한 공동조사는 10년에 1회 행하는 것을 원칙으로 하되, 체약국들의 합의에 따라 조사 기간은 변경할 수 있으며, 조사를 위하여 3개국 공동위원회를 구성하도록 하고 있다 (제3조). 이 의정서는 제6조의 마지막 서면 통지를 보낸 날로부터 30일째 되는 날부터 효력을 발생한다는 규정에 따라 2003년 3월 29일 발효되었다.

이로써 북한은 하나의 국경하천인 두만강에서도 중국과의 국경선은 수면 전체를 국경으로 하여 공유를 하고 있는 데 반하여, 러시아와는 북한 국제법 학계에서 국경하천 경계 획정의 일반 원칙으로 보고 있는 탈베크 규칙을 따르고 있다. 북한이 이처럼 하나의 국경하천에 대한 경계를 달리하게 된 것은 기본적으로 북한의 중국과 러시아에 대한 정치적 입장과 이해관계가 다르다는 것을 보여주는 한 국면이라 할 수 있다. 그리고 이와 같은 북한과 러시아의 국경조약 체제에 의하여 청과 제정러시아 및 조선 간에 영유권 문제가 제기되었던 연해주와 녹둔도는 러시아에 귀속이 된 것이다.[55]

(2) 국경하천 내 섬의 귀속

「조소국경질서협정」 제2조 제5항에 의하면 두만강 국경하천 지역에 있는 섬들 중 1개는 소련에, 16개는 조선에 속한다. 이는 탈베크 규칙에 따라 양국의 국경을 정한 후 각국의 국경 내에 있는 섬들의 귀속을 정한 것이다.

(3) 국경하천 위 교량의 경계

「조소국경조약」 제2조는 이 조약에 정한 국경선은 상공 및 지구 내부를 수직으로 획정한다고 규정하고 있다. 이에 따라 「조소국경질서협정」 제1조 제1항은 두만강 철교에 관하여서도 주수로 중간점을 기준으로 그 수직 상공 지점, 즉 소련 측 철근콘크리트 지주의 기점으로부터 89.1미터, 북한 측 금속제 지주의 기점으로부터 491.5미터 지점을 국경선으로 규정하고 있다.

---

[55] 연해주와 녹둔도의 러시아로의 영속 과정에 대하여는 한명섭, 『남북통일과 북한이 체결한 국경조약의 승계: 조중국경조약의 승계 문제를 중심으로』, 72~74쪽 참고.

(4) 수로의 변경

「조소국경조약」제2조에서는 두만강 수로에 자연적인 변화가 발생하더라도 달리 합의하지 않는 한 이 조약에서 정한 국경선의 위치를 변경하지 않기로 합의하였다. 이에 따라「조소국경질서협정」제3조 제1항에서도 두만강의 주수로 또는 그 일부에 자연적 변화가 생길지라도 양국이 별도로 합의하지 않는 한 국경선은 변경되지 않는다고 명시하고 있다. 또한 두만강 국경수역 경계선 설정에 대한 3국 간 협정 제2조도 두만강 수류의 자연적인 변화가 발생하여도 3국의 국경수역 경계선 위치 및 3국 간 접경점은 3국이 별도로 합의하지 않는 한 변경되지 않는 것으로 규정하고 있다.

3) 이용 및 관리

(1) 기본 원칙

두만강 국경하천의 이용 등에 대하여는「조소국경질서협정」제5장 '국경수역의 이용과 국경에서의 경제활동 규칙'에서 구체적인 원칙을 밝히고 있으며, 그 밖에 양국 간 국경하천의 이용이나 관리에 관한 별도의 개별적인 조약이 더 있는지는 확인되지 않고 있다. 이 협정 제15조에서는 양국은 국경하천 두만강에서 일상의 경제 목적으로 이 수역을 이용할 수 있는 동등한 권리를 가진다고 규정하고 있다.

(2) 항행적 이용

「조소국경질서협정」에 의하면 양국의 각각의 항행 수단에 의한 항해는 국경선까지만 허용되는데 이 경우에도 국경선상에 정박하는 것은 허용되지 않으며, 철교 '우호의 다리'의 교각에 접안하는 것은 비상사태나 사고 시를 제외하고는 허락되지 않는다(제17조). 다만 비상사태(사고, 자연재해 등)의 경우, 타방 당사국에 귀속하는 하안에 접안할 수 있으며, 그러한 경우에는 가능한 빠른 시기에 타방 당사국의 국경위원에게 통지하여야 한다(제18조). 양국 국경경비 당국은 자연재해(홍수, 유빙 등)의 경우 양국의 공민에게 모든 가능한 협력과 원조를 제공하여야 하며, 이 조치는 당사국의 국경경비 당국 사이의 합의에 따라 실시한다(제19조).

(3) 비항행적 이용

어로와 수렵에 대하여 살펴보면 양국의 공민은 자국 수역 내에서만 자국 내에서 효력이 있는 규칙에 따라서 어로 활동을 할 수 있다. 폭발성 물질, 독극물, 환각제의 사용 또는 어종을 대량으로 사멸시키거나 어업 자원에 손해를 줄 수 있는 것과 같은 기타의 방법은 금지된다. 국경 수역에서의 어종의 보호와 양식의 문제 또는 어업에 관한 기타 조치는 체약당사국 사이의 별도 협정에 의하여 조정하도록 하고 있다(제22조). 양국 국경경비 당국은 야생동물과 조류에 관하여 자국의 수렵 규칙이 엄중히 존중되며, 수렵기에는 국경 방향으로의 발포와 국경을 넘어서는 동물, 조류의 추적이 행해지지 않도록 감시하여야 한다(제23조).

체약당사국은 국경선에 인접하는 지역에서 농업, 공업, 광물자원을 채취하는 경우 타방 당사국에 경제적 손해를 끼치지 않아야 하며, 일방 체약당사국의 경제활동은 타방 체약당사국의 환경에 나쁜 영향을 미치지 않아야 한다. 또한 산림 훼손 또는 농업에 유해한 생물이 확산될 위험이 발생하였을 경우, 위험이 발생한 영토 측 체약당사국의 국경경비 당국은 신속하게 그 사실을 타방 체약당사국에 통지하며 유해 생물이 국경을 넘어서 확대되지 않도록 가능한 한 모든 대책을 강구하여야 하며, 타방 체약당사국 국경경비 당국은 이 대책을 실시하는 데 적극 협력하여야 한다(제24조). 광물, 토양의 이동을 수반하는 국경 부근에서의 폭파 등의 작업은 타방 당사국의 경비 당국에 최소한 2일 이전에 통지한 경우에 한하여 실시할 수 있으며, 이 작업의 실시에 있어서 타방 당사국 측 공민과 재산에 피해를 끼치지 않도록 안전대책을 강구하여야 한다(제25조).

양국은 두만강 주수로의 위치와 방향을 가능한 한 변경하지 않고 보전하여야 하며, 강물의 흐름에 영향을 미칠 수 있는 수리시설 등을 건설함으로써 주수로 및 증수 시 침수되는 지역의 자연유수량을 변경시키지 말아야 하며(제26조 제1항), 두만강 위에 새로운 다리, 제방, 댐 등의 수리시설의 건설과 이용은 양국 합의하에만 건설할 수 있도록 하였다(제26조 제3항). 타방 당사국의 하안의 수위 변화에 영향을 줄 수 있는 시설의 개조나 철거 역시 타방 당사국의 동의 하에 진행하기로 하였다(제26조 제4항).

그 밖에 국경에 인접한 삼림, 수역 등의 천연자원과 그 경제적 이용에 관한 문제, 또한 삼림과 농작물에 유해한 생물의 방제에 관한 문제에 대하여는 필요에 따라서 개별 협정을 체결하도록 하고 있다(제27조).

4) 공동위원회

「조소국경조약」 제3조에서는 국경표지 지역에 국경선을 표시하고, 그 경로에 관한 명세서를 준비하며, 이를 국경 획정 지도에 기록하고 기타 국경 획정 문서를 작성하기 위한 목적으로 이 조약이 발효한 후 조속한 기간 내에 형평의 원칙에 따라 조소공동경계획정위원회를 설치하도록 하였다.

또한 「조소국경질서협정」 제3조에서는 양국은 공동위원회를 설립하여 10년마다 국경선을 공동으로 검증하고 주수로 등에 변경이 인정되는 경우 국경선 조정을 협의하도록 하고 있다. 그리고 양국이 국경선 변경의 필요성을 인정한 구역에 대하여는 공동위원회가 새로운 국경 획정 문서를 작성하도록 하고 있다.

6. 남북통일과 국경하천 관련 조약의 승계

1) 남북통일과 조약의 승계 문제

남북한의 통일은 국제법적 측면에서 보면 국가승계의 문제로 논의된다. 국가승계의 문제는 국제법 분야에서 아직 확립된 이론이 없을 만큼 가장 복잡하고 정리가 덜된 분야 중 하나이다. 그중에서도 특히 국경조약 내지 영토조약의 승계 문제는 선행국과 승계국은 물론 조약의 상대 국가와의 이해관계가 맞물려 더욱 복잡한 양상을 보이고 있다. 앞에서 살펴본 국경하천의 경계 획정은 국경조약에 해당하며, 국경하천의 이용과 관리에 관한 조약의 대부분은 영토적 또는 처분적 조약에 해당한다.

더군다나 역사적으로 볼 때 「조중국경조약」 및 「조소국경조약」에 의하여 이루어진 북한과 중국, 북한과 러시아의 국경하천의 경계 획정은 중국과의 관계에서는 간도에 대한 영유권 문제가, 러시아와의 관계에서는 녹둔도를 비롯한 연해주에 대한 영유권 문제가 연계되어 있다.

분단 이후 북한은 1962년에는 중국과 1985년에는 구소련과 각각 국경조약을 체결함으로써 한반도의 영토는 압록강과 두만강을 경계로 하게 되었고, 압록강과 두만강이 국경하천이 되어버렸으며, 이로 인하여 간도는 중국에, 연해주는 러시아에 각각 귀속이 된 것이다.

따라서 만일 북한이 체결한 각 조약을 통일한국이 그대로 승계할 국제법적 의무가 있다고 한다면 간도와 연해주의 영유권에 대한 문제는 국제법적으로는 더는 다툼의 여지가 없어지는 것이다.

2) 조약의 승계 여부에 대한 검토

조약 승계에 대한 법원(法源)으로는 1978년 8월 23일 채택된 「조약승계협약」이 있다.[56] 「조약승계협약」은 제11조와 제12조에서 국경체제와 기타 영토적(처분적) 조약에 의한 권리와 의무의 계속성 원칙 혹은 자동승계 원칙에 관한 규정을 두고 있다.

「조약승계협약」은 그 가입국이 22개국에 불과할 정도로 많은 국가로부터 지지를 받지 못하고 있고, 남북한은 물론 중국과 러시아도 가입을 하지 않았다. 따라서 「조약승계협약」이 남북통일 시 조약 승계에 대한 법원으로 직접 적용될 수는 없다. 다만 「조약승계협약」의 내용이 국제관습법적 지위에 있다면 '헌법' 제6조 제1항에 의하여 적용이 가능하다. 그러나 이 원칙을 국제관습법으로 볼 수 있는지에 대해서는 의견이 일치하지 않는다.

「조약승계협약」은 준비 과정에서 기존의 국가 관행을 반영하고자 노력하기는 하였으나 많은 학자들이 지적하고 있는 바와 같이 기존의 국제적 관행을 제대로 반영하였는지에 대하여는 많은 비판을 받고 있다. 이 협약 체결 이후 각국의 관행 역시 이 협약의 내용과 부합하는 것만은 아니다. 특히 대표적인 분단국 통합 사례인 예멘과 독일의 통일 과정에서도 기존의 국경 조약을 그대로 승계한 것이 아니라 새로운 조약을 체결한 것처럼 국제관습법화되었다고 볼 정도로 관행의 일관성을 보이지 못하고 있고, 관행이 충분하지도 않다고 본다. 더군다나 이 협약은 국가승계의 유형으로 분단국가 통일의 특수성은 전혀 고려하지 않았다. 국제 판례의 경우에는 일부 판례가 국경조약 계속성의 원칙을 따른 것으로 분석되고 있으나 해당 사례들은 대체로 조약 승계의 문제가 직접적인 쟁점이 된 것이 아니어서 이것만을 근거로 확고한 판례가 형성되었다고 보기 어렵다.

결론적으로 국경조약 계속성의 원칙은 많은 학자들로부터 도전을 받고 있고, 각국의 실행 및 판례를 살펴보아도 아직 국제관습법으로서의 확실한 지위를 차지한 원칙이 아니라고 본다. 오히려 각국의 실행은 아직도 자발적 승계에 의한 해결을 하고 있다고 보는 것이 타당하다 할 것이다. 즉, 확립된 국제법 원칙이 있어 이에 따르고 있는 것이 아니라 자국의 이익을 최대한 고려하여 정책적인 판단을 하고 있다고 보는 것이 타당할 것이다.[57]

---

56 이 협약은 1978년 8월 23일 채택된 이래 이 협약 제49조의 15번째 비준 또는 가입 문서가 기탁된 일자로부터 30일째 되는 날에 발효된다는 규정에 의하여 20년 가까이 발효되지 못하다가 1996년 11월 6일 발효되었으며, 2009년 10월 현재 당사국은 22개국이다. 남한과 북한은 모두 이에 가입하고 있지 않다.

57 한명섭, 『남북통일과 북한이 체결한 국경조약의 승계: 조중국경조약의 승계 문제를 중심으로』, 263~264쪽.

즉 국경하천인 압록강 및 두만강과 관련된 북한의 국경조약 및 각종 처분적 조약에 대해서는 승계국인 통일한국이 반드시 이를 승계하여야 할 국제관습법이 확립되어 있다고 볼 수는 없다고 본다.

다만 이는 조약 승계의 법리상 승계국인 우리가 선행국인 북한이 체결한 이 국경조약을 승계할 국제법적 의무가 없으며, 이를 승계하지 않겠다는 주장을 할 수 있다는 의미일 뿐이다. 또한 그러한 주장으로 북한이 체결한 조약에 의하여 영유권을 상실한 간도나 녹둔도의 영토를 회복할 수 있는 것은 아니다. 즉, 우리의 일방적인 선언에 의하여 국경조약들이 바로 무효가 되는 것이 아니라 상대국인 중국 및 러시아와의 사이에 그 효력에 대한 다툼이 발생한다는 것을 의미하는 것에 지나지 않는다.[58]

7. 평가 및 향후 과제

이상에서 살펴본 바와 같이 국경하천과 관련된 국제법상의 일반 원칙이나 국제관습법은 명확하게 확립되어 있지 못하다. 따라서 이에 대한 각국의 관행과 학자들의 주장이 일치하지 않지만 다음과 같은 몇 가지 사항은 어느 정도 일반적인 원칙으로 받아들여지고 있다고 볼 수 있을 것이다.

우선 국경하천의 경계 획정과 관련하여서는 첫째, 국경하천의 경계 획정에 대한 일반적인 원칙이 없으므로 당사국의 합의가 우선한다. 둘째, 특별한 합의가 없다면 탈베크 규칙에 따라 가항수로에서는 주수로 중간선을, 비가항수로에서는 강의 중심선을 기준으로 하는 것이 일반적인 원칙으로 받아들여지고 있다. 셋째, 국경하천 내의 도서 역시 특별한 합의가 없으면 주수로 또는 중심선에 따라 경계 획정을 한 후 이를 기준으로 도서의 지위를 정한다. 넷째, 국경하천의 교량의 경계는 국경하천 경계선과 수직으로 연결된 선으로 한다. 다섯째, 수로의 변경에 따른 경계나 도서의 현상 변경 등에 대해서는 경계 획정 합의 시 수로 변경에 따라 자동적으로 변경되도록 하는 방법과 변동되지 않도록 하는 방법이 있으며 각기 장단점이 있다.

국경하천의 이용과 관련한 이론 중 종전의 절대적 영역주권설이나 하류국권리불가침설 등은 지지를 받지 못하고 있으며, 영토주권의 상대성에 기초한 제한적 영역주권설이 일반 원

---

58 한명섭, 『남북통일과 북한이 체결한 국경조약의 승계: 조중국경조약의 승계 문제를 중심으로』, 266쪽.

칙으로 받아들여지고 있다.

국경하천의 항행적 이용에 대하여는 확립된 국제법적 원칙이 정해져 있지 않고, 개별 조약에 의하여 실시되고 있다. 자유통항은 상선에 대해서만 인정이 되고 군함은 포함하지 않는다.

국경하천의 비항행적 이용에 대해서는 아직 발효는 되지 못하였지만, 1997년의 「국제하천의 비항행적 이용의 법에 관한 협약」 제2부에서 규정하고 있는 ㉠ 형평하고 합리적인 이용의 원칙, ㉡ 중대한 피해방지 의무, ㉢ 일반적인 협력 의무, ㉣ 자료와 정보의 정기적인 교환 의무, ㉤ 계획된 조치의 통고·협의·협상의 의무 등이 합리적이고 일반적인 원칙으로 받아들여지고 있다고 보아도 무방할 것이다.

이와 같은 원칙들을 기준으로 먼저 북한이 중국과 체결한 국경하천의 경계 획정 방법을 살펴보면 일반적인 원칙으로 설명되는 탈베크 규칙에 따른 것이 아니라 국경하천 전체를 국경수역으로 하고 있다. 이러한 원칙은 일반적인 방법이라 할 수는 없지만 전혀 선례가 없는 방법도 아니다. 또한 양국의 강의 경제적 이용 정도가 비슷하고 신뢰 관계만 유지된다면 탈베크 규칙에 의한 경계 획정을 하는 경우보다 수로의 변경 등에 따른 경계 획정과 관련된 분쟁의 소지도 적고, 경제적인 측면에서도 공동 이용과 협력을 통하여 상호 간의 이익을 추구하기도 쉽다는 이점이 있다.

국경호수인 백두산 천지의 경우는 오히려 북한이 더 넓은 면적을 차지하고 있다. 강의 도서에 대한 귀속도 합리적인 방법에 따라 기준을 정하였고, 결과적으로 북한에 더 많은 도서가 귀속되었으며, 수로의 변경 시에도 기존 도서의 귀속은 변하지 않는다고 규정하고 있어 논란의 가능성을 차단하고 있다. 기타 발생할 소지가 있는 문제들에 대하여는 공동위원회를 통하여 해결하도록 하고 있다.

국경하천의 이용과 관련하여서는 사안마다 별도의 합의서를 통하여 문제를 해결하고 있으며, 각 합의서의 내용을 보더라도 특별히 문제점을 지적할 만한 내용은 보이지 않는다. 다만 근본적인 문제는 현재의 국경하천 체제를 그대로 유지하게 되면 간도의 영유권은 영원히 중국으로 귀속된다는 것이고, 이 점에 대하여는 통일한국의 조약 승계 문제와 관련하여 앞으로 그 해결 방법에 대한 깊이 있는 연구가 있어야 할 것이다.

반면 러시아와의 국경하천은 중국과는 달리 탈베크 규칙에 따라 경계선 획정 및 도서의 귀속을 정하고 있다. 이러한 방법은 국제법적으로 볼 때 일반적으로 받아들여지고 있는 원칙이므로 역시 연해주나 녹둔도의 영유권 문제를 논외로 한다면 크게 지적할 만한 점은 없는 것으로 보인다.

다만 강의 이용과 관련하여서는 중국의 경우와 비교하여 자료가 충분하지 못하여 좀 더 깊이 있는 연구가 진행되지 못한 점이 아쉽다. 특히 러시아와의 국경하천 문제는 중국과의 관계와는 달리 대향국(對向局) 간의 문제만 있는 것이 아니다. 즉 북한과 중국은 공동으로 러시아에 대하여 상류국의 지위에 있기 때문에 양국의 하천 이용과 관련한 환경오염 문제 등의 분쟁이 발생할 소지가 있다. 그러면서도 북한 역시 부분적으로는 중국과의 관계에서 상류국과 하류국의 지위에 있기도 한 복잡한 문제가 발생한다. 그동안 국내에 소개된 자료만으로는 국경하천의 비항행적 이용에 대한 북한의 일반적인 원칙이 무엇인지 설명하기가 쉽지 않다. 하지만 앞에서 설명한 바와 같이 「조소국경질서협정」 제22조 이하에 나타난 비항행적 이용과 관련된 조약 내용을 보면 1997년의 「국제하천의 비항행적 이용의 법에 관한 협약」 제2부에서 규정하고 있는 일반 원칙인 형평하고 합리적인 이용의 원칙, 중대한 피해방지 의무, 일반적인 협력 의무를 어느 정도 반영하고 있는 것으로 보이며, 이 원칙에 크게 어긋나거나 북한에 일방적으로 불리한 것으로 판단되는 내용은 없는 것으로 보인다. 그러나 앞으로 이와 관련된 더 많은 자료에 대한 수집과 분석 등의 노력이 계속 있어야 할 것이다.

압록강과 두만강 등 국경하천과 관련된 문제는 분단 상황에서는 남한이 직접 당사국이 아니라는 근본적인 한계가 있기는 하지만, 통일한국의 영토와 직접적인 관련이 있는 사안이므로 더 많은 관심과 연구가 필요한 분야이다. 나아가 단순히 국경하천의 경계 획정과 이용 문제뿐 아니라 국경지대가 기존의 배타적 성격에서 벗어나 평화적 공동이용이 강조되고 있는 세계적 추세에 따라 통일 이전이라도 우리가 직접 공동개발 등의 형식으로 참여할 수 있는 기회를 만들도록 노력할 필요가 있다. 이런 점에서 다소 소강상태에 있기는 하지만, 유엔개발계획(UNDP) 주도로 추진 중인 두만강 지역 개발 등에도 장기적인 안목을 가지고 좀 더 적극적인 자세를 취할 필요가 있다고 본다.[59]

---

[59] 1992년부터 유엔개발계획(UNDP)의 주도로 남한, 북한, 중국, 러시아, 몽골 5개국이 직접 참여하여 북한의 나선특구, 중국의 혼춘, 러시아의 포시에트 지역의 개발을 내용으로 하는 두만강지역개발계획(Tumen River Area Development Programme)을 추진한 바 있다. 이후 2005년 지역적 범위를 한국의 동해안 4개 지역(강원, 경북, 울산, 부산)으로 확대하고 실천적 의미를 강조하는 의미에서 광역두만강계획(GTI)으로 계획을 변경하였고, 우리 정부는 2009년 5월 광역두만강계획(GTI)을 비준하였다. 북한은 2009년 11월 5일 이 계획에서 탈퇴하겠다는 통보를 하였다.

제26장

남북통일과 북한의 국제기구 회원국 지위 승계*

1. 머리말

국가승계와 관련한 국제조약으로는 「조약승계협약」과 「국가재산 등 승계협약」이 있을 뿐이고, 직접적으로 국제기구 회원국 지위의 승계 문제를 다룬 국제조약은 존재하지 않는다.[1] 다만 국제기구 회원국 지위는 주로 국제기구 설립을 위한 기본조약의 가입을 통하여 이루어지므로 외견상 국제기구 회원국 지위의 승계 문제와 조약의 승계 문제가 중복되는 현상이 발생하게 되며, 이 범위 내에서 조약의 승계에 관한 「조약승계협약」이 국제기구 회원국 지위 승계 문제에도 간접적으로 적용되는 것이 아닌가 하는 의문이 발생할 수 있다. 국제기구 설립을 위한 기본조약은 승계국이 이를 승계하게 되면 국제기구 가입이라는 효과가 발생하게 된다. 이 때문에 1978년의 「조약승계협약」에서는 협약의 적용범위와 관련하여 다음과 같은 규정을 두고 있다.

제4조 국제기구의 설립을 위한 조약 및 국제기구 내에서 채택되는 조약

이 협약은 다음에 관련된 국가승계의 효과에 대하여 적용된다.

(a) 회원 자격의 취득에 관한 규정 및 그 기구의 기타 관련 규정을 침해하지 않는 국제기구의 설립

---

*   이 장은 한명섭, 「남북통일과 북한의 국제기구 회원국 지위 승계에 관한 연구」, 『2013 남북법제연구보고서』 (법제처, 2013)」, 373~411쪽의 내용을 수정·보완한 것이다.

1   국가승계 개념과 국제법상의 법원(法源)에 대하여는 이 책 제23장 '남북통일과 조약 승계' 참고.

에 관한 조약

(b) 그 기구의 어떠한 관련 규정을 침해하지 않는 국제기구 내에서 채택되는 조약

이 제4조의 규정에 의하여 국제기구의 설립을 위한 기본조약에 회원 자격과 가입을 위한 특별한 요건이나 절차에 관한 규정이 있는 경우에는 「조약승계협약」이 적용되지 않으며, 달리 규정이 없는 경우에는 이 협약의 적용범위에 포함된다 할 것이다. 예를 들어 「유엔 헌장」 제4조는 유엔 회원국이 되려면 "헌장에 규정된 의무를 수락하고, 이러한 의무를 이행할 의사와 능력이 있는 평화애호국"이라는 조건을 갖추고 안보리의 권고에 따라 총회의 승인을 받아야 회원국 지위를 취득할 수 있도록 하고 있다. 따라서 국제기구가 설립을 위한 기본조약을 가지고 있다 하더라도 그 회원국 지위 승계에 관한 문제를 「조약승계협약」에 따라 처리하는 것은 한계가 있다.

더군다나 「조약승계협약」은 1978년 8월 23일 채택된 이래 이 협약 제49조의 15번째 비준 또는 가입 문서가 기탁된 일자로부터 30일째 되는 날에 발효된다는 규정에 의하여 20년 가까이 발효되지 못하다가 1996년 11월 6일 발효되었는데, 2009년 10월 현재 가입 당사국은 22개국으로 남한과 북한 모두 이 협약에 가입하고 있지 않다. 「국가재산 등 승계협약」은 제50조에 제1항에 의하여 15번째 비준서 또는 가입서 기탁일로부터 30일째부터 발효하도록 되어 있으나 아직까지 가입국이 7개국에 불과하여 발효조차 되지 못하고 있는 상황이다.

따라서 국제기구 회원국의 지위 승계 문제에 대하여는 개별 국제기구의 설립을 위한 조약에 가입 요건이나 절차에 관한 특별한 규정이 있다면 「조약승계협약」 자체가 적용되지 않는 것이고, 만일 그와 같은 규정이 없어서 이 협약의 적용범위에 포함이 된다 하더라도 남한과 북한이 모두 이 협약에 가입하지 않았으므로 이 협약을 적용하여야 할 법적인 의무는 없는 것이다.

한편 「조약승계협약」은 국가통합을 합병과 병합으로 구분하지 않고 동일하게 취급하고 있는 등 여러 가지 문제점으로 인하여 국제사회에서 별다른 지지를 받지 못하고 있고, 일반적으로 이 협약의 내용이 국제관습법의 지위를 획득하였다고 보지도 않는다.

이처럼 국제기구 회원국 지위의 승계와 관련하여 우리가 준수하여야 할 국제조약이 없다면 다음 단계로는 이에 대한 국제관습법이 있는지를 먼저 살펴볼 필요가 있다. 국제관습법이 있다면 우리 헌법에 의하여 해당 관습법에 따라야 하기 때문이다. 만일 해당 국제관습법이 존재하지 않는다면 남북통일 시 국제기구 회원국 지위의 승계 문제는 통일한국이 다른 국가의

관행 내지는 선례와 국제법상의 일반 원칙, 기존의 학설 등을 고려하여 결정할 수밖에 없는 것이 현실이다.

다음에서는 먼저 남북한의 국제기구 가입 현황을 살펴본 후, 국제기구회원국 지위의 승계에 관한 국제관습법의 존재 여부를 검토하기 위하여 국제사회의 관행과 관련 학설 등을 검토함으로써 남북통일에 따른 북한의 국제기구 회원국 지위의 승계 문제를 살펴보고자 한다.

2. 남북한 국제기구 가입 현황

남북통일과 국제기구 회원국 지위의 승계 문제를 검토하려면 남북한의 국제기구 가입 현황을 살펴볼 필요가 있다. 2017년 12월 기준 남북한의 국제기구 가입 현황을 살펴보면 〈표 26-1〉, 〈표 26-2〉와 같다.

| 표 26-1 | 유엔 및 유엔 산하 전문 독립기구

일련 번호	기구명	한국 가입	북한 가입	소재지
1	유엔(UN)	1991	1991	뉴욕
2	세계보건기구(WHO)	1949	1973	제네바
3	유엔식량농업기구(FAO)	1949	1977	로마
4	만국 우편연합(UPU)	1949	1974	베른
5	유엔교육과학문화기구(UNESCO)	1950	1974	파리
6	국제전기통신연합(ITU)	1952	1975	제네바
7	국제민간항공기구(ICAO)	1952	1977	몬트리올
8	국제통화기금(IMF)	1955	-	워싱턴
9	국제부흥개발은행(IBRD)	1955	-	워싱턴
10	국제개발협회(IDA)	1961	-	워싱턴
11	국제금융공사(IFC)	1964	-	워싱턴
12	제투자보증기구(MIGA)	1988	-	워싱턴
13	국제투자분쟁해결본부(ICSID)	1967	-	워싱턴
14	세계기상기구(WMO)	1956	1975	제네바
15	국제해사기구(IMO)	1962	1986	런던
16	유엔공업개발기구(UNIDO)	1967	1980	비엔나
17	세계지적재산권기구(WIPO)	1979	1974	제네바
18	국제농업개발기구(IFAD)	1978	1986	로마
19	국제노동기구(ILO)	1991	-	제네바

20	세계관광기구(UNWTO)	1957	1987	마드리드
21	세계무역기구(WTO)	1995	-	제네바
22	국제원자력기구(IAEA)	1957	1974년 가입, 1994년 탈퇴	비엔나
23	제네바군축회의(CD)	1996	1996	제네바
24	유엔아태경제사회위원회(ESCAP)	1954	1992	방콕
25	유엔중남미카리브경제위원회(ECLAC)	2007	-	칠레
26	유엔무역개발회의(UNCTAD)	1965	1973	제네바

자료: 외교부, 『2018 외교백서』(외교부, 2018), 218쪽. 유엔 산하기구(Funds and Programs)의 경우는 유엔 회원국 모두가 회원국으로 간주되므로 별도로 표기하지 않는다.

| 표 26-2 | 정부 간 기구

※ OECD 준독립기구 및 협력기구 포함

일련 번호	기구명	한국 가입	북한 가입	소재지
1	경제협력개발기구(OECD)	1996	-	파리
2	아시아·태평양경제협력체(APEC)	1989	-	싱가포르
3	아시아개발은행(ADB)	1966	-	필리핀
4	유럽부흥개발은행(EBRD)	1990	-	영국
5	아프리카개발기금(AfDF)	1980	-	코트디부아르
6	아프리카개발은행(AfDB)	1982	-	코트디부아르
7	동남아중앙은행기구(SEACEN)	1990	-	쿠알라룸푸르
8	동남아·뉴질랜드·호주 중앙은행기구(SEANZA)	1966	-	호주
9	아시아·태평양개발센터(APDC)	1982	-	쿠알라룸푸르
10	국제백신연구소(IVI)	1997	-	서울
11	유엔기념공원(UNMCK)	1959	-	부산
12	국제무역센터(ITC)	1964	-	제네바
13	국제결제은행(BIS)	1997	-	스위스 바젤
14	세계관세기구(WCO)	1968	-	벨기에
15	아시아생산성기구(APO)	1961	-	도쿄
16	아시아·아프리카법률자문기구(AALCO)	1974	1974	뉴델리
17	아프리카·아시아농촌개발기구(AARDO)	1963	-	뉴델리
18	아시아·태평양지역식물보호위원회(APPPC)	1981	1995	방콕
19	아시아·태평양우편연합(APPU)	1961	-	마닐라
20	아시아·태평양전기통신협의체(APT)	1979	1994	방콕
21	국제의회연맹(IPU)	1964	1973	제네바
22	FAO/WHO 국제식품규격위원회(CAC)	1970	1981	로마
23	콜롬보플랜(Colombo Plan)	1962	-	스리랑카

24	동부지역공공행정기구(EROPA)	1962	-	마닐라
25	국제교육국(IBE)	1962	1975	제네바
26	국제전기기술위원회(IEC)	1963	2004 (준회원)	제네바
27	국제도량형국(IBWM)	1959	1981	프랑스
28	지구환경금융(GEF)	1994	-	워싱턴
29	국제납·아연연구그룹(ILZSG)	1987	-	포르투갈
30	상품공동기금(CFC)	1982	1987	암스테르담
31	섬유수출개도국기구(ITCB)	1984	1999	제네바
32	화학무기금지기구(OPCW)	1997	-	헤이그
33	아시아채소연구개발센터(AVRDC)	1971	-	대만
34	국제면화자문위원회(ICAC)	1954	-	워싱턴
35	대서양참다랑어보존위원회(ICCAT)	1970	-	마드리드
36	국제문화재보존복구연구센터(ICCROM)	1968	1986 (1996년 탈퇴)	로마
37	국제이동위성기구(IMSO)	1985	2013	영국
38	국제전기통신위성기구(INTELSAT)	1967	2001	워싱턴
39	국제수로기구(IHO)	1957	1987	모나코
40	아시아·태평양수산위원회(APFIC)	1950	-	방콕
41	중서대서양수산위원회(WECAFC)	1974	-	바베이도스
42	중동대서양수산위원회(CECAF)	1968	-	가나 아크라
43	중서부태평양수산기구(WCPFC)	2004	-	미크로네시아 (폰페이)
44	인도양참다랑어위원회(IOTC)	1996	-	세이셸
45	중부베링해명태자원보존협약(CBSPC)	1995	-	밴쿠버
46	북서대서양수산기구(NAFO)	1993	-	캐나다
47	남극해양생물자원보존위원회(CCAMLR)	1985	-	호바트(호주)
48	국제법정계량기구(OIML)	1978	1974	파리
49	국제포경위원회(IWC)	1978	-	영국
50	북태평양해양과학기구(PICES)	1995	-	캐나다
51	국제이주기구(IOM)	1988	-	제네바
52	국제포플러위원회(IPC)	1973	-	로마
54	국제사탕기구(ISO)	1993	-	영국
54	국제사법통일국제연구소(UNIDROIT)	1981	-	로마
55	세계동물보건기구(OIE)	1953	2001	파리
56	국제곡물이사회(IGC)	1953	-	런던
57	국제열대목재기구(ITTO)	1985	-	일본
58	세계박람회기구(BIE)	1987	2007	파리
59	국제해저기구(ISA)	1995	-	자메이카
60	유엔외기권평화적이용위원회(COPUOS)	1994	-	오스트리아

61	상설중재재판소(PCA)	2000	-	헤이그
62	국제에너지기구(IEA)	2002	-	파리
63	국제식물신품종보호연맹(UPOV)	2002	-	제네바
64	미주개발은행(IDB)	2004	-	워싱턴
65	아시아 교류 및 신뢰구축회의(CICA)	2006	-	알마티
66	법을 통한 민주주의 유럽위원회(베니스위원회)	2006	-	벨기에
67	국제미작연구소(IRRI)	1991	-	필리핀
68	국제철도협력기구(OSJD)	2018	1956	폴란드
69	아시아지역해적퇴치협력협정정보공유센터(ReCAAP ISC)	2006	-	싱가포르
70	국제유류오염보상기금(IOPC Funds)	1998	-	영국
71	포괄적핵실험금지조약기구(CTBTO)	1996	-	오스트리아
72	아태식량비료기술센터(FFTC)	1970	-	대만
73	남방참다랑어보존위원회(CCSBT)	2001	-	캔버라
74	금융안전위원회(FSB)	2009	-	바젤
75	바젤은행감독위원회(BCBS)	2009	-	바젤
76	국제재생에너지기구(IRENA)	2011	-	UAE
77	글로벌녹색성장기구(2012)	2012	-	한국
78	북태평양소하성어류위원회(NPAFC)	2003	-	밴쿠버
79	전미열대참다랑어위원회(IATTC)	2005	-	미국 라호야
80	남동대서양수산기구(SEAFPO)	2011	-	나미비아(월비스베이)
81	남태평양지역수산관리기구(SPRFMO)	2012	-	웰링턴
82	OECD 개발센터(DEV)	1991	-	파리
83	OECD 원자력기구(NEA)	1993	-	프랑스
84	국제교통포럼(ITF)	2007	-	파리
85	자금세탁방지국제기구(FATF)	2009	-	파리
86	OECD 개발원조위원회(DAC)	2010	-	파리
87	국제형사재판소(ICC)	2003	-	헤이그
88	헤이그국제사법회의(HccH)	1997	-	헤이그
89	국제핵융합에너지기구(ITER)	2003	-	파리

자료: 외교부, 『2018 외교백서』(외교부, 2018), 219~221쪽.

남북한의 국제기구 가입 현황을 살펴보면 유엔 및 유엔 산하·전문·독립기구의 경우 남한이 가입한 26개 기구 중 북한은 탈퇴한 국제원자력기구(IAEA)를 포함해 10개 기구에 가입을 하지 않았다.

남한이 가입한 정부 간 기구(OECD 준독립기구 및 협력기구 포함)는 89개이고, 이 중 북한이 가입한 기구는 17개에 불과하다. 한때 북한이 가입한 국제기구 중 남한이 가입하지 않은 국제기구로 국제철도협력기구(OSJD)가 있었으나 남한도 2018년 6월 7일 가입을 함으로써 2019년 7월 현재 북한만 가입을 한 국제기구는 없는 상황이다.[2] 대부분의 국제기구 가입은 남한이 먼저 하였으나 세계지적재산권기구(WIPO)와 국제법정계량기구(OIML)는 북한이 먼저 가입하였다. 한편 북한의 국제기구 가입 시기를 보면 국제철도협력기구(OSJD)를 제외하면 1973년 이후부터 시작되었음을 알 수 있다. 이는 1972년 7월 4일 남북이 체결한 '7·4 남북공동성명'과 남북 대화가 북한의 외교적 고립을 타파하는 중요한 계기가 되었기 때문이다.

3. 국제기구 회원국 지위 승계에 관한 관행과 학설

1) 유엔 회원국 지위 승계에 관한 유엔의 관행

유엔은 1947년 인도와 파키스탄이 분열될 때 처음으로 회원국 지위에 관한 문제를 다루게 되었다.[3] 결과적으로 1947년 인도 독립 시 인도로부터 분리독립한 파키스탄은 유엔 회원국인 인도와는 별개로 취급되어 1947년 9월 30일 유엔에 별도로 가입하였는데, 그 과정에서 많은 논란이 있었다.

당시 유엔 사무국에서는 파키스탄은 기존 국가인 인도의 일부가 분리되어 신국가를 형성한 것이므로 인도는 유엔 회원국의 권리와 의무를 지닌 국가로서 계속성을 유지하지만 파키스탄은 비회원국인 신국가로서 「유엔 헌장」 제4조에 따라 새로 가입을 요청하여야 한다고 하였다. 이 의견에 따라 인도와 파키스탄은 1947년 '인도독립법(Indian Independence Order)'이라는 협정을 체결하여 인도가 모든 국제기구의 회원국 지위를 유지하고, 파키스탄은 새로 가입을 요청하기로 하였다.

---

[2] 국제철도협력기구는 1956년 6월 28일 구소련 체제의 사회주의국가, 중국 및 동유럽 국가를 중심으로 구성된 기구로 본부는 바르샤바에 있다. 2019년 현재 아제르바이잔, 알바니아, 카자흐스탄, 몽골, 북한, 러시아, 중국, 폴란드, 슬로바키아, 한국 등 정회원 29개국과 제휴 회원으로 40개 철도회사가 있다. 이 기구는 유럽과 아시아 간의 철도복합운송 실현을 위한 국가 간 협조를 목적으로 하며 국제철도여객·화물운송협정 및 국제철도여객·화물운임을 관장한다. 국제철도협력기구의 신규 회원 가입은 연례장관회의(Ministerial Conference)에서 만장일치제로 최종 가입 여부를 결정하도록 되어 있는데, 남한은 2002년에 가입을 추진한 바 있으나 북한의 반대로 가입을 하지 못하고 있다가 2018년에 가입을 하게 된 것이다.

[3] 인도(India)는 1945년 10월 30일 유엔 회원국이 되었다.

그러나 이 협정에도 불구하고 파키스탄은 유엔 사무총장에게 인도와 파키스탄 모두가 유엔 회원국 지위를 자동 승계하여야 한다는 전문을 발송하였다. 이 문제는 결국 1947년 8월 18일 소집된 유엔 안보리에서 논의가 되었으나 안보리도 유엔 사무국의 의견을 수락하여 인도의 회원국 지위는 인정하고 파키스탄은 새로 가입을 하도록 하는 한편, 총회에 파키스탄의 가입 승인을 권고하였고 총회도 이 권고안을 승인하였다.

유엔 총회 제1위원회에서 이 문제를 토의할 당시 아르헨티나는 인도가 2개의 신국가로 창설된 것은 기존 국가가 소멸한 사례이므로, 그중 1개 국가만이 유엔의 회원국 지위를 승계하는 것은 법적으로 적합하지 않다는 의견을 제시한 바 있다. 당시 총회는 아르헨티나의 주장에 비추어 추후 회원국 지위 승계 문제 발생 시 적용할 지침에 대한 검토를 총회 제6위원회(법률위원회)에 의뢰하였고, 제6위원회는 다음과 같은 원칙을 채택하였다.[4]

1. 유엔 회원국은 단순히 그 나라의 헌법이나 국경이 변경되었다는 이유만으로 유엔 회원국의 지위가 소멸되지 않으며, 법인격체로서의 국가의 소멸에 따라 그 권리와 의무가 소멸되기 위해서는 국가의 소멸 사실이 먼저 입증되어야 한다는 것이 일반적인 법의 원칙이다.
2. 신국가가 창설되었을 경우 신국가는 그 영토 및 인구와 관계없이 또한 신국가가 과거 유엔 회원국의 일부였는지 여부와 관계없이, 「유엔 헌장」 규정에 따라 회원국으로 정식 가입할 때까지 회원국 지위를 주장할 수 없다.
3. 그 이외에는 각각의 경우에 그 주장에 따라 판단되어야 한다.

에리트레아(Eritrea)도 1945년 11월 13일 유엔 회원국이 된 에티오피아(Ethiopia)로부터 독

---

4 구체적인 내용은 이순천, 『조약의 국가승계: 최근의 국제실행과 남북통일 시 적용문제를 중심으로』(열린책들, 2012), 132~134쪽 참고. 유엔 제6위원회가 밝힌 원칙의 원문은 다음과 같다.

1. That, as a general rule, it is in conformity with legal principles to presume that a state which is a member of the Organization of the United Nations does not cease to be a member simply because its Constitution or frontier has been subjected to changes, and that the extinction of the state as a legal personality recognised in the international order must be shown before its rights and obligations can be considered thereby to have ceased to exist.
2. That when a new state is created, whatever may be the territory and the populations which it comprises and whether or not they formed part of a state member of the United Nations, it cannot under the system of the Charter claim the status of a member of the United Nations unless it has been formally admitted as such in conformity with the provisions of the Charter.
3. Beyond that, each case must be judged according to its merits.

립하여 1993년 5월 28일 유엔에 신규 가입하였다.

　이집트와 시리아는 모두 1945년 10월 24일 유엔 회원국이 되었는데, 1958년 2월 21일 국민투표를 통하여 합병하여 통일아랍공화국(United Arab Republic)을 형성하였다. 통일아랍공화국에 대하여서는 이집트와 시리아라는 2개의 기존 국가가 소멸하고 새로운 1개의 국가가 수립된 것으로 보는 견해와 이집트가 시리아를 흡수합병하면서 국명을 통일아랍공화국으로 변경한 것으로 보는 견해가 있었다. 유엔은 통일아랍공화국을 계속해서 유엔의 단일 회원국으로 인정하였다. 이후 1961년 9월 시리아가 혁명을 일으켜 1961년 10월 13일 통일아랍공화국으로부터 분리되어 독립국이 될 때에도 시리아의 유엔 회원국 지위가 다시 문제가 되었으나 시리아의 요청에 따라 시리아는 재가입 절차 없이 구 시리아의 유엔 회원국 지위를 회복하였다. 유엔에는 이집트와 시리아 모두 최초 유엔 회원 가입 시기인 1945년 10월 24일로 가입 일자가 표기되어 있다.

　1960년 6월 세네갈과 수단이 합병해 말리연방(Federation of Mali)을 형성하면서 유엔 가입을 요청하였고, 안보리는 1960년 6월 28일 자로 말리연방의 회원국 가입 승인을 총회에 권고하였다. 그러나 1960년 8월 세네갈이 말리연방에서 탈퇴해 독립을 선언하고 유엔 회원국 가입을 다시 요청하자 수단도 1960년 9월 말리공화국(Republic of Mali)이라는 국명을 채택하면서 유엔 가입을 다시 요청하였다. 안보리는 이 2개 국가의 유엔 가입을 위한 결의를 별도로 채택하였고, 총회는 이를 승인하였다.[5] 세네갈과 말리는 각각 1960년 9월 28일 유엔 회원국이 되었다.

　탕가니카는 1961년 12월 14일, 잔지바르는 1963년 12월 16일 각각 유엔 회원국이 되었다. 이후 1964년 4월 26일 탕가니카와 잔지바르는 국가통합을 하였고, 1964년 11월 1일 탄자니아공화국으로 국명을 변경하면서 유엔 사무총장에게 이 사실을 통보하였으며, 당일부터 유엔의 단일 회원국으로서의 지위를 인정받았다. 유엔에는 탄자니아공화국의 회원국 가입 일자가 먼저 유엔 회원국이 된 탕가니카의 가입 일자인 1961년 12월 14일로 표기되어 있다.

　대표적인 분단국가의 합병 사례로 소개되는 예멘의 경우를 보면 예멘인민민주공화국(People's Democratic Republic of Yemen)은 1967년 12월 14일 유엔에 가입하였고, 예멘아랍공화국(Arab Republic of Yemen)은 1947년 9월 30일 유엔에 가입하였다. 이 두 국가는 1990년 5월 22일 예멘공화국(Republic of Yemen)으로 통일을 이루었는데, 이때에도 별도의 가입 절차

5　이순천, 『조약의 국가승계: 최근의 국제실행과 남북통일 시 적용문제를 중심으로』, 134~135쪽 참고.

없이 계속해서, 그러나 하나의 국가로서 유엔 회원국의 지위를 향유하였다.[6] 유엔에는 예멘의 유엔 가입 일자가 1947년 9월 30일로 표기되어 있다.

동서독의 경우 양국은 1972년 「동서독 기본조약」을 체결한 뒤 1973년 9월 18일 동독은 133번째로, 서독은 134번째로 유엔에 가입하였다. 그 후 1990년 10월 3일 서독이 동독을 병합함으로써 통일을 달성하였는데, 이는 서독에 의한 동독의 흡수합병에 해당하는 것으로 보았기 때문에 동독의 유엔 회원국 지위는 소멸하고 서독의 유엔 회원국 지위가 계속 유지되었다.

1991년 12월 21일 해체된 구소련(Union of Soviet Socialist Republics)의 경우에는 러시아가 소련의 안정보장이사회 상임이사국 지위를 포함한 회원국 지위를 승계하였고, 기존의 구성 공화국들 중에서 유엔 원회원국이었던 우크라이나(Ukraine)와 백러시아(Byelorussia)[7]를 제외한 나머지 독립국가연합(CIS) 회원국들은 「유엔 헌장」에 따라 새로 유엔에 가입하는 절차를 취하였다.

즉 소비에트공화국연방을 구성하였던 각 공화국은 1991년 12월 카자흐스탄의 알마티(Almaty)에서 개최된 독립국가연합 국가원수이사회에서 러시아가 소련을 대체해 유엔 안보리의 상임이사국 지위를 포함한 유엔 및 다른 국제기구에서 소련의 회원국 지위를 계속 유지할 것을 지지하였고, 이에 따라 러시아는 유엔 사무총장에게 유엔에서의 소련의 회원국 지위를 승계하겠다고 통보하였다. 러시아의 승계 통보에 대하여 다른 회원국들이 이의를 제기하지 않았기 때문에 러시아는 유엔에서 소련의 회원국 지위를 승계하게 된 것이다.[8]

체코슬로바키아는 1945년 10월 24일 자로 유엔에 가입한 원회원국이었다. 체코슬로바키아는 1990년 4월 20일 국명을 체코-슬로바키아연방공화국(The Czech and Slovak Federal Republic)으로 바꾸었는데, 1993년 1월 1일부로 체코공화국(Czech Republic)과 슬로바키아공화국(Slovak Republic)으로 분열되었다. 이들은 유엔 사무총장에게 체코-슬로바키아연방공화국이 1992년 12월 31일 자로 소멸되었다는 사실을 통지하면서 그 승계국으로서 체코공화국과 슬로바키아공화국의 회원 승인 신청을 하였고, 신청에 따라 이 두 국가는 1993년 1월 19일 자로 유엔 회원국이 되었다.[9] 즉, 이 두 국가들은 체코-슬로바키아연방공화국의 소멸을 주장하

---

6   김대순, 『國際法論』, 제14판(삼영사, 2009), 919쪽.

7   1991년 9월 19일 국명을 벨라루스공화국(Republic of Belarus)으로 변경하였다.

8   Yehuda Z. Blum, "Russia Takes Over the Soviet Union's Seat at the United Nations," 3, *EJIL*(1992), p.355. 이순천, 『조약의 국가승계: 최근의 국제실행과 남북통일 시 적용문제를 중심으로』, 138쪽에서 재인용.

9   김대순, 『國際法論』, 921쪽.

고 신규 가입을 한 것이다.

1991년 6월부터 시작된 유고슬라비아연방(구 유고연방)의 해체 과정에서 유고연방을 구성하였던 보스니아헤르체고비나, 슬로베니아, 크로아티아는 1992년 5월 22일에, 마케도니아는 1993년 4월 8일에 각자 유엔에 새로 가입하였다. 그렇지만 세르비아와 몬테네그로로 구성된 신유고연방은 유고연방과 동일한 국가라면서 유고연방의 유엔 회원국 지위의 자동 승계를 주장하여 법리적으로 많은 논쟁을 야기하였다. 결과적으로 유엔은 유고연방은 분열되어 소멸하였기 때문에 신유고연방은 유고연방과 다른 신국가이므로 「유엔 헌장」에 따라 유엔에 새로 가입하여야 한다는 입장을 취하였고, 신유고연방은 2000년 11월 1일 유엔에 신회원국으로 가입하였다.

당시 유엔의 입장을 구체적으로 살펴보면, 유엔 안보리는 1992년 5월 30일 결의 757을 통하여 구 유고연방의 유엔 회원국 지위를 자동적으로 승계하여야 한다는 신유고연방의 주장이 일방적으로 받아들여지지 않는다고 밝혔다.[10] 1992년 9월 19일에는 구 유고연방이라는 국가는 소멸하였기 때문에 신유고연방이 구 유고연방의 유엔 회원국 지위를 자동적으로 유지할 수는 없으므로 신유고연방이 유엔 회원국 가입 신청을 할 것과 총회에 참석하지 못하도록 결의해 줄 것을 유엔 총회에 권고하는 결의안을 채택하였다.[11] 유엔 총회도 이 권고안을 승인하였다.[12] 그러나 이러한 결의에도 불구하고 유엔 총회 회의장에는 구 유고연방의 좌석이 명패와 함께 놓여 있으며, 유엔 관내에는 구 유고연방의 국기가 계속 게양되어 있을 뿐 아니라, 신유고연방 대표는 토의와 표결에는 참석하지 못하더라도 총회에는 계속 참여를 하였다. 유엔 회원국에 관한 유엔 자료에 의하면 신유고는 1945년 10월 24일 이래 회원국 자격을 유지하고 있는 것으로 표시되어 있었다.[13]

이처럼 신유고연방의 유엔 회원국 지위 승계 문제에 대해서는 유엔의 공식적인 입장과 실제 태도의 불일치 문제도 있었고, 이와 관련된 논쟁을 살펴보면 국제기구 회원국 지위에 대한 거의 모든 법리를 엿볼 수 있다. 유엔 내에서의 신유고연방의 법적 지위에 대한 입장은 크게 세 가지로 구분해 볼 수 있다.

---

10 UNSC Resolution 757(1992.5.30).

11 UNSC Resolution 777(1992.9.19).

12 UNGA Resolution 47/1(1992.9.22).

13 장동희, 「국제지구 회원자격의 국가승계에 관한 소고: 유고연방공화국의 유엔회원국 지위 승계여부를 중심으로」, ≪외교≫, 제42호(한국외교협회, 1997.6), 152쪽 참고.

첫째는 신유고연방의 구 유고연방 회원국 지위 승계를 지지하는 입장이다. 예루살렘의 히브리대학교 국제법 교수인 블룸(Y. Z. Blum)은 1992년 ≪미국국제법논총(American Journal of International Law)≫에 게재한 「신유고의 유엔 회원국 자격: 지속이냐 단절이냐?」라는 제목의 논문을 통하여 어떠한 객관적 기준에 의하여서도 신유고가 구 유고의 지위를 승계할 권리를 부인할 수 없다고 주장하였다. 블룸 교수는 그 논거로서 1947년 영국령 인도(British India)가 인도와 파키스탄으로 분리되었을 때 인도가 영국령 인도의 지위를 승계한 사실, 1971년 방글라데시의 파키스탄으로부터의 분리가 파키스탄의 유엔 회원국 지위에는 아무런 영향을 미치지 않았다는 사실을 들었다. 러시아의 경우는 구소련을 구성하였던 12개 공화국 중 11개 공화국이 국가연합을 구성하고, 구소련은 소멸하였다고(ceases to exist) 선언하였으나, 현실적으로 유일한 대안이라는 정치적 고려(politically practical and viable solution)로 인하여 러시아가 구소련의 지위를 승계한 데 반해, 유고는 6개의 구성국 중 4개 구성국이 분리해 나간 이후에도 2개 잔류 구성국인 세르비아와 몬테네그로는 유고의 지속성(continuity)을 계속 주장해 왔으며, 따라서 유고의 국제법 주체성이 소멸되었다고 주장할 근거는 없다는 것이다. 블룸 교수는 또한 신유고가 새로이 유엔에 회원국 가입 신청을 하여야 한다는 유엔 안보리와 총회의 결의는 「유엔 헌장」을 무시한 근거 없는 조치라고 비난하면서, 소멸하였다는 유고가 총회 회의장에 국명을 표기한 명패와 함께 여전히 좌석을 갖고 있으며, 유엔 관내에 유고 국기도 여타 회원국 국기와 함께 계속 게양되어 있는바, 이는 유엔 자체가 취한 조치가 상호 모순되고 일관성이 없다는 것을 보여주는 것이라고 주장하였다.[14]

둘째, 신유고에 의한 회원국 지위 승계를 부인하는 입장이다. 이와 같은 입장은 다시 ㉠ 회원국 자격 문제는 기구 자체의 결정에 따라야 한다는 입장, ㉡ 세르비아-몬테네그로는 전 유고로부터의 영속성(continuation)이 없기 때문에 회원 자격을 승계받을 수 없다는 입장, ㉢ 구 유고는 분리(secession)된 것이 아니라 해체(dissolution)되었다는 입장 등으로 나누어볼 수 있다.

이 중 ㉠ 회원국 자격 문제는 기구 자체의 결정에 따라야 한다는 입장은 대표적으로 크로아티아 리예카(Rijeka)대학교의 디간(Degan)이 주장하였는데, 그에 따르면 구 유고는 해체가 된 것이고, 신유고는 구 유고의 유일한 승계자가 아니라는 유고평화회의 중재위원회의 의견을 유력한 논거로 제시하면서도 국제기구의 회원 자격 승계 문제와 관련하여 확립된 국제법 원칙은 없으며, 다만 그 기구 헌장이나 관련 규정에 따라 회원국들이 결정할 사안이라는 것이다.[15]

14　장동희, 같은 글, 153~154쪽 참고.

ⓛ 세르비아-몬테네그로는 전 유고로부터의 영속성(continuation)이 없기 때문에 회원 자격을 승계받을 수 없다는 입장은 영속성과 국가승계를 구별하여 영속성이 있을 경우에만 문제가 되고 있는 국가의 법인격, 관련된 조약상의 권리·의무 등이 계속 유지되며, 국가승계의 경우에는 신국가는 여타 국가와의 관계에서 법적 적용 과정을 거쳐야 한다는 입장이다. 다만 문제는 국가의 영속성과 국가승계를 구분하는 원칙이 없기 때문에 국가 관행과 법적 확신(opino juris)에 따라 판단하여야 한다는 것이다. 이에 따르면 러시아는 영토, 인구, 정치적 대표성, 핵 협상력 등의 요인으로 인하여 구소련과 영속성을 갖는 국가로 인정받았지만 세르비아-몬테네그로는 역사적·영토적 대표성이 없기 때문에 구 유고와 영속성을 갖는 것으로 인정받지 못하였다는 것이다.[16]

ⓒ 구 유고는 분리(secession)된 것이 아니라 해체(dissolution)되었다는 입장은 주유엔 크로아티아대표부 법률 고문으로 근무한 바 있는 말론(Malone) 변호사의 주장이다. 말론 변호사는 구 유고 구성국은 결코 분리되어 나온 것이 아니라 구 유고 정부가 헌법상 인정된 권한 행사를 통한 국가에 대한 통제력을 상실한 이후 해체되어가고 있는 과정에서 새로이 탄생한 국가라고 하면서, 블룸 교수는 구 유고연방이 해체된 것이 아니라 분리되었다는 잘못된 전제에서 논리를 전개해 나갔다고 비판하였다. 그에 따르면 구 유고는 영토 분할 과정에서 사라져버렸기 때문에 분리는 일어날 수 없으며, 다만 구 유고의 구성 공화국들이 유고사회주의연방공화국을 대체(replace)하였다는 것이다. 또한 영토가 분리될 경우 모체가 되는 회원 자격을 유지하도록 하는 유엔 관행도 유고의 경우에는 적용될 소지가 없다는 것이다.[17]

2) 기타 국제기구 회원국 지위 승계에 관한 관행

1944년에 창설된 국제통화기금(IMF)과 국제부흥개발은행(IBRD)의 경우는 설립협정에 출자금에 비례하여 투표권, 대출권, 쿼터 등을 결정하도록 되어 있다. 각 기구는 회원국 지위

---

15 Viadimir-Djuro Degan, *Correspondent's Agora: UN Membership of the Former Yugoslavia*, 87 Am. J. Int'l L., 240(1993), pp.240~244. 장동희, 「국제지구 회원자격의 국가승계에 관한 소고: 유고연방공화국의 유엔회원국 지위 승계여부를 중심으로」, 154쪽에서 재인용.

16 Ove E. Bring, *Correspondent's Agora: UN Membership of the Former Yugoslavia*, 87 Am. J. Int'l L., 240(1993), pp.244~246. 장동희, 같은 글, 155쪽에서 재인용.

17 M. Kelly Malone, *Correspondent's Agora: UN Membership of the Former Yugoslavia*, 87 Am. J. Int'l L., 240(1993), pp.246~248. 장동희, 같은 글, 155쪽에서 재인용.

승계와 관련하여 1947년 인도와 파키스탄 분열 시 인도에 대해서는 분열 전 인도의 원회원국 지위를 인정하였으나 파키스탄에 대해서는 1950년 7월 신규 가입을 하도록 하였다.

1958년 이집트와 시리아가 통일아랍공화국(UAR)으로 통합하였을 때, 통일아랍공화국은 국제통화기금과 국제부흥개발은행에 새로 가입하지 않고 본래 회원국이었던 두 국가의 회원국 지위를 계속 유지하였지만, 쿼터 및 투표권은 이사회결의를 통하여 새로 결정하였다.

1961년 시리아가 통일아랍공화국에서 탈퇴를 하였을 때 시리아는 시리아의 동일성이 통일아랍공화국 존속기간에도 유지되어 왔으며, 통일아랍공화국의 구성국인 이집트가 시리아의 별개 국가 수립에 반대하지 않는다는 근거로 통일아랍공화국 형성 이전 본래의 회원국 지위를 유지하도록 허용되었다. 그럼에도 불구하고 시리아는 시리아의 원래 가입일로부터 국제통화기금과 국제부흥개발은행의 협정 조항 및 의무의 수락을 다시 확인하였다.[18]

1990년 남북 예멘 통일 시에는 통일 이전에 각각 국제부흥개발은행의 회원국이었던 두 나라는 별도의 가입 절차 없이 예멘공화국이라는 이름으로 단일 회원국 지위를 유지하였다.[19]

국제통화기금의 경우 1992년 유고슬라비아 분열 시 유고연방을 구성하였던 5개의 승계국을 유고연방의 국제통화기금 내의 자산, 부채, 쿼터의 승계국으로 취급하였으며, 이 5개국이 각각 다른 일자에 유고연방의 지위를 승계하였음에도 불구하고 모든 승계국의 승계 발효일을 1992년 12월 14일로 동일하게 적용하였다.

국제부흥개발은행의 경우는 국제통화기금과 달리 유고연방의 분열을 선언하기 전에 모든 승계국들로부터 유고연방의 자산 할당에 관한 동의를 확보하였다는 점에서 차이가 있으며, 세르비아-몬테네그로의 유고연방 회원국 지위 승계도 국제통화기금의 회원국 지위 승계 시까지 보류되었으나 모든 5개의 승계국은 1993년 2월 25일 자로 유고연방의 지위를 승계한 것으로 하였다.[20]

아프리카 우편통신연합(African Postal and Telecommunication Union)은 「설립헌장」에 독립으로 인한 승계에 대하여 명확히 규정하고 있지 않으나 회원국 지위의 상속(succession이 아닌 inheritance라는 표현을 사용)에 대하여 규정하고 있으며, 이 규정에 따라 카메룬, 콩고(레오폴드

---

18 Paul R. Williams, "State Succession and the International Financial Institution: Political Criteria v. Protection of Outstanding Financial Obligation," *ICLQ*, Vol.43(1994). p.790. 이순천, 『조약의 국가승계: 최근의 국제실행과 남북통일 시 적용문제를 중심으로』, 141쪽에서 재인용.

19 이순천, 같은 책, 141~142쪽.

20 이순천, 같은 책, 142쪽.

빌), 중앙아프리카가 프랑스의 회원국 지위를 상속하였다.[21]

통일독일의 경우를 살펴보면, 유엔 회원국 지위 이외의 동서독 각자의 국제기구 회원국 지위에 대해서도 서독은 동독을 병합하여 국가로서 계속 존속하고 동독은 소멸한 국가이므로 서독의 회원국 지위는 유지가 되고 동독의 회원국 지위는 소멸하는 것으로 보았다.

이에 따라 통상 「통일조약(Einigungsvertrag)」으로 불리는 1990년 10월 3일 「통일독일 재건에 관한 독일연방공화국과 독일민주공화국 간 조약(Vertrag zwischen der Bundesrepublik Deutschland und der Deutschen Demokratischen Republik über die Herstellung der Einheit Deutschlands)」 제11조는 서독의 국제기구 및 국제기구 회원가입을 규정한 조약은 계속 유효하며 원칙적으로 동독 지역까지 적용이 된다고 명시하였다. 제12조 제3항은 서독은 가입되어 있지 않고 동독만 가입되어 있는 국제기구나 다자간 조약에 통일독일이 가입하려고 할 경우에는 독일은 모든 당사국과, EC와 관련이 있는 경우에는 EC와 협의를 하도록 규정하였다. 이 「통일조약」 제11조 및 제12조의 입장은 서독이 외교 관계를 유지하였던 모든 국가와 국제기구에 통보되었는데 이들로부터 아무런 이의 제기가 없이 그대로 받아들여졌다.

실제로 통일독일이 동독만 가입하였던 다자조약 및 국제기구 회원국 지위를 승계한 사례는 위성통신 관련 「인터스푸트니크(Intersputnik)조약」이 유일하나, 법적 관점에서는 독일이 승계한 것이 아니라, 1990년 10월 3일 자로 이 기구 및 조약에 가입한 것이다.[22]

3) 국제기구 회원국 지위 승계에 관한 학설

이 문제에 대한 학자들의 견해를 살펴보면 대체로 다음의 두 가지 견해로 구분된다.

첫째, 유엔과 기타 국제기구의 관행을 검토할 때 선행국이 가입한 국제기구의 회원국 지위는 원칙적으로 승계국이 승계할 수 없는 인적권리(personal right)라는 견해가 있다.[23]

둘째, 신생국이 일반 국제법의 원칙에 따라 선행국의 조약상의 의무를 승계한다는 원칙이 있지만 국제기구의 회원 자격은 신생국에 승계되지 않는다면서 이 문제에 대한 입장은 개별

---

21 O'Connell, "Independence and Succession to Treaties," *BYIL*, Vol.39(1962), p.135. 이순천, 같은 책, 141~142쪽에서 재인용.

22 이순천, 같은 책, 186쪽.

23 Zemanek, "State Succession after Decolonization," *Hague Recueil*, Vol.116(1965), p.253. 이순천, 같은 책, 146쪽에서 재인용.

국제기구의 헌장 조항에 의하여 결정된다고 보는 견해가 있다.[24] 이 견해에 따르면 유엔의 경우도 모든 신생독립국이 유엔 회원 자격을 신청하도록 요구하고 있지만 기존 회원국들의 묵시적인 합의나 묵인에 의하여 특별 취급을 하는 경우도 있으며, 이에 해당하는 사례로 파키스탄이 인도로부터 분리될 때 인도에 대하여는 기존 회원국 지위를 유지시키면서 파키스탄은 새로운 회원국으로 가입시킨 사례, 이집트와 시리아가 1958년에 아랍연합공화국으로 결합하였다가 1961년에 해체되자 공식적 가입이 아닌 회원 자격의 비공식적 변화로서 처음에는 아랍연합공화국으로 그 후에는 원상 복귀된 이집트와 시리아로 남게 된 사례를 들고 있다.

두 가지 견해 모두 국제기구 회원국 지위는 국가승계의 대상이 아니라는 입장이라고 볼 수 있다. 특히 두 번째 견해에 따르면 인도와 파키스탄, 통일아랍공화국의 사례가 모두 특정 원칙에 의하여서가 아니라 그때마다의 기존 회원국들의 묵시적인 합의나 묵인에 의하여 특별 취급을 받은 것에 불과하다는 것이다. 이러한 견해들에 따르면 논리상 승계국은 선행국의 기존의 국제기구의 회원국 지위를 승계할 권리가 있는 것이 아니고, 회원국 지위가 승계되더라도 이는 권리에 의하여서가 아니라 해당 국제기구의 특혜를 받은 것에 불과하다고 보아야 할 것이다.

세 번째로는 영국의 국제법 학자인 쇼(Malcolm N. Shaw)가 주장한 것으로 국제기구 회원국 지위의 승계는 새로운 국가가 형성된 것이냐 아니면 구국가가 계속되는 것이냐에 따라 다른 형태로 진행이 된다고 보는 견해이다. 이 견해에 따르면 앞에서 본 인도와 파키스탄 사례나 통일아랍공화국 사례, 예멘의 사례 등이 모두 새로운 국가 형성 여부에 따라 결정이 된 것으로 설명된다.[25]

4) 소결

국가승계에 관한 문제는 국제법에서 논란의 여지가 많아 이론적으로 가장 정리가 안 된 분야 중 하나이다. 유엔에서도 국가승계의 대상 중 조약이나 국가재산 및 부채 등에 대해서는 그 승계에 관한 협약을 채택할 정도로 상당한 관심과 해결 노력을 보였다. 반면 국제기구 회원국 지위의 승계에 대해서는 「조약승계협약」에서 국제기구 설립을 위한 기본조약 등에 대하여

---

24 Menon, P. K., *The succession of states in respect to treaties, state property, archives, and debts*(Lewiston: Edwin. Mellen Press, 1991), p.27; 이안 브라운리, 『국제법』, 정영진·황준식 옮김(현암사, 2004), 632쪽.

25 Malcolm N. Shaw, *International Law*, p.868.

별도의 규정을 두고 있을 뿐 이를 위한 개별 국제조약을 준비한 바도 없다. 학계에서도 이 문제는 조약승계 문제와 비교해도 상대적으로 큰 관심을 받지 못하고 있다. 가장 대표적인 국제기구인 유엔의 관행을 살펴보아도 일관된 원칙을 유지하지 못하고 있다는 비난을 면하기 어려운 측면이 있는 것이 사실이다. 따라서 이에 대한 일관된 국제 관행과 그에 대한 법적 확신, 즉 국제관습법이나 법의 일반 원칙조차 존재하지 않는다.

그러나 앞에서 검토한 유엔 관행들을 자세히 살펴보면 나름대로 일정한 원칙이 있음을 알수 있다. 즉, 유엔에서의 회원국 지위 승계 문제의 기준은 승계국이 선행국과 계속성이 있는 국가인지 아니면 새로운 국가인지에 대한 것이었다. 즉, 1947년 인도와 파키스탄의 분리 또는 분열 당시에도 주된 논점은 인도가 분열되어 소멸한 것인지 아니면 인도의 일부가 분리되어 나가고 인도가 계속하여 존속하는 것인지에 대한 것이었다. 유고연방이나 구소련의 경우에도 해당 사례가 계속성이 인정되는 분열에 해당하는 것인지 아니면 계속성이 부인되는 해체에 해당하는 것인지에 대한 사실관계에 대한 논쟁이 주된 것이었을 뿐이다.

이러한 논쟁은 결국 기존의 국가가 소멸된 것이냐 아니면 형태를 달리하여 존속하는 것이냐에 따라 기존의 회원국 지위 승계 여부에 대한 결론을 달리하였다는 것을 의미한다. 물론 이와 같은 논쟁이 발생하게 된 근본적인 이유는 분리나 분열 또는 해체에 대한 사실 확정이 어려운 문제이기 때문이다. 주의할 것은 분리나 분열 또는 해체에 대한 사실 확정 시 해당 관련 국가들의 의사가 매우 중요한 역할을 하였다는 것이다. 즉, 신유고연방의 경우에는 유고평화회의 중재위원회가 신유고연방을 구 유고연방의 승계국이 아닌 신국가라고 결론을 내린 것이 큰 영향을 미쳤다. 체코-슬로바키아연방공화국의 경우에는 체코공화국과 슬로바키아공화국의 의사에 따라 유엔도 이 연방공화국이 소멸된 것으로 보았다. 반면 러시아는 구소련의 승계국임을 주장하였고, 구소련의 다른 구성국들이 이에 대하여 이의를 제기하지 않았던 것이다.

국가의 계속성 여부는 분리나 해체의 경우에만 문제가 된 것이 아니라 국가통합의 경우에도 마찬가지였다. 이집트와 시리아가 통일아랍공화국을 형성하였을 때에도 기존의 2개의 국가가 소멸하고 1개의 새로운 국가가 수립된 것인지, 아니면 이집트가 시리아를 흡수하여 병합한 것으로 볼 것인지가 주된 논의의 대상이었고, 유엔은 후자의 견해를 취한 것이다. 독일의 경우에는 서독의 국가 계속성을 인정하였다. 이 경우에도 통합국가의 의사가 판단에 중요한 영향을 미쳤다고 본다. 그러나 다른 한편으로는 탄자니아공화국과 통일아랍공화국, 예멘공화국의 경우는 합병으로 인하여 기존의 국가가 소멸하고 새로운 국가가 수립된 것으로 보아야 함에도 불구하고 기존의 회원국 지위를 승계한 것으로 처리하여 일관성이 결여되고 있다. 그러나 이 국가통합들의 경우에는 기존 국가들이 모두 원회원국이었다는 특징이 있다는 점을 주목할 필요가 있다.

이런 점에서 본다면 유엔 총회 제6위원회가 채택한 회원국 지위 승계 문제 발생 시 적용할 지침, 즉 회원국의 지위는 그 국가의 소멸 여부에 따라 결정하고, 신생국은 새로 회원 가입을 하여야 한다는 원칙을 준수하고자 노력하였고 대체로 그 원칙이 지켜져 왔다고 할 수 있다. 국제통화기금이나 국제부흥개발은행도 국가분할 시 분할하는 국가는 새로 회원 가입을 하도록 하고, 계속성을 유지하는 국가는 회원국 지위를 유지하도록 하는 것이 기본 입장이었다고 할 수 있다.

비록 국제기구 회원국 지위의 승계에 대하여 확립된 국제관습법이 존재한다고 할 수는 없지만, 이와 같은 여러 관행과 그동안의 학자들의 주장 등을 종합해 보면 다음과 같은 결론을 얻을 수 있다.

첫째, 국제기구의 회원국 지위 승계 문제는 먼저 해당 국제기구 설립을 위한 기본조약에 따라 해결하여야 할 것이다. 어떤 면에서는 국제기구 회원국 지위 승계는 국가승계의 원칙에 관한 문제라기보다는 국제기구 설립을 위한 기본조약의 해석 내지 효력에 관한 문제라 할 수 있다.

그러나 대부분의 국제기구 설립을 위한 기본조약은 회원국 지위의 승계를 배제하거나 이에 대한 규정을 두고 있지 않다. 승계국 참가에 대한 규정을 두고 있는 대표적 사례는 「1947년도 관세 및 무역에 관한 일반협정(GATT 1947)」이 있다. 이 협정 제26조 제5항 (c)는 "체약당사자가 그에 관하여 이 협정을 수락한 관세영역이 그 대외 상거래관계 및 이 협정에서 제시된 나머지 문제의 처리에 있어서 완전한 자치권을 보유하거나 취득하는 경우, 상기 사실을 확정하는 책임 있는 체약당사자의 선언을 통한 후원이 있는 때에는 동 영역은 하나의 체약당사자로 본다"라고 규정하여 승계국 참가 규정을 두고 있다. 그러나 이는 매우 예외적인 경우이다.

둘째, 이처럼 특별 규정이 있는 경우를 제외하고는 국제기구 회원국 지위 승계 문제는 원칙적으로 선행국과 별개의 새로운 국가가 형성되었는가 아니면 선행국이 사실상 계속 존재한다고 볼 수 있는가에 따라 결정되는 것이 관행이라 할 수 있으며, 가장 합리적인 처리 기준이라고 본다. 즉, 새로운 국가가 형성된 경우에는 국제기구 회원국 지위는 승계되지 않는 것으로 보는 것이 원칙이지만, 선행국과 승계국 사이에 계속성이 인정된다면 승계국은 해당 국제기구의 설립 규정에 달리 규정되어 있지 않는 한 회원국 지위의 승계를 주장할 권리가 있다고 보는 것이 유엔 등의 관행에도 부합한다고 본다. 또한 이와 같은 해석이 앞에서 살펴본 유엔 총회

제6위원회(법률위원회)에서 채택한 원칙에 부합한다 할 것이다.

4. 남북통일과 국제기구 회원국 지위의 승계

1) 남북통일 유형과의 관계

국제기구 회원국 지위의 승계 문제는 남북통일이 유형을 합병과 병합으로 구분하여 살펴보는 것이 필요하다. 분단국의 통일을 비롯하여 2개의 국가가 통합하여 하나의 국가를 수립하더라도 이론적으로 보면 합병의 경우에는 기존의 국가가 소멸하면서 새로운 하나의 국가가 수립되는 것이지만, 병합의 경우에는 병합되는 국가만 소멸하고 병합을 하는 국가는 그대로 유지되면서 단지 영토와 주민의 변경만을 가져오는 것이기 때문이다. 다른 분단국의 통일 사례를 보면 예멘 통일의 경우는 합병에 해당하고, 독일 통일의 경우는 병합에 해당한다.

결론적으로 남북한 통일에 있어서 논의 가능한 통일 유형을 보면 북한이 남한으로 흡수되면서 소멸하고, 남한이 그대로 존속하는 경우가 병합 형태의 통일에 해당하고, 남북한이 결합하여 새로운 국가로 탄생하면서 기존의 남북한이 모두 소멸하는 형태가 합병 형태의 통일에 해당하는 것이다. 또 한 가지 생각해 볼 수 있는 경우는 앞에서 본 바와 같이 북한이 자유민주주의 체제와 시장경제 체제로 체제 전환을 한 연후에 통일이 되는 경우이다. 이 경우에는 사실상 동일 또는 유사한 체제를 갖춘 국가 간의 결합으로서 진정한 의미의 합병 형태의 통일이 가능할 수도 있을 것이다.

한편 우리의 공식적 통일 방안인 '민족공동체 통일방안'에서는 과도적 단계인 남북연합 단계를 상정하고 있으므로 남북연합 단계에서의 국가승계 문제에 대한 검토도 필요하다.

승계 여부를 검토하여야 할 대상적 측면에서 보더라도 기존의 남북한이 모두 소멸하고 통일한국이라는 새로운 국가가 탄생하는 합병 형태의 경우에는 기존의 남한과 북한이 선행국이고 통일한국이 승계국이므로 남한과 북한의 국제기구 회원국 지위 모두가 승계 여부에 대한 검토 대상이 될 것이다. 하지만 남한이 북한을 흡수하는 병합 형태로 통일이 이루어진다면 북한이 선행국이고 남한이 승계국이므로 북한의 국제기구 회원국 지위가 승계의 검토 대상이 될 것이다.

다만 후자의 경우에는 북한만 가입하고 남한은 가입하지 않은 유일한 국제기구로 국제철도협력기구가 있었으나 2018년 6월 7일 남한도 이 기구에 회원 가입을 함으로써 남한이 북한을 병합할 경우에 북한의 국제기구 회원국 지위 승계 문제를 검토하는 것은 특별한 실익이 없다고 볼 수도 있다. 그러나 남북한이 모두 가입한 국제기구라 할지라도 통일 이후 통일한국의 해당 국제기구 가입 시기를 어떻게 할 것인지, 이를 어떤 형식과 절차를 통하여 정리할 것인지, 각 국제기구 회원국으로서의 투표권과 분담금 문제는 어떻게 조정할 것인지 등 여러 가지 실무적인 문제가 여전히 남아 있다. 따라서 이에 따른 통일 초기의 혼란을 예방하기 위하여서는 사전에 충분한 검토와 대비가 필요하다.

2) 통일 유형에 따른 국제기구 회원국 지위의 승계

(1) 남북연합 단계

우리의 공식적 통일 방안인 '민족공동체 통일방안'에서 제시하고 있는 남북연합은 남북한이 각각 외교, 군사 및 내정에 걸쳐 독립적인 주권을 행사하면서 남북연합기구로 남북정상회의, 남북평의회, 남북각료회의를 상설화하여 경제·사회·문화공동체를 형성하는 것을 내용으로 하고 있다.

남북연합의 법적 성격을 어떻게 볼 것인지에 대해서도 의견이 분분하다. 이를 국제법상의 국가연합(Confederation)으로 이해하는 견해[26], 체제연합으로 규정하는 견해, 국가연합과 영연합(the British Commonwealth of Nations)의 중간쯤으로 이해하는 견해, 대외적으로는 국가연합이고, 남북한 간에는 체제연합의 성격을 갖고 있는 부진정 국가연합 또는 준국가연합으로 보는 견해,[27] 기본적으로는 국가연합의 범주에 속하나 실질적 내용에 비추어보면 국가연합보다 내부적 결속이 높은 연합제로 보는 견해,[28] 보편적 개념의 국가연합보다 그 결합의 수준이 낮은 국가 간 공동기구를 통한 매우 느슨한 국가결합 형태로 보는 견해[29] 등이 있다.

국가연합이란 둘 이상의 국가들이 구성국들 간의 평등을 기초로 국제법상 국가의 자격을

---

26   장명봉, 「國家聯合(Confederation)에 관한 研究: 우리의 統一方案의 發展과 관련하여」, 《국제법학회논총》, 제64호(대한국제법학회, 1988), 43쪽.

27   제성호, 「남측 聯合制와 북측의 '낮은 단계의 聯邦制' 比較」, 《국제법학회논총》, 제46권 1호(대한국제법학회, 2001), 264쪽.

28   이효원, 『남북교류협력의 규범체계』(경인문화사, 2006), 66쪽.

29   김계동, 『남북한 체제통합론: 이론·역사·정책·경험』(명인문화사, 2006), 213쪽.

보유한 채 공동의 기구를 가지고 결합하는 것이며, 구성국들이 국제법 주체성을 보유하고 있고, 연합된 조직 그 자체는 국제법상 국가 자격을 가지지 않는다는 점에서 연방국가와 구별된다.[30] 따라서 국제법상의 주체라는 측면에서 본다면 전통적인 국가연합과는 다소 차이가 있기는 하지만 남북연합은 국가연합에 해당한다고 보아야 할 것이다.

이러한 국가연합 형태의 통일은 사실상 남북한 양측을 모두 주권국가로서 승인하는 것이므로 국제법상 계속 존재하고 있는 대한제국 및 대한제국과 동일성을 가지고 있는 대한민국으로부터 북한이 '분리'되는 것을 전제로 하며,[31] 2개의 주권국가의 결합이기 때문에 이를 국가의 결합(uniting of states)의 경우에 해당될 것으로 보는 견해가 있다.[32] 이 견해에 따르게 되면 남북연합의 경우에도 국가승계의 문제가 발생한다.

그러나 남북연합이 「조약승계협약」이나 「국가재산 등 승계협약」에서 말하는 국가결합 또는 국가통합에 해당하는 것인지는 의문이다. 왜냐하면 이 협약에서 말하는 국가결합은 1개의 국가를 형성하는 것을 말하는데, 국가연합은 1개의 국가로 되는 것이 아니라 구성국이 그대로 국가로 존재하여 수 개의 국가로 남게 되기 때문이다.

독일의 경우에도 1989년 10, 11월 동독에서의 민중봉기 이후 동서독의 통일이 논의되던 초기에 선호된 통일 방법, 즉 국가연합안이 채택되었더라면 아직 국가승계의 문제는 발생하지 않았을 것이다. 이 경우 아직 국제법상의 주체로서의 지위를 유지하기 때문이다.[33]

앞에서 언급한 바와 같이 '민족공동체 통일방안'에서 제시하고 있는 남북연합은 남북한이 각각 외교, 군사 및 내정에 걸쳐 독립적인 주권을 행사하도록 되어 있다. 다만 남북연합기구로 남북정상회의, 남북평의회, 남북각료회의를 상설화하여 경제·사회·문화공동체를 형성하는 것을 내용으로 하고 있을 뿐이다. 따라서 남한과 북한이 2개의 독립한 국가 형태로 존속하게 되고, 국제사회에서는 각자가 독립적인 주권을 행사하므로 사실상 국가승계 문제는 발생하지 않는 것으로 보아야 할 것이다.[34]

---

30 유병화, 『국제법 I』(진성사, 1991), 397~398쪽.

31 김명기, 『國際法上 南北韓의 法的 地位』(화학사, 1980), 163쪽.

32 한형건, 「分斷國家의 再統一에 관한 國際法的 考察」, ≪국제법학회논총≫, 제71호(대한국제법학회, 1992), 20쪽; 노영돈, 「白頭山地域에 있어서 北韓과 中國의 國境紛爭과 國際法」, ≪국제법학회논총≫, 통권 제68호(대한국제법학회, 1990), 181~182쪽.

33 전광석·박기갑, 「東西獨 統一條約에 나타난 國家承繼條項 分析에 비추어 본 南北韓간 可能한 國家承繼形態와 그 體制에 관한 硏究」, 『'93 北韓·統一硏究 論文集(I), 統一政策 分野』(통일원, 1993), 372쪽.

34 한명섭, 「남북통일과 북한의 대외채무 승계에 대한 고찰」, ≪경희법학≫, 제47권 4호(2012.12), 184~186쪽.

개별 국제기구의 성격상 필요에 따라서는 남북연합이 하나의 회원국으로 정리를 하여 활동할 수도 있겠지만, 이는 회원국 지위의 승계 여부와는 별개의 문제에 해당한다.

이와 같은 형태의 국가통합에 해당하는 사례로는 세네감비아공화국의 경우가 있다. 세네갈과 감비아는 1981년 12월 17일 양국이 체결한 국가연합 조약에 따라 1982년 2월 1일 세네감비아공화국으로 출범하였다.[35] 세네감비아공화국은 전형적인 국가연합 방식의 통합에 해당하며, 이 연합조약에 따르면 각국은 독립과 주권을 보유하면서 유엔 회원국 자격을 유지하도록 하고 있는데, 이 국가연합 조약의 중요 조문을 보면 다음과 같다.[36]

제1조　동 협정에 의해 감비아공화국과 세네갈공화국의 국가연합은 세네감비아 국가연합의 이름으로 형성된다.

제2조　각국은 독립과 주권을 보유한다. 동 국가연합은 독립, 영토의 보존 및 주권을 방어하기 위해 감비아공화국과 세네갈공화국의 보안군 및 군대의 통합, 외교 관계에 있어서의 정책조정 등을 기초한다.

제17조　연합양국은 자국 헌법규정에 의거 국제협정을 체결할 수 있다. 유엔헌장 제103조를 제외한 기타 국제적 의무사항이 본 협정과 중복될 때에는 본 협정의 규정이 우선한다.

(2) 합병 형태의 통일이 될 경우

이론상으로는 남북한이 대등한 관계에서 합의를 통하여 공동으로 새로운 국가를 창설하고, 기존의 남북한은 모두 소멸하는 경우가 합병 형태의 통일에 해당한다. 즉, 이집트와 시리아의 결합이나, 남북 예멘의 경우와 같이 남북이 합의하여 통일한국이라는 새로운 국가를 건설하고 기존의 남한과 북한은 소멸한 것으로 합의를 하고 통일을 이루게 되면 합병이 되는 것이다.

앞에서 설명한 바와 같이 국제기구 회원국 지위의 승계에 관한 기준을 새로운 국가가 성립한 것이냐 기존 국가의 계속으로 보느냐에 따른다면 논리상 합병에 의한 통일한국은 기존의 남한과 북한의 국제기구 회원국 지위를 승계할 수 없게 되고, 신생국으로서 새로 가입을 하는 것이 타당할 것이다.

35　세네감비아공화국은 1989년 양국의 합의에 의하여 해체되었다.

36　국가연합조약은 국토통일원 엮음, 『국가연합사례연구』(국토통일원, 1986), 184~189쪽 참고.

그러나 유엔 회원국 지위 승계에 대한 기존의 관행을 살펴본다면 유엔이 이집트와 시리아가 통일아랍공화국으로 결합한 경우나 남북 예멘 통일의 경우와 같이 통일한국이 기존의 회원국 지위를 승계하는 것으로 인정할 수는 있을 것이다. 특히 남북한은 유엔에 같은 날 동시에 가입을 한 원회원국의 지위에 있으므로 특별히 문제가 될 것이 없다고 본다.

다만 이러한 형태의 통일은 북한이 통일 이전에 자유민주주의 체제와 사회적 시장경제 체제의 국가로 체제전환을 하지 않는 한 이론상으로만 가능한 것이지 현실적으로는 생각해 보기 어렵다. 그 이유는 기본적으로 자유민주주의 체제와 사회적 시장경제 체제에 입각한 남한과 사회주의 체제 및 계획경제 체제에 입각한 북한이 대등한 지위에서 합의에 의해 단일국가 형태의 통일국가를 건설한다고 할 경우, 극단적으로 대립되는 양자의 정치체제와 경제체제의 중간선에서 타협점을 찾을 수 없기 때문이다. 그렇다고 양측 체제를 극복 또는 지양하는 또 다른 체제의 국가 형태도 찾을 수도 없다.

결국 남북이 합의를 한다 하더라도 정치 체제와 경제 체제는 어느 한쪽의 체제를 선택하느냐의 문제가 되는 것이고, 종국적으로 통일국가의 기본 이념과 원리는 역사적·경험적으로 우월성이 입증된 자유민주주의 체제와 사회적 시장경제 체제를 택할 수밖에 없는 것이다.

현실적으로 남한과 북한이 기존의 체제를 유지한 상태로 1국가를 형성하는 것이 가능한 것인지도 의문이거니와 통일 예멘의 사례에서 본 바와 같이 체제를 달리하는 통일국가 형태를 존속시킬 수 있을지도 의문이다. 따라서 양 체제가 존속하는 우리의 남북연합제나 북한의 연방제는 통일의 중간 과정이 될 수는 있을지언정 진정한 통일이라 할 수 없을 것이다.

그러므로 남북한이 합의에 의하여 형식적으로는 기존의 남북한은 모두 소멸하는 것으로 하면서 새로운 국가를 창설한다 하더라도 새로운 통일국가는 자유민주주의 및 사회적 시장경제 체제의 국가가 되어야 할 것이다. 이 경우 실질적으로는 사회주의 체제이자 계획경제 체제하에 있는 북한은 소멸한 것으로 보고, 남한의 체제가 북한 지역으로 확대되는 것으로 보아야 할 것이다.

이를 국가승계의 문제에서 접근해 본다면 외견상 그 형식은 남북 합의에 의하여 새로운 국가를 창설하는 것이지만, 실제로는 통상 말하는 흡수통일의 경우와 마찬가지로 북한의 체제가 소멸하고, 남한의 법인격이 존속하는 형태일 것이다. 이러한 형태의 통일이어야 우리가 추구하는 진정한 '1국가, 1체제, 1중앙정부' 형태의 통일국가가 될 것이고, 이러한 통일만이 우리 헌법 체제하에서 가능한 통일 형태라 할 수 있다.

다만 헌법 개정을 통하여 또는 새로운 통일헌법의 제정을 통하여 중국의 경우와 같이 일

국양제 형태를 취하여, 북한의 사회주의 체제를 일정 기간 그대로 존속시키는 형태의 통일이 된다면 이를 합병으로 볼 것인지, 병합으로 볼 것인지의 구분이 명확하지 않을 수 있다. 생각하건대 중국과 홍콩의 경우와 같은 일국양제의 경우에 비추어보면 이 경우에도 대한민국이 그대로 존속하고 북한은 소멸하되, 잠정적으로 종전의 북한 지역에 기존의 체제를 그대로 존속시키는 것으로 보면 역시 병합의 경우에 해당한다고 볼 수 있을 것이다.

결국 통상적으로 말하는 북한의 붕괴 등으로 인한 흡수통일의 경우나, 남북 합의에 의한 합의통일의 경우나 남북이 1국가 1체제의 통일국가가 된다면, 통일국가의 그 기본적 헌법질서는 자유민주주의적 기본질서와 시장경제질서에 기초하여야 한다. 따라서 비록 형식은 남북한 간의 합의에 의해 새로운 국가가 성립된 것이라 하더라도 그 실체는 사회주의국가인 북한의 소멸과 동시에 자유민주주의 체제인 남한의 영토 확장 또는 구 영토의 회복이 될 것이므로 법적 성격을 병합으로 보는 것이 타당할 것이다.[37]

이러한 견해에 기초한다면 통일한국의 국제기구 회원국 지위 승계 문제는 합병과 병합의 경우로 나누어 살펴보는 것은 큰 의미가 없다고 할 수 있다.

(3) 병합 형태의 통일이 될 경우

앞에서 살펴본 바와 같이 통일한국이 자유민주적 기본질서에 입각하고 있다면 그 통일 형태는 통일독일의 경우와 같이 남한이 북한을 흡수하는 형태가 될 것이고, 국제법적으로는 병합 형태가 될 것이다. 즉, 통일한국이 남한과의 국가의 계속성을 유지하면서 남한이 북한을 흡수하여 통일하는 경우에 북한은 소멸하고 통일한국은 그 영토가 확대되어 통일 이전 한국의 국제법적 법인격이 계속 유지되는 통일국가가 되는 것이다.

이 경우 다자조약 및 국제기구의 회원국 지위 승계 문제와 관련해서는 통일 이전에 남북한이 모두 가입한 다자조약이나 국제기구의 회원국 지위는 통일한국에 의해 당연히 승계되며, 통일한국은 이러한 국제기구에서 단일 회원국이 될 것이라고 보는 견해가 있다.[38]

그러나 더 정확하게는 남북한이 모두 가입한 국제기구라 할지라도 북한이 소멸한다면 북한의 해당 국제기구 회원국 지위는 소멸하는 것이며, 단지 남한의 해당 국제기구 회원국 지위는 통일한국에 그대로 유지되면서 단일 회원국이 되는 것이고, 단지 기존의 남한의 회원국 지

---

37 한명섭, 「남북통일과 북한의 대외채무 승계에 대한 고찰」, 186~188쪽.
38 이순천, 『조약의 국가승계: 최근의 국제실행과 남북통일 시 적용문제를 중심으로』, 279쪽.

위의 효력이 기존의 북한 지역을 포함한 통일한국 전체에 적용되는 것일 뿐이라고 보는 것이 타당하다고 본다. 단지 실무적으로 국가영역 및 인구가 확대됨에 따라 투표권, 쿼터나 분담금 등의 조정 문제만 남게 된다.

한편, 한국만이 가입한 다자조약이나 국제기구 회원국 지위도 당연히 통일한국이 이를 유지하면서 그 효력이 북한 지역으로 확대·적용된다고 보아야 한다.[39]

북한만 가입한 국제기구 회원국 지위는 북한이라는 실체가 소멸하였으므로 당연히 소멸된다고 보아야 한다. 다만 앞서 살펴본 바와 같이 2018년 6월 7일 남한의 국제철도협력기구 가입으로 현재는 북한만 가입한 국제기구는 없는 상황이다. 하지만 통일 시점을 기준으로 북한만 가입한 국제기구가 있고, 그 회원국 지위가 통일한국에도 유용한 경우 이를 승계할 방법이 있는지 살펴볼 필요가 있다. 물론 통일한국이 해당 기구에 새로 가입을 하면 되겠지만, 경우에 따라서는 새로 가입하는 것보다 북한의 기존 회원국 지위를 승계하는 것이 유리할 경우도 있을 수 있기 때문이다.

북한만 가입한 국제기구 회원국 지위를 통일한국이 필요로 하는 경우에는 관련 당사국 및 국제기구와 협의하여 북한이 가입한 시기를 기준으로 통일한국이 회원국 지위를 승계할 수도 있을 것이다. 특히 북한이 해당 기구 내에서 별도의 유리한 지위나 권리를 가지고 있는 등 다른 특별한 이익이 있거나 업무의 연속성이 필요한 경우에는 회원국 지위를 승계하는 것이 유리하다.

3) 회원국 지위 승계 방식

이상에서 살펴본 바와 같이 병합 형태로 통일이 될 경우 북한의 국제기구 회원국 지위는 소멸하고 남한의 회원국 지위가 통일한국으로 승계된다고 하더라도 실무상으로는 회원국 지위를 어떤 방식으로 정리할 것인지에 대한 검토가 필요하다. 국제기구 설립 규정에 그에 대한 규정이 있다면 당연히 해당 규정에 따라야 하겠지만 사실상 이러한 국제기구 설립 규정은 찾아보기 어렵다.

다만 국가결합을 한 여러 나라의 사례를 보면 통일 또는 통합국가 명의로 유엔사무총장에게 서한을 보내 국가통합 사실을 통지하고 있다.

---

39 이순천, 같은 책, 279쪽도 같은 의견이다.

통일아랍공화국은 외무장관이 1958년 3월 1일 자로 "통일아랍공화국 정부는 이 시점부터 유엔에서 단일 회원국을 구성하며, 아울러 계속 유엔헌장에 구속됨을 천명한다. 그리고 이집트와 시리아가 다른 나라와 체결한 모든 국제조약과 협정은 국제법의 제반원칙에 부합하여 체결 당시 적용 영역 내에서 지속적인 효력을 갖는다"라고 통보하였다.[40]

탄자니아공화국은 1964년 5월 6일 자로 유엔 사무총장에게 보낸 서한에서 "탕가니카와 잔지바르 양국은 유엔헌장에 의해 구속되는 유엔의 단일 회원국임을 천명함과 동시에 탕가니카 또는 잔지바르가 다른 나라와 국제기구 간에 체결하여 효력 중인 모든 국제조약과 협정에 대하여 연합(탄자니아 지칭) 헌법 조항과 부합되는 한도 내에서 체결 당시 예정되었던 영역 내에 계속 유효하다"라고 통보하였다.[41]

이와 같은 사례에 비추어볼 때 통일한국의 경우도 외교부 장관이 유엔 사무총장에게 대한민국 또는 통일한국의 새로운 국명으로 남한과 북한이 통일되어 혹은 남한이 북한을 병합하여 그 시점부터 유엔 단일 회원국임을 천명하는 내용의 서한을 보내면 될 것이고, 다른 국제기구에도 이와 같은 방식으로 통일이 되었음을 통지하고, 각 국제기구의 단일 회원국으로서의 권리와 의무에 관한 분담금이나 쿼터 문제 등을 협의하면 될 것이다.

5. 맺음말

남북통일 시 남한과 북한의 국제기구 회원국 지위 승계 문제는 국제법상 국가승계의 문제로 논의된다. 비록 남북한이 서로 상대방의 국가성을 부인하고 있는 분단국가라 할지라도 국가승계의 문제에 대해서는 국내법상의 문제가 아니므로 국제법상의 국가승계에 대한 법리의 적용을 인정할 수밖에 없다.

국가승계에 대한 국제법상의 법원으로는 유엔에서 채택한 「조약승계협약」과 「국가재산 등 승계협약」이 있으나 2개의 협약 모두 아직 국제사회에서 일반적인 지지를 받지 못하고 있고, 특히 후자는 발효조차 되지 않았다. 더군다나 남북한 모두 이 조약에 가입을 하지 않고 있다. 또한 국제기구 회원국 지위 대부분이 국제기구의 설립을 위한 기본조약에 가입을 함으로

---

[40] 국토통일원 엮음, 『국가연합사례연구』, 100~101쪽.

[41] United Nations, *Multilateral treaties deposited with the Secretary-General, Status as at 31 Dec 1992*(United Nations, 1993), p.25.

써 이루어지기는 하지만, 「조약승계협약」은 국제기구 설립을 위한 조약에 다른 규정이 있는 경우에는 「조약승계협약」의 적용 대상에서 제외하고 있다. 그렇다고 이를 규율할 만한 국제관습법이 있는 것도 아니다.

결국 이 문제는 우선은 개별 국제기구의 설립을 위한 기본조약의 내용에 따라 결정되어야 한다는 점에 대해서는 학자들 간에 이견이 없음을 알 수 있다. 그러나 대부분의 국제기구 설립을 위한 기본조약에서 이에 대한 명확한 규정을 두고 있지 않다. 따라서 통일한국이 그동안의 국제적 관행과 이론 등을 참고하여 결정을 하고 이를 기초로 해당 국제기구와의 협의를 통하여 해결할 수밖에 없는 것이 현실이다.

이에 이 장에서는 주로 유엔의 관행을 중심으로 그동안의 국가승계 시 문제가 되었던 유엔 회원국 지위의 승계에 대한 사례를 살펴보았다. 유엔의 경우 신생국에 대해서는 새로 회원국 가입을 하도록 요구해 왔음을 알 수 있고, 국제통화기금이나 국제부흥개발은행의 경우도 국가분할 시 계속성 여부에 따라 회원국 지위 유지 여부를 판단하였음을 알 수 있다. 즉, 국제기구 회원국 지위 승계 문제는 원칙적으로 선행국과 별개의 새로운 국가가 형성되었는지 아니면 선행국과 승계국 간에 계속성이 인정되는지에 따라 결정해 왔다고 보아야 할 것이다.

이런 점에서 통일한국의 통일 형태가 예멘과 같은 합병이냐 아니면 독일과 같은 병합이냐를 검토하는 것이 매우 중요하다. 하지만 외견상 남북한이 합의하여 새로운 통일한국을 수립한다 하더라도 통일한국이 자유민주적 기본질서에 입각한 자유민주주의 체제와 사회적 시장경제질서 체제의 국가라면 이는 합병이 아니라 병합에 해당하는 것으로 보는 것이 타당하다고 생각한다. 그리고 이러한 형태의 통일이 우리 헌법에도 부합하는 통일 형태라 할 것이다.

이 경우 통일한국은 현재의 남한과의 계속성이 유지되는 국가이므로 남한이 가입한 국제기구 회원국 지위는 그대로 유지되면서 북한 지역으로 확대·적용되는 것이고, 반면에 국가로서 소멸을 한 북한의 국제기구 회원국 지위는 승계되지 않는다.

이는 결론적으로 동서독의 「통일조약」과도 부합한다. 통일독일의 경우 「통일조약」 제11조에 의하여 서독의 국제기구 회원국 지위는 모두 유지되면서 통일독일 영토 전체에 적용되었고, 제12조 제3항에 의하여 동독만이 가입하였던 국제기구의 회원국 지위는 동독의 소멸로 모두 종료되었던 것과 결론을 같이하는 것이다. 따라서 남북통일 시 통일헌법이나 통일조약이 체결된다면 독일의 「통일조약」과 같이 명시적으로 이 문제에 대한 규정을 두는 것이 바람직하다고 본다.

통일 이후 국제기구 회원국 지위 문제를 정리하기 위하여서는 통일아랍공화국이나 탄자니아공화국의 사례와 같이 유엔에는 외교부 장관이 대한민국 또는 통일한국의 새로운 국명으로 유엔사무총장에게 남북한이 통일되어 혹은 남한이 북한을 병합하여 그 시점부터 유엔 단일 회원국임을 천명하는 내용의 서한을 보내면 될 것이다.

다른 국제기구에도 이와 같은 방식으로 남북한이 통일이 되었음을 통지하는 한편, 남한의 기존의 회원국 지위가 유지되면서 북한 지역까지 확대·적용되며, 북한의 기존 회원권 지위는 소멸되었다는 사실도 각 국제기구에 통보하고 단일 회원국으로서의 권리와 의무에 관한 사항인 투표권, 분담금, 쿼터 등의 문제를 협의하여야 할 것이다.

제27장

남북통일과 북한의 대외채무 승계*

1. 머리말

선행국에서 승계국으로 이전되는 권리와 의무로는 조약, 국유재산, 국가문서, 국가채무, 국민의 국적, 개인의 권리 또는 기득권, 국제기구의 회원국 지위, 국제적 불법행위에 대한 국가 책임 등 다양하다.[1]

이 중에서도 북한의 대외채무 승계 문제는 통일한국이 부담해야 하는 통일 비용과 밀접한 관련이 있다. 통일한국이 북한의 대외채무를 승계해야 하는지에 대해서는 의견이 나뉜다. 또한 승계를 하여야 한다고 하는 입장에서도 그에 대한 법적 근거가 무엇인지에 대하여 여러 가지 의견이 제시되고 있다. 통일 비용과 관련하여서도 북한의 대외채무를 승계해도 지하자원 등 통일 편익이 더 크다고 보는 입장이 있는가 하면 북한의 대외채무를 승계하면 적지 않은 부담이 생기므로 이를 승계하지 않을 방안을 모색할 필요가 있다는 주장도 있다.

이 장에서는 북한의 대외채무 실태와 분단국가인 남북한 관계에서도 국제법상의 국가승계 법리가 적용되는지, 국가승계 법리가 적용된다면 북한의 대외채무를 통일한국이 반드시 승계해야 하는 것인지, 북한의 대외채무 문제를 해결할 다른 방안은 없는지 등에 대하여 살펴보고자 한다.

---

* 이 장은 한명섭, 「남북통일과 북한의 대외채무 승계에 대한 고찰」, ≪경희법학≫, 제47권 4호(2012.12), 161~198쪽의 내용을 수정·보완한 것이다.

1 국가승계의 개념과 국제법상의 법원(法源) 등에 대하여는 이 책 제23장 '남북통일과 조약 승계' 참고.

2. 북한의 대외채무 현황

1) 대외채무 범위와 규모

통일에 따른 국가승계와 관련하여 논의가 되는 대외채무는 북한이 채무의 주체가 되는 국가채무(state debt)를 말한다. 1983년 「국가재산 등 승계협약」에서는 국가채무를 선행 국가가 국제법에 따라 타 국가, 국제기구 또는 기타 국제법의 주체에 대하여 지고 있는 일체의 재정적 의무로 정의하고 있다. 따라서 북한 당국이 사경제의 주체로서 외국 기업이나 외국인 투자자 등과의 계약으로 인하여 부담하는 채무는 이에 해당하지 않는다.

북한의 대외채무 규모를 확인할 수 있는 공식적인 자료는 없다. 어느 정도 공신력이 있다고 평가받는 OECD는 북한의 대외채무를 1990년에 48억 8000만 달러이고 1998년에 74억 3000만 달러라고 추정치를 발표한 바 있으나 2000년 이후에는 이를 발표하고 있지 않다.

우리 정부의 경우는 2008년 당시 한나라당 권영세 의원이 정보기관으로부터 제출받은 자료를 근거로 북한이 중국·러시아·동유럽 등 30여 개국에 약 180억 달러의 대외채무를 지고 있다고 밝힌 바 있다. 같은 해 1월 11일 블룸버그(Bloomberg) 통신은 북한의 대외채무를 150억 달러로 발표한 바 있고, 2010년 8월 19일 영국 ≪파이낸셜 타임스(Financial Times)≫는 120억 달러로 추산된다고 보도한 바 있다.

실제 북한의 대외채무가 이 추정과 같이 120~180억 달러 정도라고 한다면 2014년 말 남한의 대외채무 약 4254억 달러와 비교하면 매우 적은 금액이다. 하지만 2015년 7월 17일 한국은행이 발표한 북한의 2014년 국민총소득(명목GNI)은 34조 2000억 원으로 남한의 44분의 1(2.3%) 수준이고, 1인당 국민총소득(GNI)은 138만 8000원으로 한국의 21분의 1(4.7%) 수준이라는 점을 고려할 때 북한으로서는 큰 부담이 되는 수준이다.

2) 대외채무 누적 원인

북한의 대외채무가 표면화되기 시작한 것은 1974년경부터이며, 1980년대 중반부터 사실상의 채무 이행 불능 상태가 되었다고 보고 있다.

북한은 1950년에는 무역수지 적자의 규모도 작았을 뿐 아니라 무상원조액도 그것을 상회하였다. 1960년대에 들어서면서 무상 원조는 없어졌지만, 그 대신 조총련 동포의 북송 사업과 함께 북한으로 흘러 들어간 자금이 무역수지 적자를 메워 이 무렵에도 국제수지는 흑자였을 것으로 보고 있다. 그러던 것이 1974년에 일본에 대한 수입 대금을 지불하지 못하면서 1975년에는 6개월 이상 채무 상환이 지연되는 장기 연체 사태가 발생하였고, 이후 별다른 회복세를 보이지 못하고 현재의 상황에 이르고 있는 것이다.[2]

이처럼 1974년 시점에서 외채 문제가 발생하고 이후에 더 확대된 이유에 대하여 북한대학원대학교 양문수 교수는 다음과 같은 네 가지 사유를 들고 있다.[3]

첫째, 국제환경적 요인이다. 북한이 1970년대 전반에 서방 세계와의 무역 확대를 계기로 무역수지 적자가 급속도로 늘어났는데 그 직접적인 원인은 오일쇼크라는 복병을 만나 수입은 예상보다 훨씬 늘어났고 수출은 예상보다 크게 줄어들었다.

둘째, 북한의 외환보유고의 문제이다. 1974년 말 시점에서 북한의 외환보유고는 3~5억 달러에 불과하였고, 대외 결제 수단인 금(金)의 보유량은 5674만 달러, 은(銀)의 보유량은 6314만 달러에 불과하였다고 한다.

셋째, 무역수지 적자의 누증이다. 이는 북한뿐 아니라 사회주의국가들의 경제 구조에서 비롯된 공통적인 문제라 할 수 있다.

넷째, 북한이 경제개발 초기부터 도입하였던 차관이 제대로 상환되지 못하였다는 점이다. 북한의 경우 1950년대에는 무상 원조가 대부분이었으나 1960년대에는 어느 정도 차관이 도입되었고, 1970년대에는 모두 차관이었는데, 이러한 차관의 상환시기가 도래하면서 이를 상환하기 위한 신규 차관이 거듭되다 보니 대외채무는 계속 늘어나고 결국은 불이행 사태가 발생하였다는 것이다.

3) 대외채무의 채권국별 특징

(1) 러시아에 대한 채무

러시아에 대한 북한의 채무는 구소련의 붕괴로 인하여 두 가지 문제가 발생하였다. 첫 번째는 현재의 러시아가 구소련의 대외채권을 승계하였느냐의 문제이다. 이에 대하여 러시아는 자신들이 구소련의 승계국으로 대외 채권과 채무 모두를 그대로 승계하였다는 입장이다. 그러

---

2   양문수, 「북한의 대외채무 문제: 추세와 특징」, ≪KDI 북한경제리뷰≫, 제14권 3호(2012), 27쪽 참고.
3   자세한 내용은 양문수, 같은 글, 28~29쪽 참고.

나 북한은 러시아를 구소련의 승계국으로 인정하지 않고 있다. 두 번째 문제는 채무액 산정의 문제이다. 구소련의 대외채권은 루블화로 표시되어 있었고 당시에는 루블화가 미국 달러에 비하여 고평가되어 있었다. 그렇지만 1992년의 구소련 붕괴 및 1998년의 러시아의 경제위기로 루블화는 미국 달러에 비하여 엄청나게 평가절하되었다. 이에 따라 러시아의 대외채권의 달러 가치 환산을 어떻게 산정할 것인지가 문제가 된 것이다.

1991년 소련이 붕괴한 뒤 북한과 러시아는 이 부채 문제를 해결하기 위한 협상을 지속해 왔으나 2007년까지 별다른 합의점을 찾지 못하다가 2011년 8월 김정일 국방위원회 위원장과 드미트리 메드베데프(Dmitry Medvedev) 전 러시아 대통령이 정상회담을 가진 뒤 협상이 급격하게 진행된 것으로 알려지고 있다. 그 결과 2012년 9월 17일 북한은 러시아와 구소련에 대한 채무를 109억 6000만 달러(약 11조 3797억 원)로 확정하는 한편, 이 중 90퍼센트를 탕감하고 나머지 10퍼센트인 10억 9000만 달러는 20년 동안 6개월마다 분할 상환하기로 협정을 체결하였다. 이 협정은 2014년 4월 러시아 하원의 비준 동의를 거쳐 2014년 5월 5일 블라디미르 푸틴(Vladimir Putin) 러시아 대통령에 의하여 비준안에 최종 서명이 이루어졌다.

러시아 측은 이 협정의 비준으로 북한을 통과하여 남한으로 연결되는 가스관 건설 사업이 탄력을 받을 것으로 기대하고 있다. 이 협정에는 북한의 채무 상환금 1조 1379억 원을 러시아와 북한 영토 안의 에너지 프로젝트에 재투자하는 내용도 담고 있기 때문이다. 러시아의 세르게이 스토르차크(Sergei Storchak) 재무차관은 "이 상환금을 한국까지 닿는 가스관이나 철도 건설을 위한 북한 내 토지를 확보하는 데 활용할 수 있기를 기대한다"라고 설명하였다. 러시아 국영 가스프롬은 1990년대 중반부터 한국에 연간 100억 세제곱미터의 가스를 전달할 수 있는 파이프라인 건설 계획을 한국 정부와 논의해 왔다. 2008년 한러 정상회담 당시 북한을 통과하는 천연가스관 노선의 건설 경비는 약 30억 달러로, 북한이 받을 수 있는 통관수수료는 연간 1억~1억 5000만 달러로 추산되었다.[4]

(2) 중국에 대한 채무

북한의 중국에 대한 대외채무 규모는 제대로 확인이 되지 않는 상황이다. 다만 오래전 자료이기는 하나, 영국의 EIU는 1989년 시점에 북한이 중국에 대하여 9억 달러의 채무를 지고 있다고 분석한 바가 있다.[5] 그러나 북중 간의 교역 규모의 확대, 북한의 중국에 대한 경제의존

---

4   "러, 北채무 11조원중 90% 탕감", 《매일경제》, 2014년 4월 21일 자.

도, 북한에 대한 중국의 경제적 지원 등을 고려해 보면 북한의 중국에 대한 대외채무 규모는 상당히 클 것으로 보인다. 지금도 북한은 중국으로부터 매년 약 50만 톤 정도의 원유와 상당한 분량의 식량을 공급받고 있는데, 이 중 일부는 차관일 것으로 추정된다.

그러나 북한의 중국에 대한 채무 역시 양국 관계로 보아 상당 부분 정치적으로 해결이 될 가능성이 있다. 한편 중국 입장에서는 북한의 나진항과 청진항 이용권 및 여러 가지 지하자원 등의 현물 상환 등을 통하여 해결하고 있거나 또는 그와 같은 해결 방안을 요구할 수 있을 것이다.[6]

(3) 일본에 대한 채무

일본에 대한 북한의 채무는 1974년부터 표면화되었는데, 1976년 말 북일 간 채무 연기 합의 시점에서 채무 규모는 약 800억 엔에 달하였다. 이후 북한은 이 원금 중 100억 엔 정도를 상환하면서 1983년까지 채무 연장에 대한 합의가 이루어졌으나, 1983년 아웅산 테러 사건을 계기로 일본이 경제제재 조치를 취하자 1984년부터 대금 지불을 중단한 상태이다. 따라서 북한의 대일본 채무는 원금 700억 엔과 그에 대한 이자가 될 것이다.

북한의 대일본 채무는 남한의 경우와 같이 양자 간 국교정상화와 연계하여 해결이 가능할 것이다. 북일 간 국교정상화가 이루어지게 되면 북한의 대일본 배상청구권에 따른 자금의 일부로 이 채무의 상계가 가능할 수 있다. 2012년 북한이 일본과 배상청구권 협상을 재개한 것으로 알려졌다. 북한 내부 소식통들과 직접 접촉하고 있는 이윤걸 북한전략정보서비스센터 대표는 기자와 만난 자리에서 "최근 입수한 정보에 따르면 북한 당국이 고위급 인사를 참석시킨 가운데 중국 베이징에서 지난 5월부터 일본과 배상청구권을 두고 밀실협상을 벌이고 있다"라고 말하였다.[7] 당시 양측의 협상이 정확히 어느 정도까지 진행되었는지는 외부에 알려지지 않았지만, 상당 부분 의견이 근접한 것으로 전해진다.

북한의 대일배상청구권 문제는 지난 1990년 시작된 북일 수교 협상의 핵심 사안 중 하나였다. 2002년과 2004년 고이즈미 당시 일본 총리의 방북으로 배상청구권 문제를 비롯한 북일 수교 협상이 급물살을 타기도 하였지만, 2006년 이후 양국 관계가 악화되면서 협상은 또다시

---

5   이상산, 「북한의 대외채무 해결방안 모색」, ≪북한조사연구≫, 제2권 1호(1998), 165쪽.

6   ≪중앙일보≫ 2012년 9월 11일 자 보도에 따르면 중국은 나선항(나진·선봉)에 이어 북한의 청진항에 대하여 30년간의 운영권을 확보하였다고 한다.

7   "김정은 개혁개방 시프트 앞과 뒤: "총알보다 식량" 아버지와 다른 걸음", ≪일요신문≫, 2012년 7월 30일 자.

중단되었다. 이처럼 양국은 협상 때마다 이 배상금 문제와 북한의 일본인 납치자 석방 문제에 대하여 의견을 좁히지 못하고 아직까지 별다른 협상 성과를 내지 못하고 있다.

현실적으로 북한이 경제 재건 내지 개발을 적극적으로 추진하기 위해서는 막대한 외부 자금의 투입이 절실한 상황이며, 이를 해결할 수 있는 가장 유용한 방법 중 하나가 대일본 배상청구권을 통한 자금 확보라는 점에서 북일 간 수교 협상은 매우 중요한 현안이라 할 것이다.

2012년 9월 18일 자 일본 ≪산케이신문≫은 조선노동당 전 간부의 증언을 인용하여 2002년 평양에서 북한의 고(故) 김정일 국방위원회 위원장과 일본의 고이즈미 준이치로(小泉純一郎) 당시 총리가 서명한 「평화선언」의 배경에는 북한 측이 일본인 납치를 인정하면 일본이 경제협력 자금 114억 달러를 전후 보상으로 지급한다는 밀약이 있었을 가능성이 부상하였다고 전하였다.[8] 일본에 대한 채무의 원금 700억 엔을 2012년 10월 현재 달러화로 환산하면 약 8억 9000만 달러 정도가 된다. 그러므로 이 채무는 이자를 감안하더라도 대일 배상청구권으로 확보 가능한 금액을 최소한 100억 달러 정도로 본다면 배상 금액의 10% 전후가 될 것이므로 북일 관계 정상화에 따라 얼마든지 해결이 가능한 것이다.

(4) 기타 외국에 대한 채무

북한의 기타 OECD 국가들에 대한 채무 규모 역시 명확하지 않다. 다만 북한의 외채 문제가 표면화되면서 1977년부터 1987년까지 사이에 OECD 국가들은 채권단을 구성하여 채무 상환 일정 재조정 합의 등을 이끌어내는 등 자구책을 강구하였으나 북한의 소극적 태도 등으로 채무 이행이 제대로 이루어지지 않았다.

또한 이 채권단은 1990년 8월과 1992년 4월 두 차례에 걸쳐 국제상공회의소 산하 국제중재재판소(ICAI)에 북한을 제소하여 원리금을 상환하라는 판결을 받기는 하였으나 현실적 효과를 거두지는 못하였다. 한편 OECD 채권단들, 특히 채권은행들은 대북 채권(債權)을 북한채권(債券)으로 상품화하여 시장에서 유통시켜 손실을 최소화하고 있는데, 금융시장에서는 통일이 되면 통일한국이 이를 변제할 것이라는 기대를 갖고 액면가의 15퍼센트 정도의 가격으로 거래가 되고 있다고 한다.

≪VOA≫의 취재에 따르면 2017년 12월 현재 스위스에 대한 채무는 미화 2억 900만 달러, 스웨덴에 대한 채무는 2016년 12월 현재 미화 3억 1800만 달러, 오스트리아에 대한 채무

---

8 "北·日, 2002년에 114억달러 보상 밀약", ≪연합뉴스≫, 2012년 9월 18일 자.

는 2017년 현재 미화 1억 7000만 달러에 달한다. 그 밖에도 영국, 체코, 핀란드, 루마니아 등이 북한으로부터 30년 넘게 빚을 돌려받지 못하고 있으며, 이 국가들은 모두 채무를 탕감해 줄 계획이 없다고 밝혔다.[9]

(5) 남한에 대한 채무

통일부 자료에 의하면 우리 정부는 2000년부터 2007년 사이에 북한에 차관 방식으로 쌀 240만 톤과 옥수수 20만 톤을 지원하였고, 이를 금액으로 환산하면 이자 1억 5528만 달러(약 1775억 원)를 제외하고도 총 7억 2004만 달러(약 8230억 원)에 달한다.

그 밖의 대북 차관으로는 KEDO에 대한 경수로 대출 1조 3655억 원과 철도 자재·장비 1494억 원, 경공업 원자재 747억 원 등이 있다. 이 중 대북 식량과 철도 자재·장비 차관은 연 1퍼센트의 이자율로 10년 거치 20년 분할 상환 조건이며, 경공업 원자재에 대해서는 당해 연도 3퍼센트 상환, 나머지는 연 1퍼센트 이자율로 5년 거치 10년 분할 상환 조건으로 지원을 한 것이다.

상환 조건에 따르면 대북 식량차관의 경우 첫 상환 기일은 2013년 6월 7일로, 그 규모는 2000년 제공한 대북 쌀 차관의 첫 상환분 583만 4372달러이다. 그리고 계속하여 2013년에는 578만 달러, 2014년에는 1973만 달러, 2015년 1956만 달러 등의 상환 일정이 2037년까지 잡혀 있다. 경공업 원자재의 경우도 2014년부터 상환 기일이 도래했다.

| 표 27-1 | 대북 식량 차관 실적 |

구분	2000	2002	2003	2004	2005	2007
지원 규모	태국 쌀 30만 톤, 중국산 옥수수 20만 톤	국내산 쌀 40만 톤	국내산 쌀 40만 톤	국내산 쌀 10만 톤, 태국산 쌀 30만 톤	국내산 쌀 40만 톤, 태국산 쌀 10만 톤	국내산 쌀 15만 톤, 외국산 쌀 25만 톤
지원 기간	2000년 10월~2001년 3월	2002년 9월~2003년 1월	2003년 7월~2003년 12월	2004년 7월~2005년 2월	2005년 7월~2006년 2월	2007년 7월~2007년 12월
차관 확정 금액(만 달러)	8835	10600	10600	11799	15000	15170
차관 확정일	2001년 6월 7일	2003년 3월 31일	2003년 12월 23일	2005년 2월 17일	2006년 1월 4일	2007년 12월 12일
최초 상환일	2012년 6월 7일	2014년 3월 31일	2014년 12월 23일	2016년 2월 17일	2017년 1월 4일	2018년 12월 12일
만기일	2031년 6월 7일	2033년 3월 31일	2033년 12월 23일	2035년 2월 17일	2036년 1월 4일	2037년 12월 12일

---

9 "북한 부채 규모, 채무 불이행으로 계속 증가", ≪VOA≫, 2018년 5월 12일 자.

| 표 27-2 | 대북 차관 제공 실태(2011년 말 기준)

구분	경수로 차관	식량차관	철도·도로 자재장비 차관	경공업·원자재 차관
제공 시기	2000~2006	2000~2007	2002~2008	2007~2008
차관 규모	1조 3744억 원 (11억 3000만 달러)	7842억 원 (7억 2000만 달러)	1494억 원 (1억 3000만 달러)	747억 원[1] (8000만 달러)
차관 내용	건설장비와 자재	쌀 240만 톤 옥수수 20만 톤	굴착기, 트럭, 시멘트, 철근 등	섬유, 신발, 비누제조용 원자재
상환 시기	미확정	2012년 6월 7일부터	미확정	2014년 3월 24일부터
차관 조건	사업 종료 후 3년 거치 17년 연 2회 분할 상환(무이자)	사업 종료 후 10년 거치 20년 분할 상환 (연 이자율 1%)		5년 거치 10년 분할 상환 (연 이자율 1%)

주: 1) 북한은 2007년 12월 12일 북한산 아연괴 500톤을 보내오는 등 전체 차관의 3퍼센트(240만 달러)에 해당하는 금액을 현물로 상환하여 현재 남은 차관 금액은 7760만 달러이다.
자료: 임강택, 「남북경협과 대북채권: 실태와 해결방안의 모색」, ≪KDI 북한경제리뷰≫, 제14권 3호(2012), 39쪽.

하지만 북한의 경제 상황이나 경색 국면이 지속되고 있는 남북 관계를 감안할 때 정상적인 상환 가능성은 거의 없다고 보이며, 북한이 다른 방법으로라도 이 문제를 해결하고자 하는 의지가 있어 보이지도 않는다. 그러나 남북한 간의 채권·채무 관계는 통일이 되면 통일한국이 채권자이자 채무자가 되므로 자동적으로 해결될 문제이다. 따라서 북한의 남한에 대한 채무는 통일 이전에 어떻게 처리할 것인지가 문제가 될 뿐이므로 통일 이후의 승계 여부에 대한 검토 대상에서 제외하고자 한다.

3. 남북통일과 국제법상 국가승계 법리의 적용

국가승계는 "어느 한 국가가 다른 국가의 영토상의 국제관계에 대한 책임을 대체하는 것"이므로 기본적으로 국가 대 국가의 관계를 전제로 하는 것이다. 따라서 통일한국이 북한의 대외채무를 승계하여야만 하는지를 검토하려면 먼저 분단국가인 남북한의 통일에도 국제법상의 국가승계의 법리가 적용되는지부터 검토하여야 한다.

이에 대한 국내 학자들의 견해에 차이가 있기는 하나 일부 견해를 제외하면 대부분 국가승계의 법리가 적용된다는 점을 인정하고 있다. 또한 남한의 법적 정통성을 강조하고 북한을 사실상의 지방적 정권으로 보아 남북한 관계에 있어서 국제법 원리 적용에 부정적 입장을 취하는 학자들도 실제로는 남북한 통일 시 조약 승계 등 국가승계의 문제를 국제법적으로 검토하고 있다는 점에서 보면, 적극적으로 국가승계 법리의 적용을 부인하는 입장은 찾아보기 어렵다.

남북한이 상호 국가성을 부인하는 가운데 국가 간의 문제에 관한 국가승계의 법리를 적용할 수 있느냐의 문제는 남북한의 법적 지위와 직접 관련이 있다.

종래 많은 학자들은 남북한의 법적 지위 문제를 「남북기본합의서」에 따라 설명해 왔다. 이 합의서 서문은 "쌍방 사이의 관계가 나라와 나라 사이의 관계가 아닌 통일을 지향하는 과정에서 잠정적으로 형성되는 특수관계"라고 표현하고 있다. 하지만 「남북기본합의서」가 법적 구속력이 있는 조약인지, 아니면 신사협정에 불과한 것인지에 대하여는 학자들마다 견해가 다르다. 우리 헌법재판소와 대법원은 이 합의서의 조약성을 부정하고 국제법적 강제력을 인정할 수 없는 신사협정으로 보고 있다.[10]

즉 「남북기본합의서」는 조국의 평화적 통일을 이룩하여야 할 공동의 정치적 책무를 지는 남북한 당국이 특수관계인 남북 관계에 관하여 채택한 합의 문서로서, 남북한 당국이 각기 정치적 책임을 지고 상호 간에 성의 있는 이행을 약속한 것이기는 하나 법적 구속력이 있는 것은 아니어서 이를 국가 간의 조약 또는 이에 준하는 것으로 볼 수 없고, 따라서 국내법과 동일한 효력이 인정되는 것도 아니라는 것이다. 이러한 헌법재판소와 대법원의 견해에 따르면 국내법적 효력이 없는 「남북기본합의서」의 내용만으로 남북한의 법적 지위를 논하기에는 한계가 있었다. 그러나 이러한 「남북기본합의서」의 정신은 2005년 2월 29일 제정되어 2006년 6월 30일 발효된 '남북관계발전법'에 의하여 법적으로 규율되기에 이르렀다. 특히 이 법 제3조(남한과 북한의 관계) 제1항은 "남한과 북한의 관계는 국가 간의 관계가 아닌 통일을 지향하는 과정에서 잠정적으로 형성되는 특수관계다"라고 남북한의 관계를 명확하게 규정하고 있다. 따라서 이 법의 제정으로 남북한의 관계는 국내법적으로도 '특수관계'임을 확인한 것이라 할 수 있다.

물론 이러한 '특수관계'의 구체적 내용이 정립되어 있는 것은 아니다. 하지만 이 법의 제정으로 인하여 적어도 남과 북은 대등한 관계임이 인정된 것이라 할 것이다. 또한 남북한 '특수관계'는 통상은 대내적으로는 '1민족 1국가 2체제 2정부'의 관계이나 대외적으로는 '1민족 2국

---

10 헌법재판소 2000.7.20. 선고 98헌바63 결정; 대법원 1993.7.23. 선고 98두14525 판결 등. 한편 우리 정부는 「남북기본합의서」를 국회의 비준 동의 절차 및 조약으로서의 대통령의 비준 없이 국무총리 및 국무위원이 부서를 하고 대통령이 서명을 한 후 법적 근거도 없이 대통령공고 제118호로 관보 제12060호에 게재하여 공고하였다. 「남북기본합의서」가 조약이라면 결국 비준을 하지 않은 조약이 되는 것이다. 참고로 「조약법에 관한 비엔나 협약」 제18조는 이처럼 비준·수락 또는 승인되어야 하는 조약에 서명하였거나 또는 그 조약을 구성하는 문서를 교환한 경우에는 그 조약의 당사국이 되지 아니하고자 하는 의사를 명백히 표시할 때까지 그 조약의 대상과 목적을 저해하게 되는 행위를 삼가야 하는 의무를 지도록 하고 있다.

가'를 의미하는 것으로 해석되고 있는 점, 1991년 9월 17일 남북이 동시에 국가만이 가입할 수 있는 유엔에 가입을 한 점, 현실적으로 북한 역시 다수의 국가와 수교 관계를 맺고 있고,[11] 2017년 12월 기준 남북한 동시 수교국의 수도 158개에 이르고 있는 점, 법률상 정부와 사실상 정부의 구별은 국제법적 문제가 아니라 국내법적 문제인 점, 국가승계의 문제는 단순히 당사국만의 문제가 아니라 각 조약이나 채무의 상대방의 이해관계도 고려해야 하는 국제법적 문제인 점 등을 고려할 때 남북한의 통일에 따른 국가승계에 대하여는 국제법적 원리, 나아가 국가승계의 법리가 적용된다고 본다. 또한 이를 부인한다 하더라도 현실적으로는 최소한 이를 규율할 국내법적 법원리가 없는 상태이므로, 결국은 국제법적 원리를 준용하거나 유추·적용할 수밖에 없을 것이다.[12]

영국의 국제법 학자인 쇼(Malcolm N. Shaw)도 통일의 경우에도 국가승계가 적용된다고 한다. 그에 따르면 통일의 방법은 북예멘과 남예멘의 합병의 경우와 같이 기존의 두 국가가 완전히 새로운 이름의 새로운 국가로 탄생하는 방법과 독일의 경우와 같이 한 국가가 다른 국가에 흡수되어 흡수된 국가는 사라지고 흡수를 한 국가가 영토와 인구가 늘어남에도 불구하고 계속되는 방법의 두 가지가 있다.[13]

4. 채무 승계에 대한 국제법상의 법원과 관행

1) 국제법상의 법원

남북한 통일 시 조약 승계 문제에 대하여 지금까지 살펴본 국가승계 법리를 적용한다고 할 경우에 과연 직접 적용하여야 할 국제법상의 법원이 무엇인지가 문제된다. 우리 '헌법' 제6조 제1항은 "헌법에 의하여 체결·공포된 조약과 일반적으로 승인된 국제법규는 국내법과 같은 효력이 있다"라고 규정하고 있다. 따라서 국가채무 승계와 관련하여 우리 헌법에 의하여 체

---

11 2017년 12월 기준 한국은 191개 유엔 회원국(남북한 제외) 중 188개국 및 비회원국인 로마교황청, 쿡 제도와 수교를 맺었으며, 미수교국은 마케도니아, 시리아, 코소보(유엔 비회원국), 쿠바 4개국에 불과하다, 북한은 162개국과 수교를 맺고 있으며, 북한 단독 수교국은 쿠바, 마케도니아, 시리아, 팔레스타인 4개국이다. 외교부, 『2018 외교백서』(외교부, 2018), 214쪽.

12 한명섭, 『남북통일과 북한에 체결한 국경조약의 승계』(한국학술정보, 2011), 223~225쪽.

13 Malcolm N. Shaw, *International Law*, 5th ed.(Cambridge University Press, 2003), p.868.

결·공포된 조약이나 혹은 일반적으로 승인된 국제법규, 즉 국제관습법이 있는 경우에는 그 내용에 따라 북한의 대외채무 승계 문제를 해결하여야 할 것이다.[14] 나아가 관련 조약이나 국제관습법이 없다면 이 문제를 어떻게 처리하여야 할 것인지에 대한 논의가 필요하다.

국가승계 시 발생하는 채무 승계에 대한 국제법상의 조약으로는 1983년 「국가재산 등 승계협약」이 있다. 물론 이 협약은 발효도 되지 않았고, 남북한 모두가 당사국이 아니다. 하지만 이 협약도 제정 과정에서 기존의 여러 관행 등을 검토하여 마련된 것이므로, 이 협약에서 규정하고 있는 내용이 국제관습법에 해당하는지를 살펴볼 필요가 있다. 나아가 비록 그 규정이 국제관습법의 지위를 확보하지 못하였다고 하더라도 기존의 관행을 반영하고 있다면 통일한국이 북한의 대외채무를 어떻게 처리할 것인지에 대한 방향을 제시할 수 있으므로 먼저 이 협약에 대하여 살펴보고자 한다.

「국가재산 등 승계협약」은 전문 및 6개부로 나뉜 51개조와 부칙으로 구성되어 있다. 제1부는 일반규정, 제2부는 국가재산, 제3부는 국가문서, 제4부는 국가채무, 제5부는 분쟁해결, 제6부는 종결조항에 관한 것이다.[15]

「국가재산 등 승계협약」에서 말하는 채무는 선행국이 국제법에 의해 다른 나라, 국제기구 또는 그 밖의 국제법 주체에 대하여 지고 있는 재정적 의무를 말한다(협약 제33조). 따라서 국제법의 주체가 아닌 기업 또는 개인에 대한 채무는 이 협약의 적용 대상이 아니다. 협약 제34조는 승계의 효과에 대하여 국가채무의 이전으로 인하여 선행국의 의무가 소멸되고, 승계국의 의무가 발생함을 규정하고 있으며, 제35조는 관련 국가들에 의하여 달리 합의되거나 또는 적절한 국제법 조직에 의하여 달리 결정되지 않는 한, 선행국의 국가채무의 이전 시기는 국가승계 시기로 규정하고 있다. 제36조는 국가승계는 그 자체로 제3자인 채권자의 권리 및 의무에는 아무런 영향을 미치지 않는다는 점을 명확히 하고 있다.

「국가재산 등 승계협약」은 국가채무의 승계 문제를 영토 일부의 이전, 신생독립국, 국가통합, 국가분리, 국가분열의 다섯 가지 경우로 나누어 규정하고 있다. 그중에서도 국가통합의 경우에 대해서는 제39조에서 "둘 이상의 국가가 통합하여 하나의 승계국을 형성하는 경우 선행국의 국가채무는 승계국에 이전된다(When two or more States unite and so form one successor State, the State debt of the predecessor States shall pass to the successor State)"라고 규정하고 있다. 이

---

14 '일반적으로 승인된 국제법규'의 의미에 대하여는 국제관습법만을 의미한다는 견해와 국제관습법 외에 국제사회에서 일반적으로 그 규범성이 승인되어 있는 일반 조약도 포함된다는 견해가 있다.

15 협약 전문은 http://untreaty.un.org/ilc/texts/instruments/english/conventions/3_3_1983.pdf 참고.

는 국가재산의 승계에 관한 제16조 및 국가 문서의 승계에 관한 제29조의 내용을 따른 것이다.

「국가재산 등 승계협약」의 내용을 보면 신생독립국의 경우에는 선행국과 승계국이 합의로 달리 규정하지 않는 한 선행국의 국가채무는 이전되지 않는다고 규정하고 있다(제38조). 반면에 영토 일부의 이전·분리·분열의 경우에는 선행국과 승계국이 달리 합의하지 않으면 선행국의 국가채무는 그 국가채무와 관련하여 승계국으로 이전되는 재산·권리·이익을 고려하여 '형평한 비율'로 승계국에 이전된다고 규정하고 있다(제37조, 제40조, 제41조). 이처럼 이 승계협약이 신생독립국의 경우를 예외적으로 취급하는 점에 대해서는 1978년 「조약승계협약」과 마찬가지로 많은 학자들로부터 문제가 있다는 지적을 받고 있다.

남북통일을 국가의 통합으로 보고, 이 협약이 적용될 경우에는 제39조의 규정에 따라 통일한국이 북한의 대외채무를 모두 승계하여야 할 것이다. 그렇지만 문제는 2015년 현재도 이 협약은 발효가 되지 않았다는 것이다. 이 협약은 제50조에 제1항에 의해 15번째 비준서 또는 가입서 기탁일로부터 30일째부터 발효하도록 되어 있으나 아직까지 가입국이 7개국에 불과하여 발효가 되지 않은 것이다.

만일 남북한 통일의 시점에서 이 협약이 발효가 된 상태이고, 남북한 모두가 당사국이 되었을 경우에는 이 협약의 적용을 받겠지만, 그렇지 않을 경우에는 이 협약은 그 자체로서는 남북한 통일의 경우에 적용될 법원이 될 수 없다. 다만 이 협약의 규정, 특히 제39조의 내용이 국제관습법에 해당한다면 우리 헌법에 의하여 그 국제관습법이 법원이 될 것이다.

2) 국가통합과 채무 승계의 관행

국가통합의 경우에 승계국이 선행국의 채무를 승계하는 것이 국제관습법인지를 확인하기 위하여서는 먼저 과거 국가통합 시의 관행을 검토할 필요가 있다.

(1) 승계 부인 사례

스위스연합(Swiss Confederation)의 경우에는 1848년 '헌법'이나 1874년 '헌법' 모두 채무의 승계에 관해 아무런 규정도 두지 않았다. 그러나 스위스연합은 각 주(canton)에 대하여 고도의 재정적 자립성을 부여하였기 때문에 각 주가 자신들의 채무를 스스로 부담하는 것으로 이해되었다.[16]

영국은 1874년 피지를 병합하였을 때 영국 식민장관은 피지의 국가채무를 인수하여야 한다는 요청을 받았지만, 영국 정부가 피지의 채무에 대한 법적 책임이 있다는 것에 동의할 수 없다고 주장하였다. 그 후 식민청은 만일 영국 정부가 피지의 채무를 상환한다 하더라도 이는 일종의 '은전'에 불과한 것이라는 입장을 취하였다.[17]

프랑스의 경우에는 1880년 타히티를 병합할 때 타히티의 재정적 자립권을 정지시키고 프랑스가 타히티의 채무를 변제하였다. 그러나 1881년 튀니스를 보호국으로 선언할 때는 튀니스는 여전히 재정적 자립권을 유지하였기 때문에 프랑스에는 튀니스의 채무에 대한 책임이 없다고 하였다. 1896년의 「마다가스카르 병합 조약」에서도 마다가스카르가 여전히 자신들의 채무를 책임져야 한다고 규정하고 프랑스에는 법적 책임이 없다고 주장하였다. 그 후 프랑스 외무장관은 피점령국의 의무와 관련된 국제법의 원칙은 엄격히 준수되어야 한다고 선언하였다. 하지만 프랑스가 마다가스카르의 채무를 보증하거나 승계하여야 하는 국제법 원칙은 없다고 밝혔다.[18]

1867년의 오스트리아-헝가리 동맹(Austro-Hungarian Union)의 경우에는 구성국가의 주권이 그대로 유지되었기 때문에 기존의 공공채무는 제국의 두 당사자 사이의 협정에 의해 결정되었다. 1895년에 3개의 국가가 연합한 중미공화국(the Central American Republic)의 경우에는 각 구성국가들은 대외적 주권행사에 있어서만 단일정치 체제로 구성하기를 원하였기 때문에 재정적 자립성을 유지하였다. 따라서 이 연합국은 선행국인 엘살바도르, 온두라스, 니카라과의 채무를 승계하지 않았으며, 1921년에 결성된 중미연방(Federation of Central America)의 경우에도 마찬가지였다.[19]

1898년 하와이 병합을 규정한 미국 의회의 공동결의안은 하와이 공화국의 공공부채는 공동결의안 통과일에 법적으로 승계된다고 선언하였다. 그러나 하와이가 여전히 그들의 예산을 가지고 채무를 할부 상환할 재정적 주체로 남아 있기 때문에 연방정부의 책임은 400만 달러를 초과하지 않는다고 하였다. 그 후 미국 법무장관은 이 결의안은 영토의 할양이나 국가병합의 경우에 권리와 의무는 함께 이전한다는 원칙에 따라 승계국이 선행국의 채무와 의무를 승계하

---

16 P. K. Menon, *The Succession of States in Respect to Treaties, State Property, Archives, and Debts*(Edwin Mellen Press, 1991), p.189.

17 D. P. O'Connell, *The Law of State Succession*(Cambridge University Press, 1956), pp.149~150.

18 D. P. O'Connell, 같은 책, pp.150~151.

19 P. K. Menon, *The Succession of States in Respect to Treaties, State Property, Archives, and Debts*, pp.189~190.

여야 한다는 국제법의 일반 원칙에 위반하는 것이 아니라는 의견을 제시하였다.[20]

1907년 벨기에가 콩고를 병합할 때 체결한 「브뤼셀조약」에서는 벨기에가 콩고의 모든 주권을 승계하였음에도 불구하고 콩고의 부채는 계속해서 콩고가 스스로 부담한다고 규정하였다.[21]

1936년 이탈리아가 에티오피아를 병합할 때 이탈리아는 영국에 대한 채무를 제외하고 에티오피아의 모든 채무 승계를 거절하였다. 승계 거부의 이유로 이탈리아 정부는 비문명화된 지역을 합병하는 경우에 국가승계에 관한 국제법 원칙을 적용할 수 없음을 주장하였다.[22]

1938년 독일제국이 오스트리아를 병합할 때 독일제국은 법률을 통하여 오스트리아의 부채를 승계하지 않음을 규정하였다. 이에 대하여 미국이 항의하자 독일은 영국이 브렌드공화국을 병합할 때 및 프랑스가 마다가스카르를 병합할 때의 관행을 열거하면서 국가 관행으로도 국제법적 학설로도 독일이 오스트리아의 국가부채를 승계할 의무는 존재하지 않는다고 반박하였다. 독일정부는 국가승계의 경우에 부채의 원칙적 승계는 인정하지만, 이 경우는 오스트리아가 독일에 가입하는 것을 방해하기 위한 적대적 부채이기 때문에 승계를 거부한다고 하였다. 그러나 후에 관련국들과 협의를 거쳐 일부 채무를 승계하면서 이 채무 승계가 국제법적인 의무가 아님을 선언하였다.[23]

1940년 구소련이 발트 연안 3개국을 병합하였을 때 구소련은 이들의 대외채권은 회수하려고 하면서도 부채는 승계하지 않았다. 이런 이유로 구소련이 붕괴되면서 독립된 이 3개국은 구소련의 부채 분할 대상국이 아니었다.[24]

탄자니아의 경우 1964년 4월 26일의 '탕가니카와 잔지바르 통합법'은 국가채무의 승계에 관한 명시적 규정을 두고 있지 않았다. 그러나 '과도헌법'에 따르면 외교 및 국방 등 일부 문제에 대한 책임은 통일공화국에 주어져 있었으나, 기타의 중요한 문제에 대한 책임은 그러하지 아니하였다. 예를 들어 잔지바르에서는 국가재산 및 재인재산의 소유권에 관한 문제와 사법행정은 전적으로 탄자니아연합공화국의 부통령이자 잔지바르의 대통령의 지도하에 있는 잔지

---

20 D. P. O'Connell, *The Law of State Succession*, p.152.

21 D. P. O'Connell, 같은 책, p.152.

22 신용호, 「국가부채의 국가승계에 관한 관행 연구」, ≪국제법학회논총≫, 제54권 2호(대한국제법학회, 2009), 149쪽.

23 신용호, 같은 글.

24 신용호, 같은 글.

바르 정부의 책임으로 남아 있었다.[25]

(2) 승계 인정 사례

국가통합의 초기 사례 중의 하나인 미합중국(the United States of America)의 경우에는 '헌법' 제6조 제1항에서 헌법의 발효 이전에 체결된 모든 채무와 약속은 북미연합(American Confederation, 1781~1787)에서와 마찬가지로 헌법에 의하여 미합중국에 대하여서 유효하다고 규정하고 있다. 다시 말해 채무는 미합중국으로 승계되었다. 1860년의 이탈리아 통일의 경우에는 통일국가는 분리된 여러 국가의 채무를 승계하였다.[26] 일본은 1910년 대한제국을 병합하면서 대한제국의 부채를 모두 승계하였다.[27]

1957년 말레이시아연방이 결성되었을 때 '연방헌법' 제167조는 "어떤 경우라도 국가연방일 직전까지 있었던 구성국가의 모든 권리와 책임과 의무는 국가연방일에 즉시 연방국가로 양도된다"라고 규정하였다. 이와 유사한 규정은 말레이시아연방을 승계한 말레이시아 헌법인 1963년 '말레이시아법'에서도 찾아볼 수 있다.[28]

아랍연합공화국(United Arab Republic) 창설의 경우에는 '헌법' 제69조가 조약 승계에 관하여 규정하고 있으나 국가재산의 승계에 관한 규정은 없었다. 그러나 국제통화기금 등의 국제기구에서 아랍연합공화국은 이집트 및 시리아의 권리, 의무를 승계한 것으로 간주되어 아랍연합공화국이 두 국가의 국가재산도 승계한 것으로 추정되었다.[29] 국가채무의 승계에 대해서도 1958년 3월 5일의 '임시헌법' 제29조에 의하여 국회만이 차관 계약을 체결할 권한을 갖고 있었다. 또한 '임시헌법' 제70조는 이집트와 시리아 두 지역에 대한 단일예산 편성에 관한 권한을 아랍연합공화국에 부여하였기 때문에, 아랍연합공화국만이 양 지역의 채무에 대하여 책임을 질 수 있는 유일한 주체로 인정한 것으로 볼 수 있다.[30]

국가통합에 있어서 국가채무의 양도는 일반적으로 승계국의 국내법에 의해 규제되고, 국제법에 의하여 해결된 사례는 거의 없다.[31]

---

25 P. K. Menon, *The Succession of States in Respect to Treaties, State Property, Archives, and Debts*, p.190.

26 P. K. Menon, 같은 책, p.189.

27 D. P. O'Connell, *The Law of State Succession*, p.152.

28 P. K. Menon, *The Succession of States in Respect to Treaties, State Property, Archives, and Debts*, p.190.

29 *Yearbook of the International Law Commission 1976*, Vol. II, part I, p.101, para.29.

30 P. K. Menon, *The Succession of States in Respect to Treaties, State Property, Archives, and Debts*, p.190.

국제적 협정에 의하여 해결이 된 드문 사례 중 하나가 1814년 7월 21일 법에 의한 벨기에와 네덜란드의 연합 사례이다. 이 연합에 관한 1814년 7월 21일 법 제1조는 "연합은 2개의 국가가 홀란드에서 이미 확립되었고, 새로운 상황에 따라 협정에 의해 수정될 헌법에 의해 규율되는 하나의 국가를 결성할 수 있도록 긴밀하고 완전하여야 한다"라고 규정하였다. 이 조문의 "긴밀하고 완전한" 연합의 달성을 위하여 이 법 제6조는 "부담과 혜택은 공유되는 것이므로 국가연합일에 이르기까지 네덜란드 지역과 벨기에 지역에 의해 각기 체결된 채무는 네덜란드연합의 국고에 의해 부담된다"라고 규정하였다.[32]

그 밖에 국제협정에 의해 승계를 규정한 사례로는 이탈리아 통일에서 1866년 1월 3일의 「비엔나 협약」 제6조가 선행국 채무의 승계 원칙을 정한 경우가 있다.[33] 또 코스타리카, 엘살바도르, 과테말라, 온두라스 및 니카라과 등이 중미연합국을 결정하기 위한 1897년 6월 15일 조약도 합의 합병 시 선행국 채무의 승계국으로의 승계에 관한 규정을 두었다.[34]

(3) 분단국가 통일과 대외채무 승계에 관한 사례

통일베트남의 경우에는 현 베트남이 수많은 남베트남의 권리와 채무, 특히 아시아·태평양 경제사회이사회(ESCAP) 및 아시아개발은행(ADB)과 체결한 채무를 모두 승계하였다.[35]

통일독일은 「통일조약」에서 동독의 국가채무에 관한 규정을 두었다. 「통일조약」 제23조는 제1항은 "편입 효력의 발생과 동시에 편입 발효 시까지 누적된 동독 재정의 총부채는 행위능력 없는 연방의 특별기금에 의해 인수된다. 그 특별기금은 부채관리 의무를 수행한다"라고 규정하여 구 동독의 채무가 통일독일로 양도된다고 명시하면서 채무 정리를 위한 특별기금제도를 도입하였다.

또한 제24조 제1항은 "대외무역 및 외환독점에서 발생했거나 1990년 7월 1일까지 타국에 대한 동독의 여타 국가업무 수행 시 발생한 독일연방공화국과 외국간의 청구권과 채무는 이것이 편입 발효 시까지도 유효할 경우에는 연방 재무장관의 지시와 감독하에 청산된다"라고

---

31 P. K. Menon, 같은 책, pp.189~190.

32 *Yearbook of the International Law Commission 1979*, Vol. II, part II, p.69, para.3.

33 같은 책, para.4.

34 같은 책, para.5.

35 P. K. Menon, *The Succession of States in Respect to Treaties, State Property, Archives, and Debts*, pp.190~191.

규정하고 있다.

예멘 통일의 법적 과정은 1972년 10월 28일의 카이로 통일 협상과 1972년 11월 28일의 「트리폴리 통일선언」, 1979년 3월 30일의 「쿠웨이트 예멘 통일협정」, 1989년 11월 30일 「아덴협정과 통일헌법 서명」, 1990년 5월 22일 통일헌법의 발효와 통일의 완성으로 나누어볼 수 있다. 그러나 이 통일 관련 조약들을 보면 채무의 승계에 관하여 아무런 규정도 두고 있지 않다. 다만 '통일헌법' 제5조에서 "예멘공화국은 유엔헌장, 세계인권선언, 아랍연맹헌장 및 일반적으로 승인된 국제법상 원칙들을 준수할 것으로 천명한다"라고 국제법 준수의 원칙만을 선언하였을 뿐이다.

또한 1990년 5월 19일 자로 남북 예멘 외무장관들이 공동으로 유엔 사무총장에게 보낸 서한을 보면 "예멘인민민주공화국과 예멘아랍공화국은 1990년 5월 22일 선포될 사나에 수도를 두는 단일 주권국가인 예멘공화국으로 합쳐진다. 예멘공화국은 유엔에서 단일 회원국을 이루며 유엔헌장을 준수할 것이다. 1990년 5월 22일을 시점으로 기존의 두 예멘공화국과 외국 또는 국제기구 간에 체결되었던 국제법에 따른 모든 국제조약과 협정은 계속 그 효력을 유지하며, 두 예멘공화국과 외국간의 국제관계 역시 계속된다"라고 되어 있다.[36]

(4) 키프로스 통일 방안

결과적으로 실패한 방안이기는 하지만 코피 아난(Kofi Annan) 유엔 사무총장이 키프로스의 최종 통일방안으로 2004년 3월 31일 제시한 '키프로스 문제의 포괄적인 해결안'은 우리에게 시사하는 바가 적지 않다.

이 통일 방안의 구체적인 내용은 「창설협정(The Foundation Agreement)」을 통하여 구체화되어 있다. 「창설협정」의 내용을 보면 통일 키프로스는 연방제 통일국가를 전제로 하면서 양 구성주, 즉 남북 키프로스의 동동한 지위를 전제로 자유민주주의와 법치주의 원칙 및 평화주의 등을 기본 원칙으로 하고 있다.

「창설협정」에 부속문서로 포함된 '키프로스 연방공화국 헌법' 제47조에서는 「창설협정」 발효 이전에 발생한 채무에 대하여 규정하고 있다. 먼저 제1항은 채무에 대한 구성주 간의 책임 관계에 대하여 "1964년과 「창설협정」 발효일 사이에 발생한 채무는 원칙적으로 해당 채무

---

36 United Nations, *Multilateral treaties deposited with the Secretary-General Status as at 31 Dec 1992*(1993), p.27.

로부터 이익을 얻은 주민이 속하는 구성주가 원리금을 상환한다. 채무가 「창설협정」 발효 후에 키프로스 전체에 이익을 주는 공공사업이나 기반시설 구축에 사용된 경우에 해당 부채는 연방정부가 원리금을 상환한다. 1964년 이전에 발생한 채무 및 이를 상환하기 위해 발생한 채무도 동일한 원칙에 따라 처리한다"라고 하여 수익자 부담의 원칙을 명시하고 있다. 제47조 제2항에서는 대외채무의 처리에 대하여 "그러나 해당 구성주가 책임을 지는 그리스나 터키에 부담하는 채무 또는 무기 구입으로 인한 채무를 제외한 모든 대외채무는 연방정부가 책임을 진다. 그럼에도 불구하고 상기 채무의 원리금 상환을 위한 내부적 재정적 책임은 제1항에 따라 부담주체를 결정한다"라고 규정하고 있다.[37]

3) 관행에 대한 분석 및 국제관습법 성립 여부

이상에서 간단히 살펴본 바와 같이 승계국이 선행국의 채무 승계를 거부한 대표적인 사례는 주로 제국주의 국가들이 식민국가를 건설하는 과정에서 나타나고 있음을 알 수 있다. 그 밖의 경우로는 국가통합이 이루어졌다 하더라도 연합국가의 형태이거나 연방국가의 형태인 경우라도 그 구성국가나 구성주의 재정적 자립성이 강한 경우에는 기존의 채무를 발생시킨 구성국가나 구성주가 책임을 지도록 하고 있음을 알 수 있다. 반면 선행국의 채무가 승계국으로 이전되는 경우는 국가통합이 단일국가의 형태를 취하는 경우들이다. 또한 기존의 관행을 보면 벨기에와 네덜란드의 연합 사례를 제외하고는 승계국이 선행국의 채무를 승계할지는 모두 승계국의 국내법에 의해 규율되었다.

한편 국가통합의 경우 승계국이 선행국의 채무를 승계하여야 한다는 것이 국제관습법에 해당하는지에 대하여서는 학자들마다 견해를 달리한다. 이언 브라운리(Ian Brownlie)는 선행국이 지고 있던 공공채무의 운명은 첨예한 논란의 대상이라고 하면서 이에 대한 확립된 승계 원칙은 없다고 보고 있다.[38]

이에 대한 국내 연구는 많지 않지만 조약 승계의 문제뿐만 아니라 승계국에 의한 선행국의 권리·의무의 승계에 대하여는 일반 국제법상으로도 확립된 원칙이 있다고 말하기 어렵다면서 여기에 통일헌법에 통일한국에 의한 남북한의 권리·의무의 승계에 관한 조항을 삽입하

---

37 '키프로스 공화국 헌법' 전문과 번역문은 법무부, 『키프로스 통일방안 연구』, 324~395쪽 참고.

38 이안 브라운리, 『국제법』, 정영진·황준식 옮김(현암사, 2004), 621쪽.

여야 할 필요성이 제기된다는 주장이 있는가 하면,[39] 반대로 국가 관행과 학설, 관련 국제 및 국내 판례, 국가승계와 관련된 국제법위원회의 견해 등을 종합해 볼 때 재정부채와 좁은 의미의 행정부채는 모두 영토승계국이 승계하는 것이 국제관습법으로 이미 확립되었다고 말할 수 있다는 주장도 있다.[40]

그러나 국가통합에는 여러 가지 유형이 있으므로 이를 일률적으로 논의하는 것은 적절하지 않다고 본다. 즉 국가통합이라도 통합국가의 형태가 연합국가, 연방국가, 단일국가 중 어떤 국가의 형태를 취하는지에 따라 논의를 달리하여야 하며, 같은 연방국가의 경우라도 각 구성주의 자립성의 정도에 따라 채무 승계 여부를 달리할 수도 있는 것이다. 또한 단일국가의 형태를 취한다 하더라도 기존의 관행이 제한적이어서 승계국이 선행국의 채무를 승계하여야 한다는 국제관습법이 형성되었다고 하기에는 어려움이 있다고 본다.

5. 통일한국의 북한 채무 승계

1) 남북연합 단계에서의 채무 승계

앞에서 본 바와 같이 '민족공동체 통일방안'에서 상정하고 있는 남북연합의 단계에서는 국가승계의 문제 자체가 발생하지 않는다고 본다.

독일의 경우에도 1989년 10, 11월 동독에서의 민중봉기 이후 동서독의 통일이 논의되던 초기에 선호되던 통일 방법, 즉 국가연합안이 채택되었더라면 아직 국가승계의 문제는 발생하지 않았을 것이다. 이 경우 아직 국제법상의 주체로서의 지위를 유지하기 때문이다.[41]

2) 단일국가로 통일된 단계에서의 채무 승계

북한의 대외채무 승계에 대하여 독일과 달리 북한의 대외채무는 남한이 그대로 인수하기

---

39 장효상, 「통일과 국가상속」, 『韓國國際法學의 諸問題: 箕堂李漢基博士古稀紀念』(박영사, 1987), 115~116쪽.

40 신용호, 「국가부채의 국가승계에 관한 관행 연구」, 174쪽.

41 전광석·박기갑, 「東西獨 統一條約에 나타난 國家承繼條項 分析에 비추어 본 南北韓間 可能한 國家承繼形態와 그 體制에 관한 硏究」, 『'93 北韓·統一硏究 論文集(I), 統一政策 分野』(통일원, 1993), 372쪽.

는 무리이며, 북한의 급변사태로 인한 정권의 소멸은 조약 당사자가 파산 내지 해산된 경우에 해당하기 때문에 남한에 그대로 승계될 수 없고, 북한의 체제 붕괴로 인한 흡수통일의 경우 북한 정권의 모든 대외채무를 남한이 인수하여야 한다면 남한 국민은 'IMF 사태'보다도 훨씬 더 심각한 '통일후유증'에 시달리게 될 것이라는 주장이 있다.[42] 그러나 이 주장은 법리적인 측면보다는 정책적 측면을 중시한 주장이라 할 수 있다.

　앞에서 살펴본 바와 같이 국가채무의 승계에 대하여는 비록 유엔에서 1983년에 국가재산 등 승계협약이 채택되기는 하였으나 발효가 되지 않아 통일한국에 적용할 성문법이 없는 상황이다. 다만 국가통합의 경우에 선행국의 채무를 승계국이 승계하도록 규정하고 있는 위 국가재산 등 승계협약의 내용이 국제관습법에 해당한다면 우리 헌법에 의해 위 관습법의 적용을 받게 된다. 이와 관련하여 이전의 각 통합국가의 관행을 보면 대부분 국내법 형식으로 승계국이 선행국의 채무를 승계하고 있음을 살펴보았지만 그 사례가 제한적이어서 국제관습법으로 확립되었다고 할 수 있는지에 대해서는 찬반양론이 있다. 따라서 선행국의 대외채무 승계문제에 대한 조약이나 국제관습법이 없다면 승계국이 임의로 자유롭게 결정할 수 있다고 해야 하는지, 아니면 또 다른 국제법적 원리가 적용되는지를 살펴보아야 할 것이다.

　오늘날 국제법의 존재형식, 즉 법원(法源)에 대해서는 일반적으로 국제사법재판소(ICJ) 규정 제38조 제1항을 통해 설명하고 있다. 위 규정 제38조 제1항은 재판소에 회부된 분쟁을 국제법에 따라 재판하는 것을 임무로 하며, 분쟁국에 의하여 명백히 인정된 규칙을 확립하고 있는 일반적인 또는 특별한 국제협약과 법으로 수락된 일반관행의 증거로서의 국제관습 외에도 문명국에 의하여 인정된 법의 일반원칙과 법칙결정의 보조수단으로서의 사법판결 및 제국의 가장 우수한 국제법 학자의 학설을 적용하도록 하고 있다.

　물론 위 규정에서 말하는 "문명국에 의하여 인정된 법의 일반원칙"에 대해 독자적인 법원성을 인정할 수 없다는 견해도 있으나 이를 국제법의 독자적인 법원으로 보는 것이 통설이다. 그동안 국제사법재판소 등의 판례를 통해 적용된 법의 일반원칙으로는 위법행위에 대한 책임발생의 원칙, 금반언의 원칙, 신의칙, 입증책임, 증거능력에 관한 제원칙, 소의 이익, 기판력의 원칙 등이 있다.

　결론적으로 이러한 여러 가지 법의 일반원칙 중 특히 신의칙에 비추어 볼 때 국제법적으로 합병 또는 병합의 형태로 남북한이 남한 중심의 단일국가체제로 통일이 될 경우에는 비록

---

42 최창동, 『법학자가 본 통일문제 II』(푸른세상, 2002), 233쪽.

대외채무 승계에 대한 조약이 없고, 이에 대한 확립된 국제관습법이 없다 하더라도 채권국에 대한 신의칙상 통일한국이 북한의 대외채무를 승계하는 것이 마땅하다고 본다. 더 나아가 국가승계법리상 통일한국이 북한의 국가재산은 모두 승계하는 것이 원칙으로 받아들여지고 있는 상황에서는 북한의 채무도 승계하는 것이 '권리는 의무와 함께 이전한다' 혹은 '재산은 부담과 함께 이전한다'는 'Res transit cum suo onere(The property passes with its burden)'라는 법의 일반 원칙에도 부합한다 할 것이다. 따라서 통일한국이 북한의 채무를 승계하는 것은 1983년의 국가재산 등 승계협약이나 국제관습법에 의해서가 아니라 또 다른 국제법의 법원인 법의 일반원칙에서 그 법적 근거를 찾아야 한다.

국가채무의 승계에 대하여는 유엔에서 1983년에 채택된 국가재산 등 승계협약이 있으나 미발효 상태이다. 이 승계협약의 내용이 국제관습법에 해당한다면 우리 헌법에 의해 적용할 수 있겠으나 통합국가의 관행을 보면 그 사례가 제한적이어서 국제관습법으로 확립되었다고 하기도 어렵다. 하지만 국제사법재판소 규정 제38조 제1항에서 명시하고 있는 '문명국에 의하여 인정된 법의 일반원칙' 중 신의칙에 비추어보면 남북한이 단일국가체제로 통일이 될 경우에서는 통일한국이 북한의 대외채무를 승계하는 것이 마땅하다고 본다. 더 나아가 국가승계법리에서는 동시에 북한의 대외채무도 승계하는 것이 '권리는 의무와 함께 이전한다' 혹은 '재산은 부담과 함께 이전한다'는 'Res transit cum suo onere' 원칙에도 부합한다 할 것이다.

3) 유해채무의 승계 부인

1983년의 「국가재산 등 승계협약」이나 국제관습법 또는 법의 일반 원칙에 근거하여 선행국인 북한의 채무를 승계하는 것이 원칙이라 하더라도 채무의 성격상 승계국이 이를 승계하도록 하는 것이 매우 불합리한 채무가 있을 수 있다. 일찍이 국제법위원회는 이와 같은 성격의 채무를 유해채무(odious debt)라는 개념으로 검토한 바 있다.

국제법위원회는 유해채무를 "선행국에 의하여 승계국이나 승계 대상 영토의 주된 이익에 반하는 목적을 위하여 발생한 모든 채무 또는 선행국에 의하여 국제법이나 유엔헌장상의 국제법원칙에 반하는 목적으로 발생한 모든 채무"라고 정의하였다.[43] 유해채무로 논의되는 대표적인 채무로는 전쟁채무(war debt)와 정복채무(subjugation)가 있다. 전쟁채무는 선행국이 승계

---

43 *Yearbook of the International Law Commission 1977*, Vol. II, part I, p.70.

국을 상대로 전쟁을 하기 위해 부담한 채무를 말하고, 정복채무는 승계국의 영토에 있는 국민이나 그 영토를 정복하기 위하여 부담한 채무를 말한다.

이와 같은 성격의 채무까지 승계국이 부담하도록 하는 것은 불합리하므로 국제법위원회는 이와 같은 유해채무는 승계국에 이전되지 않는다는 조항을 제시한 바 있다. 그러나 1983년의 「국가재산 등 승계협약」에는 이 조항이 반영되지 않았다. 통일한국이 이와 같은 유해채무에 해당하는 북한의 채무를 승계하지 않겠다는 입장을 취하더라도 채권국이 이에 동의하지 않는다면 결과적으로 양국 사이에 채무의 승계 여부에 대한 분쟁이 발생하게 될 것이다.

4) 채무 재조정의 가능성과 통일 비용

이상에서 살펴본 바와 같이 통일한국이 북한의 대외채무를 승계하여야 한다면 현실적으로 제기되는 통일 비용 문제를 원만히 해결할 방법이 있는지를 살펴볼 필요가 있다. 그 해결방법 중의 하나가 바로 파리클럽(또는 파리채권국클럽)에 의한 채무 재조정 방법이며, 이 방법은 북한의 태도에 따라 통일 이전에 활용이 가능하다.

파리클럽은 채무불이행 위험에 직면한 채무국으로 하여금 지속적 채무이행이 이루어지도록 채무를 재조정하는 역할을 담당하는 공적 채권자들의 비공식적 모임으로서, 1956년 아르헨티나가 공적 수출신용 지원에 대한 상환 스케줄을 재조정하기 위해 공적 채권자들과 파리에서 만난 것에서 유래한다. 이 후 1950년대 후반 1960년대에 브라질, 칠레, 터키 등이 유사한 조건으로 파리클럽에서 재조정에 합의하게 되었다.[44]

2018년 12월 현재 상임회원국(Permanents member)은 독일, 호주, 오스트리아, 벨기에, 캐나다, 덴마크, 스페인, 미국, 핀란드, 프랑스, 이탈리아, 일본, 노르웨이, 영국, 러시아, 스웨덴, 스위스, 아일랜드, 네덜란드, 브라질, 대한민국, 이스라엘 등 22개국이다.[45]

파리클럽은 비록 별도의 기구나 조직을 갖지 않는 비공식적 국제회의체이기는 하지만, 국가가 공여하거나 지급보증한 중장기 채권 조정에 실질적으로 많은 역할을 하고 있다.

파리클럽에 의한 채무 재조정 사례로는 대표적으로 러시아의 채무 재조정 사례를 들 수 있다. 이타르타스(ITAR-TASS) 통신에 따르면 1999년 8월 1일 러시아와 파리클럽과의 협상

---

44 박창희, 「파리클럽 채무재조정 사례: 파키스탄」, ≪輸出保險≫, 통권121호(한국수출보험공사, 2003), 3쪽.

45 파리클럽에 대한 구체적 내용은 파리클럽 홈페이지(http://www.clubdeparis.org) 참고. 우리나라는 2016년 7월 1일 21번째로 가입하였다.

결과 러시아는 구소련의 부채 80억 달러를 전부 상환하지 않고 1999년과 2000년 2년 동안 6억 달러만 상환하면 되게 되었다.[46]

또한 2003년 7월 11일에는 210억 달러가 넘는 이라크의 공적 채무를 조속히 재조정할 것이라고 밝힌 바 있으며,[47] 2010년 11월 18일에는 콩고민주공화국에 대하여 73억 5000만 달러의 부채를 탕감하기로 합의한 바 있다. 이 부채는 2009년 말 현재 민주콩고공화국이 안고 있는 전체 외채 137억 달러의 절반을 넘는 규모로, 파리클럽은 민주콩고의 부채 상환 능력을 회복시키기 위하여 자체 채권 대부분의 상환을 면제해 주기로 한 것이다.[48] 그 밖에도 2002년 7월에는 요르단과 12억 달러의 채무를 재조정하기로 한 바 있고, 2004년 4월에는 도미니카공화국의 채무를 재조정하기로 한 바 있다.

북한의 경우에도 북한이 IMF나 세계은행 등 국제금융기구에 가입하면 북한 외채가 파리클럽의 채무 재조정 대상이 될 여지가 있다. 만약 북한 외채가 파리클럽의 채무 재조정을 받게 된다면 북한이 세계에서 소득 수준이 가장 낮은 국가군에 속하는 최빈국이므로 경우에 따라 적격채무(eligible)의 순현재가치(net present value) 기준 90퍼센트 이상의 외채 경감도 가능할 수 있을 것이다. 다만 파리클럽에서 관대한 채무경감을 받기 위하여서는 빈곤 채무국은 IMF와 세계은행으로부터 양허적 조건의 자금 지원을 받고 있어야 하며, 일정 기간 적절한 경제 개혁 프로그램을 시행하여야 한다.[49]

비록 북한이 현재로서는 IMF 미가입국이어서 당장은 파리클럽에 의한 채무 재조정을 받을 여건이 되지 않지만, 향후 북한의 개혁·개방이 적극적으로 추진되면서 세계경제 체제로 편입이 된다면 얼마든지 이 제도를 활용할 여지가 있다.

6. 양허계약 등 북한의 경제 계약 처리 방안

북한이 체결한 조약과 달리 경제 관련 계약의 승계 문제에 대해서는 대체로 계약 상대방

---

46 "러시아-파리클럽, 舊소련시절 채무 재조정 합의", 《연합뉴스》, 1999년 8월 2일 자.

47 "파리클럽, 이라크 공적채무 조속히 재조정키로", 《연합뉴스》, 2003년 7월 12일 자.

48 "파리클럽, 민주콩고에 부채 73억달러 탕감", 《연합뉴스》, 2010년 11월 19일 자.

49 장형수, 「대북 식량차관 문제: 국제사회의 경험과 시사점」, 『북한 주민의식 변화와 인권개선을 위한 대북접근』, 2012년 평화문제연구소 주최 국제세미나 자료집(2012.5.1), 61~62쪽.

이 가지고 있는 양허권과 같은 사적권리 내지 기득권 존중의 문제로 논의가 되어왔다. 이와 같은 사적권리의 승계 문제에 대해서는 확립된 국제법적 원칙은 없으나 학설 및 관행은 대체로 승계국이 원칙적으로 승계해야 하는 것으로 보고 있다. 국가승계라는 것이 선행국이 가지고 있는 기존의 상황을 그대로 승계하는 것이라는 점에서 본다면 타인의 사적권리, 즉 선행국의 입장에서 볼 때는 상업적 계약에 의한 의무는 승계하는 것이 타당하다고 본다. 다만 이는 이미 발생한 권리와 의무의 승계를 말하는 것이고, 기존의 계약을 국가승계가 발생한 이후에도 그대로 유지해야 할 의무가 있는지는 별개의 문제이다.

다시 말해 경제 계약에 의해 이미 발생한 권리와 의무의 이행은 신의·성실의 원칙이라는 일반법 원칙에 의해서라도 지지를 받을 수 있는 원칙이라 하겠다. 하지만 그 계약을 계속 유지할 수 있는지 아니면 국가통합이라는 새로운 사정변경에 의해 해지가 가능한 것인지는 별개의 문제이다. 일단 국제규범이나 국제관습법상 국가승계 이전의 선행국이 체결한 모든 경제 계약을 유지해야 한다는 원칙은 없다. 따라서 남북통일이라는 사정변경에 의한 계약해지나 취소 주장은 가능하다 할 것이다.

특히 아직 이행에 착수하지 않은 경제 관련 계약과 같이 북한의 사회주의 계획경제에 기초한 계약이고, 상대방의 이익을 해할 여지가 없거나 적은 계약들은 굳이 이를 승계할 필요성이 없다고 본다. 다만 계약해지나 취소에 따른 상대방의 손실에 대해서는 그 계약이 정상적인 계약이라는 전제하에 보상하는 것이 법의 일반원칙인 신의칙에 부합한다고 해야 할 것이다. 주의할 것은 애초 계약에 따른 채무가 국제법에 반하는 유해채무에 해당한다거나 불공정한 계약 등 일반 민사법적 관점에서 무효임을 다툴 소지가 있어서 이를 주장하는 것은 승계와는 별개의 문제로 다루어져야 한다.

한편, 이 문제를 외국인의 사적권리 내지 기득권이라는 측면이 아니라 선행국인 북한이 체결한 경제 관련 계약 그 자체의 관점에서 살펴볼 필요가 있다. 북한과 관련된 대외 경제 계약은 크게 세 가지 형태로 구분해 볼 수 있다.

첫째, 북한의 '대외경제계약법'에 따라 이루어지는 일반적인 경제계약이다. 북한은 1995년 2월 22일 최고인민회의 상설회의 결정 제52호로 '대외경제계약법'을 채택하였으며 일반적인 대외경제계약은 이 법에 따라 이루어지고 있다.[50] 이 법에 따르면 대외경제계약으로는 무역, 투자, 봉사와 같은 계약이 있으며(제2조), 대외경제계약의 북한 측 당사자로는 북한의 해당

50　대외경제계약법은 1999년 2월 26일 및 2008년 8월 19일 각각 수정보충되었다.

기관, 기업소, 단체가 있다(제3조). 대외경제계약의 체결과 이행에 대한 감독통제는 중앙무역지도기관이 담당한다(제7조).

둘째, 북한의 외국투자 관련 법인 북한의 '외국인투자법', '합영법' 및 '합작법' 등에 의해 이루어지는 투자 관련 계약들이 있다. 구체적인 외국기업 등의 북한에 대한 투자방식을 기업형태에 따라 구분해 보면 크게 외국인투자기업과 외국기업으로 분류가 된다. 외국인투자기업은 다시 북한 내에 창설한 합작기업, 합영기업, 외국인기업이 있다. 합작기업은 북한 투자가와 외국 투자가가 공동으로 투자하여 설립하되 운영은 북한 측이 담당하고 계약에 따라 상대측의 출자 몫을 상환하거나 이윤을 분배하는 기업이다. 합영기업은 북한 측 투자자와 외국 측 투자자가 공동으로 투자하고 공동으로 운영하며 투자 몫에 따라 이윤을 분배하는 기업이다. 외국인기업은 외국투자자가 단독으로 투자하고 운영하는 기업이다. 외국기업은 투자관리기관에 등록하고 경제활동을 하는 다른 나라 기업이다. 그 밖에 북한에 설립한 합영은행, 외국인은행, 외국은행지점을 외국투자은행이라 한다('외국인투자법' 제2조).

셋째, 특수경제지대와 관련된 각종 경제 관련 계약이다. 특수경제지대란 북한이 특별히 정한 법규에 따라 투자, 생산, 무역, 봉사와 같은 경제활동에 특혜가 보장되는 지역이다('외국인투자법' 제3조). 현재 특수경제지대 관련 법에는 '라선경제무역지대법', '황금평·위화도경제지대법', '경제개발구법', '금강산국제관광특구법'이 있으며, '개성공업지구법'도 이에 해당한다고 보아야 한다. 이 특수경제지대들과 관련된 투자자들과의 계약은 이 각 법에 의해 이루어지고 있다.

이처럼 북한 내의 다양한 경제 관련 계약의 승계 문제를 기존과 같이 단순하게 투자를 한 외국 투자자의 관점에서 보아 계약에 따른 이들의 사적권리 문제로만 접근하는 것이 적절한지는 의문이며, 다음과 같이 몇 가지 관점에서 해결해야 할 것으로 보인다.

첫째, 먼저 관련 계약의 주체가 누구인지를 살펴볼 필요가 있다. 특수경제지대의 경우에는 주로 특수경제지대 운영을 위해 조직한 북한 당국의 기관이 계약 주체가 되겠지만, '대외경제계약법'에 따른 대외경제계약의 주체는 기관, 기업소, 단체로 구분이 된다. 예를 들어 국가별 대북 광물자원 개발 투자 현황을 보면 덕성철광산의 경우에는 북한의 금속공업성과 중국의 흑룡강성민족경제개발총공사가 합작투자계약을 체결하였다. 장진 몰리브덴 광산은 북한 측 조선대양총회사가 단동위민국제상무유한책임공사와 합영공사를 설립하는 방식으로 추진되었다. 이처럼 북한 측 계약 주체를 보면 금속공업성이나 석탄공업성과 같이 북한 정부 기관인 경우도 있고, 조선대양총회사, 개선무역총회사, 금강총회사와 같이 기업소인 경우도 있다.

다만 북한의 사회주의체제 특성상 정부 기관으로 볼 수 없는 개선무역총회사나 금강총회사 등도 그 소유 주체는 국가소유에 해당하는 것이기 때문에 남북한이 통일되면 이 기관들, 기업소, 단체는 모두 통일한국으로 귀속된다고 보아야 한다. 즉 국가승계라는 측면에서 보면 이는 국가재산의 승계가 되는 것인데, 국가통합 시 선행국의 국가재산이 승계국으로 귀속되어야 한다는 점에 대해서는 학설이나 관행상 국제관습법에 해당한다고 보아야 한다. 따라서 승계국인 통일한국으로 승계되는 이 국가재산들에는 이 기관들이나 기업소가 이미 체결한 계약상의 권리와 의무도 모두 포함된다고 보는 것이 합리적이라고 본다. 나아가 그 계약에 의해 창설된 합영기업이나 합작기업도 모두 국가재산으로 북한 당국이 가진 지분이나 권리는 통일한국으로 귀속된다고 보아야 할 것이다.

둘째, 외국인투자기업이나 외국기업은 북한 당국의 국가재산에 속하는 것이 아니라 북한 내에 소재한 외국인의 자산에 해당하므로 국가승계의 범위에서 제외된다고 보아야 한다.

셋째, 앞에서와 같이 북한의 국가재산 승계라는 관점에서의 검토와 동시에 경제 관련 계약은 그 계약 주체가 그대로 존속하는지가 경제 관련 계약 승계의 중요한 변수로 작용한다. 예를 들어 북한이 설립한 별도 법인 형태의 기업소가 외국투자자와 투자 관련 계약을 체결하였으나 통일 이후 해당 기업소가 폐업을 한다면 그 계약은 존속될 수 없고 청산 절차만 남는다. 하지만 이 상황도 해당 기업소라는 국가재산이 통일한국으로 귀속된 이후 기업으로서의 존속 가치가 없다고 판단하여 청산하는 것이라면 일단 계약 자체는 기업소의 자산으로 통일한국에 귀속이 된 것이고, 사후 사정변경에 의해 청산 절차를 거치게 되는 것이므로 엄격한 의미에서는 경제 관련 계약은 이미 승계를 한 것으로 보아야 할 것이다.

7. 맺음말

통일에 대비하여 통일 비용을 논의함에 있어서 북한의 대외채무에 관심을 갖고 그 현황과 대응책, 특히 통일한국이 이를 승계하여야만 하는 것인지를 검토하는 것은 바람직한 통일을 준비하는 과정에서 반드시 필요한 일이다.

남북한의 통일을 국제법상 국가통합으로 보면 이는 대외채무에 대한 국가승계의 문제에 해당한다. 이에 대하여 비록 1983년의 「국가재산 등 승계협약」 제39조에서는 국가통합 시 승계국이 선행국의 대외채무를 승계하도록 규정하고 있으나 이 협약은 발효도 되지 않았고, 남북한 모두 이에 가입하지도 않았다. 또한 학자들 간의 견해가 일치하는 것은 아니지만 「국가 재산 등 승계협약」의 내용이 모두 국제관습법이라고 보기도 어렵다. 하지만 또 다른 국제법의 법원으로 인정되고 있는 법의 일반 원칙에 비추어볼 때 통일한국이 북한의 재산은 승계를 하면서 대외채무를 승계하지 않는다는 것은 채권국에 대한 신의칙에 반한다. 그동안의 여러 학설이나 비록 관습법적 지위는 확보하지 못하였다 하더라도 여러 국가의 관행 등에 비추어볼 때도 그 승계를 부인하기는 어려울 것으로 보인다. 법리적인 문제가 아니라 정책적인 측면에서 보더라도 남북통일 시 주변 국가의 협력이 필요한 상황에서 북한의 대외채무 승계를 거부하는 것은 바람직하지도 않다고 본다.

비록 북한의 대외채무 규모가 명확하지는 않지만, 그동안 발표된 각종 자료에 의한 추정치 중 최대 규모인 180억 달러 상당으로 본다 하더라도 통일의 걸림돌이 될 만큼 심각한 문제라고는 보지 않는다. 더군다나 남한의 2015년 현재 대외채무 규모가 약 4200억 달러에 달하는 점을 고려하면 이 채무 규모가 큰 것도 아니다. 또한 앞에서 살펴본 바와 같이 북한의 대외채무는 통일 이전에도 상당 부분 정치적 해결이 가능하며, 최근 이 채무의 절반 이상을 차지하고 있던 대러시아 채무 문제도 해결이 된 상태이다. 또한 북한이 적극적으로 IMF나 세계은행 등 국제금융기구에 가입을 하고, 적극적으로 세계경제체제로 들어설 경우에는 중국, 러시아와 같은 구 사회주의국가 이외의 서방 국가들에 대한 채무도 파리클럽을 통한 재조정의 여지가 얼마든지 있다. 일본의 대외채무 역시 대일 배상청구권을 통한 해결 방법이 있다.

더군다나 통일한국은 북한의 대외채무뿐 아니라 북한의 자산도 함께 승계하는 것이다. 최근 현대경제연구원에서 발표한 자료에 의하면 북한은 국토의 약 80퍼센트에 광물자원이 광범위하게 분포되어 있고, 유용 광물만도 200여 종에 이른다. 특히 매장량을 보면 마그네사이트는 세계 3위, 흑연은 세계 4위, 금은 세계 6위, 아연은 세계 7위, 철광석은 세계 9위에 이른다. 그 잠재 가치는 3조 9033억 달러에 달하며 이는 남한의 24.3배에 달한다. 이 광물들로 남한 내수의 2분의 1만 북한에서 조달하더라도 연간 153.9억 달러의 수입 대체 효과를 기대할 수 있으며, 이는 2012년 현재 북한의 대외채무 규모와 비슷한 수준이다.[51]

결론적으로 북한의 대외채무는 통일 달성을 위한 주변국의 협조를 구한다는 정책적 측면과 국제법의 일반 원칙인 '권리는 의무와 함께 이전한다' 혹은 '재산은 부담과 함께 이전한다'

---

51 현대경제연구원, 「지속가능 성장을 위한 경제주평: 통일 한국의 미래상-한민족 공동체의 세계적 부상」, ≪경제주평≫, 통권 제500호(2012), 7쪽.

는 'Res transit cum suo onere'의 원칙을 고려할 때 이를 승계하는 것이 타당하다고 본다. 1983년의 「국가재산 등 승계협약」에서 국가통합의 경우 승계국이 선행국의 채무를 승계하도록 규정한 것도 국제관습법의 표현이라기보다는 이러한 법의 일반 원칙을 표현한 것이라고 보아야 할 것이다. 다만 국제법이나 국제법 원칙에 반하는 유해채무는 승계 부인을 주장할 수 있을 것이다.

북한이 체결한 조약과 달리 경제 관련 계약의 승계 문제는 사적권리의 승계 문제로 다루어지는데, 이에 대한 확립된 국제법적 원칙은 없으나 학설 및 관행은 대체로 승계국이 원칙적으로 승계해야 하는 것으로 보고 있다. 다만 이는 경제 계약에 의하여 이미 발생한 권리와 의무의 승계를 말하는 것이고, 기존의 계약 그 자체를 국가승계가 발생한 이후에도 그대로 유지해야 할 의무가 있는지는 별개의 문제이다. 다른 한편으로는 경제 관련 계약의 승계 문제는 그 계약을 체결한 주체의 승계여부와도 관련이 있다. 북한 '대외경제계약법'에 따르면 대외경제계약의 주체는 북한의 기관, 기업소, 단체인데 통일과 더불어 이들이 존속하지 않게 된다면 계약은 자동적으로 유지되지 못하게 되고 청산의 문제만 남게 될 것이다

제28장

남북통일과 북한 주민의 국적 승계*

1. 머리말

유엔에서 1978년 8월 23일 채택된 「조약승계협약」이나 1983년 4월 8일 채택된 「국가재산 등 승계협약」에서 보는 바와 같이 국가승계의 대상으로 다루고 있는 것은 조약, 국가재산, 공문서, 국가채무 등이지만, 그 밖의 중요한 문제로 논의되는 것으로 선행국 국민들의 국적 승계 문제가 있다. 이 문제를 해결하기 위해 유엔 총회는 2000년 12월 12일 「국가승계에 관련된 자연인의 국적(Nationality of natural persons in relation to the succession of States)에 관한 결의」 안을 선언문 형식으로 채택하였다.[1]

국가승계 관련 협약이나 선언문은 기존의 국가승계에 따른 관행 등을 연구하여 반영한 것이다. 또한 그 내용이 어느 한 국가의 국내법으로 규율할 만한 사항이 아니기 때문에 통상적인 국가승계에서는 이 협약들 등이 직·간접적으로 영향을 미치거나 해결의 기준을 제시할 수 있다. 남북통일에 있어서도 조약이나 국가채무의 승계 문제를 검토함에 있어서 대부분의 학자들이 이 협약의 내용을 참고하는 것도 이 때문이다.

다만 국적 승계 문제에 있어서는 남북통일이 분단국의 통일이라는 점에서 통상의 국가통

---

* 이 장은 한명섭, 「남북통일과 북한 주민의 국적승계 문제에 관한 고찰」, 『2014 남북법제연구보고서』(법제처, 2013)를 수정·보완한 것이다.

1 이 결의안에 대한 구체적인 내용은 박기갑, 「국가승계가 자연인의 국적에 미치는 영향: UN국제법위원회의 최근 작업결과를 중심으로」, ≪국제법학회논총≫, 제46권 3호(대한국제법학회, 2001) 참고.

합과는 달리 독특한 문제가 발생한다. 분단국의 가장 큰 특징 중 하나는 분단국이 서로 상대방의 국가성을 부인하고, 그에 따라 상대방의 주민도 자신의 국민으로 본다는 것이다. 각 분단국 구성체는 통합이 이루어지기 이전부터 상대방의 주민도 자신의 국민으로 보기 때문에 국적 승계 문제가 발생할 여지가 없는 것처럼 보인다. 전형적인 분단국의 특성을 가지고 있는 남북한 역시 서로 상대방 주민을 자신의 국민 또는 공민으로 해석하기 때문에 이론적으로는 남북통일 시 국적 승계의 문제가 발생하지 않을 것으로 보인다.

하지만 현실은 그렇지 못하다. 즉 남한 중심의 통일이 되더라도 현행 남북한 '국적법'의 내용상 차이점과 남한 '국적법'상의 문제점으로 지적되어 오고 있는 최초 한국인의 규정에 대한 입법적 문제점, 분단 이후 귀화 등 사후에 국적을 취득하거나 박탈당한 자의 국적 문제 등 남한의 '국적법'만으로는 명확하게 해결되지 않는 여러 가지 문제점이 발생한다.

그렇다고 유엔에서 채택한 「국가승계에 관련된 자연인의 국적에 관한 결의」로 앞에서 제기한 문제점들을 모두 명쾌하게 해결할 수 있는 것도 아니다.

이 장에서는 남북통일 시 발생하는 북한 주민의 국적 문제에 관한 해결 방안을 제시하기 위해 먼저 국적 제도 일반론에 대하여 살펴본 뒤, 남북한 '국적법'의 주요 내용과 차이점, 통일 독일의 국적 문제 해결 사례 및 남북통일 시 발생하는 국적 관련 문제점과 그에 대한 구체적인 해결 방안에 대하여 검토해 보고자 한다.[2]

2. 국적 제도 일반론

1) 국적의 개념

국적(Nationality)이란 어떤 개인이 특정 국가의 구성원 내지 국민이 되는 자격이나 지위 또는 국가와 국민 간의 법적인 유대 관계를 의미한다.

국제사법재판소(ICJ)는 국제법상의 외교적 비호권과 관련된 1955년의 노테봄(Nottebohm)

---

2   '남북교류협력법' 제30조(북한주민 의제)는 동법(제9조 제1항과 제11조는 제외)을 적용할 때 북한의 노선에 따라 활동하는 국외단체의 구성원은 북한의 주민으로 본다고 규정하고 있으나, 이 글에서 북한 주민은 북한 '국적법'에 따른 국적을 가진 자, 즉 북한의 공민을 의미하는 것으로 보고 경우에 따라 '북한 주민'과 '북한 공민'이라는 용어를 혼용하기로 한다.

사건에서 "국적이란 사회적 유대관계, 정서적 요소와 그에 상응하는 제반 권리와 의무가 수반되는 국가와 그 구성원간의 법률적 유대관계"라고 설명하고 있다.[3] 특정 국가의 국적을 가진 자를 국민이라 하고, 그 국가의 국적이 아닌 다른 국가의 국적을 가졌거나 어떤 국가의 국적도 가지지 않은 자를 외국인(alien)이라 한다. 국적이나 출입국 관련 법률상의 외국인은 자국민 이외의 모든 자를 의미하는 것으로 외국 국적자 외에 무국적자도 포함하는 것이 일반적이다.

국가와 그 구성원 간의 법적 유대 관계를 나타내는 개념으로는 국적 외에 미국, 캐나다, 호주 등과 같은 영미권 국가들이 사용하는 시민권(citizenship)이라는 것이 있다.

시민권 제도를 운영하고 있는 국가에서 시민권을 보유한 자는 그 국가나 정부에 대한 영구적 충성 의무를 부담하는 동시에 공민으로서의 모든 권리(full civil right)를 향유하게 된다. 이처럼 시민권자는 그 국가공동체의 중요 구성원으로서 공법 관계에서의 권리·의무의 주체가 되는 동시에 관할권의 객체가 된다. 따라서 시민권 제도를 운영하는 국가에서의 시민권은 국적 제도만을 운영하는 국가에 있어서의 국적과 비교할 때 그 법적 성격이나 기능 면에서 거의 대등하다고 하겠다. 그렇기 때문에 국적 입법례상 국적의 취득에 관한 법률 해석이나 논의에 있어서 외국 시민권의 취득은 그 나라 국적 취득과 사실상 같은 의미를 가진다.[4] 물론 미국이나 영국과 같이 시민권 제도와 별도로 국적 제도를 두고 있는 국가들도 있는데 이 경우 대부분 국적은 시민권보다 더 기초적인 개념으로 사용하며, 국가의 구성원으로는 국적과 시민권을 가진 시민과 국적은 있으나 시민권은 없는 국민으로 구분하고 있다.[5] 한편 많은 국가들이 국적과 관계없이 자국 내에 거주하는 외국인에 대하여 무기한 또는 장기간 체류할 수 있는 권리를 부여하고 있는데 이를 영주권이라 한다.

2) 국적의 기능

국적은 자국민과 무국적자를 포함한 외국인을 구별하는 기준이 된다. 어느 개인이 특정 국가의 국적을 취득하게 되면 그 국가의 헌법과 법률이 정한 국민으로서의 권리와 의무를 갖게 된다. 물론 오늘날에는 외국인에 대하여 법률상 보호를 하지 않거나 상당히 미흡하였던 과거와는 달리 외국인에게도 국민과 유사한 수준의 법률상 지위가 인정되고 있으나 아직도 참정

---

3   *Nottebohm Case*, ICJ Reports(1995), p.23.

4   석동현, 『국적법』(파주: 법문사, 2011), 20쪽.

5   구체적인 내용은 석동현, 같은 책, 20~22쪽 참고.

권이나 사회적 기본권 분야에서는 국민과는 다른 대우를 하는 것이 일반적이다.

국가는 자신의 국민이 자국 영토가 아닌 곳에서 체류국으로부터 부당한 대우를 받거나 권리 침해를 받으면 그 국가를 상대로 자국민에 대한 보호나 구제를 할 권리를 갖게 되는데 이를 외교적 보호권이라 한다. 개인이 국가로부터 외교적 보호를 받을 수 있는 국적을 가졌는지는 일차적으로 해당 국가의 '국적법'에 따라 결정된다. 앞에서 본 노테봄 사건에서는 국적의 요건으로 진정한 유대 관계(genuine connection)를 필요로 한다고 보았다. 그러나 유엔 국제법위원회가 2006년에 완성한 외교적 보호규정 초안에는 경제의 세계화와 국제적 인구이동이 활발한 오늘날의 현실을 고려하여 외교적 비호권을 행사하는 국적국의 정의에서 이와 같은 진정한 유대 관계의 필요성을 포함시키지 않았다.[6]

그 밖에도 국가는 자국 영역 밖에 있는 국민의 행위를 규율하기 위한 입법을 할 수 있으며, 국제사법 특히 가족법 영역과 관련된 법률문제에 있어서 준거법을 정하는 기준이나 연결점의 역할을 하기도 한다.

3) 국적 결정에 관한 국제법상 원칙

전통적으로 국적의 부여와 박탈은 해당 국가의 전속적 권한으로 이해되어 오고 있다. 따라서 각 국가마다 국적의 부여나 박탈에 관한 결정에 대하여 각기 다른 내용의 국적 제도를 두고 있으며, 모든 국가에 적용되는 일반적·강제적 성격의 국적 결정에 관한 원칙은 존재하지 않는다. 다만 이처럼 각 국가마다 국적 결정의 기준을 달리하다 보면 당연히 국적저촉의 문제가 발생하게 된다. 국적저촉의 문제를 해결하기 위한 국제사회의 협력 과정에서 국적유일의 원칙과 국적자유의 원칙이 형성되었다.

국적유일의 원칙이란 단일국적의 원칙이라고도 하는데, 사람은 누구나 국적을 가질 수 있어야 하며, 오직 하나의 국적을 가져야 한다는 원칙을 말하다. 이러한 원칙은 대부분 국가의 국적 제도에 반영되어 있으며, 국제사회도 무국적자 방지와 이중국적 방지를 위한 노력과 협력을 해오고 있다.

국적자유의 원칙은 국적의 취득과 상실에 있어서 개인의 자유로운 의사가 보장되어야 한다는 원칙을 말한다. 다만 대부분의 국가는 자국민이 다른 나라의 국적을 취득하지 않고 자국

6　정인섭·정서용·이재민, 『국적법 판례 100선』(박영사, 2012), 415쪽 참고.

의 국적을 포기하여 무국적자가 되는 것을 금지하고 있어 일정한 한계를 두고 있다.

국적유일의 원칙이 주로 선천적 국적 취득과 관련이 되는 반면, 국적자유의 원칙은 주로 귀화나 국제결혼 등 후천적 국적 취득과 관련된다.

한편 오늘날에는 국적이 해당 국가의 권리와 의무의 주체로서 살아가기 위한 필수적 조건이라는 점에서 개인이 국가로부터 일방적으로 국적에 관한 결정을 받는 수동적 지위에 있는 것이 아니라 개인의 인권과 관련된 문제로 발전되어가고 있다. 「세계인권선언」제15조는 "① 모든 인간에게는 국적에 대한 권리가 있다. ② 어느 누구도 국적을 함부로 박탈당하지 아니하며 국적을 바꿀 권리도 부정당하지 않는다"라고 규정하고 있다. 그 밖에도 1975년의 「혼인한 여성의 국적에 관한 협약」, 1966년의 「시민적·정치적 권리에 관한 규약」, 1989년의 「아동의 권리에 관한 규약」 등 많은 국제협약이 국적 문제를 인권적 차원에서 다루고 있다.[7]

4) 국적 결정의 형태와 기준

국가가 누구를 자국의 국민으로 결정한 것인지는 해당 국가의 국내법적 관할권에 속한다. 1930년 국제연맹 국제법전편찬위원회가 채택한 「국적법의 저촉에 관련된 약간의 문제에 관한 협약(Convention on Certain Questions relating to the Conflict of Nationality Laws)」 역시 각국으로 하여금 누구를 자국민으로 할 것인지에 관해서는 기본적으로 스스로 결정하도록 하고 있다. 다만 모든 국가는 그 분야에 관한 국제관습법과 법원칙을 준수하여야 한다는 제한을 하고 있을 뿐이다(제1조).

국적 결정에 관한 각국의 입법 내용을 보면 크게 선천적 국적 취득의 결정과 후천적 국적 취득의 결정으로 구별하고 있다.

선천적 국적은 출생을 원인으로 국적을 부여하는 것으로 다시 혈통주의와 출생지주의로 구별된다. 혈통주의는 부모의 국적을 기준으로 그 자녀의 국적을 결정하는 원칙으로 부의 국적을 기준으로 하는 부계혈통주의와 부모의 어느 일방이라도 자국민이면 국적을 부여하는 부모양계혈통주의가 있다. 출생지주의는 자국의 영토 내에서 태어난 자에 대하여 자국의 국적을 부여하는 원칙이다. 그러나 현실적으로 각국의 입법례를 보면 혈통주의나 출생지주 중 어느

---

7   인권으로서 국적에 대하여는 박정원, 「국적에 대한 권리와 국제법」, 『(최신)외국법제정보』(한국법제연구원, 2008), 90~95쪽 참고.

한 가지 원칙만을 채택하는 경우는 없고, 어느 한 가지 원칙을 기본 원칙으로 하면서 다른 원칙을 보충적으로 채택하고 있는 것이 일반적이다. 이처럼 종전에는 국적 취득의 요인으로 혈통과 출생만을 고려하였으나 최근에는 국적 취득의 새로운 요소로 '거주'의 요소에 대한 관심과 중요성이 대두되고 있다.

후천적 국적 결정은 다른 나라 국적을 가지고 있거나 국적이 없는 자에게 자국의 국적을 부여하는 경우이다. 후천적으로 국적을 취득하는 경우로는 자신의 의사로 외국의 국적을 취득하는 귀화가 일반적이며, 혼인이나 입양 등 가족관계 변동의 효과로 인한 경우도 있다. 그 밖에 국적에 관한 국내법상의 국적 취득의 범위를 벗어나 식민지 해방, 영토의 분리, 할양, 국가병합의 경우와 같이 국가승계가 발생하는 경우에도 국적 변동이 있게 된다.

3. 남북한의 국적법 비교 및 통일 시 발생하는 문제점

1) 남한의 국적법

(1) 국적법의 연혁

우리나라 '국적법'은 1948년 7월 17일 제정된 '제헌헌법' 제3조의 "대한민국의 국민이 되는 요건은 법률로 정한다"라는 규정에 근거하여 1948년 12월 20일 제정되었다.[8] 이 '국적법'의 개정에 따라 1948년 5월 11일 자로 남조선과도입법의원에 의하여 제정된 '국적에관한임시조례'는 폐지되었다. 이 '제헌헌법'의 규정은 현행 '헌법' 제2조에서 그대로 유지되고 있다. '국적법'은 제정 이후 타 법 개정에 따른 개정을 제외하면 현행법인 2010년 5월 4일 자 개정 '국적법'(법률 제10275호)에 이르기까지 총 10회에 걸쳐 개정되었다.

---

8   국적에 관한 법원(法源)으로는 '국적법' 이외에 1948년 5월 11일 남조선과도입법위원이 제정한 '국적에관한임시조례'가 있고, 대표적인 국제적 법원으로는 「국적법의 저촉에 관련된 약간의 문제에 관한 협약」과 유엔이 채택한 「무국적자의 지위에 관한 협약」, 「혼인한 여성의 국적에 관한 조약」, 「무국적자 감소에 관한 조약」, 「복수국적의 감소 및 복수국적에 따른 군사적 의무에 관한 조약」 등이 있다.

(2) 국적법의 기본 원칙과 주요 개정 내용

① 제정 국적법

총 16개 조문으로 구성된 제정 '국적법'은 국적의 선천적 취득에 관하여 '국적에관한임시조례'와 마찬가지로 부계혈통주의를 원칙으로 채택하였다. 그 밖에도 부(夫)중심주의, 부부 또는 가족국적 동일주의, 단일국적주의를 기본 원칙으로 채택하였다.

첫째, 제정 '국적법'상 선천적 국적 결정 기준으로는 부계혈통주의였다. 즉 출생 당시 부가 대한민국 국민인 자(출생 전에 부가 사망한 때에는 사망 당시 대한민국 국민이었던 자)를 원칙으로 하면서 예외적으로 부가 분명하지 아니하거나 국적이 없는 때에는 모가 대한민국 국민인 자와 부모가 모두 분명하지 아니하거나 국적이 없는 때에는 대한민국에서 출생한 자도 선천적으로 대한민국 국적을 취득하였다.

둘째, 후천적 국적 취득 사유로는 혼인, 인지, 귀화, 국적 회복, 수반 취득의 다섯 가지가 있었다. 대한민국 국민의 처가 된 외국인과 대한민국 국민인 부 또는 모에 의하여 인지된 미성년자는 자동으로 대한민국 국적을 취득하였다. 법무부 장관의 귀화 허가나 국적 회복 허가를 받은 자의 처와 미성년 자녀는 대한민국 국적을 수반·취득하도록 하였다. 귀화 대상자는 요건에 따라 일반귀화, 간이귀화, 특별귀화로 구분되었다. 후천적 국적 취득자의 전 국적 포기 의무에 대하여는 별도의 규정을 두지 않았다.

셋째, 제정 '국적법'은 부(夫)중심주의를 채택하였다. 이에 해당하는 것으로는 국적 취득자의 처의 수반 취득 규정, 대한민국 국민의 처가 된 외국인의 대한민국 국적 자동 취득 규정, 처는 부와 함께하지 않으면 귀화할 수 없도록 한 규정, 대한민국 국적을 상실한 사람의 처나 미성년자가 그의 국적을 취득한 때에는 대한민국 국적을 자동 상실하도록 한 규정 등이 있다.

넷째, 귀화자나 그의 처 및 자녀는 대통령, 부통령, 국무위원, 특명전권대사, 공사, 국군총사령관, 참모총장에 취임할 수 없도록 권리를 제한하였다.

다섯째, 후천적 이중국적을 불허하면서도 '국적법' 체계상의 차이로 선천적 이중국적자가 된 자에 대해서는 법무부 장관의 허가를 받아 국적이탈을 할 수 있도록 하였다.

여섯째, 국적 상실과 관련하여서는 ㉠ 외국인과 혼인하여 그 배우자의 국적을 취득한 자, ㉡ 외국인의 양자로서 그 국적을 취득한 자, ㉢ 혼인으로 인하여 대한민국의 국적을 취득한 자가 혼인의 취소 또는 이혼으로 인하여 외국의 국적을 취득한 자, ㉣ 자진하여 외국의 국적을 취득한 자, ㉤ 이중국적자로서 법무부 장관의 허가를 얻어 국적을 이탈한 자, ㉥ 미성년인 대한민국의 국민이 외국인의 인지로 인하여 외국의 국적을 취득한 자(단, 대한민국의 국민의 처 또는 양자가 된 자는 예외)는 대한민국 국적을 상실하도록 하였다.

일곱째, 대한민국 국적을 상실한 자는 대한민국 국민이 아니면 향유할 수 없는 권리를 국적상실일로부터 1년 이내에 대한민국 국민에게 양도하여야 하고, 이를 위반하면 그 권리를 상실하도록 하였다.

참고로 '국적에관한임시조례' 제5조에 의하면 외국 국적이나 일본 호적을 취득한 자가 외국 국적을 포기하거나 일본 호적을 이탈하면 1945년 8월 9일 이전에 조선의 국적으로 회복한 것으로 간주하였으나, '국적법'의 시행으로 인하여 이들이 대한민국 국적을 취득하려면 귀적회복절차가 필요하게 되었다.

② 제1~3차 개정

1962년 11월 21일 제1차 개정에서는 외국인의 대한민국 국적 취득 요건으로 국적이 없거나 대한민국 국적취득일로부터 6월 내에 그 국적을 상실하게 되는 경우를 추가하였고, 대한민국의 국적을 가졌던 자가 그 국적을 상실한 경우 외국에 주소를 가지면서도 대한민국의 국적을 회복할 수 있도록 하였다.

1963년 9월 30일 제2차 개정에서는 귀화인, 귀화인의 처 또는 자의 공직 취임에 관한 제한 규정을 삭제하고, 외국인으로서 대한민국의 국적을 취득한 자가 6월이 경과하여도 그 국적을 상실하지 아니한 때에는 대한민국의 국적을 상실하도록 하였다.

1976년 12월 22일 제3차 개정에서는 국적회복 심의위원회를 폐지하고 국적 회복 허가요건인 국내에 주소가 있어야 한다는 조항을 삭제하여 외국에 거주하는 동포들도 재외 공관을 통하여 대한민국 국적을 회복할 수 있도록 하였다.

③ 제4차 개정

제정 '국적법'의 기본 원칙은 1997년 12월 13일 제4차 개정(법률 제5431호, 1998년 6월 14일 시행)에서 큰 변화를 가져왔다.

제4차 개정의 주요 내용을 살펴보면 ㉠ 선천적 국적 취득에 대한 종전의 부계혈통주의를 부 또는 모 어느 한쪽이 대한민국 국민이면 그 자녀에게 우리 국적을 부여하는 부모양계혈통주의로 전환하였다(제2조 제1항 제1호). ㉡ 국적 취득을 목적으로 하는 위장혼인을 방지하기 위하여 대한민국 국민의 처가 된 외국인에게 우리 국적을 부여하던 종전의 제도를 폐지하고, 대한민국 국민과 혼인한 외국인은 남녀 모두 혼인 후 국내에 2년 이상 거주하는 등 일정 요건을 갖추고 법무부 장관의 귀화 허가를 받아야만 우리 국적을 취득할 수 있도록 하였다(제6조 제2항). ㉢ 남편이 우리 국적을 취득하면 그 처도 자동으로 대한민국 국민이 되는 수반 취득 조항과 처의 단독 귀화를 금지하는 조항을 삭제함으로써 혼인한 여성에게 독자적인 국적선택권을 보장하였다(개정 전 제4조 제2항 및 제8조 제1항 삭제). ㉣ 20세 전에 우리 국적과 외국 국적을 함께 가지게 되는 이중국적자는 22세 전까지, 20세 후에 이중국적자가 된 자는 그때부터 2년 내에(병역미필자는 병역을 필한 후 2년 내에) 국적을 택일하게 하고, 그중 우리 국적을 선택하지 아니한 사람은 우리 국적을 상실하도록 하는 국적선택제도를 신설하였다(제12조 내지 제14조). ㉤ 부모양계혈통주의를 채택함에 따라 외국인 부와 한국인 모 사이에 출생한 자녀는 모의 성과 본을 따를 수 있고 모의 호적에 입적하도록 민법의 내용을 일부 정비하였다(부칙 제8조).

④ 제5~9차 개정

2001년 12월 19일 제5차 개정에서는 제4차 개정 시 기존의 부계혈통주의가 부모양계혈통주의로 바뀜에 따라 '국적법'이 시행된 1998년 6월 14일 현재 10세 미만인 자로서 대한민국의 국민을 모(母)로 하여 출생한 자에 대하여 신고로 대한민국의 국적을 취득할 수 있는 특례를 인정하였다. 그러나 2000년 8월 31일 헌법재판소에서 모계 출생자에 대한 국적 취득의 특례를 10세 미만인 자에 한정하여 적용하는 것은 평등 원칙에 위배된다는 취지의 헌법불합치 결정을 함에 따라 모계 출생자에 대한 국적 취득의 특례를 동법이 시행된 1998년 6월 14일 현재 20세 미만인 자로 확대하였다.

2004년 1월 20일 제6차 개정에서는 대한민국 국민과 결혼한 외국인이 '국적법'에 의한 간이 귀화 요건을 충족시키지 못한 때에도, 대한민국 국민인 배우자와 혼인한 상태로 대한민국에 주소를 두고 있던 중 그 배우자가 사망·실종되거나 자신의 귀책사유 없이 혼인생활을 계속할 수 없었던 경우 또는 혼인에 의하여 출생한 미성년 자녀의 양육 등의 필요가 있는 경우에는 외국인 배우자의 인권보장과 아동보호 차원에서 국적 취득을 허용하도록 하였다.

2005년 5월 24일 제7차 개정에서는 병역을 기피하도록 할 목적으로 원정출산 등 편법적인 방법으로 자녀에게 외국 국적을 취득시키는 것을 방지하기 위하여 직계존속이 외국에서 영주할 목적 없이 체류한 상태에서 출생하여 이중국적자가 된 자는 병역 의무의 이행과 관련하여 현역·상근예비역 또는 보충역으로 복무를 마치거나 마친 것으로 보는 때, 병역 면제 처분을 받은 때, 제2국민역에 편입된 때에 한하여 국적 이탈 신고를 할 수 있도록 하는 한편, 그 밖에 현행 제도의 운영상 나타난 일부 미비점을 개선·보완하였다.

2007년 5월 17일 제8차 개정에서는 2007년에 '호적법'이 폐지되고 '가족관계의 등록에 관한 법률'이 제정됨에 따라 그 내용을 '국적법'에 반영한 것이다.

2008년 3월 14일 제9차 개정에서는 거짓이나 그 밖의 부정한 방법으로 귀화 허가나 국적

회복 허가 또는 국적 보유의 판정을 받은 경우 법무부 장관이 그 허가 또는 판정을 취소할 수 있는 근거 규정을 신설하였다.

⑤ 제10차 개정

2010년 5월 4일 제10차 개정에서는 엄격한 단일국적주의 아래에서 복수국적자에 대하여 규제 일변도로 되어 있는 종전 규정을 국제 조류와 국익에 부합되는 방향으로 복수국적을 제한적으로 허용하는 한편, 복수국적 허용에 따른 병역 기피 등 부작용과 사회적 위화감을 최소화하는 방향으로 관련 규정을 보완하였다.

주요 개정 내용으로는 ㉠ 우수 외국인재의 귀화 요건 완화(제7조 제1항 제3호 신설), ㉡ 대한민국 국적 취득자의 외국 국적 포기 의무 완화(제10조), ㉢ 이중국적자를 복수국적자로 용어 변경 및 복수국적자에게 국내법 적용에서 대한민국 국민으로만 처우함을 명확히 하고, 복수국적자가 관계 법령에 따라 외국 국적을 보유한 상태에서 직무를 수행할 수 없는 분야에 종사하려면 외국 국적을 포기하도록 하도록 하는 규정 신설(제11조의2), ㉣ 만 20세가 되기 전에 복수국적자가 된 자는 만 22세 전에, 만 20세가 된 후에 복수국적자가 된 자는 그때부터 2년 내에 대한민국 국적을 선택하려는 경우에는 외국 국적을 포기하는 대신 외국 국적을 행사하지 아니하겠다는 서약을 하는 방식으로 우리 국적을 선택할 수 있게 하여 우리 국적 선택을 유도하여 국적 선택 방식을 개선(제13조), ㉤ 대한민국 국적의 이탈 요건 및 절차 강화(제14조), ㉥ 국적 선택명령제도의 도입(제14조의2 신설), ㉦ 대한민국 국적의 상실결정제도 도입(제14조의3 신설), ㉧ 복수국적자에 관한 통보의무 규정 신설(제14조의4) 등을 들 수 있다.

⑥ 제11~13차 개정

2016년 12월 20일 개정에서는 법률의 위임규정 없이 '국적법 시행령'에서 외국국적을 함께 가지게 된 자에 관해 규정하고 있는 문제를 해결하기 위해 제11조의2 제1항 중 "외국 국적을 함께 가지게 된 자"를 "외국 국적을 함께 가지게 된 사람으로서 대통령령으로 정하는 사람"으로 개정하였다.

2017년 12월 19일 개정에서는 종전에는 귀화허가 또는 국적회복허가 신청을 한 사람은 법무부장관이 귀화허가 또는 국적회복허가를 한 때에 대한민국 국적을 취득하도록 하던 것을, 앞으로는 귀화허가 또는 국적회복허가를 받은 사람이 국민선서 후 귀화증서 또는 국적회복증서를 수여받은 때 대한민국 국적을 취득하도록 하였다(제4조 제3항 및 제9조 제3항). 또한 일반 귀화 요건을 강화하여 종전에는 외국인이 5년 이상 계속하여 대한민국에 주소가 있으면 일반 귀화 허가 신청을 할 수 있도록 하던 것을 개정을 통해 대한민국에서 영주할 수 있는 체류자격을 가지고 있고 5년 이상 계속하여 대한민국에 주소가 있어야 일반귀화 허가 신청을 할 수 있도록 하고, 귀화요건인 품행 단정에 대한 구체적인 판단 기준을 하위법령에 둘 수 있게 위임하는 근거를 마련하였으며, 국가안전보장·질서유지 또는 공공복리를 저해하지 아니한다고 법무부장관이 인정하는 경우 귀화할 수 있도록 일반귀화의 요건을 강화하였다(제5조).

2018년 9월 18일 개정에서는 시행규칙에 있던 국적 업무와 관련된 수수료 징수 근거가 법률이 아닌 시행규칙에 있다는 문제점을 해결하기 위해 하위 법령에 규정되어 있는 국적 업무와 관련된 각종 허가신청, 신고 및 증명서 등의 발급에 관한 수수료에 대해 '국적법' 제21조의2에서 규정하였다.

2) 북한의 국적법

(1) 북한의 국적과 공민

북한은 국적을 "사람이 어떤 국가에 소속되어 있는가를 밝혀주는 법적인 관계"[9] 또는 "국가에 대한 개인의 법적 소속"이라고 정의하고 있다.[10]

북한 역시 대부분의 사회주의국가들과 마찬가지로 국민이라는 개념 대신 공민이라는 개념을 사용하여 공민을 "일정한 국가의 국적을 가지고 그 나라의 헌법상 공민의 권리와 의무를 가진 사람"이라고 정의하고 있다.[11] 즉 북한의 공민은 우리의 국민에 대비되는 개념이다.

(2) 국적법 연혁

북한은 1948년 9월 8일 헌법을 제정하면서 국적에 관한 규정을 두지 않았다. 처음으로 헌법에서 국적에 관한 규정을 둔 것은 1992년 4월 9일 개정 '헌법'이다. 이 개정 '헌법'은 제5장 제62조에서 "조선민주주의인민공화국 공민이 되는 조건은 국적에 관한 법으로 규정한다"라고 규정하였고, 현행 헌법에 이르기까지 그대로 유지되고 있다.

하지만 북한은 '헌법'에 근거 규정이 마련되기 전인 1963년 10월 9일 처음으로 '국적법'을 제정하였다. 이 법은 1995년 3월 23일 수정·보충되었고, 1999년 2월 26일 수정되어 현재에 이르고 있다.[12]

---

9   사회과학원 법학연구소, 『법학사전』, 81쪽.
10   사회과학원 법학연구소, 『국제법사전』, 41쪽.
11   사회과학원 법학연구소, 『법학사전』, 32쪽.

북한은 '국적법'을 제정하기 이전에도 대외적으로 국적을 전제로 하는 국제조약들을 체결한 바 있다. 예컨대 1961년 2월 15일 소련과 체결한 「민형사문제에 있어서 상호 법적 조력에 관한 조약」, 1959년 8월 13일 일본과 체결한 「북한 적십자사와 일본 적십자사간의 재일조선공민들의 귀국에 관한 협정」(이른바 「캘커타협정」), 1957년 12월 16일 소련과 체결한 「이중국적자에 대한 협정」 등을 들 수 있다.[13]

북한이 1963년에 '국적법'을 제정한 이유에 대해서는 한일 국교정상화 회담이 한창 진행되던 당시 재일 조총련을 염두에 둔 입법조치라는 견해가 있다. 만일 한일 국교정상화에 즈음하여 모든 재일교포에 대한 한국 국적이 인정되면 북한에 적지 않은 정치적 타격이 될 수밖에 없었기 때문에 서둘러 국적법을 제정하여 재일교포를 북한 공민의 일부로 명확히 포용하려는 의도를 표명한 것이라는 분석이다.[14]

(3) 현행 국적법의 기본 원칙과 주요 내용

① 국적법정주의

'헌법' 제62조는 북한의 공민이 되는 조건은 국적에 관한 법으로 규정한다고 규정하여 국적법정주의를 채택하고 있다. 북한 '국적법'은 '헌법'에서 국적법정주의에 대한 규정을 두기 이전인 1963년에 제정된 점은 앞에서 밝힌 바와 같다. 북한 '국적법'은 "공화국공민으로 되는 조건을 정하고 그들의 자주적 권리를 옹호보장하는데 이바지"하는 것을 목적으로 하고 있다(제1조).

② 공민의 범위

북한 공민의 범위에 대하여 제정 '국적법'은 "1. 조선민주주의인민공화국창건 이전에 조선의 국적을 소유하였던 조선인과 그의 자녀로서 본 법 공포일까지 그 국적을 포기하지 않은 자, 2. 외국인으로서 합법적 절차에 의하여 조선민주주의인민공화국 국적을 취득한 자"로 규

---

12 북한에서는 법규범의 개정·수정·보충을 구별하여 사용하고 있다. 법규범 개정은 해당 법규범의 전반 내용을 변경하는 것으로, 그 범위에서 종래 법전의 편·장·절 체계를 벗어나게 되어 종래의 법규범을 확대 또는 축소하는 방법으로 이루어진다. 법규범의 수정은 개별 법규범이나 법 문구를 삭제 또는 변경하는 것을 말하고 보충은 새로운 법조문이나 법 문구를 첨부하는 것을 말한다. 수정·보충은 동시에 또는 별도로 진행되어 본래의 법전의 구성 내용에 포함된다. 진유현, 「사회주의법제사업의 본질과 기본내용」, ≪김일성종합대학학보: 력사·법학≫, 제43권 3호(평양: 김일성종합대학출판사, 1977), 51~52쪽 참고.

13 노영돈, 「統一에 對備한 南北漢 國籍法의 比較研究」, ≪통일문제와 국제관계≫, 5(인천대학교평화통일연구소, 1994.12), 237~238쪽.

14 정인섭, 「국민의 탄생과 법적 경계」, 한국미래학회 엮음, 『제헌과 건국』(서울: 나남, 2010), 296~297쪽 참고.

정되어 있었다. 개정된 현행 '국적법'은 이를 일부 수정하여 "1. 공화국창건 이전에 조선의 국적을 소유하였던 조선사람과 그의 자녀로서 그 국적을 포기하지 않은 자, 2. 다른 나라 공민 또는 무국적자로 있다가 합법적 절차로 공화국 국적을 취득한 자"로 규정하고 있다. 제정 '국적법'과 비교하여 1호에서는 "본법 공포일까지"라는 문구를 삭제하였고, 제2호에서는 외국인 외에 무국적자를 추가하였다.

제1호에서 "본법 공포일까지"를 삭제한 이유에 대해서는 '국적법'의 제정에 의하여 이미 국적자의 범위가 확정되었고 '국적법'을 개정하는 상황에서 현실적으로 그러한 기준을 설정해 둘 만한 실익이 크지 않기 때문인 것으로 보인다.[15] 제2호의 개정에 대하여서는 무국적자에 대한 배려로 볼 수도 있으나,[16] 제정 '국적법'상의 외국인은 국민이 아닌 자, 즉 외국 국적을 가진 자와 무국적자를 포함한다고 볼 수 있으므로 "외국인"의 범위에 대한 해석상의 논란을 불식시키기 위하여 "다른 나라 공민과 무국적자"로 명확하게 한 것에 불과하다고 볼 수 있다.

③ 공민의 보호

북한 공민은 거주지나 체류지에 관계없이 북한의 법적 보호를 받는다(제3조). 제정 '국적법'에서는 "거주지"에 관계없이 법적 보호를 받는다고 하였던 것을 "거주지 또는 체류지"에 관계없이 법적 보호를 받는다고 그 대상을 확대한 것이다. 다른 나라에 거주하는 공민은 북한으로 귀국하거나 자유로이 오갈 수 있다(제4조). 제정 '국적법'에서는 자유 왕래에 대하여서만 규정을 하였다가 귀국의 자유에 대한 내용을 추가한 것이다.

④ 국적의 선천적 취득

제정 '국적법'은 제4조에서 국적의 선천적 취득에 대하여 "1. 공화국 공민간에 출생한 자녀들, 2. 공화국 령역에 거주하는 공화국 공민과 외국공민 간에 출생한 자녀들, 3. 공화국 령역에서 발견된 자녀로서 그의 부모를 알지 못하는 자"로 규정하고 있었다.

이를 현행 '국적법'에서는 "1. 공화국 공민사이에 출생한 자, 2. 공화국 령역에 거주하는 공화국 공민과 다른 나라 공민 또는 무국적자 사이에 출생한 자, 3. 공화국령역에 거주하는 무국적자사이에 출생한 자, 4. 공화국령역에서 출생하였으나 부모가 확인되지 않는 자"로 개정한 것이다. 결과적으로 2호에서 북한 공민과 무국적자 사이에 태어난 자가 추가 되었고, 3호에서 북한 영역에 거주하는 무국적자 사이에 출생한 자도 북한 공민으로 추가하여 무국적자에

---

15 손희두, 『북한의 국적법』(한국법제연구원, 1997), 25~26쪽 참고.

16 손희두, 같은 책, 26쪽.

대하여 배려를 하고 있다.

⑤ 국적의 후천적 취득

북한 '국적법'은 혼인, 인지, 입양 등에 의한 후천적 국적 취득에 관한 규정이 없다. 다만 제6조에서 "무국적자 또는 다른 나라 공민은 청원에 의하여 조선민주주의인민공화국 국적을 취득할 수 있다"라고 청원에 의한 국적 취득 규정만을 두고 있다. 제정 '국적법'은 외국인만이 국적 취득의 청원을 할 수 있도록 한 것을 무국적자도 할 수 있도록 개정한 것이다.

⑥ 외국 거주 북한 공민과 외국인 사이에 출생한 자의 국적

외국에 거주하는 북한 공민과 외국인 사이에 출생한 자의 국적에 대하여서는 '국적법' 제7조에서 나이에 따라 달리 규정하고 있다. 14세 미만자의 국적은 부모의 의사를 따라 정하고, 부모가 없을 경우에는 후견인의 의사에 따라 정하며, 이 경우 출생 후 3개월이 되도록 부모나 후견인의 의사표시가 없으면 북한 국적을 가진다. 14세 이상 미성인의 국적은 부모의 의사와 본인의 동의에 의하여 정하며, 부모가 없을 경우에는 후견인의 의사와 본인의 동의에 의하여 정하는데 이 경우 본인의 의사가 부모의 의사 또는 후견인의 의사와 다르면 본인의 의사에 따라 정한다. 성인의 경우에는 본인의 의사에 따라 정한다.

한편 외국에 거주하는 북한 공민과 외국인 사이에 출생한 자녀의 국적을 북한 국적으로 정하려 할 경우에는 부모 또는 자녀가 거주하는 나라에 주재하는 공화국 외교 또는 영사대표기관에 관련 서류를 제출하여야 하며, 공화국 외교 또는 영사대표기관이 없을 경우에는 가까운 나라에 주재하는 공화국 외교 또는 영사대표기관이나 거주하는 나라의 해당 기관에 제출하면 된다.

⑦ 부모의 국적 취득 및 상실과 자녀의 국적 처리

부모가 북한 국적을 취득하거나 상실하는 경우 14세 미만 자녀의 국적은 부모의 국적에 따라 변경된다. 14세 이상 16세까지의 자녀의 국적은 부모의 의사 및 본인의 동의가 있어야 변경되며, 부모의 의사가 없거나 본인의 의사와 다르면 본인의 의사에 따르도록 하고 있다(제9조).

⑧ 국적 이탈 및 회복 등

부모 일방이 국적을 이탈해도 자녀의 국적은 변경되지 않는다(제10조). 혼인, 이혼, 입양, 파양에 의해서도 북한 국적이 변경되지 않는다(제11조). 국적을 상실하였던 자는 청원에 의하여 국적을 회복할 수 있으며(제12조), 북한 국적에서 제적된 자는 그 결정이 있는 날부터 북한 공민으로서의 법적 지위와 권리를 상실한다(제13조). '국적법'에서는 국적의 제적 사유에 대한

규정이 없다.

⑨ 국적 업무 기관

북한 국적과 관련한 실무적인 사업은 공민 등록기관이 하며, 북한 영역 밖에서는 해당 국가에 주재하는 북한 외교 또는 영사대표기관이 한다(제14조). 북한 국적, 공화국 국적에로의 입적 청원 또는 공화국 국적에로의 제적 청원에 대한 결정은 최고인민회의 상임위원회가 한다.

⑩ 국적 관련 조약의 효력

'국적법' 제16조는 북한이 국적과 관련하여 다른 나라와 맺은 조약에서 이 법의 내용과 다르게 정할 경우에는 그 조약에 따르도록 하고 있다.

3) 남북한 국적법의 비교

(1) 최초 국적자에 대한 규정

최초 국적자에 대하여 북한 제정 '국적법'은 "공화국 창건 이전에 조선의 국적을 소유하였던 조선인과 그의 자녀로서 본 법 공포일까지 그 국적을 포기하지 않은 자"라고 명시하고 있고, 현행 '국적법'에서도 "공화국 창건 이전에 조선의 국적을 소유하였던 조선인과 그의 자녀로서 그 국적을 포기하지 않은 자"라고 명시하고 있다. 북한의 경우는 '국적법' 규정 자체로 국적을 포기하지 않은 재외동포와 남한 주민 모두가 북한 국적자인 북한 공민에 포함된다.

이에 반해 남한 '국적법'은 제정 당시부터 최초 국적자에 대한 경과 규정을 두지 않아 많은 학자들이 문제 제기를 해왔다. 이는 우리 '국적법'이 혈통주의를 채택하고 있기 때문에 최초의 한국 국적인의 범위가 먼저 정해져야만 이를 근거로 그 후손들이 혈통주의 원칙에 따른 국적을 취득할 수 있기 때문이다. 이 문제는 북한 주민과 기타 해외동포의 국적 문제와도 관련이 있다.

이 문제에 대해서는 크게 보면 '국적법'이 제정되기 이전에 국적 문제를 규율하기 위하여 1948년 5월 11일 남조선과도정부 법률 제11호로 제정된 '국적에관한임시조례'에 의하여 해결이 가능하다는 견해와 이에 반대하는 견해가 있다.

'국적에관한임시조례' 제1조는 "본 조례는 국적법이 제정될 때까지 조선인의 국적을 확립하야 법률관계의 귀속을 명백히 함을 목적함"이라고 하여 그 시행 기간을 '국적법'이 제정될 때까지로 한정하고 있다. 따라서 1948년 12월 20일 '국적법'의 제정으로 인하여 이 '임시조례'는 폐기되었다.[17]

제1설은 우리 '국적법'이 '국적에관한임시조례'를 승계하고 있으므로 입법상의 흠결이 아니라는 견해이다.[18] 대법원 판례도 같은 입장이다.

대법원은 "남조선과도정부법률 제11호 국적에관한임시조례 제2조 제1호는 조선인을 부친으로 하여 출생한 자는 조선의 국적을 가지는 것으로 규정하고 있고, 제헌헌법은 제3조에서 대한민국의 국민 되는 요건을 법률로써 정한다고 규정하면서 제100조에서 현행 법령은 이 헌법에 저촉되지 아니하는 한 효력을 가진다고 규정하고 있는바, 원고는 조선인인 위 소외 1을 부친으로 하여 출생함으로써 위 임시조례의 규정에 따라 조선국적을 취득하였다가 1948. 7. 17. 제헌헌법의 공포와 동시에 대한민국 국적을 취득하였다 할 것이고, 설사 원고가 북한법의 규정에 따라 북한국적을 취득하여 1977. 8. 25. 중국 주재 북한대사관으로부터 북한의 해외공민증을 발급받은 자라 하더라도 북한 지역 역시 대한민국의 영토에 속하는 한반도의 일부를 이루는 것이어서 대한민국의 주권이 미칠 뿐이고, 대한민국의 주권과 부딪치는 어떠한 국가단체나 주권을 법리상 인정할 수 없는 점에 비추어 볼 때 이러한 사정은 원고가 대한민국 국적을 취득하고, 이를 유지함에 있어 아무런 영향을 끼칠 수 없다"라고 판시하고 있다.[19]

제2설은 '국적에관한임시조례'는 최초의 한국인의 범위에 관한 우리 '국적법'의 입법상 흠결을 치유하지 못한다는 견해이다.[20] 이 설은 첫째, 남조선과도정부가 미 군정청의 조선인 기관에 불과하고, 둘째, 남조선과도정부 이전에 설치된 조선과도입법의원은 '조선 전체'를 관할하는 것이었지만, 그것이 여의치 않게 되자 '북위 38도 이남의 조선'을 통치하는 기관으로 남조선과도정부가 설립된 것이라는 점에서 제헌 '헌법'의 영토 조항에 저촉되며, 셋째, 이 '국적에관한임시조례'를 폐지하는 1948년 제정 '국적법'에는 최초의 한국인의 범위를 정하는 규정이나 또는 '국적에관한임시조례'와의 적용 관계를 정하는 경과 규정이 존재하지 않으며, 넷째, 국적행정의 담당 부서인 법무부의 유권 해석에서도 '국적에관한임시조례'의 법원성을 배제하

---

17 노영돈, 「우리나라 국적법의 몇 가지 문제에 관한 고찰」, ≪국제법학회논총≫, 제41권 2호(대한국제법학회, 1996.12), 54쪽.

18 김명기, 「北韓住民을 大韓民國國民으로 본 大法院 判決의 法理論」, ≪저스티스≫, 제30권 2호(한국법학원, 1997.6), 197쪽, 203~204쪽; 이성환, 「大韓民國 國民의 範圍」, ≪법학논총≫, 제9집(국민대학교 법학연구소, 1997), 259~272쪽.

19 대법원 1996.11.12. 선고 96누1221 판결.

20 노영돈, 「우리나라 국적법의 몇 가지 문제에 관한 고찰」, 54~56쪽; 권영설, 「分斷國 國籍制度의 特殊法理」, 『(晴潭崔松和敎授華甲紀念)現代公法學의 課題』(박영사, 2002), 62~65쪽; 석동현, 『국적법』, 321쪽; 최두훈, 「우리 국적법에 있어서 몇가지 문제점: 북한 주민과 재외동포를 중심으로」, ≪법정논총≫, 49호(중앙대학교법과대학, 2000.1), 74~77쪽.

고 있다는 점 등을 들어 '국적법'이 최초의 한국인의 범위를 정한 흠결을 이 '국적에관한임시조례'로서 치유할 수 없다고 한다.[21]

이 견해에 대하여서는 첫째, 남조선과도정부가 미 군정청의 조선인 기관에 불과하다 하더라도 정부 수립 과정에서의 과도적 기관으로 기능하여 한국 정부와 결코 단절적 관계라고 할 수 없으며, 둘째, '국적에관한임시조례'는 영토적 범위에 관한 법률이 아니라 인적 관할권에 관한 법률로써 '북위 38도 이남의 조선'에 이라는 범위에 한정하여 제헌 '헌법'의 영토 조항에 저촉된다고 할 이유가 없고, 셋째, 제헌 '헌법' 제100조가 "당시의 법령으로 제헌헌법에 저촉되지 않는 한 효력을 가진다"라고 규정하여 법령의 포괄 승계를 명기하고 있으므로 '국적에관한임시조례'가 규율하고 있는 국적 관련 법률관계도 당연히 유효하게 승계되는 것으로 보아야 하며, 넷째, 법무부의 유권 해석도 군정 법령의 효력을 인정한 예가 있는 등 일관성을 결여하고 있으므로 이 문제에 관하여서 법무부가 '국적에관한임시조례'를 법원으로 채택하지 않은 것은 오류를 범한 것으로 판단된다는 비판이 있다.[22]

제3설은 '국적법'에 경과 규정이 없음을 인정하면서도 이와 관련하여 일제 시대의 민적 또는 호적과 미 군정기의 호적을 국적으로 보는 것이 한국의 관행이고, 따라서 '국적법'의 흠결이 보완된 것이라는 견해이다.[23]

법리적인 측면에서는 제2설이 가장 논리적이고 설득력이 있는 견해라고 본다. 이와 같은 문제가 제기된 것은 우리가 헌법을 제정할 당시 대한제국과 대한민국의 국가의 동일성과 계속성 및 분단국가의 특수성에 대한 문제의식이 부족하였고, 그 결과 이와 같은 문제점에 대한 해결 방안이 헌법과 국제법에 반영되지 못한 데 있다 할 것이다.

한편 입법적 흠결로 볼 경우에 문제 해결 방법에 대하여서는 지금이라도 '국적법'에 최초

---

21 노영돈, 「우리나라 국적법의 몇 가지 문제에 관한 고찰」, 54~55쪽. 참고로 법무부의 유권해석은 1954년 10월 7일 자 서울고등법원장의 질의에 대한 유권해석을 말한다. '국적에관한임시조례' 제5조는 과거 외국의 국적 또는 일본의 호적을 취득한 자가 그 외국의 국적을 포기하거나 일본의 호적을 이탈하면 1945년 8월 9일 이전에 조선의 국적을 회복한 것으로 간주하도록 하고 있어서 일제 기간에 외국 국적을 취득한 자는 당사자의 외국 국적 포기가 없는 한 외국 국적자로 인정한다는 입장이었다. 그런데 법무부의 유권해석은 1948년 국적법 제12조 제4호의 "자진하여 외국의 국적을 취득한 자"는 대한민국 국적을 상실한다는 조항의 실시 이후에 외국 국적 취득을 통한 대한민국 국적이탈이 가능하여졌다는 해석으로 일제 기간에 미국국적을 취득한 자는 한국 국적을 계속 보유하는 한미 이중국적자라고 판단하였다. 법무부, 『법령질의해석응답집 제1집』(서울: 법무부, 1963), 3쪽 참고.

22 손희두, 『북한의 국적법』, 52~53쪽.

23 정인섭, 「法的 基準에서 본 韓國人의 範圍」. 『(杜南林元澤教授停年記念)社會科學의 諸問題』(법문사, 1973), 670~672쪽.

국민에 대한 규정을 도입하여야 한다는 견해와[24] 국적판정제도를 적정하게 운영하여 그 흠결에 따른 문제점을 해결할 수 있다고 보는 견해가 있다.[25]

법리적으로는 입법을 통한 해결이 명료해 보이기는 하지만, 후자의 견해가 지적하는 바와 같이 입법을 통하여 해결하는 방안은 일제강점기 동안의 국가 존속 여부에 관한 논란, 일제강점기를 전후한 시기에 국외로 이주한 동포들 및 그 자손들을 두루 포섭할 수 있는 기준이 매우 모호하다는 점 때문에 그 정의 규정의 적확성을 기하기가 매우 어렵다는 점, 그리고 이미 지난 수십 년간에 정의 규정 없이도 형성되어 온 각종의 신분적 법률관계에 중대한 혼란을 야기할 소지가 있다는 단점이 지적된다.[26] 후자의 입장이 현실적인 방안이기는 하지만, 법리적인 측면에서 보면 결국 개별 사안에 있어서 국적 판정을 위하여서는 여전히 최초 국적자를 어떻게 볼 것인지에 대한 해석상의 문제가 남게 된다. 이 점에 대하여서는 향후 후자의 견해가 지적하는 구체적인 문제점을 해결할 입법적 해결 방안에 대한 구체적인 연구가 필요하다고 본다.

(2) 선천적 취득

남한 '국적법'은 1997년 제4차 개정 시까지 부계혈통주의를 채택하였고, 북한은 처음부터 부모양계혈통주의를 채택하였다. 따라서 남한 '국적법'이 부모양계혈통주의로 개정을 하기 이전까지 모만 국적자인 경우에 북한의 '국적법'에 따르면 북한 국적을 선천적으로 취득하지만 남한의 경우에는 그렇지 못하여 남북한 간에 차이가 발생한다.

남한 '국적법'이 부모양계혈통주의로 개정된 후에도 국외 거주자에 대하여서는 남북한 '국적법'에 차이가 있다. 남한 '국적법'은 국내·외 거주 지역과 관계없이 "부 또는 모가 대한민국의 국민인 자"라면 남한 국적을 부여한다. 그러나 북한은 외국에 거주하는 북한 공민과 외국인간에 출생한 자의 국적을 연령별로 구별을 하고 있다. 즉 14세 미만의 경우에는 부모의 의사를 따라 정하며, 부모가 없을 경우에는 후견인의 의사에 따라 정하되, 출생 후 3개월이 되도록 부모나 후견인의 의사표시가 없으면 북한 국적을 부여한다. 14세 이상 미성인의 국적은 부모의 의사와 본인의 동의에 의하여 정하며 부모가 없을 경우에는 후견인의 의사와 본인의 동의에 의하여 정하도록 하고 있다. 성인인 경우에는 본인의 의사에 따라 정한다(제7조).

---

24 권영설, 「分斷國 國籍制度의 特殊法理」, 70쪽.
25 석동현, 『국적법』, 330~331쪽.
26 석동현, 같은 책.

(3) 후천적 취득

남한 '국적법'은 후천적인 국적 취득의 방법으로 귀화, 혼인, 인지, 입양 등의 방법을 두고 있다. 또한 부 또는 모가 귀화를 신청할 경우 우리 민법상 미성년인 자는 신청에 의하여 함께 국적을 취득(수반 취득)할 수 있다.

이에 반하여 북한 '국적법'은 후천적 국적 취득의 방법으로 귀화만을 규정하고 있다(제6조). 부모가 북한 국적을 취득하는 경우 14세 미만의 자녀는 함께 변경되며, 14세 이상 16세까지는 부모의 의사 및 본인의 동의에 의하여 부모의 의사가 없거나 본인의 의사와 다른 경우에는 본인의 의사에 의하여 국적을 선택하도록 하고 있다.

(4) 상대 지역 주민의 국적에 대한 남북한의 입장
① 북한 주민에 대한 남한의 입장

남한 '국적법'이 최초의 한국인에 대한 규정을 두지 않은 이유로 북한 주민의 국적 내지 북한 주민의 법적 지위에 대한 우리의 입장은 일관성이 결여되어 있었다.

즉, 북한 주민이 귀순한 경우 망명을 받아들인 경우도 있지만 망명을 거부한 경우도 있고, 유엔난민기구를 통한 난민 지위를 부여한 경우 국민 자격의 확인, 또 나아가서 단순 귀순, 선별 처리, 결정 보류 등 그 지위 인정과 대한민국의 국적 부여에 관하여 끊임없이 혼선을 보여 온 것이 사실이다.[27]

이와 같은 그동안의 혼선을 정리한 것이 바로 앞에서 살펴본 대법원 96누1221 사건에 대한 판결이다. 즉 북한 지역 역시 대한민국의 영토에 속하는 한반도의 일부를 이루는 것이어서 대한민국의 주권이 미칠 뿐이고, 대한민국의 주권과 부딪치는 어떠한 국가 단체나 주권을 법리상 인정할 수 없으므로 북한 주민 역시 대한민국 국적을 취득하고, 이를 유지함에 있어 아무런 영향을 끼칠 수 없다는 것이다. 따라서 북한 주민의 법적 지위는 '헌법' 제3조의 해석에 따라 대한민국 국민으로 보는 것이 우리의 입장이다.[28]

---

27 권영설, 「分斷國 國籍制度의 特殊法理」, 65쪽.
28 이와 같은 우리 정부와 대법원의 북한이탈주민에 대한 일관된 입장으로 인하여 대한민국에 입국하였거나 입국할 의사가 없이 바로 다른 나라로 입국하여 해당 국가에서 난민 신청을 한 북한이탈주민들의 난민 지위 인정과 관련하여 현실적인 문제가 제기되고 있다.
캐나다 법원은 2010년 판결(Min Jung Kim & Ji Hoon Kim v Minister of Citizenship and Immigration, 2010 FC 720)에서는 북한이탈주민이 자동적으로 남한 국적을 취득하는 것은 아니며, 남한 국적 취득이 이들의 통제하에 있다고 보기 어렵다며 이들의 난민 지위를 인정하지 않은 이민난민위원회에 재심사를 명령

② 남한 주민에 대한 북한의 입장

북한 '국적법' 제2조(1963년 10월 9일 제정 '국적법' 제1조)의 북한 공민의 범위에 대한 "공화국창건 이전에 조선의 국적을 소유하였던 조선사람과 그의 자녀로서 그 국적을 포기하지 않은 자"와 "다른 나라 공민 또는 무국적자로 있다가 합법적 절차로 공화국 국적을 취득한 자"의 해석에 따라 북한 역시 남한 주민을 북한 공민으로 보고 있다. 결과적으로 남북한 모두가 서로 상대 지역에 거주하는 주민을 자신들의 국민이라고 주장하고 있다. 이는 분단국의 일반적인 특징 중 하나이다.

(5) 재외동포 대한 남북한 국적법의 입장

① 남한의 입장

일제의 식민지통치 기간 중 많은 우리 동포들이 일제 탄압을 피하거나 독립운동을 위해 자의 또는 타의로 중국, 소련, 미국, 일본 등으로 이주하였다. 1899년 제정된 일본 '국적법'은 국적 이탈의 자유를 허용하고 있었지만 한일병합 이후 조선인들에게는 일본 국적을 부여하면서도 국적 이탈의 자유는 인정하지 않았다. 심지어 이미 외국으로 귀화한 조선인의 국적 이탈도 허용하지 않았다. 이는 조선인들이 해외에서 항일운동을 하는 것을 방지하거나 탄압하기 위한 조치였다. 따라서 해외로 이주하여 해당 지역의 국적을 취득한 조선인들은 거주국의 국적과 일본 국적을 모두 가진 이중국적자가 될 수밖에 없었다.

이들과 같은 재외동포들의 국적 문제 역시 앞에서 살펴본 바와 같이 우리 '국적법'이 최초의 한국인에 대한 규정을 두지 않은 것과 관련하여 논의가 된다. 최초의 한국인에 대한 규정이 필요하다는 입장에서는 이 재외동포들의 국적 문제를 판정할 아무런 기준이 없다고 본다.

그러나 '국적에관한임시조례'의 법원성을 인정하는 입장에서는 일제시대 외국 국적 또는 일본 국적을 취득한 자가 해방 이후 대한민국 건국(정확하게는 '국적법'의 제정·공포)에 이르기

한 바 있었다. 하지만 2016년 판결(Redetermination of the Appeal, RAD File No. TB4-05778)에서는 이를 번복하고 남한의 국적 부여가 북한인에게 자동적이라며 이들의 난민 지위 인정을 거부하였다. 영국의 경우에도 2016년 사건에서 모든 북한인이 남한 국적민이라고 보고 남한에서의 근거 있는 박해를 입증하지 못하면 난민의 지위를 인정하지 못한다고 판결하였다(The Immigration Acts: Secretary of State for the Home Department v GP (AMINOR) (2016) Appeal Number: AA/01316/2015). 다만 미국의 경우에는 북한이탈주민이 남한에 정착하였던 경우에는 미국 내 망명 신청이나 난민 지위를 인정하지 않고(2015년의 장성길 씨 사건에 대한 판결 참고), 남한을 거치지 않고 미국으로 가는 예외적인 경우에만 '북한인권법'에 따라 보호를 하고 난민 지위를 인정하고 있다. 이에 대한 구체적인 내용은 이명화, 「북한 난민 관련 최근 외국 판례와 시사점 고찰」, ≪법학연구≫, 제28권 3호(연세대학교 법학연구원, 2018) 참고.

까지 그 외국 국적을 포기하거나 일본 호적을 이탈하면 1945년 8월 9일 이전으로 소급하여 조선 국적을 회복한 것으로 간주하고, 그 이후에는 다시 우리의 '국적법'에 의하여 대한민국의 국적을 취득하게 된다고 한다. 북한 동포에 대하여 우리 '헌법'의 영토 조항에 의하여 잠재적으로 국적자로 인정하는 것과는 달리 재외동포에 대하여는 그 거주국의 국적을 포기하거나 이탈하는 절차를 밟지 않으면 계속 외국인으로 남게 되는 결과가 된다.[29] 우리 정부는 이와 같은 재외동포들의 출입국과 대한민국에서의 법적 지위를 보장하기 위하여 1999년 '재외동포의 출입국과 법적 지위에 관한 법률'을 제정하여 시행하고 있다.

② 북한의 입장

북한은 재일조선인들에 대하여 이들은 모두 "공화국 창건 이전에 조선의 국적을 가지고 있던 사람과 그 자녀로서 공화국 국적법이 공포되는 날까지 그 국적을 포기하지 않았다. 따라서 그들은 공화국 국적법 제1조에 의하여 공화국국적을 가진 공화국의 공민으로 된다. 또한 공화국 국적법이 발포된 이후에 일본에서 출생한 자녀들은 혈통원칙을 규정한 공화국 국적법 제4조에 의하여 역시 공화국 국적을 가진 공화국의 공민으로 된다. 또한 공화국 국적을 가진 재일조선공민은 지금까지 그 누구도 공화국 국적에서의 제적신청을 제기하지도 않았으며 공화국 국적의 입적과 제적을 최종적으로 결정할 권한을 가진 중앙인민위원회에서 재일조선공민들의 국적의 제적결정을 한 적도 없다"라고 설명하고 있다.[30]

(6) 기타

남북한의 '국적법'을 비교해 보면 앞에서 살펴본 내용 외에도 국적의 이탈과 상실, 복수국적자의 국적 선택, 국적 회복 등 여러 가지 사항에 있어서 적지 않은 차이점이 발견된다. 특히 외국 국적 취득에 따른 국적 상실의 경우에는 북한 제정 '국적법' 제1조 제1호는 '국적법' 제정 일자인 1968년 10월 9일까지 조선의 국적을 포기하지 않는 자를 북한 공민으로 규정한 반면, 남한은 1948년 '국적법' 제정 당시부터 자진하여 외국 국적을 취득한 자는 국적을 상실하도록 규정하였기 때문에 자진하여 외국 국적을 취득한 자에 대한 국적 상실의 기준 시점이 다르다.

---

29 이병훈, 「한국인은 누구인가?: 북한과 재외동포의 국적 문제」, ≪선진헌법연구≫, 제05-01호(국회선진헌법연구회, 2005), 17~18쪽.

30 김일성종합대학출판사, 『국제법학(법학부용)』(평양: 김일성종합대학출판사, 1992), 90쪽. 이 내용은 '국적법'이 개정되기 이전에 작성된 것으로 현행 국적법상 공화국(북한) 국적에로의 입적 청원 또는 공화국 국적에로의 제적 청원에 대한 결정은 최고인민회의 상임위원회가 한다(제15조).

이 문제는 재외동포의 거주지 국적 취득 시기 및 그로 인한 국적 상실 시기와도 직접 관련이 있다.

4. 통일독일의 국적 문제 해결 사례

1) 통일 이전의 독일 국적

(1) 서독 국적법

서독은 독일제국의 계속성을 유지한다는 입장이어서 서독만의 '국적법'을 따로 제정하지 않고 1913년에 제정된 「제국국적법(Reichs-und Staatsanghörigkeitgesetz)」을 그대로 유지하였다. 이 법은 당시 폴란드인이 독일 국적을 취득함으로써 동프로이센 지역이 폴란드화되는 것을 방지하기 위하여 민족주의적 성격을 강하게 띠고 있었다.

즉 독일연방공화국의 고유한 독일 국적은 따로 존재하지 않고 계속하여 '제국국적법'에 의한 통일적인 독일 국적을 유지해 온 것이다. 따라서 독일 혈통을 가진 동독 지역에 거주하는 독일인도 이 '국적법'에 의하여 독일 국적을 가진 독일인에 속하는 것이고, 독일연방공화국의 공식적인 입장은 독일 내에는 오직 통일적인 독일 국적만 있다고 보았다. 이 점은 '기본법' 제116조에서 명백히 확인된다. 즉 '기본법'의 경과 규정 중 하나인 제116조 제1항은 "기본법에서 말하는 독일인이란 법률에 다른 규정이 없는 한 독일 국적을 가진 자 또는 1937년 12월 31일 현재 독일제국 영역 내의 독일 혈통을 가진 난민이나 추방자, 또는 그 배우자나 비속으로 인정된 자이다"라고 규정하고 있고, 제2항은 "1933년 1월 30일 이후 1945년 5월 8일까지 기간 중 정치적·인종적 또는 종교적 이유로 국적을 박탈당한 과거의 독일 국적의 보유자와 그 비속은 신청에 의하여 재귀화한다. 이들이 1945년 5월 8일 이후 독일 내에 주소를 가지고 있었고 반대의사를 표명하지 않는 한 국적을 상실하지 않은 것으로 본다"라고 규정하고 있다. 여기서 말하는 독일 국적은 1913년 '제국국적법'에 의하여 취득한 독일 국적을 말하는 것으로 당연히 서독 '기본법' 제정 당시에 서독뿐만 아니라 동독에 거주하는 자를 포함하는 것이다.

연방헌법재판소 역시 「동서독 기본조약」에 대한 판결에서 독일연방공화국의 시민만이 아니라 구 독일, 즉 라이히의 국적 보유자 모두가 '기본법'의 테두리에서 독일 국적 보유자라고 해석하였다.[31]

서독은 이처럼 '단일 국적 조항'에 의거하여 1989년 3월 동독 난민들이 헝가리를 거쳐 서독으로 밀려올 때 동서독은 '하나의 독일 국적'을 근거로 제3국에 있는 서독 공관으로 들어온 동독 난민에 대하여 외교적 보호권(right to the diplomatic protection)을 행사하여 관련 국가와 외교적 마찰 없이 기차로 데리고 나올 수 있었다.[32]

(2) 동독 국적법

동독은 1949년 10월 7일 동독 '헌법'을 제정하면서 서독과 마찬가지로 통일된 독일 국적에서 출발하였다. 그러나 그 이후 서독이 할슈타인 원칙에 따라 대동독 고립 정책을 추진하자 1957년 이후 국제적 고립을 피하고 동독을 국제법상 국가로 승인받기 위하여 국가연합(Konföderation) 안을 주장하였다. 1961년 8월에는 동서 베를린을 봉쇄하고 베를린 장벽을 구축하였으며, 1961년 이후 동서독 2개 국가의 상호 승인과 양독의 평화 공존 등 분단 고정화 정책을 추진하기 시작하였다.

이와 같은 배경하에 동독은 1967년 2월 20일 동독 '국적법'을 새로 제정하였다. 이 '국적법'에 따라 동독 주민은 서독과 별개로 동독 국적(eine DDR-Staatsbürgerschaft)을 가지게 된 것이다.[33]

한편 동독의 입장에서는 서독의 보호 영역 내에 있는 동독 주민도 동독 국민으로 보았다. 다만 동독은 동서독 기본 조약 서명 전인 1972년 10월 16일 또다시 '국적 문제를 규율하는 법률'을 제정하였다. 이 법 제1조 제1항은 '근로자와 농민의 국가'의 법을 위반하고 1972년 1월 1일 이전에 동독을 이탈한 후 동독에 다시 주거하지 않는 동독 인민은 법령의 발효와 동시에 동독 국적을 상실한다고 규정하고 있다. 제2항은 이 제1항에서 규정한 사람들의 자손이 동독의 국가 당국으로부터 허가를 받지 않고 동독 영토 밖에서 거주할 경우에도 이 법령의 발효와 함께 동독 국적을 상실한다고 규정하고 있다.[34] 결국 동독은 동독의 허가를 받아 서독으로 이주하거나 방문하는 자 이외에 허가 없이 탈주한 자들에 대하여 동독 국적을 박탈하였다. 따라서 서독 보호 영역 내에 있는 동독 주민은 동독 국적을 유지하고 있는 자와 그렇지 않은 자로 구별할 수 있다.[35]

---

31 BVerfGE 36. S. 1ff., 30f.

32 최창동, 『법학자가 본 통일문제 I』(푸른세상, 2002), 317쪽.

33 동독은 1968년에는 동서독을 별개의 국가로 인정하는 내용으로 '헌법'을 개정하였다.

34 통일원, 『동서독 조약·협정 자료집』(통일원, 1993), 194쪽.

(3) 기본조약 체결 이후 동서독의 입장

이와 같은 동서독의 상반된 입장은 1972년 12월 21일 체결된 「동서독 기본조약」으로 인하여 다시 논란이 제기되었다. 특히 「동서독 기본조약」 제6조는 "독일연방공화국과 독일민주공화국은 각국의 국가권력이 각자의 영토 내에서만 행사될 수 있다는 원칙에서 출발한다. 양국은 국내 및 대외문제에 있어서 상대방 국가의 독립과 자주성을 존중한다"라고 규정하고 있다.

동독의 경우는 이미 이 「동서독 기본조약」 체결 이전부터 동서독을 두 국가로 보고 있었지만, 서독은 이 「동서독 기본조약」 체결과 더불어 기존의 할슈타인 원칙에 입각하여 서독만이 독일 전체를 대표한다는 1국가주의 원칙을 포기하고 1민족 2국가로 원칙을 변경하게 되었다. 즉 「동서독 기본조약」에 의하여 독일 내에 2개의 국가가 존재함을 인정하게 된 것이다. 하지만 이 양자의 관계는 국제법상 독립된 국가의 관계가 아니라 '특수관계'에 있으며 민족자결권이 양독 관계의 기본 원칙임을 분명히 하였다.

「동서독 기본조약」 체결과 더불어 국적에 관한 입장 정리를 어떻게 할 것인지도 문제가 되었는데, 서독은 「동서독 기본조약」에 서명하면서 "국적문제는 이 조약에 의하여 규율되지 않는다"라고 선언하였고, 동독은 "이 조약이 국적문제의 규율을 보다 용이하게 할 것이라는 점에서 출발한다"라고 선언하였다. 이것은 양독 관계가 2국가 체계로 상호 합의됨으로써 발생하는 국적 문제에 대하여 서독은 1민족 체계를 취하는 바와 같이 독일의 1국적을 지향하였고, 동독은 2민족 체제를 취하는 바와 같이 2국적을 지향하였던 것이다.[36]

2) 통일 전 동독 국적법에 의한 국적 취득과 상실에 대한 서독의 입장

(1) 동독 국적법에 의한 동독 국적 취득

서독 '국적법'이 아니라 단지 동독 '국적법'에 따라 동독 국적을 취득한 자에 대하여 서독이 이들에게도 서독 '국적법'상 독일 국적을 인정할 것인지가 문제가 되었다. 이에 대하여 1979년 9월 5일 뮌스터 고등행정법원은 동독에서 태어난 이탈리아인이 동독 시민권을 취득한 경우 그것에 의해 '기본법' 제116조 제1항의 의미의 독일인(Deutscher)이 되는 것인지에 대하여 긍정하는 판결을 하였다. 그러나 1982년 11월 20일 연방행정최고법원은 연방법상 국적

35 법무부, 『동서독 교류협력 법제 연구』(법무부, 2008), 107쪽.
36 노영돈, 「統一에 對備한 南北漢 國籍法의 比較硏究」, 243쪽.

취득 요건에 상응하지 아니하는 경우에는 동독 관청의 동독 시민권 증명서에 의하여 전체 독일 국적이 취득될 수는 없다고 보고 독일 국적 취득 효과를 부인하였다. 그러나 1987년 10월 21일 연방헌법재판소는 다시 이를 긍정하였다. 연방헌법재판소는 '기본법' 제16조 제1항 및 제116조 제1항으로부터 도출되는 '독일국적 단일성 보존명령(Gebot der Wahrung der Einheit der deutschen Staatsangehörigkeit)'으로부터 동독 시민권의 취득은 서독 법질서의 관점에서 독일 국적의 취득으로 평가된다고 보았다. 결과적으로 동독 시민권의 획득은 1913년 독일제국 '국적법'에 아무런 상응된 구성요건이 없음에도 불구하고 '기본법'상의 서독 국적의 획득을 초래하게 되는 것이다. 서독의 법질서에 대한 이러한 법적 효과는 동독 지역의 법 규정에 의하거나 시민권 부여의 개별 처분 행위에 의하여 동독의 시민권을 획득한 경우에도 모두 발생하는 것이다.[37]

(2) 동독의 독일 국적 박탈의 효과

서독 '기본법' 제16조는 독일인의 국적은 박탈당하지 아니하며 국적의 상실은 법률에 근거하여서만 행해지고 이로 인하여 당사자가 무국적자가 되지 않는 때에만 당사자의 의사에 반하여 국적이 상실될 수 있다고 규정하고 있다. 연방헌법재판소는 독일인은 다른 국가가 이를 박탈한다고 하여 서독은 이러한 독일 국적 박탈을 승인할 수 없으며 그러한 박탈은 연방공화국에 대하여 효력이 없다고 판시하였다. 즉, 동독이 동독인들의 독일 국적을 인정하지 않는다고 해도 동독인의 독일국 국적은 상실되지 않는다는 것을 의미한다.[38]

3) 통일독일의 국적 문제 해결

(1) 통일조약의 체결과 기본법의 발효

동서독 주민의 국적 문제는 1990년 8월 31일 체결되어 같은 해 10월 3일 발효된 「통일조약」에 의하여 최종적으로 마무리되었다.[39] 하지만 「통일조약」은 국적 문제에 대하여 별도의

---

37 법무부, 『동서독 교류협력 법제 연구』, 101~105쪽 참고.

38 법무부, 같은 책, 105쪽.

39 「통일조약」은 동서독의 포괄적인 법제도적 통합에 대한 구체적이고도 세부적인 합의 내용을 담고 있는데, 모두 45조로 된 본문과 의정서(Protokoll), 3개 부속서(Anlage) 및 1990년 9월 18일의 「통일조약 실행과 해석에 대한 합의(Vereinbarung zur Dürchführung und Auslegung des Einigungsvertrages)」로 구성되어 있다.

규정은 두지 않고, 「통일조약」 제3장 제9조의 법의 동화에 관한 일반 원칙의 규정에 의하여 해결되었다.

(2) 구체적인 법령 조정

연방 법령은 원칙적으로 동독 지역에 확장·적용되었다. 즉, 연방 법령은 독일연방의 특정 주 또는 주의 일부에 적용범위의 제한이 없거나 「통일조약」, 특히 부속서 I에서 달리 규정하지 않는 한 구 동독 지역에 적용되었다(제8조). 유럽공동체법, 서독이 가입한 조약, 서독의 기존 국제적 합의 사항 등도 동독 지역에 적용되었다(제10조).

다만 예외적으로 일부 동독 법령은 통일 이후에도 동독 지역에 한시적으로 적용되거나 전체 독일 지역에 확장·적용되었다. 즉, '기본법'상 권한 배분 규정에 따라 주(州)법에 해당하는 것으로 연방 법령 및 유럽공동체법에 어긋나지 않는 동독 법령은 계속 유효하였고, 연방 전체에 걸쳐 단일하게 규정되지 아니한 사항에 대한 동독 법령은 연방 입법부에 의한 입법 조치가 있을 때까지 한시적으로 계속 유효하였다(제9조 제1항). 부속서 II에 수록된 동독법령도 「통일조약」과 관련하여 기본법과 국내에 직접 적용되는 유럽공동체법에 반하지 않는 한 계속 유효하였다(제9조 제2항).

이와 같은 법령 조정의 원칙은 부속서에 의하여 구체화되었다. 부속서 I은 법령 조정을 위해 개정·폐지·변경되는 연방법의 법령이 열거하고 있고, 부속서 II는 개정·폐지·변경되는 동독의 법령을 열거하고 있다.

(3) 동독 주민의 국적에 대한 정리

앞에서 언급한 바와 같이 국적에 관해서는 「통일조약」 제9조에서 명시한 별도의 규정이 없었다. 따라서 동독의 주(州)가 연방에 편입됨으로써 연방의 '국적법' 규정들은 동독 지역으로 확대·적용되었고, 연방의 국적 관련 조약과 협정도 마찬가지였다. 반면 동독의 '국적법' 규정들은 연방법에 합치하는 범위 내에서 효력이 유지되었다.

동독 관청의 국적법적인 결정에 대하여서도 「통일조약」에는 별도의 규정이 없었다. 즉 「통일조약」 제19조의 '동독관청의 행정행위 효력지속'에 관한 일반 규정에 의하여 다른 행정행위와 동일한 원칙에 따라 처리되었다. 즉 편입 효력발생 이전에 발표된 동독 관청의 공문서는 계속 유효하며 그것이 법치국가의 기본 원칙이나 「통일조약」의 규정에 합치되지 않는 경우에만 폐기될 수 있다.

따라서 동독 관청의 동독 시민권 부여는 그것이 공공질서의 형량에 배치되지 않는 한, 또한 취득 요건이 '제국국적법' 규정과 동일한지와는 관계없이 독일 국적 취득이라는 결론에 이른다. 동독법에 근거한 외국 국적 취득 허가는 그것이 '독일국적법'에서 예상하지 않았던 이중국적을 초래하였던 경우에도 효력이 있는 것으로 간주될 수 있다. 동독 시민권의 상실은 '제국국적법'상 상실 사유가 사후에 발생한 경우 또는 동독 시민권의 상실 사유와 시간적 및 사항적으로 밀접한 연관이 있는 때에는 그 상실 사유가 사전에 발생한 경우에도 독일 국적에 영향을 미친다. 그러나 동독과 체결한 조약들에 근거하여서 동독 시민권을 자동적으로 또는 조건부로 상실케 한다고 해서 독일 국적도 상실되는 결과를 초래하였던 것은 아니다. 그 조약들은 동독 시민권의 상실만을 규율할 수 있었던 것이기 때문이다. 청구에 의하여 동독 국적을 상실하게 되는 경우, 독일 국적을 보유하기 위하여 청구인이 자의로 상실 청구를 결정하였다면 독일 국적이 상실되지 않을 것이다. 최소한 출국을 할 수 있기 위해서 동독 국적 포기를 사실상 강제받았던 사람들도 법적인 의미에서 독일 국적 포기의 효력이 선언되지 않았다. 외국 국적을 자의로 취득한 경우에만 그 당시 '제국국적법' 제25조에 따라 동독 시민권의 상실이 독일 국적의 상실을 야기할 수 있다. 국적의 상실 또는 박탈의 승인은 원칙적으로 그것이 '기본법'에 근거한 독일 국적의 박탈 금지에 위반되는 경우에는 아예 고려되지 않는다. 따라서 정치적인 이유로 동독 시민권이 박탈 또는 취소된 경우 원칙적으로 독일 국적이 상실되지 않는다. 다만 연방 영역에도 효력 있는 법원칙들에 의해서도 독일 국적의 취소를 정당화할 수 있을 것이라고 판단되는 취소 이유가 있는 경우에 한해서면 취소 결정이 인정된다.[40]

5. 남북통일과 북한 주민의 국적 문제 해결 방안

1) 남북통일과 국적 관련 문제의 발생

(1) 남북한 국적법의 차이로 인하여 발생하는 문제점

우리의 입장에서 본다면 북한 주민 역시 대한민국 국민이므로 남북통일이 될 경우 당연히

40　카이 하일브로너(Kay Hailbronner), 「독일통일과 국적」, 공진성 옮김, ≪공법연구≫, 제39집 제2호(2010. 12), 98~99쪽.

북한 주민 역시 통일한국의 국민이 될 것이므로 통일이 된다 하더라도 국적법상 별다른 문제가 발생하지 않을 것으로 보인다. 하지만 그동안의 정부 입장이나 판례를 구체적으로 살펴보면 대한민국의 국민으로 보는 북한 주민의 범위가 명확하게 특정되어 있는 것은 아니다. 즉 대한민국 국민으로 보는 북한 주민의 범위가 북한 국적법상의 북한 공민 전체를 말하는 것인지, 아니면 남한 '국적법'의 해석에 의하여서 남한 국적자로 볼 수 있는 자만을 말하는 것인지도 명확하다고 할 수 없다. 또한 남북한 '국적법'의 내용에도 차이가 있어서 대체로 다음과 같은 문제점이 발생한다.

① 북한의 모계 출생자의 국적 관련 문제

국적의 선천적 취득과 관련하여 남한은 '국적법' 제정 당시 부계혈통주의를 취하였고, 북한은 부모양계혈통주의를 취하였다. 따라서 모가 외국인이거나 무국적자인 경우에는 북한의 경우 선천적으로 북한 공민이 되지만, 남한의 경우에는 그렇지 못하였다. 물론 남한 '국적법'이 1997년 4차 개정을 통하여 부계혈통주의를 부모양계혈통주의로 개정을 하였다. 2001년 제5차 개정을 하면서 부칙 제7조에서 모계 출생자에 대한 국적 취득의 특례 규정을 두어 1998년 6월 14일 현재 20세 미만인 자로 확대하였다. 즉 1978년 6월 14일부터 1998년 6월 13일까지의 사이에 대한민국의 국민을 모로 하여 출생한 자로서 모가 현재 대한민국 국민인 자와 모가 사망한 때에는 그 사망 당시에 모가 대한민국의 국민이었던 자에 한하여 법무부 장관에 대한 신고만으로 한국 국적을 취득할 수 있도록 하였다. 따라서 1978년 6월 13일 이전의 모계 출생자는 여전히 기존과 같이 법무부 장관에게 귀화 신청을 하여 허가를 받아야만 대한민국 국민이 될 수 있고, 이 모계 출생자 특례 규정에 의하더라도 신고를 통하여 국적을 취득하는 것이지 출생에 따라 선천적으로 국적을 취득하는 것은 아니라는 차이점이 발생하게 된다.

결과적으로 북한 지역에서 1978년 6월 13일 이전의 모계 출생자와 1978년 6월 14일부터 1998년 6월 13일까지의 모계 출생자인 북한 공민에 대하여 국적을 어떻게 할 것인지의 문제가 발생하게 된다.

② 후천적 국적 취득자의 문제

북한 당국에 의해 후천적으로 북한 국적을 취득한 자들에 대하여서 북한 당국의 행정 처분에 대한 효력을 인정하여 이들에게 통일한국의 국적을 인정할 것인가 하는 것이 문제된다.

앞에서 본 바와 같이 북한 '국적법' 제6조는 후천적 국적 취득 사유로 청원에 의한 국적취득 제도, 즉 귀화 제도를 인정하고 있다. 또한 '국적법' 제9조는 부모가 북한으로 귀화할 경우 16세 이하의 자들에 대한 국적 수반 취득에 대하여서도 규정하고 있고, 제12조는 청원에 의한 국적회복 제도에 대하여 규정하고 있다. 따라서 통일이 되면 통일 이전에 있었던 북한 당국의 귀화 허가나 자녀들의 국적 수반 취득, 국적 회복 허가 등의 법적 효력을 어떻게 처리할 것인지가 문제된다.

③ 국적박탈자의 국적 문제

북한 '국적법'상 국적 박탈 사유에 관한 별도의 규정은 없다. 하지만 제12조의 국적 상실자의 국적 회복 청원에 관한 규정, 제13조의 국적 제적자의 권리 상실에 관한 규정, 제15조의 제적 청원에 관한 규정을 보면 북한에도 국적을 상실하거나 박탈당하는 경우가 있음을 짐작할 수 있다.

또한 북한 『법학사전』을 보면 "국적은 리탈과 박탈에 의하여 상실된다. 국적의 리탈은 사망, 귀화, 국적선택, 외국인과의 결혼 등의 경우에 일어나며, 국적의 박탈은 민족반역죄 등 형벌에 의하여 국민권이 상실되는 경우이다"라고 하여 형벌에 의한 국적 박탈에 관하여 설명하고 있다.[41]

④ 이중국적자 및 재외동포의 국적 처리 문제

북한 '국적법'을 보면 무국적자에 대한 배려에 대한 규정들은 두고 있지만 이중국적 방지를 위한 규정은 전혀 두고 있지 않다. 또한 북한 공민이 다른 나라의 국적을 가지고 있는지도 문제시하고 있지 않고, 다른 나라의 국적 취득을 원인으로 한 북한 국적 상실에 관한 규정도 없다. 오히려 제10조는 국적을 가진 부모 중 어느 일방의 국적이 변경되어도 그 자녀의 국적은 변경되지 않는다고 규정하고 있다. 제11조도 국적은 결혼이나 이혼 또는 입양이나 파양에 의하여 변경되지 않는다고 규정하고 있어 국적법상 제도적으로 북한 공민이 이중국적자가 될 가능성이 있다.

이와 관련하여 북한은 자신들의 '국적법'은 혈통 원칙을 기본으로 하면서 출생지 원칙을 적절히 배합하고 의사존중의 원칙에서 국적을 변경하도록 규정함으로써 무국적자나 이중국적자가 발생하지 않도록 하고 있다고 한다.[42] 북한도 이중국적자 문제는 국적의 입적(취득) 및 제적(상실)과 관련한 각 국가의 국적법의 차이로 발생하는 문제지만 이는 국적 문제에서 비정상적인 현상이고 이중국적자의 존재는 국제분쟁을 일으킬 수 있는 요인 중 하나이므로 국제법에서 해결하여야 할 중요한 문제라고 본다.

---

41   사회과학원 법학연구소, 『법학사전』, 81쪽.

42   김일성종합대학 엮음, 『국제법학(법학부용)』, 85쪽.

이중국적 문제를 해결하는 방법으로는 첫째, 관계 국가들이 이중국적자를 조절하는 협정을 체결하는 방법이 있고, 둘째, 국가가 외국인의 국적을 입적할 때 본래의 국적이 제적되었는지를 확인한 후 입적을 승인하면서 그 어떤 자동적 변경도 허용하지 않는 원칙을 견지하는 방법이 있다고 한다.[43]

실제 북한은 이중국적 문제를 해결하기 위해 1957년 12월 16일 구소련과 「조선민주주의인민공화국과 소비에트사회주의공화국연방 간의 이중국적자에 대한 협약」을 체결한 바 있다.[44] 이 협약은 쌍방의 비준문서 교환에 의해 1958년 2월 5일 발효되었다. 협약에 따르면 양국의 법률에 의거하여 자국 국민으로 간주되는 자로서 당사국 중 일방의 영토에서 거주하고 있는 자는 협약에 의거하여 어느 한 국가의 국적을 선택할 수 있다(제1조). 이들 이중국적자가 어느 한 국가의 영토 내에 계속 거주하면서도 다른 국가의 국적을 취득하려면 그 국가의 대사관에 협약 발효일로부터 1년 이내에 신고서를 제출하면 된다(제2조). 다만 이는 18세 이상의 성년이나 18세 미만이나 혼인을 한 자만 해당한다(제3조). 미성년자는 양친의 국적에 따르며, 만일 양친의 국적이 다른 경우에는 양친의 합의에 의해 미성년 자녀의 국적을 정하되 그와 같은 합의가 없으면 양친이 살고 있는 영토에 속한 국가의 국적을 취득하고, 양친이 살고 있는 국가가 다르면 미성년 자녀의 교육을 담당하고 있는 사람의 국적을 따른다. 양친이 모두 사망하고 거주지가 분명한 미성년 자녀들은 협약 발효일로부터 1년이 경과한 날에 그들이 거주하고 있는 영토국의 국민이 된다(제4조).

이 협약은 북한과 구소련 간에 양국의 국적을 모두 가진 이중국적자 문제를 해결하기 위해 체결한 것이다. 하지만 다른 한편으로는 일제강점기에 부득이하게 고국을 떠나 소련 영토 내에 거주하게 되고, 해방 이후 고국으로 돌아오지 못해 불가피하게 소련 국적을 취득하게 된 조선인들에게 북한의 국적을 부여하고, 이로 인해 이중국적자가 된 동포들에게 북한 국적을 선택할 기회를 주었다는 점에서 상당한 의미가 있다고 본다.

우리의 경우에는 정부 수립 이후 중국이나 소련 같은 사회주의국가에서 이 국가들의 국적을 취득한 이들에게 대한민국의 국적을 부여하지 않았기 때문에 그런 국가들과의 사이에 이중국적 문제가 발생하지 않았다. 하지만 우리 정부가 그들에게도 대한민국 국적을 부여하고 그들의 국적국인 중국, 소련과 국교를 수립했던 당시에 한시적으로라도 그들에게 대한민국 국적

---

43 김일성종합대학 엮음, 같은 책, 80~81쪽 참고.

44 협약문 전문은 국가안전기획부, 『북한조약집(1948~1996.12)』, 138~141쪽 참고.

을 선택할 기회를 주었어야 한다고 본다.

한편, 남한 '국적법'도 세계적인 입법 추세에 맞춰 국적 단일의 원칙에 따라 이중국적 방지를 위한 여러 가지 제도와 규정을 두고 있다. 따라서 통일이 될 경우 이중국적을 가진 북한 공민들의 국적 문제를 어떻게 처리할 것인지가 문제된다.

이중국적의 문제는 특히 재외동포의 국적 문제와도 깊은 관련이 있다. 남한의 경우 재외동포의 경우에도 이중국적의 문제가 발생하지 않도록 하려는 것이 기본 입장이라면 북한은 정책적으로 일본, 중국, 러시아 등에 살고 있는 수많은 해외동포들이 거주하고 있는 나라의 국적을 취득하였더라도 이들도 북한 공민으로 인정을 함으로써 남한과 비교하여 해외동포에 대한 자신들의 배려를 선전하고 북한 국적 취득을 유인하고 있는 것으로 보인다.

또한 일본에는 수많은 동포가 여전히 일본 국적은 물론 남북한 어느 국적도 없이 '조선적'만을 가지고 있는 동포들이 있다. 이들 중 일부는 일본이 북한 국적을 인정하지 않기 때문이기도 하지만, 분단된 한국의 어느 쪽 국적도 가지지 않겠다는 생각을 하고 있는 이들도 적지 않다. 물론 북한 입장에서는 전체 재일 교포가 북한 공민이다. 또한 향후 북일 관계 개선에 따라 일본이 '조선적'을 북한의 국적으로 인정하거나 '북한적'으로 변경해 줄 가능성도 없지 않다. 이 경우 남북통일 시 일본에 의하여서도 북한 공민으로만 인정되는 조선적 동포에 대하여서는 일반적인 북한 공민과 같이 처리하면 되겠지만, 여전히 분단 한국의 어느 쪽 국적도 갖지 않겠다는 입장을 취하고 있는 재일동포들의 국적 처리 문제는 재검토가 필요하다.

(2) 통일 유형과의 관계

남북통일 시 북한 주민의 국적 문제가 통일의 유형에 따라 달라지는지에 대하여 살펴볼 필요가 있다. 여러 가지 가능한 통일의 유형 중에서 북한 중심의 통일과 「유엔 헌장」 및 '헌법'에 반하는 무력에 의한 통일 방식은 논외로 하고자 한다. 그렇게 되면 결국 우리가 생각할 수 있는 통일의 유형은 남북한이 대등한 입장에서 합의를 통한 합병 형식의 통일, 남북한 합의에 의하더라도 독일 통일과 같이 북한이 남한으로 흡수되는 형태의 합의에 의한 병합 형태의 통일, 북한이 붕괴되어 남한으로 흡수되는 방식의 병합 형태의 통일로 구분해 볼 수 있다. 통일에 이르는 과정을 논외로 한다면 법적으로는 합병과 병합의 두 가지 유형이 있을 수 있다. 국제법상 합병이란 기존의 수 개의 국가가 결합하여 새로운 신생국을 형성하고, 기존의 수 개의 국가는 소멸하는 형태를 말하며, 병합이란 기존의 한 국가가 기존의 타 국가에 흡수되어 결합하면서 소멸하고, 이를 흡수한 국가는 그대로 존속하는 형태를 말한다.[45]

국제법적으로 승계의 대상을 본다면 논리적으로는 기존의 남북한이 모두 소멸하고 통일한국이라는 새로운 국가가 탄생하는 합병 형태의 경우에는 기존의 남한과 북한이 선행국이고, 통일한국이 승계국이므로 남한 주민과 북한 주민의 국적 모두가 승계의 대상이 된다. 반면 남한이 북한을 흡수하는 병합 형태로 통일이 이루어진다면 북한이 선행국이고 남한이 승계국이므로 북한 주민의 국적만이 승계의 검토 대상이 될 것이다.

하지만 1978년의 「조약승계협약」과 1983년의 「국가재산 등 승계협약」, 2000년의 「국가승계에 관련된 자연인의 국적에 관한 결의」 모두가 합병과 병합을 구분하지 않고, 이를 국가통합이라는 한 가지 유형으로 분류하고 있을 뿐이다.

더군다나 국적 승계의 문제는 법 논리의 문제라기보다는 국가 정책의 문제이다. 즉 국적의 부여와 박탈은 「국적법의 저촉에 관련된 약간의 문제에 관한 협약」이 규정하고 있는 바와 같이 누가 자기 나라의 국민인지는 각 국가가 자국법에 의거하여 결정하는 것이다. 다만 그 권리가 무제한은 아니며 국제조약, 국제관습 그리고 국적에 관하여 일반적으로 인정된 법의 일반 원칙의 제한을 받을 뿐이다. 따라서 국적 문제에 있어서 논리적으로도 남북통일의 유형이 합병이냐 또는 병합이냐에 따라 반드시 결론을 달리할 이유는 없는 것이다. 오히려 통일에 이르는 과정이 남북한의 합의에 의한 것이라면 양측의 협상에 의하여서 국적 문제가 정리될 것이고, 남한에 의한 일방적인 통일이라면 주로 남한의 입장이 강하게 반영될 여지가 클 것이다.

한편 우리의 공식적 통일 방안인 '민족공동체 통일방안'에서는 과도적 단계인 남북연합 단계를 상정하고 있으므로 남북연합 단계에서의 국가승계 문제에 대한 검토도 필요하다. 남북연합의 법적 성격을 어떻게 볼 것인지에 대하여서도 의견이 분분하다. 이를 국제법상의 국가연합(Confederation)으로 이해하는 견해,[46] 체제연합으로 규정하는 견해, 국가연합과 영연합(the British Commonwealth of Nations)의 중간쯤으로 이해하는 견해, 대외적으로는 국가연합이고, 남북한 간에는 체제연합의 성격을 갖고 있는 부진정 국가연합 또는 준국가연합으로 보는 견해,[47] 기본적으로는 국가연합의 범주에 속하나 실질적 내용에 비추어보면 국가연합보다 내부적 결속이 높은 연합제로 보는 견해,[48] 보편적 개념의 국가연합보다 그 결합의 수준이 낮은

---

45 한명섭, 「남북통일과 북한의 대외채무 승계에 대한 고찰」, ≪경희법학≫, 제47권 4호(2012.12), 182~184쪽 참고.

46 장명봉, 「國家聯合(Confederation)에 관한 硏究: 우리의 統一方案의 發展과 관련하여」, ≪국제법학회논총≫, 제64호(대한국제법학회, 1988), 43쪽.

47 제성호, 「남측 聯合制와 북측의 '낮은 단계의 聯邦制' 比較」, ≪국제법학회논총≫, 제46권 1호(대한국제법학회, 2001), 264쪽.

국가 간 공동기구를 통한 매우 느슨한 국가결합 형태로 보는 견해[49] 등이 있다.

국가연합이란 둘 이상의 국가들이 구성국들 간의 평등을 기초로 국제법상 국가의 자격을 보유한 채 공동의 기구를 가지고 결합하는 것이며, 구성국들이 국제법 주체성을 보유하고 있고, 연합된 조직 그 자체는 국제법상 국가 자격을 가지지 않는다는 점에서 연방국가와 구별된다.[50] 따라서 국제법상의 주체라는 측면에서 본다면 전통적인 국가연합과는 다소 차이가 있기는 하지만 남북연합은 국가연합에 해당한다고 보아야 할 것이다.

이러한 국가연합 형태의 통일은 사실상 남북한 양측을 모두 주권국가로서 승인하는 것이므로 국제법상 계속 존재하고 있는 대한제국 및 대한제국과 동일성을 가지고 있는 대한민국으로부터 북한이 '분리'되는 것을 전제로 하며,[51] 2개의 주권국가의 결합이기 때문에 이를 국가의 결합(uniting of states)의 경우에 해당될 것으로 보는 견해가 있다.[52] 이 견해에 따르게 되면 남북연합의 경우에도 국가승계의 문제가 발생한다. 그러나 남북연합이 「조약승계협약」이나 「국가재산 등 승계협약」에서 말하는 국가결합 또는 국가통합에 해당하는 것인지는 의문이다. 왜냐하면 이 협약에서 말하는 국가결합은 1개의 국가를 형성하는 것을 말하는데, 국가연합은 1개의 국가로 되는 것이 아니라 구성국이 그대로 국가로 존재하여 수 개의 국가로 남게 되기 때문이다.

독일의 경우에도 1989년 10, 11월 동독에서의 민중봉기 이후 동서독의 통일이 논의되던 초기에 선호되던 통일 방법, 즉 국가연합안이 채택되었더라면 아직 국가승계의 문제는 발생하지 않았을 것이다. 이 경우 아직 국제법상의 주체로서의 지위를 유지하기 때문이다.[53]

앞에서 언급한 바와 같이 '민족공동체 통일방안'에서 제시하고 있는 남북연합은 남북한이 각각 외교, 군사 및 내정에 걸쳐 독립적인 주권을 행사하도록 되어 있다. 다만 남북연합기구로 남북정상회의, 남북평의회, 남북각료회의를 상설화하여 경제·사회·문화공동체를 형성하는

---

48 이효원, 『남북교류협력의 규범체계』(경인문화사, 2006), 66쪽.

49 김계동, 『남북한 체제통합론: 이론·역사·정책·경험』(명인문화사, 2006), 213쪽.

50 유병화, 『국제법 I』(진성사, 1991), 397~398쪽.

51 김명기, 『國際法上 南北韓의 法的 地位』(화학사, 1980), 163쪽.

52 한형건, 「分斷國家의 再統一에 관한 國際法的 考察」, ≪국제법학회논총≫, 제71호(대한국제법학회, 1992), 20쪽; 노영돈, 「백두산지역에 있어서 북한과 중국의 국경분쟁과 국제법」, ≪국제법학회논총≫, 제68호(대한국제법학회, 1990), 181~182쪽.

53 전광석·박기갑, 「동서독 통일조약에 나타난 국가승계조항 분석에 비추어 본 남북한간 가능한 국가승계형태와 그 체제에 관한 연구」, 『북한·통일연구 논문집(I), 통일정책 분야』(통일원, 1993), 372쪽.

것을 내용으로 하고 있을 뿐이다. 따라서 남한과 북한이 2개의 독립한 국가 형태로 존속하게 되고, 국제사회에서는 각자가 독립적인 주권을 행사하므로 사실상 국가승계 문제는 발생하지 않는 것으로 보아야 할 것이다.[54] 다만 남북연합 단계에서는 통일에 대비하여 상호 협의하에 앞에서 제기한 국적법상의 문제점들을 해결하기 위해 각자의 '국적법' 개정 작업이 진행될 필요는 있을 것이다.

2) 구체적인 국적 문제 해결 방안

(1) 남한 국적법의 확대·적용 방안

① 남북한 법제 통합의 기본 원칙과 국적법의 확대·적용

통일한국의 헌법적 기본질서가 자유민주주의적 기본질서에 입각하여야 한다면, 통일한국의 모든 법령 역시 자유민주주의적 기본질서에 부합하여야 한다. 따라서 구체적인 통일한국의 법제도는 이미 자유민주주의적 기본질서에 입각하여 제정·시행되고 있는 남한의 법령이 기본이 되어야 하는 것은 당연한 이치이다. 더군다나 북한의 법제도는 우리와는 전혀 상반되는 일당 독재의 사회주의 체제와 계획경제 체제에 입각하고 있으므로 이러한 체제를 바탕으로 한 북한 법제를 통일한국의 법제로 할 수 없는 것이고, 모두 개폐의 대상이 되는 것이다. 결국 통일한국의 법제 통합은 남한법이 북한 지역으로 확대·적용되는 것을 의미한다.

이와 같은 남한법 체계의 북한 지역으로의 확대·적용이라는 결론은 남북한의 통일을 국제법적 측면에서 보더라도 마찬가지이다. 즉, 남북통일의 유형을 국가결합으로 볼 경우 국가승계 법리에 따르면 북한이 소멸하면서 남한에 흡수가 되는 병합 형태의 통일이 된다. 국제법적 원리에 따르면 병합하는 국가의 법제도가 병합되는 국가의 영역으로 확대·적용되는 것이 일반적인 원칙으로 받아들여지고 있다. 또한 우리 '헌법' 제3조의 영토 조약의 해석에 비추어 보아도 남북한 통일은 우리 헌법상 미수복지구인 북한 지역의 회복, 즉 '실지의 회복'에 해당하며, 남한의 법이 수복된 북한 지역에 그대로 확대 적용되어야 하는 것은 당연한 논리이기도 하다. 이와 같은 법제 통합 방식에 따르면 국적 문제에 있어서도 남한의 '국적법'이 북한 지역으로 확대·적용되는 것이 논리적이라 할 것이다.

---

[54] 한명섭, 「남북통일과 북한의 대외채무 승계에 대한 고찰」, 184~186쪽.

② 평가 및 문제점

남한 '국적법'의 확대·적용에 의한 해결 방식은 법리적인 측면에서 볼 때 매우 명쾌한 해결 방법으로 보인다. 특히 앞에서 살펴본 통일독일의 국적 문제 해결 역시 서독 '국적법'의 확대·적용을 통하여 해결된 것을 보더라도 이 방식은 논리적으로 가장 먼저 생각해 볼 수 있는 해결 방식이 될 것이다.

하지만 독일의 경우 제국독일과 서독의 동일성 및 계속성에 대하여 법리적인 문제점이 제기되지 않은 점, 서독의 경우 통일 이전부터 이미 판례를 통하여 동독 관청으로부터 동독 '국적법'에 따라 동독 국적을 취득한 자에게도 전체로서의 독일 국적자로 인정한 점, 반대로 동독 정부의 국적 박탈은 그 효과를 인정하지 않았지만 우리의 경우에는 이 점에 대한 정부의 명확한 입장이나 판례가 형성되지 않았고, 오히려 그동안의 판례 입장을 보면 반국가단체인 북한 당국에 의한 귀화 허가의 효과를 인정하기 어렵다는 점, 재외동포에 대한 우리 정부의 입장과 독일의 입장이 다르다는 점 등에서 독일의 사례를 그대로 따르기에는 많은 난관이 발생한다.

실무적인 관점에서 볼 때 남한 '국적법'의 확대·적용을 통하여 북한 주민의 국적 문제를 해결하고자 할 경우에는 1978년 6월 13일 이전에 북한에서 태어난 모계 출생자의 국적 문제, 재외동포의 이중국적에 관한 문제, 북한 당국의 귀화 허가 및 국적 박탈과 같은 국적 관련 행정 처분의 효력을 어떻게 할 것인지가 문제점으로 남게 된다.

(2) 국가승계 법리를 적용하는 방안
① 남북통일과 국가승계 법리의 적용 가능성

국가승계는 "어느 한 국가가 다른 국가의 영토상의 국제관계에 대한 책임을 대체하는 것"이므로 기본적으로 국가 대 국가의 관계를 전제로 하는 것이다. 따라서 상호 상대방의 국가성을 부인하고 있는 분단국가인 남북한의 통일에도 국제법상의 국가승계의 법리가 그대로 적용되는지부터 검토할 필요가 있다. 이에 대한 국내 학자들의 견해가 일치하는 것은 아니다. 하지만 일부 견해를 제외하면 대부분 국가승계의 법리가 적용된다는 점을 인정하고 있다. 다만 앞에서 언급한 바와 같이 국가승계 시 발생하는 국적 승계의 문제가 국제법적 관심의 대상이기는 하지만 조약이나 대외채무처럼 직접 선행국의 조약을 체결한 국가나 채권국과 같이 직접적인 이해 관계국이 있는 것도 아니고, 아직까지 국적의 부여와 박탈은 해당 국가가 결정할 문제라는 것이 국적에 관한 오늘날의 일반적인 견해라는 점에서 국제법적 논리의 적용은 필연적인 것은 아니다.

② 국가승계에 관련된 자연인의 국적에 관한 결의의 적용 방안과 문제점

국적 부여와 박탈은 당해 국가의 국내 문제 내지 고유 권한에 속하는 문제로 인식되어 왔다. 따라서 유엔 국제법위원회가 국가승계에 따른 국적 문제를 논의하는 것이 국가의 국적 부여에 관한 고유 권한을 침범하는 것은 아닌가 하는 문제의 소지가 있었다.

이 때문에 국제법위원회는 자신들의 작업 목적이 국가가 갖는 국적 부여에 대한 권한을 직접적으로 규율하는 데 목적이 있는 것이 아니라, 국가승계 시점 당시 선행국의 국적을 보유하고 있던 자의 국적에 대하여 국가승계가 어떠한 영향을 미치는지에 대한 분석이라는 점을 강조하였다. 다시 말해서 '국적' 그 자체와 '국가승계'의 두 가지 문제 중 어디에 더 무게중심이 있는가를 묻는다면 당연히 후자라는 것이다.[55] 영국의 국제법 학자 오코넬(O'Connell) 교수는 이미 1956년에 그의 저서를 통하여 "국가승계에 의해 영향을 받는 영역의 주민들의 국적에 관한 주권 변동의 효력 문제는 국가승계법에서 가장 어려운 문제 중의 하나이다. 이 문제에 관해서는 아마도 국가승계분야의 여타 문제보다 더욱 성문법전화 내지 국제적 입법이 절실히 요구된다"며 국가승계에 관련된 국적 문제의 국제적 입법의 필요성을 강조한 바 있다.[56]

이 문제에 대하여 유엔 총회는 2000년 12월 12일 「국가승계에 관련된 자연인의 국적에 관한 결의」안을 선언문 형식으로 채택하였고, 2001년 1월 30일 공식·배포하였다.

이 선언문은 서문과 제1부 일반규정(제1~19조) 및 제2부 국가승계의 특정한 유형에 관한 규정(제20~26조)으로 구성되어 있다. 이 선언문은 국제법, 특히 「유엔 헌장」에 구현된 국제법 원칙에 따라 발생된 국가승계의 경우에만 적용이 된다(제3조). 일반 규정 중 중요한 내용으로는 개인의 국적을 가질 권리에 관한 국적취득권(제1조),[57] 관련 국가들의 국가승계에 따른 무국적자 방지 의무(제4조),[58] 승계국의 국적을 가졌던 자의 의사 존중 및 국적선택권 부여(제11조),[59] 국가승계 이후에 탄생한 아동의 국적 취득(제13조)[60]을 들 수 있다. 제2부에서는 제1부

---

55 박기갑, 「국가승계가 자연인의 국적에 미치는 영향: UN국제법위원회의 최근 작업결과를 중심으로」, 57쪽.

56 D.P. O'Connell, *The Law of State Succession*(Cambridge University Press, 1956), pp.245~258.

57 제1조(국적취득권) 국가승계 시점 당시 선행국의 국적을 가졌던 모든 자는 그 국적 취득 방식을 불문하고 이 초안 규정에 따라 관련 국가들 중 최소한 하나의 국적을 가질 권리를 갖는다.

58 제4조(무국적자의 방지) 관련 국가들은 국가승계 시점 당시 선행국의 국적을 가졌던 자가 그러한 국가승계의 결과 무국적이 되는 것을 막기 위한 모든 적절한 조치를 취한다.

59 제11조(관련인의 의사존중)
   1. 관련국가들은 둘 또는 그 이상의 관련국가의 국적을 취득할 수 있는 관련인들에 대해서는 그들의 의사를 고려해야 한다.
   2. 각 관련국가들은 자신과 적절한 관계를 가지는 관련인이 만일 국가승계의 결과 무국적으로 되어 버릴지

의 일반 규정에서 정한 원칙을 국가승계의 형태를 국가 영토 일부의 이전, 통합, 해체 및 분리로 구분하여 어떻게 적용할 것인지에 대하여 규정하고 있다.

주의할 것은 제2부에서 규정한 내용은 법적 구속력이 없는 일종의 지침서적인 성격을 갖는다는 것이다. 즉 유엔국제법위원회는 제2부에 언급된 내용들의 용도에 대하여 그의 주석(commentary)에서 국가승계 관련 국가들이 적절한 조약이 없는 경우 그들 간의 협상 과정에서 그리고 국내 입법 과정에서 '참조 가능'하다고 보고 있다. 이는 유엔국제법위원회가 동 선언문을 조약의 형태가 아닌 단순한 유엔 총회 결의안 형식으로 채택하기로 합의를 하였다는 사실을 봐도 알 수 있다.[61]

이 중 남북통일과 같은 국가통합의 경우에 관하여서는 제21조에서 승계 방식을 규정하고 있다. 즉 제21조에 따르면 "제8조의 규정을 따를 것을 조건으로, 둘 이상의 국가들이 합쳐서 하나의 승계국가를 형성할 때는 그 승계국가는 새로운 국가인지의 여부 또는 그의 법인격이 통합한 국가들 중 어느 한 국가의 그것과 동일한 것인지의 여부와 무관하게 승계국가는 국가승계 시점 당시 선행국의 국적을 갖고 있던 모든 자들에게 자신의 국적을 부여한다"라고 규정하고 있다. 따라서 통일한국의 유형이 남북한의 대등한 합의에 의하여 건설된 새로운 국가이든 아니면 북한이 남한으로 흡수되는 형태이든 선행국의 국적을 갖고 있던 모든 자들에게 국적을 부여하여야 한다는 것이 된다.

제21조는 1978년의 「조약승계협약」 및 1983년의 「국가재산 등 승계협약」에서 예정하고 있는 국가통합의 경우와 동일하며, 이 조항에 적용될 수 있는 국가 형태는 완전한 통합국가·연방국가 또는 헌법상 달리 규정되는 형태의 국가이며, 단순히 두 국가 이상이 각자 완전한 주권을 향유하면서 결합하는 국가 간 연합 체계에는 적용될 수 없다.[62] 한편 앞에서 언급한 바

도 모르는 경우에는 그에게 관련국가 자신의 국적을 선택할 권리를 부여하여야 한다.

3. 선택권을 갖는 자들이 그 권리를 행사하였을 때, 그들이 선택한 국적국가는 그러한 자들에 대해 자신의 국적을 부여하여야 한다.

4. 선택권을 갖는 자들이 그 권리를 행사하였을 때, 그들이 포기한 국적의 국가는 그러한 자들로부터 자신의 국적을 철회하여야 한다.

5. 관련국가들은 선택권행사에 관하여 적절한 유예기간을 제공하여야 한다.

60 제13조(국가승계 이후에 태어난 아동) 국가승계 시점 이후에 아직 어떠한 국적도 취득하지 못한 관련인을 부모로 하여 태어난 아동은 그가 태어난 영토의 관련국가의 국적을 취득할 권리를 갖는다.

61 박기갑, 「국가승계가 자연인의 국적에 미치는 영향: UN국제법위원회의 최근 작업결과를 중심으로」, 64~65쪽 참고.

62 박기갑, 같은 글, 66~67쪽.

와 같이 제2부의 규정은 지침서적 성격을 갖는 것이지만 유엔국제법위원회는 제21조는 국제 관습법적 성격을 지닌다고 판단하고 있기 때문에 승계국은 제21조와 다른 내용의 협약을 제3 국과 체결할 수 없다는 것이다.[63] 반면 유엔국제법위원회의 입장과는 달리 국제 관행으로는 선행국 주민이 승계국 국적을 그대로 부여받는 경우와 그렇지 않은 경우가 상존하고 있으며, 탈냉전 이후의 관행을 보면 영토주권의 변화가 있을 시 승계국의 국적을 선행국의 주민에게 자동으로 부여하는 국가 관행이 일반적이라고 보이나 이것이 국제관습법으로 형성되어 승계 국을 법적으로 구속한다고 보기는 아직 어려운 단계라고 보는 견해도 있다.[64] 만일 유엔국제 법위원회의 입장과 같이 이 제21조의 내용이 국제관습법적 성격을 지닌다면 통일한국의 국적 이 북한 주민 모두에게 부여되어야 하겠지만, 과연 이 제21조의 내용이 국제관습법으로서의 지위를 획득하였다고 보아야만 하는지는 의문이다.

③ 평가 및 문제점

「국가승계에 관련된 자연인의 국적에 관한 결의」 제21조의 내용이 국제관습법이라면 우 리 '헌법' 제6조에 의하여 남북통일 시 그 적용을 받게 될 것이다. 또한 국제관습법이 아닌 단 순 지침에 불과하다고 보더라도 통일한국의 선택에 따라 이 규정에 의하여 북한 주민의 국적 문제에 대한 해결을 시도할 수도 있다. 하지만 이 결의 제21조에 따라 북한 주민 모두에게 국 적을 부여한다고 할 경우 남북한의 국적법상의 차이로 인한 몇 가지 문제가 발생한다.

첫째, '국적법' 제정 당시부터 부모양계혈통주의를 채택한 북한과 달리 남한은 '국적법' 제 정 당시 부계혈통주의를 채택하였기 때문에 발생하는 문제가 있다. 1978년 6월 13일 이전에 태어난 남한의 모계 출생자는 남한 국적을 취득하려면 귀화를 하여야 하는 데 반하여 북한의 모 계 출생자는 선천적으로 북한의 국적을 취득한 북한 공민이 된다. 그럼에도 불구하고 남한 '국 적법'과 달리 이들에게 통일한국의 국적을 부여하는 것이 정당한지에 대한 검토가 필요하다.

둘째, 재외동포에 대하여 남한의 경우에는 별도로 '재외동포의 출입국과 법적 지위에 관 한 법률'에 의하여 규율하고 있는 데 반하여 북한 '국적법'에 따르면 재외동포들도 북한 공민으 로 해석된다. 그 결과 북한 공민의 지위에 있는 이들 재외동포 모두에게 통일한국의 국적을 부

---

63 *Oppenheim's International Law*, Vol I, 9th edition, Edited by Sir Robert Jennings and Sir Arthur Watts (Longman, 1992), pp.218~219. 박기갑, 「국가승계가 자연인의 국적에 미치는 영향: UN국제법위원회의 최근 작업결과를 중심으로」, 67~68쪽에서 재인용.

64 V. Mikulka, Second Report on State Succession and its Impact on the Nationality of Natural and Legal Persons, ILC, Forty eighth Session, UN Doc. A./CN.4/474(1996), pp.19~38; 박정원, 「국적에 대한 권리 와 국제법」, 89~90쪽.

여한다면 이들 중 상당수는 이중국적자가 될 뿐 아니라 '재외동포의 출입국과 법적 지위에 관한 법률'에 의해 규율되어 온 남한의 법제와 저촉되는 문제가 발생하게 되므로 그에 대한 해결책이 필요하다.

셋째, 귀화에 의하여 후천적으로 북한 국적을 취득한 자에게도 통일한국의 국적을 부여하여야 하는데, 이는 결과적으로 반국가단체인 북한 당국의 행정 처분의 유효성을 인정하는 것이 된다는 비판이 제기될 수 있다.

넷째, 만일 이처럼 북한의 귀화 허가에 대한 행정 처분을 효력을 인정한다면 논리적으로 북한 당국의 국적 박탈 행위도 유효한 것으로 보아야 할 것인데, 부당하게 국적 박탈을 당한 북한 주민의 국적 문제는 어떻게 처리할 것인지에 대한 검토도 필요하다.

3) 새로운 통일 국적법 제정의 필요성

통일 이후 북한 주민의 국적 처리에 관한 구체적인 방안을 제시한 선행 연구는 찾아보기 어렵다. 다만 현실적으로 생각해 볼 수 있는 방안은 앞에서 살펴본 바와 같이 남한 '국적법'의 확대·적용 방안과 국가승계 법리를 적용하는 방안이 있지만, 두 가지 방안 모두 여러 가지 문제점이 제기된다.

그렇다면 통일 이후 통일한국의 국적 문제는 새로운 입법을 통하여 해결하는 방안을 모색할 수밖에 없을 것이다. 입법 방식은 통일헌법이나 통일조약에서 직접 규정을 두는 방법과 별도로 통일한국의 '국적법'을 제정하거나 남한의 '국적법'을 개정하여 확대·적용하는 방법이 있을 수 있다. 만일 남북한 합의에 의한 통일조약이 체결된다면 조약에서 국적 문제에 관한 구체적인 규정을 두면 될 것이다. 만일 통일조약 체결 과정 없이 통일헌법을 제정한다면 통일헌법에서는 현행 남한 헌법과 같이 국적법정주의 및 국제법 존중의 원칙을 그대로 유지하면서 통일한국의 '국적법'을 새로 제정하거나 아니면 남한의 '국적법'을 개정하는 방법이 적절하다고 판단된다.

입법을 위하여 고려하여야 할 사항으로는 첫째, 국적유일의 원칙, 즉 무국적자 방지 및 이중국적 방지의 원칙과 국적 선택의 자유라는 국적에 관한 국제법적 원칙이 반영되어야 한다. 따라서 이 국제법 원칙을 반영하여 채택한 「국가승계에 관련된 자연인의 국적에 관한 결의」를 적극 참고할 필요가 있다. 둘째, 남한의 '국적법'에 의하여 형성되어 온 기존의 국적질서에 혼란이 야기되지 않도록 하여야 한다. 셋째, 북한 주민에게도 불이익이 없도록 하여야 할 것이다. 넷째, 재외동포 문제에 대한 고려도 있어야 한다.

　이상의 고려 사항을 반영하여 북한 주민의 국적 문제에 대한 입법 방향을 제시해 보고자 한다.

　첫째, 무국적자 방지를 위하여 「국가승계에 관련된 자연인 국적에 관한 결의」 제21조의 내용과 같이 통일 당시 북한 국적을 가지고 있는 북한 주민 모두에게 통일한국의 국적을 부여하는 것이 바람직하다. 이 경우 후천적으로 귀화에 의하여 북한 국적을 취득한 자들에게는 결과적으로 북한 당국의 국적 부여라는 행정행위의 유효성을 인정한다는 비판이 제기될 수 있으나 이처럼 비난을 감수하는 것이 북한 국적 취득과 더불어 본래의 국적을 상실한 자들을 무국적자로 방치하는 것보다는 바람직한 처리 방향이 될 것이다.

　둘째, 이중국적 또는 복수국적 방지를 위하여 통일한국의 국적이 부여됨과 동시에 재외동포와 같이 다른 나라의 국적을 가진 북한 주민에게는 통일 시점을 기준으로 일정 기간을 정해 남한 '국적법' 제12조 내용과 같이 국적을 선택할 수 있는 기회를 제공할 필요가 있다.

　셋째, 재일동포 등 남한이나 북한의 국적이 아닌 조선적을 가지고 살아온 자들에게는 별도로 일정 기간 동안 신고만으로 통일한국의 국적을 취득할 수 있는 기회를 제공할 필요가 있다.

　넷째, 북한 당국에 의하여 국적을 박탈당한 자들에 대해서는 국적이 박탈된 원인이 여러 가지가 있을 수 있으므로 그 원인에 따라 해결 방법을 달리할 수 있을 것이다. 즉 사안에 따라 북한 당국의 국적 박탈에 불법적 요소가 있다면 이를 무효화하는 방안을 마련하여야 할 것이고, 불법적 요소가 없이 국적을 박탈 또는 상실한 자들에 대해서는 국적을 회복할 수 있는 기회를 제공하면 될 것이다.

6. 맺음말

　국제법적 차원에서 국가승계의 문제로 논의되는 남북통일에 있어서 승계의 대상으로 논의되는 대표적인 것 중 조약이나 대외채무의 승계와 같이 제3국과 직접적인 이해관계가 있는 사항에 대해서는 국가승계에 관한 국제법의 원칙이 중요한 기준이 된다. 따라서 분단국의 통일이나 일반적인 국가통합의 경우가 달리 취급될 만한 이유가 별로 없다. 하지만 국적 승계의 문제는 조약이나 대외채무와 같이 제3국과 직접적인 이해관계가 별로 없다. 또한 남북한과 같은 분단국가의 경우에는 서로 상대방의 국가성을 부인하고 있기 때문에 직접적인 규정이 없더라도 해석을 통하여 상대방의 국적에 대한 문제까지 규율하고 있으므로 일반적인 국가통합 시의 국적 승계 문제와는 다른 특수성이 있다.

더군다나 북한의 '국적법'은 제정 당시부터 최초의 국적자에 관한 규정이 있었고, 부모양계혈통주의를 채택하였으며, 이중국적도 허용하고 있다. 이에 반하여 남한의 제정 '국적법'은 최초 국적자에 대한 규정이 없어 이에 따른 많은 논란이 있고, 부계혈통주의 및 단일국적주의를 채택하는 등 북한의 '국적법'과 다른 부분이 많았다. 따라서 남북통일 시 국적 문제로 발생할 수 있는 혼란을 방지하기 위하여서는 사전에 북한 주민의 국적 문제를 어떻게 처리할 것인지에 대해 검토하여 대비를 해둘 필요가 있다.

이와 관련하여 대표적인 분단국인 동서독의 사례를 보면 서독의 경우 제국독일과 국가의 동일성 및 계속성을 유지하면서 '제국국적법'을 그대로 유지하였기 때문에 통일 이전의 서독 '국적법'만으로 동독 주민의 국적 문제 해결이 가능하였다. 물론 동독 당국에 의한 후천적 국적 부여 및 국적 박탈 행위에 대한 효력을 어떻게 볼 것인지에 대한 논란이 있었으나 연방헌법재판소의 판례를 통하여 전자의 경우에는 그 효력을 인정하고 후자의 경우에는 효력을 부인함으로써 통일 이전부터 문제를 해결하고 있었다. 이 때문에 통일조약에서도 국적 문제에 관한 별도의 규정을 둘 필요가 없었다.

하지만 남북한의 경우 대한제국과 남한의 동일성 및 계속성에 대해서는 법리적으로 논란이 있고, 남한 '국적법'이 최초 국적자에 대한 규정도 두지 않아 통일독일의 사례를 그대로 따르기도 어렵다. 이 문제 해결을 위하여 생각해 볼 수 있는 방법으로는 일반적인 남북한의 법제 통합의 기본 원칙에 따라 남한의 국적법을 확대·적용하거나 아니면 국제법 원칙에 따라 유엔에서 채택한 「국가승계에 관련된 자연인의 국적에 관한 결의」 제21조를 적용하는 방법을 생각해 볼 수 있다. 하지만 앞에서 살펴본 바와 같이 두 가지 방법 모두 여러 가지 문제점이 발생한다.

국적의 취득 및 상실에 대한 결정은 법 논리의 문제라기보다는 국제법 원칙을 준수하는 한계 내에서 해당 국가가 결정을 하면 되는 정책적인 문제이다. 따라서 굳이 남한 '국적법'의 확대 적용 또는 유엔이 채택한 「국가승계에 관련된 자연인의 국적에 관한 결의」에 의한 해결과 같이 논리적인 방법을 채택하기보다는 현실적으로 발생하는 문제점들을 해결하기 위한 방안을 마련하여 입법을 하는 것이 가장 효율적인 방법이 될 것이다. 북한 주민의 국적 문제 처리 또는 국적의 승계 문제에 대한 입법 과정에는 국적 유일의 원칙 및 국적 자유의 원칙 등 국제법 원칙의 준수, 남한의 국적에 관한 법질서에 대한 혼란 방지, 북한 주민의 불이익 방지, 재외동포의 국적 문제 등을 고려할 필요가 있다.

입법과 관련된 중요한 몇 가지 사항만 제시하면 첫째, 무국적자 방지를 위하여 일단 「국가승계에 관련된 자연인의 국적 결의」 제21조에 따라 북한 주민 모두에게 통일한국의 국적을 부여하도록 하는 것이 바람직할 것이다. 둘째, 이중 또는 복수 국적을 가지게 되는 북한 주민에게는 일정 기간 내에 국적을 선택하도록 할 필요가 있다. 셋째, 재일동포 등 남한이나 북한의 국적이 아닌 조선적을 가지고 살아온 자들에게는 별도로 일정 기간 동안 신고만으로 통일한국의 국적을 취득할 수 있는 기회를 제공하여야 할 것이다. 넷째, 북한 당국에 의하여 국적을 박탈당한 자들에 대해서는 국적 박탈을 무효화하거나 국적을 회복할 기회를 제공하여야 할 것이다.

다만 현재는 북한의 국적 업무에 관한 실무 내용을 정확하게 파악하고 있지 못한 상황이므로 앞으로 더 많은 자료 수집과 분석 및 연구가 필요하다.

참고문헌

1. 국내 문헌

가. 단행본

강경모. 2016. 『유엔캄보디아특별재판부 연구, 캄보디아의 전환기 정의와 한반도 통일』. 전환기정의연구원.

강병근. 2004. 『남북상사중재위원회 구성·운영 활성화 방안』. 법무부 제23차 남북법령연구특별분과위원회 학술회의 자료집(6.28).

곽태환 외. 1997. 『한반도 평화체제의 모색』. 서울: 경남대 극동문제연구소.

관산(關山). 2004. 황의봉·정인갑 옮김. 『김정일과 양빈』. 고양: 두우성.

국가안전기획부. 1997. 『북한조약집(1948~1996.12)』. 국가안전기획부.

국가정보원 엮음. 2006. 『北·中간 국경업무 조약집』. 국가정보원.

국토통일원 엮음. 1986. 『국가연합사례연구』. 국토통일원.

국회도서관해외자료국 엮음. 1982. 『북한의 조약집(1949~1982)』. 국회도서관.

권양주 외 3. 2008. 『남북한 군사통합시 대량살상무기 처리방안연구』. 한국국방연구원.

김계동. 2006. 『남북한 체제통합론: 이론·역사·정책·경험』. 명인문화사.

김국후. 2008. 『비록 평양의 소련군정: 기록과 증언으로 본 북한정권 탄생비화』. 한울.

김대순. 2009. 『國際法論』(제14판). 삼영사.

김동욱. 2010. 『한반도 안보와 국제법』. 한국학술정보.

김명기. 1980. 『國際法上 南北韓의 法的 地位』. 화학사.

김성호 외 3. 1989. 『농지개혁사연구』. 한국농촌경제연구원.

김영구. 2010. 『잘 몰랐던 韓日 過去史 문제: 한일 과거사에 대한 국제법적 조명』. 다솜출판사.

김영탁. 1997. 『독일통일과 동독재건과정』. 한울.

김운태. 1998. 『日本帝國主義의 韓國統治』(개정판). 박영사.

김일영. 2004. 『건국과 부국: 현대한국정치사 강의』. 생각의 나무.

김정균·성재호. 2008. 『國際法』(제5개정판). 박영사.

김찬규·이규창. 2009. 『북한 국제법 연구』. 한국학술정보.

김철수. 1995. 『法과 政治』. 교육과학사.

_____. 1998. 『憲法學槪論』. 박영사.

김태훈 외 6. 2016. 『통일한국의 전환기 정의에 대한 법제도적 연구: 가해자에 대한 청산 방안을 중심으로』. 대한변호사협회.

김한균 외 11. 2016. 『통일시대의 형사정책과 형사사법통합연구(II): 통일시대의 과거·불법청산 및 사회통합 방안의 연구』. 한국형사정책연구원.

노계현. 1997. 『조선의 영토』. 한국방송대학교출판부.

노명준. 1977. 『유·엔·씨의 해체시에 고려해야 할 제문제에 관한 연구: 남북한관계』. 국토통일원 정책기획실.

대한변호사협회·대한변협인권재단. 2014. 『(2014)북한인권백서』. 대한변호사협회·대한변협인권재단.

대한변호사협회. 2018. 『2018 북한인권백서』. 대한변호사협회.

도회근. 2009. 『남북한관계와 헌법』. 울산대학교출판부.

동독 사회주의통일당 독재청산재단(Bundesstifutung zur Aufarbeitung der SED-Diktaktur). 2011. 『통일 독일에서의 과거 공산주의자 청산문제』.

문준조. 2002. 『남북경제교류의 민족내부거래성과 대우문제』. 한국법제연구원.

박영도. 1997. 『입법기술의 이론과 실제』(입법이론연구 5). 한국법제연구원.

박영정 외 2. 2016. 『저작권 분야 남북 교류·협력 현황 및 발전 방안 연구』. 한국문화관광연구원.

박영호. 2004. 『리비아 경제제재 해제와 건설시장 확대방안』. 대외경제정책연구원.

박정원. 2001. 『北韓의 工業所有權 保護制度에 관한 硏究』. 한국법제연구원.

박찬운. 2009. 『국제범죄와 보편적 관할권』. 한울.

배정호·제성호. 2016. 『연방제 통일과 평화협정』. 형설출판사.

백산학회 엮음. 2000. 『間島領有權 問題 論攷』. 백산자료원.

_____. 2006. 『間島領土의 관한 硏究』. 백산자료원.

_____. 2006. 『韓·中 領土의 관한 論攷: 간도를 중심으로』. 백산자료원.

백진현. 2008. 『한반도 통일시 남북한 체결조약의 승계에 관한 연구』. 서울대학교 통일평화연구소.

백진현·조균석. 1993. 『國際刑事司法共助에 關한 硏究』. 형사정책연구원.

법무법인 태평양. 2005. 『개성공업지구 법규 및 제도해설』. 로앤비.

법무부. 1963. 『법령질의해석응답집 제1집』. 법무부.

_____. 1985. 『북한법연구(II): 형법』. 법무부.

_____. 1995. 『統一獨逸의 舊東獨體制不法淸算 槪觀』. 법무부 법무실 특수법령과.

_____. 2002. 『統一法務 基本資料 2003』. 법무부 법무실 특수법령과.

_____. 2004. 『키프로스 統一方案 硏究: UN 事務總長 統一方案을 中心으로』. 법무부 법무실 특수법령과.

_____. 2008. 『동서독 교류협력 법제 연구』. 법무부 법무실 특수법령과.

_____. 2008. 『동서독 교류협력 관련 판례집』. 법무부 법무실 통일법무과.

_____. 2009. 『남북 키프로스의 교류협력 법제 연구』. 법무부 법무실 통일법무과.

_____. 2012. 『북남경제협력법 분석』. 법무부.

_____. 2016. 『남북한 사법공조의 발전방향: 민사공조를 중심으로』. 법무부.

법원행정처. 2015. 『남북교류와 관련한 법적 문제점. 13, 특수사법제도연구위원회 제33·34차 회의 결과보고』. 법원행정처.

법원행정처 엮음. 2006. 『북한의 형사법』. 법원행정처.

법제처 엮음. 1991. 『獨逸統一關係法 硏究』. 법제처.

브라운리, 이안(Ian Brownlie). 2004.『국제법』. 정영진·황준식 옮김. 현암사.

블루멘비츠, 디터(Dieter Blumenwitz). 1996.『분단국가의 법적지위』. 최창동 편저. 법률행정연구원.

(사)고구려연구회 엮음. 2008.『동북공정과 한국학계의 대응논리』. 여유당출판사.

(사)북한인권정보센터 부설 북한인권기록보존소. 2013.『(2013)북한인권백서』. 북한인권정보센터 부설 북한인
　　　권기록보존소.

서길수. 2009.『백두산 국경 연구』. 여유당출판사.

석동현. 2011.『국적법』. 법문사.

성낙인. 2008.『헌법학』. 법문사.

손희두. 1997.『북한의 국적법』. 한국법제연구원.

　　　. 2014.『북한 법이념의 변화와 남북한 법제협력』. 한국법제연구원.

시노다 지사쿠(篠田治策). 2005.『간도는 조선땅이다: 백두산정계비와 국경』. 신영길 옮김. 지선당.

신동익. 2016.『북한 인권 문제 관련, 미국 및 EU 등의 제재 현황과 국제사회의 공조 방안』. 외교안보연구소.

신용석·최경은·한명섭. 2018.『금강산관광 재개 관련 현황과 대응 방안』. 한국문화관광연구원.

양태진. 1981.『韓國의 國境研究』. 동화출판공사.

　　　. 1996.『韓國의 領土管理政策에 관한 研究: 주변국과의 영토문제를 중심으로』. 한국행정연구원.

　　　. 2007.『우리나라 영토 이야기』. 예나루.

염돈재. 2010.『(올바른 통일준비를 위한) 독일통일의 과정과 교훈』. 평화문제연구소.

오승종·이해완. 2004.『저작권법』. 박영사.

외교부. 2018.『2018 외교백서』. 외교부.

외교통상부. 2006.『알기쉬운 조약업무』. 외교통상부 조약국 조약과.

외무부 외교연구원. 1967.『韓國外交의 二十年』. 외무부 외교연구원.

유병화. 1991.『국제법 I』. 진성사.

유철종. 2006.『동아시아 국제관계와 영토분쟁』. 삼우사.

이병조·이중범. 1996.『국제법신강』. 일조각.

이순천. 2012.『조약의 국가승계: 최근의 국제실행과 남북통일 시 적용문제를 중심으로』. 열린책들.

이옥희. 2011.『북·중 접경지역: 전환기 북·중 접경지역의 도시네트워크』. 푸른길.

이장희 외 2. 2007.『남북 합의 문서의 법적 쟁점과 정책과제』. 아시아사회과학연구원.

이종석. 2000.『북한-중국관계 1945~2000』. 중심.

이한기. 1982.『국제법학(상)』. 박영사.

이효원. 2006.『남북교류협력의 규범체계』. 경인문화사.

임동원. 2008.『피스 메이커: 남북관계와 북핵문제 20년』. 중앙북스.

장명봉 엮음. 2013.『2013 최신 북한법령집』. 북한법연구회.

　　　. 2018.『2018 최신 북한법령집』. 북한법연구회.

장효상. 1987.『現代國際法: 理論과 實際』. 박영사.

정경모·최달곤 공편. 1990.『북한법령집 제1~5권』. 대륙연구소.

정인섭·정서용·이재민. 2012.『국제법 판례 100선』. 박영사.

제성호. 2010.『한반도 안보와 국제법』. 한국국방연구원.

제성호 편저. 2003.『통일시대와 법』. 중앙대학교출판부.

조성렬. 2007.『한반도 평화체제』. 푸른나무.

중앙일보사. 1991.『북한소사전』. 월간중앙. 신년 호 별책부록.

최경수. 2015. 『북한 '저작권법' 및 남북 간 저작권 분야 교류·협력에 관한 연구』. 한국저작권위원회.

최승환. 2006. 『국제경제법(제3판)』. 법영사.

최장근. 2010. 『일본의 독도·간도침략 구상: 「島根縣告示40號」·「朝鮮間島經營案」의 본질 규명』. 백산자료원.

최창동. 2002. 『법학자가 본 통일문제』(I~II). 푸른세상.

통일부 엮음. 2008. ≪남북교류협력 동향≫, 제206호.

_____. 2011. 『독일의 통일·통합 정책 연구: 독일 통일 20년 계기(제1권 분야별연구)』. 통일부 통일정책실.

_____. 2014. 『과거청산분야 관련 정책문서(독일통일총서 7)』. 통일부.

_____. 2015. 『2015 통일백서』. 통일부.

통일연구원. 2018. 『북한인권백서 2018』. 통일연구원.

통일연구원 엮음. 2006. 『북한인권백서 2006』. 통일연구원.

통일원 엮음. 1993. 『동서독 교류협력 사례집』. 통일원 통일정책실 제2정책관실.

_____. 1993. 『東西獨 條約·協定 資料集』. 통일원 통일정책실.

특허청. 2008. 『남북한 지식재산권 제도의 조화방안: 남북 경제공동체 형성을 위한 지식재산권 정책의 역할을 중심으로』. 특허청.

한국수출입은행. 2008. 『대북투자 실무가이드』. 한국수출입은행.

한명섭. 2008. 『남북 교류와 형사법상의 제 문제』. 한울.

_____. 2011. 『남북통일과 북한이 체결한 국경조약의 승계: 조중국경조약의 승계 문제를 중심으로』. 한국학술정보.

한용섭. 2004. 『한반도 평화와 군비통제』. 박영사.

해양수산부 엮음. 2006. 『국제해양분쟁사례연구 VI』. 해양수산부.

허문영 외. 2007. 통일연구원 엮음. 『한반도 비핵화와 평화체제 구축전략』. 통일연구원.

허문영·전강수·남기업. 2009. 『통일대비 북한토지제도 개편방향 연구』. 통일연구원.

허영. 『독일통일의 법적조명』. 박영사.

나. 논문

강호제. 2011. 「선군정치와 과학기술 중시정책: 경제발전 전략의 핵심」. ≪통일과 평화≫, 제3집 1호.

구희권. 1993. 「國家統合時의 國家承繼에 關한 硏究: 統一韓國을 中心으로」. 중앙대학교 박사 학위논문.

국회도서관 엮음. 2016. 「미국의 2016년 "대북 제재 강화 및 정책강화법(안)"」. ≪외국법률 이슈브리핑≫, 제25호.

권영설. 2002. 「分斷國 國籍制度의 特殊法理」. 『(晴潭崔松和教授華甲紀念)現代公法學의 課題』. 박영사.

권율·김미림. 2018. 「베트남 개혁모델이 남북경협에 주는 정책적 시사점」. ≪KIEP 오늘의 세계경제≫, 제18-24호.

김갑식. 2011. 「남북기본합의서에 대한 북한의 입장」. ≪통일정책연구≫, 제20권 1호.

김계홍. 2008. 「'남북관계 발전에 관한 법률'에 따른 남북합의서의 발효절차에 관한 사례연구 및 개선방안에 관한 고찰」. ≪법제≫, 통권 제603호.

김기현. 2004. 「미국의 대 쿠바 정책: 변화와 전망」. ≪라틴아메리카연구≫, 제1권 2호. 라틴아메리카학회.

김명기. 1993. 「南北基本合意書의 法的 性質」. ≪法學論叢≫, 제6집. 숭실대학교 법학연구소.

_____. 1997. 「北韓住民을 大韓民國國民으로 본 大法院 判決의 法理論」. ≪저스티스≫, 제30권 2호.

_____. 2005. 「통일한국의 북중국경선조약의 승계에 관한 고찰」. ≪국제법 동향과 실무≫, Vol.4, No.3·4, 통권 제13호.

_____. 1975. 「국제연합군사령부의 해체와 한국휴전협정 존속」. ≪국제법학회논총≫, 제20권 1·2호 합병 호.

김민욱. 2016. 「미국 경제제재 관련 법제 연구: 이란과 북한 제재를 중심으로」. 북한대학원대학교 박사 학위논문.

김병욱. 1973. 「分斷國과 國際法의 適用」. ≪立法調査月報≫, 통권 제66호.

김상기. 2008. 「미국의 대북경제제재의 주요 목표와 적용법규」. 『KDI 북한경제리뷰』, 제10권 제6호.

김상호. 2002. 「북한 '저작권법'의 내용과 특징」. ≪법학연구≫, 제11집. 경상대학교 법학연구소.

_____. 1998. 「남북한 저작물의 보호방안에 관한 일고찰」. ≪계간 저작권≫, 제44호. 저작권심의조정위원회.

김성수. 1993. 「國際法上 南北韓 統一以後의 國家承繼問題에 관한 研究」. 한국외국어대학교 석사 학위논문.

김슬기. 2016. 「국제사회의 대북제재」. ≪KDI 북한경제리뷰≫, 제18권 2호.

김승대. 2004. 「상대방 지역 체류의 법률문제: 신변안전의 법적 보장을 중심으로」. 『남북교류와 관련한 법적 문제점(3)』. 법원행정처.

김영희. 2014. 「북한의 사회보장제도 동향과 '사회보장법'의 제정」. 제199회 북한법연구회 월례발표회 발제문 (2014.3.27).

김정호. 2001. 「國際法上 間島領有權에 關한 研究」. 명지대학교 박사 학위논문.

김종혁 외 4. 2018. 「미국의 경제제재(sanctions programs) 완화 사례 분석」. 『KIEP 기초자료』, 18-26. 대외경제정책연구원.

김찬규. 1977. 「新生國과 條約의 承繼」. 서울대학교 법학연구소. ≪法學≫, 통권 제37호.

김태훈. 2012. 「북한인권법의 제정 필요성과 방향」. 『북한인권법, 어떻게 할 것인가』. 선진통일당 정책위원회 주최 세미나 자료집(2012.7.24).

김하중. 2008. 「체제불법 청산방안에 관한 헌법적 고찰: 구 동독과 북한의 체제불법을 중심으로」. 고려대학교 박사 학위논문.

김화진. 2016. 「국제법 집행수단으로서의 경제제재와 금융제재」. ≪저스티스≫, 통권 제154호. 한국법학원.

나인균. 1999. 「大韓民國과 大韓帝國은 法的으로 同一한가?: 國家의 同一性 내지 繼續性에 관한 國際法的 고찰」. ≪국제법학회논총≫, 제44권 1호.

남진욱. 2016. 「국제사회의 대북제재와 추가 대북제재 관련 언론보도」. ≪KDI북한경제리뷰≫, 제18권 10호.

남형두. 2007. 북한'저작권법' 연구: 조용필의 평양공연은 북한에서도 '저작권법'상 보호를 받을 수 있는가」. ≪법조≫, 제607호. 법조협회.

노영돈. 1990. 「白頭山地域에 있어서 北韓과 中國의 國境紛爭과 國際法」. ≪국제법학회논총≫, 제35권 2호, 통권 제68호.

_____. 1994. 「統一에 對備한 南北韓 國籍法의 比較研究」. ≪통일문제와 국제관계≫, 제5집. 인천대학교평화통일연구소.

_____. 1996. 「우리나라 國籍法의 몇가지 문제에 관한 考察」. ≪국제법학회논총≫, 제41권 2호.

_____. 2006. 「간도 영유권과 중국과의 국경문제」. ≪Strategy 21≫, 제9권 2호, 통권 제18호.

_____. 2009. 「간도영유권을 둘러싼 법적 제문제」. 『간도협약 100년의 재조명: 회고(回顧)와 전망(展望)』. 한국간도학회·자유선진당.

박기갑. 1993. 「남북한의 국제법상 관행연구」. 『變化하는 世界와 國際法』(벽파 김정건 박사 화갑논문집). 박영사.

_____. 1996. 「일반국제법 이론에 비추어 본 남북한간 가능한 국가승계 형태론」. ≪한림법학 Forum≫, 제5권. 한림대학교 법학연구소.

_____. 2001. 「국가승계가 자연인의 국적에 미치는 영향: UN국제법위원회의 최근 작업결과를 중심으로」. ≪국제법학회논총≫, 제46권 제3호, 통권 제91호.

박문숙. 2009. 「국제법상의 조약승계: 남북통일에의 적용문제를 중심으로」. 중앙대학교 석사 학위논문.

박배근. 2004. 「大韓民國臨時政府의 國際法的 地位와 大韓民國의 國家的 同一性(하)」. ≪법학연구≫, 제 14권 1호. 연세대학교 법학연구소.

_____. 2006. 「국제법상 국가의 동일성과 계속성」. ≪저스티스≫, 통권 제90호.

박선영. 2005. 「자료해제: 북한과 중국의 비밀 국경조약」. 중국사학회. ≪중국사연구≫, 제34집.

_____. 2005. 「한중 국경획정의 과거와 현재: 유조변, 간도협약, 북중비밀국경조약 분석을 중심으로」. ≪北方史 論叢≫, 제4호.

_____. 2006. 「소련이 "간도 지역을 북한의 영토로 획정"한 중화민국 외교부 사료와 간도문제에 대한 연구 과제」. 중국사학회. ≪중국사연구≫, 제43집.

_____. 2007. 「1960년대 중국의 국경 인식과 조선과 중국의 국경조약」. 『중국의 변강 인식과 갈등』. 오산: 한신 대학교 출판부.

박수혁. 1996. 「남북한 법제통합방안」, 『통합업무 이해』. 통일연수원.

박수희. 2000. 「刑法을 통한 統一獨逸의 舊東獨 體制不法 淸算에 관한 硏究」. 경희대학교 박사 학위논문.

박신일. 1991. 「남아프리카공화국의 反인종차별운동(AntiApartheid Movement)에 대한 연구」. 한신대학교 신 학대학원 석사 학위논문.

박용현. 1996. 「條約의 承繼에 관한 硏究」. ≪한국동북아논총≫, 제3집.

박윤흔, 「남북기본합의서 이행에 따른 남북교류협력법령의 보완과 그 발전방향」, 서울대학교 법학연구소, 남북교 류협력의 본격화과정에서 제기될 법적 문제점 및 대책, 동연구소 세미나 주제발표문(1992.9.25)

박장희. 2003. 「파리클럽 채무재조정 사례: 파키스탄」. ≪輸出保險≫, 통권 121호. 한국수출보험공사.

박정원. 2008. 「국적에 대한 권리와 국제법」. 『(최신)외국법제정보』. 2008-9. 한국법제연구원.

박종배. 2010. 「남북한 산업재산권 법제의 비교에 관한 연구: 법제통합을 위한 제언」. 배재대학교 박사 학위논문.

박종원. 2017. 「유엔대북제재와 남북교류협력의 법적 쟁점: UN안전보장이사회 결의의 효력을 중심으로」, 『통 일법제 인프라 확충을 위한 쟁점과 과제』. 통일부·서울대학교 헌법통일법센터 공동주최 세미나 자료집 (2017.9)

박춘호. 1993. 「北韓·蘇聯間의 河川·領海境界協定 分析」. ≪法學論集≫, 제29집. 고려대학교 법학연구소.

박휘락. 2018. 「2018년 비핵화 협상의 비극적 결말: 북한의 원초적 부정과 불안해진 한미동맹」. ≪데일리안≫, 2018년 12월 22일 자.

배명근. 2012. 「북한인권법안(윤상현·황진하·이인제·조명철의원 대표발의) 검토보고서」. 국회 외교통상통일위 원회 전문위원 검토보고서.

배용근. 2012. 「금강산 관광사업 중단 또는 5/24조치로 인한 남북경제협력사업 손실 보상 등에 관한 특별법안 검 토보고서」.

배재식. 1976. 「南北韓의 法的關係」. ≪대한국제법학회논총≫, 제21권 1·2호.

백진현. 1994. 「정전체제의 평화체제 전환방안」. 통일원 남북회담사무국. 『미북관계 개선과 남북관계 발전방향』. 통일원.

_____. 2003. 「한반도 평화체제 구축방안: 정전협정의 대체를 중심으로」. 제성호 편저. 『통일시대와 법』. 중앙대 학교출판부.

백학순. 1994. 「중국내전시 북한의 중국공산당을 위한 군사원조」. ≪한국과 국제정치≫, 통권 19호. 경남대학교 극동문제연구소.

손영조. 2012. 「북한 예심제도의 변화와 의미」. ≪현대북한연구≫, 제15권 제3호.

손춘일. 2005. 「한국의 '간도영유권' 주장에 대한 비판적 고찰」. ≪간도학보≫, 제2호. 한국간도학회.

송인호, 「통일 이후 북한 과거청산 방안: 해외 사례를 중심으로」, 한반도 인권과 통일을 위한 변호사모임 창립1주

년 기념 세미나 발표자료(2014.9.11)

송진호. 2012. 「북한법 이해의 새로운 모델: 분류와 체계」. 『남북법제 분과: 한중수교 20주년 기념 특별세미나』. 제2회 아시아법제포럼 특별세미나 자료집(2012.6.27).

신각수. 1982. 「條約에 관한 國家承繼: 1977년 Vienna協約의 法的 檢討」. ≪국제법학회논총≫, 제51호.

_____. 1991. 「國境紛爭의 國際法的 解決에 관한 硏究」. 서울대학교 박사 학위논문.

신범철. 2007 「탈냉전기 평화협정 관행을 통해 본 한반도 평화협정에의 시사점」. ≪서울국제법연구≫, 제14권 2호 통권 제27호.

신영호. 1998. 「98년 헌법개정에 따른 북한소유권제도의 변화가능성」. ≪북한법연구≫, 제2호. 북한법연구회.

신용호. 2003. 「조약의 국가승계와 국가관행」. ≪국제법학회논총≫, 제48권 제3호.

_____. 2008. 「독일 통일과 조약의 국가승계」. ≪비교법학≫, 제8집. 전주대학교 비교법학연구소.

_____. 2009. 「국가부채의 국가승계에 관한 관행 연구」. ≪국제법학회논총≫, 제54권 2호.

신창훈. 2009. 「통일 이후 북한이 체결한 기존 해양경계획정협정의 승계문제」. ≪서울국제법연구≫, 제16권 2호.

심재무. 1995. 「독일통일조약에 따른 형법상의 문제」. ≪형사정책연구≫, 제6권 1호.

안드레이 란코프(Andrei Nikolaevich Lankov). 「북한 특권계층에 비상구를 열어주는 방법」. 21세기국가발전연구원·코리아정책연구원 공동주최. 북한 급변사태시 핵심계층 관리방안 세미나 자료집(2012.10.22)

양문수. 2012. 「북한의 대외채무 문제: 추세와 특징」. ≪KDI 북한경제리뷰≫, 제14권 제3호.

오윤아. 2012. 「미국의 미얀마 경제제재 완화 현황과 시사점」. ≪KIEP 오늘의 세계경제≫, 제12-24호.

우덕찬. 2008. 「키프로스통일 문제에 관한 연구」. ≪지중해지역연구≫, 제10권 2호.

유병화. 1988. 「한국통일에 관련된 몇가지 국제법적 문제」. ≪國際法學會論叢≫, 제33권 2호.

_____. 1991. 「南北韓 UN加入과 韓國統一의 法的 問題」. ≪통일문제연구≫, 통권 제11호.

유욱. 2004. 「토론문」. 『남북관계 법·제도, 그 현황과 대안』. 민주평화통일자문회의·대한변호사협회 공동주최 토론문 자료집(2004.10.20.).

유욱·김세진. 2017. 「국제사회의 대북제재와 개성공단 재개가능성에 대한 법적 검토」. ≪통일과 법률≫, 통권 제31호.

윤남근. 2013. 「북한인권법 제정 필요성과 북한인권기록보존소 설치의 의의」. 『역사적·시대적 과제로서의 북한인권법 제정 세미나』. 국가인권위원회· 북한민주화위원회 공동주최 세미나 자료집(2013.3).

윤대규. 2005. 「개성공업지구 관련법규의 문제점과 개선방향」. ≪북한법연구≫, 제8호.

_____. 2005. 「남북간 평화협정 체결과 관련된 법적 제문제」. 『남북교류협력 법제연구: 남북법령연구특별분과위원회 회의(세미나)결과 보고』. 법무부.

이규일. 1990. 「남북예멘 통일과 교훈」. ≪외교≫, 제16호. 한국외교협회.

이규창. 2006. 「남북관계발전에 관한 법률의 분석과 평가: 남북한 특수관계 및 남북합의서 관련 조항을 중심으로」. 『남북교류와 관련한 법적 문제점(5)』. 법원행정처.

_____. 2007. 「국제인권조약 자동승계론에 관한 연구: 남북통일과 관련하여」. ≪통일정책연구≫, 제16권 2호. 통일연구원.

_____. 2012. 「북한의 주민통제 법제 정비와 체제유지」. 'Online Series CO 12-45'. 통일연구원.

이건묵. 2011. 「동독주민과 북한주민의 인권침해 기록보존소에 대한 정치적 갈등사례 비교와 시사점」. ≪사회과학 담론과 정책≫, 제4권 2호. 경북대학교 사회과학연구원.

이근관. 2009. 「1948년 이후 남북한 국가승계의 법적 검토」. ≪서울국제법연구≫, 제16권 1호.

이기범. 2016. 「한반도 '평화협정' 체결 과연 필요한가?」. ≪Issue brief≫, 2016-06. 아산정책연구원.

이남희. 2005. 「진실과 화해: 남아공의 과거청산」. 안병직 외. 『세계의 과거사 청산』. 푸른역사.

이동기. 2015. 「다시 역사란 무엇인가」. ≪한겨레21≫, 1043호.

이동희. 2006. 「남북간 형사사건 처리방안」. 『제28차 법무부 남북법령연구특별분과위원회 학술회의 자료집』. 법무부.

이명화. 2018. 「북한 난민 관련 최근 외국 판례와 시사점 고찰」. ≪법학연구≫, 제28권 3호. 연세대학교 법학연구원.

이병훈. 2005. 「한국인은 누구인가?: 북한과 재외동포의 국적문제」. ≪선진헌법연구≫, 제05-01호. 국회선진헌법연구회.

이상산. 1998. 「북한의 대외채무 해결방안 모색」. ≪북한조사연구≫, 제2권 1호.

이상훈. 2003. 「헌법상 조약의 법적 성격에 대한 고찰: 조약의 국내법적 효력 및 국회동의의 법적 성격을 중심으로」. ≪법제≫, 통권 제550호.

이석용. 2006. 「북한과 소련(러시아)간 경제수역과 대륙붕 경계획정」. 『국제해양분쟁사례연구 VI』. 해양수산부.

_____. 2006. 「북한과 소련(러시아)간 영해경계획정」. 『국제해양분쟁사례연구 VI』. 해양수산부.

이성우. 2016. 「독일 통일 이후 과도기 정의 실현의 정치적 제약사항 검토: 한반도 통일 이후에 대한 시사점」. ≪국가전략≫, 제22권 3호. 세종연구소.

이성환. 1997. 「大韓民國 國民의 範圍」. ≪法學論叢≫, 제9집. 국민대학교 법학연구소.

이순천. 1996. 「條約에 對한 國家承繼: 最近의 國際實行과 南北統一時 適用問題를 中心으로」. 고려대학교 박사 학위논문.

이승련. 2004. 「북한의 재판제도」. ≪북한법연구≫, 제7호. 북한법연구회.

이승룡. 2008. 「남북한 디자인법의 통합모델연구」. ≪법학논총≫, 제21권 1호. 국민대법학연구소.

이용준. 2013. 「북한인권법안(심윤조 의원 대표발의) 검토보고서」. 국회 외교통상통일위원회 전문위원 검토보고서.

이일걸. 1997. 「러시아의 沿海州 不法取得과 沿海州 韓人自治州 設立 問題」. ≪國際政治論叢≫, 제36집 제3호.

이장희. 1994. 「한국정전협정의 평화협정체제로의 전환방안」. ≪국제법학회논총≫, 제39권 1호.

_____. 1998. 「남북한 통일 이후 국가승계문제의 국제법적 과제」. 『韓國 法學 50年: 過去·現在·未來 (I)』. 한국법학교수회.

이재완. 2000. 「남북문화교류와 저작권 문제」. ≪계간 저작권≫, 제51호. 저작권심의조정위원회.

이재웅. 2015. 「북한 저작물 이용에 관한 법적 쟁점 연구」. 고려대학교 법무대학원 지적재산권법학과 석사 학위논문.

이효원. 2009. 「개성공업 지구에서의 남한 행정법(행정형벌 규정) 적용여부 및 범위」. 『남북교류협력 법제연구 (III)』. 법무부.

_____. 2011. 「개성공단의 법질서 확보방안」. ≪저스티스≫, 통권 제124호.

_____. 2017. 「개성공단 재개에 관한 법적 쟁점」. ≪통일과 법률≫, 통권 제31호.

임강택. 2012. 「남북경협과 대북채권: 실태와 해결방안의 모색」. ≪KDI 북한경제리뷰≫, 제14권 3호.

임복규. 2003. 「통일 이전의 서독과 동독의 법적 지위: 독일의 법적 개념과 관련하여」. 『남북교류와 관련한 법적 문제점(2)』. 법원행정처.

장동희. 1997. 「국제기구 회원자격의 국가승계 관한 소고: 유고연방공화국의 유엔회원국 지위 승계여부를 중심으로」. ≪외교≫, 제42호.

장명봉. 1988. 「國家聯合(Confederation)에 관한 硏究: 우리의 統一方案의 發展과 관련하여」. ≪국제법학회논총≫, 제33권 2호, 통권 제64호.

장용석. 2010. 「한반도 평화체제와 평화협정: 개념, 쟁점, 추진방향」. ≪통일문제연구≫, 제22권 1호. 평화문제연구소.

장형수. 2012. 「대북 식량차관 문제: 국제사회의 경험과 시사점」. 『북한 주민의식 변화와 인권개선을 위한 대북접근』. 평화문제연구소 주최 국제세미나 자료집(2012.5.1).

장효상. 1987. 「통일과 국가상속」. 『韓國國際法學의 諸問題: 箕堂李漢基博士古稀紀念』. 박영사.

전광석·박기갑. 1993. 「東西獨 統一條約에 나타난 國家承繼條項 分析에 비추어 본 南北韓간 可能한 國家承繼形態와 그 體制에 관한 硏究」. 『'93 북한·통일연구 논문집(I) 통일정책분야』. 통일원.

정득규·박하일. 1974. 「분단국의 통일정책과 공존정책의 균형유지방안」. ≪통일연구문제≫, 제1호. 전남대학교 통일문제연구소.

정병윤. 2007. 「한반도 흡수통일시 不法過去淸算에 관한 刑事法的 硏究: 獨逸·남아프리카共和國 과거사 淸算모델을 中心으로」. 성균관대학교 박사 학위논문.

정인섭. 1973. 「法的 基準에서 본 韓國人의 範圍」. 『(杜南林元澤敎授停年記念)社會科學의 諸問題』. 법문사.

_____. 1999. 「統一과 條約承繼」. ≪경희법학≫, 제34권 2호.

_____. 2007. 「統一後 한러 국경의 획정」. ≪서울국제법연구≫, 제14권 1호.

_____. 2010. 「국민의 탄생과 법적 경계」. 한국미래학회 엮음. 『제헌과 건국』. 나남.

정태욱. 2007. 「주한 '유엔군사령부'(UNC)의 법적 성격」. ≪민주법학≫, 통권 제34호. 관악사.

정현수. 1998. 「北韓의 多者條約 가입 현황」. ≪서울국제법연구≫, 제5권 2호.

제성호. 1996. 「한반도 평화체제 구축방안」. ≪국가전략≫, 제2권 1호. 세종연구소.

_____. 1997. 「남북교류협력법의 문제점과 보완방향」. ≪법조≫, 490. 법조협회.

_____. 2001. 「남측 聯合制와 북측의 '낮은 단계의 聯邦制' 比較」. ≪국제법학회논총≫, 제46권 1호.

_____. 2003. 「남북평화협정 체결에 따른 법적 제문제」. ≪국제법 동향과 실무≫, Vol. 2, No. 4, 통권 제6호. 외교통상부 조약국.

_____. 2003. 「남북평화협정 체결의 법적 문제와 추진방향」. 제성호 편저. 『통일시대와 법』. 중앙대학교출판부.

젤리거, 베른하르트(Bernhard Seliger). 2011. 「동독 인권 문제, 서독의 인권정책 및 통일 전후의 잘츠기터 인권침해사례 수집소의 역할과 성과」. ≪통일과 법률≫, 통권 제8호.

조병현. 2014. 「통일한국의 국유재산 처리 문제: 북한지역 국유지 실태조사를 중심으로」. 한국토지공법학회 제92회·남북법령연구특별분과위원회 제43차 학술회의 발표문.

최대권. 1992. 「韓國憲法의 座標: '領土條項'과 '平和統一條項'」. ≪법제연구≫, 제2권 1호.

최두훈. 2000. 「우리 국적법에 있어서 몇가지 문제점: 북한주민과 재외동포를 중심으로」. ≪법정논총≫, 제49호. 중앙대학교 법과대학.

최용보. 2016. 「통일과정에서의 남북한 형사법 충돌 해결 방안」. ≪통일과 법률≫, 통권 제25호. 법무부.

최승환. 2005. 「전략물자수출통제와 남북경협」. ≪통상법률≫, 통권61호.

최창수. 2017. 「미국의 적국에 대한 제재법」. ≪외국법률 이슈브리핑≫, 제48호.

최철영. 2005. 「한반도 평화협정체결을 위한 법제정비 방안」. ≪법과 정책연구≫, 제5집 제2호. 동광문화사.

최태현. 2004. 「國境問題에 대한 國際法的 考察: 領土紛爭事例 整理 및 向後 展望」. 『韓中關係史 硏究의 成果와 課題』. 국사편찬위원회·한국사학회.

쿤츠, 토마스(Thomas Kunz). 2014. 「튀링엔(Thüringen)주의 사례를 통해 본 통복 이후의 법률정책 및 동독 사법기관 구축의 도전과제와 문제점, 그리고 남북 통일에 주는 교훈」. 『독일 통일과 함께 경험한 그들의 이야기: 독일 통일의 도전』. 콘라드아데나워재단.

하일브로너, 카이(Kay Hailbronner). 2010. 「독일통일과 국적」. 공진성 옮김. ≪공법연구≫, 제39집 제2호.

한명섭. 2009. 「북한 형사법과 개성공단 억류자 신변안전 문제」. 『금강산 관광객 피격사건과 개성공단 억류자 문
　　　제를 중심으로: 2009 남북교류협력과 신변보호 심포지엄』. 국가인권위원회·북한법연구회 공동 주최 심
　　　포지엄 자료집(7.29).

＿＿＿. 2010. 「개성공업지구 남한 주민의 신변안전보장 법제 현황과 문제점 및 대책」. ≪통일과 법률≫, 통권 1호.

＿＿＿. 2010. 「북한에 의한 금강산관광지구의 우리 자산 몰수·동결과 관련한 법적 쟁점 연구」. ≪통일과 법률≫,
　　　통권 제3호.

＿＿＿. 2010. 「북한의 조약체결 현황 및 향후 처리 방안」. 『북한의 조약체결현황 및 향후 처리 방안』. 법무부 제
　　　36차 남북법령연구특별분과위원회 학술회의 자료집(2010.9).

＿＿＿. 2010. 「북한 형사법률의 적용실태」. 『2010 북한인권백서』. 대한변호사협회.

＿＿＿. 2011. 「개성공단 생산제품의 한국산 인정방안」. 『한미 FTA 체결과 개성공단 법제도 정비』. 서울대학교
　　　헌법·통일법센터 주최 학술대회 자료집(2011.12.22).

＿＿＿. 2011. 「남북합의서의 법적 성격과 법제화 방안」. ≪통일과 법률≫, 통권 제5호.

＿＿＿. 2012. 「남북통일과 북한의 대외채무 승계에 대한 고찰」. ≪경희법학≫, 제47권 4호.

＿＿＿. 2012. 「북한의 국경하천 경계획정 및 이용 등에 관한 국제법적 고찰」. 『(2012년) 남북법제연구보고서』.
　　　법제처 법제지원단.

＿＿＿. 2013. 「남북통일과 북한의 국제기구 회원국 지위 승계에 관한 연구」. 『(2013년) 남북법제연구보고서』.
　　　법제처.

＿＿＿. 2014. 「남북통일과 북한주민의 국적승계 문제에 관한 고찰」. 『(2014년) 남북법제연구보고서』. 법제처 법
　　　제지원단 법령입안지원과.

＿＿＿. 2014. 「북한 과거청산과 북한인권기록보존소 설치에 관한 고찰」. ≪통일과 법률≫, 통권 제18호.

＿＿＿. 2014. 「북한의 인권 관련 법률과 그 적용 실태」. 『2014 북한인권백서』. 대한변호사협회·대한변협인권
　　　재단.

＿＿＿. 2016. 「특별조치법 제정의 필요성과 법률(안) 제시」. 『통일한국의 전환기 정의에 대한 법제도적 연구: 가
　　　해자에 대한 청산 방안을 중심으로』. 대한변호사협회.

＿＿＿. 2018. 「신체의 자유 및 형사절차법상의 권리」, 『2018 북한인권백서』. 대한변호사협회.

한형건. 1992. 「分斷國家의 再統一에 관한 國際法的 考察」. ≪국제법학회논총≫, 제37권 1호, 통권 제71호.

허전. 1993. 「남북기본합의서와 헌법」. ≪法學硏究≫, 제5권. 충북대학교 법학연구소.

현대경제연구원. 2012. 「지속가능 성장을 위한 경제주평: 통일 한국의 미래상-한민족 공동체의 세계적 부상」. ≪경
　　　제주평≫, 통권 제500호.

현성일. 1999. 「北韓勞動黨의 組織構造와 社會統制體系에 關한 硏究: 당의 유일사상체계 확립의 10대 원칙
　　　을 中心으로」. 한국외국어대학교 석사 학위논문.

홍성필·최태현·노영돈. 1989. 「南北聯合의 法的 地位에 관한 硏究」. 『統一에 따른 法的 問題硏究』. 국토통일
　　　원 조사연구실.

홍양호. 2015. 「개성공단사업의 현황, 정책적 함의와 개선과제」. ≪통일문제연구≫, 제27권 1호.

다. 기타 자료

국회 의안정보시스템. http://likms.assembly.go.kr/bill/jsp/main.jsp

대한민국 전자관보. http://gwanbo.korea.go.kr

법제처 법령정보검색. http://www.moleg.go.kr

통일부. http://www.unikorea.go.kr

김찬규. 2007.2.7. "<기고> 백두산 영유권과 국경갈등". ≪문화일보≫.
이종석. 2000.10.16. "중앙일보 입수 조중 변계조약서 의미". ≪중앙일보≫.
좋은벗들. 2006.10.13. ≪시선집중≫, 13호.
_____. 2007.2.5. ≪오늘의 북한 소식≫, 48호.
통일부. 2011.3.22. 「개성공단 공장투자 6개 기업 경협보험금 등 지급 의결」. 보도자료.

≪국민일보≫. 2014.12.29. "조선신보 "北, 포전담당제로 식량난 해결 발판 마련" …… 사실상 개인영농제".
≪뉴시스≫. 2015.3.12. "北, 교통·해양출입질서 포고문 하달 …… 1개월내 자백하라".
≪뉴데일리≫. 2018.4.20. "김정은 '포고문' 본 북한 주민들 "또 돈 뜯어가려고…"".
≪데일리 NK≫. 2007.7.26. "북한 마약중독자 확산 결코 방관해서는 안된다".
_____. 2011.6.16. "인권기록보존소, 동독주민 인권보호에 기여".
≪동아일보≫. 2014.4.21. "러, 北채무 11조원중 90% 탕감".
_____. 2018.9.13. "남북 공동 유엔에 낸 판문점선언 영문본, 연내 종전선언 '추진'→'합의' 바뀌 논란".
≪VOA≫. 2018.2.2. "중국 대북제재 이행보고서 "수출입 금지, 노동자 제한 등 구체적 조치 취해".
_____. 2018.5.12. "북한 부채 규모, 채무 불이행으로 계속 증가".
_____. 2018.12.18. "밴 홀런 상원의원 "대북제재 구멍 여전…'은행업무 제한법' 재상정 시도할 것".
≪서울신문≫. 2013.4.17. "[개성공단 체류인원 전원 철수] 유·무형 피해액 15조 달할 듯".
≪연합뉴스≫. 1999.8.2. "러시아-파리클럽, 舊소련시절 채무 재조정 합의".
_____. 2003.7.12. "파리클럽, 이라크 공적채무 조속히 재조정키로".
_____. 2004.11.29. "북 저작권 문제 강력대응 나선다".
_____. 2007.10.23. "간도영유권 주장은 착각에서 …… 국내학자 주장".
_____. 2009.6.22. "'한일병합'은 반인도적 범죄".
_____. 2010.11.19. "파리클럽, 민주콩고에 부채 73억달러 탕감".
_____. 2012.2.27. "대한제국-러시아 간도 공동통치협약안 작성".
_____. 2012.9.18. "北·日, 2002년에 114억달러 보상 밀약".
_____. 2013.11.13. "<北 경제변화> ③곳곳에 경제특구 …… 외자유치 '총력'".
_____. 2015.2.4. "북한, 16년만에 발명법 대폭 개정 …… 인재발굴 총력".
_____. 2015.7.29. " "국제철도협력기구"회원가입 요건 4분의 3 찬성으로 완화".
≪일요신문≫. 2012.7.30. "김정은 개혁개방 시프트 앞과 뒤: "총알보다 식량" 아버지와 다른 걸음".
≪자유아시아방송≫. 2018.1.16. "북, 지난해 국제 특허 및 상표 출원 8건".
≪조선일보≫. 2005.8.25. "토문강 ≠ 두만강, 중국 공식문서 발견".
_____. 2018.4.29. "러 외무장관 러시아, 한반도 평화협정에 참여하지 않을 것".
≪중앙일보≫. 2000.10.16. "북한·중국 국경조약 전문 최초 확인".
_____. 2000.10.18. "북·중 변계조약 문서 발견하기까지".
≪한겨레≫. 2017.10.26. "'오토 웜비어' 이름 딴 초강력대북제재법, 미 하원 통과".
≪한국일보≫. 2005.8.25. "中, 60년대 외교문서서 인정".

2. 북한 문헌

가. 단행본

김영철·서원철. 1988, 『현대국제법연구』. 평양: 과학백과사전종합출판사.

김일성. 1968. 『김일성저작선집』. 제2권. 평양: 조선로동당출판사.

김일성종합대학 엮음. 1992. 『국제법학(법학부용)』. 평양: 김일성종합대학출판사.

대외경제협력추진위원회. 1996. 『라진-선봉자유경제무역지대 투자문답집』. 평양: 대외경제협력추진위원회.

리경철. 2010. 『사회주의법제정리론』(조선사회과학학술집 154 법학편). 평양: 사회과학출판사.

박승렬. 2001. 『군사형법』. 평양: 김일성정치대학출판사.

사회과학원 법학연구소. 1971. 『법학사전』. 평양: 사회과학출판사.

_____. 1997. 『민사법사전』. 평양: 사회안전부출판사.

_____. 2002. 『국제법사전』. 평양: 사회과학출판사.

인민보안성. 2009. 『법투쟁부문 일군들을 위한 참고서』. 평양: 인민보안성 출판사.

정철원. 2007. 『조선투자법안내(310가지 물음과 답변)』. 평양: 법률출판사.

조선대외경제투자협력회원회 편찬. 2016. 『조선민주주의인민공화국 투자안내』. 평양: 외국문출판사.

조선민주주의인민공화국 엮음. 1981. 『현대조선말사전』. 평양: 과학백과사전출판사.

_____. 2004. 『조선민주주의인민공화국 법전(대중용)』. 평양: 법률출판사.

_____. 2012. 『조선민주주의인민공화국 법규집(대외경제부문)』. 평양: 법률출판사.

_____. 2012. 『조선민주주의인민공화국 법전』. 평양: 법률출판사.

_____. 2014. 『조선민주주의인민공화국 법규집(대외경제부문)』. 평양: 법률출판사.

_____. 2016. 『조선민주주의인민공화국 법전(증보판)』. 평양: 법률출판사.

조선중앙통신사 엮음. 2000. 『조선중앙년감(주체89)(1988~2000)』.

차명철. 2018. 『조선민주주의인민공화국 주요경제지대들』. 평양: 외국문출판사.

최운숙. 1992. 『사회주의하에서 국토관리사업과 민족경제건설』. 평양: 사회과학출판사.

나. 논문

고명길. 2010. 「저작권에 대한 일반적리해」. ≪정치법률연구≫, 제2호.

김경현. 2009. 「사회주의법무생활을 강화하는 것은 선군시대 혁명과 건설의 중요한 요구」. ≪김일성종합대학학
        보: 력사·법학≫, 제55권 2호.

_____. 2011. 「공화국행정법의 원천」. ≪김일성종합대학학보: 력사·법학≫, 제57권 1호.

김정일. 1984. 「사회주의법무생활을 강화할데 대하여」. 『조선중앙년감 1983』. 평양: 조선중앙통신사.

리경철. 2004. 「국제조약의 당사자에 대한 리해」. ≪김일성종합대학학보: 력사·법학≫, 제50권 4호.

_____. 2005. 「사회주의국가에서 최고주권기관과 그 상설기관의 법제정권한에 대한 리해」. ≪김일성종합대학
        학보: 력사·법학≫, 제51권 4호.

_____. 2005. 「사회주의국가의 립법절차에 대한 일반적 리해」. ≪김일성종합대학학보: 력사·법학≫, 제51권 2호.

_____. 2013. 「법제정법을 제정하는 것은 현시기 법제정사업을 개선하기 위한 중요한 방도」. ≪정치법률연구≫,
        제2호.

리명숙. 2013. 「조선민주주의인민공화국에서 특수경제지대의 창설경위와 그 전망에 대한 연구」. 2013년 연변대

학교 주최 두만강포럼 발제문(2013.9.17).

리철광. 2010. 「행정처벌의 본질과 특성」. ≪정치법률연구≫, 제3호.

림동춘. 1996. 「≪강화도조약≫은 침략적이며 불평등한 예속조약」. ≪김일성종합대학학보: 력사·법학≫, 제42권 제3호.

_____. 2001. 「≪을사5조약≫은 국제법상 불법무효한 강도적인 조약」. ≪김일성종합대학학보: 력사·법학≫, 제47권 4호.

_____. 2003. 「국제조약의 성립요건」. ≪김일성종합대학학보: 력사·법학≫, 제49권 제3호.

박영수. 1999. 「남조선괴뢰들과 일본반동들이 조작한 새≪어업협정≫은 침략적이며 매국적인 범죄문건」. ≪김일성종합대학학보: 력사·법학≫, 제45권 제3호.

박영일. 2015. 「2차저작물과 편집저작물에 대한 리해」. ≪정치법률연구≫, 제1호.

송승일. 2010. 「법제정기구에 대한 일반적 이해」. ≪정치법률연구≫, 제4호.(루계 제32호).

_____. 2010. 「법제정기구조직에서 나서는 중요한 요구」. ≪사회과학원학보≫, 제1호.

신분진. 2008. 「≪북남관계발전과 평화번영을 위한 선언≫은 6.15공동선언을 전면적으로 구현하기 위한 실천강령」, ≪김일성종합대학학보: 력사·법학≫, 제54권 제3호.

안광수. 2006. 「선군사상은 혁명군대를 주력군으로 하여 강력한 혁명력량을 꾸리는 길을 밝혀준 혁명사상」. ≪정치법률연구≫. 평양: 과학백과사전출판사.

장성철. 2013. 「형벌집행에 대한 일반적리해」. ≪정치법률연구≫, 제1호(루계 제41호).

주창일. 2013. 「경애하는 김정은 동지의 선군정치는 지역의 평화와 안전, 협조실현의 현실적 담보」. 2013년도 연변대학교 주최 두만강포럼 발제문(2013.9.17).

진유현. 1997. 「사회주의법제사업의 본질과 기본내용」. ≪김일성종합대학학보: 력사·법학≫, 제43권 제3호.

_____. 2005. 「사회주의법치국가건설에 대한 주체의 이론」. ≪김일성종합대학학보: 력사·법학≫, 제51권 1호.

최금숙. 2004. 「공화국내수역의 중요제도」. ≪김일성종합대학학보: 력사·법학≫, 제50권 4호.

최정희. 2002. 「공업소유권과 공업소유권보호제도에 대한 일반적리해」. ≪김일성종합대학학보: 력사·법학≫, 제46권 2호.

최현철. 2007. 「조선반도핵문제의 평화적 해결과 관련한 미국의 국제법적 의무」. ≪정치법률연구≫, 누계 제18호.

허경일. 2013. 「공화국법제정법에 규제된 법의 효력순위와 효력관계」. ≪정치법률연구≫, 제3호(루계 제43호).

_____. 2014. 「법을 규제력있게 만들기 위한 기술실무적요구」. ≪정치법률연구≫, 제1호(루계 제45호).

다. 기타

『조선말대사전 I』. 1992. 평양: 사회과학출판사.

『현대조선말사전』. 1981. 평양: 과학백과사전출판사.

≪로동신문≫.

≪민주조선≫.

3. 외국 문헌

가. 단행본

吉林省革命委員會外事辦公室 編. 1974. 『中朝, 中蘇, 中蒙 有關條約, 協定, 議定書 滙編』. 吉林省: 吉林省革命委員會外事辦公室.

徐現燮. 2001. 『近代朝鮮の外交と國際法受容』. 東京: 明石書店.

Bring, Ove E. 1993. *Correspondent's Agora*: *UN Membership of the Former Yugoslavia,* 87 Am. J. Int'l L., 240.

Brownlie, I. 1976. *Principles of Public International Law.* Oxford: Clarendon Press.

_____. 1994. *Principles of Public International Law.* New York·Oxford: Oxford University Press.

Bühler, K. G. 2001. *State Succession and Membership in International Organizations*: *Legal Theories versus Political Pragmatism.* The Hague·London·Boston: Kluwer Law International.

Caty, Gilbert. 1969. *Le statut juridique des États divisés,* Editions A. Paris: Pédone.

Charney, J. I. and Alexander L. M. 1993. *International Maritime Boundaries,* Vol.1. Dordrecht: Martinus Nijhoff Publishers.

Chen, L. F. 1974. *State Succession relating to Unequal Treaties.* Hamden: Archon Books.

Craven, M. 2007. *The Decolonization of International Law*: *State Succession and the Law of Treaties.* Oxford: Oxford University Press.

Crawford, J. 1979. *The Creation of States in International Law.* Oxford: Oxford University Press.

Cukwurah, A. O. 1967. *The Settlement of Boundary Disputes in International Law.* Manchester: Manchester University Press.

_____.1996. *Settlement of Boundary Disputes in International Law.* Manchester: Manchester University Press.

Dixon, M. 2007. *Textbook on International Law,* 6th ed. New York: Oxford University Press.

Garver, J. W. 2001. *Protracted Contest: Sino-Indian Rivalry in the Twentieth Century.* Seattle: University of Washington Press.

Glahn, G. V. 1981. *Law among Nations: An Introduction to Public International Law,* 4th ed. New York: Macmillan.

Harris, D. J. 1991. *Cases and Materials on International Law,* 4th ed. London: Sweet & Maxwell.

Jennings, R. Y. 1963. *The Acquisition of Territory in International Law.* Manchester: Manchester University Press.

Jennings, Robert and Watts, A., 1996. *Oppenheim's International Law,* Vol.1, 9th ed. London: Longman.

Malanczuk, P. 1997. *Akehurst's Modern Introduction to International Law,* 3rd ed. London· New York: Routledge.

Malone, M. Kelly. 1993. *Correspondent's Agora*: *UN Membership of the Former Yugoslavia,* 87 Am. J. Int'l L., 240.

Mary Beth Kikitin et al, 2008. *CRS Peport for Congress RL31559, Proliferation Control Regimes: Background and Status.*

McNair, L. A. 1961. *The Law of Treaties.* Oxford: Clarendon Press.

McWhinney, E. 2000. *The United Nations and a New World Order for a New Millennium*: *Self-determination,*

State Succession, and Humanitarian Intervention. The Hague·Boston·London: Kluwer Law International.

Menon, P. K. 1991. *The Succession of States in Respect to Treaties, State Property, Archives, and Debts.* Lewiston: Edwin Mellen Press.

Mikulka, V. 1996. *Second Report on State Succession and its Impact on the Nationality of Natural and Legal Persons.* International Law Commission(Forty eighth Session). UN Doc. A/CN.4/474.

Nam, K. W. 1975. *Völkerrechtliche und staatsrechtliche Probleme des zweigeteilten Korea und die Frage der Vereinigung der koreanischen Nation,* jur. Diss. Mainz. Bern: Frankfurt/M.

Newman, D. 1999. *Boundaries, Territory and Postmodernity.* London: Frank Cass.

O'Connell, D. P. 1956. *The Law of State Succession.* Cambridge: Cambridge University Press.

_____. 1965. *International Law.* London: Stevens.

_____. 1967. *States Succession in Municipal Law and International Law: Internal relations,* Vol.1. Cambridge: Cambridge University Press.

_____. 1970. *International Law,* 2nd ed. London: Stevens and Sons.

Papenfuss, Dieter. 1997. *Die Behandlung der voelkerrechtlichen Vertraege der DDR im Zuge der Herstellung der Einheit Deutschlands.* Heidelberg: Müller.

Schindler, D. and Toman, J., 1988. *The Laws of Armed Conflicts: A Collection of Conventions, Resolutions, and Other Documents,* 3rd ed. Dordrecht: Martinus Nijhoff Publishers.

Shaw, M. N. 1997. *International Law,* 4th ed. Cambridge: Cambridge University Press.

_____. 2003. *International Law,* 5th ed. Cambridge: Cambridge University Press.

Shearer, I. A. 1994. *Starke's International Law,* 11th ed. London: Butterworths.

Udokang, O. 1972. *Succession of New States to International Treaties.* Dobbs Ferry: Oceana Publications.

United Nations. 1993. *Multilateral Treaties deposited with the Secretary: General,* Status as at 31 Dec. 1992. United Nations Publications.

나. 논문

小谷鶴次. 1972. 「分断国と国際法の適用」, ≪国際法外交雑誌≫, 第71巻 第2号.

Bello, E. G. 1980. "Reflection on Succession of States in the light of the Vienna Convention on Succession of States in Respect of Treaties 1978." *German Yearbook of International Law,* Vol.23.

Cortran, E. 1963. "Legal Problems arising out of the Formation of the Somali Republic." *International and Comparative Law Quarterly,* Vol.12(July), Issue 3. The British Institute of International and Comparative Law.

Dzurek, Daniel. J. 1992. "Deciphering the North Korean-Soviet(Russian) Maritime Boundary Agreements." *Ocean Development and International Law,* Vol.23, Issue 1.

Fiedler, W. 1987. "State Succession." *Encyclopedia of Public International Law,* Installment 10.

Fravel, M. T. 2005. "Regime Insecurity and International Cooperation: Explaining China's Compromises in Territorial Disputes." *International Security,* Vol.30, Issue 2.

Lester, A. P. 1963. "State Succession to Treaties in the Commonwealth." *ICLQ,* Vol.12.

Marston, G. 1994. "The Stability of Land and Sea Boundary Delimitations in International Law." in G. H. Blake(ed.), *World Boundaries,* Vol. 5: Maritime Boundaries 144.

Menzel, Eberhart. 1962. "Staatensukzession." in Strupp, Karl/Schlochauer, Hans Juergen(Hrsg), *Woerterbuch des Voelkerrechts,* Bd. 3.

Minh, T. 1978. "Remarques sur le Principle del'intangibilité des Frontières." *Peupeles et Etats du Tiers Monde Face à l'Ordre International.*

O'Connell, D. P. 1962. "Independence and Succession to Treaties." *British Yearbook of International Law*, Vol.39.

_____. 1963. "State Succession and the Effect upon Treaties of Entry into a Composite Relationship." *British Yearbook of International Law*, Bd.39.

_____. 1970. "Recent Problems of State Succession in Relation to New States." *Hague Recueil*, Vol.130.

Ong, D. M. 2000. "The Legal Status of the 1989 Australia-Indonesia Timor Gap Treaty following the End of Indonesian rule in East Timor." *Netherlands Yearbook of International Law*, Vol.31.

Schachter, O. 1993. "State Succession: The Once and Future Law." *Virginia Journal of International Law*, Vol.33.

Schaffer, R. 1981. "Succession to Treaties: South African Practice in the Light of Current Developments in International Law." *The International and Comparative Law Quarterly*, Vol. 30, No.3.

Sinclair, S. I. 1979. "Some Reflections on the Vienna Convention on Succession of States in Respect of Treaties." *Essays in honour of Eric Castern.*

Treviranus, Hans D. 1979. "Die Konvention der Vereinten Nationen über Stattensukzession bei Vertragen." *ZaöRV, 39.*

Williams, Paul R. 1994. "State Succession and the International Financial Institution: Political Criteria v. Protection of Outstanding Financial Obligation." *The International and Comparative Law Quarterly*, Vol.43, No.4.

Zemanek, K. 1965. "State Succession after Dekolonization." *Hague Recueil,* Vol.116.

다. 기타 자료

http://en.wikipedia.org/wiki/list_of_territorial_disputes (검색일: 2015년 7월 15일).

https://treaties.un.org/pages/showDetails.aspx?objid=0800000280044a0e (검색일: 2016년 2월 27일).

http://www.clubdeparis.org

AJIL, Vol. 22(1928).

AJIL, Vol. 45(1951).

Bundesgesetzblatt(1991 II).

ICJ Reports(1960).

ICJ Reports(1962).

ICJ Reports(1969).

ICJ Reports(1986).

ICJ Reports(1995).

ICJ Reports(1997).

ICLQ, Vol.12(1963).

ICLQ, Vol. 30(1981).

PCIJ, *Series* A/B, No. 46.

RIAA, Vol.11(UN, 2006).

UNGA Resolution 47/1(22 Sep, 1992).

UNSC Resolution 757(30 May, 1992).

Waldock, H., Doc. A/CN. 4/202, *Annuaire de la Commission du Droit International,* Vol.11(1968).

Yearbook of the International Law Commission, Vol. II(1962).

Yearbook of the International Law Commission, Vol. II(1963).

Yearbook of the International Law Commission, Vol. II(1968).

Yearbook of the International Law Commission, Vol. I(1974).

Yearbook of the International Law Commission, Vol. II(1974).

Yearbook of the International Law Commission, Vol. II(1976).

Yearbook of the International Law Commission, Vol. II(1977).

Yearbook of the International Law Commission, Vol. II(1979).

찾아보기

지은이 **한명섭**(韓明燮)

경희대학교 법과대학을 졸업하고, 북한대학원대학교에서 북한학 석사 학위를, 경희대학교에서 법학 박사 학위를 받았다. 제32회 사법시험에 합격하여 제22기로 사법연수원을 수료한 후 부산지검, 대전지검 강경지청, 서울지검 남부지청, 인천지검, 법무부 특수법령과(현 통일법무과) 검사로 재직하였다.

현재 법무법인 통인 대표 변호사, 국민대학교·북한대학원대학교 겸임교수, 국회입법지원단 입법지원위원, 대법원 통일사법연구위원회 위원, 법무부 법무자문위원회 남북법령연구특별분과위원회 위원장, 통일부 통일법제추진위원회 위원, 법제처 남북법제연구위원회 위원, 대한변호사협회 통일문제연구위원회 위원장, 민주평화통일자문회의 상임위원회 상임위원 등으로 활동하고 있으며, 대통령직속 통일준비위원회 정치·법제도 분과위원회 전문위원 등으로 활동한 바 있다.

단독 저서로는 『남북 교류와 형사법상의 제 문제』(2008), 『남북통일과 북한이 체결한 국경조약의 승계』(2011)가 있고, 공저로는 『저작권 분야 남북 교류·협력 현황 및 발전 방안 연구』(2016), 『과거청산과 통합: 독일·프랑스·스페인·칠레·체코/슬로바키아·캄보디아·베트남의 과거사 청산 사례에서 살펴보는 통일한국의 성공 조건!』(2016), 『통일한국의 전환기 정의에 대한 법제도적 연구: 가해자에 대한 청산 방안을 중심으로』(2016), 『북한인권 피해구제 방안과 과제: 인도에 반한 죄를 중심으로』(2017), 『금강산관광 재개 관련 현안과 대응방향』(2018) 등이 있다.

한울아카데미 2177
개정증보판
통일법제 특강

ⓒ 한명섭, 2019

지은이 | 한명섭
펴낸이 | 김종수
펴낸곳 | 한울엠플러스(주)
편 집 | 김다정·최진희

초판 1쇄 발행 | 2016년 4월 11일
개정증보판 1쇄 인쇄 | 2019년 8월 1일
개정증보판 1쇄 발행 | 2019년 8월 20일

주소 | 10881 경기도 파주시 광인사길 153 한울시소빌딩 3층
전화 | 031-955-0655
팩스 | 031-955-0656
홈페이지 | www.hanulmplus.kr
등록번호 | 제406-2015-000143호

Printed in Korea.
ISBN 978-89-460-7177-3 93360(양장)
      978-89-460-6689-2 93360(무선)

※ 책값은 겉표지에 표시되어 있습니다.
※ 이 책은 강의를 위한 학생용 교재를 따로 준비했습니다.
  강의 교재로 사용하실 때는 본사로 연락해 주십시오.